Adrian/Heidorn
Der Bankbetrieb

Dipl.-Hdl. Reinhold Adrian
Professor Dr. Thomas Heidorn

Der Bankbetrieb
Lehrbuch und Aufgaben

15., überarbeitete Auflage

begründet von
Professor Dr. Karl Friedrich Hagenmüller
und Gerhard Diepen

Die Deutsche Bibliothek – CIP-Einheitsaufnahme
Ein Titeldatensatz für diese Publikation ist bei
Der Deutschen Bibliothek erhältlich.

1. Auflage 1967	9. Auflage 1982
2. Auflage 1968	10. Auflage 1984
3. Auflage 1969	11. Auflage 1987
4. Auflage 1970	12. Auflage 1989
5. Auflage 1972	13. Auflage 1993
6. Auflage 1973	14. Auflage 1996
7. Auflage 1975	15. Auflage August 2000
8. Auflage 1977	

Alle Rechte vorbehalten
© Betriebswirtschaftlicher Verlag Dr. Th. Gabler GmbH, Wiesbaden August 2000
Lektorat: Guido Notthoff

Der Gabler Verlag ist ein Unternehmen der Fachverlagsgruppe BertelsmannSpringer.

Das Werk einschließlich aller seiner Teile ist urheberrechtlich geschützt. Jede Verwertung außerhalb der engen Grenzen des Urheberrechtsgesetzes ist ohne Zustimmung des Verlags unzulässig und strafbar. Das gilt insbesondere für Vervielfältigungen, Übersetzungen, Mikroverfilmungen und die Einspeicherung und Verarbeitung in elektronischen Systemen.

www.gabler.de

Höchste inhaltliche und technische Qualität unserer Produkte ist unser Ziel. Bei der Produktion und Verbreitung unserer Bücher wollen wir die Umwelt schonen: Dieses Buch ist auf säurefreiem und chlorfrei gebleichtem Papier gedruckt. Die Einschweißfolie besteht aus Polyäthylen und damit aus organischen Grundstoffen, die weder bei der Herstellung noch bei der Verbrennung Schadstoffe freisetzen.

Die Wiedergabe von Gebrauchsnamen, Handelsnamen, Warenbezeichnungen usw. in diesem Werk berechtigt auch ohne besondere Kennzeichnung nicht zu der Annahme, dass solche Namen im Sinne der Warenzeichen- und Markenschutz-Gesetzgebung als frei zu betrachten wären und daher von jedermann benutzt werden dürften.

Umschlaggestaltung: Ulrike Weigel, Niedernhausen, www.corporatedesigngroup.de
Satzarbeiten: FROMM MediaDesign GmbH, Selters/Ts.
Druck und buchbinderische Verarbeitung: Koninklijke Wörmann B. V., Zutphen

Printed in Germany

ISBN 3-409-42158-0

Vorwort der Herausgeber

Die Finanzmärkte sind im Umbruch. Globalisierung, europäische Integration und Telekommunikation haben bei den Banken einen Umstrukturierungsprozess in Gang gesetzt, der alle Geschäftsbereiche erfasst und zu neuen strategischen Ausrichtungen führt beziehungsweise noch weiter führen wird. Die neue Bankenlandschaft ist gekennzeichnet durch: die Neudefinition von Hierarchien und die Delegation von Kompetenzen, neue Organisationsformen für den sich wandelnden Markt und für neue Produkte und eine breitere Form der Nachwuchssicherung und der Weiterbildung für die Mitarbeiter. Auch der nationale Gesetzgeber und die EU geben Impulse. Sie unterstützen und begrenzen diesen Prozess durch neue gesetzliche Regelungen.

Ein solcher grundlegender Wandel muss auch seinen Niederschlag in der Ausbildung finden. Dies führte uns zur erneuten Überarbeitung des langjährig bewährten Standardwerkes von Hagenmüller/Diepen „Der Bankbetrieb".

Im Mittelpunkt stehen weiterhin die Leistungen der Kreditinstitute für den Markt, nämlich das Kredit- und Dienstleistungsgeschäft – und damit vor allem die notwendige Kundenorientierung. Beibehalten wurde die technische und die juristische Darstellung der Geschäftsgrundlagen, die unabdingbar sind für die sorgfältige Vorbereitung auf eine berufliche Erstqualifikation in Studium oder Beruf.

Die einführenden Texte erläutern den Gesamtzusammenhang des zu behandelnden Geschäftsfeldes, die Leitfragen zur Thematik verdichten den Inhalt und bieten Orientierungshinweise. Fallstudien, Skizzen und grafische Beispiele erleichtern das Verständnis auch schwieriger Sachverhalte und im abschließenden Resümee können die Kernaussagen nachgelesen werden. Schließlich dienen die Aufgaben am Ende der Kapitel zur Festigung und Vertiefung des Gelernten. Sie gehen teilweise über das notwendige Wissen für die Bankgehilfenprüfung hinaus.

Dieses Buch ist in erster Linie konzipiert für Auszubildende im Bankbereich sowie für Studenten der Bankbetriebslehre. Aber auch Bankpraktiker, die über ihr eigenes Spezialgebiet hinaus Fragen abklären wollen, werden hier ein umfassendes und interessantes Lehrbuch finden. Die Arbeitsteilung in Banken wird sich tendenziell verringern und der Trend zur Eigenverantwortung nimmt weiterhin zu. Größere Kompetenzen verlangen neben der fundierten Erstausbildung vor allem auch kontinuierliche Fortbildung, insbesondere auch auf den Nicht-Fachgebieten.

Unser Dank gilt allen mitwirkenden Autoren und dem Lektorat des Gabler-Verlags für fachkundige Beratung und Unterstützung in allen Phasen der Entstehung dieses Werkes.

Unseren Lesern wünschen wir, dass sie mit diesem Buch die notwendige berufliche Handlungskompetenz erwerben oder vertiefen, um sich auf die spannenden „Geschäfte mit dem Geld anderer Leute" einlassen zu können.

Frankfurt, im Juni 2000   Die Herausgeber

Autorenverzeichnis

Die Herausgeber

Dipl.-Hdl. Reinhold Adrian

ist Oberstudiendirektor und war Leiter der Bethmannschule in Frankfurt. Nach Banklehre und wirtschaftswissenschaftlichem Studium in Frankfurt und England war er nach seiner Referendarzeit zunächst Lehrer in der Berufsschule und dann Fachleiter am Studienseminar für das Lehramt an beruflichen Schulen. Er ist Lehrbeauftragter im Fachbereich Wirtschaftswissenschaften der Johann-Wolfgang-Goethe-Universität und Mitglied in verschiedenen Prüfungsausschüssen und im Berufsbildungsausschuss der IHK Frankfurt sowie im Prüfungsausschuss Ausbilder Banken, auch an der IHK Frankfurt.
(Konzeption und Kapitel II, 3.; Kapitel II, 5.)

Prof. Dr. Thomas Heidorn, M. A.,

ist Doktor der Wirtschafts- und Sozialwissenschaften. Seine berufliche Laufbahn begann als wissenschaftlicher Assistent. In der Dresdner Bank, Frankfurt, absolvierte er eine Investment-Banking-Ausbildung und war Vorstandsassistent. Seit 1991 ist er an der Hochschule für Bankwirtschaft in Frankfurt, Private Hochschule der Bankakademie, und hat eine Professur für Allgemeine Bankbetriebswirtschaftslehre. Er betreut die englischsprachigen Hochschulen im Partnerschaftsprogramm der Hochschule für Bankwirtschaft und ist als externer Berater und Referent für Banken und andere Unternehmen tätig.
(Konzeption und Kapitel I, 1. und 4.; Kapitel II, 4.)

Das Autorenteam

Dr. jur. Thomas Benthien absolvierte nach einer kaufmännischen Lehre ein rechtswissenschaftliches Studium. Danach arbeitete er in leitender Funktion insbesondere in der Zahlungsverkehrsabwicklung einer Bank. Rund 20 Jahre war er Dozent für Zahlungsverkehr an der Bankakademie. Ferner war er als Abteilungsleiter zuständig für Aus- und Weiterbildung und ist es jetzt für den Bereich Rechnungswesen.
(Kapitel II, 2.)

Dr. Jürgen Kurt Bott ist Professor für Finanzdienstleistungen an der Fachhochschule Rheinland-Pfalz. Er studierte Betriebswirtschaftslehre in Würzburg sowie Statistik und Operations Research in New York, arbeitete dann für J. P. Morgan, die Deutsche Bundesbank und McKinsey & Comp. Neben seiner Lehr- und Forschungstätigkeit ist er derzeit auch externer Berater für den Internationalen Währungsfonds.
(Kapitel I, 2. und 3.)

Dr. rer. pol. Volker Doberanzke ist nach einer Banklehre und wirtschaftswissenschaftlichem Studium bei einer deutschen Großbank tätig. Er ist dort als Bereichsleiter im Konzernstab Risikocontrolling im Investmentbanking tätig.
(Kapitel III, 1.)

Dipl.-Kfm. Dieter Helmle ist nach einer Banklehre und dem Studium der Betriebswirtschaftslehre im Bereich Private Banking & Asset Management bei einer renommierten Privatbank tätig. Dort ist er als Abteilungsdirektor zuständig für vermögende Privatkunden.
(Kapitel II, 3.)

Dipl.-Kfm. Günter Hesse ist Oberstudiendirektor und Leiter der Hans- Böckler-Berufsschule in Frankfurt am Main. Er absolvierte eine Banklehre und ein Studium der Betriebswirtschaft. Seit Jahren ist er Mitglied eines IHK-Prüfungsausschusses für Banken und kann auf eine mehr als 25-jährige Lehrerfahrung im Bankbereich zurückblicken.
(Kapitel II, 1.)

Autorenverzeichnis IX

Dr. Gudrun Annette Klage war nach Banklehre, wirtschaftswissenschaftlichem Studium und Promotion zunächst als Vorstandsassistentin für eine große Sparkasse tätig. Seit Jahren ist sie Dozentin an der Bankakademie und übernimmt Weiterbildungsaufgaben im Bankwesen und in der Industrie. Außerdem ist sie Autorin von kreditwirtschaftlichen und personalpolitischen Fachbeiträgen.
(Kapitel III, 3., 4. und 5.)

Steffen Kühnle studierte Volks- und Betriebswirtschaftslehre in Deutschland und Frankreich und hat seitdem im Investmentbanking und Risikocontrolling verschiedene Funktionen in Stabsbereichen und Projekten wahrgenommen. Derzeit arbeitet er in der strategischen Risikoüberwachung einer Frankfurter Großbank.
(Kapitel III, 1.)

Heinz-Klaus Rützel ist Abteilungsdirektor der Deutsche Börse AG i. R. Nach seiner Banklehre arbeitete er im Wertpapierbereich verschiedener Banken in Frankfurt und Zürich. Er war Leiter der Schulung und der Beratung internationaler Fachbesucher in der Unternehmensgruppe Deutsche Börse und ist Mitglied der Börsenhändler-Prüfungskommission.
(Kapitel II, 3.)

Inhaltsübersicht

Kapitel I:
Kreditwirtschaft im gesamtwirtschaftlichen Umfeld

1. Aufgaben der Banken
2. Struktur des Bankgewerbes
3. Der Markt für Bankleistungen
4. Grundlegende Analysemethoden im Finanzbereich

Kapitel II:
Leistungen und Dienstleistungen der Kreditinstitute

1. Das Konto als Basis der Kunde-Bank-Beziehung
2. Bankdienstleistungen rund um den Zahlungsverkehr
3. Geld- und Kapitalanlagemöglichkeiten
4. Derivative Finanzdienstleistungen
5. Klassisches Kreditgeschäft
6. Auslandsgeschäft

Kapitel III:
Bankpolitik

1. Aufsichtsrechtliche Rahmenbedingungen
2. Organisation und Informationsmanagement
3. Rechnungswesen
4. Ertragsmanagement

Inhaltsverzeichnis

Vorwort		V
Autorenverzeichnis		VII

Kapitel I:
Kreditwirtschaft im gesamtwirtschaftlichen Umfeld — 1

1.	**Aufgaben der Banken**	3
1.1	Banken im Wirtschaftskreislauf	4
1.2	Transformationsfunktion der Banken	6
1.3	Geldschöpfung im Bankensektor	13
2.	**Struktur des Bankgewerbes**	17
2.1	Geschäftsbanken	20
2.1.1	Universalbanken	20
2.1.1.1	Banken des Genossenschaftssektors	21
2.1.1.2	Banken des Sparkassensektors	24
2.1.1.3	Kreditbanken	29
2.1.2	Spezialbanken	31
2.1.2.1	Banken mit spezialisiertem Leistungsangebot	32
2.1.2.2	Kreditinstitute mit Sonderaufgaben	36
2.2	Deutsche Bundesbank – Europäisches System der Zentralbanken	37
2.2.1	Die Deutsche Bundesbank als Teil des Europäischen Systems der Zentralbanken	37
2.2.2	Unabhängigkeit als wichtige Voraussetzung	38
2.2.3	Sicherung der Preisstabilität als vorrangiges Ziel	39
2.2.4	Weitere Aufgaben	41
3.	**Der Markt für Bankleistungen**	44
3.1	Marktwirtschaftliches Umfeld	45
3.2	Nachfrager nach Bankleistungen	49
3.2.1	Privatkunden	49
3.2.2	Firmenkunden	51
3.2.3	Staatliche Nachfrage	53
4.	**Grundlegende Analysemethoden im Finanzbereich**	56
4.1	Gegenwartswerte und Opportunitätskosten	57
4.2	Gegenwartswerte bei mehreren Perioden	60
4.3	Gegenwartswerte bei Anleihen und Aktien	63
4.3.1	Bewertung von Anleihen	63
4.3.2	Bewertung von Aktien	64
4.4	Effektivverzinsung von Anleihen	67

4.5	Effektivverzinsung von Krediten	70
4.6	Besonderheiten bei der Effektivverzinsung	72

Kapitel II:
Leistungen und Dienstleistungen der Kreditinstitute — 79

1.	**Das Konto als Basis der Kunde-Bank-Beziehung**	81
1.1	Kontoarten – Wozu braucht man welches Konto?	82
1.2	Kontovertrag und Allgemeine Geschäftsbedingungen (AGB)	84
1.3	Kontoinhaber und Verfügungsberechtigte	91
1.3.1	Kontoinhaber	91
1.3.1.1	Einzel- und Gemeinschaftskonten	94
1.3.1.2	Treuhandkonten	94
1.3.2	Verfügungsberechtigte	96
1.3.2.1	Gesetzliche Vertreter	96
1.3.2.2	Rechtsgeschäftliche Vertreter	96
1.3.2.3	Sonderfälle der Verfügungsberechtigung	99
1.4	Kontrollpflichten nach Abgabenordnung und Geldwäschegesetz	100
1.4.1	Legitimationsprüfung nach der Abgabenordnung	100
1.4.2	Geldwäschegesetz (Gesetz über das Aufspüren von Gewinnen aus schweren Straftaten)	103
1.5	Bankgeheimnis und Bankauskunft	104
1.5.1	Offenbarungspflichten gegenüber staatlichen Stellen	105
1.5.2	Einwilligung des Kunden – Schufa-Verfahren	106
1.5.3	Bankauskunft	106
1.6	Perspektiven der Kontoführung beim Directbanking	107
2.	**Bankdienstleistungen rund um den Zahlungsverkehr**	111
2.1	Allgemeine Grundlagen	111
2.1.1	Was gehört zum Zahlungsverkehr der Banken?	111
2.1.2	Was ist Geld?	112
2.1.3	Zahlungsmittel: Bargeld, Buchgeld, Geldersatzmittel	114
2.1.4	Zahlungsformen: bare, halbbare und bargeldlose Zahlung	115
2.1.5	Elektronisches Geld (E-Geld) als neues Zahlungsinstrument	116
2.1.6	Bankenübergreifende Gremien des Zahlungsverkehrs	117
2.1.7	Rechtliche Grundlagen des Zahlungsverkehrs	117
2.1.8	Geschäftspolitische Bedeutung des Zahlungsverkehrs	118
2.2	Barer Zahlungsverkehr	120
2.2.1	Rechtliche Grundlagen	120
2.2.2	Kassenverkehr und Scheckauskunft bei Banken	123
2.2.2.1	Ein- und Auszahlungen am Bankschalter	123

2.2.2.2	Auskünfte, Bestätigungen und Einlösungsgarantien im Scheckverkehr durch Geschäftsbanken	125
2.3	Bargeldloser Zahlungsverkehr – Was geschieht hinter der Fassade?	126
2.3.1	Organisatorische Abwicklung: Verrechnungswege in Deutschland und Europa	126
2.3.1.1	Verrechnungsnetze in Deutschland	126
2.3.1.2	Verrechnungsnetze in Europa	132
2.3.2	Rolle der Deutschen Bundesbank im Zahlungsverkehr	134
2.3.2.1	Wettbewerbsneutrale Clearingeinrichtungen	134
2.3.2.2	Elektronische Öffnung	136
2.3.2.3	Leitwegsteuerung	136
2.3.3	Wertstellungspraxis und Float	137
2.3.3.1	Wertstellung	137
2.3.3.2	Float	137
2.4	Klassische Instrumente des bargeldlosen Zahlungsverkehrs	139
2.4.1	Überweisung	139
2.4.1.1	Überweisungsgesetz (ÜG)	139
2.4.1.2	Überweisungsvertrag/Zahlungsvertrag/Girovertrag	140
2.4.1.3	Bedeutung von Gutschrifts- und Belastungsbuchung	143
2.4.1.4	Wirkung der Überweisung auf das Grundgeschäft	143
2.4.1.5	Sicherungsmaßnahmen im Überweisungsverkehr	144
2.4.1.6	Widerruf von Überweisungsaufträgen	145
2.4.2	Scheck	145
2.4.2.1	Wesen, rechtliche Grundlagen und Form des Schecks	145
2.4.2.2	Orderscheck, Inhaberscheck und Rektascheck	148
2.4.2.3	Barscheck, Verrechnungsscheck, gekreuzter Scheck	151
2.4.2.4	Scheckinkasso und Scheckeinlösung	152
2.4.2.5	Nichteinlösung und Rückgriff	154
2.4.2.6	Maßnahmen zur Förderung des Scheckverkehrs	157
2.4.3	Lastschrift	162
2.4.3.1	Begriff und Verwendungsmöglichkeiten	162
2.4.3.2	Organisation des Lastschriftverfahrens	163
2.4.3.3	Nichteinlösung/Widerspruch von Lastschriften	166
2.4.4	Wechsel	168
2.4.4.1	Formen und Arten des Wechsels	170
2.4.4.2	Wirtschaftliche Funktionen des Wechsels	173
2.4.4.3	Annahme, Übertragung und Einlösung des Wechsels	175
2.4.4.4	Nichteinlösung und Protest	177
2.4.4.5	Dienstleistungen der Banken bei der Wechselverwendung	179
2.5	Neuere Formen des automatisierten Zahlungsverkehrs: Electronic Banking	179
2.5.1	Organisatorische Grundlagen	180

2.5.1.1	Bankleitzahlensystem	180
2.5.1.2	Einehitliche Zahlungsverkehrsvordrucke und Textschlüssel	182
2.5.1.3	Automatisierter Belegverkehr (MAOBE: Maschinell-optische-Belegerfassung)	183
2.5.1.4	Einheitliche elektronische Zahlungsaustauschsätze (DTA, EDIFACT, SWIFT) und Kommunikationsstandards	185
2.5.1.5	Elektronischer Zahlungsverkehr (EZV)	190
2.5.1.6	Elektronische Unterschrift (Digitale Signatur)	195
2.5.2	Dienstleistungen für Firmen-/Privatkunden	198
2.5.2.1	Kartengesteuerte Zahlungssysteme	199
2.5.2.2	Selbstbedienungsterminals der Banken	203
2.5.2.3	Kassenterminals des Handels (POS)	205
2.5.2.4	Geldkartenterminals	210
2.5.2.5	Telefon Banking	211
2.5.2.6	Onlinebanking via T-Online	212
2.5.2.7	Internetbanking	217
2.5.2.8	MultiCash/Elko (Elektronische Kontoführung)	223
2.5.2.9	Cash-Management-Systeme (CMS)	224
3.	**Geld- und Kapitalanlagemöglichkeiten**	**229**
3.1	Anlage auf Konten – erste Schritte zum Vermögensaufbau	230
3.1.1	Sicht-, Termin- und Spareinlagen als klassische Anlagemedien	230
3.1.1.1	Sichteinlagen	230
3.1.1.2	Termineinlagen	231
3.1.1.3	Spareinlagen	232
3.1.2	Staatliche Förderung der Vermögensbildung	237
3.1.2.1	Das 5. Vermögensbildungsgesetz (5. VermBG)	238
3.1.2.2	Das Wohnungsbau-Prämiengesetz	241
3.1.2.3	Vermögensbeteiligungen (19 a EStG)	242
3.1.3	Allfinanzangebote der Banken – Partnerschaften mit Lebensversicherungen und Bausparkassen	243
3.1.3.1	Bausparen	243
3.1.3.2	Kapitallebensversicherungen	245
3.2	Effektengeschäft und Wertpapiertechnik	247
3.2.1	Effektenarten	248
3.2.1.1	Begriff Wertpapier	248
3.2.1.2	Schuldverschreibungen	248
3.2.1.3	Arten von Schuldverschreibungen	250
3.2.1.4	Aktien	254
3.2.1.5	Investmentanteile/-zertifikate	256
3.2.1.6	Mischformen von Wertpapieren	257
3.2.1.7	Optionsscheine (Warrants)	260
3.2.1.8	Verbriefung von Effekten, Verschaffung der Rechte	262

3.2.2	Emissionsgeschäft	264
3.2.2.1	Geschichtliche Entwicklung und Wesen	264
3.2.2.2	Selbst- und Fremdemission als grundlegende Formen der Erstplatzierung	265
3.2.2.3	Unterschiedliche Formen von Emissionskonsortien zur Erstplatzierung von Fremdemissionen	265
3.2.2.4	Techniken der Platzierung der Effekten	268
3.2.2.5	Bedeutung des Emissionsgeschäfts für Aufwand und Ertrag der Banken	274
3.2.3	Die Effektenbörsen	275
3.2.3.1	Geschichtliche Entwicklung und rechtliche Grundlagen	275
3.2.3.2	Trägerschaft und Organisation der Börsen	279
3.2.3.3	Börsenzulassung von Wertpapieren – die drei Marktsegmente	282
3.2.3.4	Wertpapieraufsicht und Insiderregeln	284
3.2.3.5	Keine Vorteile für Insider	286
3.2.3.6	EUREX – erweiterte Aktionsmöglichkeiten für Banken und Anleger	288
3.2.4	Technik des Effektenhandels	291
3.2.4.1	Rechtliche Grundlagen	291
3.2.4.2	Banken als Kommissionär	292
3.2.4.3	Information und Beratung	292
3.2.4.4	Auftragserteilung	292
3.2.4.5	Der Weg des Auftrags zur Wertpapierbörse	293
3.2.4.6	Wie entsteht ein Kurs an der Börse?	294
3.2.4.7	Ausführungsbestätigung, Schlussnoten und Abrechnung	298
3.2.4.8	Lieferung und Zahlung – das Erfüllungsgeschäft	301
3.2.4.9	Wertpapierleihe	303
3.2.4.10	DAX und andere Börsen-Indizes	304
3.2.5	Depotgeschäft – Verwahrung und Verwaltung von Wertpapieren	307
3.2.5.1	Geschichtliche Entwicklung und Wesen	307
3.2.5.2	Rechtliche Grundlagen/Gesetzliche Bestimmungen	308
3.2.5.3	Wie lassen sich Wertpapiere bei der Bank verwahren?	311
3.2.5.4	Verpfändung von Wertpapieren bei der Drittverwahrung	315
3.2.5.5	Depot A, B, C oder D?	317
3.2.5.6	Verwaltung von Effekten – ein wichtiger Service der Banken	319
3.2.5.7	WP-Informationsdienst der Wertpapier-Mitteilungen als Grundlage der Verwaltungsarbeiten	322
3.2.5.8	Bedeutung des Depotgeschäfts für Aufwand und Ertrag der Banken	322
3.3	Grundlagen der Anlageberatung und Vermögensverwaltung	324
3.3.1	Rechtliche Grundlagen	324
3.3.1.1	Grundlegendes zur Beratungshaftung	324
3.3.1.2	Wichtiges zum Wertpapierhandelsgesetz	325

3.3.2	Risiko- und Ertragsrelationen verschiedener Anlagemedien	327
3.3.2.1	Kontengebundene Geldanlagen	327
3.3.2.2	Festverzinsliche Wertpapiere	328
3.3.2.3	Aktienanlage und Portefeuillebildung	331
3.3.2.4	Investmentzertifikate	335
3.3.2.5	Wertpapiermischformen	336
3.3.2.6	Finanzinnovationen	337
3.3.3	Einfluss steuerlicher Regelungen auf die Anlageentscheidung	339
3.3.3.1	Steuerliche Nachteile bei kontengebundenen Geldanlagen	340
3.3.3.2	Steuern bei festverzinslichen Anleihen und Disagioeffekte	340
3.3.3.3	Steuervorteile bei Aktien als Produktivkapital	342
3.3.3.4	Investmentzertifikate	343
3.3.3.5	Wertpapiermischformen	345
3.3.3.6	Finanzinnovationen	346
3.3.4	Analyse der Anlagebedürfnisse des Kunden	347
3.3.4.1	Betrachtung der persönliche Verhältnisse	347
3.3.4.2	Einfluss des Anlagehorizontes	348
3.3.4.3	Persönlichkeitsstruktur und Risikopräferenz des Anlegers	349
3.3.4.4	Die individuelle steuerliche Situation des Kunden	349
3.3.4.5	Vorteile einer Vermögensverwaltung	353
3.4	Eigengeschäfte der Banken an Geld- und Kapitalmarkt	353
3.4.1	Geld- und Kapitalmarkt – Begriffe und Abgrenzungen	354
3.4.2	Der Geldhandel der Banken am Interbankenmarkt und am Refinanzierungsmarkt	355
3.4.2.1	Interbankenmarkt	355
3.4.2.2	Refinanzierung bei der Bundesbank	356
3.4.3	Eigengeschäfte der Banken am Kapitalmarkt	357
3.4.3.1	Anlage in festverzinslichen Wertpapieren	357
3.4.3.2	Eigenhandel in Wertpapieren	358
3.4.3.3	Beteiligungen an anderen Unternehmen	358
4.	**Derivative Finanzdienstleistungen**	**362**
4.1	Zinsswaps	363
4.1.1	Entstehung des Zinsswaps	363
4.1.2	Usancen des Swapmarktes	367
4.1.3	Zinsswaps zur Finanzierungssteuerung	369
4.2	Forward Rate Agreements	372
4.2.1	Ableitung des Terminzinssatzes (Forward)	372
4.2.2	Usancen für Forward Rate Agreements	373
4.3	Börsengehandelte Derivative am Beispiel des Bundfutures	375
4.4	Optionen	381
4.4.1	Allgemeine Optionsbewertung	381
4.4.1.1	Inhaber eines Calls	382

4.4.1.2	Stillhalter eines Calls	382
4.4.1.3	Inhaber eines Puts	383
4.4.1.4	Stillhalter eines Puts	384
4.4.2	Aktienoptionen	388
4.4.3	Zinsoptionen	390
4.4.3.1	Cap	391
4.4.3.2	Floor	392
4.5	Risiken aus Derivativgeschäften	393
5.	**Klassisches Kreditgeschäft**	**397**
5.1	Vom Antrag bis zur Zusage des Kredits	400
5.1.1	Finanzierungsanlässe bei privaten Haushalten, Unternehmen und öffentlichen Haushalten	400
5.1.2	Kreditfähigkeit und Kreditwürdigkeit	400
5.1.2.1	Prüfung der Kreditfähigkeit	401
5.1.2.2	Prüfung der Kreditwürdigkeit	402
5.1.3	Grundsätzliches zur Besicherung	418
5.1.4	Kreditzusage	418
5.2	Sicherheiten: Instrumente der Risikobegrenzung im Kreditgeschäft	425
5.2.1	Die Bürgschaft als dominierende Form der Personensicherheit	427
5.2.1.1	Zweck, Umfang und Form von Bürgschaften	427
5.2.1.2	Arten von Bürgschaften	430
5.2.2	Pfandrecht	432
5.2.2.1	Voraussetzungen des vertraglichen Pfandrechts	436
5.2.2.2	Verwertung eines Pfandes	438
5.2.2.3	Erlöschen des Pfandrechts	440
5.2.2.4	Bedeutung des Pfandrechts in der Bankpraxis	440
5.2.3	Sicherungsübereignung	440
5.2.3.1	Entstehung	440
5.2.3.2	Risiken beim Sicherungsübereignungsvertrag	441
5.2.3.3	Verpfändung oder Sicherungsübereignung?	445
5.2.4	Abtretung von Forderungen und Rechten (Zession)	446
5.2.4.1	Formen der Abtretung von Forderungen	446
5.2.4.2	Zustandekommen des Zessionsvertrages	447
5.2.4.3	Mantelzession und Globalzession als Formen der Rahmenabtretung	454
5.2.5	Hypothek und Grundschuld	459
5.2.5.1	Grundbuch	459
5.2.5.2	Hypothek und Grundschuld: Merkmale, Formen und Unterschiede	465
5.2.6	Grenzen der Kreditbesicherung	488
5.2.6.1	Wirtschaftliche Bestimmungsgründe des Sicherheitenumfangs	488
5.2.6.2	Rechtliche Schranken der Besicherung	489

5.3	Kreditarten	490
5.3.1	Geldleihgeschäfte	491
5.3.1.1	Kontokorrentkredite	491
5.3.1.2	Konsumentenkredite auf Ratenbasis	498
5.3.1.3	Verbundene Geschäfte	505
5.3.1.4	Diskontkredite	505
5.3.1.5	Lombardkredite	508
5.3.1.6	Langfristiges Kreditgeschäft	512
5.3.2	Kreditleihgeschäfte	521
5.3.2.1	Akzeptkredite	521
5.3.2.2	Avalkredite	523
5.3.3	Besondere Finanzierungsformen	527
5.3.3.1	Leasing	528
5.3.3.2	Factoring	533
5.4	Notleidende Kredite	536
5.4.1	Ursachen für Kreditausfälle	536
5.4.2	Strategische Überlegungen	538
5.4.3	Maßnahmen bei notleidenden Krediten	538
5.4.3.1	Kündigung und Verwertung von Sicherheiten	538
5.4.3.2	Freiwilliger/außergerichtlicher Vergleich	543
5.4.3.3	Einleitung eines gerichtlichen Mahn-/Klageverfahrens	544
5.4.3.4	Zwangsvollstreckung	545
5.4.3.5	Einleitung eines gerichtlichen Insolvenzverfahrens	546
5.4.4	Rechtsschuldbefreiung von natürlichen Personen nach Verbraucherinsolvenz	547
6.	**Auslandsgeschäft**	553
6.1	Rechtliche Grundlagen	554
6.1.1	Grundsätzliche nationale Bestimmungen und internationale Normen	554
6.1.2	Risiken im Außenhandel	555
6.1.3	Lieferungsbedingungen im Außenhandel	556
6.1.4	Zahlungsbedingungen im Außenhandel	560
6.1.5	Dokumente im Außenhandel	561
6.1.5.1	Handelsrechnung	562
6.1.5.2	Transportdokumente	563
6.1.5.3	Versicherungsdokumente	566
6.1.5.4	Andere Dokumente	566
6.2	Nichtdokumentärer Zahlungsverkehr	567
6.2.1	Zahlungen durch Überweisung	567
6.2.2	Zahlungen durch Scheck	570
6.2.3	Zahlungen im Reiseverkehr	571
6.3	Dokumentärer Zahlungsverkehr	571
6.3.1	Dokumentenakkreditiv	571

6.3.1.1	Wesen und rechtliche Grundlagen	571
6.3.1.2	Banktechnische Abwicklung eines Dokumentenakkreditives	574
6.3.1.3	Arten des Dokumentenakkreditives	575
6.3.1.4	Beispiel für die Abwicklung eines typischen, unbestätigten unwiderruflichen Dokumentenakkreditivs	578
6.3.1.5	Sonderformen des Akkreditivs	579
6.3.2	Dokumenteninkasso	584
6.3.2.1	Wesen und rechtliche Grundlagen	584
6.3.2.2	Ablauf eines Dokumenteninkassos (d/a)	586
6.3.3	Wesentliche Unterschiede zwischen Dokumentenakkreditiv und Dokumenteninkasso	586
6.4	Außenhandelsfinanzierungen	587
6.4.1	Kurzfristiges Auslandskreditgeschäft	588
6.4.1.1	Kontokorrentkredite	589
6.4.1.2	Export- und Importvorschüsse	589
6.4.1.3	Wechselkredite	590
6.4.1.4	Rembourskredite	591
6.4.1.5	Eurokredite und Euro-Festsatzkredite	593
6.4.2	Mittel- bis langfristiges Auslandskreditgeschäft	594
6.4.2.1	Eurokredite	594
6.4.2.2	Exportversicherung des Bundes über die HERMES Kreditversicherungs AG	595
6.4.2.3	AKA-Finanzierungen	595
6.4.2.4	KfW-Kredite	596
6.4.2.5	Finanzierung durch internationale Organisatoren	596
6.4.3	Sonderformen	597
6.4.3.1	Forfaitierung	597
6.3.3.2	Gegengeschäfte	598
6.4.3.3	CTF (Commodity and Trade Financing)	599
6.4.3.4	Projektfinanzierungen	599
6.4.4	Garantien im Außenhandel	599
6.5	Devisenhandel	602
6.5.1	Devisenkassageschäfte	603
6.5.2	Devisentermingeschäfte	604
6.5.3	Devisenoptionsgeschäfte	606

Kapitel III:
Bankpolitik 609

1.	**Aufsichtsrechtliche Rahmenbedingungen**	611
1.1	Zur Notwendigkeit einer staatlichen Bankenaufsicht	612
1.2	Rechtsgrundlagen der Bankenaufsicht	612

1.3	Organisation der Bankenaufsicht	613
1.3.1	Bundesaufsichtsamt für das Kreditwesen	613
1.3.2	Zusammenarbeit mit der Deutschen Bundesbank	614
1.4	Aufgaben der Bankenaufsicht	615
1.4.1	Kreis der aufsichtsrechtlich erfassten Institute	615
1.4.1.1	Kreditinstitute	615
1.4.1.2	Finanzdienstleistungsunternehmen	616
1.4.1.3	Sonstige Unternehmen des finanziellen Sektors	617
1.4.2	Erlaubnis zum Betreiben von Bankgeschäften	618
1.4.2.1	Gesetzliche Mindestanforderungen	619
1.4.2.2	Europäischer Pass	620
1.4.3	Überwachung des laufenden Geschäftsbetriebes	621
1.4.3.1	Anzeigen	621
1.4.3.2	Jahresabschlüsse und Monatsausweise	622
1.4.3.3	Auskünfte und Prüfungsrechte des BAK	622
1.4.3.4	Maßnahmen in besonderen Fällen	623
1.5	Aufsichtsrechtliche Bedeutung der Eigenmittelausstattung	623
1.5.1	Definition der Eigenmittel	624
1.5.2	Haftendes Eigenkapital	625
1.5.2.1	Kernkapital	625
1.5.2.2	Ergänzungskapital	626
1.5.2.3	Berechnung des haftenden Eigenkapitals	628
1.5.3	Drittrangmittel	629
1.6	Grundsatz I	631
1.6.1	Zielsetzung und Konzeption	632
1.6.2	Unterscheidung zwischen Anlagebuch und Handelsbuch	634
1.6.3.	Adressenausfallrisiken	636
1.6.3.1	Adressenausfallrisiken des Anlagebuches	636
1.6.3.2	Adressenausfallrisiken des Handelsbuches	644
1.6.4	Marktpreisrisiken	645
1.6.4.1	Fremdwährungs- und Goldpreisrisiken	645
1.6.4.2	Rohwarenrisiko	648
1.6.4.3	Zinsrisiken	648
1.6.4.4	Aktienkursrisiko	654
1.6.4.5	Optionsrisiken	655
1.6.4.6	Eigene Risikomodelle und Value-at-Risk-Ansätze	658
1.6.5	Berechnung der Grundsatz-I-Kennziffer	660
1.6.6	Kreditinstitutsgruppen und Finanz-Holding-Gruppen	662
1.6.6.1	Konsolidierungspflichtige Unternehmen	663
1.6.6.2	Konsolidierungsverfahren	664
1.7	Begrenzung von Großkrediten und Beteiligungen an Nichtbanken	667
1.7.1	Begrenzung von Großkrediten	668
1.7.1.1	Zielsetzung und Konzeption der Großkreditvorschriften	668

1.7.1.2	Großkredite von Kreditinstitutsgruppen und Finanzholding-Gruppen (§13 b KWG)	670
1.7.2	Begrenzung von bedeutenden Nichtbankenbeteiligungen	670
1.8	Überwachung des Kreditgeschäfts	671
1.8.1	Vorschriften für einzelne Kreditarten: Großkredite, Millionenkredite und Organkredite	671
1.8.1.1	Großkredite	671
1.8.1.2	Millionenkredite	671
1.8.1.3	Organkredite	672
1.8.2	Kreditunterlagen	673
1.8.3	Begriff des Kredits und des Kreditnehmers	673
1.8.3.1	Begriff des Kredits	673
1.8.3.2	Begriff des Kreditnehmers	674
1.9	Erfassung des Liquiditätsrisikos	675
1.9.1	Liquidität als bankbetriebliches Ziel	675
1.9.1.1	Goldene Bankregel	675
1.9.1.2	Bodensatz-Theorie	676
1.9.1.3	Shiftability-Theorie	676
1.9.2	Liquiditätsvorschriften des Bundesaufsichtsamtes für das Kreditwesen	676
1.10	Einlagensicherung	679
1.10.1	Liquiditäts-Konsortialbank GmbH	680
1.10.2	Einlagensicherungsfonds des privaten Bankgewerbes	680
1.10.3	Sicherungsfonds der Sparkassen	681
1.10.4	Sicherungseinrichtung bei den Kreditgenossenschaften	681
2.	**Organisation und Informationsmanagement**	**684**
2.1	Begriff und Aufgaben der Organisation	685
2.1.1	Aufbauorganisation	686
2.1.1.1	Verrichtungsprinzip	687
2.1.1.2	Regionalprinzip	688
2.1.1.3	Objektprinzip	689
2.1.2	Ablauforganisation	693
2.1.2.1	Sicherheit	693
2.1.2.2	Schnelligkeit	694
2.1.2.3	Wirtschaftlichkeit	695
2.2	Informationsmanagement	698
2.2.1	Informationsbedarf	698
2.2.2	Konzept eines Informationssystems	699
2.2.3	Computerunterstützte Informationssysteme	701
3.	**Rechnungswesen**	**705**
3.1	Internes Rechnungswesen	707
3.1.1	Dualismus der Bankleistung	708

3.1.2	Kalkulation im Wertbereich	710
3.1.2.1	Schichtenbilanzmethode	710
3.1.2.2	Marktzinsmethode	713
3.1.2.3	Gegenüberstellung der Schichtenbilanz- und Marktzinsmethode	714
3.1.3	Kalkulation im Betriebsbereich	716
3.1.4	Integrierte Kostenrechnungssysteme	721
3.1.4.1	Produktkalkulation	722
3.1.4.2	Kundenkalkulation	723
3.1.4.3	Geschäftsstellenrechnung	724
3.2	Externes Rechnungswesen	725
3.2.1	Informationsfunktion des Jahresabschlusses	726
3.2.2	Bilanz	726
3.2.2.1	Einführung in den Aufbau der Bilanz	726
3.2.2.2	Bewertungsgrundsätze	729
3.2.2.3	Bewertungsgrundsätze für Wertpapiere	730
3.2.2.4	Bewertungsgrundsätze für Forderungen	730
3.2.2.5	Stille Reserven	733
3.2.3	Gewinn- und Verlustrechnung	734
3.2.4	Bilanzpolitik	738
4.	**Ertragsmanagement**	**742**
4.1	Asset Liability Management	743
4.1.1	Bilanzmanagement	743
4.1.2	Eigenkapitalausstattung	745
4.1.3	Refinanzierungsmöglichkeiten	747
4.1.4	Risikomanagement	747
4.1.4.1	Risikoidentifikation	748
4.1.4.2	Risikosteuerung	749
4.1.4.3	Risikokontrolle	751
4.2	Provisionsgeschäft	751
4.2.1	Off-balance-sheet-Business	752
4.2.2	Investment Banking	755
4.3	Kostenmanagement	756
4.3.1	Kosten-Nutzen-Optimierung	756
4.3.2	Rationalisierung	757
4.3.3	Gestaltung des Zweigstellennetzes	758
4.3.4	Personalkostenmanagement	758
4.3.5	Lean Banking	759
Abkürzungsverzeichnis		763
Stichwortverzeichnis		767

Kapitel I

Kreditwirtschaft im gesamtwirtschaftlichen Umfeld

Am Anfang unseres Lehrbuchs zur Bankbetriebslehre steht die Frage nach den Aufgaben der Banken in modernen Volkswirtschaften. Durch zunehmende Konkurrenz anderer Institute, wie Lebensversicherungen und Kreditkartenorganisationen, ist es immer wichtiger geworden, sich Gedanken über die Kernfunktionen der Banken zu machen. Der erste Abschnitt bespricht die Transformationsfunktionen im Bankensektor, wie also mit dem „Rohstoff Geld" gearbeitet wird. Anschließend wird die Frage nach dem Aufbau des Geschäftsbankensystems und seine Verbindung zur Zentralbank analysiert. Vor dem Hintergrund der Vielzahl verschiedenster Institutsgruppen in Deutschland kann dann der Markt für Bankleistungen untersucht werden. Die Kernkundengruppen Firmen, Konsumenten, aber auch der Staat, stellen durch ihre unterschiedlichen Bedürfnisse sehr vielfältige Anforderungen an den Dienstleister Bank. Hier wird gezeigt, dass die Marktsituation durch die Margenverkleinerung für Banken immer schwieriger wird. Hinzu kommt eine Vielzahl neuer Produkte, für deren Verständnis finanzmathematische Analysemethoden unabdingbar sind. Entsprechend schließt der erste Teil mit den Grundlagen der Bewertung von Zahlungsströmen und der Effektivzinsberechnung ab.

Kapitel I des „Bankbetriebs" gibt Ihnen also einen Überblick über das Umfeld, in dem die Banken in Deutschland agieren, und bereitet damit den Boden für das Verständnis konkreter Marktleistungen in Kapitel II.

1. Aufgaben der Banken

Geschäfte mit dem Geld anderer Leute

„Banking is the business of managing risk."

> Banken arbeiten im Geldstrom moderner Volkswirtschaften. Die reibungslose Abwicklung des Zahlungsverkehrs ist dabei eine der Grundfunktionen des Bankensektors. Eine andere Aufgabe ist die Finanzierungsfunktion. Dabei übernimmt die Bank Risiken: Einerseits stellt die Bank ihre Zahlungsfähigkeit zwischen Kreditnehmer und Einleger (Bonitätsrisiko), andererseits wird durch die Transformation von kurzen Einlagefristen zu langfristigen Krediten das Zinsänderungsrisiko von der Bank getragen.
>
> Außerdem wird der zunächst erstaunliche, weil für die meisten Kunden „unsichtbare" Prozess der Geldschöpfung durch die Geschäftsbanken Gegenstand dieses Abschnitts sein.

LEITFRAGEN

1. Wozu braucht eine moderne Volkswirtschaft Banken?
2. Welche Risiken sind mit dem Bankgeschäft verbunden?
3. Wie können Banken Geld schaffen?

Banken sind aus der **arbeitsteiligen Wirtschaft** nicht mehr wegzudenken. Obwohl fast jeder ein Konto bei einer Bank hat, ist es doch gar nicht so einfach herauszufinden, was eine Bank eigentlich ist. Schon ein erster Blick auf die Legaldefinition in **§ 1 Kreditwesengesetz (KWG)** zeigt die Schwierigkeiten, dem Wesen einer Bank auf die Spur zu kommen. Im Gesetz wird versucht, durch eine Aufzählung von Geschäften eine Abgrenzung zu finden. So ist ein Kreditinstitut ein kaufmännisch eingerichteter Geschäftsbetrieb, der mindestens eines der folgenden Geschäfte betreibt:

- Einlagengeschäft,
- Kreditgeschäft,
- Diskontgeschäft,
- Finanzkommissionsgeschäft,
- Depotgeschäft,
- Investmentgeschäft,
- Revolvinggeschäft,
- Garantiegeschäft,
- Girogeschäft,
- Emissionsgeschäft,
- Geldkartengeschäft,
- Netzgeldgeschäft.

Diese Aufzählung ist zwar zweifellos hilfreich: Ein Teil der genannten Geschäfte leuchtet auf den ersten Blick ein, andere sind eher erklärungsbedürftig (dazu später mehr). Vor allem aber fällt auf, dass eine Vielzahl von Finanzdienstleistungen **nicht** in der Aufzählung enthalten sind, zum Beispiel Vermögensverwaltung oder Kreditkartengeschäft. Auch wird nichts darüber gesagt, worin sich die Bankgeschäfte der Sparkassen, Kreditgenossenschaften oder Universalbanken unterscheiden. Diese juristischen Unterscheidungen lernen Sie in Kapitel III,1. kennen. Im Weiteren aber sprechen wir allgemein einfach von „Banken".

1.1 Banken im Wirtschaftskreislauf

Was unterscheidet eine Bank grundsätzlich von einem Industriebetrieb? Auffällig ist sicherlich die Tatsache, dass eine Bank **im Geldstrom** arbeitet, während ein Industriebetrieb in erster Linie reale Produkte herstellt und sie dann gegen Geld verkauft.

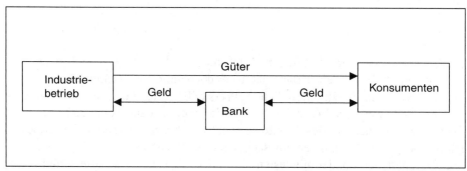

Abbildung 1-1: Banken im Geldstrom

Es fließen aber auch Gelder in die andere Richtung, denn die Konsumenten sind als Arbeitnehmer ja auch beschäftigt und beziehen Arbeitseinkommen. Die Bank ist ein ganz besonderer **Dienstleister**, der sowohl Geld entgegennimmt, als auch Geld weitergibt.

Werfen wir zuerst einen Blick in die Geschichte. Stellen wir uns einfach vor, wie ein reicher Kaufmann in Lübeck vor einigen hundert Jahren beginnt, seine Probleme im Finanzbereich zu lösen. Zunächst sucht er jemanden, der bereit ist, einen Teil seines Geldes sicher für ihn aufzubewahren. Diese **Depotfunktion** ist der Ausgangspunkt des Bankgewerbes. Der Bankier bietet für ein Entgelt die sichere Verwahrung von Wertsachen an. Nachdem das Problem zu Hause gelöst war, trat nun das Transportproblem in den Vordergrund. Um in München Waren zu bezahlen, begibt sich unser Kaufmann nur sehr ungern mit einem Sack voll Gold auf die Straße, denn Räuber lauern überall. Die Lösung war die Entwicklung eines unbaren Zahlungsverkehrs, der mit Kreditbriefen begann und heute durch Überweisungen den Löwenanteil der Geldbewegungen in unserer Wirtschaft regelt. Hinzu kam die **Umtauschfunktion**, denn die Kleinstaaten hatten unterschiedliche Währungen (wie alt dieses Geschäft ist, wird durch die Bibel belegt, denn dort verjagt Jesus die Geldwechsler aus dem Tempel). Auch diese Funktion des Tausches von Währungen verschiedener Länder hat sich bis heute im Devisenmarkt über die Zeit erhalten. Aus dem Depotgeschäft kamen clevere Banker auf die Idee, dass die Einleger von Geld nicht unbedingt dieselben Münzen zurück bekommen wollten, sondern nur einen entsprechenden Gegenwert. Weiterhin stellten sie fest, dass meist ein gewisser Anteil von Einlagen (der **Bodensatz**) trotz ständiger Bewegungen immer zur Verfügung stand. Damit begann das Verleihen fremder Gelder. Die **Finanzierungsfunktion** trat immer stärker in den Mittelpunkt.

Alle diese Elemente finden wir in unserer heutigen Wirtschaft wieder. Die drei Kerngruppen Staat, Unternehmen und private Haushalte benutzen die Banken für ihre Bedürfnisse im Zahlungsverkehr, als Anlagestelle für ihre Ersparnisse, aber auch zur Finanzierung eines Kreditbedarfs.

Im **Zahlungsverkehr** ist die Aufgabe der Banken leicht zu erkennen: Sie gewährleisten den Fluss von Geldern zwischen Person A und Person B sowie von Ort C nach Ort D. Die in Wirklichkeit sehr komplexen Zahlungsverkehrsysteme lernen Sie in Kapitel II, 2. kennen.

Die **Einlagen- und Kreditgeschäfte** dagegen machen die eigentliche Schlüsselfunktion der Banken in einer Volkswirtschaft aus. Diese Zusammenhänge wollen wir daher jetzt näher untersuchen.

Im folgenden Bild soll die Stärke der Pfeile die ungefähre Bedeutung der Kerngeschäfte von Banken symbolisieren.

6 Kreditwirtschaft im gesamtwirtschaftlichen Umfeld

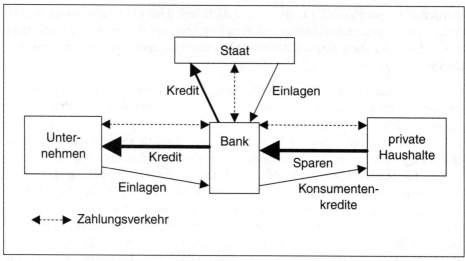

Abbildung 1-2: Grundfunktion der Banken

1.2 Transformationsfunktion der Banken

Früher wurde die Bank eher als eine Stelle zur **Weiterleitung von Geldern** interpretiert (Makler- beziehungsweise Brokerfunktion). Jedoch findet in der Bank ein **Produktionsprozess**, also eine Veränderung des Geldstroms, statt. In diesem Prozess nimmt die Bank drei Grundfunktionen wahr: die Transformation (= Umformung) von Betragsgrößen, Risiken und Fristen zwischen Einlagen und Krediten.

Die **Betrags-** oder **Losgrößentransformation** stellt die Bündelungsfunktion des Bankensektors dar. Dabei werden aus einer Vielzahl von vergleichsweise kleinen Einlagen entsprechend große Beträge für die unterschiedlichen Kredite zusammengestellt.

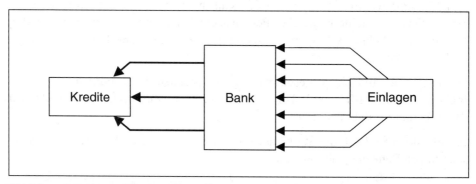

Abbildung 1-3: Losgrößentransformation

Die erste Veränderung der Einlagen beginnt mit der **Risikotransformation**. Bei Ausfall eines Schuldners der Bank muss trotzdem die Bank die Einlagen, mit denen sie den Kredit finanzierte, zurückzahlen. Damit muss es ihr also gelingen, über sachgemäße Entscheidungen und eine entsprechend gute Kreditanalyse dieses zusätzliche Risiko über höhere Kreditzinsen im Vergleich zu den Einlagezinsen wieder hereinzubekommen.

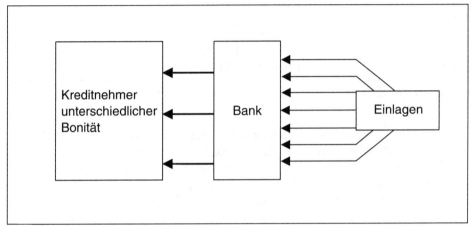

Abbildung 1-4: Kreditrisikotransformation

Die Übernahme des Bonitätsrisikos ist ein wesentlicher Bestandteil der Bankleistungen für den Einleger. Hätte er den Kredit direkt vergeben, hätte er sich ausführlich über die Bonität des Kreditnehmers (also die Kreditwürdigkeit, Zahlungsfähigkeit, wirtschaftliche „Gesundheit" etc.) informieren müssen. Dabei stünde für kleinere Einlagen der Aufwand der Informationsbeschaffung und Bewertung in keinem Verhältnis zu den möglichen Zinserträgen. Hinzu kommt, dass die Bank durch eine Vielzahl von Krediten das **Risiko streuen** kann, sodass ein einzelner Ausfall mit Hilfe der Zinseinnahmen aus den anderen Krediten kompensiert wird. Eine Bank hat ihr Kreditvolumen von 100 Millionen € beispielsweise mit Spargeldern finanziert:

Aktiva	Passiva
100 Millionen € Kredit zu 10 %	100 Millionen € Spareinlagen zu 4 %

Abbildung 1-5: Einfache Bankbilanz zum Bonitätsrisiko

Entsprechend führt ein **Ausfall von Krediten** in Höhe von 2 Millionen € zum Verlust des Kapitals, außerdem werden dafür auch keine Zinsen gezahlt. In der Gewinn- und Verlustrechnung ergibt sich dann folgendes Bild:

Aufwand		Ertrag	
Sparzinsen Abschreibung Kredite Gewinn	4,0 Mio. € 2,0 Mio. € 3,8 Mio. €	Kreditzinsen	9,8 Mio. €
Summe	9,8 Mio. €	Summe	9,8 Mio. €

Abbildung 1-6: Einfache Gewinn- und Verlustrechnung zum Bonitätsrisiko

Der erwartete Gewinn von 6 Millionen € ist durch die Kreditausfälle deutlich reduziert worden. Ziel einer sinnvollen Kreditpolitik muss es also sein, das Kreditrisiko möglichst weit zu streuen, und je nach Ausfallgefahr des Schuldners, einen entsprechend hohen Kreditzins zu vereinbaren (vgl. Kapitel I, 4.). Grundsätzlich müssen die verbleibenden Kredite die Ausfälle mitfinanzieren. Es ist sicher nicht möglich, dieses Risiko völlig zu vermeiden, es gilt aber, das Ausfallrisiko sinnvoll zu steuern.

Wird die Risikotransformation von den Kunden nicht gewünscht, tritt die **Verbriefung** an die Stelle der Kredite. Das Unternehmen begibt eine Anleihe, die der Kunde über die Bank kauft. Damit ist bei einem Zahlungsausfall der Kunde auch direkt betroffen. Die Bank übernimmt entsprechend nur noch die **Vermittlerfunktion**, berät das Unternehmen bei der Anleihenemission und platziert die Papiere dann bei den Anlegern. Diese Form spielt bei großen, insbesondere staatlichen Schuldnern eine zentrale Rolle. Dies führt im Rahmen des Investmentbanking entsprechend zu einer Umorientierung von der Transformationsfunktion zur Vermittlerfunktion der Banken.

Beim klassischen Kredit transformiert die Bank die Fristigkeit der Einlagen im Vergleich zur Fristigkeit der Kredite. Die Einleger sind eher bereit, ihr Geld kurzfristig zu binden; die Kreditnehmer auf der anderen Seite bevorzugen für Investitionen eine entsprechend lange Bindungsdauer.

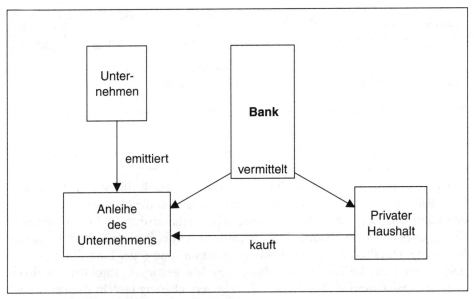

Abbildung 1-7: Vermittlerfunktion der Banken

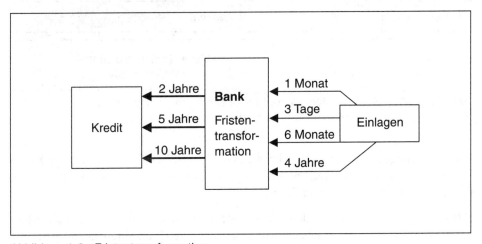

Abbildung 1-8: Fristentransformation

Während bei der Risikotransformation die Bank das Ausfallrisiko für die Einleger übernimmt, steht bei der Fristigkeit das **Zinsänderungsrisiko** im Vordergrund. Da dies in den letzten Jahren immer wichtiger geworden ist, wollen wir uns diesem Problem kurz widmen. Der Einfachheit halber stellen wir uns eine Bank vor, die einen Kredit in Höhe von 100 Millionen € über 10 Jahre mit Hilfe von einjährigen Termingeldeinlagen finanziert.

Aktiva	Passiva
100 Mio. € Kredit zu 10 % Zinsbindungsfrist 10 Jahre	100 Mio. € Termingeld zu 7 % Zinsbindungsfrist 1 Jahr

Abbildung 1-9: Einfache Bankbilanz zum Zinsänderungsrisiko

Zur Zeit erzielt die Bank also einen Überschuss von 3 Millionen € im Jahr aus diesem Geschäft. Jedoch muss sie nach einem Jahr die Refinanzierung neu gestalten, da juristisch dann die Termingelder fällig sind. Allerdings sagt die **juristische Bindungsfrist** (Kündigungsfrist) einer Einlage relativ wenig über die ökonomische Verweildauer der Gelder aus. So haben Spareinlagen beispielsweise meist eine dreimonatige Kündigungsfrist, stehen dem Geldinstitut jedoch in ihrer Summe deutlich länger zur Verfügung. Das Problem der Fristentransformation ist in erster Linie ein Zinsänderungsrisiko. Sind die Zinsen im vergangenen Jahr gestiegen, kann der Kreditzins nicht angepasst werden (Vertrag mit Festzinsvereinbarung besteht weiter), jedoch wird sich die Termineinlage drastisch verteuern.

Aktiva	Passiva
100 Mio. € Kredit zu 10 % Zinsbindungsfrist 9 Jahre	100 Mio. € Termingeld zu 9 % Zinsbindungsfrist 1 Jahr (neu)

Abbildung 1-10: Einfache Bankbilanz zum Zinsänderungsrisiko, ein Jahr nach Zinssteigerung

Die **Zinsmarge** aus dem Geschäft hat sich auf eine Million € reduziert. Da im Bankbereich noch weitere Kosten anfallen (Personal, Datenverarbeitung, Räume usw.), kann dieses nun zu Verlusten führen.

Aber nur mit der Übernahme dieses Zinsänderungsrisikos gelingt es, die gewünschten kurzen Perioden der Einlagen mit den meist längeren Laufzeiten von Investitionsfinanzierungen in Einklang zu bringen. Ziel kann es also nicht sein, im Bankensektor keine Fristentransformation zu betreiben, sondern die daraus entstehenden Risiken müssen wie auch die Bonitätsrisiken im Kreditgeschäft bewusst gesteuert werden.

Ein weiterer Aspekt im Zusammenhang mit der Fristentransformation ist der so genannte **Bodensatz**. Betrachten wir eine Reihe einzelner Girokonten im Zeitablauf, stellen wir fest, dass die Einlagenhöhe jeweils stark schwankt. Aggregiert man jedoch alle Konten der Bank, dann wird der Ablauf immer stabiler, und es zeigt sich ein Durchschnittsbestand, der Bodensatz, der normalerweise nicht unterschritten wird.

Dieses Geld kann die Bank langfristig ausleihen, ohne ein zu großes Risiko einzugehen. Dieser Zusammenhang gilt für eine Vielzahl von Anlageprodukten der Bank. Die juristische Bindungsdauer weicht oft stark ab von den tatsächlichen Möglichkeiten, ökonomisch über das Geld zu verfügen.

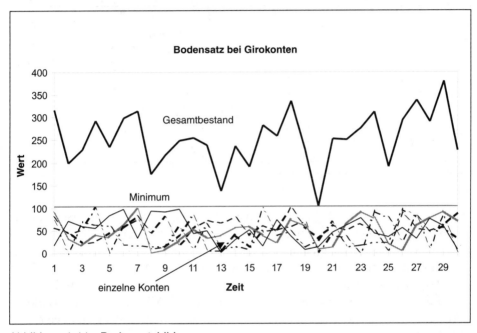

Abbildung 1-11: Bodensatzbildung

Der Effekt der **Bodensatzbildung** ist um so stärker, je heterogener die Gruppen der Kunden sind. Hat eine lokale Sparkasse nur Arbeitnehmer als Kunden, werden zu den Zahltagen die Kontostände stark anwachsen und dann im Zeitablauf wieder sinken. Zählt auch das Unternehmen selbst zu den Kunden der Sparkasse, wird ein starker Ausgleich in der Gesamtsumme stattfinden, da die Gelder am Gehaltstermin nur von einem Konto (Unternehmen) auf ein anderes Konto (Angestellte) überwiesen werden. So werden auf den Girokonten in der Summe den Banken letztlich relativ günstig Einlagen zur Verfügung gestellt.

Im Rahmen der Allfinanzbestrebungen der Kreditinstitute werden immer häufiger auch Versicherungen im Bankbetrieb verkauft. An dieser Stelle soll nur der Hauptunterschied zwischen Bank- und einer Versicherungsleistung aufgezeigt werden.

Was unterscheidet also eine Versicherung von einer Bank?

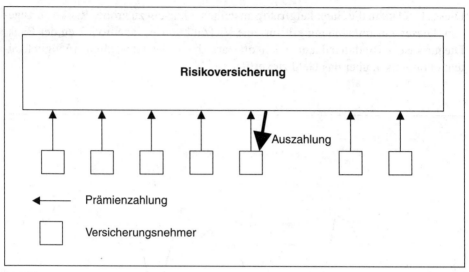

Abbildung 1-12: Risikoversicherung

Während Einleger und Kreditnehmer bei einer Bank grundsätzlich unterschiedliche Personen sind, gehören bei Versicherungen die Prämienzahler und die eventuellen Leistungsempfänger zum gleichen Personenkreis. Die Idee einer Versicherung liegt also darin, die Wahrscheinlichkeit einer Leistung zu berechnen. Zum Beispiel kann eine Risikolebensversicherung mit Hilfe von Sterbetafeln und des Eintrittsalters eine erste Prognose über die erwarteten Zahlungen erstellen. Mit Hilfe weiterer Merkmale wie Mann/Frau, Raucher/Nichtraucher kann die Wahrscheinlichkeit noch besser abgeschätzt werden. Liegt die Wahrscheinlichkeit, für einen 30-jährigen Mann bei circa 2,5 Prozent in den nächsten 10 Jahren zu sterben, muss entsprechend der Tarif aufgebaut sein. Schließen 1.000 Männer eine solche Risikolebensversicherung über 100.000 DM ab, werden vermutlich 25 Versicherte in diesem Zeitraum sterben. Somit müssen Zahlungen von 2,5 Millionen DM geleistet werden. Wird die Versicherungsprämie bei Abschluss sofort bezahlt, muss also jeder Versicherungsteilnehmer mindestens 2.500 DM zahlen. Mit Hilfe dieses Beispiels wird deutlich, dass die Versicherung individuelle Risiken (Leben, Krankheit, Feuer) abdeckt, indem sie die Last auf eine große Anzahl von Personen verteilt. Banken hingegen übernehmen die Risiken aus der Fristen- und Bonitätstransformation für ihre Einleger.

Die Lebensversicherung mit Auszahlung im 65. Lebensjahr ist also eine Mischform. Der Risikoanteil für den Todesfall ist eine Versicherungsleistung, die Anlage der Beträge zur Auszahlung im Erlebensfall ist im Sinne dieses Buches eine Bankleistung. Im Folgenden wird eine Bank als ein Dienstleister im Geldstrom verstanden, der sowohl Transformations- und Aufbewahrungsleistungen als auch Beratungsleistungen zur Verfügung stellt.

1.3 Geldschöpfung im Bankensektor

Bevor wir uns weiter den Dienstleistungen des Banksektors zuwenden, sind noch ein paar Überlegungen zum **Werkstoff Geld** angebracht. Die meisten Gesellschaften entwickeln früher oder später ein **allgemeingültiges Tauschmittel**. Es dient zuerst zur Vereinfachung des Handels, denn der Tausch von Gütern ist ein zeitraubender und sehr informationsintensiver Vorgang. Dazu muss man sich nur vorstellen, wie schwierig es wäre, jeden Morgen die Brötchen beim Bäcker gegen eine andere Leistung oder ein anderes Sachgut einzutauschen. Über dieses **Transaktionsmotiv** hinaus wird Geld auch zur **Wertaufbewahrung** eingesetzt, sodass eine stabile Kaufkraft die Nützlichkeit dieses Instruments deutlich erhöht.

Im Regelfall wird das gesetzliche Zahlungsmittel nur von der **staatlichen Zentralbank** zur Verfügung gestellt. Denn wenn jeder Geld drucken dürfte, wäre es nichts wert. In diesem Sinne ist also die **Europäische Zentralbank** (vgl. Kapitel I, 2.) für die Ausgabe des Euro zuständig. Aber auch im Geschäftsbankensektor wird Geld geschaffen. Dieses zunächst erstaunliche Phänomen ist von großer Bedeutung. Wie geht dieser Prozess der „Geldschöpfung" nun vor sich?

In einer Wirtschaft, in der bargeldlos bezahlt werden kann, laufen permanent Geldschöpfungsprozesse der folgenden Art ab.

BEISPIEL

Anleger A leistet eine Einlage in Höhe von 5.000 € auf sein Konto bei der Kölner Bank eG. Mit der Einzahlung entsteht unmittelbar Giralgeld in Form des Kontoguthabens. Man spricht von primärer Giralgeldschöpfung. Das Kreditinstitut möchte mit diesem Geld ertragbringend arbeiten. Dies gelingt am ehesten durch die Vergabe von Krediten. Aus bestimmten Gründen ist es der Kölner Bank jedoch nicht möglich, den gesamten Betrag, den ihr A zur Verfügung gestellt hat, an einen kreditsuchenden Kunden auszuleihen: Zum einen verlangt die Europäische Zentralbank von den Kreditinstituten, einen von ihr festgesetzten Anteil der Einlagen bei ihr zu hinterlegen. Dieser Mindestreservesatz beträgt zur Zeit für Sichteinlagen zwei Prozent. Die Kölner Bank wird darüber hinaus aus eigenem Interesse eine Barreserve halten, um den Auszahlungswünschen ihrer Kunden nachkommen zu können. Nehmen wir an, diesen Reservesatz setzen die Banken mit acht Prozent an. Die Einlage von A eröffnet der Kölner Bank also ein Kreditvergabepotenzial in Höhe von 4.500 € (= 5.000 € abzgl. insgesamt zehn Prozent Reserve).

B, ein weiterer Kunde der Kölner Bank, nimmt in dieser Höhe einen Kredit bei seiner Hausbank auf. Die ihm zur Verfügung gestellten 4.500 € überweist er an seinen Gläubiger C, der ein Konto bei der Stadtsparkasse Köln unterhält. Das auf diese Weise entstandene Guthaben bei der Stadtsparkasse stellt zusätzlich geschaffenes Giralgeld dar. Man spricht von sekundärer Giralgeldschöpfung.

Auch die Stadtsparkasse möchte mit diesem Geld arbeiten und verfährt demzufolge ähnlich wie die zuvor die Kölner Bank. Nach Abzug der Reserve in Höhe von insgesamt zehn Prozent vergibt sie die verbleibende Überschussreserve als Kredit. Auch dieses Geld wird wieder zu zusätzlichem Giralgeld, indem es auf ein Konto überwiesen wird.

Dieser Prozess der Schaffung zusätzlichen Giralgeldes setzt sich theoretisch unendlich fort. Da die gewährten Kreditbeträge jedoch stetig geringer werden, lässt sich rechnerisch ein Grenzwert ermitteln, der den Umfang des aus der ursprünglichen Einlage geschaffenen zusätzlichen Giralgeldmenge angibt.

	Neueinlage	Mindest- und Barreserve	Kreditvergabe
Kölner Bank eG	5.000 €	500 €	4.500 €
Stadtsparkasse Köln	4.500 €	450 €	4.050 €
weitere Bank	4.050 €	405 €	3.645 €
...	...	...	...
Summe:	50.000 €		45.000 €

Abbildung 1-13: Geldschöpfung im Bankensektor

Die Höhe der zusätzlich geschaffenen Giralgeldmenge lässt sich durch die Formel Erste Überschussreserve/Reservesatz, hier: 4.500 €/0,1 = 45.000 €, berechnen.

Der mit der Einlage von 5.000 € in Gang gesetzte Prozess sorgte für die Schöpfung von zusätzlichem Giralgeld in Höhe von insgesamt 45.000 €. Insgesamt entstand Giralgeld im Umfang von 50.000 €, denn die Einlage von A stellt ja ebenfalls Giralgeld dar.

Diese kurze Beschreibung des Geldschöpfungsprozesses schließt die Einführung in die Bankenlandschaft ab. Hier konnten die grundsätzlichen Fragen natürlich nur angerissen werden. Aber wir stehen ja auch noch ganz am Anfang des Buches. Wichtig ist, dass Sie jetzt die Hauptfunktion und Bedeutung der Banken für die gesamte Volkswirtschaft erkennen können.

RESÜMEE

Für eine wirtschaftliche Betrachtung der Banken sollte eine funktionale und weniger eine legale Definition im Mittelpunkt stehen. Banken übernehmen in einer arbeitsteiligen Wirtschaft Depot-, Zahlungsverkehr-, Umtausch-, Finanzierungs- und Beratungsfunktionen. Dabei arbeiten sie im Geldstrom und transformieren kleinere Einlagen in größere Kredite (Losgrößentransformation), verleihen kurzfristige Einlagen langfristig (Fristentransformation) und stehen mit ihrer eigenen Bonität zwischen Einleger und Kreditnehmer (Risikotransformation). Dabei entstehen Kreditrisiken bei Ausfällen und Zinsänderungsrisiken bei einer Veränderung des Marktzinssatzes. Für diese Risiken müssen die Banken „entschädigt" werden. Das geschieht über die Preise für Bankleistungen, insbesondere über die Differenz zwischen den niedrigeren Habenzinsen und den höheren Sollzinsen (= Zinsmarge). Darüber hinaus kann der Geschäftsbankensektor im Rahmen des bargeldlosen Zahlungsverkehrs und dank des Bodensatzes Geld schöpfen. Dadurch ist die gesamte Geldmenge einer Volkswirtschaft sehr viel größer als der von der Zentralbank geschaffene Banknotenumlauf.

KONTROLLFRAGEN

1. Erklären Sie die Legaldefinition von Banken.
2. Was unterscheidet eine Bank von einem Industriebetrieb?
3. Welche Grundfunktionen nehmen Banken in einer modernen Industriegesellschaft ein?
4. Erklären Sie die Transformationsfunktionen im Bankbereich.
5. Beschreiben Sie das Bonitäts- und das Zinsänderungsrisiko.
6. Erklären Sie die Bodensatzbildung.
7. Was unterscheidet eine Bank von einer Versicherung?
8. Wie wird im Bankensektor Geld geschaffen?

LITERATUR ZUM WEITERLESEN

- Die meisten bankbetrieblichen Lehrbücher bieten eine Einführung in den Themenbereich. Persönlich lese ich gern:

  Süchting, Joachim/Paul, Stephan, **Bankmanagement**, Stuttgart 1998.

- Ein exzellentes Buch für einen vertieften Blick in die Bankenwelt ist:

  Schierenbeck, Henner, **Ertragsorientiertes Bankmanagement**, Wiesbaden 1999.

  Dort finden Sie auch viele Ansätze zur Risikoanalyse. Es ist für ein Einstiegsbuch allerdings auch sehr schwierig zu lesen.

- Die bunte Welt des Geldes ist gut dargestellt in:

  Jarchow, Hans Joachim, **Theorie und Politik des Geldes**, Göttingen 1993.

2. Struktur des Bankgewerbes

Viele Wege führen nach Rom

„Der Kredit ist das Blut der Wirtschaft; die Kontrolle über den Kredit ist die Kontrolle über die gesamte Gesellschaft." (Upton Sinclair)

> Die offizielle Statistik der Deutschen Bundesbank wies im August 1999 – einschließlich der Kreditinstitute im ausländischen Mehrheitsbesitz – über 3.000 Kreditinstitute in der Bundesrepublik Deutschland aus. Sie haben stark abweichende Organisations- und Geschäftsstrukturen, die sich unter anderem aus ihrer unterschiedlichen Zielsetzung und geschichtlichen Entwicklung ergeben.

LEITFRAGEN

1. Wie lässt sich das deutsche Bankwesen strukturieren?
2. Was sind Aufgabenschwerpunkte der einzelnen Banken beziehungsweise Bankengruppen?
3. Wie hat sich diese Aufgabenverteilung im Bankensektor entwickelt?

In der Sechsten KWG-Novelle wird die EU-Wertpapierdienstleistungsrichtlinie in deutsches Recht umgesetzt. Seither werden im § 1 KWG

- Kreditinstitute, die Bankgeschäfte im Sinne des Kreditwesengesetzes betreiben, und
- Finanzdienstleistungsinstitute, die Finanzdienstleistungsgeschäfte gewerbsmäßig oder in einem Umfang erbringen, der einen in kaufmännischer Weise eingerichteten Geschäftsbetrieb erfordert, unterschieden.

In der nachfolgenden Systematisierung wird auch die historische Entwicklung des Bankengewerbes in Deutschland beleuchtet. Der Schwerpunkt der Betrachtung liegt im Bereich der klassischen Kreditinstitute.

Der im KWG benutzte Begriff Finanzdienstleistungsinstitut ist nicht vollständig deckungsgleich mit dem in der Wertpapierdienstleistungsrichtlinie verwendeten Begriff der Wertpapierfirma. Finanzkommissionsgeschäfte mit Wertpapieren und Emissionsgeschäfte werden von Wertpapierfirmen durchgeführt. In Deutschland sind sie jedoch zu Bankgeschäften erklärt worden. Zusätzlich werden in Deutschland die Drittstaateneinlagenvermittlung, das Finanzdienstleistungsgeschäft und das Sortengeschäft als Finanzdienstleistungen angesehen, obwohl sie keine Wertpapierdienstleistungen sind.

Die Abgrenzung der Begriffe lässt sich anhand des folgenden Schaubildes gut erklären.

Kreditinstitute im Sinne des KWG				Finanzdienstleistungsinstitute im Sinne des KWG	
Einlagekreditinstitute		**Wertpapierhandelsbanken**			
■ Einlagengeschäft ■ Kreditgeschäft	■ Diskontgeschäft ■ Depotgeschäft ■ Investmentgeschäft ■ Forderungsankauf ■ Garantiegeschäft ■ Girogeschäft ■ Geldkartengeschäft ■ Netzgeldgeschäft	Wertpapierfirmen im Sinne der Wertpapierdienstleistungsrichtlinie			
		■ Finanzkommissionsgeschäft ■ Emissionsgeschäft ■ Übernahmegeschäft	■ Anlagenvermittlung ■ Abschlussvermittlung ■ Portfolioverwaltung ■ Eigenhandel		■ Drittstaateneinlagenvermittlung ■ Finanztransfer ■ Wechselstuben

Abbildung 1-14: Abgrenzung der Kreditinstitute gegenüber Finanzdienstleistungsinstituten

Zunächst ist zwischen Kreditinstituten und Finanzdienstleistungsinstituten im Sinne des KWG zu unterscheiden. Eindeutig den Kreditinstituten zugeordnet sind – wie bisher – Unternehmen, die gewerbsmäßig (oder in einem Umfang, der einen in kaufmännischer Weise eingerichteten Geschäftsbetrieb erfordert) das Einlagen- und Kreditgeschäft erbringen, oder das Diskont-, das Depot-, das Investment-, das Garantie- beziehungsweise das Girogeschäft betreiben.

Der Katalog der Bankgeschäfte (und damit die Gruppe der Kreditinstitute) wurde erweitert. Neu aufgenommen wurde die Ausgabe vorausbezahlter Karten zu Zahlungszwecken, sofern Herausgeber und Zahlungsempfänger (Leistungserbringer) nicht identisch sind (Geldkartengeschäft) und die Verwaltung von Zahlungseinheiten in Rechnernetzen (Netzgeldgeschäfte).

Ebenfalls eindeutig ist die Zuordnung der Geschäfte der Drittstaaten-Einlagenvermittlung[1], des Finanztransfers[2] und der Wechselstuben[3]. Sie zählen zu den Finanzdienstleistungsgeschäften. Bei Instituten, die sich auf diese Geschäfte beschränken, ist die Aufsicht auf ein vereinfachtes Erlaubnis- und Überwachungsverfahren beschränkt.

Etwas schwierig ist die Zuordnung der Geschäfte der Wertpapierfirmen im Sinne der Wertpapierdienstleistungsrichtlinie. Das Finanzkommissions-[4] und das Emissionsgeschäft[5] zählen zu den Bankgeschäften. Die Institute, die eine Erlaubnis zum Betreiben dieser Geschäfte haben, gehören zur Gruppe der Kreditinstitute. Sie werden als Wertpapierhandelsbanken bezeichnet. Die Anlage-[6] und Abschlussvermittlung[7], die Portfolioverwaltung[8] und der Eigenhandel[9] gelten hingegen als Finanzdienstleistungsgeschäfte. Wertpapierfirmen, die sich auf die letztgenannten Geschäfte beschränken, sind folglich Finanzdienstleistungsinstitute im Sinne des KWG.

In diesem Kapitel analysieren wir das Profil der deutschen Bankenstruktur. Dabei gruppieren wir die Kreditinstitute der Bundesrepublik Deutschland und erfahren etwas über deren

- Organisationsstruktur (Verbund mit anderen Instituten und Zweigstellenstruktur),
- rechtliche Besonderheiten (zum Beispiel in der Rechnungslegung) und
- geschichtliche Entwicklung.

---

1 Das Akquirieren von Einlagengeldern im Inland und das Weiterleiten an Adressen in Staaten außerhalb des Europäischen Wirtschaftsraums.
2 Das Besorgen von Zahlungsaufträgen für andere im Zahlungsverkehr.
3 Der Handel mit Sorten.
4 Der Handel mit Finanzinstrumenten im eigenen Namen auf fremde Rechnung.
5 Das Emissionsgeschäft umfasst die Übernahme von Finanzinstrumenten für eigene Rechnung zur Platzierung oder die Übernahme gleichwertiger Garantien. Finanzinstrument sind hierbei Wertpapiere beziehungsweise Wertrechte, Geldmarktinstrumente, Devisen oder Rechnungseinheiten sowie Derivate.
6 Die Entgegennahme und Übermittlung von Aufträgen von Anlegern.
7 Die offene Stellvertretung beim Abschluss von Anlagegeschäften in Finanzinstrumenten.
8 Der Verwalter besitzt bei der Anlagepolitik einen Entscheidungsspielraum. Die Vermögen verschiedener Anleger können zusammengefasst werden. Die Wertpapiere sind bei einer Depotbank und die Kundengelder auf Treuhandkonten zu verwahren.
9 Beim Eigenhandel werden die Geschäfte im eigenen Namen und für eigene Rechnung als Dienstleistung für Dritte erbracht. Zu den Eigenhändlern zählen unter anderem die Skontoführer an den Wertpapierbörsen.

Es fällt auf, dass es eine Bank gibt, die offizielle Statistiken über andere Banken führt, an die von anderen Banken Meldungen geschickt werden, die eine besondere Stellung einnimmt. Diese Bank ist die Deutsche Bundesbank, die Noten- oder auch Zentralbank genannt wird. Die Bundesbank wird sogar im Grundgesetz (Artikel 88) erwähnt. Sie hat überwiegend gesamtwirtschaftliche Aufgaben und steht somit separat neben den anderen Banken, die wir nachfolgend als Geschäftsbanken bezeichnen wollen. Wie Sie noch sehen werden, wirkt die Deutsche Bundesbank an der Bankenaufsicht mit. Sie ist aber auch „Bank der Banken" und wickelt somit das Schwergewicht ihrer Geschäfte mit den Gechäftsbanken ab. Weitere Geschäftsbeziehungen unterhält sie zu den öffentlichen Haushalten und in begrenztem Umfang auch mit Unternehmen und privaten Haushalten. Die Deutsche Bundesbank ist Teil des Europäischen Systems der Zentralbanken.

2.1 Geschäftsbanken

Die Geschäftsbanken können nach verschiedenen Kriterien weiter untergliedert werden. Traditionell erfolgt eine Unterscheidung nach ihrer Rechtsform. Dabei werden privatrechtliche und öffentlich-rechtliche Kreditinstitute unterschieden.

Häufig werden Banken aber auch hinsichtlich ihrer Geschäftsaktivitäten klassifiziert. Dahingehend kann man zwischen Universal- und Spezialbanken unterscheiden. Universalbanken betreiben mehrere von den in § 1 Abs. 1 KWG genannten Bankgeschäften, mindestens jedoch das Einlagen- und Kreditgeschäft und gleichzeitig das Effektengeschäft. Spezialbanken konzentrieren sich hingegen auf nur einen Teil der Bankgeschäfte. Innerhalb der Gruppen Universal- und Spezialbanken untergliedern wir weiter in Anlehnung an die Statistik der Deutschen Bundesbank.

2.1.1 Universalbanken

Neben der oben vorgenommenen Abgrenzung zwischen Universal- und Spezialbanken trifft man auch immer wieder auf die Begriffspaare Universalbanken und Trennbanken. Diese beiden Begriffspaare gilt es voneinander abzugrenzen.

Die Unterscheidung zwischen Universal- und Trennbanken finden wir im Zusammenhang mit der Abgrenzung von Bankensystemen. In Deutschland herrscht das Universalbankensystem vor. Im Universalbankensystem können Banken sowohl das Einlagen- und Kreditgeschäft als auch gleichzeitig alle Formen des Effektengeschäfts (insbesondere Emissionsgeschäft) ausführen. Im Trennbankensystem sind die Banken hingegen separiert in die Gruppe der Commercial Banks, die das Einlagen- und Kreditgeschäft betreiben, und in die Investmentbanks, die sich dem Effektengeschäft widmen. In Großbritannien, das häufig als Land des klassischen Trennbankensystems angesehen wird, hat sich die Trennung zwischen Depositenbanken und Wertpapierhäusern traditionell herausgebildet. In den USA erfolgte die Trennung zwischen dem Depositengeschäft und dem Effektengeschäft durch administrative Vorgaben (Glass-Steagall-Act von 1933).

Wenn wir Spezialbanken von Universalbanken voneinander unterscheiden, so sollten Sie sich bewusst sein, dass in Deutschland eine Bank grundsätzlich eine Lizenz für alle in § 1 KWG genannten Geschäfte beantragen kann. Eine Beschränkung auf nur ein Bankgeschäft oder einen Teil der genannten Bankgeschäfte ist prinzipiell eine selbstbestimmte Spezialisierung.

Neben dem für alle Geschäftsbanken in der Bundesrepublik Deutschland notwendigen Gewinnstreben fühlen sich einige Universalbanken aus ihrer Tradition heraus auch dem Gemeinnützigkeitsprinzip beziehungsweise dem Prinzip der Förderung ihrer Mitglieder verpflichtet.

Die Universalbanken lassen sich in Anlehnung an ihre geschäftspolitischen Motive weiter unterteilen, in

- Banken des **Genossenschaftssektors**
  (zu deren zentralen Aufgaben die Förderung ihrer Mitglieder zählt),

- Banken des **Sparkassensektors**
  (die sich in der Regel dem Gemeinnützigkeitsprinzip verpflichtet fühlen),

- **Kreditbanken**
  (die sich meist nur dem erwerbswirtschaftlichen Prinzip unterzuordnen haben).

2.1.1.1 Banken des Genossenschaftssektors

Bezogen auf die Anzahl der Banken bildet der Genossenschaftssektor mit über 2.100 Instituten die größte Gruppe innerhalb der deutschen Universalbanken. Der genossenschaftliche Bankensektor ist dreistufig gegliedert. Auf der ersten – der örtlichen – Stufe sind die Kreditgenossenschaften, Post-, Spar- und Darlehensvereine und sonstige Kreditinstitute des Genossenschaftssektors angesiedelt. Auf der zweiten, der regionalen Ebene stehen die zwei genossenschaftlichen Zentralbanken. Die Deutsche Genossenschaftsbank nimmt sowohl als regional tätiges Institut als auch in ihrer Funktion als überregionales Institut eine von den beiden genossenschaftlichen Zentralbanken abweichende Rolle ein. Zuweilen wird sie auch als die dritte Ebene des Genossenschaftssektors bezeichnet.

> **DEFINITION**
>
> Kreditgenossenschaften sind Gesellschaften mit nicht geschlossener Mitgliederzahl, die mittels eines gemeinschaftlichen Geschäftsbetriebes durch Gewährung von Darlehen und Durchführung sonstiger bankmäßiger Geschäfte den Erwerb oder die Wirtschaftskraft ihrer Mitglieder fördern wollen.

Ergänzend zu den sonstigen rechtlichen Regelungen für Kreditinstitute unterliegen die Kreditgenossenschaften dem Genossenschaftsgesetz. Aus dem Genossenschaftsgesetz ergeben sich auch ihre Gesellschaftsorgane. Die Ausübung der Mitgliedsrechte erfolgt durch die Vertreter- beziehungsweise Mitgliederversammlung. Der Aufsichtsrat überwacht die Geschäftsführung des Vorstandes.

Kreditgenossenschaften

Zur Linderung der Kreditnot der Landwirtschaft schlug der bayerische Medizinalrat Prof. Dr. Ryß 1831 in der Schrift „Über Viehassekuranz-Kreditanstalten" die Errichtung von Viehkreditkassen vor. Es entstanden in den Jahren zwischen 1840 und 1850 eine Reihe von Vereinen, die auf Basis des genossenschaftlichen Prinzips Kredite bereit stellten.

Für die finanzielle Unterstützung des **gewerblichen Mittelstands** hat sich insbesondere **Franz Hermann Schulze aus Delitzsch** verdient gemacht. Im Jahre 1847 gründete er einen Wohltätigkeitsverein. Auf seine Initiative hin entstand 1849 die erste Genossenschaft Deutschlands. Sie verfolgte den Zweck, durch gemeinsame Beschaffung der benötigten Rohstoffe die wirtschaftliche Lage der Genossen zu verbessern (Einkaufsgenossenschaft). Durch die Erfolge der Einkaufsgenossenschaft ermutigt, wurde 1850 die erste gewerbliche Kreditgenossenschaft gegründet. Geschäftszweck der Kreditgenossenschaft war die Gewährung von kurzfristigen Betriebskrediten aus Mitteln der Geschäftsguthaben der Mitglieder. Diese Kreditgenossenschaften wurden in der ersten Zeit „Vorschussvereine", später „Volksbanken" genannt.

Etwa zur gleichen Zeit – aber unabhängig von Franz Hermann Schulze – kam es zur Gründung von landwirtschaftlichen Kreditgenossenschaften. **Friedrich Wilhelm Raiffeisen** schuf 1846/47 zunächst Hilfsvereine für notleidende Landwirte. Wohlhabende Landwirte ermöglichten durch Beitragszahlungen gering- oder unverzinsliche Kredite an unbemittelte Bauern. Die Kreditmöglichkeiten dieser Vereine waren jedoch sehr beschränkt. In Arnhausen wurde deshalb 1862 der erste Darlehensverein als Raiffeisengenossenschaft gegründet. Im Jahre 1872 gründete **Wilhelm Haas** unabhängig von Raiffeisen ebenfalls landwirtschaftliche Genossenschaften und später auch landwirtschaftliche Kreditgenossenschaften, die streng nach dem Grundsatz der Selbsthilfe organisiert waren (so genanntes „**Offenbacher System**"). Im Laufe der Zeit glichen sich die Systeme von Raiffeisen und Haas aber so weit an, dass heute eine Unterscheidung nach dem Raiffeisenschen und dem Offenbacher System nicht mehr getroffen wird. Diese Entwicklung wurde unterstützt durch die **Vereinigung der beiden Spitzenverbände** im Jahre 1930.

Mit Wirkung zum 1. Januar 1972 wurde der **Bundesverband der Deutschen Volksbanken und Raiffeisenbanken** gegründet. Damit wurde die einhundertjährige Trennung zwischen gewerblichen und ländlichen Kreditgenossenschaften aufgehoben.

Die Banken des Genossenschaftssektors führen heute die meisten der bekannten Bankgeschäfte durch. Sie nehmen Depositen und Spareinlagen entgegen, geben Kredite, besorgen den Zahlungsverkehr und betreiben das Inkasso-, Auslands- und Effektengeschäft. Die **Aufhebung des Verbots der Kreditgewährung an Nichtmitglieder** durch die Novelle zum Genossenschaftsgesetz von 1973 eröffnete die Möglichkeit zur Geschäftsausweitung. Viele Kreditgenossenschaften sind kleinere Banken mit stark örtlich ausgerichtetem Geschäftsfeld und geringer Anzahl von Zweigstellen. Zu den Kreditgenossenschaften zählen aber auch Institute, wie zum Beispiel die überregional tätige Deutsche Apotheker- und Ärztebank eG oder die Badische Beamtenbank eG, die mehrere Zweigstellen – teilweise sogar im Ausland – unterhalten.

Mitte des vorigen Jahrhunderts versuchten die Kreditgenossenschaften zunächst, die Mittel für das Kreditgeschäft durch die Geschäftsguthaben ihrer Mitglieder zu beschaffen. Sie erkannten jedoch schon bald die daraus entstehende Begrenzung des Geschäftsumfangs. Zum weiteren Wachstum war es notwendig, fremde Gelder heranzuziehen. Daher nahmen die Kreditgenossenschaften bald Einlagen in Form von Depositen- und Spareinlagen von Mitgliedern und Nichtmitgliedern entgegen.

Genossenschaftliche Zentralbanken

Die zwei genossenschaftlichen Zentralbanken

- Genossenschaftliche Zentralbank AG (GZ-Bank AG) und
- Westdeutsche Genossenschafts-Zentralbank eG (WGZ-Bank)

haben grundsätzlich die Aufgabe, das Leistungsangebot der Kreditgenossenschaften ihres regionalen Verantwortungsbereichs zu vervollständigen. Zu ihren angestammten Aufgaben zählt es, den Kreditgenossenschaften Geldanlagemöglichkeiten und Refinanzierungsmittel zu bieten. Sie sorgen somit für einen Geldausgleich zwischen den einzelnen Kreditgenossenschaften und tragen dadurch zur Optimierung der Liquidität beziehungsweise Refinanzierung im genossenschaftlichen Sektor bei. Außerdem haben sie eine wichtige Funktion in der Geschäftsabwicklung (zum Beispiel des Zahlungsverkehrs) zwischen den Kreditgenossenschaften. Neben diesen Grundfunktionen im genossenschaftlichen Verbund tätigen die Zentralbanken aber auch eigenständig Geschäfte als Universalbanken. Sie treten dabei vereinzelt auch in Konkurrenz zu ihren Partnern.

Deutsche Genossenschaftsbank (DG Bank)

Besonders deutlich wird die Konkurrenzsituation seit einigen Jahren im Verhältnis zur DG Bank. Gemäß ihrer Grundausrichtung soll die DG Bank im Genossenschaftssektor die Funktion des überregionalen Spitzeninstituts einnehmen. In Regionen, in denen keine gesonderte genossenschaftliche Zentralbank existiert, hat sie zusätzlich die Aufgabe einer genossenschaftlichen Zentralbank.

Die DG Bank sieht sich selbst in einem dreischichtigen Aufgabenspektrum:

- als Spitzenkreditinstitut der deutschen Genossenschaftsorganisation;
- als Verbundbank und somit Partner der Kreditgenossenschaften;
- als Geschäftsbank und somit Partner international operierender großer Unternehmen.

Als Spitzenkreditinstitut der deutschen Genossenschaftsorganisation vertritt sie die genossenschaftliche Bankengruppe. Die DG Bank bietet den Kreditgenossenschaften Unterstützung unter anderem bei der Ausgabe von Wertpapieren, bei der Vergabe von Gemeinschaftskrediten, bei der Entwicklung von innovativen Finanzprodukten und bei dem Kauf von Lizenzen. In ihrer Zentralbankfunktion ist die DG Bank direkter Marktpartner von rund 1.500 Kreditgenossenschaften. Sie versteht sich jedoch auch als (direkte) Geschäftsbank für große Unternehmen.

2.1.1.2 Banken des Sparkassensektors

Die zweitgrößte Anzahl von Instituten findet sich im Sparkassensektor. Laut Statistik der Deutschen Bundesbank gab es im August 1999 insgesamt 579 Kreditinstitute im Sparkassensektor. Die meisten dieser Institute sind öffentlich-rechtliche Unternehmen. Sie werden von Körperschaften des öffentlichen Rechts – wie Städten, Gemeinden oder Landkreisen – errichtet. Diese Körperschaften haften unbeschränkt für die Verbindlichkeiten der Sparkassen; sie werden deshalb auch als **Gewährträger** bezeichnet. Neben diesen **öffentlich-rechtlichen** Sparkassen gibt es auch noch einige wenige **freie Sparkassen**, die in der Regel in der Rechtsform der juristischen Person des privaten Rechts als Stiftung, Verein oder Aktiengesellschaft geführt werden.

Ähnlich wie der Genossenschaftssektor ist auch der Sparkassenbereich dreistufig aufgebaut. Auf der Primärstufe finden sich die Sparkassen (einschließlich der freien Sparkassen), die unter anderem als Kreis- und Stadtsparkassen, Zweckverbandssparkassen, Bezirks-, Gemeinde- und Verbandssparkassen bekannt sind. Den Mittelbau bilden die so genannten Girozentralen, die aufgrund ihrer Firmierung häufig auch einfach Landesbanken genannt werden. Das Spitzeninstitut der Sparkassen ist die DGZ DekaBank – Deutsche Kommunalbank.

> **DEFINITION**
>
> Sparkassen sind Kreditinstitute, die unter dem Leitgedanken der Förderung und Pflege des Sparens im Rahmen der satzungsmäßigen Bestimmungen alle Arten von Bankgeschäften betreiben.

Ergänzend zu den allgemein für Kreditinstitute geltenden gesetzlichen Regelungen sind für die Organisation und Geschäftstätigkeit der Sparkassen das

- Sparkassengesetz und die
- Mustersatzungen der jeweiligen Bundesländer

zu beachten. Dieser Rechtsrahmen ordnet den Sparkassen folgende spezielle Aufgaben zu:

- Sparkassen sollen in besonderem Maße der Förderung des Sparsinns, der Vermögensbildung und der sicheren Geldanlage dienen.

- Die Kreditversorgung durch die Sparkassen soll die Kreditausstattung des Mittelstandes, wirtschaftlich schwächerer Bevölkerungskreise und der Gewährträger sichern.

- Der öffentliche Auftrag der Sparkassen ist mit dem Grundsatz der Gemeinnützigkeit verbunden. Das Gewinnstreben sollte nicht Selbstzweck sein, sondern grundsätzlich lediglich auf die Sicherung des Geschäftsbetriebs durch Bildung von Rücklagen ausgerichtet sein.

Der für die Geschäftsführung verantwortliche gesetzliche Vertreter einer Sparkasse ist der jeweilige Vorstand. Die Vorstandsmitglieder und ihre Stellvertreter werden durch den Verwaltungsrat bestellt. Aufgabe des Verwaltungsrates ist es, die laufende Geschäftsführung des Vorstandes zu überwachen. Außerdem erlässt der Verwaltungsrat Richtlinien für die Unternehmenspolitik. Verwaltungsrat und Vorstand sind somit die Organe einer Sparkasse. Mit dem Inkrafttreten der neu gefassten Sparkassengesetze zu Beginn des Jahres 1973 wurde generell der Kreditausschuss als drittes Organ zusätzlich zum Vorstand und zum Verwaltungsrat eingeführt (vgl. zum Beispiel § 4 Hessisches Sparkassengesetz in der Fassung vom 2.1.1973).

Sparkassen

Ähnlich wie im Genossenschaftssektor ereignen sich auch bei den Sparkassen häufig Fusionen von Instituten. Ende 1993 waren im Bundesgebiet noch 691 Sparkassen (davon sieben freie Sparkassen) tätig. Anfang 1999 wurden in der Bundesbankstatistik noch 599 berichtende Sparkassen aufgeführt.

Die Entstehung der Sparkassen geht auf Reformbestrebungen des Armenwesens in der zweiten Hälfte des 18. Jahrhunderts zurück. Die erste Sparkasse wurde im Jahre 1778 in Hamburg von privater Hand – der „Patriotischen Gesellschaft" – gegründet. Das Hamburger Beispiel fand in den darauf folgenden Jahren in anderen Städten Nachahmung. Im Jahre 1818 wurde als erste kommunale Sparkasse in Preußen die Städtische Sparkasse in Berlin ins Leben gerufen. Träger dieser Sparkasse war die Stadt Berlin. Sie übernahm die volle Haftung für die Verbindlichkeiten der Sparkasse.

Voraussetzung für die Gründung der kommunalen Sparkassen war die so genannte Steinische Städteordnung, die den Gemeinden weitgehend das Recht der Selbstverwaltung einräumte. Die private Initiative bei der Sparkassengründung blieb hinter der kommunalen Initiative stark zurück.

Aus ihrer Tradition heraus sind die Sparkassen dem **Gemeinnützigkeitsprinzip** verpflichtet und haben ausgeprägte Sicherheitsanforderungen. Diese traditionell begründeten und im rechtlichen Rahmen der Sparkassen immer noch festgelegten Ausrichtungen haben starken Einfluss auf das Wettbewerbsverhalten, das Aktiv- und das Passivgeschäft der Sparkassen.

Sparkassen sind grundsätzlich dem **Regionalprinzip** verpflichtet. Das Regionalprinzip sieht vor, dass sie ihre Geschäftsaktivitäten auf das regionale Zuständigkeitsgebiet ihres Gewährträgers zu beschränken. Dadurch wird der Wettbewerb zwischen den Sparkassen eingeschränkt.

Im Aktivgeschäft (Mittelverwendung) sind den Sparkassen bestimmte, als besonders risikoreich eingestufte Eigengeschäfte (zum Beispiel direkter Eigenerwerb von Aktien, Beteiligungen außerhalb des Sparkassensektors, Deviseneigengeschäfte) grundsätzlich untersagt. Darüber hinaus bestehen für einige weitere Geschäfte (zum Beispiel Personalkredite) stärkere Geschäftsbeschränkungen als für andere Banken. Gleichzeitig soll das Aktivgeschäft der Sparkassen aber auch die Bedürfnisse der örtlichen Wirtschaft berücksichtigen.

Im Rahmen der Mittelbeschaffung (Passivgeschäft) sind die Sparkassen dem Leitgedanken der **Förderung des Sparens und der Vermögensbildung** verpflichtet. Spareinlagen kommen deshalb bei der Refinanzierung eine hohe Bedeutung zu. Größere Sparkassen beschaffen sich in zunehmendem Maße Mittel auch über die Ausgabe von Schuldverschreibungen.

Im Hinblick auf die **eigenen Mittel** unterscheiden sich die öffentlich-rechtlichen Sparkassen sehr wesentlich von den übrigen Kreditinstituten. Das **Eigenkapital der Sparkassen besteht vornehmlich aus** den **Rücklagen**, die im Wesentlichen mit der Sicherheitsrücklage identisch sind. Die Sicherheitsrücklage wird aus den Gewinnen der Geschäftstätigkeit der Sparkassen gebildet. Die Sparkassengesetze beziehungsweise die Mustersatzungen enthalten genaue Vorschriften darüber, in welcher Höhe die Überschüsse der Sicherheitsrücklage zugeführt werden müssen.

Die Möglichkeiten zur Ausweitung der **Eigenkapitalbasis** der kommunalen Sparkassen sind somit meist relativ beschränkt. Dies führt bei einigen Sparkassen zu deutlichen Geschäftsbegrenzungen, etwa wegen der KWG-Bestimmungen, und damit zu Wettbewerbsnachteilen.

Der außerdem denkbare Nachteil der geringen Eigenkapitalbasis für die Sicherheit der Einlagen wird durch die Haftung des Gewährträgers ausgeglichen. Der Gewährträger haftet im Außenverhältnis unbeschränkt für alle Verbindlichkeiten der Sparkassen (**Gewährträgerhaftung**). Im Innenverhältnis zwischen Sparkasse und Gebietskörperschaft ist der Gewährträger verpflichtet, die wirtschaftliche Funktionsfähigkeit der Sparkasse zu erhalten (**Anstaltslast**). Aufgrund der hohen Sicherheit durch die Gewährträgerhaftung und die Anstaltslast gelten die Sparkassen als mündelsichere Institute. Auf die Zuerkennung der **Mündelsicherheit** können sich allerdings neben den kommunalen Sparkassen auch die freien Sparkassen berufen.

Die freien Sparkassen sind den öffentlich-rechtlichen Sparkassen insofern gleichgestellt, als sie sich dem Gemeinschaftsprinzip verpflichtet haben. Durch ihre Satzung haben sie sich der Sparkassenaufsicht unterstellt. Sie gehören auch als gleichgestelltes Mitglied dem Sparkassenverband an.

Auch hinsichtlich der Rechnungslegung und der Prüfung sind einige Besonderheiten bei den öffentlich-rechtlichen Sparkassen zu beachten. Der Jahresabschluss ist gemäß § 38 Mustersatzung zusammen mit einem Geschäftsbericht vom Vorstand dem Verwaltungsrat zwecks Feststellung vorzulegen und von diesem der Verwaltung des Gewährträgers einzureichen. Für die Aufstellung des Jahresabschlusses bestehen besondere Vorschriften, die wie alle sparkassenrechtlichen Bestimmungen von den einzelnen Landesregierungen erlassen werden. Die Prüfung des Jahresabschlusses erfolgt entsprechend der von den einzelnen Ländern erlassenen Anordnungen und ist den Sparkassen- und Giroverbänden übertragen worden, die den Jahresabschluss mit einem Prüfungsvermerk zu versehen haben.

Girozentralen/Landesbanken

Die Einführung des Giroverkehrs bei den Sparkassen in den Jahren nach 1918 brachte die Verbandsbildung mit sich. Für den überörtlichen Überweisungsverkehr war die Schaffung von zentralen Verrechnungsstellen die erste Voraussetzung. Es wurden von den Gewährträgern so genannte Giroverbände gegründet, die wiederum die zunächst unselbstständigen Girozentralen gründeten.

Den Giroverbänden oblag teilweise auch die Aufgabe einer Geldausgleichsstelle. Sie schlossen sich wie die Sparkassenverbände überregional zusammen. Im Jahre 1916 wurde der Deutsche Zentralgiroverband gegründet, der 1917 als seine Geschäftsstelle die Deutsche Girozentrale, Berlin, eröffnete. Zwei Jahre später erhielt der Deutsche Zentralgiroverband die Form einer öffentlich-rechtlichen Körperschaft. Die Deutsche Girozentrale wurde als öffentlich-rechtliche Bankanstalt anerkannt und erhielt gleichzeitig das Recht auf Ausgabe von Inhaberschuldverschreibungen und auf Gewährung von langfristigen Kommunalkrediten.

Die Girozentralen sollen die ihnen angeschlossenen Sparkassen in ihrem Geschäft unterstützen. Dazu übernehmen sie die Geschäfte, die von den einzelnen Sparkassen nicht effizient betrieben werden können beziehungsweise die ihnen aus gesetzlich verwehrt sind. Darüber hinaus lässt sich die Konzentrationsfunktion der Girozentralen auch nutzen, um einen Liquiditätsausgleich zwischen den einzelnen Sparkassen herbeizuführen. Die Girozentralen verwalten in diesem Zusammenhang Teile der Liquiditätsreserven der Sparkassen und können somit auch einen Refinanzierungsrückhalt bieten. Für die eigene Refinanzierung haben die Landesbanken mit ihrem Pfandbriefprivileg einen gewissen Refinanzierungsvorteil. Das Pfandbriefprivileg ermöglicht es den Landesbanken sich über die Emission von Pfandbriefen und Kommunalobligationen Liquidität zu besonders günstigen Konditionen zu beschaffen.

Der aus der Konzentration entstehende Größenvorteil ermöglicht auch Engagements in Dimensionen, die den finanziellen Rahmen einzelner Sparkassen übersteigen würden. Hierzu zählen Großkredite aber auch Beteiligungen an anderen Finanzdienstleistungsunternehmen. Die Girozentralen ermöglichen somit den Sparkassen eine Ausweitung ihres Leistungsangebots.

Ausgehend von ihrem öffentlich-rechtlichen Charakter beziehungsweise von der Tradition des Sparkassensektors sind die Landesbanken auch Hausbank des jeweiligen Bundeslandes. In dieser Funktion unterstützen die Landesbanken die Kassenführung der öffentlichen Verwaltungen; außerdem bieten sie Unterstützung bei öffentlichen Investitionen in finanzieller und fachlicher Art.

DGZ DekaBank – Deutsche Kommunalbank

Das überregionale Spitzeninstitut des Sparkassensektors ist die DGZ DekaBank – Deutsche Kommunalbank. Sie ist ebenfalls eine Anstalt des öffentlichen Rechts. Zu ihren Aufgaben zählt es, die bei ihr von den Girozentralen unterhaltenen Liquiditätsreserven zu verwalten. Damit betreibt sie den Liquiditätsausgleich für den gesamten deutschen Sparkassenverbund. Besonders aktiv ist sie im Kommunalkreditgeschäft. Zusätzlich tätigt sie alle Geschäfte einer Universalbank. Sie konzentriert sich dabei jedoch auf das Großgeschäft. Zur Refinanzierung begibt sie ebenfalls Kommunalobligationen und Pfandbriefe. Die DGZ DekaBank – Deutsche Kommunalbank hat einen Sitz in Frankfurt am Main und einen weiteren juristischen Sitz in Berlin. In Luxemburg unterhält sie eine Zweigstelle.

2.1.1.3 Kreditbanken

Die Deutsche Bundesbank erfasst in ihrer Bankenstatistik unter der Rubrik „Kreditbanken" drei Arten von Universalbanken. Zu den Kreditbanken zählen hiernach:

- die Großbanken,
- die Regionalbanken und sonstige Kreditbanken
- sowie die Zweigstellen ausländischer Banken.

Großbanken

Die Gruppe der Großbanken wird von vier Instituten gebildet; dies sind die Commerzbank AG, die Deutsche Bank AG, die Dresdner Bank AG und die HypoVereinsbank AG.

Die Überschrift „Großbanken" dieser Rubrik der Bankenstatistik mag Verwirrung stiften. Auch in den anderen Gruppen der Bankenstatistik finden sich große Banken.

Gemeinsam ist den Großbanken, dass sie

- in der Rechtsform der Aktiengesellschaft firmieren,
- bezogen auf das einzelne Institut ein großes Geschäftsvolumen aufweisen und dementsprechend auch einen hohen Marktanteil haben,
- ein umfangreiches nationales und internationales Filial- beziehungsweise Zweigstellennetz unterhalten und
- sich keinen Beschränkungen hinsichtlich ihrer Geschäftsaktivitäten unterwerfen.

Der **Rechtsform der Aktiengesellschaft** bedienen sich die Banken in Deutschland seit noch nicht allzu langer Zeit. Mit dem Beginn der Eisenbahnbauten und der einsetzenden Industrialisierung wurden an die Banken so hohe Kreditanforderungen gestellt, dass neue Wege der Kapitalbeschaffung gefunden werden mussten. Durch die Unternehmensform der Aktiengesellschaft konnte der Zugang zu weiteren Kapitalquellen erschlossen werden. Die breitere Kapitalbasis versetzte die Aktienbanken in die Lage, große Investitionsvorhaben zu finanzieren und Vorfinanzierungen von Emissionen zu übernehmen.

Zuweilen werden die **Begriffe Großbanken und Aktienbanken** bedeutungsgleich verwendet. Bezüglich der Bankenstatistik der Deutschen Bundesbank und dem in der Literatur gängigen Sprachgebrauch ist diese Synonymität jedoch unzutreffend.

Auch einige Institute, die nicht der Gruppe der Großbanken angehören, agieren in der Rechtsform der Aktiengesellschaft.

Außer dem gesamten Spektrum der Geschäftsaktivitäten einer Universalbank sind die Großbanken auch bekannt für ihre umfangreichen Beteiligungen an anderen Finanzinstituten, Industrie- und Handelsunternehmen. Von besonderer Bedeutung ist für Großbanken das Wertpapiergeschäft in all seinen Ausprägungen, beginnend mit den Kommissions- und Depotgeschäften bis hin zur Beteiligung an beziehungsweise Führung von Emissionskonsortien. Innerhalb der Gruppe der Kreditbanken unterhalten die Großbanken das größte in- und ausländische Zweigstellennetz.

Regionalbanken und sonstige Kreditbanken

Die Regionalbanken und sonstigen Kreditbanken bilden die größte und gleichzeitig heterogenste Gruppe innerhalb der Kreditbanken. Zu dieser Gruppe zählen rund 200 Institute in den Rechtsformen der AG, GmbH und der KGaG.

Die Gruppenüberschrift „Regionalbanken ..." lässt vermuten, dass hier Banken aufgeführt sind, die lediglich regional tätig sind. Diese sprachlich naheliegende Vermutung täuscht allerdings. In dieser statistischen Gruppe werden auch Banken geführt, deren Geschäftsaktivitäten sich über das gesamte Bundesgebiet und auch international ausgedehnt. Eine zweite Vermutung, die sich beim Weiterlesen der Überschrift „... und sonstige Kreditbanken" ergeben könnte – diese Gruppe sei eine Art „statistisches Sammelbecken" – ist deshalb zutreffender.

Privatbankiers, die nicht die Rechtsform eines Einzelkaufmanns oder einer Personenhandelsgesellschaft haben, sind ebenfalls dieser Kategorie zugeordnet. In die Gruppe der Regionalbanken sind auch die in der Bankenstatistik nicht mehr separat aufgeführten Teilzahlungsbanken integriert. Bei den **Teilzahlungsbanken** handelt es sich meist um Banken, die großen Industrie- oder Handelsunternehmen angeschlossen sind. Für diese Unternehmen betreiben sie über günstige Kreditkonditionen Absatzförderung. Von den Teilzahlungsbanken zu unterscheiden sind die so genannten Hausbanken. **Hausbanken** sind Tochterunternehmen von Industrie- und Handelsunternehmen, die primär die Bankgeschäfte ihrer Mütter betreuen. Schließlich zählen zu dieser Gruppe der Bankenstatistik auch die Banken mit lokaler Geschäftsbeschränkung.

Die Deutsche Bundesbank weist im August 1999 in der Rubrik „Regionalbanken und sonstige Kreditinstitute" 201 Banken aus.

Zweigstellen ausländischer Banken

Der Finanzplatz Deutschland ist von hoher internationaler Bedeutung. Ausländische Banken haben ein Interesse daran, mit deutschen Kunden in Deutschland Geschäftsbeziehungen zu pflegen. Um in Deutschland einen Stützpunkt für Bankgeschäfte zu unterhalten, bestehen grundsätzlich drei Möglichkeiten. Die ausländischen Banken eröffnen eine Repräsentanz, kaufen beziehungsweise gründen eine Tochterbank oder eröffnen eine Zweigstelle.

Repräsentanzen von ausländischen Banken betreiben keine eigenständigen Bankgeschäfte. Sie pflegen wirtschaftliche Beziehungen beziehungsweise bahnen solche an. Dennoch können Bankrepräsentanzen nicht völlig unkontrolliert in Deutschland agieren. Unternehmen, die Bankgeschäfte betreiben und ihren Sitz im Ausland haben, müssen gemäß § 53 a KWG die Errichtung, Verlegung und Schließung einer Repräsentanz in Deutschland unverzüglich anzeigen. Die Anzeigepflicht besteht gegenüber dem Bundesaufsichtsamt und der Deutschen Bundesbank. Anzeigen sind vom Leiter der Repräsentanz durchzuführen.

Töchter ausländischer Banken werden als rechtlich selbstständige Gesellschaften der bereits bekannten Gruppe der „Regionalbanken und sonstigen Kreditbanken" zugeordnet. Unternehmen mit Sitz in einem anderen Staat, die in Deutschland über eine Zweigstelle Bankgeschäfte im Sinne des § 1 Abs. 1 KWG betreiben, unterliegen hinsichtlich der in Deutschland getätigten Bankgeschäfte der deutschen Bankenaufsicht. Gemäß § 53 Abs. 1 KWG sind derartige Zweigstellen Kreditinstitute im Sinne des KWG. Für diese Zweigstellen gelten besondere Vorschriften, die im Abs. 2 des § 53 KWG genannt sind (Einzelheiten hierzu werden im Kapitel III, 1 erläutert).

Im August 1999 zählte die Deutsche Bundesbank 84 Zweigstellen ausländischer Banken.

Zweigstellen eines Kreditinstituts mit Sitz in einem anderen Staat des Europäischen Wirtschaftsraums benötigen gemäß § 53 b KWG keine Zulassung durch das Bundesaufsichtsamt. Sie werden grundsätzlich von der zuständigen Behörde im Sitzland des Institutes überwacht. Der Bundesminister der Finanzen ist durch § 53c KWG – unter Achtung bestimmter Rahmenbedingungen – ermächtigt, artgleiche Vorschriften auch für Unternehmen mit Sitz außerhalb der Europäischen Wirtschaftsgemeinschaft anzuwenden.

2.1.2 Spezialbanken

Neben den im vorherigen Abschnitt besprochenen Universalbanken gibt es in Deutschland auch Banken, die sich (freiwillig) auf ein enges Leistungsangebot beschränken. Diese Beschränkung resultiert entweder aus einer privatwirtschaftlich motivierten Spezialisierung oder der Zuordnung beziehungsweise Übernahme von Sonderaufgaben für das gesamte Bankengewerbe. Dementsprechend lassen sich die Spezialbanken noch weiter untergliedern.

2.1.2.1 Banken mit spezialisiertem Leistungsangebot

Realkreditinstitute

> **DEFINITION**
>
> Realkreditinstitute sind private oder öffentlich-rechtliche Bankbetriebe, deren Hauptaktivität in der Gewährung von langfristigen, durch Grundpfandrechte gesicherten Krediten sowie Darlehen an Gemeinden und Gemeindeverbände besteht. Die Refinanzierung erfolgt über die Ausgabe von Schuldverschreibungen (Kommunalobligationen und Pfandbriefe).

Im August 1999 wies die Bundesbankstatistik 32 Realkreditinstitute aus.

Von besonderer Bedeutung für die Realkreditinstitute ist die „Verordnung über die **Mündelsicherheit der Pfandbriefe** und verwandten Schuldverschreibungen". Durch diese Verordnung wurde auf dem Gebiet der Mündelsicherheit der Pfandbriefe ein einheitliches Recht für die öffentlich-rechtlichen und privaten Realkreditinstitute geschaffen.

Neben den üblichen Funktionen des Eigenkapitals hat das Eigenkapital der Realkreditinstitute noch besondere Aufgaben zu erfüllen. Mit Hilfe des Eigenkapitals müssen zuerst Hypothekarkredite gewährt werden, bevor Pfandbriefe – für die Fremdkapitalbeschaffung – emittiert werden dürfen. Die gesetzlichen Bestimmungen schreiben nämlich vor, dass die in Umlauf zu setzenden Pfandbriefe jederzeit durch Hypotheken (ordentliche Deckung) von mindestens gleicher Höhe und mindestens gleichem Zinsertrag oder bestimmten Ersatzdeckungswerten hinsichtlich des Gesamtbetrages gedeckt sein müssen. Das Eigenkapital dient deshalb zunächst einmal dazu, die Deckungshypotheken für die zuerst emittierten Pfandbriefe vorzufinanzieren. Das Hypothekenbankgesetz beschränkt darüber hinaus den Umlauf von Pfandbriefen und Kommunalschuldverschreibungen auf das Sechzigfache des haftenden Eigenkapitals. Zusätzlich zu dieser allgemeinen Geschäftsbeschränkung ergeben sich aus dem Hypothekenbankgesetz weitere Obergrenzen für bestimmte Geschäfte (zum Beispiel für die Beleihung von Grundstücken).

Die gesetzlichen Geschäftsbeschränkungen für Realkreditinstitute beziehen sich nicht nur auf den Umfang sondern auch auf die Art der Geschäfte. In erster Linie dürfen Realkreditinstitute folgende Geschäfte tätigen:

- Gewährung von Hypothekarkrediten im Inland und in Ländern der Europäischen Union oder von nachrangigen Darlehen,

- Beschaffung der dazu benötigten Mittel durch Emission von Pfandbriefen,

- Gewährung von nicht-hypothekarischen Darlehen an inländische Körperschaften und Anstalten des öffentlichen Rechts oder an Dritte gegen Übernahme der vollen Gewährleistung durch eine solche Körperschaft oder Anstalt,
- Beschaffung der dazu notwendigen Mittel durch Ausgabe von Kommunalobligationen.

Die Jahresabschlüsse der privaten Hypothekenbanken sind nach dem Formblatt für Kreditinstitute aufzustellen, jedoch ergänzt um geschäftstypische Positionen wie Hypothekendarlehen, Kommunalkredite oder begebene Pfandbriefe. Ferner ist der Jahresabschluss durch einen speziellen Anhang zu ergänzen, der besondere statistische Daten über das Hypothekengeschäft enthält.

Bausparkassen

> **DEFINITION**
> Bausparkassen sind Zwecksparkassen, deren Sparer (Ansparer) ihre Sparbeiträge in einem Fonds (Zuteilungsfonds) ansammeln, aus dem nach einem bestimmten Plan ermittelte (zugeteilte) Sparer außer ihren eigenen Spargutheben ein Hypothekendarlehen zur Finanzierung von Eigenheimen, zur Verbesserung von Wohnungen oder zur Ablösung hierzu eingegangener Verpflichtungen erhalten.

Bausparkassen unterliegen als Kreditinstitute den Vorschriften des KWG. Ergänzend sind die Vorschriften des Gesetzes über Bausparkassen anzuwenden. Im August werden in der Bundesbankstatistik 33 Bausparkassen genannt.

Das Bausparkassengeschäft entwickelte sich aus einer Notsituation der bauwilligen Bevölkerung. Nach dem ersten Weltkrieg stiegen die Bau- und Bodenpreise stark an. Bis dahin reichten die meist von Sparkassen und Hypothekenbanken zur Verfügung gestellten erstrangigen Hypotheken aus, um zusammen mit den Eigenmitteln der Bauherren den Hausbau zu finanzieren. Bei steigenden Grund- und Baupreisen konnte der zusätzliche Finanzbedarf nur durch zusätzliche zweitrangige Hypotheken gedeckt werden. Zweitrangige Hypotheken sind aber wegen des höheren Risikos teurer als erstrangige. Die Notwendigkeit, diese hohen Kosten der zweitrangigen Hypothek zu verringern, führte zur Gründung der Bausparkassen. Die erste Gründung war der Zusammenschluss der Gemeinschaft der Freunde Wüstenrot im Jahre 1923.

Die zweitrangigen hypothekarischen Darlehen der Bausparkassen gelten im Vergleich zu alternativen Möglichkeiten bei den übrigen Kreditinstituten als günstiger. Dieser Vorteil wird jedoch gemindert durch die relativ niedrige Verzinsung der Guthaben während der Ansparzeit und die kurze Laufzeit der Darlehen. Die Höhe der

Spareinlagen und die Dauer der Ansparzeiten, die erforderlich sind, um ein Darlehen zu erhalten, regeln die Zuteilungsbedingungen der einzelnen Bausparkassen.

Kapitalanlagegesellschaften

Gemäß § 1 Abs. 1 Nr. 6 KWG sind Kapitalanlagegesellschaften (Investmentgesellschaften) Kreditinstitute. Sie unterliegen neben dem Gesetz über das Kreditwesen noch einem speziellen Gesetz, dem **Gesetz über Kapitalanlagegesellschaften** (KAGG). Sie dürfen nur in der Rechtsform einer AG oder GmbH geführt werden. In Sinne des KAGG sollen die Kapitalanlagegesellschaften dazu beitragen, die Vermögensbildung breiter Bevölkerungsschichten zu verbessern. Dies tun sie, indem sie Einlagen hereinnehmen und diese in eigenem Namen, aber für gemeinschaftliche Rechnung der Anleger in Wertpapieren, Grundstücken oder Erbbaurechten investieren. Der Anleger investiert somit nicht nur in einen Wert, sondern in eine breite Palette von Wertpapieren. Damit wird eine Risikostreuung erreicht. Die Einleger erhalten als Anteilinhaber des Wertpapierportfolios eine Urkunde, ein so genanntes Investmentzertifikat. Die Einlagen sind von der Kapitalanlagegesellschaft unverzüglich einem so genannten Sondervermögen zuzuführen. Steht dieses Sondervermögen im Eigentum der Kapitalanlagegesellschaft, so spricht man vom **Treuhandprinzip**. Ist das Sondervermögen hingegen im Miteigentum der Anteilsinhaber, so handelt es sich um das **Miteigentumsprinzip**.

Die Investmentfonds lassen sich hinsichtlich der Anlageobjekte und der Anteilinhaber unterscheiden. Bezüglich des Anlageobjektes werden Wertpapier- und Immobilienfonds voneinander abgegrenzt. Bei Immobilienfonds erfolgt die Anlage in bebaute und unbebaute Grundstücke, Erbbaurechte und Rechte in Form des Wohnungseigentums und Teileigentums. Der Anteil der abgesetzten Zertifikate am Gesamtabsatz der inländischen Immobilienfonds hat sich deutlich erhöht, wenngleich die absolute Bedeutung von Immobilienfonds noch relativ gering ist.

Die Anlage in **Wertpapierfonds** erfolgt schwerpunktmäßig in Renten- und Aktienwerten. Als spezielle Fonds kommen auch Anlagen in Wandel- und Optionsanleihen, Zerobonds oder in derivaten Finanzprodukten vor.

Hinsichtlich der Anteilsinhaber lassen sich Publikums- und Spezialfonds unterscheiden. Die Anteile an **Publikumsfonds** können im Prinzip von allen geschäftsfähigen Personen erworben werden. **Spezialfonds** werden hingegen für einen begrenzten Investorenkreis aufgelegt.

Für deutsche Investmentgesellschaften ist das Open-End-System charakteristisch. Die Investmentzertifikate werden je nach Bedarf ausgegeben und auf Verlangen zurückgenommen. Das Fondsvermögen ist somit variabel.

Die Besonderheit der Geschäftstätigkeit der Investmentgesellschaften bedingt es, dass sie bezüglich ihrer Bilanzierung und Publizität besonderen Bestimmungen unterworfen sind. Das KAGG sieht vor, dass zum Schluss eines jeden Geschäftsjahres über jedes Sondervermögen ein Rechenschaftsbericht zu erstellen ist, der im Bundesanzeiger veröffentlicht wird.

Die ersten reinen Investmentgesellschaften entstanden bereits Mitte des vorigen Jahrhunderts in England. Die erste deutsche Investmentgesellschaft war die 1949 gegründete Allgemeine Deutsche Investmentgesellschaft, München.

Wertpapiersammelbanken

Wertpapiersammelbanken, auch Kassenvereine genannt, sind Spezialinstitute für die Sammelverwahrung von Wertpapieren und für den Effektengiroverkehr. Die ehemals in der Statistik der Deutschen Bundesbank aufgeführten zwei Wertpapiersammelbanken – Deutscher Auslandskassenverein (AKV) und Deutscher Kassenverein (DKV) – firmieren zwischenzeitlich gemeinsam unter dem Namen Clearstream Banking AG.

Der erste deutsche Kassenverein war die Bank des Berliner Kassenvereins AG. Sie wurde 1823 als Handelssocietät von zehn Berliner Banken gegründet. Auch an anderen Plätzen entstanden in den folgenden Jahren ähnliche Einrichtungen, zum Beispiel die Liquidationskasse in Hamburg (1887), die Kassenverein AG in Köln (1923) und die Rheinisch-Westfälische Kassenverein AG in Essen (1924). Der Deutsche Auslandskassenverein wurde 1970 gegründet. Aktionäre sind die regionalen Kassenvereine. Im Zuge der Gründung der Deutsche Börse AG wurden die regionalen Kassenvereine zusammengefasst zur Deutschen Kassenvereins AG (DKV). Als nächster Schritt folgte die Zusammenfassung von DKV und AKV zur Deutsche Börse Clearing AG. Als nächster Schritt wird eine weitere Fusion – der Zusammenschluss der DBC mit Cedel (Luxemburg) – anvisiert.

Die Hauptaufgabe der Deutsche Börse Clearing AG besteht darin, Kreditinstituten, die als Kontoinhaber (Effektengirokunden) angeschlossen sind, die Möglichkeit der Girosammelverwahrung und des Effektengiroverkehrs zu eröffnen. Der Effektengiroverkehr ermöglicht die stückelose Wertpapierlieferung von Börsenplatz zu Börsenplatz sowie auch an und von Wertpapiersammelbanken des Auslands. Die Deutsche Börse Clearing AG ist auch mit der Verwaltung der hinterlegten Wertpapiere betraut. Außerdem bietet sie einen Service der Wertpapierleihe an und sichert im Rahmen der Abwicklung eines Wertpapierkaufs – bei entsprechender Auftragserteilung – den Geldausgleich zwischen Käufer und Verkäufer.

Bürgschaftsbanken

Im § 1 Abs. 1 Nr. 8 KWG wird die Übernahme von Bürgschaften, Garantien und sonstigen Gewährleistungen für andere (das so genannte Garantiegeschäft) als Bankgeschäft aufgeführt. Soweit der Umfang dieser Geschäfte einen in kaufmännischer Weise eingerichteten Geschäftsbetrieb erfordert, sind dementsprechend Unternehmen, die das Garantiegeschäft betreiben, Kreditinstitute im Sinne des KWG. Die Kreditgarantiegemeinschaften beziehungsweise Bürgschaftsgemeinschaften werden deshalb auch häufig als Bürgschaftsbanken bezeichnet. Aufgabe dieser Institute ist es, Bürgschaften und Garantien zugunsten kleiner und mittelständischer Unternehmen zu übernehmen, um deren Kreditwürdigkeit zu verbessern.

Träger von Bürgschaftsbanken sind häufig Industrie- und Handelskammern, Handwerkskammern, Innungen und Verbände. Für die Leistungen der Bürgschaftsbanken werden relativ geringe Entgelte bezahlt. Die Bürgschaftsbanken erhalten umfangreiche staatliche Förderungen in Form von Rückbürgschaften und zinsgünstigen Darlehen.

2.1.2.2 Kreditinstitute mit Sonderaufgaben

Die bedeutendsten privatwirtschaftlichen Kreditinstitute mit Sonderaufgaben sind

- die AKA Ausfuhrkredit-GmbH, die mittelfristige und langfristige Exportfinanzierung betreibt,
- die Deutsche Bau- und Bodenbank, die insbesondere Städte- und Wohnungsbau finanziert,
- die IKB Deutsche Industriebank AG, deren Geschäftsschwerpunkt in der Gewährung von Investitionskrediten an kleine und mittlere Unternehmen liegt,
- die Liquiditäts-Konsortialbank GmbH, die Liquiditätshilfen an andere Kreditinstitute vergibt.

Die Anteilseigner der öffentlich-rechtlichen Kreditinstitute mit Sonderaufgaben sind hauptsächlich Bund und Länder. Sie werden in der Rechtsform der Anstalt oder der Körperschaft des öffentlichen Rechts geführt.

Wesentliche öffentlich-rechtliche Kreditinstitute mit Sonderaufgaben sind

- die Deutsche Ausgleichsbank, die Finanzhilfen unter anderem für sozial schwache Gruppen, den gewerblichen Mittelstand, Existenzgründer und freie Berufe gewährt,
- die Kreditanstalt für Wiederaufbau, die umfangreiche Aufgaben in der strukturpolitischen Förderung und bei Finanzierungsmaßnahmen im Rahmen der Zusammenarbeit mit Entwicklungsländern übernimmt.

2.2 Deutsche Bundesbank – Europäisches System der Zentralbanken

2.2.1 Die Deutsche Bundesbank als Teil des Europäischen System der Zentralbanken

Im § 3 des Gesetzes über die Deutsche Bundesbank werden die Aufgaben der Deutschen Bundesbank wie folgt definiert: „Die Deutsche Bundesbank ist als Zentralbank der Bundesrepublik Deutschland integraler Bestandteil des Europäischen Systems der Zentralbanken (ESZB). Sie wirkt an der Erfüllung seiner Aufgaben mit dem vorrangigen Ziel mit, die Preisstabilität zu gewährleisten, und sorgt für die bankmäßige Abwicklung des Zahlungsverkehrs im Inland und mit dem Ausland ..."

Mit Beginn der 3. Stufe der Europäischen Wirtschafts- und Währungsunion (EWWU) übernahm am 1.1.1999 das Eurosystem die Verantwortung für die gemeinsame Geldpolitik. Es setzt sich aus den elf rechtlich selbstständigen nationalen Zentralbanken des Euroraums (NZB) und der rechtlich selbstständigen Europäischen Zentralbank (EZB) zusammen. Die EZB ist eine Tochter der nationalen Zentralbanken. Das Europäischen System der Zentralbanken (ESZB) besteht aus der EZB und den Zentralbanken aller EU-Mitgliedstaaten. Die Deutsche Bundesbank ist eine der elf NZB des Eurosystems und somit Teil des Europäischen Systems der Zentralbanken.

Oberstes Entscheidungsorgan des Eurosystems ist der Rat der EZB. Seine Mitglieder sind:
- der Präsident,
- der Vizepräsident der EZB,
- die vier weiteren Mitglieder des Direktoriums der EZB und
- die Präsidenten der nationalen Zentralbanken der Staaten, die an der driten Stufe) der EWWU teilnehmen.

Die Beschlüsse des EZB-Rates werden grundsätzlich mit einfacher Mehrheit der anwesenden Mitglieder gefasst. Ausnahmen hierzu bilden Entscheidungen über das EZB-Kapital, über die Weitergabe von Währungsreserven der nationalen Zentralbanken an die EZB sowie über Fragen der Gewinnverteilung. Die Ausführung der geldpolitischen Beschlüsse liegt bei der EZB im Zusammenwirken mit den nationalen Notenbanken, deren umfassende Erfahrungen damit genutzt werden können.

Bis zum Beitritt aller EU-Mitgliedstaaten zur Währungsunion agiert noch der Erweiterte Rat als beratendes Gremium. Dem Erweiterten Rat gehören an:
- der Präsident,
- der Vizepräsident der EZB sowie
- die Präsidenten aller nationalen Zentralbanken der EU.

Aufgabe des Erweiterten Rates ist die Überwachung der Funktionsweise des neuen Wechselkursmechanismus (EWS II). Er selbst verfügt über keine geldpolitischen Instrumente.

2.2.2 Unabhängigkeit als wichtige Voraussetzung

Bei der Erfüllung ihrer Aufgaben genießt die Deutsche Bundesbank ein hohes Maß an Unabhängigkeit. Im Art. 107 des Maastricht-Vertrages ist festgelegt, dass weder die EZB noch eine NZB oder ein Mitglied ihrer Beschlussorgane bei der Wahrnehmung der ihr übertragenen Befugnisse, Aufgaben und Pflichten Weisungen

- von Organen oder Einrichtungen der Gemeinschaft,
- von Regierungen der Mitgliedstaaten oder
- von anderen Stellen einholen oder entgegen nehmen darf.

Die Unabhängigkeit der EZB und die der NZB ist in vierfacher Hinsicht zu sichern:

- funktionelle Unabhängigkeit,
- institutionelle Unabhängigkeit,
- personelle Unabhängigkeit,
- finanzielle Unabhängigkeit.

Die funktionelle Unabhängigkeit wird darin gesehen, dass die EZB und die NZB vorrangig dem Ziel Gewährleistung der Preisstabilität verpflichtet sind. Andere, ebenfalls wichtige volkswirtschaftliche Ziele, wie zum Beispiel ein hoher Beschäftigungsstand, sind für sie untergeordnet. Die institutionelle Unabhängigkeit spiegelt sich in der Freiheit der NZB, der EZB und ihrer Beschlussorgane von Weisungen Dritter wider. Zur personellen Unabhängigkeit tragen unter anderem die langen Amtszeiten der Mitglieder der Beschlussorgane bei. Die Amtszeit des EZB-Präsidenten beträgt acht Jahre, ebenso wie grundsätzlich die Amtszeiten der übrigen Mitglieder des EZB-Direktoriums. Bei der ersten Bestellung der übrigen Mitglieder des Direktorium wurde jedoch eine zeitlich gestaffelte Amtszeiten festgelegt. Damit soll verhindert werden, dass sämtliche Organmitglieder zur selben Zeit ausscheiden. Eine vorzeitige Entlassung ist nur in Ausnahmefällen möglich, die bereits vorab in der Satzung des ESZB und der EZB niedergelegt wurden. Damit soll sichergestellt werden, dass die Organmitglieder nicht unter Druck gesetzt werden können. Über die finanzielle Unabhängigkeit wird sichergestellt, dass die Zentralbanken über die erforderlichen Mittel verfügen, um ihre Aufgaben ordnungsgemäß zu erfüllen.

Man sollte im Auge behalten, dass im Gegensatz zur Geldpolitik die wechselkurspolitischen Kompetenzen weitestgehend dem Rat der Wirtschafts- und Finanzminister der Europäischen Union (Ecofin-Rat) vorbehalten sind.

2.2.3 Sicherung der Preiswertstabilität als vorrangiges Ziel

Im Artikel 2 des Statutes des ESZB wird die Sicherung des Wertes des Geldes als die zentrale Aufgabe der Notenbanken genannt. Als Maßstab für den Wert des Geldes kann die Stabilität der Preise dienen. Der EZB-Rat sieht die Stabilität der Preise dann als gewährleistet an, wenn der Harmonisierte Verbraucherpreisindex (HVPI) im Euro-Währungsgebiet innerhalb eines Jahres um weniger als zwei Prozent ansteigt. Um eine möglichst frühzeitige Beurteilung der Aussichten für die Preisentwicklung zu erhalten, analysiert der EZB-Rat ein breites Spektrum wirtschaftlicher und finanzieller Größen als Indikatoren. Eine besondere Rolle spielt dabei die – bereits über lange Jahre bei der Deutschen Bundesbank bewährte – Kontrolle der Geldmenge.

Damit eventuellen Fehlentwicklungen wirkungsvoll entgegen gewirkt werden kann, verfügt die EZB (beziehungsweise die NZB, die die Geldpolitik weitestgehend dezentral ausführen) über mehrere geldpolitische Instrumente. Diese Instrumente lassen sich in drei Gruppen einteilen:

- Offenmarktgeschäfte,
- ständige Liquiditätsfazilitäten,
- Mindestreserve.

Mit ihren Offenmarktgeschäften will das ESZB Einfluss auf die Zinssätze und Liquidität im Interbankenmarkt nehmen. Sie lassen sich weiter unterteilen in:

- Hauptrefinanzierungsgeschäfte,
- längerfristige Refinanzierungsgeschäfte (Basistender),
- Feinsteuerungsoperationen und
- strukturelle Operationen.

Die Hauptrefinanzierungsgeschäfte sind ein Mittel der Liquiditätsbereitstellung. Im wöchentlichen Rhythmus wird dem Finanzsektor mit so genannten befristeten Transaktionen Liquidität durch Offenmarktgeschäfte mit einer Laufzeit von 14 Tagen zur Verfügung gestellt.

In monatlichen Abständen wird über so genannte Basistender (längerfristige Refinanzierung) Liquidität mit einer Laufzeit von drei Monaten bereitgestellt. Das längerfristige Refinanzierungsgeschäft nimmt als Element der Basisfinanzierung einen ähnlichen Charakter ein, wie der ehemalige Diskontkredit. Der Teilnehmerkreis ist weit gezogen. Diese Geschäfte sollen zur Verstetigung des Geldmarktes sowie zur Dispositionssicherheit insbesondere bei kleineren Banken beitragen.

Zum Ausgleich von unerwarteten Liquiditätsschwankungen dienen so genannte Feinsteuerungsoperationen. Im Vordergrund stehen dabei ebenfalls befristete Transaktionen. Daneben können aber auch Devisenswaps genutzt und befristete Einlagen hereingenommen werden. Ergänzend kann auch über so genannte Outrightgeschäfte (definitive Käufe und Verkäufe am Geld- und Kapitalmarkt) kurzfristig Liquidität bereitgestellt werden.

Treten hingegen strukturelle Liquiditätsprobleme des Finanzsektors gegenüber dem ESZB auf, so können in regelmäßigen oder unregelmäßigen Abständen Anpassungen der Liquiditätspositionen vorgenommen werden. Um zum Beispiel die Refinanzierungsabhängigkeit der Banken gegenüber den Notenbanken zu erhöhen, können Schuldverschreibungen emittiert werden. Zur Anreicherung der Liquidität können befristete Transaktionen eingesetzt werden. Über Outrightgeschäfte kann die Liquidität erhöht oder vermindert werden.

Geschäfte	Liquiditätsbereitstellung	Liquiditätsabschöpfung	Laufzeit	Rhythmus	Verfahren
Hauptrefinanzierung	Befristete Transaktionen	–	Zwei Wochen	Wöchentlich	Standardtender
Längerfristige Refinanzierung	Befristete Transaktionen	–	Drei Monate	Monatlich	Standardtender
Feinsteuerung	Befristete Transaktionen Devisenswaps	Befristete Transaktionen Devisenswaps Hereinnahme von Termineinlagen	Nicht standardisiert	Unregelmäßig	Schnelltender Bilaterale Geschäfte
	Definitive Käufe	Definitive Verkäufe	–	Unregelmäßig	Bilaterale Geschäfte
Strukturelle Operationen	Befristete Transaktionen	Emission von Schuldverschreibungen	–	–	Standardtender
	Definitive Käufe	Definitive Verkäufe		Unregelmäßig	Bilaterale Geschäfte

Abbildung 1-15: Offenmarktgeschäfte im ESZB

Den Rahmen für die laufende Geldmarktsteuerung bilden die beiden ständigen Fazilitäten (Spitzenrefinanzierung und Einlagefazilität). Die Spitzenrefinanzierung und die absorbierende Einlagefazilität bilden grundsätzlich die Ober- beziehungsweise die Untergrenze des Zinses am Markt für Tagesgelder unter Banken. Die Spitzenrefinanzierung entspricht weitgehend dem in Deutschland bislang gebräuchlichen Lombardkredit. Die Mittelbereitstellung erfolgt jedoch nur über Nacht. Soweit die Banken in ausreichendem Umfang über Sicherheiten verfügen, können sie sich in der Regel stets zum Zinssatz für die Spitzenrefinanzierungsfazilität die benötigte Liquidität bei der Notenbank besorgen.

Mittels der Einlagenfazilität können bis zum nächsten Geschäftstag unbesicherte Einlagen bei den NZB geleistet werden. Während des Tages kann auf diese Fazilitäten in der Regel unbegrenzt zurückgegriffen werden. Es gibt somit für die Geschäftspartner der nationalen Notenbanken keine Veranlassung, Liquidität zu einem niedrigeren Zinssatz in den Markt zu begeben. Der Zinssatz der Einlagefazilität wird deshalb grundsätzlich die Untergrenze für den Tagesgeldsatz bilden.

Geschäfte	Liquiditätsbereitstellung	Liquiditätsabschöpfung	Laufzeit	Rhythmus	Verfahren
Spitzenrefinanzierung	befristete Transaktionen		über Nacht	auf Initiative der Geschäftspartner	auf Initiative der Geschäftspartner
Einlagenfazilität		Annahme der Einlage	über Nacht	auf Initiative der Geschäftspartner	auf Initiative der Geschäftspartner

Abbildung 1-16: Ständige Fazilitäten des ESZB

Ergänzend kann das ESZB in der Geldpolitik die Mindestreserve einsetzen. Die Banken sind verpflichtet, einen gewissen Prozentsatz bestimmter Verbindlichkeiten bei den NZB als Guthaben zu unterhalten. Diese Guthaben werden den Banken zum Satz für die ESZB-Hauptrefinanzierungsgeschäfte verzinst.

2.2.4 Weitere Aufgaben

Als weitere Aufgaben übernimmt die Deutsche Bundesbank

- die Emission von Banknoten,
- die Durchführung von Devisentransaktionen,
- die Verwaltung der offiziellen Währungsreserven und
- sorgt für einen reibungslosen Zahlungsverkehr.

Die nationalen Zentralbanken – und somit auch die Deutsche Bundesbank – dürfen Banknoten nur noch mit vorheriger Genehmigung des EZB-Rates ausgeben. Die praktische Durchführung obliegt jedoch nach wie vor den nationalen Zentralbanken. Zur Unterstützung des unbaren Zahlungsverkehrs bietet die Bundesbank weiterhin ihre bewährten und ständig modernisierten Dienste über ihre Zweiganstalten und ihre Rechenzentren an. An dem europaweiten Echtzeit-Brutto-Zahlungssystem – dem so genannten Target-System (Trans-European-Automated-Real-Time-Gross-Settlement-Express-Transfer-System) – nimmt die Deutsche Bundesbank mit ihrem ELS teil. Für eine liquiditätsschonende Verrechnung der Zahlungen zwischen den Banken stellt die Deutsche Bundesbank die EAF zur Verfügung (siehe auch Kapitel II,2. Die Bankleistungen rund um den Zahlungsverkehr).

Die Deutsche Bundesbank wirkt auch bei der Beaufsichtigung der Kreditinstitute und Finanzdienstleistungsinstitute mit. In Deutschland wird die formelle Bankenaufsicht vom Bundesaufsichtsamt für das Kreditwesen (BAK) wahrgenommen, ihm obliegen die hoheitlichen Maßnahmen. Die Deutsche Bundesbank unterstützt mit ihrem erfahrenen Personal die Arbeit des BAK (materielle Bankenaufsicht).

Die EZB erhielt von den teilnehmenden 11 NZB Währungsreserven im Gegenwert von knapp 40 Milliarden € (davon 12,25 Milliarden € von der Deutschen Bundesbank). Über diese Währungsreserven kann die EZB uneingeschränkt verfügen. Sie werden allerdings von den nationalen Zentralbanken verwaltet; der größte Teil der Währungsreserven verbleibt somit in ihrer eigenen Verantwortung. Allerdings stehen Geschäfte mit den bei den NZB verbliebenen Währungsreserven unter dem Genehmigungsvorbehalt durch die EZB.

KONTROLLFRAGEN

1. Erläutern Sie den Unterschied zwischen dem Universal- und dem Trennbankensystem.
2. Wodurch unterscheiden sich Universal- von Spezialbanken?
3. Welche wirtschaftliche Entwicklung war ausschlaggebend für die Gründung der Aktienbanken?
4. Erklären Sie den dreistufigen Aufbau des Sparkassen- und des Genossenschaftssektors.
5. Nennen Sie mindestens drei Kreditinstitute mit Sonderaufgaben.
6. Was sind die Aufgaben der Deutschen Bundesbank?

LITERATUR ZUM WEITERLESEN

Die Zahlenangaben in diesem Kapitel sind den Monatsberichten der Deutschen Bundesbank entnommen.

Becker, Hans P., **Bankbetriebslehre**, 3. Auflage, Ludwigshafen 1997.

Büschgen, Hans E.: **Bankbetriebslehre. Bankgeschäfte und Bankmanagement**, 5. Auflage, Wiesbaden 1998.

Deutsche Bundesbank, **Monatsberichte**.

Deutsche Bundesbank, **Informationsbrief zur WWU** Nr. 4.

3. Der Markt für Bankleistungen

Höher, schneller, weiter?

Wenn wir gestern gewusst hätten, was heute passiert, brauchten wir morgen nicht mehr zu arbeiten

Im Gegensatz zur wirtschaftlichen Situation von Banken in einigen europäischen Nachbarstaaten können die deutschen Kreditinstitute positive Ertragszahlen berichten. Das deutsche Bankengewerbe hat in der Nachkriegszeit erfolgreich mehrere internationale Krisen durchlebt. Die Rechts- und Konkurrenzsituation der Banken in Europa verändert sich rasant. Der Wandel des Anforderungsprofils der Bankkunden erzwingt Anpassungen in den Organisationsstrukturen und dem Produktangebot der Banken. Sind die deutschen Banken gut gerüstet, diesen Herausforderungen erfolgreich entgegen zu treten?

LEITFRAGEN

1. Wie lässt sich das aktuelle Geschäftsumfeld für deutsche Banken beschreiben?
2. Welche Indikatoren lassen sich zur Deutung der zukünftigen Entwicklung erkennen?
3. Werden die Vorzüge der Universalbanken auch in der Zukunft noch greifen?

Die Deutsche Bundesbank schreibt in ihrem Monatsbericht Juli 1999 auf Seite 27: „Die deutschen Kreditinstitute erzielten im Geschäftsjahr 1998 im operativen Geschäft ein insgesamt befriedigendes Ergebnis. Der Zinsüberschuss nahm allerdings erneut nur wenig zu. Die Zinsspanne (...) ging auf einen historischen Tiefstand zurück. Im zinsunabhängigen Geschäft und im Eigenhandel haben die Banken dagegen sehr gut verdient."

Deutsche Banken zeichnen sich insbesondere durch eine hohe Ertragskontinuität aus. Bei den internationalen Ertragsvergleichen sind deutsche Banken selten auf den vorderen Rängen zu finden. Nach Untersuchungen der Landeszentralbank in Hessen sind die deutschen Banken selten die internationalen Spitzenverdiener, aber weisen dauerhaft gute Erträge aus (wobei diese nicht nur auf Unterschiede in den Rechnungslegungsvorschriften zurückzuführen sind).

Allgemein geht man davon aus, dass die Gründe für diese erfreuliche Ertragsentwicklung

- in den Vorzügen des Universalbankensystems,
- in der ausgeprägten Kundennähe – die über die Dichte des Filialnetzes gemessen wird – und
- in der hohen Qualität der deutschen Abwicklungssysteme

zu finden sind.

Im nächsten Abschnitt wollen wir analysieren, ob diese Vorzüge auch bei den erwarteten Änderungen der Umfeldbedingungen im Bankenmarkt noch greifen werden.

3.1 Marktwirtschaftliches Umfeld

Wir bewegen uns nun somit weg von der bisher geübten Darstellung und Analyse von historischen Daten und begeben uns in den Bereich der Prognose mit all den damit verbundenen Unwägbarkeiten. Prognose darf nicht mit Kaffeesatzlesen gleichgesetzt werden; die Gefahr, eine Aussage zu treffen, die nicht eintritt, ist jedoch deutlich größer, verglichen mit der buchhalterischen Addition der Zahlen von gestern und vorgestern.

Die Entwicklung von Banken kann nicht losgelöst von den allgemeinen volkswirtschaftlichen Trends betrachtet werden. Grundsätzlich bewegen wir uns auf eine Epoche zu, in der die Sicherung des vorhandenen Wohlstandsniveaus bereits als Erfolg verbucht werden muss und sich starkes reales Wachstum keineswegs mehr mit naturgesetzlicher Selbstverständlichkeit einstellen wird. Die weltbewegenden Probleme, wie zum Beispiel das rasante Wachstum der Weltbevölkerung, Umweltbelastungen und Verknappung natürlicher Ressourcen sowie strukturelle Arbeitslosigkeit bei gleichzeitig hoher Staatsverschuldung, erfordern zu ihrer Lösung gigantische Summen an Kapital. Der Bedarf für Finanzierungen wird deshalb voraussichtlich trotz eventuell geringer oder gar negativer Wachstumsraten des Wohlstandsniveaus, der Volkseinkommen oder der Produktionskapazitäten für zum Beispiel Konsumgüter ungebrochen hoch sein.

Dennoch zeichnen sich bereits heute **Grenzen des Wachstums bei klassischen Bankprodukten** ab. Während zum Beispiel 1970 noch über 39 Prozent der Geldvermögen privater Haushalte in der Bundesrepublik Deutschland in Form von Spareinlagen gehalten wurden, betrug dieser Anteil 1990 nur noch 23 Prozent. Im gleichen

Zeitraum ist der Anteil der Geldanlagen bei Versicherungen von 15 auf über 21 Prozent und der Anteil der Termingelder und Sparbriefe von unter 3 auf fast 13 Prozent gestiegen. Auch im klassischen Kreditgeschäft lassen sich Wachstumsgrenzen vermuten. Begründen lässt sich diese Annahme aufgrund sinkender Margen bei gleichzeitig steigenden Ausfallrisiken und damit einhergehenden höheren Eigenkapitalforderungen der Aufsichtsbehörden. Historisch wichtige Kreditnehmer, zum Beispiel große Industrie- und Handelsunternehmen, haben alternative Finanzierungswege zum Kredit gefunden. Sie betreiben heute etwa Finanzierungen aus ihren eigenen Kapitalströmen (Cashflows) heraus. Die Banken werden diesen Herausforderungen durch Anpassungen ihres Produktangebots begegnen müssen. Eine Zunahme der Verbriefung von traditionellen Forderungen aus Krediten (Securitization) und damit eine starke Modifikation der klassischen Intermediationsfunktion der Banken ist bereits als eine Reaktion auf die oben beschriebenen Änderungen der Umfeldbedingungen auszumachen.

Neue Produkte ermöglichen es auch neuen Wettbewerbern in das bis jetzt noch von Banken dominierte Einlagen- und Finanzierungsgeschäft einzudringen. Der Wettbewerb um Finanzdienstleistungen wird deshalb zukünftig nicht nur zwischen Banken auf nationaler und internationaler Ebene ausgetragen, sondern schließt zunehmend auch so genannte **Near- bzw. Non-Banks** mit ein. Wertpapierhäuser, Versicherungsgesellschaften, Kartengesellschaften oder spezielle Abteilungen bzw. nicht mit Banklizenz ausgestattete Tochtergesellschaften von großen Wirtschaftsunternehmen werden die Entwicklung der Finanzwirtschaft noch deutlicher als bisher mitbestimmen.

Insbesondere aufsichtsrechtlich, zum Beispiel hinsichtlich der Eigenkapitalanforderungen, werden Banken anders behandelt als ihre Mitkonkurrenten. Auch unterhalb der Banken gibt es international noch hohen Harmonisierungsbedarf bei den Eigenkapitalvorschriften der einzelnen Länder. Aus gegenwärtiger Sicht lässt sich bei Banken das deutliche Erfordernis erkennen, zusätzliches Eigenkapital in ihre Unternehmen herein ziehen zu müssen. Banken haben die Kapitalgeber zukünftig noch stärker zu umwerben, damit nicht fehlendes Eigenkapital zu einer unüberwindlichen Barriere des Wachstums für sie wird. Es besteht durchaus die Möglichkeit, dass auch deutsche Banken zukünftig ihre Kapitalgeber nur noch mit vierteljährlichen Erfolgsmeldungen – bezüglich stetig positiver Ertragszahlen – an sich binden können. Die Eigenkapitalgeber werden anonymer für die Banken. Das Verhältnis zwischen Kapitalgeber und Bank reduziert sich auf Renditebetrachtungen. Kapital wird unabhängig vom Unternehmen beziehungsweise der Branche nur noch nach dem Kriterium der kurzfristig höchsten Verzinsung investiert. Geschäftszweige einer Bank, welche die kurzfristigen Erfolgsmeldungen über einen längeren Zeitraum hinweg beeinträchtigen, sind von den Geschäftsverantwortlichen dann nicht mehr zu halten. Selbst wenn Universalbanken den grundsätzlichen Vorteil des internen Ertragsausgleichs auch zukünftig haben, könnten in dem oben beschriebenen Umfeld Situationen eintreten, in denen dieser Vorteil nicht mehr wie bisher genutzt werden kann.

Die Möglichkeiten und Einflüsse der Informationstechnik und insbesondere die Telekommunikation werden zweifelsfrei weiter voranschreiten. Es gibt durchaus unterschiedliche Meinungen über die Geschwindigkeit der Weiterentwicklung in diesem Sektor. Tatsache ist allerdings ein schon lange anhaltender Preisverfall für Produkte der elektronischen Datenverarbeitung und der Telekommunikation. Die zusätzlich vorangetriebene Breitbanddatenverkabelung der Haushalte sowie die verbesserte Standardisierung in der Abwicklung von Massengeschäften machen Telekommunikation und elektronische Datenverarbeitung auch für weite Bevölkerungskreise interessant. Es ist deshalb damit zu rechnen, dass Bankkunden zukünftig immer weniger auf die örtliche Nähe von Bankstellen angewiesen sind. Über **Homebanking** werden auch dem mittelständischen Unternehmer, dem Kleinbetrieb sowie dem Privatkunden die Vorzüge des 24-Stunden-Service bewusst. Die örtliche Nähe als Auswahlkriterium für die Bankverbindung wird somit an Bedeutung verlieren. Andere Kundenbedürfnisse, wie zum Beispiel Beratungsqualität in Spezialfragen, aber auch die gesamtheitliche Betreuung in Finanzfragen, werden in den Vordergrund treten. Als Konsequenz fokussieren sich dann viele Banken stärker auf einzelne Marktsegmente (Kundengruppen). Daraus erwächst zwangsläufig eine Diversifizierung im Vertrieb. Innovative Leistungen werden auch im Privatkundengeschäft und in der Geschäftsabwicklung zunehmend gefordert. Die bisher bei den Universalbanken geübte Praxis des Cross Sellings gewinnt dann voraussichtlich eine neue Qualität.

Das deutsche Bankengewerbe sieht sich häufig dem Vorwurf geringer Arbeitsproduktivität ausgesetzt. US-amerikanische und japanische Banken bedienen angeblich ihre Kunden wesentlich wirtschaftlicher als deutsche Kreditinstitute. Führende Unternehmensberatungen nennen Rationalisierungspotenziale von 20 bis 35 Prozent. Diese Zahlen sind in Anbetracht eines Personalaufwandes von rund 70 Milliarden DM (im Jahre 1998) sicherlich beeindruckend. Zweifelsfrei bestehen auch Verbesserungsmöglichkeiten im deutschen Bankgeschäft; allein die Frage, wie diese sehr interessanten Potenziale – selbst wenn sie deutlich geringer sein sollten – realisierbar sind, ist bisher noch nicht überzeugend beantwortet. Die Vorschläge von Beratungszentren für das Massengeschäft, reichen über die Ausgliederung nicht primärer Bankaufgaben bis hin zu einer allgemein höheren Technisierung des Bankgeschäfts.

Es ist zweifelsfrei richtig, dass die Qualität der Informationsverarbeitung sehr stark die Qualität des Bankgeschäfts bestimmt. Dennoch kann die bedingungslose Konzentration auf Informationstechnologie und Automation kein Allheilmittel für Banken sein. Die für ihre zukunftsweisende Automation oft gepriesenen japanischen Banken haben die Erfahrung gemacht, dass sich ein Automatisierungsgrad von 80 bis 90 Prozent zu einem Wettbewerbsnachteil entwickeln kann, wenn nicht parallel zur elektronischen Selbstbedienung, die persönliche Beratungsleistung wächst. Weiterhin können wir feststellen, dass zwischenzeitlich häufig für die Wartung bestehender EDV-Systeme ein größerer Teil der hohen EDV-Budgets der Banken gebunden wird, als für die Neuentwicklung zur Verfügung steht. Der Schwund an freien Kapazitäten für neue, innovative EDV-Entwicklungen ist gegenwärtig im Bankensektor auch stark von außen bestimmt. Aufsichtsrechtliche Änderungen, die meist auch zu Neugestaltungen der Meldungen an die Aufsichtsbehörden führen, binden gegenwärtig Heerscharen von Programmierern und EDV-Experten. Aber auch die Umstellung auf den Euro und die Vorkehrungen zur Lösung des Jahr-2000-Problems spiegelten sich zuletzt in den Kosten wider. Die so genannten anderen Verwaltungskosten stiegen 1998 mit 11 Prozent deutlich stärker als zum Beispiel die Personalkosten (4,4 Prozent).

Individualität in der Beratungsleistung und deutliche Wachstumsgrenzen in der Automation des Bankgeschäfts nehmen dem Universalbankensystem sicherlich Teilbereiche, in denen sich gegenwärtig noch Skaleneffekte realisieren lassen.

Bekanntlich sind zunehmende Schwankungen der Preise an den Finanzmärkten (Volatilität) zu verzeichnen, die zu steigenden Risiken führen. Die meisten Unternehmen versuchen, Risiken – insbesondere Finanzrisiken – zu meiden oder zumindest zu begrenzen. Banken haben sich hingegen grundsätzlich anders zu verhalten. Sie sollten bemüht sein, Risiken aufzuspüren, die sie für sich selbst und ihre Kunden handhaben können. Darin liegt ihre wesentliche volkswirtschaftliche Wertschöpfung und die Quelle ihres Erfolgs.

Zu den bereits seit vielen Jahren bekannten Geschäftsrisiken – für die es bereits ausgefeilte Sicherungsmechanismen gibt – rücken in den letzten Jahren allmählich auch neue Risiken der Geschäftsabwicklung in das Bewusstsein führender Bankmanager. Häufig wird in diesem Zusammenhang Sir Dennis Weatherstone von der amerikanischen Geschäftsbank J. P. Morgan zitiert. Er stellte fest, dass ihm die mit den Abwicklungsmechanismen verbundenen Risiken mehr Kopfzerbrechen verursachen als die klassischen Marktrisiken oder die Risiken im Zusammenhang Derivaten. Viele Mitarbeiter von Banken wollen oder können die Dimension von Abwicklungsrisiken nicht erkennen, obwohl zwischenzeitlich die größte Panne in der französischen Kreditkartengeschichte durch den zweitägigen Ausfall eines Autorisierungssystems (geschätzter Umsatzausfall 4 Milliarden DM) passierte, in Frankfurt anlässlich des Oktoberputsches bei der Ost-West-Handelsbank Überweisungsaufträge in Höhe von 2,1 Milliarden DM aufliefen und der Bank of York nach dem Zusammenbruch ihres EDV-Wertpapierabwicklungssystems nur mit einem 23,6 Milliarden US-$-Kredit der amerikanischen Zentralbank geholfen werden konnte. Es besteht die Befürchtung, dass der Ausfall eines einzigen Bausteins unseres Finanzsystems Dominoeffekte mit unbekanntem Ausmaß auslösen könnte. Das Übergreifen von Störungen in einem Teilsystem auf andere Systeme ist nicht auszuschließen. Die Perfektion in unseren Abwicklungssystemen würde in diesen Fällen ihre Bedeutung verlieren.

3.2 Nachfrager nach Bankleistungen

Die internationalen Veränderungen der Finanzwirtschaft wirken sich zwangsläufig auch auf deutsche Banken aus. Die Erfahrungen über die Krisenfestigkeit des deutschen Bankensystems sollten uns jedoch zuversichtlich stimmen. Seit der Depression in den frühen 30er Jahren erwies sich das deutsche Geschäftsbankensystem als relativ resistent in Krisen. In der jüngsten Vergangenheit bewältigten die deutschen Banken die finanziellen Folgen von zwei Ölkrisen, drei tiefen Kurseinbrüchen am Aktienmarkt und die internationale Verschuldungskrise bemerkenswert gut.

Eine alte Kaufmannsweisheit besagt, dass man sich insbesondere in guten Zeiten für das Unweigerliche der Zukunft rüsten muss. Die beste Strategie einen Strukturwandel erfolgreich zu durchleben, besteht darin, sein Angebot flexibel den Änderungen der Kundenbedürfnisse anzupassen. In den drei folgenden Abschnitten werden wir in groben Zügen lernen, wie sich das Nachfrageverhalten der Privatkunden, Firmenkunden und des Staates voraussichtlich ändern wird.

3.2.1 Privatkunden

Die privaten Haushalte haben in der Summe betrachtet traditionell eine solide finanzielle Lage. Die Summe ihrer Ersparnisse übersteigt deren Verschuldung. Es sind hauptsächlich die privaten Haushalte, welche (meist mittelbar) die finanziellen Mittel für die Investitionen in unserer Volkswirtschaft bereit stellen.

Die Einlagen der privaten Kundschaft sind klassisch die günstigste Refinanzierungsquelle für die meisten Geschäftsbanken. Privatkunden sind aber auch für das Kreditgeschäft und sonstige Bankgeschäfte ein äußerst interessantes Klientel. Schätzungen gehen davon aus, dass 50 Prozent der Ertragspotenziale von Banken im Privatkundengeschäft liegen (im Vergleich zu 20 Prozent im Firmenkunden- und 30 Prozent im Eigengeschäft). Um diese Potenziale erschließen zu können, bedarf es jedoch zunächst einer Optimierung der Privatkundenbetreuung.

Die Optimierung der Betreuung setzt wiederum eine konsequente **Segmentierung** (Differenzierung) der Kunden voraus. Als gängige Segmentierungskriterien dienen den deutschen Banken meist Einkommens- und Umsatzgrößen. Als weitere Kriterien bieten sich Lebensphasen oder Lebensstile an. Junge Berufsanfänger haben eine andere Bedarfsstruktur für Finanzdienstleistungen als Rentner. Der in seinem Denken und Handeln alternativ ausgerichtete Mitbürger stellt andere Anforderungen an seine Bank und möchte anders umworben werden, als ein konservativ und puritanisch geprägter Mensch.

Bezüglich des Sparverhaltens der privaten Haushalte ist ein **Trend weg vom klassischen Banksparen** hin zum Wertpapier- und Fondssparen festzustellen. Die Generation der Erben führt ihre Geldanlagen verstärkt rendite- und risikobewusst durch. Dabei sind vor allem die Renditen nach Steuern von Bedeutung. Gleichzeitig ist die persönliche Bindung an das geerbte Geld geringer, so dass die Bereitschaft wächst, für höhere Renditen auch höhere Risiken einzugehen. Solche Veränderungen im Anlageverhalten bewirken – bezogen auf das gesamte Bankengewerbe – einen höheren Aufwand wegen weiterer Qualifizierung der Kundenberatung, führen aber gleichzeitig zum Wegfall günstiger Refinanzierungsmöglichkeiten über klassische Einlagen.

Für die einzelne Bank bieten sich kaum Möglichkeiten, diese Entwicklungen zu beeinflussen. Ist ein Institut auf Dauer nicht bereit, seinen Kunden über qualifiziertere Beratung rentierlichere Anlagen zu ermöglichen, wird es den Kunden mit hohem Ertragspotenzial langfristig vollständig an die Konkurrenz verlieren. Privatkunden mit hohem Ertragspotenzial – meist Kunden mit hohem verfügbarem Einkommen pro Familienmitglied – zählen zu den mit am stärksten umworbenen Kundengruppen. In diesem Wettbewerb sind die lokalen Banken schon lange nicht mehr unter sich. Durch die Möglichkeiten des Homebankings ist der gehobene Privatkunde auch für Direkt- und Auslandsbanken interessant. Auch wenn das heute noch – zum Beispiel wegen Sprachbarrieren oder Kursrisiken – als futuristisch klingen mag; technisch ist es bereits heute dem deutschen Privatkunden möglich, in Sekunden Banken an allen interessanten Finanzplätzen zu erreichen – ein Service, der rund um die Uhr während des ganzen Jahres nutzbar ist. Dies sollte weniger als Gefahr sondern mehr als Chance gesehen werden; denn umgekehrt funktioniert das genauso: Auch deutsche Banken sind aus aller Welt ohne große Probleme erreichbar.

Auch deutsche Banken können also im Ausland über elektronische Vertriebswege neue Kundengruppen erschließen. Beispielsweise wurde Anfang Dezember 1999 in der Börsen-Zeitung über die **internationalen Expansionspläne** der Direkt Anlage Bank (eine Tochter der HypoVereinsbank) berichtet. Die Deutsche Bank 24 AG, die Retailbanking-Tochter der Deutschen Bank, berichtet über eine Kooperation mit dem Internet-Medienunternehmen Yahoo. Mit weltweit 105 Millionen Nutzern ist Yahoo ein aus Sicht der Deutschen Bank wichtiger Marktplatz, auf dem die Bank präsent sein möchte. Die Deutsche Bank 24 bietet ihren Privatkunden damit sieben Zugänge zu ihren Dienstleistungen (Filiale, Finanzcenter, Selbstbedienungsterminals, mobiler Vertrieb, Call-Center, Onlinebanking über die Homepage der Bank und den Yahoo-Internet-Zugang).

Direktbanken zeichnen sich neben modernen Vertriebswegen insbesondere durch hohe Kosteneffizienz aus. Diese Kosteneffizienz ist wiederum nur durch elektronische Auftragsbearbeitung zu gewährleisten. Beispielsweise sind 1999 bei der Direkt Anlage Bank über 53 Prozent der Wertpapieraufträge online aufgegeben worden. Ein Jahr zuvor lag der Anteil noch bei 20 Bei den nicht auf elektronischem Wege bearbeitbaren Serviceleistungen – wie zum Beispiel der Bargeldversorgung – sind die Direktbanken auf Kooperationen angewiesen. Bereits seit März 1998 ermöglichen die deutschen Großbanken (Deutsche Bank, HypoVereinsbank, Dresdner Bank und Commerzbank) ihren Kunden sowie den Kunden ihrer Direktbanktöchter die kostenlose Nutzung der Geldautomaten aller beteiligten Banken. Anlass dieser Kooperation war der Vorwurf, besonders die Direktbanken würden von dem dichten Geldautomatennetz der Sparkassen profitieren. Die Sparkassen hatten die internen Verrechnungspreise für Automatenabhebung bankfremder Kunden erhöht. Einige Sparkassen hatten ihre Automaten für Kunden der Direktbanken sogar gesperrt.

Ganz gleich, welche Bankengruppe letztendlich von dieser Servicemöglichkeit profitiert, unter Gleichhaltung aller anderen Bedingungen entwickeln sich hieraus verringerte Zinsmargen. Eine positive Gewinnsituation im Privatkundengeschäft kann dann nur fortbestehen, wenn es gelingt, die Bedürfnisse bestimmter Segmente des Privatkundenmarktes umfassend zu bedienen. Hohe Marktdurchdringung mit einer möglichst breiten Dienstleistungspalette gilt hierbei als ein möglicher Weg. Eine Untersuchung im genossenschaftlichen Bereich förderte zu Tage, dass insbesondere in den Bereichen Versicherungen (Personen- und Sachversicherungen), Immobiliengeschäfte (Finanzierung, Vermittlung und Absicherung) sowie Wertpapiergeschäfte noch hohe, bisher nicht ausreichend genutzte Cross-Selling-Potenziale bestehen.

3.2.2 Firmenkunden

In der Gesamtbetrachtung nimmt der Unternehmenssektor deutlich mehr Gelder von Banken auf als private und öffentliche Haushalte. In den letzten Jahren ist nichtsdestoweniger ein Trend rückläufiger Bankkredite des Unternehmenssektors zu beobachten. Zur Analyse dieser Feststellung ist eine differenziertere Betrachtung notwendig.

In Deutschland waren große Industrieunternehmen in ihren Anfangsjahren sehr stark auf die Außenfinanzierung durch Banken angewiesen. Die hohen industriellen Investitionen überstiegen aber bald die Finanzierungsmöglichkeiten der damaligen Privatbankiers. Aus dieser Situation heraus entwickelten sich – wie bereits im vorherigen Abschnitt erläutert – die deutschen Aktienbanken. Das industrielle Wachstum und das Wachstum der deutschen Bankenwirtschaft sind eng miteinander verwoben. Diese Bindungen werden auch weiterhin andauern und drücken sich unter anderem in Beteiligungsverhältnissen aus. Zwischenzeitlich ist jedoch eine Situation eingetreten, in der große deutsche Wirtschaftsunternehmen weit weniger auf die Kreditfinanzierung durch deutsche Banken angewiesen sind. Erstens ist es für ein multinationales Unternehmen grundsätzlich gleichgültig, ob ein Kredit von einer deutschen, einer französischen, einer englischen oder einer renommierten Bank aus irgendeinem anderen Staat bereitgestellt wird. Zweitens ist es diesen Großunternehmen zum Beispiel über den Weg der **Verbriefung von Forderungen** (Securitization) auch möglich, die klassische Intermediationsfunktion der Banken zu umgehen und sich die benötigten finanziellen Mittel direkt von Investoren am Kapitalmarkt zu besorgen. Einige deutsche Großunternehmen sind durchaus in der Lage, selbst größere Investitionen aus **eigener Finanzkraft** heraus zu finanzieren.

Mittelständische und kleinere Unternehmen sind hingegen noch weitgehend Kunde im klassischen Bankgeschäft. Allerdings wird immer deutlicher, dass sich auch der Mittelstand den Finanzproblemen aus der Globalisierung nicht entziehen kann. Unternehmen mit weniger als fünfzig Beschäftigten liefern Waren nach Japan und USA. Auf der Bankenseite brauchen diese Unternehmen qualifizierte Geschäftspartner, die ihnen kompetent die Probleme zum Beispiel des grenzüberschreitenden Zahlungsverkehrs und der Kurssicherung lösen.

Um am Markt bestehen zu können, sind deutsche Unternehmen auf ihre Innovationskraft angewiesen. Innovationen bedürfen jedoch riskanter Investitionen. Auch hierfür sind Partner von Nöten, die unternehmerisch denken und beraten, die intelligent und nutzbringend für beide Seiten Risikokapital zur Verfügung stellen können. Hierfür müssen sich Banken noch stärker mit leistungsfähigen Risikomanagementsystemen auseinander setzen, die unter anderem eine laufende Einzelkundenkalkulation auch für die oben beschriebenen kleineren Unternehmen wirtschaftlich ermöglichen. Venture Capital Unternehmen gewinnen auch in Deutschland an Bedeutung und bieten insbesondere im Bereich der Risikofinanzierung jungen aufstrebenden Unternehmen sinnvolle Finanzierungsalternativen an.

Die – zumindest bis Ende Dezember 1999 – sich ständig gegenseitig überbietenden Erfolgsmeldungen von erfolgreichen Börseneinführungen mit anschließend häufig rasanten Kursgewinnen, bieten auch kleineren Unternehmen die Möglichkeit, eingegangene Risikopositionen zum Beispiel durch Börsenplatzierungen effizient zu steuern. Bei diesen Börseneinführungen treten auch Unternehmen, die bisher nicht zum Kreis der Banken zählten, zum Beispiel ehemalige Börsenmakler, erfolgreich in Konkurrenz zu etablierten Kreditinstituten.

Im Mittelstand entwickelt sich eine Klientel, die neben der Unterstützung in Finanzfragen auch einen Partner für umfassende Beratung zur Entscheidungshilfe annimmt. Zur Servicequalität zählen für diesen Unternehmer auch zukünftig der längerfristige persönliche Kontakt und die schnelle Erreichbarkeit des Beraters. Auf der Basis eines solchen Kooperationsverhältnisses bestehen bei dieser Klientel auch heute noch hohe unausgenutzte Cross-Selling-Potenziale, insbesondere im Versicherungsbereich. Grundsätzlich kann davon ausgegangen werden, dass bei problemorientierter Beratung auch zukünftig bei diesem Kundenkreis mit traditionellen Bankgeschäften hohe Erträge erzielbar sind. Kurzfristig erscheint bei entsprechender Beratungsqualität sogar eine Ausweitung der Margen möglich.

3.2.3 Staatliche Nachfrage

Die Veschuldung der öffentlichen Haushalte nimmt ständig zu. Auch bei den öffentlichen Haushalten bietet sich eine differenzierte Betrachtung an. Der Anteil der direkten Ausleihungen von Kreditinstituten ist beim Bund schon immer niedriger gewesen als bei den anderen öffentlichen Haushalten. Bei den **Ländern** ist hingegen der prozentuale Anteil der direkten Ausleihungen von Kreditinstituten zunächst verhältnismäßig nur gering gefallen. Bei den Gemeinden beläuft sich der Anteil der direkten Ausleihungen bei Banken auf weit über 90 Prozent.

In den letzten Jahren hat der Bund verstärkt seine Finanzierung in verbriefter Form betrieben. Insbesondere die Bundesanleihen haben dabei auf hohem Niveau an Bedeutung noch hinzu gewonnen.

Als Fiscal Agent ist die **Bundesbank** als Hausbank des Staates tätig. Sie darf dem Staat zwar keine direkte Finanzierungen gewähren, hilft ihm jedoch seine Kapitalaufnahme am Markt zu optimieren. Dabei berät die Deutsche Bundesbank den Staat als Emittenten über die Marktlage, Konditionen, verkaufstechnische Fragen sowie die Schaffung und den sinnvollen Einsatz von neuen Finanzierungsinstrumenten. Die Bundesbank hat Einfluss auf die Emissionsplanung im Ausschuss für Kreditfragen der öffentlichen Hand und im Zentralen Kapitalmarktausschuss. Hierüber kann eine Optimierung des Emissionsfahrplans erreicht werden, der hilft, **beste Marktkonditionen** zu sichern. Die Schuldverschreibungen des Bundes werden in erster Linie durch die Bundesbank begeben. Die Länderemissionen werden hingegen in der Regel nur im Benehmen mit der Bundesbank begeben. Die Bundesanleihen werden über einen Verbund von rund 100 Banken, dem so genannten **Bundesanleihen-Konsortium** platziert. Seit Juli 1986 sind in diesem Konsortium auch Kreditinstitute vertreten, die ganz oder mehrheitlich in ausländischem Besitz sind. Dieses Konsortium wird von der Deutschen Bundesbank geführt, die auch die banktechnische Abwicklung und Abrechnung der Emissionen übernimmt. Als zusätzlichen Service stellt die Bundesbank ihre Zweiganstalten als Verkaufsstellen zur Verfügung und betreibt Werbung und Öffentlichkeitsarbeit für die Emissionen des Staates. Von besonderer Bedeutung ist auch die – bereits im vorherigen Kapitel beschriebene – **Kurspflege** der Deutschen Bundesbank. Kombiniert mit der einwandfreien Bonität des Bundes führt dieser Service dazu, dass der Bund traditionell die besten Konditionen am Kapitalmarkt erhält.

Länder und Gemeinden können sich in der Regel nicht ganz so optimal finanzieren wie der Bund. Hier liegen große Bereiche der Beratungsmöglichkeiten durch Geschäftsbanken brach. Versuche einiger kommunaler Einrichtungen, sich sogar im derivativen Markt zu bewegen, führten leider zu negativen Ergebnissen mit entsprechenden Reaktionen in der Öffentlichkeit.

Dennoch lassen sich auch positive Ansätze erkennen. Eingefahrene Bahnen werden verlassen. Innovative Wege werden zukünftig – zum Wohle der öffentlichen Hand und der Geschäftsbanken – sicherlich auch bei Ländern und Gemeinden häufiger eingeschlagen.

RESÜMEE

Der zukünftige Erfolg wird für einige Banken bestimmt durch ihre Innovationskraft. Für alle Banken bestimmt sich der zukünftige Erfolg durch ihre Fähigkeit, angemessene Beratungsqualität zu liefern. Die Beherrschung von quantitativen Methoden wird für den Bankkaufmann verstärkt an Bedeutung gewinnen. Mit dem nächsten Kapitel wollen wir hierzu die wesentlichen Grundlagen vermitteln.

KONTROLLFRAGEN

1. Nennen Sie drei Charakteristika des deutschen Bankensystems, die sich während der jüngsten Finanzkrisen als Vorzüge erwiesen haben.
2. Aufgrund welcher Beobachtungen werden Grenzen des Wachstums bei klassischen Bankgeschäften vermutet?
3. Wodurch wird die klassische Intermediationsfunktion der Banken gefährdet?
4. Erklären Sie den Begriff Abwicklungsrisiko.
5. Erklären Sie, warum das Privatkundengeschäft in Deutschland eine wichtige Refinanzierungsquelle für die Geschäftsbanken darstellt.
6. Wie veränderte sich die Kreditnachfrage der öffentlichen Haushalte in den Jahren 1990 bis 2000?

QUELLENANGABE UND LITERATUR ZUM WEITERLESEN

■ Die Zahlenangaben in diesem Kapitel sind dem statistischen Teil der Monatsberichte der Deutschen Bundesbank entnommen.

■ **Weitere Literaturangaben**

Casserley, Dominic, **Facing up to the risks – how financial institutions, can survive and prosper**, New York 1991.

Deutsche Bundesbank, **Monatsberichte**.

Klewin, Rainer, **Ertragsquellen der Zukunft für Banken**, in: BI/GF 7/94, S. 10–15.

Priewasser, Erich, **Die Priewasser-Prognose, Bankstrategien und Bankmanagement 2009**, Frankfurt am Main 1994.

Sarrazin, Jürgen, **Universalbanken – Anker in der Krise**, in: Die Bank 3/94, S. 137–139.

Schultze-Kimmle, **Zehn Thesen zur Bank der Zukunft**, in: Die Bank 2/94, S. 76–83.

4. Grundlegende Analysemethoden im Finanzbereich

Auf der Suche nach dem Schnäppchen

„There is no free lunch."

> Die Zeiten im Bankgewerbe sind härter geworden. Dies wird besonders durch die immer enger werdenden Margen bei vielen Produkten deutlich. Es ist daher umso wichtiger, eine genaue Vorstellung zu haben, welche Produkte Gewinn und welche Verlust bringen. Da im Bankgeschäft in erster Linie mit Geldflüssen gearbeitet wird, sollten Ihnen die Grundzüge der Bewertung vertraut sein. In diesem Abschnitt wird deshalb der Nettobarwert sowie der Effektivzins als Entscheidungskriterium für Kredit- und Wertpapiertransaktionen vorgestellt. Im letzten Teil können dann einige interessante Aspekte wie die Zinsstruktur und auch Zukunftszinssätze (Forwards) vorgestellt werden.

LEITFRAGEN

1. Was ist eine Aktie wert?
2. Was sind die Entscheidungskriterien einer Kreditvergabe?
3. Was bedeutet der Effektivzins, der bei allen Krediten ausgewiesen werden muss?

Im Vordergrund der Banktätigkeit steht der Umgang mit Finanztiteln. Diese müssen sorgfältig analysiert werden, um Entscheidungen über die sinnvolle Auswahl der unterschiedlichen Anlage- und Kreditmöglichkeiten treffen zu können. Dabei ist die Grundidee sehr einfach: Unterbewertete Anlagen sollten gekauft und überbewertete verkauft werden. Ob ein Wertpapier über- oder unterbewertet ist, kann aber (leider) letztlich nie genau bestimmt werden. Um die Sicherheit der Finanzanalyse dennoch zu erhöhen, werden im Folgenden die **Kerngedanken der modernen Finanzmathematik** dargestellt.

Finanzmanagement ist ein aufregendes Feld, denn es müssen ständig viele Entscheidungen getroffen werden: Dies sind Auswahlentscheidungen in Bezug auf Kauf und Verkauf von Wertpapieren, Investitionsentscheidungen, aber auch die Vergabe von Krediten. Grundlage solcher Entscheidungen sind drei Elemente:

- **Bewertung**
  Die Bewertung von Kapital ist unumgänglich. Nur so können „billige" Alternativen gefunden und „teure" Titel verkauft werden. Eine Vielzahl interessanter Theorien ist in den letzten Jahren entwickelt worden, um solche Fragen lösen zu können.

- **Zeit und Unsicherheit**
  Entscheidungen sind immer auf Zeiträume bezogen. Daher müssen Zahlungen, die zu unterschiedlichen Zeitpunkten erfolgen, miteinander vergleichbar gemacht werden. Oft sind die Zahlungsströme auch unsicher, das Risiko muss daher zusätzlich in die Entscheidung mit einfließen.

- **Menschenkenntnis**
  Eine allgemeine Theorie kann nicht die Menschenkenntnis ersetzen, denn jede Form der Finanztheorie kann persönliche Entscheidung nur unterstützen. Völlige Berechenbarkeit wäre langweilig, aber ohne die theoretischen Grundlagen ist die Wahrscheinlichkeit „richtige" Entscheidungen zu treffen, deutlich kleiner.

4.1 Gegenwartswerte und Opportunitätskosten

Gegenwartswerte dienen als Grundlage, um verschiedene Zahlungsreihen miteinander vergleichbar zu machen. Dabei spielt es keine Rolle, ob es sich um Kredite, Anleihen oder Aktien handelt; für die Finanzanalyse ist letztlich alles nur ein Strom von Geldern, die mehr oder weniger sicher zu bestimmten Zeitpunkten der Zukunft gezahlt oder eingenommen werden. Die Kernentscheidung lautet also immer: Möchte ich diesen Zahlungsstrom erwerben, und welchen Preis bin ich bereit, heute dafür zu bezahlen? Die Grundregel jedes Barwertes ist so einfach, dass es umso erstaunlicher ist, wie oft sie nicht beachtet wird: „Zahlungen, die in der Zukunft liegen, sind weniger wert als Zahlungen heute."

Der Zusammenhang ist leicht an einem Beispiel zu verdeutlichen. Wenn ein Investor in einem Jahr 50.000 € braucht, muss er bei einem Zinssatz von 8 Prozent heute nur

$$PV = \frac{50.000}{1,08} = 46.296,30 \text{ €}$$

anlegen.

Eine Zahlung kann also in drei Komponenten zerlegt werden:

1. **Bekomme** ich Geld oder muss ich zahlen (positives oder negatives Vorzeichen)?
2. **Wann** bekomme ich das Geld?
3. Wie hoch ist der **Zinssatz**?

Die Bewertung geschieht in der Regel mit Hilfe des **Gegenwartswertes** (Present Value = PV). Alternativ wird manchmal auch der Endpunkt einer Zahlungsreihe, also der **Zukunftswert** (Future Value = FV), benutzt. Zur Ermittlung des Gegenwartswertes müssen zukünftige **Zahlungen** (Z) mit einem **Abzinsungsfaktor** (1+r) diskontiert werden. Eine Zahlung in einem Jahr (Z1) bei einem Zinssatz (r) hat also einen Gegenwartswert von:

$$PV = \frac{1}{1+r} \cdot Z_1$$

Umgekehrt gilt für das Verhältnis von Zukunftswert und Gegenwartswert:

$$FV = (1 + r) \cdot PV$$

Für unseren Investor bedeutet dies, dass aus seiner Anlage nach einem Jahr

$$FV = 46.296{,}30\ \text{€} \cdot (1 + 0{,}08) = 50.000\ \text{€}$$

werden.

Der Zins ist also ein Preis dafür, dass eine spätere Zahlung akzeptiert wird. Eigentlich wollten wir aber wissen, ob sich eine Investition lohnt. Um eine solche Entscheidung zu treffen, muss dem Wert der **zukünftigen Zahlungen** der heutige Preis gegenübergestellt werden. Betrachten wir eine Investitionsentscheidung in einer Videothek. Der Besitzer verspricht uns, dass wir für eine heute getätigte Investition in Höhe von 35.000 € in einem Jahr 45.000 € zurückgezahlt bekommen. Sollte ich das Angebot annehmen? Als Erstes gilt es, einen Vergleichszinssatz zu finden. Eine Alternative wäre eine Termingeldanlage zu 5 Prozent. Nun werfen wir einen ersten Blick auf den **Nettobarwert** (Net Present Value = NPV) der Videothek

$$NPV = -35.000 + \frac{45.000}{1{,}05} = 7.857{,}14$$

Was hilft mir das bei meiner Entscheidung? Wenn die Rückzahlung von 45.000 € sicher wäre, hätte ich, verglichen zum Termingeld, heute einen finanziellen Vorteil von knapp 8.000 €. Klingt gut, aber stimmt die Opportunität? Die 5 Prozent sind zwar der Preis für die Zeit, aber es ist offensichtlich, dass eine Termingeldeinlage sehr viel sicherer als eine Investition in eine „windige" Videothek ist. Es muss also zum Preis für die Zeit der Preis für das Risiko hinzukommen. Die Erfahrung in dieser Investitionsgruppe hat beispielsweise gezeigt, dass von zehn Videotheken zwei leider schon das erste Jahr nicht überleben und ärgerlicherweise auch ihren Kredit nicht zurückzahlen. Dies heißt, dass in dieser Risikogruppe die acht überlebenden so viel Zinsen bezahlen müssen, dass das verlorene Kapital einschließlich der Zinsen abgedeckt ist. Der Verlust bei zwei Videotheken entspricht 70.000 €, die wir aber auch zu 5 Prozent anlegen können.

$$2 \cdot 35.000 \, € \cdot 1{,}05 = 73.500 \, €$$
(Kreditsumme)

Dies bedeutet also pro Videothek einen Risikoanteil von 73.500 : 8 = 9.187,50 und einen prozentualen Aufschlag von mindestens 9.187,50 : 35.000 = 26,25 Prozent. Jedoch hätte dies als Endergebnis nur eine Verzinsung von 5 Prozent zur Folge. Dafür ist es deutlich zu viel Stress, sodass ein entsprechender Risikoaufschlag hier zum Beispiel bei 30 Prozent liegen könnte.

$$NPV = -35.000 + \frac{45.000}{1 + 0{,}05 + 0{,}3} = -1.666{,}67$$

Der Nettobarwert ist negativ geworden, die auf den ersten Blick so vorteilhafte Investition ist also mehr ein Verlustgeschäft. Allgemein gilt, dass eine **Investitionsentscheidung** bei einem positiven Barwert sinnvoll ist. Jedoch muss bei der Diskontierung sowohl der Preis für die Zeit als auch die Risikoprämie berücksichtigt werden.

$$NPV = -Z_0 + \frac{Z_1}{1 + r_{Zeit} + r_{Risiko}}$$

Ob ein Vorhaben durchgeführt werden soll, kann nach verschiedenen Kriterien bewertet werden. Sehr häufig steht dabei die Messung der erwarteten **Rendite** des Projekts im Vordergrund. Bei einer einjährigen Investition lässt sie sich leicht ermitteln.

$$\text{Rendite} = \frac{\text{Gewinn}}{\text{eingesetztes Kapital}}$$

Für unsere Videothek ergibt sich die erwartete Rendite wie folgt:

$$\text{Rendite} = \frac{45.000 - 35.000}{35.000} = 28{,}57 \, \%$$

Eine Investition wird sinnvollerweise dann durchgeführt, wenn die Rendite über der gewünschten Verzinsung, also den **Opportunitätskosten** für Kapital (Marktverzinsung und Risikoprämie), liegt. Dieses Kriterium ist identisch mit einer Analyse des Nettobarwertes, denn eine Investition ist dann sinnvoll, wenn der Nettobarwert positiv ist.

60 Kreditwirtschaft im gesamtwirtschaftlichen Umfeld

> **DEFINITION**
>
> Die **Entscheidungskriterien** für eine Investition sind
> 1. Nettobarwert ist positiv (Videothek mit −1.666,67 nicht sinnvoll).
> 2. Rendite ist größer als die Opportunitätskosten des Kapitals (28,57 < 35 Prozent).

Bei der Investitionsentscheidung auf funktionierenden Kapitalmärkten spielt die zeitliche Präferenz der Investoren, die Frage, wann sie das Geld zur Verfügung haben wollen, keine Rolle. Ist der relevante Opportunitätssatz bekannt, sollten alle Investitionen mit einem positiven Nettobarwert ausgeführt werden. Anschließend kann über Anlage oder Kredit die Zahlung auf den richtigen Zeitpunkt transferiert werden. In dieser Art steigert ein funktionierender Kapitalmarkt den Wohlstand der Bevölkerung, da er die Möglichkeit bietet, Einkommen und Konsum zeitlich besser zu verteilen.

4.2 Gegenwartswerte bei mehreren Perioden

Ein Problem der bisherigen Analyse liegt in der Einschränkung auf nur eine Zahlung in einem Jahr. Die meisten Investitionsentscheidungen beziehen sich aber auf eine **Reihe von Ein- und Auszahlungen**.

Nehmen wir den folgenden Fall: Ausgangspunkt sind zwei Zahlungen, nämlich 100 nach einem Jahr und 100 nach zwei Jahren, wobei der Zinssatz 7 Prozent p. a. beträgt. Um den Gegenwartswert zu betrachten, müssen die Zahlungen diskontiert werden. Dabei wird die Zahlung des Jahres 2 zuerst auf Jahr 1 und dann auf heute diskontiert.

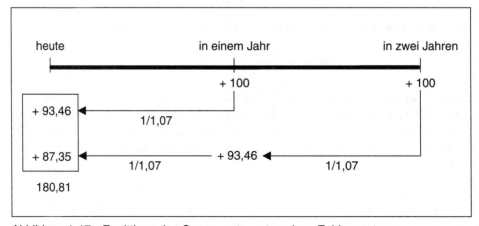

Abbildung 1-17: Ermittlung des Gegenwartswertes eines Zahlungsstroms

Zahlungsströme zum gleichen Zeitpunkt können addiert werden, sodass sich als Gegenwartswert 180,81 ergibt. Für jede Periode ist der relevante Zinssatz anzuwenden. Im Folgenden wird von identischen Zinssätzen ausgegangen. Allgemein errechnet sich der **Gegenwartswert** als **Summe der diskontierten Zahlungen**:

$$PV = \frac{Z_1}{(1+r_1)^1} + \frac{Z_2}{(1+r_2)^2} + \ldots + \frac{Z_n}{(1+r_n)^n} = \sum_{i=1}^{n} \frac{Z_i}{(1+r_i)^i}$$

Unabhängig von der Länge der Zahlungsreihe behält das Entscheidungskriterium, dass bei positiven Nettobarwerten die Investition ausgeführt werden sollte, seine Gültigkeit. Dies ist ein Vorteil im Vergleich zum Renditekriterium, das bei solchen Reihen schwieriger anzuwenden ist.

BEISPIEL

Bei einem Zinssatz von 7 Prozent kann sich ein Investor für folgende Zahlungsreihe entscheiden: Er muss heute und in einem und in zwei Jahren jeweils 100 zahlen, bekommt dafür aber im Jahr 2 ein Einkommen von 400.

heute	in einem Jahr	in zwei Jahren
–100	–100	–100
		+300

Abbildung 1-18: Renditeberechnung

$$NPV = -100 - \frac{100}{1,07} + \frac{300}{1,07^2} = 68,57$$

Die Investition sollte durchgeführt werden.

Es hat sich also gezeigt, dass es einfach ist, einen prognostizierten Zahlungsstrom zu bewerten. Im Allgemeinen werden alle **Zahlungen** mit negativen Vorzeichen, alle **Einnahmen** mit positiven Vorzeichen versehen. Nach Diskontierung mit den entsprechenden Opportunitätszinssätzen, die auch eine Risikokomponente enthalten, ist jede Investition mit positivem Nettobarwert sinnvoll.

Eine andere Möglichkeit, die Investitionsentscheidung zu treffen, ist es, den Zinssatz zu suchen, bei dem der diskontierte Wert aller Ausgaben dem diskontierten Wert aller Einnahmen entspricht. Dies wird meist als **interne Kapitalverzinsung** (Internal

Rate of Return = IRR) bezeichnet und wird im Abschnitt 4.4 weiter untersucht. Es wird also der Zinssatz gesucht, bei dem der **Nettobarwert einer Investition 0** ist.

$$NPV = 0 = \sum_{i=0}^{n} \frac{Z_i}{(1+IRR)^i}$$

Die Auswahlentscheidung für ein Projekt entspricht dann dem Renditekriterium. Die Investition sollte verfolgt werden, wenn der **interne Zinssatz größer als der Opportunitätssatz** ist. Die Ergebnisse sind meist identisch. Es kann jedoch zu Problemen kommen, wenn bei einem Zahlungsstrom mehr als einmal Aus- und Einzahlungen wechseln (wie beispielsweise bei einem Bausparvertrag plus Bauspardarlehen). Bei den meisten Bankprodukten ist es aber unproblematisch, da nur eine Zahlung am Anfang steht und dann nur noch Geld zurückfließt.

Andererseits kann der interne Zinsfuß keine Zinsstruktur abbilden. Bei der Errechnung von Barwerten ist es hingegen möglich, für unterschiedliche Zeiträume auch unterschiedliche Zinssätze zu benutzen. Bei internem Zinsfuß wird von einer horizontalen Zinsstrukturkurve ausgegangen. Dies kann bei der Bewertung sehr unterschiedlicher Zahlungsreihen bei anderen Zinsstrukturen zu falschen Ergebnissen führen.

Betrachten wir nun als weiteren Fall einen Angestellten, der plant, seine Rente durch Zinszahlungen aus einer Kapitalanlage aufzustocken. Dabei kommt für ihn eine Anlage ohne Rückzahlung des Kapitals in Frage, es fließen also nur die Zinsen zu. Um ewig eine Zahlung von 10.000 € pro Jahr zu bekommen, müssen bei einem Zinsniveau von 10 Prozent entsprechend 100.000 € angelegt werden.

$$PV \cdot r = Z \quad \Leftrightarrow \quad PV = \frac{Z}{r}$$

$$100.000 = \frac{10.000}{0,1}$$

Jedoch führt dieser Ansatz noch nicht ganz zum Ziel. Da unser künftiger Rentner eine jährliche Inflation von 4 Prozent erwartet, wäre später zwar immer die gleiche Summe vorhanden, jedoch die Kaufkraft des Geldes nähme von Jahr zu Jahr ab. Daher entscheidet sich unser Anleger für eine Auszahlungsreihe, die von Jahr zu Jahr um 4 Prozent wächst. Soll die Auszahlung also jährlich um diese 4 Prozent steigen (**Wachstumsfaktor g**), muss ein Teil der Zinsen dem Kapital zugeschlagen werden. Entsprechend höher ist der Preis des Zahlungsstroms. Dieses Problem kann mit Hilfe der Summenformel für eine geometrische Reihe gelöst werden.

$$PV = \frac{Z}{(1+r)} + Z \cdot \frac{1+g}{(1+r)^2} + \ldots + Z \cdot \frac{(1+g)^{n-1}}{(1+r)^n} + \ldots \quad \Leftrightarrow \quad PV = \frac{Z}{r-g}$$

$$PV = \frac{10.000}{0,1 - 0,04} = 166.666,66$$

Es müssen also 166.666,66 angelegt werden, damit im Jahr 2 eine jährliche Steigerung von 4 Prozent beginnt. Die Formel kann auch gut **intuitiv** plausibel gemacht werden. Dem Konsumenten stehen letztlich nur die **realen Zinsen**, also nominaler Zins abzüglich der Inflationsrate, zur Verfügung. Dies wird hier durch r – g ausgedrückt.

4.3 Gegenwartswerte bei Anleihen und Aktien

Grundsätzlich eignet sich die Barwertanalyse für jede Art von Zahlungsströmen. Für Sie als Banker dürften jedoch besonders **Aktien** (als Beispiel für Eigenkapital) und **festverzinsliche Anleihen** (als Beispiel für Fremdkapital) interessant sein.

4.3.1 Bewertung von Anleihen

Nehmen wir uns als Beispiel eine **Bundesanleihe** vor. Da beim Emittenten Bundesrepublik Deutschland kein Ausfallrisiko besteht, kann aus den Anleihebedingungen der versprochene Zahlungsstrom genau festgestellt werden. Um den Preis der Anleihe, also ihren Barwert, zu ermitteln, müssen die Zahlungen mit dem entsprechenden Alternativsatz für eine gleich lange Periode abgezinst werden.

Nehmen wir an, im Jahre 2000 ergibt sich für eine 7-Prozent-Anleihe mit einer Laufzeit bis 2005 (also 5 Jahre) bei einem Opportunitätssatz von 8 Prozent auf den Nominalbetrag von 100 € folgender Zahlungsstrom:

2000	2001	2002	2003	2004	2005
?	7	7	7	7	107

Abbildung 1-18: Zahlungsstrom einer Anleihe

$$PV = \frac{7}{1{,}08^1} + \frac{7}{1{,}08^2} + \frac{7}{1{,}08^3} + \frac{7}{1{,}08^4} + \frac{107}{1{,}08^5} = 96{,}01$$

Damit läge der **faire Preis** im Jahr 2000 bei 96,01 €. Da der **Kupon** der Anleihe unter dem aktuellen Zinsniveau liegt, muss dieser Nachteil für den Investor durch einen Abschlag (ein **Disagio**) auf den Preis (= Börsenkurs) ausgeglichen werden. Läge das aktuelle Zinsniveau im Jahr 2000 bei 6 Prozent, müsste ein Aufschlag (**Agio**) gezahlt werden; der Kurswert läge dann mit 104,21 über dem Nominalwert von 100.

$$PV = \frac{7}{1{,}06^1} + \frac{7}{1{,}06^2} + \frac{7}{1{,}06^3} + \frac{7}{1{,}06^4} + \frac{107}{1{,}06^5} = 104{,}21$$

4.3.2 Bewertung von Aktien

Für die Bewertung von Eigenkapital gilt grundsätzlich die gleiche Idee, nur ist es viel schwieriger, den zukünftigen Zahlungsstrom abzuschätzen und einen angemessenen Diskontierungssatz festzulegen.

Die Frage lautet:

Soll ich die Aktie der Good Buy AG kaufen? Angenommen, ich glaube an eine Dividendenzahlung von 5 in einem Jahr und halte danach einen Kurs von 110 für wahrscheinlich. Als angemessene Rendite für diese Firma sehe ich 15 Prozent an. Der Wert einer Aktie (P_0) kurz nach dem Dividendentermin setzt sich einerseits aus der **erwarteten Dividende** (DIV) und andererseits aus dem **erwarteten Kurs** ex Dividende (P_1) in einem Jahr zusammen. Dieser erwartete Wert muss dann mit einem angemessenen Zins diskontiert werden.

$$P_0 = \frac{DIV_1 + P_1}{1 + r}$$

Für die Good-Buy-Aktie ergibt sich also ein Wert von 100 €.

$$P_0 = \frac{5 + 110}{1,15} = 100$$

Liegt der Börsenkurs unter 100 €, sollte die Aktie gekauft, liegt er über 100 €, sollte die Aktie verkauft werden. Jedoch ist es leider unmöglich, zukünftige Aktienkurse mit Sicherheit exakt vorherzusagen (rufen Sie doch einfach mal den Analysten Ihrer Bank an). Jedoch kann die zukünftige Dividende vermutlich leichter geschätzt werden. Verhalten wir uns also entscheidungstypisch und verlegen das Problem der Kursprognose auf ein Jahr später. Bei der Verlängerung der Analyse um eine Periode gilt daher:

$$P_1 = \frac{DIV_2 + P_2}{1 + r}$$

eingesetzt in die Ursprungsformel ergibt das:

$$P_0 = \frac{DIV_1}{1 + r} + \frac{DIV_2 + P_2}{(1 + r)^2}$$

Erwarte ich eine Dividendensteigerung auf 5,5 und einen Preis P_2 von 121, ergibt sich weiterhin ein Preis von 100.

$$P_0 = \frac{5}{1,15} + \frac{5,5 + 121}{1,15^2} = 100$$

Dies kann immer weiter in die Zukunft ausgedehnt werden, sodass folgender Zahlungsstrom bewertet werden muss:

$$P_0 = \frac{DIV_1}{(1+r)^1} + \frac{DIV_2}{(1+r)^2} + \ldots + \frac{DIV_h}{(1+r)^h} + \ldots$$

Es wird nichts anderes als der Preis für die diskontierten Dividenden errechnet. Da Eigenkapital im Regelfall der Firma bis zum Konkurs zur Verfügung steht, kann die Formel für eine **Annuität mit wachsenden Zahlungen** benutzt werden.

$$P_0 = \frac{DIV_1}{r-g}$$

Um den Wert einer Aktie zu bestimmen, muss daher, ausgehend von der Dividende, „nur" noch deren Wachstum (g) und ein entsprechender Abdiskontierungsfaktor geschätzt werden. Diese Gedanken können am besten mit Hilfe einiger Beispiele verdeutlicht werden:

BEISPIEL

Die Firma Ewig zahlt 20 € Dividende. Es sieht so aus, als ob sich dies nie ändern wird. Der Investor ist risikoneutral und beurteilt dies wie eine Kapitalanlage mit dem Opportunitätssatz von 15 Prozent. Entsprechend ist ihm die Aktie 133,33 wert.

$$P = \frac{20}{0,15} = 133,33$$

Ein risikofreudiger Anleger sieht die Zahlungen eher bei einem Opportunitätssatz von 12 Prozent. Entsprechend ergibt sich für ihn ein Wert von 166,67.

$$P = \frac{20}{0,12} = 166,67$$

Ein risikoscheuer Anleger diskontiert mit 25 Prozent, daraus ergibt sich dann nur noch ein Wert von 80.

$$P = \frac{20}{0,25} = 80$$

Die Bewertung eines Dividendenstroms ist also stark abhängig von dem gewählten Opportunitätssatz. Da der Preis für die Zeit relativ genau festgestellt werden kann, denn es handelt sich ja um das aktuelle Zinsniveau, liegt der Unterschied in der Einschätzung des Risikos, aber auch in der notwendigen Vergütung für dieses Risiko. So ist der junge Investor Zock eher bereit, risikoreiche Investitionen zu tätigen als die

Rentnerin Else. Selbst wenn die Einschätzung des Risikos identisch ist, so ist Zock einfach risikofreudiger, also bereit, für einen geringeren Renditeaufschlag das Risiko zu tragen. Entsprechend muss eine Anlageentscheidung die individuelle Risikoneigung des Investors unbedingt berücksichtigen: Es gibt kein optimales Portfolio für alle, sondern nur für jeden Einzelnen. Im Allgemeinen ist der Kapitalmarkt risikoavers, für eine risikoreichere Investition muss auch eine höhere Rendite erwartet werden können.

Ebenfalls wichtig bei der Bewertung ist die **Wachstumsprognose**.

> **BEISPIEL**
>
> Bei der Zukunft AG wird im Moment zwar nur eine Dividende von 8 € gezahlt; der Investor erwartet jedoch eine Steigerung von 10 Prozent pro Jahr in der Zukunft. Bei einem Abdiskontierungssatz von 15 Prozent ergibt dies einen rechnerischen Wert von 160.
>
> $$P = \frac{8}{0{,}15 - 0{,}10} = 160$$

An dieser Stelle sind einige Warnungen zu Formeln mit konstanten Wachstumsfaktoren angebracht. Sie sind sehr hilfreich, um ein Gefühl für das Problem zu entwickeln, aber meist für konkrete Entscheidungen zu ungenau. Folgende Probleme treten auf:

- Die Bestimmung des **Abzinsungssatzes** ist sehr schwierig.

- Es ist sehr gefährlich, Aktien von Firmen, die im Moment ein starkes Wachstum haben, in dieser Weise zu bewerten. Es ist sehr unwahrscheinlich, dass dies sehr lange anhält.

- Wenn eigene Rechnungen stark von der Marktbewertung abweichen, hat man sich wahrscheinlich bei den Parametern verschätzt (oder alle anderen Marktteilnehmer müssten sich geirrt haben).

In der Praxis wird oft zwischen so genannten **Dividendenwerten** und **Wachstumswerten** unterschieden. Dies darf theoretisch zu keinen Unterschieden führen. Entscheidend ist letztlich der **Gewinn pro Aktie** (Earning Per Share = EPS). Bei einem Dividendenwert werden die Gewinne voll ausgeschüttet, sodass praktisch kein Wachstum stattfindet. Im Extremfall bleibt dann die Dividendenzahlung konstant, es handelt sich um eine unendliche Rente. Bei einer Dividende von 10 und einem Abzinsungsfaktor von 15 Prozent bedeutet dies:

$$P_0 = \frac{DIV}{r} = \frac{EPS}{r} = \frac{10}{0{,}15} = 66{,}667$$

Der rechnerische Preis (= Aktienkurs) für **Wachstumswerte** berücksichtigt, dass neue Investitionen in der Firma unter Risiko- und Renditegesichtspunkten besser sind als die Marktinvestition des Aktionärs bei Ausschüttung. Wird das Einkommen pro Aktie nur zu 5 ausgeschüttet und entsprechend 5 reinvestiert, ergibt sich bei einem erwarteten Dividendenwachstum von 10 Prozent ein Aktienkurs von 100.

$$P_0 = \frac{DIV}{r-g} = \frac{5}{0{,}15 - 0{,}10} = 100$$

Bei höherem erwarteten Wachstum ist dann der Wert entsprechend größer, bei niedrigerem Wachstum geringer.

4.4 Effektivverzinsung von Anleihen

Während in der Literatur die Analyse von **Barwerten** als bestes Entscheidungskriterium angesehen wird, ist in der Praxis des Bankalltags nach wie vor die **Effektivverzinsung** das übliche Kriterium. Banker haben sich daran gewöhnt, in Renditen zu denken. Zusätzlich schreibt die gesetzliche Bestimmung der Preisangabenverordnung die Angabe eines Effektivzinses verbindlich vor. Dies unterstreicht die Bedeutung des Effektivzinses, sodass eine Analyse dieser Größe zum besseren Verständnis von Bankprodukten notwendig ist.

Betrachten wir noch einmal einen Investor, der sich beim Kauf zwischen zwei Anleihen gleicher Bonität entscheiden muss. Dabei ist sein Kerninteresse sehr einfach: Er möchte das Papier mit der höchsten Verzinsung.

	Anleihe A	Anleihe B
Preis (= aktueller Kurs)	102	98
Kupon (= jährliche Zinszahlung)	8 %	7 %
Laufzeit in Jahren	4	4
Rückzahlungskurs	100	100

Abbildung 1-19: Investitionsentscheidung zwischen zwei Anleihen

Die **Nominalverzinsung** ist der vom Emittenten versprochene Zinssatz, im Normalfall der **Kupon,** im Beispiel oben also eine Nominalverzinsung von 8 Prozent beziehungsweise 7 Prozent. Da der Nominalzins jedoch weder den unterschiedlichen Kapitaleinsatz noch die eventuell unterschiedliche Rückzahlung berücksichtigt, spielt er nur im Hinblick auf das jährlich zufließende Geld eine Rolle. Als Entscheidungskriterium ist die Nominalverzinsung daher eher untauglich.

Etwas genauer ist die laufende Verzinsung, der Quotient aus Nominalverzinsung und Kapitaleinsatz. Diese Kennzahl trägt dem einfachen Zusammenhang Rechnung, dass ein gleicher Kupon beziehungsweise Nominalzins bei geringerem Kapitaleinsatz eine höhere Rendite erbringen muss.

Laufende Verzinsung:

$$r_{laufend} = \frac{Nominalzins}{Kurs}$$

Für unsere beiden Anleihen ergibt sich entsprechend eine Verzinsung von

$$r_{laufendA} = \frac{8}{102} = 7{,}84\,\% \qquad r_{laufendB} = \frac{7}{98} = 7{,}14\,\%$$

Auf den ersten Blick scheint also Anleihe A die bessere zu sein. Der Eindruck trügt jedoch. Bei dieser Methode bleiben **Disagiogewinne oder -verluste** außer Betracht, sodass sie auch nur ein sehr ungenaues Maß für die Rendite eines Wertpapiers ist.

Um einen Effektivzins zu erhalten, müssen **Zins**, **Ausgabekurs**, **Rückzahlungskurs** und **Tilgungsmodalitäten** berücksichtigt werden. Die beste Abschätzung wird mit der einfachen Effektivverzinsung erreicht. Bei dieser oft auch als „kaufmännisch" bezeichneten Methode werden Zins und anteiliger Rückzahlungsgewinn auf das eingesetzte Kapital bezogen und linear über die Laufzeit verteilt.

Einfache Effektivverzinsung:

$$r_{einfach} = \frac{Kupon + \frac{(Rückzahlung - Kurs)}{Laufzeit}}{Kurs}$$

Für unsere beiden Anleihen ergeben sich also Verzinsungen von

$$r_{einfachA} = \frac{8 + \frac{(100-102)}{4}}{102} = 7{,}35\,\% \qquad r_{einfachB} = \frac{7 + \frac{(100-98)}{4}}{98} = 7{,}65\,\%$$

Offensichtlich ist nach diesem Kriterium die Anleihe B zu bevorzugen. Die einfache Effektivverzinsung ergibt eine meist genügend genaue Annäherung an die „echte" Effektivverzinsung. Allerdings spielt hier der Zeitpunkt der Disagiogewinne und -verluste keine Rolle. Unterjährige Zahlungen werden ebenfalls nicht berücksichtigt, sodass sich dieses Verfahren kaum bei mehreren Kuponzahlungen pro Jahr anbietet. Für eine exakte Bewertung bleibt somit nur die finanzmathematisch richtige Berechnung des Effektivzinses.

Die Effektivverzinsung (IRR, Internal Rate of Return) ist der Zinssatz, mit dem man alle zukünftigen Zahlungen diskontieren muss, damit ihr Barwert den heutigen Preis ergibt.

Effektivverzinsung:

$$P = \frac{C_1}{(1+IRR)^1} + \frac{C_2}{(1+IRR)^2} + \frac{C_3}{(1+IRR)^3} + \ldots + \frac{C_n + \text{Rückzahlung}}{(1+IRR)^n}$$

Der Zinssatz (IRR), der diese Gleichung löst, ist also die **Effektivverzinsung** (r_e). Da es sich im Regelfall um eine **Gleichung n-ten Grades** handelt, muss die Lösung durch ein **Iterationsverfahren** gefunden werden. Bessere kaufmännische Taschenrechner und Computerprogramme bieten dies für glatte Restlaufzeiten regelmäßig an. Für unsere beiden Anleihen ergibt sich:

$$102 = \frac{8}{(1+IRR_A)^1} + \frac{8}{(1+IRR_A)^2} + \frac{8}{(1+IRR_A)^3} + \frac{108}{(1+IRR_A)^4} \rightarrow IRR_A = 7{,}40\,\%$$

$$98 = \frac{7}{(1+IRR_B)^1} + \frac{7}{(1+IRR_B)^2} + \frac{7}{(1+IRR_B)^3} + \frac{107}{(1+IRR_B)^4} \rightarrow IRR_B = 7{,}60\,\%$$

Nach dem **Effektivzinskriterium** ist Anleihe B also eindeutig besser. Bei Investitionsentscheidungen oder bei Krediten ist eine Näherung an den Effektivzins zum Verständnis der Einflussfaktoren auf die Verzinsung zwar wichtig, jedoch sollte vor der Entscheidung der finanzmathematisch richtige Effektivzins berechnet werden. Betrachten wir die unterschiedlichen Zinssätze noch einmal im Überblick:

	Anleihe A	Anleihe B
Nominalverzinsung	8,00 %	7,00 %
laufende Verzinsung	7,84 %	7,14 %
einfache Effektivverzinsung	7,35 %	7,65 %
Effektivverzinsung	7,40 %	7,60 %

Abbildung 1-20: Unterschiedliche Verzinsung der Beispielsanleihen

Je nach Zinskriterium wären unterschiedliche Entscheidungen zustande gekommen. Eine genaue Analyse der Anleihen zeigt, dass bei einer zeitlich richtigen Berücksichtigung der Zahlungen Anleihe B Alternative mit der besseren Rendite ist.

4.5 Effektivverzinsung von Krediten

Wie lässt sich nun das Effektivzinskriterium auf Kredite anwenden? Herr Meier-Schlau möchte einen 2-jährigen Kredit von 10.000 € bei der gerade neugegründeten Flop-Bank aufnehmen. Er zahlt am Ende jedes Jahres 1.000 € Zinsen und nach zwei Jahren die 10.000 € zurück. Er fragt bei der Bank nach dem effektiven Jahreszins. Die Flop-Bank ist noch etwas unerfahren damit und stellt folgenden **Zahlungsstrom** auf:

Zeitpunkt	Heute	Jahr 1	Jahr 2
Zahlungsstrom	+ 10.000	− 1.000	−11.000

Abbildung 1-21: Zahlungsstrom bei der Flop-Bank

So kommt die Flop-Bank auf eine **Effektivverzinsung** von 10 Prozent.

$$+10.000 - \frac{1.000}{1,1} - \frac{11.000}{1,1^2} = +10.000 - 909,90 - 9.909,91 = 0 \rightarrow r_{effektiv} = 10\,\%$$

Meier-Schlau erklärt, dass dies nicht stimmen kann, da ja noch 171,25 DM Gebühren anfallen. Der Kreditverkäufer ist erstaunt und etwas hilflos. Aber Herr Meier-Schlau hat recht. Es darf sinnvollerweise kein Unterschied gemacht werden, wie eine Zahlung heißt. Im Sinne des Effektivzinses gibt es nur zwei Arten von Geld, das, was man bekommt, und das, was man zahlt. Somit ändern sich Zahlungsstrom und effektiver Jahreszins:

Zeitpunkt	Heute	Jahr 1	Jahr 2
Zahlungsstrom	+ 10.000,00	− 1.000,00	−11.000,00
Gebühren	−171,25		
Gesamt	+9.828,75	− 1.000,00	−11.000,00

Abbildung 1-22: Zahlungsstrom bei der Flop-Bank mit Gebühren

Damit erhöht sich der Effektivzins auf 11 Prozent.

$$+10.000 - 171{,}25 - \frac{1.000}{1{,}11} - \frac{11.000}{1{,}11^2} = +9.828{,}75 - 909{,}90 - 8.927{,}85 = 0 \rightarrow r_e = 11\%$$

Da die Zahlung am Anfang des Zahlungsstroms liegt, wird sofort deutlich, wie stark Gebühren die Effektivverzinsung beeinflussen. Als intelligenter Konsument beschließt Meier-Schlau, ein weiteres Angebot einzuholen. Er begibt sich zum Institut auf der anderen Straßenseite. Die Shark-Bank bietet folgende Konstruktion:

Angebot der Shark-Bank	
Auszahlung:	10.300,00 € (103 %)
Gebühren:	92,68 €
Zinssatz:	10,00 % auf den Nominalbetrag
Rückzahlung: jährlich	5.000 €

Wegen der höheren Auszahlung und der niedrigeren Gebühren entscheidet sich Meier-Schlau spontan für das Angebot der Shark-Bank. War das wirklich schlau?

Betrachten wir zuerst den Zahlungsstrom:

Zeitpunkt	Heute	Jahr 1	Jahr 2
Zahlungsstrom	+ 10.300,00	– 6.000,00	– 6.000,00
Gebühren	– 92,68		
Gesamt	+ 10.207,32	– 6.000,00	– 6.000,00

Abbildung 1-23: Zahlungsstrom bei der Shark-Bank mit Gebühren

Meier-Schlau besucht die Flop-Bank und erzählt von seinem tollen Kredit bei der Shark-Bank. Inzwischen wird dort die Kreditabteilung von einem Leser dieses Buches geleitet. Der erklärt Meier-Schlau, dass sein Kredit bei der Shark-Bank von der Effektivverzinsung her teurer ist. Meier-Schlau ist empört, denn der Mitarbeiter der Shark-Bank hatte ihm vorgerechnet, dass die Summe seiner Zahlungen geringer sei als bei der Flop-Bank.

	Flop-Bank	Shark-Bank
Gebühr	171,25	92,68
Jahr 1	1.000,00	6.000,00
Jahr 2	11.000,00	6.000,00
Summe der Zahlungen	12.171,25	12.092,68
Auszahlung	10.000,00	10.300,00

Abbildung 1-24: Vergleich der Zahlungsreihen der beiden Banken

Bei einer zeitlich nicht gewichteten Aufstellung der Zahlungen muss bei Flop für eine höhere Auszahlung weniger zurückgezahlt werden. Dies ist auf den ersten Blick ein gutes Argument. Bei der Errechnung des effektiven Jahreszinses stellt Meier-Schlau jedoch fest, dass die effektive Belastung mit 11,5 Prozent über dem der Flop Bank liegt.

$$+10.207{,}32 - \frac{6.000}{1{,}115} - \frac{6.000}{1{,}115^2} = +10.207{,}32 - 5.381{,}17 - 4.826{,}16 = 0 \rightarrow r_e = 11{,}5\ \%$$

4.6 Besonderheiten bei der Effektivverzinsung

Nach diesem Einstieg in die Problematik der Bewertung sollen nun noch kurz einige spezielle Besonderheiten vorgestellt werden, die im Bankgeschäft häufiger vorkommen.

Auf dem **Geldmarkt** wird im unterjährigen Bereich meist mit Diskontpapieren und linearer Zinsverrechnung gearbeitet. Besonders zu beachten ist hierbei die Zählweise der Zinstage. In den meisten Ländern, auch in Deutschland, werden die effektiven Tage der Anlage gezählt und dann durch 360 als Basis geteilt (act/360).

BEISPIEL

Eine Anlage von 100 Geldeinheiten zu einem Zinssatz von 10 Prozent für ein Jahr auf dem Geldmarkt führt zu einer Rückzahlung von:

$$100 \cdot \left(1 + 0{,}1 \cdot \frac{365}{360}\right) = 110{,}14$$

Dies ist sicherlich einer der wenigen Fälle, bei denen eine Bank mehr Zinsen zahlt, als sie verspricht!

Bei mehrjährigen Laufzeiten, also auf dem **Kapitalmarkt**, wird der Zinseszinseffekt mit in die Betrachtung einbezogen. Die einfachste Form einer mehrjährigen Anlage ist eine **Zero-Kupon-Struktur**, also eine einmalige Einzahlung bei Abschluss in Verbindung mit einer durch die Verzinsung bestimmten einmaligen Rückzahlung am Ende der Laufzeit. Der Preis eines **Zero-Bonds** (Nullkuponanleihe) ergibt sich daher als:

$$\text{Preis} = \frac{\text{Rückzahlung}}{(1 + \text{IRR})^n}$$

BEISPIEL

Bei einer Rückzahlung von 100 Geldeinheiten und einem Marktzinsniveau von 10 Prozent besitzt ein Zero-Bond mit 5-jähriger Restlaufzeit einen Wert von:

$$\frac{100}{(1+0{,}1)^5} = 62{,}09$$

Entsprechend problemlos lässt sich bei bekanntem Preis und Rückzahlungskurs der Effektivzinssatz (r_e) eines Zero-Bonds ermitteln.

$$r_e = \text{IRR} = \left(\frac{\text{Rückzahlung}}{\text{Preis}}\right)^{\frac{1}{n}} - 1, \text{ wobei } n = \text{Laufzeit in Jahren und } r_e = \text{Effektivzins}$$

BEISPIEL

Ein 10-jähriger Zero-Bond mit einer Rückzahlung von 100 Geldeinheiten wird mit einem Kurs von 46,32 Geldeinheiten gehandelt. Hieraus ergibt sich der Effektivzins mit:

$$r_e = \left(\frac{100}{46{,}32}\right)^{\frac{1}{10}} - 1 = 8\,\%$$

Im Regelfall werden am Markt jedoch Kuponanleihen gehandelt. Bei der Bearbeitung von glatten Restlaufzeiten wird bei der Ermittlung der Effektivverzinsung ganz ähnlich vorgegangen. Es müssen in der Realität jedoch in erster Linie gebrochene Laufzeiten, also unvollständige Jahre, in die Analyse einbezogen werden. Hierzu gibt es eine Vielzahl unterschiedlicher Ansätze. Im Folgenden soll das so genannte internationale Verfahren vorgestellt werden, das durch die International Securities Market Association (ISMA, früher AIBD) auf den Euromärkten eingeführt wurde.

Bei Anleihen wird mit dem Kauf generell auch der Stückzins vergütet, der auf einer linearen Verteilung der Jahreszinsen beruht, basierend auf einer Zählung abgelaufener Tage (actual) geteilt durch die Anzahl der Tage im Jahr (act./act.). Zur Berechnung des Effektivzinssatzes wird der Kurs um die Stückzinsen erhöht, da nur so die echten Aufwendungen beim Kauf erfasst werden. Für die zukünftigen Zahlungen wird anschließend der tagegenaue Abstand zum Kaufdatum (auf Basis 30/360) ermittelt und dieses Ergebnis dann diskontiert.

BEISPIEL

Bei einer Anleihe mit einem Kupon von 10 Prozent, einem Kaufpreis von 98 Geldeinheiten und 1,5 Jahren Restlaufzeit (Schaltjahr) errechnen sich die Stückzinsen mit:

$$\text{Stückzinsen} = \frac{183}{366} \cdot 10 = 5$$

Damit ergibt sich beim Kauf ein Aufwand von 98 + 5 und somit folgende Zahlungsreihe und damit ein Effektivzinssatz von 11,42 Prozent.

$$0 = -103 + \frac{10}{(1 + \text{IRR})^{\frac{183}{366}}} + \frac{110}{(1 + \text{IRR})^{\frac{549}{366}}}$$

$$0 = -103 + \frac{10}{(1 + 0{,}114)^{\frac{183}{366}}} + \frac{110}{(1 + 0{,}114)^{\frac{549}{366}}} = -103 + 9{,}4736 + 93{,}5264$$

Das Problem bei der Benutzung eines einheitlichen Diskontierungssatzes besteht in einer ungenügenden Berücksichtigung der **Zinsstruktur**. Ziel einer genauen Analyse muss es sein, jeder Zahlung einen laufzeitadäquaten Diskontierungsfaktor zuzuordnen, also letztlich eine Struktur von Zero-Kupon-Sätzen zu erhalten.

Mit Hilfe einer Zerostruktur können dann auch Zinssätze für zukünftige Perioden bestimmt werden. Diese Forward-Sätze (r_{fn}) sind in der Zukunft beginnende einperiodige Zinssätze. Sie beruhen auf der Idee, dass eine Anlage über 2 Jahre den gleichen

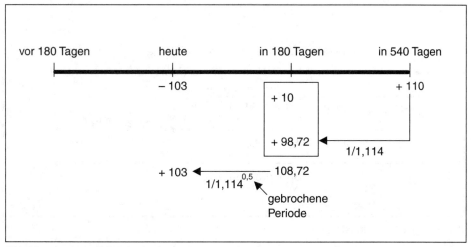

Abbildung 1-25: Effektivzinsberechnung bei gebrochenen Laufzeiten

Zinsertrag erbringen muss wie eine Anlage für 1 Jahr bei gleichzeitigem Abschluss einer Forward-Anlage für ein weiteres Jahr in einem Jahr. Dabei bezeichnet also r_{fn} eine Anlage vom Jahr n–1 bis zum Jahr n. Aus den Zero-Kupon-Sätzen sollten sich bei informationseffizienten Märkten immer die **Forward-Sätze** errechnen lassen (vgl. Abschnitt 4.2.1). Für Forward-Sätze im Kapitalmarkt gilt :

$$(1+r_{n-1})^{n-1} \cdot (1+r_{fn})^1 = (1+r_{sn})^n \leftrightarrow r_{fn} = \frac{(1+r_{sn})^n}{(1+r_{n-1})^{n-1}} - 1$$

mit rfn = Forward-Satz für die Periode n–1 bis n.

BEISPIEL

Aus einer Zinsstruktur von:
$r_{s1} = 10\ \%$
$r_{s2} = 11\ \%$
$r_{s3} = 12\ \%$

ergeben sich folgende Forward-Sätze:

$$r_{f2} = \frac{(1+r_{s2})^2}{(1+r_{s1})^1} - 1 = \frac{(1,11)^2}{(1,1)} = 12{,}01\%$$

$$r_{f3} = \frac{(1+r_{s3})^3}{(1+r_{s2})^2} - 1 = \frac{(1,12)^3}{(1,1)^2} - 1 = 14{,}03\ \%$$

76 Kreditwirtschaft im gesamtwirtschaftlichen Umfeld

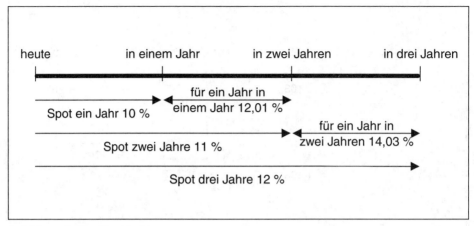

Abbildung 1-26: Zinsstruktur

RESÜMEE

Die Bewertung von Finanzanlagen und Krediten gehört zu den wichtigsten Aufgaben des Bankgeschäfts. Mit Hilfe von Barwerten kann der heutige Preis einer zukünftigen Zahlungsreihe ermittelt werden. Mit dem Kriterium, dass bei einem positiven Nettobarwert eine Investition sinnvoll ist, steht dem Entscheider eine gute Basis zur Verfügung. Jedoch spielt dabei einerseits der Preis für die Zeit, andererseits der Preis für das Risiko eine Rolle.

Der Effektivzins ist ein alternatives Kriterium mit der einfachen Logik, dass der Investor auf der einen Seite möglichst viel bekommen möchte, während auf der anderen Seite der Kreditnehmer möglichst wenig bezahlen will. Mit Hilfe von Diskontierungen und der Zerlegung des Diskontierungssatzes in Zeit und Risiko kann eine Preisfindung von Aktien (Eigenkapital) und Anleihen (Fremdkapital, Kredit) erleichtert werden. Besonders die individuelle Situation, das heißt, wie risikoscheu oder risikofreudig der Investor/Anleger ist, entscheidet dann über das optimale individuelle Portfolio.

KONTROLLFRAGEN

1. Erklären Sie Investitionsentscheidungen auf der Basis von Nettobarwert und Rendite.
2. Welche Faktoren spielen bei der Wahl des Zinssatzes für die Abdiskontierung eine Rolle?
3. Wie hoch ist der Preis einer dreijährigen Bundesanleihe bei einem Kupon von 8 Prozent, wenn das heutige Zinsniveau bei 7 Prozent liegt?
4. Wie kann eine Aktie finanzmathematisch bewertet werden? Welche Probleme stellen sich dabei für die Anwendung auf eine wirkliche Kaufentscheidung?
5. Was ist ein Effektivzins?
6. Wie wirkt sich ein fallender Kurs auf den Effektivzins einer Anleihe aus?
7. Was ist ein Zero-Bond?
8. Wie wird der Effektivzins bei gebrochenen Laufzeiten ermittelt?
9. Welche Bedeutung hat die Zinsstruktur?

LITERATUR ZUM WEITERLESEN

- Die Grundlagen der Finanzanalyse sind hervorragend dargestellt in:

  Brealy, R. A./Myers, S. C., **Principles of Corporate Finance**, McGraw-Hill International 2000.

- Ein auf die Finanzmathematik in Banken abgestimmtes Buch ist:

  Heidorn, T., **Finanzmathematik in der Bankpraxis**, 3. Auflage, Gabler Verlag, Wiesbaden 2000.

- Mehr auf die Analyse von Wertpapiere bezogen, empfiehlt sich:

  Steiner, M./Bruns, C., **Wertpapiermanagement**, Schäffer-Poeschel, Stuttgart 2000.

Kapitel II

Leistungen und Dienstleistungen der Kreditinstitute

Die Entwicklung der Informationstechnologien sowie die rasche Ausweitung des Wettbewerbs zwischen den Banken auch über die europäischen Grenzen hinaus sind zwei wichtige Bestimmungsgründe für die Veränderungen im Produktangebot, bei den Vertriebsformen, bei der Weiterentwicklung der Organisationsstruktur und auch beim Qualifikationsprofil der Mitarbeiter. Mitten in diesem Umstrukturierungsprozess soll das zweite Kapitel Ihnen Orientierung geben über die breite Palette typischer Leistungen der **Universalbanken** in Deutschland.

Kapitel II ist so aufgebaut, dass Sie die Leistungen und Dienstleistungen Abteilungen oder bankbetrieblichen Geschäftsbereichen zuordnen können. Wesentlich ist für die von den Banken angebotenen Leistungen, man spricht auch von **Bankprodukten**, dass sie keine Sachgüter sind. Sie sind „unstofflich", sieht man vom Handel mit Goldmünzen und -barren einmal ab. Dies bedeutet auch, dass Kunden in der Regel eine Beratung benötigen; die Produkte sind in der Regel erklärungsbedürftig. Kunden erwerben in aller Regel nicht nur ein Produkt. Das bedeutet, dass die Banken beim Aufbau einer Kundenbeziehung immer ein Leistungsbündel im Blick haben.

1. Das Konto als Basis der Kunde-Bank-Beziehung

Was der Kunde will, zählt

„Vertrauen ist gut, Kontrolle ist besser, am besten: Beratung."
(sehr frei nach Lenin)

Ohne Vertrauen in die Leistungsfähigkeit einer Bank wird ihr kein Kunde seine Geldangelegenheiten anvertrauen. Ohne eine Mindestmaß an Kontrolle wird umgekehrt niemand, auch keine Bank, Geld verleihen wollen. Noch wichtiger aber, und da müssen wir das bekannte Lenin-Zitat erweitern, ist die Kommunikation zwischen allen Beteiligten, um herauszufinden, was der jeweils andere will: Beratung nennt man das im Bankgeschäft.

Dieser Abschnitt schildert gewissermaßen die ersten Schritte einer Kundenverbindung, denn: Ausgangspunkt (fast) aller Bankgeschäfte ist das Konto. Im Mittelpunkt (fast) aller Bankaktivitäten müssen die Kundenbedürfnisse stehen. Alles Weitere ergibt sich daraus und aus der richtigen Beratung.

LEITFRAGEN

1. Wie können die Banken der Gefahr eines Vertrauensverlustes begegnen?
2. Welche Kontrollen sind im Rahmen einer Kontoverbindung im Interesse von Kunden und Bank erforderlich?
3. Wie sollte der Kunde bei Anbahnung und Ausweitung der Geschäftsbeziehung beraten werden?

1.1 Kontoarten – Wozu braucht man welches Konto?

Da die meisten Geschäftsvorgänge ihren Niederschlag auf einem Konto finden, kann man es als Dreh- und Angelpunkt der Kundenbeziehung betrachten. Mit einer gründlichen Beratung **vor** Anbahnung der Geschäftsverbindung ist der Kunde in die Lage zu versetzen, das für ihn richtige Konto auszuwählen. Der **Kundenberater** muss dafür sowohl die vom Gesetzgeber vorgeschriebenen als auch die von der Bank selbst formulierten Rahmenbedingungen genau kennen und sie dem Kunden erläutern. Innerbetriebliche Maßnahmen, die der Sicherheit bei der Abwicklung von und Geschäftsvorgängen dienen, sind ebenfalls transparent zu machen. Nur dann können kundengerechte Vereinbarungen entstehen.

Die von Verbraucherverbänden neubelebte Diskussion um das **Girokonto als lebensnotwendiges Gut** im modernen Wirtschaftsleben, dessen Vorenthaltung Privatpersonen wesentliche Chancen und Möglichkeiten ihrer Entfaltung verbaue, sieht das Bedürfnis auf Teilnahme am (bargeldlosen) Zahlungsverkehr als vordringlich an. Der Forderung, jeder habe das Recht auf ein **Konto auf Guthabenbasis** (ohne Dispositionskredit, Euroschecks und Karte für Geldautomaten), wird von den meisten Banken nicht widersprochen. Der **Zentrale Kreditausschuss** empfiehlt mittlerweile den Banken und Sparkassen die Eröffnung von **Girokonten für jedermann**, falls bestimmte Bedingungen erfüllt sind.

Beschränken sich die Verfügungsmöglichkeiten bei diesen Konten auf Barabhebungen und Überweisungen, die direkt am Schalter der kontoführenden Bank bearbeitet werden, so ist die vertragsgemäße Kontonutzung von der kontoführenden Bank relativ leicht zu kontrollieren. Sehr viel schwieriger und damit kostenträchtiger werden diese Kontrollen, wenn auch Lastschriften als Verfügungsmöglichkeit zugelassen werden. Ob die Führung eines Girokontos auf reiner Guthabenbasis (kreditorisch) allerdings für die Banken attraktiv genug ist, steht auf einem anderen Blatt.

Gehen die Bedürfnisse des Kunden über den engen Rahmen des Kontos auf Guthabenbasis hinaus, will er also vor allem die Annehmlichkeiten des modernen Zahlungsverkehrs nutzen, dann muss der Kundenberater ihn über die komplizierteren rechtlichen Rahmenbedingungen und über die Risiken informieren, die mit dem damit unter Umständen verbundenen Wechsel des Kunden von der Gläubiger- zur Schuldnerposition einhergehen. Die Aushändigung eines Scheckhefts macht das Girokonto zum Scheckkonto und ergänzt den Kontovertrag durch einen Scheckvertrag, in den die Bestimmungen des Scheckgesetzes und die bankspezifischen Sonderbedingungen für den Scheckverkehr einfließen.

Der Kunde muss über die rechtliche Bedeutung seiner Unterschrift auf der Empfangsquittung des Scheckheftes als Zustimmung zum Scheckvertrag mit all seinen Konsequenzen aufgeklärt werden. Die Beratung über die Verwendung der ausgehändigten Schecks sollte bei der Guthabenklausel des Scheckformulars ansetzen. Die

Klausel besagt, dass – falls keine weitergehenden Vereinbarungen getroffen sind – ausgestellte Schecks nur im Rahmen des Kontoguthabens eingelöst werden. Die in den Sonderbedingungen für den Scheckverkehr vorgesehene Einlösung trotz mangelndem Guthaben muss die Ausnahme von dieser Regel sein.

Weitergehende Vereinbarungen sind erforderlich, wenn die **debitorische Nutzung** des Kontos (= negativer Kontostand) vom Kunden nicht von vornherein ausgeschlossen wird. Der Wunsch nach **Eurocheques** und **ec-Karte** deutet darauf hin, denn: Eurocheques haben eine Einlösungsgarantie von je 400 DM. Somit hat der Kunde die alleinige Entscheidung darüber, ein Konto zu überziehen. Auf die in den Sonderbedingungen für ec-Karten erwähnte finanzielle Nutzungsgrenze, die eine Überziehung wegen der bestehenden Einlösungsgarantie zunächst nicht verhindern kann, ist besonders hinzuweisen. Die Bank kann bei Überziehungen gegen ihren Willen nur im nachhinein durch Sperren und Einziehen der Karte reagieren. Um Kunden vor Schadenersatzansprüchen bei Überschreitung der finanziellen Nutzungsgrenze zu schützen, wäre es für die Banken ratsam, Eurocheque-Vordrucke und ec-Karten an Privatkunden nur nach vorheriger ausdrücklicher Vereinbarung eines **Kreditrahmens** im Rahmen eines **Kreditvertrages** auszuhändigen. Ob die nach **Verbraucherkreditgesetz** (§ 5 (2)) bei Duldung einer nicht vereinbarten Überziehung vorgesehenen Unterrichtungspflichten der Bank auch rechtlich unerfahrene Privatkunden ausreichend schützen, ist umstritten.

Für den Bedarf an umfassenden Zahlungsverkehrsleistungen und kurzfristigen Krediten bieten die Banken das **Kontokorrentkonto** an. Diese Kontoform erweitert die bisher angesprochenen vertraglichen Regelungen um eine Vereinbarung über die Aufrechnung der gegenseitigen Ansprüche aus der Kontoverbindung, die so genannte Kontokorrentabrede. Sie bezieht sich auf § 355 HGB und ist Bestandteil entweder des Kontoeröffnungsantrags (Banken) oder der Allgemeinen Geschäftsbedingungen (Sparkassen). Sie sagt nichts darüber aus, ob und in welcher Höhe dem Kunden Kredit zur Verfügung gestellt wird. Dazu bedarf es eines gesonderten Kreditvertrages.

Abschließend noch kurz die für andere Zwecke angebotenen Kontoarten:

- **Depositenkonten** in der Form von Termingeld- oder Sparkonten ermöglichen dem Kunden eine zinsbringende Anlage vorübergehend nicht benötigter Mittel.
- **Darlehenskonten** erfassen Kredite, die in Darlehensform, das heißt mit einem feststehenden Rückzahlungsmodus, gewährt werden.
- **Depotkonten** erfassen die Nennwerte oder Stückzahlen der Wertpapiere, die der Kunde seiner Bank zur Verwahrung und Verwaltung überlässt.

Die speziellen Vereinbarungen für die zuletzt genannten Kontoarten werden entsprechend den jeweils zugrundeliegenden Bankgeschäften in anderen Abschnitten dieses Buches erläutert. Dieser Abschnitt hier bezieht sich im Wesentlichen auf die Giro- und Kontokorrentkonten.

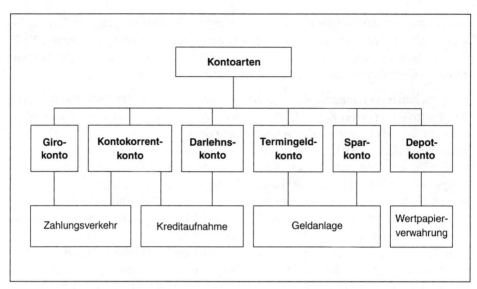

Abbildung 2-1: Kontoarten

1.2 Kontovertrag und Allgemeine Geschäftsbedingungen (AGB)

Die juristische Interpretation der durch die Kontoführung repräsentierten Geschäftsverbindung zwischen Kunde und Bank hat sich in den letzten Jahren grundlegend gewandelt. Die Vorstellung vom „allgemeinen Bankvertrag", dessen Inhalt wesentlich durch die **Allgemeinen Geschäftsbedingungen (AGB)** geprägt wird und der die Bank zur Besorgung bestimmter Geschäfte verpflichtet, ist nicht mehr herrschende Meinung. Vielmehr geht man heute davon aus, dass einzelne Vertragsarten die Geschäftsverbindung inhaltlich bestimmen und dass die AGB nur in Verbindung mit einem konkreten bankgeschäftlichen Vertrag und nur mit den dieses Geschäft betreffenden Bedingungen wirksam werden.

An die Stelle des allgemeinen Bankvertrags ist der **Girovertrag** getreten. Er gilt als auf entgeltliche Geschäftsbesorgung gerichteter Dienst- oder Werkvertrag nach § 675 BGB. In der Praxis ist für den Girovertrag die Bezeichnung „Kontovertrag" üblich. Der Girovertrag verpflichtet die Bank jedoch nicht zum Abschluss weiterer Einzelverträge, sondern stellt lediglich eine Aufforderung an den Kunden dar, Aufträge für einzelne Geschäftsbesorgungen zu erteilen, die dann jeweils angenommen oder abgelehnt werden können. Die Einzelverträge stehen weniger in einem rechtlichen als vielmehr in einem faktischen Zusammenhang mit dem Girovertrag, weil sie ihn als Abwicklungsgrundlage benötigen.

Im Zuge dieser Entwicklung wächst die Bedeutung der (die AGB ergänzenden) Sonderbedingungen für einzelne Geschäftsarten, die, „bei der Kontoeröffnung oder bei Erteilung eines Auftrags mit dem Kunden vereinbart" werden (Nr. 1 der neuen AGB Banken). Die neuen AGB der Banken verzichten (mehr als die neuen AGB der Sparkassen) weitgehend auf inhaltliche Festlegungen für einzelne Geschäfte. Dies ist nur konsequent, denn die **Kontoführung** als solche ist eben kein eigenständiges Bankgeschäft sondern hat nur dienende Funktion für die gesamte Geschäftsverbindung. Für Bank und Kunden bedeutet der „Abschied vom Bankvertrag" mehr **Vertragsfreiheit**. So muss zum Beispiel eine Bank trotz abgeschlossenem Girovertrag Lastschrifteinzugsgeschäfte mit dem Kunden ablehnen können. Eine solche Ablehnung muss dann aber unverzüglich geschehen, da nach § 362 HGB das Schweigen auf einen Antrag als Annahme gilt.

Für den Kunden ist es prinzipiell möglich, mit mehreren Banken eine Kontoverbindung aufzunehmen und je nach Geschäftsart oder auch in jedem Einzelfall mal das eine, mal das andere Institut zu beauftragen. Er wird dies von den jeweiligen Bedingungen, in erster Linie von der sachgemäßen Beratung und vom Preis, abhängig machen. Die Bank muss solch aufgeklärten Kunden jede einzelne Leistung in Konkurrenz mit anderen Banken verkaufen. Je attraktiver sie jedoch ihr Produkt „Kontoführung" als Zubringer zu ihrer gesamten Leistungspalette ausstattet, desto besser wird sie diesen Kunden an sich binden können.

Für alle genannten Vertragsarten, insbesondere den **Konto- beziehungsweise Girovertrag** gelten die gesetzlichen Regeln für den Abschluss und die Abwicklung von Verträgen: Eine bestimmte Form der Willenserklärungen ist nicht vorgesehen, das heißt, sie können mündlich oder auch durch schlüssiges Handeln ausgedrückt werden. Letzteres wird von den Banken vor allem beim Abschluss der den Girovertrag ergänzenden Einzelverträge praktiziert. So bedeutet zum Beispiel die Entgegennahme und Gutschrift der ersten Einzahlung auf einem Girokonto die stillschweigende Zustimmung der Bank zur Verwahrung des eingezahlten Betrages in Form der unregelmäßigen Verwahrung nach § 700 BGB. Aus dieser Vereinbarung, die die Einzahlung als Darlehen des Kunden an die Bank nach § 607 BGB klassifiziert, entsteht normalerweise die Verpflichtung der Bank auf Rückgewährung von Sachen gleicher Art, Güte und Menge, das heißt hier des eingezahlten Geldbetrages.

Modifiziert wird diese Vereinbarung jedoch von den bei Kontoeröffnung getroffenen Abreden. Die bereits erwähnte **Kontokorrentabrede** erlaubt es der Bank, die eingegangene Verpflichtung nach § 355 HGB mit eigenen Leistungen, zum Beispiel der Einlösung eines auf sie gezogenen Schecks, aufzurechnen. Dafür wiederum gelten die Bestimmungen des Scheckgesetzes, die Sonderbedingungen für den Scheckverkehr und andere Vorschriften. Fast muss man sich wundern, wie angesichts dieser vielfältigen rechtlichen Zusammenhänge überhaupt noch eine flotte Bearbeitung dieser eigentlich doch so einfachen Vorgänge möglich ist.

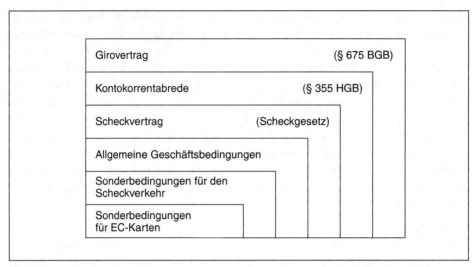

Abbildung 2-2: Inhalte eines Kontovertrags

Das einfache Beispiel der Bareinzahlung auf ein Girokonto zeigt zum einen, dass schlüssige Handlungen ebenso wie die Vereinbarung von Geschäftsbedingungen vor allem im Massengeschäft des Zahlungsverkehrs unverzichtbar sind. Zum anderen macht es aber auch die Verantwortung der kontoführenden Bank deutlich, den Kunden zumindest ansatzweise über deren rechtliche Konsequenzen zu informieren. Die beste Gelegenheit dazu bietet die Kontoeröffnung und die erstmalige Inanspruchnahme einzelner Bankleistungen.

Im Bankverkehr ist wie allgemein im Wirtschaftsverkehr die schriftliche Form der Willenserklärungen vor allem bei Abschluss grundlegender Verträge üblich. Beim Kontovertrag sind alle getroffenen Vereinbarungen schriftlich im Kontoeröffnungsantrag und den Allgemeinen Geschäftsbedingungen beziehungsweise Sonderbedingungen festgehalten.

Eine wichtige Neuerung beim Kontovertragsrecht bedeutet die im Zuge der Umsetzung europäischer Vorgaben für grenzüberschreitende Überweisungen seit Mitte August 1999 gültige Modifizierung der bisher sehr allgemein gehaltenen BGB-Bestimmungen über die entgeltliche Geschäftsbesorgung (§ 675). In den §§ 675a bis 676g werden drei eigenständige Vertragstypen (der Überweisungsvertrag, der Zahlungsauftrag und der Girovertrag) eingeführt. Der Überweisungsvertrag regelt die Rechte und Pflichten des Überweisenden gegenüber seiner Bank, der Zahlungsauftrag diejenigen der Auftraggeber- und Zwischenbanken und der Girovertrag diejenigen zwischen dem Zahlungsempfänger und seiner Bank. Die hauptsächlich den Überweisungsverkehr betreffenden Neuregelungen bei den Informationspflichten und der Haftung der Banken sind mittlerweile in die neugefassten AGB aufgenommen worden.

◇ Dresdner Bank

Allgemeine Geschäftsbedingungen

Grundregeln für die Beziehung zwischen Kunde und Bank

1. Geltungsbereich und Änderungen dieser Geschäftsbedingungen und der Sonderbedingungen für einzelne Geschäftsbeziehungen

(1) Geltungsbereich

Die Allgemeinen Geschäftsbedingungen gelten für die gesamte Geschäftsverbindung zwischen dem Kunden und den inländischen Geschäftsstellen der Bank (im folgenden Bank genannt). Daneben gelten für einzelne Geschäftsbeziehungen (zum Beispiel für das Wertpapiergeschäft, für den ec-Service, für den Scheckverkehr, für den Sparverkehr, für den Überweisungsverkehr) Sonderbedingungen, die Abweichungen oder Ergänzungen zu diesen Allgemeinen Geschäftsbedingungen enthalten; sie werden bei der Kontoeröffnung oder bei Erteilung eines Auftrags mit dem Kunden vereinbart. Unterhält der Kunde auch Geschäftsverbindungen zu ausländischen Geschäftsstellen, sichert das Pfandrecht der Bank (Nr. 14 dieser Geschäftsbedingungen) auch die Ansprüche dieser ausländischen Geschäftsstellen.

(2) Änderungen

Änderungen dieser Geschäftsbedingungen und der Sonderbedingungen werden dem Kunden schriftlich bekanntgegeben. Sie gelten als genehmigt, wenn der Kunde nicht schriftlich Widerspruch erhebt. Auf diese Folge wird ihn die Bank bei der Bekanntgabe besonders hinweisen. Der Kunde muss den Widerspruch innerhalb von sechs Wochen nach Bekanntgabe der Änderungen an die Bank absenden.

2. Bankgeheimnis und Bankauskunft

(1) Bankgeheimnis

Die Bank ist zur Verschwiegenheit über alle kundenbezogenen Tatsachen und Wertungen verpflichtet, von denen sie Kenntnis erlangt (Bankgeheimnis). Informationen über den Kunden darf die Bank nur weitergeben, wenn gesetzliche Bestimmungen dies gebieten oder der Kunde eingewilligt hat oder die Bank zur Erteilung einer Bankauskunft befugt ist.

(2) Bankauskunft

Eine Bankauskunft enthält allgemein gehaltene Feststellungen und Bemerkungen über die wirtschaftlichen Verhältnisse des Kunden, seine Kreditwürdigkeit und Zahlungsfähigkeit; betragsmäßige Angaben über Kontostände, Sparguthaben, Depot- oder sonstige der Bank anvertraute Vermögenswerte sowie Angaben über die Höhe von Kreditinanspruchnahmen werden nicht gemacht.

(3) Voraussetzungen für die Erteilung einer Bankauskunft

Die Bank ist befugt, über juristische Personen und im Handelsregister eingetragene Kaufleute Bankauskünfte zu erteilen, sofern sich die Anfrage auf ihre geschäftliche Tätigkeit bezieht. Die Bank erteilt jedoch keine Auskünfte, wenn ihr eine anderslautende Weisung des Kunden vorliegt. Bankauskünfte über andere Personen, insbesondere über Privatkunden und Vereinigungen, erteilt die Bank nur dann, wenn diese generell oder im Einzelfall ausdrücklich zugestimmt haben. Eine Bankauskunft wird nur erteilt, wenn der Anfragende ein berechtigtes Interesse an der gewünschten Auskunft glaubhaft dargelegt hat und kein Grund zu der Annahme besteht, dass schutzwürdige Belange des Kunden der Auskunftserteilung entgegenstehen.

(4) Empfänger von Bankauskünften

Bankauskünfte erteilt die Bank nur eigenen Kunden sowie anderen Kreditinstituten für deren Zwecke oder die ihrer Kunden.

3. Haftung der Bank; Mitverschulden des Kunden

(1) Haftungsgrundsätze

Die Bank haftet bei der Erfüllung ihrer Verpflichtungen für jedes Verschulden ihrer Mitarbeiter und der Personen, die sie zur Erfüllung ihrer Verpflichtungen hinzuzieht. Soweit die Sonderbedingungen für einzelne Geschäftsbeziehungen oder sonstige Vereinbarungen etwas Abweichendes regeln, gehen diese Regelungen vor. Hat der Kunde durch ein schuldhaftes Verhalten (zum Beispiel durch Verletzung der in Nr. 11 dieser Geschäftsbedingungen aufgeführten Mitwirkungspflichten) zu der Entstehung eines Schadens beigetragen, bestimmt sich nach den Grundsätzen des Mitverschuldens, in welchem Umfang Bank und Kunde den Schaden zu tragen haben.

(2) Weitergeleitete Aufträge

Wenn ein Auftrag seinem Inhalt nach typischerweise in der Form ausgeführt wird, dass die Bank einen Dritten mit der weiteren Erledigung betraut, erfüllt die Bank den Auftrag dadurch, dass sie ihn im eigenen Namen an den Dritten weiterleitet (weitergeleiteter Auftrag). Dies betrifft zum Beispiel die Einholung von Bankauskünften bei anderen Kreditinstituten oder die Verwahrung und Verwaltung von Wertpapieren im Ausland. In diesen Fällen beschränkt sich die Haftung der Bank auf die sorgfältige Auswahl und Unterweisung des Dritten.

(3) Störung des Betriebs

Die Bank haftet nicht für Schäden, die durch höhere Gewalt, Aufruhr, Kriegs- und Naturereignisse oder durch sonstige von ihr nicht zu vertretende Vorkommnisse (zum Beispiel Streik, Aussperrung, Verkehrsstörung, Verfügungen von hoher Hand im In- oder Ausland) eintreten.

4. Grenzen der Aufrechnungsbefugnis des Kunden

Der Kunde kann gegen Forderungen der Bank nur aufrechnen, wenn seine Forderungen unbestritten oder rechtskräftig festgestellt sind.

5. Verfügungsberechtigung nach dem Tod des Kunden

Nach dem Tod des Kunden kann die Bank zur Klärung der Verfügungsberechtigung die Vorlegung eines Erbscheins, eines Testamentsvollstreckerzeugnisses oder weiterer hierfür notwendiger Unterlagen verlangen; fremdsprachige Urkunden sind auf Verlangen der Bank in deutscher Übersetzung vorzulegen. Die Bank kann auf die Vorlage eines Erbscheins oder eines Testamentsvollstreckerzeugnisses verzichten, wenn ihr eine Ausfertigung oder eine beglaubigte Abschrift der letztwilligen Verfügung (Testament, Erbvertrag) nebst zugehöriger Eröffnungsniederschrift vorgelegt wird. Die Bank darf denjenigen, der darin als Erbe oder Testamentsvollstrecker bezeichnet ist, als Berechtigten ansehen, ihn verfügen lassen und insbesondere mit befreiender Wirkung an ihn leisten. Dies gilt nicht, wenn der Bank bekannt ist, dass der dort Genannte (zum Beispiel nach Anfechtung oder wegen Nichtigkeit des Testaments) nicht verfügungsberechtigt ist, oder wenn ihr dies infolge Fahrlässigkeit nicht bekannt geworden ist.

6. Maßgebliches Recht und Gerichtsstand bei kaufmännischen und öffentlich-rechtlichen Kunden

(1) Geltung deutschen Rechts

Für die Geschäftsverbindung zwischen dem Kunden und der Bank gilt deutsches Recht.

(2) Gerichtsstand für Inlandskunden

Ist der Kunde ein Kaufmann und ist die streitige Geschäftsbeziehung dem Betriebe seines Handelsgewerbes zuzurechnen, so kann die Bank diesen Kunden an dem für die kontoführende Stelle zuständ-

Abbildung 2-3: Allgemeine Geschäftsbedingungen (AGB) der Banken

digen Gericht oder bei einem anderen zuständigen Gericht verklagen; dasselbe gilt für eine juristische Person des öffentlichen Rechts und für öffentlich-rechtliche Sondervermögen. Die Bank selbst kann von diesen Kunden nur an dem für die kontoführende Stelle zuständigen Gericht verklagt werden.

(3) Gerichtsstand für Auslandskunden

Die Gerichtsstandsvereinbarung gilt auch für Kunden, die im Ausland eine vergleichbare gewerbliche Tätigkeit ausüben, sowie für ausländische Institutionen, die mit inländischen juristischen Personen des öffentlichen Rechts oder mit einem inländischen öffentlich-rechtlichen Sondervermögen vergleichbar sind.

Kontoführung

7. Rechnungsabschlüsse bei Kontokorrentkonten (Konten in laufender Rechnung)

(1) Erteilung der Rechnungsabschlüsse

Die Bank erteilt bei einem Kontokorrentkonto, sofern nicht etwas anderes vereinbart ist, jeweils zum Ende eines Kalenderquartals einen Rechnungsabschluss; dabei werden die in diesem Zeitraum entstandenen beiderseitigen Ansprüche (einschließlich der Zinsen und Entgelte der Bank) verrechnet. Die Bank kann auf den Saldo, der sich aus der Verrechnung ergibt, nach Nr. 12 dieser Geschäftsbedingungen oder nach der mit dem Kunden anderweitig getroffenen Vereinbarung Zinsen berechnen.

(2) Frist für Einwendungen; Genehmigung durch Schweigen

Einwendungen wegen Unrichtigkeit oder Unvollständigkeit eines Rechnungsabschlusses hat der Kunde spätestens innerhalb von sechs Wochen nach dessen Zugang zu erheben; macht er seine Einwendungen schriftlich geltend, genügt die Absendung innerhalb der Sechs-Wochen-Frist. Das Unterlassen rechtzeitiger Einwendungen gilt als Genehmigung. Auf diese Folge wird die Bank bei Erteilung des Rechnungsabschlusses besonders hinweisen. Der Kunde kann auch nach Fristablauf eine Berichtigung des Rechnungsabschlusses verlangen, muss dann aber beweisen, dass zu Unrecht sein Konto belastet oder eine ihm zustehende Gutschrift nicht erteilt wurde.

8. Storno- und Berichtigungsbuchungen der Bank

(1) Vor Rechnungsabschluss

Fehlerhafte Gutschriften auf Kontokorrentkonten (zum Beispiel wegen einer falschen Kontonummer) darf die Bank bis zum nächsten Rechnungsabschluss durch eine Belastungsbuchung rückgängig machen, soweit ihr ein Rückzahlungsanspruch gegen den Kunden zusteht; der Kunde kann in diesem Fall gegen die Belastungsbuchung nicht einwenden, dass er in Höhe der Gutschrift bereits verfügt hat (Stornobuchung).

(2) Nach Rechnungsabschluss

Stellt die Bank eine fehlerhafte Gutschrift erst nach einem Rechnungsabschluss fest und steht ihr ein Rückzahlungsanspruch gegen den Kunden zu, so wird sie in Höhe ihres Anspruchs sein Konto belasten (Berichtigungsbuchung). Erhebt der Kunde gegen die Berichtigungsbuchung Einwendungen, so wird die Bank den Betrag dem Konto wieder gutschreiben und ihren Rückzahlungsanspruch gesondert geltend machen.

(3) Information des Kunden; Zinsberechnung

Über Storno- und Berichtigungsbuchungen wird die Bank den Kunden unverzüglich unterrichten. Die Buchungen nimmt die Bank hinsichtlich der Zinsberechnung rückwirkend zu dem Tag vor, an dem die fehlerhafte Buchung durchgeführt wurde.

9. Einzugsaufträge

(1) Erteilung von Vorbehaltsgutschriften bei der Einreichung

Schreibt die Bank den Gegenwert von Schecks und Lastschriften schon vor ihrer Einlösung gut, geschieht dies unter dem Vorbehalt ihrer Einlösung, und zwar auch dann, wenn diese Papiere bei der Bank selbst zahlbar sind. Reicht der Kunde andere Papiere mit dem Auftrag ein, von einem Zahlungspflichtigen einen Forderungsbetrag zu beschaffen (zum Beispiel Zinsscheine), und erteilt die Bank über den Betrag eine Gutschrift, so steht diese unter dem Vorbehalt, dass die Bank den Betrag erhält. Der Vorbehalt gilt auch dann, wenn die Papiere bei der Bank selbst zahlbar sind. Werden Schecks oder Lastschriften nicht eingelöst oder erhält die Bank den Betrag aus dem Einzugsauftrag nicht, macht die Bank die Vorbehaltsgutschrift rückgängig. Dies geschieht unabhängig davon, ob in der Zwischenzeit ein Rechnungsabschluss erteilt wurde.

(2) Einlösung von Lastschriften und vom Kunden ausgestellter Schecks

Lastschriften und Schecks sind eingelöst, wenn die Belastungsbuchung nicht spätestens am zweiten Bankarbeitstag nach ihrer Vornahme rückgängig gemacht wird. Barschecks sind bereits mit Zahlung an den Scheckvorleger eingelöst. Schecks sind auch schon dann eingelöst, wenn die Bank im Einzelfall eine Bezahlmeldung absendet. Lastschriften und Schecks, die über die Abrechnungsstelle einer Landeszentralbank vorgelegt werden, sind eingelöst, wenn sie nicht bis zu dem von der Landeszentralbank festgesetzten Zeitpunkt an die Abrechnungsstelle zurückgegeben werden.

10. Fremdwährungsgeschäfte und Risiken bei Fremdwährungskonten

(1) Auftragsausführung bei Fremdwährungskonten

Fremdwährungskonten des Kunden dienen dazu, Zahlungen an den Kunden und Verfügungen des Kunden in fremder Währung bargeldlos abzuwickeln. Verfügungen über Guthaben auf Fremdwährungskonten (zum Beispiel durch Überweisungsaufträge zu Lasten des Fremdwährungsguthabens) werden unter Einschaltung von Banken im Heimatland der Währung abgewickelt, wenn sie die Bank nicht vollständig innerhalb des eigenen Hauses ausführt.

(2) Gutschriften bei Fremdwährungsgeschäften mit dem Kunden

Schließt die Bank mit dem Kunden ein Geschäft (zum Beispiel ein Devisentermingeschäft) ab, aus dem sie die Verschaffung eines Betrages in fremder Währung schuldet, wird sie ihre Fremdwährungsverbindlichkeit durch Gutschrift auf dem Konto des Kunden in dieser Währung erfüllen, sofern nicht etwas anderes vereinbart ist.

(3) Vorübergehende Beschränkung der Leistung durch die Bank

Die Verpflichtung der Bank zur Ausführung einer Verfügung zu Lasten eines Fremdwährungsguthabens (Absatz 1) oder zur Erfüllung einer Fremdwährungsverbindlichkeit (Absatz 2) ist in dem Umfang und solange ausgesetzt, wie die Bank in der Währung, auf die das Fremdwährungsguthaben oder die Verbindlichkeit lautet, wegen politisch bedingter Maßnahmen oder Ereignisse im Lande dieser Währung nicht oder nur eingeschränkt verfügen kann. In dem Umfang und solange diese Maßnahmen oder Ereignisse andauern, ist die Bank auch nicht zu einer Erfüllung an einem anderen Ort außerhalb des Landes der Währung, in einer anderen Währung (auch nicht in Deutscher Mark) oder durch Anschaffung von Bargeld verpflichtet. Die Verpflichtung der Bank zur Ausführung einer Verfügung zu Lasten eines Fremdwährungsguthabens ist dagegen nicht ausgesetzt, wenn sie die Bank vollständig im eigenen Haus ausführen kann. Das Recht des Kunden und der Bank, fällige gegenseitige Forderungen in derselben Währung miteinander zu verrechnen, bleibt von den vorstehenden Regelungen unberührt.

(4) Umrechnungskurs

Die Bestimmung des Umrechnungskurses bei Fremdwährungsgeschäften ergibt sich aus dem „Preis- und Leistungsverzeichnis".

Mitwirkungspflichten des Kunden

11. Mitwirkungspflichten des Kunden

(1) Änderungen von Name, Anschrift oder einer gegenüber der Bank erteilten Vertretungsmacht

Zur ordnungsgemäßen Abwicklung des Geschäftsverkehrs ist es erforderlich, dass der Kunde der Bank Änderungen seines Namens und seiner Anschrift sowie das Erlöschen oder die Änderung einer gegenüber der Bank erteilten Vertretungsmacht (insbesondere einer Vollmacht) unverzüglich mitteilt. Diese Mitteilungspflicht besteht auch dann, wenn die Vertretungsmacht in ein öffentliches Register (zum Beispiel in das Handelsregister) eingetragen ist und ihr Erlöschen oder ihre Änderung in dieses Register eingetragen wird.

(2) Klarheit von Aufträgen

Aufträge jeder Art müssen ihren Inhalt zweifelsfrei erkennen lassen. Nicht eindeutig formulierte Aufträge können Rückfragen zur Folge haben, die zu Verzögerungen führen können. Vor allem hat der Kunde bei Aufträgen zur Gutschrift auf einem Konto (zum Beispiel bei Überweisungsaufträgen) auf die Richtigkeit und Vollständigkeit des Namens des Zahlungsempfängers, der angegebenen Kontonummer, der angegebenen Bankleitzahl und der angegebenen Auftragswährung zu achten. Änderungen, Bestätigungen oder Wiederholungen von Aufträgen müssen als solche gekennzeichnet sein.

(3) Besonderer Hinweis bei Eilbedürftigkeit der Ausführung eines Auftrags

Hält der Kunde bei der Ausführung eines Auftrags besondere Eile für nötig (zum Beispiel weil ein Überweisungsbetrag dem Empfänger zu einem bestimmten Termin gutgeschrieben sein muss), hat er dies der Bank gesondert mitzuteilen. Bei formularmäßig erteilten Aufträgen muss dies außerhalb des Formulars erfolgen.

(4) Prüfung und Einwendungen bei Mitteilungen der Bank

Der Kunde hat Kontoauszüge, Wertpapierabrechnungen, Depot- und Erträgnisaufstellungen, sonstige Abrechnungen, Anzeigen über die

Abbildung 2-3: Allgemeine Geschäftsbedingungen (AGB) der Banken (Fortsetzung)

Das Konto als Basis der Kunde-Bank-Beziehung 89

Ausführung von Aufträgen sowie Informationen über erwartete Zahlungen und Sendungen (Avise) auf ihre Richtigkeit und Vollständigkeit unverzüglich zu überprüfen und etwaige Einwendungen unverzüglich zu erheben.

(5) Benachrichtigung der Bank bei Ausbleiben von Mitteilungen

Falls Rechnungsabschlüsse und Depotaufstellungen dem Kunden nicht zugehen, muss er die Bank unverzüglich benachrichtigen. Die Benachrichtigungspflicht besteht auch beim Ausbleiben anderer Mitteilungen, deren Eingang der Kunde erwartet (Wertpapierabrechnungen, Kontoauszüge nach der Ausführung von Aufträgen des Kunden oder über Zahlungen, die der Kunde erwartet).

Kosten der Bankdienstleistungen

12. Zinsen, Entgelte und Auslagen

(1) Zinsen und Entgelte im Privatkundengeschäft

Die Höhe der Zinsen und Entgelte für die im Privatkundengeschäft üblichen Kredite und Leistungen ergibt sich aus dem „Preisaushang – Regelsätze im standardisierten Privatkundengeschäft" und ergänzend aus dem „Preis- und Leistungsverzeichnis". Wenn ein Kunde einen dort aufgeführten Kredit oder eine dort aufgeführte Leistung in Anspruch nimmt und dabei keine abweichende Vereinbarung getroffen wurde, gelten die zu diesem Zeitpunkt im Preisaushang oder Preis- und Leistungsverzeichnis angegebenen Zinsen und Entgelte. Für die darin nicht aufgeführten Leistungen, die im Auftrag des Kunden oder in dessen mutmaßlichem Interesse erbracht werden und die, nach den Umständen zu urteilen, nur gegen eine Vergütung zu erwarten sind, kann die Bank die Höhe der Entgelte nach billigem Ermessen (§ 315 des Bürgerlichen Gesetzbuches) bestimmen.

(2) Zinsen und Entgelte außerhalb des Privatkundengeschäfts

Außerhalb des Privatkundengeschäfts bestimmt die Bank, wenn keine andere Vereinbarung getroffen ist, die Höhe von Zinsen und Entgelten nach billigem Ermessen (§ 315 des Bürgerlichen Gesetzbuches).

(3) Änderung von Zinsen und Entgelten

Die Änderung der Zinsen bei Krediten mit einem veränderlichen Zinssatz erfolgt aufgrund der jeweiligen Kreditvereinbarungen mit dem Kunden. Das Entgelt für Leistungen, die vom Kunden im Rahmen der Geschäftsverbindung typischerweise dauerhaft in Anspruch genommen werden (zum Beispiel Konto- und Depotführung), kann die Bank nach billigem Ermessen (§ 315 des Bürgerlichen Gesetzbuches) ändern.

(4) Kündigungsrecht des Kunden bei Erhöhungen von Zinsen und Entgelten

Die Bank wird dem Kunden Änderungen von Zinsen und Entgelten nach Absatz 3 mitteilen. Bei einer Erhöhung kann der Kunde, sofern nichts anderes vereinbart ist, die davon betroffene Geschäftsbeziehung innerhalb von sechs Wochen nach Bekanntgabe der Änderung mit sofortiger Wirkung kündigen. Kündigt der Kunde, so werden die erhöhten Zinsen und Entgelte für die gekündigte Geschäftsbeziehung nicht zugrundegelegt. Die Bank wird zur Abwicklung eine angemessene Frist einräumen.

(5) Auslagen

Die Bank ist berechtigt, dem Kunden Auslagen in Rechnung zu stellen, die anfallen, wenn die Bank in seinem Auftrag oder seinem mutmaßlichen Interesse tätig wird (insbesondere für Ferngespräche, Porti) oder wenn Sicherheiten bestellt, verwaltet, freigegeben oder verwertet werden (insbesondere Notarkosten, Lagergelder, Kosten der Bewachung von Sicherungsgut).

(6) Besonderheiten bei Verbraucherkrediten

Bei Kreditverträgen, die nach § 4 des Verbraucherkreditgesetzes der Schriftform bedürfen, richten sich die Zinsen und die Kosten (Entgelte, Auslagen) nach den Angaben in der Vertragsurkunde. Fehlt die Angabe eines Zinssatzes, gilt der gesetzliche Zinssatz; nicht angegebene Kosten werden nicht geschuldet (§ 6 Abs. 2 des Verbraucherkreditgesetzes). Bei Überziehungskrediten nach § 5 des Verbraucherkreditgesetzes richtet sich der maßgebliche Zinssatz nach dem Preisaushang und den Informationen, die die Bank dem Kunden übermittelt.

Sicherheiten für die Ansprüche der Bank gegen den Kunden

13. Bestellung oder Verstärkung von Sicherheiten

(1) Anspruch der Bank auf Bestellung von Sicherheiten

Die Bank kann für alle Ansprüche aus der bankmäßigen Geschäftsverbindung die Bestellung bankmäßiger Sicherheiten verlangen, und zwar auch dann, wenn die Ansprüche bedingt sind (zum Beispiel Aufwendungsersatzanspruch wegen der Inanspruchnahme aus einer für den Kunden übernommenen Bürgschaft). Hat der Kunde gegenüber der Bank eine Haftung für Verbindlichkeiten eines anderen Kunden der Bank übernommen (zum Beispiel als Bürge), so besteht für die Bank ein Anspruch auf Bestellung oder Verstärkung von Sicherheiten im Hinblick auf die aus der Haftungsübernahme folgende Schuld jedoch erst ab ihrer Fälligkeit.

(2) Veränderungen des Risikos

Hat die Bank bei der Entstehung von Ansprüchen gegen den Kunden zunächst ganz oder teilweise davon abgesehen, die Bestellung oder Verstärkung von Sicherheiten zu verlangen, kann sie auch später noch eine Besicherung fordern. Voraussetzung hierfür ist jedoch, dass Umstände eintreten oder bekannt werden, die eine erhöhte Risikobewertung der Ansprüche gegen den Kunden rechtfertigen. Dies kann insbesondere der Fall sein, wenn
– sich die wirtschaftlichen Verhältnisse des Kunden nachteilig verändert haben oder sich zu verändern drohen, oder
– sich die vorhandenen Sicherheiten wertmäßig verschlechtert haben oder zu verschlechtern drohen.

Der Besicherungsanspruch der Bank besteht nicht, wenn ausdrücklich vereinbart ist, dass der Kunde keine oder ausschließlich im einzelnen benannte Sicherheiten zu bestellen hat. Bei Krediten, die unter das Verbraucherkreditgesetz fallen, besteht ein Anspruch auf die Bestellung oder Verstärkung von Sicherheiten nur, soweit die Sicherheiten im Kreditvertrag angegeben sind; wenn der Nettokreditbetrag DM 100.000,— übersteigt, besteht der Anspruch auf Bestellung oder Verstärkung auch dann, wenn der Kreditvertrag keine oder keine abschließenden Angaben über Sicherheiten enthält.

(3) Fristsetzung für die Bestellung oder Verstärkung von Sicherheiten

Für die Bestellung oder Verstärkung von Sicherheiten wird die Bank eine angemessene Frist einräumen. Beabsichtigt die Bank, von ihrem Recht zur fristlosen Kündigung nach Nr. 19 Absatz 3 dieser Geschäftsbedingungen Gebrauch zu machen, falls der Kunde seiner Verpflichtung zur Bestellung oder Verstärkung von Sicherheiten nicht fristgerecht nachkommt, wird sie ihn zuvor hierauf hinweisen.

14. Vereinbarung eines Pfandrechts zugunsten der Bank

(1) Einigung über das Pfandrecht

Der Kunde und die Bank sind sich darüber einig, dass die Bank ein Pfandrecht an den Wertpapieren und Sachen erwirbt, an denen eine inländische Geschäftsstelle im bankmäßigen Geschäftsverkehr Besitz erlangt hat oder noch erlangen wird. Die Bank erwirbt ein Pfandrecht auch an den Ansprüchen, die dem Kunden gegen die Bank aus der bankmäßigen Geschäftsverbindung zustehen oder künftig zustehen werden (zum Beispiel Kontoguthaben).

(2) Gesicherte Ansprüche

Das Pfandrecht dient der Sicherung aller bestehenden, künftigen und bedingten Ansprüche, die der Bank mit ihren sämtlichen in- und ausländischen Geschäftsstellen aus der bankmäßigen Geschäftsverbindung gegen den Kunden zustehen. Hat der Kunde gegenüber der Bank eine Haftung für Verbindlichkeiten eines anderen Kunden der Bank übernommen (zum Beispiel als Bürge), so sichert das Pfandrecht die aus der Haftungsübernahme folgende Schuld jedoch erst ab ihrer Fälligkeit.

(3) Ausnahmen vom Pfandrecht

Gelangen Gelder oder andere Werte mit der Maßgabe in die Verfügungsgewalt der Bank, dass sie nur für einen bestimmten Zweck verwendet werden dürfen (zum Beispiel Bareinzahlung zur Einlösung eines Wechsels), erstreckt sich das Pfandrecht der Bank nicht auf diese Werte. Dasselbe gilt für die von der Bank selbst ausgegebenen Aktien (eigene Aktien) und für die Wertpapiere, die die Bank im Ausland für den Kunden verwahrt. Außerdem erstreckt sich das Pfandrecht nicht auf die von der Bank selbst ausgegebenen eigenen Genußscheine/Genußscheine und auf die verbrieften und unverbrieften nachrangigen Verbindlichkeiten der Bank.

(4) Zins- und Gewinnanteilscheine

Unterliegen dem Pfandrecht der Bank Wertpapiere, ist der Kunde nicht berechtigt, die Herausgabe der zu diesen Papieren gehörenden Zins- und Gewinnanteilscheine zu verlangen.

15. Sicherungsrechte bei Einzugspapieren und diskontierten Wechseln

(1) Sicherungsübereignung

Die Bank erwirbt an den ihr zum Einzug eingereichten Schecks und Wechseln im Zeitpunkt der Einreichung Sicherungseigentum. An diskontierten Wechseln erwirbt die Bank im Zeitpunkt des Wechselankaufs uneingeschränktes Eigentum; belastet sie diskontierte Wechsel dem Konto zurück, so verbleibt ihr das Sicherungseigentum an diesen Wechseln.

(2) Sicherungsabtretung

Mit dem Erwerb des Eigentums an Schecks und Wechseln gehen auch die zugrunde liegenden Forderungen auf die Bank über; ein For-

3

Abbildung 2-3: Allgemeine Geschäftsbedingungen (AGB) der Banken (Fortsetzung)

90 Leistungen und Dienstleistungen der Kreditinstitute

derungsübergang findet ferner statt, wenn andere Papiere zum Einzug eingereicht werden (zum Beispiel Lastschriften, kaufmännische Handelspapiere).

(3) Zweckgebundene Einzugspapiere

Werden der Bank Einzugspapiere mit der Maßgabe eingereicht, dass ihr Gegenwert nur für einen bestimmten Zweck verwendet werden darf, erstrecken sich die Sicherungsübereignung und die Sicherungsabtretung nicht auf diese Papiere.

(4) Gesicherte Ansprüche der Bank

Das Sicherungseigentum und die Sicherungsabtretung dienen der Sicherung aller Ansprüche, die der Bank gegen den Kunden bei Einreichung von Einzugspapieren aus seinen Kontokorrentkonten zustehen oder die infolge der Rückbelastung nicht eingelöster Einzugspapiere oder die diskontierter Wechsel entstehen. Auf Anforderung des Kunden nimmt die Bank eine Rückübertragung des Sicherungseigentums an den Kunden vor und der auf sie übergegangenen Forderungen an den Kunden vor, falls ihr im Zeitpunkt der Anforderung keine zu sichernden Ansprüche gegen den Kunden zustehen oder sie ihn über den Gegenwert der Papiere vor deren endgültiger Bezahlung nicht verfügen lässt.

16. Begrenzung des Besicherungsanspruchs und Freigabeverpflichtung

(1) Deckungsgrenze

Die Bank kann ihren Anspruch auf Bestellung oder Verstärkung von Sicherheiten solange geltend machen, bis der realisierbare Wert aller Sicherheiten den Gesamtbetrag aller Ansprüche aus der bankmäßigen Geschäftsverbindung (Deckungsgrenze) entspricht.

(2) Freigabe

Falls der realisierbare Wert aller Sicherheiten die Deckungsgrenze nicht nur vorübergehend übersteigt, hat die Bank auf Verlangen des Kunden Sicherheiten nach ihrer Wahl freizugeben, und zwar in Höhe des die Deckungsgrenze übersteigenden Betrages; sie wird bei der Auswahl der freizugebenden Sicherheiten auf die berechtigten Belange des Kunden und eines dritten Sicherungsgebers, der für die Verbindlichkeiten des Kunden Sicherheiten bestellt hat, Rücksicht nehmen. In diesem Rahmen ist die Bank auch verpflichtet, Aufträge des Kunden über die dem Pfandrecht unterliegenden Werte auszuführen (zum Beispiel Verkauf von Wertpapieren, Auszahlung von Spargutshaben).

(3) Sondervereinbarungen

Ist für eine bestimmte Sicherheit ein anderer Bewertungsmaßstab als der realisierbare Wert oder ist eine andere Deckungsgrenze oder ist eine andere Grenze für die Freigabe von Sicherheiten vereinbart, so sind diese maßgeblich.

17. Verwertung von Sicherheiten

(1) Wahlrecht der Bank

Wenn die Bank verwertet, hat sie unter mehreren Sicherheiten die Wahl. Sie wird bei der Verwertung und bei der Auswahl der zu verwertenden Sicherheiten auf die berechtigten Belange des Kunden und eines dritten Sicherungsgebers, der für die Verbindlichkeiten des Kunden Sicherheiten bestellt hat, Rücksicht nehmen.

(2) Erlösgutschrift nach dem Umsatzsteuerrecht

Wenn der Verwertungsvorgang der Umsatzsteuer unterliegt, wird die Bank dem Kunden über den Erlös eine Gutschrift erteilen, die als Rechnung für die Lieferung der als Sicherheit dienenden Sache gilt und den Voraussetzungen des Umsatzsteuerrechts entspricht.

Kündigung

18. Kündigungsrechte des Kunden

(1) Jederzeitiges Kündigungsrecht

Der Kunde kann die gesamte Geschäftsverbindung oder einzelne Geschäftsbeziehungen (zum Beispiel den Scheckvertrag), für die weder eine Laufzeit noch eine abweichende Kündigungsregelung vereinbart ist, jederzeit ohne Einhaltung einer Kündigungsfrist kündigen.

(2) Kündigung aus wichtigem Grund

Ist für eine Geschäftsbeziehung eine Laufzeit oder eine abweichende Kündigungsregelung vereinbart, kann eine fristlose Kündigung nur dann ausgesprochen werden, wenn hierfür ein wichtiger Grund vorliegt, der es dem Kunden, auch unter angemessener Berücksichtigung der berechtigten Belange der Bank, unzumutbar werden lässt, die Geschäftsbeziehung fortzusetzen.

19. Kündigungsrechte der Bank

(1) Kündigung unter Einhaltung einer Kündigungsfrist

Die Bank kann die gesamte Geschäftsverbindung oder einzelne Geschäftsbeziehungen, für die weder eine Laufzeit noch eine abweichende Kündigungsregelung vereinbart ist, jederzeit unter Einhaltung einer angemessenen Kündigungsfrist kündigen (zum Beispiel den Scheckvertrag, der zur Nutzung der Scheckkarte und von Scheckvordrucken berechtigt). Bei der Bemessung der Kündigungsfrist wird die Bank auf die berechtigten Belange des Kunden Rücksicht nehmen. Für die Kündigung der Führung von laufenden Konten und Depots beträgt die Kündigungsfrist mindestens sechs Wochen.

(2) Kündigung unbefristeter Kredite

Kredite und Kreditzusagen, für die weder eine Laufzeit noch eine abweichende Kündigungsregelung vereinbart ist, jederzeit ohne Einhaltung einer Kündigungsfrist kündigen. Die Bank wird bei der Ausübung dieses Kündigungsrechts auf die berechtigten Belange des Kunden Rücksicht nehmen.

(3) Kündigung aus wichtigem Grund ohne Einhaltung einer Kündigungsfrist

Eine fristlose Kündigung der gesamten Geschäftsverbindung oder einzelner Geschäftsbeziehungen ist zulässig, wenn ein wichtiger Grund vorliegt, der der Bank, auch unter angemessener Berücksichtigung der berechtigten Belange des Kunden, deren Fortsetzung unzumutbar werden lässt. Ein solcher Grund liegt insbesondere vor, wenn der Kunde unrichtig Angaben über seine Vermögenslage gemacht hat, die für die Entscheidung der Bank über eine Kreditgewährung oder über andere mit Risiken für die Bank verbundene Geschäfte (zum Beispiel Aushändigung der Scheckkarte) von erheblicher Bedeutung waren, oder wenn eine wesentliche Verschlechterung seiner Vermögenslage eintritt oder einzutreten droht und dadurch die Erfüllung von Verbindlichkeiten gegenüber der Bank gefährdet ist. Die Bank darf auch fristlos kündigen, wenn der Kunde seiner Verpflichtung zur Bestellung oder Verstärkung von Sicherheiten nach Nr. 13 Absatz 2 dieser Geschäftsbedingungen oder aufgrund einer sonstigen Vereinbarung nicht innerhalb der von der Bank gesetzten angemessenen Frist nachkommt.

(4) Kündigung von Verbraucherkrediten bei Verzug

Soweit das Verbraucherkreditgesetz Sonderregelungen für die Kündigung wegen Verzuges mit der Rückzahlung eines Verbraucherkredits vorsieht, kann die Bank nur nach Maßgabe dieser Regelungen kündigen.

(5) Abwicklung nach einer Kündigung

Im Falle einer Kündigung ohne Kündigungsfrist wird die Bank dem Kunden für die Abwicklung (insbesondere für die Rückzahlung eines Kredits) eine angemessene Frist einräumen, soweit nicht eine sofortige Erledigung erforderlich ist (zum Beispiel bei der Kündigung des Scheckvertrages die Rückgabe der Scheckvordrucke).

Schutz der Einlagen

20. Einlagensicherungsfonds

(1) Schutzumfang

Die Bank ist dem Einlagensicherungsfonds des Bundesverbandes deutscher Banken e.V. angeschlossen. Der Einlagensicherungsfonds sichert alle Verbindlichkeiten, die in der Bilanzposition „Verbindlichkeiten gegenüber Kunden" auszuweisen sind. Hierzu zählen Sicht-, Termin- und Spareinlagen einschließlich der auf den Namen lautenden Sparbriefe. Die Sicherungsgrenze je Gläubiger beträgt 30% des für die Einlagensicherung maßgeblichen haftenden Eigenkapitals der Bank.

(2) Ausnahmen vom Einlegerschutz

Nicht geschützt sind Forderungen, über die die Bank Inhaberpapiere ausgestellt hat, wie z.B. Inhaberschuldverschreibungen und Inhabereinlagenzertifikate, sowie Verbindlichkeiten gegenüber Kreditinstituten.

(3) Ergänzende Geltung des Statuts des Einlagensicherungsfonds

Wegen weiterer Einzelheiten des Sicherungsumfanges wird auf § 6 des Statuts des Einlagensicherungsfonds verwiesen, das auf Verlangen zur Verfügung gestellt wird.

(4) Forderungsübergang

Soweit der Einlagensicherungsfonds oder ein von ihm Beauftragter Zahlungen an einen Kunden leistet, gehen dessen Forderungen gegen die Bank in entsprechender Höhe mit allen Nebenrechten Zug um Zug an den Einlagensicherungsfonds über.

(5) Auskunftserteilung

Die Bank ist befugt, dem Einlagensicherungsfonds oder einem von ihm Beauftragten alle in diesem Zusammenhang erforderlichen Auskünfte zu erteilen und Unterlagen zur Verfügung zu stellen.

Abbildung 2-3: Allgemeine Geschäftsbedingungen (AGB) der Banken (Fortsetzung)

1.3 Kontoinhaber und Verfügungsberechtigte

Geht man zunächst von einem auf **Guthabenbasis** geführten Konto aus, so ist Kontoinhaber derjenige, dem die Rückzahlungsforderung zusteht, also der Gläubiger. Auf seinen Namen wird das Konto eröffnet. Kontoinhaber muss nicht der Antragsteller des Kontoeröffnungsantrages beziehungsweise der erstmals Einzahlende sein. Vielmehr kann der Antragsteller (Einzahlende) die Forderung auf Rückzahlung auch für die **Person eines Dritten** entstehen lassen.

Neben dem Gläubiger (= Kontoinhaber), der eine natürliche oder juristische Person oder eine Personenvereinigung sein kann, gibt es oft noch weitere **Verfügungsberechtigte**. Dies ist zum Beispiel dann der Fall, wenn der Kontoinhaber selbst aus rechtlichen oder organisatorischen Gründen gar nicht verfügen darf oder kann, sondern dazu einen **gesetzlichen Vertreter** benötigt (etwa nicht voll geschäftsfähige natürliche Personen und juristische Personen). Außerdem können zur Erleichterung des Geschäftsverkehrs Kontoinhaber oder gesetzliche Vertreter jederzeit eine andere Person durch **Vollmacht** zum rechtsgeschäftlichen Vertreter machen.

Die Bank muss sich bei der Kontoeröffnung Gewissheit über die Identität des Antragstellers, des Kontoinhabers und aller Verfügungsberechtigen verschaffen. Dies gebietet ihr zum einen die **Sorgfaltspflicht** eines ordentlichen Kaufmanns, zum anderen eine Reihe gesetzlicher Vorschriften (vgl. Kapitel II, 1.4).

1.3.1 Kontoinhaber

Ein Kontoinhaber muss lediglich rechtsfähig, er braucht nicht geschäftsfähig zu sein. Ein Rechtsfähiger ist Träger von Rechten und Pflichten. Er kann also zum Beispiel Vermögen oder Schulden haben, die sich auf einem Konto niederschlagen. Die Rechtsfähigkeit beginnt bei **natürlichen Personen** mit der Geburt, bei **juristischen Personen** im Allgemeinen mit der Eintragung in ein Register (zum Beispiel Handelsregister, Vereinsregister).

Da die Eröffnung eines Kontos ein Recht begründet und die Verfügung über das Konto ein Recht verändert, sind sie nur Kontoinhabern möglich, die entweder **unbeschränkt geschäftsfähig** (ab Vollendung des 18. Lebensjahres) sind oder **als beschränkt Geschäftsfähige** (von der Vollendung des 7. bis zur Vollendung des 18. Lebensjahres) die Zustimmung des gesetzlichen Vertreters zur Eröffnung beziehungsweise Verfügung haben. Außerdem kann die beschränkte Geschäftsfähigkeit Minderjähriger nach §§ 112 und 113 BGB für die genannten Handlungen erweitert werden, wenn sie im Zusammenhang stehen mit dem Betrieb eines Erwerbsgeschäfts, zu dem der gesetzliche Vertreter den Minderjährigen mit Genehmigung des Vormundschaftsgerichts ermächtigt hat, oder mit dem Eingehen eines Arbeitsverhältnisses, zu dem ihn der gesetzliche Vertreter ermächtigt hat. Die Prüfung der Rechts- und Geschäftsfähigkeit der Kontoinhaber ist Teil der laut Abgabenordnung vorgeschriebenen **Legitimationsprüfung** (dazu später mehr).

	Privatkunden	
Kontoinhaber	**Kontobezeichnung**	**Legitimation**
Natürliche Personen	Zuname und mindestens einausgeschriebener Vorname (Zusätze möglich)	amtlicher Lichtbildausweis
Nicht rechtsfähige Personenvereinigungen – nicht eingetragene Vereine – BGB-Gesellschaften – Erbengemeinschaften	1. bürgerlicher Name eines Beteiligten (Zusätze möglich) oder 2. bürgerliche Namen mehrere Beteiligter oder (ausnahmsweise) 3. Name der Personenvereinigung (sofern Vertretungsberechtigung eindeutig)	amtliche Lichtbildausweise der Vertretungsberechtigten und ggf. Satzungen, Gesellschaftsverträge Vollmachtsurkunden der Vertretungsberechtigten
Juristische Personen – eingetragene Vereine – Stiftungen privaten Rechts	– Name des Vereins lt. Vereinsregister – Name der Stiftung lt. staatlicher Genehmigungsurkunde	beglaubigter Vereinsregisterauszug bzw. Genehmigungsurkunde und Bescheinigung über Vertretungsberechtigung und amtlicher Lichtbildausweis der Vertretungsberechtigten

Abbildung 2-4: Kontoinhaber – Privatkunden

	Geschäftskunden	
Kontoinhaber	**Kontobezeichnung**	**Legitimation**
Ohne Handelsregistereintragung – Handwerker – Freiberufler usw.	bürgerlicher Name (Zusätze möglich)	amtlicher Lichtbildausweis
Kaufleute/rechtsfähige Personenvereinigungen – Einzelunternehmer – OHG, KG – GmbH, AG, KGaA – Genossenschaften – Partnerschaften	Firma lt. Registereintragung	beglaubigter Registerauszug und Lichtbildausweis der Vertretungsberechtigten/ Antragsteller
Juristische Personen des öffentlichen Rechts – Gebietskörperschaften – Personenkörperschaften – Anstalten – Stiftungen	amtliche Bezeichnung der Einrichtung	Gesetz, Rechtsverordnung, Satzung, Rechtscharakter und Vertretungsberechtigung, ausweisende Bescheinigung der Aufsichtsbehörde und amtlicher Lichtbildausweis der Vertretungsberechtigten/ Antragsteller
BGB-Gesellschaften und Gemeinschaften (nicht rechtsfähige Personenvereinigungen) – Arbeitsgemeinschaften – Konsortien – Sozietäten usw.	Möglichkeiten wie bei Privatkunden	siehe Privatkunden

Abbildung 2-5: Kontoinhaber – Geschäftskunden

1.3.1.1 Einzel- und Gemeinschaftskonten

Die in den Übersichten aufgeführten Konten werden im Normalfall als **Einzelkonto** geführt, bei dem eine einzelne natürliche oder juristische Person oder Personenhandelsgesellschaft Kontoinhaber ist.

Für nicht rechtsfähige Personenvereinigungen sowie für zwei oder mehrere natürliche oder juristische Personen oder Personenhandelsgesellschaften als Kontoinhaber gibt es so genannte **Gemeinschaftskonten**, bei denen entweder jeder Kontoinhaber **einzeln (Oder-Konto)** oder alle Kontoinhaber nur **gemeinschaftlich (Und-Konto)** verfügen können. Nach Änderung der **AGB**, die früher die Einzelverfügung als Regel vorsahen, besteht nach den heutigen **Kontoeröffnungsanträgen** beim Gemeinschaftskonto eine echte Wahlmöglichkeit für die Kunden. Die neuen Regelungen sehen sogar vor, dass bei Einzelverfügung jeder Kontoinhaber berechtigt ist, diese in eine gemeinschaftliche Verfügung umzuwandeln.

1.3.1.2 Treuhandkonten

Auf **Treuhandkonten** verbuchen die Banken solche Vermögenswerte, die nicht den Kontoinhabern gehören. Besonders behandelt werden diese Konten nur, wenn das Treuhandverhältnis bei Kontoeröffnung offengelegt wird. Sonst werden sie wie **Eigenkonten** des Treuhänders geführt. **Offene Treuhandkonten** lauten auf den Namen des Treuhänders mit einem Zusatz, der das Treuhandverhältnis anzeigt. Für die Banken ist die Unterscheidung zwischen Eigenkonten und Treuhandkonten eines Kontoinhabers auch deshalb wichtig, weil für letztere nicht die Sicherungsrechte der AGB (vgl. Nr. 14 AGB Banken) gelten. Die komplizierten Rechtsbeziehungen bei diesen so genannten Anderkonten werden in **Sonderbedingungen für Anderkonten** geregelt.

Bei **Konten zugunsten Dritter** wird, wie üblich, das Konto auf den Namen des begünstigten Gläubigers eingerichtet, wenn dieser sofort verfügen kann. Es ist die Legitimation des Antragstellers und des Verfügungsberechtigten zu prüfen. Bleibt zunächst der Antragsteller verfügungsberechtigt, so muss nur dessen Legitimation geprüft und ein Nachweis für die Existenz des Dritten erbracht werden. Auch bei der Kontoeröffnung auf der Grundlage eines **Vertrages zugunsten Dritter** wird zunächst der **Antragsteller Kontoinhaber**. Das Konto wird erst dann auf den Namen des begünstigten Dritten umgeschrieben, wenn das im Vertrag bestimmte Ereignis (zum Beispiel Volljährigkeit) eintritt.

Offene Treuhandkonten

Gesetzliche Treuhänder	Private Treuhänder
Kontoinhaber (Treuhänder) – Notare, Rechts- und Patentanwälte – Wirtschaftsprüfer, Steuerberater – Testamentsvollstrecker – Nachlass- und Konkursverwalter – Vormünder	**Kontoinhaber (Treuhänder)** – Vorstand eines nicht eingetragenen Vereins – Verwalter einer Wohnungseigentümergemeinschaft
Kontoarten – Anderkonto, Mietkautionskonto – Verwalterkonto für eine Wohnungseigentümergemeinschaft	**Kontoarten** – Sonderkonto
Zusatzbezeichnung (Beispiele) – w/Mandant A – w/Mieter B – w/Wohnungseigentümergemeinschaft C	**Zusatzbezeichnung (Beispiele)** – w/Kegelkasse – w/Wohnungseigentümergemeinschaft D

Abbildung 2-6: Offene Treuhandkonten

1.3.2 Verfügungsberechtigte

Natürliche Personen können als Kontoinhaber nur dann ohne weiteres über ihr Konto verfügen, wenn sie unbeschränkt geschäftsfähig sind. Das gleiche gilt für beschränkt Geschäftsfähige im Rahmen ihrer erweiterten Geschäftsfähigkeit.

1.3.2.1 Gesetzliche Vertreter

Die Zustimmung des gesetzlichen Vertreters eines Minderjährigen zur Kontoeröffnung bezieht sich nicht automatisch auch auf die Verfügungsberechtigung. In den Kontoeröffnungsanträgen für Minderjährige lässt sich die Bank von den gesetzlichen Vertretern meist generell genehmigen, dass der Minderjährige neben ihnen und bis zu ihrem Widerruf verfügen kann.

Für Geschäftsunfähige können nur die gesetzlichen Vertreter rechtswirksam handeln, also zum Beispiel Konten eröffnen oder darüber verfügen. Außer den sorgeberechtigten Eltern kann auch ein Vormund, Pfleger oder Betreuer gesetzlicher Vertreter sein.

Für **juristische Personen** und **Personenhandelsgesellschaften** können nur ihre Organe handeln, zu denen auch die gesetzlichen Vertreter zählen. Im Allgemeinen sind dies die Mitglieder des Vorstands oder die Geschäftsführer der Gesellschaft. Je nach Gesetz, Gesellschaftsvertrag oder Satzung sind sie entweder einzeln (Einzelvertretung) oder gemeinsam (Gesamtvertretung) verfügungsberechtigt. Banken prüfen die jeweils getroffenen Regelungen anhand der vorzulegenden Unterlagen.

1.3.2.2 Rechtsgeschäftliche Vertreter

Die Kontoinhaber beziehungsweise gesetzlichen Vertreter können mit einer **Vollmacht** weiteren Personen die Befugnis einräumen, in fremdem Namen und für fremde Rechnung über ein Konto zu verfügen. Vollmachten nach BGB (§ 164 ff.) können von Privat- und Geschäftskunden entweder als **Bankvollmacht** für alle Bankgeschäfte, als **Kontovollmacht** für Verfügungen über ein einzelnes Konto oder als **Generalvollmacht** für den Abschluss aller Rechtsgeschäfte im Namen des Vollmachtgebers erteilt werden. Während Bank- und Kontovollmachten in Kontoeröffnungsanträgen und den dazugehörigen Unterschriftsblättern festgehalten werden, lassen sich die Banken weitergehende Vollmachten durch Vorlage der Vollmachtsurkunden nachweisen.

Im Geschäftsverkehr mit Kaufleuten sind vor allem die im HGB (§ 48 ff.) geregelte **Prokura und die Handlungsvollmacht** von Bedeutung.

Die nur von Kaufleuten zu erteilende Prokura ermächtigt zu allen Arten von gerichtlichen und außergerichtlichen Geschäften und Rechtshandlungen, die der Betrieb eines Handelsgewerbes mit sich bringt. Im Bankverkehr benötigt ein Prokurist nur für die Bestellung von Grundpfandrechten eine besondere Vollmacht. Die vorgeschriebene (deklaratorische) Eintragung der Prokura im Handelsregister ermöglicht der Bank die Kontrolle ihrer Richtigkeit und eventueller Einschränkungen (Gesamt- und Filialprokura) anhand entsprechender Auszüge. Änderungen und Löschungen der Prokura werden gegenüber der Bank gemäß AGB erst bei schriftlicher Mitteilung wirksam.

Der **Handlungsbevollmächtigte** ist berechtigt, alle gewöhnlichen Geschäfte und Rechtshandlungen vorzunehmen, die der Betrieb eines bestimmten Handelsgewerbes oder einzelne in einem bestimmten Handelsgewerbe vorkommende Tätigkeiten mit sich bringen. Im Bankverkehr ist die (alle gewöhnlichen Geschäfte und Rechtshandlungen umfassende) Gesamtvollmacht üblich, die mit Sonderbefugnissen gemäß § 54 (2) HGB einen der Prokura entsprechenden Vertretungsumfang gewähren kann. Da Handlungsbevollmächtigte nicht im Handelsregister eingetragen sind, ist ihre Legitimation bei Kontoeröffnung gesondert zu überprüfen.

Die üblichen Bankformulare für die Vertretungsberechtigung und Unterschriftsproben bei eingetragenen Einzelkaufleuten, Personen- und Kapitalgesellschaften sehen für Vertreter neben der Einzelzeichnungsberechtigung auch eine gemeinschaftliche Zeichnungsberechtigung vor. Durch den Zusatz von Kennbuchstaben

- E = einzeln
- A = allgemein – mit **jedem** anderen Zeichnungsberechtigten gemeinsam
- B = beschränkt – **nur** mit einem „A"-Zeichnungsberechtigten gemeinsam

legt der Kontoinhaber den Umfang der Zeichnungsberechtigung fest. Die gemeinschaftliche Zeichnungsberechtigung dient unter anderem zum Schutz gegen missbräuchliche Verfügungen über Firmenkonten.

Eine **Einzelzeichnungsberechtigung** gilt allerdings nur dann für den gesamten Geschäftsverkehr mit der Bank, wenn der Gesellschaftsvertrag beziehungsweise die Satzung für die gesetzlichen Vertreter **Einzelvertretung** vorsieht. Bei satzungsmäßiger **Gesamtvertretung** für sämtliche gesetzlichen Vertreter beschränkt sie sich auf Geschäfte, die mit der Kontoführung in unmittelbarem Zusammenhang stehen, ist also nur eine Kontovollmacht.

Kontoinhaber	Verfügungsberechtigte
Natürliche Personen – geschäftsunfähig – beschränkt geschäftsfähig – voll geschäftsfähig	– gesetzliche Vertreter (Eltern, Vormund) – bei „Risikogeschäften" (z. B. Kreditaufnahme) Genehmigung des Vormundschaftsgerichts erforderlich – gesetzliche Vertreter – Kontoinhaber mit Zustimmung des gesetzlichen Vertreters – in bestimmten Fällen Kontoinhaber allein – bei „Risikogeschäften" gleiche Regelung wie bei Geschäftsunfähigen – Kontoinhaber – Bevollmächtigte nach BGB und HGB
BGB-Gesellschaften	– grundsätzlich alle Gesellschafter gemeinsam* – Bevollmächtigte nach BGB und HGB
Personenhandelsgesellschaften (OHG und KG) und Partnerschaften	– grundsätzlich jeder persönlich haftende Gesellschafter einzeln* – Bevollmächtigte nach BGB und HGB
Juristische Personen des privaten Rechts (e.V., Stiftung, AG, GmbH, e.G.)	– grundsätzlich alle Vorstandsmitglieder bzw. Geschäftsführer gemeinsam* – Bevollmächtigte nach BGB und HGB
Juristische Personen des öffentlichen Rechts (Körperschaft, Anstalt, Stiftung)	– gesetzliche Vertreter – Bevollmächtigte nach BGB

* Durch Gesellschaftsvertrag bzw. Satzung kann eine vom Gesetz abweichende Regelung getroffen werden.

Abbildung 2-7: Verfügungsberechtigte

1.3.2.3 Sonderfälle der Verfügungsberechtigung

Tod eines Kontoinhabers

Beim Tod eines Kontoinhabers können folgende Personen verfügungsberechtigt sein: ein Bevollmächtigter mit „Vollmacht über den Tod hinaus" beziehungsweise „Vollmacht für den Todesfall", die Erben, ein Testamentsvollstrecker oder ein Nachlasspfleger beziehungsweise -verwalter. Eine vom Kontoinhaber zu Lebzeiten erteilte **Vollmacht über den Tod hinaus** vereinfacht zwar den Geschäftsverkehr im Todesfall, führt aber unter Umständen zu Interessenskollisionen mit den Erben, falls diese nicht zu den Bevollmächtigten gehören. Erben haben allerdings (wie auch der Testamentsvollstrecker) die Möglichkeit, diese Vollmacht jederzeit zu widerrufen.

Bei allen anderen im Todesfall Verfügungsberechtigten führt die Bank **Legitimationsprüfungen** durch, auf die in den AGB (Nr. 5 Banken) besonders hingewiesen wird. So müssen sich die durch Testament, Erbvertrag oder Gesetz bestimmten und nur gemeinsam verfügungsberechtigten Erben durch einen vom Nachlassgericht ausgestellten Erbschein oder eine Ausfertigung beziehungsweise öffentlich beglaubigte Abschrift des Testaments mit Eröffnungsprotokoll ausweisen.

Der durch Testament (also durch den ehemaligen Kontoinhaber) bestimmte **Testamentsvollstrecker** legitimiert sich mit dem vom Nachlassgericht ausgestellten Testamentsvollstreckerzeugnis oder den eben genannten Ausfertigungen des Testaments. Ein **Nachlasspfleger** beziehungsweise -verwalter, der vom Nachlassgericht eingesetzt wird (wenn zum Beispiel die Erben unbekannt sind), benötigt eine vom Nachlassgericht ausgestellte **Bestallungsurkunde**.

Zur Vermeidung unberechtigter Verfügungen werden die Konten eines Erblassers von der Bank mit einem Zusatz (zum Beispiel Nachlass) oder Sperrvermerk besonders gekennzeichnet.

Insolvenz

Im Insolvenzfall verliert der Kontoinhaber als Schuldner die Verfügungsberechtigung über sein Konto. An seine Stelle tritt, ausgewiesen durch eine Bestallungsurkunde des Insolvenzgerichts, der **Insolvenzverwalter**. Diesem kann nach Eröffnung des Insolvenzverfahrens ein von der Gläubigerversammlung gewählter **Gläubigerausschuss** unterstützend und überwachend zur Seite treten. Häufig eröffnen Insolvenzverwalter zur Abwicklung ein gesondertes **Insolvenzkonto**, das auf den Namen des Schuldners mit entsprechenden Zusätzen eingerichtet wird und unter Umständen auch als **Anderkonto** geführt werden kann.

„Freiwillige" Verpfändung, Abtretung und Pfändung

Im Fall der **Verpfändung** des Kontoguthabens durch den Kontoinhaber an einen Gläubiger können **Verpfänder und Pfandgläubiger** nur noch **gemeinsam** verfügen. Erst bei Eintritt der so genannten Pfandreife kann die Bank allein an den Pfandgläubiger leisten. Mit Abtretung des Kontoguthabens verliert der bisherige Kontoinhaber seine Gläubigerstellung und damit auch seine Verfügungsberechtigung gegenüber der Bank. Bis zur Offenlegung der Abtretung kann die Bank allerdings noch schuldbefreiend an den bisherigen Kontoinhaber zahlen.

Von der (quasi freiwilligen) Verpfändung zu unterscheiden ist die Pfändung: Eine mit gerichtlicher Hilfe von einem Gläubiger des Kontoinhabers betriebene und mit Erlangung eines vollstreckbaren Titels rechtskräftige Pfändung des Kontoguthabens bewirkt Folgendes: Sie verpflichtet die Bank bei Zustellung eines Pfändungs- und Überweisungsbeschlusses durch den Gerichtsvollzieher zur Einstellung der Zahlungen an den Kontoinhaber und zur Überweisung des gepfändeten Geldbetrages an den Pfändungsgläubiger.

1.4 Kontrollpflichten nach Abgabenordnung und Geldwäschegesetz

Dass Kontoinhaber und Verfügungsberechtigte eindeutig identifizierbar sein müssen, ergibt sich für die kontoführende Bank schon aus eigenem Interesse. Im Vordergrund steht dabei die Prüfung der Rechts- und Geschäftsfähigkeit. Sie ist wichtig für die Beurteilung der Gültigkeit des Kontovertrages und der Rechtswirksamkeit späterer Verfügungen.

Für die **Identität** der Bankkunden, das heißt ihren vollständigen Namen, ihr Geburtsdatum und ihren Wohnsitz, interessieren sich außerdem die Steuerbehörden. Daher gehört die nach Abgabenordnung bei Kontoeröffnung vorgesehene Legitimationsprüfung seit langem zum Bankalltag. Dagegen bereitet die Umsetzung des erst seit kurzem gültigen **Geldwäschegesetzes**, das zusätzliche Kontrollen bei bestimmten Finanztransaktionen vorsieht, in der Praxis noch beträchtliche Schwierigkeiten. Beginnen wir zunächst mit der Abgabenordnung.

1.4.1 Legitimationsprüfung nach der Abgabenordnung

Um Steuerhinterziehungen vorzubeugen, hat der Gesetzgeber in der Abgabenordnung die Errichtung fingierter Konten verboten und den Banken die Prüfung der Identität der Verfügungsberechtigten und die jederzeitige Bereitschaft zur Auskunftserteilung über dieselben vorgeschrieben.

Auszüge aus Abgabenordnung und Anwendungserlass zu Abgabenordnung

Auszug Abgabenordnung:

§154 (Kontenwahrheit)

(1) Niemand darf auf einen falschen oder erdichteten Namen für sich oder einen Dritten ein Konto errichten oder Buchungen vornehmen lassen, Wertsachen (Geld, Wertpapiere, Kostbarkeiten) in Verwahrung geben oder verpfänden oder sich ein Schließfach geben lassen.

(2) Wer ein Konto führt, Wertsachen verwahrt oder als Pfand nimmt oder ein Schließfach überlässt, hat sich zuvor Gewissheit über die Person und Anschrift des Verfügungsberechtigten zu verschaffen und die entsprechenden Angaben in geeigneter Form auf dem Konto festzuhalten. Er hat sicherzustellen, dass er jederzeit Auskunft darüber geben kann, über welche Konten oder Schließfächer eine Person verfügungsberechtigt ist.

(3) Ist gegen Abs. 1 verstoßen worden, so dürfen Guthaben, Wertsachen und der Inhalt eines Schließfaches nur mit Zustimmung des für die Einkommen- und Körperschaftsteuer zuständigen Finanzamtes herausgegeben werden.

Auszug Anwendungserlass zur AO zu §154:

1. Das Verbot, falsche oder erdichtete Namen zu verwenden, richtet sich an denjenigen, der als Kunde bei einem anderen ein Konto errichten lassen will oder Buchungen vornehmen lässt.

2. Es ist zulässig, Konten auf Namen Dritter zu errichten, hierbei ist die Existenz des Dritten nachzuweisen. Der ausdrücklichen Zustimmung des Dritten bedarf es nicht.

3. Jeder, der für einen anderen Konten führt, Wertsachen verwahrt oder von ihm als Pfand nimmt oder ihm ein Schließfach überlässt, hat sich Gewissheit über die Person des Verfügungsberechtigten zu verschaffen. Die Vorschrift ist nicht auf Kreditinstitute beschränkt, sondern gilt auch im gewöhnlichen Geschäftsverkehr und für Privatpersonen. Verboten ist die Abwicklung von Geschäftsfällen über so genannte CpD-Konten, wenn der Name des Beteiligten bekannt ist oder unschwer ermittelt werden kann und für ihn bereits ein entsprechendes Konto geführt wird.

4. Das Kreditinstitut hat sich vor Erledigung von Aufträgen, die über ein Konto abgewickelt werden sollen, beziehungsweise vor Überlassung eines Schließfaches Gewissheit über die Person und Anschrift des (der) Verfügungsberechtigten zu verschaffen. Gewissheit über die Person besteht im Allgemeinen nur, wenn der

vollständige Name, das Geburtsdatum und der Wohnsitz bekannt sind. Eine vorübergehende Anschrift (Hoteladresse) reicht nicht aus. Bei einer juristischen Person (Körperschaft des öffentlichen Rechts, AG, GmbH usw.) reicht die Bezugnahme auf eine amtliche Veröffentlichung oder ein amtliches Register unter Angabe der Register-Nummer aus. Wird ein Konto auf den Namen eines verfügungsberechtigten Dritten errichtet, müssen die Angaben über Person und Anschrift sowohl des Kontoinhabers als auch desjenigen, der das Konto errichtet, festgehalten werden. Steht der Verfügungsberechtigte noch nicht fest (zum Beispiel der unbekannte Erbe), reicht es aus, wenn das Kreditinstitut sich zunächst Gewissheit über die Person und Anschrift des das Konto Errichtenden (zum Beispiel des Nachlasspflegers) verschafft; die Legitimation des Kontoinhabers ist so bald wie möglich nachzuholen.

5. Angaben auf dem Kontostammblatt: Diese Angaben sind auf dem Kontostammblatt zu machen. Es ist unzulässig, Name und Anschrift des Verfügungsberechtigten in einer vertraulichen Liste zu führen und das eigentliche Konto nur mit einer Nummer zu kennzeichnen. Die Führung so genannter Nummernkonten bleibt verboten. Bei Auflösung des ersten Kontos müssen die Identifikationsmerkmale auf das zweite beziehungsweise weitere Konto beziehungsweise auf die betreffenden Kontounterlagen übertragen werden.

6. Alpha-Kartei: Das Kreditinstitut ist nach §154 Abs. 2 Satz 2 AO verpflichtet, ein besonderes alphabetisch geführtes Namensverzeichnis der Verfügungsberechtigten zu führen, um jederzeit über die Konten und Schließfächer eines Verfügungsberechtigten Auskunft geben zu können. Eines derartigen Verzeichnisses bedarf es nicht, wenn die Erfüllung der Verpflichtung auf andere Weise sichergestellt werden kann. Die Verpflichtung besteht noch sechs Jahre nach Beendigung der Geschäftsverbindung, bei Bevollmächtigten sechs Jahre nach Erlöschen der Vollmacht.

7. Verfügungsberechtigte: Verfügungsberechtigte im Sinne der vorstehenden Nummern sind sowohl der Gläubiger der Forderung und seine gesetzlichen Vertreter als auch jede Person, die zur Verfügung über das Konto bevollmächtigt ist (Kontovollmacht). Dies gilt entsprechend für die Verwahrung von Wertsachen sowie für die Überlassung von Schließfächern. Personen, die auf Grund eines Gesetzes oder Rechtsgeschäftes zur Verfügung berechtigt sind, ohne dass diese Berechtigung dem Kreditinstitut usw. mitgeteilt worden ist, gelten insoweit nicht als Verfügungsberechtigte.

Auf die Legitimationsprüfung und/oder die Aufnahme in die Alpha-Kartei kann **verzichtet** werden

- bei vor dem 1.1.1992 begründeten Vertretungsverhältnissen,

- wenn die gesetzliche Vertretung von natürlichen oder juristischen Personen durch Vorlage amtlicher Urkunden (zum Beispiel Geburtsurkunden, Registerauszüge, Bestallungsurkunden) nachgewiesen wird,

- wenn bei Unternehmen schon mindestens fünf Personen Vertretungsbefugnis haben, die in einem öffentlichen Register eingetragen sind oder bei denen eine Legitimationsprüfung stattgefunden hat,

- bei Vertretern juristischer Personen des öffentlichen Rechts sowie von Kreditinstituten und Versicherungen,

- wenn Vollmachten auf bestimmte Vorgänge beschränkt sind (Einmalverfügungen, Lastschriftverfahren, Todesfall, Pfandnehmer).

Zusammen mit der Legitimation prüfen die Banken aus steuer- und devisenrechtlichen Gründen auch die **Inländer- beziehungsweise Ausländereigenschaft** der Kontoinhaber. **Gebietsfremde** können nämlich zum Beispiel Sonderregelungen der Deutschen Bundesbank hinsichtlich Kontoführung, Verzinsung und Verwendung von Kontoguthaben unterliegen. **Steuerausländer** sind zum Beispiel vom Zinsabschlag bei Kapitalerträgen befreit.

1.4.2 Geldwäschegesetz (Gesetz über das Aufspüren von Gewinnen aus schweren Straftaten)

Um zu verhindern, dass Gelder aus der organisierten Kriminalität in den legalen Wirtschafts- und Finanzkreislauf eingeschleust werden, müssen Banken und andere Finanzinstitute in Deutschland gemäß der Vorschriften des Geldwäschegesetzes (GwG) bei der Annahme oder Abgabe von Bargeld, Wertpapieren oder Edelmetallen im Betrag von 30.000 DM oder mehr zuvor denjenigen identifizieren, der ihnen gegenüber auftritt (§ 2 (1) GwG). Die Identifizierung ist anhand eines amtlichen Personalausweises oder Reisepasses vorzunehmen. Sie umfasst Namen, Geburtsdatum und Adresse der Person und muss Art, Nummer und Ausstellungsbehörde des Ausweises festhalten(§ 1 (5) GwG).

Die Aufzeichnungen über die genannten Finanztransaktionen sind sechs Jahre lang aufzubewahren (§ 9 GwG). In jeder Bank ist intern die **Bestellung eines Geldwäschebeauftragten** vorgesehen (§ 14 GwG). Besonders belastend und arbeitsaufwendig wirkt nach Ansicht der Banken die Verpflichtung des § 11 GwG zur Anzeige von Verdachtsfällen.

Erleichtert wird die Anwendung des Gesetzes in der Bankpraxis durch **Ausnahmen von der Identifizierungspflicht** für regelmäßig ein- oder auszahlende Inhaber oder Mitarbeiter von Unternehmen und für Nachttresoreinzahlungen (§ 2(4) GwG). Bei letzteren darf der Benutzer nur Geld für eigene Rechnung einzahlen. Die in § 8 GwG vorgeschriebene Feststellung des wirtschaftlich Berechtigten dokumentieren die Banken seit kurzem in ihren Kontoeröffnungsanträgen. Die durch Anzeigen von Banken ausgelöste Strafverfolgung hat unter anderem wegen Schwierigkeiten bei der Beschlagnahme der Gelder bisher nicht zu dem erwarteten Erfolg geführt. Im ersten Jahr der Anwendung des Gesetzes sind bei circa 1.000 Verdachtsanzeigen mit einem Transaktionswert von circa 600 Millionen DM nur circa 2,5 Millionen DM beschlagnahmt worden. Hier ist auf Gesetzesänderungen und klärende Ausführungsbestimmungen zu hoffen.

Die **Haftung der Banken** bei Verstößen gegen die Identifizierungspflicht nach Abgabenordnung und Geldwäschegesetz ist übrigens unterschiedlich geregelt: Nach § 72 der Abgabenordnung haftet eine Bank bei der Verletzung der Pflicht zur Kontenwahrheit nur, wenn dadurch die Verwirklichung von Steueransprüchen gefährdet wird. Nach § 17 GwG gilt dagegen ein Verstoß grundsätzlich als Ordnungswidrigkeit, die mit Geldbußen bis zu 200.000 DM geahndet wird.

1.5 Bankgeheimnis und Bankauskunft

Die **Wahrung des Bankgeheimnisses** war in früheren Zeiten eine so selbstverständliche Verpflichtung für jeden Banker, dass man ihre schriftliche Fixierung als Vertragsbestandteil für überflüssig hielt. Modernere Zeiten verpackten sie als „gegenseitiges Vertrauensverhältnis" in der Präambel der alten AGB. Heute ist diese Verpflichtung als klar definierte Rechtsnorm in der Nr. 2 (1) der AGB Banken zu finden. Außerdem wird dort allgemein auf die Ausnahmen und Möglichkeiten zur Durchbrechung des Bankgeheimnisses hingewiesen.

Ob die eindeutige Fixierung nun die Rechtssicherheit für Kunde und Bank und ihr Vertrauensverhältnis gefördert hat, sei dahingestellt. Vielmehr sind die geschriebenen Normen beim Wort zu nehmen, die Fälle zur Durchbrechung des Bankgeheimnisses in der Praxis aufzuzeigen und gegebenenfalls kritisch zu hinterfragen. Dabei ist zu berücksichtigen, dass die Pflicht zur Verschwiegenheit auf seiten der Bank zugleich auch ihr **Recht auf Auskunftsverweigerung** beinhaltet.

Die Verschwiegenheitspflicht der Bank bezieht sich auf alle Tatsachen und Wertungen, von denen sie im Rahmen der Geschäftsbeziehung Kenntnis erlangt. Sie gilt mithin nicht nur für mehr oder weniger sensible Fakten, wie zum Beispiel Kontostände, Kreditinanspruchnahmen, Namen und Anschriften, sondern auch für Einsichten, Eindrücke und Werturteile, die von der Bank aus eigener oder fremder Analyse der Geschäftsbeziehung gewonnen wurden.

Die Weitergabe von Informationen über Kunden ist nur möglich, wenn

- entweder gesetzliche Bestimmungen dies gebieten
- oder der Kunde eingewilligt hat
- oder die Bank zur Erteilung einer Bankauskunft befugt ist.

Unter die erste Kategorie fallen die Offenbarungspflichten gegenüber staatlichen Stellen.

1.5.1 Offenbarungspflichten gegenüber staatlichen Stellen

In **Strafverfahren** sind Mitarbeiter von Kreditinstituten gegenüber der Staatsanwaltschaft, dem Untersuchungsrichter und dem Gericht, nicht aber der Polizei, als Zeugen zur Auskunft verpflichtet. Das Bankgeheimnis gehört nicht zu den Berufsgeheimnissen nach § 53 Strafprozessordnung (StPO), die ein Aussageverweigerungsrecht begründen.

Im **Zivilprozess** steht Banken dagegen ein Zeugnisverweigerungsrecht nach § 384 Zivilprozessordnung (ZPO) zu. Davon müssen sie wegen des Bankgeheimnisses auch Gebrauch machen, sofern der Kunde die Aussage nicht ausdrücklich genehmigt hat.

In **Steuerverfahren** ist der § 30 a AO maßgebend, der den bis 1990 gültigen Bankenerlass abgelöst hat und den ausdrücklichen Schutz des Bankgeheimnisses vorsieht. Er untersagt den Finanzbehörden die allgemeine Überwachung durch Anforderung von Mitteilungen über Konten bestimmter Art und Höhe und verbietet ihnen anlässlich einer steuerlichen **Außenprüfung** das Abschreiben und Feststellen von Konten, bei denen eine Legitimationsprüfung nach § 154 (2) AO stattgefunden hat.

§ 93 AO sieht eine Auskunftspflicht von Banken im Einzelfall vor, wenn bei bestehendem Anfangsverdacht die Sachverhaltsaufklärung durch den Steuerpflichtigen selbst erfolglos war. Gegenüber der **Steuerfahndung** sind Banken nach § 208 AO sogar direkt auskunftspflichtig. Falls in Steuerstrafverfahren die Finanzbehörde selbst ermittelt, hat sie nach § 399 AO die gleichen Befugnisse wie die Staatsanwaltschaft im Allgemeinen Strafverfahren (siehe oben).

Das Steuerrecht sieht außer den genannten Auskunftspflichten noch zwei ständige **Meldepflichten** vor:

- Nach § 33 Erbschaftsteuergesetz müssen Banken innerhalb eines Monats nach Kenntnisnahme vom Tod eines Kontoinhabers dem Finanzamt die 2.000 DM übersteigenden Werte auf Konten und Depots am Todestag sowie gegebenenfalls die Existenz eines Schließfaches melden.

- § 45 d Einkommensteuergesetz verpflichtet die Banken, dem Bundesamt für Finanzen die für die Prüfung der rechtmäßigen Inanspruchnahme des Sparer-Freibetrags und des Pauschbetrags für Werbungskosten erforderlichen Daten anhand der ihnen vorliegenden Freistellungsaufträge zur Vermeidung des Zinsabschlags auf Kapitalerträge zu melden.

Das **Sozialrecht** sieht zwecks Überprüfung der Hilfsbedürftigkeit von Sozialhilfeempfängern Auskunftspflichten der Banken über Vermögensverhältnisse vor, wenn ein Antragsteller sie ausdrücklich von ihrer Verschwiegenheitspflicht entbindet. Dies ist im Normalfall auch eine der Voraussetzungen dafür, dass überhaupt Sozialhilfe gewährt wird.

Nach **Devisenrecht** schließlich können gemäß § 44 Außenwirtschaftsgesetz (AWG) die Deutsche Bundesbank sowie Wirtschafts- und Finanzbehörden **Einzelauskunftsersuchen** für Devisenprüfungen stellen.

1.5.2 Einwilligung des Kunden – Schufa-Verfahren

Die Einwilligung des Kunden zur Durchbrechung des Bankgeheimnisses spielt vor allem beim **Schufa-Verfahren** eine Rolle. Die unter anderem in Kontoeröffnungsanträgen für Girokonten enthaltene **Schufaklausel** sieht unter bestimmten Voraussetzungen die Meldung von genau definierten Positiv- und Negativdaten an die **Schufa (Schutzgemeinschaft für allgemeine Kreditsicherung)** und die Weitergabe an deren Vertragspartner vor, mit denen der Betroffene in Geschäftsverbindung steht. Positivmerkmale bei Girokonten sind der Kontoantrag, die Kontoeröffnung und die Beendigung der Kontoverbindung. Negativmerkmale betreffen nicht vertragsgemäßes Verhalten und die Einleitung gerichtlicher Maßnahmen, bei Girokonten also zum Beispiel Scheckkartenmissbrauch, Mahnbescheide usw.

Solche Negativmerkmale dürften gemäß **Bundesdatenschutzgesetz** im Prinzip auch **ohne Einwilligung** des Kunden weitergegeben werden, wenn dies zur **Wahrung berechtigter Interessen eines Dritten oder der Allgemeinheit** erforderlich wäre. Die Banken lassen sich zwar auch für die Meldung solcher Daten ausdrücklich vom Bankgeheimnis befreien; dies entbindet sie aber dennoch nicht von der Interessensabwägung der möglichen Folgen für die beteiligten Parteien.

1.5.3 Bankauskunft

Auch das Bankauskunftsverfahren setzt die Einwilligung des Kunden voraus. Während jedoch im Schufa-Verfahren nur bestimmte formalisierte Tatsachen positiver oder negativer Art ausgetauscht werden, kommt die Bankauskunft, wenn sie einen Sinn haben soll, ohne Werturteile nicht aus.

In Nr. 2, Abs. 2 bis 4 der AGB der Banken (vgl. Abbildung 2-3, Seite 87) werden die Einzelheiten des Bankauskunftsverfahrens im Verhältnis zum Kunden geregelt. Bankauskünfte dürfen danach nur anderen Kreditinstituten oder den eigenen Kunden erteilt werden. Inhaltlich müssen sie sich auf allgemeine Feststellungen und Bemerkungen über die wirtschaftlichen Verhältnisse des Kunden beschränken. Zulässig sind sie nur, wenn bei **Firmenkunden** (juristische Personen und im Handelsregister eingetragene Kaufleute) keine anders lautenden Weisungen vorliegen und **Privatkunden** generell oder im Einzelfall ausdrücklich zugestimmt haben.

Die zwischen den Banken vereinbarten Grundsätze für das Bankauskunftsverfahren versuchen die Verschwiegenheitspflicht gegenüber den Kunden und den Wunsch der Auskunftssuchenden, ihre Geschäftsrisiken zu begrenzen, auf einen praktikablen gemeinsamen Nenner zu bringen. Aus Beweisgründen sollen sowohl die Auskunftsanfragen als auch die Auskünfte schriftlich abgefasst sein. Die Anfragen müssen das berechtigte Interesse an der Bankauskunft deutlich machen, und die Auskünfte sollen nur auf Grund von Erkenntnissen erteilt werden, die der auskunftgebenden Stelle ohne weitere Recherchen vorliegen. Die Ablehnung eines Auskunftsersuchens wegen fehlender Zustimmung des Kunden ist so zu formulieren, dass sie nicht als negative Auskunft missverstanden werden kann. Hat die Bank keinen Einblick in die wirtschaftlichen Verhältnisse des Kunden, so muss sie dies in ihrer Antwort deutlich zum Ausdruck bringen.

Dem Kunden ist im Beratungsgespräch zu vermitteln, dass Bankauskünfte, obwohl sie eigentlich im Widerspruch zum Bankgeheimnis stehen, durchaus in seinem eigenen Interesse liegen. Bei Privatkunden mag dies im Einzelfall schwierig sein. Für Geschäftskunden ist dies, soweit ihre schutzwürdigen Belange (vgl. Nr. 2 (3) AGB der Banken, letzter Satz) beachtet werden, meistens selbstverständlich.

1.6 Perspektiven der Kontoführung beim Directbanking

Mit der zunehmenden Verbreitung des Directbanking per Post, Telefon oder Internet verliert der für das Bankgeschäft seit Jahrhunderten konstitutive direkte Kundenkontakt an Bedeutung. Auf diese Umwälzung haben bisher weder Banken noch Gesetzgeber in ausreichendem Maße reagiert.

Momentan bemühen sich die Banken vor allem um die technische Erschließung des Mediums Internet. Mit der Einführung des HBCI-Sicherheitsstandards und attraktiven Konditionen hoffen sie, die Bereitschaft der Kunden zum Homebanking mit dem PC zu erhöhen.

Eine kürzlich von der Arbeitsgemeinschaft der Verbraucherverbände e. V. (AgV) veröffentlichte Studie zum Thema „Banken und Internet – Das Online-Angebot von

Banken aus der Perspektive des Verbraucherschutzes" (Hamburg 1999) bemängelt an der gegenwärtigen Praxis des Internet-Banking unter anderem,

- dass der Vertragsabschluss bei fast allen Banken kompliziert, langwierig, für den Kunden intransparent und mit langen Wartezeiten verbunden ist,
- dass sich alle untersuchten Institute noch an die gesetzlichen Erfordernisse der Schriftform halten und eine Unterschrift zum Vertragsabschluss verlangen,
- dass die Beratung über Telefon- oder E-Mail-Hotlines wegen der mangelnden Qualifikation der Call-Center-Mitarbeiter den Bankschalter nicht vollwertig ersetzen kann.

An gesetzlichen Regelungen für den Fernabsatz im Internet wird auf europäischer Ebene gearbeitet (Vorschlag der Europäischen Komission vom 14.10.1998 für eine EU-Fernabsatz-Richtlinie für Finanzdienstleistungen). Es ist zu hoffen, dass diese Regelungen die Entwicklung eines modernen und verbraucherfreundlichen Bankgeschäfts nicht zu sehr behindern.

RESÜMEE

Die Aufgaben der Kontoführung sollten keinesfalls als notwendiges Übel oder „Papierkram" betrachtet werden. Sie stehen im Spannungsfeld von Vertrauens-, Kontroll- und Beratungspflichten und stellen hohe Anforderungen an die Bankmitarbeiter.

Die durch Steuer- und Strafverfolgungsbehörden sowie Verbraucher- und Datenschützer angeregten Änderungen der rechtlichen Rahmenbedingungen verlangen einerseits immer weitreichendere Kontrollen und Meldungen (Beispiel: Geldwäschegesetz) und müssen andererseits dem kritischen Kunden verständlich gemacht werden.

Wie sich diese Entwicklungen auf das Vertrauensverhältnis zwischen Kunde und Bank auswirken, bleibt abzuwarten.

Wenn die Banken glaubhaft zeigen können, dass Kontoführung weniger „Vorspiel" für das eigentliche Geschäft als vielmehr „vertrauensbildende Maßnahme" ist, werden sie bei ihren Kunden auch Verständnis finden.

KONTROLLFRAGEN

Hinweis: Aufgaben 1 bis 4 sind mit Hilfe der abgebildeten AGB zu bearbeiten.

1. In welchen Zeitabständen erteilt die Bank gemäß Kontokorrentabrede **Rechnungsabschlüsse**, und was muss ein Kunde unternehmen, wenn er den Abschluss für unrichtig oder unvollständig hält?

2. Wie unterscheiden sich **Storno- und Berichtigungsbuchungen** bei Kontokorrentkonten, und warum beziehen sie sich nur auf einen Rückzahlungsanspruch bei fehlerhaften Gutschriften der Bank?

3. Welche Unterschiede bestehen laut AGB zwischen den **Kündigungsrechten** des Kunden und der Bank?

4. a) Wie unterscheiden sich die **Mitwirkungspflichten** des Kunden nach Nr. 7 (2) und Nr. 11 (4) der AGB?

   b) Wie ist in den AGB die **Haftung** des Kunden geregelt, wenn er seinen Mitwirkungspflichten nicht nachkommt?

Hinweis: Aufgaben 5 bis 7 sind mit Hilfe der angegebenen Rechtsquellen zu bearbeiten.

5. Welchem Zweck dient die **Legitimationsprüfung** nach §154 AO, und was geschieht, wenn die Bank ihre Prüfungspflichten verletzt?

6. Wer ist **Verfügungsberechtigter** im Sinne des §154 AO?

7. Welche **Daten** von Verfügungsberechtigten sind wann von der Bank festzuhalten, und wie ist **Auskunft** über diese Daten zu erteilen?

8. Unter welchen Voraussetzungen kann ein **Minderjähriger**
   – ein Konto eröffnen,
   – Kontoinhaber sein,
   – als Kontoinhaber über sein Konto verfügen?

9. Verschaffen Sie sich einen Überblick über die **Durchbrechung des Bankgeheimnisses in Steuerverfahren**.

   Wie beurteilen Sie in diesem Zusammenhang den §30 a der Abgabenordnung, der bei seiner Einführung 1990 als **gesetzliche Absicherung des Bankgeheimnisses** begrüßt wurde?

10. Ein neuer Kunde, dem nach eigener Auskunft die Kontoverbindung mit seiner bisherigen Bank gekündigt wurde, möchte bei Ihrer Bank ein auf **Guthabenbasis geführtes Girokonto** eröffnen.

    Beraten Sie den Kunden über die Möglichkeiten Ihrer Bank, diesem Wunsch nachzukommen, und die Konsequenzen, die sich dadurch für sein Verhalten ergeben.

LITERATUR ZUM WEITERLESEN

- Hervorragend geeignet für alle rechtlichen Fragen, aber leider sehr teuer für den privaten Gebrauch ist das Buch von:

  Canaris, Claus-Wilhelm, **Bankvertragsrecht**, 3. Auflage, Berlin – New York 1988.

- Nicht nur zum Thema Directbanking, sondern zur Entwicklung des Bankwesens im Zeitalter des Internet allgemein empfehlenswert ist das Fischer Taschenbuch Nr. 14190:

  Hafner, Bernhard, **Abschied vom Portemonnaie – Banken im Umbruch**, Frankfurt am Main 1999.

- Wer mehr zu den AGBs lesen will, sollte zu

  Goßmann/Wagner/Wieduwilt u. a., **Allgemeine Geschäftsbedingungen der Banken**, Köln 1993, Sonderdruck aus „Bankrecht und Bankpraxis",

  greifen.

2. Bankdienstleistungen rund um den Zahlungsverkehr

Wie das Geld wandert

„Banknoten treffen immer den richtigen Ton." (Karl Garbe)

In der Vorstandssitzung einer Bank kommt nach einem Controllingbericht über die Kosten- und Ertragsentwicklung in der Sparte „Zahlungsverkehr" die kritische Frage auf: Warum bietet man angesichts hoher Kosten und geringer Erträge überhaupt Zahlungsverkehrsdienstleistungen an? Sollte die Bank nicht – um Kosten zu senken – ganz auf die Durchführung des Zahlungsverkehrs verzichten?

LEITFRAGEN

1. Welche geschäftspolitische Bedeutung hat der Zahlungsverkehr für eine Bank?
2. Welche Instrumente sind notwendig und sinnvoll, damit die Kunden ihre Girokonten optimal zur Abwicklung ihrer Zahlungen nutzen können?
3. Welche Möglichkeiten bietet das elektronische Zeitalter, um den Zahlungsverkehr im Interesse der Bank und des Kunden zu beschleunigen und zu rationalisieren?

2.1 Allgemeine Grundlagen

2.1.1 Was gehört zum Zahlungsverkehr der Banken?

Gesamtwirtschaftlich betrachtet verlaufen die Zahlungsströme in einer Volkswirtschaft parallel zu den Güter- und Dienstleistungsströmen, aber in umgekehrter Richtung. Organisation und Abwicklung des gesamten Zahlungsverkehrs sind gesamtwirtschaftliche Aufgaben, für die etwa ein Prozent des Bruttosozialprodukts in Deutschland verwendet wird.

> **DEFINITION**
>
> Der **Zahlungsverkehr einer Volkswirtschaft** umfasst alle Bewegungen von Zahlungsmitteln (Bargeld, Buchgeld, elektronisches Geld, Geldersatzmittel) zwischen Zahlungsleistendem und Zahlungsempfänger.

Eine Zahlung hat in den überwiegenden Fällen den Zweck, eine private oder öffentliche Geldschuld zu begleichen. Daneben gibt es auch andere Zahlungsgründe wie zum Beispiel freiwillige Zahlungen, eigene Kontoüberträge etc. Die Abwicklung des Zahlungsverkehrs ist ein typisches Bankgeschäft und wird von den Banken als Dienstleistung angeboten. Als Zahlungsverkehrsmittler erleichtern und beschleunigen sie die Abwicklung von Zahlungen zwischen den Teilnehmern am Wirtschaftskreislauf.

> **DEFINITION**
>
> Der **Zahlungsverkehr der Banken** umfasst die Gesamtheit aller baren, halbbaren und bargeldlosen Zahlungsvorgänge, welche die Banken für sich beziehungsweise für ihre Kunden ausführen.

2.1.2 Was ist Geld?

Geld ist Voraussetzung für bankgeschäftliche Aktivitäten und Zahlungen. Die Banken sind durch den Prozess der Buchgeldschöpfung **Factories of Money**. Mit der Weiterentwicklung des Geldwesens vom Warengeld des Mittelalters bis zum heutigen Plastik- und Computergeld hat sich zugleich auch das Bankwesen in seiner Bedeutung entwickelt.

Geld ist ein universelles Gut. Es ist Träger einer nominalen Wertgröße und verkörpert abstrakte Verfügungsmacht, die es ermöglicht, alle am Markt angebotenen Güter und Dienstleistungen zu beanspruchen. Die Abstraktheit des Geldes führt zum Problem seiner Wertbeständigkeit. Als Antwort hierauf werden heute die Nominalistische Theorie und die Funktionstheorie akzeptiert. Beide Theorien widersprechen sich nicht, sondern ergänzen sich.

- Die **Nominalistische Theorie** erklärt das Wesen des Geldes aus seinem Nennwert. Der Ausdruck Nominalistische Theorie wurde von G. F. Knapp (1842–1926) geprägt: Das Geld sei ein Symbol, eine Wertmarke und habe den Charakter einer Anweisung auf das Sozialprodukt. Knapp führt in seiner „Staatlichen Theorie des Geldes" (1905) aus: Geld ist ein Geschöpf der Rechtsordnung und erhält seine Geltung durch staatliche Proklamationen (also eigentlich: „Theorie des staatlichen Geldes").

- Die **Funktionstheorie** leugnet zwar nicht, dass Geld einen eigenen Wert hat. Aber dieser eigene Wert sei kein Gebrauchswert, sondern reiner Funktionalwert, der bestimmt wird durch die Funktionen des Geldes als Tauschmittel, Wertaufbewahrungsmittel, Wertmesser (Recheneinheit) und Wertübertragungsmittel. Demnach ist Geld alles, was Geldfunktionen auszuüben vermag und insbesondere als Kaufkraft im Wirtschaftskreislauf Umlaufdienste versieht („Geld ist, was als Geld gilt"). So kann beispielsweise auch ein Gut wie die Zigarette bei stark entwerteten staatlichen Zahlungsmitteln zeitweilig zu Geld werden (Zigarettenwährung in der Nachkriegszeit).

In Anlehnung an die aufgeführten Theorien kann das Geld wie folgt definiert werden:

> **DEFINITION**
>
> Die **Nominalistische Theorie** versteht unter Geld die gesetzlichen Zahlungsmittel, das heißt Banknoten und Münzen (= Geld im engeren Sinne). Sie müssen vom Gläubiger einer Geldschuld angenommen werden. Gesetzliche Zahlungsmittel sind somit Zwangsgeld (juristischer Geldbegriff).

> **DEFINITION**
>
> Die **Funktionstheorie** bezeichnet als Geld alle Gegenstände, die im Verkehr als allgemeiner Wertmaßstab betrachtet werden und die als Zahlungsmittel allgemein anerkannt sind (= Geld im weiteren Sinne). Darunter fallen nicht nur gesetzliche Zahlungsmittel, Buchgeld und elektronisches Geld, sondern zum Beispiel auch ausländische Geldzeichen und außer Kurs gesetzte Goldmünzen, soweit sie vom Verkehr als allgemeiner Wertmaßstab anerkannt werden. Bei geordneten Währungsverhältnissen gelten Banknoten und Münzen sowie das Buchgeld und das elektronische Geld der Banken als allgemein anerkannte Zahlungsmittel (funktioneller Geldbegriff).

2.1.3 Zahlungsmittel: Bargeld, Buchgeld, Geldersatzmittel

Bargeld (Banknoten und Münzen) dient hauptsächlich dazu, Zahlungen im kleineren Rahmen in „bar" auszuführen (zum Beispiel Einzelhandel). Die Zahlung erfolgt durch formlose **Einigung und Übergabe des Geldes (§ 929 BGB).** Das Bargeld ist wegen dieses Prinzips der tatsächlichen Übertragung – der Empfänger erlangt Eigentum und unmittelbaren Besitz – nicht nur eine Geldform, sondern zugleich auch Instrument des Zahlungsverkehrs.

Buchgeld (Giralgeld) sind jederzeit fälligen Guthaben bei Banken (Sichteinlagen). Zum Buchgeld zählen auch die eingeräumten und nicht ausgenutzten Kreditlinien auf den dem Zahlungsverkehr dienenden Konten. Rechtlich stellt Buchgeld als Sichteinlage und auch als nicht ausgenutzte Kreditlinie eine Forderung gegen eine Bank dar, über die nach Abtretungsgrundsätzen verfügt werden müsste (§§ 398 ff. BGB). **Spareinlagen** haben keine Buchgeldeigenschaft, da sie der Geldanlage dienen. Auch **Termingelder (Fest- und Kündigungsgeld)** gelten nicht als Buchgeld, weil über Termingeld grundsätzlich nicht verfügt werden kann. Spareinlagen und Termingelder können jedoch als potenzielles Buchgeld bezeichnet werden, da sie mit ihrer Fälligkeit zu Buchgeld werden können **(geldnahe Forderungen).**

Buchgeld entbehrt jeder physischen Substanz. Zu seiner Sichtbarmachung bedarf es daher der Konten. Auch für die Mobilisierung von Buchgeld ist das Vorhandensein von Konten notwendig. Die wichtigsten Verfügungsmittel über Buchgeld sind Überweisung, Scheck und Lastschrift. **Mit der Einrichtung des unbaren Zahlungsverkehrs sind Verfügungen über Buchgeld und damit dessen wirtschaftliche Nutzung erst ermöglicht worden.**

Die Entstehung von Buchgeld kann in Kapitel I,1.3 Geldschöpfung im Bankensektor nachgelesen werden.

So genannte **Geldsurrogate dienen als Geldersatzmittel**. Im engeren Sinne gehören dazu vor allem der Wechsel sowie die kaufmännische Anweisung, im weiteren Sinne auch Wertmarken, Gutscheine, Schuldscheine und Kreditbriefe. Sie können nur dann als Geldsurrogate bezeichnet werden, wenn sie als selbstständige Zahlungsmittel umlaufen und damit Bar- oder Buchgeld ersetzen. Schecks werden ausschließlich benutzt, um über Buchgeld zu verfügen. Auch wenn sie während ihrer Laufzeit über mehrere Personen gehen können, so sind sie dennoch kein Geldersatz, weil Buchgelddeckung vorhanden sein muss. Der Wechsel dagegen ersetzt durch seine Weitergabe vorübergehend (bis zur Fälligkeit) einen Geldbetrag.

	Rechtsnatur		Übertragung
Bargeld	Geldzeichen öffentlich-rechtlichen Charakters (Nominalistische Theorie)	**Bargeld**	Eigentumsverschaffung durch Einigung und Übergabe (§§ 929 ff. BGB)
Buchgeld	Forderung gegen Kreditinstitut mit dem Anspruch auf jederzeitige Umwandlung in Bargeld (Voraussetzung: Konto)	**Buchgeld**	Verfügung durch Überweisung, Scheck und Lastschrift, da Forderungsabtretung für Zahlungsverkehr ungeeignet

Abbildung 2-8: Unterschiede Bargeld und Buchgeld

2.1.4 Zahlungsformen: bare, halbbare und bargeldlose Zahlung

Der **Barverkehr** ist die historisch älteste Form des Zahlungsverkehrs. Sein absoluter Umfang steigt immer noch, sein Anteil am gesamten Zahlungsverkehr nimmt allerdings ab und wird auch in Zukunft vor allem durch unbare Verfügungen weiter eingeschränkt werden. **Dies hat nicht zuletzt seinen Grund im Bearbeitungsaufwand sowie in den relativ hohen Risiken (Diebstahl, Unterschlagung, Fälschung).** Zum anderen ist Aufbewahrung und Transport von Bargeld mit relativ hohen Kosten verbunden. Letztlich trägt Bargeld keine Zinsen, während Buchgeld teilweise verzinst wird.

Der **halbbare Zahlungsverkehr** ist dadurch gekennzeichnet, dass entweder der Zahlungspflichtige oder der Zahlungsempfänger ein Konto unterhält und auf dieses Konto bar eingezahlt oder aus diesem Konto bar ausgezahlt wird (**jeweils Umwandlung von Bargeld in Buchgeld oder umgekehrt**). Der Zahlungsvorgang setzt sich somit aus einem baren Teil (Zahlung) und einem unbaren Teil (Überweisung, Buchung) zusammen. Typische Fälle sind Bareinzahlungen zugunsten Dritter und Barabhebungen mittels Scheck durch Dritte. Bei den Bareinzahlungen kommen vor allem Spendenempfänger, Versicherungen und Versandhäuser in Betracht, die ihren Kunden **neutrale Überweisungs-Zahlscheinvordrucke** mit den notwendigen Empfängerangaben zur Verfügung stellen. Diese Vordrucke können sowohl als Zahlscheine für Bareinzahlungen als auch als Überweisungsauftrag benutzt werden. Auf die Abwicklung halbbarer Zahlungen hat sich insbesondere die Postbank eingestellt. Sie hat insbesondere die **Zahlungsanweisung zur Verrechnung** entwickelt, die sich für Zahlungen eignet, bei denen das Konto des Empfängers unbekannt ist. Sie können bei der Bank des Empfängers zum Inkasso eingereicht oder bei jedem Postamt bar eingelöst werden. **Wegen der Mischung von Bar- und Buchgeldbewegung wird gelegentlich vom „gemischten Zahlungsverkehr" gesprochen.**

Bei **bargeldlosen Zahlungen** wird Buchgeld von einem Konto auf ein anderes Konto übertragen. Die rechtliche und wirtschaftliche Natur der hierbei verwendeten Instrumente ist sehr unterschiedlich. Dennoch lassen sich zwei große Gruppen unterscheiden **(Dualismus im Zahlungsverkehr):**

- **Zahlungsaufträge** (Überweisungen),
- **Einzugsaufträge** (Inkasso von Einzugspapieren: Schecks, Lastschriften, Wechsel, Zins- und Dividendenscheine u. Ä.).

Ausgelöst wird der Zahlungsvorgang bei Überweisungen vom Zahlungspflichtigen, bei Einzugspapieren vom Zahlungsempfänger. Aus der Sicht der Bank wird bei Überweisungsaufträgen Liquidität zum Empfänger **transportiert**, während bei zur Gutschrift eingereichten Einzugspapieren die Liquidität vom Zahlungspflichtigen **geholt** werden muss.

2.1.5 Elektronisches Geld (E-Geld) als neues Zahlungsinstrument

Die Europäische Zentralbank (EZB) definiert in einem Bericht elektronisches Geld (E-Geld) als eine auf einem Medium elektronisch gespeicherte Werteinheit, die allgemein genutzt werden kann, um Zahlungen an Unternehmen zu leisten, die nicht die Emittenten sind; dabei erfolgt die Transaktion nicht notwendigerweise über Bankkonten, sondern die Werteinheiten auf dem Speichermedium fungieren als vorausbezahltes Inhaberinstrument. Demnach liegt E-Geld nicht vor, wenn Herausgeber und Akzeptant der Werteinheiten identisch sind und die Werteinheiten eine Vorauszahlung für bestimmte Waren und Dienstleistungen darstellen (einfunktionale Systeme). Dies ist zum Beispiel bei vorausbezahlten Telefonkarten der Fall (zum Beispiel Pay-Card der Telekom). Weiterhin ist E-Geld von Zugangsprodukten zu unterscheiden, die auf elektronischem Wege den Zugang zu herkömmlichen Zahlungsmitteln wie etwa Buchgeld ermöglichen (zum Beispiel ec-Karten mit Debitkartenfunktion).

Die EZB unterscheidet **zwei Formen von E-Geld**:

- **Werteinheiten auf vorausbezahlten Karten (kartengestützte Produkte)**, auf denen reale Kaufkraft gespeichert ist, für die der Kunde vorab bezahlt hat,
- **softwaregestützte Produkte**, die der Übertragung elektronisch gespeicherter Werteinheiten über Telekommunikationsnetze (zum Beispiel Internet) dienen.

E-Geld auf Karten ist zunächst einmal für den Einsatz im herkömmlichen (stationären) Handel konzipiert. Damit sind all diejenigen Handelsorte gemeint, die nicht Teil des elektronischen Handels im Internet sind. Dies gilt beispielsweise für den traditionellen Einzelhandel, aber auch für Verkaufsautomaten. In Deutschland gibt es für diesen Handelsbereich mittlerweile ein allgemein eingeführtes, einheitliches System für die Zahlung mit **vorausbezahlter GeldKarte** (vgl. 2.5.2.4).

Prinzipiell können auch im Internet kartengestützte Produkte mit Hilfe von Kartenlesegeräten, die mit dem PC eines Zahlungserbringers verbunden sind, zu Zahlungszwecken eingesetzt werden. Dem elektronischen Handel stehen somit, technisch gesehen, beide Produktformen des E-Geldes zur Verfügung: E-Geld im Internet (auch als Netzgeld bezeichnet) kann insoweit kartengestütztes und/oder softwaregestütztes E-Geld umfassen.

Der Katalog der genehmigungspflichtigen Bankgeschäfte im § 1 Abs. 1 KWG umfasst das Geldkartengeschäft (Nr. 11) und das Netzgeldgeschäft (Nr. 12). Daher kann die Emission von E-Geld in Deutschland ausschließlich durch Banken erfolgen.

2.1.6 Bankenübergreifende Gremien des Zahlungsverkehrs

Der große Arbeitsanfall im unbaren Zahlungsverkehr kann rationell nur bewältigt werden, wenn er nach bestimmten Regeln abläuft, die einheitlich für alle Banken gelten (zum Beispiel einheitliche Gestaltung der Vordrucke). Das Kreditgewerbe koordiniert deshalb zum Beispiel im Rahmen des Betriebswirtschaftlichen Arbeitskreises des Zentralen Kreditausschusses (ZKA) die organisatorisch-technische Gestaltung der zwischenbetrieblichen Zahlungsverkehrsverfahren im Interesse eines wirtschaftlichen, schnellen und sicheren Zahlungsverkehrs. Basis dieser traditionellen Kooperation ist die Einsicht, dass es letztlich keinem der am Zahlungsverkehr beteiligten Banken dient, wenn der Wettbewerb mit den Dienstleistungen selbst statt mit ihren Konditionen betrieben wird. Im Ergebnis dieser Koordinierungstätigkeit wurden die organisatorischen und rechtlichen Grundlagen des unbaren Zahlungsverkehrs in einer Vielzahl von Abkommen und Richtlinien standardisiert, die zwischen den Spitzenverbänden des Kreditgewerbes namens der angeschlossenen Banken vereinbart wurden und für alle verbandsgebundenen Banken gelten. So sind insbesondere die Ergebnisse der Automationsbemühungen – zum Beispiel Geldausgabeautomat, POS-Kassen – in Abkommen niedergelegt. Der moderne Zahlungsverkehr lässt sich nur durch gemeinsame Anstrengungen des gesamten Kreditgewerbes weiterentwickeln. Die Bundesbank beteiligt sich – ohne selbst Mitglied im ZKA zu sein – an diesen Absprachen und ist in den Arbeitskreisen zum Teil auch federführend.

2.1.7 Rechtliche Grundlagen des Zahlungsverkehrs

Das **Kreditwesengesetz** (KWG) nennt die bankenaufsichtlichen Befugnisse des Staates. Die Abwicklung des unbaren Zahlungsverkehrs gehört zu den typischen Bankgeschäften. Nach § 1 Abs. 1 KWG sind Bankgeschäfte unter anderem „die Annahme fremder Gelder als Einlagen" (Nr. 1) und „die Durchführung des bargeldlosen Zahlungsverkehrs und des Abrechnungsverkehrs (Girogeschäft)" (Nr. 9). Zur Abwicklung dieser Geschäfte ist eine Erlaubnis des Bundesaufsichtsamtes für das Kreditwesen erforderlich. Kraft Gesetzes ist die Bundesbank zur Zahlungsverkehrsabwicklung befugt. **Ausdrücklich verboten ist den Banken die Führung von Girokonten, über die der Kunde nur unbar verfügen kann,** da ein Ausschluss oder eine Erschwerung der Barabhebung früher zu Missbräuchen geführt hatte und heute das Kreditschöpfungspotential der Banken vergrößern und damit die Geld- und Kreditpolitik der Europäischen Zentralbank (EZB) erschweren würde (vgl. § 3 Nr. 3 KWG). Ebenfalls öffentlich-rechtlich sind die **Vorschriften der Abgabenordnung über Kontoeröffnung und Kontoführung (§ 154 AO).**

Für den Zahlungsverkehr bestehen – mit Ausnahme für Überweisungen – keine speziellen Gesetzesregelungen. Es gelten die allgemeinen Vorschriften des **BGB** (insbesondere über Auftrag und Geschäftsbesorgung in §§ 662 ff. BGB) und des **HGB** (insbesondere über das Kontokorrent in §§ 355 – 357 HGB). Spezialregelungen enthalten die Allgemeine Geschäftsbedingungen (AGB) der Banken sowie die Abkommen und Richtlinien für den Zahlungsverkehr.

> **Im Verhältnis der Banken zu ihren Kunden** gelten die AGB der Geschäftsbanken und der Bundesbank, ferner die Sonderbedingungen und Merkblätter sowie die standardisierten Vordrucke.
>
> **Im Verhältnis der Kreditinstitute untereinander** gelten für die Abwicklung des Zahlungsverkehrs die Abkommen und Vereinbarungen, die von den Spitzenverbänden des Kreditgewerbes abgeschlossen worden sind.

2.1.8 Geschäftspolitische Bedeutung des Zahlungsverkehrs

Die Banken bieten sichere, schnelle, rationelle und kostensparende Zahlungsmöglichkeiten. Der Anteil der bargeldlosen Zahlungen nimmt gegenüber den Barzahlungen immer mehr zu. Die Bankkunden von heute nehmen in sehr viel stärkerem Maße als früher die Dienstleistungen im unbaren Zahlungsverkehr in Anspruch. Darauf hat sich die Geschäftspolitik der Banken eingerichtet. Die Banken haben erkannt, dass ihre Leistungs- und Wettbewerbsfähigkeit auch von ihrem Engagement im Zahlungsverkehr abhängt.

1. Kontoinhaber, die sich nicht verschulden wollen, halten einen Teil ihrer Sichtguthaben für unvorhergesehene Zahlungen in Reserve. Diese **Liquiditätsreserven** werden auch als **Bodensatz** bezeichnet, der den Banken erfahrungsgemäß längerfristig zu Verfügung steht.

2. Der Umfang barer beziehungsweise unbarer Zahlungen ist maßgebend für den **Geld- und Kreditschöpfungsprozess im Bankensystem.** Die Banken haben mit der Einrichtung des unbaren Zahlungsverkehrs die Verfügungsmöglichkeit über

Buchgeld eröffnet. Mit der Entwicklung von Verfügungsmitteln über Buchgeld (Scheck, Lastschrift, Überweisung) haben die Banken gleichzeitig die Voraussetzungen für den Prozess der multiplen Kredit- und Buchgeldschöpfung innerhalb des Geschäftsbankensystems geschaffen. Die Möglichkeiten der Kredit- und Buchgeldexpansion können erweitert werden, wenn es durch geschäftspolitische Maßnahmen gelingt, dass die Bankkunden zur Abwicklung ihrer Zahlungen weniger Bargeld verwenden und dafür verstärkt bargeldlos verfügen.

Die Abhängigkeit der Geld- und Kreditexpansion vom Umfang des bargeldlosen Zahlungsverkehrs zeigt folgendes Beispiel:

Die Grenzen der Kreditexpansionsmöglichkeiten einer Bank (= ΔK_r = Zuwachs an Krediten) lässt sich mathematisch darstellen (= Giralgeldschöpfungsmultiplikator, vgl. Kapitel I,1.3):

$$\Delta K_r = \Delta Z \frac{1}{r + c(1-r)}$$

Giralgeldschöpfungsmultiplikator

Dabei ist ΔZ = Zuwachs an Überschussreserve zum Beispiel durch Bareinzahlung (frei verfügbares Zentralbankgeld)
r = Mindestreservesatz (bei 10 Prozent ist $r = 0,1$)
c = Bargeldabhebungsquote (jener Teil der Sichteinlagen, der vom Konto bar abgehoben wird, bei 50 Prozent ist $c = 0,5$).

BEISPIEL

ΔZ = Bareinzahlung von 100 €, r = 10 Prozent, c = 50 Prozent.

Die Grenze der Kreditexpansion ist bei einer Überschussreserve von 100 € somit

$$\Delta K_r = 100 \frac{1}{0,1 + 0,5 \cdot (1 - 0,1)} = 181,82\ €$$

Gelingt es in dem angeführten Beispiel, die Bargeldabhebungsquote auf 20 Prozent ($c = 0,2$) zu verringern, dann errechnet sich die Grenze der Kreditexpansion wie folgt:

$$\Delta K_r = 100 \frac{1}{0,1 + 0,2 \cdot (1 - 0,1)} = 357,14\ €$$

Dieses Beispiel zeigt eindrucksvoll, dass sich durch Förderung unbarer Zahlungen und der damit verbundenen Reduzierung der Barabhebungen von 50 auf 20 Prozent die Möglichkeit der Kreditexpansion wesentlich erhöht.

3. Im **Wettbewerb der Banken** spielen die Produkte des Zahlungsverkehrs eine nicht zu unterschätzende Rolle. Insbesondere jene Unternehmen, die nicht auf Kredite angewiesen sind, können nur mit ausgeprägt kundenorientierten Dienstleistungsprodukten – zum Beispiel auf dem Gebiet der Zahlungsverkehrsabwicklung – als Kunden gewonnen werden.

4. Der unbare Zahlungsverkehr setzt die Eröffnung eines Girokontos voraus. Das Girokonto bildet für die Banken auf der einen Seite die notwendige Voraussetzung zur **Gewinnung von Einlagen** und andererseits die **Basis für die Kreditvergabe**. Zudem werden Debitoren ihre Zahlungen hauptsächlich über die krediteinräumende Bank abwickeln. Es besteht also zwischen unbarem Zahlungsverkehr und kurzfristigem Kreditgeschäft ein enger Zusammenhang, der auch unter Ertragskriterien als Verbund gesehen werden muss.

5. Eine Vernachlässigung des Zahlungsverkehrs bei den Banken würde zu einer stärkeren **Verlagerung in den Nichtbankensektor** führen (zum Beispiel verstärkte Ausgabe von Kreditkarten und Ähnlichem von Warenhauskonzernen und anderen Unternehmen). Dies würde die Kredit- und Geldschöpfungsmöglichkeiten im Bankensektor und mögliche Ertragsfelder verringern.

6. Der Zahlungsverkehr ist grundsätzlich eine **Ertragsquelle**; erstens über Gebühren und zweitens über Zinserträge aufgrund unterschiedlicher Wertstellungen bei Gutschriften und Belastungen.

7. Der unbare Zahlungsverkehr ist eine wichtige **Informationsquelle** für die Banken. Aus den Kontobewegungen kann der Kundenberater Rückschlüsse auf die Liquiditätslage, Zahlungsmoral und sonstige Umstände seines Kunden ziehen, die für den Verkauf weiterer Bankdienstleistungen von Bedeutung sein können **(Cross-Selling)**.

2.2 Barer Zahlungsverkehr

2.2.1 Rechtliche Grundlagen

Die **Währungshoheit**, das heißt die Regelung aller das Geldwesen betreffenden Angelegenheiten, steht nach dem Grundgesetz dem Bund zu (Art. 73 Nr. 4 GG). Dazu zählen

- die **Geld- und Währungspolitik** (Sicherung der Wertbeständigkeit des Geldes),
- die **Münz- und Notenhoheit** (Regelungen über die Ausgabe, Gestaltung und Stückelungen etc. von Münzen und Noten).

Soweit es die Banknoten betrifft, ist die **Notenhoheit** auf die Bundesbank mit Gesetz vom 26.7.1957 (BBankG) übertragen worden. Die **Münzhoheit** des Bundes ist im Gesetz über die Ausprägung von Scheidemünzen vom 8.7.1950 geregelt (Münzgesetz).

In der Übergangszeit bis zur Einführung der Euronoten und -münzen am 1. Januar 2002 bleiben die nationalen Noten und Münzen das alleinige gesetzliche Zahlungsmittel im jeweiligen Ausgabeland. Die Ausgabe ist vom EZB-Rat gemäß Art. 105 a EG-Vertrag genehmigt worden. Die währungspolitischen Befugnisse der Bundesbank sind am 1. Januar 1999 mit Einführung des Euro auf die EZB übergegangen.

DEFINITION

Das Wesen der **gesetzlichen Zahlungsmittel** wird bestimmt durch zwei Komponenten:

- Noten und Münzen unterliegen einem gesetzlichen Annahmezwang.
- Noten und Münzen haben einen gesetzlichen Zwangskurs.

Banknoten und Münzen sind gesetzliche Zahlungsmittel. Unter gesetzlichen Zahlungsmitteln versteht man staatliche Geldzeichen öffentlich-rechtlichen Charakters, mit denen private und öffentliche Geldschulden erfüllt werden können und zu deren Annahme der Gläubiger verpflichtet ist **(gesetzlicher Annahmezwang).**

Das zweite Merkmal der gesetzlichen Zahlungsmittel ist der **gesetzliche Zwangskurs,** das heißt, seine Zahlkraft besteht in Höhe des aufgedruckten beziehungsweise geprägten Nennwertes. Demnach hängt die Zahlkraft zur Tilgung von Verbindlichkeiten nicht vom jeweiligen „inneren Wert" der D-Mark ab, das heißt, die Zahlkraft schwankt nicht mit der Kaufkraft der D-Mark.

Während Münzen noch bis zum Beginn des 20. Jahrhunderts alleiniges Zahlungsmittel waren, dienen sie heute nur noch als Wechselgeld der Zahlungserleichterung (Scheidemünzen). **Scheidemünzen sollen dem Schuldner die Möglichkeit geben, sich von seiner Leistungspflicht exakt, das heißt auch in kleinsten Beträgen, zu befreien.** Der Metallwert der Münzen entspricht in der Regel nur einem Bruchteil des aufgeprägten Nominalwertes.

Das alleinige Recht für die Ausgabe von Münzen steht der Bundesregierung zu (Münzregal), und zwar ressortmäßig dem Bundesminister der Finanzen. Der Bund unterhält keine eigenen Münzstätten, sondern bedient sich bei seinen Prägeaufträgen der teilweise schon seit Jahrhunderten bestehenden Einrichtungen der Länder:

- Münze Berlin (Münzzeichen A),
- Bayerisches Hauptmünzamt, München (Münzzeichen D),
- Staatliche Münze, Stuttgart (Münzzeichen F),
- Staatliche Münze, Karlsruhe (Münzzeichen G),
- Hamburgische Münze, Hamburg (Münzzeichen J).

Die Münzen werden von der Bundesbank im Rahmen ihrer Funktion als Fiscal agent für den Bund nach Maßgabe der Bedürfnisse in Umlauf gebracht. Zu diesem Zweck übernimmt die Bundesbank die geprägten Münzen von den Münzstätten zum Nennwert und schreibt den Gegenwert dem Bundesfinanzministerium auf dessen Girokonto gut (vgl. § 8 Abs. 1 Münzgesetz). **Für die Bundesbank sind die übernommenen Scheidemünzen Aktiva; der eigene Münzbestand wird entsprechend bilanziert.** Die Prägekosten zahlt der Bund an die Münzstätten. Der Unterschiedsbetrag zwischen den Prägekosten und dem Nennwert der Münzen ist der Münzgewinn, der dem Bund zufließt.

Scheidemünzen sind gesetzliche Zahlungsmittel, jedoch besteht für sie nur ein begrenzter Annahmezwang (beschränkt gesetzliche Zahlungsmittel). Niemand ist verpflichtet,

- **auf Deutsche Mark lautende Münzen im Betrag von mehr als 20 DM und**
- **auf Pfennig lautende Münzen im Betrag von mehr als 5 DM in Zahlung zu nehmen (§ 3 Abs. 1 Münzgesetz).**

Eine uneingeschränkte Pflicht zur Entgegennahme und zum Umtausch besteht jedoch für die Bundes- und Landeskassen (§ 3 Abs. 2 Münzgesetz). Die Bundesbank ist zwar in diese gesetzliche Regelung nicht einbezogen, in der Praxis wird der Umtausch größerer Münzmengen allerdings unter Einschaltung der LZB-Zweiganstalten abgewickelt.

Zur Ausgabe von auf Deutsche Mark lautenden Geldscheinen ist nur die Bundesbank berechtigt (**§ 14 BBankG**). Das Notenausgabemonopol ist ein Hoheitsrecht des Bundes, das nach § 14 BBankG der Bundesbank zugewiesen ist. Dieses **Notenausgabemonopol** bedeutet für die Bundesbank unbegrenzte Liquidität im Inland und macht sie damit – allerdings nunmehr im Rahmen des Eurosystems – zur letzten Liquiditätsquelle aller Banken.

> **DEFINITION**
>
> Die von der Bundesbank in Umlauf gebrachten Noten sind nach § 14 BBankG das einzig **unbeschränkte gesetzliche Zahlungsmittel;** es besteht ein unbeschränkter Annahmezwang.

Banknoten kommen durch die Geschäftstätigkeit der Bundesbank im Verbund mit der EZB in den Umlauf. Damit die Möglichkeit für die Ausgabe von Banknoten besteht, ist es zunächst erforderlich, dass die Notenbank Aktivgeschäfte betreibt, die sich auf der Passivseite als Sichteinlagen niederschlagen (**Passivgeschäft folgt aus Aktivgeschäft**). Durch den Ankauf zum Beispiel von Devisen sowie durch Offenmarktgeschäfte erhöhen sich die Giroeinlagen der entsprechenden Geschäftspartner bei der Bundesbank (Bilanzverlängerung). Im umgekehrten Fall vermindern sich die Giroeinlagen (Bilanzverkürzung).

In welcher Höhe Banknoten von den Konten bei der Bundesbank abgehoben beziehungsweise eingezahlt werden, entscheiden die Kontoinhaber; dies sind in erster Linie die Geschäftsbanken. Die Entscheidung ist abhängig von deren Kassenbeständen und vom Geldbedarf der Nichtbanken.

Banknoten und Münzen verbriefen keine Forderungsrechte gegen den Emittenten. Die Noten sind auch keine Inhaberschuldverschreibungen, weil sie kein Zahlungsversprechen des Ausstellers enthalten. Der Inhaber einer Banknote hat der Bundesbank gegenüber lediglich zwei Ansprüche: Er hat einen Umtauschanspruch für den Fall, dass Noten zur Einziehung aufgerufen sind (§ 14 Abs. 2 BBankG), und es besteht ein Umtauschanspruch für beschädigte Noten unter bestimmten Voraussetzungen (§ 14 Abs. 3 BBankG).

Im Zusammenhang mit dem Notenausgaberecht ist die Bundesbank zuständig für die Herstellung und laufende Erneuerung der Banknoten, die Ersatzleistung für beschädigte Noten und den Aufruf von Noten zur Einziehung.

Bargeld ist in erheblichem Umfang als Konsumentengeld der privaten Haushalte zu sehen. Im Kaufhaus, bei Tankstellen, am Bahnschalter wird noch überwiegend bar gezahlt. Banknoten und Münzen gelangen über die Banken in den Wirtschaftskreislauf, die das von ihren Kunden benötigte Bargeld von ihrem LZB-Konten abheben. Das Bargeld wird zur Bezahlung von Waren und Dienstleistungen verwendet und fließt dabei immer wieder zu den Banken zurück. Die Banken sind bestrebt, ihre Barbestände möglichst niedrig zu halten. Sie zahlen überschüssiges Geld auf ihr LZB-Konto ein. So findet ständig ein Geldkreislauf von der Bundesbank über Banken in den Wirtschaftsverkehr und zurück über die Banken zur Bundesbank statt.

2.2.2 Kassenverkehr und Scheckauskunft bei Banken

2.2.2.1 Ein- und Auszahlungen am Bankschalter

Kontoinhaber und Dritte können auf Konten bar einzahlen. Der Empfang des Betrages wird dem Kunden mit Kassenstempel und Unterschrift des Kassierers oder der maschinellen Quittung auf dem Einzahlungsbeleg bestätigt. Die Auszahlung von

Bargeld ist sowohl gegen Quittung als auch gegen Barscheck möglich. Dritte können in der Regel nur mit Barscheck abheben. Bei privaten Girokonten dürfen nach einem BGH-Urteil von 1993 für **Ein- und Auszahlungen am Bankschalter keine Gebühren** berechnet werden. Es ist umstritten, ob sich das BGH-Urteil auch auf die durch den Barzahlungsvorgang ausgelösten Buchungsposten-Gebühren bezieht. Die Verbraucherverbände legen das Urteil weit aus und bezweifeln die Rechtmäßigkeit der Postengebühr bei Barzahlungen. Hingegen argumentieren Juristen in den Verbänden der Kreditwirtschaft, dass Buchungsposten zur Führung des Girokontos gehören. Und dafür dürfe eine Gebühr erhoben werden.

Bei der Barauszahlung von eurocheques durch eine andere als die bezogene Bank gelten folgende **Generelle Auszahlungsbestimmungen:**

- Die Identität des Kunden muss anhand eines Ausweises mit Foto festgestellt werden.
- Art und Nummer des Ausweises sind auf der Scheckrückseite zu vermerken.
- Ausstellungsort und Datum müssen auf dem eurocheque angegeben sein.
- Es dürfen maximal drei eurocheques gleichzeitig ausgezahlt werden.

Diese Regelungen gelten nur für Banken. Werden sie nicht eingehalten, besteht kein Anspruch auf Zahlung durch die bezogene Bank. Bestehen bei ausländischen eurocheques Zweifel, ob diese Bestimmungen eingehalten wurden, kann die bezogene Bank Kopien oder Originalschecks von der GZS anfordern und prüfen, ob eine Rückgabe innerhalb der international vereinbarten Rückgabefrist von 45 Tagen in Frage kommt.

Einzahlungen können auch über **Tag- und Nachttresoranlagen** erfolgen. Damit können Kunden (insbesondere Einzelhändler) die Einlieferung von Bargeld, Schecks und Wechseln vereinfachen und zeitlich verlegen. Voraussetzung für die Benutzung ist, dass der Kunde die Bedingungen für die Einlieferung in Tag- und Nachttresore anerkennt und die erforderlichen Kassetten und Schlüssel erhalten hat.

Die große Zahl der Kassenbewegungen wie auch die steigenden Personalkosten haben die Banken veranlaßt, deren Abwicklung zu rationalisieren. **Geldautomaten** ermöglichen bei der Auszahlung kleinerer Geldbeträge die Kundenselbstbedienung. **Direktkassen** übernehmen die Ein- und Auszahlung größerer Geldbeträge. Kundenbediente **Einzahlungsautomaten** (EZA) übernehmen das Zählen des Bargeldes und prüfen die Echtheit der Banknoten. Die Bundesbank unterstützt diese Entwicklung und hat ihre Banknoten mit maschinell lesbaren Echtheitsmerkmalen versehen.

Automatische Kassentresore (AKT) sind Geldausgabeterminals mit mehreren Geldnotenkassetten, die den eingetippten Betrag in der gewünschten Stückelung ausgeben.

2.2.2.2 Auskünfte, Bestätigungen und Einlösungsgarantien im Scheckverkehr durch Geschäftsbanken

Bei der Auszahlung von Barschecks wird bei der bezogenen Bank regelmäßig angefragt, ob die Einlösung des Schecks in Ordnung gehe. Die Bank, welche eine **Scheckauskunft** erteilt, muss dabei nicht nur den Kontostand des Scheckausstellers, sondern auch die noch ausstehenden Belastungen des Kontos durch schon laufende Vorgänge (Schecks, Überweisungen etc.) berücksichtigen. Die bezogene Bank wird ferner prüfen, ob der Scheck widerrufen ist. Ein Widerruf wird der anfragenden Bank mitgeteilt. Liegt kein Widerruf vor, dann wird bei Kontodeckung dem Anfrager erklärt, dass der Scheck unter den banküblichen Vorbehalten eingelöst wird. Unter den **„banküblichen Vorbehalten"** ist zu verstehen, dass

- die Unterschrift des Scheckausstellers in Ordnung ist,
- der Aussteller den Scheck nicht vor der Vorlegung widerrufen hat,
- das Kontoguthaben bei Vorkommen des Schecks zur Deckung ausreicht.

Es ist üblich, den disponierten Scheckbetrag festzuhalten. Eine erteilte Scheckauskunft führt zu keiner Kontosperre in Höhe des Scheckbetrages. Die bezogene Bank ist verpflichtet, Kontoverfügungen in der Reihenfolge auszuführen, in der sie anfallen, solange ein Kontoguthaben beziehungsweise eine Kreditlinie vorhanden ist.

Die **Scheckauskunft(-bestätigung)** ist zu unterscheiden von der **Scheckeinlösungsgarantie**. Zwar besteht nach Art. 4 ScheckG ein Akzeptverbot. Nach herrschender Meinung wird allerdings durch Art. 4 ScheckG nicht ausgeschlossen, dass die bezogene Bank sich außerhalb des Schecks in einer gesonderten Erklärung vertraglich zur Einlösung eines bestimmten Schecks in einer gesonderten Erklärung vertraglich zur Einlösung eines bestimmten Schecks in einer Garantieerklärung verpflichtet. In Abgrenzung zur Scheckgarantie gilt für die Scheckauskunft Folgendes: In der bloßen Auskunft eines Bankangestellten, der Scheck sei gedeckt oder der Scheck gehe in Ordnung, liegt noch keine verpflichtende Einlösungszusage. Diese Erklärung bedeutet nur, dass zur Zeit der Auskunftserteilung ein Guthaben des Ausstellers vorhanden ist, aus dem der Scheck, wenn er jetzt zur Vorlage käme, eingelöst würde. Wer eine solche Auskunft als Einlösungszusage betrachtet, handelt somit auf eigene Gefahr.

Die Frage, ob es sich bei der Erklärung der bezogenen Bank um eine Scheckbestätigung oder um eine Einlösungsgarantie handelt, ist häufig umstritten. Wegen der weitreichenden Folgen für die verpflichtete Bank werden im Bankverkehr für Scheckeinlösungsverpflichtungen eindeutige Erklärungen verlangt. Als solche eindeutigen Erklärungen sind angesehen worden: Die Anfrage einer Bank: „Da über die Summe disponiert werden soll, bitten wir um Ihre (schriftliche) Rückbestätigung, ob Sie die Honorierung des Schecks vorbehaltlich der Ordnungsmäßigkeit der Unterschriften garantieren" und die Antwort darauf: „Ja, wir garantieren die Honorierung, sofern die Unterschrift richtig ist." Ein weiteres Beispiel ist die (schriftliche) Bestätigung auf eine telefonische Anfrage, ob die bezogene Bank den Scheck einlösen werden: „Bezugnehmend auf das Telefongespräch vom heutigen Tage ... bestätigen wir Ihnen, dass oben angegebener Scheck bei uns eingelöst wird." Die gleiche Wirkung hat: „Wir bestätigen hiermit, dass wir die oben genannten Schecks an die Firma X unwiderruflich einlösen werden."

Die Bundesbank stellt auf Antrag „bestätigte Schecks" aus (vgl. Abschnitt 2.4.2.1).

2.3 Bargeldloser Zahlungsverkehr – Was geschieht hinter der Fassade?

2.3.1 Organisatorische Abwicklung; Verrechnungswege in Deutschland und Europa

2.3.1.1 Verrechnungsnetze in Deutschland

Unter Giroverkehr in seiner ursprünglichen Bedeutung ist die Verrechnung von Überweisungen innerhalb eines Netzes zu verstehen. Heute bestehen Verrechnungsnetze innerhalb folgender Institutsgruppen:

- Gironetz der Bundesbank,
- Gironetz der Sparkassen,
- Gironetz der Kreditgenossenschaften,
- Gironetze der einzelnen Filialbanken (Großbanken und Regionalbanken),
- Gironetz der Postbank.

Neben Überweisungen werden auch **Schecks** und **Lastschriften** über diese Netze verrechnet.

Unbare Zahlungen werden als Buchungen von Konto zu Konto durchgeführt. Da Zahlende und Empfänger aber ihre Konten häufig bei verschiedenen Kreditinstituten unterhalten, müssen sämtliche Banken kontenmäßig direkt oder indirekt – über Zentralstellen – in Verbindung stehen, um eine Verrechnung zu ermöglichen.

Die größeren Banken mit ihren flächendeckenden Filialnetzen haben institutsinterne Verrechnungssysteme aufgebaut. Die dem Regionalprinzip unterworfenen Sparkassen und Kreditgenossenschaften haben über Zentralinstitute (Girozentralen, Genossenschaftliche Zentralbanken) Gironetze geschaffen, um eine bundesweite Verrechnung zu ermöglichen. Wichtigstes Bindeglied für Zahlungen zwischen den verschiedenen Netzen ist die Bundesbank.

Die von den Kunden eingereichten Schecks, Lastschriften und Überweisungen werden von den Banken in Datensätze umgewandelt (außer Schecks über 5.000 DM) und entsprechend den vorgegebenen Bankverbindungen nach **Leitwegen** sortiert, deren Wahl sich nach den jeweils vorhandenen Verrechnungsmöglichkeiten richtet. Im Regelfall bestehen für die Weiterleitung und Verrechnung von Zahlungsaufträgen besondere bankinterne Richtlinien für die Leitwegsortierung.

Es bestehen drei Formen der Verrechnung:
- **Institutsverrechnung**
  Die Institutsverrechnung umfasst Buchgeldbewegungen zwischen Konten beim selben Institut, und zwar entweder am selben Platz oder zwischen Niederlassungen desselben Instituts an verschiedenen Plätzen.
- **Gironetzverrechnung bei Sparkassen und Kreditgenossenschaften**
  Die Zahlungs- und Inkassoaufträge werden an netzzugehörige Stellen weitergeleitet.
- **Überleitungsverrechnung**
  Sofern Zahlungs- und Inkassoaufträge weder für das eigene Institut noch – im Sparkassen- und Genossenschaftsbereich – für netzzugehörige Stellen bestimmt sind, ist eine Überleitung an netzfremde Banken notwendig. Es bestehen zwei Möglichkeiten:
  - Kontoverbindung mit LZB-Zweiganstalt (unter Einschluss der Elektronischen Abrechnung bei der Hauptstelle Frankfurt)
  - Kontoverbindung mit netzfremder Bank.

Im Zuge der Automatisierung von Kontoführung und Zahlungsverkehr haben die Kreditinstitute für Kontobuchung und Zahlungsverkehrsabwicklung im eigenen Netz **zentrale Zwischenstellen** (Rechenzentren) eingerichtet. Die Zwischenstellen sind zuständig für die Leitwegsortierung bei ausgehenden Zahlungen und für die Bearbeitung der von anderen Zwischenstellen eingehenden Zahlungsaufträge. Die einzelnen Institutsniederlassungen leiten in der Regel alle Zahlungsvorgänge (Belege, Magnetbänder und Disketten) an die jeweils zuständige Zwischenstelle weiter, bei der dann die Belege in Datensätze (außer Schecks über 5.000 DM) umgewandelt beziehungsweise die auf Magnetbändern und Disketten gespeicherten Datensätze im Eingang automatisch erfasst und abgestimmt sowie im Ausgang nach Empfängerbanken oder deren Clearingstellen sortiert werden.

In neuerer Zeit wird verstärkt die Datenfernübertragung (DFÜ) genutzt, sodass Zahlungen tagggleich übermittelt werden können. DFÜ-Verbindungen bestehen zwischen den Niederlassungen und ihren Zwischenstellen, sodass Kundenaufträge von der erstbeauftragten Filiale – nach entsprechender Umwandlung in Datensätze – bis zur Filiale des Empfängers im Wege der Datenfernübertragung ausgeführt werden können. Ferner sind die zentralen Zwischenstellen netzüberschreitend per DFÜ miteinander verbunden.

128 Leistungen und Dienstleistungen der Kreditinstitute

Bei der Leitwegsortierung erfolgt unter Kosten- und Liquiditätsgesichtspunkten im Regelfall eine „Bündelung" der Zahlungen nur noch auf ganz wenige Ein- und Ausgangswege zu anderen Banken. Die noch vor einigen Jahren übliche Sortierung von Zahlungsvorgängen für andere Banken am selben Ort (= Platzzahlungen) und für Banken an anderen Orten (= Fernzahlungen) ist heute ohne Bedeutung.

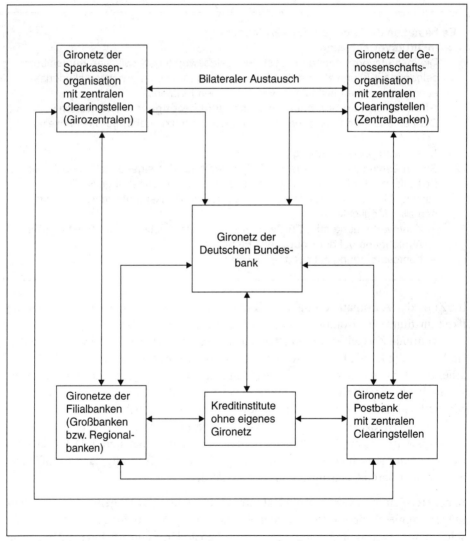

Abbildung 2-9: Verrechnungsnetze in Deutschland für Überweisungen, Schecks und Lastschriften

Die **Laufzeit** von Überweisungen, Schecks und Lastschriften hängt davon ab, welcher Leitweg gewählt wird und in welches Verfahren sie geleitet werden (Datenträgeraustausch oder Datenfernübertragung). Ferner ist entscheidend, ob die Bearbeitung jeweils noch vor oder nach **Buchungsschnitt** erfolgt.

Institutsverrechnung

Die institutsinterne Verrechnung spielt im Filialsystem der Großbanken und der Regionalbanken eine große Rolle. Insbesondere die Großbanken haben früh die positiven Effekte des unbaren Zahlungsverkehrs auf ihre Kreditgewährungsfähigkeit erkannt. Die Institutsverrechnung ist aber auch bei größeren Sparkassen und Kreditgenossenschaften nicht ohne Bedeutung. Bei der Institutsverrechnung werden Zahlungsaufträge zwischen Konten desselben Instituts abgewickelt. Der Vorteil dieser hausinternen Verrechnung besteht darin, dass für die Auftragsabwicklung weder das LZB-Girokonto noch Verrechnungskonten mit anderen Banken benötigt werden (Ersparnis von Zentralbankgeld). Gleichzeitig bleiben die Sichteinlagen trotz der unbaren Zahlungen dem eigenen Institut als Grundlage des Kreditgeschäfts erhalten (Liquiditätserhalt).

Überwiegend wird nicht von Institutsverrechnung, sondern von Haus- und Institutsgiro beziehungsweise von den Giroringen der Großbanken und größeren Regionalbanken gesprochen. Diese Bezeichnungen sind allerdings insoweit ungenau, weil das Kennzeichen eines Girosystems in der Verrechnung von Beträgen zwischen selbstständigen Banken über eine zwischengeschaltete selbstständige Zentrale besteht (so beim Deutschen Genossenschaftsring und beim Spargiroverkehr). Die Gironetze im Genossenschafts- und Sparkassenbereich sind gerade deshalb eingerichtet worden, um hinsichtlich der Zentralbankgeldersparnis und des Liquiditätserhalts die gleichen günstigen Bedingungen zu schaffen, wie sie bei den Großbanken mit ihren sich über das ganze Bundesgebiet erstreckenden dichten Filialnetzen bestehen.

Bei **Überweisungen** sind die Großbanken aus den angeführten Liquiditätsgründen grundsätzlich bestrebt, alle Zahlungsvorgänge möglichst lange im eigenen Filialnetz zu halten; sie besitzen allerdings nicht entsprechend dichte Filialsysteme wie die Gironetze der Kreditgenossenschaften und Sparkassen. Im **Einzugsverkehr** nutzen die Banken den vereinfachten Scheck- und Lastschrifteinzug der Bundesbank. Der LZB-Leitweg für Einzugspapiere ist wegen der zeitlich günstigen Gutschriftskondition vorteilhaft, da der Einreicher unter dem Gesichtspunkt der Liquidität rasch den Gegenwert erhält. Der Gutschriftsbetrag auf dem LZB-Konto steht ferner für eventuelle Belastungen aus dem Zahlungsverkehr zur Verfügung und wird bei der Berechnung der Mindestreserve berücksichtigt.

Bei Kreditinstituten ohne Filialsystem (insbesondere bei den Privatbankiers) besteht nur in einem geringen Umfang die Möglichkeit der institutsinternen Umbuchung. In der Regel wickeln sie ihre Zahlungen über die LZB-Zweiganstalten ab. Manche Spezialbanken sind auch dem Filialsystem einer Großbank angeschlossen bzw. bedienen sich des Services des Sparkassen- oder Kreditgenossenschaftssektors.

Gironetze der Sparkassen und Kreditgenossenschaften

Die Sparkassen und Girozentralen haben den Sparkassen-Giroverkehr (kurz Spargiro genannt) aufgebaut, die Kreditgenossenschaften den Deutschen Genossenschaftsring.

Beide Gironetze unterscheiden sich von den anderen Verrechnungsnetzen dadurch, dass sich in ihnen rechtlich selbstständige Institute zur gemeinsamen Abwicklung des Zahlungsverkehrs zusammengeschlossen haben. Beide Gironetze sind grundsätzlich dreistufig (das genossenschaftliche System allerdings nur noch zweistufig) aufgebaut:

- **örtliche** selbstständige Banken auf der **unteren Ebene,**
- **regionale** selbstständige Zentralinstitute auf der **mittleren Ebene,**
- ein **überregionales Spitzeninstitut** auf **höchster Ebene.**

Kennzeichnend für beide Girosysteme ist die Verrechnung von Zahlungen zwischen zwei angeschlossenen Banken über ein oder mehrere zwischengeschaltete Zentralinstitute. Innerhalb eines Gironetzes können Zahlungsaufträge zwischen Konten bei verschiedenen, jedoch dem gleichen Girosystem angeschlossenen Instituten im Verrechnungswege abgewickelt werden. Jedes regionale Zentralinstitut führt als Verrechnungsstelle für die ihr angeschlossenen Banken je ein Verrechnungskonto. Die einzelnen zentralen Verrechnungsstellen stehen in Kontobeziehung zueinander. Aus der Sicht des Stufenaufbaus eines Girosystems bilden hierbei die Verrechnungsstellen den Mittelbau, die beteiligten örtlichen Institute den Unterbau. In beiden Gironetzen ist es Grundprinzip, nach Möglichkeit sämtliche Zahlungsvorgänge innerhalb der eigenen Organisation durchzuführen.

Auf den **Verrechnungskonten,** die die Zentralinstitute für die angeschlossenen Banken führen, erfolgt eine **tägliche Saldenfortschreibung.** Im Normalfall ergeben sich im Monatsablauf wechselnde Salden. Die Zentralinstitute führen eine buchmäßige Verrechnungsfortschreibung im eigenen Gironetz durch (Gironetzverrechnung). Im Rahmen dieser Verrechnung wird kein Zentralbankgeld benötigt.

Beide Gironetze haben – ebenso wie die Filialnetze der Großbanken – die Aufgabe der internen Zahlungsverrechnung, um die Zahlungsverkehrssalden mit den nicht dem Gironetz angeschlossenen Banken möglichst niedrig halten. Dadurch bleiben dem eigenen Bereich sowohl Zentralbankgeld (= LZB-Sichtguthaben) als auch Sichteinlagen der Kunden als Grundlage des Kreditgeschäftes erhalten.

Innerhalb des weitverzweigten **Spargironetzes** werden die Sparkassen als Girostellen bezeichnet. Die Sparkassen sind rechtlich zwar selbstständig, unterstehen aber hinsichtlich des Giroverkehrs den Regeln der **Girozentralen**. Die Girozentralen sind die Kopfstellen einzelner Bezirke (in der Regel ein Bundesland). Für die Zahlungen bestehen der Bezirksverkehr und der Außenbezirksverkehr. Vom **Bezirksverkehr** wird gesprochen, wenn eine Zahlung innerhalb des Bereiches einer Girozentrale bleibt, vom **Außenbezirksverkehr,** wenn verschiedene Girozentralen eingeschaltet werden müssen. Im Spargironetz werden alle Zahlungen per Datenfernübertragung (DFÜ-Verkehr) direkt über die Rechenzentren der jeweils beteiligten Girozentralen weitergeleitet. Daneben besteht noch der „Blitzgiroverkehr", der über den Elektronischen Schalter (ELS) der Bundesbank abgewickelt wird.

Als Spitzeninstitut des gesamten Spargironetzes fungiert die **DGZ DekaBank Deutsche Kommunalbank, Frankfurt am Main.**

Das **Girosystem der Kreditgenossenschaften** (Deutscher Genossenschaftsring) weist einen ähnlichen organisatorischen Aufbau auf wie das der Sparkassen. Die einzelne Kreditgenossenschaft wird als **Ringstelle** bezeichnet und ist einer Ringhauptstelle zugeordnet. Als **Ringhauptstellen** fungieren die regionalen genossenschaftlichen Zentralbanken und die Deutsche Genossenschaftsbank (DG Bank).

Überleitungsverrechnung

Sofern Zahlungsaufträge weder für das eigene Institut noch – wie im Sparkassen- und Genossenschaftsbereich – für netzzugehörige Stellen bestimmt sind, ist eine Überleitung an netzfremde Kreditinstitute notwendig. Dafür bestehen zwei Möglichkeiten:

- Kontoverbindung mit LZB-Zweiganstalt oder
- Kontoverbindung mit netzfremder Bank.

Als Überleitungsstellen fungieren vorwiegend die **zentralen Zwischenstellen** bei den Großbanken und bei den Gironetzen der Kreditgenossenschaften und der Sparkassen. Für die **Überleitung** kommen deshalb in erster Linie deren **Kontoverbindungen** mit anderen zentralen Zwischenstellen in Betracht. Bei einer direkten Kontoverbindung zwischen zwei Banken kommt es darauf an, bei welcher der beiden jeweils die Kontoführung liegt. Besteht das Verrechnungskonto, beispielsweise bei einer Überweisung, bei der Empfängerbank, so belastet diese das Konto der Absenderbank, sobald sie die Überweisung erhalten hat, und schreibt dann den Betrag dem Empfänger gut; im umgekehrten Fall wird die Absenderbank der Empfängerbank den Überweisungsbetrag auf deren Verrechnungskonto gutschreiben. Das Verrechnungskonto wird entweder täglich oder beim Erreichen eines bestimmten Saldos für eine der beiden Banken glattgestellt (Regulierung durch Kontoübertrag bei der LZB).

Besteht keine direkte Kontoverbindung mit netzfremden Instituten, dann wird die Zahlung an die LZB weitergeleitet. **Alle Banken** sind an das **LZB-Zweiganstalten-**

netz angeschlossen, sodass die LZB in jedem Falle als Bindeglied für fremde Institute eingeschaltet werden kann. Kennzeichnend für die Überleitungsverrechnung ist der Bedarf an Sichteinlagen bei der LZB. Ein LZB-Guthaben wird nicht nur bei einer Überleitung an die LZB benötigt, sondern auch im Fall eines Saldenausgleichs von Verrechnungskonten bei der Verrechnung von Zahlungen direkt zwischen netzfremden Banken.

2.3.1.2 Verrechnungsnetze in Europa

Zur Realisierung des europäischen Binnenmarktes ist eine Angleichung der unterschiedlichen Zahlungsverkehrssysteme notwendig. Die Auswirkungen auf den deutschen Zahlungsverkehr sind noch nicht im Detail abzuschätzen. Mit der Einführung des Euro dürfte im europäischen Zahlungsverkehr der größte Teil unserer Auslandszahlungen künftig zu Inlandszahlungen werden. Die folgenden europaweiten Einrichtungen für den Geldtransfer sind zu unterscheiden.

TARGET (Verbund der EU-Zentralbanken für Großbetragszahlungen)

Die EU-Zentralbanken und die EZB unterhalten zur gleichtägigen Abwicklung von grenzüberschreitenden Überweisungen in Euro das TARGET-System (**T**rans-**E**uropean **A**utomated **R**eal-Time **G**ross-Settlement **E**xpress **T**ransfer). Es stellt einen Verbund der 15 nationalen Echtzeit-Bruttozahlungssysteme (RTGS-Systeme) und des Zahlungsmechanismus der EZB (EPM) dar, die durch eine Interlinking-Komponente (Kommunikationsnetz sowie gemeinsame Einrichtungen und Verfahren) miteinander verknüpft sind. Die Bundesbank ist über ihr Echtzeit-Bruttoverfahren Elektronischer Schalter (ELS) an das TARGET-System angeschlossen. TARGET ist ein Echtzeitsystem: Zahlungen werden innerhalb weniger Minuten abgewickelt; die erfolgreiche Ausführung wird in Echtzeit bestätigt. Die Nutzung des TARGET-Systems ist grundsätzlich freigestellt; lediglich Zahlungen, die sich aus der Durchführung der Geld- und Währungspolitik ergeben, müssen über das TARGET-System abgewickelt werden. Überweisungen können nur dann über das TARGET-System geleitet werden, wenn die Bank des Begünstigten über einen SWIFT-Code (BIC) adressierbar und die Konto-Nummer des Begünstigten angegeben ist. Die Zahlungsaufträge können nur in den SWIFT-Formaten MT 100 (TARGET) Kundenüberweisungen und MT 202 (TARGET) Bankübertrag zugunsten einer dritten Bank unter Nutzung des Zahlungsaustauschsatzes N im Format der SWIFT-Auslandszahlungen erteilt werden.

EBA-Clearing für Großbetragszahlungen (Euro 1)

Euro 1 ist eine Einrichtung der European Banking Association in Paris. Es handelt sich um ein grenzüberschreitendes Nettozahlungssystem. Die Tagesendsalden werden aufgrund einer Settlement-Vereinbarung mit der EZB zentral in Frankfurt verrechnet. Der EBA-Zugang ist auf größere Clearingbanken beschränkt.

EAF Elektronische Abrechnung Frankfurt

In der EAF werden Großbetragszahlungen taggleich abgewickelt. EAF verbindet die liquiditätssparenden Vorteile eines Nettosystems mit den Sicherheitsvorteilen eines Bruttosystems. Es können in- und ausländische Banken teilnehmen, die bei der LZB-Frankfurt ein Girokonto benötigen. Kleinere Banken können sich auch von einem unmittelbaren Abrechnungsteilnehmer als Service-Institut vertreten lassen.

TIPANET (Genossenschafts-Verfahren)

TIPANET steht für „Transferts Interbancaires de Paiements Automatisés". Es ist ein von den Genossenschaftsbanken entwickeltes internationales elektronisches Zahlungssystem zur Abwicklung von Überweisungen; die Einbeziehung von Lastschriften ist ebenfalls möglich. TIPANET bedient sich eines multinationalen Datenformats (basierend auf dem SWIFT-Format MT 102), das den Zugang zu den verschiedenen Clearingsystemen der jeweiligen Partnerländer ermöglicht. Der Transfer der Datensätze erfolgt über das SWIFT-Produkt IFT (Interbank-File-Transfer).

S-InterPay (Sparkassenverfahren)

Das S-InterPay System der Sparkassen verfolgt die gleiche Zielsetzung wie das TIPANET-Verfahren der Genossenschaftsbanken: Vereinfachung der Abwicklung des grenzüberschreitenden Massenzahlungsverkehrs innerhalb Europas. In das Verfahren sind zunächst nur Überweisungen einbezogen.

EUROGIRO (Postbank)

Der Name EUROGIRO steht für einen Datentransferverbund 14 europäischer Postbanken zum beleglosen Datenaustausch im Auslandszahlungsverkehr. EUROGIRO soll die Abwicklung von Auslandszahlungen (Überweisungen und Schecks) beschleunigen und die Kosten transparenter machen. Eine Betragsbegrenzung ist nicht vorgesehen. Im Verkehr zwischen den EUROGIRO-Postbanken wird das SWIFT-Format als Standard verwendet.

Kooperationsverfahren der Großbanken:

- Die **Deutsche Bank AG** nutzt zur Abwicklung grenzüberschreitender Zahlungen in erster Linie ihr Filialnetz im Ausland. Darüber hinaus kooperiert sie mit Geschäftsbanken in derzeit 11 europäischen Ländern. Die Einbeziehung aller 17 EU-/EFTA-Länder ist geplant. Es besteht keine Betragsobergrenze bei ihren Abwicklungsverfahren.

- Die **Dresdner Bank AG** bedient sich zur Abwicklung grenzüberschreitender Zahlungen eines weltweiten Netzes von Korrespondenzbanken.

- Die **Commerzbank AG** hat im Produktbereich „Grenzüberschreitender Kleinzahlungsverkehr", der primär für private Kunden und kleine/mittlere Unternehmen ausgerichtet ist, gemeinsam mit National Westminster Bank, Société Générale und Credito Italiano einen Zahlungsverkehrsservice entwickelt, um Kleinzahlungen bis 5.000 DM kostengünstiger, transparenter und schneller abzuwickeln. Mit weiteren namhaften Banken in anderen EU- und EFTA-Ländern wurden ähnliche bilaterale Verträge vereinbart.

2.3.2 Rolle der Deutschen Bundesbank im Zahlungsverkehr

2.3.2.1 Wettbewerbsneutrale Clearingeinrichtungen

Die Bundesbank „sorgt für die bankmäßige Abwicklung des Zahlungsverkehrs im Inland und mit dem Ausland" (§ 3 BBankG). Sie ist dafür verantwortlich, dass der unbare Zahlungsverkehr rationell, schnell und sicher abgewickelt wird. Die Bundesbank erfüllt ihren Auftrag einmal dadurch, dass sie wettbewerbsneutrale **Clearingeinrichtungen** bundesweit zur Verfügung stellt; insbesondere für Großbetrags- und Massenzahlungen bietet sie mit ihrer **„Elektronischen Öffnung"** einen rationellen und sicheren Zugang zu ihren Dienstleistungen an. Zum anderen ist sie in den Gremien des ZKA, die den Zahlungsverkehr organisieren und automatisieren, tätig. Einen gewissen Einfluss übt sie durch ihre „Allgemeinen Geschäftsbedingungen", ihre Abwicklungsverfahren, ihre Belastungs- und Gutschriftskonditionen sowie ihre Gebührengestaltung auf die Zahlungsverkehrskonditionen der Banken aus. Eine Monopolstellung im Zahlungsverkehr wird von der Bundesbank nicht angestrebt.

Die Bundesbank stellt zwei Clearingeinrichtungen, nämlich den Giro-(Überweisungs-)verkehr für jedermann und den vereinfachten Scheck- und Lastschrifteinzug für Kreditinstitute zur Verfügung:

Giro-(Überweisungs-)verkehr für jedermann

Voraussetzung für die Teilnahme ist die Unterhaltung eines **Girokontos** bei der örtlich zuständigen LZB-Zweiganstalt. Neben den Kreditinstituten unterhalten öffentliche Kassen und größere Unternehmen Girokonten, die stets ein **Guthaben** aufweisen müssen und grundsätzlich **nicht verzinst** werden. Es werden Kontoführungs- und Zahlungsverkehrsentgelte erhoben.

Der Überweisungsverkehr wird ausschließlich im **Bruttoverfahren** abgewickelt, das heißt, alle Aufträge werden nur bei Kontodeckung und nach Kontobelastung ausgeführt und stehen dem Empfänger sofort nach Kontogutschrift endgültig zur Verfügung. Wenn Banken Sicherheiten hinterlegt haben, können sie Überweisungen auch im Rahmen nicht in Anspruch genommener Sicherheiten einreichen.

> **Überweisungen können grundsätzlich wie folgt eingeliefert werden:**
> - im Elektronischen Schalter (per DFÜ oder als Diskette)
>   - als Prior-1-Zahlung (Zahlung mit Priorität 1: Echtzeit-Bruttozahlung mit sicherer Ausführung noch am selben Geschäftstag)
>   - als Prior-2-Zahlung (Zahlung mit Priorität 2: Batch-Bruttozahlung mit Ausführung grundsätzlich am selben Geschäftstag)
>   - als TARGET-Zahlung (vgl. 2.3.1.2)
>   - als sonstige Zahlung ins Ausland (AZV)
>
>   Der Elektronische Schalter (ELS) wird auch als **R**eal-**T**ime-**G**ross-**S**ettlement-System (RTGS) bezeichnet. Im ELS gibt es Zahlungsaustauschdateien in folgenden Formaten: DTA, SWIFT und EDIFACT.
>
> - auf Datenträgern (Disketten oder Magnetbändern) im Elektronischen Massenzahlungsverkehr (EMZ) als Prior-3-Zahlung (Zahlung mit Priorität 3: Ausführung grundsätzlich am Geschäftstag nach dem Einreichungstag)
>
> - als Einzelbeleg (Umwandlung durch Bundesbank in elektronischen Datensatz für TARGET-, Prior-1-, Prior-2- oder Prior-3-Zahlung nach Weisung des Auftraggebers)

Banken nutzen ihr Girokonto insbesondere für den **Einzug von Inkassopapieren** im vereinfachten Scheck- und Lastschrifteinzug, da deren Gegenwerte bereits einen Geschäftstag nach Einreichung gutgeschrieben werden. Das eigene Gironetz wird dadurch liquiditätsmäßig gestärkt und die Einreicherbanken erzielen bei diesem Verfahren möglicherweise Liquiditäts- und damit Zinsvorteile. Beim **Überweisungsverkehr** hingegen werden die Beträge möglichst bis zum Ort des Überweisungsempfängers im eigenen Gironetz gehalten. Der Liquiditätsabfluss soll erst zum spätestmöglichen Zeitpunkt erfolgen. Die Bundesbank wird deshalb von den Banken nun in sehr begrenztem Umfang in den Überweisungsverkehr eingeschaltet. Von Bedeutung sind hier allerdings die Prior-1-Zahlungen im ELS, die bei der Abwicklung des Geldhandels und anderer Großbetragszahlungen eine wichtige Rolle spielen.

Die Banken müssen aufgrund ihrer **Mindestreservepflicht** ein LZB-Konto unterhalten. Die Mindestreserveguthaben können für Zwecke des Zahlungsverkehrs genutzt werden, sodass die Bundesbank als Bindeglied zwischen den Banken fungieren kann (Überleitungsverrechnung). Die Banken gleichen über ihre LZB-Konten auch die Salden der Verrechnungskonten aus, die sie untereinander für den Zahlungsverkehrsaustausch unterhalten. Zum **Saldenausgleich** ist nämlich das Geld einer übergeordneten Institution erforderlich.

Darüber hinaus ist die Bundesbank als Hausbank des Bundes und teilweise der Länder tätig und wickelt deren Zahlungsverkehr ab.

Vereinfachter Scheck- und Lastschrifteinzug für Kreditinstitute

In diesem Verfahren können von Banken auf Deutsche Mark/Euro lautende und im Inland zahlbare Schecks, Zahlungsvorgänge aus dem beleglosen Scheckeinzug und Lastschriften sowie „Zahlungsanweisungen zur Verrechnung" eingereicht werden. Die Gegenwerte werden einen Geschäftstag nach Einreichung unter Vorbehalt des Eingangs gutgeschrieben. Für Schecks über 5.000 DM besteht zur Beschleunigung des Einzugs ein gesondertes Großbetrag-Scheckeinzugsverfahren (GSE), das in Abschnitt 2.5.1.5 näher beschrieben wird.

2.3.2.2 Elektronische Öffnung

Mit der Elektronischen Öffnung bietet die Bundesbank ein Leistungsangebot zur Beschleunigung und Rationalisierung des unbaren Zahlungsverkehrs durch die elektronische Entgegennahme, Weiterleitung und Auslieferung von Zahlungen. Die Girokontoinhaber, die nicht über die Einrichtung einer DFÜ-Übermittlung verfügen, können auch mittels Disketten teilnehmen. Das Verfahren ist so ausgelegt, dass eine einheitliche technische Kommunikationsschnittstelle auf der Basis herstellerunabhängiger, international standardisierter Kommunikationsprotokolle (ISO/OSI Protokolle FTAM und X.400) zur Verfügung gestellt wird. Damit trägt die Bundesbank der Systemvielfalt bei ihren Kunden Rechnung. Alle Festlegungen der Elektronischen Öffnung berücksichtigen die bereits bestehenden Standards (wie DTA-Bedingungen, SWIFT-Definitionen).

Es werden folgende Dienste angeboten:

- EAF   Elektronische Abrechnung Frankfurt (vgl. 2.3.1.2),
- ELS   Elektronischer Schalter (RTGS),
- EMZ   Elektronischer Zugang zum EMZ-Verfahren (Elektronischer Massenzahlungsverkehr),
- EKI   Elektronische Kundeninformation.

2.3.2.3 Leitwegsteuerung

Bei allen Clearingverfahren der Bundesbank besteht für alle Kontoinhaber die Möglichkeit der Leitwegsteuerung. Endempfänger können durch Leitwegvorgaben an ihre LZB die für sie bestimmten Gutschriften, Schecks und Lastschriften abweichend von der angegebenen bankleitzahlfreien Girokontonummer/Bankleitzahl an eine übergeordnete Stelle beziehungsweise an ein Verrechnungsinstitut leiten lassen.

2.3.3 Wertstellungspraxis und Float

2.3.3.1 Wertstellung

Die **Wertstellung (Valuta)** von Zahlungen erfolgt bei Belastung oder Gutschrift auf einem Girokonto. Sie gibt den Tag an, mit dem der Zinslauf beginnt beziehungsweise endet. Der Valutatag ist teilweise nicht mit dem Buchungstag identisch. Er ist für die Berechnung der Soll- und Haben-Zinsen maßgebend. Das Datum der Wertstellung bei einer Gutschrift gibt demnach den Tag an, an dem der Kontoinhaber zinsneutral über den gutgeschriebenen Betrag verfügen kann.

In den AGB finden sich direkt keine Bestimmungen über die Wertstellung. Die Nr. 12 Abs. 1 AGB-Banken verweist jedoch auf den „Preisaushang – Regelsätze im standardisierten Privatkundengeschäft" und auf das „Preisverzeichnis", worin die Wertstellungspraxis genannt ist.

Die Wertstellung ist ohne rechtliche Bedeutung für die Wirksamkeit der Buchung. Die Überweisung kann nicht etwa noch widerrufen werden, weil die Wertstellung der Gutschrift an einem späteren Tag erfolgt ist.

Der BGH hat 1989 eine Klausel im Preisverzeichnis einer Sparkasse nach § 9 AGB-Gesetz für unangemessen und damit für unwirksam erklärt, nach der Bareinzahlungen auf Girokonten für die Zinsberechnung erst einen Arbeitstag nach der Einzahlung berücksichtigt wurden. Im Jahr 1997 hat der BGH die Grundaussagen jenes Urteils auch auf den Überweisungsverkehr übertragen und die Regelung für unwirksam erklärt, nach der eingehende Überweisungen erst „einen Arbeitstag nach Eingang" wertgestellt wurden. Gebilligt hat der BGH demgegenüber zwei Klauseln über die Wertstellung von DM-Schecks, die auf andere in- oder ausländische Banken gezogen sind, erst drei Arbeitstage nach dem Buchungstag und von Fremdwährungsschecks erst fünf Arbeitstage nach diesem Tag.

2.3.3.2 Float

Der Begriff Float wird unterschiedlich verwendet:

- Der **aktive beziehungsweise passive Float** bezieht sich auf den **Buchungstag** von Zahlungsvorgängen.
- Der **positive beziehungsweise negative Float** bezieht sich auf den **Wertstellungstag** von Buchungsvorgängen.

Für den in den Bilanzen der Banken als „Schwebende Verrechnungen" auszuweisenden aktiven/ passiven Float findet sich in den Bundesbank-Richtlinien über die monatliche Bilanzstatistik folgende Definition:

> **DEFINITION**
>
> „Unter **schwebenden Verrechnungen** sind die Gegenposten solcher bargeldlosen Zahlungsvorgänge innerhalb des Inlandsteils einer Bank zu verstehen, von denen nach dem Stand der Bücher am Ausweisstichtag erst entweder nur die Belastung oder nur die Gutschrift auf den Konten der beteiligten Kunden beziehungsweise Korrespondenzbanken gebucht werden konnte. Dies betrifft insbesondere die innerhalb von Filialinstituten unterwegs befindlichen Posten."

Nach dieser Definition ist der Float nur institutsbezogen zu sehen. Er ist bedingt durch Bearbeitungs- und Postlaufzeiten.

- Ein **passiver Float** entsteht bei **Überweisungen,** die dem Konto der Kunden bei einer Niederlassung einer Bank bereits belastet, dem Konto des Empfängers bei einer anderen Niederlassung desselben Instituts aber noch nicht gutgeschrieben worden sind.

- Ein **aktiver Float** entsteht bei **Schecks und Lastschriften,** die dem Konto des Einreichers bereits gutgeschrieben, dem Konto des Bezogenen oder Zahlungspflichtigen aber noch nicht belastet sind. In diesem Falle wächst dem Bankkunden mit der E.v.-Gutschrift der Inkassopapiere Liquidität zu, ohne dass gleichtägig eine entsprechende Belastung vorgenommen werden kann.

Der **positive/negative Float** bezieht sich auf die **Wertstellung.** Er entsteht immer dann, wenn bei einem Zahlungsvorgang die Wertstellung von Belastungs- und Gutschriftsbuchung auseinanderfällt.

- Ein **positiver Float** ist der Zinsertrag, der zum Beispiel im Überweisungsverkehr durch die Zeitdifferenz zwischen der wertstellungsmäßigen Belastung des Kontos des Zahlenden und der späteren wertstellungsmäßigen Gutschrift auf dem Konto den Zahlungsempfängers entsteht. Der positive Float ist eine wichtige Einnahmequelle der Banken im Zahlungsverkehr.

- Umgekehrt entsteht ein **negativer Float,** wenn zum Beispiel eingereichte Schecks wertstellungsmäßig früher gutgeschrieben als belastet werden.

Im Überweisungsverkehr entsteht regelmäßig ein positiver Float, weil die Gutschriftswertstellung regelmäßig später liegt als die Belastungswertstellung. Fällt die Wertstellung von Gutschrift und Belastung auf denselben Tag (wertstellungsneutraler Zahlungsverkehr), entsteht kein Float. Der Float kann für ein Institut betrachtet werden; es ist auch möglich, den Float auf die gesamte Zeitspanne eines Zahlungsdurchlaufes von der Wertstellung bei der Auftraggeberbank bis zur Wertstellung bei der Empfängerbank zu beziehen.

> **BEISPIEL**
>
> Bei der Handelsbank in Hamburg werden Inkassoschecks eingereicht, die per 2. Mai mit Wertstellung 4. Mai gutgeschrieben werden. Die Schecks sind gezogen auf die Filiale der Handelsbank in Frankfurt und werden dort am 3. Mai mit Wertstellung 3. Mai belastet. Wie wirken sich diese Buchungsvorgänge auf den Float bei der Handelsbank aus?
>
> Es entsteht ein aktiver Float von einem Tag (2./3. Mai) und außerdem ein positiver Float von einem Tag (3./4. Mai).

2.4 Klassische Instrumente des bargeldlosen Zahlungsverkehrs

2.4.1 Überweisung

Die Überweisung ist in Deutschland traditionell das vorherrschende Zahlungsmittel. Die Banken haben den Überweisungsverkehr wegen seines liquiditätserhaltenden Effekts seit jeher gefördert (ihr Anteil am Zahlungsverkehr beträgt etwa 50 Prozent der Geschäftsvorfälle).

2.4.1.1 Überweisungsgesetz (ÜG)

Am 14. August 1999 ist in den EU-/EWR-Staaten (das heißt EU sowie in Island, Norwegen und Liechtenstein) die EU-Richtlinie Nr. 97/5/EG, die grenzüberschreitende Überweisungen beschleunigen und den Kunden mehr Rechtssicherheit bieten soll, in Kraft getreten. Der deutsche Gesetzgeber hat diese EU-Richtlinie ebenfalls mit Wirkung vom 14. August 1999 durch ein Überweisungsgesetz umgesetzt, das folgende fünf Vorgaben enthält:

1. **Informationspflicht:** Verbindliche Information des Kunden über Entgelte und sonstige Kosten, Laufzeiten sowie Wertstellungszeitpunkte und Modalitäten der Kursberechnung.

2. **Ausführungsfristen:** Grenzüberschreitende Überweisungen in EU/EWR-Staates sind innerhalb von fünf Bankgeschäftstagen auszuführen. Andere Fristen können aber vereinbart werden. Inländische Überweisungen sind allerdings erst ab dem 1. Januar 2002 spätestens binnen drei Bankgeschäftstagen auf dem Empfängerkonto gutzuschreiben; Überweisungen innerhalb einer Haupt- oder Zweig-

stelle einer Bank müssen am selben Geschäftstag und andere institutsinterne Überweisungen spätestens binnen zwei Bankgeschäftstagen ausgeführt werden. Für Überweisungen in Drittstaaten bestehen keine konkreten Fristen; hier gilt die allgemeine Regelung, wonach Überweisungen „baldmöglichst" zu bewirken sind.

3. **„Geld-zurück-Garantie":** Neu ist die verschuldungsunabhängige Haftung für Überweisungen, die beim Empfänger nicht ankommen (Money-Back-Garantie). Bisher haftete die Bank des Auftraggebers, wenn eine Überweisung verloren ging, nicht für das Verhalten einer zwischengeschalteten Bank. Sie musste aber ihrem Kunden die Ansprüche abtreten, die sie gegenüber dieser oder der Empfängerbank hatte. Nunmehr ist ein verschuldensunabhängiger Anspruch auf Erstattung des Überweisungsbetrags bis zu einer Höchstgrenze von 12.500 € vorgesehen, wenn der Überweisungsbetrag nach Ablauf der Ausführungsfrist und einer Nachfrist von 14 Bankwerktagen seinen Empfänger nicht erreicht hat. Ansprüche, die ein Verschulden voraussetzen, sowie Ansprüche aus ungerechtfertigter Bereicherung bleiben unberührt. Allerdings können die Banken ihre Haftung für Schäden, die durch Verzögerung oder Nichtausführung einer Überweisung entstehen, vertraglich erstmals auf einen Höchstbetrag von 12.500 € begrenzen, sofern ihnen nicht Vorsatz oder grobe Fahrlässigkeit zur Last gelegt wird. Zudem kann die Haftung der Auftraggeberbank für das Verschulden zwischengeschalteter Banken bei Auslandsüberweisungen auf 25.000 € begrenzt werden.

4. **Verbot des Double-Charging:** Unzulässig ist der abredewidrige Entgeltabzug vom Überweisungsbetrag.

5. **Außergerichtliches Schlichtungsverfahren:** Bei Streitigkeiten sollen die Beteiligten eine Schlichtungsstelle anrufen können, die bei der Bundesbank eingerichtet worden ist.

Abweichungen von den aufgeführten Haftungs- und Laufzeitregelungen sind durch AGB-Bestimmungen nur möglich bei Überweisungen, deren Überweisender ein Kreditinstitut ist, bei Überweisungen über 75.000 € oder bei Überweisungen in Staaten außerhalb der EU/EWR.

2.4.1.2 Überweisungsvertrag/Zahlungsvertrag/Girovertrag

Der Gesetzgeber hat im Überweisungsgesetz neue rechtliche Rahmenbedingungen für das Führen von Girokonten und für die Abwicklung von Überweisungen geschaffen. Die Rechtsbeziehungen zwischen allen Beteiligten in der Überweisungskette werden als eigenständige Unterfälle des Geschäftsbesorgungsvertrages in den §§ 675 bis 676g BGB neu geregelt: Überweisungsvertrag (Überweiser/Bank), Zahlungsvertrag (Interbankverhältnis) und Girovertrag (Kunde/Bank).

> **Überweisungsvertrag (§ 676a Abs. 1 BGB):**
>
> „Durch den Überweisungsvertrag wird das Kreditinstitut (überweisendes Kreditinstitut) gegenüber demjenigen, der die Überweisung veranlasst (Überweisender), verpflichtet, dem Begünstigten einen bestimmten Geldbetrag zur Gutschrift auf dessen Konto beim überweisenden Kreditinstitut zur Verfügung zu stellen (Überweisung) sowie Angaben zur Person des Überweisenden und einen angegebenen Verwendungszweck, soweit üblich, mitzuteilen. Soll die Gutschrift durch ein anderes Kreditinstitut erfolgen, ist das überweisende Kreditinstitut verpflichtet, den Überweisungsbetrag rechtzeitig und, soweit nicht anders vereinbart, ungekürzt dem Kreditinstitut des Begünstigten unmittelbar oder unter Beteiligung zwischengeschalteter Kreditinstitute zu diesem Zweck zu übermitteln und die in Satz 1 bestimmten Angaben weiterzuleiten. Der Überweisende kann, soweit vereinbart, dem Kreditinstitut den zu überweisenden Geldbetrag auch in bar zur Verfügung stellen."

Der Überweisungsvertrag ist ein eigenständiger Geschäftsbesorgungsvertrag. Die ausführende Bank schuldet die Gutschrift auf dem Konto der Bank des Begünstigten.

Eine Überweisung wird im Allgemeinen auf einem Vordruck erteilt, der den „Richtlinien für einheitliche Zahlungsverkehrsvordrucke" entsprechen muss. Das Original dient als Buchungsbeleg für die Belastung des Auftraggebers und enthält die Unterschrift des Kontoinhabers. Eine Durchschrift verbleibt als Unterlage beim Kunden.

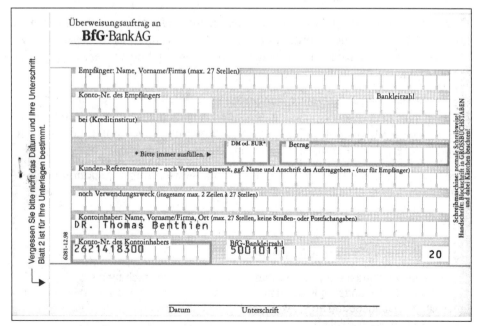

Abbildung 2-10: Überweisungsformular

Jede Überweisung wird hinsichtlich ihrer materiellen und formellen Ordnungsmäßigkeit geprüft, die Zulässigkeit der Verfügung wird auf dem Vordruck vermerkt. Von besonderer Bedeutung ist neben der Deckung die Prüfung der Unterschrift. Nach Nr. 11 Abs. 2 AGB-Banken hat der Kunde Aufträge eindeutig zu erteilen und insbesondere auf die korrekte Angabe des Zahlungsempfängers, der Kontonummer und der Bankleitzahl zu achten. Die Bankfiliale leitet die Überweisung an die zuständige Zwischenstelle (Rechenzentrum) weiter. Dies kann durch Übersendung des Vordrucks oder nach dessen Codierung erfolgen, geschieht aber heute in der Regel durch Datenfernübertragung eines durch Scanner hergestellten Abbildes der Überweisung (Image) oder des bereits für die Weiterverarbeitung geeigneten endgültigen Datensatzes. Neben der schriftlichen Überweisung gibt es weitere Wege der Auftragserteilung:

1. Eingabe am Selbstbedienungsterminal im Schalterraum der Bank,
2. elektronischer Auftrag mittels DTA (Diskette, Magnetband) oder Online-Banking,
3. telefonischer Auftrag (Telefon-Banking).

Zu unterscheiden sind folgende Überweisungsarten:

- Einzelüberweisungen/Sammelüberweisungen,
- Daueraufträge,
- Eilüberweisungen/Blitzgiro.

Eine Erleichterung für größere Kunden, die regelmäßig mehrere Aufträge erteilen, bildet die Möglichkeit der **Sammelüberweisung**. Der Kunde muss in diesem Fall nur einen Belastungsbeleg über die Gesamtsumme der angehefteten Überweisungen unterschreiben.

Für regelmäßig wiederkehrende Zahlungen (wie Mieten oder Beiträge) kann der Kunde einen **Dauerauftrag** erteilen. Nach den Angaben des Kunden (Betrag, Empfänger, Bankverbindung und Zeitpunkt der Ausführung) übernimmt die Bank zum jeweiligen Termin automatisch die Ausführung der Überweisung.

Eine Nebenpflicht der Banken besteht darin, die **Verwendungszweckangaben** weiterzuleiten. Würde auf die Weiterleitung verzichtet, wäre dies eine positive Vertragsverletzung.

> **Zahlungsvertrag (§ 676d Abs. 1 BGB):**
>
> „Durch den Zahlungsvertrag verpflichtet sich ein zwischengeschaltetes Kreditinstitut gegenüber einem anderen Kreditinstitut, im Rahmen des Überweisungsverkehrs einen Überweisungsbetrag an ein weiteres Kreditinstitut oder an das Kreditinstitut des Begünstigten weiterzuleiten."

Die §§ 676d und 676e BGB regeln die Rechte und Pflichten der Banken, die an der Überweisungsausführung in der Überweisungskette beteiligt sind. Die überweisende Bank hat gegenüber den zwischengeschalteten Banken Regressansprüche bei Ersatzleistungen im Rahmen der Geld-zurück-Garantie.

> **Girovertrag (§ 676f BGB):**
> „Durch den Girovertrag wird das Kreditinstitut verpflichtet, für den Kunden ein Konto einzurichten, eingehende Zahlungen auf dem Konto gutzuschreiben und abgeschlossene Überweisungsverträge zu Lasten dieses Kontos abzuwickeln. Es hat dem Kunden eine weitergeleitete Angabe zur Person des Überweisenden und zum Verwendungszweck mitzuteilen."

Die Vorschrift begründet keinen Kontrahierungszwang für die Bank. Die weiteren Einzelheiten eines Girovertragsverhältnisses insbesondere zum Scheck-, Kreditkarten- und ec-Kartenverkehr, müssen mit dem Kunden wie bisher besonders vereinbart werden.

2.4.1.3 Bedeutung von Gutschrifts- und Belastungsbuchung

Die Bank belastet das Auftraggeberkonto und schreibt den Überweisungsbetrag dem Konto des Begünstigten gut. Die Gutschrift stellt einen Aufwand der Bank im Sinne des § 670 BGB dar, der von dem Auftraggeber zu ersetzen ist. Die Kontogutschrift hat die Bedeutung eines abstrakten Schuldversprechens der Bank gegenüber dem Zahlungsempfänger (§ 780 BGB), das nach § 782 BGB beziehungsweise § 350 HGB keiner Schriftform bedarf.

2.4.1.4 Wirkung der Überweisung auf das Grundgeschäft

Während die Beziehung zwischen Auftraggeber und Bank als Deckungsverhältnis bezeichnet wird, heißt die Grundgeschäftsbeziehung zwischen Auftraggeber (Schuldner) und Begünstigtem (Gläubiger) **Valutaverhältnis**. Jede Überweisung berührt das Valutaverhältnis. Der Auftraggeber schuldet dem Begünstigten Geld und benutzt die Überweisung dazu, ihm den geschuldeten Betrag zukommen zu lassen. Das BGB zählt das Geld zu den **vertretbaren Sachen (§ 91 BGB). Geld** in diesem Sinne ist allerdings nur Bargeld als gesetzliches Zahlungsmittel, nicht Buchgeld.

Eine **Zahlung mit Buchgeld** ist deshalb grundsätzlich keine Erfüllung eines Schuldverhältnisses im Sinne von § 362 BGB, sondern eine **Leistung an Erfüllungs Statt**; nimmt der Gläubiger sie an, so erlischt das Schuldverhältnis (§ 364 Abs. 1 BGB). Der

Gläubiger kann jedoch bereits vorab sein Einverständnis mit der unbaren Zahlung etwa dadurch zum Ausdruck bringen, dass er auf seinen Rechnungen und Briefbögen sein Bankkonto angibt. In solchen Fällen führt die Überweisung zur Erfüllung des Schuldverhältnisses, die mit der Gutschrift auf dem Konto des Gläubigers eintritt, und zwar auch, wenn der Empfänger von der Gutschrift zunächst nichts erfährt.

Hinsichtlich der **Rechtzeitigkeit der Zahlung** kommt es darauf an, ob der Schuldner das seinerseits für die Leistung Erforderliche rechtzeitig getan hat (also auf die Leistungshandlung, nicht auf den Leistungserfolg). Etwaige Zahlungsfristen sind demnach eingehalten, wenn der Schuldner das Geld innerhalb der vorgegebenen Frist auf „den Weg gebracht hat". Zur Rechtzeitigkeit der Übermittlung genügt die rechtzeitige Aushändigung der Überweisung an seine Bank. Mit dem Eingang bei der Bank ist das Geld im Sinne der §§ 270 Abs. 4, 269 BGB auf den Weg gesandt, sofern Deckung vorhanden ist. Eine davon abweichende Regelung besteht im Steuerrecht. Für die Rechtzeitigkeit von Steuerzahlungen ist der Zeitpunkt der Gutschrift maßgebend. Nach § 3 Steuersäumnisgesetz ist der Tag Zahlungstag, an dem der Betrag der Finanzkasse gutgeschrieben worden ist.

2.4.1.5 Sicherungsmaßnahmen im Überweisungsverkehr

Als Schutz gegen betrügerische Manipulationen sind im **„Abkommen zum Überweisungsverkehr"** zwei Sicherungsmaßnahmen vorgesehen:

1. Liegt eine Überweisung nicht im Rahmen des normalen Geschäftsverkehrs mit dem Zahlungsempfänger oder bestehen an deren Ordnungsmäßigkeit im Einzelfall Bedenken, so wird von der Empfängerbank erwartet, dass sie bei Beträgen ab 20.000 DM das erstbeauftragte Kreditinstitut informiert und beim Auftraggeber zurückfragen lässt. Dies gilt insbesondere bei Überweisungen zugunsten neu eröffneter Konten innerhalb der ersten sechs Monate nach Kontoeröffnung. Eine Haftung wegen der Beobachtung von Gutschriften ab 20.000 DM ergibt sich aus dem Abkommen zum Überweisungsverkehr allerdings nicht.

2. Bei EZÜ-Überweisungen ist von der endbegünstigten Bank ein Kontonummern-Namensvergleich durchzuführen. Ist bei EZÜ-Überweisungen ab 20.000 DM der Empfänger wegen unvollständiger Angaben nicht eindeutig zu ermitteln, hat die endbegünstigte Bank unverzüglich fernmündlich oder per Telefax bei der erstbeauftragten Bank zurückzufragen.

2.4.1.6 Widerruf von Überweisungsaufträgen

Der Auftraggeber kann seinen Überweisungsauftrag widerrufen, der Widerruf muss von der Bank beachtet werden. Die Verpflichtung zur Beachtung des Widerrufs endet aber, wenn die Bank die Überweisung dem Konto des Begünstigten endgültig gutgeschrieben hat (§ 676a Abs. 4 BGB). Dies ist dann der Fall, wenn die Kontoauszüge vorbehaltlos abgesandt, zur Abholung bereitgestellt worden oder Überweisungsbeträge für den Kunden durch den Kontoauszugsdrucker (KAD) abrufbar sind (Abrufpräsenz).

Bei mehrgliedrigen Überweisungen ist der Auftrag in der ersten Stufe ausgeführt, wenn der Betrag dem zunächst begünstigten Kreditinstitut endgültig gutgeschrieben ist. Allerdings ist die Bank verpflichtet, den Widerruf an die in den Überweisungsweg eingeschaltete Bank weiterzuleiten, damit diese den Widerruf beachtet (§ 676d Abs. 2 BGB).

Die Banken sind dazu übergegangen, Rückrufe unmittelbar gegenüber dem endbegünstigten Institut auszusprechen. Nach dem Abkommen zum Überweisungsverkehr können Direktrückrufe unmittelbar zwischen dem erstbeauftragten und dem endbegünstigten Institut erfolgen. Solche Rückrufe müssen mit einem besonderen Vordrucksatz brieflich oder mit Telefax erfolgen. Telefonische Rückrufe sind – nicht zuletzt aus Sicherheitsgründen – nicht zugelassen.

2.4.2 Scheck

2.4.2.1 Wesen, rechtliche Grundlagen und Form des Schecks

Der Scheck ermöglicht es, Buchgeld praktisch wie Bargeld von Hand zu Hand zu reichen (der Anteil am Zahlungsverkehr beträgt etwa 10 Prozent bezogen auf Stückzahl).

> **DEFINITION**
>
> Der **Scheck** ist eine Urkunde, die die unbedingte Anweisung des Ausstellers (Scheckausstellers) an seine Bank (Bezogener) enthält, aus seinem Kontoguthaben beziehungsweise auf Grund einer zugesagten Kreditlinie an einen Dritten (Remittent) die im Scheck genannte Geldsumme zu zahlen. Rechtlich verkörpert der Scheck ein Wertpapier, das kraft Gesetzes als Orderpapier und abstraktes Forderungspapier gilt.

Als rechtliche Grundlage für den Scheckverkehr gilt neben den Allgemeinen Geschäftsbedingungen sowie den Bedingungen für den Scheckverkehr das **Scheckge-**

setz. Nach dem Scheckgesetz muss ein Papier, um als Scheck zu gelten, folgende sechs **gesetzliche Bestandteile** enthalten (Art. 1 ScheckG):

1. **Bezeichnung als Scheck im Text der Urkunde, und zwar in der Sprache, in der sie ausgestellt ist.**

2. **Unbedingte Anweisung, eine bestimmte Geldsumme zu zahlen**
   Ist die Schecksumme in Worten und in Ziffern angegeben, so gilt bei **Abweichungen** die in Worten angegebene Summe (Art. 9 ScheckG).

3. **Name dessen, der zahlen soll (Bezogener)**
   Der Scheck darf nur auf einen Bankier gezogen werden, bei dem der Aussteller ein **Guthaben hat;** die Gültigkeit der Urkunde als Scheck bleibt jedoch durch die Nichtbeachtung dieser Guthaben-Vorschrift unberührt (Art. 3 ScheckG).

4. **Angabe des Zahlungsortes**
   Mangels einer besonderen Angabe gilt der bei dem Namen des Bezogenen angegebene Ort als Zahlungsort; fehlt jede Ortsangabe, so ist der Scheck an dem Ort zahlbar, an dem der Bezogene seine Hauptniederlassung hat (Art. 2 Abs. 2 und 3 ScheckG).

5. **Tag und Ort der Ausstellung**
   Ein Scheck ohne Angabe des Ausstellungsortes gilt als ausgestellt an dem Ort, der beim Namen des Ausstellers angegeben ist (Art. 2 Abs. 4 ScheckG).

6. **Unterschrift des Ausstellers**
   Trägt ein Scheck Unterschriften von Personen, die eine Scheckverbindlichkeit nicht eingehen können (zum Beispiel geschäftsunfähige oder beschränkt geschäftsfähige Personen), gefälschte Unterschriften, Unterschriften erdichteter Personen oder Unterschriften, die aus irgendeinem Grunde für die Personen, die unterschrieben haben oder mit deren Namen unterschrieben worden ist, keine Verbindlichkeit begründen, so hat dies auf die Gültigkeit der übrigen Unterschriften keinen Einfluss (Art. 10 ScheckG).

Mit Art. 10 ScheckG ist eine dem Art. 7 Wechselgesetz verwandte Regelung übernommen worden. Sie hat Bedeutung für umlaufende Papiere, die mehrfach indossiert sind. Die Rückgriffsmöglichkeiten eines Scheckinhabers gegen seine Vormänner sollen nicht dadurch eingeschränkt werden könne, dass zum Beispiel die Unterschrift des Ausstellers oder eines Indossanten gefälscht ist.

Die Banken erkennen aus Sicherheitsgründen nur die von ihnen herausgegebenen Vordrucke an. Die aufgrund der Richtlinien für einheitliche Zahlungsverkehrsvordrucke einheitlich genormten Schecks enthalten neben den gesetzlichen Bestandteilen auch sieben **kaufmännische Bestandteile**. Sie dienen im wesentlichen der technischen Abwicklung des Scheckverkehrs im Bankbetrieb:

1. **Wiederholung der Schecksumme in Ziffern:** Sie beschleunigt die Abwicklung des Scheckverkehrs.
2. **Schecknummer:** Sie dient der Kontrolle bei der Einlösung und erleichtert den Widerruf einzelner Schecks.
3. **Kontonummer des Ausstellers:** Sie wird zur Buchung benötigt.
4. **Bankleitzahl:** Sie dient als Sortiermerkmal der Automatisierung des Zahlungsverkehrs.
5. **Angabe des Zahlungsempfängers:** Sie enthält die Bezeichnung des Begünstigten und erleichtert unter Umständen den Rückgriff bei Nichteinlösung.
6. **Überbringerklausel:** Sie macht den Scheck praktisch zum Inhaberpapier und enthebt die bezogene Bank von der Verpflichtung, die Legitimation des Einreichers zu prüfen; die Streichung der Überbringerklausel ist nicht zulässig.
7. **Codierzeile:** Sie dient der elektronischen Datenverarbeitung und soll nicht beschrieben oder bestempelt werden.

Die Ermächtigung des Ausstellers an den Schecknehmer und an die bezogene Bank ist abstrakt, das heißt, sie gilt unabhängig von den Grundgeschäften zwischen Aussteller und Bank (Scheckvertrag) sowie zwischen Aussteller und Schecknehmer (Kaufvertrag oder Darlehen).

Der **Scheckvertrag zwischen Aussteller und Bank (Deckungsverhältnis)** beinhaltet das Recht des Ausstellers, die Bank mittels Scheck zur Zahlung anzuweisen und die Pflicht der Bank, bei vorhandener Kontodeckung alle auf sie gezogene Schecks einzulösen.

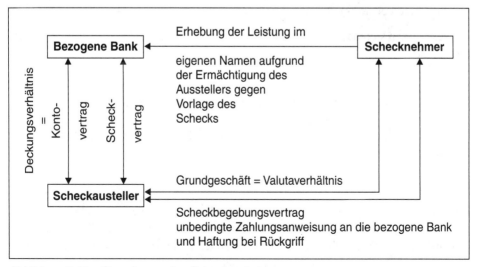

Abbildung 2-11: Grundlagen des Scheckverkehrs

Für die Zahlung des Schecks haftet der Aussteller; darin unterscheidet sich der Scheck von der Anweisung bürgerlichen Rechts. Jeder Vermerk, durch den der Aussteller seine Haftung ausschließt, gilt als nicht geschrieben. Die vorsätzliche Begebung ungedeckter Schecks stellt nach deutschem Recht einen Betrug dar und wird auch in anderen Ländern strafrechtlich verfolgt.

Es bestehen keine Rechtsbeziehungen der bezogenen Bank zum Scheckinhaber. Dem Scheckinhaber steht kein unmittelbarer Anspruch gegen die bezogene Bank zu. Die Bank kann den Scheck nicht akzeptieren; ein solcher Annahmevermerk auf einem Scheck gilt als nicht geschrieben (Art. 4 ScheckG). Als Annahme ist jede Erklärung des Bezogenen zu verstehen, durch die er sich zur Zahlung verpflichtet. Mit dem Akzeptverbot will das Gesetz verhindern, dass ein Scheck banknotenähnliche Wirkung erhält. Im Wirtschaftsleben wird der Scheck daher nur erfüllungshalber (§ 364 Abs. 2 BGB) und nicht an Erfüllungs Statt (§ 364 Abs. 1 BGB) entgegengenommen. Die Zahlung des Schuldners gegenüber dem Gläubiger gilt infolgedessen erst zu dem Zeitpunkt erbracht, zu dem der Scheck von der bezogenen Bank eingelöst worden ist.

Eine Ausnahme vom Akzeptverbot ist der **bestätigte Scheck** der Bundesbank gemäß § 23 BBankG. Die Bundesbank verpflichtet sich mit dem Bestätigungsvermerk, den auf sie gezogenen Scheck einzulösen. Gleichzeitig belastet sie den entsprechenden Betrag auf dem bei ihr geführten Konto des Antragstellers. Wird der Scheck innerhalb einer Frist von acht Tagen nicht vorgelegt, so erlischt damit die Verpflichtung der Bundesbank aus der Bestätigung; danach wird der Scheck bei der Vorlegung wie ein nicht bestätigter Scheck behandelt. Sofern der Scheck nach Ablauf von 15 Tagen noch nicht bei der bezogenen Stelle der Bundesbank zur Einlösung vorgelegt wurde, wird der Scheckbetrag dem Konto des Ausstellers wieder gutgeschrieben. Ein Bankkunde, der kein Konto bei der Bundesbank besitzt, kann sich von seiner Hausbank einen derartigen bestätigten Scheck beschaffen lassen.

Schecks lassen sich nach der Art der Weitergabe und nach der Art der Einlösung unterscheiden.

2.4.2.2 Orderscheck, Inhaberscheck und Rektascheck

Nach der Art der Weitergabe unterscheidet Art. 5 ScheckG zwischen Orderscheck, Inhaberscheck und Rektascheck.

Orderscheck

Der Scheck ist zunächst von Natur aus ein Orderpapier (= geborenes Orderpapier), das heißt, er kann an eine bestimmte Person mit oder ohne ausdrücklichen Vermerk „an Order" zahlbar gestellt werden. Er findet aber in dieser Form in Deutschland wenig Verwendung. Nur einige wenige große Unternehmen, die vorwiegend aus den USA kommen, lassen sich von ihrer Bank Orderschecks zur Verfügung stellen.

Die Übertragung des Orderschecks erfolgt durch **Einigung, Übergabe und Indossament**, das heißt, die Weitergabe an eine andere Person (Indossatar) wird vom Scheckinhaber (Indossant) auf der Rückseite des Schecks vermerkt. Das Indossament hat **Transportfunktion** (Art. 17 ScheckG), **Garantiefunktion** (Art. 18 ScheckG) und **Legitimationsfunktion** (Art. 19 ScheckG). Die bezogene Bank kann den Scheck nicht indossieren, weil sie aus ihm ja nicht haften soll; ihr Indossament wäre nichtig (Art. 15 Abs. 3 ScheckG). Ein Indossament an den Bezogenen hat weder Transport- noch Garantiefunktion, sondern gilt nur als Quittung (Art. 15 Abs. 5 ScheckG).

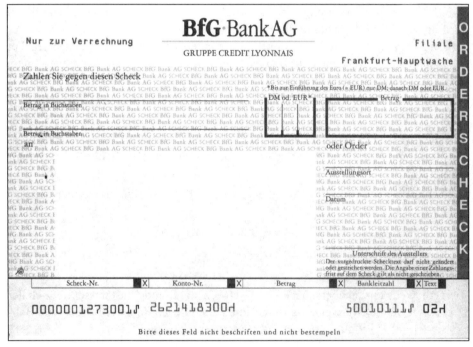

Abbildung 2-12: Orderscheck

Die bezogene Bank, die einen Orderscheck einlösen will, muss die Legitimation des Vorlegers prüfen. Die gesetzlichen Vorschriften für die Übertragung haben den Orderscheck zu einem schwerfälligen Instrument gemacht, der für den Massenverkehr ungeeignet ist. Im Abkommen über den Einzug von Schecks (Scheckabkommen) wurden infolgedessen Bestimmungen vereinbart mit dem Ziel, zumindest im Interbankverkehr die funktionelle Gleichstellung des Orderschecks mit dem Inhaberscheck herbeizuführen. Die wichtigsten drei Vereinbarungen in Abschnitt IV sind:

- Die erste mit dem Einzug beauftragte inländische Bank ist verpflichtet zu prüfen, dass der Einreicher durch eine ordnungsgemäße Indossamentenkette im Sinne von Art. 35 ScheckG legitimiert ist und dass der Einreicher ihr den Scheck durch Indossament ohne einschränkenden Zusatz übertragen hat.

- Die Rückseite des Orderschecks ist mit einem Stempel der ersten Inkassostelle zu versehen. Zur Übertragung der Scheckrechte genügt der nicht unterschriebene Stempelabdruck. Die in der Einzugskette dem Einreicherinstitut nachfolgenden Institute einschließlich der bezogenen Bank können Orderschecks dann wie Inhaberschecks behandeln. Die Banken sind sich darüber einig, dass dieser Stempelabdruck zwischen ihnen dasselbe Rechtsverhältnis begründen soll wie ein Treuhandindossament.

- Kreditinstitute dürfen Vordrucke für Orderschecks nur an Kunden abgeben, die sich durch eine Erklärung dazu verpflichtet haben, allen am Einzug beteiligten Banken für die Bezahlung der von ihnen ausgestellten Orderschecks einzustehen. Diese besondere Haftungserklärung ist erforderlich, weil die Weitergabemodalitäten zwischen den Banken nach dem Scheckabkommen nicht dem Scheckgesetz entsprechen.

Inhaberscheck

Soll sich die Weitergabe der Schecks nach anderen als den für Orderschecks geltenden Bestimmungen richten, so muss dies ausdrücklich auf der Scheckurkunde vermerkt sein:

- Enthält der Scheck keine Angaben über den Begünstigten (anonymer Scheck) oder
- lautet er auf den „Inhaber" (reine Inhaberklausel) oder
- ist ein Empfänger mit dem Zusatz „oder Überbringer" bezeichnet (Überbringerscheck),

so liegt jeweils ein Inhaberscheck vor. In Deutschland findet fast ausschließlich der Überbringerscheck Verwendung. Jeder Inhaber kann den Scheck einlösen, die Banken sind von der Pflicht der Legitimationsprüfung befreit.

Bei solchen Inhaberpapieren erfolgt die Eigentumsübertragung durch **Einigung und Übergabe** nach § 929 BGB. Ein Indossament ist nicht erforderlich. Dennoch lassen die Banken die ihnen eingereichten Inhaberschecks meistens vom Einreicher girieren. Diese Unterschrift macht zwar die Urkunde nicht zu einem Orderpapier, der Indossant haftet aber für die Einlösung entsprechend der im Scheckgesetz für den Fall des Rückgriffs vorgesehenen Bestimmungen (Garantiefunktion des Indossaments). Ein Firmenstempel auf der Rückseite des Schecks hingegen dient nur dem Zweck, den Lauf des Schecks im Falle der Nichteinlösung rekonstruieren zu können.

Rektascheck

Enthält der auf eine bestimmte Person ausgestellte Scheck den Vermerk „nicht an Order" (negative Orderklausel) oder einen gleichbedeutenden Vermerk, so wird er als Rektascheck bezeichnet. Dieser kann nur im Wege der Abtretung (Zession) weitergegeben werden (§§ 398 ff. BGB). Das Eigentum an der Scheckurkunde folgt der Abtretung nach § 952 BGB. Die Auszahlung beziehungsweise Gutschrift erfolgt an die im Text der Urkunde genannte Person.

2.4.2.3 Barscheck, Verrechnungsscheck, gekreuzter Scheck

Nach der Art der Einlösung unterscheidet das Scheckgesetz zwischen Barscheck, Verrechnungsscheck und gekreuztem Scheck.

Barscheck

Der Barscheck dient zu Barauszahlungen an den Kontoinhaber oder an einen Dritten. Sofern es sich dabei um einen Inhaberscheck handelt, wird die bezogene Bank grundsätzlich ohne Legitimationsprüfung bar auszahlen. **Der Verlust eines Barschecks bringt daher für den Inhaber die Gefahr einer missbräuchlichen Verwendung.** Zur Abwendung dieser Risiken hat der Inhaber die Möglichkeit, jeden Barscheck in einen Verrechnungsscheck umzuwandeln.

Verrechnungsscheck

Durch den quer über die Vorderseite gesetzten Vermerk **„Nur zur Verrechnung"** kann der Aussteller sowie jeder Scheckinhaber der bezogenen Bank untersagen, dass der Scheck bar bezahlt wird (Art. 39 ScheckG). In diesem Falle dürfen die Banken den Scheck nur im Wege der Gutschrift einlösen, das heißt das Konto des Scheckeinreichers erkennen. **Die Streichung des Vermerks „Nur zur Verrechnung" gilt als nicht erfolgt.**

Die missbräuchliche Verwendung eines Verrechnungsschecks ist zwar nicht ausgeschlossen, sie ist jedoch wesentlich dadurch erschwert, dass der Einreicher – sei er berechtigt oder nicht – stets ein Konto unterhalten muss, der betreffenden Bank mithin bekannt ist und somit ggf. auf Schadenersatz geklagt werden kann.

Da das Barauszahlungsverbot nur für die bezogene Bank gilt, können andere Banken den Scheck bar einlösen. Sie werden das aber nur tun, wenn die Bonität des Ausstellers und des Einreichers zweifelsfrei ist, da sie bei Nichteinlösung eventuell einen Schaden tragen müssten.

Gekreuzter Scheck

Das Wesen eines gekreuzten Schecks besteht darin, dass die Bank zwar zur Bareinlösung berechtigt ist, jedoch nur an bestimmte Personen mit befreiender Wirkung geleistet werden kann. Die Kreuzung erfolgt durch zwei gleichlaufende Striche auf der Vorderseite des Schecks. Sie ist **allgemein**, wenn zwischen den beiden Strichen keine Angabe oder die Bezeichnung „Bankier" oder ein gleichbedeutender Vermerk steht; sie ist eine **besondere**, wenn der Name eines Bankiers zwischen die beiden Striche gesetzt ist. Die allgemeine Kreuzung kann in eine besondere, nicht aber die besondere Kreuzung in eine allgemeine umgewandelt werden. Die Streichung der Kreuzung oder des Namens des bezeichneten Bankiers gilt als nicht erfolgt.

Ein allgemein gekreuzter Scheck darf vom Bezogenen nur an einen Bankier oder an einen Kunden des Bezogenen bar bezahlt werden. Ein besonders gekreuzter Scheck darf vom Bezogenen nur an den bezeichneten Bankier oder, wenn dieser selbst der Bezogene ist, an dessen Kunden bar bezahlt werden.

Diese im Scheckgesetz enthaltenen Bestimmungen sind zwar noch nicht in Kraft getreten, gleichwohl kommen gekreuzte Schecks im Verkehr mit dem Ausland vor. Sie sind im Inland als Verrechnungsschecks zu behandeln.

2.4.2.4 Scheckinkasso und Scheckeinlösung

Das Inkassoverfahren beginnt damit, dass die Schecks von Kunden, auf Einreicherlisten zusammengestellt, ihrer Hausbank zum Inkasso eingeliefert werden. Dies ist rechtlich keine Vorlegung zur Zahlung, sondern ein Einziehungsauftrag. Im Allgemeinen wird den Kunden der Gegenwert sofort auf ihrem Konto Eingang vorbehalten (E. v.) gutgeschrieben. Die Wertstellung erfolgt, je nach der voraussichtlichen Laufzeit des Schecks, zum wahrscheinlichen Einlösungstag. Dabei sind für die Kreditinstitute Valutierungsgewinne möglich. Danach laufen die Schecks von der Einreicherbank im Einzugsweg zur Bank des Ausstellers; Schecks auf Beträge bis unter 5.000 DM ausgestellt sind beleglos einzuziehen. Die erste Inkassostelle ist verpflichtet, einen Indossierstempel anzubringen, um die Abwicklung von Eilnachrichten bei der Nichteinlösung von Schecks zu erleichtern.

Der Scheck ist aufgrund des Akzeptverbots nach Art. 4 ScheckG kein Kreditpapier, sondern ein Zahlungspapier; es ist daher bei Sicht zahlbar, das heißt zum Zeitpunkt der Vorlage bei der bezogenen Bank (Art. 28 Abs. 1 ScheckG). Ein Scheck, der vor Eintritt des auf ihm angegebenen Ausstellungstages zur Zahlung vorgelegt wird (= vordatierter Scheck), ist am Tage der Vorlegung zahlbar (Art. 28 Abs. 2 ScheckG). Das bedeutet, dass der Scheckberechtigte ohne weiteres eine Vereinbarung mit dem Aussteller über eine spätere Vorlage verletzen kann und die bezogene Bank berechtigt ist, den vordatierten Scheck einzulösen. Insofern hat die Vordatierung keine rechtliche Bedeutung.

Andererseits ist die Umlaufzeit des Schecks von der Ausstellung bis zur Einlösung durch Vorlegungsfristen begrenzt. Die **gesetzlichen Vorlegungsfristen,** innerhalb der ein Scheck der bezogenen Bank zur Einlösung vorzulegen ist, betragen nach Art. 29 ScheckG

- für Inlandsschecks acht Tage,
- für Schecks aus dem europäische Ausland und aus außereuropäischen Mittelmeerländer 20 Tage und
- für Schecks aus sonstigen Ländern anderer Erdteile 70 Tage.

Die **scheckrechtliche Bedeutung der Vorlegungsfristen** liegt darin, dass

- der Scheckinhaber sich durch die rechtzeitige Scheckvorlage die scheckrechtlichen Rückgriffsansprüche gegen Indossanten und Aussteller sichert (nach Ablauf gehen diese Ansprüche verloren) und
- die bezogene Bank dem Aussteller gegenüber zur Einlösung verpflichtet ist, sofern der Scheck ordnungsgemäß ausgestellt wurde und Kontodeckung vorhanden ist (nach Ablauf besteht nach Art. 32 Abs. 2 ScheckG keine Verpflichtung mehr).

Auch wenn nach Art. 32 Abs. 1 ScheckG der Widerruf eines Schecks erst nach Ablauf der Vorlegungsfrist wirksam ist, sind die Banken aufgrund der BGH-Rechtsprechung verpflichtet, den Widerruf des Kunden jederzeit zu beachten. Dem steht der Sinn und Zweck des Art. 32 Abs. 1 ScheckG nicht entgegen, da dieser nicht den Scheckinhaber, sondern die Bank vor Schadenersatzansprüchen schützen soll, wenn sie trotz einer vor Ablauf der Vorlegungsfrist erfolgten Widerrufs gezahlt hat.

Die Einlösung eines Schecks durch die bezogene Bank hat zur Folge, dass die scheckrechtliche Verpflichtung des Ausstellers ebenso wie seine Zahlungsverpflichtung aus dem zugrundeliegenden Schuldverhältnis erlischt. Eingelöste Schecks können nicht mehr zurückbelastet werden. Für die Möglichkeit, Schecks zurückzugeben, ist also der Zeitpunkt entscheidend, zu dem ein Scheck als eingelöst angesehen werden kann. Dieser Zeitpunkt ist weiterhin dafür entscheidend, wie lange der Aussteller den Scheck noch sperren kann, um seine Einlösung zu verhindern.

Eine Belastung kann spätestens am zweiten Bankarbeitstag nach der Belastungsbuchung rückgängig gemacht werden (Nr. 9 Abs. 2 ABG-Banken). Mit dieser Klausel ist ein einheitlicher Zeitpunkt für die Einlösung eines Schecks festgelegt worden. Keine Einlösungswirkung ist daraus abzuleiten, dass die bezogene Bank die Rückgabe- oder Benachrichtigungsfristen nach den Bestimmungen des Scheckabkommens versäumt. Etwas anderes gilt nur bei Barschecks.

Empfangsberechtigt ist grundsätzlich der Inhaber des Schecks, bei einem Orderscheck die im letzten Indossament namentlich bezeichnete Person. Der Bezogene ist in diesem Falle verpflichtet, die Ordnungsmäßigkeit der Indossamentenkette, nicht aber die Unterschriften der Indossanten zu prüfen. Die Scheckeinlösung bildet den Abschluss des gesamten Zahlungsvorgangs, damit erlischt auch die schuldrechtliche Forderung im Valutaverhältnis. Die bezogene Bank kann vom Inhaber des Schecks im Falle einer Bareinlösung die Aushändigung des quittierten Schecks verlangen (Art. 34 ScheckG).

2.4.2.5 Nichteinlösung und Rückgriff

Die Einlösung eines Schecks **kann verweigert** werden, wenn

- der Aussteller nicht genügend Deckung auf seinem Konto hat,
- die Vorlegungsfrist verstrichen ist (in der Bankpraxis unüblich).

Die Einlösung eines Schecks **muss verweigert** werden, wenn

- der Scheck vom Aussteller gesperrt wurde,
- der Scheck Formfehler aufweist,
- ein offensichtlich Nichtberechtigter Auszahlung verlangt.

Für die Rechtsstellung des Scheckinhabers ist es gleichgültig, warum die Bank einen vorgelegten Scheck nicht bezahlt. Der Scheckinhaber hat keinen Anspruch gegen die bezogene Bank aus dem Scheck. Im Falle der Nichteinlösung eines rechtzeitig vorgelegten Schecks hat der Scheckinhaber gegen den Aussteller (Art. 12 ScheckG), Indossanten (Art. 18/20 ScheckG) und Scheckbürgen (Art. 27 ScheckG) unter folgenden Voraussetzungen scheckrechtliche Regressansprüche.

Voraussetzungen:

1. Es muss ein **formgültiger Scheck** vorliegen.
2. Der Scheckinhaber muss **anspruchsberechtigt** sein. Beim Inhaberscheck folgt aus dem Besitz der Urkunde die Vermutung für das Eigentum an der Urkunde und die Vermutung, dass dem Inhaber die im Scheck verkörperten Ansprüche zustehen. Die formelle Legitimation nach Art. 19 ScheckG braucht man nur für den Orderscheck.
3. Es muss eine **Scheckverpflichtung** vorliegen. Der äußere Verpflichtungstatbestand folgt aus der Unterschrift der Aussteller, Indossanten bzw. Scheckbürgen.
4. Die Zahlungsverweigerung muss **förmlich festgestellt** worden sein.

Bei Versäumung der Vorlegungsfrist gehen alle Rückgriffsforderungen – mit Ausnahme des Scheckbereicherungsanspruchs (Art. 58 ScheckG) – verloren. Die Scheckansprüche sind unabhängig von den Ansprüchen aus dem Grundgeschäft. Für die Scheckrechte gilt Scheckrecht, für die Grundforderung bürgerliches Recht.

Wird der Scheck nicht eingelöst, so erhält er auf der Vorderseite den **Nichtbezahlungsvermerk,** der am linken Rand des Schecks, quer zum Text, angebracht wird. Er hat zum Beispiel folgendes Aussehen:

> „Vorgelegt am ... und nicht bezahlt".
> Frankfurt am Main, den 7. Juni 2000
> Name der Bank und Unterschrift

Der Scheckinhaber kann seine Regressansprüche aus dem Scheck im Scheckprozess geltend machen (§ 605 a ZPO). Ähnlich wie die Wechselklage führt dieser verhältnismäßig schnell zu einem vollstreckbaren Titel.

Nicht eingelöste Schecks sind von der bezogenen Bank gemäß **Scheckabkommen** spätestens an dem auf den Tag der Vorlage (Eingangstag) folgenden Bankarbeitstag mit dem Vorlegungsvermerk versehen im GSE-Verfahren an die erste Inkassostelle zurückzuleiten. Rückrechnungen aus dem BSE-Verfahren sind spätestens an dem auf den Eingangstag der Scheckdaten folgenden Bankarbeitstag beleglos an die erste Inkassostelle zu leiten.

Bei Nichteinlösung eines Schecks im Betrag von 5.000 DM und darüber ist die erste Inkassostelle unmittelbar spätestens an dem auf den Eingangstag folgenden Bankarbeitstag bis spätestens 14.30 Uhr auf telekommunikativem Weg zu benachrichtigen (Eilnachricht). Die **Eilnachricht** hat den Scheckbetrag sowie die Schecknummer, die Kontonummer des Scheckausstellers und die Bankleitzahl des bezogenen Kreditinstituts zu enthalten. Ferner soll ein eventuell vorhandenes Merkmal zur Identifizierung des Scheckeinreichers (zum Beispiel Kontonummer, Stempelnummer mit Bearbeitungstag) angegeben werden.

Die **erste Inkassostelle** ist verpflichtet, nicht eingelöste und mit einem Vorlegungsvermerk versehene Schecks zurückzunehmen, und zwar gleichgültig, auf welchem Weg die Schecks zurückgesandt worden sind, sowie Rückrechnungen der Zahlungsvorgänge aus dem BSE-Verfahren aufzunehmen.

Die Teileinlösung eines Schecks ist möglich. Im Falle der Teilzahlung kann der Bezogene verlangen, dass dies auf dem Scheck vermerkt und dem Bezogenen eine Quittung erteilt wird. In der Praxis werden die Kreditinstitute jedoch nur dann eine Teileinlösung vornehmen, wenn der Aussteller gesondert und im Einzelfall einen Auftrag dazu erteilt hat.

Die Rückgriffsansprüche des Inhabers gegen Aussteller, Indossanten und anderen Scheckverpflichteten verjähren in **sechs Monaten** vom Ablauf der Vorlegungsfrist (Art. 52 ScheckG).

Nach dem Scheckgesetz im Verhältnis aller Scheckbeteiligten untereinander	Nach dem Scheckabkommen nur im Verhältnis der Kreditinstitute untereinander
Voraussetzungen für den Rückgriff – Der rechtzeitig vorgelegte Scheck wurde nicht eingelöst. – Die Verweigerung der Zahlung wurde festgestellt 1. durch eine öffentliche Urkunde **(Protest)** oder 2. durch eine datierte **Vorlegungserklärung** des Bezogenen mit Angabe des Vorlegungstages **Rückgabeweg** Der Rückgabeweg ist nicht festgelegt. **Benachrichtigungspflicht** – Der Scheckinhaber hat die Pflicht, seinen unmittelbaren Vormann sowie den Aussteller innerhalb von **vier Werktagen** zu benachrichten. – Jeder Indossant hat seinen Vormann innerhalb von zwei Werktagen zu benachrichtigen. Die Scheckbedingungen (Nr. 4) sehen vor, dass die Benachrichtigung des Ausstellers gemäß Art. 42 ScheckG nicht vom letzten Scheckinhaber, sondern von der bezogenen Bank erfolgt. **Umfang der Rückgriffsansprüche** Der Scheckinhaber hat Anspruch auf – die Schecksumme – Zinsen in Höhe von 2 Prozent über dem Basiszinssatz, mindestens jedoch 6 Prozent, gerechnet vom Vorlegungstage an – ⅓ Prozent Provision von der Schecksumme – Ersatz von Protestkosten und anderen Auslagen **Haftung** Alle Scheckverpflichteten haften dem Scheckinhaber gesamtschuldnerisch. **Verjährung** – Rückgriffsansprüche des Scheckinhabers gegen die Scheckverpflichteten (Aussteller, Indossanten, Bürgen) verjähren sechs Monate nach Ablauf der Vorlegungsfrist. – Rückgriffsansprüche eines Scheckverpflichteten gegenüber anderen Scheckverpflichteten verjähren sechs Monate nach dem Tag, an dem er selbst den Rückscheck eingelöst hat oder Ansprüche gegen ihn gerichtlich geltend gemacht wurden.	**Voraussetzungen für die Rückgabe** Der vorgelegte Scheck bzw. der BSE-Datensatz wurde nicht eingelöst. – **Schecks ab 5.000 DM:** Die Nichteinlösung wird durch folgenden Nicht-Bezahlt-Vermerk des bezogenen Kreditinstituts auf dem Scheck festgestellt: „Vorgelegt am ... und nicht bezahlt." Ort, Datum, Name und Unterschrift des bezogenen Kreditinstituts – **BSE-Schecks:** Die erste Inkassostelle bestätigt im Auftrag der bezogenen Bank die Nichteinlösung durch folgenden Vermerk: „Vom bezogenen Kreditinstitut am ... nicht bezahlt." **Rückgabeweg und -frist** Das bezogene Kreditinstitut hat wie folgt zu verfahren: – Körperlich vorgelegte Schecks (ab 5.000 DM), die nicht eingelöst werden, sind spätestens an dem auf den Tag der Vorlage (Eingangstag) folgenden Bankarbeitstag an die erste Inkassostelle im GSE-Verfahren zurückzuleiten. Die Rückschecks sind in Retourenhüllen mit dem Textschlüssel 09 beizulegen. – Bei BSE-Schecks (unter 5.000 DM) ist der Datensatz für die beleglose Rückrechnung spätestens an dem auf den Eingangstag der Scheckdaten folgenden Bankarbeitstag an die erste Inkassostelle zu leiten. **Benachrichtigungspflicht** Bei Schecks von 5.000 DM und darüber ist die 1. Inkassostelle durch **Eilnachricht** bis spätestens 14.30 Uhr an dem auf den Tag der Vorlage (Eingangstag) folgenden Geschäftstag auf telekommunikativem Wege zu benachrichtigen. **Umfang der Rückgriffsansprüche** Die bezogene Bank hat Anspruch auf – die Schecksumme – ein Entgelt in Höhe von höchstens 10 DM – einen Zinsausgleich bei Schecks im Betrag von 20.000 DM und darüber in Höhe des Basiszinssatzes, sofern der Wertstellungsverlust mindestens 60 DM beträgt **Haftung** Die 1. Inkassostelle ist verpflichtet (auch bei Verletzung des Abkommens durch die bezogene Bank), nicht eingelöste und mit dem Vorlegungsvermerk versehene Schecks zurückzunehmen sowie Rückrechnungen der Zahlungsvorgänge aus dem BSE-Verfahren aufzunehmen. Die Rücknahmepflicht besteht unbeschadet etwaiger Schadenersatzansprüche.

Abbildung 2-13: Rückgriff/Rückgabe nicht eingelöster Schecks

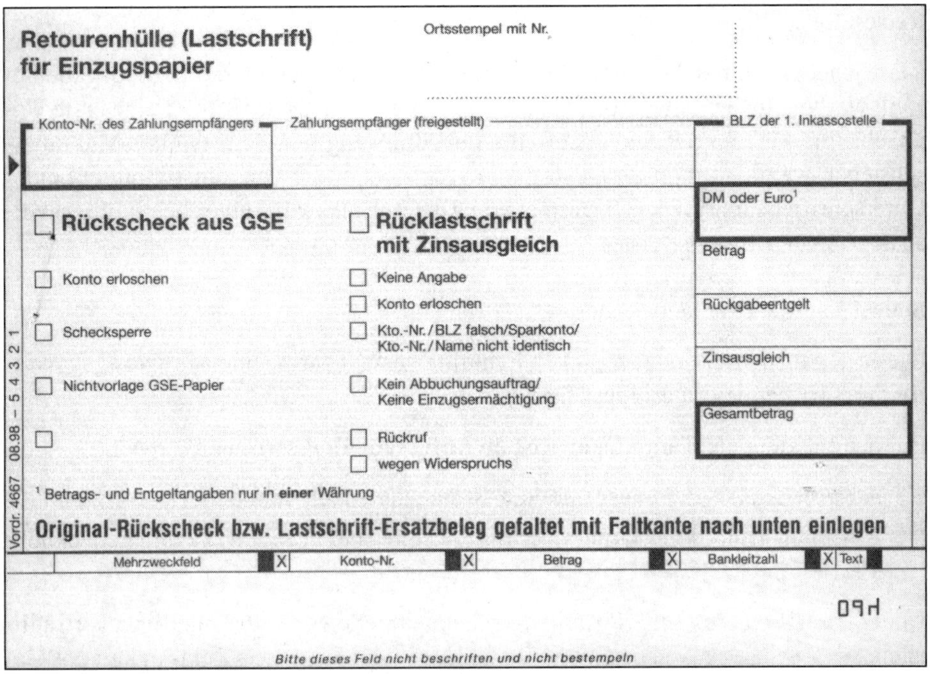

Retourenhülle (Lastschrift)
für Einzugspapier

Ortsstempel mit Nr.

Konto-Nr. des Zahlungsempfängers — Zahlungsempfänger (freigestellt) — BLZ der 1. Inkassostelle

☐ Rückscheck aus GSE

☐ Konto erloschen

☐ Schecksperre

☐ Nichtvorlage GSE-Papier

☐

☐ Rücklastschrift mit Zinsausgleich

☐ Keine Angabe

☐ Konto erloschen

☐ Kto.-Nr. / BLZ falsch/Sparkonto/ Kto.-Nr. / Name nicht identisch

☐ Kein Abbuchungsauftrag/ Keine Einzugsermächtigung

☐ Rückruf

☐ wegen Widerspruchs

DM oder Euro[1]

Betrag

Rückgabeentgelt

Zinsausgleich

Gesamtbetrag

[1] Betrags- und Entgeltangaben nur in **einer** Währung

Vordr. 4667 08.98 – 5 4 3 2 1

Original-Rückscheck bzw. Lastschrift-Ersatzbeleg gefaltet mit Faltkante nach unten einlegen

Mehrzweckfeld | X | Konto-Nr. | X | Betrag | X | Bankleitzahl | X | Text

09H

Bitte dieses Feld nicht beschriften und nicht bestempeln

Abbildung 2-14: Retourenhülle (Lastschrift) für Einzugspapier

2.4.2.6 Maßnahmen zur Förderung des Scheckverkehrs

Zur weiteren Verbreitung von Scheckzahlungen sind die Banken bestrebt, das Risiko für die Scheckinhaber so gering wie möglich zu gestalten. Dabei haben sie die gesetzlichen Vorschriften zu beachten, die den Scheck zu einem reinen **Umlaufpapier** machen. Im Gegensatz zum Wechsel beschränkt sich die wirtschaftliche Bedeutung des Schecks auf seine Verwendung als Zahlungsmittel. Das Scheckgesetz soll den Scheck dem Zahlungsverkehr vorbehalten und seine Verwendung für Kreditzwecke verhindern. Das soll mit dem **Akzeptverbot** und mit der **Möglichkeit der sofortigen Vorlage** erreicht werden.

Das Akzeptverbot und die Rückgriffserschwernisse sind psychologische Hemmnisse für die Zahlung mittels Scheck, sodass der Scheck zunächst nicht die den Banken erwünschte und dem Publikum bequeme Verbreitung gefunden hat. Um eine Ausweitung des Scheckverkehrs zu erreichen, war es notwendig, den Scheck mit einer Einlösungsgarantie zu verbinden. So entstand– neben dem **Reisescheck** – der **Scheckkartenscheck** oder **eurocheque**.

Reisescheck

Reiseschecks können bei allen Banken erworben und müssen bei der Ausgabe bezahlt werden. In Gegenwart des Schaltermitarbeiters muss der Käufer eine erste Unterschrift auf jedem Scheck leisten. Bei der Einlösung muss ein zweites Mal unterschrieben werden, und die Zahlstelle ist verpflichtet, die Übereinstimmung beider Unterschriften zu prüfen. Bei Verlust von Reiseschecks wird unter bestimmten Voraussetzungen Ersatz geleistet.

Scheckkartenscheck/eurocheque

Die ec-Karte in ihrer ursprünglichen Funktion besteht darin, eine **Einlösungsgarantie** für eurocheques zu ermöglichen.

Bei der Nutzung als Garantiekarte ist **zu unterscheiden** zwischen

- Ansprüchen aus dem ausgestellten eurocheque nach dem Scheckgesetz und
- Ansprüchen aus dem Garantievertrag zwischen bezogener Bank und Schecknehmer.

Der **Garantievertrag** schafft für den Schecknehmer einen selbstständigen vertraglichen Anspruch gegen die bezogene Bank. Gegen die rechtliche Zulässigkeit des Garantievertrages können sich Bedenken aus Art. 4 ScheckG und aus § 23 BBankG ergeben. Nach allgemeiner Auffassung ist eine außerhalb des Schecks abgegebene vertragliche Einlösungsverpflichtung der bezogenen Bank rechtlich zulässig (zum Beispiel Schuldübernahme, Garantievertrag). Bei der Garantiezusage handelt es sich nicht um eine Haftung aus dem Scheck, sondern um eine außerhalb des Schecks gegebene selbstständig verpflichtende Einlösungszusage der bezogenen Bank (vgl. § 305 BGB: Grundsatz der Vertragsfreiheit).

Der Garantievertrag kommt mit dem ersten Schecknehmer zustande, wobei der Scheckaussteller als Vertreter der bezogenen Bank auftritt. Weitere Scheckerwerber können den außerhalb des Schecks begründeten Anspruch aus dem Garantievertrag nur durch Abtretung nach § 398 BGB erwerben, wobei diese Abtretung konkludent in der Übertragung des garantierten Schecks liegt.

Die ec-Karte ist ein von der Bank ausgestellter Ausweis, mit dem Namen des Kontoinhabers, der Konto- und Kartennummer, der Gültigkeitsdauer und der Unterschrift des Kunden. Alle im Zusammenhang mit der ec-Karte begebenen eurocheques sind bis zu einen Höchstbetrag von 400 DM beziehungsweise zu einem entsprechenden Gegenwert in ausländischer Währung garantiert. Die ec-Karte ist zwei Jahre gültig.

Der eurocheque ist eine Sonderform des Überbringerschecks. Er hat ein international standardisiertes Format und eine einheitliche Farbe. Im Betragsfeld ist statt „DM" die Bezeichnung „Währung" vermerkt. Der eurocheque erfährt gegenüber einem

„normalen" Scheck insoweit eine Änderung, als auf der Rückseite derjenigen Schecks, die im Zusammenhang mit der ec-Karte verwendet werden, die Nummer der Scheckkarte angegeben wird. Dieser Vermerk ist Wirksamkeitsvoraussetzung für die Scheckgarantie.

Ausgabe und Verwendungsmöglichkeiten der ec-Karte

Eine wichtige Frage bei der Ausgabe von ec-Karten ist die Auswahl der Personen, für die die betreffende Bank die Einlösung der Schecks Dritten gegenüber garantiert. Wenn auch die Garantie für den Einzelscheck auf 400 DM begrenzt ist, so darf doch nicht übersehen werden, dass mit der Ausgabe von maximal 10 Vordrucken (wie empfohlen) sich der Garantiebetrag bereits auf 4.000 DM beläuft. Die **Bedingungen für ec-Karten** sehen zwar nur Verfügungen im Rahmen des Kontoguthabens oder eines vorher für das Konto eingeräumten Kredits vor. Das bezogene Institut muss aber damit rechnen, dass trotzdem debitorische Verfügungen vorkommen, zu deren Abdeckung der Kunde in Einzelfällen nicht in der Lage sein könnte. Eine Bank wird daher die Ausgabe von ec-Karten auf kreditwürdige Kunden beschränken. Ob es andererseits aber sinnvoll ist, für jeden einzelnen Interessenten eine umfassende **Bonitätsprüfung** durchzuführen, muss zumindest fraglich erscheinen, weil man ja andererseits die Verbreitung der ec-Karte fördern möchte.

Die Ausgabe einer ec-Karte an einen **Bevollmächtigten** ist auf Wunsch des Kontoinhabers ohne weiteres möglich. Ebenso können bei Gemeinschaftskonten in Form von Oder-Konten die Einzelverfügungsberechtigten jeweils für sich eine Scheckkarte erhalten. Lediglich bei Und-Konten sind die Kreditinstitute aus technischen Gründen gezwungen, auf die Ausgabe von Scheckkarten zu verzichten.

Der Verwendungsbereich der ec-Karte ist im europäischen eurocheque-System weiterentwickelt worden. Die ec-Karte wird von den Banken in Europa und in den außereuropäischen Mittelmeerländern anerkannt. In diesen Ländern kann der Scheck auch in den jeweiligen Landeswährungen ausgestellt werden. Das eurocheque-System hat sich inzwischen zu einem der größten supranationalen Zahlungssystemen der Welt entwickelt und wird von der Europay International S. A. in Brüssel getragen, an der die GZS beteiligt ist.

Seit 1981 wird im ec-Verkehr zwischen **Kartenländern und Akzeptländern** unterschieden:

- In den **Aktiv- oder Kartenländern** werden eurocheques nur noch in der jeweiligen Landeswährung ausgestellt. Sie können dort sowohl bei Banken zur Bargeldbeschaffung als auch in Hotels, Läden, Tankstellen usw. zur bargeldlosen Bezahlung verwendet werden. Pro Scheck wird ein Gegenwert von etwa 400 DM gewährleistet. Auszahlungen erfolgen ohne Abzug von Gebühren. Gebühren werden erst bei der Umrechnung in Deutschland berechnet.

160 Leistungen und Dienstleistungen der Kreditinstitute

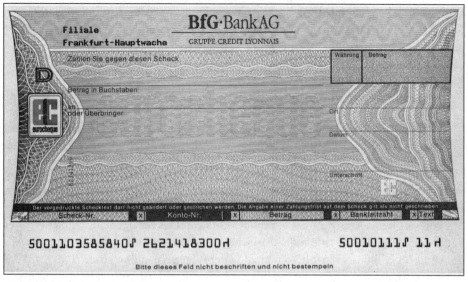

Abbildung 2-15: ec-Scheck

- In den **Passiv- oder Akzeptländern** werden eurocheques nur in der Währung des Heimatlandes ausgestellt, das heißt, deutsche Touristen und Geschäftsreisende können nur DM-Schecks ausstellen. Grundsätzlich können diese Schecks nur bei Banken zur Bargeldbeschaffung eingelöst werden, die bei der Auszahlung sofort Gebühren abziehen. In Deutschland wird der DM-Scheckbetrag ohne weitere Gebührenberechnung belastet.

Die im Ausland ausgestellten Fremdwährungs-eurocheques bis zum Gegenwert von 2.000 DM werden zentral über die **GZS** in Frankfurt am Main eingezogen, die als deutsche ec-Verrechnungsstelle fungiert. Die eurocheques werden hier erfasst und zum Devisenbriefkurs des Vortages umgerechnet. Der Betrag wird beleglos per Lastschrift eingezogen. Dem Scheckaussteller werden 1,75 Prozent des Scheckbetrages als Gebühr berechnet, mindestens 2,50 DM, maximal 12 DM. Davon erhält 1,6 Prozent die ausländische Bank und 0,15 Prozent die GZS. Fremdwährungs-eurocheques, deren Beträge über umgerechnet 2.000 DM hinausgehen, sind von dem vereinfachten GZS-Verfahren ausgeschlossen.

Einlösung der mit ec-Karte begebenen eurocheques

Die bezogene Bank garantiert den Scheckbetrag bis zur Höhe von 400 DM nur, wenn folgende **Garantievoraussetzungen** erfüllt sind:

1. Name des Kreditinstituts, **Unterschrift** sowie **Konto- und Kartennummer** auf eurocheque und ec-Karte müssen übereinstimmen.

2. Die **ec-Kartennummer** muss auf der Rückseite der eurocheques vermerkt sein.

3. Das **Ausstellungsdatum** des eurocheques muss innerhalb der Gültigkeitsdauer der ec-Karte liegen.

4. Ein im Inland ausgestellter eurocheque muss **binnen acht Tagen, ein im Ausland ausgestellter Scheck binnen 20 Tage seit dem Ausstellungstag vorgelegt werden (Garantiefrist).** Die Frist ist gewahrt, wenn der eurocheque innerhalb dieser Fristen der bezogenen Bank vorgelegt, einer inländischen Bank zum Inkasso eingereicht oder der Gesellschaft für Zahlungssysteme (GZS) zugeleitet worden ist.

Die Scheckeinlösung erfolgt dann unabhängig von Kontodeckung oder Schecksperre oder sogar von der fehlenden Befugnis des Ausstellers zur Begebung des ec-Schecks.

Sollte durch Verlust oder Diebstahl ein Unberechtigter in den Besitz der Scheckkarte und des Scheckheftes kommen und diese missbräuchlich benutzen, so müssen die ausgestellten Schecks innerhalb von acht Tagen zu Lasten des betreffenden Kunden immer dann eingelöst werden, wenn die Prüfung des Schecks durch den Schecknehmer keine Beanstandungen ergeben hat. Die Einlösung muss selbst dann erfolgen, wenn der Bank der Verlust angezeigt worden ist oder wenn eine Kontovollmacht der Bank gegenüber widerrufen wurde.

Im Hinblick auf die Verlustgefahr ist die Scheckkarte also – gegenüber dem normalen Scheckverkehr – für den Kontoinhaber mit einem erheblich größeren Risiko belastet, weshalb der Kunde zur getrennten Verwahrung von ec-Karte und eurocheque-Vordrucken ausdrücklich verpflichtet ist (II/Nr. 7 ec-Karten-Bedingungen). Sollte durch Verlust von ec-Karte und eurocheque-Vordrucken ein Schaden entstehen, so tritt die Bank ein, wenn der Kunde alle Pflichten erfüllt hat. Bei leichter Fahrlässigkeit des Karteninhabers tritt zu 90 Prozent die Bank ein. Hat der Karteninhaber seine Pflichten grob fahrlässig verletzt, so trägt er den entstandenen Schaden in vollem Umfang. Bei Verlust von ec-Karte und/oder eurocheque-Vordrucken sind die Kunden verpflichtet, ihre Bank unverzüglich zu benachrichtigen (ggf. den Zentralen Annahmedienst für Verlustmeldungen bei der Servodata in Frankfurt am Main unter der Rufnummer 0180-5021021).

Europay International S. A. hat beschlossen, die ec-Kartengarantie zum Ende des Jahres 2001 abzuschaffen. Ab diesem Datum entfällt somit die bisherige Garantie bis zu 400 DM pro eurocheque. Die ec-Karte – ursprünglich als Garantiekarte für den eurocheque konzipiert – hat sich schrittweise zu einer Multifunktionskarte entwickelt. Mit ihr kann heute in vielfältiger Weise Bargeld bezogen oder auch direkt bezahlt werden, auch ohne den eurocheque, der hierfür viele Jahre lang erforderlich war. Der Handel hat sein Missfallen über den eurocheque oft mit Prädikaten wie „umständlich", „zeitraubend" und „zu teuer" kundgetan. „Stirbt der eurocheque?" Die mit dieser Schlagzeile verbundene Frage wurde bereits 1993 anlässlich des 25-jährigen Jubiläums des ec-Systems aufgeworfen. Das Kundenverhalten bestätigt, dass die ec-Kartengarantie mit zunehmender Marktdurchsetzung mit GA- und POS-Terminals entbehrlich wird. Eine Aufrechterhaltung dieses Services bei immer geringerer Nutzung wäre betriebswirtschaftlich nicht vertretbar.

2.4.3 Lastschrift

2.4.3.1 Begriff und Verwendungsmöglichkeiten

Die Lastschrift ist eine „Innovation" des Kreditgewerbes. Ihr Anteil am Zahlungsverkehr beträgt etwa 40 Prozent bezogen auf die Stückzahl.

> **DEFINITION**
>
> Die **Lastschrift** ist ein vom Gläubiger (Zahlungsempfänger) ausgestelltes Einzugspapier oder beleglos erstellter Datensatz, mit dem er über seine Hausbank (Inkassobank, erste Inkassostelle) bei der Bank des Schuldners (Zahlstelle) fällige Forderungen unter der Voraussetzung einzieht, dass der Schuldner (Zahlungspflichtiger) mit dem Lastschriftverfahren einverstanden ist.

Mit dem Lastschriftverfahren wird der Einzug von **periodisch fälligen Geldforderungen (Beiträgen, Mieten, Gebühren)** vereinheitlicht und rationalisiert. Mit Lastschriften können nur fällige Forderungen eingezogen werden, sodass sie stets bei Vorlage zahlbar sind; etwa angegebene Fälligkeitsdaten und Wertstellungen bleiben unbeachtet. Der Zahlungsempfänger (Gläubiger) trifft für die Durchführung des Lastschrifteinzugs mit seiner Bank (erste Inkassostelle) regelmäßig eine schriftliche Vereinbarung. Die Zuverlässigkeit des Zahlungsempfängers ist wegen der Missbrauchsmöglichkeiten eine wichtige Voraussetzung für seine Zulassung zum Lastschriftverkehr.

Die Vorteile für den **Gläubiger** bestehen vor allem darin, dass er den Zeitpunkt der Zahlung selbst bestimmt (erleichterte Disposition) und somit weiß, wann er über die entsprechenden Gegenwerte verfügen kann (verbesserte Liquidität), und dass ihm durch ein vereinfachtes Buchungsverfahren spürbare Kosteneinsparungen möglich sind (außerdem Wegfall der Überwachung des Zahlungseinzugs und des Mahnwesens).

Bankdienstleistungen rund um den Zahlungsverkehr

Der **Schuldner** andererseits spart sich die Mühe, seine Zahlungstermine überwachen sowie Überweisungen/Schecks ausstellen zu müssen. Allerdings wird er in seinen Dispositionen eingeschränkt, weil der Zeitpunkt der Belastung nicht von ihm, sondern vom Gläubiger bestimmt wird.

2.4.3.2 Organisation des Lastschriftverfahrens

Um im Kreditgewerbe einheitliche Verfahrensregeln sowie Rechts- und Haftungsverhältnisse für die Abwicklung der Lastschrift zu schaffen, ist das **Abkommen über den Lastschriftverkehr** abgeschlossen worden. Danach ist die Teilnahme am Lastschriftverkehr nach **zwei vertraglichen Konstruktionen** vorgesehen:

- **Einzugsermächtigungsverfahren:** Der Zahlungsempfänger wird vom Zahlungspflichtigen schriftlich ermächtigt, auf ihn Lastschriften zu ziehen (Kennzeichnung mit Textschlüssel 05).

- **Abbuchungsverfahren:** Der Zahlungspflichtige erteilt seiner Bank (Zahlstelle) einen schriftlichen Auftrag zugunsten des Empfängers zur Einlösung auf ihn gezogener Lastschriften (Kennzeichnung mit Textschlüssel 04).

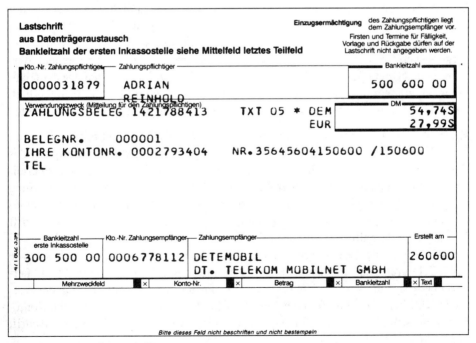

Abbildung 2-16: Lastschrift

Für beide Verfahren ist die Einwilligung des Zahlungspflichtigen (Schuldners) erforderlich. Dieses Einverständnis ist entweder gegenüber dem Zahlungsempfänger oder gegenüber der Zahlstelle schriftlich bis auf Widerruf zu erklären (Ausnahme von der Schriftform bei Einzugsermächtigungen: Einmaleinzüge bis zu 100 DM). Bei Einzugsermächtigungslastschriften steht es im Ermessen der ersten Inkassostelle, ob sie auch die tatsächliche Erteilung einer schriftlichen Einzugsermächtigung prüfen will. Die Einräumung eines solchen Ermessens beruht darauf, dass die erste Inkassostelle grundsätzlich das Risiko eines etwaigen Widerspruchs des Zahlungspflichtigen beziehungsweise des Nichtbestehens einer Einzugsermächtigung trägt.

Das **Einzugsermächtigungsverfahren** ist für typische Massengeschäfte gedacht, bei denen ein feststehendes, auf Dauer angelegtes Vertragsverhältnis vorliegt (zum Beispiel Versicherungsvertrag). Demgegenüber dient das **Abbuchungsverfahren** dem kommerziellen Zahlungsverkehr mit größeren Beträgen; ein typisches Beispiel dafür ist der Einzug von Kaufpreisforderungen einer Mineralölgesellschaft aus Lieferungen an Tankstelleninhaber. Das Einzugsermächtigungsverfahren ist für die Banken rationeller als das Abbuchungsverfahren, da hier keine Prüfungspflichten bestehen. Beim Abbuchungsverfahren ist von der Zahlstelle bei jeder Abbuchungslastschrift das Vorliegen eines Abbuchungsauftrages zu prüfen. Das Einzugsermächtigungsverfahren hat in der Praxis die weitaus größere Bedeutung erlangt.

Der Abbuchungsauftrag wird wie ein Zahlungsauftrag behandelt. Ein Widerruf der Lastschrift ist daher nach der Einlösung nicht mehr möglich. Rechtlich liegt eine Weisung (§ 665 BGB) im Rahmen des mit der Bank abgeschlossenen Geschäftsbesorgungsvertrages (§ 675 BGB) vor, die die Bank ermächtigt, mit befreiender Wirkung an den genannten Gläubiger (§ 362 Abs. 2, § 185 BGB) zu leisten. Da der Gläubiger schon innerhalb kurzer Zeit Gewissheit über die endgültige Einlösung erhält, eignet sich dieses Verfahren für den Einzug von Forderungen aus dem Warenverkehr.

Hinsichtlich der Einzugsermächtigung vertritt der BGH die Genehmigungstheorie. Danach enthält die Einzugsermächtigung nicht gleichzeitig die Ermächtigung des Zahlungspflichtigen, der Zahlstelle als seinem Kreditinstitut eine Weisung zu erteilen. Die Kontobelastung seitens der Zahlstelle erfolgt vielmehr ohne weitere Prüfung lediglich aufgrund einer Weisung der ersten Inkassostelle beziehungsweise eines zwischengeschalteten Instituts. Dem Zahlungspflichtigen stellt sich dieser Eingriff in sein Konto deshalb erst einmal als bloßer – ohne Weisung erfolgter – Buchungsakt dar, der ohne seine Genehmigung keine rechtlichen Wirkungen hat. Daher ist – wie der BGH durch den von ihm benutzten Terminus „Widerspruchsmöglichkeit" hervorhebt – der Widerspruch gegen eine Kontobelastung im Ergebnis nichts anderes als die in Nr. 11 Abs. 4 AGB-Banken geregelte Einwendung. Bis der Kunde die Kontobelastung akzeptiert – was zumeist stillschweigend geschieht – ist die Lastschrift durch ihn nicht eingelöst.

Bankdienstleistungen rund um den Zahlungsverkehr 165

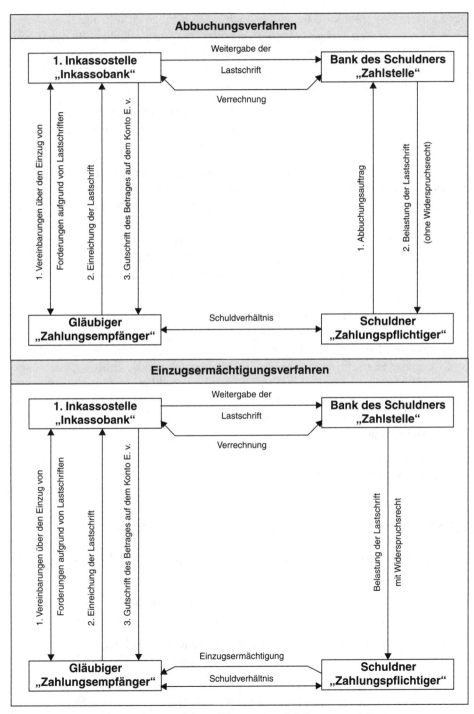

Abbildung 2-17: Abbuchungsverfahren/Einzugsermächtigungsverfahren

Der Lastschriftverkehr wird heute nur noch beleglos abgewickelt. Kunden können deshalb Lastschriften auch auf Magnetband oder Diskette einreichen. Beleghaft eingereichte Lastschriften sind von der ersten Inkassostelle elektronisch im EZL-Verfahren auszuführen. Die erste Inkassostelle schreibt den Gegenwert der von ihr einzuziehenden Beträge dem Einreicher E. v. gut.

Die Zahlstelle hat dem Zahlungspflichtigen unverzüglich nach Belastung seines Kontos den Betrag, Verwendungszweck und Namen des Zahlungsempfängers entsprechend der getroffenen Absprache mitzuteilen.

Lastschriften sind nicht schon mit der Durchführung der technischen Buchung als eingelöst anzusehen, sondern erst dann, wenn die Zahlstelle ihren Einlösungswillen nach außen kundgetan hat. Darauf kommt es deswegen an, weil in der Praxis Lastschriften zunächst ohne Deckungsprüfung gebucht werden, da es einfacher ist, die Minderzahl der nicht einzulösenden Lastschriften nachträglich auszusortieren. In Nr. 9 Abs. 2 AGB-Banken heißt es hierzu: „Lastschriften und Schecks sind eingelöst, wenn die Belastungsbuchung nicht spätestens am zweiten Bankarbeitstag nach ihrer Vornahme rückgängig gemacht wird."

Mit der Einlösung der Lastschrift wird die Gutschrift auf dem Konto des Gläubigers endgültig. Als Zeitpunkt der Forderungserfüllung gilt bei Lastschriften also im Abbuchungs- und Einzugsermächtigungsverfahren gleichermaßen der Zeitpunkt der Einlösung der Lastschrift. Das Lastschriftabkommen enthält ein Rückbelastungsrecht der Zahlstelle, sofern ihr bei Widerspruch des Schuldners der Lastschriftgegenwert verlorengeht. Deshalb ist die Erfüllung beim Einzugsermächtigungsverfahren, bei dem ein Widerspruch noch möglich ist, zweckmäßig als auflösend bedingte Erfüllung zu bezeichnen.

Bestätigungen über die Einlösung von Lastschriften werden nicht erteilt. Teileinlösungen sind unzulässig.

2.4.3.3 Nichteinlösung/Widerspruch von Lastschriften

Nach dem Lastschriftabkommen ist die **Rückgabe von Lastschriften** zulässig (Abschnitt II Nr. 1):

- weil sie unanbringlich sind (zum Beispiel Konto erloschen),
- weil auf dem Konto des Zahlungspflichtigen keine Deckung vorhanden ist oder
- weil bei Abbuchungslastschriften der Zahlstelle kein Abbuchungsauftrag vorliegt.

Die Zahlstelle muss nach BGH den Lastschriftschuldner über die Nichteinlösung der Lastschrift unverzüglich unterrichten; die Nachricht ist spätestens gleichzeitig mit der Rückgabe der Lastschrift abzusenden.

Bei Lastschriften, die als **Einzugsermächtigungslastschriften** gekennzeichnet sind, hat die Zahlstelle aufgrund des Lastschriftabkommens gegen die erste Inkassostelle einen Anspruch auf Rückvergütung, wenn der **Kunde der Belastung binnen sechs Wochen widerspricht.** Diese Lastschriften sind mit einem Vermerk der Zahlstelle zu versehen, aus dem der Widerspruch sowie der Belastungs- und Rückgabetag zu entnehmen sind. Die Zahlstelle ist nicht verpflichtet zu prüfen, ob der Widerspruch im Verhältnis zum Zahlungsempfänger berechtigt ist. Nach Ablauf von sechs Wochen können – sofern der Kontoinhaber seiner unverzüglichen Prüfungs- und Rügepflicht nach Nr. 11 Abs. 4 AGB-Banken nachgekommen ist – nur noch unberechtigt eingereichte Lastschriften zurückgegeben werden, sodass insoweit die Berechtigung der Rückgabe zu prüfen ist (vgl. Abschnitt III Nr. 2, Satz 2 i. V. m. Abschnitt I Nr. 5 des Lastschriftabkommens).

Rücklastschriften sind beleglos zurückzugeben. Lediglich im Falle einer Zinsausgleichsrechnung ist ein Rückrechnungsbeleg zulässig. Die Zahlstelle kann ein Rücklastschriftentgelt von höchstens 7,50 DM berechnen. Bei Beträgen von 20.000 DM und darüber besteht bei Wertstellungsverlusten von 60 DM oder mehr ein Anspruch auf Zinsausgleich (Basiszinssatz).

Bei beleghaften Rücklastschriften ist der Ersatzbeleg mit dem Vermerk zu versehen:

> „Vorgelegt am ... und nicht bezahlt."
>
> oder
>
> „Belastet am ... zurück wegen Widerspruchs"
> Name der Zahlstelle, Ort und Datum der Ausfertigung

Der Vermerk braucht nicht unterschrieben zu werden.

Die **Rückgabe der Lastschriten** hat bis spätestens an dem auf den Tag des Eingangs folgenden Geschäftstag zu erfolgen. Vorgeschrieben sind ferner Eilnachrichten bei Beträgen ab 2.000 DM. Die **Eilnachricht** ist spätestens an dem auf den Tag des Eingangs folgenden Geschäftstag bis spätestens 14.30 Uhr unmittelbar gegenüber der ersten Inkassostelle auf telekommunikativem Wege abzugeben. Eine Eilnachricht muss auch dann abgegeben werden, wenn im Einzugsermächtigungsverfahren der Zahlungspflichtige einer Lastschriftbelastung bei Beträgen ab 2.000 DM widerspricht. Mit diesen kurzen Fristen wird erreicht, dass die erste Inkassostelle frühzeitig über die Nichteinlösung von Lastschriften unterrichtet wird, um entsprechende Kontodispositionen zu treffen, gegebenenfalls also Verfügungen durch den Zahlungsempfänger verhindern zu können. Der dem Begünstigten bei Einreichung der Lastschrift unter Vorbehalt des Eingangs gutgeschriebene Betrag ist bis zur Einlösung der Lastschrift von seiner Bank ohne weiteres zu stornieren.

Nach dem Lastschriftabkommen sind für die Zahlstelle die Rückgabe- und Rückrechnungswege ausdrücklich freigestellt worden. Damit soll erreicht werden, dass die Rückgabe durch eine Prüfung des Einzugsweges nicht unnötig verzögert wird.

Die erste Inkassostelle ist – auch bei Verletzung des Abkommens durch die Zahlstelle und unbeschadet etwaiger Schadenersatzansprüche – verpflichtet, nicht eingelöste beziehungsweise wegen Widerspruchs des Zahlungspflichtigen zurückgegebene Lastschriften zurückzunehmen und wieder zu vergüten. Sie darf diese Lastschriften nicht erneut zum Einzug geben.

Wegen der Rücknahmeverpflichtung für unbezahlte Lastschriften und der Schadenshaftung für unberechtigt ausgestellte Lastschriften nach dem Einzugsermächtigungsverfahren sind die Inkassostellen bestrebt, nur von Kunden unzweifelhafter Bonität Lastschriften zum Einzug entgegenzunehmen und mit diesen eine schriftliche Vereinbarung zu treffen. Die Spitzenverbände des Kreditgewerbes haben einen Mustertext für eine Vereinbarung zwischen der ersten Inkassostelle und dem Zahlungsempfänger über den Einzug von Forderungen mittels Lastschriften formuliert, und zwar sowohl für das Einzugsermächtigungsverfahren als auch für die Abbuchungslastschriften.

2.4.4 Wechsel

> **DEFINITION**
>
> Der **gezogene Wechsel** ist eine Urkunde, die die unbedingte Anweisung des Ausstellers (Gläubiger) an den Bezogenen (Schuldner) enthält, eine bestimmte Geldsumme bei Fälligkeit an die im Wechsel genannte Person oder deren Order zu zahlen. Die Urkunde muss im Text als Wechsel bezeichnet sein und gilt kraft Gesetzes als geborenes Orderpapier und abstraktes Forderungspapier. Der Wechsel wird mittels Indossament übertragen.

Der gezogene Wechsel ist eine Zahlungsanweisung. Akzeptiert der Bezogene den Wechsel, tritt zu der Zahlungsanweisung ein unbedingtes, abstraktes Zahlungsversprechen. Der Wechsel ist ein Wertpapier, das eine selbstständige Zahlungsverpflichtung enthält. Alle im Wechsel verkörperten Rechte können nur von demjenigen geltend gemacht werden, der sein Eigentumsrecht am Papier nachweist: „Dem Recht am Papier folgt das Recht aus dem Papier."

Der Wechsel unterliegt der Wechselstrenge. Jeder, der seinen Namen auf einen Wechsel setzt, haftet für dessen Annahme und Einlösung. Der Wechselprozess ermöglicht eine rasche Durchsetzung der Wechselforderung.

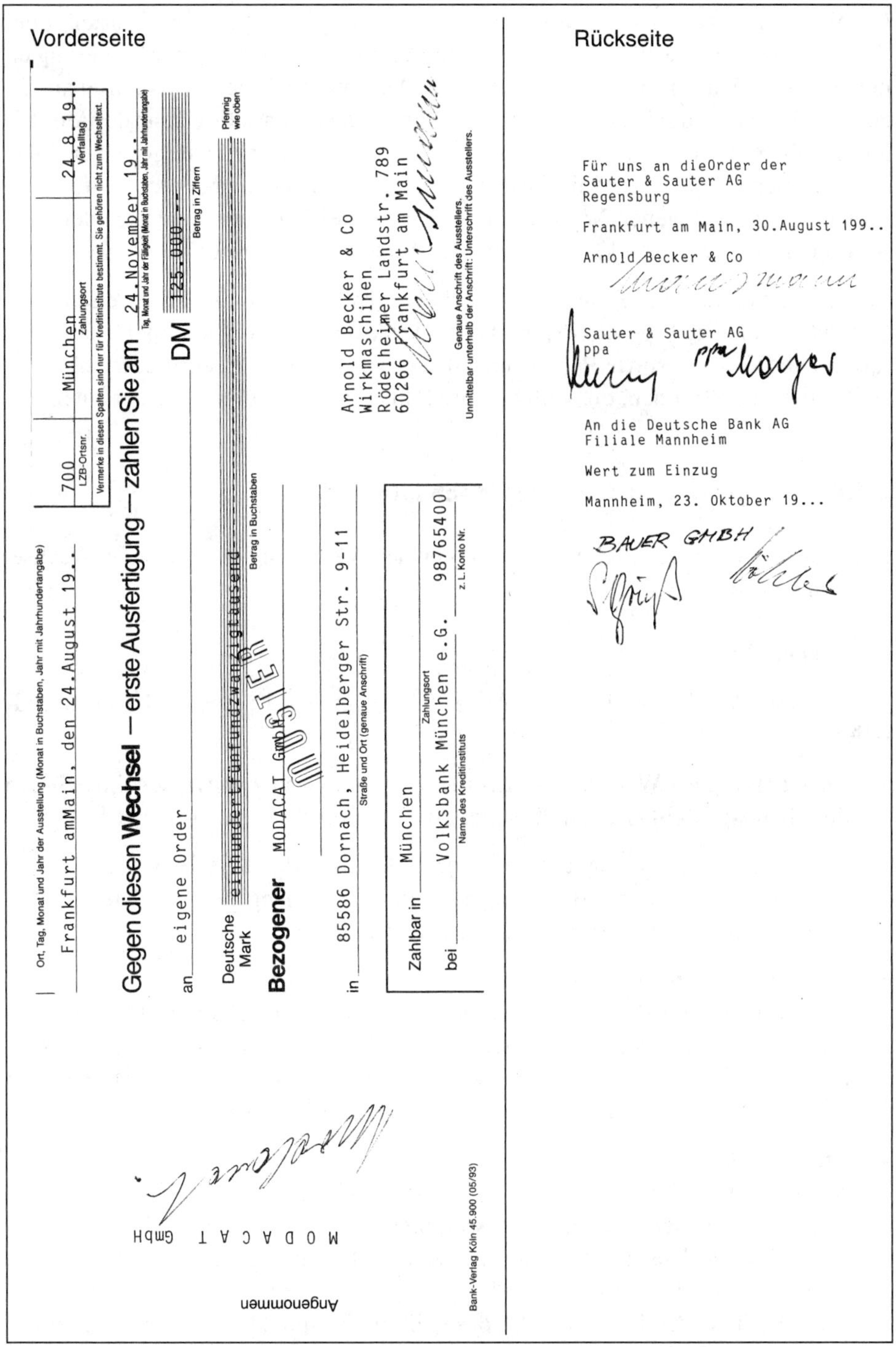

Bankdienstleistungen rund um den Zahlungsverkehr 169

Vorderseite

Ort, Tag, Monat und Jahr der Ausstellung (Monat in Buchstaben, Jahr mit Jahrhundertangabe)
Frankfurt am Main, den 24. August 19...

Gegen diesen **Wechsel** — erste Ausfertigung — zahlen Sie am 24. November 19...
Tag, Monat und Jahr der Fälligkeit (Monat in Buchstaben, Jahr mit Jahrhundertangabe)

an eigene Order

Deutsche einhundertfünfundzwanzigtausend
Mark   Betrag in Buchstaben

Bezogener MODACAT GmbH MUSTER

in 85586 Dornach, Heidelberger Str. 9-11
   Straße und Ort (genaue Anschrift)

Zahlbar in München
                   Zahlungsort

bei Volksbank München e.G.   98765400
    Name des Kreditinstituts   z.L. Konto Nr.

24.8.19..
München
Zahlungsort
Verfalltag
Vermerke in diesen Spalten sind nur für Kreditinstitute bestimmt. Sie gehören nicht zum Wechseltext.

DM 125.000,—
Betrag in Ziffern
Pfennig wie oben

700
LZB-Ortsnr.

Arnold Becker & Co
Wirkmaschinen
Rödelheimer Landstr. 789
60266 Frankfurt am Main
Genaue Anschrift des Ausstellers.
Unmittelbar unterhalb der Anschrift: Unterschrift des Ausstellers.

MODACAT GmbH
Angenommen

Bank-Verlag Köln 45.900 (05/93)

Rückseite

Für uns an die Order der
Sauter & Sauter AG
Regensburg

Frankfurt am Main, 30. August 199..

Arnold Becker & Co

Sauter & Sauter AG
ppa

An die Deutsche Bank AG
Filiale Mannheim

Wert zum Einzug

Mannheim, 23. Oktober 19...

BAUER GMBH

Abbildung 2-18: Gezogener Wechsel

Ein Wechsel entsteht häufig aufgrund eines Handelsgeschäftes. Der Aussteller des Wechsels hat dem Bezogenen Ware geliefert und zieht in Höhe seiner Forderung einen Wechsel (Tratte) auf ihn. Der Bezogene (Akzeptant) nimmt den Wechsel an, akzeptiert ihn also und schickt das Akzept zurück. Statt an sich selbst, kann der Aussteller die Übersendung an einen Dritten – zum Beispiel seinen Gläubiger – verfügen. Das Akzept wird in diesem Falle an den Dritten (Wechselnehmer oder Remittent) geschickt. Beim gezogenen Wechsel können also drei Personen eingeschaltet sein. Aussteller und Remittent können aber auch personengleich sein.

Voraussetzung für die Teilnahme am Wechselverkehr ist die Wechselfähigkeit (Wechselrechts- und -geschäftsfähigkeit). Wechselrechtsfähig sind natürliche und juristische Personen sowie Personenhandelsgesellschaften. Wechselgeschäftsfähig sind natürliche Personen, die vollgeschäftsfähig sind, und juristische Personen.

2.4.4.1 Formen und Arten des Wechsels

Das Wechselgesetz kennt zwei Grundformen des Wechsels: den gezogenen Wechsel und den eigenen Wechsel.

Gezogener Wechsel

Der gezogene Wechsel enthält nach Art. 1 WG folgende acht **gesetzlichen Bestandteile:**

1. **Bezeichnung als Wechsel im Text der Urkunde, und zwar in der Sprache, in der sie ausgestellt ist;** zum Beispiel „Bill of Exchange", „Lettre de Change".

2. **Unbedingte Anweisung, eine bestimmte Geldsumme zu zahlen**
   Ist die Wechselsumme in Buchstaben und in Ziffern angegeben, so gilt bei Abweichungen die in Buchstaben angegebene Summe.

3. **Name dessen, der zahlen soll (Bezogener)**
   Hat der Bezogene die Zahlungsverpflichtung durch seine Unterschrift auf dem Wechsel angenommen (akzeptiert), wird er Akzeptant genannt. Gibt der Aussteller sich selbst als Bezogener an, so spricht man von einem **trassiert-eigenen** Wechsel. Fehlt die Angabe des Bezogenen, ist der Wechsel nichtig.

4. **Angabe der Verfallzeit**
   Nach Art. 33 WG sind folgende vier Arten von Verfallzeiten zu unterscheiden:
   – der **Tagwechsel** ist an einem bestimmten Kalendertag fällig;
   – der **Datowechsel** ist eine bestimmte Zeit nach dem Tage der Ausstellung fällig (zum Beispiel „3 Monate dato");
   – der **Sichtwechsel** ist bei Sicht, das heißt im Zeitpunkt der Vorlegung, fällig;

- der **Nachsichtwechsel** ist eine bestimmte Zeit nach Sicht, also nach Vorlegung fällig (zum Beispiel „14 Tage nach Sicht"), das Akzept ist daher zu datieren. Sicht- und Nachsichtwechsel müssen innerhalb eines Jahres zur Einlösung vorgelegt werden, falls der Aussteller nicht eine kürzere Frist vorschreibt.

Ein Wechsel ohne Angabe der Verfallzeit gilt als Sichtwechsel.

5. **Angabe des Zahlungsortes**
   Wechselschulden sind Holschulden, das heißt, der Wechsel muss bei Fälligkeit grundsätzlich beim Bezogenen eingezogen werden. Er kann aber auch bei einem Dritten (zum Beispiel einem Kreditinstitut) oder an einem anderen Ort zahlbar gestellt werden. Es ist daher zu unterscheiden zwischen dem **Zahlstellenwechsel**, der bei einem Dritten einzulösen ist, und dem **Domizilwechsel,** bei dem der Zahlungsort nicht mit dem Wohnort des Bezogenen identisch ist. Fehlt die Angabe eines Zahlungsortes, so gilt der bei dem Namen des Bezogenen angegebene Ort als Zahlungsort. Fehlt er auch dort, ist der Wechsel nichtig.

6. **Name dessen, an den oder an dessen Order gezahlt werden soll**
   (Wechselnehmer, Remittent)
   Der Aussteller hat die Möglichkeit, den Wechsel zu seinen Gunsten auszustellen („eigene Order") oder einen Wechselnehmer einzusetzen („fremde Order"). Hat der Aussteller die Worte „nicht an Order" oder einen gleichbedeutenden Vermerk aufgenommen, so kann der Wechsel nur noch in der Form einer Abtretung (Zession) übertragen werden **(Rektawechsel)**.

7. **Angabe des Ausstellungstages und -ortes**
   Ein Wechsel ohne Angabe des Ausstellungsortes gilt als ausgestellt an dem Orte, der bei dem Namen des Ausstellers angegeben ist. Fehlt er auch dort, gilt die Urkunde nicht als gezogener Wechsel. Beim Fehlen des Ausstellungstages liegt ebenfalls kein Wechsel vor.

8. **Unterschrift des Ausstellers**
   Mit seiner Unterschrift haftet der Aussteller für die Annahme und die Zahlung des Wechsels (Art. 9 Abs. 1 WG). Durch die **Angstklausel** („ohne Gewähr" oder „ohne Obligo") kann er nur seine Haftung für die Annahme ausschließen, nicht jedoch für die Zahlung des Wechsels (Art. 9 Abs. 2 WG).

Für einen gezogenen, aber nicht akzeptierten Wechsel findet der Ausdruck **„Tratte"** Verwendung, während ein angenommener (akzeptierter) Wechsel kurz als **„Akzept"** bezeichnet wird.

Eigener Wechsel (Solawechsel)

Im Gegensatz zum gezogenen Wechsel enthält der eigene Wechsel das **Versprechen des Ausstellers**, an den genannten Wechselnehmer oder an dessen Order zu einem genau festgelegten Termin eine bestimmte Geldsumme zu zahlen. Hinsichtlich der gesetzlichen Wechselbestandteile unterscheidet sich der Solawechsel vom gezogenen Wechsel dadurch, dass die Angabe eines Bezogenen entfällt und in der Urkunde keine Anweisung, sondern ein unbedingtes Zahlungsversprechen gegeben wird (vgl. Art. 75 WG). Der Solawechsel ist in Deutschland verhältnismäßig selten. Er kommt als Depotwechsel vor und ersetzt hier den Schuldschein. Die gleiche Wirkung wie mit einem Solawechsel kann mit einem gezogenen Wechsel erzielt werden, wenn dieser auf den Aussteller selbst gezogen wird (trassiert-eigener Wechsel).

Das Wechselgesetz schreibt eine bestimmte Form des Wechsels oder gar einen bestimmten Wechselvordruck nicht vor. Dennoch werden nur genormte Wechselvordrucke verwendet, um den auf äußeren Mängeln beruhenden Schwierigkeiten im Wechselverkehr zu begegnen und um eine rationellere Bearbeitung der Wechsel zu ermöglichen. Außerdem schreibt die Bundesbank für die bei ihr einzureichenden Wechsel ein bestimmtes Formular vor (**Normblatt DIN 5004**).

Zur Erleichterung des Wechselverkehrs hat es sich als zweckmäßig erwiesen, neben den gesetzlichen Bestandteilen weitere **kaufmännische Bestandteile** im Wechseltext aufzunehmen. Das Normblatt DIN 5004 enthält folgende kaufmännische Vermerke:

1. **Wiederholung des Verfalltages und des Zahlungsortes** in der rechten oberen Ecke des Wechsels,

2. **Angabe der Ortsnummer** des Zahlungsortes am oberen Rand des Wechsels neben dem Zahlungsort,

3. **Duplikatklausel** „Erste Ausfertigung", „Zweite Ausfertigung" usw. im Wechseltext, die dann erforderlich ist, wenn mehrere Ausfertigungen eines Wechsels vorhanden sind,

4. **Wiederholung der Wechselsumme** in Ziffern,

5. **Anschrift des Ausstellers,** um Protestbenachrichtigung und Regress zu erleichtern,

6. **Domizil- oder Zahlstellenvermerk,** der angibt, an welchem Ort oder bei welcher Bank der Wechsel zur Zahlung vorgelegt werden soll. Wechsel ohne Zahlstellen- oder Domizilvermerk verursachen beim Einzug höhere Kosten.

7. **Wechselkopiernummer,** welche die Banken zu Kontrollzwecken anbringen.

In der **kaufmännischen Praxis** haben sich eine Reihe von Begriffen herausgebildet, die ganz bestimmte Arten von Wechseln charakterisieren. Hier eine Übersicht:

- **Warenwechsel oder Handelswechsel** dienen der Finanzierung eines Waren- oder Dienstleistungsgeschäftes.

- **Umkehrwechsel** (Scheck-Wechsel-Verfahren) dienen zur Senkung der Finanzierungskosten. Um die vom Lieferanten angebotene Skonto-Inanspruchnahme zur Verbilligung des Kaufpreises nutzen zu können, übersendet der Käufer jenem am Fälligkeitstag einen Scheck zum Ausgleich der Warenforderung. Zusammen mit dem Scheck überreicht der Käufer einen bereits akzeptierten Wechsel, den der Lieferant mit der Ausstellerunterschrift versieht und an den Käufer zurückschickt. Der Lieferant reicht den Scheck zur Gutschrift auf sein Konto bei seiner Bank ein, der Käufer lässt den Wechsel diskontieren und beschafft sich damit das zur Einlösung des Schecks erforderliche Guthaben (Akzeptkredit = Kreditgewährung an den Akzeptanten). Am Fälligkeitstag wird der Wechsel vom Käufer eingelöst.

- **Finanzwechsel** dienen der Geldbeschaffung.

- Ein **Bankakzept** ist ein von Kreditinstituten akzeptierter Wechsel.

- **Debitorenziehungen** sind von Banken auf Kreditnehmer gezogene Wechsel.

- **Depotwechsel** oder Kautionswechsel sind Akzepte von Kreditnehmern, die von der Bank als Wechselnehmer zum Zwecke der Sicherstellung ihrer Forderungen in Verwahrung genommen werden und nicht zum Umlauf bestimmt sind; derartige Wechsel geben der Bank die Möglichkeit, ihre Ansprüche im Wechselprozess rasch durchzusetzen. Depotwechsel haben auch häufig die Form eines Solawechsels und tragen in vielen Fällen eine Rektaklausel.

- **Gefälligkeitswechsel** sind Finanzwechsel, die aus Gefälligkeit akzeptiert wurden und nicht dem Akzeptanten, sondern dem Aussteller zur Geldbeschaffung dienen; der Bezogene geht davon aus, dass der Wechsel am Fälligkeitstage nicht von ihm eingelöst zu werden braucht, sondern dass die Einlösung durch den Wechselaussteller erfolgt.

2.4.4.2 Wirtschaftliche Funktionen des Wechsels

Zahlungsmittelfunktion: Sie steht historisch gesehen an erster Stelle, ist allerdings heute ohne Bedeutung. Die Zahlung mit Wechsel erfolgt nur erfüllungshalber (§ 364 Abs. 2 BGB). Das Schuldverhältnis bleibt bei Übergabe des Akzepts an den Aussteller bestehen, es erlischt erst mit der Einlösung des Wechsels durch den Bezogenen.

Kreditfunktion: Sie ist heute die **wichtigste Funktion** im Wirtschaftsleben. Eine Kreditgewährung ergibt sich daraus, dass durch das Akzept die effektive Zahlung des

Bezogenen um die Laufzeit des Wechsels hinausgeschoben wird. Der Kunde akzeptiert einen Wechsel des Lieferanten (Ausstellers), den er erst bei Fälligkeit einzulösen braucht, sodass er ihn oft bereits mit dem Erlös aus dem Warenverkauf abdecken kann. Weitere Kreditbeziehungen entstehen, wenn der Wechselnehmern den Wechsel weitergibt. Das wichtigste Beispiel hierfür bildet der **Diskontkredit** der Banken, der nicht dem Hauptschuldner (Akzeptanten), sondern dem Einreicher (Remittent oder Indossatar) eingeräumt wird.

Refinanzierungsfunktion: Der Wechsel als Kreditmittel basiert zu einem großen Teil darauf, dass sich die Unternehmen mit Hilfe von Abschnitten erster Bonität fast jederzeit refinanzieren können. Die Refinanzierungsfunktion der Wechsel beruht auf ihrer **Eignung für die Diskontierung** durch Kreditinstitute. Für die Banken besteht ihrerseits wieder die Möglichkeit, Abschnitte, die besondere Erfordernisse erfüllen, bei der Bundesbank als Sicherheit einzureichen.

Sicherungsfunktion: Sie steht im Zusammenhang mit den beiden letzterwähnten Funktionen. Die Sicherheit beruht auf der **wechselrechtlichen Strenge,** nämlich der Bindung an feste Formen und Regeln und insbesondere der Loslösung von dem zugrundeliegenden Rechtsgeschäft (Kausalgeschäft). Mit jeder Weitergabe verbessert sich die Sicherheit des Wechsels, da jeder Indossant für die Einlösung des Wechsels haftet.

Geldanlagefunktion: Sie ist eine Ergänzung zur Refinanzierungsfunktion. Dadurch, dass gute Wechsel jederzeit zur Refinanzierung verwendet werden können und sie außerdem Erträge in Form des Wechseldiskonts erbringen, stellen sie eine geeignete Anlage vorübergehend freier Geldmittel dar.

Währungspolitische Funktion: Zu Beginn des 19. Jahrhunderts wurde die Bedeutung des Wechsels für die Währungspolitik erkannt. Die Vertreter der Banking-Theorie waren der Ansicht, dass eine elastische Anpassung des Zahlungsmittelumlaufs an die Bedürfnisse der Wirtschaft am besten durch eine Notenausgabe aufgrund eingereichter Handelswechsel gewährleistet würde. Die währungspolitische Funktion des Wechsels wurde darin erblickt, dass durch den automatischen Rückfluss des Wechselkredits eine Regulierung des Notenumlaufs entsprechend der Entwicklung des Handelsvolumens zu erwarten sei. In der heutigen **Währungspolitik im Rahmen des ESZB** spielt der Wechsel nur noch eine untergeordnete Rolle. Lediglich die Bundesbank nimmt zur Besicherung von Offenmarkt- und Übernachtkrediten Handelswechsel zum Pfand herein.

2.4.4.3 Annahme, Übertragung und Einlösung des Wechsels

Der gezogene Wechsel ist auf die **Annahme durch den Bezogenen** gerichtet. Mit der Annahme des Wechsels verpflichtet sich der Bezogene, die Wechselsumme zu zahlen (Zahlungsversprechen): Der Bezogene wird Hauptschuldner aus dem Wechsel und die Tratte wird zum Akzept (vgl. Art. 28 WG). Die Annahmeerklärung wird durch das Wort **„angenommen"** oder ein gleichbedeutendes Wort auf den Wechsel gesetzt und ist vom Bezogenen **handschriftlich** zu unterschreiben; die bloße Unterschrift auf der Vorderseite gilt als Annahme (Art. 25 Abs. 1 WG). Ein Zwang zur Annahme besteht nicht; ein diesbezüglicher Anspruch ergibt sich jedoch im Allgemeinen aus dem Grundgeschäft (Kausalverhältnis).

Jeder Wechselinhaber ist berechtigt, den Wechsel bis zum Verfall dem Bezogenen an seinem Wohnort zur Annahme vorzulegen, es sei denn, dass der Aussteller eine besondere Weisung erteilt hat. Einzelheiten zum **Vorlegungsgebot** und **Vorlegungsverbot** sind in Art. 22 WG geregelt.

Ein **Blankoakzept** ist die Annahmeerklärung auf einem leeren Wechselformular, das später vom Aussteller oder einem Indossanten ausgefüllt wird. Der Akzeptant haftet dem gutgläubigen Erwerber eines solchen Wechsels gegenüber für den ausgefüllten Betrag, auch wenn dieser höher als vereinbart sein sollte.

Der Inhaber des Wechsels kann ihn als Zahlungsmittel an seinen Gläubiger weiterreichen, falls dieser damit einverstanden ist. Die Weitergabe erfolgt durch eine Übertragungserklärung auf der Rückseite (**„Indossament" oder „Giro"**). Der Übertragende ist der Indossant, der Empfänger der Indossatar. Das Indossament kommt in **zwei Grundformen** vor:

- als **Vollindossament,** das zum Beispiel folgenden Wortlaut hat:

Für uns an die Order der Kreditbank Kassel
Kassel, den 8.3.2000

Bernhard Schmidt (Unterschrift)

- als **Blankoindossament,** das lediglich aus der Unterschrift des Indossanten besteht

Während also beim Vollindossament der Begünstigte als solcher bezeichnet wird, hat der spätere Inhaber eines blankoindossierten Wechsels die Möglichkeit,

- das Blankoindossament durch Einsetzen seines Namens in ein Vollindossament umzuwandeln oder

- den Wechsel im Wege der **Blankotradition durch einfache Übergabe** an einen Dritten zu übertragen und sich damit jeder wechselrechtlichen Verpflichtung zu entziehen; das Papier ist praktisch – nicht rechtlich – zu einem Inhaberpapier geworden.

Mit Ausnahme des Rektawechsels kann jeder Wechsel durch Indossament übertragen werden, auch wenn er nicht ausdrücklich an Order lautet (geborenes Orderpapier). Das Indossament muss unbedingt sein; Teilindossamente sind nichtig; ein Indossament an den Inhaber gilt als Blankoindossament (Art. 12 WG).

Das Indossament hat drei Funktionen:

- **Übertragungs- oder Transportfunktion:** Das Indossament überträgt alle Wechselrechte auf einen Dritten (Art. 14 WG).

- **Haftungs- oder Garantiefunktion:** Der Indossant haftet – sofern ein entgegenstehender Vermerk nicht vorhanden ist (Angstindossament) – für die Annahme und die Zahlung (Art. 15 WG).

- **Ausweis- oder Legitimationsfunktion:** Wer einen Wechsel in Händen hält, gilt als rechtmäßiger Inhaber, sofern er sein Recht durch eine ununterbrochene Reihe von Indossamenten nachweist (Art. 16 WG).

Durch Zusätze können die Wirkungen des Indossaments eingeschränkt werden (zum Beispiel „Wert zum Inkasso" bei Inkassoindossament oder „Wert zum Pfand" bei Pfandindossament).

Der Wechsel ist am Zahlungstag oder an einem der beiden folgenden Werktage zur Zahlung vorzulegen (Art. 38 Abs. 1 WG). Der Zahlungstag bezeichnet den Tag, an dem die Zahlung des Wechsels verlangt werden kann und fällt regelmäßig mit dem Verfalltag zusammen. Verfällt der Wechsel an einem gesetzlichen Feiertag oder einem Samstag, so kann die Zahlung erst am nächsten Werktag verlangt werden (Art. 72 WG). Mit dem Versäumen der Vorlegungsfrist verliert der Inhaber seine wechselrechtlichen Rückgriffsansprüche gegenüber den Indossanten, dem Aussteller und anderen Wechselverpflichteten (zum Beispiel Bürgen). Die Ansprüche gegen den Bezogenen bleiben dagegen bestehen. Die Vorlage muss beim Bezogenen oder bei der auf dem Wechsel genannten Zahl- oder Domizilstelle erfolgen.

Gläubiger des Wechselanspruchs ist der Wechseleigentümer. Zum Nachweis seiner Rechte genügt der Besitz des an ihn indossierten Wechsels (Legitimationsfunktion des Indossaments). Der Bezogene hat deshalb vor der Zahlung zu prüfen:

- die formale **Ordnungsmäßigkeit des Wechsels** sowie die **Lückenlosigkeit der Indossamente**,

- die **Identität des Vorlegers** mit dem durch das letzte Indossament bezeichneten Indossatar.

Wer bei Verfall zahlt, wird von seiner Verbindlichkeit befreit. Die Zahlung an einen Nichtberechtigten erfolgt nur dann mit befreiender Wirkung, wenn der Zahlende nicht arglistig oder gar grob fahrlässig handelt (zum Beispiel bei einer Verletzung der Prüfungspflicht). Gegen Zahlung kann der Bezogene die Aushändigung des quittierten Wechsels verlangen. Eine Teilzahlung darf der Inhaber nicht zurückweisen.

2.4.4.4 Nichteinlösung und Protest

Wird der Wechsel nicht eingelöst oder ist mit der Einlösung des Wechsels nicht mehr zu rechnen, so kann der Inhaber gegen seine Vormänner (Indossanten, Aussteller, Wechselbürgen) Rückgriff nehmen. Es sind **drei Arten des Rückgriffs** zu unterscheiden:

- **Rückgriff mangels Annahme:** Verweigert der Bezogene die Annahme, wird der Protest mangels Annahme erhoben. Der Wechselinhaber kann daraufhin vor dem Verfalltag von seinem Rückgriffsrecht Gebrauch machen.
- **Rückgriff mangels Sicherheit:** Er ist vor Verfall möglich, wenn über das Vermögen des Bezogenen der Konkurs oder das gerichtliche Vergleichsverfahren eröffnet worden ist, der Bezogene seine Zahlungen eingestellt hat oder die Zwangsvollstreckung in sein Vermögen fruchtlos verlaufen ist; ferner ist der Rückgriff vor Verfall möglich, wenn über das Vermögen des Ausstellers eines Wechsels, dessen Vorlegung zur Annahme untersagt ist, der Konkurs oder das gerichtliche Vergleichsverfahren eröffnet worden ist.
- **Rückgriff mangels Zahlung:** Löst der Bezogene den Wechsel nicht ein, lässt der Wechselinhaber Protest mangels Zahlung erheben.

Der **Protest** ist eine öffentliche Urkunde, die beweist, dass vom Bezogenen die Zahlung nicht oder nur zum Teil zu erlangen war und der Wechsel ferner innerhalb der gesetzlich vorgesehenen Frist zur Zahlung vorgelegt wurde. Der Protest mangels Zahlung ist – wie der Protest mangels Annahme – **Voraussetzung für die Geltendmachung** von Rückgriffsansprüchen durch den Inhaber.

Eine Protesterhebung ist dann nicht erforderlich, wenn über das Vermögen des Bezogenen bereits das Vergleichsverfahren oder der Konkurs eröffnet worden ist. In diesem Falle genügt die Vorlegung eines entsprechenden gerichtlichen Beschlusses. Der Protest muss durch einen Notar oder Gerichtsbeamten aufgenommen werden. Proteste mangels Zahlung müssen an einem der beiden auf den Zahlungstag folgenden Werktage erfolgen.

Benachrichtigung (Notifikation): Ist ein Wechsel zu Protest gegangen, so hat der Inhaber seinen unmittelbaren Vormann und den Aussteller innerhalb von **vier Werktagen** nach der Protesterhebung davon zu unterrichten. Ferner muss jeder Indossant innerhalb **zweier Werktage** seinen unmittelbaren Vormann benachrichtigen.

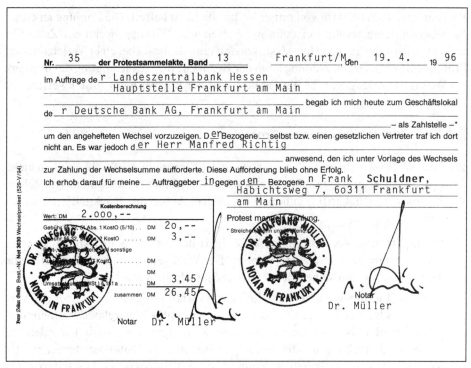

Abbildung 2-19: Protesturkunde

Rückgriff (Regress): Alle Personen, die einen Wechsel ausgestellt, angenommen, indossiert oder mit einer Bürgschaft versehen haben, haften dem jeweiligen Inhaber als **Gesamtschuldner,** das heißt, der Inhaber kann jeden einzeln, mehrere oder alle zusammen in Anspruch nehmen, ohne an die Reihenfolge gebunden zu sein. **Der letzte Inhaber kann von einem Vormann verlangen:**

1. die **Wechselsumme,** soweit der Wechsel nicht eingelöst worden ist;
2. die **Zinsen,** und zwar 2 Prozent über dem Basiszinssatz, mindestens aber 6 Prozent seit dem Verfalltag;
3. die **Kosten** des Protests sowie die anderen Auslagen der Benachrichtigung;
4. die **Provision** in Höhe von 1/3 Prozent der Wechselsumme.

Die **Wechselprolongation** dient der Vermeidung des Protests und besteht darin, dass der Aussteller dem zum Zeitpunkt der Fälligkeit des Wechsels zahlungsunfähigen Bezogenen einen Zahlungsaufschub gewährt.

2.4.4.5 Dienstleistungen der Banken bei der Wechselverwendung

Der Wechselinhaber kann den Wechsel aufbewahren und dem Bezogenen am Verfalltag zur Zahlung vorlegen. Diese Handhabung ist unüblich, da insbesondere die Vorlage beim Bezogenen mit einem hohen Aufwand verbunden sein kann. In der Regel wird ein Wechsel an die Hausbank weitergegeben; hierbei bestehen folgende Möglichkeiten:

- **Diskontierung**: Der Wechsel wird unter Abzug eines Diskonts (Zinsen vom Ankaufstag bis zum Verfalltag) an die Bank verkauft.
- **Gutschrift per Verfall**: Der Wechsel wird sofort gutgeschrieben, jedoch mit Wertstellung per Verfalltag.
- **Inkasso**: Der Wechsel wird zum Einzug eingereicht. Die Bank zieht die Wechselsumme auf dem Inkassoweg ein und schreibt dem Kunden den Betrag gut.

Der Wechseleinzug einer Bank erfolgt auf der Grundlage des Abkommens über den Einzug von Wechseln und die Rückgabe nicht eingelöster und zurückgerufener Wechsel (Wechselabkommen).

2.5 Neuere Formen des automatisierten Zahlungsverkehrs: Electronic Banking

Electronic Banking ist eingeführt worden, um alle Daten rund um das Konto automatisiert und beleglos zu erfassen, zu verarbeiten und dem Kunden wieder zur Verfügung zu stellen (elektronische Kundenanbindung). Heute wird Electronic Banking als umfassender Begriff für alle elektronischen Bankdienstleistungen verwendet, die

- **Informationen zur Verfügung stellen** (zum Beispiel Kontoumsätze, Kontostände),
- **Zahlungsverkehr durchführen** (zum Beispiel Abwicklung von Überweisungsaufträgen) und
- **Cash- und Liquiditätsmanagement** ermöglichen.

Für den **Kunden** bietet sich bei der Nutzung elektronischer Bankdienstleistungen eine Reihe von **Vorteilen**:

- Optimierung der Tagesdisposition und Liquiditätsplanung,
- Liquiditätsgewinne in der Zahlungssteuerung,
- Vereinfachung und Beschleunigung der Zahlungsverkehrsabwicklung,
- weiterzuleitende Daten können aus vorhandenen Datenbeständen gewonnen werden,

- günstigere Konditionen,
- Unabhängigkeit von Öffnungszeiten und Standorten.

Für die **Banken** sind die **Vorteile** ebenfalls erheblich:

- Elektronische Abwicklung führt zu Rationalisierungserfolgen mit nachhaltiger Personal- und Sachkostenersparnis.
- Ein hoher Rationalisierungsgrad ermöglicht kostendeckende und gewinnerzielende Konditionen.
- Electronic Banking eröffnet neue Vertriebswege, die aktiv im Verkauf für eine erhöhte Kundenbindung, Geschäftsausweitung und Neukundengewinnung genutzt werden können.
- Elektronic-Banking-Produkte unterstützen das moderne und innovative Image einer Geschäftsbank.

2.5.1 Organisatorische Grundlagen

Die Bearbeitung von beleghaften Zahlungsvorgängen ist sehr personalintensiv. Die Banken haben bereits in den 60er Jahren erkannt, dass die ständig ansteigenden Belegmengen auf Dauer nur noch mit Hilfe automatisierter Datenverarbeitung bewältigt werden können. Die Spitzenverbände der Kreditwirtschaft und die Bundesbank haben gemeinsam automatisierte Verfahren mit überbetrieblichen Auswirkungen entwickelt, die ihren Niederschlag in entsprechenden Abkommen und Richtlinien gefunden haben. Heute werden alle unbaren Zahlungen im Interbankverkehr in elektronischer Form abgewickelt. Soweit Zahlungsvorgänge nicht automationsgeeignet sind (zum Beispiel ausländische Schecks), werden sie entsprechend übergeleitet (zum Beispiel Überleitung der ausländischen Schecks in das GSE-Verfahren der Bundesbank).

2.5.1.1 Bankleitzahlensystem

Der Zahlungsverkehr zwischen Banken kann nur dann automatisiert werden, wenn alle daran beteiligten Kreditinstitute nach einem allgemein verbindlichen System nummeriert sind. Die achtstellige Bankleitzahl (BLZ) ist hierbei seit 1970 als einheitliches Ordnungskriterium maßgebend. Die Bankleitzahl wird bei der LZB gleichzeitig als Girokontonummer des jeweiligen Instituts verwendet. Die Bankleitzahl erfüllt im zwischenbetrieblichen Zahlungsverkehr die gleiche Steuerungsfunktion wie die Kontonummer im innerbetrieblichen Rechnungswesen. Sie ist nach dem dezimalen Ordnungsprinzip aufgebaut und umfasst acht Stellen:

Stelle							
1	2	3	4	5	6	7	8
Clearing-Gebiet			Netz-Nummer (Bankengruppe)	Interne Niederlassungsnummer			
LZB-Platz	(LZB-Ortsnummer)						

Abbildung 2-20: Ordnungsprinzip der Bankleitzahl

Die erste Stelle bezeichnet das Clearing-Gebiet:

Clearing-Gebietsnummer	Land/Landesteil
1	Berlin, Brandenburg, Mecklenburg-Vorpommern
2	Bremen, Hamburg, Niedersachsen, Schleswig-Holstein
3	Rheinland (Regierungsbezirke Düsseldorf, Köln)
4	Westfalen
5	Hessen, Rheinland-Pfalz, Saarland
6	Baden-Württemberg
7	Bayern
8	Sachsen, Sachsen-Anhalt, Thüringen

Abbildung 2-21: Clearing-Gebiete

Die Stellen eins bis drei bilden die Ortsnummer, die den Bankplatz (Ort mit einer LZB) sowie den zugehörigen Bankbezirk (Bankplatz und das angrenzende Gebiet) kennzeichnet. In Ausnahmefällen (beispielsweise bei Übernahme bankleitzahlgebundener LZB-Girokonten durch andere LZB-Zweiganstalten) wird hiervon abgewichen. Bankplätzen können auch mehrere Ortsnummern zugeteilt werden.

Die vierte Stelle bezeichnet die Bankengruppe:

Netz-Nummer	Institut
0	Bundesbank/Landeszentralbanken
1–3	Kreditinstitute, soweit nicht in einer der anderen Gruppen erfasst
4	Commerzbank
5	Girozentralen und Sparkassen
6/9	Genossenschaftliche Zentralbanken, Kreditgenossenschaften
7	Deutsche Bank
8	Dresdner Bank

Abbildung 2-22: Bankengruppe

Die Stellen fünf bis acht können – in Absprache mit der Bundesbank – von den Instituten frei gewählt werden.

Für den internationalen Kartenzahlungsverkehr mittels ec- und Kundenkarten ist eine gesonderte Institutsnummerierung festgelegt; danach erhält das Ausstellerinstitut eine fünfstellige Kurzbankleitzahl beziehungsweise Institutsnummer als PAN (Primary Account Number). Diese setzt sich zusammen aus der Institutsgruppennummer (= vierte Stelle der Bankleitzahl) und einer nachfolgenden vierstelligen, von den einzelnen Organisationen frei gewählten Nummer.

Im internationalen Zahlungsverkehr gibt es eine Reihe von Datenübertragungsdiensten, die Codierungssysteme für die Adressierung von Banken eingeführt haben, um eine automatisierte Verarbeitung zu erleichtern. Zur Harmonisierung dieser Systeme wurde ein internationaler Code für Bankadressen – ISO 9362 – entwickelt (Bank Identifier Code – BIC). Der Code besteht aus acht oder elf zusammenhängenden Zeichen und setzt sich aus den Komponenten BANKCODE (4 Zeichen), LÄNDERCODE (2 Zeichen), ORTSCODE (2 Zeichen) sowie ggf. FILIALCODE (3 Zeichen) zusammen. BIC-Codes werden von SWIFT vergeben.

BEISPIEL

Der BIC-Code der Dresdner Bank AG, Filiale Hamburg, lautet „DRES DEFF 200" und besteht aus DRES (Bankcode), DE (Ländercode), FF (Ortscode) und 200 (Filialcode).

Das ECBS European Committee for Banking Standards hat 1996 eine Norm für eine internationale Bank/Konto-Identifizierung verabschiedet (IBAN = International Bank Account Number). Die nationale Bank-/Kontonummer wird hierbei beibehalten (DE: BLZ/zehnstellige Kontonummer). Dieser Nummernfolge wird ein vierstelliger Präfix vorangestellt (bestehend aus zweistelligem ISO-Ländercode und zweistelliger Prüfziffer gemäß MOD 97 – 10). Im Auslandszahlungsverkehr ist die Verwendung von IBAN ab September 1999 zu berücksichtigen.

2.5.1.2 Einheitliche Zahlungsverkehrsvordrucke und Textschlüssel

Die Schaffung einheitlicher und automationsgerechter Zahlungsverkehrsvordrucke für Überweisungen, Schecks und Lastschriften erfolgt durch die Richtlinien für einheitliche Zahlungsverkehrsvordrucke. Banken dürfen nur Vordrucke ausgeben, die diesen Richtlinien entsprechen.

Die Richtlinien enthalten auch besondere Vorschriften für neutrale Zahlungsverkehrsvordrucke. Als neutral werden Vordrucke bezeichnet, bei denen die Bankleitzahl und die Bezeichnung des zu beauftragenden Kreditinstituts nicht bereits bei der Vordruckherstellung eingedruckt sind, sondern erst bei der Vordruckbeschriftung eingesetzt werden. Die Verwendung von neutralen Überweisungs-/Zahlscheinvordrucken kommt insbesondere bei Kunden in Betracht, die ihre Zahlungsverkehrsbelege selbst herstellen und ausgeben wollen. Sie können ihren Anforderungsschreiben (Rechnungen, Mahnschreiben usw.) neutrale Überweisungs-/Zahlscheinvordrucke beifügen, bei denen ihr Name sowie ihre Kontonummer und die Bezeichnung ihrer Bank bereits eingedruckt oder vorbeschriftet sind. Dieser Vordruck kann für Einzahlungen (halbbarer Zahlungsverkehr) oder als Überweisungsauftrag verwendet werden. Kontoinhaber, die Überweisungs- und/oder Scheckvordrucke für verschiedene eigene Kontoverbindungen nutzen wollen, können ebenfalls neutrale Vordrucke verwenden. Neutrale Scheckvordrucke dürfen allerdings erst nach Abgabe einer schriftlichen Haftungsübernahmeerklärung durch den Kunden verwendet werden.

Für die einzelnen Zahlungsverkehrsvordrucke sowie für die elektronischen Zahlungsarten sind **einheitliche Textschlüssel** festgelegt worden, um die vorkommenden Geschäftsvorfälle zu kennzeichnen. Die Textschlüssel finden sich in den Anhängen zu den Vordruckrichtlinien und DTA-Vereinbarungen.

Das ECBS European Committee for Banking Standards hat einen internationalen Zahlschein entwickelt **(IPI = International Payment Instruction)**, der im Rahmen einer grenzüberschreitenden Rechnungsstellung an Zahlungspflichtige in Europa verwendet werden soll. Die IPI entspricht dem deutschen Überweisungs-/Zahlscheinvordruck und wird dementsprechend durch den Zahlungsempfänger mit Empfängerangabe, Bankverbindung, Auftraggeberadresse, Verwendungszweck sowie Entgeltregelung vorbeschriftet. Der Zahlungspflichtige ergänzt die fehlenden Daten (Konto-Nr., Unterschrift) und übergibt diesen Vordruck seiner Bank zur Ausführung. Obwohl die Erörterungen über die IPI im deutschen Kreditgewerbe noch nicht abgeschlossen sind, sollten eventuell vorkommende Vordrucke nicht zurückgewiesen werden.

2.5.1.3 Automatisierter Belegverkehr (MAOBE: Maschinell-optische Belegerfassung)

Bis Anfang der 70er Jahre durchliefen die Zahlungsvordrucke auf dem Überweisungs-/Einzugsweg mehrere Stellen, die die gleichen Arbeiten durchführen mussten: prüfen, sortieren, auflisten, kontrollieren, buchen. Um eine beschleunigte, automatisierte Abwicklung zu ermöglichen, müssen die Belege so früh wie möglich maschinenlesbare Informationen erhalten, sodass manuelle Mehrfachbearbeitungen entfallen.

Die manuelle Datenerfassung, die bei jeder Bank wiederholt werden musste, war die wesentliche Schwachstelle der konventionellen Abwicklung. Sie ist im automatisierten Belegverkehr auf einen **einmaligen Codierungsvorgang** reduziert worden. Es wurde der Grundsatz aufgestellt, dass auf dem Überweisungs-/Einzugsweg so früh wie möglich ein maschinenlesbarer Beleg für alle Datenstationen geschaffen wird, möglichst schon beim Bankkunden, sonst bei der erstbeauftragten Bank. Ziel war eine automatisierte Belegbearbeitung, bei der die Belege maschinell gelesen, sortiert und weiterverarbeitet werden.

Voraussetzung für die automatisierte Belegbearbeitung war die Einigung insbesondere in folgenden zwei Fragen:

- Einheitliche **maschinell lesbare Schrift:** Grundsätzlich stehen magnetisches Lesen (Analogschrift oder Digitalschrift) oder optisches Lesen (lichtelektrische Zeichenerkennung) als Verfahren zur Auswahl. Die deutschen Banken haben sich für die optische Beleglesung auf Basis der stilisierten Normschrift OCR-A 1 (Optical Character Recognition-Typ A 1) entschieden.

- **Einheitliche Codierzeile** für die maschinell lesbaren Daten (einheitliche Informationsanordnung). Nach den Codierbestimmungen (Anlage 1 zum Scheckabkommen) obliegt der ersten Inkassostelle die Codierpflicht.

Die einmalige Codierung der Belege ermöglicht eine maschinell unterstützte Erfassung, Verfilmung, Sortierung und Weiterleitung des Vordrucks.

Heute wird das MAOBE-Verfahren nur noch für den Scheckverkehr angewandt. Die in Belegform eingereichten Überweisungen und Lastschriften sind demgegenüber von der erstbeauftragten Bank auf EDV-Medien zu erfassen und beleglos weiterzuleiten sind, sodass bei diesen Vordrucken die Codierzeile weggefallen ist. Schecks bis unter 5.000 DM sind ebenfalls beleglos einzuziehen. Lediglich Schecks ab 5.000 DM sind auf der Grundlage des MAOBE-Verfahrens im GSE-Verkehr der Bundesbank an die bezogene Bank weiterzuleiten.

Für die erste Inkassostelle besteht bei Schecks die Verpflichtung, im Codierfeld 3 der Codierzeile den Scheckbetrag nachzucodieren. Im Falle einer fehlerhaften Codierung haftet die codierende Stelle für etwaige Schäden und Nachteile. Bei Schecks im Betrag von 20.000 DM oder mehr (in der Codierzeile) ist von der bezogenen Bank die Übereinstimmung der Betragsangabe in der Codierzeile mit dem Klartext des Betrags festzustellen. Ergeben sich Differenzen, so ist vor der endgültigen Buchung die erste Inkassostelle auf telekommunikativem Wege hierauf hinzuweisen.

2.5.1.4 Einheitliche elektronische Zahlungsaustauschsätze (DTA, EDIFACT, SWIFT) und Kommunikationsstandards

Um Zahlungsaufträge elektronisch netzüberschreitend weiterleiten zu können, ist die Einführung einheitlicher elektronischer Zahlungsaustauschsätze erforderlich. Zu unterscheiden sind in diesem Zusammenhang DTA-, EDIFACT- und SWIFT-Datensatzformate. Ferner sind einheitliche elektronische Kommunikationsstandards erforderlich.

Die Erteilung von Zahlungsaufträgen (Überweisungen und Lastschriften) in elektronischer Form führt insbesondere bei Unternehmen zu erheblichen Rationalisierungseffekten. Die bereits als klassisch zu bezeichnende Auftragserteilung erfolgt mittels Magnetbändern und Disketten. Zusätzlich besteht die Möglichkeit der Datenfernübertragung mit verschiedenen Kommunikationsplattformen (ISDN, Datex-P, T-Online, analoge Telefonleitung). Für Firmen- und Privatkunden eignen sich Übertragungen via T-Online oder Internet (T-Online oder AOL), die neuerdings auf der Grundlage des HBCI-Standards abgewickelt werden. Bei größeren Datenmengen ist speziell für Großkunden, die mit verschiedenen Banken auf Basis des einheitlichen DTA-Standards kommunizieren möchten, ein Abkommen über die Datenfernübertragung zwischen Kunden und Kreditinstituten (DFÜ-Abkommen) getroffen worden.

Belegloser Datenträgeraustausch (DTA)

Im DTA-Verfahren werden Zahlungsaufträge beleglos auf Datenträger (Magnetbänder, $3\frac{1}{2}$-Zoll-Disketten) aufgezeichnet und weitergeleitet. Grundlage hierfür ist das 1976 eingeführte einheitliche Datenträgeraustausch-Format (DTAUS-Format). Seit dieser Zeit ist es möglich, Überweisungen, Schecks und Lastschriften mittels genormter elektronischer Datensätze sowohl innerhalb einer Bank als auch netzüberschreitend beleglos weiterzuleiten. Der einheitliche Datensatz besteht aus einem konstanten Teil mit 18 Feldern und 150 Stellen (= Bytes), davon sind 27 Stellen für Verwendungszweckangaben vorgesehen; daneben stehen in einem variablen Teil bis zu 15 Erweiterungsteile mit je 27 Stellen für Angaben zum Verwendungszweck beziehungsweise über Auftraggeber/Zahlungsempfänger zur Verfügung.

Das DTA-Verfahren hat Bedeutung vor allem im Massenzahlungsverkehr (Lohn-, Gehalts- und Rentenzahlungen, vermögenswirksame Leistungen, Versicherungsprämien, öffentliche Abgaben). Unterlagen für diese Zahlungen werden bei Wirtschaftsunternehmen und öffentlichen Verwaltungen ohnehin auf EDV-Anlagen erstellt und auf Magnetbändern gespeichert. Außer Massenzahlungen können auch Individualzahlungen – sofern der Auftraggeber/Zahlungsempfänger eine entsprechende EDV-Anlage hat – in den DTA-Verkehr einfließen. Im DTA-Verfahren können die hierfür geeigneten Zahlungen heute wesentlich rationeller und damit kostengünstiger als vorher ausgeführt werden.

Ein reibungsloses DTA-Verfahren setzt die Einhaltung von Regeln zwischen den Beteiligten voraus.

Im **Verhältnis der Banken untereinander** gilt die **Vereinbarung über den beleglosen Datenaustausch in der zwischenbetrieblichen Abwicklung des Inlandszahlungsverkehrs**. Danach sind die Banken verpflichtet, Zahlungsverkehrsaufträge in der netzüberschreitenden Abwicklung beleglos mittels Datenfernübertragung (DFÜ) oder Datenträgeraustasch (DTA) zu übermitteln. Aus der Vereinbarung geht ferner hervor, dass die im Datensatz enthaltenen Angaben zum Auftraggeber/Zahlungsempfänger sowie zum Verwendungszweck dem Überweisungsempfänger/Zahlungspflichtigen vollständig zur Kenntnis zu bringen sind. Hinsichtlich der Haftung ist geregelt, dass die Banken untereinander für Schäden und Nachteile haften, die dadurch entstehen, dass die von ihnen angegebenen Daten schuldhaft unrichtig oder unvollständig sind.

Im **Verhältnis der Banken zu ihren Kunden** gelten besondere **Bedingungen für den Datenträgeraustausch**. Der Inhalt dieser Bedingungen entspricht im wesentlichen der DTA-Vereinbarung der Banken untereinander. In den Kundenbedingungen ist zusätzlich geregelt, dass der Kunde die Bankleitzahl der endbegünstigten Bank/ der Zahlstelle sowie die Kontonummer des Empfängers/Zahlungspflichtigen zutreffend anzugeben hat. Die in die Abwicklung des Zahlungsauftrags eingeschalteten Banken sind berechtigt, die Bearbeitung ausschließlich anhand dieser numerischen Angaben vorzunehmen.

Das DTA-Verfahren beschränkt sich nicht allein auf Firmen mit Großrechneranlagen, sondern steht auch den Anwendern der mittleren Datentechnik bzw. PC-Benutzern offen. Zur Erstellung einer DTAUS-Datei kann der Kunde entweder auf seine Finanzbuchhaltungssoftware oder auf Electronic-Banking-Produkte einer Bank (zum Beispiel drecash, MultiCash, Cotel-BCS oder DB-Connect) bzw. eines Softwareanbieters (zum Beispiel Money von Microsoft oder Quicken von Intuit) zurückgreifen. Diese Produkte erstellen alle das einheitliche DTAUS-Format, womit auch die Multibankfähigkeit der jeweiligen Anwendung gewährleistet ist.

Zwischen Banken dienen als Datenträger Magnetbänder und $3\frac{1}{2}$-Zoll-Disketten, die anstelle von Belegen weitergeleitet werden. Die Zahlungsdaten werden bis zum Konto der Begünstigten/Zahlungspflichtigen durch jeweiliges Einlesen der Bänder und $3\frac{1}{2}$-Zoll-Disketten, Umsortieren der Daten nach Leitwegen und entsprechende Ausgabe auf neue Datenträger beleglos weitergegeben. An der Endstelle wird nach Möglichkeit die Zahlungsinformation ohne Beleg auf dem Kontoauszug ausgedruckt.

Teilweise ist der Transport von Magnetbändern und $3\frac{1}{2}$-Zoll-Disketten umständlich und laufzeithemmend, sodass der Austausch über Leitungen oft die bessere Lösung ist. Die Datenfernübertragung (DFÜ) ist heute in nahezu allen Banken gängige Praxis, sodass die Daten innerhalb einer Bank per DFÜ weitergeleitet werden können. Der Austausch von Daten per DFÜ zwischen Banken bedarf allerdings der besonderen Absprache. Der DFÜ-Verkehr mit Kunden ist derzeit sowohl im Inlandszahlungsverkehr (DTAUS) als auch im Auslandszahlungsverkehr (DTAZV) möglich. Grundlage ist das Abkommen über Datenfernübertragung zwischen Kunden und Kreditinstituten (DFÜ-Abkommen) aus dem Jahre 1994. Die Basis hierfür wurde 1988 mit der Definition des Banking Communication Standard (BCS) des ZKA geschaffen. BCS ermöglicht unter anderem die Übermittlung von Zahlungsaufträgen per Datenfernübertragung. Hierzu wird das Datex-P-Netz oder der T-Online-Dienst benutzt; seit 1994 kann die Datenübertragung auch über ISDN erfolgen. Die Daten werden direkt von dem Banksystem entgegengenommen und gehen unmittelbar in die Weiterverarbeitung. Der Einsatz der elektronischen Unterschrift, die ebenfalls im BCS-Standard definiert wurde, bietet ein höchstes Maß an Sicherheit.

Die endbegünstigten Banken sind nach der DTA-Vereinbarung verpflichtet, die im Datensatz enthaltenen Angaben für die Identifizierung eines Zahlungsvorganges an den Empfänger belegloser Überweisungen beziehungsweise an den Zahlungspflichtigen belegloser Lastschriften mitzuteilen. Es handelt sich dabei um den Namen des Auftraggebers/Zahlungsempfängers und um den Verwendungszweck. Der Auftraggeber kann allerdings nicht verlangen, dass Belege ausgedruckt werden. Es ist insoweit von den Absprachen zwischen den Überweisungsempfängern/Zahlungspflichtigen und deren Hausbanken abhängig, in welcher Form die Zahlungen angezeigt werden. Hierbei ist zwischen Geschäftskonten und Privatkonten zu unterscheiden. Während man bei Privatkonten möglichst um eine beleglose Durchleitung bis zum Kontoinhaber bemüht sein wird und somit auf den Ausdruck von Belegen verzichtet, dürften bei Geschäftskonten im Regelfall Belege anzufertigen sein, die dann zugleich Buchungsunterlagen des Kontoinhabers sind. Für Kontoinhaber, die große Mengen von Datenträgerzahlungen erhalten, können Magnetbänder oder Disketten erstellt werden. Die auf den Datenträgern enthaltenen Gutschriften oder Lastschriften werden in einer Sammelbuchung auf dem Kundenkonto gebucht.

Der **Rückruf von einzelnen Datenträgerzahlungen** ist von der kontoführenden Stelle des Auftraggebers an die endbegünstigte Bank bzw. die Zahlstelle direkt außerhalb des Datenaustauschverfahrens zuzuleiten. Ausschlaggebend dafür, ob der Rückruf bei den Kontostellen des Überweisungsempfängers bzw. des Zahlungspflichtigen noch beachtet werden kann, ist vor allem der rechtzeitige Eingang des Rückrufauftrags vor Buchung des zurückzuleitenden Zahlungsvorgangs.

Als Pendant zum DTAUS-Format wurde 1986 für die beleglose Abwicklung des Auslandszahlungsverkehrs das DTAZV-Format (Datenträgeraustausch Auslandszahlungsverkehr) im ZKA verabschiedet. Wie im Inlandszahlungsverkehr kann der Kunde mit Hilfe einer Anwendung, die als zusätzliches Modul in sein Electronic-Banking-Programm eingebunden wird, Auslandszahlungsaufträge elektronisch erstellen und diese mittels Diskette, Magnetband oder Datenfernübertragung an die Bank senden.

EDIFACT

Durch die fortschreitende Globalisierung von Geschäftsbeziehungen und starkem Kostendruck werden nationale beziehungsweise branchenspezifische Nachrichtenstandards zunehmend zu Wettbewerbshemmnissen. Deshalb bestehen auf internationaler Ebene Bestrebungen, übergreifende Datensätze, angefangen von der Anfrage über Angebote, Verträge, Rechnungen, Frachtbriefe, Zoll- und Ausfuhrbescheinigungen bis hin zur Bezahlung und Buchung zu entwickeln und voll elektronisch zu nutzen. Mit EDIFACT (Electronic Data Interchange for Administration, Commerce and Transport) wurde durch ISO ein Standard geschaffen, der durch seine übergreifende Geltung und Verwendbarkeit von formatierten Inhalten eine Verbindung zwischen den einzelnen Branchen herstellt. Das Projekt wird von den Vereinten Nationen gefördert (UN/EDIFACT). Das weltweit einheitliche branchen- und systemneutrale Regelwerk für die elektronische Geschäftskommunikation erlaubt, die durchgängige Verarbeitung von Geschäftsnachrichten in der gesamten betrieblichen Prozesskette vom Angebot über die Beschaffung bis hin zur Zahlung zu realisieren. EDIFACT überwindet Firmen-, Branchen-, Länder- und Sprachgrenzen.

Aufgrund dessen wird sich EDIFACT als ein wirtschaftlich gesehen wichtiger Standard für die zwischenbetriebliche Kommunikation etablieren, der auch über finanzwirtschaftliche Anwendungen in Industrie und Handel Einzug in die Bankenwelt hält und dort die heutigen, vom DTA geprägten Abwicklungsformen erheblich beeinflussen wird.

Als erstes und gesamtwirtschaftlich gesehen wichtigstes Prozessglied in der Wertschöpfungskette wurde in der Kreditwirtschaft zunächst der Zahlungsverkehr auf die Verwendung des neuen Standards vorbereitet. Hier wurden frühzeitig – auch in Zusammenarbeit mit den industriell orientierten Nachrichten-Entwicklungsgruppen – die relevanten Nachrichtentypen normiert. Insbesonders wichtig war hierbei die Entwicklung des EDIFACT-Zahlungsauftrags (PAYORD, PAYEXT, PAYMUL), aber auch der Normierung der für die Verarbeitung von kundenseitig benötigten Avis-Nachrichten für Belastungen (DEBADV, DEBMUL) beziehungsweise für Gutschriften (CREEXT, CREMUL) wurde seitens der Industrie ein hoher Stellenwert beigemessen, weil sich mit den Informationen dieser Nachrichten Buchhaltungsposten automatisch abgleichen lassen. Da diese Nachrichten konzeptionell so ausgelegt sind, dass identische Nachrichten auch an unterschiedliche Adressaten gerichtet werden können, erlaubt EDIFACT auch die Einführung neuer, der DTA-Welt bislang unbekannter Dienstleistungskomponenten im Markt, zum Beispiel im Cash-Management-Bereich. Die Hausbank des Käufers verrechnet die Zahlung mit der Hausbank des Lieferanten mittels FINPAY.

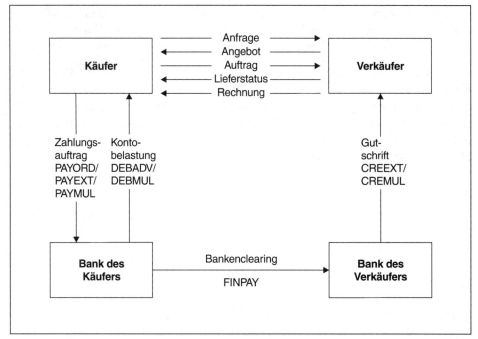

Abbildung 2-23: Ablauf einer Geschäftsabwicklung mit EDIFACT

Vorteilhaft bei der Abwicklung des Zahlungsverkehrs mittels EDIFACT ist zudem für den einzelnen Kunden die Tatsache, dass sowohl national als auch international nur noch ein Format bedient werden muss.

Problematisch in der aktuellen Situation ist jedoch eine sowohl in der Industrie als auch im Kreditgewerbe nicht durchgängig realisierte EDIFACT-Fähigkeit. Dies bedeutet für die an einer Zahlung beteiligten Institute umfangreiche Maßnahmen, um einem nicht EDIFACT-fähigen Begünstigten eine Zahlung im EDIFACT-Format zukommen zu lassen. Hierbei muss die EDIFACT-Nachricht im DTAUS- oder DTAZV-Format konvertiert werden. Die Problematik liegt hierbei darin, dass zwischen den einzelnen an einer Zahlung beteiligten Parteien keine Rechtsbeziehung besteht.

Durch die Einführung der passiven EDIFACT-Pflicht für alle Banken im Oktober 1998 können Nachrichten im EDIFACT-Format ohne Konvertierung im Interbankenverhältnis ausgetauscht werden. Konvertiert werden muss hierbei lediglich noch durch die Bank des Begünstigten, sofern dieser selbst nicht EDIFACT-fähig ist.

Jeder kann EDIFACT, basierend auf der offenen Kommunikation OSI (**O**pen **S**ystem **I**nterconnection), mit seinen Geschäftspartnern weltweit als Open EDI nutzen. Die für den Einsatz relevanten OSI-Standards FTAM (**F**ile **T**ransfer, **A**ccess und **M**anagement), X.400 (Message Handling System) und X.500 (Directory Service, Adressbuch) können genutzt werden; auch BCS kommt in Deutschland zur Anwendung.

In neuerer Zeit werden aufgrund der zunehmenden Bedeutung von EDIFACT in der Kunde-Bank-Beziehung auf EDIFACT-Basis Zahlungsverkehrsnachrichten per Fernübertragung ausgetauscht, sodass im Kreditgewerbe in 1998 ein besonderer Rahmenvertrag über den Austausch von EDI (Elektronic Data Interchange)-Nachrichten für einen EDIFACT-Kunden und seiner Bank sowie zusätzlich Bedingungen über den Austausch von EDI-Nachrichten aufgestellt worden sind.

SWIFT

Einzelheiten zu SWIFT werden im Abschnitt zum Auslandszahlungsverkehr behandelt.

2.5.1.5 Elektronischer Zahlungsverkehr (EZV)

Beim EZV tritt an die Stelle der automatisierten Belegverarbeitung (MAOBE) die beleglose Verarbeitung von Überweisungen, Schecks und Lastschriften. Durch die Umwandlung der beleghaft erteilten Aufträge durch die erstbeauftragte Bank in beleglose Datensätze ist es möglich, diese unbaren Zahlungen auf elektronischem Wege (DTA, DFÜ) weiterzuleiten. An die Stelle des vom Auftraggeber eingereichten Belegs tritt ein Datensatz, der im Wege des DTA- oder DFÜ-Verkehrs von der erstbeauftragte Bank bis zum Konto des Empfängers beziehungsweise Zahlungspflichtigen weitergeleitet wird.

Ausgangspunkt für den EZV ist folgende Überlegung: Der Kunde reicht einen Zahlungsverkehrsbeleg ein, der von der erstbeauftragten Bank in einen elektronischen Datensatz umgewandelt wird. Das Ziel der beleglosen Verarbeitung besteht letztlich darin, in einem Leitungsverbund aller Banken die Daten eines Geschäftsvorfalles nur noch ein einziges Mal zu erfassen und alle weiteren Transaktionen in den eingeschalteten Banken daraus abzuleiten. Weiteres Ziel des EZV ist es, eine taggleiche Buchung auf den Konten des Auftraggebers und des Empfängers zu ermöglichen.

Beim EZV tritt an die Stelle der Belegverarbeitung die direkte Dateneingabe über **PC-Terminals oder Schriftenlesesysteme (SLS).** Während die Überleitung von Schecks in ein beleglose Einzugsverfahren relativ einfach ist, da lediglich die maschinell gelesenen Angaben aus der Codierzeile weitergeleitet werden müssen, sind bei Überweisungen und Lastschriften noch zusätzlich die nicht codierten Empfänger- und Verwendungszweckangaben zu erfassen. Überwiegend werden die Überweisungs- und Lastschriftendaten bereits vor Ort in den einzelnen Geschäftsstellen manuell per PC-Terminal erfasst. Dazu ruft der Mitarbeiter eine Bildschirmmaske auf. In dieser Maske werden die Belegdaten, die für die Buchung und Weiterverarbeitung von Bedeutung sind, eingegeben. Für die Datenerfassung stehen auch Schriftenlesesysteme (SLS) zur Verfügung, die nahezu alle Schreibmaschinenschriften und Handblockschriften maschinell lesen können. SLS-Geräte eignen sich für größere Belegmengen in zentralen Zwischenstellen. Für das maschinelle Lesen sind neue Überweisungs- und Lastschriftenvordrucke (Rastervordrucke) eingeführt worden. Der Schriftenleser erfasst alle relevanten Angaben des Belegs. Einzelne unlesbare Zeichen werden in der Nachbearbeitung anhand der Belege über Bildschirm korrigiert.

Es bestehen folgende sechs **EZV-Verfahren:**

- EZÜ (Elektronischer Zahlungsverkehr mit Überweisungen),
- BZÜ (Belegloses Zahlschein-Überweisungsverfahren),
- BSE (Belegloses Scheckeinzugsverfahren),
- BRS (Belegloses Reisescheckeinzugsverfahren),
- GSE (Großbetrag-Scheckeinzugsverfahren),
- EZL (Elektronischer Zahlungsverkehr mit Lastschriften).

Bei allen EZV-Verfahren hat die erstbeauftragte Bank die relevanten Beleginformationen in elektronische Datensätze umzuwandeln und dabei die vollständige Erfassung über geeignete Kontrollen sicherzustellen. Ferner sind die Daten um eine Referenznummer und um die BLZ der umwandelnden Bank zu ergänzen, um den Originalkundenbeleg wieder aufzufinden.

Die umwandelnde Stelle verwahrt die Originalbelege oder den davon erstellten Mikrofilm für mindestens sechs Jahre. Auch bei Mikroverfilmung müssen die Originalbelege noch für mindestens zwei Monate aufbewahrt werden.

Elektronischer Zahlungsverkehr mit Überweisungen (EZÜ)

Nach dem **Abkommen zum Überweisungsverkehr** sind beleghaft erteilte Überweisungen von der erstbeauftragten Bank auf EDV-Medien zu erfassen und beleglos weiterzuleiten (EZÜ-Verfahren). Die umwandelnde Bank haftet für die richtige und vollständige Erfassung der im Überweisungsbeleg enthaltenen Daten; ferner hat sie die richtige Erfassung der Kontonummer des Empfängers durch eine Prüfzifferberechnung zu prüfen. Bei EZÜ-Überweisungen ist vom endbegünstigten Institut ein Kontonummern-Namensvergleich durchzuführen. Einzelheiten zu den Haftungsgrundsätzen im EZÜ-Verfahren sind in Nummer 5 des Überweisungsabkommens geregelt.

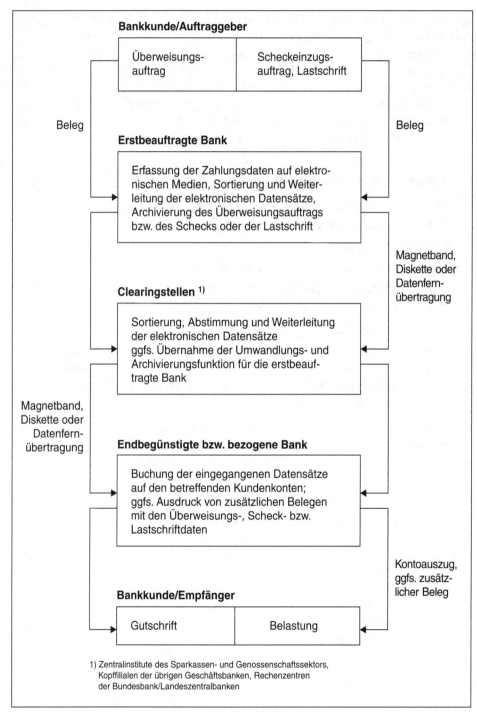

Abbildung 2-24: Überleitung von beleghaftem auf beleglosen Zahlungsverkehr

Belegloses Zahlschein-Überweisungsverfahren (BZÜ)

Nach dem **Abkommen zum Überweisungsverkehr** sind die Banken bei neutralen Überweisungs-/Zahlscheinvordrucken mit Textschlüssel 17 und 67 zusätzlich verpflichtet, die 13-stelligen prüfziffergesicherten internen Zuordnungsdaten (zum Beispiel Kunden- oder Rechnungs-Nr.) aus dem Feld „Verwendungszweck" umzuwandeln. Dabei muss eine Prüfzifferkontrolle der 13-stelligen Verwendungszweckangaben durchgeführt werden. Die Prüfziffersystematik ist einheitlich vorgegeben (Anlagen 1 und 2 zum Überweisungsabkommen). Führt die Prüfzifferkontrolle zu einem negativen Ergebnis, so ist der Datensatz als EZÜ-Zahlung mit Textschlüssel 68 sowie mit den authentischen Namensangaben weiterzuleiten.

Belegloses Scheckeinzugsverfahren (BSE)

Nach dem **Abkommen über den Einzug von Schecks (Scheckabkommen)** sind Inhaber- und Orderschecks, eurocheques sowie Zahlungsanweisungen zur Verrechnung, die auf Banken im Inland gezogen und auf Beträge bis unter 5.000 DM ausgestellt sind, von dem erstbeauftragten Kreditinstitut (erste Inkassostelle) beziehungsweise von einem von ihr beauftragten Kreditinstitut beleglos einzuziehen. Die Datenerfassung erfolgt anhand der Codierzeile. Die Bank ist sowohl für die vollständige und unveränderte Erfassung der Scheckdaten als auch für die Lagerung des Schecks verantwortlich. Die erste Inkassostelle prüft die in das BSE-Verfahren einbeziehbaren Papiere auf ihre formelle Ordnungsmäßigkeit im Sinne von Art. 1 und 2 ScheckG.

Jede am BSE-Verfahren beteiligte Bank kann von der ersten Inkassostelle eine Scheckkopie anfordern. Originalschecks kann nur das bezogene Institut innerhalb der Mindestverwahrfrist von zwei Monaten anfordern.

Kann ein Scheck, beispielsweise wegen fehlender Kontodeckung, nicht eingelöst werden, dann ist die Rückbuchung eines BSE-Datensatzes erforderlich. Teileinlösungen werden in der Praxis nur dann vorgenommen, wenn der Aussteller ausdrücklich einen Auftrag dafür erteilt hat. Die bezogene Bank hat bei der Rückgabe – neben den Vorschriften des Scheckgesetzes – das Scheckabkommen zu beachten. Danach sind Rückrechnungen beleglos vorzunehmen. Die erste Inkassostelle bestätigt im Auftrag der bezogenen Bank die Nichteinlösung durch den Vermerk „Vom bezogenen Kreditinstitut am ... nicht bezahlt." Der Vermerk ist auf der Scheckkopie beziehungsweise auf dem Original anzubringen und mit dem Namen der ersten Inkassostelle zu versehen. Das Datum der Nichtbezahlung ist aus der beleglosen Rückrechnung zu entnehmen.

Weil der Scheckeinreicher bei BSE-Schecks nicht mehr die Möglichkeit hat, im Falle der Nichtbezahlung im (schnellen) Urkundenverfahren gegen den Scheckaussteller einen vollstreckbaren Titel zu erwirken, sondern im normalen, länger dauernden Gerichtsverfahren vorgehen muss, hat das Bundesaufsichtsamt für das Kreditwesen gefordert, dass die Kunden über die Auswirkung des BSE-Verfahrens informiert werden müssen. In der Praxis wird dieser Forderung mit folgendem Text auf dem Rückbelastungsformular entsprochen:

> **Information für den Scheckeinreicher:** Der von Ihnen eingereichte Scheck wurde dem Kreditinstitut des Scheckausstellers auf elektronischem Wege übermittelt. Dieses Kreditinstitut hat die Zahlung des Scheckgegenwertes abgelehnt. Wir haben die Nichtbezahlung auf der beigefügten Scheckkopie/auf dem beigefügten Scheck vermerkt. Sie können Ihre Rechte aus dem mit dem Scheckaussteller geschlossenen Vertrag geltend machen. Dabei können Sie diese Scheckkopie/diesen Scheck zum Nachweis der Nichtbezahlung verwenden. Die Führung eines Urkundenprozesses ist jedoch als Folge des elektronischen Einzugsverfahrens nicht möglich. Sollte sich herausstellen, dass Ihnen hierdurch ein Schaden entsteht, so werden wir diesen ersetzen und schlagen vor, dass Sie sich möglichst bald zur Regulierung Ihres Schadens mit uns in Verbindung setzen.

Belegloses Reisescheckeinzugsverfahren (BRS)

Nach dem **Abkommen über den Einzug von Reiseschecks** sind DM-Reiseschecks, die bei einer Bank im Inland zahlbar gestellt sind, beleglos entsprechend den Regeln im Scheckabkommen einzuziehen (das heißt per BSE-/GSE-Verfahren).

Großbetrag-Scheckeinzugsverfahren (GSE)

Um auch den Scheckeinzug bei Beträgen ab 5.000 DM zu rationalisieren und zu beschleunigen, ist das GSE-Verfahren eingeführt worden (Abschnitt III des Scheckabkommens). Im Gegensatz zum BSE-Verfahren erfolgt hier keine beleglose Umwandlung, sondern die Schecks werden ausschließlich von der Bundesbank in einem besonderen GSE-Verfahren weitergeleitet.

Die Banken reichen die für das GSE-Verfahren bestimmten Schecks in den vereinfachten Scheck- und Lastschrifteinzug der Bundesbank ein. Die Bundesbank schreibt den Gegenwert einen Geschäftstag nach Einreichung gut. Das GSE-Verfahren der Bundesbank ermöglicht eine erhöhte Durchlaufgeschwindigkeit und eine floatfreie Bearbeitung der Einzugswerte. Die GSE-Schecks werden im jeweiligen LZB-Eingangsrechenzentrum noch am Einreichungstag in Datensätze umgewandelt und analog zum BSE-Verfahren beleglos eingezogen. Hierbei werden die Daten per DFÜ an das für die bezogene Bank zuständige LZB-Rechenzentrum weitergeleitet, damit die bezogene Bank am Tag nach der Einreichung belastet werden kann (dadurch können die Gutschrifts- und Belastungsbuchungen bei der Bundesbank am selben Tag vorgenommen werden, sodass eine floatfreie Durchleitung gewährleistet ist).

Die Schecks werden den bezogenen Banken gesondert ohne Verrechnung vorgelegt, um weiterhin die insbesondere bei Großbeträgen sinnvollen Prüfungen (Unterschrift, Echtheit) zu ermöglichen. Da die Auslieferung der Originalschecks über Kurier- oder Postversand nach wie vor in der Regel zwei Geschäftstage in Anspruch nimmt, liegen sie der bezogenen Bank erst einen Tag nach der Belastungsbuchung vor.

Das bezogene Kreditinstitut ist berechtigt, den Scheckgegenwert auf dem Konto des Scheckausstellers anhand des GSE-Datensatzes zu belasten. Es kann die Belastung auch anhand der Schecks vornehmen. Die bezogene Bank kann den Scheckgegenwert an die erste Inkassostelle zurückrechnen, wenn der Scheck nicht innerhalb von zwei Bankarbeitstagen nach Zugang des GSE-Datensatzes vorgelegt wird. Die Rückrechnung kann entweder beleglos oder beleghaft mittels einer Retourenhülle (Lastschrift) erfolgen. Außerdem hat die bezogene Bank die erste Inkassostelle zu benachrichtigen und den Scheck zu sperren.

Elektronischer Zahlungsverkehr mit Lastschriften (EZL)

Nach dem **Abkommen über den Lastschriftverkehr** sind beleghaft eingereichte Lastschriften von der ersten Inkassostelle auf EDV-Medien zu erfassen und beleglos der Zahlstelle vorzulegen (EZL-Verfahren). Sind die Daten der Originalbelege vollständig und unverändert in den EZL übernommen, so haftet die erste Inkassostelle und die in die Weiterleitung der Lastschriften eingeschalteten Institute nicht für die Richtigkeit der Daten. Eine Haftung des Zahlungsempfängers für unrichtige Angaben im Originalbeleg bleibt unberührt.

2.5.1.6 Elektronische Unterschrift (Digitale Signatur)

Elektronische Nachrichten (zum Beispiel E-Mails) und Aufträge (zum Beispiel Überweisungen) ersetzen in vielen Fällen die herkömmliche Mitteilung in Papierform. Elektronische Daten können jedoch nicht in der bisherigen Weise eigenhändig unterschrieben werden. Hier bedarf es einen neuen Mittels in Form einer „elektronischen Unterschrift" (oder auch „digitale Signatur"). Es handelt sich hierbei um eine Art von elektronischem Siegel. Dieses wird mit Hilfe eines Signaturschlüssels, der sich in der Regel auf einer Chipkarte befindet, erzeugt. Die Echtheit der digitalen Signatur muss nachweisbar sein. Ferner dürfen Daten, die eine digitale Signatur tragen, nicht unbemerkt verändert werden können.

Die digitale Signatur ist entwickelt worden, da die bisherigen Verfahren für den elektronischen Zahlungsverkehr deutliche Schwachstellen aufweisen. Bei dem bisher üblichen Verfahren des Online-Banking muss sich der Kunde durch eine von der Bank erhaltene geheime Personenidentifikationsnummer (PIN) und eine Transaktionsnummer (TAN) gegenüber dem Computer der Bank ausweisen. Die TAN, die nur für eine einzige Transaktion bestimmt ist, entnimmt er aus einer von der Bank für ihn persönlich erstellten Liste. Bei diesem Verfahren ist es Hackern grundsätzlich möglich, mit einem Laptop auf der Kommunikationsverbindung zur Bank deren Computer zu simulieren und PIN/TAN abzufragen. Damit kann der Angreifer anschließend eine neue Anweisung an die Bank erteilen, zum Beispiel 10.000 DM auf ein Konto in Hongkong überweisen. Hinzu kommen nicht selten Sicherheitsverstöße durch die Nutzer. So wurden PIN und TAN-Listen zur Arbeitserleichterung ungesichert im Computer gespeichert und sind damit der Gefahr des Zugriffs Unbefugter ausgesetzt. Auch bei den bisherigen Verfahren zur Erzeugung digitaler Signaturen sind Manipulationen nicht ausgeschlossen.

Neuerdings besteht die Möglichkeit, ein elektronisches Dokument mit gesetzlich anerkannter digitaler Signatur vor Fälschung und Verfälschung zu sichern. Die Anforderungen hierfür sind im Signaturgesetz vom 22. Juli 1997 und der ergänzenden Signaturverordnung abschließend geregelt. Für die Ausstattung eines PC-Arbeitsplatzes zur Erzeugung gesetzlich anerkannter digitaler Signaturen wird noch ein Preis von circa 150 DM genannt. Dieser dürfte künftig, bei Großkunden schon heute, jedoch unter 100 DM liegen.

Schutz vor unerlaubtem Eindringen stellen insbesondere kryptografische Verfahren dar. Ziel der Kryptografie ist es, mittels Verschlüsselung beziehungsweise Chiffrierung Daten zu schützen. Je nachdem, welche Art vom Schlüsseln Anwendung finden, kann zwischen der symmetrischen und asymmetrischen Verschlüsselung (auch als Private- und Public-Key-Verfahren bezeichnet) unterschieden werden.

Bei der symmetrischen Verschlüsselung wird zur Chiffrierung und Dechiffrierung des Datenbestands derselbe Schlüssel benutzt. Die am häufigsten verwendete Verschlüsselungsmethode ist der Data Encryption Standard (DES). Der DES wurde 1976 von dem National Bureau of Standards (NBS) als offizieller Standard anerkannt.

Als vorteilhaft bei der symmetrischen Verschlüsselung erweist sich, dass der Datenaustausch sehr schnell erfolgt. Als Nachteil ist aufzuführen, dass der Empfänger den Inhalt des Dokuments verändern kann. Da er den gleichen Schlüssel wie der Absender benutzt, kann er nach der Abänderung das Dokument neu unterschreiben und behaupten, er habe das Dokument in diesem Zustand empfangen. Um Bankgeschäfte sicher im Internet durchführen zu können, sollten die Daten deshalb asymmetrisch verschlüsselt werden.

Bei der asymmetrischen Verschlüsselung werden zur Chiffrierung und Dechiffrierung des Datenbestands zwei verschiedene Schlüssel benutzt. Alle Teilnehmer besitzen sowohl einen geheimen privaten Schlüssel (Private Key) als auch einen auf dem Netz publizierten öffentlichen Schlüssel (Public Key). Wird eine Nachricht mit einem der beiden Schlüssel verschlüsselt, so kann diese lediglich mit dem anderen Schlüssel entschlüsselt werden. Bei der asymmetrischen Verschlüsselung ist der am einfachsten zu implementierende Algorithmus der **RSA-Algorithmus**. Er wurde nach seinen Erfindern Ron Rivest, Adi Shamir und Leonhard Adleman benannt. Beim RSA-Algorithmus stellen die privaten und öffentlichen Schlüssel Funktionen von großen Primzahlen dar, die mit mehr als 100 Dezimalstellen eine sehr hohe Sicherheit garantieren. Bei den asymmetrischen Verfahren steht verglichen mit den symmetrischen Verfahren dem Vorteil der hohen Sicherheit der Nachteil der hohen Rechenzeit gegenüber.

Im Signaturgesetz spielt das **RSA-Verfahren** eine zentrale Rolle. Für das Erzeugen einer digitalen Signatur wird einer Person ein elektronisches „Siegelinstrument", ein einmaliger geheimer privater Signaturschlüssel eindeutig zugeordnet. Dieser Schlüssel befindet sich in der Regel auf einer Chipkarte und kann nur in Verbindung mit einer PIN eingesetzt werden. Mit dem Schlüssel können beliebig viele digitale Signaturen erzeugt werden. Das Erzeugen und Prüfen der Signaturen beruht auf kryptografischen Verfahren. Grundlage bildet ein für jede Person einmaliges Schlüsselpaar: ein geheimer privater und ein öffentlicher Schlüssel.

- Mit dem geheimen **privaten** Schlüssel wird die Signatur durch den rechtmäßigen Besitzer erzeugt.

- Mit dem dazugehörigen **öffentlichen** Schlüssel kann die Signatur durch jeden überprüft werden.

Die rechtmäßige Zuordnung eines Signaturschlüssels zu einer bestimmten Person wird durch ein **elektronisches Zertifikat** bestätigt. In diesem elektronischen Dokument wird der öffentliche Schlüssel, und damit indirekt auch der zugehörige private Schlüssel, der betreffenden Person zugeordnet. Sie erhält das Zertifikat von einer behördlich genehmigten Zertifizierungsstelle und kann es beim elektronischen Datenaustausch jederzeit vorweisen. Das Zertifikat wird von der Zertifizierungsstelle (so genannte Trust Center/Trusted Third Party) in einem über die öffentlichen Netze zugänglichen X.500-Verzeichnis nachprüfbar gehalten. Für diese Zertifikate, die plattformunabhängig beschrieben sein müssen, hat sich bereits ein Standard etabliert (X.509 oder X.509, Version 3).

Ein signiertes Dokument setzt sich somit wie folgt zusammen:
- das Dokument selbst (zum Beispiel Überweisungsauftrag),
- die digitale Signatur (zum Beispiel eine Zeile) und
- das Signaturschlüssel-Zertifikat des Signierenden (wenige Zeilen).

Beim Online Banking kann der Kunde von seinem PC aus Überweisungen selbst vornehmen, die er mittels digitaler Signatur sichern kann. Er kann auch leicht die Bank wechseln; er braucht sich dazu nur elektronisch mit digitaler Signatur anzumelden, soweit dies dem neuen Institut genügt.

198 Leistungen und Dienstleistungen der Kreditinstitute

Netzgeld einer Bank kann durch die digitale Signatur einer Bank gesichert werden. Die Protokolle bei Nutzung von Kreditkarten werden ebenfalls durch digitale Signaturen gesichert, zum Beispiel nach der Secure Electronic Transaction (SET) Specification.

2.5.2 Dienstleistungen für Firmen-/Privatkunden

Die Banken sind generell bestrebt, die bestehenden Kundenbeziehungen zu intensivieren. Hierbei bietet dem Kundenberater das „laufende Konto" viele Anknüpfungspunkte für ein **Cross Selling**.

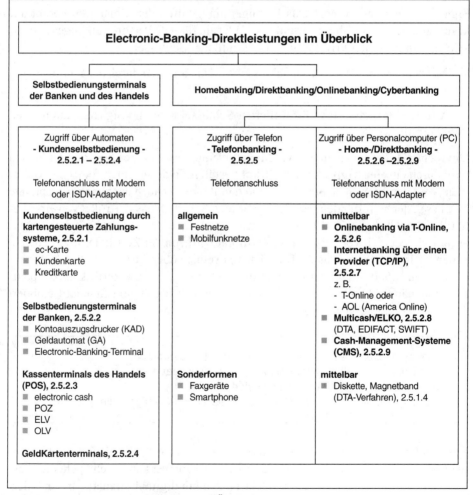

Abbildung 2-25: Electronic Banking im Überblick

Das persönliche Gespräch am Schalter dient oftmals als Einstieg für Folgegeschäfte, die auch ein Gehaltskonto interessant werden lassen. Die Automation der Kundenselbstbedienung eignet sich deshalb nur für Standardprodukte. Dagegen ist sie für beratungsintensive Produkte nicht geeignet. Individuelle Anlage- oder Finanzierungsberatung ist nicht zu automatisieren. Marketingspezialisten standen daher der Entwicklung des Electronic Banking skeptisch gegenüber. Die **Standarddienstleistungen** können durch Automation rationeller und kostengünstiger abgewickelt werden. Insbesondere die hierbei anfallenden Einsparungen werden teilweise über günstigere Konditionen an den Kunden weitergegeben.

Bei der Automation im Electronic Banking ist zu unterscheiden zwischen der **Kundenselbstbedienung** für Privatkunden und den **Homebankinganwendungen**, die je nach Ausgestaltung für Privat- und/oder Firmenkunden geeignet sind. Unter Homebanking versteht man ganz allgemein die Möglichkeit, Bankgeschäfte von zu Hause aus abzuwickeln. Dies kann auf ganz unterschiedliche Weise geschehen, entweder per Telefon oder vor allem aber per PC, der über Telefonleitung mit dem Rechner einer Bank verbunden ist. Für diese direkten Zugangsmöglichkeiten zur Bank haben sich die unterschiedlichsten Begriffe eingebürgert, die sich aus der Zugangstechnik ableiten lassen (zum Beispiel Direktbanking, Telefonbanking, Onlinebanking, Internetbanking, Cyberbanking).

2.5.2.1 Kartengesteuerte Zahlungssysteme

Eine wichtige zukunftsorientierte Dienstleistung ist die Entwicklung kartengesteuerter Zahlungssysteme im Privatkundengeschäft. Die wichtigsten Kartensysteme funktionieren auf Basis der ec-Karte, Kreditkarte und bankeigenen Kundenkarten. Außerhalb der Banken werden zunehmend Kreditkartensysteme und Kundenkarten des Handels- und Dienstleistungssektors mit Zahlungsfunktionen angeboten.

Zahlungskarten sind nach den **Grundtypen in prepaid cards, debit cards, charge cards und credit cards** zu trennen. Dabei ist als Unterscheidungskriterium der Zeitpunkt der „Wirksamkeit" einer Zahlung beim Kartennutzer maßgeblich.

ec-Karte

Ein wichtiger Meilenstein in der Entwicklung moderner und kostengünstiger Zahlungssysteme war die Einführung der ec-Karte 1968. Ursprünglich hatte die Scheckkarte nur die Funktion, eine **Einlösungsgarantie** für eurocheques zu ermöglichen. Heute ist die ec-Karte in Verbindung mit der persönlichen Geheimnummer (PIN) ein selbstständiges Zahlungsinstrument. Die ec-Karte erfüllt unter Verwendung der PIN die Funktion einer elektronischen Debitkarte für Barabhebungen an **Geldautomaten** und für bargeldlose Zahlungen an **automatisierten Kassen** (POS-Kassen). Sie kann ferner als vorausbezahlte GeldKarte an entsprechend ausgestatteten automatisierten

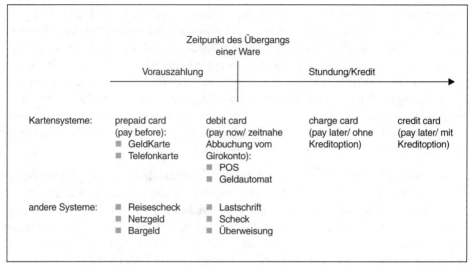

Abbildung 2-26: Zahlungsverkehrsumfeld im Electronic Banking

Kassen/GeldKartenterminals genutzt werden. Es war daher folgerichtig, wenn diese vier Service-Bereiche der ec-Karte in den **Bedingungen für ec-Karten** zusammengefasst worden sind. Das System wurde darüber hinaus stetig in Europa ausgebaut. Es hat sich zum größten Zahlungssystem Europas entwickelt, die ec-Karte ist im übertragenen Sinne zur „europäischen Banknote" geworden.

Kreditkarte/Kundenkarte

> **DEFINITION**
>
> Die **Kreditkarte/Kundenkarte** ist ein Ausweis, der den Kauf von Waren oder Dienstleistungen ohne Bargeld ermöglicht. Der Karteninhaber muss nicht sofort bezahlen, sondern lediglich einen Rechnungsbeleg unterschreiben. Die Abrechnung erfolgt später, meist monatlich, als Sammelrechnung einer Zentralstelle, die ihre Forderungen in der Regel per Lastschrift einzieht. Die Kreditkarten/Kundenkarten können auch der Bargeldbeschaffung dienen. Eine Kreditkarte/Kundenkarte enthält Namen und Unterschrift des Karteninhabers, Kartennummer und Gültigkeitsdauer.

Die Kreditkarte/Kundenkarte hat ihren Ursprung in den USA. Dort geben seit den 20er Jahren Handels- und Dienstleistungsunternehmen Karten an ihre Kunden aus, um eine verstärkte Kundenbindung zu bewirken (Zwei-Parteien-System). Solche Karten werden häufig auch als **Haus-, Spezial- oder Kundenkarten** bezeichnet und seit einiger Zeit auch von Handels- und Dienstleistungsunternehmen sowie von Banken in Deutschland ausgegeben.

Außer von Handels- und Dienstleistungsunternehmen werden Kreditkarten von besonderen, auf dieses Geschäft spezialisierte Unternehmen ausgegeben. Die Zahlungsabwicklung vollzieht sich hier im Rahmen eines Drei-Parteien-Systems (Karteninhaber, Kartenemittent, Kartenakzeptant/Vertragsunternehmer). Seit den 50er Jahren werden die gehobene Privatkundschaft sowie Unternehmen von amerikanischen Kreditkartenorganisationen wie American Express und Diners Club umworben, indem ihnen ursprünglich für Reisen und Gästebewirtung **Travel and Entertainment Cards (T & E Karten)** angeboten worden sind. Inzwischen werden diese Karten auch zunehmend für Einkäufe von meist höherwertigen Waren eingesetzt. Die Kreditkartengesellschaften haben mit einer Vielzahl von Handels- und Dienstleistungsbetrieben (auch Vertragsunternehmen genannt) Vereinbarungen über die Akzeptierung der von ihnen ausgegebenen Karten getroffen. Diese Karten sind vielfältig (zum Beispiel auch für die Bargeldbeschaffung) und weltweit verwendbar.

Die starken Aktivitäten der ausländischen Kreditkartengesellschaften warfen die Frage auf, ob es sich die deutschen Banken auf Dauer leisten können, ihren Kunden keine eigene Kreditkarte anzubieten. Denn ein Teil des bisherigen Konsumentenkreditgeschäftes lief so an den Banken vorbei und wurde von den Kreditkartengesellschaften selbst abgewickelt.

Aus diesen Überlegungen haben sich die **Banken als dritte Gruppe von Kreditkartenemittenten** etabliert. Weltweit haben sie sich zu zwei miteinander konkurrierenden Organisationen zusammengeschlossen, die auch jeweils über einen internationalen Rechnerverbund für die Kartenautorisierung und Kundenabrechnung verfügen: die VISA-Organisation und die MasterCard-Gruppe. Weltweit besitzt VISA-Card den größten Marktanteil mit über 50 Prozent.

Die drei Institutsgruppen des deutschen Kreditgewerbes – das private Kreditgewerbe, die Sparkassenorganisation sowie der Genossenschaftsbereich – beschlossen 1976, für die gehobene Kundenschicht die **Eurocard** als internationale Kreditkarte einzuführen. Heute ist Eurocard auf europäischer Ebene Teil der **Europay International S. A. in Brüssel**, die ihrerseits der MasterCard-Gruppe angeschlossen ist.

Zunächst war die Gesellschaft für Zahlungssysteme (GZS) alleiniger Emittent der Eurocard. Seit 1991 kann jede Bank die Eurocard selbst in eigener Regie an ihre Kunden ausgeben. Die Eurocard trägt neben den internationalen Akzeptanzzeichen von Eurocard und Mastercard den Namen des ausgebenden Kreditinstituts. Neben der Eurocard Standard gibt es die Eurocard Gold für Kunden mit umfangreichen exklusiven Zusatzleistungen (umfangreicher Versicherungsschutz und weltweit höhere Bargeldauszahlung).

Im Jahr 1997 spaltete sich die GZS in eine Lizenzgesellschaft (EURO Kartensysteme Eurocard und eurocheque GmbH) und einer Processinggesellschaft (unverändert GZS).

Die Banken haben **zwei Gestaltungsalternativen** für ihr Angebot:

- Ausgabe der Eurocard als rechtlich vollverantwortlicher Eigenemittent: Der Lizenznehmer erwirbt seine Lizenz direkt bei EUROPAY. Er gibt in rechtlicher und wirtschaftlicher Verantwortung die Kreditkarte aus. Der Vertragspartner des Karteninhabers ist der Lizenznehmer. Der Lizenznehmer wählt selbst, welche Produkte er mit welcher Ausstattung auf den Markt bringt und von welchem Prozessor er sein Kartengeschäft abwickeln lässt.

- Ausgabe der Eurocard mit Übernahme des wirtschaftlichen Risikos durch die Bank und des formaljuristischen Risikos durch EURO Kartensysteme (Kooperationslösung): Der Kooperationspartner erwirbt selbst keine Lizenz bei EUROPAY. Er gibt Karten mit seinem Institutsaufdruck über einen Lizenznehmer aus (in Deutschland wäre dies die EURO Kartensysteme). Die wirtschaftliche Verantwortung liegt beim Kooperationspartner. Das formaljuristische Risiko liegt beim Lizenznehmer (in Deutschland wäre dies die EURO Kartensysteme). Der Vertragspartner für den Karteninhaber ist nicht der Kooperationspartner, sondern der Lizenznehmer.

In beiden Fällen wird das Bonitätsrisiko von den Banken getragen. Den Kreditinstituten fließen jeweils der Kartenpreis und die Disagioerträge, die gegenüber den Vertragsunternehmen bei der Rechnungslegung einbehalten werden, in voller Höhe zu. Für die technische Abwicklung des Kartengeschäfts stehen den Instituten verschiedene Prozessoren (wie die GZS) gegen Zahlung einer entsprechenden Dienstleistungsgebühr zur Verfügung.

In Deutschland hat Eurocard einen Martkanteil von weit über 50 Prozent.

Seit einiger Zeit geben auch kommerziell tätige Nichtbanken Karten im **Co-Branding** aus. Die Ausgabe erfolgt in Kooperation mit Kreditkartenorganisationen und Banken. Diese Karten sind mit speziellen Zusatzleistungen ausgestattet, zum Beispiel Preisvorteilen bei Mietwagen und Hotels, Versicherungen, integriertem Telefonchip. Bei Kooperationen mit Non-Profit-Organisation werden **Affinitycards** ausgegeben.

Den Verlust seiner Kreditkarte muss man unverzüglich seiner Bank beziehungsweise der Kreditkartenorganisation anzeigen. Bei unautorisierter Benutzung der Kreditkarte vor der Verlustanzeige haftet der Karteninhaber insgesamt mit höchstens 100 DM; nach der Anzeige entfällt die Haftung. Um den Missbrauch von Karten zu verringern, werden in einigen Ländern Kreditkarten mit einem Portraitfoto des Karteninhabers ausgestattet.

Grundsätzlich unterscheidet man drei Kreditkartenformen:

- **Charge Cards:** Sie sind die in Deutschland verbreitetste Kartenart. Der Kunde kann jeden Monat bis zu einem ihm bekannten Limit einkaufen. Am Ende des Abrechnungszeitraums wird eine Abrechnung erstellt, deren Gesamtbetrag vom Bankkonto abgebucht wird.

- **Credit Cards:** Dem Kunden wird ein echter Kreditrahmen eingeräumt. Er muss einen geringen Teil des Rechnungsbetrages sofort zurückzahlen, die Tilgung der Restschuld bleibt ihm überlassen. Auf die Restschuld werden Zinsen erhoben. Der Kunde kann auf seinem Kartenkonto auch Guthaben unterhalten, das höher als auf dem Bankkonto verzinst wird.

- **Debit Cards:** Sie sind direkt an das Bankkonto des Karteninhabers gebunden. Das Konto wird, wie bei der ec-Karte, unverzüglich nach der Bezahlung belastet. Im Unterschied zur ec-Karte, die keine reine Debit Card ist, ist dem Kunden auf seinem Debit-Card-Konto ein bestimmtes Limit eingeräumt.

2.5.2.2 Selbstbedienungsterminals der Banken

Um den Kundenservice rationeller zu gestalten, ist untersucht worden, aus welchen Gründen die Kunden hauptsächlich in die Bankfilialen kommen. Dabei zeigte sich, dass über zwei Drittel der Kundenbesuche ausschließlich der Bargeldabhebung dienen. Ferner haben die Zustellgebühren für Kontoauszüge dazu geführt, dass immer mehr Kunden beim Bargeldabheben auch gleichzeitig ihren Kontoauszug anfordern. Was lag also näher, als das routinemäßige Bargeldabheben und Kontoauszugabholen durch Selbstbedienungsterminals erledigen zu lassen? Die technischen Möglichkeiten sind damit jedoch noch nicht ausgeschöpft, sondern lassen sich auf weitere automatisierbare Geschäftsvorfälle – wie zum Beispiel Kontenüberträge, Einzahlungen, Vordruckbestellungen, Sparbuchnachträge – erweitern.

Kontoauszugsdrucker (KAD)

Am Beginn der elektronischen Bankdienstleistungen stand der Kontoauszug auf Abruf. Der Kunde gibt seine Identifikationskarte (zum Beispiel ec-Karte) ein und erhält einen Kontoauszug ausgedruckt. Der KAD hat den Vorteil, dass das Abholen der Kontoauszüge am Schalter entfällt und außerdem weniger Kontoauszüge als bisher ausgedruckt werden, da dies jetzt nur auf Initiative des Kunden geschieht.

Geldautomat (GA)

Bis vor einigen Jahren konnte Bargeld nur zu den normalen Geschäftszeiten am Bankschalter beschafft werden. Diese Lösung war aber wenig kundenorientiert, sodass die Banken um Abhilfe bemüht waren. Schließlich einigten sich die Bankenverbände auf ein einheitliches ec-Geldautomatensystem in Form einer nationalen GA-Pool-Lösung (**Vereinbarung über das deutsche ec-Geldautomatensystem**). Dieses System ist zwischenzeitlich Bestandteil des Geldautomatensystems von Europay International S. A. Die deutschen Banken sind verpflichtet, ihre ec-Geldautomaten für die Benutzung der im Rahmen des grenzüberschreitenden ec-Geldautomatensystems sowie des CIRRUS-Systems zugelassenen Karten zur Verfügung zu stellen. CIRRUS ist ein eingetragenes Zeichen der CIRRUS Systems Inc., die als Tochter von MasterCard ein internationales Geldautomatensystem betreibt.

Der Kunde kann seine ec-Karte für den Bezug von Bargeld institutsübergreifend und bundesweit an allen GAs unabhängig von seiner kontoführenden Stelle nutzen (GA-Pool des deutschen Kreditgewerbes). Zielsetzung der Banken war es zugleich, mit der wettbewerbsneutralen Kooperation unnötige Parallelinstallationen am selben Ort zu vermeiden. Mit der Verwendung der ec-Karte als einheitliches Zugangsmedium wurde eine Karteninflation (wie etwa in den USA) vermieden. Zugleich ist eine wettbewerbsneutrale grenzüberschreitende Nutzung ermöglicht worden.

Die institutsübergreifende Verwendung von GAs ist möglich durch den Magnetstreifen auf der Rückseite der ec-Karte und die Vergabe einer persönlichen Geheimzahl (PIN = Persönliche Identifikations-Nummer) an den Karteninhaber. In dem Magnetstreifen sind die notwendigen Informationen für die Identifizierung des Kunden und die Verrechnung der Geldabhebung gespeichert. Um die Sicherheit zu erhöhen, wurden in die Karte spezielle Kartenechtheitsmerkmale (MM = Modulierbares Merkmal) eingebracht. Über Sensoren wird die Karte maschinell auf Echtheit überprüft.

Alle Verfügungen werden im Rahmen eines Online-Systems mit einer **Sperrdatei** und einer **Transaktionsdatei** verglichen, um betrügerische und sonstige unzulässige Abhebungen zu vermeiden. Zwischen den Autorisierungszentralen der einzelnen Bankengruppen ist ein Online-Verbund mittels Datenfernübertragung eingerichtet worden, sodass die Autorisierung statt an zentraler Stelle auch beim Kartenemittenten („am Konto") möglich ist. Die meisten Geräte sind rund um die Uhr servicebereit. Um bei Missbrauch den Schaden zu begrenzen, werden von den Banken Verfügungsrahmen festgesetzt, die auch Mehrfachverfügungen pro Tag ermöglichen. Dabei darf der Höchstauszahlungsbetrag je Abbuchung 1.000 DM nicht überschreiten. Der verfügte Betrag zuzüglich Gebühren wird im DTA-Verfahren eingezogen, wenn keine Direktbelastung möglich ist.

Bei Schäden, die einer Bank durch die Benutzung mit gefälschten oder verfälschten Karten entstehen, sowie bei sonstigen Schäden, die im Interesse des Systems abgedeckt werden müssen und deren Übernahme einem einzelnen Institut nicht zugemutet werden kann, erfolgt unter bestimmten Voraussetzungen ein Ausgleich zwischen den Bankengruppen, die die Vereinbarung über das deutsche ec-Geldautomatensystem abgeschlossen haben.

Die am ec-System teilnehmenden europäischen Banken haben einen technischen Standard entwickelt, um die in Europa vorhandenen GAs auch länderübergreifend zu nutzen. Inzwischen haben die Inhaber von ec-Karten in fast allen europäischen Partnerländern des ec-Systems Zugang zu den GAs. Deutsche ec-Karteninhaber können im Ausland normalerweise den Gegenwert von 1.000 DM je Auszahlung in der jeweiligen Landeswährung abheben.

Die wachsende Bedeutung von Kreditkarten hat auch zur Öffnung der GAs für Kreditkarten geführt. In Deutschland und Europa akzeptieren immer mehr GAs VISA und Eurocard.

Electronic-Banking-Terminal

Die Geräte bestehen meist aus Bildschirm plus Tastatur und haben eine einfache Bedienerführung. Die Legitimation, das heißt der Zugang zum Konto, wird entweder mittels Kunden- oder ec-Karte geprüft. Es gibt hauptsächlich zwei Anwendungsgebiete:

- **Kontobezogene Anwendungen** mit Legitimationsprüfung, zum Beispiel
  – Überweisungsaufträge erteilen,
  – Daueraufträge anlegen, ändern und löschen,
  – Konto- und Depotinformationen abfragen,
  – Vordrucke bestellen,
  – einfache Anlagen tätigen (zum Beispiel Sparbriefe kaufen).

- **Allgemeine Informationen** ohne Legitimationsprüfung, zum Beispiel über
  – Bankdienstleistungen,
  – Wertpapier- und Sortenkurse,
  – einfache Finanzierungsmodelle,
  – Standardkonditionen.

2.5.2.3 Kassenterminals des Handels (POS)

Der Begriff Point of Sale (POS) kommt aus den USA und meint die elektronische Bezahlung am Ort des Verkaufs. Hierbei geht es um elektronische Kassenterminals im Einzelhandel, über die Rechnungsbeträge per ec-Karte oder sonstige Kundenkarten beleglos vom Konto abgebucht werden. Bei der elektronischen Weitergabe der Zahlungsdaten spricht man von Electronic funds transfer at the point of sale („EFT-POS").

Auf Wunsch des Handels sind vier unterschiedliche **POS-Verfahren** entwickelt worden: electronic-cash, POZ, ELV und OLV.

electronic-cash-System (PIN-basiertes Verfahren)

Seit 1990 können ec-Karten-Inhaber per electronic-cash bezahlen. Dabei handelt es sich um ein gemeinsames Verfahren der deutschen Kreditwirtschaft. Die Kreditwirtschaft hat zur Realisierung des electronic-cash-Systems folgende **drei vertragliche Rahmenbedingungen** aufgestellt:

- Vereinbarung über ein institutsübergreifendes System zur bargeldlosen Zahlung an automatisierten Kassen (electronic-cash-System)
- Vertrag über die Zulassung als Netzbetreiber im electronic-cash-System der deutschen Kreditwirtschaft (Netzbetreibervertrag)
- Bedingungen für die Teilnahme am electronic-cash-System der deutschen Kreditwirtschaft (Händlerbedingungen)

Gleichzeitig sind die Bedingungen für ec-Karten wegen des electronic-cash-Systems angepasst worden. Neben den ec-Karten sind auch Kundenkarten von Banken einsetzbar (BANK-CARD der Kreditgenossenschaften, S-Card der Sparkassen, Karten der Deutschen Bank und der Dresdner Bank).

Auf in- und ausländischen ec-Karten ist das **edc-logo** (edc = electronic debit card) angebracht. Das edc-logo weist auf die Möglichkeit hin, die ec-Karte als Debitkarte europaweit an electronic-cash-Terminals in Geschäften und Tankstellen nutzen zu können. Die weitere Angabe „Maestro", ein Produktname von MasterCard, steht für die weltweite Nutzung. Die dem edc/Maestro-System angeschlossenen Terminals sind mit dem edc/Maestro-Zeichen besonders gekennzeichnet.

Händler, die an das electronic-cash-System angeschlossen werden wollen, benötigen entweder ein zusätzliches electronic-cash-Terminal neben ihrer Kasse (Adaptionslösung), oder sie können auch die electronic-cash-Funktionen in ein bestehendes Kassensystem integrieren (Integrationslösung). Wenn der Kunde mit seiner Ware an die Kasse kommt, gibt er seine ec-Karte in den Kartenleser und seine persönliche Geheimzahl (PIN) ein. Das Terminal stellt daraufhin automatisch eine Leitungsverbindung zum Rechner des Netzbetreibers her. Dort erfolgt die **Online-Autorisierung** mit Prüfung der Geheimzahl und der Echtheit der Karte (**Legitimations- und Sicherheitsprüfung**), Prüfung auf gesperrte Karten in der Sperrliste der deutschen Kreditwirtschaft (**Sperrprüfung**) und Prüfung des Guthabens beziehungsweise des Limits (**Betragsprüfung**). Die Sperre- und Betragsprüfung erfolgt aufgrund eines Online-Verbundes des Netzbetreibers mit den Autorisierungszentralen der einzelnen Bankengruppen oder darüber hinaus am Konto des Karteninhabers.

Fallen alle Prüfungen positiv aus, wird dem Händler der Rechnungsbetrag von dem kartenausgebenden Kreditinstitut garantiert (**Zahlungsgarantie**), das heißt, eine Belastung aus dem electronic-cash-Verfahren muss in jedem Fall eingelöst werden.

Die technische Abwicklung erfolgt durch **Netzbetreiber,** die eine Zulassung vom Zentralen Kreditausschuss (ZKA) benötigen. Als Netzbetreiber fungieren große Mineralölgesellschaften, TeleCash, GZS und auch zentrale Einrichtungen (Rechenzentren) von Bankengruppen. Ihnen obliegt hauptsächlich die Unterhaltung eines funktionsfähigen Netzes, das die Verbindung zwischen den electronic-cash-Terminals und den Autorisierungszentralen der einzelnen Bankengruppen herstellt. Darüber hinaus unterstützen die Netzbetreiber die Händler bei der Abwicklung der unbaren Zahlungen, ermitteln die Gebühren aus den electronic-cash-Transaktionen und verrechnen diese zwischen den Händlern und den Zentralstellen des Kreditgewerbes. Die einzelnen Transaktionen werden vom Netzbetreiber in einer Umsatzdatei gespeichert und an die Hausbank des Händlers weitergeleitet. Dort erfolgt eine Sammelgutschrift zugunsten des Händlers, und die Einzelbeträge werden in den Lastschrifteinzug per DTA übergeleitet. Das Interesse der Banken besteht darin, diese Hausbankfunktion zu behalten oder zu erreichen.

Die Anzahl der Transaktionen und der durchschnittliche Umsatzbetrag sind entscheidend für die Kosten pro Einkauf, die dem Händler entstehen. Sie teilen sich auf in die laufenden Kosten für das Terminal inklusive Wartung, Übertragungskosten, Netzbetreibergebühren und die Autorisierungsgebühren des Kreditgewerbes. Die Autorisierungsgebühren betragen für jeden Kaufvorgang 0,3 Prozent der Rechnungssumme, mindestens jedoch 15 Pfennig. An den Tankstellen fallen bei Rechnungsbeträgen unter 100 DM 0,2 Prozent, mindestens jedoch 8 Pfennig an. Insgesamt werden für den Händler in der Regel zwischen 0,5 und 1,8 Prozent des Umsatzbetrages erreicht. Damit ist ein electronic-cash-Umsatz für den Händler wesentlich günstiger als ein Kreditkartenumsatz. Für die Kunden sind diese Zahlungsvorgänge gebührenfrei.

Das electronic-cash-Verfahren bringt für den Händler folgende **Vorteile**: Der Zahlungsvorgang an der Kasse braucht weniger Zeit als bei einer Zahlung mit Scheck oder Kreditkartenbeleg. Bargeldbestände werden reduziert, und damit erhöht sich auch die Sicherheit. Außerdem gilt eine Zahlungsgarantie für jede Transaktion. Spontankäufe können den Umsatz steigern, weil die Verfügungsmöglichkeit des Kunden nicht durch den zufällig mitgeführten Bargeldbetrag begrenzt ist.

208 Leistungen und Dienstleistungen der Kreditinstitute

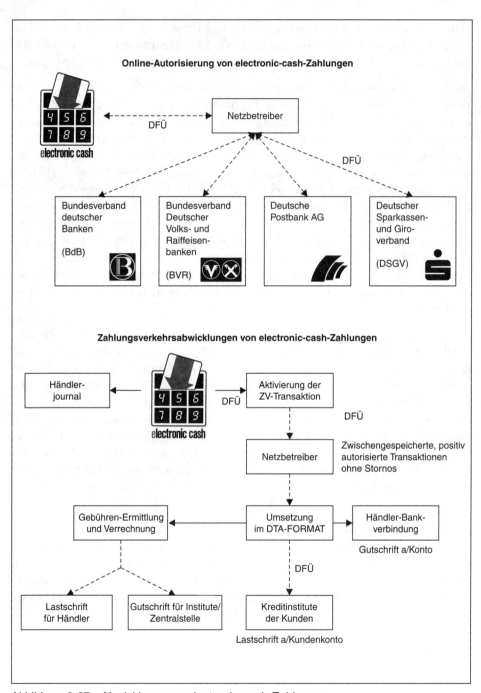

Abbildung 2-27: Abwicklung von electronic-cash-Zahlungen

POZ-System (unterschriftbasiertes Verfahren mit Sperrabfrage in Liste der Kreditwirtschaft)

Die im electronic-cash-Verfahren vorgeschriebene Autorisierung führt zu Kosten, die in manchen Fällen zu vermeiden wären. Beispielsweise können kleinere Umsätze von persönlich bekannten Kunden ohne Autorisierung ablaufen. Hierfür ist von den Spitzenverbänden des Kreditgewerbes eine vereinfachte Autorisierung in Form einer reinen Sperrdateiabfrage entwickelt worden (Vereinbarung zum POZ-System).

Beim POZ-System (Point-of-Sale-System ohne Zahlungsgarantie) erfolgt die Legitimation allein durch Unterschrift. Mit der Unterschrift erhält das Unternehmen die Ermächtigung des Karteninhabers für den Einzug des Rechnungsbetrages im Einzugsermächtigungsverfahren. Ferner gilt die Unterschrift als Einverständnis für die Mitteilung seines Namens und seiner Adresse durch die kartenausgebende Bank im Falle einer Rücklastschrift. Eine Zahlungsgarantie besteht nicht. Das Unternehmen ist verpflichtet, bei jedem Zahlungsvorgang unter Einschaltung des Netzbetreibers im POZ-System eine Sperrdateiabfrage in der Sperrliste der deutschen Kreditwirtschaft vorzunehmen. Dies gilt nicht bei Beträgen bis zu 60 DM. Der Vorteil des Handels liegt in den geringen Kosten (0,10 DM je Anfrage in Sperrdatei).

ELV-System (unterschriftbasiertes Verfahren mit Sperrabfrage in hauseigener Liste)

Beim Elektronischen Lastschriftverfahren (ELV) wird beim Kartendurchzug die Karte nur gelesen und die Legitimation des Kunden erfolgt wie beim POZ-System lediglich durch Unterschrift. Die zahlungsverkehrstechnische Abwicklung erfolgt im Offline-Verfahren. Dem Unternehmen entstehen keine Autorisierungs- und Leitungsgebühren, dafür trägt er jedoch das volle Einlösungs- und Missbrauchsrisiko, da lediglich eine Abfrage in der hauseignen Sperrdatei vorgesehen ist. Eine Zahlungsgarantie besteht nicht. Die kartenausgebende Bank ist nicht verpflichtet, Name und Anschrift des Karteninhabers bekanntzugeben. Wegen der Risiken raten die Banken vom ELV-System ab.

OLV-System (unterschriftbasiertes Verfahren mit Sperrabfrage in Netzbetreiberliste)

Das OLV (Online Lastschriftverfahren) unterscheidet sich vom ELV nur dadurch, dass beim Kartendurchzug eine Verbindung zum Netzbetreiber aufgebaut und die Karte anhand einer Händlersperrliste (= Liste der beim Netzbetreiber angeschlossenen Händler) geprüft wird.

2.5.2.4 GeldKartenterminals

Seit 1996 bieten die Banken ihren Kunden ec-Karte und Kundenkarte als multifunktionale Chipkarte an. Als wesentliche Neuerung enthält der Chip eine elektronische Geldbörse, die jeder Kunde nach eigenen Wünschen aufladen und zur Bezahlung insbesondere an Automaten verwenden kann. Für den Inhaber einer GeldKarte hat die Anzeige „Kein Wechselgeld" ihren Schrecken verloren. Mit der Entwicklung und Anwendung der Chiptechnik auf breiter Basis eröffnet sich die Möglichkeit, alle Bereiche, in denen überwiegend Kleinbetragszahlungen anfallen, mit einer einfachen, rationellen und kostengünstigen Zahlungsmöglichkeit auszustatten. Die Funktion der elektronischen Geldbörse wird unter dem Systemnamen GeldKarte angeboten. Die hierfür verwendete Chiptechnik bietet eine höhere Sicherheit gegenüber der bisher eingesetzten Magnetstreifentechnik und schafft damit die Voraussetzung für sichere Offline-Lösungen mit oder ohne Verwendung der Geheimzahl.

Im System GeldKarte wird durch einen Ladevorgang ein vom Kunden gewünschter Betrag bis 400 DM in den Chip geladen. Hierbei wird – ausgenommen der Kunde lädt den Chip gegen Bargeld – das Kundenkonto sofort belastet und der Ladebetrag einem so genannten Börsenverrechnungskonto der kartenausgebenden Bank gutgeschrieben. Damit unterscheidet sich die GeldKarte grundlegend von den derzeitigen Debitkartenzahlungssystemen der deutschen Kreditwirtschaft, bei denen der Karteninhaber erst belastet wird, nachdem die entsprechende Karte bei einem Zahlungsvorgang eingesetzt wurde.

Die GeldKarte ist eine vorausbezahlte Geldbörse. Der in den Chip geladene Betrag wird später durch Kauftransaktionen zum Bezahlen verbraucht. Die GeldKarte ist als Form des elektronischen Geldes (E-Geld) anzusehen und darf deshalb nur von Banken ausgegeben werden.

Mit der aufgeladenen GeldKarte kann an speziell dafür ausgerüsteten Terminals an allen Akzeptanzstellen bezahlt werden. Die Bezahlung erfolgt grundsätzlich offline ohne PIN oder Unterschrift. Der getätigte Umsatz wird durch das kartenemittierende Institut garantiert.

Der Händler reicht die einzelnen GeldKarte-Transaktionen bei seiner Bank oder einer von ihr benannten Evidenzstelle zur Prüfung ein. Die Evidenzstelle bereitet die für die Einleitung des Zahlungsvorgangs erforderlichen Daten auf und leitet die Umsätze zur Belastung der Börsenverrechnungskonten der kartenausgebenden Institute und zur Gutschrift der Händlerkonten weiter. Die Verrechnung erfolgt dabei ausschließlich in Summen je Händler- und Börsenverrechnungskonto. Jeder Händler erhält die Gutschrift in einer Summe, jedes Börsenverrechnungskonto wird in einer Summe belastet. Die Sicherheit des Systems wird über die Arbeit der Evidenzstellen erreicht.

Die GeldKarte-Funktion kann einerseits in **kontogebundene Karten** integriert werden. Zusätzlich können Banken aber auch **kontoungebundene Karten** mit GeldKarte-Funktion ausgeben (so genannte White-Cards). In diesem Fall enthält der Chip nicht die Informationen über die Karteninhaber-Kontoverbindung, sondern nur über das Börsenverrechnungskonto der kartenausgebenden Bank zur Buchung der Ladebeträge. Die Zahlungen im GeldKarte-System werden von der kartenausgebenden Bank garantiert. Sie erhält hierfür von den Akzeptanzstellen im Handel und Dienstleistung jeweils 0,3 Prozent des Umsatzes, mindestens aber 0,02 DM.

Im Falle des Verlustes einer GeldKarte ist ein gutgläubiger Erwerb möglich, da gegenüber dem Verlust von Bargeld rechtlich kein Unterschied besteht (§ 935 Abs. 2 BGB ist auf GeldKarten anwendbar). Es gibt keine Möglichkeit, das gespeicherte (Rest-)Guthaben zu sperren.

Um die Akzeptanz der GeldKarte im gesamten Euro-Raum zu ermöglichen, hat das ECBS (Europäisches Komitee für Bankenstandards) Ende 1998 einen europäischen Standard verabschiedet (CEPS = Common Electronic Purse Specification). Auf dieser Grundlage soll ein europäisches Clip-System eingeführt werden.

2.5.2.5 Telefon-Banking

Viele Banken bieten Homebanking per Telefon an. Am Telefon nennt der Kunde zunächst seine Kontonummer sowie ein Codewort oder gibt eine Geheimzahl an. Nach der Legitimation kann er dann seinen Kontostand abfragen (Kontoservice), Überweisungen veranlassen sowie Daueraufträge anlegen oder ändern (Zahlungsverkehr), Schecks und andere Formulare bestellen, Konten und Schecks sperren sowie Stamm- und Kontodaten ändern (Sachbearbeitung).

Telefon-Banking im klassischen Sinne ist der sprachliche Dialog mit einem Sachbearbeiter oder Call-Center (Version Mensch/Mensch). Dies ist die aufwendigste, aber auch kundenfreundlichste Variante. Aus Sicherheitsgründen ist der Zugriff auf Daten in der Regel von einem Kennwort, dem Namen des Verfügungsberechtigten und der Kontonummer abhängig. Diese drei Elemente werden in einem Computernetz verwaltet, das keine Schnittstellen nach außen oder zum Datenzentrum der Bank hat. Damit soll auch ein Schutz vor Hackern gewährleistet werden. Bei Abschluss des Nutzungsvertrages wird mit dem Kunden ein besonderes Passwort oder eine Codezahl vereinbart, damit er sich beispielsweise bei einer Kontoabfrage eindeutig legitimieren kann.

Neben dem Dialog mit einem Sachbearbeiter bevorzugen die Banken die Kommunikation durch Dialogsteuerung über die Telefontastatur oder auch über einen Sprachcomputer (Version Mensch/Computer). Hier werden zum Beispiel bei Überweisungen und Daueraufträge die Daten weitgehend über die Telefontastatur eingegeben.

Nur der Verwendungszweck und der Empfängername werden vom Kunden auf einem Sprachcomputer aufgesprochen und später nachbearbeitet. Die Nachbearbeitung erfolgt maskenorientiert innerhalb einer grafischen Benutzeroberfläche, damit die Aufträge zur Übertragung als DTA-Datei vorliegen.

In neuerer Zeit wird an dem Konzept des Smartphone (oder NGT = Next Generation Telephone) gearbeitet (Version Computer/Computer). Hierbei handelt es sich um ein datenkommunikationsgeeignetes programmierbares Komforttelefon. Durch bankspezifische Anwendungen, die im internen Speicher der Geräte oder auf scheckkartengroßen Speicherdaten abgelegt sind, wird der Kunde durch das Bankprogramm geführt. Durch Downloading-Verfahren können diese Applikationen jederzeit aktualisiert werden. Der Zugriff auf den Bankenrechner erfolgt dann alternativ über T-Online oder über eine integrierte Bildschirmemulation direkt über Telefonwählleitung.

2.5.2.6 Onlinebanking via T-Online

T-Online der T-Online International AG in Darmstadt ist der größte kommerzielle Onlinedienst in Deutschland. Er bietet einen kostengünstigen, flächendeckenden und einfach zu bedienenden Zugang für die dialogorientierte Datenkommunikation. T-Online vereinigt mehrere Vorteile bisher vorhandener Medien:

- theoretisch unbegrenzte Informationsmenge,
- optimale zeitliche und räumliche Verfügbarkeit,
- gezielte Abfragemöglichkeit unter einer Vielzahl von Informationsanbietern.

Onlinebanking stellt den Vorläufer des Internetbanking dar. Es gehörte zu den ersten angebotenen Leistungen des Btx-Netzes, das im Jahr 1983 von der Bundespost in Betrieb genommen wurde. Genutzt wurde Onlinebanking in den 80er Jahren vorwiegend im Firmenkundenbereich. Im Gegensatz zu den Firmenkunden, die zumeist auf eine schon bestehende DV-Infrastruktur zurückgreifen konnten, war für Privatkunden die Anschaffung der notwendigen Hardware noch mit zu hohen Kosten verbunden. Durch den starken Anstieg der Haushalte mit eigenem PC und durch für Privatkunden entscheidende Verbesserungen Anfang der 90er Jahre (seit 1991 neuer Name Datex J) erfolgte 1995 mit Einführung des KIT-Standards und entsprechender Software der Durchbruch dieser Art des Computerbanking (nunmehr T-Online). Vor allem die Sparkassen und die genossenschaftlichen Banken verhalfen dem Onlinebanking via T-Online zu schnellem Wachstum. Als regional orientierte Kreditinstitute erzielten sie mit der über zentrale Rechenzentren durchgeführten Kommunikation Synergieeffekte, da mehrere Kreditinstitute die zentralen Rechenzentren gleichzeitig nutzen konnten. Eine hohe Kostenreduktion war die Folge. Fondsgesellschaften und Direktbanken nutzen ebenfalls Homebanking via Onlinebanking.

Im Gegensatz zum exponentiell wachsenden Internetbanking gehen Bankenfachleute davon aus, dass Onlinebanking durch Substituierung künftig eine weniger bedeutende Rolle spielen wird. Dies wird hauptsächlich damit begründet, dass im Gegensatz zum Onlinebanking beim Internetbanking durch das Hypermedia-System World Wide Web (WWW) unterschiedliche Medien in einem internationalen Rahmen miteinander verknüpft werden können.

T-Online benutzt **WAN-Verbindungen** (Wide Area Network). Per Wählleitung ist der Teilnehmer über Vermittlungsstellen mit einem Netzknoten-Rechner verbunden, der wiederum mit dem Zentralrechner der Telekom in Ulm verbunden ist. Für die Datenübertragung benötigt man einen freien Telefonanschluss, an den bei analogen Zugängen ein Modem (Modulator/Demodulator) und bei ISDN ein Adapter für die SO-Schnittstelle angeschlossen wird. Beide werden meist an eine normierte serielle Schnittstelle des Endgeräts angeschlossen oder als Karte in einen PC eingesteckt. Als Endgerät bietet sich ein PC an, mit dessen Hilfe die aus T-Online abgerufenen Daten grafisch dargestellt, weiterverarbeitet und gespeichert werden. Für die Darstellung der Anwendungen im KIT- oder CEPT-Standard wird eine T-Online-Software benötigt.

Die Nutzung des T-Online-Dienstes erfordert einen **Benutzervertrag**. Zur Nutzung muss sich der Teilnehmer identifizieren. Ein zweistufiges Verfahren aus Anschlusskennung (zwölfstellige Ziffer) und Teilnehmernummer mit persönlichem Kennwort bietet dabei die notwendige Zugangssicherheit.

Das **Serviceangebot** reicht von der aktuellen Nachricht über Börsen- und Wirtschaftsdaten, dem Zugang zu Datenbanken, Fahr- und Flugplänen, Kartenbestellung, Produktinformationen, Mietwagenreservierung, amtlichen Statistiken, der elektronischen Kontoführung, Tipps und Telesoftware für den PC bis zum Informations- und Datenaustausch mit anderen Teilnehmern. Für die geschäftliche Nutzung von T-Online findet man geschlossene Benutzergruppen für Bestell- und Reservierungssysteme oder dezentrale Datenerfassung. Jeder Teilnehmer in T-Online hat seine eigene E-Mail-Adresse. Damit kann man Nachrichten oder auch Dateien versenden. Der T-Online-Boom wurde nicht zuletzt auch durch den direkten Zugang ins weltweite Internet ausgelöst, für deren Realisierung die T-Online-Software den Web-Browser Netscape-Navigator enthält.

Das **Angebot der Banken** gliedert sich in den meisten Fällen in einen **Informationsteil**, der allen T-Online-Teilnehmern zugänglich ist und Werbe- und Informationscharakter hat, und in einen **Dialogteil** für Kontoinhaber mit spezieller Zugangsberechtigung. Die Möglichkeiten, Bankgeschäfte in den Heimbereich zu verlagern, sind noch lange nicht ausgeschöpft. Institute, die, bewusst oder auf Grund ihrer traditionellen Entwicklung, überregional nicht gleichmäßig stark vertreten sind, haben hier einen Vertriebsweg, der sie überall erreichbar macht. Um das Datenvolumen im T-Online-Netz zu verringern, haben die deutschen Kreditinstitute 1987 den

„ZKA-Standard" verabschiedet. Dieses Datenformat kann von allen Kreditinstituten gesendet, empfangen und verarbeitet werden. Die Kontodaten kann man bei Bedarf automatisiert in eine Buchhaltung übernehmen.

Bankgeschäfte kann ein Kunde über T-Online abwickeln, wenn er einen Antrag zur Führung eines Kontos in T-Online abschließt und die Bedienungen für die Nutzung von T-Online anerkennt. Er hat die Benutzeranleitung und die ihm während des T-Online-Kontaktes angezeigte Bedienerführung zu beachten. Eingegebene Daten sind auf Vollständigkeit und Richtigkeit hin zu überprüfen.

Der Kunde hat Zugang zu seinem Konto, wenn er sich durch Eingabe seiner Kontonummer und der **Persönlichen Identifikationsnummer (PIN)** legitimiert. Auf Antrag des Kontoinhabers erhält jeder Bevollmächtigte eine eigene PIN. Als weiteres Sicherheitsinstrument kommt die **Transaktionsnummer (TAN)** zum Einsatz, mit der der Kunde die Berechtigung für bestimmte Handlungen und für die Freigabe von Geschäftsvorfällen (zum Beispiel Überweisungen) nachweist. Im Gegensatz zur PIN lässt sich eine TAN aus der TAN-Liste nur für einen Vorgang verwenden und erlischt dann.

Die **frei zugänglichen Angebote** einer Bank umfassen in erster Linie folgende Informationen:

- Standarddienstleistungen (zum Beispiel Modellrechnungen für Konsumentenkredite),
- Börsen-, Devisen- und Sortenkurse,
- Abfrage von Bankleitzahlen und BIC/SWIFT-Codes.

Die **Dialogangebote** sind auf die eigenen Kunden zugeschnitten:

- Kontoeröffnung, Abfrage von Kontostand und Umsätze (Kontokorrent, Spar-, Termingeld),
- Erteilen von Überweisungsaufträgen, Daueraufträge, Lastschriften,
- vereinfachte Datenfernübertragung (DFÜ) für DTA-Zahlungen (Überweisungen, Lastschriften),
- Erteilen eines Auslandszahlungsauftrages,
- Widerspruch einer Lastschrift,
- Vordruckbestellung, Reklamationen, Veinbarung eines Beratungstermins,
- Bestellen von Reisezahlungsmittel (Sorten, Reiseschecks),
- PIN-/TAN-Verwaltung.

Homebanking bringt sowohl für die Bank als auch für den Kunden Vorteile. Ein Kundenservice rund um die Uhr ist möglich.

Die Software-Anbieter haben frühzeitig erkannt, dass Homebanking eine der wichtigsten Säulen von T-Online darstellt. Die Vorteile liegen insbesondere in der Offline-Datenerfassung, dem schnellen Versenden von Zahlungsaufträgen und dem einfachen Ausfüllen von Formularen am Bildschirm. Multibankfähige Software existiert in den unterschiedlichsten Ausführungen. Hierbei handelt es sich entweder um in Decoder integrierte Makros oder um umfangreiche Applikationen mit zahlreichen Finanzfunktionen. Eine herausragende Marktstellung haben Programme wie Quicken von Intuit und Money von Microsoft erlangt. Darüber hinaus bieten die Kreditinstitute eigene Produkte (zum Beispiel db-dialog, drecash light) mit bankindividuellen Funktionen an.

Speziell für **Firmenkunden,** die eine Vielzahl von Konten bei verschiedenen Kreditinstituten, die an T-Online angeschlossen sind, führen, ist es durch eine besondere, auf einem PC laufende Software möglich, Finanzdaten frühestmöglich zu empfangen, aufzubereiten (zum Beispiel Valutensalden bilden) und zu speichern. Darauf aufbauende Finanz- und Liquiditätsplanungsprogramme ermöglichen heute auch kleineren Mittelständlern die Auswertung von Finanzdaten, die für die weitere Entwicklung des Unternehmens von größter Wichtigkeit sein können. Selbst die Übergabe der empfangenden Umsatzdaten an die Finanzbuchhaltung des Großcomputers per Datentransfer ist bei entsprechender Programmierung ohne weiteres möglich.

Homebanking eröffnet speziell im Privatkundengeschäft ein **zielgruppenorientiertes multimediales Marketing**. Die elektronische Vertriebsplattform verändert aber auch das traditionelle Filialnetz. Insbesondere in den neuen Bundesländern kann man innovative Konzepte relativ frei verwirklichen, um das Mengengeschäft rationeller abzuwickeln. Arbeitswelt und Anforderungen in den Kreditinstituten verändern sich dadurch, dass

- erhebliches Rationalisierungspotenzial im Zahlungsverkehr entsteht,
- die Zeitersparnis für Beratungsaufgaben genutzt werden kann,
- junge Kunden dem Homebanking aufgeschlossen gegenüberstehen,
- die Häufigkeit des persönlichen Kundenkontakts verringert wird,
- die Kundenbindung aber durch innovative Homebanking-Angebote verstärkt werden kann,
- die individuelle Transparenz für Kunden erhöht wird und
- die Aktivität wesentlich stärker vom Kunden ausgeht.

Viele Bankkunden verfolgen die Diskussionen zum Thema Homebanking mit Zurückhaltung. Das ist nur zu verständlich, denn diese werden bislang überwiegend sehr technisch geführt. Verstärkt wird die abwartende Haltung durch die aktuelle Berichterstattung über die Sicherheit des Homebankings. Dabei taucht in der Öffentlichkeit immer häufiger der Begriff HBCI auf, dessen Bedeutung kaum ein Bankkunde kennt.

Sicherheitstechnische Unzulängigkeiten führten zu der Entwicklung des Homebanking Computer Interface (HBCI). Dieser Standard geht auf den Entwurf des Bundesverbandes deutscher Banken zurück, der vom ZKA 1996 verabschiedet wurde. Mit der Einführung der HBCI-Schnittstelle für Homebanking existiert nunmehr eine Basis für das offene Internet oder Onlinedienste wie T-Online und AOL, die für das PC-Onlinebanking genutzt werden können.

Dieser neue und moderne Standard, auf den sich bundesweit alle Banken und Sparkassen über ihre Dachverbände geeinigt haben, wird zukünftig eine wesentlich vereinfachte und kundenfreundlichere Abwicklung von Bankgeschäften aller Art, wie zum Beispiel Überweisungen, Kontoinformationen, Daueraufträge, Wertpapieraufträge und dergleichen mehr, ermöglichen. Zudem vereinfacht der neue Standard den direkten elektronischen Dialog zwischen dem Kunden und seinem Kreditinstitut.

Der neue Standard HBCI ist vom verwendeten Transportmedium unabhängig und bietet damit die Möglichkeit, Onlinebanking über die verschiedensten Transportmedien und damit auch Endgeräte auszuführen. Beispiele hierfür sind der Internet-PC, Fernsehgeräte, die mit einer Settop-Box ausgestattet sind, oder so genannte Smartphones. Dabei wird es zukünftig gleichgültig sein, von welchem Ort aus Onlinebanking-Geschäfte betrieben werden.

HBCI ersetzt mittelfristig alle Lösungen, die auf dem bisherigen ZKA-Standard von 1987 basierten und nur einen einzigen Kommunikationsweg zuließen, nämlich CEPT über T-Online. Die von Bankkunden mitunter als aufwendig empfundenen Prozeduren mit PIN und TAN, die bei den entsprechenden Banktransaktionen einzugeben waren, wird es dann so nicht mehr geben.

Die bei HBCI verwendeten Authentifizierungs- und Verschlüsselungstechnologien gelten nach dem heutigen Erkenntnisstand als absolut sicher und bieten keinen Ansatz zur Manipulation. Diese Verfahren können softwarebasiert sein, werden aber, so das erklärte Ziel, in Zukunft auch auf Chipkarten realisiert werden. Die neuen Sicherheitsmechanismen repräsentieren das Kernstück der HBCI-Architektur. Eine zentrale Rolle nimmt das RSA-Verfahren ein. Dabei belegt die elektronische Signatur, dass die HBCI-Nachricht des Kunden mit den darin enthaltenen elektronisch unterschriebenen Daten auf dem Übertragungsweg nicht verändert wurde. Diese Funktion wurde bisher im T-Online-Banking über die Eingabe einer TAN erfüllt.

Bei eingereichten Aufträgen ist es auch wichtig, dass die Herkunft eindeutig nachgewiesen werden kann. Dies kann ebenfalls durch die jeweilige elektronische Signatur garantiert werden. Beim Vorgang der gegenseitigen Authentisierung machen sich die beiden miteinander kommunizierenden Parteien bekannt. Erst wenn von der Bank die Signatur erfolgreich überprüft werden konnte, wird ein Auftrag angenommen. Unter der Authentisierung ist in diesem Zusammenhang die Prüfung der Identität des

Kunden zu verstehen. Die Verschlüsselung stellt sicher, dass die gesamte Nachricht unleserlich gemacht wird, sodass sie nicht von Unbefugten eingesehen werden kann.

Einer der möglichen Angriffe auf ein offenes System besteht darin, Daten auf einer Leitung abzuhören und die gespeicherte Information wiederholt einzuspielen. So könnte beispielsweise eine Überweisung eines Kunden gegen dessen Willen mehrfach ausgeführt werden. Um dies zu verhindern, wurde in HBCI ein ausgeklügeltes Verfahren zur Doppeleinreichungskontrolle spezifiziert, das zum einen Missbrauch ausschließt, zum anderen die Flexibilität des Kunden in keiner Weise einschränkt.

2.5.2.7 Internetbanking

Neben dem bereits etablierten Angebot von Bankdienstleistungen via T-Online entstand 1995 in Deutschland das **Internetbanking** (Web-Banking, Cyberbanking, Virtualbanking). Gemeint ist hier der Zugriff auf die Bank über einen PC; lediglich das Datennetz und damit das Kommunikationsprotokoll, über das die Verbindung zur Bank hergestellt wird, unterscheidet sich in T-Online und Internet (TCP/IP).

Der Begriff **Internet** ist die Abkürzung für „International Network". Im ursprünglichen Sinn ist darunter ein großes Weitbereichsnetz zu verstehen, das aus vielen kleineren lokalen Netzwerken gebildet wird. Wesentlicher Bestandteil des Internets ist das im Jahr 1989 eingeführte **World Wide Web** (WWW). Es stellt ein Hypermediasystem dar, bei dem die entsprechenden Dokumente mit der Seitenbeschreibungssprache HTML (Hypertext Markup Language) definiert werden. Mit Hypertext wird der Zugriff auf sämtliche Dokumente ermöglicht, die auf weltweit verteilten Servern gespeichert sind. Um durch diese Dokumente zu blättern („Surfen") bedarf es eines Browsers. Der Browser versteht die HTML-Sprache und stellt die Seiten dar. Zusätzlich zu dem Browser wird eine Anbindung an einen Internet-Provider (Netzbetreiber) benötigt (zum Beispiel T-Online oder AOL). Der Internet-Provider stellt die notwendige Verbindung in das Internet dar, zusätzlich bietet er Services wie E-Mail an. Je nachdem, ob die Kommunikation via Fernsprechleitung oder ISDN (Integrated Services Digital Network = Netz zur Übertragung digitaler Informationen) erfolgen soll, muss der Computer zusätzlich mit einem Modem oder einer ISDN-Adapter-Karte ausgestattet sein. Beide Geräte erfüllen im Grunde den gleichen Zweck: Sie verbinden den Computer mit dem Internet-Provider und sorgen für die Datenübertragung.

Schon kurze Zeit nach Beginn des Internetbanking stieg die Anzahl der Internetbanken sprunghaft an. Analog zu der Entwicklung beim Onlinebanking via T-Online stellen die Sparkassen gefolgt von den genossenschaftlichen Banken die größte Gruppe von Internetbanken dar.

Die im Bankwesen voranschreitende Internationalisierung ist im wesentlichen auf die rasche Entwicklung des Internetbanking zurückzuführen. Es ist ein besonderes Kennzeichen des Internetbanking, dass die räumlichen Entfernungen bei der Durchführung von Bankgeschäften an Bedeutung verlieren. Da gleichzeitig Bankenneugründungen ohne hohe Fixkosten, die etwa beim Aufbau eines Filialsystems anfallen, möglich sind, bietet Internetbanking neuen Anbietern im Bankensektor niedrige Markteintrittsbarrieren bei gleichzeitig internationalem Geschäftsfeld.

Das Leistungsspektrum ist praktisch identisch mit Onlinebanking via T-Online. Unterschiede gibt es bezüglich der technischen Voraussetzungen, der Sicherheitsverfahren und vor allem beim Einsatzradius, denn der Zugriff auf die eigenen Konten ist dank des weltumspannenden Internet nicht durch nationale Grenzen beschränkt, sondern kann von jedem beliebigen Ort der Welt vollzogen werden, sofern dort ein geeigneter Internetzugang verfügbar ist.

Der Begriff des Internetbanking umfasst **zwei wichtige Bereiche:** Online-Kontoführung und Bezahlen (E-Commerce).

Online-Kontoführung

Unter Internetbanking wird entsprechend der Definition des Electronic Banking die Bereitstellung bankwirtschaftlicher Informationen und die Durchführung von Bankgeschäften im Internet verstanden. Um das Angebot in Anspruch zu nehmen, benötigen die Kunden, bei denen es sich fast ausnahmslos um Privatkunden und kleinere Firmen handelt, ein Konto bei ihrer Bank. Die Daten werden vor dem unautorisierten Zugriff Dritter in der Regel durch ein hardwarebasiertes Sicherheitssystem geschützt.

Einer der wesentlichen Vorteile des Internetbankings ist vor allem darin zu sehen, dass der Kontozugriff von jedem beliebigen Ort der Welt vollzogen werden kann, sofern dieser über die oben genannten Ausstattungsmerkmale verfügt.

Allerdings erfordert die Nutzung eines offenen Netzes, wie es das Internet ist, ein höheres Maß an Sicherheit. Insofern wird der Einsatz eines World-Wide-Web-Browsers mit integriertem JAVA-Interpreter verlangt. Dies wird damit begründet, dass man sich bei der sensiblen Datenübertragung nicht ausschließlich auf die Standardverschlüsselung des Browsers verlässt. Zusätzlich setzen die meisten Internetbanken JAVA-basierende Verschlüsselungen ein, die es praktisch unmöglich machen, an sensible Kundendaten zu gelangen. Einzelne Institutsgruppen setzen auf eine hardwarebasierte Sicherheitslösung, welche die sensiblen Daten gar nicht erst auf den für Angriffe anfälligen Computer lädt, sondern diese in einem Chip zwischen Tastatur und Zentraleinheit zwischenlagert.

Die bislang bekannten Internetlösungen setzen weiterhin auf das im Rahmen von Btx-Banking betriebene Sicherheitsverfahren. Insofern kommen auch hier Zugangskennung, PIN und TAN zum Einsatz. Deren Anwendung ist identisch mit dem traditionellen Verfahren. Auch die Möglichkeiten einer Betragsbegrenzung sind gegeben. Dennoch gibt es einige zusätzliche Sicherheitsaspekte, die beim Onlinebanking via Internet zu beachten sind. Trotz des mehrstufigen Sicherheitskonzepts sollte der Internetbanking praktizierende Kunde stets darauf achten, dass die im Browser durch ein bestimmtes Sicherheitssymbol (ein Schlüssel oder Vorhängeschloss) gesicherte und verschlüsselte Übermittlung von Daten angezeigt wird. Dieses Symbol befindet sich am unteren linken Rand des Browsers. Es weist auf die Verwendung des Secure Socket Layer (SSL) hin. Dieses Symbol darf nie gebrochen erscheinen.

Zusätzlich sollte der Onlinebanking-Anwender stets darauf achten, dass er sich in einer autorisierten Umgebung bewegt. Während der gesamten Internetbanking-Verbindung muss in der Bearbeitungszeile die URL-Adresse (Kurzbezeichnung der Internetadresse) der jeweiligen Bank angezeigt werden.

Durch die Einführung des neuen Homebanking Computer Interface (HBCI) wird das Verfahren der PIN- und TAN-Verwaltung durch eine elektronische Unterschrift abgelöst. Grundstein für die elektronische Signatur ist das Signaturgesetz (vgl. 2.5.1.6). Die Bank kann mittels des öffentlichen Schlüssels des Kunden die elektronische Unterschrift auf Korrektheit prüfen.

Mit der Einführung von HBCI als standardisiertem Verfahren wird die Anzahl der Online-Konten stark zunehmen. Anwendungen wie Microsoft Money, Quicken oder Dresdner PC Banking unterstützen bereits HBCI. Für den ortsunabhängigen Einsatz des Internetbankings wird im Gegensatz zu den offline-basierten Anwendungen mit Hilfe von zertifizierten Java-Applets die HBCI-Funktionalität im Internet online zur Verfügung stehen.

Das von Internetbanken angebotene Leistungsspektrum kann in folgende Kategorien eingeordnet werden:

- **Allgemeine Informationen:**
  Sie beinhalten Informationen über die eigene Bank, Jahresberichte, Produktkataloge, Jobbörsen, Geschäftsstellenverzeichnisse mit Hinweisen zu ec-Automaten und Kontoauszugsdruckern sowie Angaben über Kontaktmöglichkeiten über Telefon beziehungsweise E-Mail.

- **Spezielle Informationen:**
  Vorhersagen zur Entwicklung einzelner Werte auf den Finanzmärkten, tägliche Kommentare von Marktentwicklungen, allgemeine Informationen zur wirtschaftlichen Lage und über Änderungen in der Gesetzgebung sowie Hintergrundberichte zur politischen und volkswirtschaftlichen Situation.

- **Interaktive Basisdienste:**
  Download-Möglichkeiten von Kontoeröffnungsformularen, direkte Kontaktmöglichkeiten über das Anklicken eines Mail-Links, Linksammlung zu verwandten Gebieten (wie zum Beispiel zu Finanz- und Wirtschaftszeitschriften oder Nachrichtenagenturen), Online-Demo-Versionen oder downloadbare Demoversionen von Cash-Management-Software oder anderer Software sowie Online-Formulare für Kreditkarten- oder Kontoeröffnungsanträge.

- **Realtime-Informationen:**
  Aktuelle Veröffentlichungen von Börsenkursen (DAX), Wechselkursen, Zinssätzen, Informationen über Optionsscheine oder sonstige Finanzindizes (DTB Deutsche Terminbörse).

- **Erweiterte interaktive Dienste:**
  Interaktive Kalkulations- und Auswertungsmöglichkeiten für Investmentpläne, Rent- versus Buy-Entscheidungen, Immobilienangebote, individuelle Sparpläne.

- **Kontoinformationen:**
  Unterrichtung des Kunden über getätigte Transaktionen und Kontostände.

- **Transaktionsmöglichkeiten im Zahlungsverkehr:**
  Erteilung von Überweisungsaufträgen, Einrichtung von Daueraufträgen, Scheckbestellungen.

Das Internetbanking weist eine Reihe von Vorteilen auf. Für **Bankkunden** ist das Internetbanking deshalb von Interesse, weil für sie erheblich niedrigere Gebühren anfallen, als dies beim traditionellen Banking der Fall ist. Ferner wird ihnen die Möglichkeit gegeben, Preise für verschiedene Bankdienstleistungen übersichtlich und schnell zu vergleichen und somit rationale Entscheidungen zu treffen. Als vorteilhaft erweist es sich ebenfalls, dass Bankgeschäfte rund um die Uhr getätigt werden können und der Gang zur Filiale entfällt. Die **Bankenvertreter** nennen als Gründe für die Ausweitung des Angebots von Internetbanking drei Argumente: Erstens können Banken durch eine ansprechende Präsentation im Internet ihre Public Relations verbessern, indem sie die Ziele und Aktivitäten ihres Hauses darlegen und dadurch ihr Prestige steigern. Zweitens kann das Internet als ein neues Instrument zur Kundenakquisition betrachtet werden. Da es ein neues Informations- und Kommunikationsmittel darstellt, wird ein neuer Kundenkreis angesprochen und ein vorher schwer zugängliches Marktsegment bearbeitet. Hauptgrund für Banken ist jedoch drittens die Kostenreduktion. Kosten lassen sich im Bankensystem auf strategischer und operativer Ebene reduzieren.

Bezahlen im Internet (E-Commerce)

Als **E-Commerce** (Electronic Commerce) wird der Kauf von Gütern, die im Internet angeboten werden, bezeichnet (business-to-consumer beziehungsweise business-to-business). Die Bezahlung kann per Rechnung, Kreditkarte, Scheck, elektronischer Lastschrift (edd – electronic direct debit) oder elektronischem Geld erfolgen.

Grundsätzlich unterscheidet man zwischen elektronischen Gütern, also Informationen wie Aktienkursen, Fotomaterialien oder Zeitungsartikeln, und materiellen, dem Kunden zugesandten Gütern. Im ersten Fall spricht man von **Softgoods** (weiche Güter) und im zweiten Fall von **Hardgoods** (harte Güter). Der Kauf von Hardgoods wird meist durch Kreditkartenzahlung, Rechnung oder per Nachnahme vollzogen. Diese Zahlungsformen sind für das Kaufen von Softgoods aber nicht geeignet. Der Anwender will zeitnah an seine Information gelangen, der Händler hingegen möchte die Sicherheit des Zahlungseinganges haben.

■ Zahlung mittels Kreditkarte im Internet

Ordert ein Kunde ein Produkt bei einem Versandhaus per Telefon und verwendet als Zahlungsmethode die Zahlung per Kreditkarte, so teilt er telefonisch dem Händler seine 16-stellige Kreditkartennummer und das Gültigkeitsdatum mit. Der Händler kann daraufhin vor Versand der Ware die Kreditkartennummer auf eventuelle Sperrvermerke bei dem Kreditkartenunternehmen prüfen lassen. Liegen keine Einwände vor, so wird die Zahlung der Ware an den Händler über das Kreditkartenunternehmen bei der Hausbank des Kunden angestoßen, und der Händler sendet die Ware an den Kunden. Bei einer Zahlung im Internet modifiziert sich der eben beschriebene Vorgang dahingehend, dass das Telefon durch das Internet ersetzt wird. Der Kunde trägt seine Kreditkartendaten in eine mit HTML geschaffene Oberfläche ein und sendet die Daten per Mausklick an den Händler (offenes Verfahren = unverschlüsselte Übermittlung der Kreditkartendaten). Beim geschlossenen Verfahren werden diese Daten vor dem Missbrauch Dritter durch eine digitale Signatur geschützt. Um einen einheitlichen Standard für den Zahlungsverkehr im Internet zu garantieren, führten Mastercard und VISA im April 1996 das einheitliche Protokoll Secure Electronic Transaction (SET) Specification ein. Ansatzpunkt sind **fälschungssichere Zertifikate** für Händler und Kunden, die von Trust Centern ausgegeben werden. Das Händlerzertifikat sichert seine Identität. Das elektronische Kundenzertifikat (vergleichbar etwa der PIN) dient ebenfalls als Authentifizierung, enthält aber keine Kreditkarteninformationen. Bei einem Kauf werden die Kreditkartendaten zusammen mit dem Kundenzertifikat und einer digitalen Signatur an den Händler gesandt. Der Händler kann aber nicht in das Nachrichtenpaket einsehen. Er fügt lediglich sein Händlerzertifikat hinzu und sendet dieses mit einer weiteren Signatur an den Prozessor. Der Prozessor kann zum Beispiel eine Bank oder eine Gesellschaft wie die GZS (Gesellschaft für Zahlungssysteme) sein. Er entschlüsselt das Paket, vergleicht die Daten mit deren der Kreditkartengesellschaft und sendet dem Händler und dem Kunden eine Bestätigung des Tranfers. Der Händler kann nun die Ware auf den Weg senden. Ein solcher Kaufvorgang dauert in der Regel nur wenige Sekunden.

- **Zahlung mittels Netzgeld (Digitaler Zahlungsverkehr im Internet)**

Das Bezahlen von Gütern mit Hilfe der Kreditkarte ist aufgrund der hohen Transaktionskosten für den Händler und dem etwas umständlichen Handling nur für Hardgoods interessant. Für die Bezahlung von kleinen Beträgen (micropayment) hingegen kommen Verfahren wie **eCash** von der Firma DigiCash Inc. oder **CyberCoin** von der Firma CyberCash in Frage.

In Erprobung ist derzeit zum Beispiel eCash durch die Deutsche Bank AG. eCash ist ein von der Amsterdamer Firma Digicash entwickeltes Verfahren zur elektronischen Zahlung im Internet. Der Ablauf des eCash-Verfahrens setzt sich aus mehreren aufeinanderfolgenden Schritten zusammen. Zu Anfang eröffnet der Kunde bei der eCash herausgebenden Bank ein traditionelles und ein eCash-Konto. Der Kunde kann Guthaben auf seinem eCash-Konto ausschließlich durch eine Überweisung von seinem Girokonto bilden. Danach erzeugt er mittels eines speziellen Softwaretools auf seinem PC elektronische Münzen (eCash), die eine zufällige Seriennummer besitzen und sendet diese Münzen an seine Bank. Die Bank nimmt eine Validierung vor, indem sie die Werteinheiten signiert. Nach der Validierung sendet sie die elektronischen Münzen an den Kunden zurück. Damit sind die Vorbereitungen getroffen und der Kunde kann Waren oder Dienstleistungen via Internet bei Händlern, die eCash akzeptieren, anfordern und mit eCash bezahlen. Wurde ein Kauf vorgenommen, so leitet der Händler den eCash-Betrag an seine Bank weiter. Diese leitet ihn wiederum an die Firma Digicash weiter, die anhand der Seriennummer prüft, ob die Münzen schon benutzt wurden. Mit diesem Schritt beugt Digicash Betrugsmöglichkeiten vor und unterbindet somit das Kopieren dieser elektronischen Daten. Nach erfolgreicher Überprüfung teilt dies Digicash über die Bank des Händlers

Parallel zum eCash-Projekt arbeitet die Dresdner Bank AG an einem ähnlichen CyberCoin-Konzept der Firma CyberCash Inc. (Reston, Virginia/USA). Das CyberCoin-System basiert auf einem Notations-Verfahren, das heißt, der Kunde besitzt nur die Information, über einen bestimmten Geldwert verfügen zu können. Diese Information wird auf einem zentralen Rechner verwaltet und der Kunde kann mit Hilfe eines Wallet, also einem elektronischen Portemonnaie, über dieses Geld verfügen. Hierbei ist er nicht auf bestimmte Beträge festgelegt. Er kann von seinem Guthaben mit Beträgen von 0,05 DM bis 50 DM frei im Internet bezahlen. Das CyberCoin-Verfahren lässt sich mit der Funktionsweise des GeldKarte-Systems vergleichen.

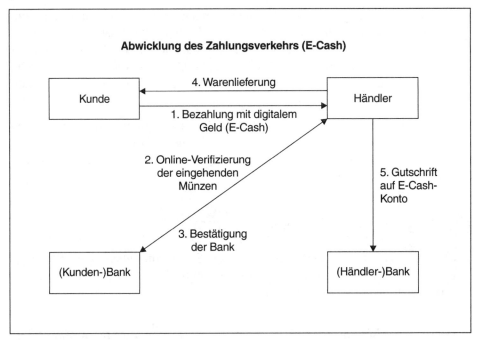

Abbildung 2-28: Zahlung mit eCash

2.5.2.8 MultiCash/ELKO (Elektronische Kontoführung)

Es handelt sich hier um PC-Programme für größere Datenmengen, die eine komfortable Zahlungsverkehrsabwicklung ohne dauernde online-Verbindung ermöglichen. Der Kunde kann offline-Dateien aufbauen, sortieren etc. und die online-Verbindung per T-Online, per Telefon- oder Datex-Leitung ist nur für die relativ kurze Datenübertragungszeit notwendig. Die programmgestützte Aufbereitung der empfangenen Kontodaten erleichtert die Kontoübersicht. Gelingt außerdem die elektronische Übernahme in die Kundenbuchhaltung, spart der Kunde die gesamte manuelle Datenerfassung seiner Bankumsätze.

Datenfernübertragung (DFÜ) mit Banken ist keine neue Errungenschaft. Allerdings gibt es mehrere Arten von Übertragungsformen zum Teil mit kundenspezifischen Anpassungen. Mit dem Einsatz von Personal-Computern in den Unternehmen wurde der Ruf der Kunden immer lauter, DFÜ über ein standardisiertes Verfahren für alle Banken anzuwenden. Kleinere Privatbanken fanden sich deshalb zusammen und formulierten die Abwicklungsroutine ZV-DFÜ unter dem Namen MultiCash. Die Großbanken entwarfen den Banking-Communication-Standard (BCS), der dieselben Routinen wie die Bundesbank bei der Elektronischen Abrechnung (EAF) einsetzt.

Basismodul von MultiCash ist das Cashmanagement (Kontostands- und Umsatzinformationen im SWIFT-Format MT 940 mit der Möglichkeit valutarischer Aufbereitung). Mit Hilfe weiterer Programmmodule im Rahmen von MultiCash plus kann der Kunde seinen IZV (DTAUS) und/oder AZV (DTAZV) abwickeln. Mit dem Modul Elektronische Unterschrift (EU) kann dem Kreditinstitut auf direktem Wege die Zahlungsautorisierung gegeben werden.

Das zur Kommunikation dienende BCS wird mit den genannten Programmmodulen und den Übertragungsarten ZV-DFÜ/MC-DFÜ/T-Online von den privaten Banken unter dem Namen MultiCash plus oder bankeigenen Namen (COTEL, db-connect, Dretec und andere) vermarktet.

2.5.2.9 Cash-Management-Systeme (CMS)

Der Finanzmanager eines Unternehmens ist bestrebt, die liquiden Mittel optimal zu disponieren und den Kreditbedarf so gering wie möglich zu halten. Die Banken haben dafür nationale und internationale Cash-Management-Systeme (CMS) entwickelt.

Die Basis für ein effizientes CMS ist schnellere Information. Eine rasche und umfassende Information über Kontoumsätze und -stände ist Voraussetzung für den optimalen Einsatz der liquiden Mittel im In- und Auslandsgeschäft. Wichtigstes Ziel der CMS ist die Verbesserung des Zinsergebnisses: Überschussliquidität kann höherverzinslich angelegt werden, Soll- und Habenzinsen lassen sich oft zumindest teilweise kompensieren.

Hier liegen gewisse Interessengegensätze zwischen Kunde und Bank im Einsatz von CMS. Denn von Unternehmen zu erzielende Zinsnutzen gehen zu Lasten der Banken und werden normalerweise kaum über Gebühren für die CMS-Dienstleistung zu kompensieren sein.

Cash-Managment-Systeme bieten:

- **Nationale automatische Übertragungsverfahren**
  Das automatische Übertragungsverfahren dient dem täglichen Ausgleich aller bei einer Bank dezentral geführten Konten. Alle Umsätze auf den verschiedenen Konten eines Kunden werden automatisch auf ein bestimmtes Hauptkonto (Masterkonto/Zielkonto) gebucht. Die abgebenden Konten weisen nach der Übertragung stets einen Nullsaldo aus. Darum fallen auf diesen Konten grundsätzlich keine Haben- oder Sollzinsen an.

Dieses auch als Concentrating-Account oder Cash-Pool bezeichnete Verfahren eignet sich für Unternehmen mit Niederlassungen, Betriebsstätten oder Tochtergesellschaften im Inland, die ein zentrales Finanzmanagement betreiben. Wichtig ist in diesem Zusammenhang die aktuelle und schnelle Kontoinformation. Beschränkt sich ein Balance Reporting auf in Deutschland geführte Konten, bietet sich T-Online an.

■ **Internationale Systeme**
Ist der Finanzmanager eines Unternehmens auf die frühestmögliche Information einer Kontengutschrift beziehungsweise -belastung außerhalb Deutschlands angewiesen, werden Multibank-Systeme angeboten. In diesem Fall melden die verschiedenen Banken die aktuelle Kontoinformation entweder direkt per DFÜ an das Unternehmen, über SWIFT oder über andere internationale Netzwerke.

Von den Banken werden zur Zeit verschiedene Reporting und Money Transfer-Systeme angeboten. Dabei handelt es sich teils um reine Informations-, teils um Informations- und Transaktionssysteme. Hierbei gehen die Banken in ihren Marketingstrategien verschiedene Wege. Sie bieten solche Systeme als Gemeinschaftsentwicklung an, wie zum Beispiel WORLDCASH mit den Kreditinstituten Bayerische Hypotheken- und Vereinsbank, Berliner Bank, BHF-Bank, Commerzbank. Andere versuchen es mit eigenen System, wie zum Beispiel DRE-CAM der Dresdner Bank.

RESÜMEE

Die Abwicklung des Zahlungsverkehrs gehört zu den gesamtwirtschaftlichen Funktionen der deutschen Kreditwirtschaft. In den einzelnen Banken jedoch betrachtete man den Zahlungsverkehr nur unter dem Aspekt der hohen Kosten. Inzwischen ändern sich die Prämissen und die Betrachtung: Zahlungsverkehr ist ein wichtiger Bestandteil des komplexen Markt- und Betriebsgeschehens.

Bislang wurde insbesondere das Kreditgeschäft als Königsdisziplin der Kreditwirtschaft betrachtet. Zahlungsverkehr fand nur selten Beachtung und – wenn überhaupt – nur als klar abgegrenzter Teil. Die Frage, ob die Dienstleistung Zahlungsverkehr überhaupt Teil der Bankdienstleistungen bleibt, beantwortet sich von selbst. Jedes Bankgeschäft bedient sich der Basisdienstleistung Zahlungsverkehr.

> Zahlungsverkehr ist und bleibt eine bedeutende Bankdienstleistung.

Von folgenden Entwicklungen ist auszugehen:

- Vermehrte Nutzung der Datenfernübertragung anstelle des Datenträgerversands:
  - einerseits auch im Verbund der verschiedenen Zahlungsverkehrsnetze des Kreditgewerbes, wobei der Bundesbank durch die Elektronische Öffnung eine wichtige Mittlerrolle zukommt,
  - andererseits verstärkte Anbindung der Kunden an ihre Hausbank über Cash-Management-Systeme, Online- und Internetbanking sowie durch Rechnerverbund zur gesicherten Dateiübertragung.

- Internationale Harmonisierung des elektronischen Zahlungsverkehrs: Die rationelle Abwicklung des unbaren Zahlungsverkehrs im europäischen Binnenmarkt wird in den nächsten Jahren im Vordergrund der Bemühungen des Kreditgewerbes stehen. Dabei könnten im Zuge der europäischen Integration über SWIFT hinaus neue Standards für den elektronischen Zahlungsverkehr nötig werden. Auch werden Entwicklungen, die eine Integration von Zahlungsverkehrsnachrichten mit dem elektronischen Nachrichtenverkehr der Unternehmen (Bankkunden) zum Inhalt haben (zum Beispiel EDIFACT), Anpassungen im Zahlungsverkehr verlangen. Insgesamt wird trotz Wettbewerbs für die Kreditinstitute ein Mindestmaß an Gemeinsamkeit bei Methoden, Normen und Zahlungsverkehrstechnik notwendig sein.

- Im Zahlungsverkehr werden zunehmend transparente Preise als Äquivalent für bedarfsgerechte Dienstleistungen gefordert. Die Kostenentwicklung führt zu rationelleren Produktionsmethoden und effizienteren Produkten.

- Die Fortschritte in der Informations- und Kommunikationstechnik schaffen eine engere Verbindung zwischen Kunde und Bank und eine Integration des Kunden in die Leistungserstellung durch Elektronic-Banking-Produkte. Die anspruchsvollen Kundenbedürfnisse erfordern niedrige Laufzeiten, schnelle und übersichtliche Informationen sowie einen hohen Weiterverarbeitungsnutzen von elektronischen Datensätzen.

KONTROLLFRAGEN

1. Erläutern Sie die geschäftspolitische Bedeutung des Zahlungsverkehrs für die Kreditwirtschaft.
2. Kennzeichnen Sie den Begriff „Gesetzliche Zahlungsmittel".
3. Unterscheiden Sie die Einlösungsgarantie von der Scheckbestätigung.
4. Beschreiben Sie die grundsätzlich möglichen Leit- und Verrechnungswege in Deutschland und Europa.
5. Beschreiben Sie die besonderen Aufgaben der Bundesbank im Zahlungsverkehr.
6. Erläutern Sie die Begriffe Wertstellung und Float.
7. Skizzieren Sie die Abwicklung von Überweisungen bei den verschiedenen beteiligten Stellen und die insbesondere von der Bank des Auftraggebers und des Empfängers zu beachtenden Besonderheiten.
8. Erläutern Sie die Arten des Schecks hinsichtlich seiner Weitergabe und seiner Einlösung.
9. Bewerten Sie das Einzugsermächtigungs- und Abbuchungsverfahren aus der Sicht des Zahlungsempfängers, des Zahlungspflichtigen sowie der Kreditinstitute.
10. Beschreiben Sie die in der kaufmännischen Praxis vorkommenden Wechselarten und erläutern Sie die wirtschaftlichen Funktionen des Wechsels.
11. Erläutern Sie die Bedeutung der Keditkarten im Rahmen des Zahlungsverkehrs.
12. Beschreiben Sie die Unterschiede und Gemeinsamkeiten der POS-Verfahren electronic-cash, POZ, ELV und OLV.
13. Beschreiben Sie die Anwendungsmöglichkeiten von Online- und Internetbanking.
14. Beschreiben Sie die Leistungen von Cash-Management-Systemen.

LITERATUR ZUM WEITERLESEN

- Europäische Zentralbank, **Bericht über elektronisches Geld**, Frankfurt am Main 1998.

- Den Einsatz von Online-Diensten in der Kreditwirtschaft beschreibt:
  Internet & Co., Köln 1996.

- Die Strategien und Erfolgsgeschichten der bedeutenden Direktbanken sind nachzulesen in
  Swoboda, U., **Direct Banking,** Wiesbaden 2000.

- Die folgende Sammlung wird in Banken als „Rote Bibel" bezeichnet und fungiert als zuverlässiges Nachschlagwerk und praktische Entscheidungshilfe bei den täglich auftretenden Fragen:
  Gutschmidt, H.-U., **Zahlungsverkehr (Richtlinien, Abkommen, Bedingungen)**, Loseblattausgabe, Köln.

3. Geld- und Kapitalanlagemöglichkeiten

Sparbuch oder van Gogh?

„Wie bekommt man ein kleines Vermögen? –
Indem man ein großes investiert!"

Jeder Börsianer kennt „Bulle" und „Bär", die beiden Wappentiere vor der Frankfurter Wertpapierbörse. Sie stehen für die Optimisten und die Pessimisten, die Haussiers und Baissiers an der Börse. Alle wollen sie mit ihrem Geld an der Börse Gewinne erzielen. Dazu bedarf es aber zunächst einiger technischer und rechtlicher Kenntnisse, wenn das Ganze nicht zu einem Roulettespiel werden soll. Und es bedarf klar definierter Vorstellungen von Zielen und Motiven, das heißt: Ich muss feststellen, was ich warum mit meinem Geld an der Börse erreichen will oder ob ich es besser auf einem Konto arbeiten lasse.

Aber nicht nur technische und rechtliche Kenntnisse sind zu erwerben, vielmehr sollen Sie sich auch in die Psyche eines Anlegers hineinversetzen lernen, Anlagemotive für Anlageentscheidungen nutzen und nicht zuletzt einiges über die komplizierte Materie der Besteuerung von Wertpapiererträgen erfahren.

LEITFRAGEN

1. Welche Vorteile bieten Sparkonten, Termin- und Festgeldkonten?
2. Warum fördert der Staat die Vermögensbildung?
3. Was sind Effekten, wie funktioniert die Börse, welche Leistungen verbergen sich hinter den Begriffen „Verwahrung" und „Verwaltung"?
4. Welche Anlagemöglichkeiten/Hilfen bieten Banken an?
5. Wie baut man ein Vermögen auf und wie verwaltet man es mit Hilfe seiner Bank?
6. Welche Steuerfragen sind zu beachten?
7. Wie unterscheiden sich Geld- und Kapitalmarkt?
8. Wer handelt was mit wem am Geldmarkt?
9. Welche Ziele verfolgen Banken bei Wertpapiergeschäften für eigene Rechnung?

3.1 Anlage auf Konten – erste Schritte zum Vermögensaufbau

3.1.1 Sicht-, Termin- und Spareinlagen als klassische Anlagemedien

3.1.1.1 Sichteinlagen

> **DEFINITION**
>
> **Sichteinlagen** sind Guthaben auf Konten in laufender Rechnung (als Bankdienstleistungen heißen sie: Girokonto, Kontokorrentkonto, Privatkonto), die täglich fällig sind. Die Einleger können ohne vorherige Kündigung über diese Guthaben verfügen.

Sichteinlagen haben für Bankkunden vor allem folgende Bedeutung:

- Sichteinlagen ermöglichen die Teilnahme am bargeldlosen Zahlungsverkehr.
- Durch Sichteinlagen kann die Bargeldhaltung verringert werden, das führt zu einer Risikoeinschränkung.

Eine Verzinsung der Sichteinlagen erfolgt entweder gar nicht oder nur zu einem niedrigen Zinssatz (zum Beispiel 0,5 Prozent p. a.). Bei einigen Kreditinstituten wird die Verzinsung an ein bestimmtes Mindestguthaben (zum Beispiel 10.000 DM) geknüpft.

Für das Kreditinstitut bringen die Sichteinlagen eine starke Arbeitsbelastung mit sich, weil diese Konten infolge häufiger Zu- und Abbuchungen in ständiger Bewegung sind. Aus diesem Grund wird jedes Kreditinstitut versuchen, den Kostendruck durch Rationalisierung aufzufangen.

Die Erfahrung hat allerdings gezeigt, dass ein bestimmter Teil dieser Sichteinlagen, der so genannte „Bodensatz", dem Kreditinstitut ständig zur Verfügung steht, eine Erfahrungsregel, die auf die Wirkung des Gesetzes der großen Zahl zurückzuführen ist. Diese Erfahrung kommt auch in einigen gesetzlichen Regelungen zum Ausdruck. Zwar mag der eine oder andere Kunde sein gesamtes Sichtguthaben abziehen, im Normalfall werden sich jedoch in der Gesamtheit aller Sichteinlagen Einzahlungs- und Auszahlungsströme etwa ausgleichen. Das bedeutet, dass durch die Kompensation der Einzahlungen und Auszahlungen die Institute auch auf längere Sicht einen Teil der Sichteinlagen im Aktivgeschäft (zum Beispiel im Kontokorrentkredit- und sogar zu einem geringeren Teil im langfristigen Kreditgeschäft) einsetzen können, ohne dass Liquiditätsprobleme entstehen. Selbst in konjunkturell ungünstigen Zeiten benötigen die Kunden der Institute neben einem bestimmten Bargeldbestand einen Mindestbestand an Sichteinlagen, da sie sonst den zur Durchführung ihrer Geschäfte notwendigen Zahlungsverkehr nicht abwickeln können.

3.1.1.2 Termineinlagen

> **DEFINITION**
>
> **Befristete Verbindlichkeiten** – auch Termineinlagen genannt – sind im Gegensatz zu den Sichtverbindlichkeiten vorübergehend festgelegte Geldbeträge, die im Allgemeinen für mindestens einen Monat zum Zwecke der Erzielung eines höheren Zinsertrages auf so genannte Termingeldkonten angelegt werden.

Die befristeten Verbindlichkeiten dienen grundsätzlich nicht dem Zahlungsverkehr und sind in Bezug auf den Eintritt des Zeitpunktes der Fälligkeit entweder als Festgelder oder als Kündigungsgelder anzusehen.

- **Festgelder** werden an einen im voraus bestimmten Tag zur Rückzahlung fällig, von dem an sie als Sichtverbindlichkeiten mit entsprechend niedrigerer Verzinsung zu betrachten sind.

- **Kündigungsgelder** werden dagegen erst fällig, nachdem sie zuvor entsprechend der mit dem Kunden vereinbarten Kündigungsfrist gekündigt wurden.

In der Praxis sind Festgelder die häufigste Form, da hier die Überwachung der Kündigungsfristen entfällt.

Folgende Laufzeitsegmente werden unterschieden:

- 30 bis 89 Tage,
- 90 bis 179 Tage,
- 180 bis 359 Tage,
- 360 Tage und darüber.

Termineinlagen werden meist ab Beträgen von 10.000 DM entgegengenommen. Die Verzinsung ist zum einen abhängig von der Höhe der Einlage, zum anderen von der Laufzeit.

Von den **Spareinlagen unterscheiden sich die befristeten Verbindlichkeiten** dadurch, dass die Kündigungs- und Festgelder im Allgemeinen für einen relativ kurzen und genau begrenzten Zeitraum und in ganz bestimmten, meist runden Beträgen festgelegt werden, während für die Spareinlagen in der Regel ihr langsames Anwachsen, vielfach über Jahre hinweg, charakteristisch ist.

In Bezug auf die **Liquidität** erlauben die befristeten Verbindlichkeiten der Bank wesentlich genauere Dispositionen als Sichtverbindlichkeiten. Während die Kreditinstitute bei Sichtverbindlichkeiten täglich damit rechnen müssen, dass Rückzahlung gefordert wird, stehen ihnen befristete Verbindlichkeiten grundsätzlich für eine fest umrissene Zeit zur Verfügung. Allerdings gelten diese Überlegungen nicht ohne Einschränkung. Die Kreditinstitute müssen berücksichtigen, dass ein gewisser, wenn auch geringer Teil der befristeten Verbindlichkeiten vor dem vereinbarten Termin beziehungsweise ohne Einhaltung der vertraglichen Kündigungsfrist von den Einlegern benötigt wird. Aus Gründen der Kulanz entsprechen die Kreditinstitute diesen Wünschen zumeist in der Form, dass ein Kredit bis zur Höhe der befristeten Einlage eingeräumt wird. Sie sind jedoch gezwungen, dies in ihren Dispositionen über die ihnen zur Verfügung stehenden Mittel zu berücksichtigen. Eine andere Möglichkeit zur vorzeitigen Rückzahlung besteht darin, dass dem Kunden bei der Abhebung **Vorschusszinsen** entsprechend der Vorschusszinsberechnung für Sparkonten belastet werden.

Unter Liquiditätsgesichtspunkten sind also bei den befristeten Verbindlichkeiten Tendenzen zu beobachten, die denjenigen bei den Sichtverbindlichkeiten entgegenlaufen. Während bei den Sichtverbindlichkeiten ein gewisser Mindestbestand immer vorhanden sein wird, sodass für diesen „Bodensatz" liquiditätsmäßig keine Vorsorge getroffen zu werden braucht, ist es bei den befristeten Verbindlichkeiten möglich, dass sie, zum Beispiel in Zeiten einer allgemeinen finanziellen Anspannung oder durch Zinsverhältnisse bedingt, nahezu restlos abgerufen werden. Daher sind bei den befristeten Verbindlichkeiten die **Liquiditätsreserven** höher zu bemessen, als dies nach den vertraglichen Vereinbarungen der Fall sein müsste. Grundsätzlich weisen die befristeten Verbindlichkeiten aber trotz der obigen Einschränkungen eine größere Stabilität auf als die Sichtverbindlichkeiten und erleichtern allein dadurch, dass sie nicht täglich fällig sind, die Dispositionen und Kreditvergabemöglichkeiten der Banken. Diese Eigenschaften sind auch der Hauptgrund dafür, dass die befristeten Verbindlichkeiten höher verzinst werden als die Sichtverbindlichkeiten. Ein weiterer Grund ist die bessere Ausleihmöglichkeit nach den Grundsätzen über das Eigenkapital und die Liquidität und eine geringere Mindestreserve als bei Sichteinlagen.

3.1.1.3 Spareinlagen

Seit dem 1.7.1993 sind die §§ 21 und 22 des KWG, die bisher den Sparverkehr geregelt hatten, aufgehoben worden. Der Begriff „Spareinlage" wurde in der Rechnungslegungsverordnung (RechKredV) neu definiert:

> **§ 21 Abs. 4 RechKredV**
>
> Als Spareinlagen sind nur unbefristete Gelder auszuweisen, die folgende vier Voraussetzungen erfüllen:
>
> 1. Sie sind durch Ausfertigung einer Urkunde, insbesondere eines Sparbuchs, als Spareinlagen gekennzeichnet.
> 2. Sie sind nicht für den Zahlungsverkehr bestimmt.
> 3. Sie werden nicht von Kapitalgesellschaften, Genossenschaften, wirtschaftlichen Vereinen, Personenhandelsgesellschaften oder von Unternehmen mit Sitz im Ausland mit vergleichbarer Rechtsform angenommen, es sei denn, diese Unternehmen dienen gemeinnützigen, mildtätigen oder kirchlichen Zwecken, oder es handelt sich bei den von diesen Unternehmen angenommenen Geldern um Sicherheiten gemäß § 550b BGB oder § 14 Abs. 4 des Heimgesetzes.
> 4. Sie weisen eine Kündigungsfrist von mindestens drei Monaten auf.
>
> Sparbedingungen, die dem Kunden das Recht einräumen, über seine Einlagen mit einer Kündigungsfrist von drei Monaten bis zu einem bestimmten Betrag, der jedoch pro Sparkonto und Kalendermonat 3.000 DM nicht überschreiten darf, ohne Kündigung zu verfügen, schließen deren Einordnung als Spareinlagen im Sinne dieser Vorschrift nicht aus. Geldbeträge, die auf Grund von Vermögensbildungsgesetzen geleistet werden, gelten als Spareinlagen. Bausspareinlagen gelten nicht als Spareinlagen.

Diese Neuregelung enthält keinen Schutz des Begriffs „Spareinlage". Somit haben die Kreditinstitute die Möglichkeit, Gelder als Spareinlagen hereinzunehmen, die von den Vorschriften des § 21 Abs. 4 RechKredV abweichen (zum Beispiel durch eine Kündigungsfrist von einem Monat, Gelder von Personenhandelsgesellschaften, die weder gemeinnützigen, mildtätigen noch kirchlichen Zwecken dienen). Allerdings dürfen diese Gelder in der Bilanz nicht als Spareinlage ausgewiesen werden, und damit entfällt auch die bevorzugte Behandlung dieser Gelder bei der Mindestreserveberechnung und bei den Grundsätzen II und III.

Einzelheiten im Sparverkehr regeln jetzt auch die besonderen Bedingungen für den Sparverkehr der Banken.

Sparbuch

Das Sparbuch erfüllt verschiedene **Funktionen**, die im Folgenden gestellt werden.

- **Legitimationsfunktion**
  Das Kreditinstitut ist berechtigt, aber nicht verpflichtet, an jeden Inhaber des Sparbuches Zahlungen in der ausgewiesenen Höhe zu leisten. Das Sparbuch ist infolgedessen kein reines Inhaberpapier, sondern ein so genanntes „**hinkendes**

Inhaberpapier", das auch als **qualifiziertes Legitimationspapier** bezeichnet wird, da das Kreditinstitut nicht verpflichtet, aber berechtigt ist, bei Zahlungen im Rahmen der versprochenen Leistung eine Legitimationsprüfung vorzunehmen.

- **Informationsfunktion**
Dem Kontoinhaber gegenüber erfüllt das Sparbuch eine Informationsfunktion, das heißt, es dient der ständigen Unterrichtung über Ein- und Auszahlungen und über den jeweiligen Kontostand und ist geeignet, während vieler Jahre und Jahrzehnte derartige Informationen zu speichern. Die dabei im Sparbuch ausgewiesene Höhe des Guthabens ist zwar Anhaltspunkt, jedoch kann daraus nicht der exakte Stand der Forderungen hergeleitet werden. Dafür ist der Kontostand des Sparkontos maßgeblich.

- **Werbefunktion**
Das Sparbuch ist geeignet, sowohl für die einzelne Bank als auch für den Spargedanken im Allgemeinen werbend zu wirken. Das ergibt sich aus der relativ freien Gestaltungsmöglichkeit in Bezug auf die äußere Aufmachung und auf die Textanordnung. Daneben ergibt sich eine Werbefunktion, die mehr auf psychologischen Momenten beruht: Schon die Freude am Besitz eines Sparbuches mit kleinem Guthaben kann zu einer Anregung der Spartätigkeit führen. Durch die sofortige Abbuchung von Rückzahlungen kann sich unter Umständen ein **psychologischer Effekt** derart ergeben, dass sich die Kontoinhaber zu Verfügungen über Sparbücher schwerer entschließen als zu Dispositionen über andere Konten. Entsprechendes gilt für die sofortige Gutschrift von Bareinzahlungen.

Verzinsung von Spareinlagen

Spareinlagen werden zu den von den Banken durch Aushang in den Geschäftsräumen veröffentlichten Zinssätzen verzinst. Zinsbeginn ist der Einzahlungstag, Zinsende der Kalendertag, der der Rückzahlung vorausgeht. Die Zinsen werden jeweils zum Jahresende gutgeschrieben. Über diese Zinsen kann der Kunde innerhalb von zwei Monaten nach Gutschrift ohne Einhaltung von Kündigungsfristen verfügen. Danach unterliegt diese Zinsgutschrift den Regelungen für Spareinlagen mit vereinbarter Kündigungsfrist.

Verfügungen über Spareinlagen

In der Praxis werden fast ausschließlich Spareinlagen mit einer Kündigungsfrist von drei Monaten hereingenommen. Eine längere Kündigungsfrist und Kündigungssperrfrist muss ausdrücklich zwischen Kunden und Bank vereinbart werden.

Von Spareinlagen mit dreimonatiger Kündigungsfrist kann der Kunde ohne Kündigung über 3.000 DM pro Sparbuch innerhalb eines Kalendermonats verfügen.

Bei Verfügungen, die diesen Freibetrag übersteigen, ist die Bank berechtigt, aber nicht, wie bisher, durch das KWG verpflichtet, Vorschusszinsen zu berechnen. Die Höhe der Vorschusszinsen muss genau wie der Zinssatz für Spareinlagen durch Aushang in den Geschäftsräumen bekanntgegeben werden.

Grundsätzlich dürfen Verfügungen über Spareinlagen durch einen Überweisungsauftrag nur in Ausnahmefällen zugelassen werden, und auch nur dann, wenn das Sparbuch vorgelegt wird. **Verfügungen ohne Vorlage des Sparbuchs** erklärt das Bundesaufsichtsamt nur für zulässig, wenn

1. **Daueraufträge** zugunsten eines anderen Sparkontos des Sparers bei demselben Kreditinstitut ausgeführt werden (zum Beispiel zugunsten eines prämienbegünstigten Sparkontos)

2. das kontoführende Kreditinstitut wegen fälliger **Forderungen gegen den Sparer** das Sparkonto belastet (zum Beispiel Hypothekenzinsen, Tilgungsraten, Depotgebühren, Tresormieten, Ansprüche aus dem Kauf von Wertpapieren)

3. der Sparer aus besonderen Gründen (zum Beispiel wegen **Krankheit**) nicht beim Kreditinstitut erscheinen kann und ihm die Einsendung des Sparbuches nicht zumutbar ist (Überweisungen sind jedoch dann nur an den Sparer selbst zulässig)

4. der **Verlust des Sparbuchs** angezeigt wurde; für diesen Fall sind die maßgeblichen gesetzlichen und satzungsmäßigen Vorschriften zu beachten

Nach voller Rückzahlung der Spareinlage kann dem Sparer das Sparbuch belassen werden, wenn durch die **Entwertung des Sparbuches** (durch Lochen, Einreißen, Einschneiden) ein Missbrauch der Urkunde ausgeschlossen worden ist.

Bedeutung der Spareinlagen

Es gibt unterschiedliche Sparmotive bei den Bankkunden. Das mit Abstand häufigste Sparmotiv ist Vorsorge, das heißt Sparen für das Alter oder für unerwartete Ausgaben. Daneben gibt es viele Kunden, die für einen bestimmten Zweck sparen, zum Beispiel Urlaub, Auto. Ein weiteres Motiv für Sparen ist die ertragsbringende Vermögensbildung.

Für die Banken sind die Spareinlagen eine wichtige Finanzierungsquelle für das Aktivgeschäft. Aus diesem Grund versuchen heute alle Banken, durch das Angebot von neuen Sparformen mit Sonderausstattungen vermehrt Spareinlagen zu gewinnen. Dabei wird das traditionelle Sparbuch zunehmend von der SparCard verdrängt. Ähnlich einer Bankcard ist so ein zusätzliches Zugangsmedium zu Geldautomaten geschaffen.

Besondere Sparformen

Besonders im Bereich der Sparverträge haben sich einige Sonderformen entwickelt:

- **Bonussparverträge**
  Nach Ablauf einer bestimmten Anlagedauer wird ein einmaliger Bonus auf die erbrachten Sparleistungen ausgezahlt (als Einmalanlage oder Ratensparvertrag möglich).

- **Wachstums- oder Zuwachssparverträge**
  werden entweder mit jährlich steigenden Zinsen oder jährlich steigenden Zusatzzinsen ausgestattet (Einmalanlage oder Ratensparvertrag möglich).

- **Sparpläne**
  Bei diesen Sparverträgen werden verschiedene Sparformen (zum Beispiel Kontosparen und Investmentsparen) kombiniert. Auch hier kann der Vertrag über eine Einmalanlage oder als Ratensparvertrag abgeschlossen werden.

- **Sparverträge mit Lebensversicherungsschutz**
  Zusätzlich zum Sparvertrag wird eine Risikolebensversicherung abgeschlossen, die beim Tod des Sparers die Zahlung der fehlenden Sparraten übernimmt.

Sparbriefe

> **DEFINITION**
>
> **Sparbriefe** sind Namensschuldverschreibungen mit einer Laufzeit von meist ein bis zu sechs Jahren, die mit einer festen Verzinsung ausgestattet sind. Sie sind keine Spareinlagen im Sinne der Rechnungslegungsvorschriften für Kreditinstitute. Die Übertragbarkeit ist im Regelfall ausgeschlossen (Rektapapier).

Die Sparbriefe unterscheiden sich vielfach in der Art der Zinszahlung:

- normalverzinst, das heißt, Ausgabe und Rückzahlung bei Fälligkeit erfolgt zum Nennwert, Zinszahlung jährlich nachträglich,

- abgezinst, das heißt, Ausgabe erfolgt zum Nennwert abzüglich Zins und Zinseszins für die Laufzeit, Rückzahlung zum Nennwert, keine laufenden Zinszahlungen,

- aufgezinst, das heißt, Ausgabe erfolgt zum Nennwert und Rückzahlung bei Fälligkeit zum Nennwert zuzüglich Zins und Zinseszins für die Laufzeit, keine laufenden Zinszahlungen.

Eine Rückgabe der Sparbriefe vor Fälligkeit ist oft ausgeschlossen. Bilanziert werden Sparbriefe unter der Position „Verbindlichkeiten gegenüber Kunden mit vereinbarter Laufzeit oder Kündigungsfrist".

Sparschuldverschreibungen (auch Sparobligationen, Sparkassenobligationen)

> **DEFINITION**
>
> **Sparschuldverschreibungen** sind meist Orderschuldverschreibungen mit einer Laufzeit von vier bis zehn Jahren, die mit einer festen Verzinsung ausgestattet sind.

Auch hier besteht die Möglichkeit, aufgezinste, abgezinste oder normal verzinsliche Papiere zu erwerben. Sie sind nicht börsenfähig. Eine Rückgabe vor Endfälligkeit ist meist möglich. Diese erfolgt zu einem besonders festgesetzten Rücknahmepreis („Hauskurs"), der sich am Kapitalmarktzins orientiert.

3.1.2 Staatliche Förderung der Vermögensbildung

Eine der Zielsetzungen unseres Staates ist eine möglichst gerechte Vermögensverteilung. Deshalb fördert der Staat die Vermögensbildung in privater Hand. Nach dem 5. Vermögensbildungsgesetz (VermBG) fördert der Staat insbesondere die Beteiligung am Produktivvermögen im Rahmen bestimmter Einkommenshöchstgrenzen.

Das Dritte Vermögensbeteiligungsgesetz erweitert die staatliche Förderung. Ab 1999 können Arbeitnehmer zwei „Förderkörbe" nebeneinander nutzen. Förderkorb 1 gilt für Bausparen bis zu 936 DM mit 10 Prozent Sparzulage. Förderkorb 2 begünstigt zusätzlich bis zu 800 DM mit 20 Prozent Sparzulage den Erwerb von Beteiligungen. Für Arbeitnehmer in den neuen Bundesländern erhöht sich dieser Betrag befristet bis 2004 auf 25 Prozent.

Weiterhin wird Wohnungseigentum nach dem Wohnungsbauprämiengesetz gefördert.

Eine dritte Möglichkeit ist die staatliche Förderung der Mitarbeiterbeteiligung am Produktivvermögen im Rahmen des § 19a EStG.

Die Banken verfolgen jede Änderung der staatlichen Vermögensbildung mit großem Interesse, da die Anlage solcher Gelder einen wichtigen Teil ihres Dienstleistungs- beziehungsweise Passivgeschäfts ausmacht. Wenn diese Gelder unmittelbar bei Banken als Einlageart festgelegt werden, bedeutet dies eine Förderung ihres Passivgeschäfts. Wenn die Banken im Rahmen des Dienstleistungsgeschäfts bei der Anlage der Gelder vermittelnd tätig werden können, ergibt sich zumindest ein Provisionsertrag.

Für Mitarbeiter von Banken gehören deshalb Kenntnisse über die gesetzlichen Bestimmungen der staatlichen Vermögensbildungspolitik zu den wichtigen Voraussetzungen in der Kundenberatung.

Gesetzliche Grundlage	Fünftes Vermögensbildungsgesetz	Drittes Vermögensbeteiligungsgesetz Fünftes Vermögensbildungsgesetz	Wohnungsbauprämiengesetz
Ziele	Förderung des Erwerbs von Wohnungseigentum	Beteiligung am Produktivvermögen	Förderung des Erwerbs von Wohnungseigentum
Begünstigte	Arbeitnehmer	Arbeitnehmer	alle
Einkommensgrenzen	Ledige: 35.000 DM p.a. Verheiratete: 70.000 DM p.a.	Ledige: 35.000 DM p.a. Verheiratete: 70.000 DM p.a.	Ledige: 50.000 DM p.a. Verheiratete: 100.000 DM p.a.
Maximale Förderung	936 DM p.a.	800 DM p.a.	Ledige: 1.000 DM p.a. Verheiratete: 2.000 DM p.a.
Zulagen/ Prämie	10 Prozent, maximal 94 DM p.a.	20 Prozent, maximal 160 DM p.a., in neuen Bundesländern 25 Prozent	10 Prozent, maximal 100/200 DM p.a.
Wichtige Anlageformen	Bausparverträge	Aktien, Aktienfonds usw.	Bausparverträge

Abbildung 2-29: Überblick über die Staatliche Förderung der Vermögensbildung und -beteiligung

3.1.2.1 Das 5. Vermögensbildungsgesetz (5. VermBG)

Grundsätzlich können alle in Deutschland beschäftigten Arbeitnehmer innerhalb der Einkommensgrenzen von 35.000 DM p. a. bei Ledigen und 70.000 DM p. a. bei Verheirateten die Förderung in Asnpruch nehmen. Diese Beträge entsprechen einem Bruttolohn von circa 40.996 beziehungsweise 80.046 DM. Sie erhöhen sich, wenn darüber hinaus Kinder zu berücksichtigen sind.

Maximal können 936 DM p. a. prämienbegünstigt auf einen Bausparvertrag eingezahlt und 800 DM in Beteiligungswerten zulagenbegünstigt angelegt werden; maximal insgesamt also 1.736 DM. Anlagen auf Sparkonten sind weiter möglich, werden aber nicht mit einer Sparzulage gefördert.

Grundsätzlich überweist der Arbeitgeber den Sparbetrag direkt auf das Sparvertragskonto des Arbeitnehmers. In vielen Fällen zahlt er Teile oder den vollen Betrag zusätzlich zum Bruttolohn. Auf Antrag der Bank oder Bausparkasse beim zuständigen Finanzamt wird die Sparzulage am Ende der Sperrfrist an den Sparer ausgezahlt. Die Sperrfrist beträgt grundsätzlich sieben Jahre.

Bei Anlageformen mit Beteiligungscharakter müssen die auf einem Konto angesammelten Beträge spätestens am Ende des folgenden Kalenderjahres in Wertpapieren oder Arbeitnehmerdarlehen beim eigenen Arbeitgeber angelegt werden.

Der Arbeitnehmer kann unter bestimmten Voraussetzungen vorzeitig ohne Verlust der Arbeitnehmer-Sparzulage über die vermögenswirksamen Leistungen verfügen. Die wichtigsten Bestimmungen sind nachstehend zusammengefasst. Dabei ist zu berücksichtigen, dass sich diese Übersicht auf die Anlageformen bezieht, die bei Banken zulässig sind.

Eine **vorzeitige Verfügung** ist unschädlich:

- bei Tod oder völliger Erwerbsunfähigkeit (90 Prozent) des Sparers oder dessen Ehegatten,
- bei Heirat nach Vertragsabschluss und Verfügung frühestens zwei Jahre nach Beginn der Festlegungsfrist,
- bei ununterbrochener Arbeitslosigkeit des Sparers von mindestens einem Jahr, die nach Vertragsabschluss eingetreten ist und noch andauert,
- bei Aufnahme einer selbstständigen Erwerbstätigkeit,
- nach dem Gesetz zur Förderung der Rückkehrbereitschaft von Ausländern.

Das 5. VermBG enthält einen umfangreichen **Anlagekatalog**. Der Arbeitnehmer hat grundsätzlich die Wahl, ob er die vermögenswirksamen Leistungen bei einem Kreditinstitut, einer Kapitalanlagegesellschaft, einer Versicherungsgesellschaft, einer Bausparkasse oder beim Arbeitgeber anlegen will.

In der Regel wird ein vermögenswirksamer Sparvertrag in Form eines Wertpapier-Sparvertrages nach § 5 Abs. 1 VermBG abgeschlossen werden. Hier erfolgt die Anlage in so genannten Beteiligungswerten. Welche Beteiligungswerte hier zulässig sind, wird im Gesetz in § 2 Abs. 1 Nr. 2 im Einzelnen aufgezählt (siehe Abbildung 2-30).

Beim Direkterwerb von Wertpapieren sind vermögenswirksame Leistungen zunächst auf ein Ansparkonto einzuzahlen. Der Arbeitnehmer muss bis spätestens zum Ende des folgenden Kalenderjahres Wertpapiere gekauft haben. Es darf aber ein Spitzenbetrag auf dem Ansparkonto verbleiben, da nicht immer genau der angesparte Betrag in Wertpapieren angelegt werden kann. Dieser Spitzenbetrag darf 300 DM nicht übersteigen, sonst gibt es hierauf nur die geringe Sparzulage wie bei einem Bausparvertrag. Natürlich müssen die Wertpapiere in ein Depot beim Kreditinstitut gebucht werden, damit auch garantiert ist, dass die Sperrfrist eingehalten wird. Die Sperrfristen sind die gleichen wie bei Bausparverträgen.

Anlagemöglichkeiten nach § 2 Abs. 1, 5. VermBG	
Wertpapiere – Aktien, – Wandelanleihen, Gewinnschuldverschreibungen, – Investmentfondsanteile ab 60 Prozent Aktienanteil, – Genussrechte – Genussscheine	Beteiligungsrechte – Stille Beteiligungen – Genossenschaftsanteile des Arbeitgebers oder einer Kredit- oder einer Wohnungsbaugenossenschaft, – Darlehensforderungen gegenüber dem Arbeitgeber (Arbeitnehmerdarlehen)

Abbildung 2-30: Anlagemöglichkeiten in Beteiligungswerten

Wertpapiere, die im Rahmen eines Wertpapier-Sparvertrages nach § 5 VermBG erworben wurden, können vor Ablauf der Sperrfrist ohne Verlust der Sparzulage veräußert werden, wenn der Erlös wieder in Beteiligungspapieren angelegt wird. Der Erlös muss bis zum Ablauf des Kalendermonats, der dem Kalendermonat der Veräußerung folgt, wiederverwendet werden (§ 5 Abs. 4 VermBG).

In der Praxis werden für diese Wertpapier-Sparverträge häufig so genannte Investmentsparpläne abgeschlossen. Hier muss sich der Kunde um nichts kümmern. Automatisch werden die vermögenswirksamen Leistungen in sparzulagenberechtigten Investmentfonds (auch in Bruchteilen eines Fondsanteils) angelegt.

Gegenüber der mit 20 Prozent Sparzulage geförderten Anlage in Beteiligungswerten gilt bei der Anlage der vermögenswirksamen Leistungen in einem Bausparvertrag ein Höchstbetrag von 936 DM, der mit 10 Prozent Sparzulage begünstigt ist.

Kapitallebensversicherungen auf den Erlebens- und Todesfall können ebenfalls eine Anlageform für die vermögenswirksamen Leistungen sein. In diesem Falle werden die Leistungen als Beiträge auf die Lebensversicherung eingezahlt, bei einer Mindestvertragsdauer von zwölf Jahren. Beginn der Anlagefrist ist der 1.1. des Jahres, in dem die erste vermögenswirksame Leistung gezahlt wurde. Es gelten alle bereits oben aufgeführten Bestimmungen, wobei bei dieser Anlageform der Sparer **keine** Arbeitnehmer-Sparzulage erhält. Somit nimmt diese Form im 5. VermBG nur einen sehr geringen Anteil ein.

3.1.2.2 Das Wohnungsbau-Prämiengesetz

Durch das Wohnungsbau-Prämiengesetz werden bestimmte Sparleistungen für wohnwirtschaftliche Zwecke durch eine Wohnungsbauprämie gefördert.

Begünstigter Personenkreis sind unbeschränkt einkommensteuerpflichtige natürliche Personen. Unbeschränkt einkommensteuerpflichtig ist, wer seinen Wohnsitz oder gewöhnlichen Aufenthaltsort (das heißt mehr als sechs Monate im Jahr) in Deutschland hat. Anders als beim 5. VermBG werden hier also nicht nur Arbeitnehmer gefördert. Auch hier bestehen für den Anspruch auf Wohnungsbauprämie Einkommensgrenzen. Alleinstehende dürfen im Jahr der Sparleistung nicht mehr als 50.000 DM, Verheiratete nicht mehr als 100.000 DM zu versteuerndes Einkommen aufweisen.

Der geförderte Höchstbetrag beträgt bei Alleinstehenden 1.000 DM, bei Verheirateten 2.000 DM pro Jahr. Hierauf erhält der Sparer 10 Prozent Wohnungsbauprämie, wobei Zinsen für Bausparguthaben zur erbrachten Sparleistung zählen und somit prämienbegünstigt sind. Jedoch muss die Sparleistung im Kalenderjahr mindestens 100 DM betragen.

Aufwendungen zur Förderung des Wohnungsbaus nach dem WoPG sind:

1. Beiträge an Bausparkassen zur Erlangung von Wohnungsbaudarlehen

2. Aufwendungen für den ersten Erwerb von Anteilen an Bau- und Wohnungsgenossenschaften

3. Beiträge aufgrund von Sparverträgen mit einem Kreditinstitut, wenn die eingezahlten Sparbeiträge und Prämien zum Bau oder Erwerb einer Kleinsiedlung, eines Eigenheimes oder einer Eigentumswohnung oder zum Erwerb eines Dauerwohnrechts verwendet werden

4. Beiträge aufgrund von Verträgen, die mit Wohnungsbau- und Siedlungsunternehmen oder Organen der staatlichen Wohnungspolitik geschlossen werden

Die Sperrfrist für diese Verträge beträgt sieben Jahre. Beginn ist immer das Datum des Vertragsabschlusses. Eine vorzeitige Verwendung für den Wohnungsbau und Aufwendungen für Modernisierungsmaßnahmen in einer Mietwohnung sind prämienunschädlich möglich. Das gilt, wenn

- die Bausparsumme ausgezahlt und unverzüglich und unmittelbar zum Wohnungsbau verwendet wird

- der Bausparer oder sein Ehegatte nach Vertragsabschluss stirbt oder völlig erwerbsunfähig wird

- der Bausparer nach Vertragsabschluss arbeitslos geworden ist, die Arbeitslosigkeit mindestens ein Jahr ununterbrochen bestanden hat und im Zeitpunkt der vorzeitigen Verfügung noch besteht
- der Bausparer Angehöriger eines Staates außerhalb der EU ist, mit dem die Bundesregierung Vereinbarungen über die Anwerbung und Beschäftigung von Arbeitnehmern getroffen hat und er den Geltungsbereich des WoPG auf Dauer verlassen hat oder er die Bausparsumme unverzüglich und unmittelbar zum Wohnungsbau in seinem Heimatland verwendet und innerhalb von vier Jahren und drei Monaten nach Beginn der Auszahlung der Bausparsumme den Geltungsbereich des WoPG auf Dauer verlässt

Die Wohnungsbauprämie wird jährlich über die Bausparkasse beantragt. Die Auszahlung erfolgt allerdings erst nach Zuteilung, nach Ablauf der siebenjährigen Bindungsfrist oder bei einer unschädlichen Verfügung.

3.1.2.3 Vermögensbeteiligungen (§ 19a EStG)

Arbeitnehmer können gemäß § 19a EStG Steuervorteile erlangen, wenn der Arbeitgeber ihnen kostenlos oder verbilligt Vermögensbeteiligungen überlässt. Für die Inanspruchnahme gibt es keine Einkommensgrenzen.

Anlagen sind möglich in Wertpapieren mit Beteiligungscharakter oder in Beteiligungsrechten. Obwohl es nicht Voraussetzung ist, hat der Gesetzgeber sicherlich daran gedacht, dass sich der Arbeitnehmer in irgendeiner Form am Unternehmen des Arbeitgebers beteiligt, indem er seinem Arbeitgeber Kapital zur Verfügung stellt.

Im Gegensatz zum 5. VermBG müssen die Leistungen des Arbeitgebers zusätzlich zum Gehalt erbracht werden. Die Leistungen des Arbeitgebers, die nach § 19a EStG begünstigt sind, erscheinen daher auch nicht in der Gehaltsabrechnung des Arbeitnehmers. Dies hat den großen Vorteil für den Arbeitnehmer, dass er auf diesen Betrag keine Lohn- und Kirchensteuer und keine Sozialversicherungsabgaben zu zahlen hat.

Für die Steuerbefreiung gibt es allerdings Grenzen. Der finanzielle Vorteil, den der Arbeitnehmer hat, ist nur insoweit steuerfrei, als er nicht mehr als den halben Wert der Beteiligung ausmacht und den Betrag von 300 DM nicht übersteigt.

Das Geld kann unmittelbar beim Arbeitgeber, es kann aber auch unter Einschaltung eines Kreditinstitutes angelegt werden. Es gilt eine Sperrfrist von sechs Jahren, rückwirkend zum 1.1. des Jahres der Anlage. Eine vorzeitige Verfügung ohne Nachzahlung der ersparten Steuern ist nur zulässig in den Fällen, in denen auch bei einer Anlage vermögenswirksamer Leistungen bei einem Kreditinstitut vorzeitig verfügt werden kann.

3.1.3 Allfinanzangebote der Banken – Partnerschaften mit Lebensversicherungen und Bausparkassen

Im Zuge des zunehmenden Wettbewerbes sind Banken immer stärker bestrebt, ihren Kunden Finanzdienstleistungen aus einer Hand anzubieten (Allfinanzangebot). Dazu gehören zum Beispiel Versicherungen, Bausparverträge, Immobilienvermittlung, die Vermögensverwaltung sowie Leasing und Factoring. Um dies zu ermöglichen, gibt es unterschiedliche Allfinanzkonzepte. So haben einige Banken ihre eigene Bausparkasse oder ihre eigene Versicherung gegründet, andere haben Bausparkassen und Lebensversicherungsgesellschaften aufgekauft. Eine dritte Möglichkeit, den Allfinanzgedanken umzusetzen, besteht darin, mit entsprechenden Partnern aus den jeweiligen Branchen Kooperationsverträge abzuschließen.

Aus dem Allfinanzangebot werden wir hier zwei Finanzdienstleistungen näher betrachten: den Bausparvertrag und die Anlage in einer Lebensversicherung.

3.1.3.1 Bausparen

Für den Abschluss eines Bausparvertrages sprechen vor allem zwei Punkte, die die Vorteile dieses Produktes deutlich machen.

- Der Bausparer sichert sich mit Abschluss des Vertrages den Anspruch auf ein zinsgünstiges Darlehen für wohnwirtschaftliche Zwecke. Die relativ niedrigen Schuldzinsen werden bereits beim Abschluss festgelegt und unterliegen keinem Zinsrisiko.

- Der Bausparer kann unter bestimmten Voraussetzungen staatliche Fördermittel in Anspruch nehmen (zum Beispiel Wohnungsbauprämie, Arbeitnehmer-Sparzulage). Dadurch erhöht sich die Rendite dieser Geldanlage.

Nun wollen wir uns einmal ansehen, wie der Ablauf einer Bausparfinanzierung vom Abschluss des Bausparvertrages bis zur Tilgung des Darlehens aussieht. Bei Vertragsabschluss werden mit dem Kunden in der Regel zwei Dinge vereinbart: die Bausparsumme und der Bauspartarif. Die Bausparsumme setzt sich zusammen aus dem Betrag, den der Kunde ansparen muss, und dem Darlehensbetrag. Gehen wir bei unserem Beispiel davon aus, dass der Kunde einen Bausparvertrag über 100.000 DM abschließt.

Die Bausparkassen bieten unterschiedliche Tarife an, die sich unterscheiden in der Höhe der Zinssätze für das Guthaben und den Kredit, den Ansparzeiten, der Höhe des Mindestguthabens und den Tilgungszeiten für das Darlehen. Unser Kunde wählt einen Tarif, bei dem er durch eine Ansparleistung von 40 Prozent, als 40.000 DM, einen Anspruch auf ein Darlehen von 60 Prozent, also 60.000 DM, erwirbt. Der Ablauf des Bausparens gliedert sich nun in drei Phasen:

Ablauf eines Bausparvertrags			
Vertragsabschluss	1. Ansparphase	2. Zuteilungsphase	3. Tilgungsphase
	1,5 bis 7 Jahre	Zuteilung	7 bis 11 Jahre
Vereinbarung über die Bausparsumme, Verzinsung, Regelbeiträge, Mindestspargutaben	regelmäßige monatliche Einzahlungen bis zum Erreichen der Mindestsparsumme	Annahme der Zuteilung; Bereitstellung und Auszahlung der Sparsumme und des Darlehens nach Absicherung im Grundbuch; nach 7 Jahren ist hier Auszahlung des Sparguthabens prämienunschädlich möglich	Rückzahlung in monatlichen Raten (Zins und Tilgung) von 4 bis 8 Promille der Bausparsumme
zum Beispiel 100.000 DM	zum Beispiel hier 40.000 DM	zum Beispiel hier 40.000 DM Guthaben plus 60.000 DM Darlehen	zum Beispiel hier 600 DM p. M. Annuität bis zur vollständigen Tilgung der 60.000 DM Darlehen

Abbildung 2-31: Ablauf eines Bausparvertrags

1. Die Sparphase

Unser Kunde zahlt regelmäßige Beiträge an die Bausparkasse, die gemäß Tarif mit 2 Prozent verzinst werden. Er kann außerdem Sonderzahlungen auf sein Bausparkonto leisten und dadurch den Zeitraum bis zur Zuteilung verkürzen.

2. Die Zuteilungsphase

Die Zuteilung erfolgt in unserem Fall, wenn drei Voraussetzungen erfüllt sind:

- Das Bausparkonto muss ein Guthaben von mindestens 40.000 DM aufweisen.
- Die Mindestansparzeit (in der Regel 18 Monate) muss erfüllt sein.
- Es muss eine ausreichende Bewertungszahl erreicht sein. Durch diesen Faktor wird die Reihenfolge der Zuteilungen festgelegt. Er berücksichtigt das jeweilige Guthaben und die Länge der Anlage auf dem Bausparkonto.

3. Die Darlehensphase

Nach Zuteilung erhält unser Bausparkunde das von ihm angesparte Guthaben und das Darlehen ausgezahlt, also die Bausparsumme von 100.000 DM. Das Darlehen wird aber nur zur Verfügung gestellt, wenn es für wohnwirtschaftliche Zwecke verwendet wird.

Wohnwirtschaftliche Zwecke sind zum Beispiel:

- Bau oder Kauf eines Hauses oder einer Eigentumswohnung,
- Erwerb von Bauland für Wohnzwecke,
- Renovierung und Modernisierung – auch für Mieter,
- Ablösung anderer Baukredite (Umschuldung),
- Erbauseinandersetzung,
- Erwerb von Wohnrechten in Senioren-Wohnheimen.

Die Bausparkasse wird bei der Auszahlung des Darlehens Sicherheiten verlangen, zum Beispiel eine Grundschuld.

Für das Darlehen zahlt der Kunde während der gesamten Tilgungszeit einen festen Zinssatz, der in der Regel zwei Prozent über den Guthabenzinsen liegt. Für unseren Kunden bedeutet das, dass er für die 60.000 DM Darlehen vier Prozent Sollzinsen zahlen muss. Die Rückführung des Darlehens erfolgt in monatlichen Raten, die bei dem Tarif unseres Kunden sechs Promille der Bausparsumme pro Monat beträgt, also 600 DM. Dieser Betrag enthält Zins- und Tilgungsleistungen. Da die Zinsen vergleichsweise niedrig sind, ergibt sich dadurch eine relativ hohe Tilgungsleistung. Das hat zur Folge, dass unser Kunde sein Darlehen von 60.000 DM nach etwa neun Jahren getilgt haben wird.

3.1.3.2 Kapitallebensversicherungen

Private Vorsorge wird immer wichtiger. Unsere Altersversorgung beruht auf dem Drei-Säulen-Prinzip. Das bedeutet, dass die gesetzliche Rentenversicherung zum einen durch die betriebliche Altersversorgung und zum anderen durch private Vorsorge ergänzt wird. Die Problematik des Generationsvertrages der gesetzlichen Rentenversicherung und der zunehmende Kostendruck auf die Unternehmen, der auch die Rahmenbedingungen für die betriebliche Altersversorgung verändert, führt dazu, dass die private Altersvorsorge immer mehr an Bedeutung gewinnt. Als bekanntestes Instrument hierzu bietet sich der Abschluss einer Kapitallebensversicherung an. Es wird eine Versicherungssumme vertraglich festgelegt.

Neben die vertragliche Zusicherung, die Versicherungssumme bei Ablauf der Versicherung zu zahlen, treten zwei weitere Leistungen.

Erstens erhalten in der Police benannte Begünstigte bei Tod des Versicherungsnehmers vor Ablauf der Versicherung mindestens die Versicherungssumme, und zweitens versprechen die Versicherungen zusätzliche Gewinnanteile bei Ablauf der Versicherung.

Für diese Leistungen zahlt der Versicherungsnehmer während der gesamten Laufzeit einen Beitrag (eine Prämie) jährlich, halbjährlich oder vierteljährlich. Die Prämie setzt sich aus drei Bestandteilen zusammen: dem Risikoanteil, dem Sparanteil und dem Verwaltungskostenanteil. Die Höhe der Prämie hängt neben der Versicherungssumme vom Eintrittsalter des zu Versichernden und von seinem Gesundheitszustand ab.

Der Sparanteil wird nun von der Versicherung möglichst ertragsbringend angelegt. Da die tatsächlichen Kapitalanlagen in den letzten 40 Jahren immer mehr als das Doppelte des vertraglichen Rechnungszinses von drei Prozent erbracht haben, entstehen Überschüsse, die den Versicherten in drei Formen überlassen werden:

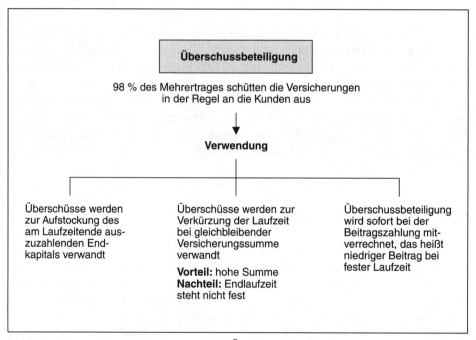

Abbildung 2-32: Verwendungsformen der Überschussbeteiligung

Überschussbeteiligungen erwachsen auch daraus, dass Gesellschaften besonders sparsam bei der Verwaltung sind.

Wegen der langen Vertragslaufzeiten ist es auch wichtig darauf zu achten, welche Summe die Versicherung bei vorzeitiger Kündigung auszahlen würde. Dieser **Rückkaufswert** ist die Summe aus dem Sparanteil und der Verzinsung, das **Deckungskapital**.

Bei Fälligkeit der Kapitallebensversicherung besteht vielfach die Möglichkeit, dass die Auszahlung entweder in einer Summe oder in Form einer regelmäßigen Zahlung (Rente) erfolgt. Die Erträge aus einer Kapitallebensversicherung sind steuerfrei, wenn die Laufzeit mindestens zwölf Jahre beträgt und mindestens fünf Jahre lang eine Beitragszahlung erfolgte.

Kapitallebensversicherungen sind wegen des hohen Sparanteils Konkurrenzprodukte zu Sparplänen der Banken und Investmentgesellschaften und Alternativen zu einem selbstständigen Vermögensaufbau mit Hilfe eines Anlageberaters.

Neben der Kapitallebensversicherung gibt es weitere Versicherungen. Wir wollen hier allerdings nur kurz auf die Risikolebensversicherung eingehen, die in der Praxis auch öfter abgeschlossen wird. Sie leistet nur bei Tod des Versicherungsnehmers während der Laufzeit des Vertrages. Es findet keine Kapitalbildung statt, aus diesem Grund sind die Beiträge auch vergleichsweise niedrig.

3.2 Effektengeschäft und Wertpapiertechnik

In diesem Abschnitt erhalten Sie Informationen über

- grundlegende rechtliche und technische Kenntnisse über Wertpapierarten (3.2.1),

- über die Technik des **Emissionsgeschäftes** (3.2.2), den so genannten Primärmarkt für die Begebung von Wertpapieren und deren Platzierung und Einführung an den Märkten,

- den Aufbau und die Funktionsweise der **Effektenbörse** und die Technik des **Effektenhandels** (3.2.3), den Sekundärmarkt und

- das **Depotgeschäft** (3.2.4), die mit Verwahrung und der Verwaltung von Wertpapieren zusammenhängenden Arbeiten.

3.2.1 Effektenarten

3.2.1.1 Begriff Wertpapier

Ein Wertpapier ist eine Urkunde, in der ein privates Recht auf Eigentum oder eine Forderung verbrieft, das heißt schriftlich dokumentiert, wird. Der Anspruch wird durch den Inhaber/Besitzer geltend gemacht. Man unterscheidet Wertpapiere aus dem **Warenverkehr** (Konnossement, Ladeschein), dem **Geldverkehr** (Scheck, Wechsel, Sparbuch) und dem **Kapitalverkehr** (Schuldverschreibungen, Aktien, Investmentzertifikate, den so genannten **Effekten**).

Im Börsengesetz und im Wertpapierhandelsgesetz wird der Begriff Wertpapiere auch verwandt, wenn keine Urkunden ausgestellt sind. In der Praxis wird der Begriff „Wertpapier" im engeren Sinne mit dem Begriff „Effekten" gleichgesetzt.

Abbildung 2-33 gibt einen ersten Überblick über die grundlegenden Wertpapierarten, die das Geld- und Kapitalanlagegeschäft ausmachen.

3.2.1.2 Schuldverschreibungen

Die Schuldverschreibung ist eine Urkunde, in der sich der Emittent gegenüber dem Inhaber zur Rückzahlung einer am Kapitalmarkt im Rahmen einer Anleihe aufgenommenen Geldschuld verpflichtet. (Forderungsrecht gemäß § 793 BGB). Außerdem wird darin auch die laufende Verzinsung des entliehenen Geldbetrages geregelt. Nach ihrer Verzinsung unterscheidet man

- **festverzinsliche Papiere**, bei denen die Zinszahlung zu einem bei Anleihebegebung festgelegten Prozentsatz und Datum, zum Beispiel jährlich oder halbjährlich nachträglich, erfolgt

- **variabel verzinsliche Papiere** (Floating Rate Notes), deren Zinssatz jeweils vor der nächsten Zinslaufperiode nach einer in den Emissionsbedingungen festgelegten Bezugsgröße bestimmt wird, zum Beispiel LIBOR oder EURIBOR (London oder Euro Interbank Offered Rate für 3- beziehungsweise 6-Monatsgeld),

- **Zerobonds** (Null-Kupon) bei denen die Zinszahlung in Form eines Disagios vom Kaufpreis abgezogen wird. Der Ertrag ergibt sich aus der Differenz zum Rückzahlungswert von 100 Prozent, wobei die laufende Zinswertsteigerung im jeweils aktuellen Kurs einberechnet wird,m

- **Aufzinsungspapiere,** bei denen die festgelegten Zinsen inklusive Zinseszinsen erst bei Fälligkeit der Schuldverschreibung gezahlt werden, zum Beispiel Bundesschatzbrief Typ B.

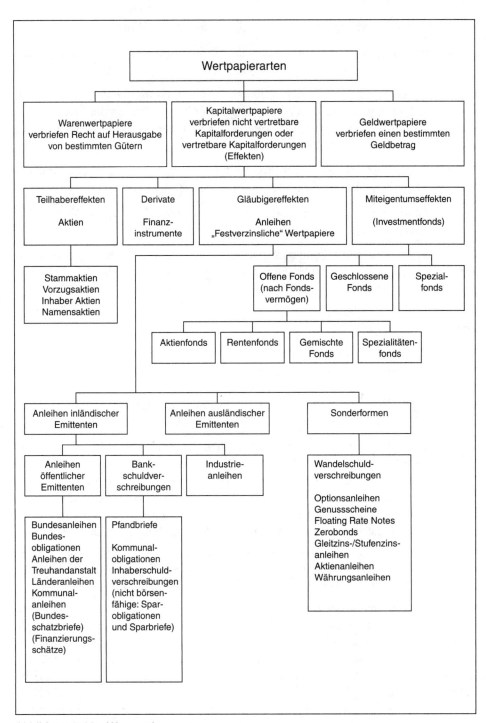

Abbildung 2-33: Wertpapierarten

Nach der Art der **Rückzahlung** unterscheidet man hauptsächlich

- **gesamtfällige Anleihen**, bei denen die Rückzahlung des Gesamtbetrages am Ende der festgelegten Laufzeit erfolgt,

- **Tilgungsanleihen**, deren Rückzahlung, nach einer tilgungsfreien Zeit, in Teilbeträgen über mehrere Jahre verteilt erfolgt, zum Beispiel durch die Auslosungen von Serien oder Gruppen, durch Tilgung in Annuitäten oder durch Rückkauf von Anleihebeträgen an der Börse,

- **ewige Anleihen**, bei denen keine Rückzahlungsverpflichtung festgelegt sind (ist derzeit nur ausländischen Emittenten erlaubt),

- **Aktienanleihen,** bei denen die Rückzahlung an einem Stichtag entweder in bar oder durch eine Anzahl bestimmter Aktien erfolgt.

Neben den planmäßigen Tilgungen könne die Anleihebedingungen auch außerplanmäßige Tilgungsvereinbarungen enthalten, zum Beispiel vorzeitige Kündigungen durch den Emittenten. Eine Kündigung durch den Anleihegläubiger ist jedoch regelmäßig ausgeschlossen, denn für diesen besteht ja die Möglichkeit des Verkaufs über einen börslichen oder außerbörslichen Markt.

3.2.1.3 Arten von Schuldverschreibungen

Wichtigster Emittent von Schuldverschreibungen am inländischen Kapitalmarkt ist die öffentliche Hand und hier wieder die Bundesrepublik Deutschland.

Anleihen der öffentlichen Hand sind Anleihen der Bundesrepublik Deutschland (**Bundesanleihen**) sowie der Sondervermögen des Bundes (Bahn, Post, Deutsche Treuhandanstalt). Sie sind gesichert durch das Vermögen und die Steuerkraft des Bundes. Werden Anleihen des Staates im Inland und in Landeswährung aufgenommen, so handelt es sich um „innere" Staatsschulden, während die im Ausland platzierten oder ggf. auf fremde Währung lautenden Staatsanleihen die „äußere" Staatsschuld bilden. Bundesanleihen sind mündelsicher, lombard- und deckungsstockfähig. Die Laufzeit neu emittierter Bundesanleihen beträgt gewöhnlich zehn Jahre, es sind jedoch auch Anleihen mit 12- und 30-jähriger Laufzeit in Umlauf.

Bundesobligationen dienen der Beschaffung von Mitteln mit einer Laufzeit von fünf Jahren und werden als Daueremissionen ausgegeben. Eine neue Serie wird jeweils dann aufgelegt, wenn die Marktlage den Übergang zu einem anderen Nominalzins erfordert. Unabhängig davon wird der Verkauf einer laufenden Serie nach Ablauf von zwei bis drei Monaten eingestellt, um sie an den Börsen zum amtlichen Handel einzuführen. Die Obligationen der laufenden Serie können nur von natürlichen Personen, auch Gebietsfremden, und von Einrichtungen, die gemeinnützigen, mildtätigen oder kirchlichen Zwecken dienen, erworben werden (Ersterwerb). Nach der Börseneinführung gibt es keine Einschränkungen mehr für den Erwerb.

Bundesschatzbriefe sind mit einem steigenden Zinssatz ausgestattet. Sie werden nicht an den Börsen gehandelt, sind jedoch über die Kreditinstitute zu beziehen. Der Bund haftet mit seinem Vermögen und Steueraufkommen, daher sind diese Wertpapiere ebenfalls mündelsicher gemäß § 1807 Abs. 1 Nr. 2 BGB. Die Bundesschatzbriefe können nur von natürlichen Personen und gemeinnützigen, mildtätigen oder kirchlichen Einrichtungen erworben werden. Der Erwerb durch Gebietsfremde ist, im Gegensatz zu den Bundesobligationen, ausgeschlossen. Ein Verkauf beziehungsweise vorzeitige Rückgabe ist nach dem ersten Laufzeitjahr möglich, jedoch innerhalb von 30 Zinstagen nur bis zu 10.000 DM je Gläubiger.

Man unterscheidet bei den Bundesschatzbriefen

- **Typ A**, dessen Laufzeit sechs Jahre beträgt und die Zinsen jährlich nachträglich gezahlt werden. Der Nennwert (Mindestanlage) beträgt 100 DM, ab 2002: 100 €.

- **Typ B**, dessen Laufzeit sieben Jahre beträgt. Die Zinsen werden während der Laufzeit akkumuliert und mit dem Kapital bei Fälligkeit oder vorzeitiger Rückgabe inklusive Zinseszinsen gezahlt. Der Nennwert (Mindestanlage) beträgt 50 DM, ab 2002: 50 €.

Finanzierungsschätze werden vom Bund als Daueremissionen circa zum 20. eines jeden Monats ausgegeben und decken den kurzfristigen Kapitalbedarf des Bundes ab. Die Laufzeit beträgt ein oder zwei Jahre. Der Nennwert (Mindestanlage) ist 1.000 DM, der Anlagehöchstbetrag 500.000 DM je Person. Ab dem Jahr 2001 gelten die gleichen Beträge in Euro. Die Verzinsung erfolgt durch Zinsabzug (Diskont) vom Nominal- beziehungsweise Einlösungswert. (Nennwert – Zinsen = Kaufpreis). Zum Erwerb ist Jedermann berechtigt, ausgenommen Banken. Dies gilt auch für Gebietsfremde. Finanzierungsschätze werden nicht an den Börsen gehandelt. Der Verkauf erfolgt über Banken. Die Rückgabe dieser Wertpapiere ist nicht möglich. Sie sind mündelsicher und nach § 54a Abs. 2 VAG für die Anlage des gebundenen Vermögens geeignet. Die Finanzierungsschätze werden in Form einer Sammelurkunde bei der Wertpapiersammelbank, Frankfurt, hinterlegt, im Gegensatz zu den vorgenannten Schuldverschreibungen des Bundes, die nur als Wertrechte in das Bundesschuldbuch eingetragen werden.

Auch Länder und Gemeinden finanzieren sich gelegentlich durch Emission von Anleihen, die ähnlich wie Bundesanleihen ausgestattet sind.

Kommunalobligationen sind Schuldverschreibungen, die von Realkreditinstituten im Auftrag von Bundesländern, Städten und Gemeinden ausgegeben werden, um Investitionen im kommunalen Bereich zu finanzieren. Sie sind durch Grundpfandrechte beziehungsweise durch das Steueraufkommen der Kommune abgesichert und mündelsicher.

Pfandbriefe sind langfristige Schuldverschreibungen, die der Finanzierung von Baudarlehen dienen. Sie werden von Pfandbriefanstalten und Hypothekenbanken ausgegeben und sind durch die Beleihung von Grundvermögen gesichert. Spezialinstitute begeben auch Pfandbriefe zur Finanzierung von Schiffen (Schiffshypotheken).

Bank- und Sparkassenobligationen dienen den emittierenden Kreditinstituten zur Beschaffung langfristiger Mittel für das langfristige Kreditgeschäft. Gleichzeitig wollen sie den Hauskunden eine attraktive Kapitalanlage bieten, die den Zinssatz für Spareinlagen deutlich übersteigt. Emittenten von Bankobligationen sind ferner auch jene Kreditanstalten, die durch besondere Gesetze zur Durchführung bestimmter Finanzierungsaufgaben gegründet wurden, zum Beispiel die Kreditanstalt für Wiederaufbau und die Lastenausgleichsbank.

Kassenobligationen zählen zu den Geldmarktpapieren und haben eine Laufzeit bis zu vier Jahren. Emittenten sind neben der öffentlichen Hand einige Spezialbanken. Wegen der großen Stückelung kommen als Abnehmer nur Großanleger (Kapitalsammelstellen) in Frage. Die Papiere sind lombardfähig und werden im Freiverkehr der Börsen gehandelt. Der Zinssatz ist festgelegt, die effektive Verzinsung wird über den Marktpreis unter Berücksichtigung der Restlaufzeit angepasst.

Industrieanleihen sind festverzinsliche Wertpapiere, deren Emittent ein Industrieunternehmen ist, das langfristiges Fremdkapital aufnimmt, um Investitionen zu tätigen. Die Besicherung erfolgt in der Regel durch Grundpfandrechte. Die Verzinsung liegt etwas höher als bei anderen festverzinslichen Werten, da Industrieschuldverschreibungen nicht mündelsicher und lombardfähig sind und der Markt sehr eng ist. Sie werden an Börsen amtlich gehandelt.

Commercial Paper (CP) sind seit einiger Zeit in den Vordergrund getreten. Hiermit beschaffen sich Unternehmen unter Einschaltung von Kreditinstituten kurzfristiges Kapital. Die Renditen orientieren sich an den jeweiligen aktuellen Geldmarktzinsen. Die Laufzeit der CP liegt zwischen sieben Tagen und längstens zwei Jahren. CP werden nicht an der Börse gehandelt.

Auslandsanleihen sind Schuldverschreibungen ausländischer Emittenten (oft auch Auslandstöchter deutscher Emittenten) und können auf Euro oder eine fremde Währung lauten. Bei Euro-Anleihen entsteht dem inländischen Käufer kein Währungsrisiko, denn Zins- und Tilgungszahlungen erfolgen zu festgelegten Umrechnungskursen. Werden Zinsen und Tilgungen in fremden Währungen gezahlt, sind Währungsrisiken oder auch -vorteile zu berücksichtigen. Es gibt nur wenige Auslandsanleihen, in deren Bedingungen ein Wechselkursrisiko durch feste Umrechnungsverhältnisse seitens des Emittenten ausgeschaltet ist. Die Platzierung und die Abwicklung der Zahlungsvorgänge werden in der Regel über Kreditinstitute abgewickelt, die in Deutschland ansässig sind. Anleihen ausländischer Emittenten sind, je nach deren

Bonität, mit oft deutlichen höheren Zinsen ausgestattet als zum Beispiel Bundesanleihen. Es ist in jedem Falle bei einer Anlageentscheidung wichtig, die genauen Anleihebedingungen zu studieren, um die Vorteile und eventuellen Risiken zu erkennen.

Doppelwährungsanleihen werden am deutschen Kapitalmarkt gegen Euro ausgegeben. Die Zinszahlung erfolgt in Euro oder Fremdwährung, die Rückzahlung jedoch stets in einer bei der Emission festgelegten anderen Währung, zum Beispiel in US-Dollar oder sfr. Neben der meist höheren Verzinsung ist auf die eventuell nachteilige Devisenkursentwicklung gegenüber dem Euro zu achten.

Globalanleihen sind ein noch junges Instrument am internationalen Rentenmarkt. Sie ermöglichen es, dass eine Anleihe gleichzeitig in den drei wichtigen Zeitzonen Europa, USA und Asien begeben, gehandelt, verwahrt und geliefert werden kann. Sie erleichtert den Handel und die Abwicklung zwischen internationalen Börsenplätzen, auch wenn diese unterschiedliche Abwicklungs- und Verwahrsysteme haben. Für den Emittenten ergibt sich dadurch eine Verbreiterung des Investorenkreises und eine Reduzierung der Emissionskosten. Die Investoren erhalten ein Wertpapier, mit dem sie am heimischen Markt operieren und trotzdem eine erhöhte Liquidität der Umsätze im internationalen Rahmen haben. Das Emissionsvolumen der Globalanleihe muss auf mindestens 500 Millionen € lauten. Die erste Anleihe dieser Art wurde 1993 von der Weltbank begeben.

Schuldscheindarlehen sind verbriefte Großkreditdarlehen, die ähnlich wie Anleihen und Obligationen ausgestattet sind. Es sind jedoch keine Wertpapiere im rechtlichen Sinne. Sie werden auch nicht an einer Börse notiert. Schuldscheine werden von der öffentlichen Hand (Bund, Länder und Gemeinden) ausgegeben und von den Kreditinstituten vertrieben. Es handelt sich jeweils um Namenspapiere, die nur per Zession und gegebenenfalls mit Zustimmung der Darlehensnehmer abgetreten beziehungsweise übertragen werden dürfen. Als Käufer dieser Schuldscheindarlehen treten Lebensversicherungen, Pensionskassen und dergleichen auf. Die Deckungsstockfähigkeit der Papiere ist gegeben. Da für die Schuldscheine keine Börsenpreise festgestellt werden – der Handel findet am Telefon statt –, können sie von den Erwerbern zum Kaufpreis bilanziert werden, sodass sich bei einer Veränderung der Marktzinsen kein Abschreibungsbedarf ergibt. Die Mindestdarlehensbeträge lauten auf 500.000 € oder ein Vielfaches davon.

3.2.1.4 Aktien

Die Aktie verbrieft das Anteilsrecht, das heißt das wirtschaftliche Miteigentum an einer Aktiengesellschaft (AG). Als Teilhaber hat der Aktionär bestimmte **Rechte**:

- das Stimmrecht in der Hauptversammlung der AG,
- einen Anspruch auf Auszahlung der in der Hauptversammlung beschlossenen Dividende,
- das Bezugsrecht bei der Ausgabe neuer Aktien oder Wandelschuldverschreibungen,
- das Recht auf Auskunft und Information vom Vorstand,
- den Anspruch auf Erlösanteile bei der Liquidation der AG.

Der **Nennwert** einer Aktie betrug bislang 5 DM oder ein Vielfaches davon. Mit der Umstellung auf den Euro können Aktien nun auf einen Nennwert von einem Euro lauten oder als nennwertlose Aktien ausgegeben werden. Bei Neuemissionen wird von diesem Wert Gebrauch gemacht. Andere AGs stellen ihre Stückelungen nach und nach um. Der Kapitalanleger sollte sich stets darüber informieren, auf welchen Nennwert sich die Kursangabe einer Aktie bezieht. Die Kurse werden in € pro Stück notiert.

Aktien können als Inhaber- oder Namensaktien ausgegeben werden.

Bei **Inhaberaktien** stehen die Rechte dem Inhaber der Papiere zu, wenn er diese präsentiert. Eine Übertragung/Lieferung der Effekten ist durch einfache Einigung und Übergabe (Umbuchung) möglich.

Namensaktien stellen im deutschen Aktienrecht das Gegenstück zur Inhaberaktie dar. Bei der Namensaktie kann nur derjenige seine Aktionärsrechte geltend machen, der im Aktienbuch als Aktionär eingetragen ist. Bei den börsennotierten Industriegesellschaften ist die Namensaktie bisher kaum vorhanden. Hier findet jedoch ein Prozess der Veränderung statt. Ein Beispiel ist die Ausgabe von Namensaktien bei der Deutschen Lufthansa AG, die zur Wahrung ihres luftverkehrsrechtlichen Status als deutsches Unternehmen nachweisen muss, dass ihre Aktien überwiegend in deutscher Hand liegen.

Große Bedeutung kommt der Namensaktie vorwiegend bei Versicherungsgesellschaften zu. Auf deren Aktien wurden traditionell die Einlagen nicht vollständig geleistet, da hier der Haftungsbedarf größer war als der Kapitalbedarf. Auch wenn viele dieser Aktien inzwischen voll eingezahlt sind, ist man meist bei der Namensaktie geblieben. Eine Besonderheit bilden hier die vinkulierten Namensaktien, bei denen ein neuer Aktionär nur mit Zustimmung der AG in das Aktienregister eingetragen wird. Ein großes Problem war dabei immer die mangelnde Fungibilität und die Synchronisierung von Aktiendepot und Aktienbuch. Eine neue Software namens CASCADE RS (Registered Shares) bei der Wertpapiersammelbank ermöglicht es, Namensaktien in die Girosammelverwahrung zu nehmen und zugleich Daten über den Kauf und Verkauf von Namensaktien mit Depotbanken und Emittenten noch am selben Tag elektronisch auszutauschen. Damit kann das Aktienbuch innerhalb kürzester Frist nach der Ausführung einer Order aktualisiert werden und die AG ist so jederzeit über den aktuellen Bestand ihrer Aktionäre informiert. Nach jüngsten Untersuchungen (Mitte 1999) beträgt der Anteil von Aktien großer Publikumsgesellschaften in der Sammelverwahrung rund 99 Prozent.

Namensaktien ermöglichen einer Gesellschaft eine neue Qualität der Investor-Relations-Arbeit. Dies beginnt bereits beim Versand der Einladungen für die Hauptversammlung an die namentlich bekannten Aktionäre. Die kostenintensive Verbreitung über Medien oder Depotbanken kann entfallen. Dies trifft auch für den Versand von Geschäftsberichten und Aktionärsbriefen zu. Durch die Eingliederung der Namensaktien in die Girosammelverwahrung und die damit erzeugte problemlose und preisgünstige Regulierung der Börsengeschäfte findet die Namensaktie zunehmend Interesse bei neuen und auch bei schon lange im Markt eingeführten Aktiengesellschaften. Ein wichtiges Motiv ist dabei der Drang an die internationalen Kapitalmärkte. Dort können Namensaktien direkt und kostengünstiger eingeführt werden, als zum Beispiel über ein ADR-Verfahren (American Depositary Receipt). So hat Daimler Chrysler bereits 1998 seine Anteilsscheine auf Namensaktien umgestellt. Die Siemens- und Deutsche-Bank-Aktien werden seit August 1999 als Namensaktien geführt. Weitere Gesellschaften, insbesondere die DAX-Titel, werden diesem Schritt folgen.

Mit der Umstellung von Inhaber- auf Namensaktien wird auch eine neue Wertpapierkennnummer vergeben. Die Inhaberaktien werden zwar nicht ungültig, der Eigentümer kann jedoch seine Aktionärsrechte nicht mehr wahrnehmen, da er nicht im Aktienbuch der Gesellschaft eingetragen ist. Ein Umtausch ist also erforderlich. Aktionäre, die anonym bleiben wollen, können einen Dritten, zum Beispiel eine Depotbank, ins Aktienbuch eintragen lassen. Mit der Umstellung verliert der Aktionär auch den Anspruch auf die Auslieferung von effektiven Stücken, denn die Namensaktien werden bei der Wertapapiersammelbank in Form von Globalurkunden verbrieft und verwahrt. Die Führung des (elektronischen) Aktienbuches kann jede Gesellschaft selbst organisieren oder einen Dritten damit beauftragen.

Nach der Art der Ausstattung mit Rechten unterscheidet man zwischen **Stammaktien**, die gewöhnlich alle gesetzlichen und satzungsmäßigen Aktionärsrechte beinhalten, und **Vorzugsaktien**, die gegenüber den Stammaktien gewisse Vorrechte bezüglich der Höhe und Priorität bei der Verteilung des Gewinns oder des Gesellschaftsvermögens beinhalten. Meist steht diesem Vorteil ein geringeres Recht gegenüber. Viele Vorzugsaktien beinhalten zum Beispiel kein Stimmrecht in der

Hauptversammlung der Gesellschaft. Das fehlende Stimmrecht wird jedoch automatisch dann eingeräumt, wenn der angekündigte Vorteil, zum Beispiel eine höhere Dividendenausschüttung, innerhalb eines Jahres nicht oder nur teilweise erfolgt. Vorzugsaktien ohne Stimmrecht dürfen nur bis zu einem Gesamtbetrag in der Höhe des Gesamtnennbetrages der Stammaktien ausgegeben werden.

Junge/Neue Aktien entstehen bei einer Kapitalerhöhung und beinhalten häufig für das Emissionsjahr keine volle Dividendenberechtigung. Aus diesem Grund wird auch ein gegenüber der alten Aktie verminderter Kurs notiert. Sobald die jungen Aktien bezüglich der Dividende den alten Aktien gleichgestellt sind, das ist nach der nächsten Hauptversammlung beziehungsweise Dividendenzahlung der Fall, entfällt die unterschiedliche Bezeichnung und die jungen Aktien werden automatisch dem Bestand der alten Aktien hinzugefügt.

3.2.1.5 Investmentanteile/-zertifikate

Investmentzertifikate verbriefen das Miteigentum an einem Fondsvermögen (Sondervermögen), das von einer Investmentgesellschaft (Kapitalanlagegesellschaft) verwaltet wird. Der Anteilinhaber hat Anspruch auf Beteiligung am Ertrag, auf Rücknahme des Zertifikates zu Lasten des Fondsvermögens und auf ordnungsgemäße Verwaltung des Fondsvermögens.

Bei so genannten **offenen Fonds** kann das Sondervermögen durch laufenden Verkauf neuer Zertifikate beliebig erweitert werden, bei den **geschlossenen Fonds** (Closed-end-Fonds) wird die Anzahl der auszugebenden Fondsanteile und das Fondsvermögen bei Auflegung festgelegt.

Nach § 1 KAGG sind **Kapitalanlagegesellschaften** Unternehmen, die das bei ihnen eingelegte Geld im eigenen Namen, aber für gemeinschaftliche Rechnung der Anteilseigner nach dem Grundsatz der Risikomischung verwalten. Die Fondsvermögen sind getrennt vom eigenen Vermögen anzulegen, zum Beispiel in Wertpapier-, Beteiligungs- oder Grundstückssondervermögen. Die Gesellschaften sind in der Rechtsform einer AG oder GmbH zu führen, und sie **zählen zu den Kreditinstituten** nach § 1 KWG.

Nach der Art der Anlageschwerpunkte eines Investmentfonds unterscheidet man **Aktien-, Renten-, gemischten Wertpapierfonds**, wobei Spezialisierungen auf bestimmte Wertpapiergruppen oder (Auslands-)Märkte möglich sind. Daneben ist die Anlage auch in Grundstücken (Immobilienfonds) oder anderen Vermögenswerten möglich.

Erträge aus dem Fondsvermögen können ausgeschüttet oder im Fondsvermögen wieder angelegt (thesauriert) werden. Erträge ergeben sich aus Dividenden, Zinsen, Bezugsrechtserlösen und realisierten Kursgewinnen.

Deutsche Investmentzertifikate werden nicht an der Börse gehandelt. Ihr Preis (Anteilswert) wird täglich von der ausgebenden Investmentgesellschaft (und deren Depotbank zur Kontrolle) errechnet und in Tageszeitungen veröffentlicht.

Dabei wird der Inventarwert des betreffenden Fonds, das heißt das Wertpapiervermögen zum Tageskurswert zuzüglich Bankguthaben zuzüglich sonstigem Vermögen abzüglich Verbindlichkeiten, durch die Anzahl der umlaufenden Anteile dividiert. Veröffentlicht werden der Ausgabe- (Anteilwert zuzüglich Ausgabeaufschlag) und der Rücknahmepreis. Der Rücknahmepreis ist in der Regel drei bis fünf Prozent niedriger anzusetzen.

Spezialfonds werden speziell auf die Bedürfnisse von Großanlegern zugeschnitten, zum Beispiel für Pensionskassen oder den Deckungsstock einer Sozialversicherung. **Publikumsfonds** werden einem breiten Anlegerkreis angeboten und können von Jedermann erworben werden.

Mit dem Erwerb von Investmentanteilen kann sich ein Anleger in breit gestreuten oder speziellen Wertpapiermärkten engagieren, wobei das Risiko durch die Fondsanlage in verschiedenen Gattungen und durch die Betreuung von Experten reduziert wird. Es ergeben sich zudem Vorteile auf Grund der Möglichkeit zur Anlage bereits kleiner Beträge und der überschaubaren Kosten.

3.2.1.6 Mischformen von Wertpapieren

Genussscheine sind eine Zwischenform von Beteiligungs- und Forderungstiteln, das heißt, sie sind weder Aktien noch Anleihen. Je nach Ausstattung haben sie eher festverzinslichen Charakter oder ähneln wegen des mit dem Erwerb verbundenen Haftungsrisikos eher Aktien. Inhaber von Genussscheinen haben kein Stimmrecht in der Hauptversammlung. Bezüglich der Ausstattung sind vielfältige Varianten möglich, zum Beispiel gewinnabhängige Ausschüttungen wie bei einer Aktie, eine festgelegte Verzinsung ähnlich einer Anleihe und anderes. Die Erträge unterliegen wie die Dividendenzahlungen auf Aktien dem Abzug von 25 Prozent Kapitalertragssteuer.

Partizipationsscheine sind eine schweizerische Variante der Genussscheine. Sie verkörpern keine Mitgliedschaftsrechte sondern nur Vermögensrechte und somit den Anspruch auf einen Anteil am Gewinn und am Vermögen der Gesellschaft. Zur Zeit werden Partizipationsscheine noch als Mittel eingesetzt, die Überfremdung einer AG zu begrenzen. Die Anleger erhalten zum Ausgleich in der Regel einen höheren Ertrag als die Aktionäre. Das in den Partizipationsscheinen verbriefte Kapital wird gesondert neben dem Aktienkapital ausgewiesen.

Wandelschuldverschreibungen (Convertible Bonds) sind wie die Industrieobligationen mit einer festen Verzinsung ausgestattet. Darüber hinaus räumen sie jedoch den Gläubigern das Recht ein, die Obligationen innerhalb einer bestimmten Wandlungsfrist zu festgelegten Bedingungen – meist unter Zuzahlung eines Agios – in einem bestimmten Verhältnis in Aktien der betreffenden Gesellschaft umzutauschen.

Über das Umtauschrecht ist der Kurs der Wandelanleihe mehr oder weniger eng mit dem Kurs der Aktie verbunden. Der Wandelobligationär nimmt somit am Kursverlauf der Aktie teil, gleichgültig, ob er von seinem Umtauschrecht Gebrauch macht oder nicht. Der **Wert des Wandelrechts** hängt aus diesem Grunde – abgesehen von den Umtauschbedingungen – von der Anlagequalität der Aktie ab.

Zum anderen bietet die Wandelanleihe aber wie eine normale Schuldverschreibung eine feste Verzinsung und eine garantierte Rückzahlung (in der Regel zum Nennwert). Diese Wesensmerkmale bewirken eine Begrenzung des Kursrisikos und einen Renditevorteil gegenüber der Aktie. Der Doppelnatur der Wandelanleihe entsprechend, setzt sich der Preis also zusammen aus dem Preis für die anleihemäßige Ausstattung und dem Preis für das Wandelrecht.

Steigt der Kurs für die Aktie, so zieht der Kurs für die Wandelanleihe ebenfalls an. Umgekehrt gewinnt die zinsmäßige Ausstattung an Gewicht, wenn der Aktienkurs, und damit auch der Kurs der Wandelanleihe, fällt. Je mehr sich die Rendite der Wandelanleihe der eines vergleichbaren festverzinslichen Papiers nähert, desto stärker wird die hiervon ausgehende Bremswirkung auf den Kursrückgang.

Ist der Wandlungspreis höher als der Börsenkurs der Aktie, so wäre gegenüber dem direkten Aktienkauf ein Aufgeld , die so genannte **Wandelprämie**, zu zahlen. Liegt der Wandlungspreis darunter, ist der indirekte Aktienerwerb billiger als der direkte, das heißt, die Prämie ist negativ. Eine hohe Prämie ergibt sich immer dann, wenn bei einem Kursverfall der Aktie die Schutzfunktion der Wandelanleihe durch ihre Anleiheausstattung wirksam wird. Erholt sich der Aktienkurs, dann wird der Kurs der Wandelanleihe zunächst nicht oder nur zögernd folgen. Mit der Prämie wird also eine spätere Kurssteigerung der Aktie mehr oder weniger vorweggenommen. Insofern kann man die Prämie als die Kehrseite der Schutzfunktion der Wandelanleihe bezeichnen.

Die **Optionsanleihe** beinhaltet wie die Wandelanleihe ebenfalls zwei Komponenten. Es besteht eine normale Anleihe mit fester Verzinsung und verbindlichen Rückzahlungsmodalitäten. Zusätzlich ist die Anleihe mit einem **Optionsschein (Warrant)** ausgestattet. Dieser berechtigt den Anleger innerhalb einer festgelegten Optionsfrist, eine bestimmte Anzahl von Aktien einer AG zu einem vorher festgelegten Preis zu erwerben. Mit dem Beginn der Optionsfrist kann der Optionsschein von der Anleihe getrennt und separat an der Börse gehandelt werden. Daraus resultiert an der Börse die Notierung der Anleihe inklusive (cum) und ohne (ex) Optionsschein sowie des Optionsscheins selbst.

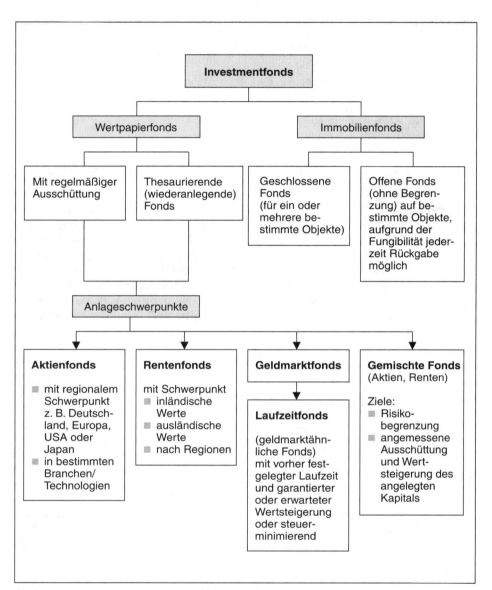

Abbildung 2-34: Arten von Investmentfonds

Der Kurs der Optionsanleihe **ohne** Optionsschein orientiert sich am allgemeinen Renditeniveau für festverzinsliche Wertpapiere. Der Kurs des Optionsscheines wird durch die Preisentwicklung der Bezugsaktie bestimmt. Hierbei ist für den Anleger die Hebelwirkung (leverage) von besonderem Interesse.

Anleger verfolgen nun die Entwicklung des Aktien- und des Optionskurses. Am Beispiel lassen sich diese Überlegungen verdeutlichen:

> **BEISPIEL**
>
> Optionsschein mit Umtauschrecht in eine Aktie im Verhältnis 1:1 bei Zuzahlung von 230 €:
>
> - Kurs der Aktie XYZ am 15.1.   300 €
> - Kurs des Optionsscheins am 15.1.   100 €
> - Zuzahlung beim Umtausch   230 €
>
> Somit kostet eine Aktie über den Optionsschein bezogen 330 €, das heißt, es besteht ein Aufpreis von 10 Prozent.
>
> Steigt die Aktie von 300 € auf 360 €, ergibt sich ein Kursgewinn von 20 Prozent auf das eingesetzte Kapital. Für den Preis von einer Aktie kann man jedoch auch drei Optionsscheine erwerben. Steigt der Kurs der Aktie, dann steigt auch der Preis für die Optionsscheine, wobei ein eventuell vorhandener Aufpreis meist etwas abgebaut wird. Würde der Optionsschein der XYZ-Gesellschaft mit der Aktie zum Beispiel von 100 € auf 150 € steigen, so ergäbe sich ein Kursgewinn von 50 Prozent auf das eingesetzte Kapital. Aber Achtung! Den Kurschancen steht mit gleicher Hebelwirkung auch ein Kursrisiko gegenüber und zusätzlich die Tatsache, dass der Optionsschein eine feste Laufzeit hat, nach deren Erreichen er wertlos wird.

3.2.1.7 Optionsscheine (Warrants)

Bis Mitte der 80er Jahre wurden Optionsscheine meist nur im Zusammenhang mit Optionsanleihen emittiert. Das kräftige Wachstum der Wertpapiermärkte, der Einfluss ausländischer Finanzinstrumente und der Erfindungsreichtum der Emittenten für neue Produkte lässt noch immer eine Artenvielfalt entstehen, die kaum noch zu überblicken ist. Anfang 2000 waren in Deutschland weit über 12.000 verschiedene Optionsscheine auf dem Markt. Manche der neuen Produkte können sich jedoch nicht durchsetzen und verschwinden wieder. Durchgesetzt hat sich jedoch der Optionsschein, der unabhängig von einer Anleihe oder einem Genussschein, das heißt „nackt", begeben wird.

Solche **Optionsscheine verbriefen ein Recht**, nicht jedoch die Verpflichtung, eine bestimmte Menge eines Basiswertes, innerhalb einer bestimmten Frist (Laufzeit nach American Style) oder an einem festgelegten Stichtag (European Style), zu einem festgelegten Preis vom Emittenten zu beziehen (Call) oder an ihn zu verkaufen (Put).

Emittenten sind in aller Regel Banken. Die Optionsscheine haben Laufzeiten zwischen 12 und 24 Monaten. Sie werden im geregelten Markt und/oder Freiverkehr der Börsen gehandelt. Elektronische Handelssysteme für Optionsscheine gewinnen dabei zunehmend an Bedeutung.

Nach den wichtigsten Arten von Optionsscheinen unterscheidet man:

- **Gedeckte Optionsscheine** (Covered Warrants): Sie berechtigen den Inhaber zum Bezug von bereits im Umlauf befindlichen Aktien. Das Bezugsverhältnis ist häufig gering, das heißt, es werden mehrere Optionsscheine zum Bezug einer Aktie benötigt. Dies bewirkt einerseits, dass der Optionsschein-Kurs sehr niedrig ist, andererseits aber eine starke Überbewertung (Aufgeld) entstehen kann. Anstelle einer einzelnen Gattung kann ein Optionsschein auch auf einen Korb (Basket) mit mehreren Aktiengattungen lauten.

- **Index-Optionsscheine** berechtigen entweder zum Bezug oder Verkauf eines Aktienportfolios, das in seiner Zusammensetzung und Gewichtung dem angegebenen Aktienindex, zum Beispiel dem DAX, entspricht, oder zur Zahlung eines Differenzbetrages. Dieser errechnet sich aus dem bei der Emission festgelegten Basispreis und dem am Ausübungstag gültigen Stand des Indexes. Käufer des Index-Optionsscheins erwarten steigende Kurse, Verkäufer hingegen sinkende Kurse.

- **Währungs-Optionsscheine** berechtigen entweder zum Bezug oder Verkauf bestimmter Währungsbeträge zu einem im voraus festgelegten Preis und Stichtag (zum Beispiel US-Dollar zu 1,04 €) oder zur Zahlung eines Differenzbetrages. Dieser errechnet sich aus dem in den Emissionsbedingungen festgelegten Basispreis für die Währung und dem am Ausübungstag von der Europäischen Zentralbank veröffentlichten Devisenkurs.

- **Zins-Optionsscheine** berechtigen entweder zum Bezug oder Verkauf bestimmter festverzinslicher Wertpapiere, meist Bundesanleihen oder -Obligationen, zu einem im voraus festgelegten Kurs (wobei die angelaufenen Zinsen zu berücksichtigen sind) oder zur Zahlung eines Differenzbetrages. Der Käufer von Zins-Optionsscheinen erwartet steigende, der Verkäufer sinkende Zinsen und die sich daraus ergebenden Kursveränderungen bei den festverzinslichen Schuldverschreibungen.

- **Caps, Capped, Floors Optionsscheine**: Diese und ähnliche Zusatzbezeichnungen zu Optionsscheinen zeigen an, dass die Gewinn- oder Verlustmöglichkeiten für den Emittenten und den Anleger durch besondere Begrenzungen eingeschränkt worden sind. Man will sich dadurch gegen überproportionale Veränderungen nach oben (Cap) oder unten (Floor), wie sie bei volatilen Werten vorkommen, absichern.

3.2.1.8 Verbriefung von Effekten, Verschaffung der Rechte

Effekten sind Urkunden, in denen Rechte verbrieft sind. Diese Dokumentation kann in verschiedenen Formen erfolgen. Das deutsche Aktiengesetz schreibt den Druck von effektiven Urkunden vor, damit der Aktionär seine Aktien auf Verlangen physisch selbst in Besitz nehmen kann. Das Zweite Finanzmarktförderungsgesetz hat diese Vorschrift für neue Unternehmen gelockert. Diese können das Recht auf effektive Stücke für den Aktionär ausschließen und Aktien in großer Stückelung (Jumbozertifikate) ausgeben und damit erhebliche Kosteneinsparungen erzielen. Für alle anderen Wertpapierarten gibt es keine gesetzlichen Auflagen zum Druck von effektiven Stücken.

Man unterscheidet folgende Verbriefungsformen:

- **Effektive Stücke**: Sie bestehen aus dem Mantel – er verbrieft das Forderungs- oder Anteilsrecht – und dem Bogen, der maximal 20 Kupons enthält. Dividenden- und Ertragsscheine bei Aktien und Fonds sind fortlaufend numeriert, Zinsscheine dagegen mit einem festen Betrag und dem Fälligkeitsdatum versehen, ausgenommen bei variabel verzinsten Anleihen. Kupons haben den Charakter eines Wertpapiers. Werden im Laufe der Zeit mehr als 20 Kupons benötigt, so wird mittels eines **Erneuerungsscheins** (**Talon** = letzter Abschnitt auf dem Bogen) ein neuer Bogen vom Emittenten beziehungsweise bei der von ihm beauftragten Stelle angefordert. Der Talon ist kein Wertpapier, sondern nur ein Legitimationspapier. Die Verwendung von Kupons und Talons erspart die Vorlage der Haupturkunden. Der Druck effektiver Stücke unterliegt strengen **Druckrichtlinien der Börsen**. Aktien und Investmentzertifikate werden im Querformat, Schuldverschreibungen und Vorzugsaktien im Hochformat gedruckt. Um die Anzahl der Urkunden pro Emission in vernünftigen Grenzen zu halten, werden unterschiedliche Stückelungen ausgegeben, (zum Beispiel eine Urkunde lautet auf Stück 100 Aktien) bis hin zu so genannten Jumbozertifikaten, die eine große Anzahl von Aktien repräsentieren.

- **Globalurkunden** werden insbesondere bei Emissionen verwendet, die eine kurze beziehungsweise begrenzte Laufzeit haben. Über 97 Prozent der deutschen Anleihen werden bereits in dieser dematerialisierten Form verbrieft. Globalurkunden können schnell und preiswert ausgefertigt werden. Es gibt keine Kupons dazu. Die Globalurkunden werden bei der Wertpapiersammelbank in Frankfurt/Main hinterlegt. Die Übertragung der Wertpapiere erfolgt durch Kontobewegungen. Man unterscheidet zwischen **Dauerglobalurkunden**, die den Ausdruck effektiver Stücke während der gesamten Laufzeit eines Wertpapiers ausschließen (häufigste Form), und **technischen Globalurkunden**, bei denen effektive Stücke nur auf Verlangen (eines Großanlegers) ausgedruckt werden. Sie finden auch Verwendung, wenn der Emittent nur einen Teil der Emission in effektiven Stücke verbrieft. Eine besondere Rolle spielen **interimistische Globalurkunden**. Sie dienen der zeitlichen Überbrückung von der Emissionsbegebung bis zur Druckfertigstellung von effektiven Stücken. Ähnliches gilt für **Jungscheine**, die die unwiderrufliche Verpflichtung des Emittenten beinhalten, effektive Stücke zu drucken und alsbald zu liefern, wobei der Jungschein kein Wertpapier ist. So sind interimistische Globalurkunden und Jungscheine Hilfsmittel, um den Handel an den Börsen zuzulassen bevor effektive Stücke vorliegen. Mit diesen Urkunden wird die von den Börsen geforderte Lieferbarkeit für Geschäfte hergestellt.

- **Schuldbucheintragungen**: Die Schuldverschreibungen von Bund, Bahn, Post und Deutsche Treuhandanstalt werden nicht verbrieft, sondern bei der Bundesschuldenverwaltung in Bad Homburg in das Bundesschuldbuch eingetragen. Für die Anleihen der Länder bestehen separate Landesschuldbücher. Das Depotgesetz stellt diese Eintragungen den übrigen Verbriefungsformen rechtlich gleich. Die Eintragung einer Emission in den Schuldbüchern erfolgt zunächst als Sammeleintragung auf den Namen der Wertpapiersammelbank. Die privaten Anleihebesitzer haben bei Erwerb das Recht und die Möglichkeit, sich selbst direkt in das Bundesschuldbuch eintragen und damit ihre Wertpapierkonten bei der Bundesschuldenverwaltung führen zu lassen. Zinszahlungen erfolgen direkt von der Bundesschuldenverwaltung durch bargeldlose Überweisung an den Anleger. Bei Fälligkeit einer Schuldverschreibung wird dem Anleger angeboten, den Rückzahlungsbetrag erneut und kostenfrei in Bundesanleihen zu investieren. Die Dienstleistungen der Bundesschuldenverwaltung für Private sind gebührenfrei, was immer wieder zu Diskussionen im Kreditgewerbe führt.

- **Zertifikate für ausländische Wertpapiere**: Nicht alle Wertpapierurkunden ausländischer Emittenten sind für eine Verwahrung und Lieferung in Deutschland geeignet. So sind zum Beispiel japanische Wertpapiere in einer für uns nicht lesbaren Schrift ausgestellt, Aktien englischer Gesellschaften entsprechend oft nicht dem deutschen Aktienrecht. In diesen und ähnlichen Fällen werden die Originalurkunden bei einer Börseneinführung zum amtlichen Handel in Deutschland in ihrem Ursprungsland in ein Treuhanddepot übernommen und dafür in Deutschland ein Inhaber-Sammelzertifikat erstellt. Mit der Hinterlegung des Zertifikates bei der Wertpapiersammelbank ist die Lieferbarkeit der ausländischen Wertpapiere in Deutschland hergestellt. Der Deckungsbestand im Treuhanddepot muss stets mit dem Buchungsbestand für das Sammelzertifikat bei der Wertpapiersammelbank übereinstimmen.

In den Kursveröffentlichungen der Börsen (Kursblatt) wird die Art der Verbriefung bei den einzelnen Gattungen durch ein grafisches Kennzeichen ersichtlich. Die Verbriefungsform hat keinen Einfluss auf die Kursfeststellung an den Börsen.

3.2.2 Emissionsgeschäft

3.2.2.1 Geschichtliche Entwicklung und Wesen

Das Emissionsgeschäft entstand in Deutschland im **16. Jahrhundert**, als große Handelshäuser im Auftrag von Fürsten Anleiheemissionen durchführten. Etwa zur gleichen Zeit emittierten deutsche und italienische Finanziers Anleihen in Antwerpen und Lyon. Die ersten **Aktien** wurden zu **Beginn des 17. Jahrhunderts** in Amsterdam begeben. Durch die Gründung von Bodenkreditinstituten, deren **Pfandbriefemissionen** der Finanzierung von Hypothekarkrediten dienten, wurde diese Entwicklung Ende des 18. Jahrhunderts weitergeführt.

Größere Bedeutung erlangte das Emissionsgeschäft vor allem in der Zeit der beginnenden Industrialisierung. Zur Aufbringung größerer Kapitalien mussten sich die Unternehmen an die Allgemeinheit wenden. Dabei bewährte sich die Emission von Gläubiger- und Beteiligungspapieren so gut, dass sie eine ständige Ausweitung erfuhr.

> **DEFINITION**
>
> Unter dem **Emissionsgeschäft** ist die mit der Ausgabe und dem Erstverkauf von Effekten für sich selbst oder für Dritte verbundene Geschäftstätigkeit der Banken und Wertpapierhandelshäuser zu verstehen.

Der Emissionsablauf umfasst in der Regel **drei Stufen**:

- **Abschluss eines Effektenübernahmevertrages** zwischen den beteiligten Banken/Instituten und dem Emittenten,
- die **kommissionsweise oder feste Übernahme** der Wertpapiere durch ein Konsortium,
- die Unterbringung im Publikum (**Platzierung**).

3.2.2.2 Selbst- und Fremdemission als grundlegende Formen der Erstplatzierung

Die erstmalige Ausgabe von Wertpapieren kann in der Form der Selbst- oder der Fremdemission erfolgen.

Selbstemission

Bei der Selbstemission übernimmt der Emittent die Platzierung seiner Wertpapiere, das heißt, er ist bemüht, die eigenen Effekten beim Publikum selbst unterzubringen. Dies erfordert gute Beziehungen zum Kapitalmarkt und ein ausgebautes Vertriebssystem. Außerdem darf der Geldbedarf nicht dringlich sein, da bei dieser Emissionsart der Gegenwert meist nur allmählich eingeht.

Eine Selbstemission ist nicht nur Banken möglich, auch jede andere Unternehmung kann ihre Effekten, zum Beispiel junge Aktien, auf diese Weise unterbringen. Selbstemissionen von Nichtbanken sind jedoch in Deutschland selten. Typisch für die Selbstemissionen sind die **Pfandbriefemissionen von Realkreditinstituten und Landesbanken**. Aber auch andere **Bankobligationen** werden in dieser Form untergebracht.

Fremdemission

Die Fremdemission ist dadurch gekennzeichnet, dass sich Emittenten zum Zwecke der Abwicklung einer Emission an ein Kreditinstitut (oft die Hausbank) oder mehrere Banken wenden. Die Gründe, weshalb die Kreditinstitute von Nichtbanken zu Emissionen herangezogen werden, sind vielfältig. An erster Stelle wird der Vorteil stehen, sich ein gut ausgebautes Vertriebssystem dienstbar zu machen. Aber auch die Kapitalkraft, die Beratung oder der Name eines Kreditinstituts können ausschlaggebend sein. Die Kreditinstitute werden bei der Fremdemission auf verschiedene Weise eingeschaltet. Besteht ein **Geschäftsbesorgungsvertrag**, so wird die Bank beziehungsweise das Bankenkonsortium als Werbe-, Vermittlungs- oder Verwaltungsstelle tätig. Ein **Kommissionsvertrag** verpflichtet dagegen das Kreditinstitut beziehungsweise Bankenkonsortium, in eigenem Namen und für Rechnung des Emittenten die Papiere abzusetzen. Weiterhin kann die Bank beziehungsweise das Konsortium als **Selbstkäufer** auftreten und die Effekten zu einem festen Kurs übernehmen.

3.2.2.3 Unterschiedliche Formen von Emissionskonsortien zur Erstplatzierung von Fremdemissionen

Selten übernimmt eine einzelne Bank eine Emission allein; im Allgemeinen wird zu diesem Zweck ein Bankenkonsortium gebildet. Konsortien sind so genannte **Gelegenheitsgesellschaften**, die als Gesellschaften des bürgerlichen Rechts für jede Emission neu gegründet werden (§§ 705 ff. BGB). Praktisch bestehen allerdings eine

Reihe von Konsortien, die immer wieder in gleicher oder ähnlicher Zusammensetzung an die Öffentlichkeit treten. Die Vorschriften des BGB werden im Allgemeinen in einem **Konsortialvertrag** durch andere Regelungen ersetzt.

Die im BGB vorgesehene gemeinschaftliche **Geschäftsführung** wird regelmäßig dadurch ausgeschlossen, dass sie einem Mitglied des Konsortiums übertragen wird (§ 709 Abs. 1 BGB). Das federführende Kreditinstitut ist an die Beschlüsse der Konsorten gebunden, die meist nach dem Prinzip der Einstimmigkeit, seltener nach Mehrheit der Quoten gefasst werden. Trotzdem bleibt der **Konsortialführerin** genügend Handlungsspielraum, um die laufenden Geschäfte auch in Zweifelsfällen abzuwickeln.

Im **Innenverhältnis** führt die Konsortialführerin das **Konsortialkonto** und nimmt die Verrechnung mit der Gesellschaft und den Konsorten vor. Die technische Abwicklung obliegt einem speziellen **Konsortialbüro**. Für ihre Tätigkeit erhält die Konsortialführerin auf Grund vertraglicher Abmachungen regelmäßig eine so genannte **Führungsprovision**.

Im **Außenverhältnis** übernimmt die Konsortialführerin die **Vertretung des Konsortiums** dem Kunden (Emittenten) gegenüber und wickelt den Geschäftsverkehr zwischen den Konsorten und dem Kunden ab. Die Konsortialführerin handelt für Rechnung und im Namen des Konsortiums.

Die Konsorten sind verpflichtet, alles zu tun, um den Konsortialzweck zu erreichen, insbesondere ihren Organisationsapparat zur Verfügung zu stellen und die vereinbarte Quote zu übernehmen (§§ 718 f. BGB). Ein Gesamthandsvermögen kommt vereinbarungsgemäß in der Regel nicht zustande, weil der Konsortialvertrag vorsieht, dass etwa erworbenes Vermögen unmittelbar auf die einzelnen Konsorten als **Alleineigentum** übergehen soll. Die Quoten, die hierfür die Berechnungsgrundlage bilden, begrenzen gleichzeitig das Haftungsmaß der einzelnen Konsorten.

Der **Konsortialvertrag** regelt im Normalfall folgende Punkte:

- den **Zweck** der Konsortialbildung,
- die **Namen** der Mitglieder,
- die Konsortialanteile (**Quoten**) der Mitglieder,
- die **Eigentumsverhältnisse,**
- die **Vertretung** der Konsorten,
- die **Geschäftsführung** des Konsortiums,
- die **Pflichten und Rechte** der Konsorten (insbesondere die Haftungsverhältnisse und die Gewinnbeteiligung) und
- die **Beendigung** des Konsortiums.

Vom Konsortialvertrag ist der „**Emissionsvertrag**" zu unterscheiden. Dieser Vertrag wird zwischen dem Konsortium und dem Emittenten abgeschlossen und legt die Ausstattung der Emission, die Höhe der Vergütung, Börsenzulassung, Kurspflege usw. fest. Während der Emissionsabwicklung steht praktisch nur noch die Konsortialführerin mit dem Emittenten in abrechnungstechnischer Verbindung. Bei den **Emissionskonsortien** lassen sich folgende **Grundtypen** unterscheiden:

- **Übernahmekonsortium**
  Das reine Übernahmekonsortium übernimmt die Wertpapiere vom Emittenten zu **einem festen Kurs** gegen Zahlung des Kaufpreises, um die Effekten für längere oder kürzere Zeit im Eigenbesitz zu behalten. Es besteht also nicht die Absicht, die Papiere sofort im Publikum unterzubringen.

- **Begebungskonsortium**
  Im Gegensatz dazu verfolgt das reine Begebungskonsortium den Zweck, die Wertpapiere lediglich für Rechnung des Emittenten entweder als Kommissionär, als Makler oder als Geschäftsbesorger zu verkaufen. Die Konsorten gehen **kein Absatzrisiko** ein, sondern stellen lediglich ihre Organisation und ihren Emissionskredit zur Verfügung und erhalten dafür eine Vergütung in Form einer **Bonifikation**.

- **Garantiekonsortium**
  Das Garantiekonsortium verpflichtet sich, falls bei anderweitiger Emission, zum Beispiel bei Selbstemission, nicht sämtliche Stücke untergebracht werden können, die restlichen Effekten bis zu einer bestimmten Höhe zu einem festen Kurs zu übernehmen. In Deutschland hat das Garantiekonsortium keine praktische Bedeutung.

- **Optionskonsortium**
  Ein Optionskonsortium übernimmt nur den **Teilbetrag** der zu emittierenden Papiere, den es mit Sicherheit unterzubringen hofft. Für den Rest erhält es eine Option, das heißt das Recht, bei entsprechendem Emissionsergebnis auch diesen Posten zu übernehmen.

- **Kombiniertes Übernahme- und Begebungskonsortium**
  Die heute in Deutschland gebräuchlichste Form ist das kombinierte Übernahme- und Begebungskonsortium, bei dem die Wertpapiere durch das Konsortium **zu einem festen Übernahmekurs** übernommen und anschließend an das Publikum weiterveräußert werden. Das kann sowohl im Namen und für Rechnung des Konsortiums als auch des Emittenten geschehen, zum Beispiel beim Verkauf an bezugsberechtigte Aktionäre. Der Gegenwert der übernommenen Papiere wird dem Emittenten dann vom Konsortium **innerhalb einer festgesetzten Frist** beziehungsweise entsprechend dem Fortgang der Platzierung zur Verfügung gestellt. Der Ertrag der Konsortialbanken ergibt sich bei festverzinslichen Wertpapieren aus der Differenz zwischen dem Übernahme- und dem höheren Emissionskurs. Bei Aktien sind beide Kurse gleich; die Vergütung wird gesondert vereinbart.

Mit der Belebung der Emmissionstätigkeit im Bereich der kleinen und mittleren Unternehmensgrößen werden Börseneinführungen vermehrt von Nichtbanken (Wertpapierhandelsgesellschaften, freie Makler u. a.) organisiert und durchgeführt.

3.2.2.4 Techniken der Platzierung der Effekten

Wenn über die Emissionsart entschieden ist und gegebenenfalls ein Konsortium gebildet wurde, muss bestimmt werden, auf welchem Wege die Effekten untergebracht werden sollen. In der Bundesrepublik sind hierfür hauptsächlich folgende Methoden üblich, die einzeln oder kombiniert angewandt werden können:

- **Auflegung zur öffentlichen Zeichnung (Subskription),**
- **freihändiger Verkauf,**
- **Platzierung** über die Börse,
- **Bezugsangebot.**

Auflegung zur öffentlichen Zeichnung (Subskription)

Falls kein bezugsberechtigter Kreis vorhanden ist, ist die **Auflegung zum öffentlichen Verkauf** das heute meistgebräuchliche Absatzverfahren, das sich in mehreren Etappen vollzieht. Den reibungslosen Ablauf bereitet die federführende Bank durch die Versendung ausführlicher Richtlinien an die Konsortien vor. Danach veröffentlicht das Konsortium in den Tages- und Wirtschaftszeitungen **Verkaufsangebote**, durch die das Publikum auf die Emission aufmerksam gemacht werden soll. Außerdem werden Rundschreiben versandt, Verkaufsangebote an den Schaltern der Kreditinstitute ausgelegt und andere Werbemittel eingesetzt.

Das Verkaufsangebot enthält eine Aufforderung an Interessenten, einen Kaufantrag zu stellen, das heißt, sich zur käuflichen Übernahme eines bestimmten Betrages der Wertpapiere zu verpflichten, und eine genaue Beschreibung der Wertpapiere. Dementsprechend gliedert sich das Verkaufsangebot in zwei Abschnitte, in denen die Ausstattung der Wertpapiere und die Verkaufsbedingungen beschrieben werden.

Bei **Überzeichnung** (das heißt, wenn mehr Kaufanträge eingegangen sind als Effekten zur Verfügung stehen) erfolgt eine **Repartierung**. Ursprünglich wurden hierbei die Papiere im Verhältnis der eingegangenen Anträge auf die Nachfrage verteilt. Heute bedingt sich das Konsortium regelmäßig das Recht aus, die Zuteilung nach eigenem Ermessen vorzunehmen, da es in seinem Interesse liegt, die Wertpapiere möglichst fest zu platzieren. Dabei werden vielfach Anträge auf kleinere Beträge bevorzugt, weil hier die Anlage wahrscheinlich dauerhafter ist. Durch diese Maßnahme sollen vor allem die so genannten **Konzertzeichner** ausgeschlossen werden, die sich bewusst zur Übernahme überhöhter Beträge verpflichten, um bei einer Repartierung in den Besitz des von ihnen gewünschten Betrages zu gelangen, häufig in der Absicht, bei einem folgenden Kursanstieg die Papiere wieder zu verkaufen. Ein solches Vorgehen liegt wegen einer eventuell notwendig werdenden Kurspflege nicht im Interesse des Emittenten.

In diesem Zusammenhang ist auch das vor allem im angelsächsischen Emissionsgeschäft gebräuchliche **Tenderverfahren** zu erwähnen, das einer Versteigerung der Wertpapiere gleichkommt. Bei Begebung von Anleihen im Tenderverfahren sind zunächst grundsätzlich zwei Methoden zu unterscheiden: der Mengentender und der Zinstender. Beiden Verfahren ist gemeinsam, dass das **Anleihevolumen** bei der Ausschreibung **nicht** fixiert ist, sondern von den Bietungen abhängt. Wesentlicher Unterschied zwischen beiden Verfahren ist, ob auch die **Konditionen** der Anleihe von den Geboten beeinflusst werden.

- **Mengentender:** Bei diesem Verfahren legt der Emittent (zum Beispiel die Bundesbank) die Anleihekonditionen (bei Festzinsanleihe: unter anderem Laufzeit, Kupon, Emissionskurs und Rendite, bei variabel verzinslichen Anleihen zusätzlich Basiszinssatz beziehungsweise Auf- und Abschläge hierzu) vorher fest. Die Kreditinstitute geben ihre Gebote ausschließlich darüber ab, in welchem **Volumen** sie die Anleihe erwerben wollen. Anschließend teilt der Emittent auf die Gesamtsumme der abgegebenen Gebote Papiere in Höhe seines Kapitalbedarfs zu. Finden die vorher fixierten Konditionen im Markt guten Anklang, so übersteigen die Gebote in der Regel das vorgesehene Emissionsvolumen. Es kommt dann prozentual zur Höhe der Gesamtgebote zu einer Repartierung (Zuteilung).

- **Zinstender:** Der wesentliche Unterschied zum Mengentender besteht darin, dass die Kreditinstitute neben dem Volumen zusätzlich auch den noch nicht fixierten, offenen Teil der **Anleihekonditionen** (siehe oben), zu dem sie bereit sind diesen Betrag zu erwerben, angeben müssen. Die Anleihen werden stückelos durch Globalurkunden (beim Bund durch Schuldbuch) verbrieft.

Freihändiger Verkauf

Ein weiteres sehr gebräuchliches Absatzverfahren ist der freihändige Verkauf. Der Absatz der Wertpapiere erfolgt hier allmählich und wird der Nachfrage angepasst. In einem Verkaufsangebot wird die Anleihe zu einem bestimmten Kurs „freibleibend" zum Verkauf gestellt. Die Kreditinstitute behalten sich also Kursänderungen vor. Der Verkauf kann ferner je nach Bedarf frühzeitig beendet oder länger ausgedehnt werden. Freihändiger Verkauf ist besonders dann zweckmäßig, wenn das Kapitalbedürfnis des Emittenten nur allmählich befriedigt zu werden braucht beziehungsweise ein stetiger Eingang des Gegenwertes beabsichtigt ist. Als ein typisches Beispiel dafür ist das **Pfandbriefgeschäft der Realkreditinstitute** anzusehen; der allmähliche Verkauf lässt eine Abstimmung mit den ständig zu gewährenden Hypothekarkrediten zu.

6%

Anleihe der Bundesrepublik Deutschland von 1996 (2006)

— Wertpapier-Kenn-Nummer 113 499 —

Verkaufsangebot

Die Bundesrepublik Deutschland begibt eine 6% Anleihe von 1996 (2006), von der ein Teilbetrag von

DM 5 000 000 000,—

durch das unterzeichnende Konsortium zum Verkauf gestellt wird.
Weitere Teilbeträge werden im Wege der Ausschreibung den Mitgliedern des Bundesanleihe-Konsortiums angeboten bzw. für die Marktpflege reserviert.

Ausgabekurs: 101 %
spesenfrei, unter Verrechnung von 6% Stückzinsen.

Zinszahlung: Der Zinslauf beginnt am 5. Januar 1996. Zinsen werden nachträglich am 5. Januar eines jeden Jahres, erstmals am 5. Januar 1997 unter Beachtung der steuerlichen Bestimmungen gezahlt. Die Verzinsung endet mit dem Ablauf des dem Fälligkeitstag vorhergehenden Tages; das gilt auch dann, wenn die Leistung nach § 193 BGB bewirkt wird.

Nennbeträge: DM 1000,— oder ein Mehrfaches davon.

Laufzeit: 10 Jahre. Die Anleihe wird am 5. Januar 2006 zum Nennwert zurückgezahlt. Vorzeitige Kündigung ist ausgeschlossen.

Rendite: 5,87 %

Abbildung 2-35: Silvesteranleihe 1995

Mündelsicherheit:	Gemäß § 1807 Abs. 1 Nr. 2 BGB.
Lombardfähigkeit:	Gemäß § 19 Abs. 1 Nr. 3 d des Gesetzes über die Deutsche Bundesbank.
Börseneinführung:	In den amtlichen Handel an den Wertpapierbörsen in der Bundesrepublik Deutschland.
Lieferung:	Den Käufern wird zur Wahl gestellt:

a) die Einlegung in ein Sammeldepot bei einer Wertpapiersammelbank über ein Kreditinstitut (Sammelbestandsanteile) oder

b) die Eintragung als Einzelschuldbuchforderung in das bei der Bundesschuldenverwaltung, Bad Homburg v. d. Höhe, geführte Bundesschuldbuch. Die Verwaltung der Einzelschuldbuchforderungen einschließlich der Überweisung von Zinsen und Kapital erfolgt kostenlos.

Die Ausgabe von Stücken ist für die ganze Laufzeit ausgeschlossen.

Im Gesamtbetrag der Anleihe wird eine Sammelschuldbuchforderung für die Deutscher Kassenverein AG in das Bundesschuldbuch eingetragen.

Sammelbestandsanteile und Einzelschuldbuchforderungen werden unverzüglich verschafft, und zwar Sammelbestandsanteile durch Gutschrift bei dem vom Erwerber benannten Kreditinstitut, Einzelschuldbuchforderungen durch Eintragung in das Bundesschuldbuch.

Zahlung von Zinsen und Kapital: Die fälligen Zinsen und Rückzahlungsbeträge werden unter Beachtung der steuerlichen Bestimmungen bei Sammelbestandsanteilen durch die depotführende Bank gutgeschrieben, bei Einzelschuldbuchforderungen durch die Bundesschuldenverwaltung, Bad Homburg v. d. Höhe, überwiesen.

Verkaufsfrist und Verkaufsstellen: Die Anleihe wird

bis einschließlich 8. Januar 1996

während der üblichen Geschäftsstunden bei den unterzeichnenden Banken, deren Zweigniederlassungen sowie bei den Landeszentralbanken (Haupt- und Zweigstellen der Deutschen Bundesbank) zum Verkauf gestellt. Die Anleihe kann auch durch Vermittlung aller übrigen nicht namentlich genannten Kreditinstitute (Banken, Sparkassen, Kreditgenossenschaften) gekauft werden.
Während der Verkaufsfrist werden Kaufaufträge von natürlichen Personen bevorzugt berücksichtigt.

Im übrigen bleibt die Zuteilung den Verkaufsstellen überlassen.

Zahlungstag: 8. Januar 1996

Im Januar 1996

Abbildung 2-35: Silvesteranleihe 1995 (Fortsetzung)

Platzierung über die Börse

Die Unterbringung einer Emission durch Einführung an der Börse war bis zum ersten Weltkrieg eine selbstständige Begebungsmethode, heute werden über die Börse nur noch Überhänge direkt platziert. Technisch erfolgte der Absatz durch den Verkauf der Papiere an der Börse. Für die Platzierung von Anleihen hat die Frankfurter Wertpapierbörse ein elektronisches Renten-, Offerten- und Handelssystem unter dem Namen XETRA bundesweit zur Verfügung gestellt.

Emission neuer Aktien

Bei der Emission junger Aktien unterscheiden wir die **Kapitalerhöhung** von Aktiengesellschaften und die in den vergangenen Jahr erfolgreiche Bemühung der Kreditinstitute, für das Anlegerpublikum interessante und zukunftsorientierte Unternehmungen an der Börse zu platzieren (Going Public).

Kapitalerhöhungen

Meistens übernimmt ein Konsortium die neuen Aktien en bloc, um sie den alten Aktionären zum Bezug anzubieten. Dabei ist es nicht notwendig, dass das gesetzliche Bezugsrecht durch einen Beschluss der Hauptversammlung mit qualifizierter Mehrheit ausgeschlossen wird, weil nach dem Aktiengesetz es nicht als ein Ausschluss des Bezugsrechts anzusehen ist, wenn die neuen Aktien von einem Kreditinstitut mit der Verpflichtung übernommen werden sollen, sie den Aktionären zum Bezug anzubieten (§ 186 Abs. 5 AktG). Dieser Weg ermöglicht eine beträchtliche Vereinfachung des Verfahrens, da die Durchführung einer Kapitalerhöhung erst dann ins Handelsregister eingetragen und diese damit juristisch wirksam wird, wenn sämtliche jungen Aktien – in diesem Fall vom Konsortium – übernommen und mindestens 25 Prozent des neuen Grundkapitals zuzüglich Aufgeld eingezahlt worden sind.

Die Kreditinstitute benachrichtigen alle Kunden, für die sie Aktien der betreffenden Gesellschaft verwahren, von der Durchführung der Kapitalerhöhung und bitten um **Weisung**, ob das Bezugsrecht ausgeübt werden soll oder nicht. Erteilt der Kunde keine Weisung, wird das Bezugsrecht für ihn am letzten Handelstag veräußert.

Die **Aufforderung zur Ausübung des Bezugsrechts** wird außerdem in der Presse veröffentlicht. Den Aktionären wird mitgeteilt, wann und unter welchen Bedingungen sie die jungen Aktien beziehen können. Als Bezugsstellen treten die Konsortialbanken auf, die den Aktionären Gelegenheit zur Ausübung ihres Bezugsrechts geben. Zum Nachweis ihrer Berechtigung müssen die Aktionäre die dafür aufgerufenen Kupons einreichen. Der Wert des Bezugsrechts soll die Altaktionäre für das Sinken des inneren Wertes ihrer Aktien durch die Kapitalerhöhung insoweit entschädigen, als die jungen Aktien künftig am bilanziellen und dem nicht ausgewiesenen Reinvermögen des Unternehmens teilhaben.

Ist ein Aktionär nicht in der Lage oder nicht gewillt, junge Aktien zu beziehen, kann er sein Bezugsrecht durch die Banken verkaufen lassen. Die **Bezugsrechte börsengängiger Aktien werden an der Börse gehandelt,** wobei die Kurswerte vom rechnerischen Kurs nicht unerheblich abweichen können. Mit dem Tage der Aufnahme des Bezugsrechtshandels werden die alten Aktien mit einem Kursabschlag in Höhe des Bezugsrechts notiert, das heißt, die alten Aktien werden **ex Bezugsrecht** gehandelt. Die jungen Aktien können im Allgemeinen nicht gleich nach Ausübung des Bezugsrechts effektiv geliefert werden. Sie werden den Beziehern vielmehr zunächst auf einem Sammeldepotkonto **(Jungscheinkonto)** auf Grund eines vom Emittenten beim Kassenverein hinterlegten **Jungscheines** gutgeschrieben. Auf diese Weise können die jungen Aktien bereits gehandelt und geliefert werden, bevor die effektiven Stücke gedruckt sind.

Börseneinführung und Kurspflege

Mit der Platzierung einer Emission ist die Tätigkeit der Kreditinstitute normalerweise jedoch nicht abgeschlossen; Börseneinführung und Kurspflege sind weitere Aufgaben, die fast immer mit einer Emission übernommen werden müssen.

Während früher zuerst die Börseneinführung und dann die Platzierung erfolgte, ist die Reihenfolge heute in Deutschland umgekehrt. Abgesehen von denjenigen Papieren, die kraft Gesetzes automatisch zum Börsenhandel zugelassen sind (Bundesbeziehungsweise Länderanleihen sowie Daueremittenten) wird je nach den Interessen des Emittenten und der voraussichtlichen Streuung des Käuferkreises aus Kostengründen nur die Einführung an bestimmten Börsen erwogen. Der **Zulassungsantrag** kann nur von Kreditinstituten gestellt werden, die an der betreffenden Börse vertreten sind.

Mit dem Zulassungsantrag muss ein **Prospekt** eingereicht werden, der alle notwendigen Angaben für die Beurteilung der einzuführenden Papiere und der emittierenden Gesellschaft enthalten soll. Dieser Prospekt wird vom Emittenten und sämtlichen Mitgliedern des Emissionskonsortiums unterschrieben und veröffentlicht, wobei meist in einem Nachsatz, der so genannten **Zulassungsklausel,** auf die erfolgte Börsenzulassung hingewiesen wird. Der Prospekt ist beim Bundesaufsichtsamt für den Wertpapierhandel zu hinterlegen.

3.2.2.5 Bedeutung des Emissionsgeschäfts für Aufwand und Ertrag der Banken

Aufwendungen

Als **wertbedingte Aufwendungen** fallen besonders Risiko- und Geldbeschaffungsaufwendungen ins Gewicht. Sofern die Kreditinstitute die Papiere zur Begebung fest übernehmen, übernehmen sie damit das **Risiko der Nichtunterbringung** beziehungsweise der Unterbringung zu einem niedrigeren Kurs. Das **Liquiditätsrisiko** kann dadurch eingeschränkt werden, dass die Zurverfügungstellung des Emissionsgegenwertes dem Emittenten erst nach einer bestimmten Frist zugesichert wird, nach deren Ablauf der Verkauf der Effekten vermutlich abgewickelt sein wird.

Auch wenn die Banken beim reinen Begebungskonsortium zum Beispiel die Möglichkeit besitzen, die nicht abgesetzten Stücke dem Emittenten zurückzugeben, so sind sie – um ihren Emissionskredit zu erhalten – bisweilen trotzdem gezwungen, etwaige Reststücke unter Einsatz eigener Mittel zu behalten.

Erträge

Bezüglich der Erträge aus dem Emissionsgeschäft ist die Ausgabe von Anleihen und Aktien zweckmäßigerweise getrennt zu betrachten.

- **aus Anleiheemissionen**

Bei einer Anleiheemission erhält das Emissionskonsortium als Gesamtvergütung in der Regel zwei bis drei Prozent des Emissionswertes. Wie bei jeder freien Preisbildung ist für die jeweiligen Sätze die Marktstellung des Emissionshauses und des Konsortiums maßgebend. Die Vergütung besteht aus der **Spanne zwischen dem Übernahmekurs des Konsortiums und dem Begebungskurs für das Publikum**; erfolgt die Abgabe an das Publikum zum Beispiel zu einem Kurs von 98 Prozent, so erhält der Emittent vom Konsortium etwa 95 Prozent.

Die Gesamtvergütung wird normalerweise je zur Hälfte aufgeteilt in den Konsortialnutzen und die Schalterprovision. Der von der Konsortialquote abhängige **Konsortialnutzen** soll vor allem ein Entgelt für die Wertleistung sein; die von der tatsächlichen Unterbringung abhängige **Schalterprovision** stellt eine Vergütung für die bei der Unterbringung erbrachte Betriebsleistung dar.

Bei einer angenommenen Gesamtvergütung von 2 Prozent soll der Konsortialführerin für ihre Tätigkeit bei der Geschäftsführung und Vertretung eine **Führungsprovision** von $\frac{1}{8}$ Prozent des Anleihenominalbetrages zustehen. Der Konsortialnutzen des einzelnen Konsorten beträgt dann 2 Prozent minus $\frac{1}{8}$ Prozent Führungsprovision = $1\frac{7}{8}$ Prozent seiner Übernahmequote. Damit sollen speziell das Begebungsrisiko des Konsorten und die Zurverfügungstellung seines Emissionskredites abgegolten werden.

Die Schalter- oder Guichetprovision von 1 Prozent wird nach dem gleichen Schlüssel verteilt wie der Konsortialnutzen. Trotz der wertbeständigen Berechnungsart soll sie eine Abgeltung für die Betriebsleistung sein. Dies kommt besonders dadurch zum Ausdruck, dass die Banken die Schalterprovision in ihrer internen Abrechnung den Börsen- beziehungsweise Effektenabteilungen und den Filialen zurechnen, also den Stellen, welche die Begebung technisch durchführen.

Werden außerhalb des Konsortiums stehende Institute bei der Platzierung der Effekten eingeschaltet, so wird ihnen ein Teil der Schalterprovision – zum Beispiel ein Prozent – in Form der so genannten **Bankiersbonifikation** weitergereicht. Allerdings wird hierbei häufig zur Bedingung gemacht, dass die Papiere während der Dauer eines Jahres nicht an den Markt gelangen dürfen **(Bonifikationssperre)**. Die einjährige Bonifikationssperre wurde für Bundesanleihen im Juli 1990 aufgehoben.

Falls bei sonstigen Anleihen eine Kurspflege erforderlich ist, wird dem Emittenten auch hierfür eine Provision belastet. Ihre Höhe hängt vor allem davon ab, ob das zur Kurspflege eingesetzte Kapital vom Emittenten zur Verfügung gestellt wird oder von den beteiligten Banken aufgebracht werden muss.

■ **aus Aktienemissionen**

Im Gegensatz zur Anleiheemission wird bei Aktienemissionen wegen des gleich hohen Bezugs- und Übernahmekurses die Vergütung in Form einer **Provision** gewährt. Sie beträgt üblicherweise 4 Prozent des Emissionskurswertes, wobei der federführenden Bank intern zehn Prozent der Gesamtvergütung überlassen werden. Auf eine Spaltung der Provision in Konsortialnutzen und Schalterprovision wird verzichtet, da das Bezugsrecht eine spezielle Platzierungsart darstellt, bei der die Kreditinstitute keinen direkten Einfluss auf die Unterbringung der jungen Aktien ausüben können. Die **Verteilung der Provision auf die Konsorten** erfolgt regelmäßig nur **nach Maßgabe der Quoten**.

3.2.3 Effektenbörsen

3.2.3.1 Geschichtliche Entwicklung und rechtliche Grundlagen

Die Effektenbörsen haben sich seit dem 16. Jahrhundert aus den regelmäßigen Zusammenkünften von Kaufleuten entwickelt. Auf Märkten und Messen wurden Waren, Edelmetalle aber auch Wechselbriefe gehandelt. Später kamen Staats- und Kommunalanleihen hinzu und im Zeitalter der Industrialisierung der Handel mit Aktien. Die Entstehung des Wortes „Börse" ist umstritten. Nach der einen Auffassung stammt es von dem mittelhochdeutschen Wort „bursa" (Genossenschaft), nach einer anderen von „van der Beurse", dem Namen einer Patrizierfamilie aus Brügge, vor deren Haus sich im Mittelalter täglich Geld- und Wechselhändler trafen, um Geschäfte abzuschließen, Nachrichten auszutauschen, die Kreditwürdigkeit von Dritten zu besprechen usw.

In der Bundesrepublik bestehen gegenwärtig **acht** Wertpapierbörsen. Frankfurt hat mit über 85 Prozent den größten Anteil am gesamten Umsatz.

Seit einiger Zeit erfährt das herkömmliche äußere Erscheinungsbild der Börsen **weltweit** eine Umgestaltung. Die Mikroelektronik macht es möglich, Wertpapiergeschäfte mithilfe von Computern automatisiert anzubahnen und abzuwickeln. Der Einsatz von Computern gestattet es vor allem, **standortunabhängig** über Bildschirmterminals zu handeln. Die deutsche Terminbörse EUREX als reine Computerbörse oder das elektronische Wertpapierhandelssystem XETRA mögen dafür als Beispiele dienen. Die Börse als Versammlungsort von Börsenhändlern und Maklern wird zunehmend an Bedeutung verlieren. Vor diesem Hintergrund ist auch die Diskussion zu sehen, ob die Anzahl von acht Präsenzbörsen in Deutschland noch zeitgemäß und zukunftsorientiert ist.

Das Börsengesetz (BörsG) setzt den gesetzlichen Rechtsrahmen des Börsenhandels. Das BörsG von 1896 gilt in der Fassung von 1908 und ist durch mehrere Novellierungen, zuletzt im Jahre 1994, geändert worden. Die vorangegangene Änderung 1989 schaffte die Voraussetzungen für eine deutsche Terminbörse. Die Novellierung 1994 wurde ausgelöst durch das Zweite Finanzmarktförderungsgesetz. Die Veränderungen waren notwendig geworden, da das Börsenwesen in jüngster Zeit grundlegende Veränderungen und eine ständige Weiterentwicklung erfährt. Der Bundesminister für Finanzen hatte in einem Papier vom 16.1.1992 ein umfassendes „Konzept Finanzplatz Deutschland" vorgestellt. Diese Überlegungen fanden ihren greifbaren Niederschlag im Zweiten Finanzmarktförderungsgesetz als so genanntem Artikelgesetz über den Wertpapierhandel und zu börsen- und wertpapierrechtlichen Vorschriften.

Der wohl wichtigste Teil ist das neue **Wertpapierhandelsgesetz** (WpHG), das mit dem Börsengesetz folgende wesentlichen Neuerungen brachte:

- die dreiteilige Börsenaufsicht und Errichtung eines Bundesaufsichtsamtes für den Wertpapierhandel (BAWe) in Frankfurt am Main,
- die Meldepflicht der am Börsenhandel beteiligten Unternehmen über getätigte Wertpapiertransaktionen,
- die Insiderüberwachung durch das BAWe,
- die Insider-Regelungen, die strafrechtliche Verfolgungen bei Verstößen gegen das Gesetz möglich machen,
- die Mitteilungspflicht bei Über- oder Unterschreiten eines stimmberechtigten Aktienbestandes von 5, 10, 25, 50 und 75 Prozent an einer Aktiengesellschaft,

- die mögliche Herabsetzung des Aktiennennbetrages auf 5 DM (jetzt auf 1 € beziehungsweise Umstellung auf nennwertlose Aktien),
- das Verbot des Frontrunnings und der Einführung von Wohlverhaltensregeln (Compliance),
- die Veröffentlichungspflicht aller kursrelevanter Nachrichten durch den Emittenten (Ad-hoc-Publizität),
- die zusätzlichen Anlagemöglichkeiten in Termingeschäften, Devisenoptionen sowie Teilnahme an der Wertpapierleihe für Investmentfonds,
- die neue Legaldefinition des Börsenpreises,
- die Neuorganisation der Leitungsstruktur der Börsen,
- einen Makler-Handelsverbund über mehrere Börsen und anderes.

Das **Börsengesetz** ist in sechs Abschnitte gegliedert:

I. Allgemeine Bestimmungen über die Börsen und deren Organe (§§ 1–28)
II. Feststellung des Börsenpreises und das Maklerwesen (§§ 29–35)
III. Zulassung von Wertpapieren zum amtlichen Börsenhandel (§§ 36–49)
IV. Der Börsenterminhandel (§§ 50–70)
V. Zulassung von Wertpapieren zum nicht-amtlichen Börsenhandel (§§ 71–78)
VI. Straf- und Bußgeldvorschriften. Schlussvorschriften (§§ 88–97)

Das **Wertpapierhandelsgesetz (WpHG)** ist in sieben Abschnitte aufgeteilt:

I. Anwendungsbereich, Begriffsbestimmung (§§ 1–2)
II. Bundesaufsichtsamt für den Wertpapierhandel, seine Organisation, Aufgaben, Zusammenarbeit mit Dritten Stellen und anderes mehr (§§ 3–11)
III. Insiderüberwachung (§§ 12–20)
IV. Mitteilungs- und Veröffentlichungspflichten bei Veränderungen des Stimmrechtsanteils an börsennotierten Gesellschaften (§§ 21–30)
V. Verhaltensregeln für Wertpapierdienstleistungsunternehmen (Compliance) (§§ 31–37)
VI. Straf- und Bußgeldvorschriften (§§ 38–40)
VII. Übergangsbestimmungen (§ 41)

Weiterhin ist als **europäische Gesetzgebung** ab 1.1.1996 die **Wertpapierdienstleistungsrichtlinie** vom 10.5.1993 zu berücksichtigen, mit der allerdings keine detaillierte Rechtsangleichung des Börsen- und Wertpapierrechts der Mitgliedstaaten beabsichtigt ist. Sie regelt in erster Linie das Recht auf Zugang von Personen und Wertpapieren zum Handel an den Börsen der Mitgliedstaaten.

Das BörsG enthält keine Definition, was unter einer Börse im rechtlichen Sinne zu verstehen ist, sondern bestimmt in § 1 Abs. 1 lediglich, dass die Errichtung einer Börse der Genehmigung der Landesaufsichtsbehörde bedarf. Nur diese ist auch befugt, die Aufhebung bestehender Börsen anzuordnen.

> **DEFINITION**
>
> Die **Börse** ist eine organisierte Marktveranstaltung, auf der Anbieter und Anleger (Verkäufer und Käufer) zusammentreffen um Handelsabschlüsse zu tätigen. Gegenstand des Handels sind **vertretbare (fungible) Güter** (§ 91 BGB). Es kann sich um Wertpapiere, Devisen, vertretbare Waren sowie deren Derivate (Ableitungen) handeln.

Die Güter sind nicht am Marktort vertreten, auch nicht als Muster. Es wird nach einheitlichen Bedingungen gehandelt (Geschäftsbedingungen), und der Handel findet regelmäßig und zeitlich begrenzt statt. Dabei haben die Börsen in Deutschland in einigen Marktsegmenten unterschiedliche Handelszeiten.

„Börsen" ohne Börseneigenschaft ergeben sich aus dem allgemeinen Sprachgebrauch, zum Beispiel Immobilienbörse, Tourismus-Börse und ähnliches.

Nach § 4 Abs. 2 BörsG ist der **Geschäftszweig einer Börse** in der Börsenordnung festzulegen. Nach der **Art der gehandelten Güter** unterscheidet man zwischen

- **Warenbörsen** an denen standardisierte Rohstoffe oder Naturprodukte wie Getreide, Kaffee oder Erdöl gehandelt werden. Die Bedeutung der Warenbörsen in Deutschland ist gering. Im Zweiten Finanzplatzförderungsgesetz wurden die Voraussetzungen für **Warenterminbörsen** geschaffen. Eine solche Börse nahm 1998 in Hannover ihren Betrieb auf.

- **Devisenbörsen** in Deutschland bestehen seit der Einführung des Euro Anfang 1999 nicht mehr. Die Umrechnungsparitäten der Teilnehmerländer zum Euro sind fixiert worden. Die Devisenkurse für die Währungen der nicht EWU-Länder, zum Beispiel US-$, sfr, britisches Pfund, werden aus der Geschäftstätigkeit von Referenzbanken täglich an die EZB gemeldet. Die EZB gibt dann so genannte Referenzkurse bekannt, die als Marktbarometer dienen und für Devisenabrechnungen und Bewertungen herangezogen werden.

- **Wertpapierbörsen (Effektenbörsen):** Gegenstand des Handels sind vertretbare Wertpapiere (Effekten), das sind vor allem Aktien und Schuldverschreibungen. Die Wertpapierbörse ist ein **Sekundärmarkt** für die bereits im Umlauf befindlichen Effekten. Der **Primärmarkt** für Effekten, das heißt die erstmalige Begebung, liegt noch weitgehend außerhalb der Börsen. Durch die Bereitstellung elektronischer Hilfsmittel, wie zum Beispiel das XETRA Handelssystem, wird die Börse sich neue Geschäftsfelder erschließen.

Die Einführung der elektronischen Informationsübermittlung führte zur Unterscheidung zwischen dem

- **Präsenzhandel**, bei dem die Handelstätigkeit lokal durch die Händler-/Maklerversammlung in einem Börsensaal stattfindet, dem so genannten **Parketthandel**, und

- **Computerhandel**, bei dem die Verbindung zwischen den Marktteilnehmern durch den Börsencomputer über **standortunabhängige** Bildschirmterminals hergestellt wird. In Deutschland wird seit 1997 das elektronische Handelssystem XETRA (eXchange Elektronic TRAding) eingesetzt. Betreiber des Systems ist die Frankfurter Wertpapierbörse, die es in Kooperation mit den Regionalbörsen bundesweit für Banken und Makler zur Teilnahme anbietet. Es bestehen auch Installationen im Ausland.

Eine weitere Einteilungsmöglichkeit des Börsenhandels ergibt sich aus der **Erfüllungsfrist** der Geschäfte.

Der **Kassamarkt** verlangt usancegemäß die Lieferung und Zahlung von Geschäften am zweiten Bankarbeitstag nach dem Geschäftsabschluss (Bedingungen für Geschäfte an den deutschen Wertpapierbörsen, § 15 Abs. 1). Da jedes Geschäft eine freie vertragliche Vereinbarung ist, können jedoch zwischen den Handelspartnern in Einzelfällen auch davon abweichende Erfüllungsfristen ausgehandelt werden.

Der **Terminmarkt** arbeitet mit langfristigen Laufzeiten der Geschäfte. Hier können Lieferungs- und Zahlungszeitpunkte, die bis zu neun Monate und darüber hinaus in der Zukunft liegen, vereinbart werden. Der Terminhandel in Deutschland findet vor allem an der eigens dafür eingerichteten Börse, der Deutsche Terminbörse DTB, statt, die 1998 durch die Kooperation mit der Terminbörse der Schweiz in EUREX umbenannt wurde.

3.2.3.2 Trägerschaft und Organisation der Börsen

Die Börse wird überwiegend als eine rechtlich unselbstständige Anstalt des öffentlichen Rechts eingeordnet und ist somit nicht rechtsfähig. Der Staat hat ihr jedoch eine weitgehende **Selbstverwaltung** eingeräumt, die der **Börsenrat** bei der Ausgestaltung der jeweiligen **Börsenordnung** wahrnimmt.

Da eine Börse nicht rechtsfähig ist, bedarf sie eines (Rechts-)Trägers, der im Rechtsverkehr für sie handelt, zum Beispiel Dienstverträge mit dem Verwaltungspersonal abschließt, das Börsengebäude und die technischen Einrichtungen zur Verfügung stellt usw. In Frankfurt ist der privatrechtliche Träger der Wertpapierbörse die Deutsche Börse AG; die Regionalbörsen nutzen als Träger meist einen Verein, der sich aus den am Börsenhandel interessierten Unternehmen zusammensetzt.

Der **Börsenrat** hat Überwachungs- und Rechtsetzungsaufgaben, unter anderem

- Erlass der Börsenordnung und der Gebührenordnung,
- Bestellung und Abberufung der Börsen-Geschäftsführung im Benehmen mit der Börsenaufsichtsbehörde,
- Überwachung der Geschäftsführung,
- Erlass einer Geschäftsordnung für die Geschäftsführung,
- Erlass der Bedingungen für die Geschäfte an der Börse.

Weiterhin ist von seiner Zustimmung die Einführung technischer Handels- und Abwicklungssysteme abhängig. Auch die Zusammensetzung des Börsenrates hat sich gegenüber dem früheren Börsenvorstand verändert. Ziel der im § 3 BörsG vorgeschriebenen Zusammensetzung ist es, alle am Börsenhandel unmittelbar und mittelbar Beteiligten an der Selbstverwaltung der Börsen teilnehmen zu lassen und insbesondere die Vertretung der Emittenten, Privatanleger und institutionellen Anleger zu stärken.

Die **Zulassungsstelle** entscheidet über die Zulassung von Wertpapieren zum amtlichen Handel. Sie dient dem Schutz der Investoren und überwacht die Einhaltung der Pflichten des Emittenten und des antragstellenden Kreditinstituts. Die Zulassungsstelle ist ein Organ der Börse, die insbesondere bei der Zulassung von Standardemissionen (Dauereimittenten) selbstständig entscheidet. Ansonsten ist die Zulassungsstelle eine Kommission. Mindestens die Hälfte ihrer Mitglieder müssen Personen sein, die sich nicht berufsmäßig am Börsenhandel mit Wertpapieren beteiligen (§ 37 BörsG).

Der **Zulassungsausschuss** entscheidet über die Zulassung von Wertpapieren zum geregelten Markt. Er ist an den meisten Börsen mit der Zulassungsstelle identisch (§ 71 Abs. 3 BörsG).

Der **Börsengeschäftsführung** obliegt nunmehr die Leitung der Börse (§ 3 Abs. 1 BörsG 1994). Ihre Selbstständigkeit als Börsenorgan wird dadurch hervorgehoben, dass sie vom Börsenrat im Benehmen mit der Landesaufsichtsbehörde zu bestellen und abzuberufen ist. Der Börsengeschäftsführung wachsen damit (im Vergleich zu früher) zahlreiche neue Befugnisse zu, die zuvor vom Börsenvorstand wahrgenommen wurden, so zum Beispiel die **Zulassung von Personen zum Börsenhandel**, aber auch Anordnungs-, Weisungs- und Kontrollbefugnisse im Sinne der Börsenaufsichtsbehörde.

Die **Zulassung von Personen zum Börsenbesuch** regelt § 7 BörsG. So ist zum Besuch der Börse und zur Teilnahme am Börsenhandel eine Zulassung durch die Geschäftsführung erforderlich. Dies gilt auch für Handelsteilnehmer, deren Geschäfte durch elektronische Datenübertragung zustande kommen.

Es darf nur zugelassen werden, wer gewerbsmäßig für eigene Rechnung börsenmäßig gehandelte Wertpapiere anschafft oder veräußert oder dies im eigenen Namen für fremde Rechnung tut oder wer solche Geschäfte vermittelt. Es handelt sich also regelmäßig um Kreditinstitute, die das Effektengeschäft betreiben (§ 1 Nr. 4 KWG) und um Handelsmakler nach § 93 HGB. Die Zulassung setzt **persönliche Zuverlässigkeit, berufliche Eignung und finanzielle Leistungsfähigkeit voraus** (die frühere Unterscheidung zwischen selbstständigen und unselbstständigen Börsenbesuchern ist entfallen). Seit einigen Jahren müssen Personen, die neu zum Handel zugelassen werden wollen, einen Lehrgang und eine Eignungsprüfung seitens der Börse absolvieren.

Die Zulassung von Personen ohne das Recht zur Teilnahme am Handel, zum Beispiel Pressevertreter, regelt die Börsenordnung.

Der **Sanktionsausschuss** (§ 9 BörsG) ersetzt den bisherigen Ehrenausschuss. Bei Verstößen gegen börsenrechtliche Vorschriften oder Anordnungen oder bei Verletzung des kaufmännischen Vertrauens oder der Ehre eines Handelsteilnehmers kann der Sanktionsausschuss Verweise und Ordnungsgelder bis zu 25.000 € verhängen. Er kann einen Handelsteilnehmer bis zu 30 Sitzungstage vom Börsenhandel ausschließen. Für die Kursmakler ist jedoch die Börsenaufsichtsbehörde zuständig.

An jeder Börse bestehen darüber hinaus verschiedene Ausschüsse und Gremien, die vom Börsenrat eingesetzt werden, um ihn themenorientiert beratend zu unterstützen.

Die **amtlichen Kursmakler** sind Handelsmakler und damit Kaufleute nach §§ 93 ff. HGB. Sie werden jedoch durch die jeweilige Landesregierung bestellt und vereidigt. Sie vermitteln Geschäfte in den zum Amtlichen Handel zugelassenen Wertpapieren zwischen Kreditinstituten und führen (eingeschränkt) auch Eigengeschäfte aus. Sie haben Anspruch auf eine Courtage, deren Höhe sich nach der Gebührenordnung für die Tätigkeit der Kursmakler der jeweiligen Landesregierung richtet. Aufgrund des BörsG kommt den Kursmaklern bei der Kursfestsetzung eine öffentlich-rechtliche Aufgabe zu.

Die **Kursmaklerkammer** ist die Standesvertretung der Kursmakler. Ihr Leitungsorgan wird aus der Kursmaklerschaft gewählt. Sie vertritt die Interessen der Kursmakler gegenüber Dritten, veröffentlicht die amtlichen Kurse und regelt die Belange der Makler untereinander.

Die **Freimakler** sind ebenfalls Handelsmakler nach §§ 93 ff. HGB. Sie sind ohne öffentlich-rechtlichen Auftrag tätig und nicht vereidigt. Sie vermitteln Geschäfte in **allen** Wertpapieren, das heißt auch in amtlich notierten Titeln. Die von ihnen festgestellten Preise werden nicht veröffentlicht. Freie Makler können auch zu skontroführenden Maklern in nicht amtlichen Marktbereichen eingesetzt werden.

3.2.3.3 Börsenzulassung von Wertpapieren – die Marktsegmente

Ohne die formelle Zulassung kann ein Wertpapier nicht an der Börse gehandelt werden (§ 36 BörsG). Dabei ist zu beachten, in welchem der **Marktsegmente** ein Papier eingeordnet werden soll, da jeweils unterschiedliche Zulassungsbedingungen bestehen:

A. Amtlicher Handel

Die Zulassung ist vom Emittenten zusammen mit einem Kreditinstitut, das Börsenmitglied ist, bei der **Zulassungsstelle** der Börse zu beantragen. Wertpapiere werden zugelassen, wenn

1. der Emittent und die Wertpapiere den Bestimmungen entsprechen, die zum Schutz des Publikums und für einen ordnungsgemäßen Börsenhandel gemäß § 38 BörsG erlassen worden sind,

2. dem Antrag ein Prospekt zur Veröffentlichung beigefügt ist, der gemäß § 38 BörsG die erforderlichen Angaben enthält, um dem Publikum ein zutreffendes Urteil über den Emittenten und die Wertpapiere zu ermöglichen und

3. keine Umstände bekannt sind, die bei Zulassung der Wertpapiere zu einer Übervorteilung des Publikums oder einer Schädigung erheblicher allgemeiner Interessen führen.

4. Der Prospekt ist zu veröffentlichen durch Abdruck in den Börsenpflichtblättern und bei den im Prospekt genannten Zahlstellen bereitzuhalten. Sind in dem Prospekt Angaben unrichtig, so haften nach § 45 BörsG sowohl der Emittent als auch die Emissionsbank (Prospekthaftung). Die Prospekte werden beim Bundesaufsichtsamt für den Wertpapierhandel (BAWe) hinterlegt

Voraussetzungen zur Zulassung:

- Jahresabschlüsse der letzten drei Jahre,
- Verpflichtung zu mindestens einem Zwischenbericht pro Jahr,
- Verpflichtung zur Ad-hoc-Publizität,
- Mindestkurswert der zuzulassenden Papiere 1,25 Millionen € bei Aktien und bei Renten Nennwert 250.000 €,
- der Streubesitz bei Aktien muss mindestens 25 Prozent des Aktienkapitals oder 50.000 Aktien betragen.

B. Geregelter Markt

Die Zulassung ist vom Emittenten und einem Kreditinstitut oder einem anderen dazu qualifizierten Unternehmen an die Börse zu stellen. Ein **Zulassungsausschuss** trifft gemäß § 71 BörsG die Entscheidung zur Einbeziehung in den Geregelten Markt.

An die Stelle eines Prospektes tritt ein zu veröffentlichender Unternehmensbericht mit weniger umfassenden Angaben. Die Vorschriften für die Prospekthaftung gelten jedoch auch hierbei (§ 77 BörsG), ebenso die übrigen Schutzbestimmungen für das Publikum.

Voraussetzungen zur Zulassung sind:

- ein Jahresabschluss des letzten Geschäftsjahres,
- Mindestkurswert der zuzulassenden Aktien 250.000 €,
- der Streubesitz bei Aktien muss mindestens 10.000 Aktien betragen.

Es besteht keine Verpflichtung zur Veröffentlichung eines Zwischenberichtes. Es bestehen geringere Anforderungen bei den Publizitätspflichten als im Amtlichen Handel.

C. Neuer Markt

Ziel dieses Marktsegments ist es, junge und wachstumsorientierte Unternehmen mit risikobewussten Investoren zusammenzubringen. Dabei wird von den Emittenten eine hohe Transparenz ihrer Geschäftstätigkeit gefordert. Den Antrag auf Zulassung zum Handel stellen der Emittent und ein Kreditinstitut, das den Emittenten betreut.

Voraussetzungen für die Zulassung:

- voraussichtlicher Kurswert der Aktien circa fünf Millionen €,
- das emittierende Unternehmen soll seit mindestens drei Jahren bestehen,
- 25 Prozent der Aktien müssen im Markt gestreut sein; zwei Börsenteilnehmer, so genannte Betreuer oder Sponsoren, müssen laufend Kauf- und Verkaufspreise stellen,
- Vorlage von Quartalsberichten,
- Erstellung der Jahresabschlüsse nach IAS (International Accounting Standards) oder US-GAAP (US-Generally Accepted Accounting Principles),
- eine Analystenveranstaltung pro Jahr,
- die Wertpapiere müssen zur Girosammelverwahrung zugelassen sein.

D. Freiverkehr

Über die Zulassung von Wertpapieren entscheidet die Geschäftsführung der jeweiligen Börse. Grundlage sind besondere für den Freiverkehr geltende **Richtlinien**. Anträge sind von Kreditinstituten oder Maklern zu stellen, die an der Börse zugelassen sind.

Der Freiverkehr soll einen ordnungsgemäßen Handel mit solchen Werten sicherstellen, die die Anforderungen des Amtlichen oder Geregelten Marktes nicht erfüllen, bei denen aber ein Interesse an einem Handel auf einem transparenten Markt vorliegt. Es gibt keinen Zulassungsprospekt und keine Prospekthaftung.

Der Emittent wird über den Antrag informiert. Falls er Widerspruch einlegt, wird eine Zulassung abgelehnt. Dieser Markt wird sehr stark für den Handel ausländischer Titel genutzt. Eine Mindestpublizität wird jedoch durch den Verkaufsprospekt erreicht, der grundsätzlich bei jedem öffentlichen Verkaufsangebot erstellt und vom BaWe genehmigt werden muss. Dies gilt zum Beispiel auch für Wertpapiere, die über das Internet zum Verkauf angeboten werden.

Die abgestuften Anforderungen in den Marktsegmenten führen auch zu abgestuften finanziellen Belastungen für die Emittenten beziehungsweise für die Emissionsinstitute.

Schuldverschreibungen des Bundes, der Länder sowie DM- und Euro-Anleihen von Staaten der EU sind automatisch zum amtlichen Handel an jeder inländischen Börse zugelassen.

3.2.3.4 Wertpapieraufsicht und Insiderregeln

Internationale Stellen haben immer wieder kritisiert, dass in Deutschland eine unabhängige Marktaufsicht fehlt. Das Zweite Finanzmarktförderungsgesetz hat diesen Wettbewerbsnachteil ausgeglichen. Es wurde eine Aufsicht geschaffen, die auf drei Ebenen dazu beiträgt, dass der Börsenhandel sicher, fair und transparent ist, damit Vertrauen gebildet und erhalten wird:

A. Das Bundesaufsichtsamt für den Wertpapierhandel (BAWe)

Das BAWe kontrolliert Geschäfte in in- und ausländischen börsenzugelassenen Wertpapieren und Derivaten, die von Kreditinstituten und Maklern getätigt wurden. Das Amt übt jedoch keine Börsenaufsicht aus. Hauptaufgaben des BAWe sind:

- die **Insiderüberwachung** börsengehandelter Wertpapiere (§ 12 WpHG) aufgrund von Meldungen über jedes abgeschlossene Geschäft und der Einholung von Auskünften bei Emittenten und Marktteilnehmern, bis hin zu Auskünften über Bestandsbewegungen auf den Depotkonten von Privatpersonen,

- die Überwachung der **Ad-hoc-Publizität der Emittenten** gemäß § 15 WpHG, für kursrelevante Tatsachen,

- die Überwachung der Informationsrichtlinien über die Transparenz von Beteiligungsverhältnissen an Aktiengesellschaften,

- die Überwachung der Erstellung und Einhaltung von Verhaltensrichtlinien (rules of conduct) bei den Handelsteilnehmern und

- die internationale Zusammenarbeit mit anderen Börsen und deren Aufsichtsbehörden.

B. Die Rechts- und Marktaufsicht durch die Länder (Börsenaufsicht)

Das Bundesland, in dem eine Börse ihren Sitz hat, ist zuständig für die Ausübung der Börsenaufsicht gemäß § 1 BörsG. Die Aufsicht hat zwei Dimensionen, nämlich die Rechtsaufsicht **über** die Börse und die Marktaufsicht **an** der Börse.

Die **Rechtsaufsicht** gilt den Börsenorganen und ihren Beschlüssen. Sie müssen im Einklang mit den geltenden Gesetzen und Ordnungen stehen. Hinzu kommt die Genehmigung von Börsen- und Gebührenordnungen, der Erlass von Verordnungen bezüglich der Wahl des Börsenrates, des Sanktionsausschusses und der Kursmaklerordnung. Weiterhin ist die Bestellung und Abberufung von Kursmaklern und deren Stellvertreter sowie die Aufsicht über die Kursmaklerkammer eine wichtige Aufgabe.

Die **Marktaufsicht** wird ausgeübt von einem Staatskommissar, der sowohl die wirtschaftliche Leistungsfähigkeit der Makler als auch deren ordnungsgemäßes Verhalten bei der Auftragsabwicklung und Kursbildung überprüft.

C. Die Handelsüberwachungsstelle der Börse (HÜSt) gemäß § 1 b BörsG

Die HÜSt ist ein neues Börsenorgan. Sie arbeitet unabhängig und ist keinem anderen Börsenorgan, zum Beispiel der Geschäftsführung oder dem Börsenrat unterstellt. Ihr Leiter kann nur im Einvernehmen mit der Börsenaufsicht des Landes bestellt und entlassen werden. Die HÜSt hat eine Berichtspflicht gegenüber der Börsenaufsichtsbehörde, die ihr auch Weisungen erteilen kann. Die HÜSt ist zuständig für

- die direkte Marktaufsicht bei der Preisfeststellung,

- die Feststellung von Auffälligkeiten und Unregelmäßigkeiten, wobei sie hierzu das Recht hat, Auskünfte von allen Handelsteilnehmern einzuholen.

In der Praxis arbeitet die Stelle unter anderem mit einem ausgeklügelten Computersystem, das alle Augenfälligkeiten in Preis- und Umsatzentwicklung sehr zeitnah sichtbar macht. Weiterführende Ermittlungen und rechtliche Schritte sind den Landes- und Bundesaufsichtsbehörden vorbehalten.

Die außerbörslichen Geschäfte waren bisher nicht in eine Börsenaufsicht einbezogen. Mit dem § 1 WpHG werden jedoch sowohl börsliche als auch außerbörsliche und die Geschäfte in Derivaten in die Überwachung einbezogen.

Ziel des neuen Aufsichtssystems ist es, den Finanzplatz Deutschland zu fördern und die Wettbewerbsfähigkeit im internationalen Bereich spürbar zu stärken.

3.2.3.5 Keine Vorteile für Insider

Alle bedeutenden Wertpapierbörsen besitzen Regelungen – zumeist strafrechtlicher Art – zur Verhinderung und Bekämpfung von **Insidergeschäften**. In Deutschland ist der Insiderhandel gemäß § 38 WpHG eine kriminelle Handlung, die mit Freiheitsstrafen bis zu fünf Jahren oder mit Geldstrafe bedroht ist. Das Gesetz macht dabei keinen Unterschied zwischen Primär- und Sekundärinsidern.

Primärinsider gemäß § 13 WpHG sind

- Mitglieder der Geschäftsführungs- und Aufsichtsorgane oder die persönlich haftenden Gesellschafter des Emittenten oder eines mit ihm verbundenen Unternehmens,
- Personen, die aufgrund ihrer Beteiligung am Kapital des Emittenten Kenntnis von Insidertatsachen haben,
- Personen, die aufgrund ihres Berufes, ihrer Tätigkeit oder Aufgabe bestimmungsgemäß Kenntnis von Insidertatsachen haben.

Sekundärinsider gemäß § 14 Abs. 2 WpHG ist jeder Dritte, der Kenntnis von einer Insidertatsache hat, aber nicht zum Kreis der Primärinsider zählt.

> **BEISPIEL**
>
> Die Sekretärin schreibt einen Halbjahresbericht, der später veröffentlicht werden soll, und in dem von erheblichen Ertragseinbrüchen bei der XY-AG die Rede ist. Sie ist Primärinsider, weil sie Kenntnisse aufgrund ihrer Tätigkeit erlangt hat.
>
> Der Chauffeur hört, was im Fond des Wagens zwei Vorstandsmitglieder über den noch nicht veröffentlichten negativen Bericht erzählen. Der Chauffeur erfährt eine Insidertatsache, aber er ist nur Sekundärinsider, weil er die Information nicht bestimmungsgemäß aufgrund seiner Tätigkeit erlangt hat.

Eine **Insidertatsache** liegt vor, wenn eine nicht öffentlich bekannte Tatsache, die sich auf ein Insiderpapier bezieht, geeignet ist, im Falle ihres öffentlichen Bekanntwerdens den Kurs von Insiderpapieren erheblich zu beeinflussen. **Insiderpapiere** sind praktisch alle Wertpapiere, die an einer inländischen Börse zum Handel in einem der Marktsegmente zugelassen sind, einschließlich deren Derivate.

Primärinsidern ist es **verboten**,

- unter Ausnutzung der Kenntnis einer Insidertatsache Insiderpapiere für eigene oder fremde Rechnung oder für einen anderen zu erwerben oder zu veräußern,
- einem anderem eine Insidertatsache unbefugt mitzuteilen oder zugänglich zu machen,
- einem anderen den Erwerb oder die Veräußerung von Insiderpapieren zu empfehlen.

Der Verbotskatalog für den Sekundärinsider ist beschränkter: Ihm ist lediglich verboten, unter Ausnutzung seiner Kenntnis Insiderpapiere für eigene oder fremde Rechnung zu erwerben oder zu veräußern. Er darf jedoch sein Wissen verbreiten und anderen Kauf- und Verkaufsempfehlungen geben.

BEISPIEL

In Bezug auf die vorgenannten Beispiele bedeutet dies:

Die Sekretärin darf als Primärinsider die Tatsache nicht an ihren Mann weitererzählen; der Chauffeur, als Sekundärinsider, darf seinem Freund jedoch eine Verkaufsempfehlung geben.

Publizitätsverpflichtungen von Emittenten

Insidergeschäfte kann man am wirksamsten dadurch verhindern, dass kursrelevante Tatsachen so schnell wie möglich veröffentlicht werden. Gemäß § 15 WpHG ist der Emittent verpflichtet, **unverzüglich** neue Tatsachen zu veröffentlichen, wenn sie geeignet sind, den Kurswert erheblich zu beeinflussen.

Die Veröffentlichung muss in mindestens einem überregionalen Börsenpflichtblatt oder über ein Informationssystem der bekannten Wirtschaftsagenturen erfolgen. Vor der Veröffentlichung muss der Emittent die Geschäftsführung der zuständigen Börse und das Bundesaufsichtsamt für den Wertpapierhandel informieren, damit diesen die Entscheidung über eine Kursaussetzung ermöglicht wird.

Das Bundesaufsichtsamt kann den Emittenten auf Antrag hin von der Veröffentlichungspflicht einer Tatsache befreien, wenn diese dazu geeignet ist, den berechtigten Interessen des Emittenten zu schaden (§ 15 Abs. 1 WpHG).

Verstöße gegen die Publizitätsvorschriften sind Ordnungswidrigkeiten, die mit Geldbußen bis zu 1,5 Millionen € geahndet werden können.

3.2.3.6 EUREX-erweiterte Aktionsmöglichkeiten für Banken und Anleger

Im Januar 1990 startete die Deutsche Terminbörse (DTB; heute EUREX) als vollcomputerisierte Börse mit dem Handel von Finanzterminkontrakten. Der Handel fand nicht an einem zentralen Ort, sondern über standortunabhängige elektronische Netzwerke statt.

1998 schlossen sich die DTB und die schweizer Terminbörse SOFFEX zur EUREX zusammen, womit ein gemeinsamer Handel der Finanzinstrumente für rund 300 Teilnehmer in zwölf Ländern in Europa und Übersee erreicht wurde. Getragen wird die EUREX von drei juristischen Personen: der EUREX Zürich AG, der EUREX Frankfurt AG und der EUREX Clearing AG.

Die Abwicklung der Termingeschäfte erfolgt über die EUREX Clearing AG. Die Hauptaufgaben dieser Clearingstelle sind:

- Garantie der abgeschlossenen Kontrakte,
- Abrechnung aller börsengehandelten Termingeschäfte (auch in Währung),
- technische Abwicklung der Andienungen/Ausübungen.

Konkret bedeutet dies, dass die Clearingstelle als Garantiegeber und Selbstkontrahent in alle Geschäfte eintritt. Daher müssen die Handelspartner auch entsprechende Sicherheitsleistungen (Margins) erbringen, deren Höhe seitens der Terminbörse aufgrund der Engagements täglich neu ermittelt werden.

Ein Ausgestaltungsmerkmal, das bei vielen Terminbörsen zu finden ist, ist das **Market-Maker-Prinzip**. Market-Maker sind Börsenteilnehmer, die für Optionen (von ihnen bestimmter Gattungen) während der Handelszeit verbindliche Geld- und Briefkurse stellen, um den Markt liquide halten. Sie erhalten dafür Gebührenvorteile seitens der Börse.

Termingeschäfte für Privatkunden

Die Banken sind nach dem Wertpapierhandelsgesetz (§ 31 WpHG) **verpflichtet**, eine anleger- und objektgerechte Beratung durchzuführen. Privatpersonen müssen durch Belehrung termingeschäftsfähig gemacht werden. Dies geschieht schriftlich durch die „Wichtige Information über die Verlustrisiken bei Börsentermingeschäften" gemäß § 53 BörsG **und** durch individuelle und produktspezifische Informationsgespräche. Der Kunde muss sein Verständnis für Termingeschäfte schriftlich bestätigen.

Produkte der EUREX

Die an der EUREX handelbaren Optionen und Financial-Futures geben in- und ausländischen Marktteilnehmern ein Instrumentarium an die Hand, das den flexiblen und differenzierten Aufbau von Wertpapierbeständen und deren Absicherung ermöglicht. Für das moderne Finanzmanagement sind diese Instrumente unverzichtbar, um die weltweit gestiegenen Kurs- und Zinsrisiken zu minimieren, andererseits aber auch, um Risiken bewusst zu übernehmen und zu steuern.

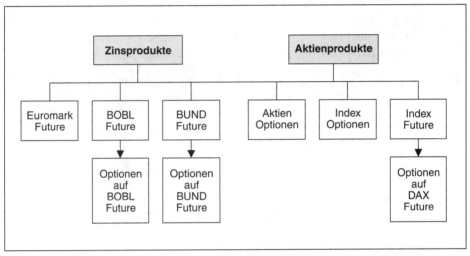

Abbildung 2-36: Produkte der EUREX

Der Vorteil einer Geschäftsausführung über die EUREX liegt unter anderem in der Standardisierung aller handelbaren Kontrakte, zum Beispiel hinsichtlich der Kontraktgröße, der Laufzeit, des Basispreis und anderer Kriterien.

Eine Beschreibung der Produkttypen (Optionen und Futures) ist in Abschnitt 2.4 zum Thema „Derivate Finanzdienstleistungen" enthalten.

Geschäftsabwicklung

Wie eingangs bereits erwähnt, stellt sich die EUREX bei Geschäftsabschlüssen als Clearingstelle und Kontrahent zwischen beiden Vertragsparteien (Käufer und Verkäufer). Direkter Vertragspartner der EUREX kann nur ein Börsenteilnehmer werden, der selbst zur geld- und stückemäßigen Abwicklung der Geschäfte lizenziert ist. Börsenteilnehmer ohne Clearinglizenz müssen ihre Geschäfte über ein General-Clearing-Member abwickeln. Kunden haben vertragliche Beziehungen mit den Börsenteilnehmern, über die sie ihre Aufträge weiterleiten und abwickeln (siehe dazu Abbildung 2-37).

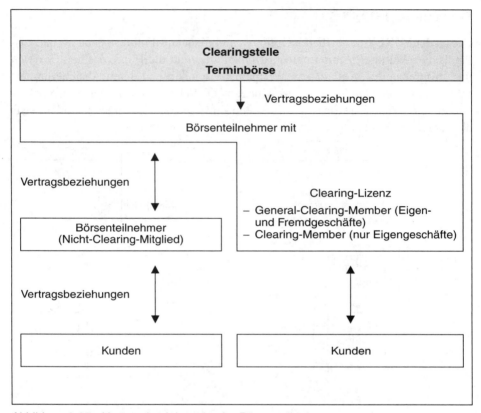

Abbildung 2-37: Vertragsbeziehungen der Börsenteilnehmer

Kommt es bei Fälligkeit zu einer Wertpapierlieferung (1), so erfolgt diese in Deutschland über die Wertpapiersammelbank, Frankfurt am Main. Zahlungen und die Hinterlegung von Geldsicherheiten (2) erfolgen über die Landeszentralbank in Hessen, Hauptverwaltung Frankfurt am Main (siehe dazu Abbildung 2-38). Die Abwicklung in der Schweiz erfolgt über den dortigen Zentralverwalter.

Zur Besicherung seiner Kontraktverpflichtungen hat jedes Clearing-Mitglied börsentäglich in der von der EUREX festgelegten Höhe Sicherheiten (Wertpapiere oder Geld) zu leisten. Diese Sicherheiten, auch Margin genannt, werden täglich nach einem besonderen System, dem so genannten Risk-Based-Margining-System, errechnet.

Die Börsenteilnehmer sind verpflichtet, von ihren Kunden Sicherheiten (Wertpapiere oder Geld) in mindestens gleicher Höhe, in der sie selbst zu hinterlegen haben, zu verlangen.

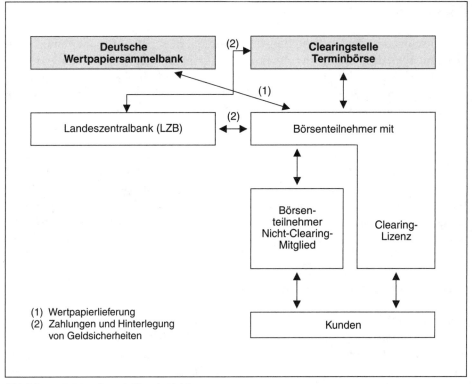

Abbildung 2-38: Geschäftsabwicklung

Weiterhin werden den Kunden von den Börsenteilnehmern (Banken) für die Abwicklung von Termingeschäften Preise oder Gebühren in Rechnung gestellt, die bei Kauf/Verkauf, Ausübung und Auslosung zu zahlen sind. Die Gebühren werden zwischen Bank und Kunden vereinbart und hängen unter anderem vom Volumen ab.

3.2.4 Technik des Effektenhandels

3.2.4.1 Rechtliche Grundlagen

Grundlage für die Erteilung und Abwicklung von Wertpapieraufträgen ist die Einrichtung eines Wertpapierdepots, womit gleichzeitig vom Kunden die jeweils geltenden Geschäftsbedingungen anerkannt werden.

Seit Januar 1993 sind die Sonderbedingungen für das Wertpapier- und Verwahrgeschäft in Kraft, in die die AGB und die Bedingungen der Wertpapierbörsen integriert sind. Daneben bestehen einschlägige gesetzliche Regelungen im Depotgesetz, in KWG, BGB, HGB sowie dem Börsen- und dem Wertpapierhandelsgesetz.

3.2.4.2 Banken als Kommissionär

In Deutschland ist die Durchführung des Wertpapiergeschäfts Aufgabe von Banken. Die Bank führt die Aufträge der Kunden in Wertpapieren, die zum Amtlichen Handel oder zum Geregelten Markt zugelassen sind, als **Kommissionär** aus (Kommissionsgeschäft gemäß §§ 383–387, 396–406 HGB). Bei Geschäften in Wertpapieren, die **nicht** zum Amtlichen oder Geregelten Markt zugelassen sind, tritt die Bank als **Eigenhändler** auf oder als Kommissionär durch Selbsteintritt.

Nach dem Zweiten Finanzmarktförderungsgesetz muss das Kommissionsgeschäft der Kreditinstitute getrennt (personell und räumlich) vom Eigenhandel abgewickelt werden. Dies gilt jedoch primär für die so genannte „schutzbedürftige" Kundschaft. Institutionelle Anleger, zum Beispiel Kapitalanlagegesellschaften, Versicherungen, Broker usw. werden auch weiterhin den Eigenhandel der Banken für ihre Geschäfte nutzen.

3.2.4.3 Information und Beratung

Der Erteilung eines Wertpapierauftrages geht in der Praxis oftmals eine umfangreiche Information und Beratung durch Bankmitarbeiter voraus, wobei die Richtlinien des **Verbraucherschutzgesetzes** und das Zweite Finanzmarktförderungsgesetz streng beachtet werden müssen. Bei der Entgegennahme von Aufträgen in Optionsscheinen und Optionsgeschäften bedarf es noch **zusätzlicher** Aufklärung des Auftraggebers. Er muss über die Risiken und Verlustmöglichkeiten dieser Anlage aufgeklärt werden, und er muss sein Verständnis schriftlich bestätigen. Um dem Risiko einer Anlageberatung auszuweichen und einen kostengünstigeren Service anbieten zu können, gründeten größere Institute Direktbanken als Tochtergesellschaften, die Aufträge von Kunden nur annehmen und ausführen. Es erfolgt keinerlei Beratung oder Empfehlung.

3.2.4.4 Auftragserteilung

Ein Auftrag kann schriftlich, per Fax, häufig auch per Telefon oder Internet erteilt werden (Zeit ist Geld). In vielen Händler- und Maklerbüros werden Telefonate zur Sicherheit und Kontrolle auf Tonband aufgezeichnet. Ein **Auftrag** enthält mindestens:

- Angaben über Kauf oder Verkauf, Stückzahl oder Nominalbetrag (Menge), Wertpapierbezeichnung, wenn möglich die Wertpapierkennnummer (WKN);
- den gewünschten Ausführungspreis: billigst (Kauf), bestens (Verkauf) oder ein Limit, das heißt eine feste Preisvorgabe, die beim Kauf nicht über- und beim Ver-

kauf nicht unterschritten werden darf; bei zwischenzeitlich erfolgten Dividendenzahlungen und Bezugsrechtsabschlägen erlöschen limitierte Aufträge.

- die Gültigkeitsdauer: tagesgültig, Ultimo oder maximal bis zum Jahresultimo beziehungsweise Halbjahresultimo. Im XETRA-Handel kann ein limitierter Auftrag maximal für ein Jahr verlängert werden.

Bei einem Kaufauftrag wird vor dessen Ausführung der Stand des Geldkontos und/oder der Kreditrahmen des Kunden überprüft. Bei einem Verkauf muss das Depotkonto ausreichend Deckung aufweisen. Die Einreichung effektiver Stücke zum Verkauf spielt seit geraumer Zeit keine nennenswerte Rolle mehr. Leerverkäufe (short-sales) von Privatkunden sind nicht erlaubt.

3.2.4.5 Der Weg des Auftrags zur Wertpapierbörse

Die schnellste Weiterleitung eines Auftrags von der Annahmestelle zum Makler an der Börse erfolgt durch das von den Börsen entwickelte BOSS-System (**BOSS-CUBE**: Börsen-Order-Service-System/Computerunterstütztes Börsenhandels- und Entscheidungssystem). Dabei wird meist die bankinterne Datenverarbeitung eingeschaltet, in der individuell (pro Gattung) entschieden wird, ob ein Auftrag dem Händlerbüro vorzulegen, oder an welche Börse/Makler der Auftrag automatisch weiterzuleiten ist. BOSS führt das Orderbuch für die Makler, überwacht limitierte Aufträge während der gesamten Dauer ihrer Gültigkeit, unterstützt den Makler bei der Kursfeststellung und meldet ausgeführte Aufträge automatisch an die Ordergeber zurück:

- **durch bankinterne EDV-Anwendungen**, die in erster Linie dort zum Einsatz kommen, wo viele Orderannahmestellen **eine** zentrale Stelle an der Börse vertreten sind, zum Beispiel im Sparkassen- und Volksbanken-Bereich; hier sammelt und verdichtet die Zentralstelle die Aufträge, leitet sie dann jedoch meist über das BOSS-System zu den Börsen weiter;

- **durch Telefon, Fax, Telex** werden in das Händlerbüro an der Börse in der Regel nur solche Aufträge von institutionellen Kunden weitergeleitet, die sofort im variablen Handel auszuführen sind und bei denen der Kunde auf die Ansage eines Ausführungskurses warten möchte oder bei denen eine „interessewahrende Ausführung" erforderlich ist; alle „normalen" Aufträge gelangen weitgehend über das BOSS-System zu den Maklern.

Das BOSS-System führte zu nennenswerten Personaleinsparungen im Wertpapierbereich der Börsenteilnehmer.

3.2.4.6 Wie entsteht ein Kurs an der Börse?

Die an einer Börse festgestellten Kurse und Preise sind der sichtbare Ausdruck für das dort ablaufende Geschehen; sie lassen erkennen, wie viel die Wertpapiere „wert" sind. Als **Kurse** werden nur die Notierungen bezeichnet, die vom **Kursmakler** im Amtlichen Handel festgestellt werden, alle anderen Wertangaben werden als **Preise** bezeichnet. Ein Makler notiert die ihm erteilten Aufträge in seinem Skontrobuch, wobei dieses inzwischen durch das BOSS-System weitgehend vom Papier auf ein Bildschirmterminal verlagert worden ist. Die Auftragsnotierung beziehungsweise Bildschirmanzeige geschieht nach einer Ordnung, die den Makler rasch zu einer Kursbildung führt. Ziel ist es, die größtmögliche Anzahl von Aufträgen nach Nominalbetrag zu befriedigen.

BEISPIEL für eine Einheitskursnotierung

Dem Makler liegen folgende Aufträge vor:

Käufe Stück	Limit*	Verkäufe Stück	Limit*
30	billigst	20	bestens
10	124	40	124
50	125	30	125
40	126	10	127

* Über limitierte Aufträge vgl. Kapitel II, 3.2.4.4.

Zu dem festzustellenden Einheitskurs muss der größte Umsatz möglich sein. Er ist wie folgt zu ermitteln:

Bei einem Kurs von	ergeben sich		
	Käufe Stück	Verkäufe Stück	Umsatz Stück
124	130	60	60
125	120	90	90
126	70	90	70
127	30	100	30

Beim Kurs von 125 kommt der größte Umsatz mit 90 Stück zustande. Von den Verkaufsaufträgen bleiben nur 10 Stück unerledigt. Kaufaufträge mit einem Limit von 125 bleiben mit 30 Stück unerfüllt. Um diesen Kaufüberhang zum festgestellten Kurs auch Außenstehenden kenntlich zu machen, wird dem Kurs der Zusatz „bG" hinzugefügt.

Das Beispiel zeigt, wie es möglich ist, dass die zum Einheitskurs limitierten Aufträge nicht vollständig erfüllt werden können.

In der Praxis wird der Makler versuchen, einen Ausgleich durch Ausruf im Börsensaal zu erreichen. Er kann auch selbst eintreten und sich die Benennung eines Kontrahenten an seiner Stelle vorbehalten. Diese so genannten **Aufgabe-Geschäfte** müssen jedoch kurzfristig geschlossen werden, das heißt, ein fehlender Verkäufer muss bis zum Schluss der nächsten, ein fehlender Käufer bis zur übernächsten Börsenversammlung benannt sein. Wegen des damit verbundenen Risikos ist die Tätigkeit als Aufgabemakler von der Genehmigung der Börsengeschäftsführung und der Leistung von angemessenen Sicherheiten abhängig.

Der **Einheitskurs (auch Kassakurs genannt)** errechnet sich aus der Zusammenfassung aller entsprechenden Kauf- und Verkaufaufträge. Dies ist der Fall bei Gattungen, die aufgrund ihres geringen Umsatzvolumens nicht variabel gehandelt werden. Der Kassakurs ist für die tägliche Berechnung der Anteilswerte für die verschiedenen Investmentfonds erforderlich. Daneben dient er als Anhaltspunkt für steuerliche Bewertungen, zum Beispiel bei Erbschaftsangelegenheiten. Auch für die meisten Anleihen wird nur ein Kassakurs pro Tag ermittelt.

In der **fortlaufenden Notierung (variabler Handel)** werden, vom „gerechneten" Eröffnungs- und Schlusskurs abgesehen, während der Börsenzeit laufend einzelne Aufträge erteilt und deren Kurs ausgehandelt, etwa nominal 1 Million bei öffentlichen Anleihen.

Bei Aktien wurde der Mindestbetrag auf ein Stück herabgesetzt. In der Praxis werden jedoch Kleinstaufträge zusammengetragen, bis sinnvolle Handelsvolumina entstehen (Auktionen). Trotzdem ist die Neuregelung von großem Vorteil für den privaten Investor, da er wesentlich flexibler am Marktgeschehen teilnehmen kann als in früheren Zeiten.

Der Börsenkurs bei Anleihen ist eine Prozentnotierung, bei Aktien der Euro-Preis pro Stück, wobei der Nennwert pro Aktie unterschiedlich sein kann.

Um einen möglichst vollständigen Überblick über die jeweilige Marktlage zu geben, versehen die Makler die von Ihnen festgestellten Kurse mit Zusätzen (**Kurszusätze**), die verbindlich festgelegt sind.

In der folgenden Abbildung finden Sie eine Auswahl der wichtigsten Zusätze und ihre Bedeutung.

Stellt ein Kursmakler aufgrund der vorliegenden Aufträge fest, dass ein Kurs erheblich von dem zuletzt notierten oder taxierten Kurs abweichen wird, so hat er die erwartete Veränderung durch **Plus- oder Minusankündigung** dem Markt anzuzeigen. Die Handelsüberwachung der Börse muss diese Kursveränderung prüfen und freizeichnen.

I. Kurszusätze

1. b oder Kurs ohne Zusatz = bezahlt: Alle Aufträge sind ausgeführt.
2. bG = bezahlt Geld: wenn die zum festgestellten Kurs limitierten Kaufaufträge nicht vollständig ausgeführt wurden.
3. bB = bezahlt Brief: wenn die zum festgestellten Kurs limitierten Verkaufsaufträge nicht vollständig ausgeführt wurden.
4. ebG = etwas bezahlt Geld: Die zum festgestellten Kurs limitierten Kaufaufträge konnten nur zu einem geringen Teil ausgeführt werden.
5. ebB = etwas bezahlt Brief: Die zum festgestellten Kurs limitierten Verkaufsaufträge konnten nur zu einem geringen Teil ausgeführt werden.
6. ratG = rationiert Geld: Die zum Kurs und darüber limitierten sowie die unlimitierten Kaufaufträge konnten nur durch beschränkte Zuteilung ausgeführt werden.
7. ratB = rationiert Brief: Die zum Kurs und niedriger limitierten sowie die unlimitierten Verkaufsaufträge konnten nur durch beschränkte Zuteilung ausgeführt werden.
9. * = Sternchen: Kleine Beträge konnten nicht gehandelt werden.

II. Hinweise

Außerdem werden folgende Hinweise verwendet:

1. G = Geld: Zu diesem Preis bestand nur Nachfrage.
2. B = Brief: Zu diesem Preis bestand nur Angebot.
3. – = gestrichen: Ein Kurs konnte nicht festgestellt werden.
4. T = gestrichen Taxe: Ein Kurs konnte nicht festgestellt werden. Der Preis ist geschätzt.
5. – B = gestrichen Brief: Ein Kurs konnte nicht festgestellt werden, da nur Angebot bestand.
6. – G = gestrichen Geld: Ein Kurs konnte nicht festgestellt werden, da nur Nachfrage bestand.
7. – GT = gestrichen Geld/Taxe: Ein Kurs konnte nicht festgestellt werden, da der Preis auf der Nachfrageseite geschätzt ist.
8. – BT = gestrichen Brief/Taxe: Ein Kurs konnte nicht festgestellt werden, da der Preis auf der Angebotsseite geschätzt ist.
9. ex D = ohne Dividende: Erste Notiz unter Abschlag der Dividende.
10. ex A = ohne Ausschüttung: Erste Notiz unter Abschlag einer Ausschüttung.
11. ex BR = ohne Bezugsrecht: Erste Notiz unter Abschlag eines Bezugsrechts.
12. ex BA = ohne Berichtigungsaktien: Erste Notiz nach Umstellung des Kurses auf das aus Gesellschaftsmitteln berichtigte Aktienkapital.
13. ex SP = ohne Splitting: Erste Notiz nach Umstellung des Kurses auf die geteilten Aktien.
14. ex ZS = ohne Zinsen: Erste Notiz unter Abschlag der Zinsen (flat).
15. ex AZ = ohne Ausgleichszahlung: Erste Notiz unter Abschlag einer Ausgleichszahlung.
16. ex BO = ohne Bonusrecht: Erste Notiz unter Abschlag eines Bonusrechts.
17. ex abc = ohne verschiedene Rechte: Erste Notiz unter Abschlag verschiedener Rechte.
18. ausg = ausgesetzt: Die Kursnotierung ist ausgesetzt. Ein Ausruf ist nicht gestattet.
19. Z = gestrichen Ziehung: Die Notierung der Schuldverschreibung ist wegen eines Auslosungstermins ausgesetzt. Die Aussetzung beginnt zwei Börsentage vor dem festgesetzten Auslosungstag und endet mit Ablauf des Börsentags danach.
20. C = Kompensationsgeschäft: Zu diesem Kurs wurden ausschließlich Aufträge ausgeführt, bei denen Käufer und Verkäufer identisch waren.
21. H = Hinweis: Auf Besonderheiten wird gesondert hingewiesen.

Gespannte Kurse sind nicht zulässig.

Quelle: Börsenordnung für die Frankfurter Wertpapierbörse

Abbildung 2-39: Kurszusätze und ihre Bedeutung nach der Frankfurter Börsenordnung

Die Geschäftsführung der Börse kann eine **Kursnotierung aussetzen**, wenn dies zum Schutz des Publikums geboten erscheint. Eine solche Aussetzung wird grundsätzlich nur vorübergehend vorgenommen, wenn die Öffentlichkeit über besondere aktuelle und kursrelevante Ereignisse einer Gesellschaft nicht hinreichend unterrichtet erscheint. Bei einer Aussetzung erlöschen alle laufenden Orders und Limite, damit das Publikum nach dem Bekanntwerden der Information neu entscheiden und disponieren kann.

Festgestellte Kurse und Preise müssen veröffentlicht werden. Innerhalb der Börsen geschieht dies über **Kursanzeigetafeln**, für die Öffentlichkeit durch **TV-Sendungen** direkt aus der Börse und durch laufenden **Kursabruf aus dem Börsenrechner** über elektronische Netzwerke, wobei auch Angaben zum Umsatzvolumen verfügbar sind. Daneben geben die Kursmaklerkammern an den Börsen jeweils das **Amtliche Kursblatt** heraus (zum Teil papierlos über das Internet). In Frankfurt erfolgt die Veröffentlichung der Preise aus den übrigen Marktsegmenten über die **Börsen Zeitung**, wobei für den geregelten Markt die Börsengeschäftsführung und für den Freiverkehr ein besonderer Ausschuss verantwortlich zeichnet.

Neben der Präsenzbörse hat die Deutsche Börse AG das elektronische Handelssystem XETRA installiert, das den Vorgänger IBIS ablöste. Mit der neuen XETRA-Handelsplattform wurde die Liquidität und die Transparenz des Wertpapiermarktes entscheidend verbessert und gleichzeitig eine hervorragende Position im europäischen Wettbewerb eingenommen. Die Anzahl der über XETRA handelbaren Wertpapiere (Aktien, Anleihen, Optionsscheine) wird ständig erhöht. Ziel ist es, alle Werte der Präsenzbörse in das elektronische System zu übernehmen. Daraus ergeben sich folgende Vorteile:

- Es werden alle Ordergrößen akzeptiert (Retailhandel).
- Betreuer, sogenannte Designated Sponsors, stellen Zusatzliquidität zur Verfügung.
- Es finden untertägig mehrmals Auktionen statt, zum Beispiel für den Retailhandel der kleinen Stückzahlen oder für die weniger liquiden Titel.
- Bei extremen Preissprüngen innerhalb einer Gattung erfolgen Volatilitätsunterbrechungen.
- Es bestehen Eingabemöglichkeiten auch für außerbörsliche Geschäfte.

Um bei der Vielzahl der Wertpapiere einen effizienten Handel zu ermöglichen, erfolgt eine Gruppierung in einzelne Segmente, zum Beispiel nach Indexzugehörigkeit oder Liquidität. Diese XETRA-Segmente sind unabhängig von den bestehenden Zulassungssegmenten (Amtlicher, Geregelter, Neuer Markt) an der Frankfurter Wertpapierbörse.

Der Handel ist anonym. Die Marktteilnehmer erkennen also am Handelsbildschirm nicht, welche Marktteilnehmer eine Order in das System eingestellt haben. Der Handel erfolgt durch die Eingabe von Angeboten (Bids) und Nachfragen (Asks). XETRA führt in der Regel die Aufträge sofort zum jeweils besten Kurs aus.

Es können unlimitierte oder limitierte Kauf- und Verkaufsorders erteilt werden. Die Orders können zusätzliche Ausführungsbedingungen enthalten, zum Beispiel

- fill-or-kill (die Order soll sofort oder gar nicht ausgeführt werden),
- good-for-day (der Auftrag ist nur tagesgültig),
- good-for-date (der Auftrag ist bis zum angegebenen Datum gültig, maximal ein Jahr).

Abgeschlossene Geschäfte müssen von beiden Kontrahenten umgehend über Terminal per Matching bestätigt werden. Das elektronische Handelssystem kennt keine Funktion des Maklers. Es fällt also keine Courtage an. Dies ist ein sehr wichtiger Kostenvorteil gegenüber dem Präsenzhandel.

Teilnehmer am XETRA-Handel sind Kreditinstitute, Wertpapierhandelshäuser und Makler (jedoch nicht als Vermittler, sondern als Händler) aus dem In- und Ausland.

Die organisatorische Abwicklung nach dem Geschäftsabschluss entspricht dem Procedere der Präsenzbörse.

3.2.4.7 Ausführungsbestätigung, Schlussnoten und Abrechnung

Käufer- und Verkäuferbank erhalten als Bestätigung für die Ausführung ihrer Aufträge so genannte **Schlussnoten**. Diese enthalten alle geschäftsrelevanten Daten. Gegenüber früher werden diese Daten heute zu über 95 Prozent direkt in maschinenlesbarer Form aus dem Börsencomputer in die Datenverarbeitung der Börsenteilnehmer übertragen und dort ausgewertet und dokumentiert.

Die Kontrahenten sind verpflichtet, die Ordnungsmäßigkeit und Vollständigkeit ihrer Schlussnoten zu prüfen und eventuelle Fehler spätestens bis zum Beginn der nächsten Börsensitzung mit dem entsprechenden Makler, oder bei Direktgeschäften mit dem Kontrahenten, zu klären. Verspätete Einwendungen können zurückgewiesen werden. Die fehlerhaften Geschäfte werden storniert, und automatisch wird damit auch der dazugehörende Lieferungs-/Zahlungsablauf gelöscht. Werden die Inhalte von Schlussnoten nicht in dem vorgegebenen Zeitrahmen reklamiert, so gelten sie als verbindlich akzeptiert, und damit kann die Geschäftsbelieferung eingeleitet werden.

Ein maschinell erstelltes Makler-Tagebuch dokumentiert täglich nach Börsenschluss die von den Maklern vermittelten Geschäfte. Alle Geschäftsdaten werden darin nach den für die Maklerschaft wesentlichen Kriterien zusammengestellt. Die Datenverarbeitung sorgt auch für eine automatische Verrechnung der Courtagebeträge zwischen Banken und Maklern zum Monatsende.

```
B O E G A / ANZEIGE NACHWEISE (LANGFORM)      7777/01 TESTBANK 1
                                 ABRUF-NR :  G    2
VERKAUF - DIREKTGESCHÄFT             GNR    : 960105 0071716
109001    7,375 %  TREUH. ANL. V. 92 (2002) SVG   02.12.G  V-ART: GS
NOM.:     DM 5.000
KURS:     109,0000   K-WERT: 5.450,00  AS:    3.01.1996
                                       FV:    9.01.1996
                                                         ZT : 37
KONT.:    7778  TESTBANK 2          ZINSBETRAG: 37,90
EING.:    7776  TESTBANK 3
ABR.-BETRAG: 5.498,46
                                      PROV.  :     6,81
TELEFONGESCHÄFT
                   EINGABE:    5.01.96 10.12.43   COURT.: 3,75
                   ABSCHLUSS   3.01.96 15.30
```

Abbildung 2-40: Muster einer herkömmlichen Schlussnote

Aufträge, die über das BOSS-System zur Börse weitergeleitet wurden, werden unmittelbar nach der Kursbildung in den Computer der auftraggebenden Bank zurückübertragen. Bei diesem Datenverkehr sind verdeckt oder verschlüsselt auch die Zuordnungskriterien der Order zum Kunden vorhanden, sodass die Kundenabrechnung ohne weiteren manuellen Eingriff sofort erstellt werden kann. Bei Aufträgen, die manuell zur Börse gegeben wurden oder auf anderem Wege zur Ausführung gelangten, muss in der Bank eine manuelle Zuordnung getroffen werden. Dank der Datenverarbeitung ist die Abrechnung spätestens am Tag nach der Ausführung erstellt und auf dem Weg zum Kunden.

Die **Abrechnung** enthält als Rechnungsgrundlage den Nominalwert des Papiers und den Kurs, zu dem das Geschäft abgeschlossen wurde. Für amtlich notierte Papiere und im Geregelten Markt gehandelte Werte sind die im Kursblatt veröffentlichten Kursnotizen maßgebend, die der Kunde jederzeit überprüfen kann. Bei festverzinslichen Wertpapieren muss der Kurswert um die aufgelaufenen Zinsen ergänzt werden, da der Käufer dem Verkäufer die seit dem letzten Zinstermin aufgelaufenen Stückzinsen bis zum Valutatag minus einem Tag vergüten muss.

Die weitere Abfassung der Abrechnung hängt von der Art des gewählten Effektengeschäfts ab; zwei Möglichkeiten sind zu unterscheiden:

- Die so genannten **Netto-Abrechnungen** werden bei Eigengeschäften, vornehmlich im Freiverkehrshandel, verwandt. Dem Auftraggeber wird lediglich der **Kurswert** – gegebenenfalls zuzüglich anteiliger Stückzinsen – in Rechnung gestellt (Spesen sind im Kurs berücksichtigt).

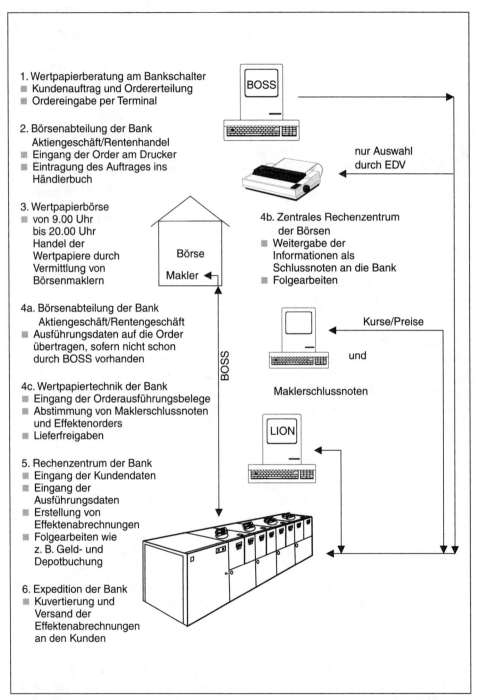

Abbildung 2-41: Lauf eines Auftrags von der Kundenberatung und Ordererteilung am Bankschalter bis zur Abrechnung für den Kunden

- Die **Brutto-Abrechnungen** werden bei sämtlichen Kommissionsgeschäften in amtlich notierten Werten erstellt und enthalten neben dem **Kurswert** und den eventuell aufgelaufenen Zinsen die **Maklergebühr** (Courtage), die an den Börsenmakler entrichtet werden muss, die **Provision** und die entstandenen **Spesen**.

Maklergebühr und Provisionssätze unterscheiden sich insofern, als es sich um festverzinsliche oder Dividendenwerte, um ein Händler- oder um ein Kundengeschäft handeln kann. Als Spesen werden vor allem Kosten von Dritten in Rechnung gestellt.

Die Wertstellung der Abrechnungsbeträge erfolgt im Allgemeinen zwei Banktage nach Geschäftsabschluss gemäß den Bedingungen für Geschäfte an den Wertpapierbörsen. Mit der Abrechnung, die heute über die EDV erstellt wird, findet gleichzeitig die geldmäßige und depotmäßige Buchung statt.

Anfallende Gebühren/Spesen bei **Aktienkäufen/-verkäufen**:

- Maklercourtage 0,04 Prozent bei DAX-Werten, maximal 0,08 Prozent vom Kurswert, mindestens 0,75 € (bei Ausführung im XETRA-Handel: keine Courtage);
- Bankprovision circa 1 Prozent – je nach Bedingungen des Kreditinstituts mindestens 10 bis 25 €, Direktbanken bieten weitaus geringere Sätze;
- Abwicklungsgebühr circa 5 €.

Anfallende Gebühren/Spesen bei Käufen/Verkäufen von **festverzinslichen Wertpapieren**:

- Maklercourtage 0,075 Prozent vom Nennwert oder Kurswert (für große Aufträge besteht eine Preisstaffelung);
- Bankprovision
  - bis zum Kurs von 50 Prozent: 0,5 Prozent vom Nennwert,
  - bis zum Kurs von 100 Prozent: 0,5 Prozent vom Nennwert,
  - Kurs von über 100 Prozent: 0,5 Prozent vom Kurswert,
  - mindestens 10 bis 25 €;
- Abwicklungsgebühr circa 5 €.

3.2.4.8 Lieferung und Zahlung – das Erfüllungsgeschäft

Geschäfte mit Kontrahenten in Deutschland via Lieferliste/LION

Das Rechenzentrum der Börsen erstellt täglich eine so genannte **Lieferliste**, in der für jeden Börsenteilnehmer die gehandelten, aber noch nicht regulierten Geschäfte enthalten sind. Anhand der Liste mit den Verkaufsgeschäften erteilt die Verkäufer-Bank den Auftrag zur Regulierung von Geschäften. Über 95 Prozent der Aufträge werden papierlos durch Datenübertragung oder das Bildschirmsystem LION (Lieferfreigabe on-line) an die Wertpapiersammelbank (WSB) erteilt. Mit diesem System ist es auch möglich, Lieferungen zurückzustellen. Durch die Markierung von Geschäften erfolgt der Zugriff auf die Originaldaten des Handelstages, um daraus buchungsfähige Umsätze für die Geschäftsregulierung zu bilden.

Im Effekten-Giro erfolgt zunächst eine Disposition über den Depotbestand, wobei gleichzeitig eingehende Lieferungen aus Käufen berücksichtigt werden (same-day-turn-around). Es wird keine Überziehung von Konten zugelassen. Die nicht zur Belieferung gelangten Geschäfte werden so lange als Restanten in den Lieferlisten vorgetragen, bis die Gründe der Rückstellung fortgefallen sind. Als wertvolle Dienstleistung hat sich in dieser Beziehung die Wertpapierleihe (3.2.4.9) herausgestellt.

Geschäftsbelieferungen werden gleichzeitig auf den Depotkonten von Verkäufer und Käufer gebucht und dadurch neue Bestandssalden ermittelt. Gleichzeitig summiert die WSB die zu den Belieferungen gehörenden Gegenwerte und avisiert den Banken das gesamte Buchungsgeschehen in so genannten **Regulierungslisten**. Die sich aus allen Geldbewegungen ergebenen Salden (ein Gesamtbetrag pro Kreditinstitut) werden automatisch auf den bei den Landeszentralbanken geführten Konten der Banken gutgeschrieben beziehungsweise belastet; somit werden die Geldsalden bei der WSB auf Null ausgeglichen. Nach der Bestätigung durch die LZB, dass alle Banken ihre Zahlungsverpflichtungen erfüllt haben, gehen die Wertpapiere endgültig auf den Käufer über. Diese Zug-um-Zug-Regulierung (Lieferung gegen Zahlung) hat sich seit vielen Jahren bewährt und keine Risiken bei der Geschäftserfüllung entstehen lassen.

Neben der Regulierung von Börsengeschäften gibt es noch andere Gründe, weshalb Wertpapiere von einem Institut an ein anderes zu liefern sind. Die Aufträge an die WSB werden mittels Wertpapierübertrag oder **beleglos** über das Datenerfassungssystem CASCADE erteilt:

- Wertpapierüberträge **ohne** Gegenwertverrechnung entstehen, wenn ein Depotkunde einer Bank das Kreditinstitut wechselt, bei Erbschaftsaufteilungen oder wenn Banken Depotkonten untereinander ausgleichen.

- Wertpapierüberträge **mit** Gegenwertverrechnung entstehen insbesondere dann, wenn Geschäfte mit ausländischen Kontrahenten getätigt wurden und die Lieferung gegen Zahlung entweder über ein anderes Kreditinstitut (die Depotbank des Ausländers) oder über eine der internationalen Clearing-Organisationen (Cedel, Luxemburg oder Euroclear, Brüssel) erfolgt. Die Einzelaufträge für Lieferungen gegen Zahlung werden nur dann ausgeführt, wenn der Empfänger der Wertpapiere eine gleichlautende Empfangsbestätigung (**Match-Instruktion**) in die Datenverarbeitung der WSB eingegeben hat.

Die Geldverrechnung bei einzelnen Wertpapierübertragungen kann individuell gesteuert werden.

- **Standard** = Valuta nächster Bankarbeitstag für normale Aufträge zwischen 7.00 und 19.00 Uhr,
- **SDS** same-day-settlement = Aufträge, die bis 10 Uhr erteilt und gematcht wurden, werden noch am gleichen Vormittag gebucht, und das Geld wird über die LZB verrechnet,
- **SDS 2** = ein zweiter Abrechnungslauf verarbeitet Lieferungen gegen Zahlung für die Auftragserteilung zwischen 10.00 und 13.00 Uhr,
- **RTS** real-time-settlement = Einzelaufträge die zwischen 7.00 und 17.00 Uhr erteilt werden, werden *sofort* gebucht. Es findet ein separater Zahlungsvorgang über die LZB statt,
- **Vorausvaluta** = Aufträge können bis zu 40 Arbeitstage vorausvalutiert werden, was insbesondere für Lieferungen aus dem Emissionsgeschäft interessant ist.

Wertpapierübertragungen an die Bundesschuldenverwaltung (BSV)

Ein Privatkunde kann Bundesanleihen von seiner Depotbank als Einzelschuldbucheintragung an die BSV übertragen lassen. Dazu besteht eine eigene beleglose Auftragsart an die WSB.

Pfandschecks (Grüner Pfandscheck)

Diese formulargebundene Auftragsart wird genutzt, um Wertpapiere an ein anderes Kreditinstitut oder als Sicherheit an die WSB zu verpfänden (bei Teilnahme als Entleiher am Wertpapierleihgeschäft). Seit jedoch die Landeszentralbanken Mitte 1994 die Verwendung der Pfandschecks für Lombardkredite eingestellt haben, findet der Pfandscheck nur noch sehr selten Verwendung.

Lieferungen zu REPO-Geschäften

REPO-Geschäfte dienen der kurzfristigen Liquiditätsbeschaffung. Dabei werden verzinsliche Wertpapiere verkauft, und gleichzeitig wird der spätere Rückkauf (Preis und Termin) verbindlich vereinbart. Bei Verkauf und Rückkauf entstehen Lieferungen gegen Zahlung über die WSB.

3.2.4.9 Wertpapierleihe

Das Wertpapierleihegeschäft stellt rechtlich ein Sachdarlehen gemäß § 607 BGB dar, bei dem der Verleiher (Lender) dem Entleiher (Borrower) Wertpapiere überlässt. Der Entleiher verpflichtet sich, Wertpapiere in gleicher Art und Menge zurückzugeben und für die Laufzeit der Leihe ein Entgelt zu entrichten.

Anwendung findet die Wertpapierleihe immer dann, wenn eine Lieferverpflichtung besteht, die ein Institut noch nicht erfüllen kann, weil es die zu liefernden Wertpapiere nicht besitzt. Die Gründe hierfür können sein: unterschiedliche Valutierungen zwischen In- und Auslandsgeschäft, Leerverkäufe, Arbitrage zwischen Kassa- und Terminmarkt und ähnliches.

Für den **Verleiher** bringt die Wertpapierleihe einen zusätzlichen Ertrag. Für den **Entleiher** mindert sie das Erfüllungsrisiko und verbessert seinen Cash-flow. Die Kosten für das Entleihen von Wertpapieren sind niedriger als die Kosten für die Aufnahme von Tagesgeldern am Geldmarkt.

Die Risiken für den Verleiher werden dadurch abgefangen, dass der Entleiher entsprechende Sicherheiten bei der WBS hinterlegen muss und zusätzlich ein Bankenkonsortium die Rückgabe der Wertpapiere garantiert.

3.2.4.10 DAX und andere Börsen-Indizes

Die Funktion eines Index liegt in der Aggregation einer gesamten Marktinformation zu einer Kennzahl. Er nimmt Bezug auf eine Basisvergleichszahl, zum Beispiel wurde beim DAX der Ultimo 1987 = 1.000 gesetzt, und bildet von da ab eine Reihenfolge. Er ist damit ein Marktbarometer, ein Analyseinstrument, und er kann auch als Handelsobjekt oder Underlying für Terminkontrakte genutzt werden. Je nach Art und Zusammensetzung werden einzelne Komponenten stärker oder schwächer gewichtet. Indizes gibt es an allen bedeutenden Börsenplätzen. In Deutschland werden sie von der Frankfurter Wertpapierbörse ermittelt. Daneben veröffentlichen jedoch auch die FAZ, die Commerzbank und das Statistische Bundesamt Indizes, die von Analysten beachtet werden.

Der wohl bekannteste Index in Deutschland ist der **DAX**. Er enthält 30 ausgewählte deutsche Aktien, die zusammen rund 60 Prozent des Grundkapitals inländischer börsennotierter Gesellschaften und über 75 Prozent der Börsenumsätze des deutschen Aktienhandels repräsentieren. Die einzelnen Gesellschaften werden im DAX gewichtet, das heißt, Titel mit hoher Kapitalisierung beeinflussen den DAX stärker als solche mit enem geringen Wert. Der DAX wird während der gesamten Börsenzeit alle 15 Sekunden als Performanceindex nach einer festgelegten Formel errechnet und als Grafikkurve angezeigt. Dividenden und Kapitalveränderungen werden als Korrekturfaktoren berücksichtigt, das heißt, die Kursabschläge daraus führen nicht zu einem Sinken der DAX-Ergebnisse. Der DAX wird aufgrund der Umsätze und Kurse im XETRA-Handel zwischen 8.30 Uhr und 20.00 Uhr ermittelt. Der DAX aus dem Parketthandel ist im Juni 1999 eingestellt worden.

Neben dem DAX sind inzwischen weitere Indizes als Gradmesser für Kursentwicklungen entstanden, die zum Teil auch Gegenstand von Handelsprodukten an der Terminbörse EUREX sind.

Geld- und Kapitalanlagemöglichkeiten 305

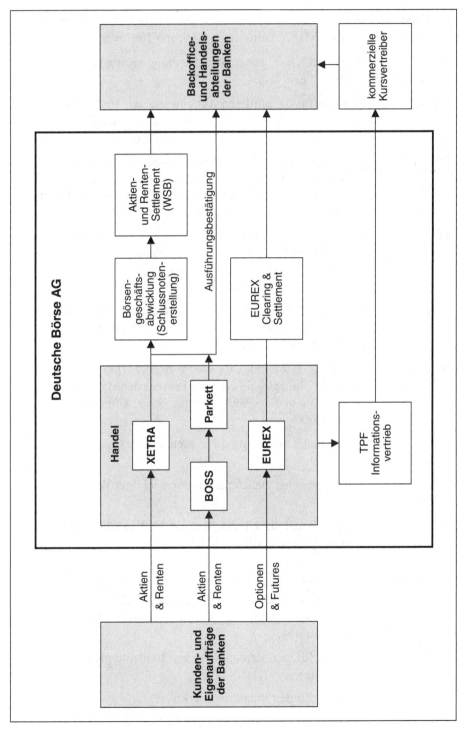

Abbildung 2-42: Schematische Darstellung des Ablaufs eines Auftrags

- **DAX100** = Er beinhaltet 100 variabel gehandelte Aktien, inklusive der 30 DAX-Werte (Basis: Ultimo 1987 = 500).

- **DAX100-Kursindex** = wie DAX100, jedoch ohne Bereinigung von Dividendenabschlägen.

- **MDAX** = Index für die mittleren Aktienwerte, das sind rund 70 Gesellschaften, jedoch ohne die 30 DAX-Gesellschaften (Basis: Ultimo 1987 = 1.000).

- **CDAX** = Composide DAX. Er beinhaltet den gesamten Markt der circa 500 amtlich notierten deutschen Aktien aus dem amtlichen Handel, dem geregelten Markt und dem Neuen Markt (Basis: Ultimo 1987 = 100).

- **SDAX** = seit Juni 1999 Index für Smal Caps. Er beinhaltet 100 in- und ausländische Unternehmen aus dem amtlichen und geregelten Markt. Basis: Ultimo 1987 = 1.000).

- **SMAX** = wie SDAX, jedoch nur für Gesellschaften, die den Anforderungen für einen Handel im Marktsegment SMAX entsprechen.

- **Nemax 50** = seit 1.7.1999. Index für die 50 größten Titel am Neuen Markt. Sie spiegeln circa 80 Prozent der Marktkapitalisierung und des Umsatzes dar. Basis: Ultimo 1997 mit 1.000.

- **Nemax-All-Share-Index** = beinhaltet alle Werte des Neuen Marktes.

- **Dow-Jones-STOXX** = Europäischer Benchmark Index wichtiger Werte.

- **Dow Jones – EURO-STOXX 50** = Euro Benchmark Index, der nur 50 Blue Chip Werte aus den Ländern der EWU beinhaltet.

- **FWB-Index** = Er entspricht dem CDAX, jedoch ohne Dividendenabschläge. Dieser Index wird auch speziell für einzelne Branchen erstellt, zum Beispiel Automobil, Elektro, Banken usw.

- **REX** = Index für den Rentenmarkt aus 30 idealtypischen Anleihen.

- **PEX** = Index für den Pfandbriefmarkt.

- **IEX** = Index für Jumbo-Pfandbriefe.

3.2.5 Depotgeschäft – Verwahrung und Verwaltung von Wertpapieren

3.2.5.1 Geschichtliche Entwicklung und Wesen

Das Depotgeschäft reicht mit seinen Anfängen bis ins Altertum zurück. Das Bedürfnis der Menschen, Wertgegenstände außerhalb des Hauses sicher aufzubewahren, nutzten bereits im siebten vorchristlichen Jahrhundert die ersten Banken in Babylonien. Als Plätze größter Sicherheit galten vor allem die Tempel. Deshalb war es auch besonders in Griechenland üblich, Kostbarkeiten den Priestern zur Aufbewahrung zu übergeben. Der Beginn eines bankmäßigen Depotgeschäfts ist in jener Zeit zu suchen, in der die Vorläufer der heutigen Banken entstanden. Im Mittelalter wurden Geld und sonstige Wertobjekte mit Vorliebe den Geldwechslern und Goldschmieden anvertraut, da sie wegen ihrer eigenen Wertgegenstände über entsprechende Aufbewahrungsmöglichkeiten verfügten. Während diese Verwahrung fremden Eigentums zunächst nur eine Gefälligkeit darstellte, wurde sie dann später gewerbsmäßig gegen eine Gebühr durchgeführt.

Als sich zeigte, dass die **Aufbewahrung von Wertgegenständen** die anderen Bankgeschäfte zweckmäßig ergänzte, wurde sie in zunehmendem Maße von den Bankiers übernommen. In diesem Verwahrungsgeschäft liegt der **Ursprung des heutigen Depotgeschäfts.** Anfangs hielten die Verwahrer das fremde Geld von den eigenen Münzvorräten getrennt und gaben ihren Kunden dieselben Stücke zurück, die sie erhalten hatten. Allmählich gingen sie jedoch dazu über, die ihnen anvertrauten Münzen mit den eigenen Beständen zusammenzulegen; die Kunden erhielten nicht mehr die gleichen Stücke zurück, sondern nur die Summe, die den Wert der Münzen ausmachte. Aus dem **depositum regulare** wurde somit ein **depositum irregulare**, das in seiner Weiterentwicklung zum heutigen Depositengeschäft führte.

Wie die Entwicklung des Geldaufbewahrungsgeschäfts unterlag auch das übrige Verwahrungsgeschäft einer stetigen Wandlung, insbesondere als mit dem Beginn der Industrialisierung im vorigen Jahrhundert die Effekten rasch an Bedeutung gewannen und Gegenstand des Wertaufbewahrungsgeschäfts wurden.

Neben der Verwahrung der Wertpapiere wurde eine **Verwaltungstätigkeit der Banken** gewünscht. Die Verwahrung von Münzen, Edelmetallen und sonstigen Kostbarkeiten trat immer mehr in den Hintergrund. Gegenstand des Wertaufbewahrungs- und Wertverwaltungsgeschäfts sind heute fast ausschließlich Effekten. Die Verwahrung sonstiger Gegenstände spielt demgegenüber eine untergeordnete Rolle und wird deshalb im Folgenden nur kurz behandelt. Auf Grund der geschichtlichen Entwicklung ergibt sich die folgende Begriffsbestimmung.

> **DEFINITION**
>
> Unter Depotgeschäft ist die Geschäftstätigkeit der Banken zu verstehen, welche die Verwahrung und Verwaltung von Effekten für Dritte und die bankmäßige Verwahrung sonstiger dazu geeigneter beweglicher Wertobjekte zum Gegenstand hat.

3.2.5.2 Rechtliche Grundlagen/Gesetzliche Bestimmungen

Verschlossenes Depot

Die allgemeinen gesetzlichen **Bestimmungen über die Verwahrung** finden innerhalb des Depotgeschäfts nur für die Verwahrung von Verwahrstücken, das so genannte verschlossene Depot, Anwendung (§§ 688 ff. BGB). Diese Verwahrungsart bildet den unbedeutenden Rest des ursprünglichen Wertaufbewahrungsgeschäfts der Bankiers.

In das verschlossene Depot werden verschnürte und versiegelte, plombierte oder anders verschlossene Packstücke, Kassetten oder ähnliches aufgenommen. Die Bank erhält vom Inhalt der Verwahr- oder Aufbewahrungsstücke keine Kenntnis, sondern wird vom Kunden lediglich beauftragt, die Gegenstände in ihre Obhut zu nehmen. Der Name des Hinterlegers wird dabei deutlich auf dem Verwahrstück vermerkt.

Nach herrschender Auffassung erlangt der **Verwahrer unmittelbaren Besitz nur am Behältnis, nicht aber am Inhalt,** der im unmittelbaren Besitz des Hinterlegers verbleibt. Macht er seine Rückforderungsrechte geltend, so wird ihm der Gegenstand in derselben Verfassung zurückgegeben, in der er eingeliefert wurde. Eine Verwaltung des Inhalts der Verwahrstücke erfolgt nicht. Zur Rückgabe muss der Hinterleger eine beim Eingang empfangene Quittung oder **Einlieferungsbescheinigung** vorweisen. Häufig werden als Sicherung ein **Schlüsselwort und die Unterschriftsleistung** des Hinterlegers vereinbart.

Vermietung von Schrank- und Schließfächern (Safes)

Bei der Vermietung von Schrank- und Schließfächern wird zwischen dem Kunden und der Bank ein **Mietvertrag** geschlossen, der dem Mieter das Recht gibt, Wertsachen und Gegenstände vertraulicher Art in einem bestimmten Safe aufzubewahren. Als solche kommen vor allem Edelmetalle, Schmuck, Urkunden, Sparbücher und ähnliches in Frage (§§ 535 ff. BGB).

Wertpapiere, die der Kunde im Schrankfach deponiert, muss er selbst verwalten, da die Bank den Inhalt des Safes grundsätzlich nicht kennt. Das Kreditinstitut erwirbt an den Wertgegenständen keinen Besitz und ist nur aus dem Mietvertrag berechtigt und verpflichtet. Ein Pfandrecht steht der Bank deshalb nur für Forderungen aus dem Mietvertrag zu (§§ 559 ff. BGB).

Zur Erhöhung der Sicherheit wird ergänzend zur Einlaßkarte für den Tresor vielfach ein Schlüsselwort vereinbart. Die Besuche des Kunden werden in der Regel in einem speziellen Buch mit Angabe des Tages und der Uhrzeit eingetragen. Außerdem wird fast ausschließlich die Form des **Mitverschlusses** gewählt, das heißt, der Safe kann jeweils nur vom Kunden und von der Bank gemeinsam geöffnet werden. Von den hierzu notwendigen zwei verschiedenen Schlüsseln befindet sich stets der eine im Besitz der Bank und der andere beim Kunden.

Offenes Depot

Bei dem Effektenverwahrungs- und -verwaltungsgeschäft, das auch als Depotgeschäft im engeren Sinne bezeichnet werden kann, wird vom so genannten offenen Depot gesprochen. Für diesen Geschäftszweig wurde mit dem Gesetz über die Verwahrung und Anschaffung von Wertpapieren vom 4.2.1937 (Depotgesetz) ein Spezialgesetz geschaffen.

Das Anliegen des Depotgesetzes ist es vor allem, die Eigentümerstellung des Kunden zu sichern, indem die Erhaltung des Eigentums beim Verwahrungsgeschäft beziehungsweise die möglichst schnelle Vermittlung des Eigentums beim kommissionsweisen Anschaffungsgeschäft erstrebt wird. Wie beim verschlossenen Depot behält der Hinterleger grundsätzlich auch beim offenen Depot das Eigentum. Die Bank wird unmittelbarer, der Kunde mittelbarer Besitzer der Effekten. Das bedeutet für den Hinterleger, dass er bei einem eventuellen Konkurs der Verwahrungsbank einen **Anspruch auf Aussonderung** seiner Effekten aus der Konkursmasse hat.

Unter die Bestimmungen des Depotgesetzes (§ 1 Abs. 1 DepG) fallen sämtliche Wertpapiere, die im Bankverkehr als Effekten bezeichnet werden, und zwar sowohl die vollständigen Stücke als auch Teile wie Mäntel, Zinsschein- und Dividendenbogen. Banknoten und Münzen werden nicht vom Depotgesetz erfasst.

„Verwahrer im Sinne dieses Gesetzes ist ein Kaufmann, dem im Betriebe seines Handelsgewerbes Wertpapiere unverschlossen zur Verwahrung anvertraut werden."

Da die Verwahrung und Verwaltung von Wertpapieren für andere ein Bankgeschäft im Sinne des § 1 Abs. 1 KWG ist, handelt es sich bei diesen Kaufleuten in der Regel um Kreditinstitute.

Auf die so genannte **unregelmäßige Verwahrung (Aberverwahrung),** die dadurch gekennzeichnet ist, dass der Hinterleger die Effekten an den Verwahrer übereignet und dieser nur verpflichtet ist, Wertpapiere derselben Art zurückzugeben, ist das Depotgesetz nicht anwendbar. Dasselbe gilt für das so genannte Wertpapierdarlehen. Für den Eigentumsübergang ist in diesen Fällen jeweils eine ausdrückliche schriftliche Erklärung des Hinterlegers beziehungsweise Darlehensgebers erforderlich, aus der hervorgeht, dass an Stelle des Eigentums nunmehr „nur ein schuldrechtlicher Anspruch auf Lieferung nach Art und Zahl bestimmter Wertpapiere" bestehen soll. Eine Vereinbarung im Rahmen der Allgemeinen Geschäftsbedingungen würde nicht genügen (§ 15 Abs. 1 bis 3 DepG).

Als eine Ergänzung des Depotgesetzes sind die **so genannten Richtlinien für die Depotprüfung** anzusehen. Sie regeln die Durchführung der Prüfung, den Prüfungsbericht und die materiellen Prüfungserfordernisse. Die Richtlinien stellen teilweise eine eingehende Kommentierung von Vorschriften des Depotgesetzes dar, die den Kreditinstituten auch bei verhältnismäßig nebensächlichen Fragen in der Abwicklung des Depotgeschäfts nur einen geringen Spielraum lassen. Die Depotprüfung erfolgt in der Regel einmal jährlich (§ 30 Abs. 1 KWG).

Ergänzend zu den Bestimmungen, welche die Wertaufbewahrung betreffen, sind die allgemeinen gesetzlichen Regelungen zu nennen, die die Grundlage des Effektenverwaltungsgeschäfts bilden. Als solche kommen regelmäßig die Bestimmungen über den Auftrag und über die Geschäftsführung ohne Auftrag in Frage. Im übrigen regeln vertragliche Abmachungen die Rechtsverhältnisse (§§ 662 ff., 677 ff. BGB).

Allgemeine Geschäftsbedingungen und vertragliche Abmachungen

Wegen der großen Zahl gleichartiger Geschäftsvorfälle, durch die das Depotgeschäft gekennzeichnet ist, treten an die Stelle von speziellen vertraglichen Abmachungen weitgehend die Allgemeinen Geschäftsbedingungen. Für das verschlossene Depot und die Vermietung von Safes verweisen die Allgemeinen Geschäftsbedingungen des privaten Bankgewerbes auf Sonderbedingungen.

Die **Bedingungen für die Annahme von Verwahrstücken** sind die Grundlage des Verwahrungsvertrages beim verschlossenen Depot. Sie regeln vor allem die Art der Verpackung, die Haftung der Bank, die Verantwortlichkeit für den Inhalt, die Aufbewahrungszeit, Vergütung und Rückgabe. Hervorzuheben ist die Tatsache, dass die Bank in der Regel bis zu einem Höchstbetrag von 5.000 DM je Verwahrstück haftet. Darüber hinaus steht es dem Hinterleger frei, sich selbst zu versichern.

Als weitere Ergänzung der Allgemeinen Geschäftsbedingungen dienen die **Bedingungen für die Vermietung von Schrankfächern**. Sie betreffen die sich aus diesem Zweig des Depotgeschäfts ergebenden Rechtsverhältnisse. Die Bank haftet aus dem Mietvertrag regelmäßig nur bis zur Hälfte der **500fachen Jahresmiete, höchstens bis zu 20.000 DM**, auch hier bleibt dem Mieter eine Weiterversicherung unbenommen. Der Mitverschluss der Bank wird innerhalb der Bedingungen grundsätzlich gesichert. Zutritt zu dem Schrankfach hat nur derjenige, der sich als Mieter oder dessen Bevollmächtigter legitimiert. Für feuergefährlichen oder sonstigen ungeeigneten Schrankinhalt ist der Mieter verantwortlich. Für das offene Depot enthalten die Allgemeinen Geschäftsbedingungen eingehende Bestimmungen, die insbesondere das

Verwahrungsgeschäft und das Verwaltungsgeschäft betreffen. Dabei wird die Verantwortlichkeit der Bank weitgehend eingegrenzt.

Besonders wichtig ist die bereits an anderer Stelle erwähnte **allgemeine Pfandklausel**. Nach dem Wortlaut dieser Bestimmung besteht kein Zweifel, dass die Bank gegebenenfalls die ihr im offenen Depot anvertrauten Effekten als Pfand für jegliche Ansprüche gegen den Hinterleger benutzen kann, sofern von dem Kunden eine Verpfändungserklärung abgegeben wurde. Verwahrstücke im verschlossenen Depot oder der Inhalt von Schrankfächern fallen nicht unter diese Klausel.

Daneben geben die Allgemeinen Geschäftsbedingungen den Kreditinstituten ein **Zurückbehaltungsrecht** wegen eigener Ansprüche. Dieses Recht kann die Bank im Allgemeinen auch bei Verwahrstücken anwenden, die sich im verschlossenen Depot befinden, wenn diese von einem Kunden zurückgefordert werden, der mit der Erfüllung seiner Verpflichtung in Verzug ist.

3.2.5.3 Wie lassen sich Wertpapiere bei der Bank verwahren?

Für Effekten bestehen unterschiedliche Verwahrungsarten, die jeweils im Depotgesetz ihre Regelung gefunden haben.

Sonderverwahrung (Streifbandverwahrung)

Die Sonderverwahrung **war** die **Grundform des offenen Depots** und verpflichtet das Kreditinstitut, „die Wertpapiere unter äußerlich erkennbarer Bezeichnung jedes Hinterlegers gesondert von seinen eigenen Beständen und von denen Dritter aufzubewahren" (§ 2 DepG). Die Effekten werden in besonderen Hüllen oder in Streifbändern im Tresor aufbewahrt, und deshalb wird diese Verwahrungsart auch als **Streifbanddepot** bezeichnet. Das einzelne Streifband kann verschiedene Effektenarten desselben Hinterlegers enthalten. Aus Sicherheitsgründen werden Mantel und Bogen in getrennten Tresoren und von verschiedenen Angestellten verwaltet.

Auf den Streifbändern muss der Name des **Hinterlegers** so vermerkt sein, dass er ohne Zuhilfenahme der Depotbuchhaltung jederzeit festgestellt werden kann. Bei Einlieferung der Effekten, die entweder durch den Kunden selbst oder durch einen Kaufvertrag erfolgen kann, erhält der Hinterleger ein **Nummernverzeichnis** über die ins Streifbanddepot übernommenen Stücke.

Während die Sonderverwahrung früher den Regelfall darstellte, ist sie heute wegen der damit verbundenen Mehrarbeit gegenüber der Sammelverwahrung in den Hintergrund getreten. Der Kunde muss seine ausdrückliche Ermächtigung zur Streifbandverwahrung geben. Die gesetzliche Regelverwahrungsart ist die Girosammelverwahrung.

Sammelverwahrung (Girosammelverwahrung)

Nach dem Depotgesetz (§ 5 Abs. 1 DepG) ist es Kreditinstituten erlaubt, die für ihre Kunden zu verwahrenden Effekten einer Wertpapiersammelbank anzuvertrauen, das ist die Clearstream Banking AG, Frankfurt am Main. Durch das Zweite Finanzmarktförderungsgesetz wurde die Sammelverwahrung zur **Regelverwahrung** und bedarf keiner Zustimmung mehr durch die Hinterleger.

In der Sammelverwahrung werden die einzelnen Urkunden innerhalb der Wertpapierarten nicht mehr nach deren Hinterleger oder Eigentümer getrennt, sondern zusammengelegt aufbewahrt (Sammelbestand). Liefert ein Kontoinhaber Wertpapiere beim bei der WSB ein, dann verwandelt sich sein individuelles Eigentum an einer speziellen Einzelurkunde in einen völlig gleichwertigen Anteil am Sammelbestand. Gleichzeitig erhält der Kontoinhaber eine Gutschrift auf seinem Girosammel-Depotkonto, und er kann darüber jederzeit nach seinen Erfordernissen verfügen. Der Anteil am Sammelbestand ergibt sich aus dem Guthaben der Depotkonten. Die Girosammelverwahrung ist Voraussetzung für die Verbriefung von Emissionen in Globalurkunden und die in einem Schuldbuch eingetragenen Schuldverschreibungen von Bund und Ländern.

Die Anfänge der Girosammelverwahrung reichen zurück bis in das Jahr 1882. Damals führte in Berlin die Bank des Berliner Kassenvereins die Funktion einer zentralen Wertpapiersammelbank durch. Im Jahre 1949 wurden dann an jedem deutschen Börsenplatz, mit Ausnahme von Bremen, neue Wertpapiersammelbanken in der Rechtsform von Aktiengesellschaften gegründet. Durch die Verschmelzung dieser sieben Wertpapiersammelbanken im Dezember 1989 entstand die Deutscher Kassenverein AG (DKV) mit der Zentrale in Frankfurt/Main, die 1997 in Deutsche Börse Clearing AG umbenannt wurde. Anfang 2000 erfolgte eine Fusion mit der Internet Clearing Organisation Cedel, Luxemburg, und daraus entstand die Clearstream Banking AG, Frankfurt am Main.

Aufgrund des hohen Rationalisierungseffektes ist die Girosammelverwahrung für das gesamte Depot- und Wertpapiergeschäft wesentlich kostengünstiger als die Streifbandverwahrung. Natürlich hat der Hinterleger bei einem Konkurs seines Verwahrers das gleiche Aussonderungsrecht wie in der Streifbandverwahrung.

Zur Sammelverwahrung zugelassen (**sammelverwahrfähig**) werden in der Praxis alle Wertpapiere von bekannten Emittenten. In Sonderfällen entscheidet der Vorstand der WSB über die Einbeziehung.

Teilnehmer/Kontoinhaber bei der Wertpapiersammelbank können nur Kreditinstitute werden, die der gesetzlichen Depotprüfung unterliegen oder sich einer Prüfung gleicher Art unterziehen. Ebenso können Wertpapiermakler beziehungsweise -handelshäuser ein Konto eröffnen, wenn sie an einer der deutschen Wertpapierbörsen zugelassen sind und die speziellen Zulassungsbedingungen für Makler erfüllen.

Der Vollständigkeit halber sei auch die Haussammelverwahrung erwähnt, bei der ein Kreditinstitut selbst Wertpapiere der Kunden ungetrennt voneinander, das heißt gesammelt, aufbewahrt. Sie wird allenfalls bei hauseigenen Investmentfonds angeboten. Diese Art der Verwahrung ist aufgrund des Service der Girosammelverwahrung bedeutungslos geworden.

Ein- und Auslieferung von Effekten und Wertpapierübertragungen

Bei der **Einreichung effektiver Stücke** haben sowohl die Kreditinstitute als auch die Wertpapiersammelbank mit größter Sorgfalt darauf zu achten, dass keine nicht lieferbaren Wertpapiere angenommen werden. Banken können sich nicht auf den gutgläubigen Erwerb/Annahme von Wertpapieren berufen. **Prüfungskriterien** sind unter anderem:

- Übereinstimmung von Mantel, Bogen und Einlieferungsdaten in allen Punkten, zum Beispiel Stückenummern, Wertpapiergattung, WKN, Nominalbetrag usw.

- Prüfung auf Echtheit, unerlaubte Beschriftungen, Beschädigungen. Nicht lieferbare Urkunden sind bei der Börse einzureichen. Diese prüft und bestätigt gegebenenfalls die Lieferbarkeit. Wird eine Lieferbarkeitsbescheinigung abgelehnt, muss der Eigentümer über den Emittenten auf eigene Kosten neue (Ersatz-)Urkunden anfordern.

- Prüfung auf Aktualität der am Bogen vorhandenen Kupons beziehungsweise auf Verlosungs- und Rückzahlungstermine.

- Sind Urkunden mit **Opposition** belegt, aufgeboten oder kraftlos erklärt worden (dies ist ersichtlich aus dem regelmäßig von den Wertpapier Mitteilungen WM veröffentlichten Nummernverzeichnis, der so genannten **Oppositionsliste**), so muss zunächst der Eintragungsgrund unter Einschaltung der WM geklärt werden.

- Bei Privateinreichern wird seitens der Banken auch die Rechtmäßigkeit des Eigentums hinterfragt.

Gemäß der AGB der Wertpapiersammelbank besteht eine unbegrenzte Rücknahmepflicht für Wertpapiere, die sich erst später, nach der Hereinnahme in die Tresore, als nicht lieferbar erweisen. Die Depotgutschrift für die Einlieferung erfolgt erst nach der erfolgreich durchgeführten Prüfung.

Jeder Kontoinhaber hat das Recht und die Möglichkeit, seine **Wertpapiere effektiv ausliefern** zu lassen, vorausgesetzt, es existieren effektive Stücke. Der Wunsch nach eigener Verwahrung von Effekten ist jedoch nach der Einführung eines 35-prozentigen Steuerabzugs bei der Einlösung von Kupons am Bankschalter drastisch zurückgegangen. Der Wunsch auf Auslieferung ist schriftlich zu erteilen. Die Bank prüft die Legitimation, die Unterschrift und das Depotguthaben des Kunden. Der Kunde erhält die Wertpapiere nach Abbuchung vom Depotkonto ausgehändigt oder zugestellt, wobei ein Nummernverzeichnis der Urkunden mit separater Post und ein weiteres Exemplar zusammen mit den effektiven Stücken übermittelt wird.

Auslieferungen werden innerhalb von zwei Arbeitstagen ausgeführt. Die Aushändigung kann bei der Wertpapiersammelbank oder per Post erfolgen. Vorrangig werden jedoch seitens der Kreditinstitute die bekannten Werttransportunternehmen eingeschaltet.

Aufgrund der Sammelverwahrung hat der Kunde keinen Anspruch auf die von ihm (eventuell) eingelieferten und durch Nummern definierten Stücke. Ausgeliefert wird eine gleichwertige Anzahl von Wertpapieren aus dem Sammelbestand der betreffenden Gattung. Eine Lieferung seitens der Wertpapiersammelbank direkt an die Privatkunden der Banken ist nicht möglich.

Durch die zentrale Verwahrung von Wertpapieren können Börsengeschäfte und sonstige Wertpapierübertragungen ohne die Bewegung von effektiven Stücken, nur durch eine buchmäßige Übertragung, beliefert werden. Die Auftragserteilung erfolgt weitestgehend beleglos. Bei Börsengeschäften über das EDV-System LION (Lieferfreigabe online) oder durch so genannte Lieferlisten, bei anderen Wertpapierübertragungen durch das EDV-System CASCADE.

Drittverwahrung

Nach dem Depotgesetz sind Banken berechtigt, die ihnen anvertrauten Effekten bei einem anderen Verwahrer zu hinterlegen (Drittverwahrung). Dabei wird der erste Verwahrer als **Zwischenverwahrer oder Lokalbankier**, der andere – eigentlich zweite – Verwahrer als **Drittverwahrer oder Zentralbankier** bezeichnet. Die zur Drittverwahrung gegebenen Effekten werden aus Gründen des Kundenschutzes unter dem Namen des Zwischenverwahrers geführt.

Zur Drittverwahrung bedarf es weder einer Ermächtigung noch der Kenntnisnahme des Hinterlegers. Im Übrigen sichern sich die Banken das Recht der Drittverwahrung in ihren Allgemeinen Geschäftsbedingungen, wobei sie die gesetzliche Haftung gleichzeitig einschränken. Während das Depotgesetz bei der Drittverwahrung die **Haftung des Zwischenverwahrers** für ein Verschulden des **Drittverwahrers** wie die Haftung für eigenes Verschulden behandelt, garantieren die Banken lediglich eine Haftung, für die sorgfältige Auswahl des Drittverwahrers. Folgt die Bank bei der Auswahl der Weisung eines Kunden, so erlischt die Haftung.

Die **Drittverwahrung** ist **sowohl bei Sonder- als auch bei Sammelverwahrung** möglich.

Dabei können zur endgültigen Verwahrung bei der Wertpapiersammelbank mehrere Banken als Verwahrer zwischengeschaltet sein. Zweigstellen der verwahrenden Banken gelten „sowohl untereinander als auch in ihrem Verhältnis zur Hauptstelle als verschiedene Verwahrer". Dadurch entsteht bisweilen eine Hinterlegerkette, in der für die einzelne Bank jeweils ein anderer Zwischen- und Drittverwahrer im Sinne des Depotgesetzes (§ 3 Abs. 1 DepG) ist.

Die **Rechte des Hinterlegers** bleiben bei der Drittverwahrung stets gewahrt, da der Zwischenverwahrer keine weitergehenden Ermächtigungen an den Drittverwahrer geben kann, als ihm selbst vom Hinterleger erteilt worden sind. Der Hinterleger ist allerdings nicht dagegen geschützt, dass der Zwischen- oder Drittverwahrer gegen die depotrechtlichen Bestimmungen verstößt. Diese Gefahr besteht jedoch bei jeder Verwahrung.

3.2.5.4 Verpfändung von Wertpapieren bei der Drittverwahrung

Die Verpfändung von Wertpapieren spielt oft bei der Kreditsicherung eine Rolle. Dabei ist es gleichgültig, ob die Effekten vom Hinterleger in Sonder- oder Sammelverwahrung gegeben wurden. Die Verpfändung kann durch **ausdrücklichen Vertrag erfolgen;** dann liegt eine so genannte **Pfandverwahrung** vor. Sofern die Effekten im Streifbanddepot liegen, müssen sie in ein spezielles **Pfanddepot** überführt werden (§ 17 DepG).

Bei der Sammelverwahrung kann die Verwahrungsart beibehalten werden. Außer durch vertragliche Verpfändung haften zwar sämtliche Effekten eines Depotkunden bereits auf Grund der **Pfandklausel** in den Allgemeinen Geschäftsbedingungen; durch diese Klausel **allein** sind sie jedoch nicht verpfändet.

Fremdvermutung und Eigenanzeige

Werden die Effekten an einen Drittverwahrer weitergereicht, so stellt sich die Frage, welche Pfand- und Zurückbehaltungsrechte dieser an den Papieren geltend machen kann. Das Depotgesetz schafft hierfür den **Grundsatz der Fremdvermutung**. Wenn eine Depotbank die ihr anvertrauten Effekten bei einem Drittverwahrer hinterlegt, „so gilt als dem Dritten bekannt, dass die Wertpapiere dem Verwahrer **nicht gehören**" (§ 4 Abs. 1 DepG).

Erst durch eine so genannte **Eigenanzeige des Zwischenverwahrers** wird das drittverwahrende Kreditinstitut von den Eigentumsverhältnissen der betreffenden Effekten unterrichtet. Die Fremdvermutung ist nur dann entkräftet, „wenn der Verwahrer dem Dritten für das einzelne Geschäft **ausdrücklich und schriftlich** mitteilt, dass er Eigentümer der Wertpapiere sei" (§ 4 Abs. 2 DepG). Diejenigen Effekten, für die eine solche Eigenanzeige **nicht** vorliegt, gewähren dem Drittverwahrer ein Pfand- oder Zurückbehaltungsrecht nur wegen solcher Forderungen, „die mit Bezug auf diese Wertpapiere entstanden sind" (zum Beispiel für Depotgebühren oder Kosten der

Pfandverwahrung) „oder für die diese Wertpapiere nach dem einzelnen über sie zwischen dem Verwahrer und dem Dritten vorgenommenen Geschäft haften sollen".

Häufig refinanzieren sich Banken für Kredite, die den Kunden gegen Verpfändung ihrer im Depot befindlichen Effekten gewährt wurden, bei Drittverwahrern durch **Weiterverpfändung**. Da dieser Weiterverpfändung einerseits die Fremdvermutung entgegensteht, andererseits die **Aufnahme eines Rückkredits** oft unerlässlich ist, enthält das Depotgesetz eindeutige Bestimmungen über die Weiterverpfändung von Wertpapieren, die nicht zuletzt dem Schutz der Eigentumsrechte des Hinterlegers dienen sollen.

Die Weiterverpfändung von Effekten – auch **Drittverpfändung** genannt – ist an verschiedene Voraussetzungen gebunden (§ 12 Abs. 1 DepG). Sie darf grundsätzlich nur dann erfolgen, wenn

- vom Hinterleger eine Ermächtigung vorliegt,
- der Weiterverpfändung stets eine Krediteinräumung an den Hinterleger zugrunde liegt und
- die Weiterverpfändung nur zugunsten eines Verwahrers im Sinne des Depotgesetzes vorgenommen wird.

Je nach dem Grad der Ermächtigung sind verschiedene Verpfändungsarten zu unterscheiden. Dabei darf der Zwischenverwahrer die ihm erteilten Ermächtigungen an den Drittverwahrer nur so weitergeben, wie sie ihm gegeben wurden.

Regelmäßige Verpfändung

Bei der regelmäßigen (gewöhnlichen) Verpfändung darf das zwischenverwahrende Kreditinstitut auf die Wertpapiere oder Sammelbestandanteile **Rückkredite nur bis zur Gesamtsumme der Kredite nehmen, die es für die Hinterleger insgesamt eingeräumt hat,** das heißt, sämtliche Hinterleger, welche die Bank zur Verpfändung ermächtigen, befinden sich in einer **Gefahrengemeinschaft**, da jedes der drittverpfändeten Papiere für den ganzen Rückkredit haftet. „Der Wert der verpfändeten Wertpapiere oder Sammelbestandanteile soll die Höhe des für den Hinterleger eingeräumten Kredits mindestens erreichen, soll diese jedoch nicht unangemessen übersteigen" (§ 12a DepG).

Zur Sicherung anderer Verbindlichkeiten, die **nicht** der Refinanzierung der Kredite an die betreffenden Hinterleger dienen, dürfen die gewöhnlich verpfändeten Effekten nicht weiterverpfändet werden. Zur regelmäßigen Verpfändung benötigt die zwischenverwahrende Bank für jedes Verwahrungsgeschäft eine **ausdrückliche und schriftliche Ermächtigung des Hinterlegers**, die weder in den Allgemeinen Geschäftsbedingungen enthalten sein noch auf andere Urkunden verweisen darf.

Beschränkte Verpfändung

Ermächtigt der Hinterleger das Kreditinstitut lediglich zur beschränkten Verpfändung. so darf es als Zwischenverwahrer die Effekten **nur bis zur Höhe des Kreditbetrages weiterverpfänden, der diesem Hinterleger jeweils eingeräumt wurde** (§ 12 Abs. 3 DepG). Eine derartige Ermächtigung ist an keine Form gebunden, das heißt, sie kann durch Geschäftsbedingungen, schriftlich, mündlich oder durch schlüssige (konkludente) Handlungen erteilt werden.

Diese Formerleichterung ist insofern begründet, als die beschränkte Verpfändung für den Hinterleger diejenige Verpfändungsart ist, die die geringste Gefahr in sich birgt. Allerdings bedingt sie einen erhöhten Arbeitsanfall, da der Drittverwahrer gezwungen ist, für jeden Kunden des Zwischenverwahrers ein Depotkonto zu führen. Sie ist deshalb **in der Praxis wenig gebräuchlich**.

Unbeschränkte Verpfändung

Die unbeschränkte Verpfändung war nach früherem Recht die Regel, stellt aber heute die Ausnahme dar. Sie bringt für den Hinterleger das größte Risiko mit sich, weil das zwischenverwahrende Kreditinstitut ermächtigt wird, die ihm anvertrauten Wertpapiere **ohne Rücksicht auf die Höhe des dem Hinterleger gewährten Kredits** dem Drittverwahrer zur Sicherung aller seiner Verbindlichkeiten weiterzuverpfänden (§ 12 Abs. 4 DepG). Die unbeschränkte Verpfändung bedarf der gleichen strengen Form, wie sie bei der regelmäßigen Verpfändung notwendig ist, daneben muss jedoch „in der Ermächtigung zum Ausdruck kommen, dass der Verwahrer das Pfandrecht **unbeschränkt**, also für alle seine Verbindlichkeiten ohne Rücksicht auf die Höhe des für den Hinterleger eingeräumten Kredits, bestellen kann".

3.2.5.5 Depot A, B, C oder D?

Das unterschiedliche Ausmaß, in dem drittverwahrte Effekten haften können, macht es notwendig, dass der Drittverwahrer für den Zwischenverwahrer verschiedene Depots führt. Dabei handelt es sich nicht um besondere Verwahrungsarten, sondern um eine rein buchhalterische Einrichtung, welche die Rechtsverhältnisse für die hinterlegten Wertpapiere klarstellen soll. Die effektiven Stücke können sowohl im Streifband- als auch im Sammeldepot verwahrt werden. Durch die unterschiedliche Buchungsart verschafft sich der Drittverwahrer eine Übersicht darüber, welche Effekten ihm als Pfand generell, speziell oder überhaupt nicht zur Verfügung stehen. Die Wertpapiersammelbank führt unabhängig davon nur **einen** Bestandssaldo pro Gattung und Bank.

Das **Eigendepot (Depot A)** enthält Wertpapiere und Sammeldepotanteile, die dem Zwischenverwahrer selbst gehören und für die die Fremdvermutung durch eine Eigenanzeige entkräftet ist. Außerdem werden in das Eigendepot diejenigen Kundenpapiere eingebucht, für die der Hinterleger ausdrücklich eine unbeschränkte Weiterverpfändung zugelassen hat. Die im Eigendepot verzeichneten Effekten haften dem Drittverwahrer für jegliche Forderung dem Zwischenverwahrer gegenüber.

Das **Anderdepot (Depot B)** umfasst Wertpapiere und Sammeldepotanteile, die von den Kunden des Zwischenverwahrers ohne jede Verpfändungsermächtigung hinterlegt wurden. Ein Pfand- oder Zurückbehaltungsrecht steht dem drittverwahrenden Kreditinstitut nur für solche Forderungen zu, die in bezug auf diese Papiere entstanden sind (zum Beispiel Depotgebühren).

Das **Pfanddepot** (Depot C) verzeichnet nur die nach der regelmäßigen Verpfändung vom Zwischenverwahrer weiterverpfändeten Wertpapiere und Sammeldepotanteile seiner Depotkunden. Die betreffenden Werte haften dem Drittverwahrer für jeden Rückkredit, den der Zwischenverwahrer zur Finanzierung seiner Kundenkredite aufgenommen hat.

Das **Sonderpfanddepot (Depot D)** nimmt lediglich die nach der beschränkten Verpfändung weiterverpfändeten Wertpapiere und Sammeldepotanteile der Kunden des Zwischenverwahrers auf. Dabei handelt es sich um kein gemeinschaftliches Pfanddepot wie beim Depot C. Jedem einzelnen Depotkunden der zwischenverwahrenden Bank, dessen hinterlegte Papiere zur Erlangung eines Rückkredits weiterverpfändet werden, wird vielmehr ein besonderes Depotkonto eingerichtet (Depotkonto D1, D2, D3 usw.).

Die Aufzeichnung der von Kreditinstituten verwahrten Wertpapiere erfolgt in der **Depotbuchhaltung,** über deren Führung und Prüfung die „Richtlinien für die Depotprüfung" eingehende Bestimmungen enthalten. Zur Kontrolle muss mindestens einmal jährlich eine Depotabstimmung in der Weise vorgenommen werden, dass die Kreditinstitute ihren Hinterlegern übersichtliche Depotauszüge mit der Bitte um Bestätigung übersenden. Eine ausdrückliche Bestätigung wird indessen heute zumeist nicht mehr verlangt. Die Kreditinstitute vermerken vielmehr in den Depotauszügen etwa folgenden Absatz aus den AGB:

„Der Kunde hat **Rechnungsabschlüsse** und **Wertpapieraufstellungen** sowie sonstige Abrechnungen und Anzeigen auf ihre Richtigkeit und Vollständigkeit zu überprüfen. **Einwendungen** gegen Rechnungsabschlüsse und Wertpapieraufstellungen sind innerhalb eines Monats seit Zugang abzusenden, sonstige Einwendungen sind unverzüglich zu erheben. Die Unterlassung rechtzeitiger Einwendungen gilt als **Genehmigung**; die Bank wird bei Rechnungsabschlüssen und Wertpapieraufstellungen sowie sonstigen Abrechnungen und Anzeigen auf die Folge der Unterlassung rechtzeitiger Einwendungen besonders hinweisen. Gesetzliche Ansprüche des Kunden bei begründeten Einwendungen nach Fristablauf bleiben jedoch unberührt."

3.2.5.6 Verwaltung von Effekten – ein wichtiger Service der Banken

Mit dem Effektenverwahrungsgeschäft übernehmen die Kreditinstitute zugleich die Aufgabe, die ihnen anvertrauten Wertpapiere für die Hinterleger zu verwalten (Serviceleistung). Während das Depotgesetz nur das Verwahrungsgeschäft regelt, enthalten die Allgemeinen Geschäftsbedingungen eingehende Bestimmungen über das Effektenverwaltungsgeschäft. Vor allem wird klargestellt, bei welchen Verwaltungshandlungen die Bank in der Regel Weisungen des Depotkunden einholt oder darauf verzichten kann.

Wenn auch die Allgemeinen Geschäftsbedingungen die Haftung der Banken aus der Effektenverwaltungstätigkeit teilweise einschränken (§ 3 Abs. 2 DepG), so sind die Kreditinstitute dennoch stets verpflichtet, die Interessen der Hinterleger zu wahren. Sie haften dem Depotkunden für Nachteile, die durch ihr Verschulden entstehen. Dabei ist es unerheblich, ob die Papiere in Drittverwahrung weitergegeben wurden oder nicht.

Einzug (Inkasso) und Gutschrift von Erträgen und Anleiherückzahlungen

Sofern ein Kreditinstitut Wertpapiere in eigenen Tresoren verwahrt, hat es bei Fälligkeit die entsprechenden Kupons zu trennen beziehungsweise bei Rückzahlungen die Urkunden aus der Verwahrung zu entnehmen und die entsprechenden Gegenwerte gegen Auslieferung der Wertpapiere bei der Hauptzahlstelle des Emittenten einzuziehen. Bei Wertpapieren, die zur Drittverwahrung beziehungsweise zur Sammelverwahrung gegeben wurden, übernehmen diese Stellen den Einzug und die Gutschrift der Gegenwerte.

Aktien – Dividenden: Die Kupons werden nach der Depotbuchung mit Valuta des Hauptversammlungstages abends getrennt. Wer unter diesem Datum einen Depotbestand besitzt, erhält die Gutschrift des Ertrages. Die tatsächliche Zahlung der Dividende erfolgt in der Regel am Bankarbeitstag nach der Hauptversammlung.

Erträge aus Investmentanteilen: Die Gutschrift der Erträge erfolgt an dem von der Gesellschaft veröffentlichten Valutatag, die Kupontrennung nach dem Buchungslauf per Vortag abends.

Zinsen auf festverzinsliche, variabel verzinsliche Anleihen, Wandelschuldverschreibungen: Die Gutschrift der Zinsen erfolgt zu dem bei der Anleihebegebung festgelegten Datum beziehungsweise, wenn dies kein Bankarbeitstag ist, entsprechend später. Bei variabel verzinsliche Anleihen und Wandelschuldverschreibungen wird der Valutatag rechtzeitig veröffentlicht. Die Trennung der Kupons erfolgt stets per Vorabend des Valutatages. Diese Veränderung gegenüber der früheren Kupon-Trennung jeweils per Medio oder Ultimo beziehungsweise 14 Tage vor der Valuta ist seit Januar 1994 wirksam. Die negativen Stückzinsen (Minuszinsrechnung) sind deshalb entfallen. Der Finanzplatz Deutschland hat sich mit dieser Veränderung den internationalen Usancen angepasst.

Bei halbjähriger Zinszahlung werden bei Veröffentlichungen folgende Terminangaben benutzt:

J/J	=	2.1. und 1.7.
F/A	=	1.2. und 1.8.
M/S	=	1.3. und 1.9.
A/O	=	1.4. und 1.10.
M/N	=	2.5. und 1.(2.)11. (wenn Feiertag)
J/D	=	1.6. und 1.12.

Daneben sind jedoch auch Zinstermine zu jedem anderen Tag des Monats möglich, zum Beispiel 20.1., 15.10. Zinsen werden für den zurückliegenden Zeitraum des Kupons gezahlt. Wechselt innerhalb dieses Zeitraums der Besitzer der Wertpapiere, so werden die zeitanteiligen Stückzinsen in der Effektenabrechnung zwischen Käufer und Verkäufer verrechnet.

Erträge in Fremdwährungen: Der Hinterleger hat seinem Verwahrer mitzuteilen, ob er die Fremdwährung auf einem Währungskonto im In- oder Ausland beziehen möchte. Erfolgt keine Anweisung, werden die Erträge in Euro konvertiert.

Rückzahlung von Anleihen: Bei Kapitalrückzahlungen werden die Stichtage für die Vergütung der Kapitalbeträge in Anlehnung an § 28 der Bedingungen für Geschäfte an den deutschen Börsen festgelegt. Mit dem Einzug und der Gutschrift der Gegenwerte werden die Depotkonten entsprechend ausgebucht; die Mäntel und eventuell noch vorhandene Rest-Bogen müssen bei der Hauptzahlstelle des Emittenten (oder wenn dieser eine Bank ist, bei ihm selbst) eingereicht werden.

Verwaltungsarbeiten, die mit einer Depotbestandsveränderung verbunden sind

Einrichtung von Bezugsrechtskonten: Bei Kapitalerhöhungen gegen Zahlung erhalten alle Depotkontoinhaber aufgrund ihrer Bestände in Aktien automatisch im Verhältnis 1:1 unter einer eigenen WKN Bezugsrechte gutgeschrieben. (zum Beispiel BASF-Aktien WKN 515100, Bezugsrecht 515108). Der Kontoinhaber wird darüber informiert und zur Abgabe einer Anweisung aufgefordert. Der Kontoinhaber kann

- junge Aktien beziehen. In diesem Falle werden die Bezugsrechte an die Bezugsstelle übertragen, der Bezugspreis überwiesen und dafür junge Aktien zurückübertragen.

- durch Verkauf oder Zukauf über die Börse seine Bestände verändern beziehungsweise ausgleichen.

Erfolgt seitens eines Depotkunden keine Weisung, so werden die Bezugsrechte automatisch am letzten Handelstag an der Börse verkauft, damit dem Kunden kein Nachteil durch Verfall der Bezugsrechte entsteht.

Einrichtung von Teilrechten / Berichtigungsaktien: Bei Kapitalerhöhungen aus Gesellschaftsmitteln werden den Depotkunden automatisch aufgrund ihrer Bestände von Aktien in dem vom Emittenten vorgegebenen Verhältnis, zum Beispiel sieben alte ergeben zwei Berichtigungsaktien, **neue Aktien** unter einer eigenen WKN gutgeschrieben. Dabei können rechnerisch Bruchteile/Teilrechte einer Aktie entstehen. Diese Teilrechte werden entweder an die umtauschende Bank übertragen und von dieser in bar abgegolten, oder es werden so viele Teilrechte hinzugekauft, bis eine volle Aktie entsteht. Ein Börsenhandel in Teilrechten erfolgt nicht. Sofern die neuen Aktien den alten Aktien gleichgestellt sind, werden sie automatisch umgebucht.

Junge = Alte Aktien: Wenn der (Dividenden-)Unterschied zwischen jungen (neuen) und alten Aktien einer Gesellschaft weggefallen ist – nach der Hauptversammlung –, dann werden die jungen (neuen) automatisch auf die Depotbestände der alten Aktien umgebucht (zum Beispiel junge BASF 515101 auf alte BASF 515100).

Sonstige Ereignisse, die zu Veränderungen im Depotbestand führen, sind zum Beispiel die Umstellung der Grundeinheit auf einen Euro pro Aktie, Konvertierung, Splitting und anderes mehr. Diese Ereignisse werden von den Verwahrern automatisch und termingerecht durchgeführt, der Kunde wird über die Vorgänge informiert, und es wird, falls erforderlich, seine Weisung eingeholt.

Bogenerneuerung: Sind in einer Wertpapiergattung die vorhandenen Kupons der effektiven Stücke eines Bogens aufgebraucht, dann werden die Kreditinstitute für die Wertpapiere in den eigenen Tresoren und die Wertpapiersammelbank für den Girosammelbestand automatisch und ohne Zutun der Hinterleger neue Bogen besorgen. Zur Legitimation hierzu dient der so genannte Talon, der Bestandteil der Bogen-Urkunden ist.

Anmeldung zur Hauptversammlung und Ausübung des Stimmrechts

Eine weitere Aufgabe der Effektenverwaltung ist die Anmeldung von Anteilspapieren zu den Hauptversammlungen der betreffenden Gesellschaften und die Ausübung des Stimmrechts. Die Banken dürfen das Stimmrecht für Aktien, die ihnen nicht gehören, nur ausüben, wenn sie zur Ausübung des Stimmrechts schriftlich ermächtigt sind (§ 135 Abs. 1 AktG). Dieses **Depotstimmrecht** lassen sich die Kreditinstitute in Form einer **Allgemeinen Depotstimmrechtsermächtigung** erteilen. Die Ermächtigung wird von dem überwiegenden Teil der Hinterleger, die an der Hauptversammlung nicht selbst teilnehmen können oder wollen, erteilt, weil die Banken im Allgemeinen das Vertrauen genießen, das Interesse der Aktionäre zu wahren.

In der eigenen Hauptversammlung darf das bevollmächtigte Kreditinstitut das Stimmrecht aufgrund der Vollmacht jedoch nur ausüben, soweit der Aktionär eine ausdrückliche Weisung zu den einzelnen Gegenständen der Tagesordnung erteilt hat.

Um Missbräuchen seitens der Banken vorzubeugen, schreibt das Aktiengesetz (§ 135 Abs. 2 AktG) vor, dass die Ermächtigung einer **bestimmten** Bank erteilt werden muss, jederzeit **widerruflich** ist und längstens für 15 Monate Gültigkeit besitzt; außerdem muss die Depotstimmrechtsermächtigung vollständig ausgefüllt und darf mit keinen anderen Erklärungen verbunden sein.

Sämtliche für eine Hauptversammlung von einem Kreditinstitut angemeldeten Anteilspapiere bleiben bis zum Ablauf der Hauptversammlung für den Effektenhandel gesperrt und dürfen dem Depot nicht entnommen werden.

3.2.5.7 WP-Informationsdienst der Wertpapier Mitteilungen als Grundlage der Verwaltungsarbeiten

Grundlage aller Verwaltungsarbeiten ist eine von den Wertpapier Mitteilungen (WM) täglich aktualisierte Datenbank mit Wertpapierinformationen. Diese Datenbank kann in den größeren Kreditinstituten auf deren eigenen Datenverarbeitungsanlagen geführt werden. Ansonsten steht das WSS Wertpapier-Service-System im zentralen Rechenzentrum der deutschen Börsen allen Interessenten zur Verfügung. Die WM haben im Auftrage des Kreditgewerbes die Aufgabe, zentral alle Wertpapierinformationen und Termine zu sammeln, bei neuen Gattungen eine deutsche Wertpapierkennnummer (WKN) zu vergeben und dem Kreditgewerbe einschließlich den Börsen zur Verfügung zu stellen. Dies geschieht in erster Linie in maschinenlesbarer Form mit täglichem Änderungsdienst oder in geringem Umfang auch gedruckt.

3.2.5.8 Bedeutung des Depotgeschäfts für Aufwand und Ertrag der Banken

Die Gegenüberstellung von Aufwand und Ertrag des Depotgeschäfts bereitet zum Teil Schwierigkeiten, da die Leistungen nicht isoliert, sondern nur im Zusammenhang mit Leistungen anderer Geschäftszweige betrachtet werden können. Die folgenden Ausführungen müssen sich aber auf diejenigen Aufwendungen und Erträge beschränken, die ausschließlich durch das Depotgeschäft verursacht werden.

Aufwendungen

Wertbedingte Aufwendungen fallen im Depotgeschäft nicht an, da keine Wertleistungen erstellt werden. Zum **betriebsbedingten Aufwand** zählen sämtliche Ausgaben für Betriebsmittel, die für eine ordnungsgemäße Effektenverwaltung und -verwaltung notwendig sind, beziehungsweise Gebühren, die an Drittverwahrer, zum Beispiel die Wertpapiersammelbank, für deren Dienstleistungen zu zahlen sind.

Im Vordergrund stehen die Aufwendungen für die **Tresoranlagen,** insbesondere die Abschreibungen und Zinsen für das durchschnittlich gebundene Kapital, weiterhin die **Personalaufwendungen** für die Beschäftigten der Tresorabteilung und der Depotbuchhaltung sowie die Aufwendungen für die **Revisionen** und **Prüfungen**, die von der Bank sowie durch staatlich bestellte Prüfungsorgane vorgenommen werden.

In den letzten Jahren ist durch den konsequenten Ausbau der Dienstleistungen von Börse und Kassenverein sowie durch intensive Nutzung der Datenverarbeitung der Verwaltungs- und Personalaufwand im Wertpapierbereich erheblich gesenkt worden. Weiterführende Projekte lassen auch in Zukunft eine Verbesserung der Aufwandssituation erwarten.

Verwahrung und Verwaltung/Girosammelverwahrung jeweils zuzüglich MwSt.

- Inländische Aktien   vom Kurswert
  0,75 bis 1 ‰

  mindestens 5 € pro Posten p. a.

- Inländische festverzinslicheWertpapiere   vom Kurswert
  mindestens vom Nennwert
  1,25 bis 1,5 ‰

  mindestens 5 € pro Posten p. a.
  eigene Emissionen kostenlos

- Investmentanteile
  Anteile von Tochter- und Beteiligungsgesellschaften kostenlos

- Mindestens pro Depot 10 € p. a.

- Einlösung von Depotverwahrten
  – fälligen Wertpapieren 0,25 Prozent
    mindestens 5 € pro Posten
  – fälligen eigenen Emissionen sowie Bundesschatzbriefen und
    Finanzierungs-Schätzen kostenlos
  – Zins- und Dividendenscheinen kostenlos

Wünscht der Kunde Streifbandverwahrung, obwohl die verwahrten Werte girosammelverwahrfähig sind, erfolgt in der Regel die Berechnung des doppelten Satzes der Girosammelverwahrung.

Abbildung 2-43: Beispiel für Gebühren im Wertpapiergeschäft einer Bank

Erträge

Die Erträge des Depotgeschäfts können aufgeteilt werden in direkte und indirekte Erträge.

Direkte Erträge stellen die **Depotgebühren** dar, die teils vom Nennwert teils vom Kurswert der hinterlegten Wertpapiere berechnet werden. Die Höhe der Sätze ist verschieden. Depotgebühren werden seit 1991 mit der gesetzlichen Mehrwertsteuer belegt. Neben den Depotgebühren müssen dem Depotgeschäft teilweise auch Erträge zugerechnet werden, die zwar in anderen Geschäftszweigen anfallen, deren wirtschaftlicher Ursprung jedoch im Depotgeschäft liegt **(indirekte Erträge).** Als derartige Erträge des Depotgeschäfts kommen die Effektenüberweisungsprovision, die Effektenkauf- und -verkaufsprovision, die Provision für die Ausübung beziehungsweise Verwertung des Bezugsrechts, die vom Emittenten zu zahlende Inkassoprovision und ähnliche Erträge in Frage.

3.3 Grundlagen der Anlageberatung und Vermögensverwaltung

3.3.1 Rechtliche Grundlagen

3.3.1.1 Grundlegendes zur Beratungshaftung

Seit der Liberalisierung des deutschen Kapitalmarktes Mitte der 80er Jahre haben sich für die Anleger neue Möglichkeiten bei der Vermögensanlage aufgetan, mit denen zusätzliche Chancen, aber auch Risiken verbunden sind. In den Folgejahren hat sich die Rechtsprechung verstärkt mit Haftungsfragen beschäftigt, die aus der Vermittlung von Kapitalanlagen resultieren. Die Ursachen für diese Tendenz liegen insbesondere in dem Wandel der Kapitalmärkte, die durch ihre Schnelligkeit und zunehmende Komplexität für den Anleger immer schwieriger durchschaubar werden. Der zunehmende Wettbewerb unter den Finanzdienstleistern fördert die Entwicklung von Finanzinnovationen, die auch für diejenigen nur schwer verständlich sind, die sich mit Kapitalanlagen beschäftigen. Daneben ist auch die Rechtsprechung bei traditionellen Bankdienstleistungen verbraucherfreundlicher geworden.

Juristisch wird die Beratung des Kunden als eigenständiges Rechts- beziehungsweise Vertragsverhältnis angesehen, sodass eventuelle Haftungsansprüche aus fehlerhafter Beratung nicht durch die Allgemeinen Geschäftsbedingungen ausgeschlossen werden können. Vielmehr kann ein Auskunftsvertrag zwischen Kunde und Kreditinstitut auch stillschweigend zustande kommen. Er erlischt, wenn nach Einholung eines Angebots die Geschäftsverbindung nicht zustande kommt. Ein Haftungsfall könnte sich aufgrund des folgenden Beispiels ergeben.

> **BEISPIEL**
>
> Ein Kunde sucht seine Bank wegen der Anlage eines Betrages von 20.000 € auf und erklärt, dass diese Mittel in zwei Jahren für die Anschaffung eines neuen Autos benötigt werden und deshalb sicher anzulegen sind. Der Anlageberater empfiehlt daraufhin, den Betrag auf zwei deutsche Aktienstandardwerte zu verteilen, weil aufgrund niedriger Kapitalmarktzinsen diese Anlage die höchste Wertentwicklung in Aussicht stellt. Zudem wiesen diese Titel in den letzten Jahren keine wesentlichen vorübergehenden Kursrückgänge auf, sodass eine hohe Sicherheit gewährleistet sei. Nachdem sich der Kunde von den Argumenten des Beraters überzeugen ließ, stellt sich nach zwei Jahren heraus, dass die Aktien nur noch 15.000 € Wert sind, weil durch weltpolitische Spannungen eine Aktienbaisse eingetreten ist.

Aus einer Vielzahl von Urteilen wurden Erkenntnisse gewonnen, die im Wertpapierhandelsgesetz (WpHG) eingebunden wurden.

3.3.1.2 Wichtiges zum Wertpapierhandelsgesetz

Das zum 1.1.1995 in Kraft getretene und in der Folgezeit erweiterte WpHG verpflichtet mit § 31 Abs. 2 ein Wertpapierdienstleistungsunternehmen dazu, von seinen Kunden „Angaben über ihre Erfahrungen oder Kenntnisse in Geschäften, die Gegenstand von Wertpapierdienstleistungen sein sollen, über ihre mit den Geschäften verfolgten Ziele und über ihre finanziellen Verhältnisse zu verlangen" Außerdem müssen den Kunden „alle zweckdienlichen Informationen" mitgeteilt werden.

Diese Verpflichtungen sind jedoch nur soweit zu erfüllen, als „dies zur Wahrung der Interessen der Kunden und im Hinblick auf Art und Umfang der beabsichtigten Geschäfte erforderlich ist." Das heißt, dass die Beratung entsprechend der individuellen Situation (anlegergerecht) und in Abhängigkeit der Produkte (anlage- beziehungsweise objektgerecht) zu erfolgen hat. Die weit gefassten Generalklauseln des Gesetzes wurden 1997 durch eine Richtlinie des Bundesaufsichtsamtes für den Wertpapierhandel (BAWe) konkretisiert.

Aufgrund der gesetzlichen Regelungen und der Richtlinie werden in der Bankpraxis die erforderlichen Angaben des Kunden schriftlich festgehalten und sind zu aktualisieren, wenn für die Bank eine wesentliche Veränderung in den persönlichen Verhältnissen des Kunden erkennbar ist. Der Kunde ist darauf hinzuweisen, dass es ihm obliegt, auf solche Veränderungen aufmerksam zu machen. Zwecks einer effizienten Umsetzung des Gesetzes ordnen die Banken ihren Wertpapierkunden Risikostufen entsprechend der persönlichen Situation und den Kenntnissen und Erfahrungen zu. Um den Anlegern die wesentlichen Grundkenntnisse über die Ausstattung und Risiken von Wertpapieren zu vermitteln, sind die Kreditinstitute dazu übergegangen, eine ausführliche Informationsschrift mit dem Titel „Basisinformationen über Vermögensanlagen in Wertpapieren" auszuhändigen.

Außerdem wurde den Kreditinstituten durch § 31 Abs. 1 WpHG auferlegt, die Interessen des Kunden zu wahren. Spezifiziert wird dies unter anderem in § 32 Abs. 1 WpHG durch das Verbot, Kunden Empfehlungen gegen ihre Interessen zu erteilen oder um Preise in eine Richtung zu lenken, die für die Eigengeschäfte des Instituts vorteilhaft sind. Auch das Front- beziehungsweise Parallelrunning, bei dem aufgrund der Information über eine bedeutende Kundenorder frühzeitig ein Eigengeschäft abgeschlossen wird, ist nicht statthaft, soweit Nachteile für den Kunden entstehen können. In den Compliance-Richtlinien sind die einzuhaltenden Verhaltensregeln der Kreditinstitute und ihrer Mitarbeiter zusammengefasst. Außerdem definiert das WpHG den Personenkreis der Insider und regelt die Überwachung, um das Ausnutzen von Insiderinformationen zu unterbinden.

Der Anwendungskreis des WpHG umfasst alle Wertpapierdienstleistungsunternehmen, also auch Discount-Broker und Direktbanken, bei denen eine die persönlichen Verhältnisse des Kunden berücksichtigende Anlageberatung bei den einzelnen Kauf- und Verkaufentscheidungen als vertragliche Hauptleistungspflicht nicht geschuldet wird (execution-only). Auf diese Besonderheit ist jedoch der Anleger spätestens vor Ausführung des Auftrages ausdrücklich hinzuweisen. In der Praxis dürfen die Kunden Geschäfte nur in Wertpapieren tätigen, die ihrer Risikoklasse entsprechen. Der Wechsel in eine höhere Risikoklasse ist bei diesen nichtberatenden Banken kaum möglich, da kein Aufklärungs- und Beratungsgespräch durchgeführt wird.

Seit dem 1.1.1998 werden durch die Sechste KWG-Novelle neben den Kreditinstituten auch so genannte Finanzdienstleistungsinstitute der staatlichen Aufsicht unterworfen. Hierunter fallen alle gewerbsmäßigen Anbieter von Finanzdienstleistungen, wie beispielsweise die Anlagevermittlung, die Abschlussvermittlung und die Finanzportfolioverwaltung. Ausgenommen sind hiervon unter bestimmten Voraussetzungen Vermittler von Investmentfondsanteilen. Für Finanzdienstleistungsunternehmen gelten ebenfalls die Regelungen des WpHG.

3.3.2 Risiko- und Ertragsrelationen verschiedener Anlageformen

> **DEFINITION**
>
> Der vermutliche Ertrag einer Vermögensanlage wird dadurch bemessen, dass ein Durchschnittswert aus unterschiedlichen Szenarien und deren Eintrittswahrscheinlichkeiten errechnet wird. Als Maßzahl dient häufig der mathematische Erwartungswert.
>
> Das Risiko bemisst sich aus der Wahrscheinlichkeit und den Folgen, mit der andere Ergebnisse als der erwartete Ertrag eintreten können. Mit steigenden Wertschwankungen (Volatilität) steigt auch das Risiko. Sofern die Abweichung positiv verläuft, wird Risiko auch als Chance bezeichnet. Als Maßzahl dient häufig die Standardabweichung oder die Varianz.

Theoretisch besteht zwischen beiden Größen kein Zusammenhang. Eine unsichere Anlageform kann eine niedrigere Rendite versprechen als eine sichere. Bei der Besprechung der unterschiedlichen Kapitalanlagen wird jedoch deutlich, dass es in der Praxis zwischen beiden Kriterien einen engen umgekehrten Zusammenhang gibt, weil Anbieter von Kapitalanlagen versuchen, ihre Kapitalkosten gering zu halten und Anleger häufig nur bereit sind, für einen zusätzlichen Ertrag höhere Risiken einzugehen.

3.3.2.1 Kontengebundene Geldanlagen

Im Vergleich zu handelbaren Wertpapieren sind die Risiken von kontengebundenen Geldanlagen, soweit sie auf heimische Währung lauten, gut überschaubar, da keine Marktpreisschwankungen auftreten. Sicher ist dies mit ein Grund dafür, dass dieses Segment nicht vom WpHG erfasst wird. Das Bonitätsrisiko des Schuldners ist in Deutschland dadurch eingeschränkt, dass die Kreditinstitute an die aufsichtsrechtlichen Vorschriften des KWG gebunden sind und zumeist einem Einlagensicherungsfonds angehören. Andererseits werden auf Konten vergleichsweise geringe Erträge erwirtschaftet. Die von den Banken und Sparkassen zu unterhaltende Mindestreserve auf Einlagen kann als ein Kostenfaktor angesehen werden, der sich auf den Ertrag des Anlegers negativ auswirkt. Die Bedeutung der Mindestreserve als Kostenfaktor hat jedoch abgenommen, da sie den Kreditinstituten nun verzinst wird. Der Hauptgrund für den geringeren Ertrag kontengebundener Anlagen liegt in ihrer Fristigkeit. Da eine vorzeitige Kündigung von längerlaufenden Anlagen, sofern sie akzeptiert wird, in der Regel mit Vorschusszinsen verbunden ist und eine wie bei notierten Wertpapieren mögliche Veräußerung entfällt, orientieren sich die Zinssätze bei kontengebundenen Geldanlagen am Geld- oder kurzfristigen Kapitalmarkt. Die Rendite liegt hier bei normaler Zinsstrukturkurve unter der Rendite für mittel- und langfristige Kapitalmarktanlagen. Das Risiko einer steigenden Inflation (Inflationsrisiko) wird bei Anlagen, die sich am kurzfristigen Zinsniveau orientieren, dadurch abgefedert, dass bei steigender Inflation auch die kurzfristigen Zinsen mitziehen und Zinsanpassungen bei kurzfristigen Geldanlagen in überschaubaren Zeiträumen stattfinden. Trotzdem ist der Inflationsschutz, insbesondere bei sehr hoher Inflation und Nachsteuerbetrachtung, nicht mit dem einer Sachwertanlage vergleichbar.

Nach der Einführung von Geldmarktfonds, die Flexibilität mit geldmarktnaher Verzinsung verbinden, haben vorübergehend starke Umschichtungen zu Lasten von Termingeldern und (unverzinslichen) Kontokorrentguthaben stattgefunden.

Inzwischen gehen die Banken aus Effizienzgründen dazu über, auch auf täglich fällige Kontenguthaben Zinsen zu zahlen. Darüber hinaus finden Kontenanlagen hauptsächlich noch für das Ansparen kleinerer Beträge auf Sparkonten, bei mittelfristigen Sondersparformen und in Form sehr hoher Beträge für Kurztermingelder Anwendung.

3.3.2.2 Festverzinsliche Wertpapiere

Die wesentlichen renditebestimmenden Merkmale von Anleihen sind der Nominalzins (Kupon), die Restlaufzeit und der aktuelle Preis (Kurs). Eine weitere Einflussgröße ist die Sicherheit, mit der die Zins- und Tilgungsleistungen erfolgen. Anleihen eines Schuldners sind für den Anleger durch vergleichbare andere Titel substituierbar. Deshalb besteht eine Gleichgewichtsbeziehung: Die Renditen von Anleihen ähnlicher Ausstattung passen sich aneinander an. Renditeänderungen, die durch die Kapitalmärkte vorgegeben werden, müssen sich zwangsläufig auf den Börsenkurs der Anleihen auswirken, da sich, von Ausnahmen abgesehen, die Ausstattungskriterien Laufzeit und Nominalzins (Kupon) nicht bewegen können.

Steigt beziehungsweise fällt der Kapitalmarktzins, fällt beziehungsweise steigt der Kurs einer festverzinslichen Anleihe bis die Rendite wieder das Niveau vergleichbarer Anleihen erreicht hat.

Dieses Zinsänderungsrisiko einer festverzinslichen Anleihe ist im wesentlichen von der Restlaufzeit des Titels abhängig und steigt mit ihr. Eine mathematische Messgröße für das beschriebene Risiko ist die Duration, die ausdrückt, mit welcher Sensitivität sich der Kurs einer Anleihe nach Änderungen der Kapitalmarktrendite anpasst. Bei einer Anleihe mit einer Kuponhöhe von Null (Zerobond) entspricht die Duration genau der Laufzeit in Jahren. Steigt die Kapitalmarktrendite beispielsweise um 0,5 Prozent, fällt der rechnerische Kurs einer Anleihe mit einer Duration von fünf um das fünffache, das heißt um 2,5 Prozent. Ein hoher Zinskupon reduziert die Duration und dämpft das Zinsänderungsrisiko, weil diese Geldflüsse früher zu aktuellen Bedingungen wiederanlegbar werden. Demzufolge beträgt die Duration für eine fünfjährige Kuponanleihe weniger als fünf.

Gleichzeitig drückt die Duration noch etwas anderes aus. Bei einer fünfjährigen Kuponanleihe steht zum Anlagezeitpunkt nicht fest, welches Endergebnis zum Fälligkeitszeitpunkt erzielt wird, denn es ist nicht bekannt, zu welchem Zinssatz die Kupons wiederangelegt werden können. Wäre die Duration einer fünfjährigen Kuponanleihe 4,5, so bedeutet dies, dass der „Zinsminderbetrag", der durch einen gefallenen Wiederanlagezins für die Kupons nach einer viereinhalbjährigen Laufzeit aufgelaufen ist, exakt dem Kursgewinn entspricht, der bei vorzeitiger Veräußerung der Anleihe nach 4,5 Jahren aufgrund des gefallenen Zinsniveaus entstehen würde. Demzufolge steht bei dieser fünfjährigen Anleihe zum Anlagezeitpunkt bereits fest, welches Gesamtergebnis bei einer Veräußerung nach 4,5 Jahren erzielt wird. Die theoretischen Annahmen hierfür sind unter anderem, dass die Zinsänderung vor Fälligkeit des ersten Kupons stattfindet und dass die Zinsstrukturkurve flach verläuft.

In der Regel erzielen Titel mit höherem Zinsänderungsrisiko, sprich längerer Fristigkeit, höhere Renditen. Eine Ausnahme stellt die Situation einer inversen Zinsstrukturkurve dar, bei der sich dieses Verhältnis umgekehrt verhält. Diese Konstellation ist bisher nur in Hochzinsphasen aufgetreten und impliziert, dass Anleger ihr Kapital hier bevorzugt lange binden, da sie auf diese Weise dem Risiko fallender Zinsen besser begegnen.

Das bestehende Bonitätsrisiko von Anleihen lässt sich häufig anhand eines Ratings abschätzen, das von unabhängigen Agenturen für eine Vielzahl von Anleihen ermittelt wird. Mit einem Rating wird die Wahrscheinlichkeit dafür bewertet, dass die Zins- und Tilgungszahlungen einer Anleihe rechtzeitig und in vollem Umfang erfüllt werden.

Die Bedeutung der Rating-Symbole der beiden bekanntesten Agenturen, Standard & Poor's und Moody's, sind in Abbildung 2-44 auf der folgenden Seite aufgeführt.

Wie beim Zinsänderungsrisiko kommt auch bei größerem Bonitätsrisiko ein höherer Kapitalmarktzins zum Tragen. Die Kapitalgeber verlangen einen Risikoausgleich. Sofern das höhere Bonitätsrisiko zum Emissionszeitpunkt bekannt ist, kommt der Renditeaufschlag in der Regel in einem höheren Kupon zum Ausdruck. Sofern sich die Bonität während der Laufzeit drastisch verschlechtert, wird der Renditeaufschlag der Anleihe durch einen im Vergleich zu ähnlichen Anleihen niedrigeren Börsenkurs sichtbar (Fallen Angels). Oft wird dieser Prozess durch eine Reduzierung des Ratings eingeleitet.

Rating-Symbole von:	S & P	Moody's
beste Qualität des Schuldners	AAA	Aaa
etwas größeres Ausfallrisiko	AA+	Aa1
	AA	Aa2
sehr gute Qualität	AA–	Aa3
gute Qualität; veränderte wirtschaftliche und politische Rahmenbedingungen könnten die Rückzahlung beeinflussen	A+ A A–	A1 A2 A3
mittlere Qualität; mangelnder Schutz gegen Einflüsse einer sich verändernden Wirtschaftsentwicklung	BBB+ BBB BBB–	Baa1 Baa2 Baa3
Anleihen mit deutlich spekulativem Charakter; es besteht nur Deckung für Zins- und Tilgungsleistungen	BB+ BB BB–	Ba1 Ba2 Ba3
sehr spekulative Anlage; eine langfristige Zinszahlung und die Tilgung ist fragwürdig	B+ B B–	B1 B2 B3
in der Regel ohne Zinszahlung	CCC CC	Caa Ca
völlige Zahlungsunfähigkeit	C oder D	

Abbildung 2-44: Rating-Symbole

In der Praxis zeigt sich, dass das Unsicherheitsgefühl der Anleger von sehr guten Anleihen zu guten Anleihen nur gering zunimmt, sodass in diesem Bereich die Renditen je nach Zinsniveau Unterschiede von circa ein bis zwei Prozentpunkten aufweisen. Von der mittleren bis zur schlechten Qualität nimmt die Rendite dagegen signifikant zu. Eine Ratingänderung während der Anleihelaufzeit von guter zu mittlerer Qualität oder innerhalb des mittleren und unteren Ratingsegments führt deshalb für den Anleger zu größeren Kursverlusten.

Bei einigen Emissionen ist eine Kündigung der Anleihe möglich, wodurch sich auch die Anleihelaufzeit verändern kann. Sofern die Kündigung zu einem niedrigeren Kurs als dem Börsenkurs erfolgen kann, ist ein Rückgang der Notierung auf den Kündigungskurs als Risiko vorhanden (Kündigungsrisiko). Eine schlechter gewordene Marktgängigkeit eines Titels, zum Beispiel aufgrund zu geringem Emissionsvolumen oder exotischer Ausstattungsmerkmale, kann ein Wertpapier unattraktiv machen, sodass eine eigene Veräußerung nur unter Hinnahme eines Kursabschlags möglich wird (Marktrisiko). Darüber hinaus bestehen bei Titeln in fremder Währung Währungsrisiken und, sofern ein ausländischer Emittent eine Anleihe begibt, Länder- und Transferrisiken. Ein sehr geringes Risikoverhalten weisen Bundesschatzbriefe auf, bei denen eine Rückgabe ohne Kursrisiko möglich ist. Lediglich die Restriktion, dass die Liquidation erst nach einem Jahr erfolgen kann und innerhalb von 30 Zinstagen nur bis zu 10.000 DM pro Depotinhaber zurückgegeben werden dürfen, birgt bei größerem Anlagevolumen ein hohes Liquiditätsrisiko in sich.

Aus der Geldgeschichte Deutschlands ist bekannt, dass durch die Inflation von 1923 und die Währungsreform nach dem Zweiten Weltkrieg Forderungen, die auf Geldeinheiten lauteten, verloren bzw. weitgehend eingebüßt wurden. Anders verhält sich dies bei Sachvermögen, wie zum Beispiel Immobilien oder Unternehmensanteilen.

3.3.2.3 Aktienanlage und Portefeuillebildung

Das Risiko- und Renditeverhalten von Aktien unterscheidet sich sehr stark von den auf Geldeinheiten lautenden Anlageformen. Letztendlich ist der Aktionär für jede Aktie anteilsmäßig an einem Unternehmen – der Substanz und den Erträgen – beteiligt. Entsprechend hängt der Wert einer Aktie, wie der einer Immobilie, nicht von der Wertschätzung der Währung, sondern vom dahinterstehenden Objekt ab. Deshalb wird das Inflationsrisiko, also das Risiko einer sinkenden Kaufkraft der Währung, bei der langfristigen, diversifizierten Aktienanlage als wesentlich geringer angesehen. Im Gegenzug ist für die Aktienanlage typisch, dass der Anleger bei einem ungünstigen Veräußerungszeitpunkt nicht nur einen realen (die Kaufkraft berücksichtigenden) Wertverlust erleiden kann, sondern auch einen nominal geringeren Erlös erhält, als er ursprünglich investierte.

Bei den Bewertungsmaßstäben von Aktien dominieren ertragsorientierte Betrachtungsweisen. Substanz- oder Liquidationswerte können jedoch nach wie vor, zum Beispiel bei Unternehmen mit großem Immobilien- oder Beteiligungsbesitz, ein wesentlicher Einflussfaktor sein.

Unter den ertragsorientierten Verfahren sind die Berechnung des Kurs-Gewinn-Verhältnisses (KGV oder Price-earning-ratio) und die Cash-flow-Betrachtung die wichtigsten. Das KGV wird in der Regel auf der Basis einer Aktie ermittelt und errechnet sich, indem man den Börsenkurs durch den Jahresgewinn pro Aktie, zum Beispiel des kommenden Jahres, teilt. Dieser wird durch ein normiertes Raster (DVFA/SG) errechnet, sodass Interpretationsspielräume, zum Beispiel über die Behandlung von außerordentlichen, unternehmensuntypischen Positionen, vermieden werden. Dem KGV liegt also eine objektivere Bewertungsgrundlage in Form der echt erzielten Jahreserträge zugrunde, als dies bei der Ertragswertermittlung unter Zugrundelegung der Dividendenrendite der Fall ist, weil dort die Ausschüttungspolitik starken Einfluss hat. Beim KGV-Vergleich von Unternehmen unterschiedlicher Branchen oder

Länder müssen besondere Gegebenheiten berücksichtigt werden, soweit eine solche Gegenüberstellung überhaupt sinnvoll ist.

Bei besonders wachstumsstarken Unternehmen, deren Gewinnsituation für die Zukunft sehr positiv eingeschätzt wird, ergeben sich bei einer günstigen Kapitalmarktverfassung häufig sehr hohe KGVs, weil der derzeitige Gewinn noch gering ist und die Zukunftsaussichten des Unternehmens bereits im Börsenkurs antizipiert wurden. Um das Bewertungsniveau von diesen häufig am Neuen Markt notierten Aktien zu rechtfertigen, hat sich die Peg-Ratio (Price-earning-growth-ratio) als Beurteilungskriterium für eine faire Bewertung herausgebildet. Es wird das Kurs-Gewinn-Verhältnis durch das durchschnittliche prozentuale, mit hundert multiplizierte Ertragswachstum der nächsten Jahre geteilt. Ein Wert von 1 drückt eine faire Bewertung aus. Bei einem KGV von 50 und einem durchschnittlichen Ertragswachstum der nächsten Jahre von 40 Prozent beträgt die Peg-Ratio beispielsweise 1,25 und deutet damit auf eine zu hohe Börsenbewertung hin.

Es gibt eine Reihe von unternehmensspezifischen Einflussfaktoren, die **unabhängig von der allgemeinen Börsenlage** die Aktienkurse einzelner Unternehmen schwanken lassen, wie zum Beispiel

- (prognostizierte) Unternehmensergebnisse,
- Dividendenveränderungen,
- Erfindungen und Forschungsresultate,
- Übernahmeinteresse von fremden Unternehmen,
- Übernahme anderer Firmen,
- rechtliche und steuerliche Rahmenbedingungen,
- Wechsel des Managements.

Das daraus erwachsende Risiko (unternehmerisches Risiko) und die Chance kann der Anleger durch Diversifikation des Depots senken und im Extremfall sogar völlig eliminieren. Wissenschaftlich fundiert wurde diese Portfolio-Selection-Theorie durch H. Markowitz. Der Vorteil der Risikomischung liegt darin, dass die Wertentwicklung des Wertpapierportefeuilles kontinuierlicher verläuft und nicht so stark von mitunter zufälligen Ereignissen bei einzelnen Unternehmen abhängt. Der Verlauf des Depotwertes wird bei erfolgreicher Risikomischung nur noch von der Kapitalmarktentwicklung dominiert.

Um ein Portefeuille mit einem geringeren unternehmensspezifischen Risiko zu erhalten ist es wichtig, Aktien zu wählen, deren Erfolg nicht vollständig voneinander abhängt. Je gegenläufiger sich externe Faktoren auf die Geschäftsentwicklung der Unternehmen auswirken, um so stärker ist der Diversifikationseffekt. Das Risiko von Wechselkursveränderungen für den Unternehmensertrag kann beispielsweise im Depot dadurch reduziert werden, dass import- und exportorientierte Titel aufgenommen werden. Andererseits ist eine vollständig gegenläufige Beziehung (negative Korrelation) nicht einmal notwendig, um einen Diversifikationseffekt zu erzielen.

Befinden sich statt ausschließlich exportorientierter Aktien auch binnenwirtschaftliche Titel, auf deren Unternehmensertrag der Wechselkurs überhaupt keinen Einfluss hat, in dem Depot, dann hat der Anleger die Abhängigkeit seines Depots von einem günstigen Wechselkurs bereits reduziert.

Durch die Aufnahme mehrerer Aktiengattungen mit verschiedener Ausrichtung und aus unterschiedlichen Branchen und Ländern lässt sich eine Vielzahl spezifischer Risiken deutlich mindern. Allerdings werden damit möglicherweise auch Chancen ausgeschaltet, die eventuell größer sind als damit verbundene Risiken.

Es lässt sich ein Zusammenhang feststellen, nach dem der zusätzliche Diversifikationseffekt, der mit einem hinzuerworbenen Titel erreicht wird, bei wenigen Positionen noch sehr hoch ist. Bei einer großen Zahl von Wertpapiergattungen muss die Frage gestellt werden, ob die geringe zusätzliche Diversifikationswirkung noch gewünscht wird, wobei Aspekte wie Verwaltbarkeit, Effizienz und absolute Depotgröße mitbetrachtet werden müssen.

Anlagestrategisch unterscheiden sich die Werte zunehmend nach dem Börsensegment, in dem sie notiert werden, und der Zugehörigkeit zu einem bestimmten Index. Neben den zum europäischen EURO-Stoxx-50-Index und den zum DAX gehörenden Standardwerten in unserem Währungsraum ist hier die Unterteilung in mittelgroße MDAX-Werte (Midcaps), die SDAX-Titel (Small Caps) der kleinen Börsenwerte und die Aktien zu nennen, die zum Blue-Chip-Index des Neuen Marktes (NEMAX 50) gehören. Mit der Einführung des Börsensegments Neuer Markt wurde für wachstumsstarke junge Unternehmen eine geeignete Handelsplattform zur Erleichterung der Eigenkapitalaufnahme geschaffen. Um auch anderen kleineren Unternehmen mehr Beachtung zukommen zu lassen, die zu einer besseren Marktliquidität führen soll, schuf die Deutsche Börse AG das Qualitätssegment SMAX. Die Aufnahme ist an eine regelmäßige Berichterstattung und eine offensive Informationspolitik der Unternehmen gekoppelt.

Der für die Bestimmung der Indexzugehörigkeit miteinfließende Faktor der Marktkapitalisierung bietet auch für die Bemessung des Unternehmens- und Konkursrisikos bei der Anlageentscheidung einen Anhaltspunkt. Er hat starken Einfluss auf das Liquiditätsrisiko, das bei einigen kleineren Gesellschaften dazu führen kann, dass eine Veräußerbarkeit durch veränderte Bedingungen nur noch schleppend möglich ist und zu starken Kursschwankungen (Volatilität) führen kann.

Ein weiteres Unterteilungskriterium für Aktien ist das langfristige Kursverhalten, insbesondere in Abhängigkeit vom allgemeinen Konjunkturverlauf. Unternehmen aus kapitalintensiven Branchen (zum Beispiel Stahl- oder Maschinenbau) verfügen häufig über eine relativ hohe Unternehmenssubstanz (Value-stocks) und starke Konjunkturabhängigkeit im Vergleich zu den Wachstumstiteln. Bei diesen Growth-stocks, die beispielsweise aus dem Software- und Biotechnologiebereich kommen, stehen weniger die Produktionsanlagen als die technologischen Potenziale im Vordergrund des Unternehmenserfolgs. Tendenziell leiden sie stärker unter einem Anstieg der Kapitalmarktzinsen als die Value-stocks, zumal letztgenannte von der häufig damit einhergehenden Konjunkturbesserung profitieren.

Von einem Investmentstil spricht man, wenn sich ein Anleger bei der Portefeuillezusammenstellung konsequent an einem oder mehreren der vorgenannten Entscheidungsparameter entsprechend seinem persönlichen Geschmack orientiert. In der Praxis gibt es eine Vielzahl unterschiedlicher Investmentstile.

Das Kapitalmarktrisiko eines diversifizierten Depots hängt sehr stark vom Zeithorizont des Anlegers ab. Zwar verringern sich durch einen längeren Anlagehorizont nicht die Kursschwankungen von Aktien, die einen bedeutenden Risikomaßstab darstellt. Vielmehr steigt im Zeitablauf sogar die Möglichkeit von Ereignissen, die zu großen Kursschwankungen führen können. Wie jedoch die Vergangenheit gezeigt hat, verläuft der langfristige Wertentwicklungstrend bei Aktien steiler als bei Anleihen. Damit vergrößert sich der Ertragsvorsprung von Aktien im Zeitablauf, der erfahrungsgemäß nach langer Haltedauer auch durch ausgeprägte Schwächephasen nicht mehr aufgezehrt wird.

In Abbildung 2-45 des Deutsche n Aktienindex (DAX) undeines Rentenperformanceindex mit monatlicher Kursberücksichtigung, indexiert auf das Jahr 1987, lässt sich dieser Zusammenhang erkennen, wobei jeweils Dividenden beziehungsweise Zinsen in den Chartverlauf miteinfließen:

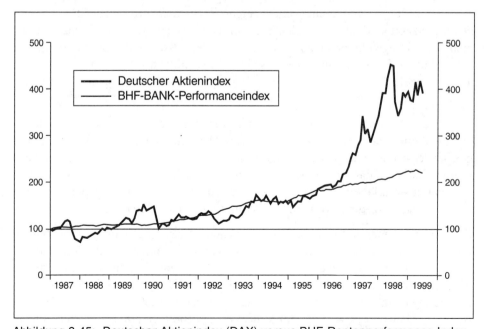

Abbildung 2-45: Deutscher Aktienindex (DAX) versus BHF-Rentenperformance-Index

3.3.2.4 Investmentzertifikate

Für das Risiko-Chance-Profil ist es nicht relevant, ob die gleiche Anlage unter Zwischenschaltung einer Kapitalanlagegesellschaft oder direkt in den einzelnen Medien vorgenommen wird. Andererseits zeigt sich in der Praxis, dass sich die Anlagestrategien und Investmentstile von Investmentfonds und privaten Anlegern unterscheiden, weil

- aufgrund des größeren Volumens und gesetzlicher Regelungen eine wesentlich breitere Risikodiversifikation vorgenommen werden kann beziehungsweise muss,
- der Einsatz von modernen Finanzinstrumenten zur Risikoabsicherung und/oder Erhöhung des Ertragspotenzials besser möglich ist,
- der Fondsmanager aufgrund der steuerlichen Regelungen auch innerhalb der Zwölfmonatsfrist Positionen wieder verkaufen kann, ohne eine Steuerpflicht bei Kursgewinnen zu erzeugen,
- ein qualifiziertes Fondsmanagement in der Regel über eine bessere Informationslage verfügt als ein Privatanleger.

Es ist wichtig zu wissen, welche grundsätzliche Anlageausrichtung für den Investmentfonds in den Anlagerichtlinien festgelegt wurde. Diese kann man, sofern sie nicht bekannt ist, durch den Verkaufsprospekt erfahren. Ohne diese Kenntnis wäre der Kauf des Fonds einer Zufallsinvestition vergleichbar. Sofern der Anleger eine eigene Meinung über das Kapitalmarktgeschehen umsetzen will, kann es empfehlenswert sein, sich über die Zusammensetzung des Fonds anhand des Geschäftsberichtes zu informieren.

Als Ergebnis kann man festhalten, dass aufgrund der Risikostreuung bei Aktienfonds und gemischten Fonds das unternehmensspezifische Risiko deutlich geringer ist als bei Direktinvestments. Bei internationalen Fonds sinkt das Risiko, in Regionen mit relativer Kapitalmarktschwäche zu investieren. Die Wertschwankungen einer Fondsanlage als unerwünschte Begleiterscheinung von Wertpapieranlagen ist in der Regel geringer als bei schlecht diversifizierten Direktkäufen. Andererseits werden subjektiv günstig empfundene Chancen bei der Fondsanlage tendenziell ausgeschlossen. Eine Ausnahme von dieser Regel bilden Aktienfonds von Schwellenländern (Emerging markets), durch die erst ein Zugang zu Investitionen in diesen Regionen möglich wird, und die aufgrund ihrer wirtschaftlichen Entwicklung ohnehin ein deutlich höheres Risiko-Chance-Profil aufweisen als Anlagen in OECD-Staaten.

Für die Beurteilung eines Investmentfonds wird oft die Wertentwicklung der Vergangenheit herangezogen, häufig ergänzt um eine Risikokennziffer. Dabei muss beachtet werden, dass diese Ergebnisse nicht in die Zukunft fortgeschrieben werden können. Sowohl die Kapitalmarktverhältnisse als auch die Anlagestrategie des Fondsmanagements können sich ändern. Ein Vergleich der Wertentwicklung unterschiedlicher Fonds ist nur dann aussagekräftig, sofern die festgelegten Anlagerestrikionen nahezu identisch sind. Ebenso sind die Gebühren des Fonds in die Überlegungen einzubeziehen.

Aufgrund der demografischen Entwicklung in Deutschland und der Diskussion um die Finanzierbarkeit der Altersrenten wurde zur Stärkung der Eigenvorsorge das Instrument der Altersvorsorge-Sondervermögen (AS-Fonds) eingeführt. Die rechtlichen Möglichkeiten lassen hier die Kombination von Aktien und Anleihen mit Immobilienvermögen in einem Fonds zu, wodurch sie sich für die Altersvorsorge besonders gut eignen. Die AS-Fonds sind zu einer substanzorientierten Anlagepolitik verpflichtet, weswegen mindestens 51 Prozent in Aktien und Anteilen an offenen Immobilienfonds investiert werden müssen. Der Aktienanteil liegt zwischen 21 und 75 Prozent. Durch das breite Spektrum der Anlagemöglichkeiten sollen AS-Fonds trotz Mindestsparleistungen von oft weniger als 100 € pro Monat eine besonders breit diversifizierte, risikoarme und sachwertorientierte Anlagestruktur erhalten. Es ist vorgesehen, dass die Kapitalanlagegesellschaften den Anlegern einen so genannten Altersvorsorge-Sparplan mit einer Laufzeit von mindestens 18 Jahren beziehungsweise bis zum 60. Lebensjahr anbieten müssen, wobei die Anleger das Recht haben, nach drei Vierteln der vereinbarten Laufzeit ihre Fondsanteile kostenlos in andere Fonds der Investmentgesellschaft, zum Beispiel schwankungsarme Rentenfonds, zu tauschen. Die Vermögensanlage bietet aufgrund ihres kapitaldeckenden Charakters eine sinnvolle Ergänzung zur umlagefinanzierten gesetzlichen Rente nach dem Generationenvertrag. Da bisher der politische Wunsch einer stärkeren Eigenvorsorge nicht durch eine steuerliche Förderung der Sparleistungen flankiert wird, fehlt es bisher an einer flächendeckenden Akzeptanz der AS-Fonds.

3.3.2.5 Wertpapiermischformen

Klassische Mischformen zwischen Anleihe und Aktie stellen Genussscheine, Wandelanleihen und Optionsanleihen dar. Dabei entscheiden die Emissionsbedingungen und Ausstattungsmerkmale darüber, ob die Wertpapiere in Bezug auf das Risiko- und Ertragsprofil eher einer Anleihe oder einer Aktie ähnlich sind.

Genussscheine gleichen bezüglich Rückzahlung und Ausschüttung, falls sie nicht dividendenabhängig ist, und anderen Ausstattungsmerkmalen meist einem festverzinslichen Wertpapier geringerer Bonität, sofern sich das emittierende Unternehmen in der Gewinnzone befindet. Entsprechend ist die Rendite höher als bei bonitätsstarken Anleihen. Falls kein Bilanzgewinn erwirtschaftet wird, findet dagegen in der Regel keine Ausschüttung statt, sodass dann anlagestrategisch Ähnlichkeiten zu einer dividendenlosen Aktie eines substanz- und wachstumsschwachen Unternehmens bestehen. Im Konkurs werden Genussscheine meist als nachrangiges Haftkapital behandelt. Ihre Inhaber werden also nach allen anderen Gläubigern, aber vor den Aktionären befriedigt. Bei einem Bilanzverlust kann der Rückzahlungsanspruch sinken, wobei spätere Gewinne während der Laufzeit diesen Anspruch wieder auffüllen können. Sofern sich die Ertragslage des Unternehmens erst nach Laufzeitende wieder bessert, können die Aktionäre besser gestellt sein als die Genussscheininhaber.

Bei einer Wandelanleihe (Convertible bond) sind die Wandlungsbedingungen der ausschlaggebende Faktor dafür, ob der Titel eher einer Anleihe oder einer Aktie gleicht. Sofern beispielsweise nach Emission des Wertpapiers der Kurs der zugrunde liegenden Aktie rasant ansteigt und damit auch die Wandelanleihe deutlich über ihrem Rückzahlungskurs notiert, ist eine spätere Wandlung in Aktien naheliegend. Das Profil entspricht dem einer Aktie mit einem maximalen Risiko zum Fälligkeitszeitpunkt in Höhe der Differenz zwischen aktuellem Wandelanleihekurs und deren Rückzahlungswert. Notiert die Wandelanleihe dagegen nahe Pari, gleicht das Wertpapier einer Anleihe mit Chance auf zusätzlichen Aktienkursgewinn. Sofern aufgrund einer enttäuschenden Aktienkursentwicklung eine Wandlung aussichtslos erscheint, wirkt sich dies in Abhängigkeit der Restlaufzeit auch auf den Wert der Wandelanleihe aus. Entsprechendes gilt für die Optionsanleihe, solange sie „cum", also inklusive Optionsschein, betrachtet wird. Eine Optionsanleihe „ex" entspricht einer Anleihe, in der Regel mit niedrigem Zinskupon.

Als Besonderheit hinsichtlich des Risikoprofils ist die variabel verzinsliche Anleihe (Floating Rate Note) anzusehen, weswegen sie auch nicht unter den festverzinslichen Anleihen aufgeführt ist. Obwohl ihre Laufzeit viele Jahre betragen kann, wird die Höhe des Zinskupons in regelmäßigen Abständen an einen Referenzzinssatz (zum Beispiel Euribor) angepasst. Das Zinsänderungsrisiko besteht nur bis zum nächsten Zinsanpassungszeitpunkt. Entsprechend errechnet sich die unter Abschnitt 3.3.2.2 dargestellte Duration nur für diesen verkürzten Zeitraum. Selbst bei größeren Schwankungen der Kapitalmarktrendite liegt der Wert solcher Titel nahe bei Pari. Das Profil ist einer Termingeldeinlage ähnlich, jedoch besteht eine jederzeitige Liquidationsmöglichkeit.

3.3.2.6 Finanzinnovationen

Seit der Liberalisierung des deutschen Kapitalmarktes im Jahr 1985 entstehen permanent neue Kreationen aus dem Bereich des Financial engineering. Sie betreffen vorwiegend den Bereich der Anleihen, Investmentfonds, Derivate und der Zertifikate, die einen bestimmten Wert in Abhängigkeit von der Entwicklung eines oder mehrerer Kapitalmarktpapiere oder Indizes verbriefen. Grundsätzlich kann man davon ausgehen, dass diese Sonderkonstruktionen dem Emittenten eine günstigere Refinanzierungsbasis oder einen Arbitragegewinn verschaffen und auf der anderen Seite spezifische Bedürfnisse einzelner Anleger in besonderer Weise befriedigen. Ausgangspunkt für eine Neukreation ist häufig die nachlassende Attraktivität von Kursen oder Zinsen der klassischen Anlageinstrumente für die Marktteilnehmer aufgrund einer veränderten Situation. Andererseits werden die Risiken der Instrumente häufig unterschätzt, weswegen sie an den Berater erhöhte Anforderungen stellen. Als Beispiel seien hier genannt:

- **Collared-Floater:** Trotz der Anlehnung an Floating Rate Notes verbirgt sich hierin durch einen Mindest- und Höchstzinssatz (Floor beziehungsweise Cap) ein Zinsänderungsrisiko, denn um so enger beide Grenzen sind, je mehr entspricht der Titel einem festverzinslichen Wertpapier (Straight Bond). Unter Umständen nimmt der Anleger den Vorteil des Mindestzinses stärker wahr als den Nachteil eines Maximalzinssatzes.

- **Reverse-Floater:** Obwohl in kurzen Abständen eine Zinsanpassung in der Weise erfolgt, dass von einem Basissatz der Referenzzinssatz abgezogen wird (zum Beispiel 16 Prozent minus 2 x Euribor), wird der Kurs auch vom langfristigen Kapitalmarktzins stark beeinflusst. Dies wird leicht übersehen. Die Entstehung geht auf eine Phase mit inverser Zinsstrukturkurve und die verbreitete Spekulation der Anleger auf fallende Kurzfristzinsen zurück.

- **Zinsphasen-Anleihen:** Nach einjähriger Festzinsphase, häufig zu einem attraktiven Zinssatz, schließt sich eine mehrjährige variabel verzinsliche Periode an. In den letzten zwei oder drei Jahren wird wieder ein fester Zinssatz angewendet. Trotz der längeren variabel verzinslichen Phase unterliegen diese Titel einem leicht zu unterschätzenden Zinsänderungsrisiko aufgrund der festverzinslichen Schlussphase.

- **Reverse Convertible Bonds:** Diese kurzlaufenden Anleihen sind mit Zinskupons ausgestattet, die weit über dem Kapitalmarktniveau liegen. Dafür behält sich der Emittent das Recht vor, bei Fälligkeit den Nominalbetrag nicht in der Anleihewährung, sondern mit einer festgelegten Zahl von Aktien eines bestimmten Unternehmens zu tilgen. Bei Doppel-Reverse Convertibles kann der Emittent aus zwei Aktiengattungen wählen, wodurch sich das Risiko für den Anleger erhöht. Obwohl eine höchstrichterliche Rechtsprechung noch fehlt, wird von Privatanlegern vor dem Kauf die Börsentermingeschäftsfähigkeit verlangt, um möglichen Regressansprüchen gegen die Bank wegen mangelnder Rechtsverbindlichkeit des Erwerbs vorzubeugen.

- **Discount-Zertifikate:** Der Anleger erwirbt ein Anrecht auf den Erwerb einer Aktie eines bestimmten Unternehmens zu einem niedrigeren als dem derzeitigen Börsenkurs der Aktie. Andererseits werden gemäß Emissionsbedingungen die Gewinnchancen auf einen bestimmten Wert beschränkt.

3.3.3 Einfluss steuerlicher Regelungen auf die Anlageentscheidung

Die Rendite mancher Anlagen wird sehr stark durch steuerliche Faktoren tangiert, bei anderen Anlagen ist dieser Einfluss eher gering. Aufgrund dieser Ungleichbehandlung durch den Gesetzgeber, der die Überlegung zugrunde liegt, Kapital in die Bereiche zu leiten, die zu mehr volkswirtschaftlichem Wohlstand führen, ist es für den Anleger und Berater wichtig, die einzelnen Regelungen zu kennen, um sie bei der Anlageentscheidung zu berücksichtigen.

Neben der Einkommensteuer sind auch die anrechenbaren Steuervorauszahlungen im Rahmen der Zinsabschlagsteuer in Höhe von 30 Prozent und der Solidaritätszuschlag von derzeit 5,5 Prozent hiervon, also 31,65 Prozent, in die Betrachtung miteinzubeziehen, weil sie für den Zeitraum bis zum Steuerbescheid einen zinslosen Liquiditätsentzug bedeuten. Auf die steuerliche Situation des Anlegers und dessen Zinsfreistellungsbeträge wird in Abschnitt 3.3.4.4 eingegangen. Ebenso wird dort das Thema der Schenkungs- und Erbschaftsteuer angesprochen, jedoch nur am Rande, weil sie durch die weitgehende Gleichbehandlung bei Konten und Wertpapieren nicht entscheidungsrelevant ist.

Für alle Wertpapiere und mittlerweile auch für Termin- beziehungsweise Differenzgeschäfte gleich ist die Steuerpflicht bei privaten Veräußerungsgeschäften (Spekulationsgeschäften), obwohl sie in der Praxis naturgemäß bei Aktien und Derivaten mehr zur Anwendung kommt als bei Anleihen. Sie resultiert aus § 22 Nr. 2 EStG. Gemäß § 23 EStG sind Gewinne, die durch Kauf und Verkauf von Wertpapieren und durch Termingeschäfte entstehen, steuerpflichtig, sofern zwischen Erwerb und Veräußerung nicht mehr als zwölf Monate liegen. Durch Rechtsprechung wurde entschieden, dass bei einer Teilveräußerung von zu unterschiedlichen Zeitpunkten gekauften Positionen einer Gattung aus einem Depot nur dann ein steuerlich relevanter Veräußerungsgewinn vorliegt, wenn ausgeschlossen werden kann, dass die Stücke außerhalb der Zwölfmonatsfrist erworben wurden. In der Praxis heißt dies, dass der Anleger bei einem solchen Mischbestand den Verkauf der Stücke außerhalb der Steuerfrist – soweit vorhanden – für sich reklamieren kann. Sind Papiere außerhalb der Frist nicht im Depot und erfolgten innerhalb der letzten zwölf Monate mehrere Käufe, so ist zur Berechnung des Kursgewinns der durchschnittliche Einstandspreis dieser Käufe heranzuziehen. Steuerlich relevante Veräußerungsverluste und Werbungskosten dürfen bis zur Höhe der Gewinne abgezogen werden. Außerdem bleiben sie steuerfrei, sofern der saldierte Gesamtgewinn die Freigrenze von 1.000 DM unterschreitet. Für Ehegatten gilt der doppelte Betrag, sofern beide an den Geschäften beteiligt waren. Übersteigen in einem Kalenderjahr die Spekulationsverluste die Gewinne, so kann der Verlustsaldo von den Gewinnen des Vorjahrs oder der kommenden Jahre abgezogen werden. Der Verlustsaldo ist hierzu in der Steuererklärung festzuhalten.

3.3.3.1 Steuerliche Nachteile bei kontengebundenen Geldanlagen

Die steuerliche Behandlung von Zinsen aus Konten ist relativ einfach. Mit der Buchung der Zinsen gelten diese als dem Anleger in vollem Umfang zugeflossen. Entsprechend wird – sofern der Anleger seinen Zinsfreistellungsbetrag ausgeschöpft hat – von der Zinsgutschrift 30 Prozent Zinsabschlagsteuer (ZASt) und hiervon 5,5 Prozent Solidaritätszuschlag einbehalten. Vom Steuerabzug ausgenommen sind Zinserträge aus Sichteinlagen mit keiner höheren Verzinsung als 1 Prozent. Außerdem besteht eine Bagatellgrenze bei jährlich einmaligen Zinsgutschriften bis zu 20 DM je Konto. Die Zinserträge, die der Rendite der Anlage entsprechen, sind in voller Höhe unter Berücksichtigung der individuellen Situation einkommensteuerpflichtig, auch wenn diese zinsabschlagsteuerfrei im Ausland angelegt werden.

3.3.3.2 Steuern bei festverzinslichen Anleihen und Disagioeffekte

Wesentlich differenzierter ist die Behandlung der Einkommen- und Zinsabschlagsteuer bei festverzinslichen Wertpapieren. Für die Berechnung der Zinsabschlagsteuer wird eine modifizierte Nettomethode angewendet. Das heißt, dass Erträge aus Kupongutschriften und beim Verkauf erhaltene Stückzinsen jeweils in voller Höhe im Jahr des Zuflusses der Zinsabschlagsteuer (Steuervorauszahlung) und der Einkommensteuerpflicht unterliegen, aber andererseits beim Kauf bezahlte Stückzinsen im Jahr des Erwerbs einem fiktiven Zinsabschlagsteuertopf gutgeschrieben werden, der Zinsabschlagsteuerabzüge im gleichen Jahr reduziert. Außerdem mindern beim Kauf gezahlte Stückzinsen als negative Kapitaleinkünfte in dem Jahr, in dem sie anfallen, die Einkommensteuerpflicht.

Die Gegenrechnung gegen bestimmte zinsabschlagsteuerrelevante Wertpapiererträge wird von den Kreditinstituten chronologisch durchgeführt und endet am Jahresende. Die Folge: Bei einem Wertpapierkauf kurz vor dem Jahreswechsel können vom Anleger gezahlte Stückzinsen nur noch bei der Einkommensteuer mindernd berücksichtigt werden. Sie haben aber keinen Einfluss mehr auf die Berechnung der bereits abgezogenen Zinsabschlagsteuer anderer Wertpapiererträge.

Für die optimale steuerliche Gestaltung der Geldanlage ist der Aspekt wichtig, dass bei Auf- und Abzinsungspapieren (zum Beispiel Zerobonds und Bundesschatzbriefe Typ B) der Zufluss der Erträge im Jahr des Verkaufs beziehungsweise Rückgabe oder der Fälligkeit anfällt. Außerdem wird bei Kuponanleihen die Einkommen- und Zinsabschlagsteuer grundsätzlich aufgrund der Kuponhöhe errechnet. Da für festverzinsliche Anleihen die im Abschnitt 3.3.2.2 dargestellte Gleichgewichtsbeziehung gilt, kann der Anleger unter Wertpapieren ähnlicher Rendite dasjenige auswählen, das einen niedrigen Kupon und entsprechend niedrigen Kurs besitzt. Durch eine solche Auswahl erhöht sich die Rendite, die der Anleger nach Abzug seiner persönlichen Steuern erzielt (Nachsteuerrendite).

Diese Möglichkeit zum Erwerb steuerlich attraktiver Titel unterliegt aufgrund des Disagio-Erlasses des Bundesfinanzministeriums (vom 24.11.1986) der Regel, dass der Kursabschlag eines festverzinslichen Wertpapiers mit gleichhohen Kupons nur dann vom Anleger steuerfrei vereinnahmt werden kann, sofern das Disagio bei Emission auf eine bestimmte Höhe in Abhängigkeit von der Wertpapierlaufzeit begrenzt wurde. Dies bedeutet, dass ein festverzinsliches Wertpapier unabhängig vom tatsächlichen späteren Erwerbskurs für seine gesamte Laufzeit als steuerlich günstig oder ungünstig einzuordnen ist. In Abbildung 2-46 sind die Grenzen für das maximale steuerfreie Emissionsdisagio, ergänzt um die Auslegungsweise für Laufzeiten unter zwei Jahren, aufgeführt.

Laufzeit der Anleihe	Maximales Disagio
unter 1 Jahr	laufzeitanteilig 1 Prozent pro Jahr
1 bis unter 2 Jahre	1 Prozent
2 bis unter 4 Jahre	2 Prozent
4 bis unter 6 Jahre	3 Prozent
6 bis unter 8 Jahre	4 Prozent
8 bis unter 10 Jahre	5 Prozent
ab 10 Jahre	6 Prozent

Abbildung 2-46: Disagio-Staffel für festverzinsliche Wertpapiere

Sofern dieser Rahmen überschritten wird, erfolgt die gleiche steuerliche Behandlung wie bei Ab- und Aufzinsungspapieren (zum Beispiel Nullkuponanleihen, Finanzierungsschätzen des Bundes oder abgezinsten Sparbriefen). Hier ist die Rendite des Wertpapiers zum Emissionszeitpunkt steuerrelevant, sofern der Anleger diese so genannte Emissionsrendite wählt. Sofern diese Papiere beispielsweise nach der Emission zu einem günstigeren Kurs und damit einer höheren Rendite erworben wurden oder durch Marktschwankungen beim Verkauf ein zusätzlicher Kursgewinn, auch durch Währungsschwankungen, eintritt, ist diese Besteuerungsbasis von Vorteil. Als Alternative zur Emissionsrendite hat der Anleger das Wahlrecht, die Differenz zwischen Kaufpreis und Rückzahlungswert beziehungsweise Veräußerungserlös als so genannte Marktrendite (Differenzmethode) zu versteuern, wodurch auch Währungsveränderungen einbezogen werden. Diese Berechnungsmethode ist dann vorteilhaft, wenn sie zu einem geringeren steuerlichen Ergebnis führt als die Emissionsrendite. Wenn dem Anleger ein Verlust entsteht, ist die Marktrendite sogar negativ, sodass sie als negative Einnahme einschränkungslos von positiven Einnahmen abzugsfähig ist. Bei Anwendung der Marktrendite entfallen die spekulationssteuerlichen Regelungen, da die vollständige Wertdifferenz unabhängig von der Haltedauer bereits als Einkunft aus Kapitalvermögen erfasst wird. Die Marktrendite ist für den Anleger als

Besteuerungsgrundlage mangels Marktberührung nicht wählbar, wenn er das Papier von der Emission bis zur Einlösung durchgehalten hat (so genannter durchhaltender Ersterwerber).

Durch Veränderungen der Kapitalmarktverhältnisse kann man umlaufende festverzinsliche Anleihen erwerben, deren Kurse vom ursprünglichen Emissionspreis stark abweichen, und dies deshalb steuerlich unbeachtlich ist, weil zum Emissionszeitpunkt die Disagio-Staffel eingehalten wurde. Beim Erwerb von Anleihen mit einem Kurs über Pari kommt es, sofern der Anleger aufgrund seiner persönlichen Situation steuerpflichtig ist, zu einer über die Rendite hinausgehenden Steuerbemessungsbasis, die die Nachsteuerrendite vollständig aufzehren kann. Andererseits können in Hochzinsphasen umlaufende Anleihen gekauft werden, die Börsenkursabschläge aufweisen, die über ein übliches Emissionsdisagio weit hinausgehen. Die Differenz zwischen niedrigem Kaufkurs und Rückzahlungswert ist bei Titeln, die der Emissionsdisagio-Staffel entsprechen, im Privatvermögen grundsätzlich steuerfrei, soweit die Spekulationsfrist eingehalten wird. Deshalb ist die Nachsteuerrendite hier größer als bei einer gleichrentablen Anlage, bei der alle Ertragsbestandteile steuerpflichtig sind.

Bei einigen Auslandsanleihen besteht die Besonderheit, dass der Anleger eine fiktive Quellensteuer bei seiner Steuererklärung angeben kann, die tatsächlich im Schuldnerland gar nicht einbehalten wurde. Sie erhöht die Nettorendite der Anleihe. Diese Möglichkeit wurde vom Gesetzgeber eingeräumt, um Entwicklungsländern den Zugang zum deutschen Kapitalmarkt zu erleichtern und Kapital auch in schwächere Wirtschaftsregionen zu lenken. Naturgemäß sind diese Anleihen mit einem deutlich höheren Bonitätsrisiko behaftet. Die fiktive Quellensteuer beträgt beispielsweise beim Quellenstaat Brasilien 20 Prozent der Zinsen und im Falle von Argentinien, Ägypten und China 15 Prozent.

Anders als bei den bisher besprochenen tarifbesteuerten Anleihen verhält sich die Einkommensteuerpflicht bei steuerbegünstigten festverzinslichen Wertpapieren, die jedoch kaum von Bedeutung sind. Hier gilt nicht der individuelle Steuersatz des Anlegers, sondern ein Steuersatz von 30 Prozent. Vor dem 1.1.1955 wurden auch einkommensteuerfreie Anleihen (Sozialpfandbriefe) begeben. Besonderheiten bestehen bei der Zinsabschlagsteuer, wenn es sich um Tafelgeschäfte handelt, weil die anrechenbare Steuervorauszahlung dann 35 Prozent statt 30 Prozent beträgt.

3.3.3.3 Steuervorteile bei Aktien als Produktivkapital

Ein besonderer Vorteil der Aktienanlage ist darin zu sehen, dass der langfristige Wertzuwachs, das heißt die Realisierung von Kurszuwächsen außerhalb der Spekulationsfrist, im Privatvermögen steuerfrei ist. Damit ist die Aktie eine steuerlich begünstigte Vermögensanlage. Andererseits sind die Gewinne des Unternehmens, die ein Grund für Kurszuwächse sind, und die Dividenden steuerpflichtig.

Für ausgeschüttete Gewinne führt das inländische Unternehmen 30 Prozent Körperschaftsteuer ab. Aus einer steuerpflichtigen Dividendeneinnahme in Höhe von 14,29 € beträgt die Bardividende beispielsweise 10 €, von der nochmals 25 Prozent Kapitalertragsteuer abgezogen werden. Der Anleger bekommt, sofern kein Zinsfreistellungsvolumen besteht, 7,50 € auf sein Konto gutgeschrieben. Da er jedoch 14,29 € mit seinem persönlichen Steuersatz versteuern muss, dürfen, um eine Doppelbesteuerung auf Unternehmens- und Anlegerebene zu vermeiden, die abgezogenen 4,29 € Körperschaftsteuer und 2,50 € Kapitalertragsteuer als Steuerguthaben angerechnet werden. Bis zur Ausschöpfung des Zinsfreistellungsauftrages bekommt der Anleger die Bardividende plus Körperschaftsteuer gutgeschrieben.

Zur Diskussion steht die Einführung eines so genannten Halb-Einkünfteverfahrens, das ab 2001/2002 das bisherige Anrechnungsverfahren bei der Körperschaftsteuer ersetzen soll. Gleichzeitig ist beabsichtigt, die Körperschaftsteuer für ausgeschüttete und thesaurierte Gewinne (bisher 30 beziehungsweise 40 Prozent) auf einheitlich 25 Prozent zu senken. Das Halb-Einkünfteverfahren sieht vor, dass einerseits nur noch die Hälfte der Bardividende zu versteuern ist, also im obigen Beispiel durch den ermäßigten Steuersatz die Hälfte aus 10,72 €, aber andererseits die Körperschaftsteuer nicht mehr vergütet beziehungsweise als Steuervorauszahlung angerechnet wird. Dies gilt auch dann, wenn der Anleger seinen Sparerfrei- beziehungsweise Freistellungsbetrag nicht ausgeschöpft hat, wodurch für diesen Aktionärskreis die geplanten Veränderungen von Nachteil sind.

Ausschüttungen von ausländischen Aktien unterliegen in der Regel nur einem Quellensteuerabzug. Häufig bestehen Doppelbesteuerungsabkommen (DBA), die die Anrechnung der im Ursprungsland einbehaltenen Steuern auf die deutsche Einkommensteuerschuld regeln. Darüber hinaus gelten auch bei Aktien bestimmter Entwicklungsländer die bei Anleihen anzutreffenden Regelungen zur Anrechnung einer fiktiven Quellensteuer.

3.3.3.4 Investmentzertifikate

An Stelle von Stückzinsen wie bei Anleihen fallen bei Investmentanteilen Zwischengewinne und darüber hinaus weitere Ertragsbestandteile an. Zur näheren Betrachtung muss zwischen vier Kategorien von Sondervermögen unterschieden werden, die jeweils als ausschüttende und thesaurierende Variante auftreten können:

- deutsche Fonds,
- ausländische registrierte Fonds, die die Voraussetzungen des § 17 AIG erfüllen,

- ausländische nicht registrierte Fonds, die bestimmte Voraussetzungen, gemäß § 18 Abs. 1 und 2 AIG, erfüllen,
- ausländische nicht registrierte Fonds, die unter § 18 Abs. 3 AIG fallen.

Als Voraussetzungen der zwei mittleren Kategorien gelten vor allem der Nachweis der Steuergrundlagen in deutscher Sprache und die Berechnung des Zwischengewinns, so wie sie bei deutschen Fonds vorgeschrieben ist, sowie ein steuerlicher Vertreter in Deutschland.

Die materielle Einkommensteuerpflicht umfasst bei deutschen und registrierten ausländischen Fonds Zinsen, Dividenden und ähnliche Erträge (einschließlich Gewinnen aus Termingeschäften), die der Fonds erhält. Während für die Zinserträge täglich ein Zwischengewinn errechnet wird, gelten die anderen Ertragsbestandteile am Geschäftsjahresende des Fonds als dem Anleger zugeflossen. Bei der dritten Kategorie sind zusätzlich Gewinne aus der Veräußerung von Wertpapieren und Bezugsrechten steuerpflichtig. Ausnahme: Die Aktie ist im amtlichen Handel oder geregelten Markt notiert. Dabei spielt es keine Rolle, ob Ertragsbestandteile ausgeschüttet oder thesauriert werden. Bei der vierten Kategorie gelten neben den Ausschüttungen zu jedem Jahresende 90 Prozent des Jahreskursanstiegs als steuerlich zugeflossen, mindestens 10 Prozent des Jahresendkurses (fiktives Thesaurierungsergebnis). Außerdem sind hier bei der Veräußerung 20 Prozent des Rücknahmepreises als fiktiver Zwischengewinn für Zinsen des laufenden Jahres der Steuer zu unterwerfen. Es findet eine Anrechnung statt sofern durch den Verkauf des Fonds innerhalb der Einjahresfrist auch noch Steuern aus dem Spekulationsgewinn anfallen würden.

Auch bei der Berechnung der Zinsabschlagsteuer wird nach gleichem Schema differenziert. Bei Ausschüttungen deutscher Fonds wird der inländische Dividendenanteil bei ausgeschöpftem Freistellungsauftrag nach Reduzierung der Körperschaftsteuer und seit dem 1.4.1999 unter Abzug von 25 Prozent Kapitalertragsteuer und Solidaritätszuschlag dem Anleger gutgeschrieben. Vom Fonds vereinnahmte Zinsen werden nach Abzug von ZASt und Solidaritätszuschlag ausgeschüttet. Der Zinsanteil von Ausschüttungen ausländischer Fonds wird mit Zinsabschlagsteuer und Solidaritätszuschlag belegt. Bei der Rückgabe ausschüttender und thesaurierender Fonds mit Ausnahme der vierten Kategorie wird der Zwischengewinn des laufenden Jahres, der die Zinserträge des Fonds umfasst, der ZASt unterworfen, wobei „gekaufte" Zwischengewinne als Topfguthaben gebucht werden und auch mit verschiedenen anderen Wertpapiererträgen verrechenbar sind. Bei deutschen thesaurierenden Fonds wird die Zinsabschlagsteuer mit Ablauf eines jeden Geschäftsjahres für die jeweiligen Anleger von der Kapitalanlagegesellschaft an den Fiskus abgeführt. Entsprechend verringert sich dadurch der Inventarwert und der Rücknahmepreis der Anteile. Anleger mit unausgenutztem Zinsfreistellungsvolumen oder Topfguthaben erhalten als Ausgleich eine Kontogutschrift. Da ausländische thesaurierende Fonds nicht vom deutschen Gesetzgeber verpflichtet werden können, die ZASt an den deutschen Fiskus abzuführen, werden bei der Rückgabe auch die in der Besitzdauer thesaurierten Erträge mit ZASt belegt. Bei Fonds ohne steuerliche Nachweise wird die ZASt entsprechend der Einkommensteuerpflicht berechnet. Die fiktiven Thesaurierungsgewinne werden erst bei der Rückgabe mit Zinsabschlagsteuer belegt.

3.3.3.5 Wertpapiermischformen

Steuerlich werden Genussscheine beim Anleger genauso behandelt wie Aktien, wenn man von der fehlenden Körperschaftsteuergutschrift absieht. Da die Ausschüttungen bei Genussscheinen eine bedeutendere Stellung einnehmen und der Anleger in der Regel nicht am langfristigen Wertzuwachs des Unternehmens teilnimmt, kommt allerdings nicht der gleiche steuerliche Effekt wie bei der Aktienanlage, deren langfristiger Wertzuwachs im Privatvermögen steuerfrei ist, zur Entfaltung. Wie bei Dividenden werden keine Stückzinsen auf den zeitanteiligen Ertrag gerechnet, wie dies bei Anleihen der Fall ist. Statt dessen werden die Papiere an der Börse „flat" notiert. Der Kurs steigt, von Kapitalmarktschwankungen abgesehen, sukzessive bis zur Ausschüttung an und fällt am Tag der Ausschüttung. Bei einem Zwischenverkauf und bei Rückzahlung fällt keine Zinsabschlagsteuer an, da lediglich 25 Prozent Kapitalertragsteuer auf die Ausschüttungen fällig werden. Der Einkommensteuerpflicht unterliegt, wie bei allen Wertpapieren, die Wertveränderung bei einem Verkauf innerhalb der Zwölfmonatsfrist.

Anders verhält es sich bei Wertpapierformen, die steuerlich den Anleihen zugerechnet werden. Auf die Kuponausschüttungen von Optionsanleihen wird das übliche Zinsabschlagsteuerverfahren angewendet. Sie sind selbstverständlich auch einkommensteuerpflichtig. Darüber hinaus ist zunächst zu prüfen, ob die Anleihe ex Optionsschein zu einem Kurs außerhalb der Disagio-Staffel emittiert wurde. Wenn dies der Fall ist, kann der Anleger die Besteuerung nach der Emissionsrendite, die in Erfahrung zu bringen ist, oder nach der Marktrendite herbeiführen, sofern diese nicht wegen mangelnder Marktberührung ausscheidet, weil der Anleger das Papier von der Emission bis zu Einlösung durchhält. Bei der Berechnung der Zinsabschlagsteuer zieht die Bank die Marktrendite (Differenzmethode) heran. Sie muss in Sonderfällen (zum Beispiel bei Depotübertragung) jedoch 30 Prozent der Einnahmen aus der Veräußerung beziehungsweise Einlösung als Pauschalbemessungsbasis der ZASt unterwerfen, sofern die Kaufdaten nicht verfügbar sind.

Bei Wandelanleihen muss zwischen in- und ausländischen Emissionen unterschieden werden, obwohl bei beiden Kategorien sowohl Stückzinsen als auch Kuponerträge der materiellen Einkommensteuerpflicht unterliegen. Während bei inländischen Titeln auf den Kuponertrag nur 25 Prozent Kapitalertragsteuer einbehalten werden, beläuft sich der Abzug bei ausländischen Emissionen auf 30 Prozent Zinsabschlagsteuer. Stückzinserträge sind in beiden Fällen von diesen Vorwegabzügen ausgenommen.

3.3.3.6 Finanzinnovationen

Nach dem zum Jahresende 1993 verabschiedeten Steuerbereinigungs- und Missbrauchbekämpfungsgesetz (StMBG) sind seit dem 1.1.1994 für bestimmte Anleihetypen nicht mehr nur die Zinseinkünfte, sondern, unabhängig von der zwölfmonatigen Spekulationsfrist, auch die Kursgewinne nach der Differenzmethode (Marktrendite), die unter 3.3.3.2. ausführlich dargestellt ist, zu versteuern. Hierunter fallen Finanzinnovationen wie Reverse-Floater, Collared-Floater, Zinsphasen-, Gleitzins-, Step-up- und Kombizinsanleihen. Der Sinn dieser Steuerregelung ist darin zu sehen, dass auch konstruktionsbedingte, zinsinduzierte Kurszuwächse, die unabhängig von der Marktentwicklung eintreten, steuerlich erfasst werden. Entsprechend der Steuerpflicht wird auch auf den Kursgewinn dieser Papiere Zinsabschlagsteuer berechnet. Sofern der Kaufkurs der Anleihe nicht erfasst wurde (beim Kauf vor dem 1.1.1994 möglich), wird vom Kreditinstitut die Pauschalmethode angewendet und als Basis 30 Prozent des Veräußerungserlöses angenommen. Der Abzug beträgt also effektiv circa 9,5 Prozent einschließlich Solidaritätszuschlag.

Für die effektive Einkommensteuerpflicht sieht der Gesetzgeber wie bei Anleihen (Abschnitt 3.3.3.2) vor, die Emissionsrendite zu wählen, soweit diese existent oder errechenbar ist. Aufgrund der Konstruktion von Finanzinnovationen ist der tatsächliche Ertrag bei den meisten Wertpapieren zum Emissionszeitpunkt noch offen, sodass dem Anleger diese steuerliche Option häufig verwehrt bleibt.

Bei einigen Finanzinnovationen ist die steuerliche Behandlung noch nicht abschließend geklärt. Wenn bei Reverse-Convertibles die Tilgung nicht in Geldeinheiten erfolgt, sondern durch eine bestimmte Stückzahl von Aktien, die zum Tilgungszeitpunkt weniger wert sind als der Nominalbetrag, ist dieser Einlösungsverlust nach Auffassung der Finanzverwaltung steuerlich unbeachtlich. Durch diese Betrachtung ist eine Emissionsrendite errechenbar. Diese Auffassung ist jedoch strittig, da sie im Widerspruch zur Differenzmethode stehen könnte.

Obwohl Discount-Zertifikate aufgrund ihrer Neuartigkeit als eine Finanzinnovation zu bezeichnen sind, erfolgt die Besteuerung vergleichbar der bei der Aktie. Der Grund ist darin zu sehen, dass keine sicheren zinsinduzierten Zuwächse entstehen, sondern das Zertifikat sogar ohne jeglichen Ertrag wertlos werden kann. Der Abschlag beim Erwerb ist deshalb nach derzeitiger Rechtsauffassung steuerlich unbeachtlich.

Sofern bei Tafelgeschäften Zerobonds oder innovative Anleihen zur Einlösung oder zum Verkauf vorgelegt werden, beträgt die Bemessungsbasis pauschal 30 Prozent des Erlöses (Pauschalmethode), weil der genaue kumulierte Zinsertrag durch die Bank nicht festgehalten wird. Hiervon werden dann 35 Prozent einbehalten. Die gleiche Pauschalmethode, jedoch mit einem 30 Prozentabzug, wird grundsätzlich auch angewendet, wenn bei Depotverwahrung vom Kreditinstitut der ursprüngliche Kaufkurs nicht in einer Datenbank festgehalten wurde.

3.3.4 Analyse der Anlagebedürfnisse der Kunden

3.3.4.1 Betrachtung der persönlichen Verhältnisse

Der erste Schritt zu einer qualifizierten Anlageberatung ist die genaue Betrachtung und Analyse der individuellen Situation des Anlegers. Ein solches Vorgehen ist deshalb so wichtig, weil Finanzinstrumente sehr unterschiedliche Eigenschaften haben. Während durch einzelne Vermögensanlagen oder ein zusammengestelltes Portefeuille die Ziele einer Person erreicht werden, ist es möglich, dass einem anderen Anleger mit abweichenden persönlichen Verhältnissen oder Zielvorstellungen aus den gleichen Empfehlungen Vermögensnachteile erwachsen.

Vermögensverhältnisse

Ein wesentliches Kriterium zur Bestimmung der Ausgangslage, ist die absolute Höhe des Vermögens. Die Unterschiede können sehr bedeutend sein und von wenigen tausend bis mehreren Millionen Euro reichen. Bestehende Verbindlichkeiten sind ebenfalls zu betrachten, insbesondere in Bezug auf Laufzeit und Zinsanpassung. Ebenso wichtig ist die Vermögensstruktur. Diese kann aufgrund persönlicher Präferenzen des Kunden oder aus Unaufmerksamkeit sehr einseitig sein, woraus Nachteile resultieren können. Der Berater sollte sich in alle wesentlichen Vermögensbestandteile des Kunden einen Einblick verschaffen.

Einnahmen und Ausgaben

Um zu erfahren, welche Bestandteile des Vermögens zur Abdeckung des Lebensunterhaltes und eventueller Notfälle benötigt werden, ist auch die Betrachtung der Einnahmen und der Ausgaben erforderlich. Auch deren zukünftige Entwicklung spielt eine wichtige Rolle. Geplante Aufwendungen müssen gesondert in das Anlagekalkül miteinbezogen werden.

Persönliche Situation

Der Berater sollte sich umfassend über die berufliche Situation der Anleger informieren. In diesem Rahmen ist unter anderem abzuklären, wie sicher das zur Zeit erzielte Einkommen ist.

Tendenziell ist die Gefahr von Einkommensausfällen, die durch Vermögensreserven überbrückt werden müssen, bei Selbstständigen größer als bei Angestellten. Ein weiteres Kriterium ist die familiäre Situation, insbesondere die Anzahl der unterhaltsberechtigten Personen. Es können besondere, untypische Umstände vorliegen, die eine bestimmte Anlagestruktur erforderlich machen. Der Anlageberater sollte versuchen, sich in die Lage des Kunden zu versetzen.

Individuelles Anlageziel

Die Formulierung eines individuellen Anlageziels bereitet in der Praxis häufig Probleme. Denn der Anleger hat grundsätzlich nicht nur Interesse an einem, sondern an den folgenden drei Anlagezielen, die in der Regel zueinander in Konkurrenz stehen:

- **Rentabilität**
  Die Rentabilität wird meist anhand der Rendite gemessen und zwar in der Weise, dass sämtliche Vermögensvor- und -nachteile einer Anlage, die innerhalb eines Jahres anfallen, auf den Kapitaleinsatz bezogen werden. Zu den Größen, die berücksichtigt werden müssen, zählen alle Ausschüttungen, Steuererstattungen und Kursveränderungen beziehungsweise Rückzahlungen. Da steuerliche Einflüsse Vermögensanlagen stark tangieren, wird bei Privatanlegern oft die Nachsteuerrendite betrachtet, bei der das Anlageergebnis nach Abzug der persönlichen Steuerlast des Anlegers ermittelt wird.

- **Sicherheit**
  Hierunter versteht man die Wahrscheinlichkeit, dass die angelegten Geldmittel zum **vorgesehenen** Zeitpunkt ohne Wertschwund zur Verfügung stehen. Im Allgemeinen wird der Wertschwund an der nominalen Höhe bemessen, das heißt in Geld. In Zeiten hoher Inflation kann das Ziel eines Anlegers jedoch darauf gerichtet sein, sich eine bestimmte Kaufkraft zu sichern.

- **Liquidität**
  Im engeren Sinne ist damit die Möglichkeit gemeint, Geldanlagen möglichst schnell in verfügbare Bankguthaben umzuwandeln. Börsennotierte Wertpapiere lassen sich bei Hinnahme eines Kursrisikos in der Regel gut liquidieren.

Insbesondere bei größeren Vermögen spielt außerdem der Aspekt einer überschaubaren Verwaltbarkeit eine Rolle.

3.3.4.2 Einfluss des Anlagehorizontes

Auch ein Wertpapier, das zu einem zukünftigen Zeitpunkt einen sicheren Ertrag bringt, kann in der Zwischenzeit vorübergehenden Kursrückgängen unterworfen sein. Aus dem Kauf einer sicheren und liquiden Anlage kann deshalb nicht zwingend geschlossen werden, dass kein Verlust entstehen kann. Wichtig ist, dass sich der Kunde darüber Gedanken macht, für welchen Zeitraum die Mittel angelegt werden sollen. Wird von dem Anleger ein zu langer Zeithorizont vorgegeben, kann dies dazu führen, dass ein vorzeitiger Notverkauf erforderlich wird, wodurch es zu Verlusten kommen kann. Wird aus Vorsichtsgründen ein zu kurzer Anlagehorizont anvisiert, gehen damit in der Regel Ertragsmöglichkeiten verloren.

Oft kann kein konkreter Anlagehorizont geäußert werden, weil die Mittel „bis auf weiteres" zur Verfügung stehen. In diesem Fall wird man versuchen, eine Mischung unterschiedlicher Kapitallaufzeiten zu erwerben und den Schwerpunkt nach der Kapitalmarktsituation zu richten.

3.3.4.3 Persönlichkeitsstruktur und Risikopräferenz des Anlegers

Wie beim Erwerb bankfremder Produkte unterliegt auch die Kapitalanlage einer Geschmacksfrage. Da es im wesentlichen drei Anlageziele gibt, die zueinander in Konkurrenz stehen, erhält man auch bei Anlegern unterschiedliche Aussagen über die Wichtigkeit einzelner Kriterien. Dabei finden sich zwei Extrempositionen:

- Ein risikoscheuer Anlager gewichtet die Anlageziele Sicherheit und Liquidität sehr hoch.

- Ein risikofreudiger Anleger gewichtet das Anlageziel Rentabilität besonders hoch und vernachlässigt die Sicherheit, da er versucht, einen außergewöhnlichen Ertrag zu erzielen.

Die Mehrzahl der Anleger ist zwischen den Extremen der vollkommenen Risikoaversion und der grenzenlosen Risikofreude anzusiedeln. Hinzu kommt, dass auch die Risikopräferenz eines einzelnen Anlegers im Zeitablauf Veränderungen unterworfen ist. Dies resultiert insbesondere aus den Erfahrungen, die er mit bestimmten Anlagen verbindet. Konnte ein Anleger längere Zeit überdurchschnittliche Erträge mit riskanten Engagements erzielen, kann dies zu einem überschätzten Sicherheitsgefühl führen. Ein wichtiger Aspekt ist, dass sich der Anlageberater in die Situation des Anlegers hineinversetzen sollte und seine Bedürfnisse erkennen muss. Von den Empfehlungen des Beraters hängt es ab, ob sich der Kunde mit seinen Anlagen wohl fühlt. Nimmt der Anleger nach der Entscheidung größere Risiken wahr als er eigentlich eingehen wollte, fühlt er sich beunruhigt. Im umgekehrten Fall hat er möglicherweise das Gefühl, Chancen zu verpassen.

3.3.4.4 Die individuelle steuerliche Situation des Kunden

Einkünfte aus Kapitalvermögen gehören zu den sieben verschiedenen Einkunftsarten des Einkommensteuergesetzes. Sie sind sämtlich mit dem persönlichen Steuersatz des Anlegers zu versteuern. Für Einkünfte aus Kapitalvermögen gilt ein jährlicher Sparerfreibetrag von 3.000 DM und eine Werbungskostenpauschale von 100 DM für Ledige und getrennt veranlagte Verheiratete. Für zusammenveranlagte Ehepaare belaufen sich die Beträge auf 6.000 DM beziehungsweise 200 DM. Über diese Beträge können, auch verteilt auf mehrere Kreditinstitute, Zinsfreistellungsaufträge gestellt werden. Sofern das Jahreseinkommen bei Ledigen/Verheirateten unter dem Grundfreibetrag plus Sparerfreibetrag bleibt, also unter circa 17.000 DM/ 34.000 DM p. a., kann der Anleger eine Nichtveranlagungsbescheinigung (NV-Bescheinigung) beantragen. Das Kreditinstitut sieht dann betragsmäßig unlimitiert von Steuerabzügen ab.

Die Einkunftsart „sonstige Einkünfte" tangiert ebenfalls den Privatanleger, weil hierzu die in Abschnitt 3.3.3 besprochenen Einkünfte aus privaten Veräußerungsgeschäften zählen. In Abbildung 2-47 wird der Durchschnitts- und der Grenzsteuersatz in Abhängigkeit des Einkommens bei einem zusammen veranlagten Ehepaar aufgezeigt.

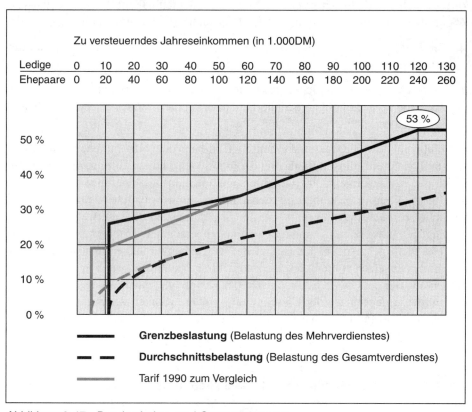

Abbildung 2-47: Durchschnitts- und Grenzsteuersatz

Den Durchschnittssteuersatz erhält man, indem man die zu zahlende Einkommensteuer durch das zu versteuernde Einkommen teilt. Der Grenzsteuersatz drückt aus, mit welchem Prozentsatz eine zusätzlich verdiente Geldeinheit durch Steuern belastet würde. Für Anlageentscheidungen ist der jeweilige Grenzsteuersatz relevant, weil er aufzeigt, mit welchem Satz zusätzliche Erträge zu versteuern wären. Für die Betrachtung des Anlegers ist nicht nur der Ist-Zustand wichtig, sondern auch die zukünftige Entwicklung des Grenzsteuersatzes. Sofern deutliche Veränderungen prognostizierbar sind, sollten diese berücksichtigt werden, weil bei einigen Geldanlagen der zeitliche Anfall steuerlicher Erträge nicht periodisch erfolgt. Je nach Entwicklung des Grenzsteuersatzes und der Ausschöpfung des Freistellungsbetrages kann es von Vorteil sein, Zinseinkünfte durch den Kauf von Auf- oder Abzinsungspapiere in die Zukunft zu verlagern. Insbesondere bei einem nachhaltig hohen Steuersatz sind niedrigverzinsliche Anleihen vorteilhaft. Verfügt der Anleger außerdem über einen langfristigen Anlagehorizont, über ausreichende Vermögensreserven, und hat er eine entsprechende Anlegermentalität, ist zu überprüfen, inwieweit Aktien als steuergünstige Anlage mit aufgenommen werden sollten. Auch durch veränderte Kapitalmarktverhältnisse können Umschichtungen von Vorteil sein, wie folgendes Beispiel zeigen soll.

BEISPIEL

Ein Anleger mit einem Grenzsteuersatz von 50 Prozent erwirbt folgende steuerlich günstige Anleihe:

7 Prozent Bundesanleihe, zehnjährige Laufzeit, Kurs 95 Prozent, Rendite 7,7 Prozent, Nachsteuerrendite 4 Prozent

Nach fünf Jahren ist das Kapitalmarktzinsniveau auf 5,0 Prozent gefallen. Der Anleihekurs ist auf 108,7 Prozent gestiegen. Die Nachsteuerrendite beträgt auf dieser Kursbasis jetzt nur noch 1,8 Prozent. Als Alternative bietet sich der Tausch in folgende Anleihe an:

4,5 Prozent Hypothekenpfandbrief, fünfjährige Laufzeit, Kurs 97,80 Prozent, Rendite 5 Prozent, Nachsteuerrendite 2,7 Prozent

Auch wenn zwischen beiden Titeln ein qualitativer Unterschied besteht, ist ein Tausch auch unter Einbeziehung von üblichen Gebühren lohnenswert, da der kumulierte Nachsteuerrenditevorteil für die Restlaufzeit über 4 Prozent ausmacht.

Über die vom Kreditinstitut abgeführte Zinsabschlag-, Kapitalertrag- und Körperschaftsteuer sowie den Solidaritätszuschlag erhält der Kunde eine Steuerbescheinigung, wodurch die anrechenbaren Steuervorauszahlungen nachgewiesen werden können. Darüber hinaus stellen die meisten Kreditinstitute auf Wunsch eine Erträgnisaufstellung aus, die dem Anleger das Ausfüllen der Steuererklärung vereinfacht, da die angefallenen steuerpflichtigen Erträge tabellarisch zusammengestellt sind.

Die Schenkungsteuer- und Erbschaftsteuer ist für alle Geldanlagen gleich und soll deshalb nur am Rande erwähnt werden. Sie ist jedoch dann von Interesse, wenn ein Vermögensinhaber beispielsweise durch frühzeitige Übertragungen an die nachfolgende Generation Progressionsunterschiede bei den Einkommensteuersätzen nutzen möchte. Es gelten die in Abbildung 2-48 dargestellten Steuerklassen und Freibeträge je Empfänger, die bei Schenkungen alle zehn Jahre in Anspruch genommen werden können.

Steuerklasse	Personenkreis	Freibetrag
I	– Ehegatte	600.000 DM
	– Kinder und Stiefkinder	400.000 DM
	– Kinder verstorbener Kinder und Stiefkinder	400.000 DM
	– Kinder lebender Kinder und Stiefkinder und weitere Abkömmlinge der Kinder und Stiefkinder	100.000 DM
	– Eltern und Voreltern bei Erwerb von Todes wegen	100.000 DM
II	Eltern und Voreltern, soweit sie nicht zur Steuerklasse I gehören, Geschwister, Abkömmlinge ersten Grades von Geschwistern, Stiefeltern, Schwiegerkinder, Schwiegereltern, geschiedener Ehegatte	20.000 DM
III	Alle übrigen Erwerber und die Zweckzuwendungen	10.000 DM

Abbildung 2-48: Steuerklasse und persönliche Freibeträge bei der Erbschaft- und Schenkungsteuer

Für darüber hinausgehende Beträge gelten Steuersätze, die abhängig von der Höhe des steuerpflichtigen Erwerbs und der Steuerklasse sind. Sie sind in Abbildung 2-49 dargestellt.

Steuerpflichtiger Betrag	Steuersatz in Steuerklasse		
in DM	I	II	III
bis 100.000	7	12	17
500.000	11	17	23
1.000.000	15	22	29
10.000.000	19	27	35
25.000.000	23	32	41
50.000.000	27	37	47
darüber	30	40	50

Abbildung 2-49: Steuersätze für die Schenkung- und Erbschaftsteuer

3.3.4.5 Vorteile einer Vermögensverwaltung

Eine Vermögensverwaltung, bei der das Kreditinstitut auf der Basis einer vom Kunden erteilten Vollmacht Entscheidungen trifft, ist immer dann naheliegend, wenn

- der Kunde keine Zeit hat, sich um Einzelentscheidungen zu kümmern,
- der Kunde kein Interesse daran hat, sich mit den Vorgängen an den Kapitalmärkten zu beschäftigen,
- das Vermögen überdurchschnittlich hoch ist,
- der Kunde bereit ist, Entscheidungen zu delegieren und die daraus resultierenden Unvorsehbarkeiten der Portfolioverwalter im Einzelfall zu akzeptieren, da die langfristige Gesamtrendite Beurteilungskriterium ist.

Je stärker diese Kriterien erfüllt sind und insbesondere der vierte Aspekt überprüft wurde, desto eher ist eine Vermögensverwaltung einer herkömmlichen Vermögensberatung überlegen. Das Portfoliomanagement arbeitet in der Regel auf der Grundlage einer Asset-Allocation, indem zunächst die Assetklassen Anleihen, Aktien und Geldmarktanlagen gewichtet werden, anschließend lukrative Regionen und Branchen zu betrachten sind und letztendlich die einzelnen Titel selektiert werden. Diese Vorgehensweise bezeichnet man als Top-down-approach.

Als Alternative bietet sich eine Fondsvermögensberatung oder eine Fondsvermögensverwaltung an. Bei der Fondsvermögensberatung wird eine Entscheidungsfindung nur bezüglich der Märkte und Segmente notwendig. Je nachdem wie stark der Entscheidungsspielraum der eingesetzten Fonds durch deren Anlagerichtlinien eingeengt ist, werden Anpassungsmaßnahmen im Zeitablauf notwendig. Die Selektion von einzelnen Aktien und Anleihen geschieht durch das Fondsmanagement. Bei der Fondsvermögensverwaltung wird der Umstand berücksichtigt, dass es eine unüberschaubare Anzahl von Investmentfonds gibt, deren Qualität von einem Privatanleger kaum noch zu überblicken ist. Wegen der großen Unterschiede bei der Wertentwicklung der einzelnen Fonds lohnt sich der Aufwand, überdurchschnittliche Titel herauszufiltern. Außerdem wird bei dieser Anlagevariante eine ausreichende Risikodiversifikation bereits mit wenigen unterschiedlichen Fonds möglich, sodass die Fondsvermögensverwaltung bereits bei vergleichsweise moderatem Vermögensvolumen Anwendung finden kann.

3.4 Eigengeschäfte der Banken an Geld- und Kapitalmarkt

Banken arbeiten am Geld- und Kapitalmarkt auch für eigene Rechnung. Ziel dieser Geschäfte ist es, zusätzliche Erträge zu erwirtschaften und/oder auch strategische Beteiligungen einzugehen. Dies geschieht auf in- und ausländischen Märkten.

Im Auslandsgeschäft handeln die Banken für eigene Rechnung

- bei Arbitragegeschäften (Ausnutzung von Kursdifferenzen zwischen verschiedenen Handelsplätzen und Währungen) und
- bei Kurssicherungsgeschäften, um Währungsrisiken bei Geschäften an internationalen Geld- und Kapitalmärkten zu minimieren.

Am inländischen Geldmarkt versuchen die Banken Liquiditätsüberschüsse beziehungsweise Liquiditätsengpässe auszugleichen.

Effekteneigengeschäfte am Geld- und Kapitalmarkt dienen

- der verzinslichen Anlage von Mitteln,
- dem Eigenhandel mit Wertpapieren,
- der Beteiligung an anderen Unternehmen,
- der Wertpapierleihe.

3.4.1 Geld- und Kapitalmarkt – Begriffe und Abgrenzungen

> **DEFINITION**
>
> Der **Geldmarkt im engeren Sinne** ist der Markt, an dem Banken untereinander oder mit der Zentralbank ihre Liquiditätsüberschüsse oder -defizite aus dem Tagesgeschäft ausgleichen.

Am Geldmarkt im engeren Sinne lassen sich zwei **Teilmärkte** klar unterscheiden, zum einen der **Interbankenmarkt** und zum anderen der **Refinanzierungsmarkt.**

Am Interbankenmarkt kommen als Geschäftspartner die etwa 100 größten Banken und teilweise auch Kapitalsammelstellen und Großunternehmen in Frage. Am Refinanzierungsmarkt sind die Bundesbank und die Europäische Zentralbank der Partner der Banken.

Was unter dem Kapital- beziehungsweise Geldmarkt zu verstehen ist, lässt sich nicht eindeutig abgrenzen. Gibt es doch weitere Überlappungsbereiche zwischen diesen beiden Märkten.

Allgemein kann gesagt werden, dass auf dem Kapitalmarkt all die Geschäfte stattfinden, bei denen Finanzierungsmittel längerfristig der Bildung von Sachkapital zugeführt werden, Empfänger und Besitzer von Geldvermögen also Teile ihres Vermögens längerfristig anlegen und Investoren dieses Geld aufnehmen, um Investitionen zu finanzieren. Damit wird am Kapitalmarkt das Geldvermögen mit dem Realvermögen verbunden. Auch die Selbstemissionen der Geschäftsbanken als eine Möglichkeit der Beschaffung von Finanzierungsmitteln dienen diesem Zweck. Diese Emissionen haben in der Regel eine Laufzeit von zwei bis zehn Jahren. In der Bundesbankstatistik und in den Bilanzierungsrichtlinien werden langfristige Geschäfte mit einer Laufzeit von vier und mehr Jahren benannt.

> **DEFINITION**
>
> **Der Kapitalmarkt im engeren Sinne** ist der Markt, an dem Banken und Kapitalsammelstellen als Kapitalnehmer und Kapitalgeber auftreten und Beteiligungsrechte (Aktien, Genussscheine) sowie (fest-)verzinsliche Wertpapiere kaufen oder verkaufen (emittieren).
>
> Zum **Kapitalmarkt im weiteren Sinne** zählen darüber hinaus alle Transaktionen, bei denen langfristige Kredite gewährt oder Beteiligungen gehandelt werden, ohne dass Banken eingeschaltet werden.

3.4.2 Der Geldhandel der Banken am Interbankenmarkt und am Refinanzierungsmarkt

3.4.2.1 Interbankenmarkt

Stehen einer Bank liquide Mittel kurzfristig zur Verfügung, die nicht ertragbringender im Kredit- oder im Wertpapiergeschäft angelegt werden können oder kann über die Mittel nur sehr kurzfristig, also im Tagesgeschäft verfügt werden, so wird sie versuchen eine andere Bank zu finden, die diese Beträge kurzfristig am Tages- oder Termingeldmarkt aufnimmt.

Benötigt die Bank selbst kurzfristig solche Mittel, wird sie einen Partner suchen, der ihr eine entsprechende Summe ausleiht.

Am Geldmarkt vollzieht sich also zunächst der kurzfristige Spitzenausgleich zwischen den Zahlungseingängen und den Zahlungsausgängen von Banken.

Während **Tagesgeld** eine Laufzeit von einem Tag hat und jeweils bis zum Mittag des der Aufnahme folgenden Tages rückzahlbar ist, muss **tägliches Geld** einen Tag vor dem Abruf gekündigt werden.

Längerfristig zur Verfügung stehende Gelder können am Terminmarkt ausgeliehen werden. Typische Laufzeiten sind die Monatsmitte (medio), der Ultimo sowie Laufzeiten von ein bis zwölf Monaten. Sie werden an einem bestimmten Tag fällig (**Festgelder**). Dabei können für den Gelddisponenten besondere Zahlungstermine, an denen die Bank viel Liquidität benötigt, berücksichtigt werden.

Für die Geschäfte am Geldmarkt finden Referenzzinssätze Anwendung. Die wichtigsten davon sind der EONIA und der EURIBOR.

Der EONIA (Euro OverNight Index Average) stellt den Satz dar, für den die bedeutendsten Banken in Europa Geld über Nacht verleihen. Er ist damit eine Referenzgröße für kurzfristiges Geld. Für seine Ermittlung werden bis zu 57 Banken herangezogen, wovon 47 aus den Euro-Mitgliedstaaten stammen. Die größte Gruppe stellen mit zwölf Instituten die deutschen Banken. Für die Auswahl der Kreditinstitute wurden strenge Regeln angewandt. So dürfen nur Institute mit einem erstklassigen Rating, einer ausgezeichneten Marktstellung und einer starken Stellung im Euro-Geldmarkt an der Meldung teilnehmen. Alle an der Berechnung beteiligten Banken melden sowohl ihre Zinssätze als auch die dazugehörigen Volumina an die EZB, die zunächst die höchsten und niedrigsten 15 Prozent der Zinsmeldungen herausnimmt. Aus den restlichen Meldungen wird ein umsatzgewichteter Durchschnitt errechnet, der sich durch eine sehr hohe Marktnähe auszeichnet.

Der EURIBOR (EURro InterBank Offered Rate) wird für Laufzeitenbereiche von einem bis zwölf Monate errechnet. Für die Berechnung meldet die gleiche Institutsgruppe wie beim EONIA ihre jeweiligen Sätze an den Finanzdienst Bridge Telerate, der die Daten wie bei der Berechnung des EONIA auswertet, aber keine Umsatzgewichtung vornimmt. Die Ergebnisse der Berechnung liegen um 11 Uhr vor und werden dann veröffentlicht.

3.4.2.2 Refinanzierung bei der Bundesbank

Die Bundesbank bietet den Banken verschiedene Refinanzierungsmöglichkeiten. Dabei kommt den Offenmarktgeschäften eine Schlüsselrolle zu, denn über sie wird das Bankensystem den Großteil seines Liquiditätsbedarfs decken. Offenmarktgeschäfte werden zum einen dazu benutzt, dem Markt zinspolitische Signale zu geben, sie dienen jedoch auch zur Liquiditätsversorgung. Die EZB entscheidet letztendlich darüber, welches Instrument eingesetzt wird. Im Rahmen der Offenmarktgeschäfte stehen folgende Alternativen zur Verfügung:

- Das Hauptrefinanzierungsgeschäft, eine wöchentlich stattfindende befristete Transaktion (Pensionsgeschäfte oder Pfandkredite) mit einer Laufzeit von zwei Wochen, stellt die wesentliche Refinanzierungsquelle des Bankensystems dar. Für die Tendergeschäfte (Mengen- und Zinstender), die von den nationalen Notenbanken durchgeführt werden, liegt ein genauer Zeitplan vor.

- Monatlich stattfindende befristete Transaktionen (Pensionsgeschäfte oder Pfandkredite) mit einer Laufzeit von drei Monaten dienen dazu, das Bankensystem mit längerfristiger Liquidität zu versorgen. Da mit diesen Geschäften nicht die Absicht verbunden ist, Zinssignale zu setzen, werden sie normalerweise als Zinstender ausgeschrieben.

- Feinsteuerungsoperationen werden nur von Fall zu Fall eingesetzt, wenn unerwartete Liquiditätsschwankungen auftreten. In diesem Fall können Käufe und Verkäufe von Wertpapieren, Devisenswapgeschäfte oder die Hereinnahme von Termingeldern in Form eines Schnelltenders durch die nationalen Notenbanken durchgeführt werden.

- Strukturelle Operationen werden dazu benutzt, die strukturelle Liquiditätsposition des Finanzsektors gegenüber dem ESZB anzupassen. Sie werden fallweise in Form von befristeten Transaktionen, Käufen und Verkäufen von Wertpapieren oder der Emission von Schuldverschreibungen durchgeführt.

Die ständigen Fazilitäten werden dazu benutzt, die täglich auftretenden Liquiditätsschwankungen der Banken zu regulieren.

- Die Spitzenrefinanzierungsfazilität wird dazu benutzt, sich über Nacht Liquidität bei den nationalen Zentralbanken zu besorgen. Der Zinssatz für die Spitzenrefinanzierungsfazilität stellt normalerweise die Obergrenze für den Tagesgeldsatz dar.

- Die Einlagenfazilität wird dazu benutzt, überschüssige Liquidität über Nacht bei den nationalen Zentralbanken anzulegen. Der Zinssatz der Einlagenfazilität stellt normalerweise die Untergrenze für den Tagesgeldsatz dar.

3.4.3 Eigengeschäfte der Banken am Kapitalmarkt

3.4.3.1 Anlage in festverzinslichen Wertpapieren

Alle Banken – insbesondere aber Sparkassen und Kreditgenossenschaften legen Teile ihrer Mittel in Wertpapieren an (im Durchschnitt bis zu 20 Prozent der Bilanzsumme). Diese Anlage steht in einer Wechselwirkung zum Kreditgeschäft.

Kundennachfrage nach Krediten und erwartete Zinsentwicklung bestimmen wesentlich das Marktverhalten. Da Kreditinstitute beim Erwerb (langfristiger) Wertpapiere auf die Beleihungsfähigkeit durch die Bundesbank achten, können sie diese Wertpapiere kurzfristig bei Pensionsgeschäften als Liquiditätsreserve mobilisieren. Das ist ein Beispiel für die enge Verzahnung von Geld- und Kapitalmarkt.

In manchen Fällen kommt es auch zu einer Erhöhung des Eigenbestandes, wenn bei einer Fremdemission der eigene Konsortialanteil nicht vollständig platziert werden konnte.

3.4.3.2 Eigenhandel in Wertpapieren

Wie bei Deviseneigengeschäften handeln Banken auch mit Aktien, Optionen und anderen modernen Finanzinstrumenten. Neben Erträgen aus Arbitragegeschäften besteht auch vor allem bei führenden Emissionsbanken die Notwendigkeit, als Market-Maker eigene Bestände zu unterhalten. In begrenztem Umfang sind Eigenbestände auch für Tafelgeschäfte erforderlich.

3.4.3.3 Beteiligungen an anderen Unternehmen

Viele Aktienbestände der Banken sind aber eher unter dem strategischen Aspekt einer Beteiligung zu sehen, also der gezielten Übernahme unternehmerischer Aufgaben.

Funktionsbezogene Beteiligungen sind vor allem bei bankennahen Unternehmen (Leasinggesellschaften, Kapitalgesellschaften usw.), aber auch bei anderen Banken (entweder zur Ausweitung des Geschäftsstellennetzes oder der Produktionspalette) zu finden.

Investmentorientierte Beteiligungen entstehen teilweise ungeplant (zum Beispiel durch notleidende Kredite) marktleistungsbezogen, aber auch beim so genannten **Pakethandel,** indem größere Anteile aufgekauft oder auch verkauft werden.

Beteiligungen sind, wie alle Wertpapieranlagen, mit Kursrisiken verbunden. Insbesondere nachhaltige Kursrückgänge können die Ertragssituation einer Bank erheblich beeinflussen. Ambivalent wird auch die Beteiligungspolitik als Instrument zur Einflussnahme der Banken diskutiert. Seit den siebziger Jahren sind **Bankenmacht, Depotstimmrecht** und Insiderkenntnisse Reizthemen in der Öffentlichkeit. Die Umsetzung der europäischen Insider-Richtlinie in deutsches Börsenrecht ist ein wichtiger Schritt, einzel- und gesamtwirtschaftliche Interesse auszugleichen.

RESÜMEE

Sicht-, Termin- und Spareinlagen sind weiterhin wichtige Produkte der Banken für die Kapitalanlage.

Für immer größere Bevölkerungskreise stellt sich aber die Frage: Wie lege ich mein verdientes oder ererbtes Geld richtig an? Kommen doch zu den 4 Billionen DM Geldvermögen jährlich zusätzlich 200 Milliarden DM neu dazu. Kauf von Aktien, Renten, Investmentfonds oder gar von Finanzinnovationen sind vor dem Hintergrund der Erfahrungen und Kenntnisse der Kunden abzuwägen, persönliche Einkommenssituation, steuerliche Auswirkungen, Lebensalter und Anlagemotive sind zu berücksichtigen.

Dazu sind Kenntnisse der Anlageziele des Kunden und der Produkte ein notwendiger Bestandteil der von Ihnen zu erwerbenden Qualifikationen. Die andere Seite umfasst solide Kenntnisse der Ausstattung der Produkte, der technischen Abwicklung von Käufen und Verkäufen, der Verwahrung und Verwaltung; und das auch immer unter steuerlichen Gesichtspunkten.

Zu Ihrer Kompetenz gehören auch Kenntnisse über banknahe Finanzdienstleistungen, insbesondere über Bausparverträge und Kapitallebensversicherungen sowie Formen staatlicher Sparförderung.

LITERATUR ZUM WEITERLESEN

- Zur Geldanlage aus Sicht des Privatkunden empfiehlt sich beispielsweise:
  Lindmayer, Karl H., **Geldanlage und Steuern 2001**, Wiesbaden 2000.

- Unverzichtbar sind auch die den Kunden auszuhändigenden Informationen, die über Möglichkeiten und typische Risiken der Vermögensanlagen in Wertpapieren informieren. Spezielle Informationen gibt es auch zu Börsentermingeschäften.

KONTROLLFRAGEN

1. Erläutern Sie im Zusammenhang mit Sichteinlagen den Begriff „Bodensatz".
2. Worin unterscheiden sich die beiden Formen der Termineinlagen.
3. Welche Gelder werden als Spareinlagen bilanziert?
4. Beschreiben Sie die Verfügungsmöglichkeiten über eine Spareinlage mit dreimonatiger Kündigungsfrist.
5. Durch welche Maßnahmen fördert der Staat die Vermögensbildung?
6. Nennen Sie die Anlagemöglichkeiten nach dem 5. VermBG.
7. Welche Gründe sprechen für den Abschluss eines Bausparvertrages?
8. Skizzieren Sie den Ablauf einer Bausparfinanzierung für eine Eigentumswohnung.
9. Wie unterscheiden sich Kapitallebensversicherung und Risikolebensversicherung hinsichtlich Beitrag, Risikoabdeckung und Verwendungszweck?
10. Wie unterscheiden sich Effekten in Bezug auf
    a) Übertragbarkeit
    b) Art des Ertrages
    c) weitere Rechte
11. Was bedeuten die Begriffe „Mantel", „Bogen" und „Talon" bei einem Wertpapier?
12. Welches sind die wichtigsten Merkmale von Anleihen?
13. Wie unterscheiden sich Stamm- von Vorzugsaktien?
14. Wodurch unterscheiden sich Investmentzertifikate von den übrigen Effekten und in welcher Weise werden ihre „Preise" ermittelt?
15. Beschreiben Sie, auf welche Weise sich die Kursbildung an der Frankfurter Börse in den verschiedenen Marktsegmenten vollzieht.
16. Erklären Sie anhand eines Beispiels den Kauf einer Verkaufsoption.
17. Worin liegen die Vorteile und die Risiken eines solchen Geschäfts (Aufgabe 16) für den Kunden?
18. Wie werden Effektentermingeschäfte für Privatkunden abgewickelt?
19. Wie wickelt ein Emissionskonsortium die Platzierung einer Anleihe ab?
20. Welche Vereinbarungen werden dabei (Aufgabe 19) in einem Konsortialvertrag zwischen den Konsorten getroffen?

KONTROLLFRAGEN (Fortsetzung)

21. Welche Möglichkeiten der Platzierung (Aufgabe 19) lassen sich grundsätzlich unterscheiden, und welche Gründe sprechen für die Wahl der einen oder der anderen Art?
22. Beschreiben Sie die Abwicklung einer Kapitalerhöhung unter Ausschluss des gesetzlichen Bezugsrechts der Aktionäre.
23. Wodurch unterscheiden sich das offene und das verschlossene Depot, und welche Rechtsgrundlagen gelten für diese Verwahrungsarten?
24. Welche Verwahrungsarten unterscheidet das Depotgesetz, und worin liegen die Unterschiede für Kunden und Bank?
25. Wie sind Drittverwahrung und die Tauschverwahrung zu kennzeichnen, und welche Bedeutung haben diese Verwahrungsarten für das Depotgeschäft der Banken?
26. Was bedeuten die Begriffe „Fremdvermutung" und „Eigenanzeige"?
27. Unter welchen Voraussetzungen ist eine Drittverpfändung möglich, und welche Arten der Drittverpfändung werden im Depotgesetz unterschieden?
28. Welche Tätigkeiten gehören zum Effektenverwaltungsgeschäft der Banken?
29. Worauf ist bei der Beratung eines Kunden besonders Wert zu legen, und worin liegen die Gefahren einer solchen Beratung für die Bank?
30. In welchen Fällen werden Gewinne aus dem Verkauf von Wertpapieren einkommensteuerpflichtig?
31. Welche Beträge sind bei einem privaten steuerpflichtigen Kunden als Ertrag bei den Einkünften aus Kapitalvermögen anzugeben?
    a) 100 Aktien der IXIT AG, Dividende am 26.4.19..
    b) 50.000 DM 7 Prozent Pfandbriefe 14 DM je Stück 1.10. ganzjährig wurden vor zwei Jahren zu 98 DM gekauft und am 20.8. zu 104,– DM verkauft.
    c) 100.000 DM 6 Prozent Bundesanleihe 1.7. ganzjährig wurden am 20.8. zu 99,60 DM gekauft.
32. Erklären Sie die Entwicklung der Zinssätze für Tagesgeld, Dreimonatsgeld und den EURIBOR anhand der Veröffentlichungen im letzten Monatsbericht der Deutschen Bundesbank. Welche Rückschlüsse lassen sich daraus ziehen?
33. Unter welchen Voraussetzungen und in welchem Umfang können Banken Kundeneinlagen im Rahmen ihrer Geschäfte am Geld- und Kapitalmarkt einsetzen?

4. Derivative Finanzdienstleistungen

Geschäfte gegen die Zeit

„Teufelszeug"

In den letzten Jahren haben derivative Finanzprodukte, also Swaps, Optionen und Termingeschäfte einen ungeahnten Aufschwung erlebt. Diese Geschäfte können in drei Gruppen eingeteilt werden. Einerseits gibt es Tauschvereinbarungen über Kassainstrumente, wie zum Beispiel den Zinsswap. Andererseits besteht in diesem Markt die Möglichkeit, schon heute feste Preise für einen Kauf oder Verkauf in der Zukunft zu erhalten. Darüber hinaus kann mit Hilfe von Optionen das Recht erworben werden, etwas in der Zukunft kaufen oder verkaufen zu können. Da diese Instrumente für die Risikoabsicherung (Hedging) eine Vielzahl von Möglichkeiten bieten, werden sie immer stärker in die Angebotspalette der Banken integriert. Dabei spielt die Frage nach dem Wert eines Termingeschäftes beziehungsweise einer Option eine zentrale Rolle.

LEITFRAGEN

1. Was unterscheidet derivative Produkte von klassischen Bankleistungen?
2. Wie können Sie ein Wertpapierportfolio vor fallenden Kursen schützen?
3. Warum kann man Optionen und Futures sowohl als Sicherungsinstrument als auch zur Spekulation einsetzen?
4. Wie ergibt sich der Zinssatz für einen einjährigen Kredit, der erst in sechs Monaten abgerufen werden soll?

Derivative Geschäfte unterscheiden sich im Kern von den klassischen Bankprodukten in der Weise, dass **nicht** der Besitz von Finanzaktiva übertragen wird. Der Käufer einer Aktie besitzt nach der Transaktion das Anrecht auf alle zukünftigen Ausschüttungen der Firma, der Käufer der Aktie auf Termin hingegen beeinflusst keine realen Bewegungen von Geldern, sondern es wird „nur" ein Besitzrecht in der Zukunft gehandelt. Der Unterschied wird schnell an einem Beispiel klar. Nur die Bundesrepublik Deutschland darf Bundesobligationen emittieren, es können also nicht mehr gekauft werden als vorhanden sind. Jedoch ist es möglich, eine beliebige Anzahl von Bundesobligationen auf Termin zu kaufen oder zu verkaufen, denn es sind Geschäfte über den Gegenstand (das Underlying). Im Folgenden wird zuerst der Zinsswap erklärt, also die Möglichkeit, relative Vorteile bei einer Finanzierung auszunutzen. Anschließend wird mit Hilfe des Forward Rate Agreements ein zwischen Banken gehandelter Zins (OTC = over the counter = nicht börsengehandelt) erklärt. Mit dem Bund-Future wird ein börsengehandeltes Termingeschäft auf ein Wertpapier (Bundesanleihe) vorgestellt. Schließlich kann dann der Wert eines Rechtes (Option) analysiert werden. Ziel des Abschnitts ist es, dem Leser eine Vorstellung von der Bewertung und den Möglichkeiten von Derivaten zu geben. Diese Materie ist ohne Mathematik leider nicht zu verstehen, dafür aber eines der spannendsten Gebiete der Bankbetriebslehre.

4.1 Zinsswaps

Der **Zinsswap** ist vielleicht zu einfach, weshalb seine Erklärung oft schwierig ist. Formal stellt er eine Vereinbarung über den **Austausch von unterschiedlich gestalteten Zinszahlungsströmen** dar. Es werden meistens variable gegen feste Zinszahlungen getauscht. Die Swapvereinbarung bezieht sich auf einen nominellen Kapitalbetrag, der allerdings in der Regel nicht mit ausgetauscht wird. Der beste Weg zum Verständnis ist ein Beispiel dafür, wie mit Hilfe eines Zinsswaps alle Teilnehmer Geld sparen und die Swapbank Geld verdienen kann. Dies erscheint auf den ersten Blick sehr seltsam, ist aber durchaus möglich.

4.1.1 Entstehung des Zinsswaps

In der Entstehungsphase des Marktes für Zinsswaps waren die Transaktionen noch durch lange Verhandlung und das Erkennen komparativer Vorteile gekennzeichnet. Entsprechend lukrativ waren aber auch die möglichen Margen für eine Bank bei erfolgreicher Beratung. Das folgende Beispiel bezieht sich auf diese Anfänge des Marktes.

Bei einer Finanzierungsentscheidung können die Unternehmen entweder einen Festsatzkredit oder einen variabel verzinsten Kredit aufnehmen. Wenn sich die Zinsen aber der Entwicklung anpassen sollen, muss für den Kreditvertrag oder die Anleihe ein objektiver Maßstab für das Zinsniveau des Marktes gefunden werden. Dazu wird in der Praxis meist der EURIBOR (Euro Interbank Offered Rate) selten auch der EURO-LIBOR (Frankfurt Interbank Offered Rate) verwendet.

Eine Bank hat die Unternehmen Lucky und Unlucky als Firmenkunden. Das Unternehmen Lucky hat einen 100-Millionen- €-Kreditbedarf für fünf Jahre. Der Treasurer geht dabei von fallenden Zinsen in der Zukunft aus. Durch das erstklassige Rating (AAA) ist der Zugang zu den Kapitalmärkten unproblematisch. Die Kapitalmarktmöglichkeiten einer Verschuldung liegen für fünf Jahre im Variablenbereich bei 6-Monats-EURIBOR + 0,5 Prozent, während eine Festsatzanleihe mit 7 Prozent verzinst werden müsste. Das Unternehmen Unlucky hat ebenfalls Bedarf über 100 Millionen € für fünf Jahre. Mit diesem Betrag soll eine neue Fabrik finanziert werden. Unlucky hat Interesse an einer Kreditaufnahme. Wegen der schlechteren Bonität (BBB) offeriert eine andere Bank bei 100 Prozent Auszahlung einen variablen Satz von 6-Monats-EURIBOR + 1 Prozent und einen Festsatz mit 8,5 Prozent. Unlucky möchte einen Kredit mit festen Zinsen.

	Lucky	Unlucky	Zinsdifferenz
Fest	7 %	8,5 %	1,5 %
Variabel	EURIBOR + 0,5 %	EURIBOR + 1 %	0,5 %

Abbildung 2-50: Direkte Finanzierungsmöglichkeiten am Markt

Das Ziel des Einsatzes derivativer Produkte ist es, dass beide Parteien profitieren. Da Lucky mit fallenden Zinsen rechnet, ist eine variable Kreditaufnahme sinnvoll. Ohne Nutzung **derivativer Märkte** läge die Belastung bei EURIBOR + 0,5 Prozent. Unlucky möchte für die Investition einen Festsatzkredit aufnehmen. Ohne Ausnutzung des Swapmarktes läge der Satz bei 8,5 Prozent. Kerngedanke des Zinsswaps ist die Nutzung **komparativer Vorteile**. Lucky erhält zwar bei beiden Typen der Kreditaufnahme die günstigeren Sätze, jedoch ist der relative Vorteil im Festsatzbereich am größten; hingegen hat Unlucky die relativ besten Möglichkeiten bei variablen Zahlungen (Zinsunterschied variabel 0,5 Prozent, fest 1,5 Prozent). Da die Interessen hinsichtlich der gewünschten Finanzierungsform genau gegensätzlich zu den relativ günstigen Verschuldungsmöglichkeiten sind, bietet sich ein Zinsswap an.

Lucky emittiert daher eine Festsatzanleihe, während Unlucky den **variablen Kredit** aufnimmt. Beide wählen also jeweils die relativ günstigste Form der Finanzierung. Die Kreditbeträge stehen den Firmen somit zur Verfügung, jedoch ist die Form der Zinsbelastung noch nicht wunschgemäß, da Lucky Festsatz bezahlt, während Unlucky eine variable Belastung hat. Es ergibt sich daher das Bild der Zinsströme wie in Abbildung 2-51 dargestellt.

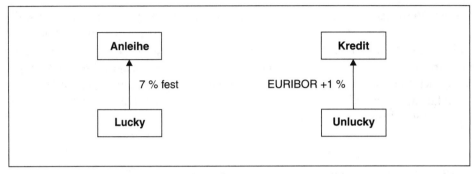

Abbildung 2-51: Zinsströme vor einem Swap

In dieser Situation ist ein Zinsswap sinnvoll, das heißt, dass die Zinszahlungen auf den Nominalbetrag getauscht werden. Bei einem Zinsswap wird der Preis in der Regel als Festsatz gegen EURIBOR-Strom ausgedrückt. Lucky muss aus dem Swap also mindestens 6,5 Prozent erhalten, damit sich die vorherige Belastung von 6-Monats-EURIBOR + 0,5 Prozent ergibt. Hingegen kann Unlucky bis zu 7,5 Prozent auf der Fixseite zahlen, da insgesamt dann eine Belastung von 8,5 Prozent entsteht. Dies wäre die Reproduktion des Status quo, es gäbe keinen Grund für einen Swap. Jedoch bleibt 1 Prozent Zinsunterschied zum Verteilen an Lucky, Unlucky und die Swapbank.

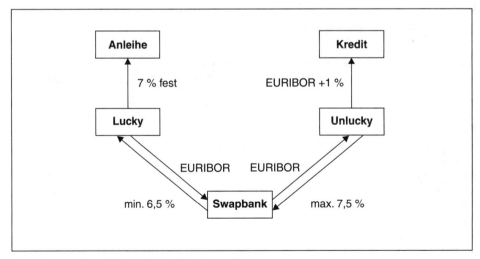

Abbildung 2-52: Möglichkeiten für einen Zinsswap

Um die Verteilung sinnvoll vorzunehmen, sollte zuerst der Status der Firmen untersucht werden. Eine Aufteilung des Vorteils je Firma ergibt eine Spanne von 0,5. Da Lucky mit einwandfreier Bonität kein besonderes Risiko darstellt, könnten beispielsweise 0,35 weitergegeben werden. Hingegen liegen durch einen möglichen Ausfall von Unlucky erhebliche Bonitätsrisiken vor, so dass dort beispielsweise nur 0,15 weitergegeben werden. Die Bank bietet also Lucky an, für fünf Jahre auf den Nominalbetrag 6,85 Prozent zu bezahlen (Payer) und dafür den sich alle sechs Monate anpassenden Interbankensatz EURIBOR zu bekommen. Hingegen wird Unlucky vorgeschlagen, einen entsprechenden EURIBOR-Strom zu bekommen und dafür 7,35 Prozent fest jährlich zu bezahlen.

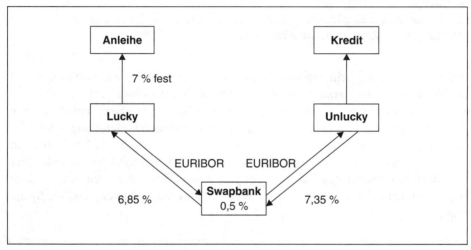

Abbildung 2-53: Zinsströme nach einem Zinsswap

	Lucky	Bank	Unlucky
Kredit/Anleihe	+ 7 %		EURIBOR + 1 %
Swap fest	− 6,85 %	+ 7,35 % − 6,85 %	+ 7,35 %
Swap variabel	+ EURIBOR	+ EURIBOR − EURIBOR	− EURIBOR
Gesamtergebnis	EURIBOR + 0,15 %	0,5 %	8,35 %

Abbildung 2-54: Vorteilhaftigkeit eines Zinsswaps

Es wird deutlich, dass eine vorteilhafte Situation für alle Beteiligten erreicht wurde. Lucky hat eine variable Belastung von EURIBOR + 0,15 Prozent, also einen Vorteil von 0,35 Prozent im Vergleich zu einer direkten Finanzierung, Unlucky hat einen Vorteil von 0,15 Prozent und trotzdem verdient die Swapbank 0,5 Prozent pro Jahr auf den Nominalbetrag. Wie ist das möglich? Das Geheimnis liegt in der unterschiedlichen Bonitätseinschätzung des Marktes für die beiden Parteien. Durch den Swapmarkt entsteht für alle Beteiligten die Möglichkeit, die Gelder dort aufzunehmen, wo sie relativ am günstigsten sind, um sie dann in die gewünschte Finanzierungsform zu tauschen, also zu swappen. Inzwischen ist der Swap Markt sehr liquide geworden, sodass nur noch von Swapbanken die Festsatzseite quotiert wird, dagegen steht dann implizit ein EURIBOR-Strom.

4.1.2 Usancen des Swapmarktes

Der Swapmarkt ist in den wichtigsten Währungen im Laufzeitsegment von zwei bis zehn Jahren äußerst liquide. Die Standardgrößen der Nominalbeträge liegen zwischen 5 und 100 Millionen €. Auch deutlich größere Beträge sind meist ohne starke Preisbewegung handelbar. Bei einem Zinsswap wird in der Regel ein **Festzinssatz quotiert**. Je nach Währung sind unterschiedliche Usancen gebräuchlich (im Euro-Bereich 30/360 mit jährlicher Zinszahlung). Implizit steht der Quotierung ein variabler Zinssatz gegenüber (6-Monats-EURIBOR), der sich auf die übliche Geldmarktbasis (act/360) bezieht.

Da mit dem Abschluss von Swaps keine Bewegung von Liquidität verbunden ist, können auch größere Zinspositionen sehr schnell aufgebaut und entstandene Risiken schnell abgesichert werden. Auch ist es möglich, Finanzierungs- und Anlagevorteile von einem Marktsegment in ein anderes zu überführen. Bei einer Swapquotierung von 7,10 bis 7,20 Prozent für einen Fünf-Jahres-Swap ist die quotierende Bank bereit, auf den Nominalbetrag eine Kette von EURIBOR-Zahlungen abzugeben und dagegen eine Festsatzzahlung von 7,20 Prozent zu empfangen. Außerdem ist sie bereit, die EURIBOR-Kette für 7,10 Prozent zu verkaufen.

Mit Hilfe des Swapmarktes kann ein Unternehmen oder eine Bank also jederzeit die Art der Kreditbelastung anpassen, ohne die eigentlichen Kredite und damit die Bilanz verändern zu müssen. Bei Erwartung steigender Zinsen ist es sinnvoll, den Anteil der variablen Verschuldung zu verringern. Im folgenden Schaubild wird eine EURIBOR-Belastung mit Hilfe des eben quotierten Fünf-Jahres-Swaps in eine Festsatzverschuldung „gedreht". Die Swapbank zahlt ihrem Kunden EURIBOR, der diese Zahlungen an die Kreditgeber weiterreicht, dafür muss er nun die Festsatzzinsen von 7,20 Prozent (also die hohe Seite) an die Bank leisten (Abbildung 2-55).

Umgekehrt kann selbstverständlich auch eine Festsatzverbindlichkeit in eine variable getauscht werden. Bei der Annahme fallender Zinsen wird entsprechend die variable Finanzierung erhöht. In dieser Situation zahlt die Swapbank 7,10 Prozent. Es müssen aber nur 7 Prozent für die Finanzierung aufgebracht werden, sodass sich die resultierende variable Belastung des Kunden auf EURIBOR – 0,1 Prozent reduziert (Abbildung 2-56).

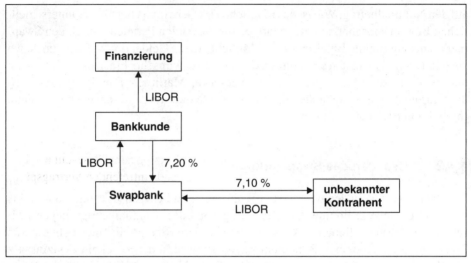

Abbildung 2-55: Zinsswap zur Umwandlung einer variablen Finanzierung in eine Festsatzfinanzierung

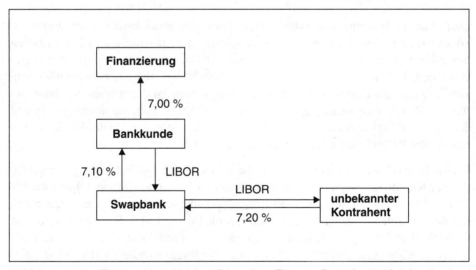

Abbildung 2-56: Zinsswap zur Umwandlung einer Festsatzfinanzierung in eine variable Finanzierung

Die Finanzierung kann so jederzeit auf die gewünschte Verzinsungsform angepasst werden, ohne die eigentlichen Kapitalströme zu bewegen. Ein weiterer Vorteil von Swapgeschäften ist ihre relativ einfache Reversibilität.

Hier gibt es drei Möglichkeiten:

- Abschluss eines **Gegengeschäfts**, das heißt, es wird für die Restlaufzeit ein gegenläufiger Swap kontrahiert.
- **Close-out-Vereinbarung**, das heißt, alle im Swap vereinbarten Zahlungsströme werden zu aktuellen Marktsätzen bewertet, und es findet ein entsprechender Barausgleich zwischen den Kontrahenten mit anschließender Aufhebung der Swapvereinbarung statt.
- **Assignment**, das heißt, alle Rechte und Pflichten aus dem Swap werden auf einen Dritten übertragen. Dies ist nur mit Zustimmung des ursprünglichen Kontrahenten möglich. Ein möglicher Barausgleich wird analog zum Close-out berechnet, findet jedoch zwischen dem ausscheidenden und eintretenden Vertragspartner statt.

4.1.3 Zinsswaps zur Finanzierungssteuerung

Wir wollen nun eine Strategie zur **Optimierung** von Krediten vorstellen. Dabei wird auf eine Unterscheidung in Geld- und Briefkurse verzichtet. Als Basis dient eine Belastung von 6,6 Prozent in einem noch drei Jahre laufenden Kredit. Der aktuelle Swapsatz liegt bei 6,6 Prozent fest gegen EURIBOR (zur Zeit 7 Prozent). Da die Firma von fallenden Zinsen im nächsten Jahr ausgeht, wird zum Zeitpunkt 0 ein Drei-Jahres-Swap abgeschlossen. Dabei wird der Festsatz von 6,6 Prozent gezahlt und dafür ein EURIBOR-Strom empfangen.

Zeit	0	½	1	1½	2	2½	3
Anleihe		+ 0	− 6,6	+ 0	− 6,6	+ 0	− 6,6
Swap I fest	0	0	+ 6,6	0	+ 6,6	0	+ 6,6
Swap I variabel	0	− 3,54	− EURIBOR	− EURIBOR	− EURIBOR	− EURIBOR	− EURIBOR
Gesamt	0	− 3,54	?	?	?	?	?

Abbildung 2-57: Swap eines 6,6 Prozent Kredits gegen EURIBOR (Ausgangssituation zum Zeitpunkt 0)

Zum Abschluss des Geschäftes ist nur die Zahlung für das erste halbe Jahr bekannt, da auch im variablen Bereich die Zinsen am Anfang der Periode festgestellt werden (Zeitpunkt 0 also 7 Prozent) und sich auf eine Zahlung nach einem halben Jahr (Zeitpunkt ½) beziehen. Da es sich um einen Geldmarktsatz handelt, muss mit wirklichen Tagen auf einer 360-Tage-Basis gerechnet werden (act/360).

$$7 \cdot \frac{182}{360} = 3{,}54$$

Angenommen, die Zinsprognose fallender Zinsen war korrekt. Während des ersten Halbjahres fällt der EURIBOR tatsächlich von 7 Prozent auf 6 Prozent und die Zinsstrukturkurve wird horizontal. Zum Zeitpunkt 1 wird nun die Zinsmanagemententscheidung analysiert (der Einfachheit halber hat das Jahr zweimal 182 Tage).

Zeit	0	½	1	1½	2	2½	3
Anleihe		+ 0	– 6,6	+ 0	– 6,6	+ 0	– 6,6
Swap I fest	0	0	+ 6,6	0	+ 6,6	0	+ 6,6
Swap I variabel	0	– 3,54	– 3,03	– EURIBOR	– EURIBOR	– EURIBOR	– EURIBOR
Gesamt	0	– 3,54	– 3,03	?	?	?	?

Abbildung 2-58: Swap eines 6,6 Prozent Kredits gegen EURIBOR
(Analyse zum Zeitpunkt 1)

Da das Zinsniveau auf 6 Prozent gefallen ist, müssen für das zweite halbe Jahr nur noch 6 Prozent gezahlt werden. Dies bedeutet zu diesem Zeitpunkt eine Belastung von

$$6 \cdot \frac{182}{360} = 3{,}03$$

Um den Erfolg des Geschäfts mit der ursprünglichen Anleihe zu vergleichen, muss die halbjährige Zahlung mit 6 Prozent aufgezinst werden:

$$3{,}54 \cdot \left(1 + 0{,}06 \cdot \frac{182}{360}\right) = 3{,}65$$

$$3{,}65 + 3{,}03 = 6{,}68$$

Im ersten Jahr sind wegen der inversen Struktur die Zinszahlungen von 6,6 auf 6,68 Millionen € leicht gestiegen, obwohl die Strategie richtig war. Jedoch muss für die **gesamte Vorteilhaftigkeit** des Derivativgeschäfts auch die **Zukunft** mit in die Analyse einbezogen werden. Dieses Geschäft kann dann hypothetisch, aber auch real, mit einem Gegengeschäft, also einem neuen Swap, geschlossen werden. Da das Zinsniveau jetzt gesunken ist, müssen nur noch 6 Prozent für einen EURIBOR-Strom gezahlt werden. Um das günstige Zinsniveau zu sichern, kann ein zweiter Swap abgeschlossen werden, bei dem der Festsatz von 6 Prozent für zwei Jahre gezahlt und dafür entsprechend EURIBOR empfangen wird. Damit ist die Position im Sinne des Preisrisikos geschlossen.

Derivative Finanzdienstleistungen 371

Zeit	0	½	1 (jetzt)	1½	2	2½	3
Anleihe		+ 0	− 6,6	+ 0	− 6,6	+ 0	− 6,6
Swap I fest		0	+ 6,6	0	+ 6,6	0	+ 6,6
Swap I variabel		− 3,54	− 3,03	− EURIBOR	− EURIBOR	− EURIBOR	− EURIBOR
Swap II fest		−	−	0	− 6	0	− 6
Swap II variabel	0	−	−	+ EURIBOR	+ EURIBOR	+ EURIBOR	+ EURIBOR
Gesamt	0	− 3,54	− 3,03	0	− 6	0	− 6

Abbildung 2-59: Geschlossene Position durch einen zweiten Swap

Es bleibt jedoch das Adressenrisiko von zwei Swaps bestehen. Alternativ kann die Position durch eine Ausgleichszahlung (Close-out) beendet werden. Da das Zinsniveau bei 6 Prozent liegt, wird der Vorteil von 0,6 pro Jahr entsprechend diskontiert.

$$\frac{0,6}{1,06} + \frac{0,6}{1,06^2} = 1,1$$

Mit der **Close-out-Vereinbarung** ergäbe sich folgendes Bild der Zahlungsströme:

Zeit	0	½	1 (jetzt)	1½	2	2½	3
Anleihe		+ 0	− 6,6	+ 0	− 6,6	+ 0	− 6,6
Swap I fest	0	0	+ 6,6	−	−	−	−
Swap I variabel	0	− 3,54	− 3,03	−	−	−	−
Close-out	−	−	+ 1,1	−	−	−	−
Gesamt	0	− 3,54	− 1,93	0	− 6,6	0	− 6,6

Abbildung 2-60: Geschlossene Position nach Close-out

Aus Sicht des Zeitpunktes 1 gelang es, einen Zinsvorteil von über 1 Prozent durch geschicktes Einsetzen von Swaps zu erzielen.

Mit Hilfe von Zinsswaps ist also eine optimale Möglichkeit zur Steuerung und Absicherung von Finanzierungen, aber auch Anlagen gegeben. Früher war man nach einer Finanzierungsentscheidung während ihrer Laufzeit relativ festgelegt, jetzt ist es jederzeit möglich, die Verzinsungsform relativ günstig und ohne Bewegung von Liquidität anzupassen.

4.2 Forward Rate Agreements

Während der Swapmarkt vor allem für Laufzeiten von zwei Jahren und mehr geeignet ist, ergeben sich über Forward Rate Agreements (FRA) Möglichkeiten, Zinssätze für Perioden in näherer Zukunft (1 bis 24 Monate) zu fixieren. Es handelt sich dabei um Termingeschäfte auf einen Zinssatz. Um den Einstieg in diese Materie möglichst anschaulich zu machen, nehmen wir wieder ein konkretes Beispiel. Wie kommt ein Zukunftszinssatz zustande?

4.2.1 Ableitung des Terminzinssatzes (Forward)

Auf dem Euro-Geldmarkt wird ein Jahreszinssatz von 6,5 Prozent und ein Halbjahreszinssatz (183 Tage) von 7 Prozent geboten. Hieraus lässt sich der implizite Forward-Satz für ein halbes Jahr in einem halben Jahr errechnen. Es muss gelten, dass eine Anlage für ein halbes Jahr und die Wiederanlage einschließlich der Zinsen für ein weiteres halbes Jahr am Ende den gleichen Ertrag erbringt wie eine Anlage für ein Jahr. Es muss also folgende Gleichung erfüllt sein (Terminzins = $r_{f0,5 \to 1}$):

$$\left(1 + 0{,}065 \cdot \frac{183}{360}\right) \cdot \left(1 + r_{f\,0,5 \to 1} \cdot \frac{182}{360}\right) = \left(1 + 0{,}07 \cdot \frac{365}{360}\right)$$

$$1 + r_{f0,5 \to 1} \cdot \frac{182}{360} = \frac{1{,}070972}{1{,}033042} \quad \Leftrightarrow \quad r_{f0,5 \to 1} = 7{,}26\ \%$$

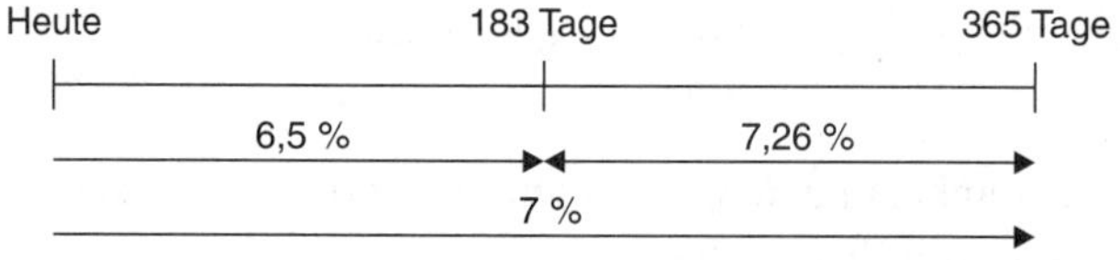

Heute   183 Tage   365 Tage

6,5 %   7,26 %

7 %

Abbildung 2-61: Zinsstruktur auf dem Geldmarkt

Würde ein Marktteilnehmer einen anderen Terminzins für „richtig" halten, sagen wir 7,50 Prozent, würde folgender Arbitrage-Prozess in Gang gesetzt. Da der Terminsatz zu hoch ist, würde der Abitrageur 100 Millionen € beim „Meinungsführer" zu 7,50 Prozent anlegen, um sich risikofrei zu stellen, denn der Arbitrageur weiß ja auch nicht, wie der Satz in einem halben Jahr wirklich ist, leiht er das Geld im Markt für ein Jahr zu 7 Prozent und legt es für ein halbes Jahr zu 6,50 Prozent an. Damit hat er risikolos einen Vorteil von 7,50 Prozent minus 7,26 Prozent auf 100 Millionen € für 182 Tage. Er kann diese Transaktion solange wiederholen, bis sich die Geldmarktsätze ändern (was sehr unwahrscheinlich ist) oder kein Marktteilnehmer mehr einen Zukunftssatz, der von 7,26 Prozent abweicht, bietet. Somit wird klar, dass ein Terminzins keine Hexerei ist, aber meist auch keine Erwartung ausdrückt, sondern einfach nur eine Ableitung aus der Zinsstrukturkurve darstellt.

4.2.2 Usancen für Forward Rate Agreements

Der FRA ist also eine Vereinbarung über einen Zinssatz, der für eine zukünftige Periode gelten soll. Auch dabei wird kein Kapital getauscht, es findet lediglich eine **Ausgleichszahlung** statt, wenn bei Ablauf der Vorlaufzeit der vereinbarte Zins vom aktuellen Satz abweicht. Ein FRA setzt sich aus einer Vorlaufperiode (1 bis 18 Monate) – das ist der Zeitraum vor Beginn der abgesicherten Periode – und dem eigentlichen Absicherungszeitraum (3 bis 12 Monate) zusammen. Die Nominalbeträge im FRA-Handel schwanken zwischen 5 Millionen € und mehreren 100 Millionen €, als Referenzzinssatz steht wiederum EURIBOR im Vordergrund.

Bei einem FRA gibt es also folgende wesentliche Bestandteile:

- **Kauf oder Verkauf des Zinssatzes,**
- **Nominalbetrag,**
- **FRA-Satz,**
- **Zeitraum** (3 x 9 bedeutet zum Beispiel, dass in drei Monaten die folgenden sechs Monate abgesichert sind),
- **Referenzzinssatz** (zum Beispiel EURIBOR).

Über Verknüpfungen von verschiedenen FRAs können auch längere Perioden abgesichert werden. So ergibt sich aus einem 3 x 9 und einem 9 x 15 eine Absicherung für ein Jahr in Bezug auf den 6-Monats-EURIBOR mit Beginn in drei Monaten. In diesem Bereich beginnt der Übergang zum Swapmarkt. Kurze Swaplaufzeiten werden ständig daraufhin überprüft, ob die quotierten Sätze sich im rechnerischen Gleichgewicht mit den entsprechenden Ketten von FRAs (FRA-Strips) befinden.

Der Käufer erwirbt mit einem FRA einen Festfinanzierungszinssatz und nicht, wie zum Beispiel beim Future, ein zinsreagibles Wertpapier. Bei einer isolierten FRA-

Transaktion profitiert der Käufer also von steigenden und der Verkäufer von sinkenden Zinsen. Liegt bei Ende der Vorlaufzeit der Referenzsatz über dem FRA-Satz, so erhält der Käufer die Differenz, bezogen auf den Nominalbetrag, in diskontierter Form vergütet. Liegt der Referenzsatz unter dem FRA-Satz, so erhält der **Verkäufer** einen Barausgleich in Höhe der diskontierten Differenz. Dabei berechnet sich der Ausgleichsbetrag nach der folgenden Formel:

$$\text{Ausgleichsbetrag} = \frac{\text{Nominalbetrag} \cdot (\text{EURIBOR} - \text{FRA-Satz}) \cdot \frac{\text{FRA-Tage}}{360}}{1 + \text{EURIBOR} \cdot \frac{\text{FRA-Tage}}{360}}$$

Nehmen wir beispielsweise einen Kredit mit einer Laufzeit von einem Jahr. Das Volumen beträgt 100 Millionen €. Der variable Kredit wird mit EURIBOR verzinst. Auf dem Euro-Geldmarkt wird ein Jahreszinssatz von 6,50 Prozent und ein Halbjahreszinssatz (183 Tage) von 7,00 Prozent quotiert. Hieraus errechnet sich der implizite Forward-Satz für ein halbes Jahr in einem halben Jahr mit 7,26 Prozent (wie oben).

Zeit	0	½	1
Variabler Kredit	–	– 3,29	– EURIBOR

Abbildung 2-62: Finanzierung für ein Jahr gegen EURIBOR

$$100 \cdot 0{,}065 \cdot \frac{182}{360} = 3{,}29$$

Die Zinszahlungen zum Zeitpunkt 1 sind unbekannt. Um sich abzusichern, müsste im Ausgangszeitpunkt ein 6 x 12 FRA zu einem Zinssatz von 7,26 Prozent gekauft werden. Beim Kauf fließt keine Liquidität, erst bei der Abrechnung werden Zahlungen geleistet. Hieraus ergibt sich folgende Situation zum Zeitpunkt unter der Annahme, dass der Zins im ersten halben Jahr auf 8 Prozent gestiegen ist.

Zeit	0	½	1
Kredit		– 3,29	– 4,04
6 x 12 Anlage Geldmarkt	+ 0	+ 0,36 – 0,36	+ 0,37
Gesamt	0	– 3,29	– 3,67

Abbildung 2-63: Hedge mit Hilfe eines Forward Rate Agreements (Zins steigt auf 8 Prozent)

Zum Zeitpunkt $\frac{1}{2}$ steht der Zinssatz für das nächste halbe Jahr bei 8 Prozent, und so kann die FRA-Transaktion abgewickelt werden. Jedoch ist die Zinszahlung erst zum Zeitpunkt 1 fällig, sodass bei $\frac{1}{2}$ der diskontierte Betrag von

$$\text{Ausgleichsbetrag} = \frac{100 \text{ Mio.} \cdot (8\% - 7{,}26\%) \cdot \frac{182}{360}}{1 + 8{,}00\% \cdot \frac{182}{360}} = \frac{0{,}37 \text{ Mio.}}{1{,}0404} = 0{,}36 \text{ Mio.}$$

gezahlt wird. Um die Belastung zum Zeitpunkt 1 festzuschreiben, wird die Zahlung auf dem Geldmarkt für ein halbes Jahr angelegt, sodass die Belastung einem Zins von 7,26 Prozent, das heißt: $100 \cdot 0{,}0726 \cdot \frac{182}{360} = 3{,}67$, entspricht.

Durch die Ausnutzung eines FRAs ist es also gelungen, die **Finanzierungskosten** für die Gesamtlaufzeit festzuschreiben.

Die Verfügbarkeit von FRAs erleichtert auch die jederzeitige **Quotierung** von Zinssätzen für zukünftige Festsatzkredite und Anlagen. Wenn zum Beispiel in drei Monaten ein dann für ein Jahr laufender Kredit aufgenommen werden soll, kann schon heute ein verbindlicher Satz genannt und die Refinanzierung über den Kauf eines 3 x 15 FRAs abgesichert werden. Für die Sicherung zukünftiger Anlagesätze müssen entsprechend FRAs verkauft werden. Da es sich bei der Kontrahierung von FRAs um für beide Seiten verbindliche Termingeschäfte handelt, setzt die Vorgehensweise allerdings Sicherheit in Bezug auf die Kreditaufnahme beziehungsweise den Anlagebedarf voraus.

4.3 Börsengehandelte Derivative am Beispiel des Bundfutures

Die Eignung von Swaps und Forward Rate Agreements zur Absicherung von Zinsrisiken wurde in den vorangegangenen Abschnitten beschrieben. Beide Instrumente werden als so genannte **Over-the-counter-Produkte** (OTC) gehandelt und können daher den individuellen Bedürfnissen der Kontraktparteien im Einzelfall angepasst werden. Bei **Futures** handelt es sich dagegen um weitestmöglich **standardisierte Kontrakte**. Die hieraus resultierende Konzentration von Angebot und Nachfrage führt in vielen Futures-Märkten zu einer enormen Liquidität. Die Prüfung der **Bonität** des Kontrahenten, die ein wesentlicher Bestandteil jedes OTC-Geschäftes ist, kann bei Futures-Transaktionen entfallen, da das Clearing House der jeweiligen Börse bei jeder Transaktion zwischen Käufer und Verkäufer tritt. Somit wird auch eine Standardisierung der Bonität der Kontrahenten erreicht. Der wesentliche Unterschied zu einem gleich ausgestalteten OTC-Termingeschäft liegt im täglichen **Marking to Market**, das heißt, dass Wertveränderungen einer Position börsentäglich ausgeglichen werden, während dies beim OTC-Termingeschäft üblicherweise erst am Ende der Laufzeit geschieht.

Zur Funktionsbeschreibung von Futures-Kontrakten soll im Folgenden von einer Bundesanleihe ausgegangen werden. Eine Firma hält bei einem Zinsniveau von 8 Prozent und horizontaler Zinsstrukturkurve folgenden Bestand.

Kürzel	Nominal	Emittent	Kupon	Restlaufzeit	Kurs bei 8 %
A	10 Millionen	Bund	8 %	10 Jahre	100

Abbildung 2-64: Anleihenportfolio

Es wird befürchtet, dass der Marktzinssatz auf 10 Prozent steigt; da diese Anleiheposition aus strategischen Gründen jedoch nicht verkauft werden soll, wird versucht, eine Kurssicherung über Futures vorzunehmen.

Der Begriff Futures bezeichnet **börsengehandelte standardisierte Terminkontrakte** bezeichnet. Es handelt sich um die vertragliche Vereinbarung, ein standardisiertes Instrument später zu einem vorab vereinbarten Preis zu kaufen oder zu verkaufen. In unserem Beispielfall eignet sich besonders der **EUREX-Bund-Future**, da es sich um einen sehr liquiden Kontrakt auf eine fiktive Bundesanleihe mit zehnjähriger Laufzeit, einem Kupon von 6 Prozent und einer Handelseinheit von nominal 100.000 € handelt. Die möglichen Erfüllungsmonate des Kontraktes sind: März, Juni, September, Dezember. Es werden jeweils drei Fälligkeitstermine gleichzeitig gehandelt. Die Erfüllung findet stets am zehnten Kalendertag des Liefermonats statt, der letzte Handelstag liegt zwei Börsentage davor. Die Notierung wird in Prozent pro 100 € nominal vorgenommen, sodass **1 Tick** (die kleinstmögliche Kursänderung von 0,01) $\frac{100.000}{100} \cdot 0,01 = 10$ € entspricht. Zur täglichen Abrechnung wird der Durchschnittspreis der letzten fünf Abschlüsse, im Allgemeinen also der letzten Handelsminute, herangezogen. Für die Schlussabrechnung gilt jedoch schon der Preis um 12.30 Uhr des letzten Handelstages. Kontraktpartner ist die **Clearingstelle,** bei der für jeden Vertrag eine **Initial Margin** hinterlegt werden muss. Börsentäglich werden dann die Wertveränderungen der Position errechnet und über die **Variation Margin** ausgeglichen. Die Höhe dieser Margin ist abhängig von der Volatilität und liegt bei circa 1.600 € pro Kontrakt. Zur Erfüllung können Bundesanleihen, Anleihen des Fonds der deutschen Einheit und Anleihen der Treuhand geliefert werden, die am Liefertag eine Restlaufzeit von 8,5 bis 10,5 Jahren aufweisen.

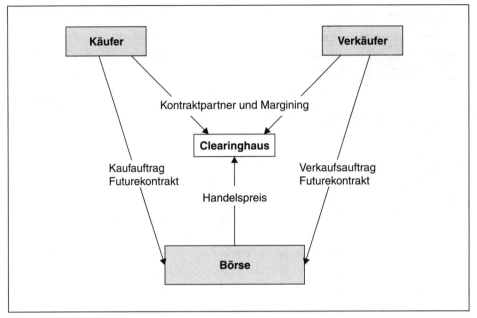

Abbildung 2-65: Handel an einer Futuresbörse

Beginnen wir mit einem vereinfachten Beispiel. Unsere Firma beschließt, sich über den Verkauf von Bund Futures über 10 Millionen € nominal abzusichern (**Nominalhedge**). Dabei wird zunächst davon ausgegangen, dass die **Preisveränderungen** des Futures exakt denen der zugrundeliegenden theoretischen zehnjährigen Anleihe mit einem Kupon von 6 Prozent entsprechen.

Als Ausgangspunkt werden also 10.000.000 € / 100.000 € = 100 Kontrakte verkauft. Bei einem Zinsanstieg auf 10 Prozent sinkt der Kurs der Anleihen:

Kürzel	Kurs bei 10 %	Kurs bei 8 %	Verlust bei 10 Millionen nominal
A	87,71	100	1,229 Millionen €
Bund Future	75,42	86,58	

Abbildung 2-66: Wertveränderungen des Anleihenportfolios

Andererseits ergibt sich für die Absicherung mit 100 Kontrakten ein Gewinn von:

(86,58 % − 75,42 %) · 100.000 € · 100 = 11,16 % · 10.000.000 DM = 1,116 Millionen €

Daraus resultiert als Gesamtergebnis:

Kürzel	Verlust Anleihe	Gewinn Hedge	Gesamtergebnis
A	1.229.000 €	1.116.000 €	– 113.000 €

Abbildung 2-67: Wertentwicklung des Gesamtportfolios

Der Verlust konnte also gemindert werden, jedoch war die Absicherung noch nicht perfekt. Die Frage stellt sich, ob das Sicherungsergebnis über die Anpassung der Anzahl der Kontrakte verbessert werden kann. Als weitere Komplikation kommt hinzu, dass nicht theoretische, sondern **tatsächlich existierende Anleihen** geliefert werden. Daher verändert sich der Futurespreis mit jeder Wertänderung der günstigsten zu liefernden Anleihe, der **cheapest to deliver** (ctd). Um ein besseres Verständnis für Sicherungstechniken zu entwickeln, muss das System von Preisfaktoren analysiert werden. Jede lieferbare Anleihe wird über den Preisfaktor mit der „künstlichen" Anleihe vergleichbar gemacht.

Der Preisfaktor wird von der Börse für alle lieferbaren Anleihen veröffentlicht. Ziel ist es, die wirklichen Anleihen mit dem theoretischen zehnjährigen 6-Prozent-Papier vergleichbar zu machen. Dies geschieht durch einen Barwertvergleich (PV, siehe Kapitel I, 4.):

$$\text{Preisfaktor}_{\text{Anleihe}} = \frac{PV_{\text{Anleihe}} \text{ (6 \% Rendite, auf volle Monate gerundete Laufzeit)}}{PV_{\text{10-jähriger 6\%}} \text{ (6 \% Rendite)}} = \frac{PV_{\text{Anleihe}}}{100}$$

Ist ein Future-Kontrakt nach seinem Endtermin nicht glattgestellt worden, wird der Verkäufer aufgefordert, die Anleihe zu benennen, die er liefern möchte. Die Börse lost dann einen Käufer zu, der den Abrechnungskurs des Futures multipliziert mit dem Preisfaktor der gelieferten Anleihe zuzüglich der Stückzinsen bei Lieferung zahlen muss. Im Regelfall wird die am günstigsten zu liefernde Anleihe (cheapest to deliver) erwartet. Ähnlich wie beim Forward Rate Agreement muss also gelten, dass ein Kauf/Verkauf der cheapest to deliver dem Wert des Futures entsprechen muss:

$$\text{Futurespreis} \cdot \text{Preisfaktor}_{\text{ctd}} = \text{Terminkurs}_{\text{ctd}}$$

Als letzter Baustein fehlt nun noch der Terminkurs der Anleihe. Auch hier muss gelten, dass durch Kauf der Anleihe in der Kasse und einen Verkauf auf Termin kein Vorteil zu erzielen ist (sonst setzt die Arbitrage ein). Somit unterscheidet sich der Terminkurs vom Kassakurs nur durch die Cost of Carry, also hier die Finanzierungskosten, vermindert um den Ertrag, der durch das Halten der Anleihe zufließt.

Terminkurs = Kassakurs + $\underbrace{\text{Finanzierungskosten} - \text{Finanzierungsertrag (Stückzinsen)}}_{\text{Cost of Carry}}$

Im Folgenden soll betrachtet werden, wie diese Ergebnisse bei der Absicherungsentscheidung verwandt werden können. Der **theoretische Futurespreis** ergibt sich unter Berücksichtigung des tatsächlichen Abrechnungspreises als:

$$\text{Futurespreis} = \frac{\text{Terminkurs}_{ctd}}{\text{Preisfaktor}_{ctd}}$$

Werden Finanzierungskosten unterstellt, die identisch sind mit den für den Zeitraum vereinnahmten Stückzinsen der Anleihe, so ergibt sich ein Terminkurs, der mit dem Kassakurs identisch ist. Unterstellt man eine 7,25 Prozent Bundesanleihe mit einer Restlaufzeit von neun Jahren und einem Monat als cheapest to deliver (Preisfaktor 1,085456), ändert sich der Futureskurs wie folgt:

Zinsniveau	Kassakurs$_{ctd}$	Futureskurs
8 %	95,25	$\frac{95,25}{1,085456} = 87,75$
10 %	84,01	$\frac{84,01}{1,085456} = 77,40$

Abbildung 2-68: Theoretischer Kurs des Futures

Für die Futuresverkaufspositionen von 1000 Kontrakten aus dem nominalen Hedge bedeutet dies einen Gewinn von:

(87,75 % − 77,40 %) · 100.000 € · 100 = 10,35 % · 10.000.000 € = 1.035.000 €

Die Ergebnisse der an Nominalbeträgen orientierten Absicherung ändern sich entsprechend:

Kürzel	Verlust Anleihe	Gewinn Hedge	Gesamtergebnis
A	1.229.000 €	1.035.000 €	− 194.000 €

Abbildung 2-69: Wertveränderung des Gesamtportfolios bei einem Nominalhedge

Ein deutlich genaueres Ergebnis kann durch das Konzept eines **Basispunkt-Hedging** erreicht werden. Sowohl für die Cheapest-to-deliver-Anleihe (CTD-Anleihe) als auch für die abzusichernde Position wird ermittelt, wie der Anleihepreis auf eine vorgegebene Zinsänderung von 0,01 Prozent reagiert (BPV = Basis Point Value). Die berechneten Sensitivitäten werden dann zur Ermittlung der optimalen Kontraktzahl benutzt:

$$\text{Hedge Ratio} = \frac{\text{Nominal}_{\text{Kassaposition}}}{\text{Nominal}_{\text{Future}}} \cdot \frac{\text{BPV}_{\text{Kasse}}}{\text{BPV}_{\text{CTD}}} \cdot \text{PF}_{\text{CTD}}$$

Zunächst werden die Sensitivitäten der CTD-Anleihe und der beiden abzusichernden Positionen ermittelt:

Kürzel	Kurs bei 8 %	Kurs bei 8,01 %	BPV
ctd	92,24707	95,18605	– 0,06102
A	100,00000	99,93292	– 0,06707

Abbildung 2-70: Basis Point Value der Anleihen

Hieraus folgen unter Verwendung der Formel für den Basispunkthedge folgende Absicherungsverhältnisse:

$$100 \cdot \frac{-0{,}06707}{-0{,}06102} \cdot 1{,}08546 = 119{,}31 \approx 119 \text{ Kontrakte}$$

Bei einem Zinsanstieg von 8 Prozent auf 10 Prozent belaufen sich die Gewinne der entsprechenden Futurespositionen auf:

$$10{,}35\ \% \cdot 119 \cdot 100.000 = 1.231.650$$

Hieraus resultiert dann eine exzellente Gesamtabsicherung.

Kürzel	Verlust Anleihe	Gewinn Hedge	Gesamtergebnis
A	1.229.000 €	1.231.650 €	2.650 €

Abbildung 2-71: Wertveränderung des Gesamtportfolios bei einem Basispunkthedge

Mit der **Basispunktmethode** gelingt es im Regelfall, gute Ergebnisse zu erzielen. Alternativ zur Absicherung einzelner Positionen kann auch die Sensitivität eines ganzen Portfolios ermittelt und analog zur obigen Vorgehensweise zur Errechnung der Hedge Ratio herangezogen werden.

Es wird deutlich, wie die verschiedenen **Absicherungsmethoden** aufeinander aufbauen. Dennoch ist nicht zu erwarten, dass die Absicherungsergebnisse jemals perfekt sind. In der Realität kommen als weitere erschwerende Faktoren hinzu:

- **Veränderungen** der Cheapest-to-deliver-Anleihe (Neuemission, Preisverschiebung) mit der Folge einer veränderten Sensitivität des Futureskontrakts,

- **Drehungen** der **Zinskurve**, denn die Absicherung unterstellt eine parallele Veränderung der Renditen,

- **Basisrisiko** durch Unterschiede der **Bonität** der Emittenten (zum Beispiel Eurobonds),

- andere Gesichtspunkte als die **Rendite** bei der Auswahl von Anleihen (zum Beispiel Steuern).

All diese Einflussparameter stehen einem perfekten Ergebnis im Wege. Die Abweichungen werden in der Regel jedoch deutlich geringer sein als die Schwankungen bei ungesicherten Positionen.

4.4 Optionen

Bisher wurden Zahlungen mit unbedingter Verpflichtung analysiert. So wird bei einem Termingeschäft die Verpflichtung zwar zu einem späteren Zeitpunkt, aber auf jeden Fall erfüllt.

Anders ist die Situation bei einer **Option**. Der Käufer erwirbt ein **Recht**, das er nutzen, aber auch verfallen lassen kann. Daher ist es deutlich schwieriger, eine Option im Vergleich zu einem Termingeschäft zu bewerten. Die Optionspreistheorie ist mathematisch äußerst anspruchsvoll. Im Folgenden wollen wir die entscheidenden Konzepte trotzdem so einfach wie möglich erläutern.

4.4.1 Allgemeine Optionsbewertung

Eine **Option** ist ein **Vertrag**, der dem **Käufer** der Option (Inhaber der Option)

- **während** eines festgelegten **Zeitraums** (Kontraktlaufzeit) das **Recht** gibt (Optionsrecht), aber nicht die Verpflichtung

- eine **bestimmte Menge** eines **bestimmten Gutes** (Underlying)

- zu einem im voraus **festgesetzten Preis** (Strikepreis)
- zu **kaufen (Call)** oder zu **verkaufen (Put)**.

Bei einer **American Style Option** ist die Ausübung **jederzeit** möglich, bei einer **European Style Option** nur am **Ende der Laufzeit**. Für dieses Ausübungsrecht zahlt der Käufer eine **Prämie**, also den Preis für die Option.

Der **Verkäufer** der Option (Stillhalter) bekommt den Preis für die Option und übernimmt dafür im Fall der Ausübung die **Verpflichtung**, das betreffende Gut zum festgelegten Strikepreis zu kaufen oder zu verkaufen. Somit liegt der maximale Verlust des Optionskäufers bei der Höhe seiner Prämie, während der des Optionsverkäufers prinzipiell unbegrenzt ist.

Die Funktionsweise der Optionen kann am besten am **letzten Laufzeittag** erklärt werden. Dabei wird von einer offenen Position ausgegangen.

4.4.1.1 Inhaber eines Calls

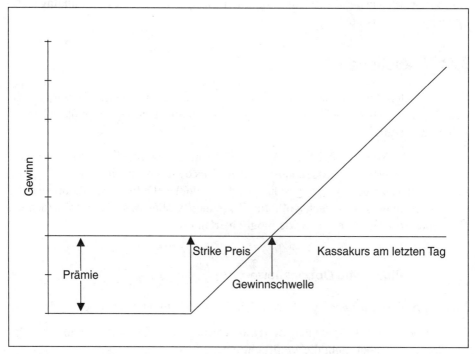

Abbildung 2-72: Gewinndiagramm bei Kauf eines Calls am Verfallstag

Der Gewinn für den Besitzer einer Kaufoption hängt unmittelbar vom Kurswert des Underlying ab.

- Liegt der **Kurs unter** dem **Strikepreis,** ergibt sich ein **begrenzter Verlust** in Höhe des ursprünglich gezahlten Optionspreises. Die **Option** wird **nicht ausgeübt**, da das Underlying günstiger über den Kassamarkt zu kaufen ist.
- Liegt der **Kurs über** dem **Strikepreis,** wird die Option in jedem Fall **ausgeübt.** Das Underlying wird günstig über die Option bezogen und anschließend auf dem Kassamarkt verkauft. Der **Kurs** muss aber um **mehr** als die ursprünglich **gezahlte Prämie** über dem Strike liegen, damit die **Gewinn**zone erreicht wird. Vorher führt die Ausübung nur zu einer Minimierung des Verlustes.

4.4.1.2 Stillhalter eines Calls

Der Stillhalter eines Calls hat eine spiegelbildliche Position (zur X-Achse) im Vergleich zum Inhaber, entsprechend ist auch für ihn das Endergebnis unmittelbar an den Kurs gekoppelt.

- Liegt der **Kurs unterhalb** des Strikepreises, wird die **Option verfallen**, es entsteht ein begrenzter **Gewinn** in Höhe der **Prämie**.
- Liegt der **Kurs über dem Strike,** wird die Option ausgeübt werden. Der Stillhalter muss das Papier im **Kassa**markt erwerben, bekommt aber nur den niedrigeren **Strike**preis. Solange die **Differenz** kleiner als der ursprüngliche Optionspreis ist, bleibt ein Restgewinn. Anschließend beginnt die nahezu unbegrenzte Verlustzone.

4.4.1.3 Inhaber eines Puts

Der Inhaber eines Puts profitiert von sinkenden Kursen.

- Liegt der **Kurs** des Underlying **über dem Strike,** wird der Put **nicht ausgeübt,** der Käufer hat die komplette Prämie verloren.
- Liegt der **Kurs unter dem Strike,** wird die **Option ausgeübt.** Das Underlying wird „billig" auf dem Kassamarkt gekauft und dann zum Strike an den Stillhalter weitergegeben. Es entsteht dann ein Gewinn, wenn der Kassapreis um mehr als die Prämie unter dem Strike liegt.

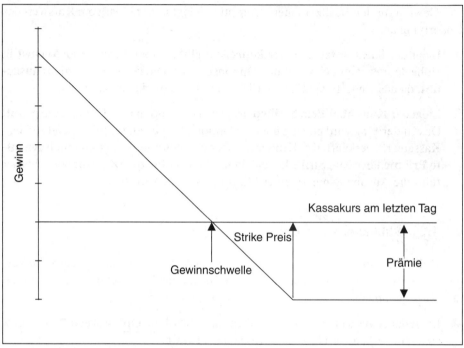

Abbildung 2-73: Gewinndiagramm bei Kauf eines Puts am Verfallstag

4.4.1.4 Stillhalter eines Puts

Auch hier handelt es sich um das **Spiegelbild** (X-Achse) der Inhaberposition.

- Liegt der **Kurs** des Underlying **über dem Strikepreis, verfällt die Option** und die gezahlte Prämie wird „verdient".

- Liegt der **Kurs unter dem Strike,** bekommt der Stillhalter das Underlying zum „teuren" Strikepreis und veräußert es zum Kassakurs. Solange der Unterschied der Kurse kleiner als die Prämie ist, bleibt ein Gewinn, wird er größer, entsteht ein entsprechender Verlust.

Jedoch ist dieser Ansatz sehr grob, denn Optionen haben nur ganz selten die Laufzeit von einem Tag. Im Regelfall haben sie eine **Restlaufzeit,** die einen wesentlichen Anteil ihres Wertes ausmacht. Bisher wurde der **innere Wert der Option** betrachtet, also ihr Wert bei sofortiger Ausübung. Hinzu kommt in der Regel jedoch der **Zeitwert**, da das Recht, etwas zu tun, meist wertvoller ist, als die Aktion sofort auszuführen. Die Bestimmung des Wertes einer Option ist kompliziert, und es dauerte lange, bis entsprechende Ansätze entwickelt wurden. Zuerst gilt es, einige intuitive Gedanken zur **Preisbildung** zu erörtern. Im Folgenden wird von einem **Call** auf eine Aktie ohne Dividendenzahlung während der Optionsfrist ausgegangen.

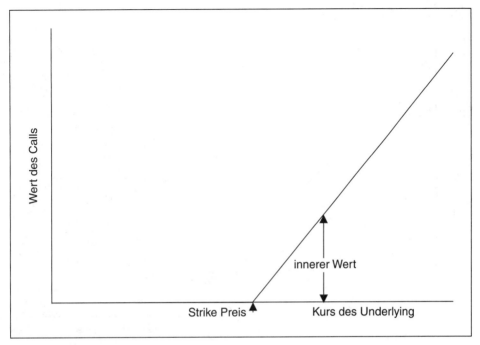

Abbildung 2-74: Innerer Wert

1. Während der Laufzeit einer amerikanischen Option kann der Wert **nicht unter den inneren Wert sinken.** Dieser spiegelt den Wert bei sofortiger Ausübung wider und entspricht daher dem Aktienkurs minus Strikepreis. Da die amerikanische Option jederzeit ausgeübt werden kann, kann der innere Wert auch jederzeit realisiert werden.

2. Eine **Option** kann zu keinem Zeitpunkt mehr wert sein als der Kassakurs des Underlying, denn das Recht auf einen Gegenstand kann nicht wertvoller sein als der Gegenstand selbst.

3. Im Normalfall liegt der **Wert einer Option** während der Laufzeit **über dem inneren Wert.** Bei Kursen des Underlying unter dem Strikepreis (out of the money) wäre sie bei Ausübung wertlos. Da die Zukunft aber unsicher ist, bleibt immer die Hoffnung, dass das Underlying im Kurs steigen wird. Diese Hoffnung hat einen positiven Erwartungswert, der als Zeitwert bezeichnet wird.

Der Wert einer Option muss **zwischen** dem **inneren Wert** und dem **Kurs** des Underlying liegen. Steigt der Kurs der Aktie, muss also auch der Wert der Option steigen. Die Option ist wertlos, wenn die Aktie wertlos ist. Liegt der Kassakurs der Aktie weit über dem Strike, ist die Ausübung der Option sehr wahrscheinlich, der Wert nähert sich dem Kurs des Underlying abzüglich des Strikepreises, also dem inneren Wert an. Entsprechend ist der Zeitwert am Strike am höchsten, da

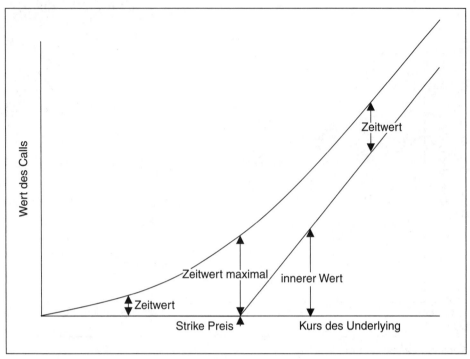

Abbildung 2-75: Zeitwert der Option

hier die Hoffnung auf eine positive Entwicklung am größten ist. Nimmt die Restlaufzeit ab, muss der Zeitwert der Option sinken, da die Chance auf vorteilhafte Entwicklungen immer kleiner wird (vgl. Abbildung 2-76).

4. Ein weiterer Unterschied beim Halten der Option im Vergleich zum Besitz der Aktie liegt in einer **Verzögerung der Zahlung**. Bei einer Option muss zuerst nur deren Preis (Prämie) entrichtet werden, erst bei Bezug des Underlying wird der Strike fällig. Der Wert der Calls muss also steigen, wenn der Kapitalmarktzins steigt oder die Restlaufzeit länger ist. Durch die **spätere Zahlung** kann das Geld inzwischen angelegt werden. Der Einfluss des Refinanzierungszinssatzes auf die Option ist jedoch relativ gering.

5. Die Hoffnung einer positiven Entwicklung des Optionswertes ist um so größer, je stärker sich die Aktie in der Vergangenheit im Kurs bewegt hat. Eine stark schwankende Aktie hat eine höhere **Volatilität** (gemessen an der Standardabweichung) als eine Aktie mit relativ konstantem Kurs, und damit auch eine höhere Wahrscheinlichkeit auf eine stärkere (positive) Kursentwicklung. Der Wert eines Calls auf eine Aktie, die sich stark bewegt, muss also größer sein als bei einer Aktie, die sich kaum bewegt. Auch hier hat eine **längere Laufzeit** einen entscheidenden Einfluss, weil sich damit die Chance auf eine positive Entwicklung erhöht.

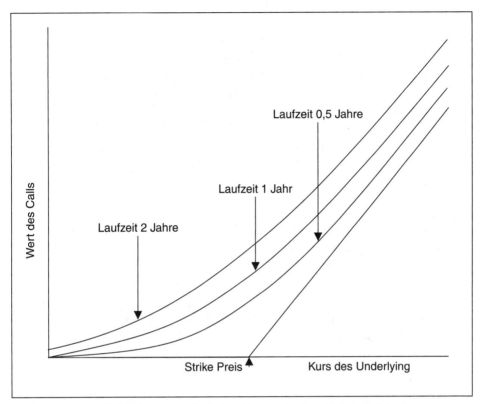

Abbildung 2-76: Call bei unterschiedlichen Restlaufzeiten (0,5; 1; 2 Jahre)

Die folgende Tabelle zeigt zusammengefasst, wie sich die Erhöhung der einzelnen Parameter auf den **Wert eines Calls** auswirkt:

Variable	Entwicklung der Variablen	Entwicklung des Callpreises
Kurs Underlying	↑	↑
Strike Preis	↑	↓
Risikofreier Zins	↑	↑
Laufzeit	↑	meist ↑
Volatilität	↑	↑

Abbildung 2-77: Übersicht über die Einflussgrößen eines Callpreises

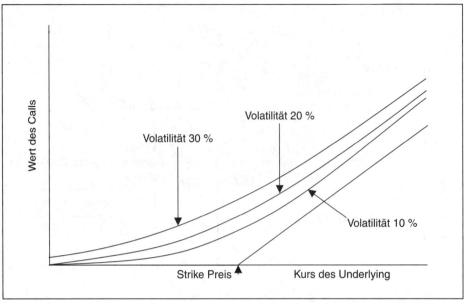

Abbildung 2-78: Call bei unterschiedlichen Volatilitäten (10; 20; 30 Prozent)

4.4.2 Aktienoptionen

Ein kurzer Blick auf die Aktienoptionen der EUREX bietet sich an. Optionen auf deutsche Aktien werden dort nach ihren Verfallsmonaten in drei Gruppen eingeteilt.

Gruppe-A-Aktien	Gruppe-B-Aktien	Gruppe-C-Aktien
O Adidas O Degussa-Hüls O Henkel Vz. O Linde O MAN O Metro O Münchener Rückversicherung O SAP Vz. O Karstadt	O Bay. Hypo. und Vereinsbank O Consors Discount Broker O Dresdner Bank O EM.TV & Merchandising O EPCOS O Fresenius Medical Care O INFINEON O Intershop O Lufthansa O RWE O Mannesmann O Mobilcom O Preussag O Thyssen Krupp O BMW O VIAG O T-Online	O Allianz O BASF O Bayer O Commerzbank O Daimler Chrysler O Deutsche Bank O Deutsche Telekom O Siemens O VEBA O VW

Abbildung 2-79: EUREX-Einteilung der Optionen auf deutsche Aktien nach Verfallsmonaten

Termingeschäfte besitzen alle ein **symmetrisches Risikoprofil**, das heißt, dass Preisveränderungen beim Underlying und die daraus resultierenden Gewinne beziehungsweise Verluste in einem annähernd linearen Verhältnis zueinander stehen. Bei der Verwendung solcher Instrumente geht die Absicherung gegen Risiken stets mit der Aufgabe der Chance auf vorteilhafte Änderungen einher.

	Aktien	**DAX**
Kontraktgröße	grundsätzlich 100 Aktien (Ausnahmen: Münchener Rückversicherung und Allianz: 50 Aktien)	5 € pro DAX-Punkt
Ausübung	American Style	European Style
Verfallsmonate	**Gruppe-A-Aktien:** die nächsten drei aufeinander folgenden Kalendermonate und die nächsten zwei Monate aus dem Zyklus März, Juni, September, Dezember (also maximal 9 Monate) **Gruppe-B-Aktien:** die nächsten drei aufeinander folgenden Kalendermonate und die nächsten drei Monate aus dem Zyklus März, Juni, September, Dezember (also maximal 12 Monate) **Gruppe-C-Aktien:** die nächsten drei aufeinander folgenden Kalendermonate und die nächsten zwei Monate aus dem Zyklus März, Juni, September, Dezember und die nächsten zwei Monate aus dem Zyklus Juni und Dezember (also maximal 24 Monate)	die nächsten drei Kalendermonate, die drei nächsten Monate aus dem Zyklus März, Juni, September, Dezember und die zwei folgenden Monate aus dem Zyklus Juni, Dezember
Laufzeit	**Gruppe-A-Aktien:** 1, 2, 3, 6 und 9 Monate **Gruppe-B-Aktien:** 1, 2, 3, 6, 9 und 12 Monate **Gruppe-C-Aktien:** 1, 2, 3, 6, 9, 12, 18 und 24 Monate	1, 2, 3, max. 6, max. 9, max. 12 sowie max. 18 und max. 24 Monate
minimale Preisschwankung	0,01 € (Ausnahme: SAP mit 0,10 €)	0,1 eines DAX-Punktes, der einen Wert von 0,50 € darstellt
Erfüllung	zwei Börsentage nach Ausübung (physische Lieferung)	Barausgleich
letzter Handelstag	3. Freitag des Verfallsmonats	3. Freitag des Verfallsmonats

Abbildung 2-80: Merkmale von Optionen

Der große Vorteil des **Optionsmarktes** liegt dagegen in der **asymmetrischen Verteilung** von Chance und Risiko. Der Einsatz einer Option erlaubt eine Risikobegrenzung bei gleichzeitigem Offenhalten der Chance, von vorteilhaften Änderungen zu profitieren. Eine solche Umverteilung von Chancen und Risiken ist nur durch Zahlung eines Barausgleichs (Optionsprämie) an die andere, „stillhaltende" Vertragspartei erreichbar. Wegen dieser Zahlung wird eine Optionsstrategie rückblickend betrachtet (ex post) nie die optimale Handlungsalternative sein können. Aber: Da Absicherungsentscheidungen im voraus (ex ante) getroffen werden müssen, bekommen Optionen eine zunehmende Bedeutung. In erster Linie werden sie für Teilabsicherungen, für Situationen großer Unsicherheit und zur Begrenzung von extremen Risiken (Worst-case-Szenario) eingesetzt.

Für den Käufer einer Option ist der maximale Verlust auf die gezahlte Prämie begrenzt, während seine **Gewinnmöglichkeiten** theoretisch unbeschränkt sind. Für den Verkäufer gilt exakt das Gegenteil. Die Prämie ist nicht rückzahlbar, die **Option** kann jedoch in der Regel jederzeit entweder beim Stillhalter (Verkäufer) oder auf dem Sekundärmarkt zum aktuellen Preis **glattgestell**t werden. Da in der großen Mehrzahl der Fälle der innere Wert der Option, das heißt der Wert bei sofortiger Ausübung, geringer ist als der Wert der nicht ausgeübten Option (Erhaltung des Zeitwertes). Den höchsten Zeitwert besitzt eine Option **„at the money"**, das heißt, dass Strikepreis und aktueller Kurs des Basisinstruments sich entsprechen. Der innere Wert einer solchen Option beträgt Null. „**In-the-money**"-Optionen weisen zusätzlich zum Zeitwert auch einen inneren Wert auf, wobei gilt, je tiefer eine Option sich im Geld befindet, desto unbedeutender ist der Zeitwert. „Out-of-the-money"-Optionen schließlich besitzen nur einen Zeitwert.

Bei der Wahl des Ausübungspreises ist darauf zu achten, dass Optionen als **bedingte Termingeschäfte** nicht direkt vom Kassakurs, sondern vom **Terminkurs** des zugrundeliegenden Objekts abhängen. Die Finanzierungskosten während der Laufzeit der Option müssen daher den Wert der Option beeinflussen.

4.4.3 Zinsoptionen

Eine Zinsoption stellt eine Vereinbarung zwischen Käufer und Verkäufer dar, bei der dem Käufer das Recht eingeräumt wird, einen Zinssatz oder ein Finanzinstrument zu einem vorher festgelegten Preis zu einem bestimmten Zeitpunkt (European Style) oder innerhalb einer bestimmten Zeitperiode (American Style) zu kaufen (Call) oder zu verkaufen (Put). Der Käufer kann sich frei entscheiden, ob er von seinem Recht Gebrauch machen will oder dieses verfallen lässt. Als Gegenleistung zahlt der Käufer dem Verkäufer eine Optionsprämie.

Im Zinsbereich kommt folgenden **vier Arten** von Optionsgeschäften die größte Bedeutung zu:

1. Optionen auf den Kauf oder Verkauf von zinsreagiblen **Wertpapieren** (zum Beispiel Bundesanleihen)
2. Optionen auf den späteren Abschluss zinsabhängiger **Derivativgeschäfte** (zum Beispiel Swaps)
3. Caps, also Vereinbarungen einer **Zinsobergrenze** (für variabel verzinste Kredite)
4. Floors, also Abkommen in Bezug auf eine **Mindestverzinsung** (für variabel verzinste Anlagen)

Typ 1 ähnelt einer **Standard-Aktienoption**. Statt einer Aktie liegt dem Optionsgeschäft jedoch ein festverzinsliches Wertpapier zugrunde.

Beim Typ 2 erwirbt der Käufer das Recht, zu einem bestimmten Zeitpunkt zu festgelegten Konditionen mit dem Verkäufer einen **Swap** abzuschließen, oder eine bestehende Swapvereinbarung ohne den sonst fälligen Barausgleich vorzeitig zu beenden. Diese Art von Geschäft wird auch als **Swaption** bezeichnet.

Bei Typ 1 und 2 handelt es sich also um **Optionen auf Festzinssätze**. Bei Ausübung legt sich der Optionskäufer für die Gesamtlaufzeit des Instruments auf einen Zinssatz fest. Im Unterschied hierzu bieten die **Typen 3 und 4** jeweils Absicherungen für **Teilperioden der Gesamtlaufzeit**. Die Ausübung einer Option in einer Periode ist unabhängig von der Entscheidung in anderen Perioden. Technisch handelt es sich demnach um ein Bündel von europäischen Optionen, deren Fälligkeiten gleichmäßig über die Gesamtlaufzeit verteilt sind und so aufeinanderfolgende Perioden abdecken.

Da für diese Instrumente inzwischen ein breiter Markt existiert, sollen sie im Folgenden ausführlicher dargestellt werden.

4.4.3.1 Cap

Als **Cap** (= Deckel) wird eine Zinsobergrenze, bezogen auf einen **Referenzzinssatz** (zum Beispiel 6-Monats-EURIBOR), bezeichnet. Übersteigt der Referenzzinssatz an festgelegten Terminen (roll over) während der Laufzeit die vertraglich festgelegte Grenze (Strike Preis), so erhält der Käufer die Differenz, bezogen auf den Nominalbetrag, vom Verkäufer vergütet.

Dieses Instrument wird in Verbindung mit variablen Finanzierungen regelmäßig eingesetzt. Damit ergibt sich die Möglichkeit, **variable Zinskosten** nur vorübergehend in vorher fixierte feste Zinskosten zu überführen. Häufig wird eine solche Kombination von variablem Kredit und Cap dem Kunden als Paket angeboten. Bei jedem Roll-over-Termin wird der Referenzsatz mit dem Strike des Cap verglichen und der Kunde zahlt den jeweils niedrigeren Zinssatz. Ein über dem Strike liegender Referenzsatz für den Kredit wird automatisch mit der Ausgleichszahlung aus dem Cap verrechnet. Als Preis für diese „kundenfreundliche" Regelung fällt die Cap-Prämie an, entweder als Einmalzahlung oder auch in über die Laufzeit verteilten Raten.

4.4.3.2 Floor

Der **Floor** (= Boden) ist das dem **Cap** entsprechende **Gegenstück** zur Absicherung gegen ein **Absinken variabler Zinsen**. Für eine variabel verzinsliche Anlage kann durch den Erwerb eines Floors eine Zinsuntergrenze vereinbart werden. Es kommt hierbei immer dann zu Ausgleichszahlungen an den Käufer, wenn der **Referenzsatz den Strike** unterschreitet. Unter Berücksichtigung der entgegengesetzten Wirkungsweise der Absicherung gelten die zu Caps gemachten Aussagen entsprechend. Bei der normalen Zinsstruktur ergibt sich aufgrund der „günstigen" Forwardkurve für einen Floor bei 6 Prozent gegen 6-Monats-EURIBOR folgendes Schaubild.

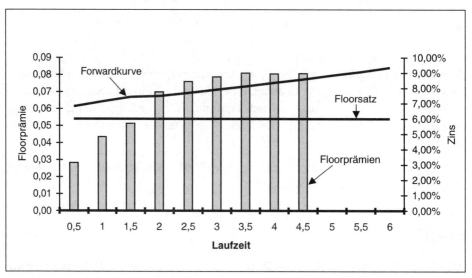

Abbildung 2-81: 6 Prozent Floor mit fünf Jahren Laufzeit

Hieraus resultieren auch einige interessante Kombinationsmöglichkeiten. Der Käufer eines Caps kann seine Prämienzahlung reduzieren, indem er gleichzeitig einen Floor verkauft. Dadurch schränkt er allerdings seine Chance ein, von Zinssenkungen zu profitieren. Treffend wird diese Kombination als **Collar** (= Kragen) bezeichnet. Eine weitere mögliche Kombination ist der **Corridor**.

Mit diesem Ausdruck wird der gleichzeitige An- und Verkauf von Caps mit unterschiedlichen Strikepreisen bezeichnet. Beim **Participation-Cap** wird der Kauf eines Caps mit dem Verkauf eines Floors bei gleichem Strikepreis, aber unterschiedlich hohem Nominalbetrag kombiniert. Um ein eigentliches Optionsgeschäft handelt es sich bei dieser Kombination nur in Bezug auf den Unterschiedsbetrag der Nominale. Ansonsten wird die Absicherung gegen ein Ansteigen der Zinsen über den Capstrike durch die Aufgabe der Chance eines Absinkens erreicht. Der Strike ist damit zum Festsatz geworden. Diese Kombination wäre auch durch einen Swap und einen Cap darstellbar.

Unter dem Sammelbegriff „**exotische Optionen**" werden laufend neue Konstruktionen angeboten. Stellvertretend soll hier ein **Average-Rate-Cap** vorgestellt werden. Dieses Instrument kann benutzt werden, um eine Finanzierung auf Tagesgeldbasis gegen steigende Zinsen abzusichern. Die Funktionsweise entspricht der eines normalen Caps, nur wird der Durchschnitt einer Reihe von Zinssätzen als Referenzsatz benutzt. Soll der Cap zur Absicherung von Finanzierungen dienen, deren variable Zinssätze zu unterschiedlichen Zeiten festgelegt werden, verringert ein Average-Rate-Cap die Gefahr, dass das Absicherungsergebnis durch „Ausreißerfixings" beeinträchtigt wird. Zudem führt der glättende Charakter der Durchschnittsbildung zu geringeren Volatilitäten und damit im Vergleich zum normalen Cap zu einem geringeren Preis.

Dies soll genügen, um anzudeuten, wie vielfältig die Möglichkeiten sind, neue Varianten derivativer Finanzinstrumente zu erfinden. Der Banker wird hier zum „Kreativen" und der Phantasie sind kaum Grenzen gesetzt.

4.5 Risiken aus Derivativgeschäften

In der jetzigen Diskussion über Derivate wird oft vergessen, dass auch das klassische Geschäft die meisten der Risiken dieses neuen Bereiches kennt. Besonders dem **Ausfallrisiko** muss dort sogar eine deutlich größere Bedeutung beigemessen werden. Darüber hinaus schaffen die **Derivative** oft erst die **Möglichkeit**, sich gegen **existierende Risiken abzusichern**. Trotzdem sollten aber die neuen Gefahren verstanden und entsprechend gesteuert werden.

Am Anfang einer Risikoanalyse muss das **Preisrisiko** stehen. Derivative ermöglichen es, sehr schnell offene Positionen einzugehen, deren Wert mit starkem Leverage an Änderungen von Marktpreisen gekoppelt ist. Wegen dieser extremen Wertänderungsmöglichkeiten sollte immer auch ein Worst-Case-Szenario bei offenen Positionen im Derivativbereich im Hinblick auf die Gesamtfirma erfolgen.

Dieses Preisrisiko ist bei der Spekulation mit Derivaten Chance und Risiko zugleich. Durch Kauf oder Verkauf eines Termininstruments kann auf steigende oder fallende

Kurse gesetzt werden. Da der Kapitaleinsatz sehr gering ist, können enorme Gewinne, aber auch weit über den Geldeinsatz hinausgehende Verluste entstehen. Dies ist der große Vorteil von Optionen. Durch Kauf eines Calls beziehungsweise eines Puts kann ein ähnlicher Spekulationsgewinn entstehen (etwas geringer auf Grund des Optionspreises), jedoch kann maximal das eingesetzte Kapital verloren werden.

Bei geschlossenen Positionen, also bei einem Hedge, ist besonders das **Basisrisiko** zu analysieren. Damit ist gemeint, dass das Grundgeschäft ein anderes **Underlying** hat als das Derivativgeschäft. Beispielsweise kann es bei einem FIBOR-Kredit und einer LIBOR-Absicherung zu unterschiedlichen Verläufen der beiden Zinssätze kommen. Die Position kann also unter Umständen unerwartet Geld kosten.

In einen ähnlichen Bereich fällt das **Mismatch-Risiko**. Dies bedeutet ein **Auseinanderfallen der Zeitpunkte**, an denen der Referenzsatz festgestellt wird. Wird zum Beispiel der Kreditzins am EURIBOR-Fixing des 3.2. orientiert, während das entsprechende Fixing für das Derivativgeschäft erst am 5.2. vorgenommen wird, können die Sätze unterschiedlich sein.

Auch bei Derivativgeschäften gibt es ein Ausfallrisiko, das im Allgemeinen als **Adressenrisiko** bezeichnet wird. Jedoch wird hier oft fälschlicherweise das nominale Volumen der Derivate mit dem möglichen Ausfallrisiko gleichgesetzt. Ein Adressenrisiko entsteht erst, wenn aufgrund von **Marktbewertungen** dem **Geschäft ein positiver Wert** beizumessen ist. Damit ist der Eindeckungsaufwand gemeint, den man hätte, um ein gleiches Geschäft wieder im Markt zu kaufen. So entsteht aus einem Swap über 100 Millionen €, bei dem 8 Prozent fest gegen 3-Monats-EURIBOR gezahlt wird, erst ein Adressenrisiko, wenn der Marktzins über 8 Prozent gestiegen ist. Auch bei einem steigenden Satz besteht das **Risiko nur** aus der **Zinsdifferenz** zum abgeschlossenen Geschäft, bezogen auf die Restlaufzeit des Derivativs. Zudem kommt das Vorleistungsrisiko bei einer EURIBOR Zahlung hinzu, da diese meist ein halbes Jahr vor dem Festsatzempfang geleistet werden muss.

Seit den Problemen der Metallgesellschaft ist das **Liquiditätsrisiko** immer stärker in den Mittelpunkt getreten. Bei **börsengehandelten Derivaten** müssen **Wertänderungen** in Bezug auf den abgeschlossenen Preis ständig mit **Zahlungen** unterlegt werden. Dies bedeutet bei einer negativen Entwicklung des Derivativs, dass die Firma in der Lage sein muss, die entsprechenden Einschüsse zu leisten. Ein ähnliches Risiko entsteht auch bei nicht börsennotierten Geschäften, wenn die Zahlungen für das Derivativ fällig werden, bevor das abzusichernde Geschäft beendet ist. Dies ist besonders gravierend, wenn Buchpositionen abgesichert werden sollen.

Mit dem **Betriebsrisiko** werden Pannen beim internen Handling von Derivaten bezeichnet. Das beginnt bei Missverständnissen während des Abschlusses eines Geschäfts und geht über organisatorische Mängel bis hin zum bewussten Betrug durch Mitarbeiter.

Als letzter Punkt ist noch das **Rechtsrisiko** zu nennen. Dies bezieht sich einerseits auf Verträge, die sich nachträglich als nicht durchsetzbar erweisen, umfasst aber auch eine Margenerhöhung zum Beispiel der Sicherheitsleistung bei börsengehandelten Geschäften auf Beschluss eines Börsengremiums.

Ziel einer sinnvollen Nutzung von Derivativen muss das bewusste Management dieser Risikokategorien sein. Besonders wenn die Aktivitäten in diesem Feld zunehmen, sollte immer wieder hinterfragt werden, ob die Risikokontrollen dem Volumen noch angemessen sind. Allein wegen dieser Risiken Derivative nicht zu benutzen, ist kein Ausweg, da dann die Risiken des kommerziellen Geschäfts nicht abgesichert werden können. **Für die meisten Unternehmen entstehen die Risiken nicht durch den Gebrauch von Derivaten, sondern durch deren Nichtgebrauch.**

RESÜMEE

Im vergangenen Abschnitt haben wir gesehen, dass Derivativgeschäfte gar keine Hexerei sind, sondern die Möglichkeit eröffnen, Risiken im Finanzbereich besser zu beherrschen. Man muss sicherlich betonen, dass sie auch eine Spielwiese für Spekulanten sein können, aber wenn kein wirkliches, nichtspekulatives Interesse an einem Derivativ vorhanden ist, „stirbt" es erfahrungsgemäß sehr schnell.

Derivative bieten nahezu unbegrenzte Möglichkeiten. Mit Hilfe von Zinsswaps kann jederzeit die Zinsposition eines Unternehmens im Hinblick auf Erwartungen und Risiko optimiert werden. Für die Absicherung zukünftiger Zinsen eignen sich darüber hinaus auch Forward Rate Agreements. Ist das Ziel die Sicherung eines Wertpapierportfolios, kann mit Hilfe von Futurekontrakten eine Hedge-Strategie zur Verringerung der Folgen von Wertschwankungen eingesetzt werden. Mit Optionen wird dieses Angebot in perfekter Weise abgerundet. Hier können Verlustrisiken abgesichert werden, ohne zugleich die Chance auf eine positive Entwicklung aufgeben zu müssen. Mit DAX-Put-Optionen können Aktienbestände abgesichert werden. Caps sichern eine Zinsobergrenze für Kredite. Auf der anderen Seite ist mit einem Floor eine Mindestverzinsung einer variablen Anlage gesichert. Sollte Sie dieser Ausflug in die Welt der Derivative zum Weiterlesen ermuntert haben?

KONTROLLFRAGEN

1. Wie können Zinsswaps eingesetzt werden, um bei steigenden Zinsen variable Verschuldungen in eine Festsatzbelastung zu verändern?
2. Sie haben einen Kredit in einem halben Jahr für ein Jahr vergeben. Wie kann sich Ihre Bank gegen steigende Refinanzierungskosten absichern?
3. Wie wird der Ausgleichsbetrag bei einem Forward Rate Agreement berechnet?
4. Wie kann ein Portfolio aus Bundesanleihen gegen steigende Zinsen abgesichert werden?
5. Definieren Sie einen Call und einen Put, und zeichnen Sie das Gewinndiagramm am letzten Laufzeittag.
6. Welche Einflussfaktoren wirken in welcher Weise auf eine Option während der Laufzeit?
7. Wie funktioniert ein Cap?
8. Welche Risiken sind mit Derivativgeschäften verbunden? Was macht Optionen und Futures für spekulative Anleger so „reizvoll" und gleichzeitig so „gefährlich"?

LITERATUR ZUM WEITERLESEN

- Einen guten Einstieg in die Welt der Derivative finden Sie in:

  Heidorn, Thomas, **Finanzmathematik in der Bankpraxis,** Gabler Verlag, Wiesbaden 2000.

  Heussinger, Werner H. /Klein, Marc/Raum, Wolfgang, **Optionsscheine, Optionen und Futures**, Gabler Verlag, Wiesbaden 2000.

- Für Zinsprodukte eignet sich hervorragend die Broschüre der Dresdner Bank: **Zinsmanagement leicht gemacht**, 1999.

- Für einzelne Produkte der Deutschen Terminbörse sind die jeweiligen Prospekte zu empfehlen (zum Beispiel Bund- und DAX-Future, DAX-Optionen).

- Wer sich ausführlicher mit dem Thema beschäftigen möchte, kommt an englischer Literatur und viel Mathematik nicht vorbei. Ein exzellentes Buch, aber auch von höchster Komplexität ist:

  Hull, John C., **Option Futures and other Derivative Securities,** Prentice Hall, Englewood Cliff 1993.

  Dieser Weg ist zwar sehr steinig, aber er lohnt sich.

5. Klassisches Kreditgeschäft

Die Spielregeln von Geben und Nehmen

„Banker verleihen gerne Regenschirme, um sie bei Regen wieder einzusammeln."

Eine der klassischen Bankdienstleistungen ist das Anbieten von Finanzierungen für Unternehmungen und Private: das klassische Kreditgeschäft. Es stellt das größte, bilanzwirksame Aktivgeschäft dar. Für die Bank ist von entscheidender Bedeutung, dass der Kreditnehmer bei Einräumung des Kredits und während der gesamten Laufzeit **kreditwürdig** ist. Prüfung und Überwachung der Bonität sollen die Risiken im Kreditgeschäft möglichst kalkulierbar machen.

LEITFRAGEN

1. Was lässt sich mit einem Kredit finanzieren?
2. Welche Prüfungen sind vor der Kreditzusage nötig?
3. Wie sichern sich Banken gegen Kreditausfälle ab?
4. Was tun, wenn es trotz aller Sorgfalt zum Kreditausfall kommt?

Ein **Kredit** bedeutet inhaltlich:

Eine Bank stellt ihrem Kunden für eine bestimmte Zeit Kaufkraft in Form von Buchgeld zur Verfügung, sie räumt einen Kredit ein.

Der Kunde verpflichtet sich, als Gegenleistung für die Überlassung des Kapitals Zinsen zu zahlen und den Kredit vertragsgemäß zurückzuzahlen. Die Kreditgewährung (Darlehen) wird als entgeltliche oder unentgeltliche Überlassung von Geld in den §§ 607 ff. BGB definiert.

Diese Geschäfte werden auch **Geldleihgeschäfte** genannt, weil die Bank ihrem Kunden **de facto Zahlungsmittel** (als Buchkredit) zur Verfügung stellt.

Neben diesen „echten" Krediten, bei denen Geld fließt, gibt es auch noch die **Kreditleihe**. Hier übernimmt die Bank als Kreditgeber die **Haftung** gegenüber einem Dritten im Auftrag ihres Kunden (Kreditnehmer), falls dieser seinen Zahlungsverpflichtungen nicht vertragsgemäß nachkommt. Die Bank überträgt damit also (zunächst jedenfalls) kein Geld, sondern „nur" ihre eigene Kreditwürdigkeit auf ihren Kreditnehmer. Die Abbildungen 2-82, 2-83 und 2-84 zeigen, wie Kredite banküblich eingeteilt werden und wie die veschiedenen Bankengruppen engagiert sind.

Bankgruppen Kreditnehmer	Alle	Großbanken	Regionalbanken	Sparkassen und Girozentralen	Kreditgenossenschaften und Zentralbanken	Realkreditinstitute	Sonstige
Buchkredite an Nicht-Banken	3.428	524	309	1.177	427	608	383
davon: bis ein Jahr	431	120	80	125	66	7	33
über ein Jahr	2.440	290	172	869	301	524	284
Diskontkredite	8	2	1	3	1	0	1
Kredite an Banken	2.032	265	189	763	262	220	333
davon: Buchkredite	1.425	200	134	516	144	168	263

Quelle: Monatsberichte der Deutschen Bundesbank

Abbildung 2-82: Kredite nach Bankengruppen (Stand April 2000, auf Mrd. € gerundet)

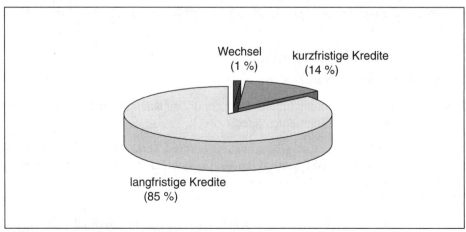

Abbildung 2-83: Aufteilung der Kredite an Nichtbanken nach Art und Laufzeit

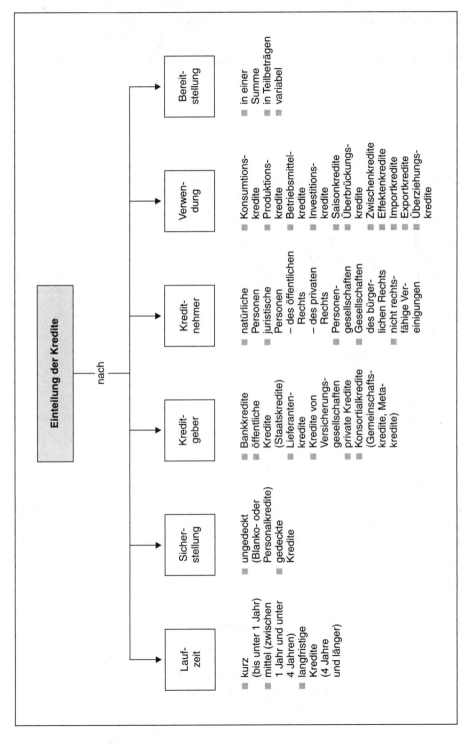

Abbildung 2-84:   Einteilung der Kredite nach üblichen Kriterien

5.1 Vom Antrag bis zur Zusage des Kredits

5.1.1 Finanzierungsanlässe bei privaten Haushalten, Unternehmen und öffentlichen Haushalten

Die von den Banken gewährten Kredite dienen zur Finanzierung von Produktion und Investitionen, privatem Konsum und öffentlichen Ausgaben.

Private Haushalte finanzieren per Kredit Güter und Dienstleistungen, wenn ihre laufenden Einnahmen im Augenblick kleiner sind als die geplanten Ausgaben. Sie nehmen auch langfristig Darlehen auf, um Wohneigentum zu erwerben. Kredite im Privatkundengeschäft werden als **Konsumentenkredite** bezeichnet.

Fast alle Unternehmen benötigen neben ihrem Eigenkapital auch Fremdkapital zur Finanzierung von Investitionen. Sie beschaffen sich **Kapital** außer bei Eigentümern (Eigenkapital) auch bei Dritten, insbesondere bei Banken (Fremdkapital), um damit Teile des Anlage- und des Umlaufvermögens zu finanzieren.

Betrachtet man den Ablauf eines (industrie-)betrieblichen Leistungsprozesses, so ergeben sich Phasen mit Finanzierungsbedarf

- bei der Beschaffung,
- bei der Eingangslagerhaltung,
- bei der Produktion,
- bei der Lagerhaltung für Fertigprodukte,
- bei der Absatzfinanzierung.

Mit der zusätzlichen Fremdfinanzierung können Unternehmen flexibler am Markt auftreten und in aller Regel eine höhere Eigenkapitalrendite erwirtschaften.

Finanzierungsanlässe der öffentlichen Haushalte ergeben sich, wenn die Einnahmen aus Steuern, Gebühren und Umlagen niedriger sind als die Ausgaben für öffentlichen Konsum, Investitionen, Subventionen. Bei den öffentlichen Haushalten entsteht dann Finanzierungsbedarf. Ein Teil dieses Bedarfs wird von Banken mit so genannten Kommunalkrediten gedeckt.

5.1.2 Kreditfähigkeit und Kreditwürdigkeit

Der harte Wettbewerb um Kunden führt heute sowohl zu einem aktiven Verkauf der Dienstleistungen im Privatkundengeschäft als auch über den klassischen Weg des Kreditantrages durch den Kunden. Der **Kreditantrag**, der sowohl schriftlich als auch mündlich gestellt werden kann, bildet die Grundlage für

- die Prüfung der Kreditfähigkeit und der Kreditwürdigkeit des Kreditnehmers,
- den Kreditvertrag und
- den Kreditsicherungsvertrag.

5.1.2.1 Prüfung der Kreditfähigkeit

Die Kreditfähigkeitsprüfung muss feststellen, ob der Antragsteller rechtswirksam einen Kredit aufnehmen kann. Ist der Kunde bereits bekannt, erübrigt sich oft diese Prüfung. Einige „Feinheiten" können dennoch wesentlich sein:

Die Geschäftsfähigkeit (§ 104 BGB) spielt meist eine untergeordnete Rolle. Allerdings ist besondere Aufmerksamkeit geboten, wenn ein Vormund, ein Treuhänder oder ein Testamentsvollstrecker einen Kreditantrag stellt.

Bei Kreditanträgen verheirateter Personen ist zu prüfen, in welchem Güterstand die Eheleute leben. Seit Inkrafttreten des Gesetzes über die Gleichberechtigung von Mann und Frau auf dem Gebiet des bürgerlichen Rechts (**Gleichberechtigungsgesetz**) gilt als **gesetzlicher Güterstand von Eheleuten die Zugewinngemeinschaft**. Danach braucht keiner der Ehegatten die Zustimmung des anderen, um einen Kredit aufzunehmen (§§ 1363 ff. BGB). Ebenso kann ein Ehegatte aus seinem Vermögen Sicherheiten für einen Kredit bestellen. Die Zustimmung des anderen Ehegatten ist jedoch dann erforderlich, wenn Gegenstände zur Sicherung herangezogen werden, die das gesamte oder das wesentliche Vermögen eines Ehegatten ausmachen oder zum ehelichen Haushalt gehören. Dabei ist es unerheblich, ob das Vermögen vor oder in der Ehe erworben wurde. **Abweichend von diesem gesetzlichen Güterstand können die Ehepartner eine Form des vertragsgemäßen Güterrechts – Gütertrennung oder Gütergemeinschaft – vereinbart haben.** Solche vom gesetzlichen Güterstand abweichende Vereinbarungen sind bei den Amtsgerichten aus dem Güterrechtsregister ersichtlich.

Um sich diese eigentlich erforderliche Einsichtnahme in das Güterrechtsregister zu ersparen, gewähren Banken Kredite häufig nur an die Eheleute gemeinschaftlich beziehungsweise gegen die Hereinnahme einer Bürgschaft des Ehepartners. Dies soll auch vor Nachteilen aus Vermögensverschiebungen zwischen den Eheleuten schützen.

Bei juristischen Personen ist zu prüfen, inwieweit die handelnden Personen gesetzlich und/oder vertraglich zur Kreditaufnahme vertretungsberechtigt sind. Auszüge aus öffentlichen Registern sowie die jeweilige Satzung, Kopien des Gesellschaftsvertrages sind anzufordern und daraufhin zu prüfen.

5.1.2.2 Prüfung der Kreditwürdigkeit

Nachdem die Kreditfähigkeit geklärt ist, kommt der oft sehr viel kompliziertere Teil. Für die Beurteilung der Kreditwürdigkeit beziehungsweise Bonität müssen die wirtschaftlichen Verhältnisse des Kreditbewerbers geprüft werden.

Die Prüfung wird je nach Höhe des Kredits und den wirtschaftlichen und rechtlichen Verhältnissen des Kunden mehr oder weniger intensiv ausfallen müssen.

Die meisten Banken verwenden für die Prüfung der materiellen Kreditwürdigkeit Formulare und tabellarische Übersichten. Dies ist zum Beispiel für die computergestützte Aufbereitung der Bilanzdaten und aller anderen Unterlagen notwendig. Eine wichtige Hilfe bei der Kreditwürdigkeitsprüfung von natürlichen Personen sind Auskunftsanfragen an die **Schufa** (Schutzgemeinschaft für allgemeine Kreditsicherung). Ein Großteil der Kreditinstitute ist der Schufa angeschlossen. Sie melden der Schufa, sofern der Kunde eine entsprechende Einverständniserklärung unterschrieben hat:

- die Eröffnung von laufenden Konten,
- die Aufnahme von Konsumkrediten bis zu 100.000 DM,
- Bürgschaftsübernahmen (mit Einverständniserklärung des Bürgen).

Weiterhin melden die Kreditinstitute der Schufa die nicht vertragsgemäße Abwicklung einer Geschäftsbeziehung, zum Beispiel Kontokündigung wegen Scheckkartenmissbrauchs und Ähnliches.

Die angeschlossenen Kreditinstitute erhalten bei Anfragen an die Schufa Auskunft über die gespeicherten Daten des Kunden. Dies bedeutet für die Banken eine wesentliche Entscheidungshilfe bei der Kreditbearbeitung.

Nach § 18 KWG sind die Banken verpflichtet, von Kunden, denen Kredite von insgesamt mehr als 500.000 DM gewährt werden, grundsätzlich die Offenlegung ihrer wirtschaftlichen Verhältnisse, insbesondere die Vorlage der Jahresabschlüsse, zu verlangen, sofern dies im Hinblick auf die gestellten Sicherheiten oder auf die Bonität der Mitverpflichteten nicht offensichtlich unbegründet ist.

Zur Frage, welche Sicherheiten ausreichend sind, um auf die Offenlegung der wirtschaftlichen Verhältnisse verzichten zu können, hat das Bundesaufsichtsamt für das Kreditwesen Stellung genommen. Auch wer als Mitverpflichteter im Sinne dieser Ausnahmeregelung gelten kann, hat das Amt klargestellt: Es kann sich nur um eine dritte Person (etwa einen Bürgen), aber nicht um einen Mitkreditnehmer handeln. Weitere Ausnahmen vom Grundsatz des § 18 KWG enthält § 20 KWG.

Aber auch unabhängig von den KWG-Vorschriften sind die Banken selbst an einem umfassenden Einblick in die wirtschaftlichen Verhältnisse interessiert. Die wirtschaftlichen Verhältnisse eines Kreditnehmers werden durch sein Nettovermögen und durch sein frei verfügbares Einkommen bestimmt, sodass die Kreditwürdigkeitsprüfung mit dem Nachweis des Kunden über seine Vermögens- und Ertragslage beginnt.

Von privaten Kreditnehmern, die in einem Beschäftigungsverhältnis stehen, wird man in aller Regel einen aktuellen Lohn- oder Gehaltsnachweis verlangen und sich über eventuell vorhandene Immobilien oder sonstiges Vermögen eine vom Kreditnehmer unterschriebene Aufstellung mit aktuellen Grundbuchauszügen aushändigen lassen. Diese Aufstellung muss auch Angaben über die Verbindlichkeiten enthalten. Auch Einkommen- und Vermögensteuerbescheide sind geeignete Unterlagen. Die vertrauliche Selbstauskunft stellt eine weitere wichtige Informationsquelle dar (vgl. Abbildung 2-85).

Freiberufler dagegen sind nur ausnahmsweise in der Lage, Lohn- und Gehaltsnachweise zu erbringen; da sie auch nur in den seltensten Fällen buchführungspflichtig sind, kommen hier vor allem Steuerunterlagen in Frage (Einnahmeüberschussrechnungen, Steuerbilanzen, Steuerbescheide). Über ein eventuell vorhandenes übriges Vermögen sind von Freiberuflern die gleichen Nachweise zu führen wie bei Lohn- und Gehaltsempfängern.

Von der Firmenkundschaft wird man Jahresabschlüsse nur bei Vorliegen eines in kaufmännischer Weise eingerichteten Geschäftsbetriebes erwarten können. „Kleinere" Gewerbetreibende erstellen für einkommensteuerliche Zwecke Einnahmeüberschussrechnungen.

Für Einzelkaufleute mit kaufmännisch eingerichtetem Geschäftsbetrieb, für Personenhandelsgesellschaften und für Kapitalgesellschaften gelten die handelsrechtlichen Buchführungsvorschriften, sodass für die Kreditwürdigkeitsprüfung die Bilanz und Gewinn- und Verlustrechnung herangezogen werden können.

Um einen möglichst umfassenden Überblick über die Vermögens- und Ertragsverhältnisse und Zukunftsaussichten zu erhalten, sollten bei diesen Firmenkunden folgende Unterlagen angefordert werden:

1. die letzten **Jahresbilanzen** (möglichst testiert) mit ausführlichen Erläuterungen **und Gewinn- und Verlustrechnungen, gegebenenfalls Prüfungsberichte,**
2. eine **Zwischenbilanz oder ein Kreditstatus** zum Zeitpunkt des Kreditantrages mit ausführlichen Erläuterungen,
3. Angaben ihrer Lieferer und Abnehmer,
4. Zahlen über **Umsatzentwicklung, Auftragsbestand und Investitionstätigkeit,**
5. Angaben über bereits bestehende **Darlehens- und Kreditverhältnisse** und dafür bestellte Sicherheiten,
6. Entwicklung der Kosten (Personal-, Sach- und Materialkosten),
7. ein **Finanzplan**, eventuell sogar eine Planbilanz.

COMMERZBANK

☐ Vertrauliche Selbstauskunft
☐ Bearbeitungsblatt zum Kredit-Vertrag vom _____

Kreditwunsch: DM __40.000,--__ Rate: DM __1.200,--__ Laufzeit: __36__ (Monate) Filial-Nr. | Konto-Nr. | Unterkonto

Verwendungszweck: ☒ privat ☐ gewerblich
(in Worten) _____ CB-Kunde: ☒ ja ☐ nein

Persönliche Angaben	Kreditantragsteller	Mitantragsteller/Bürge
Name, Vorname (Geburtsname) Straße, Haus-Nr. PLZ, Ort Telefon (tagsüber/ privat)	Frei, Max Königsteiner Str. 1 63210 Liederbach	Frei, Julia geb. Schuster w. n.
Geburtsdatum, -ort/Nationalität	07.10.1979, Mainz, deutsch	20.08.1953, Bremen, deutsch
Familienstand / Haushaltsgröße	☐ ledig ☒ verh. ☐ verw. ☐ gesch. ☐ getrleb. Pers.	☐ ledig ☒ verh. ☐ verw. ☐ gesch. ☐ getrleb. Pers.
Güterstand	☒ gesetzlich ☐ Gütertrennung ☐ Gütergemeinschaft	☒ gesetzlich ☐ Gütertrennung ☐ Gütergemeinschaft
Beschäftigungsverhältnis	☐ selbständig ☒ angestellt seit: __1968__	☐ selbständig ☒ angestellt seit: __1978__
Branche	Chemie	Handel

Einnahmen-/ Ausgaben-Rechnung Monatliche Netto-Einnahmen (Nachweise bitte beifügen)	Kreditantragsteller in DM	Mitantragsteller**/Bürge in DM	Summe in DM
Nettoeinkommen aus Lohn / Gehalt / Pension*	6.000,--	3.000,--	
Einkünfte aus selbständiger Tätigkeit*	-,--	-,--	
Einkünfte aus Vermietung und Verpachtung	1.000,--	-,--	
Einkünfte aus Kapitalvermögen (Zinsen / Dividenden)	400,--	-,--	
Sonstige regelmäßige Einkünfte	-,--	-,--	
Summe Einnahmen	7.400,--	3.000,--	10.400,--
Monatliche Ausgaben			
Lebenshaltungskosten (inkl. Kfz)	2.000,--	-,--	
Miete inkl. Nebenkosten	-,--	-,--	
Hausnebenkosten (soweit Haus- bzw. Wohnungseigentümer)	600,--	-,--	
Rate(n) für Sparvertr. (DM ___), Bausparvertr. (DM ___), LV (DM ___)	1.000,--	-,--	
Rate(n) für andere(n) Kredit(e) / Baufinanzierung über DM ___	2.000,--	-,--	
Sonstige regelmäßige Ausgaben für ___	500,--	-,--	
Summe Ausgaben	6.100,--	-,--	6.100,--
frei verfügbares Monatseinkommen = Summe Einnahmen ./. Ausgaben			4.300,--
Monatliche Rate bzw. Belastung für diesen Kredit ~~Commerzbank~~ ~~00x000,--~~		-,-	1.200,--
Überschuß			3.100,--

* nach Abzug von Vorsorgeaufwendungen, falls direkt vom Kreditantragsteller / Mitantragsteller zu tragen (z.B. Kranken-/Rentenversicherung).
** separate Überschußermittlung nur bei getrenntem Haushalt.

Aktuelle Vermögensverhältnisse (Angaben für Konsumentenkredite nicht erforderlich)			
Bankguthaben / Wertpapiere bei Commerzbank	80.000,--	-,--	
~~Bausparvertrag~~ / Lebensversicherung (RKW)	35.000,--	31.000,--	
Haus- und Grundbesitz (VW) in Liederbach	650.000,--	-,--	
Sonstige Vermögenswerte			
Vermögen insgesamt	765.000,--	31.000,--	796.000,--
Kredit / Darlehen bei Commerzbank (auch als Mitantragsteller, außer für beantragte)	230.000,--	-,--	
Sonstige Verbindlichkeiten	-,--	-,--	
Verbindlichkeiten insgesamt	230.000,--	-,--	230.000,--
Übernommene Bürgschaften	(-,-)	(-,-)	-,--
Summe Vermögen ./. Verbindlichkeiten			566.000,--

Sofern dieses Formular als Vertrauliche Selbstauskunft verwendet wird, dient es ausschließlich zur Vorlage bei der COMMERZBANK AG. Mir/Uns ist bekannt, daß hieraus kein Anspruch auf Kreditgewährung hergeleitet werden kann. Eine verbindliche Antragstellung bezüglich meines/unseres Kreditwunsches kann nur auf einem besonderen Vordruck der COMMERZBANK AG erfolgen.
Die Bank ist berechtigt, durch Einholung von Auskünften die Angaben zu überprüfen. Wir versichern die Richtigkeit und Vollständigkeit der Angaben.

Liederbach, 10.01.2000   M Frei   J. Frei
(Ort, Datum)   (Unterschrift des Kreditantragstellers)   (Unterschrift des Mitantragstellers/Bürgen)

Abbildung 2-85:   Beispiel für eine vertrauliche Selbstauskunft

Im Mittelpunkt der Prüfung steht nach wie vor die Jahresabschlussanalyse (Bilanz, Gewinn- und Verlustrechnung, Lagebericht). Dabei werden die Posten des Jahresabschlusses sinnvoll geordnet, in Beziehung gesetzt und zu Kennzahlen verdichtet. Sie bilden im Firmenkundenkreditgeschäft eine wichtige Grundlage für die Kreditentscheidung.

Die Jahresabschlüsse von Firmenkunden werden dazu auf bankinterne Gliederungsbögen übernommen.

Zur Kennzahlenanalyse gehören Vergleiche der Unternehmenskennzahlen mit der Gesamtbranche und im Zeitablauf.

Untersucht werden die Finanzlage (Ziffern 1, 2 und 3), die Erfolgslage (Ziffern 5, 6 und 7) und die Liquidität (Ziffer 4) der Unternehmen.

Die Kreditinstitute haben das Instrument der Kennzahlenanalyse zur Risikoerkennung kontinuierlich weiterentwickelt. Mit EDV-Systemen lassen sich heute sehr viele Bilanzkennzahlen ermitteln und vergleichen. Einige besonders aussagefähige Zahlen werden in der folgenden Abbildung erläutert.

Soweit es erforderlich erscheint, holen die Banken zusätzliche **Auskünfte** bei eigenen Filialen, befreundeten Banken oder bei Auskunfteien ein. Die Beschaffung von Auskünften hat insbesondere bei Diskontkrediten Bedeutung, da hierbei nicht nur die Kreditwürdigkeit der Wechseleinreicher, sondern auch die der Mitverpflichteten geprüft wird. Bankauskünfte über Firmen werden erteilt, sofern die im Handelsregister eingetragene Unternehmung dies nicht untersagt hat; Bankauskünfte über sonstige Personen und Vereinigungen sind nur möglich, wenn diese ausdrücklich zugestimmt haben.

Eine **Betriebsbesichtigung** ist oft zweckmäßig, um einen konkreten Eindruck des Unternehmens zu bekommen. Im Allgemeinen rundet erst eine Besichtigung der Betriebsanlagen das Urteil über den wirtschaftlichen und technischen Stand eines Unternehmens ab. Ein Blick sagt mehr als 1.000 Zahlen.

Schließlich muss die Bank versuchen, sich einen Überblick über die wahrscheinliche **zukünftige Umsatz- und Erfolgsentwicklung** des kreditsuchenden Unternehmens zu verschaffen.

Nachfolgend ist als Beispiel der Aufbereitung im Rahmen einer Kreditwürdigkeitsprüfung der Jahresabschluss der Ixel AG per 31.12.1999 mit Lagebericht dargestellt.

Die Ergebnisse der Kreditwürdigkeitsprüfung werden schließlich von der Kreditabteilung oder einem anderen Entscheidungsträger in der Bank zu einem schriftlichen Kredit-Votum verdichtet. Darin ist natürlich auch die Frage der Sicherheitstellung relevant, auf die jetzt ganz kurz eingegangen wird.

Kennzahl	Berechnung	Bedeutung
1. Eigenkapitalquote	$\dfrac{\text{Eigenkapital} \cdot 100}{\text{Gesamtkapital}}$	zeigt die Stabilität und die wirtschaftliche Unabhängigkeit von Fremdkapitalgebern
2. Anlagenquote	$\dfrac{\text{Anlagevermögen} \cdot 100}{\text{Gesamtvermögen}}$	zeigt, wie stark das Gesamtvermögen im (langfristigen) Anlagevermögen gebunden ist
3. Anlagendeckungsgrad	$\dfrac{(\text{Eigenkapital + langfristiges Fremdkapital}) \cdot 100}{\text{Anlagevermögen}}$	zeigt, ob das langfristig gebundene Vermögen auch mit langfristigen Mitteln finanziert ist
4. Liquidität	$\dfrac{\text{monetäres Umlaufvermögen} \cdot 100}{\text{kurzfristige Verbindlichkeiten}}$	drückt aus, ob die flüssigen Mittel ausreichen, um die kurzfristigen Zahlungsverpflichtungen zu erfüllen
5. Eigenkapitalrentabilität	$\dfrac{\text{Jahresüberschuss} \cdot 100}{\text{Eigenkapital}}$	zeigt den prozentualen Gewinn des eingesetzten Eigenkapitals an
6. Gesamtkapitalrentabilität	$\dfrac{(\text{Jahresüberschuss + Fremdkapitalzinsen}) \cdot 100}{\text{Gesamtkapital}}$	zeigt den prozentualen Gewinn des eingesetzten Gesamtkapitals an
7. Cash flow	Jahresüberschuss + Abschreibungen + Pensionsrückstellungen – außerordentliche Erträge + außerordentliche Aufwendungen	zeigt die im laufenden Jahr vom Unternehmen selbst erwirtschafteten Mittel, die für Investitionen, Dividendenzahlung und Schuldentilgung zur Verfügung stehen

Erläuterungen:
Eigenkapital = gezeichnetes Kapital + Rücklagen + Bilanzgewinn
Jahresüberschuss = Bilanzgewinn + Rücklagendotierung
monetäres Umlaufvermögen = Barreserve + kurzfristige Geldanlagen + Forderungen aus Lieferungen und Leistungen

Abbildung 2-86: Typische Kennzahlen für die Bilanzanalyse

Bilanz zum 31. Dezember 1999 (in TDM)		
Aktivseite	31.12.1999 TDM	31.12.1998 TDM

A. Anlagevermögen
  I. Immaterielle Vermögensgegenstände
    1. Konzessionen, gewerbliche Schutzrechte und ähnliche Rechte und Werte sowie Lizenzen an solchen Rechten und Werten
  II. Sachanlagen
    1. Grundstücke, grundstücksgleiche Rechte und Bauten einschließlich der Bauten auf fremden Grundstücken
    2. technische Anlagen und Maschinen
    3. andere Anlagen, Betriebs- und Geschäftsausstattung
    4. geleistete Anzahlungen und Anlagen im Bau
  III. Finanzanlagen
    1. Anteile an verbundenen Unternehmen
    2. Ausleihungen an verbundene Unternehmen
    3. Beteiligungen
    4. Ausleihungen an Unternehmen, mit denen ein Beteiligungsverhältnis besteht
    5. Wertpapiere des Anlagevermögens
    6. Sonstige Ausleihungen
	
	18.547
	40.791
	5.191
	917
	
	436
	200
	19.316
	
	1.600
		
		19.569
		44.739
		6.321
		1.262
		
		436
		200
		20.000
		
		1.600

B. Umlaufvermögen
  I. Vorräte
    1. Roh-, Hilfs- und Betriebsstoffe
    2. unfertige Erzeugnisse, unfertige Leistungen
    3. fertige Erzeugnisse und Waren
    4. geleistete Anzahlungen
  II. Forderungen und sonstige Vermögensgegenstände
    1. Forderungen aus Lieferungen und Leistungen
       davon mit einer Restlaufzeit von mehr als einem Jahr 7.912
    2. Forderungen gegen verbundene Unternehmen
       davon mit einer Restlaufzeit von mehr als einem Jahr 310
    3. Forderungen gegen Unternehmen, mit denen ein Beteiligungsverhältnis besteht
       davon mit einer Restlaufzeit von mehr als einem Jahr
    4. Sonstige Vermögensgegenstände
       davon mit einer Restlaufzeit von mehr als einem Jahr 600
  III. Wertpapiere
    1. Anteile an verbundenen Unternehmen
    2. eigene Anteile
    3. sonstige Wertpapiere
  IV. Schecks, Kassenbestand, Bundesbank- und Postgiroguthaben, Guthaben bei Kreditinstituten
	
	3.177
	1.731
	13.511
	
	8.492
	
	310
	
	795
	
	1.372
		
		1.510
		2.311
		26.280
		
		2.410
		
		591
		
		428
		
		1.087
		
		815

C. Rechnungsabgrenzungsposten 1. sonstige Rechnungsabgrenzungsposten	242	310
Bilanzsumme	116.628	129.869

Abbildung 2-87: Bilanz (Aktiva) der Ixel AG

Passivseite		31.12.1999 TDM	31.12.1998 TDM
A. Eigenkapital			
I. Gezeichnetes Kapital		18.000	18.000
II. Kapitalrücklage		657	657
III. Gewinnrücklagen			
1. gesetzliche Rücklage		814	527
2. Rücklage für eigene Anteile			
3. satzungsmäßige Rücklagen			
4. andere Gewinnrücklagen		3.600	900
IV. Gewinnvortrag/Verlustvortrag		53	
V. Jahresüberschuss/Jahresfehlbetrag		2.548	5.740
Sonderposten mit Rücklagenanteil nach § 273 HGB		3.119	3.670
B. Rückstellungen			
1. Rückstellungen für Personen und ähnliche Verpflichtungen		13.704	12.813
2. Steuerrückstellungen		4.368	3.611
3. sonstige Rückstellungen		7.662	8.220
C. Verbindlichkeiten			
1. Anleihen		49.668	60.581
2. Verbindlichkeiten gegenüber Kreditinstituten			
davon mit einer Restlaufzeit bis zu einem Jahr	5.063		
3. erhaltene Anzahlungen auf Bestellungen		310	1.228
davon mit einer Restlaufzeit bis zu einem Jahr	310		
4. Verbindlichkeiten aus Lieferungen und Leistungen		3.918	5.347
davon mit einer Restlaufzeit bis zu einem Jahr	2.883		
5. Verbindlichkeiten aus der Annahme gezogener Wechsel und der Ausstellung eigener Wechsel		56	59
davon mit einer Restlaufzeit bis zu einem Jahr	56		
6. Verbindlichkeiten gegenüber verbundenen Unternehmen		6.500	6.500
davon mit einer Restlaufzeit bis zu einem Jahr	–		
7. Verbindlichkeiten gegenüber Unternehmen, mit denen ein Beteiligungsverhältnis besteht		823	604
davon mit einer Restlaufzeit bis zu einem Jahr	823		
8. sonstige Verbindlichkeiten		810	1.302
davon mit einer Restlaufzeit bis zu einem Jahr	810		
D. Rechnungsabgrenzungsposten		18	110
Bilanzsumme		116.628	129.689

Abbildung 2-87: Bilanz (Passiva) der Ixel AG (Fortsetzung)

BHF Bank: Aufbereitete Bilanzzahlen (in TDM)							
Firma: Ixel AG			Art der Bilanz:		01 Einzelbilanz in DM		
Rechtsform: AG			letzte Bilanz testiert:		Nein		
Branche: 7			von/wirkte mit:				
Branchen Nr.: 123456			Wp-Bericht liegt vor:		Nein		
Konzernzugehörigkeit:			letzte B.u.B. Prüfung:		N. B.		
Zuordnungs Nr.: X00005869			Umsatzgröße:		3		

Aktiva

		Bilanz per 31.12.98	%	Bilanz per 31.12.99	%	Bilanz per	%
1101	Immaterielle Vermögensgegenstände (bewertbar)	0		0			
1102	Grundstücke und Gebäude	19.569		18.574			
1103	Maschinen und maschinelle Anlagen	44.739		40.791			
1104	Betriebs- und Geschäftsausstattung	6.321		5.191			
1105	Anzahlungen auf Anlagen und Anlagen im Bau	1.262		917			
1106							
1107	**Sachanlagevermögen**	71.891	54,9	65.446	55,6		
1108	Beteiligungen	20.436	15,6	19.752	16,8		
1109	Ausleihungen/Ford. an verb. Untern.	1.219	0,6	510	0,4		
1110	Sonstige langfristige Forderungen	5.097		10.112			
1111							
1112							
1113	**Finanzanlagevermögen**	26.752	20,1	30.374	25,8		
1100	**Anlagevermögen**	98.643	75,0	95.820	81,5		
1201	Roh-, Hilfs- und Betriebsstoffe	1.510		3.177			
1202	Unfertige Erzeugnisse	2.311		1.731			
1203	Fertige Erzeugnisse/Waren	26.280		13.511			
1204	Anzahlungen auf Umlaufvermögen	0		0			
1205							
1206	**Liquide Mittel II. Ordnung**	30.101	23,0	18.419	15,7		
1207	Liefer- und Leistungsforderungen	0		580			
1208	Kurzfr. Ford. an verb. Unternehmen	0		0			
1209	Sonstige kurzfristige Forderungen	0		195			
1210				0			
1211							
1212	Wertpapiere	0		0			
1213	Geldkonten etc.	815	0,6	13.472	1,2		
1214	Rechnungsabgrenzungsposten	310		242			
1215	**Liquide Mittel I. Ordnung**	1.125	2,0	3.371	2,9		
1200	**Umlaufvermögen**	31.226	25,0	21.790	18,5		
	Bilanzsumme	129.869	100,0	116.628	100,0		

Abbildung 2-87: Aufbereitete Bilanz (Aktiva) der Ixel AG (Fortsetzung)

		Passiva					
		Bilanz per 31.12.98	%	Bilanz per 31.12.99	%	Bilanz per	%
1301	Gezeichnetes Kapital	18.000		18.000			
1302							
1303	Zusätzliches Kapital	0		0			
1304	Kapitalrücklagen	657		657			
1305	Gewinnrücklagen	1.427		4.414			
1306	Bilanzgewinn/-verlust	5.740		2.601			
1307	Sonderposten mit Rücklageanteil	3.670		3.119			
1308	Disagio						
1300	**Eigene Mittel**	**29.494**	**22,7**	**28.791**	**24,7**		
1401	Pensionsrückstellungen	12.813	9,9	13.704	11,8		
1402	Andere langfristige Rückstellungen	0		0			
1403	Langfr. Gesellschafterkonten (n. haftend)	0		0			
1404	Langfristige Bankverbindlichkeiten	0		10.995			
1405	Sonstige langfristige Verbindlichkeiten	0		0			
1406	Langfr. Verbindl. ggü. verb. Unternehmen	6.500	5,0	6.500	5,6		
1407							
1400	**Langfristige Fremdmittel**	**19.313**	**14,8**	**31.199**	**17,2**		
1501	Mittelfristige Rückstellungen	8.220		7.662			
1502	Steuerrückstellungen	3.611		4.368			
1503	Mittelfr. Gesellschafterkonten (n. haftend)	0		0			
1504	Mittelfristige Bankverbindlichkeiten	0		33.610			
1505	Sonstige mittelfristige Verbindlichkeiten	0		0			
1506	Mittelfr. Verbindl. ggü. verb. Unternehmen	0		0			
1507	Liefer- u. Leistungsverbindlichkeiten	0		1.035			
1500	**Mittelfristige Fremdmittel**	**11.831**	**9,1**	**46.675**	**40,0**		
1601	Kurzfristige Verbindlichkeiten bei uns	0		0			
1602	Kurzfristige Verb. bei anderen Banken	60.581	46,6	5.063	4,3		
1603	Akzepte und Solawechsel	59		56			
1604	Liefer- und Leistungsverbindlichkeiten	5.347		2.883			
1605	Kurzfr. Verbindl. ggü. verb. Unternehmen	604		823			
1606	Kundenanzahlungen	1.228		310			
1607	Kurzfristige Rückstellungen	0		0			
1608	Sonst. kurzfristige Verbindlichkeiten	1.302		810			
1609	Rechnungsabgrenzungsposten	110		18			
1610							
1611							
1600	**Kurzfristige Fremdmittel**	**69.231**	**53,7**	**9.963**	**8,5**		
	Bilanzsumme	**129.869**	**100,0**	**116.628**	**100,0**		
1701	Indossamentsverbindlichkeiten						
1702	Avalverpflichtungen u. Ä.						
1703	Unterlassene Zuführ. zu Pensionsrückst.						
1704	Leasingverpflichtungen						
2100	Liquidität II. Grades	38.005		11.827			
	Liquiditäts-Quotient II	45		45			

Abbildung 2-87: Aufbereitete Bilanz (Passiva) der Ixel AG (Fortsetzung)

Gewinn- und Verlustrechnung

Zeitraum vom 1. Januar bis 31. Dezember 1999 (in TDM)

			1999	1998
1.	Umsatzerlöse		153.087	146.910
2.	Erhöhung oder Verminderung des Bestandes an fertigen und unfertigen Erzeugnissen		(13.349)	7.792
3.	andere aktivierte Eigenleistungen		610	767
4.	sonstige betriebliche Erträge		9.601	10.441
	davon Erträge aus der Auflösung von Sonderposten mit Rücklagenanteil	168		
5.	Materialaufwand			
	a) Aufwendungen für Roh-, Hilfs- und Betriebsstoffe und bezogene Waren		(114.001)	(120.365)
	b) Aufwendungen für bezogene Leistungen		(509)	(640)
6.	Personalaufwand			
	a) Löhne und Gehälter		(5.318)	(5.065)
	b) soziale Abgaben u. Aufwendungen für Altersversorgung u. Unterstützung		(961)	(867)
	– davon für Altersversorgung	(317)		
7.	Abschreibungen			
	a) auf immaterielle Vermögensgegenstände des Anlagevermögens und Sachanlagen sowie auf aktivierte Aufwendungen für die Ingangsetzung und Erweiterung des Geschäftsbetriebs		(17.915)	(16.988)
	b) auf Vermögensgegenstände des Umlaufvermögens, soweit diese die in der Kapitalges. üblichen Abschreibungen überschreiten			
8.	sonstige betriebliche Aufwendungen		(685)	(110)
	– davon Einstellungen in den Sonderposten mit Rücklagenanteil			
9.	Erträge aus Beteiligungen		1.606	911
	– davon aus verbundenen Unternehmen	–		
10.	Erträge aus anderen Wertpapieren und Ausleihungen des Finanzanlagevermögens		15	15
	– davon aus verbundenen Unternehmen	50		
11.	sonstige Zinsen und ähnliche Erträge		79	83
	– davon aus verbundenen Unternehmen	15		
12.	Abschreibungen auf Finanzanlagen und Wertpapiere des Umlaufverm.			
13.	Zinsen und ähnliche Aufwendungen		(2.523)	(3.279)
	– davon an verbundene Unternehmen	–		
14.	Ergebnis der gewöhnlichen Geschäftstätigkeit		9.736	19.605
15.	außerordentliche Erträge	–	410	108
16.	außerordentliche Aufwendungen		(319)	(1.001)
17.	außerordentliches Ergebnis		9.827	18.712
18.	Steuern vom Einkommen und vom Ertrag		(6.423)	(12.442)
19.	sonstige Steuern		(856)	(530)
20.	Jahresüberschuss/Jahresfehlbetrag		2.548	5.740
1.	Gewinnvortrag/Verlustvortrag aus dem Vorjahr		53	
2.	Entnahmen aus der Kapitalrücklage			
3.	Entnahmen aus Gewinnrücklagen			
	a) aus der gesetzlichen Rücklage			
	b) aus der Rücklage für eigene Aktien			
	c) aus satzungsmäßigen Rücklagen			
	d) aus anderen Gewinnrücklagen			
4.	Einstellungen in Gewinnrücklagen			
	a) in die gesetzliche Rücklage		(127)	(287)
	b) in die Rücklage für eigene Aktien			
	c) in satzungsmäßige Rücklage			
	d) in andere Gewinnrücklagen		(421)	(2700)
5.	Bilanzgewinn/Bilanzverlust		2.053	2.753

Abbildung 2-87: Gewinn- und Verlustrechnung der Ixel AG

Gewinn- und Verlustrechnung

3001 aufgestellt nach dem Gesamtkostenverfahren (in TDM)		Bilanz per 31.12.98	%	Bilanz per 31.12.99	%	Bilanz per	%
3101	Umsatzerlöse	146.910		153.087			
3102	+/– Bestandsveränderungen	7.792		13.349–			
3103	Aktivierte Eigenleistungen	767		610			
3104	**Gesamtleistung**	155.469	100,0	140.348	100,0		
3105	– Materialaufwand/Wareneinsatz	121.005–	77,8	114.510–	81,6		
	Rohertrag	34.464	22,2	25.838	18,4		
3106	Sonstige Betriebserträge	10.441		9.433			
3107	Zinsen und ähnliche Erträge	98		94			
3108	– Personalaufwand	5.932–	3,8	6.279–	4,5		
3109	– Zinsen und ähnliche Aufwendungen	3.279–		2.523–			
3110	– Sonstige Steuern	530–		856–			
3111	– Abschreibungen auf Sachanlagen	16.988–	10,9	17.915–	12,8		
3112	– Sonstige Aufwendungen	110–		686–			
3113							
3110	**Betriebsergebnis**	18.164	11,7	7.274	5,2		
3301	Erträge aus Beteiligungen	911		1.606			
3302	– Aufwendungen für Beteiligungen	0		0			
3303	– Abschreibungen auf Beteiligungen	0		0			
3304							
3300	**Beteiligungsergebnis**	911	0,6	1.606	1,1		
3401	a. o. Erträge	108		410			
3402	Auflösung von Rückstellungen/Wertbericht.	0		0			
3403	Erträge a. Anlageabgängen/-zuschreibungen	0		0			
3404	Erträge a. d. Aufl. v. SOPO mit Rücklageant.			168			
3405	– a. o. Aufwand	1.101–		319–			
3406	– Sonderabschreibungen	0					
3407							
3400	**A. o. Ergebnis**	893–	0,6–	91	0,1		
3501	Ergebnis vor EEV-Steuern	18.182	11,7	8.971	6,4		
3502	– EE-Steuern	12.442–		6.423–			
3503	– Vermögensabgabe	0		0			
3504	– +/– Ergebnisübernahme/-abführung	0		0			
3500	**Jahresüberschuss/-fehlbetrag**	5.740	3,7	2.548	1,8		
3601	+/– Gewinn-/Verlust-Vortrag a. d. Vorjahr	0		53			
3602	Entnahme aus der Kapitalrücklage	0		0			
3603	Einstellung/Entnahme a. d. Gewinnrücklage	2.987–		548–			
3604							
3605	**Bilanzgewinn/-verlust**	2.753	1,8	2.053	1,5		
3606	Ausschüttung für das lfd. Geschäftsjahr	0		2.000			
3607	Gewinn-/Verlust-Vortrag	0	0,0	0	0,0		

Abbildung 2-87: Aufbereitete Gewinn- und Verlustrechnung der Ixel AG (Fortsetzung)

Anlagenspiegel nach § 268, 2 HGB (in TDM)

Posten des Anlagevermögens	Bestand zu Beginn des Geschäfts-jahrs	Zugänge	Zuschrei-bungen	Abgänge	Abschrei-bungen kumuliert	Abschrei-bungen des Geschäfts-jahrs	Stand am Ende des Geschäfts-jahrs (Restbuchwerte)
	AK/HK	AK/HK	AK/HK	AK/HK			
		+	+	./.	./.		=
II. Sachanlagen							
1. Grundstücke, grundstücksgleiche Rechte und Bauten einschließlich der Bauten auf fremden Grundstücken	19.569			612		410	18.547
2. technische Anlagen und Maschinen	44.739	11.013				15.306	40.791
3. andere Anlagen, Betriebs- und Geschäftsausstattung	21.765	317		280		1.167	5.191
4. geleistete Anzahlungen und Anlagen im Bau	1.262	11.330		345			917
	97.845						
III. Finanzanlagen							
1. Anteile an verbundenen Unternehmen	436						436
2. Ausleihungen an verbundene Unternehmen	200						200
3. Beteiligungen	20.000		586	1.270			19.316
4. Ausleihungen an Unternehmen, mit denen ein Beteiligungsverhältnis besteht							
5. Wertpapiere des Anlagevermögens							
6. sonstige Ausleihungen	1.600						1.600
	94.127	11.330	931	1.817		16.883	86.998

Abbildung 2-87: Aufbereiteter Jahresabschluss der Ixel AG (Fortsetzung)

Anhang: Erläuterungen zur Bilanz

Bilanzierungs- und Bewertungsgrundsätze

Die Rechnungslegung der Ixel AG erfolgt nach den Bestimmungen des Handelsgesetzbuches für große Kapitalgesellschaften; besondere Vorschriften aus der Satzung oder anderen Rechtsquellen waren nicht zu beachten.

Die auf den Vorjahresabschluss angewendeten Bewertungsmethoden sind beibehalten worden, die Gewinn- und Verlustrechnung beruht unverändert auf dem Gesamtkostenverfahren.

In die Herstellungskosten wurden angemessene Teile der notwendigen Materialgemeinkosten, Fertigungsgemeinkosten und Abschreibungen eingerechnet. Fremdkapitalzinsen sind in den Herstellungskosten nicht enthalten.

Forderungen werden mit ihrem Nennwert, Verbindlichkeiten mit ihrem Rückzahlungsbetrag eingebracht. Währungsumrechnungen waren für keinen Bilanz- oder GuV- Posten erforderlich.

Anlagevermögen

Bei der Bemessung der Abschreibungen der zu Anschaffungskosten aktivierten Gebäude legen wir die steuerlich maßgebliche Nutzungsdauer von 25 Jahren zugrunde. Die Abgänge betreffen eine nicht benötigte Teilfläche des erworbenen Betriebsgrundstücks (Verkaufserlös 500 TDM).

Bei den technischen Anlagen und Maschinen, den anderen Anlagen sowie der Betriebs- und Geschäftsausstattung verrechnen wir teils lineare Abschreibungen teils degressive Abschreibungen unter Beachtung der steuerlich maßgeblichen Bestimmungen. Die Möglichkeit des Abschnitts 43 Abs. 7 EStR wird dabei wahrgenommen. Wir haben wegen gesunkener Wiederbeschaffungskosten für unsere Pigmentierunganlage eine Abschreibung von 300 TDM vornehmen müssen.

Im Berichtsjahr haben wir voll abgeschriebene Gegenstände der Betriebs- und Geschäftsausstattung veräußert, es wurden die Anschaffungskosten erlöst. Das Finanzanlagevermögen ist zu Anschaffungskosten bewertet, falls nicht ein niedrigerer beizulegender Wert maßgeblich war. Ein wichtiges Exportland einer unsrer Tochtergesellschaften hat Einfuhrbeschränkungen aufgehoben, daher war eine bestehende außerplanmäßige Abschreibung rückgängig zu machen.

Die Forderungen wurden nach dem Vorsichtsprinzip bewertet.

Andere Gewinnrücklagen

In dem Sonderposten mit Rücklagenanteil sind aufgrund der §§ 6 b und 52 Abs. 5 EStG eingestellte Beträge enthalten. Der Auflösungsbetrag ergibt sich aufgrund letzterer Vorschrift.

Abbildung 2-87: Aufbereiteter Jahresabschluss der Ixel AG (Fortsetzung)

Rückstellungen

In den Steuerrückstellungen ist mit 1.650 TDM ein Betrag für die zu erwartende Steuerbelastung wegen der aktivierten Erweiterungskosten enthalten.

Verbindlichkeiten

Von den Verbindlichkeiten gegenüber Kreditinstituten haben 33.610 TDM eine Restlaufzeit von mehr als fünf Jahren; 20.000 TDM hiervon sind grundpfandrechtlich gesichert, zur Sicherstellung von weiteren 10.000 TDM wurden Sicherheitsübereignungsverträge abgeschlossen. Gegenüber verbundenen Unternehmen bestehende Verbindlichkeiten haben insgesamt Laufzeiten von mehr als fünf Jahren.

Erläuterungen zur Gewinn- und Verlustrechnung

Unsere Umsatzerlöse erzielten wir zu 60 Prozent im Ausland; von diesem Anteil entfiel knapp 20 Prozent auf Geschäfte mit Firmen in Russland, während der Rest überwiegend Firmen mit Sitz in der EU betraf.

Bei den Vorräten haben wir Abschreibungen in Höhe von 380 TDM vorgenommen, um in Zukunft größere Wertschwankungen bei diesen Gegenständen zu vermeiden.

Die Steuern vom Einkommen und Ertrag sind nahezu ausschließlich durch das Ergebnis aus der gewöhnlichen Geschäftstätigkeit verursacht.

Als außerordentliche Erträge haben wir die uns in einem Haftpflichtprozess zugesprochene Schadensersatzleistung erfasst; die außerordentlichen Aufwendungen ergaben sich in Höhe eines nicht durch die Versicherungssumme gedeckten Brandschadens.

Gewinnverwendungsvorschlag

Der Hauptversammlung wird vorgeschlagen, aus dem Bilanzgewinn von 2.053 TDM eine Ausschüttung von 2.000 TDM vorzunehmen (Vorjahr: Ausschüttung 2.700 TDM) und den Gewinnvortrag aus dem Vorjahr in die anderen Gewinnrücklagen einzustellen. Dieser Gewinnverwendungsvorschlag war Grundlage für die Ermittlung des Steueraufwandes 19..

Entwicklung der Gewinnrücklagen

	TDM
1. Gesetzliche Rücklage	
Stand am 1.1.19... nach Dotierung aus dem Jahresüberschuss 19...	814
Einstellung aus dem Jahresüberschuss 19...	127
Stand am 31.12.19... nach Bilanzfeststellung	941
2. Andere Gewinnrücklagen	
Stand am 1.1.19... nach Dotierung aus dem Jahresüberschuss 19...	3.600
Einstellung aus dem Jahresüberschuss 19...	127
Stand am 31.12.19... nach Bilanzfeststellung	3.727

Abbildung 2-87: Aufbereiteter Jahresabschluss der Ixel AG (Fortsetzung)

Im Jahresdurchschnitt beschäftigten wir 130 Mitarbeiter: 76 Männer und 54 Frauen, davon 17 Teilzeitkräfte.

Die Gesamtbezüge des Vorstands für im Berichtsjahr geleistete Tätigkeit belaufen sich auf 763 TDM; den Aufsichtsratsmitgliedern wurden Sitzungsgelder und Aufwandsentschädigungen für ihre im Geschäftsjahr erbrachten Leistungen in Höhe von 93 TDM gezahlt. Frühere Mitglieder des Vorstands erhielten Ruhegelder von 176 TDM, an Hinterbliebene von früheren Vorstandsmitgliedern wurden 83 TDM gezahlt. Für frühere Vorstandsmitglieder bestehen Rückstellungen für laufende Pensionen in Höhe von 891 TDM, für Hinterbliebene von früheren Vorstandsmitgliedern solche von 210 TDM. Kredite an Angehörige der bezeichneten Personengruppen bestanden nicht.

Mitglieder des Vorstands:
Dr. Egon Coke (Sprecher)
Dipl.-Ing. Ansgar Esso
Dr. Josef Dreisat (stellv.)

Dem Aufsichtsrat gehörten die folgenden Personen an:
Maximilian Shell (Vorsitzender)
Hermann Airbus (stellvertretender Vorsitzender)
Paul-Heinz Olivetti (stellvertretender Vorsitzender)
Dr. Romeo Abba (ab 1. April 19..)
Jürgen Motta
Albert Kodak
Yushio Nikon
Sebaldus Trabant (bis 31. März 19..)
Rolf-Rüdiger Bleifrei

Aufstellung des Beteiligungsbesitzes

Name	Sitz	Kapitalanteil in %	Eigenkapital in TDM	Ergebnis in TDM
Niedersächsische-Drahtwerke	Aurich	50	7.328	1.214
Kleiber & Co. AG	Düsseldorf	26	21.912	1.899*
Oberbayerische Nutzholz AG	Kreuth	70	8.127	509*
Spiegelglas Schäfer GmbH & Co. KG	Wunstorf	70	13.906	2.889*

* Aufgrund eines Ergebnisabführungsvertrages abgeführt.

Abbildung 2-87: Aufbereiteter Jahresabschluss der Ixel AG (Fortsetzung)

An der Ixel AG ist die Ixsess GmbH, Hannover, unmittelbar mit 75 Prozent beteiligt, diese stellt den Konzernabschluss des Ixsess-Konzerns für den größten Kreis von Unternehmen auf. Der Konzernabschluss ist am Sitz der Ixzess GmbH erhältlich.

Das gezeichnete Kapital ist in 3.600.000 Aktien zu je 5,– DM Nennwert zerlegt, es handelt sich um Inhaberaktien.

Lagebericht

Die Ixel AG hat einen Bericht über ihre Beziehungen zu verbundenen Unternehmen gemäß § 312 AktG erstattet. Dieser Bericht schließt mit der folgenden Erklärung des Vorstands:

„Nach den Umständen, die uns in dem Zeitpunkt bekannt waren, in dem Rechtsgeschäfte mit verbundenen Unternehmen vorgenommen oder Maßnahmen getroffen beziehungsweise unterlassen wurden, hat die Ixel AG aus den Rechtsgeschäften stets eine angemessene Gegenleistung erzielt und aus den getroffenen oder unterlassenen Maßnahmen keine Nachteile erleiden müssen."

Von der künftigen Entwicklung des europäischen Marktes versprechen wir uns für die Ixel AG entscheidende Anstöße; wir wollen für die vor uns liegenden Anforderungen gerüstet sein und errichten daher neue Produktionsstätten in unmittelbarer Nachbarschaft unseres Firmengeländes.

Obwohl die mit unseren Lizenzgebern geschlossenen Verträge langfristigen Charakter haben, waren wir bestrebt, durch eigene Forschungs- und Entwicklungtätigkeit Unabhängigkeit zu gewinnen. Marktreife Produkte aus dieser Tätigkeit erwarten wir für das kommende Jahr.

Unsere im Vorjahr fertiggestellten Verwaltungs- und Produktionsgebäude konnten im Berichtsjahr von allen Abteilungen bezogen werden. Die erste Phase unserer Betriebsverlegung und -erweiterung ist damit abgeschlossen. Nach einem relativ geringen Auslastungsgrad im Berichtsjahr erwarten wir nun für das laufende Jahr wieder eine durchgängige Beschäftigung unserer Anlagen im Zwei-Schicht-Betrieb.

Unsere Beteiligungsgesellschaften haben sich erfreulich entwickelt und ihre Produkte fest im Markt etabliert.

Abbildung 2-87: Aufbereiteter Jahresabschluss der Ixel AG (Fortsetzung)

5.1.3 Grundsätzliches zur Besicherung

Nach positivem Abschluss der Kreditwürdigkeitsprüfung stellt sich die Frage, ob der Kredit **blanko**, also ohne Stellung von Sicherheiten, oder mit **Stellung von Sicherheiten** gewährt werden soll. Die Bank wird sich dabei auch auf Nr. 13 der AGB stützen.

Je nach Vermögenslage und Verwendungszweck muss entschieden werden, welche der nachstehend aufgeführten Sicherheiten in Frage kommen.

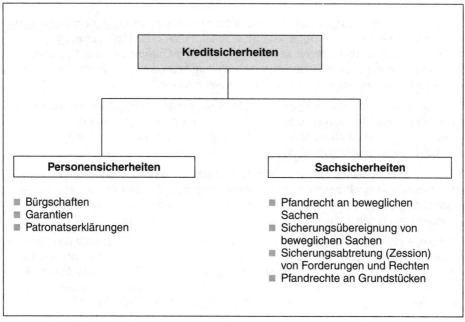

Abbildung 2-88: Arten von Kreditsicherheiten

In vielen Fällen wird zusätzlich zum Kreditvertrag ein Kreditsicherungsvertrag geschlossen.

5.1.4 Kreditzusage

Fällt die Kreditwürdigkeitsprüfung positiv aus und konnte auch über die Sicherstellung des künftigen Kredits Einigkeit erzielt werden, so wird dem Kunden eine **Kreditzusage** erteilt. Dieses Schreiben sollte folgende acht Punkte beinhalten:

1. genaue Bezeichnung des Schuldners,
2. Art, Höhe und Laufzeit des Kredits,
3. Höhe und Berechnung der Zinsen und Provisionen (Konditionen),
4. die Kreditsicherheiten,
5. die Form der Bereitstellung des Kredits,
6. Hinweis auf die Allgemeinen Geschäftsbedingungen,
7. Kündigungsmöglichkeiten,
8. Aufforderung zur Anerkenntnis.

Erfolgt die Kreditbestätigung in Form eines Kreditangebots, ist der Antragsteller aufzufordern, das Kreditangebot – meist innerhalb einer bestimmten Frist – schriftlich anzunehmen. Erst mit der Annahmebestätigung kommt der Kreditvertrag zustande. Lässt der Antragsteller diese Frist verstreichen, entfällt die Bindung der Bank an das Kreditangebot. Vielfach wird heute die Kreditbestätigung als Annahme des Kreditantrages formuliert. Der Kreditvertrag kommt mit Übersendung der Kreditbestätigung zustande (vgl. Abbildung 2-89).

Der Hinweis auf die AGB ist notwendig, weil der Widerruf einer Kreditzusage im Zweifel nur zulässig ist, wenn in den Vermögensverhältnissen des Kreditnehmers eine wesentliche Verschlechterung eintritt oder der Kunde der Bestellung oder Verstärkung der Sicherheiten nicht nachkommt, sodass die Rückzahlung des Kredits gefährdet ist. Von diesem Recht wird eine Bank allerdings im Interesse ihrer Kundenverbindung nur in Ausnahmefällen Gebrauch machen. Außerdem ist es zweckmäßig, beiden Vertragsparteien, und nicht nur der Bank, ein solches Rücktrittsrecht zuzuerkennen, um Einwendungen zu vermeiden.

Bei den Sparkassen sind hinsichtlich der Kreditzusage auch die Bestimmungen der Sparkassengesetze zu beachten. Danach muss zum Beispiel der Kreditzusage eine förmliche „Bewilligung des Kredits" vorausgehen. Sofern es in einem Bundesland kein Sparkassengesetz gibt (zum Beispiel in Hamburg), finden sich entsprechende Bestimmungen in den Satzungen der Sparkassen. Auch alle anderen Kreditinstitute haben über Richtlinien den Arbeitsablauf und die Kreditbewilligungsbefugnisse im Kreditgeschäft geregelt.

Kredite, die nach dem 31.12.1990 an Privatpersonen vergeben wurden, unterliegen dem Verbraucherkreditgesetz (VerbrKrG). Der Kreditgeber hat nach dem VerbrKrG umfangreiche Aufklärungspflichten gegenüber dem Kreditnehmer. Dem Kreditnehmer soll dadurch das Kreditverhältnis transparent gemacht werden.

Vertraulich

Telefon:
Postadresse:

Kreditbestätigung

auf die mit Ihnen geführten Gespräche nehmen wir Bezug und bestätigen gern, dass wir Ihnen/Ihrem Unternehmen wie folgt zur Verfügung stehen:

Kreditart _____   **Betrag** in ____ _____
Laufzeit bis zum _____ ☐ bis auf weiteres.   **Inanspruchnahme** auf dem Konto _____
Zinssatz bis auf weiteres _____ % p. a.   **Rechnungsabschluss** _____

Den vorstehend genannten Zinssatz werden wir den wechselnden Verhältnissen am Geld- und Kapitalmarkt und den sich hieraus ergebenden Refinanzierungsmöglichkeiten durch Erhöhung oder Senkung in angemessener Form anpassen. Wir werden Sie darüber jeweils schriftlich informieren.

Sicherheiten:
☐ Es wurden keine besonderen Absprachen getroffen.
☐ Für den Kredit

☐ Für den Kredit

Einzelheiten werden bzw. wurden bei der Sicherheitenbestellung festgelegt. Das gilt insbesondere hinsichtlich des Umfangs der dadurch gesicherten Ansprüche der Dresdner Bank AG.
Als Sicherheiten für diesen Kredit dienen auch die mit unseren Allgemeinen Geschäftsbedingungen vereinbarten Pfand- und Sicherungsrechte. Für den Fall einer sich später ergebenden Risikoerhöhung besteht für uns außerdem die Möglichkeit, eine Verstärkung der Sicherheiten oder Bestellung zusätzlicher Sicherheiten zu verlangen.

Offenlegung der wirtschaftlichen Verhältnisse
Bei dieser Kreditzusage gehen wir davon aus, dass Sie uns zeitnah über Ihre wirtschaftliche Situation unterrichtet halten und uns folgende Unterlagen überlassen:
☐ Eine Kopie Ihres das vorangegangene Kalenderjahr betreffenden Einkommensteuerbescheides unmittelbar nach Erhalt - spätestens 9 Monate nach Ende des letzten Kalenderjahres - zusammen mit einer rechtsverbindlich unterschriebenen aktuellen Vermögens- und Schuldenübersicht.
☐ Den rechtsverbindlich unterschriebenen Jahresabschluss, ggf. einschließlich des Anhangs, des Testats und Lageberichts unmittelbar nach Fertigstellung - spätestens 9 Monate nach Ende des letzten Geschäftsjahres -.

Sonstige Vereinbarungen:

Ergänzend gelten die Allgemeinen Geschäftsbedingungen der Bank, die in jeder Geschäftsstelle eingesehen werden können und auf Wunsch zugesandt werden.

Mit freundlichen Grüßen

Abbildung 2-89: Kreditbestätigung

Als **Verbraucherkredit** sind alle Kredite ab 400 DM (**Barkredite** einschließlich Baufinanzierungskredite, **Anschaffungsdarlehen**, **Diskontkredite**, nicht jedoch Avalkredite und Akkreditive) an natürliche Personen zu verstehen, es sei denn, der Kredit ist für eine bereits ausgeübte selbstständige berufliche Tätigkeit bestimmt. Auch Kredite bis zu 100.000 DM zur Gründung einer selbstständigen Existenz sind als Verbraucherkredite anzusehen.

§ 4 VerbrKrG schreibt für diese Kredite **zwingend** die **Schriftform** vor. Der Kreditvertrag kommt durch die Annahme des von dem Kreditinstitut schriftlich gegebenen Angebots zustande. Ausnahme hiervon ist der von Kreditinstituten geduldete **Überziehungskredit**. Hier ist die schriftliche Information ohne Annahme durch den Kontoinhaber ausreichend, wenn außer Zinsen keine weiteren Kosten in Rechnung gestellt werden **und** das Konto höchstens vierteljährlich abgeschlossen wird.

In den Kreditvertrag sind folgende zehn Punkte aufzunehmen (in Abbildung 2-90 werden diese Punkte dem jeweiligen Text zugeordnet):

1. Kreditart und Kreditbetrag, gegebenenfalls die Kreditgrenze,

2. der Auszahlungsbetrag (er errechnet sich vom Nominalkreditbetrag abzüglich Disagio, Bearbeitungsgebühr und Ähnliches),

3. die Laufzeit der Finanzierung,

4. der Gesamtbetrag der zu erbringenden Leistungen, das heißt Tilgungsleistungen und die Summe der anfallenden Zinsen (soweit diese Angabe bei Vertragsabschluss möglich ist),

5. der Nominalzinssatz,

6. der Effektivzins beziehungsweise anfängliche Effektivzins gemäß Preisangabenverordnung,

7. sofern kein fester Zinssatz für die gesamte Laufzeit vereinbart wird, sind die Voraussetzungen für Zinssatzänderungen anzugeben,

8. die Widerrufsbelehrung (dem Kreditnehmer steht nach dem VerbrKrG ein einwöchiges Widerrufsrecht (§ 7 VerbrKrG) ab Vertragsannahme zu, es sei denn, der Kredit ist durch **Grundpfandrecht** besichert; daneben wird im Interesse des Kreditgebers auf die Gültigkeit der Allgemeinen Geschäftsbedingungen hingewiesen),

9. die zu bestellenden Sicherheiten,

10. die Kosten einer Restschuldversicherung.

Nimmt der Kunde den zugesagten Kredit an, kann er je nach vertraglicher Vereinbarung über den Kreditbetrag verfügen. Die weitere technische Abwicklung wird bei den einzelnen Kreditarten in Abschnitt 5.3 behandelt.

Privatbank AG   Weimar, 6.1.2000
Filiale Weimar

Frau
Ingrid Münch
Postfach 35

98617 Meiningen

Sehr geehrte Frau Münch,

wir beziehen uns auf die mit Ihnen geführten Gespräche und bieten Ihnen hiermit den Abschluss des nachfolgenden Kreditvertrages an:

Zur Inanspruchnahme über Ihr laufendes Konto 273 624 00 stehen wir Ihnen mit einem Barkredit bis zu einem Höchstbetrag von 75.000,– DM zur Verfügung.	*siehe 1.* *siehe 2.*
Die Laufzeit dieses Kredites befristen wir bis zum 31.12.2001. Innerhalb dieser Laufzeit können wir den Kredit aus wichtigem Grund unter Beachtung einer angemessenen Frist kündigen, wobei wir auf Ihre berechtigten Belange Rücksicht nehmen werden. Sie können den Kredit jederzeit ohne Einhaltung einer Kündigungsfrist zurückzahlen.	*siehe 3.*
Als Sicherheit sind für diesen Kredit zu bestellen:	*siehe 9.*
unbefristete und selbstschuldnerische Bürgschaft bis zum Höchstbetrag von 75.000,– DM zuzüglich Zinsen und Kosten von Herrn Manfred Münch sowie	
Abtretung der Rechte und Ansprüche aus Ihrer Risiko-Lebensversicherung Nr. 3.49328.1 bei der Allianz-Versicherung.	
Der Beitrag für die im Zusammenhang mit diesem Kredit abgeschlossene Versicherung beträgt 45,– DM und ist monatlich während der Versicherungsdauer von mindestens einem Jahr zu zahlen.	*siehe 10.*
Als Sicherheit für diesen Kredit ist das Pfandrecht gemäß Nr. 14 unserer Allgemeinen Geschäftsbedingungen bereits vorhanden.	
Der Kredit kann erst in Anspruch genommen werden, wenn die vereinbarte Sicherheitenbestellung erfolgt ist.	
Für Ihre Inanspruchnahme unserer Mittel berechnen wir Ihnen bis auf weiteres einen Zinssatz in Höhe von 11,5 Prozent p. a. Die Zinsen werden jeweils zum Quartalsende abgerechnet und Ihrem laufenden Konto belastet. Der anfängliche effektive Jahreszins laut Preisangabenverordnung (PAngVO) beträgt 12,02 Prozent.	*siehe 5.* *siehe 6.*

Abbildung 2-90: Beispiel für die Formulierung eines Kreditvertrages mit den zwingenden Inhalten nach dem VerbrKrG

Den vorstehend genannten Zinssatz werden wir den Verhältnissen am Geld- und Kapitalmarkt durch Erhöhung oder Senkung in angemessener Form anpassen. Wir werden Sie darüber jeweils schriftlich informieren.	*siehe 7.*
Die Angabe des von Ihnen zu entrichtenden Zinsgesamtbetrages ist nicht möglich, da der Zinssatz Schwankungen unterliegen kann und der Zinsbetrag auch davon abhängt, in welchem Maße Sie die Kreditmittel in Anspruch nehmen.	*siehe 4.*
Sofern in Einzelfällen durch Verfügung die Höchstgrenze dieses Krediles überschritten wird, kann die Bank den in Ihrem Preisaushang ausgewiesenen Zinssatz für „geduldete Überziehungskredite (Kontoüberziehung)" in Rechnung stellen.	
Ergänzend gelten die Allgemeinen Geschäftsbedingungen der Bank, die einen wesentlichen Bestandteil dieses Kreditvertrages bilden und beigeheftet sind.	
Wir bitten Sie, zum Zeichen der Annahme dieses Angebots dieses Schreiben mit Datum und Ihrer Unterschrift versehen an uns zurückzureichen.	
An dieses Angebot halten wir uns bis zum 15.2.2000 gebunden.	
Auf das nachstehend näher erläuterte Widerrufsrecht weisen wir hin. Wir bitten Sie, die Widerrufsbelehrung zusätzlich zu unterschreiben.	*siehe 8.*
Mit freundlichen Grüßen	
Privatbank AG Filiale Weimar	
Anlage: Vertragsausfertigung für den Kreditnehmer einschließlich Widerrufsbelehrung und Allgemeine Geschäftsbedingungen der Bank	
Angebot angenommen: _____ (Unterschrift des Kreditnehmers)	

Abbildung 2-90: Beispiel für die Formulierung eines Kreditvertrages mit den zwingenden Inhalten nach dem VerbrKrG (Fortsetzung)

Widerrufsbelehrung *siehe 8.*

Der Kreditvertrag wird erst wirksam, wenn Sie Ihre auf den Abschluss des Kreditvertrages gerichtete Willenserklärung nicht binnen einer Woche durch schriftliche Erklärung widerrufen. Zur Wahrung der Frist genügt die rechtzeitige Absenkung des Widerrufs.

Sie können Ihre Willenserklärung auch widerrufen, wenn Sie den Kredit bereits in Anspruch genommen haben. Dann müssen Sie jedoch den in Anspruch genommenen Betrag binnen zweier Wochen zurückzahlen.

Sofern Sie mit dem Kreditbetrag ein Kaufgeschäft ganz oder teilweise finanzieren und der Kaufvertrag sowie der Abschluss des Kreditvertrags als wirtschaftliche Einheit anzusehen ist, ist im Falle der Ausübung des Widerrufsrechts auch der von Ihnen gesondert abgeschlossene Kaufvertrag nicht wirksam zustande gekommen.

Soweit dieser Kredit zur Finanzierung von Geschäften mit der Bank über den Kauf von Wertpapieren, Devisen, Edelmetallen usw. oder im Zusammenhang mit der Durchführung von Börsentermingeschäften eingeräumt und innerhalb der Widerrufsfrist verwendet wird, so kommen im Falle des Widerrufs des Kreditvertrages auch diese Verträge nicht wirksam zustande, selbst wenn die Bank die ihr erteilten Aufträge bereits ausgeführt hat.

Wenn Sie von Ihrem Widerrufsrecht Gebrauch machen wollen, ist die Widerrufserklärung an folgende Anschrift zu senden:

Privatbank AG
Goethestraße 4

99423 Weimar

Die vorstehende Belehrung habe ich zur Kenntnis genommen:

_____

(Unterschrift des Kreditnehmers)

Abbildung 2-90: Beispiel für die Formulierung eines Kreditvertrages mit den zwingenden Inhalten nach dem VerbrKrG (Fortsetzung)

5.2 Sicherheiten: Instrumente der Risikobegrenzung im Kreditgeschäft

Im Kreditgeschäft nehmen die Entscheidungen über die Sicherung der Kredite einen relativ großen Raum ein. Grundsätzlich kann auf eine Besicherung (nur) verzichtet werden, wenn die persönliche und wirtschaftliche Bonität des Kreditnehmers über jeden Zweifel erhaben ist. Dann kann ein ungesicherter Personalkredit (Blankokredit) gewährt werden. In vielen Fällen akzeptieren die Banken auch, dass eine dritte Person für den Kreditnehmer haftet, meist in Form einer Bürgschaft (persönliche Sicherheit).

Bei der überwiegenden Zahl von Krediten wird sich die Bank jedoch vertraglich Rechte an Vermögensgegenständen oder Rechten des Kunden einräumen lassen, die sie im Fall der Kreditgefährdung verwerten kann. Man spricht dann von realen oder Sachsicherheiten.

In der so genannten **Negativerklärung** (vgl. Abbildung 2-91) verpflichtet sich der Kreditnehmer, während der Kreditlaufzeit sein Vermögen nicht (durch Veräußerung oder Belastung seines Grundbesitzes und/oder durch Bestellung sonstiger Sicherheiten zugunsten Dritter) zum Nachteil der Bank zu verändern. Mitunter kommt nur eine Verpflichtung des Kreditnehmers in Betracht, seinen Grundbesitz nicht zu veräußern oder zu belasten. Hierbei ist jedoch stets zu berücksichtigen, dass eine solche Negativerklärung nichtig ist, wenn der Kreditgeber bereits selbst Grundpfandrechtsgläubiger dieses Grundstücks ist.

Bei der Vergabe von Blankokrediten drängen die Kreditinstitute vielfach darauf, hinsichtlich der Sicherheiten nicht schlechter als andere Kreditinstitute gestellt zu werden (**Gleichbehandlungserklärung**). Die Verpflichtung des Kreditnehmers, der Bank aufs erste Anfordern geeignete Sicherheiten zu bestellen, wird als **Positiverklärung** bezeichnet.

Die Negativerklärung wie auch die Positiverklärung und die Gleichbehandlungserklärung stellen **keine echte Kreditsicherheit** dar, und eine notwendige Sicherheitenstellung kann durch sie nicht ersetzt werden. Eine Verletzung dieser Erklärungen durch den Kunden macht diesen zwar gegenüber den Bank schadenersatzpflichtig, die vertragswidrige Verfügung wird dadurch aber nicht unwirksam.

In diesem Zusammenhang ist auch die gesetzlich nicht geregelte **Patronatserklärung** zu erwähnen: Damit geben Muttergesellschaften gegenüber den Kreditgebern ihrer Tochtergesellschaft verpflichtende Erklärungen ab, die der Erhöhung der Kreditwürdigkeit dienen sollen. Gegenstand einer solchen Erklärung kann sein, die Tochtergesellschaft während der Dauer des Kreditverhältnisses dahingehend zu beeinflussen, ihren Verpflichtungen nachzukommen (**weiche Patronatserklärung**).

FUN-GmbH   Frankfurt am Main, 29. Juni 2000

Europahausbank AG
Filiale Frankfurt

60005 Frankfurt am Main

Wir verpflichten uns hiermit Ihnen gegenüber, solange uns von Ihnen Kredite zugesagt sind oder wir irgendwelche Verpflichtungen bei Ihnen haben, anderen Gläubigern ohne Ihre vorherige Zustimmung keinerlei wie immer geartete Sicherheiten zu bestellen und bei anderen Banken keine Kredite in Anspruch zu nehmen.

Über Ihre Allgemeinen Geschäftsbedingungen hinaus sind Sie berechtigt, uns gewährte Kredite einschließlich Ihrer sonstigen Ansprüche zur sofortigen Rückzahlung fällig zu stellen, wenn wir gegen die vorstehenden Verpflichtungen verstoßen.

FUN-GmbH

Abbildung 2-91:   Beispiel für eine Negativerklärung

Eine sehr weitgehende Verpflichtung wäre dagegen die Zusage der Muttergesellschaft, die Tochtergesellschaft während der Dauer des Kreditverhältnisses finanziell so auszustatten, dass diese ihren Verpflichtungen nachkommen kann (**harte Patronatserklärung**). Die harte Patronatserklärung ist als Eventualverbindlichkeit unter dem Bilanzstrich bei der Muttergesellschaft ausweispflichtig.

Wie wir noch deutlicher sehen werden, ist Kreditsicherheit nicht gleich Kreditsicherheit. Das Problem liegt darin, für den jeweiligen Kredit die bestmögliche Sicherungsform zu finden. Nicht nur bei Bestellung der Sicherheiten, sondern auch während der gesamten Kreditlaufzeit muss darauf geachtet werden, dass in der Besicherung weder rechtlich noch wirtschaftlich „Lücken" entstehen.

Als die **wichtigsten Kreditsicherheiten** sind anzusehen:

- die **Bürgschaft,**
- die **Verpfändung** von Wertpapieren, Waren und sonstigen Vermögenswerten,
- die **Sicherungsübereignung** von beweglichen Sachen,
- die **Abtretung** von Forderungen und Rechten,
- die **Grundschuld** und die **Hypothek.**

5.2.1 Die Bürgschaft als dominierende Form der Personensicherheit

5.2.1.1 Zweck, Umfang und Form von Bürgschaften

Das Bürgerliche Gesetzbuch sagt dazu sinngemäß:

Die Bürgschaft ist ein einseitig verpflichtender Vertrag, mit dem sich der Bürge gegenüber dem Gläubiger eines Dritten verpflichtet, für die Verbindlichkeiten des Dritten einzustehen (§ 765 Abs. 1 BGB).

Zweck der Bürgschaft ist die **Sicherung des Gläubigers bei Zahlungsunfähigkeit des Schuldners.** Sie setzt grundsätzlich das Bestehen einer Hauptschuld voraus (**akzessorische Natur der Bürgschaft**), sie kann jedoch auch für künftige oder bedingte Verbindlichkeiten übernommen werden (§ 765 Abs. 2 BGB).

Wird eine Bürgschaft für eine **künftige Verbindlichkeit** übernommen, so ist der Umfang der Bürgenhaftung so deutlich zu beschreiben, dass sich der Bürge jederzeit über die Höhe seiner Verpflichtung im Klaren ist. Eine Verbürgung für alle künftigen Ansprüche einer Bank gegen den Hauptschuldner, die sich aus der Geschäftsverbindung ergeben werden, kann als zulässig angesehen werden (§ 767 Abs. 1 BGB). Trotzdem: Besteht bei Hereinnahme der Bürgschaft ein Kreditvertrag von zum Beispiel 100.000 € und wird später ein weiterer Kreditvertrag über zum Beispiel 500.000 € geschlossen, sollte im Interesse der Rechtsklarheit eine weitere Bürgschaft in Höhe von 500.000 € hereingeholt werden. Die Bürgschaft bleibt so lange bestehen, bis dieses Kreditverhältnis abgewickelt ist, sofern sie nicht ausnahmsweise zeitlich begrenzt ist.

Der **Umfang der Haftung** des Bürgen bestimmt sich nach dem jeweiligen Stand der Hauptschuld, das heißt nach der jeweiligen Höhe des Kredits, für den sich der Bürge verbürgt hat. **Wird die Forderung des Gläubigers gegen den Hauptschuldner durch den Bürgen befriedigt, so geht sie kraft Gesetzes auf den Bürgen über (§ 774 BGB).** Der Übergang kann jedoch nicht zum Nachteil des Gläubigers geltend gemacht werden (zum Beispiel darf der Bürge bei einer teilweisen Befriedigung des Gläubigers seine Forderung im Konkurs des Hauptschuldners nicht anmelden, solange der Gläubiger nicht voll befriedigt wurde). Vgl. Abbildung 2-92.

Verbürgen sich mehrere Personen, so ist zu unterscheiden zwischen der Mitbürgschaft, der Teilbürgschaft, der Nachbürgschaft und der Rückbürgschaft.

Mehrere Bürgen, die sich für dieselbe Verbindlichkeit verbürgt haben, **haften als Gesamtschuldner**, und zwar auch dann, wenn die Bürgschaft von ihnen nicht gemeinschaftlich übernommen wurde. Vgl. Abbildung 2-93.

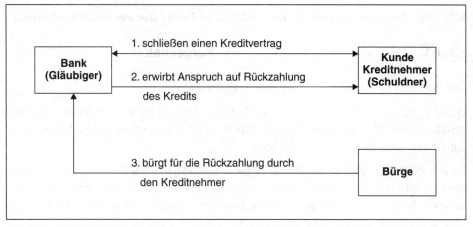

Abbildung 2-92: Rechtsbeziehungen zwischen den Beteiligten bei der Bürgschaft

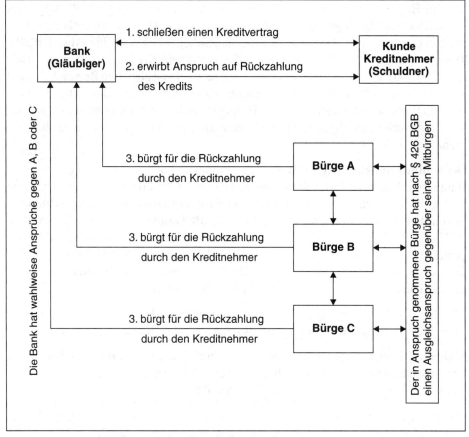

Abbildung 2-93: Rechtsbeziehungen zwischen den Beteiligten bei einer Mitbürgschaft

Teilbürgschaft

Mehrere Bürgen haften nebeneinander jeweils für einen Teilbetrag aus der gesamten Forderung unter Ausschluss eines Gesamtschuldverhältnisses.

Nachbürgschaft

Der Nachbürge haftet dem Gläubiger, wenn vom Hauptbürgen bei Zahlungsunfähigkeit des Hauptschuldners ebenfalls keine Zahlung zu erlangen ist; sie dient also der **zusätzlichen Sicherung des Gläubigers**.

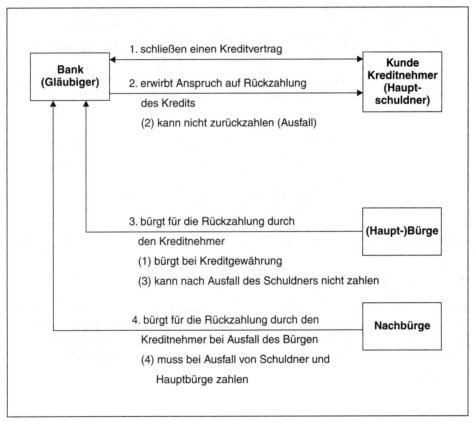

Abbildung 2-94: Rechtsbeziehungen zwischen den Beteiligten einer Nachbürgschaft

Rückbürgschaft

Der Rückbürge haftet dem Hauptbürgen dafür, dass im Falle der Inanspruchnahme (Zahlung) sein Ersatzanspruch gegen den Hauptschuldner erfüllt wird; die Rückbürgschaft dient also der **Sicherung des Hauptbürgen**.

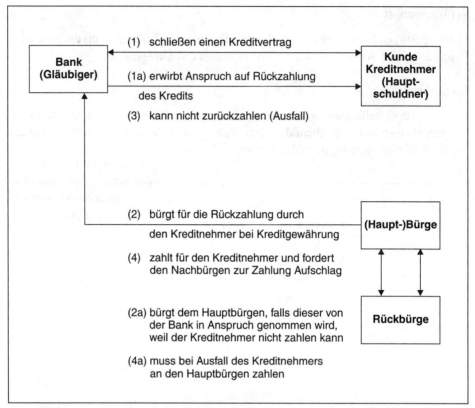

Abbildung 2-95: Rechtsbeziehungen zwischen den Beteiligten bei einer Rückbürgschaft

Form der Bürgschaft

Die Bürgschaftserklärung bedarf nach § 766 BGB der schriftlichen Form. Handelt es sich bei der Übernahme der Bürgschaft jedoch um das Handelsgeschäft eines Vollkaufmanns im Sinne des § 350 HGB, so ist die Schriftform nicht vorgeschrieben. Die Banken verlangen dennoch aus Beweisgründen auch in diesen Fällen eine schriftliche Bürgschaftserklärung.

5.2.1.2 Arten von Bürgschaften

Nach dem Zeitpunkt einer möglichen Inanspruchnahme des Bürgen lassen sich unterscheiden:

- Ausfallbürgschaft,
- gewöhnliche Bürgschaft,
- selbstschuldnerische Bürgschaft.

Ausfallbürgschaft

Bei einer Ausfallbürgschaft verpflichtet sich der Bürge gegenüber der Bank, für deren Forderung gegen den Kreditnehmer einzustehen, wenn ihr aus dem Kredit ein Verlust entsteht. **Die Bank muss folglich den erlittenen Verlust nachweisen.** Dazu müssen zunächst sämtliche zur Verfügung stehenden Sicherheiten realisiert und die Zwangsvollstreckung in das Vermögen des Schuldners betrieben worden sein: Als Nachweis reicht die von Gerichtsvollzieher erstellte „Fruchtlosigkeitsbescheinigung" nach einer erfolglos durchgeführten Pfändung.

Die Banken besitzen bei derartigen Ausfallbürgschaften eine relativ ungünstige Rechtsstellung. Sie vereinbaren daher im Allgemeinen so genannte modifizierte Ausfallbürgschaften, in denen der Bürge auf die „Einrede der Vorausklage" verzichtet und dafür genau festgelegt wird, wann der Ausfall als eingetreten gilt.

Gewöhnliche Bürgschaft

Auch bei der gewöhnlichen Bürgschaft haftet der Bürge nur dann, wenn vom Hauptschuldner keine Befriedigung zu erlangen ist. Von der Ausfallbürgschaft unterscheidet sie sich aber, weil der Gläubiger den Bürgen auch dann in Anspruch nehmen kann, wenn zuvor keine Zwangsvollstreckung in das Vermögen des Hauptschuldners stattgefunden hat.

Die Behauptung, die Zwangsvollstreckung gegen den Hauptschuldner sei erfolglos gewesen, gehört hier also **nicht** zwingend zur Klagebegründung. Der Bürge hat zwar das Recht, von dem Gläubiger zu verlangen, dass die Zwangsvollstreckung versucht wird (§ 771 BGB) **(Einrede der Vorausklage)**, er kann aber auch auf sie verzichten. Meist wird der Bürge die Einrede der Vorausklage dann nicht erheben, wenn es offensichtlich ist, dass eine Zwangsvollstreckung erfolglos bleiben wird; denn dann würden ihm zusätzlich die Kosten einer etwaigen Rechtsverfolgung zur Last fallen.

Selbstschuldnerische Bürgschaft

Bei einer selbstschuldnerischen Bürgschaft verzichtet der Bürge auf die Einrede der Vorausklage, das heißt, **der Gläubiger (Kreditgeber) kann vom Bürgen sofort Zahlung verlangen, wenn der Kreditnehmer seinen Verpflichtungen nicht ordnungsgemäß nachkommt (§ 773 BGB)**. Es ist also nicht erforderlich, dass der Gläubiger eine Zwangsvollstreckung nachweist oder zum Beispiel vorher von einem ihm zustehenden Pfandrecht Gebrauch macht.

Darüber hinaus kann ein Vollkaufmann, der eine Bürgschaft im Rahmen seines Handelsgeschäfts übernimmt, die Einrede der Vorausklage grundsätzlich nicht geltend machen (§ 349 HGB); sicherheitshalber verlangen die Kreditinstitute aber auch von Kaufleuten einen ausdrücklichen Verzicht auf die Einrede der Vorausklage.

Die selbstschuldnerische Bürgschaft ist die für das Kreditgeschäft wichtigste Sonderform. Banken akzeptieren grundsätzlich nur selbstschuldnerische Bürgschaften einer als solvent bekannten Person oder Unternehmung beziehungsweise von öffentlichen Behörden.

Bei allen Formen der Bürgschaftserklärung ist es denkbar, dass der Bürge seine Haftung nicht für alle Forderungen gegen den Hauptschuldner, sondern nur für einen bestimmten Höchstbetrag erklären will. In diesem Falle gibt er eine **Höchstbetragsbürgschaft**.

Im Bürgschaftstext ist festzulegen, ob sich der Höchstbetrag bei anfallenden Zinsen und Kosten entsprechend erhöht (vgl. Abbildung 2-96).

5.2.2 Pfandrecht

Gegenstand des Pfandrechts können bewegliche Sachen und Rechte jeder Art sein, sofern sie exakt bestimmbar sind. Das bedeutet, dass ein Pfandrecht nur an einzelnen selbstständigen Sachen – nicht zum Beispiel an einem Vermögen – begründet werden kann. Nicht übertragbare Rechte (zum Beispiel der unpfändbare Teil von Löhnen oder Gehältern) können ebenfalls nicht verpfändet werden.

Das BGB definiert das Pfandrecht als ein dingliches, zur Sicherung einer Forderung dienendes, gegen jedermann wirkendes Recht an fremden beweglichen **Sachen** oder **Rechten**, mit dem der Gläubiger berechtigt ist, aus dem belasteten Gegenstand seine Forderung zu befriedigen (§§ 1204, 1273 BGB).

Zweck der Verpfändung ist die Sicherung sowohl der Forderung in ihrer jeweiligen Höhe als auch der Zinsen und Vertragsstrafen (§ 1210 BGB).

Vom vertraglichen Pfandrecht ist das gesetzliche Pfandrecht zu unterscheiden. Ein gesetzliches Pfandrecht steht Vermietern, Verpächtern, Hoteliers, Kommissionären, Lagerhaltern und Spediteuren zu, ferner auch dem Unternehmer für Forderungen aus einem Werkvertrag.

Ein **Zurückbehaltungsrecht** gewährt dem Schuldner das Recht, seine Leistung zu verweigern, bis der Gläubiger die Leistung bewirkt. So wird zum Beispiel die Herausgabe des reparierten Autos verweigert, bis der Kfz-Besitzer die Reparaturrechnung bezahlt hat (§ 273 BGB und § 369 HGB).

Selbstschuldnerische Höchstbetragsbürgschaft
zur Sicherung aller Ansprüche aus der Geschäftsverbindung

Name/Firma des/der Bürgen mit Anschrift(en):

Paul Weissenberg
Wilhelmshöher Straße 9
34117 Kassel

Für alle bestehenden, künftigen und bedingten Ansprüche, die der **Dresdner Bank Aktiengesellschaft** mit ihren sämtlichen in- und ausländischen Geschäftsstellen (nachstehend "Bank" genannt) aus der bankmäßigen Geschäftsverbindung gegen:

Hauptschuldner - Name(n) und Anschrift(en) -:

Weissenbergtechnik GmbH
Thüringer Straße 20
34454 Arolsen

- bei mehreren Hauptschuldnern auch gegen jeden einzelnen von ihnen -

zustehen, übernehme(n) ich/wir hiermit die **selbstschuldnerische Bürgschaft** bis zum Höchstbetrag von

DM 500.000,--

in Worten: Deutsche Mark   (Fünfhunderttausend)

Für diese Bürgschaft gelten des weiteren folgende Bestimmungen, wobei ich/wir nachstehend einheitlich als "Bürge" bezeichnet werde(n):

1. Umfang der Bürgschaft

Der Bürge haftet aus dieser Bürgschaft nur bis zum oben genannten Höchstbetrag, und zwar auch dann, wenn er die Bürgschaft für mehrere Hauptschuldner übernimmt.

2. Fortbestand der Bürgschaft

Die Bürgschaft bleibt über eine Beendigung der Geschäftsverbindung hinaus solange bestehen, bis alle durch diese Bürgschaft gesicherten Ansprüche der Bank endgültig erfüllt sind; sie erlischt insbesondere nicht, wenn der Hauptschuldner die durch die Bürgschaft gesicherten Ansprüche vorübergehend zurückführt.

3. Inanspruchnahme aus der Bürgschaft, Verzicht auf Einreden

(1) Sind die durch die Bürgschaft gesicherten Ansprüche der Bank fällig und erfüllt der Hauptschuldner diese Ansprüche nicht, kann sich die Bank an den Bürgen wenden, der dann aufgrund seiner Haftung als Selbstschuldner nach Aufforderung durch die Bank Zahlung zu leisten hat. Die Bank ist nicht verpflichtet, zunächst gegen den Hauptschuldner gerichtlich vorzugehen oder ihr gestellte Sicherheiten zu verwerten.

(2) Die Zahlungsverpflichtung des Bürgen besteht auch dann, wenn der Hauptschuldner das Geschäft, das seiner

A1650 Fassung Juni 1993 93.10   .. /2

Abbildung 2-96: Höchstbetragsbürgschaft

- 2 -

Verbindlichkeit zugrunde liegt, anfechten kann (Verzicht auf die dem Bürgen nach § 770 Abs. 1 BGB zustehende Einrede der Anfechtbarkeit der Hauptschuld). Ferner kann sich der Bürge nicht darauf berufen, daß die Bank ihre Ansprüche durch Aufrechnung gegen eine fällige Forderung des Hauptschuldners befriedigen kann (Verzicht auf die dem Bürgen nach § 770 Abs. 2 BGB zustehende Einrede der Aufrechenbarkeit).

4. Übergang von Sicherheiten

(1) Vor vollständiger Erfüllung der Bürgschaftsschuld hat der Bürge keinen Anspruch auf Übertragung von Sicherheiten, die der Bank zur Sicherung der verbürgten Ansprüche bestellt worden sind.

(2) Soweit Sicherheiten kraft Gesetzes auf den Bürgen übergehen (z.B. Pfandrechte), bleibt es jedoch bei der gesetzlichen Regelung. Wenn die Ansprüche der Bank den oben genannten Höchstbetrag übersteigen und die kraft Gesetzes auf den Bürgen übergehenden Sicherheiten auch zur Sicherung des nicht verbürgten Teils der Ansprüche dienen, so steht hierfür der Bank gegenüber dem Bürgen ein vorrangiges Befriedigungsrecht zu.

(3) Hat der Bürge die Bürgschaftsschuld vollständig erfüllt und ist die Bank nach den Sicherungsvereinbarungen Sicherheiten freizugeben, so wird sie Sicherheiten, die ihr vom Hauptschuldner bestellt worden sind - gegebenenfalls anteilig - auf den Bürgen übertragen; Sicherheiten, die von Dritten bestellt worden sind, wird die Bank an den jeweiligen Sicherungsgeber zurückübertragen, falls mit diesem nichts anderes vereinbart worden ist.

(4) Etwaige Ansprüche des Bürgen gegen andere Sicherungsgeber auf Ausgleich und Übertragung von Sicherheiten werden durch die vorstehenden Regelungen nicht berührt.

5. Anrechnung von Zahlungseingängen

Die Bank darf, sofern keine anderen Tilgungsbestimmungen entgegenstehen, den Erlös aus der Verwertung von Sicherheiten, die ihr der Hauptschuldner oder ein anderer Dritter bestellt hat, zunächst auf die dadurch gesicherten nicht verbürgten Ansprüche bzw. den Teil ihrer Ansprüche anrechnen, der den oben verbürgten Höchstbetrag übersteigt. Dies gilt auch für Sicherheiten, die der Bürge zur zusätzlichen Sicherung der Ansprüche gegen den Hauptschuldner bestellt hat, es sei denn, daß diese zur Unterlegung der Bürgschaft bestimmt waren. In derselben Weise - nämlich vorrangig mit den nicht verbürgten Ansprüchen bzw. dem hier nicht verbürgten Teil ihrer Ansprüche - darf die Bank alle vom Hauptschuldner oder für dessen Rechnung geleisteten Zahlungen verrechnen.

6. Haftung mehrerer Bürgen

(1) Haben sich mehrere Bürgen in gesonderten Bürgschaftsurkunden für dieselben Verbindlichkeiten des Hauptschuldners verbürgt, haftet jeder einzelne Bürge - im Verhältnis zur Bank unter Ausschluß eines Gesamtschuldverhältnisses - ungeachtet etwaiger Zahlungen eines anderen Bürgen solange für den vollen Betrag der von ihm übernommenen Bürgschaft, bis alle von ihm verbürgten Ansprüche der Bank vollständig erfüllt sind.

(2) Haben sich mehrere Bürgen in dieser Urkunde verbürgt, haften sie gegenüber der Bank als Gesamtschuldner. Dies bedeutet, daß die Bank den oben vereinbarten Höchstbetrag von jedem einzelnen Bürgen ganz oder teilweise fordern kann, insgesamt jedoch nicht mehr als diesen Betrag.

(3) Ausgleichsansprüche des in Anspruch genommenen Bürgen gegen die anderen Bürgen werden durch die vorstehende Regelung nicht berührt.

7. Zusätzliche Bürgschaftserklärungen

Die Bürgschaft gilt zusätzlich zu etwaigen weiteren vom Bürgen abgegebenen Bürgschaftserklärungen.

8. Stundung und Freigabe von Sicherheiten

Der Bürge wird von seiner Bürgschaftsverpflichtung nicht frei, wenn die Bank dem Hauptschuldner Stundung gewährt, andere Bürgen aus der Haftung entläßt oder sonstige Sicherheiten freigibt, insbesondere, wenn sie dem Verfügungen über Gegenstände zuläßt, die dem Pfandrecht der Bank unterliegen und dies im Rahmen der ordnungsgemäßen Durchführung und Abwicklung der Geschäftsverbindung zum Hauptschuldner oder zur Wahrung berechtigter Belange des Hauptschuldners oder der Bank geschieht. Der Bürge wird ebenfalls nicht frei, wenn die Bank Sicherheiten aufgibt, um eine sich aus anderen Sicherungsverträgen ergebende Freigabeverpflichtung zu erfüllen.

9. Recht des Bürgen zur Kündigung der Bürgschaft

(1) Der Bürge kann die Bürgschaft - sofern sie nicht zeitlich befristet ist - nach Ablauf eines Jahres ab dem Zeitpunkt ihrer Übernahme schriftlich kündigen. Die Kündigung wird mit einer Frist von drei Monaten nach dem Eingang bei der Bank wirksam. Das Recht auf Kündigung aus wichtigem Grund bleibt unberührt.

(2) Die Haftung des Bürgen besteht auch nach Wirksamwerden der Kündigung fort, beschränkt sich jedoch auf den Bestand der verbürgten Ansprüche, der zum Zeitpunkt des Wirksamwerdens der Kündigung vorhanden war. Die Regelungen dieser Bürgschaft gelten bis zum vollständigen Ausgleich der verbürgten Verbindlichkeiten des Hauptschuldners weiter. Alle Zahlungen - gleich welcher Art -, die zugunsten des Hauptschuldners nach Wirksamwerden der Kündigung eingehen, werden, sofern keine anderen Tilgungsbestimmungen entgegenstehen, zunächst mit den nicht verbürgten Ansprüchen der Bank bzw. demjenigen Teil ihrer Ansprüche verrechnet, der bei Wirksamwerden der Kündigung nicht durch die Bürgschaft gesichert ist. Weitere Zahlungseingänge führen zu einer Ermäßigung der Bürgschaftsschuld.

(3) Bis zum Wirksamwerden der Kündigung können vor Eingang der Kündigung zugesagte Kredite vom Hauptschuldner in Anspruch genommen werden.

(4) Der Bürge haftet nach Wirksamwerden der Kündigung auch für solche Ansprüche der Bank gegen den Hauptschuldner, die dadurch entstehen, daß die Bank sich im Auftrag des Hauptschuldners Dritten gegenüber - zum Beispiel durch Übernahme einer Bürgschaft oder einer Garantie - verpflichtet hat, für Verbindlichkeiten des Hauptschuldners einzustehen.

10. Sicherheitenfreigabe

(1) Nach Befriedigung ihrer durch die Bürgschaft gesicherten Ansprüche wird die Bank die Bürgschaft freigeben.

(2) Die Bank ist schon vor vollständiger Befriedigung ihrer durch diese Bürgschaft gesicherten Ansprüche verpflich-

.. /3

Abbildung 2-96: Höchstbetragsbürgschaft (Fortsetzung)

- 3 -

tet, auf Verlangen die Bürgschaft sowie andere ihr bestellte Sicherheiten (z.B. abgetretene Forderungen, Grundschulden) nach ihrer Wahl an den jeweiligen Sicherungsgeber ganz oder teilweise freizugeben, soweit der realisierbare Wert sämtlicher Sicherheiten

[%]

der gesicherten Ansprüche der Bank nicht nur vorübergehend überschreitet. Sofern kein Prozentsatz eingesetzt und auch anderweitig nichts anderes vereinbart wurde, ist ein Satz von 100 % maßgeblich.

(3) Die Ermittlung des realisierbaren Werts der Bürgschaft erfolgt im Zeitpunkt der Geltendmachung des Freigabeanspruchs auf der Grundlage der dann bestehenden Vermögens- und Einkommenssituation des Bürgen.

11. Unterrichtung über den Stand der Hauptschuld

Der Bürge wird sich über den jeweiligen Stand der Hauptschuld gegebenenfalls beim Hauptschuldner selbst unterrichten.

12. Rechtswahl

Für das Bürgschaftsverhältnis ist das Recht der Bundesrepublik Deutschland maßgebend.

Kassel, 31. Januar 1996
Ort/Datum   Unterschrift(en)/Firmenstempel des/der Bürgen

Abbildung 2-96: Höchstbetragsbürgschaft (Fortsetzung)

5.2.2.1 Voraussetzungen des vertraglichen Pfandrechts

Die **Entstehung** eines vertraglichen Pfandrechts ist an **drei Voraussetzungen** geknüpft (§ 1205 Abs. 1 BGB):

- Es muss eine Forderung bestehen (**akzessorische Natur des Pfandrechts**). Das Pfandrecht kann jedoch für eine künftige oder bedingte Forderung bestellt werden.

- Zwischen den Parteien muss eine **Einigung** darüber zustande kommen, dass das Pfandrecht dem Gläubiger zustehen soll. Sie ergibt sich aus dem Kreditantrag und der Kreditzusage beziehungsweise aus dem Kreditbewilligungsschreiben und der Einverständniserklärung des Kunden.

- Der Eigentümer muss dem Gläubiger bei der Verpfändung von Sachen die Sache übergeben (**Faustpfandprinzip**). Mit der tatsächlichen Gewalt über die Sache erwirbt der Gläubiger den unmittelbaren Besitz, während dem Eigentümer der **mittelbare** Besitz verbleibt.

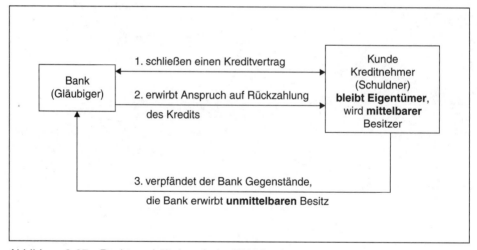

Abbildung 2-97: Rechtsverhältnisse beim Pfandrecht

Die Notwendigkeit, dass die Pfandsache in den Besitz des Gläubigers übergehen muss, bereitet im Bankgeschäft insofern manchmal Schwierigkeiten, als sich das Pfandobjekt häufig nicht im unmittelbaren Besitz des Schuldners befindet beziehungsweise wegen seiner Beschaffenheit nicht körperlich übergeben werden kann.

Für das Erfordernis der Übergabe beziehungsweise als Ersatz dafür stehen grundsätzlich fünf Möglichkeiten zur Verfügung:

1. Der einfachste Fall ist gegeben, wenn der Darlehensnehmer der Bank das Pfandobjekt effektiv übergibt. Dann muss es sich allerdings um leicht transportable Sachen mit einem relativ hohen Wert handeln, die sich zu einer **Verwahrung im Tresor der Bank** eignen. Derartige Objekte sind zum Beispiel Wertpapiere und Edelmetalle.

2. Sind die Pfandgegenstände bereits in unmittelbarem Besitz der Bank, zum Beispiel weil Wertpapiere von der Bank verwahrt werden, so ist eine förmliche Übergabe nicht erforderlich; in diesem Fall genügt es, wenn die **Einigung über die Entstehung des Pfandrechts** besteht.

3. Befinden sich die Pfandobjekte weder in unmittelbarem Besitz des Kreditnehmers noch der Bank, sondern bei einem Dritten, so muss der Eigentümer anstelle der Übergabe den **Herausgabeanspruch gegen den Dritten an das Kreditinstitut abtreten und dem unmittelbaren Besitzer der Verpfändung anzeigen** (§ 1205 Abs. 2 BGB).

   In einem solchen Fall kann außerdem vereinbart werden, dass die Herausgabe der Pfandobjekte nur gemeinschaftlich an den Eigentümer und die Bank erfolgen darf; diese Regelung entspricht der Einräumung des **Mitverschlusses** (§ 1206 BGB), wenn sich die Pfandgegenstände in unmittelbarem Besitz des Pfandgebers befinden (siehe unten). Die Möglichkeit der Übertragung des mittelbaren Besitzes oder des Mitbesitzes ist zum Beispiel gegeben, wenn Waren auf den Namen des Kreditnehmers in einem Lagerhaus lagern.

4. Sind die Rechte an einer Sache, insbesondere an Waren, in einem Orderpapier (Traditionspapier, wie zum Beispiel Konnossement, Ladeschein, Lagerschein) verbrieft, so kann die Übergabe der Sache durch die **Übergabe des mit einem Indossament** (offenes oder verdecktes Pfandindossament) **versehenen Orderpapiers** ersetzt werden (§ 1292 BGB). Dieser Fall liegt zum Beispiel bei eingelagerten oder noch auf See befindlichen Gütern vor.

5. Schließlich kann die Situation vorliegen, dass die Pfandobjekte zwar im unmittelbaren Besitz des Darlehensnehmers sind, eine Übergabe an das Kreditinstitut aber wegen der Beschaffenheit der Objekte nicht möglich ist oder nicht gewünscht wird. In einem solchen Fall genügt es, wenn die Bank den Mitbesitz an der Sache erhält, das heißt, wenn das **Pfandobjekt unter Mitverschluss der Bank** genommen wird. So wird zum Beispiel verfahren, wenn Teile eines Warenlagers verpfändet werden. Die verpfändeten Waren werden in einem besonderen Raum gelagert, der nur gemeinschaftlich vom Kreditnehmer und der Bank geöffnet werden kann. Da der Kreditnehmer nicht mehr allein über diese Waren verfügen kann, erweist sich dieses Sicherungsinstrument „Verpfändung von Warenlagern" als unpraktisch. Um das Recht des Kreditinstituts an den Vorräten zu sichern, dabei aber dem Kunden einen freien Zutritt und Verkauf der Waren zu ermöglichen, wird die Ware in der Regel sicherungsübereignet (siehe Abschnitt 5.2.3).

Auch **Rechte** können verpfändet werden (zum Beispiel Gehaltsansprüche, Bankguthaben). Hierzu ist die **Anzeige der Verpfändung** durch den Gläubiger der verpfändeten Forderung an den Schuldner erforderlich (§ 1280 BGB).

Entstehung des Pfandrechts nach den Allgemeinen Geschäftsbedingungen

Nach **Ziffer 14 der Allgemeinen Geschäftsbedingungen** dienen alle bei der Bank unterhaltenen Werte als Pfand für Ansprüche gegen den Kunden. Unter dieses Pfandrecht fallen unter anderem Einlagen des Schuldners, Wertpapiere (mit Ausnahme der Anteile am Grundkapital der depotführenden Bank), zum Inkasso eingereichte Schecks und Wechsel. Kein AGB-Pfandrecht besteht unter anderem an Kfz-Briefen, Hypotheken- und Grundschuldbriefen.

Gutgläubiger Erwerb des Pfandrechts

Zur Bestellung eines rechtswirksamen Pfandrechts ist grundsätzlich nur der Eigentümer berechtigt (§§ 1205 und 1207 BGB). Eine Ausnahme ist dann gegeben, wenn ein Nichtberechtigter eine Sache verpfändet und der Pfandnehmer in gutem Glauben war, dass jener Eigentümer sei (§ 1208 BGB).

Für die Banken ist allerdings die folgende einschränkende Bestimmung von besonderer Bedeutung:

„Wird ein Inhaberpapier, das dem Eigentümer gestohlen worden ist, verloren gegangen oder sonst abhanden gekommen ist, an einen Kaufmann, der Bankier- oder Geldwechslergeschäfte betreibt, veräußert oder verpfändet, so gilt dessen **guter Glaube** als **ausgeschlossen**, wenn zur Zeit der Veräußerung oder Verpfändung der Verlust des Papiers im Bundesanzeiger bekannt gemacht und seit dem Ablauf eines Jahres, in dem die Veröffentlichung erfolgt ist, nicht mehr als ein Jahr verstrichen war (§ 367 HGB). Inhaberpapieren stehen an Order lautende Anleiheschuldverschreibungen sowie Namensaktien, Zwischenscheine und Reichsbankanteilscheine gleich, falls sie mit einem Blankoindossament versehen sind."

5.2.2.2 Verwertung eines Pfandes

Die Befriedigung des Pfandgläubigers aus dem Pfand erfolgt durch Versteigerung beziehungsweise freihändigen Verkauf, sofern das Pfand einen Börsen- oder Marktpreis hat. Der Pfandgläubiger ist zur Verwertung berechtigt, sobald die Forderung ganz oder teilweise fällig ist. Nach den gesetzlichen Bestimmungen muss die beabsichtigte Verwertung dem Eigentümer angekündigt werden. Erst nach Ablauf einer Wartefrist (nach BGB ein Monat, nach HGB eine Woche nach Androhung) kann die Verwertung des Pfandes vorgenommen werden. Die AGB berechtigen die Bank aber, das Pfand ohne Androhung und Wartezeit zu verwerten.

Klassisches Kreditgeschäft **439**

| Geschäftsstelle __Kiel_____ | **Verpfändung von Guthaben und Depots** |

1. ~~Der~~ / Die unterzeichnete

   Marion Meyer, Volzstr. 19, 24103 Kiel

   vertreten durch den / die Zeichnungsberechtigte(n)

   — nachstehend Verpfänder genannt —

   verpfändet der

   COMMERZBANK Aktiengesellschaft
   — nachstehend Bank genannt —

   hiermit ~~seine~~ / ihre jetzt und künftig bei der Bank bestehenden

   Guthaben auf Girokonten,
   auf Sparkonten,
   auf Festgeldkonten,
   aus Commerzbank-Sparbriefen,

   Wertpapierdepots
   (einschl. der Zins-, Renten- und Gewinnanteilscheine nebst Erneuerungsscheinen sowie der auf die Aktien anfallenden Bezugsrechte und Berichtigungsaktien), auch soweit es sich um Commerzbank-Aktien handelt.

   Sparbücher und Sparbriefe sind der Bank auszuhändigen.

2. Im Ausland ruhende Wertpapiere unterliegen dem Pfandrecht nicht. Der Verpfänder verpfändet der Bank jedoch hiermit sämtliche Lieferungs-, Herausgabe- und Zahlungsansprüche, die ihm gegen die Bank wegen der in obigen Depots jeweils gebuchten, im Ausland ruhenden Wertpapiere nebst Zins-, Gewinnanteil- und Erneuerungsscheinen jetzt und künftig zustehen. Derartige Ansprüche kann die Bank am ausländischen Lagerort durch Veräußerung entsprechender Werte aus dem Deckungsbestand der Bank verwerten.

3. Hat die Bank mit Rücksicht auf steuerliche oder sonstige Bindungen eine Verzichterklärung bezüglich eines etwaigen Pfandrechtes nach Nr. 19 ihrer Allgemeinen Geschäftsbedingungen abgegeben, sind die betreffenden Guthaben und Wertpapiere für die Dauer des Verzichts von der Verpfändung ausgenommen.

4. Diese Verpfändung **dient der Sicherung aller bestehenden und künftigen** — auch bedingten oder befristeten — **Ansprüche, die der Bank mit ihren sämtlichen in- und ausländischen Geschäftsstellen** gegen

   Max Meyer, Volzstr. 19, 24103 Kiel
   (Name und Anschrift des Kreditnehmers)

   aus der Geschäftsverbindung, insbesondere aus laufender Rechnung und aus der Gewährung von Krediten jeder Art, aus Bürgschaften und aus abgetretenen oder kraft Gesetzes übergegangenen Forderungen sowie aus Wechseln (auch soweit diese von Dritten hereingegeben worden sind) zustehen.

5. Alle Maßnahmen und Vereinbarungen, die die Bank hinsichtlich ihrer Ansprüche oder bei der Verwertung anderweitiger Sicherheiten für zweckmäßig erachtet, berühren den Umfang der Pfandhaftung nicht.

6. Der Verpfänder verzichtet auf die Einreden gemäß § 1211 BGB, insbesondere auf die Einrede der Stundung.

7. Bei Verwertung der verpfändeten Guthaben und Depots dienen die Erlöse als bare Sicherstellung, bis die Bank wegen ihrer sämtlichen gesicherten Ansprüche, die im Zeitpunkt der Verwertung der verpfändeten Guthaben und Depots gegen den Kreditnehmer bestehen, befriedigt ist. Daher gehen die Ansprüche der Bank gegen den Kreditnehmer erst dann auf den Verpfänder über. Die Bank ist jedoch berechtigt, sich jederzeit aus dem Erlös zu befriedigen.

8. Sicherheiten, die der Bank von dem Kreditnehmer oder von dritter Seite bestellt worden sind, hat die Bank gegebenenfalls nur insoweit auf den Verpfänder zu übertragen, als der Besteller den Anspruch gegen die Bank auf Rückübertragung der Sicherheiten an den Verpfänder abgetreten oder sich mit der Übertragung auf den Verpfänder ausdrücklich einverstanden erklärt hat. Dies gilt nicht für Sicherheiten, die kraft Gesetzes auf den Verpfänder übergehen.

Ergänzend gelten die Allgemeinen Geschäftsbedingungen der Bank, die in jeder Geschäftsstelle eingesehen werden können und die auf Wunsch zugesandt werden.

"Das der Bank im übrigen eingeräumte vertragliche Pfandrecht nach Nr. 14 ihrer Allgemeinen Geschäftsbedingungen wird von dieser Verpfändung nicht berührt"

Kiel, 18.01.
(Ort / Datum)   (Unterschrift(en) des Verpfänders)

Die Ordnungsmäßigkeit der obigen Unterschrift(en) bestätigt:

(Stempel und Unterschriften der Geschäftsstelle)

Abbildung 2-98: Beispiel: Verpfändung von Guthaben und Depots eines Kreditnehmers

5.2.2.3 Erlöschen des Pfandrechts

Das **Pfandrecht endet**

1. mit dem **Erlöschen der Forderung**, für die es besteht (§ 1252 BGB),
2. mit der **Zurückgabe des Pfandes** an den Verpfänder oder den Eigentümer (§ 1253 BGB),
3. durch die **Verzichterklärung des Pfandgläubigers** dem Empfänger beziehungsweise dem Eigentümer gegenüber (§ 1255 BGB) und
4. durch **Konsolidation**, das heißt durch das Zusammentreffen von Pfandrecht und Eigentum in derselben Person (§ 1256 BGB).

5.2.2.4 Bedeutung des Pfandrechts in der Bankpraxis

Die Verpfändung von Grundstücken und Wertpapieren, Waren und sonstigen Vermögenswerten stellt eine wichtige Art der Kreditsicherung dar.

Bei der **Verpfändung von Wertpapieren** und sonstigen Guthaben der kreditgebenden Bank sind die rechtlichen Erfordernisse hinsichtlich der Wirksamkeit der Verpfändung am leichtesten zu erfüllen.

Relativ einfach ist die Verpfändung von Wertpapieren dann durchführbar, wenn die Effekten bei der kreditgebenden Bank im Depot liegen (siehe Verpfändungserklärung, Abbildung 2-98).

Die **Verpfändung von Wertpapieren, Waren und sonstigen Vermögenswerten** ist die Grundlage des Lombardkreditgeschäfts der Banken. Die eingehende Darstellung der Verpfändung von Wertpapieren, Waren und sonstigen Vermögenswerten und der damit zusammenhängenden Probleme erfolgt daher im Abschnitt 5.3.1.5: „Lombardkredite". Aber auch andere Kredite – insbesondere Kontokorrentkredite und Diskontkredite – werden in manchen Fällen durch die Verpfändung von Wertpapieren oder Waren gesichert (**unechter Lombardkredit**).

5.2.3 Sicherungsübereignung

5.2.3.1 Entstehung

Die Sicherungsübereignung läuft in der Praxis so ab, dass der kreditgewährenden Bank das **Eigentum** an den Sicherungsgegenständen übertragen wird und die Bank gleichzeitig dem Kreditnehmer die Gegenstände zur Benutzung überlässt.

Das **Sicherungsgut** bleibt also in **unmittelbarem Besitz des Kreditnehmers**, und die Bank erwirbt lediglich den **mittelbaren Besitz**.

Die hierzu erforderlichen Rechtsgeschäfte sind nach den allgemeinen Vorschriften des BGB über das Eigentum, die Leihe, die Miete usw. zu vollziehen, weil die Sicherungsübereignung keine gesonderte gesetzliche Regelung erfahren hat und auch nicht in irgendwelchen Gesetzen erwähnt ist. Sie ist aus den Bedürfnissen des Wirtschaftslebens entstanden und wurde in Praxis und Rechtsprechung hinsichtlich ihrer Handhabung ausgestaltet. Beim Abschluss von Sicherungsübereignungsverträgen, die keinen besonderen Formvorschriften unterliegen, sind daher neben den Vorschriften des BGB die relevanten Gerichtsurteile zu beachten.

Das **Sicherungseigentum** ist das durch die Übereignung einer beweglichen Sache seitens des Sicherungsgebers (Veräußerers) an den Sicherungsnehmer (Erwerber) begründete und zur Sicherung einer Forderung bestimmte Eigentum an einer Sache, welche der Erwerber zu verwerten berechtigt ist, um aus dem Erlös die gesicherte Forderung zu tilgen.

5.2.3.2 Risiken beim Sicherungsübereignungsvertrag

Um der Gefahr der Anfechtung des Vertrages zu entgehen, muss aus dem Sicherungsübereignungsvertrag eindeutig hervorgehen, dass die Übertragung des Eigentums ernsthaft gewollt wird, also das Geschäft nicht etwa nur zum Schein abgeschlossen wurde. Andererseits muss ein **Besitzmittlungsverhältnis** vereinbart werden, damit dem Kreditnehmer die Sache in unmittelbarem Besitz belassen werden kann, zum Beispiel in Form der Miete, Leihe oder Pacht (**Besitzkonstitut**). Vgl. Abbildung 2-99.

Sollen Gegenstände sicherungsübereignet werden, die noch einem **Eigentumsvorbehalt eines Lieferanten** unterliegen, so muss in dem Übereignungsvertrag – da der Kreditnehmer das Eigentum an diesen Gegenständen noch nicht auf die Bank übertragen kann – vereinbart werden, dass der Bank ein Anwartschaftsrecht auf das Eigentum an den betreffenden Gegenständen zusteht.

Für die **Wirksamkeit einer Sicherungsübereignung** ist ferner entscheidend, dass die übereigneten Gegenstände ausreichend bestimmbar sind. Das Sicherungsgut muss so gekennzeichnet sein, dass es sich von allen anderen (insbesondere gleichartigen) Sachen des Sicherungsgebers deutlich unterscheidet und über die Identität des Sicherungsgutes für jeden, der vom Inhalt des Vertrages Kenntnis nimmt, kein Zweifel besteht. Es ist dringend zu empfehlen, neben der präzisen Beschreibung des Sicherungsgutes für den Lagerort eine Lageskizze zu erstellen und dem Vertrag als Anlage beizufügen.

442 Leistungen und Dienstleistungen der Kreditinstitute

Mit Blatt (6) und (7) verbinden!

Ber. Nr.   Kunden-Stammnummer

Sicherungsübereignung individuell bestimmter Sachen

Zwischen _____

- nachstehend "Sicherungsgeber" genannt -

und der   **Dresdner Bank**
Aktiengesellschaft

wird folgendes vereinbart:

- nachstehend "Bank" genannt -

1. Gegenstand der Sicherungsübereignung

Der Sicherungsgeber übereignet der Bank hiermit folgende Gegenstände (nachstehend "Sicherungsgut" genannt):

Das Sicherungsgut befindet sich an dem Standort:

4. Sicherungszweck

Die zutreffende(n) Variante(n) ist/sind anzukreuzen.

☐ Sicherung eigener Verbindlichkeiten des Sicherungsgebers

Die Übereignung und die Übertragung der sonstigen mit diesem Vertrag bestellten Rechte erfolgen zur Sicherung aller bestehenden, künftigen und bedingten Ansprüche, die der Dresdner Bank AG mit ihren sämtlichen in- und ausländischen Geschäftsstellen aus der bankmäßigen Geschäftsverbindung gegen den Sicherungsgeber zustehen. Hat der Sicherungsgeber die Haftung für Verbindlichkeiten eines anderen Kunden der Dresdner Bank AG übernommen (z. B. als Bürge), so sichert die Übereignung und Übertragung der sonstigen mit diesem Vertrag bestellten Rechte die aus Haftungsübernahme folgende Schuld erst ab deren Fälligkeit.

☐ Sicherung von Verbindlichkeiten eines Dritten

Die Übereignung und die Übertragung der sonstigen mit diesem Vertrag bestellten Rechte erfolgen zur Sicherung aller bestehenden, künftigen und bedingten Ansprüche, die der Bank gegen

Kreditnehmer (Name und Anschrift des Dritten)

aus

Bezeichnung der Forderung:

2. Übertragung von Eigentum, Miteigentum, Anwartschaftsrecht

Soweit der Sicherungsgeber Eigentum oder Miteigentum am Sicherungsgut hat, überträgt er der Bank das Eigentum oder Miteigentum. Soweit der Sicherungsgeber ein Anwartschaftsrecht auf Eigentumserwerb (aufschiebend bedingtes Eigentum) an den von seinen Lieferanten unter Eigentumsvorbehalt gelieferten Waren hat, überträgt er hiermit der Bank dieses Anwartschaftsrecht.

3. Übergabeersatz

Die Übergabe des Sicherungsguts an die Bank wird dadurch ersetzt, daß der Sicherungsgeber es für die Bank sorgfältig unentgeltlich verwahrt. Soweit Dritte unmittelbaren Besitz am Sicherungsgut erlangen, tritt der Sicherungsgeber bereits jetzt seine bestehenden und künftigen Herausgabeansprüche an die Bank ab.

zustehen und zwar auch dann, wenn die Laufzeit gesicherter Kredite verlängert (prolongiert) wird.

5. Befugnis zur Nutzung des Sicherungsguts

Die Bank gestattet dem Sicherungsgeber, das Sicherungsgut im Rahmen eines ordnungsgemäßen Geschäftsbetriebs zu nutzen. Der Sicherungsgeber wird das Sicherungsgut auf seine Kosten funktionsfähig erhalten und erforderliche Ersatz- und Zubehörteile beschaffen.

Ausfertigung für den Sicherungsgeber

A1648c (5)

Abbildung 2-99: Beispiel für einen Sicherungsübereignungsvertrag

Seite 2 zur Sicherungsübereignung

6. Ablösung von Eigentumsvorbehalten

Der Sicherungsgeber ist verpflichtet, einen etwa bestehenden Eigentumsvorbehalt durch Zahlung des Kaufpreises zum Erlöschen zu bringen. Die Bank ist ansonsten befugt, eine Kaufpreisrestschuld des Sicherungsgebers auf dessen Kosten an die Lieferanten zu zahlen.

7. Behandlung und Kennzeichnung des Sicherungsguts; Verlagerung von Sicherungsgut

(1) Der Sicherungsgeber hat das Sicherungsgut vorbehaltlich der Nutzungsbefugnis gemäß Nr. 5 an dem bezeichneten Standort zu belassen und es auf seine Kosten sorgfältig zu behandeln. Zur Wahrung ihrer berechtigten Belange kann die Bank in einer ihr zweckmäßig erscheinenden Weise das Sicherungsgut als ihr Eigentum kennzeichnen. In den Unterlagen des Sicherungsgebers ist die Übereignung mit dem Namen der Bank kenntlich zu machen.

(2) Eine Verlagerung des Sicherungsguts ist nur nach ausdrücklicher vorheriger Zustimmung der Bank zulässig. Die Bank wird die Zustimmung davon abhängig machen, daß ihr die mit diesem Vertrag übertragenen Rechte an dem zu verlagernden Sicherungsgut erhalten bleiben.

8. Versicherung des Sicherungsguts; Abtretung der Versicherungsansprüche

(1) Der Sicherungsgeber verpflichtet sich, das Sicherungsgut für die Dauer der Übereignung auf eigene Kosten in voller Höhe gegen die üblichen Gefahren und gegen diejenigen, gegen die der Bank Versicherungsschutz erforderlich erscheint, versichert zu halten. Alle daraus entstehenden gegenwärtigen und künftigen Ansprüche gegen die Versicherungsgesellschaft tritt der Sicherungsgeber hiermit mit der Zweckbestimmung gemäß Nr. 4 an die Bank ab. Der Sicherungsgeber hat der Versicherungsgesellschaft davon Mitteilung zu machen, daß das Sicherungsgut Eigentum der Bank ist, daß sämtliche Rechte aus dem Versicherungsvertrag, soweit sie das Sicherungsgut betreffen, der Bank zustehen sowie daß die Bank nur in die Rechte und nicht in die Pflichten des Versicherungsvertrags eintritt mit der Maßgabe, daß der Sicherungsgeber zur Aufhebung der Versicherung ohne Zustimmung der Bank nicht berechtigt ist. Der Sicherungsgeber wird die Versicherungsgesellschaft ersuchen, der Bank einen entsprechenden Versicherungsschein zu übersenden.

(2) Wenn der Sicherungsgeber die Versicherung nicht oder nicht ausreichend bewirkt hat, darf die Bank das auf seine Gefahr und Kosten tun.

9. Gesetzliche Pfandrechte Dritter

Soweit ein gesetzliches Pfandrecht Dritter (z. B. Vermieter, Verpächter, Lagerhalter) an dem Sicherungsgut in Betracht kommt, hat der Sicherungsgeber auf Wunsch der Bank jeweils nach Fälligkeit des Mietzinses, Pachtzinses oder Lagergeldes deren Zahlung der Bank nachzuweisen. Wird der Nachweis nicht erbracht, so ist die Bank befugt, zur Abwendung des Pfandrechts des Vermieters, Verpächters oder des Lagerhalters den Miet- oder Pachtzins oder das Lagergeld auf Kosten des Sicherungsgebers zu bezahlen.

10. Informationspflichten des Sicherungsgebers

Der Sicherungsgeber hat der Bank unverzüglich anzuzeigen, wenn die Rechte der Bank an dem Sicherungsgut durch Pfändung oder sonstige Maßnahmen Dritter beeinträchtigt oder gefährdet werden sollten, und zwar unter Übersendung einer Abschrift des Pfändungsprotokolls sowie aller sonstigen zu einem Widerspruch gegen die Pfändung erforderlichen Schriftstücke mit der Versicherung, daß oder inwieweit die gepfändeten Sachen mit dem Sicherungsgut identisch sind. Außerdem hat der Sicherungsgeber den Pfändungsgläubiger oder sonstige Dritte unverzüglich schriftlich von dem Eigentumsrecht der Bank in Kenntnis zu setzen.

11. Prüfungsrecht der Bank

(1) Die Bank ist berechtigt, das Sicherungsgut am jeweiligen Standort zu überprüfen oder durch ihre Beauftragten überprüfen zu lassen. Der Sicherungsgeber hat jede zu diesem Zweck erforderliche Auskunft zu erteilen und die betreffenden Unterlagen zur Einsicht vorzulegen.

(2) Soweit sich das Sicherungsgut in unmittelbarem Besitz Dritter (z. B. Lagerhalter) befindet, werden diese vom Sicherungsgeber hiermit angewiesen, der Bank Zutritt zum Sicherungsgut zu gewähren.

12. Herausgabe des Sicherungsguts an die Bank

Die Bank ist zur Wahrung ihrer berechtigten Belange befugt, die Nutzungsbefugnis zu widerrufen und die Herausgabe des Sicherungsguts zu verlangen, wenn der Sicherungsgeber gegen die Pflicht zur sorgfältigen Behandlung des Sicherungsguts erheblich verstößt oder über das Sicherungsgut Verfügungen trifft, die nicht im Rahmen eines ordnungsgemäßen Geschäftsbetriebs liegen. Dies gilt auch, wenn der Sicherungsgeber seine Zahlungen eingestellt hat oder die Eröffnung eines gerichtlichen Insolvenzverfahrens über sein Vermögen beantragt worden ist. Die Bank darf der Herausgabe des Sicherungsguts ferner verlangen, wenn und soweit sie gemäß Nr. 13 wegen Zahlungsverzugs des Kreditnehmers zur Verwertung des Sicherungsguts befugt ist.

13. Verwertungsrecht der Bank

(1) Die Bank ist berechtigt, das Sicherungsgut zu verwerten, wenn der Kreditnehmer mit fälligen Zahlungen auf die durch diesen Vertrag gesicherten Forderungen in Verzug ist. Die Bank wird das Sicherungsgut nur in dem Umfang verwerten, wie dies zur Erfüllung der rückständigen Forderungen erforderlich ist.

(2) Die Verwertung wird die Bank dem Sicherungsgeber unter Fristsetzung androhen. Stellt der Abschluß dieses Sicherungsübereignungsvertrags für den Sicherungsgeber ein Handelsgeschäft dar, beträgt die Frist mindestens eine Woche. In allen übrigen Fällen beträgt sie einen Monat.

(3) Die Bank darf das Sicherungsgut auch durch freihändigen Verkauf im eigenen Namen oder im Namen des Sicherungsgebers veräußern. Sie wird auf die berechtigten Belange des Sicherungsgebers Rücksicht nehmen. Sie kann auch vom Sicherungsgeber verlangen, daß dieser nach ihren Weisungen das Sicherungsgut selbst verwertet oder bei der Verwertung mitwirkt. Der Sicherungsgeber hat alles bei der Verwertung des Sicherungsguts Erlangte unverzüglich an die Bank herauszugeben.

(4) Nach Verwertung des Sicherungsguts wird die Bank den Erlös zur Abdeckung der gesicherten Ansprüche verwenden. Wenn der Verwertungsvorgang der Umsatzsteuer unterliegt, wird die Bank eine Gutschrift erteilen, die als Rechnung für die Lieferung der als Sicherheit dienenden Sache gilt und den Voraussetzungen des Umsatzsteuerrechts entspricht.

Abbildung 2-99: Beispiel für einen Sicherungsübereignungsvertrag (Fortsetzung)

Seite 3 zur Sicherungsübereignung

14. Rückübertragung, Sicherheitenfreigabe

(1) Nach Befriedigung ihrer durch diesen Vertrag gesicherten Ansprüche hat die Bank an den Sicherungsgeber die ihr mit dieser Vereinbarung übertragenen Sicherheiten zurückzuübertragen und einen etwaigen Übererlös aus der Verwertung herauszugeben. Die Bank wird jedoch die Sicherheit an einen Dritten übertragen, fall sie hierzu verpflichtet ist; dies ist z. B. dann der Fall, wenn ein Bürge die Bank befriedigt hat.

(2) Die Bank ist schon vor vollständiger Befriedigung ihrer durch diesen Vertrag gesicherten Ansprüche verpflichtet, auf Verlangen das ihr übertragene Sicherungsgut sowie auch andere ihr bestellte Sicherheiten (z. B. abgetretene Forderungen, Grundschulden) nach ihrer Wahl an den jeweiligen Sicherungsgeber ganz oder teilweise freizugeben, soweit der realisierbare Wert sämtlicher Sicherheiten 110 % der gesicherten Ansprüche der Bank nicht nur vorübergehend überschreitet. Sofern die Bank bei der Verwertung mit der Umsatzsteuer belastet wird, erhöht sich dieser Prozentsatz um den gesetzlichen Umsatzsteuersatz.

15. Rechtserhaltende Klausel

Sollte eine Bestimmung dieses Vertrages nicht rechtswirksam sein oder nicht durchgeführt werden, so wird dadurch die Gültigkeit des übrigen Vertragsinhalts nicht berührt.

Ergänzend gelten die Allgemeinen Geschäftsbedingungen der Bank, die in jeder Geschäftsstelle eingesehen werden können und auf Wunsch zugesandt werden.

Ergänzende/Abweichende Vereinbarungen:

Ort, Datum

Ort, Datum

Unterschrift(en) des Sicherungsgebers, Firmenstempel

Unterschrift und Vertretungsbefugnis geprüft

Zusatzvereinbarung

Die vorstehende Sicherungsübereignung tritt an die Stelle der Sicherungsübereignung vom _____ / _____ .

Ort, Datum

Ort, Datum

Unterschrift(en) des Sicherungsgebers, Firmenstempel

Ausfertigung für den Sicherungsgeber

Abbildung 2-99: Beispiel für einen Sicherungsübereignungsvertrag (Fortsetzung)

Ein Sicherungsgut, das sich in gemieteten Räumen oder auf gemietetem Gelände befindet, unterliegt unter Umständen dem **Vermieterpfandrecht (§ 559 BGB)**. Es ist dann eine Erklärung des Vermieters über seinen Verzicht auf das Vermieterpfandrecht einzuholen.

Sicherungsübereignete Gegenstände, die **Zubehör eines Grundstücks** sind, haften für bestehende Grundpfandrechte, sofern das Grundpfandrecht zeitlich vor der Sicherungsübereignung entstanden ist. Es empfiehlt sich daher, vom Grundpfandgläubiger eine Erklärung über seinen Verzicht auf die Zubehörhaftung einzuholen (§ 1120 BGB).

Bei Warenlagern mit häufig wechselnden Beständen bereitet die Einhaltung der obigen Grundsätze besondere Schwierigkeiten. In der Praxis hat sich daher das **Instrument des Raumsicherungsvertrages** herausgebildet. In einem solchen, auch **Bassinvertrag** genannten Sicherungsübereignungsvertrag wird vereinbart, dass alle Gegenstände, die sich in einem bestimmten Raum (Lagerplatz) befinden, an das Kreditinstitut übereignet sind beziehungsweise bei bestehendem Eigentumsvorbehalt ein Anwartschaftsrecht auf das Eigentum übertragen wird. Auf diese Weise kann der Bestand an sicherungsübereigneten Gütern jederzeit auf der vertraglich vereinbarten Höhe gehalten und überwacht werden.

(Anmerkung: Der Begriff „**Bassinvertrag**" wird gelegentlich auch anders gebraucht und bedeutet dann, dass alle Gläubiger eines Schuldners einen gemeinsamen Sicherungsübereignungsvertrag abschließen und die allen zustehenden Sicherungsgüter einem Treuhänder übereignen.)

Die Sicherungsübereignung ist zwar einerseits sehr gebräuchlich, andererseits sind aber gewisse Gefahren damit verbunden, da der Wert der Sicherheiten stark vom korrekten Verhalten des Kreditnehmers beziehungsweise Sicherungsgebers abhängig ist. So kommt es vor, dass Waren doppelt sicherungsübereignet werden, ohne dass dies für die Gläubiger erkennbar ist. Die Banken vereinbaren in der Regel die Sicherungsübereignung mit Anschlusszession: Die Ware steht aus der Sicherungsübereignung im Eigentum des Kreditinstituts. Wird die Ware auf Ziel verkauft, ist die entstandene Forderung an den Kreditgeber abgetreten (zediert).

5.2.3.3 Verpfändung oder Sicherungsübereignung?

Als Kreditsicherheit ist die **Sicherungsübereignung** überall dort **an die Stelle der Verpfändung** getreten, wo die Form der Übergabe des Sicherungsgegenstands an die Bank nicht möglich ist, weil entweder die Verwahrung der Gegenstände durch das Institut nicht durchführbar oder nicht zweckmäßig ist oder weil der Kreditnehmer auf die als Sicherheit dienenden Gegenstände – insbesondere Waren, Maschinen, Kraftfahrzeuge – bei der Weiterführung seines Betriebes nicht verzichten kann.

Der **Nachteil der Sicherungsübereignung** gegenüber der Verpfändung besteht darin, dass der Übereignungsnehmer wesentlich schwächer gesichert ist als der Pfandgläubiger, der den Pfandgegenstand in Besitz hat. **Der Übereignungsnehmer** ist in hohem Maße von der Ehrlichkeit des Sicherungsgebers abhängig, dem er das Sicherungsgut zur Fortführung seines Geschäfts überlässt. Er **hat zum Beispiel bei vertragswidriger Veräußerung des Sicherungsgutes an einen gutgläubigen Dritten keinen Herausgabeanspruch gegenüber dem Dritten**. Ferner muss er, sofern der Sicherungsgeber das sicherungsübereignete Gut nicht freiwillig herausgibt, auf Herausgabe klagen.

5.2.4 Abtretung von Forderungen und Rechten (Zession)

5.2.4.1 Formen der Abtretung von Forderungen

Eine weitverbreitete Form der Kreditbesicherung ist die Abtretung von Forderungen und die Übertragung von Rechten an die kreditgebende Bank. Dabei kommt im Firmenkundengeschäft der Abtretung von **Forderungen** aus dem Geschäftsbetrieb des Kreditnehmers die größere Bedeutung zu. Im Ratenkreditgeschäft mit Privatkunden dagegen lassen sich die Banken in starkem Umfang den pfändbaren Teil der Lohn- und Gehaltsforderungen abtreten.

Erst künftig **entstehende Forderungen** können ebenfalls abgetreten werden; dies gilt sowohl für Forderungen aus Warenlieferungen und Leistungen als auch für Lohn- und Gehaltsforderungen.

In der Abtretungserklärung des Kreditnehmers tritt der bisherige Gläubiger (Zedent) dem neuen Gläubiger (Zessionar) seine Forderung gegenüber einem Dritten (Drittschuldner) zur Sicherung eines Kredits ab (§§ 398 f. BGB).

Sicherungsabtretungen können als **Einzelabtretung** oder für mehrere Forderungen als **Rahmenabtretung (Mantel-/Globalzessionen)** erfolgen. Es bestehen keine gesetzlichen Formvorschriften.

Die Abtretung einer Forderung verschafft dem Zessionar die uneingeschränkte Rechtsstellung eines Gläubigers. Sie eignet sich schon aus diesem Grunde besser zur Kreditsicherung als die Verpfändung einer Forderung. Aber auch vom Standpunkt der formellen Handhabung ist die Abtretung von Forderungen der Verpfändung vorzuziehen; für den Kreditnehmer ist sie angenehmer, weil die Abtretung – im Gegensatz zur Verpfändung – dem Drittschuldner nicht angezeigt werden muss.

Verzichtet der Zessionar darauf, dass der Drittschuldner von der Abtretung erfährt, handelt es sich um eine **stille Zession.** Wird dagegen dem Drittschuldner die Abtretung angezeigt, liegt eine **offene Zession** vor, das heißt: Der Drittschuldner kann dann nicht mehr mit befreiender Wirkung an den Zedenten (Kreditnehmer) zahlen, es sei denn, dass er die Forderungsabtretung vertraglich ausgeschlossen hat.

Der Weg der **offenen Zession** wird im Interesse des Kreditnehmers nur in Ausnahmefällen angewandt. Würden die Kreditinstitute grundsätzlich offene Zessionen verlangen, so würde dies die Kreditnehmer in vielen Fällen davon abhalten, Forderungen als Sicherheiten abzutreten, weil sie befürchten müssten, dass die Benachrichtigung der Schuldner unter Umständen ihr Ansehen beeinträchtigen könnte.

Andererseits dürfen die Gefahren der **stillen Abtretung** nicht übersehen werden: Der Schuldner kann, solange er von der Abtretung keine Kenntnis hat, mit befreiender Wirkung an den bisherigen Gläubiger, also an den Kreditnehmer, zahlen. Sofern der Kreditnehmer mehrere Bankverbindungen unterhält, muss die kreditgebende Bank damit rechnen, dass ein Teil der ihr abgetretenen Forderungen auf Konten bei anderen Instituten eingeht und dieses Geld dann vom Schuldner zu anderen Zwecken verwendet wird. Um derartigen Risiken zu begegnen, und erforderlichenfalls den ordnungsgemäßen Eingang der abgetretenen Forderungen sicherstellen zu können, lassen sich die Banken normalerweise mit dem Zessionsvertrag gleichzeitig einige **Blanko-Abtretungsanzeigen** vom Kunden unterschreiben, um die stille Zession gegebenenfalls in eine offene umwandeln zu können.

Abtretung von Versicherungsansprüchen: Als eine besondere Form der Zession ist die Abtretung von Versicherungsansprüchen – in erster Linie Lebensversicherungsansprüchen – zu bezeichnen. Zwar gelten hierfür dieselben gesetzlichen Vorschriften wie für die Abtretung von Forderungen, über die eine Urkunde ausgestellt ist; daneben sind aber die **Versicherungsbedingungen** der betreffenden Versicherungsgesellschaften zu beachten. So kann zum Beispiel – wie bei den so genannten Handwerkerversicherungen – eine Abtretung oder Verpfändung der Rechte aus der Versicherung ausgeschlossen sein. Grundsätzlich bedarf es im Fall einer Abtretung derartiger Ansprüche daher neben dem Abschluss des Sicherungsvertrages der **Aushändigung des Versicherungsscheines an die Bank**; weiterhin ist immer dem Vorstand der betreffenden Versicherungsgesellschaft die Abtretung anzuzeigen und der **Rückkaufswert** zu erfragen.

Bei einer Verknüpfung von Kapitallebensversicherungen mit einer Kreditgewährung ist zu prüfen, ob dies für den Kunden zu steuerlichen Nachteilen führt.

5.2.4.2 Zustandekommen des Zessionsvertrags

Es handelt sich bei diesen Verträgen um so genannte **fiduziarische Abtretungen**: Da die Abtretung nur zur Sicherung von Forderungen der Bank gegen den Kreditnehmer erfolgt, bleiben sowohl die Forderungen der Bank gegenüber ihrem Kreditnehmer als auch die abgetretenen Forderungen des Kreditnehmers gegen dessen Schuldner unabhängig voneinander bestehen.

Die **Abtretung der Forderung** erfolgt also juristisch gesprochen **weder „erfüllungshalber" noch „an Erfüllung statt"**, sodass die Bank ihren Anspruch gegen den Kunden nach wie vor geltend machen kann und nicht das Risiko des Eingangs der abgetretenen Forderungen trägt.

Die Bank betrachtet die abgetretenen Forderungen daher nur als „Deckung" für ihre Ansprüche aus dem Kredit.

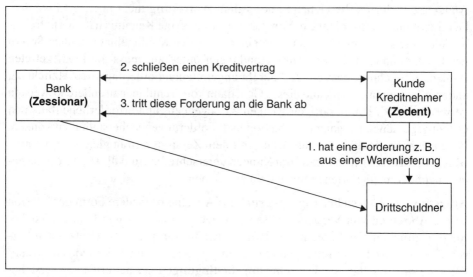

Abbildung 2-100: Rechtsverhältnisse bei der Abtretung von Forderungen

Im Gegensatz dazu handelt es sich beim **Factoring** nicht um fiduziarische Forderungsabtretungen, sondern um einen echten Ankauf vom Forderungen (siehe dazu Abschnitt 5.3.3.2).

Wegen der **Rechtswirksamkeit der Forderungsabtretung** muss sich die Bank vor Annahme der Zession davon überzeugen, ob die Abtretung der Forderungen überhaupt zulässig ist. Im Allgemeinen wird dies zwar der Fall sein, doch gibt es unter anderen folgende Ausnahmen.

Ein **gesetzliches Abtretungsverbot** besteht für alle unpfändbaren Forderungen (§ 400 BGB). Dieses Verbot bezieht sich insbesondere auf den unpfändbaren Teil von Lohn- und Gehaltseinkommen sowie auf höchstpersönliche Ansprüche.

Darüber hinaus kann eine Abtretung durch **Vereinbarung** zwischen Gläubiger und Schuldner ausgeschlossen werden. Dieses so genannte **vertragliche Abtretungsverbot** ist insbesondere bei größeren Industriefirmen gebräuchlich, bei denen oftmals in den Geschäfts-/Lieferbedingungen enthalten ist, aber auch bei öffentlichen

Verwaltungen. Um das Erkennen derartiger Forderungen zu erleichtern, gibt der Bundesverband deutscher Banken in einer Liste laufend diejenigen Firmen bekannt, die die Abtretbarkeit der gegen sie gerichteten Forderungen ausschließen oder von ihrer **ausdrücklichen Zustimmung** abhängig machen.

Hinsichtlich der Lohn- und Gehaltsforderungen muss die Bank darauf achten, dass die Abtretung nicht nur durch Vereinbarung zwischen dem Arbeitgeber und dem Arbeitnehmer, sondern auch durch Betriebsvereinbarungen (**kollektives Abtretungsverbot**) ausgeschlossen werden kann. Abtretungen des Diensteinkommens von Beamten, Militärangehörigen und anderen Personen im öffentlichen Dienst müssen beglaubigt werden.

Die Bank muss ferner prüfen, ob die Forderungen nicht schon anderweitig abgetreten sind, da eine **nochmalige Abtretung rechtsunwirksam** ist und es grundsätzlich keinen gutgläubigen Erwerb von bereits abgetretenen Forderungen gibt. Es gilt der Grundsatz der Priorität, das heißt, die älteste Zession geht allen nachfolgenden Zessionen vor. Dieser Sachverhalt ist insbesondere im Zusammenhang mit einem verlängerten Eigentumsvorbehalt seitens der Lieferanten des Kreditnehmers zu prüfen, weil sehr viele Unternehmen in ihren Allgemeinen Lieferbedingungen den so genannten verlängerten Eigentumsvorbehalt aufgenommen haben. Damit wird zwischen dem Käufer und Lieferanten vereinbart, dass bei Weiterverkauf der gelieferten Waren die Kaufpreisforderungen im Augenblick ihrer Entstehung als an den Lieferanten abgetreten gelten. Der verlängerte Eigentumsvorbehalt geht immer der Abtretung vor.

Alle Forderungen und Rechte, die im Rahmen eines Zessionsvertrages abgetreten werden, müssen **hinreichend bestimmt sein**. Gegenstand, Umfang oder Abtretung und die Person des Drittschuldners nüssen auch für Dritte erkennbar sein.

Da es sich bei den abgetretenen Forderungen in der Regel um eine Vielzahl kurzfristiger und häufig wechselnder Forderungen handelt, ist die Einzelabtretung einer jeden Forderung nicht zweckmäßig. In der Praxis werden daher zwischen Kreditnehmer und Bank meistens Mantelzessions- oder Globalzessionsverträge abgeschlossen. Diese Formen der Forderungsabtretung eignen sich darüber hinaus auch vor allem zur Sicherung längerer Kreditverhältnisse, zum Beispiel regelmäßig prolongierter Kontokorrentkredite.

450 Leistungen und Dienstleistungen der Kreditinstitute

Mit Blatt (6) und (7) verbinden!

Ber. Nr.   Kunden-Stammnummer

Einmalige Abtretung einzelner Forderungen mit sofortiger Offenlegung

Zwischen _____

- nachstehend "Sicherungsgeber" genannt -

und der   **Dresdner Bank**
Aktiengesellschaft

- nachstehend "Bank" genannt -

wird folgendes vereinbart:

1. Gegenstand der Abtretung

Der Sicherungsgeber tritt hiermit der Bank die nachstehend aufgeführten Forderungen ab:

lfd. Nr.	Drittschuldner (Name, Ort)	Grund der Forderung	Rechnung vom	fällig am	Währung, Betrag

2. Sicherungszweck

Die zutreffende(n) Variante(n) ist/sind anzukreuzen.

☐ Sicherung eigener Verbindlichkeiten des Sicherungsgebers

Die Abtretung erfolgt zur Sicherung aller bestehenden, künftigen und bedingten Ansprüche, die der Dresdner Bank AG mit ihren sämtlichen in- und ausländischen Geschäftsstellen aus der bankmäßigen Geschäftsverbindung gegen den Sicherungsgeber zustehen. Hat der Sicherungsgeber die Haftung für Verbindlichkeiten eines anderen Kunden der Dresdner Bank AG übernommen (z. B. als Bürge), so sichert die Abtretung die aus der Haftungsübernahme folgende Schuld erst ab deren Fälligkeit.

☐ Sicherung von Verbindlichkeiten eines Dritten

Die Abtretung erfolgt zur Sicherung aller bestehenden, künftigen und bedingten Ansprüche, die der Bank

gegen

Kreditnehmer (Name und Anschrift des Dritten)

aus

Bezeichnung der Forderung:

zustehen und zwar auch dann, wenn die Laufzeit gesicherter Kredite verlängert (prolongiert) wird.

Ausfertigung für den Sicherungsgeber

A 1646 (5)

Abbildung 2-101:   Beispiel: Einmalige Abtretung einer einzelnen Forderung

Seite 2 zur Abtretung einzelner Forderungen

3. Verfügungsberechtigung über die Forderung

Der Sicherungsgeber versichert, daß

- die Drittschuldner die Abtretung nicht ausgeschlossen oder eingeschränkt haben,
- die Forderung weder gepfändet noch verpfändet oder anderweitig abgetreten sind.

4. Offenlegung der Abtretung und Einziehung der Forderung; Pfandrecht an den Geldeingängen

(1) Der Sicherungsgeber beauftragt die Bank hiermit, die Drittschuldner von der Abtretung zu unterrichten. Die Bank wird die Drittschuldner auffordern, Zahlungen ausschließlich auf das auf den Sicherungsgeber lautende Konto

Nr. _____ bei der Bank zu leisten.

(2) An den jeweiligen Zahlungen auf das in Absatz (1) genannte Konto bestellt der Sicherungsgeber hiermit der Bank ein Pfandrecht zur Sicherung der in Nr. 2 genannten Ansprüche.

(3) Auf Verlangen eines Drittschuldners ist die Bank berechtigt, den Forderungsübergang durch Vorlage dieses Abtretungsvertrags nachzuweisen.

(4) Die Bank darf alle Maßnahmen und Vereinbarungen mit den Drittschuldnern treffen, die zur Realisierung der Forderungen erforderlich sind, insbesondere Stundungen und Nachlässe gewähren und Vergleiche abschließen.

5. Abtretung/Übergang von Sicherheiten und sonstigen Rechten

(1) Mit den abgetretenen Forderungen gehen alle für diese haftenden Sicherheiten sowie die Rechte aus den zugrunde liegenden Rechtsgeschäften auf die Bank über. Liegen den abgetretenen Forderungen Lieferungen unter Eigentumsvorbehalt zugrunde oder sind dem Sicherungsgeber bewegliche Sachen zur Besicherung dieser Forderungen übereignet, so besteht Übereinstimmung, daß Vorbehaltseigentum und Sicherungseigentum auf die Bank übergehen; die Herausgabeansprüche des Sicherungsgebers gegen den unmittelbaren Besitzer werden zugleich an die Bank abgetreten. Hat der Sicherungsgeber das Sicherungsgut in unmittelbarem Besitz, so wird die Übergabe dadurch ersetzt, daß er das Sicherungsgut für die Bank unentgeltlich in Verwahrung nimmt.

(2) Sind für die Übertragung solcher Sicherheiten besondere Erklärungen und Handlungen erforderlich, wird der Sicherungsgeber diese auf Verlangen der Bank abgeben bzw. vornehmen.

(3) Soweit die abgetretenen Forderungen gegen Ausfall versichert sind, werden hiermit die Ansprüche gegen die Kreditversicherer an die Bank abgetreten.

(4) Für die in den Absätzen (1) bis (3) vereinbarten Sicherungsrechte gilt die Zweckbestimmung gemäß Nr. 2.

6. Abtretung von Rechten gegen Vorbehaltslieferanten; Ablösungsrecht der Bank

(1) Falls an die Bank eine Forderung abgetreten ist, die von einem Lieferanten des Sicherungsgebers aufgrund eines branchenüblichen verlängerten Eigentumsvorbehalts gegenwärtig oder zukünftig berechtigterweise in Anspruch genommen werden kann, soll die Abtretung erst mit Erlöschen des verlängerten Eigentumsvorbehalts wirksam werden. Soweit die Forderung einem Lieferanten nur teilweise zusteht, ist die Abtretung an die Bank zunächst auf den Forderungsteil beschränkt, der dem Sicherungsgeber zusteht; der Restteil wird auf die Bank erst übergehen, wenn er durch den verlängerten Eigentumsvorbehalt nicht mehr erfaßt wird.

(2) Der Sicherungsgeber tritt der Bank mit der Zweckbestimmung nach Nr. 2 seine etwaigen Ansprüche auf Rückabtretung der an den Lieferanten aufgrund des verlängerten Eigentumsvorbehalts abgetretenen Forderungen sowie seine etwaigen Ansprüche auf Abführung der an den Lieferanten geflossenen Erlöse mit allen Nebenrechten ab; entsprechendes gilt für ein etwaiges Anwartschaftsrecht auf Rückerwerb einer auflösend bedingt abgetretenen Forderung.

(3) Die Bank ist berechtigt, den verlängerten Eigentumsvorbehalt durch Befriedigung des Lieferanten abzulösen.

7. Informationspflichten des Sicherungsgebers

Verändern sich die an die Bank abgetretenen Forderungen infolge von Beanstandungen, Preisnachlässen, Aufrechnungen oder aus anderen Gründen nachträglich in ihrem Wert, so ist der Sicherungsgeber verpflichtet, der Bank hiervon, soweit sie ihm bekannt werden, unverzüglich Kenntnis zu geben und nach ihren Weisungen zu verfahren. Das gleiche gilt, wenn sich der Fälligkeitstag verändert oder dem Sicherungsgeber Umstände zur Kenntnis kommen, welche die Zahlungsfähigkeit von Drittschuldnern beeinträchtigen. Werden die Rechte der Bank an den ihr abgetretenen Forderungen durch Pfändung oder sonstige Maßnahmen beeinträchtigt oder gefährdet, hat der Sicherungsgeber der Bank ebenfalls unverzüglich Mitteilung zu machen. Bei einer Pfändung hat der Sicherungsgeber der Bank Abschrift des Pfändungs- und Überweisungsbeschlusses sowie aller sonstigen zu einem Widerspruch gegen die Pfändung erforderlichen Schriftstücke zu übersenden und den Pfändungsgläubiger unverzüglich schriftlich von dem Sicherungsrecht der Bank zu unterrichten.

8. Einsichts- und Prüfungsrechte der Bank

(1) Der Sicherungsgeber ist verpflichtet, der Bank auf Verlangen alle Auskünfte, Nachweise und Urkunden zu geben, die zur Prüfung und zur Geltendmachung der abgetretenen Forderungen erforderlich sind. Beim Einsatz von EDV-Anlagen hat der Sicherungsgeber die erforderlichen Belege auszudrucken; falls der Ausdruck nicht vorgenommen wird, sind der Bank die hierfür erforderlichen Datenträger und EDV-Programme auszuhändigen, damit sie selber die Ausdrucke erstellen kann.

(2) Der Sicherungsgeber gestattet der Bank, zur Prüfung und Geltendmachung der abgetretenen Forderungen jederzeit seine Unterlagen einzusehen oder durch einen Bevollmächtigten einsehen zu lassen.

9. Buchführung und Datenverarbeitung

(1) Soweit Nachweise und Urkunden, die zur Prüfung oder Geltendmachung der abgetretenen Forderungen erforderlich sind, vom Sicherungsgeber einem Dritten (insbesondere Buchführungsbüro, Steuerberater) übergeben sind, tritt hiermit der Sicherungsgeber seine Ansprüche gegen diesen Dritten auf Erteilung von Auskünften sowie auf Herausgabe dieser Hinweise und Urkunden an die Bank ab und weist hiermit diesen Dritten an, der Bank auf Verlangen diejenigen Auskünfte, Nachweise und Urkunden zu geben, die zur Prüfung und Geltendmachung der abgetretenen Forderungen erforderlich sind.

Abbildung 2-101: Beispiel: Einmalige Abtretung einer einzelnen Forderung (Fortsetzung)

452 Leistungen und Dienstleistungen der Kreditinstitute

Seite 3 zur Abtretung einzelner Forderungen

(2) Sofern die abgetretenen Forderungen für die elektronische Datenverarbeitung erfaßt sind, verpflichtet sich der Sicherungsgeber, die EDV-Anlage inklusive Peripherie mit den gespeicherten Daten sämtlicher, die Abtretung berührenden Buchungsvorfälle der Bank auf erstes Anfordern zur Benutzung zu überlassen, das insoweit erforderliche Bedienungspersonal nebst den erforderlichen Programmen (Software) zu stellen und alles zur Ingangsetzung und Inganghaltung der EDV-Anlage etwa sonst noch Notwendige zu tun. Soweit die elektronische Datenverarbeitung durch Dritte erfolgt, tritt der Sicherungsgeber hiermit der Bank seine sämtlichen Ansprüche auf Leistungserbringung gegen diese Dritten ab und weist die Dritten an, die elektronische Datenverarbeitung für die Bank wie ihm gegenüber abzuwickeln, sofern die Bank dies wünscht.

10. Sicherungsansprüche

(1) Nach Befriedigung ihrer durch diese Abtretung gesicherten Ansprüche hat die Bank an den Sicherungsgeber die ihr abgetretenen Forderungen zurückzuübertragen und einen etwaigen Übererlös aus der Verwertung herauszugeben. Die Bank wird jedoch die Sicherheit an einen Dritten übertragen, falls sie hierzu verpflichtet ist; dies ist z. B. dann der Fall, wenn ein Bürge die Bank befriedigt hat.

(2) Die Bank ist schon vor vollständiger Befriedigung ihrer durch diese Abtretung gesicherten Ansprüche verpflichtet, auf Verlangen die ihr abgetretenen Forderungen sowie auch andere, ihr bestellte Sicherheiten (z. B übereignete Sachen, Grundschulden) nach ihrer Wahl an den jeweiligen Sicherungsgeber ganz oder teilweise freizugeben, soweit der realisierbare Wert sämtlicher Sicherheiten 110 % der gesicherten Ansprüche der Bank nicht nur vorübergehend überschreitet.

11. Rechtserhaltende Klausel

Sollte eine Bestimmung dieses Vertrags nicht rechtswirksam sein oder nicht durchgeführt werden, so wird dadurch die Gültigkeit des übrigen Vertragsinhalts nicht berührt; das gilt insbesondere, wenn die Unwirksamkeit sich nur auf einzelne Forderungen oder Forderungsteile erstreckt.

Ergänzende/Abweichende Vereinbarungen:

Ergänzend gelten die Allgemeinen Geschäftsbedingungen der Bank, die in jeder Geschäftsstelle eingesehen werden können und auf Wunsch zugesandt werden.

_____   _____
Ort, Datum   Ort, Datum

Dresdner Bank
Aktiengesellschaft

_____
Unterschrift(en) des Sicherungsgebers, Firmenstempel

Zusatzvereinbarung

Die vorstehende Abtretung tritt an die Stelle der Abtretung vom _____ / _____ .

_____   _____
Ort, Datum   Ort, Datum

Dresdner Bank
Aktiengesellschaft

_____
Unterschrift(en) des Sicherungsgebers, Firmenstempel

Ausfertigung für den Sicherungsgeber

A1646 (7)

Abbildung 2-101: Beispiel: Einmalige Abtretung einer einzelnen Forderung (Fortsetzung)

Klassisches Kreditgeschäft 453

| Mit Blatt (2) verbinden! | | Ber. Nr. | Kunden-Stammnummer |

Abtretung von Ansprüchen auf Arbeitsentgelt und Sozialleistungen

Zwischen _____

und der _____

- nachstehend "Sicherungsgeber" genannt -

_____

- nachstehend "Bank" genannt -

wird folgendes vereinbart:

1. Gegenstand der Abtretung

(1) Der Sicherungsgeber tritt hiermit den der Pfändung unterworfenen Teil seiner gegenwärtigen und künftigen Ansprüche auf **Arbeitsentgelt** jeder Art einschließlich Pensionsansprüche, Provisionsforderungen, Tantiemen, Gewinnbeteiligungen sowie Abfindungen gegen seine jeweiligen Arbeitgeber und auf **Sozialleistungen** insbesondere Arbeitslosengeld, Arbeitslosenhilfe, Übergangsgeld, Leistungen der gesetzlichen Kranken-, Unfall- und Rentenversicherung einschließlich eventueller Beitragserstattungsansprüche, Renten wegen Minderung der Erwerbsfähigkeit an die Bank ab. Stehen dem Sicherungsgeber mehrere derartige Ansprüche zu, werden die Ansprüche zur Feststellung des pfändbaren Betrages zusammengerechnet. Der unpfändbare Grundbetrag wird dann in erster Linie dem Einkommen entnommen, das die wesentliche Grundlage der Lebenshaltung des Sicherungsgebers bildet.

(2) Der Umfang der abgetretenen Ansprüche ist auf einen Höchstbetrag von _____ beschränkt.

Der Arbeitgeber/Die auszahlende Stelle hat aufgrund einer Offenlegung Zahlungen auf die abgetretenen Ansprüche nur bis zu diesem Höchstbetrag zu leisten. Der Höchstbetrag vermindert sich gegenüber dem Arbeitgeber/der auszahlenden Stelle jeweils um die von ihm/ihr aufgrund einer Offenlegung an die Bank erbrachten Zahlungen. Die Abtretung erledigt sich, wenn die Bank aufgrund der Offenlegung den Höchstbetrag erhalten hat.

(3) Arbeitgeber/Auszahlende Stelle ist zur Zeit:

_____

_____

(Name und Anschrift)

2. Sicherungszweck

Die zutreffenden Varianten sind anzukreuzen und einzutragen.

☐ Die Abtretung dient zur Sicherung sämtlicher bestehenden, künftigen und bedingten Ansprüche, die der Dresdner Bank AG aus dem
Kreditvertrag vom _____ / _____
über _____ .
Kreditart: _____
☐ gegen den Sicherungsgeber
☐ gegen _____

_____

Name und Anschrift des mit dem Sicherungsgeber nicht identischen Kreditnehmers

zustehen. Dies gilt auch dann, wenn die Laufzeit gesicherter Kredite einmal oder mehrmals geändert (prolongiert) oder der Zinssatz einmal oder mehrmals geändert wird.

Ergänzend gelten die Allgemeinen Geschäftsbedingungen der Bank, die in jeder Geschäftsstelle eingesehen werden können und auf Wunsch zugesandt werden.

_____
Ort, Datum

_____
Unterschrift des Sicherungsgebers

U.g. _____

☐ Die Abtretung dient zur Sicherung aller bestehenden, künftigen und bedingten Ansprüche, die der Dresdner Bank AG mit ihren sämtlichen in- und ausländischen Geschäftsstellen aus der bankmäßigen Geschäftsverbindung gegen den Sicherungsgeber zustehen. Hat der Sicherungsgeber die Haftung für Verbindlichkeiten eines anderen Kunden der Bank übernommen (z.B. als Bürge), so sichert die Abtretung die aus der Haftungsübernahme folgende Schuld erst ab deren Fälligkeit.

3. Verfügungsberechtigung

(1) Der Sicherungsgeber versichert, daß seine in Nr.1 genannten Ansprüche weder gepfändet noch an Dritte abgetreten oder verpfändet sind. Nur in Zweifelsfällen ist die Bank berechtigt, sich beim Arbeitgeber/der auszahlenden Stelle zu vergewissern, ob der Wirksamkeit der Zession rechtliche Hindernisse (z.B. ein Abtretungsausschluß) entgegenstehen. Dies setzt voraus, daß der Sicherungsgeber einer Aufforderung der Bank zur Beibringung einer entsprechenden Bestätigung des Arbeitgebers/der auszahlenden Stelle nicht nachgekommen ist.

(2) Der Sicherungsgeber verpflichtet sich, die Bank von einem Arbeitsplatzwechsel, einer Änderung seines Wohnsitzes oder einer Pfändung der abgetretenen Ansprüche unverzüglich zu unterrichten und auf Wunsch der Bank eine Verdienstbescheinigung des Arbeitgebers vorzulegen.

4. Inanspruchnahme der Zession

(1) Die Bank ist berechtigt, die Abtretung offenzulegen und die abgetretenen Ansprüche beim Arbeitgeber oder der auszahlenden Stelle einzuziehen, wenn sich der Kreditnehmer mit einem Betrag, der mindestens zwei vollen Raten entspricht, in Verzug befindet und mindestens zweimal schriftlich zur Zahlung aufgefordert worden ist, wobei die erste Zahlungsaufforderung schon kurz nach Verzug mit nur einer Rate erfolgen kann. Bei einem Kreditverhältnis ohne Ratenvereinbarung kann die Einziehung nach zwei vorangegangenen fruchtlosen schriftlichen Zahlungsaufforderungen erfolgen. Die Bank wird von der Einziehungsbefugnis nur in dem Umfang Gebrauch machen, wie es zur Erfüllung rückständiger Forderungen erforderlich ist.

(2) Die Offenlegung wird die Bank dem Sicherungsgeber mit einer Frist von einem Monat androhen. Ist der Sicherungsgeber zugleich der Kreditnehmer, kann die Bank die Androhung mit einer Zahlungsaufforderung verbinden.

5. Freigabe der Abtretung

(1) Die Bank wird ihre Rechte aus der Abtretung zurückübertragen, wenn sie wegen ihrer nach dieser Vereinbarung gesicherten Ansprüche befriedigt ist.

(2) Sobald und soweit der Gesamtbetrag der gesicherten Forderungen sich nicht nur vorübergehend um jeweils 20% ermäßigt, ist die Bank auf Verlangen des Sicherungsgebers zu einer Teilfreigabe der Abtretung durch entsprechende Herabsetzung des Höchstbetrages in Nr.1 verpflichtet. Sind neben dieser Abtretung weitere Sicherheiten für die gesicherten Forderungen bestellt, ist die Bank auf Verlangen außerdem verpflichtet, nach ihrer Wahl eine weitergehende Teilfreigabe vorzunehmen oder andere ihr bestellte Sicherheiten freizugeben, sofern für solche weitere Sicherheiten keine anderweitigen Vereinbarungen über eine Deckungsgrenze und eine Sicherheitenfreigabe getroffen sind.

_____
Ort, Datum

Ausfertigung für die Bank

A 1639 (1-6) Fassung Januar 1997 (JF)

Abbildung 2-102: Beispiel für einmalige Abtretung einer Lohn- und Gehaltsforderung

5.2.4.3 Mantelzession und Globalzession als Formen der Rahmenabtretung

In einem Mantelzessionsvertrag verpflichtet sich der Kreditnehmer, laufend Forderungen in Höhe eines bestimmten Gesamtbetrages an die Bank abzutreten.

Durch den Mantelvertrag selbst erfolgt jedoch noch keine Übertragung der Forderungsrechte an die Bank. **Die eigentliche Abtretung der Forderungen vollzieht sich** dabei **erst im Augenblick der Einreichung der betreffenden Rechnungskopien oder Debitorenlisten**. Da auf diese Forderungen laufend Eingänge zu verzeichnen sein werden, verpflichtet sich der Kreditnehmer – sobald ein festgelegter Mindestbetrag unterschritten oder ein bestimmter Zeitraum verstrichen ist –, neu entstandene Forderungen durch Übersendung entsprechender Rechnungskopien oder Aufstellungen an die Bank abzutreten. In der Praxis verliert die Mantelzession mehr und mehr an Bedeutung zugunsten der Globalzession.

In einem Globalzessionsvertrag wird zwischen dem Kreditnehmer und der Bank vereinbart, dass sämtliche gegenüber bestimmten Kunden (zum Beispiel allen Kunden mit den Anfangsbuchstaben A–K) oder aus bestimmten Geschäften innerhalb eines festgelegten Zeitraumes bestehenden oder in Zukunft entstehenden Forderungen „automatisch" an die Bank abgetreten sind.

Der Vorteil der Globalzession gegenüber der Mantelzession besteht darin, **dass bei der Globalzession die Bank im Zeitpunkt der Entstehung der Forderung Gläubiger dieser Forderung wird**, ohne dass es dazu einer Rechtshandlung des Zedenten bedarf, während bei einer Mantelzession die Abtretung erst mit Einreichung der Rechnungskopien oder Debitorenlisten wirksam wird.

Dennoch ist auch bei Globalzessionsverträgen das Einreichen von Aufstellungen über die abgetretenen Forderungen beziehungsweise von Rechnungskopien üblich. Diese Listen dienen jedoch hier nur der Sicherheitenüberwachung, insbesondere der Überprüfung des jeweiligen Bestandes an abgetretenen Forderungen.

Wegen der **Risiken**, die mit allen Forderungsabtretungen verbunden sind, verlangen Banken im Allgemeinen eine **Überdeckung des Kredits**, das heißt, der Kreditnehmer muss Forderungen in einem Gesamtbetrag abtreten, der um einen bestimmten Prozentsatz über dem Kreditbetrag liegt. Bei der Festsetzung der Höhe der Überdeckung muss neben der so genannten **Bonitätsmarge** (maximal 30 Prozent bei Mantelzessionsverträgen) noch eine **Schwundmarge** für die Verringerung des Forderungsbestandes durch Zahlungseingänge berücksichtigt werden; das Gleiche gilt bei Globalzessionsverträgen für die aus möglichen Umsatzschwankungen resultierende unterschiedliche Höhe des Gesamtbetrages der abgetretenen Forderungen. Zahlt der Drittschuldner per Scheck oder Wechsel, ist der Sicherungsgeber verpflichtet, der Bank diese Zahlungsmittel zum Inkasso einzureichen.

Globalabtretung

Mit Blatt (7), (8) und (9) verbinden!

Ber. Nr.   Kunden-Stammnummer

Zwischen _____

_____
- nachstehend "Sicherungsgeber" genannt -

und der **Dresdner Bank**
Aktiengesellschaft

_____
- nachstehend "Bank" genannt -

wird folgendes vereinbart:

1. Gegenstand der Abtretung

(1) Der Sicherungsgeber tritt hiermit der Bank seine sämtlichen bestehenden und künftigen Forderungen ab

- aus Warenlieferungen und Leistungen
- sowie aus

  [Bezeichnung des Rechtsverhältnisses:]

  gegen

  ☐ [Name/Firma des Drittschuldners:]

  ☐ alle Schuldner des Sicherungsgebers mit den Anfangsbuchstaben

  von: ___
  bis einschließlich: ___

(2) Für die Feststellung der Anfangsbuchstaben ist maßgebend

- bei Nichtkaufleuten, Einzelfirmen, Personengesellschaften und sonstigen Drittschuldnern, deren Name (Firmenbezeichnung) aus Personennamen besteht oder mit solchen beginnt, der erste Familienname (nicht Vorname, Adelsbezeichnung, Zusatz wie Gebrüder usw.)
- bei allen anderen Drittschuldnern das erste Wort der Firmenbezeichnung oder der sonstigen Bezeichnung.

2. Zeitpunkt des Übergangs der Forderungen

Die gegenwärtigen Forderungen gehen mit Abschluß dieses Vertrags, alle künftig entstehenden Forderungen jeweils mit ihrer Entstehung auf die Bank über.

3. Sicherungszweck

Die zutreffende(n) Variante(n) ist/sind anzukreuzen und auszufüllen.

☐ Sicherung eigener Verbindlichkeiten des Sicherungsgebers

Die Abtretung erfolgt zur Sicherung aller bestehenden, künftigen und bedingten Ansprüche, die der Dresdner Bank AG mit ihren sämtlichen in- und ausländischen Geschäftsstellen aus der bankmäßigen Geschäftsverbindung gegen den Sicherungsgeber zustehen. Hat der Sicherungsgeber die Haftung für Verbindlichkeiten eines anderen Kunden der Dresdner Bank AG übernommen (z. B. als Bürge), so sichert die Abtretung die aus der Haftungsübernahme folgende Schuld erst ab deren Fälligkeit.

☐ Sicherung von Verbindlichkeiten eines Dritten

Die Abtretung erfolgt zur Sicherung aller bestehenden, künftigen und bedingten Ansprüche, die der Bank gegen

[Kreditnehmer (Name und Anschrift des Dritten)]

aus

[Bezeichnung der Forderung:]

zustehen und zwar auch dann, wenn die Laufzeit gesicherter Kredite verlängert (prolongiert) wird.

4. Bestandslisten

(1) Der Sicherungsgeber hat der Bank bis zum 10. eines jeden Monats, abgestellt auf das Ende des Vormonats - bei abweichender Vereinbarung auch in anderen Zeitabständen und zu anderen Terminen -, unter Bezugnahme auf diesen Vertrag eine Bestandsliste über die an die Bank abgetretenen, noch ausstehenden Forderungen einzurei-

Ausfertigung für den Sicherungsgeber

A1657 (6)

Abbildung 2-103: Beispiel für eine Globalabtretung

Seite 2 zur Globalabtretung

chen. Zur Wahrung ihrer berechtigten Belange kann die Bank auch in kürzeren als den vereinbarten Zeitabständen die Übersendung von Bestandslisten verlangen. Aus der Bestandsliste sollen, soweit nichts anderes vereinbart ist, Namen und Anschriften der Drittschuldner, Betrag sowie Rechnungs- und Fälligkeitstag ersichtlich sein. Der Sicherungsgeber hat auf Verlangen anzugeben, welche der in die Bestandslisten aufgenommenen Forderungen aufgrund verlängerten Eigentumsvorbehalts von Lieferanten an diese abgetreten sind, bei welchen Forderungen die Abtretung ausgeschlossen ist oder der ausdrücklichen Zustimmung des Drittschuldners bedarf, und ob Drittschuldnern zur Aufrechnung geeignete Gegenforderungen gegen den Sicherungsgeber zustehen und gegebenenfalls welche. Außerdem hat der Sicherungsgeber auf Verlangen und unter Angabe des Grundes die Forderungen zu kennzeichnen, deren sofortiger Geltendmachung Hindernisse rechtlicher oder tatsächlicher Art entgegenstehen. Ferner hat der Sicherungsgeber der Bank - abgestellt auf den Stichtag der jeweiligen Bestandsliste - die Höhe der Lieferanten- und Wechselverbindlichkeiten zu melden.

(2) Die nach Nr. 1 dieses Vertrags abgetretenen Forderungen stehen der Bank auch dann zu, wenn sie aus irgendeinem Grunde nicht in voller Höhe in den der Bank eingereichten Listen verzeichnet sein sollten.

(3) Sofern der Sicherungsgeber die Buchführung und/oder Datenverarbeitung von einem Dritten vornehmen läßt, wird die Bank hiermit ermächtigt, im eigenen Namen auf Kosten des Sicherungsgebers die Bestandslisten unmittelbar bei dem Dritten einzuholen.

5. Abtretung von Ansprüchen aus einem Kontokorrentverhältnis

Besteht zwischen dem Sicherungsgeber und den Drittschuldnern ein echtes oder unechtes Kontokorrentverhältnis oder wird später ein solches begründet, so tritt der Sicherungsgeber hiermit der Bank mit der Zweckbestimmung nach Nr. 3 zusätzlich die Ansprüche auf Kündigung des Kontokorrentverhältnisses, auf Feststellung des gegenwärtigen Saldos sowie die Forderungen aus gezogenen oder in Zukunft zu ziehenden Salden ab.

6. Abtretung/Übergang von Sicherheiten und sonstigen Rechten

(1) Mit den abgetretenen Forderungen gehen alle für diese haftenden Sicherheiten sowie die Rechte aus den zugrunde liegenden Rechtsgeschäften auf die Bank über. Liegen den abgetretenen Forderungen Lieferungen unter Eigentumsvorbehalt zugrunde oder sind dem Sicherungsgeber bewegliche Sachen zur Besicherung dieser Forderungen übereignet, so besteht Übereinstimmung, daß Vorbehaltseigentum und Sicherungseigentum auf die Bank übergehen; die Herausgabeansprüche des Sicherungsgebers gegen den unmittelbaren Besitzer sind zugleich an die Bank abgetreten. Hat der Sicherungsgeber das Sicherungsgut in unmittelbarem Besitz, so wird die Übergabe dadurch ersetzt, daß er das Sicherungsgut für die Bank unentgeltlich in Verwahrung nimmt.

(2) Sind für die Übertragung solcher Sicherheiten besondere Erklärungen und Handlungen erforderlich, wird der Sicherungsgeber diese auf Verlangen der Bank abgeben bzw. vornehmen.

(3) Soweit die abgetretenen Forderungen gegen Ausfall versichert sind, werden hiermit die Ansprüche gegen die Kreditversicherer an die Bank abgetreten.

(4) Für die in den Absätzen (1) bis (3) vereinbarten Sicherungsrechte gilt die Zweckbestimmung gemäß Nr. 3.

7. Blankobenachrichtigungsschreiben

Der Sicherungsgeber hat der Bank auf ihre Anforderung Blanko-Benachrichtigungsschreiben zur Unterrichtung der Drittschuldner über die Abtretung auszuhändigen. Die Bank ist berechtigt, vom Sicherungsgeber unterschriebene Blanko-Benachrichtigungsschreiben zu vervielfältigen.

8. Verkauf von Forderungen

Der Verkauf der an die Bank abgetretenen Forderungen im Rahmen eines echten Factoringgeschäfts bedarf der vorherigen schriftlichen Zustimmung der Bank.

9. Einziehung der Forderungen durch den Sicherungsgeber, Abtretung der Ansprüche aus Schecks und Wechseln

(1) Dem Sicherungsgeber ist es gestattet, die an die Bank abgetretenen Forderungen im Rahmen eines ordnungsgemäßen Geschäftsbetriebs einzuziehen. Die Bank kann zur Wahrung ihrer berechtigten Belange die Einziehungsbefugnis beschränken oder für die Einziehung Auflagen erteilen.

(2) Bei Zahlungen auf die der Bank abgetretenen Forderungen durch Schecks geht das Eigentum an diesen Papieren auf die Bank über, sobald der Sicherungsgeber es erwirbt. Erfolgt auf die der Bank abgetretenen Forderungen Zahlung durch Wechsel, so tritt der Sicherungsgeber die ihm daraus zustehenden Rechte schon jetzt im voraus sicherungshalber mit der Zweckbestimmung nach Nr. 3 an die Bank ab. Die Übergabe der Schecks und Wechsel wird dadurch ersetzt, daß der Sicherungsgeber sie zunächst für die Bank in Verwahrung nimmt oder, falls er nicht deren unmittelbaren Besitz erlangt, den ihm zustehenden Herausgabeanspruch gegen Dritte bereits jetzt mit der Zweckbestimmung nach Nr. 3 im voraus sicherungshalber an die Bank abtritt; er wird die Papiere mit seinem Indossament versehen und unverzüglich an die Bank abliefern.

10. Verwertungsbefugnis

(1) Die Bank ist berechtigt, die Einziehungsbefugnis zu widerrufen und die Forderungsabtretung auch im Namen des Sicherungsgebers den jeweiligen Drittschuldnern offenzulegen und die Forderungen einzuziehen, wenn der Kreditnehmer mit fälligen Zahlungen auf die durch diesen Vertrag gesicherten Forderungen in Verzug ist, seine Zahlungen eingestellt hat oder der Eröffnung eines gerichtlichen Insolvenzverfahrens über sein Vermögen beantragt worden ist. Diese Maßnahmen wird die Bank nur in dem Umfang ergreifen, wie es zur Erfüllung der rückständigen Forderungen erforderlich ist.

(2) Die Offenlegung der Forderungsabtretung und die Einziehung der Forderungen wird die Bank dem Sicherungsgeber mit einer Frist von 2 Wochen schriftlich androhen. Einer Androhung und Fristsetzung bedarf es jedoch nicht, wenn der Sicherungsgeber seine Zahlungen eingestellt hat oder der Eröffnung eines gerichtlichen Insolvenzverfahrens über sein Vermögen beantragt worden ist.

(3) Erlischt die Einziehungsbefugnis des Sicherungsgebers, so kann die Bank die Aushändigung aller Unterlagen über die abgetretenen Forderungen verlangen.

Ausfertigung für den Sicherungsgeber

A1657 (7)

Abbildung 2-103: Beispiel für eine Globalabtretung (Fortsetzung)

Seite 3 zur Globalabtretung

(4) Soweit die Bank Forderungen selbst einzieht, darf sie alle Maßnahmen und Vereinbarungen mit Drittschuldnern treffen, die sie für zweckmäßig hält, insbesondere Stundungen und Nachlässe gewähren und Vergleiche abschließen.

(5) Der Sicherungsgeber wird auf Verlangen der Bank für diese die Forderungen einziehen.

11. Abtretung von Rechten gegen Vorbehaltslieferanten; Ablösungsrecht der Bank

(1) Falls an die Bank eine Forderung abgetreten ist, die von einem Lieferanten des Sicherungsgebers aufgrund eines branchenüblichen verlängerten Eigentumsvorbehalts gegenwärtig oder zukünftig berechtigterweise in Anspruch genommen werden kann, soll die Abtretung erst mit Erlöschen des verlängerten Eigentumsvorbehalts wirksam werden. Soweit die Forderung einem Lieferanten nur teilweise zusteht, ist die Abtretung an die Bank zunächst auf den Forderungsteil beschränkt, der dem Sicherungsgeber zusteht; der Restteil wird auf die Bank erst übergehen, wenn er durch den verlängerten Eigentumsvorbehalt nicht mehr erfaßt wird.

(2) Der Sicherungsgeber tritt der Bank mit der Zweckbestimmung nach Nr. 3 seine etwaigen Ansprüche auf Rückabtretung der an den Lieferanten aufgrund des verlängerten Eigentumsvorbehalts abgetretenen Forderungen sowie seine etwaigen Ansprüche auf Abführung der an den Lieferanten geflossenen Erlöse mit allen Nebenrechten ab; entsprechendes gilt für ein etwaiges Anwartschaftsrecht auf Rückerwerb einer auflösend bedingt abgetretenen Forderung.

(3) Die Bank ist berechtigt, den verlängerten Eigentumsvorbehalt durch Befriedigung des Lieferanten abzulösen.

12. Informationspflichten des Sicherungsgebers

Verändern sich die an die Bank abgetretenen Forderungen infolge von Beanstandungen, Preisnachlässen, Aufrechnungen oder aus anderen Gründen nachträglich in ihrem Wert, so ist der Sicherungsgeber verpflichtet, der Bank hiervon, soweit und sobald sie ihm bekannt werden, unverzüglich Kenntnis zu geben und nach ihren Weisungen zu verfahren. Das gleiche gilt, wenn sich der Fälligkeitstag verändert oder dem Sicherungsgeber Umstände zur Kenntnis kommen, welche die Zahlungsfähigkeit von Drittschuldnern beeinträchtigen. Werden die Rechte der Bank an den ihr abgetretenen Forderungen durch Pfändung oder sonstige Maßnahmen beeinträchtigt oder gefährdet, hat der Sicherungsgeber der Bank ebenfalls unverzüglich Mitteilung zu machen. Bei einer Pfändung hat der Sicherungsgeber der Bank Abschrift des Pfändungs- und Überweisungsbeschlusses sowie aller sonstigen zu einem Widerspruch gegen die Pfändung erforderlichen Schriftstücke zu übersenden und den Pfändungsgläubiger unverzüglich schriftlich von dem Sicherungsrecht der Bank zu unterrichten.

13. Einsichts- und Prüfungsrechte der Bank

(1) Der Sicherungsgeber ist verpflichtet, der Bank auf Verlangen alle Auskünfte, Nachweise und Urkunden zu geben, die zur Prüfung und zur Geltendmachung der abgetretenen Forderungen erforderlich sind. Beim Einsatz von EDV-Anlagen hat der Sicherungsgeber die erforderlichen Belege auszudrucken; falls der Ausdruck nicht vorgenommen wird, sind der Bank die hierfür erforderlichen Datenträger und EDV-Programme auszuhändigen, damit sie selbst die Ausdrucke erstellen kann. Für die Erstellung von Bestandslisten gilt Nr. 4 Absatz (3).

(2) Der Sicherungsgeber gestattet der Bank, zur Prüfung und Geltendmachung der abgetretenen Forderungen jederzeit seine Unterlagen einzusehen oder durch einen Bevollmächtigten einsehen zu lassen.

14. Buchführung und Datenverarbeitung

(1) Soweit Nachweise und Urkunden, die zur Prüfung oder Geltendmachung der abgetretenen Forderungen erforderlich sind, vom Sicherungsgeber einem Dritten (insbesondere Buchführungsbüro, Steuerberater) übergeben sind, tritt hiermit der Sicherungsgeber seine Ansprüche gegen diesen Dritten auf Erteilung von Auskünften sowie auf Herausgabe dieser Nachweise und Urkunden an die Bank ab und weist hiermit diesen Dritten an, der Bank auf Verlangen diejenigen Auskünfte, Nachweise und Urkunden zu geben, die zur Prüfung und Geltendmachung der abgetretenen Forderungen erforderlich sind.

(2) Sofern die abgetretenen Forderungen für die elektronische Datenverarbeitung erfaßt sind, verpflichtet sich der Sicherungsgeber, die EDV-Anlage inklusive Peripherie mit den gespeicherten Daten sämtlicher, die Abtretung berührende Buchungsvorfälle der Bank auf erstes Anfordern zur Benutzung zu überlassen, das insoweit erforderliche Bedienungspersonal mit der erforderlichen Programmen (Software) zu stellen und alles zur Ingangsetzung und Inganghaltung der EDV-Anlage etwa sonst noch Notwendige zu tun. Soweit die elektronische Datenverarbeitung durch Dritte erfolgt, tritt der Sicherungsgeber hiermit der Bank seine sämtlichen Ansprüche auf Leistungserbringung gegen diese Dritten ab und weist die Dritten an, die elektronische Datenverarbeitung für die Bank wie ihm gegenüber abzuwickeln, sofern die Bank dies wünscht.

15. Sicherheitenfreigabe

(1) Nach Befriedigung ihrer durch diese Abtretung gesicherten Ansprüche hat die Bank an den Sicherungsgeber die ihr abgetretenen Forderungen zurückzuübertragen und einen etwaigen Übererlös aus der Verwertung herauszugeben. Die Bank wird jedoch die Sicherheit an einen Dritten übertragen, falls sie hierzu verpflichtet ist; dies ist z. B. dann der Fall, wenn ein Bürge die Bank befriedigt hat.

(2) Die Bank ist schon vor vollständiger Befriedigung ihrer durch diese Abtretung gesicherten Ansprüche verpflichtet, auf Verlangen die ihr abgetretenen Forderungen sowie auch andere, ihr bestellte Sicherheiten (z. B. übereignete Sachen, Grundschulden) nach ihrer Wahl an den jeweiligen Sicherungsgeber ganz oder teilweise freizugeben, soweit der realisierbare Wert sämtlicher Sicherheiten 110 % der gesicherten Ansprüche der Bank nicht nur vorübergehend überschreitet.

16. Bewertung der Forderungen

(1) Zur Ermittlung des realisierbaren Werts der abgetretenen Forderungen wird vom Nennwert der in den Bestandslisten als abgetretenen gemeldeten Forderungen ausgegangen. Hiervon werden zunächst solche Forderungen abgesetzt,

- die von der Bank wegen eines Abtretungsverbots oder eines Zustimmungsvorbehalts des Drittschuldners zur Abtretung nicht erworben worden sind;

Abbildung 2-103: Beispiel für eine Globalabtretung (Fortsetzung)

Seite 4 zur Globalabtretung

- die gemäß Nr. 11 wegen eines branchenüblichen verlängerten Eigentumsvorbehalts nicht an die Bank abgetreten worden sind;
- wenn und soweit ihnen aufrechenbare Forderungen gegenüberstehen;
- bei denen die Rechtswirksamkeit der Abtretung im Hinblick auf den Sitz des Drittschuldners im Ausland und die Geltung ausländischen Rechts nicht gegeben ist;
- soweit sie einredebehaftet sind, weil die zugrunde liegenden Lieferungen und Leistungen nicht oder nicht vollständig erbracht worden sind. Ist eine dieser Lieferungen oder Leistungen rechtlich nicht teilbar oder weist der Drittschuldner die teilweise Lieferung oder Leistung zurück, ist die ganze Forderung abzusetzen.

(2) In Zweifelsfällen (z. B. bei Auslandsforderungen) ist die Bank berechtigt, die jeweiligen Forderungen an den Sicherungsgeber zurückzuübertragen.

(3) Von dem vorstehend ermittelten Nennbetrag wird ein Sicherheitsabschlag von **25 %** wegen etwa möglicher Forderungsausfälle vorgenommen.

(4) Der Sicherungsgeber und die Bank können die Vereinbarung eines abweichenden Sicherheitsabschlags nach Absatz (3) verlangen, wenn sich infolge von zwischenzeitlichen Veränderungen der vereinbarte Sicherheitsabschlag als erbheblich überhöht oder zu niedrig erweist.

17. Rechtserhaltende Klausel

Sollte eine Bestimmung dieses Vertrags nicht rechtswirksam sein oder nicht durchgeführt werden, so wird dadurch die Gültigkeit des übrigen Vertragsinhalts nicht berührt; das gilt insbesondere, wenn die Unwirksamkeit sich nur auf einzelne Forderungen oder Forderungsteile erstreckt.

Ergänzende/Abweichende Vereinbarungen:

Ergänzend gelten die Allgemeinen Geschäftsbedingungen der Bank, die in jeder Geschäftsstelle eingesehen werden können und auf Wunsch zugesandt werden.

Ort, Datum

Ort, Datum

Dresdner Bank
Aktiengesellschaft

Unterschrift(en) des Sicherungsgebers, Firmenstempel

Zusatzvereinbarung

Die vorstehende Globalabtretung tritt an die Stelle der Globalabtretung vom _____ / _____ .

Ort, Datum

Ort, Datum

Dresdner Bank
Aktiengesellschaft

Unterschrift(en) des Sicherungsgebers, Firmenstempel

Abbildung 2-103: Beispiel für eine Globalabtretung (Fortsetzung)

Umgekehrt müssen die Banken eine extreme Überbesicherung ihrer Kreditforderungen vermeiden, weil bei einem krassen Missverhältnis zwischen der zu sichernden Forderung der Bank und dem Wert der abgetretenen Forderungen der Zessionsvertrag wegen **Gläubigergefährdung** nichtig sein kann.

5.2.5 Hypothek und Grundschuld

Grund und Boden waren historisch und sind auch heute noch für viele Menschen der wichtigste private Besitz. Deshalb hat der Gesetzgeber für alle Geschäfte rund um das Grundeigentum besonders strenge und sehr formale Vorschriften erlassen – auch für Hypotheken und Grundschulden. Es wird daher in diesem Abschnitt sehr „förmlich" und wohl streckenweise auch „trocken" zugehen müssen. Dennoch führt im Kreditgeschäft kein Weg daran vorbei.

Sicherheiten mit ganz besonderer Qualität und Bedeutung sind die Pfandrechte an Grundstücken, Wohnungs- und Teileigentum sowie Erbbaurechten, die im BGB von den Pfandrechten an beweglichen Sachen und Rechten getrennt behandelt werden. Die Grundpfandrechte (Hypotheken, Grundschulden, Rentenschulden) besitzen vor allem im langfristigen Kreditgeschäft große Bedeutung; bestimmte Formen können aber auch zur Deckung kurzfristiger Kredite herangezogen werden. Mit dieser Kreditsicherheit sind jedoch auch erhebliche Formalitäten und Kosten (Bestellung des Grundpfandrechts, Eintragung und spätere Löschung im Grundbuch) verbunden.

Geeignete Pfandobjekte sind

- bebaute und unbebaute Grundstücke,
- grundstücksgleiche Rechte (Wohnungseigentum, Erbbaurechte).

Sie tragen dem Sicherungsbedürfnis der Bank in hohem Maße Rechnung. Grundeigentum gilt als besonders wertbeständig, und insofern kann die Bank mit der Zugriffsmöglichkeit auf die Immobilien des Schuldners selbst bei dessen Zahlungsunfähigkeit ihre Ansprüche relativ sicher geltend machen.

5.2.5.1 Grundbuch

> **DEFINITION**
>
> Das **Grundbuch** ist das von einem Amtsgericht (Grundbuchamt) geführte amtliche Verzeichnis aller Grundstücke eines Amtsgerichtsbezirks (§ 16 GBO).

Aus dem Grundbuch ersichtlich sind die Größe des Grundstücks, seine Wirtschaftsart und Lage, die Eigentumsverhältnisse, die auf dem Grundstück liegenden Lasten und Beschränkungen, die Grundpfandrechte sowie die mit dem Grundstück verbundenen Rechte. Nicht ersichtlich sind die öffentlichen Lasten (§ 54 GBO, zum Beispiel Grundsteuer), die dinglich auf dem Grundstück ruhen. Es ist daher notwendig, zunächst die wesentlichen Bestimmungen des Grundstücksrechts und die Einrichtungen des Grundbuchs darzustellen, bevor die Grundpfandrechte als Sicherheiten im Kreditgeschäft der Banken untersucht werden.

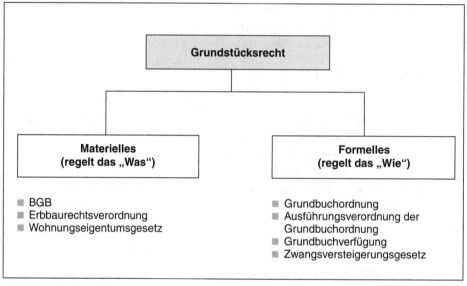

Abbildung 2-104: Materielles und formelles Grundstücksrecht

Bei der Beschreibung des Wesens eines Grundstücks ist zwischen einem Grundstück im katastertechnischen Sinn und einem Grundstück im Rechtssinne zu unterscheiden:

- Grundstück im katastertechnischen Sinn ist ein Teil der Erdoberfläche, der vermessen und in der Flurkarte unter einer laufenden Nummer, der Flurstücksnummer, verzeichnet ist. Das Kataster wird beim Katasteramt geführt. Es setzt sich zusammen aus dem Kartenwerk und den Katasterbüchern. Das Katasteramt informiert das Grundbuchamt bei Änderungen der Grundstücke sowie deren Nutzungsart.

- Grundstück im Rechtssinn ist ein Teil der Erdoberfläche, der katastermäßig vermessen und bezeichnet ist (damit räumlich abgegrenzt) und im Grundbuch an besonderer Stelle (unter laufender Nummer des Bestandsverzeichnisses) eingetragen ist. Die Funktion des Grundbuches (§ 873 BGB) ist es, privatrechtliche Verhältnisse an Grundstücken entstehen zu lassen und festzuhalten. Ein Grundstück im rechtlichen Sinn kann mehrere Grundstücke im katastertechnischen Sinn beinhalten.

Für jedes Grundstück wird ein **Grundbuchblatt** geführt. Es besteht für alle Grundstücke – mit Ausnahme öffentlicher Grundstücke – Buchungszwang. Mehrere Grundbuchblätter bilden einen **Grundbuchband**.

Liegen mehrere Grundstücke eines Eigentümers im gleichen Grundbuchbezirk, so werden diese auf **einem** Grundbuchblatt gebucht (§§ 2 ff. GBO).

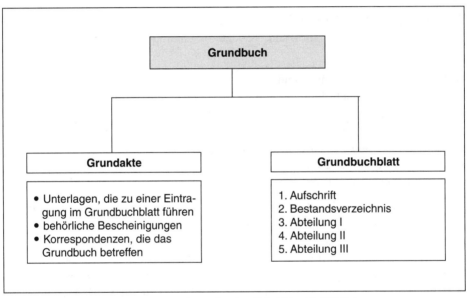

Abbildung 2-105: Einteilung des Grundbuchs (§§ 4 bis 11 GBVfg)

Das einzelne Grundbuchblatt enthält folgende Seiten:

1. **die Aufschrift** mit der Angabe des Grundbuchbezirks sowie der Nummer des Bandes und des Blattes;
2. **das Bestandsverzeichnis** mit der Bezeichnung der Lage, Art und Größe des Grundstücks sowie der mit dem Eigentum verbundenen Rechte (Wegerechte und andere Grunddienstbarkeiten);
3. **die I. Abteilung** mit den Namen des/der Eigentümer(s) sowie der Grundlage der Eintragung (zum Beispiel Auflassung, Erbschein, Testament, Zuschlag in der Zwangsversteigerung);

4. **die II. Abteilung** mit den Lasten und Beschränkungen, soweit sie nicht in der III. Abteilung eingetragen werden, sowie die Vormerkungen, Widersprüche, Veränderungen und Löschungen, die sich auf diese Lasten und Beschränkungen beziehen (und alle das Eigentum belastenden Beschränkungen);

als **Lasten** sind zum Beispiel Nießbrauch, Vorkaufsrechte, Reallasten (Erbbaurechte), Dienstbarkeiten (Grunddienstbarkeiten, beschränkt persönliche Dienstbarkeiten), Auflassungsvormerkungen anzusehen;

als **Beschränkungen** gelten zum Beispiel Nacherbenvermerk, Konkurs, Veräußerungsverbot, Testamentsvollstreckung, Zwangsversteigerungsvermerk, Umlegungsvermerke;

5. **die III. Abteilung** mit den Hypotheken, Grund- und Rentenschulden sowie den Vormerkungen, Widersprüchen, Veränderungen und Löschungen, die sich hierauf beziehen.

Neben dem Grundbuch für Grundstücke gibt es auch Grundbücher über Wohnungs- und Teileigentum nach dem Wohnungseigentumsgesetz. **Wohnungseigentum** ist das Sondereigentum an einer Wohnung in Verbindung mit dem Miteigentumsanteil an dem gemeinschaftlichen Eigentum, zu dem es gehört (§ 1 Abs. 2 WEG). **Teileigentum** ist das Sondereigentum an nicht zu Wohnzwecken dienenden Räumen eines Gebäudes in Verbindung mit dem Miteigentumsanteil an dem gemeinschaftlichen Eigentum, zu dem es gehört (zum Beispiel Garagen, Hobbyräume) (§ 1 Abs. 3 WEG).

Gemeinschaftliches Eigentum bei Wohnungs- und Teileigentum sind das Grundstück, auf dem das Gebäude steht, sowie die Teile des Gebäudes, die für dessen Bestand erforderlich sind oder dem gemeinschaftlichen Gebrauch dienen (zum Beispiel Außenmauern, Dach, Treppen, Aufzüge, Fahrstühle, Heizung). Die Aufteilung in Sondereigentum und Gemeinschaftseigentum regelt das WEG sowie die für jede Eigentümergemeinschaft notariell beurkundete Teilungserklärung (§ 1 Abs. 5 und § 5 Abs. 2 WEG).

Das Grundbuchblatt trägt entsprechend die Aufschrift „Wohnungs- oder Teileigentumsgrundbuch". Im Bestandsverzeichnis ist zusätzlich der Miteigentumsanteil nebst den Angaben über die Wohnung oder das Teileigentum angegeben.

Erbbaugrundbuch

Eine weitere Form des Eigentumerwerbs ist das **Erbbaurecht**. Ein Erbbaurecht ist das veräußerliche und vererbliche Recht, auf einem Grundstück ein Bauwerk zu haben. Es ist in der Regel auf 99 Jahre befristet. Bei diesem Recht fallen also Grundstückseigentümer und Eigentümer eines Bauwerks (Erbbauberechtigter) auseinander. Der Erbbaurechtsnehmer zahlt dem Erbbaurechtsgeber für die Überlassung des Grundstücks Erbbauzinsen. Für dieses Erbbaurecht wird ebenfalls ein gesondertes **Erbbaugrundbuchblatt** angelegt: Im Bestandsverzeichnis wird das mit dem Erbbaurecht belastete Grundstück eingetragen. In der I. Abteilung wird der Erbbauberechtigte eingetragen, in Abteilung II der zu zahlende Erbbauzins. Der Grundstückseigentümer behält sich vor, die Belastung und Veräußerung des Erbbaurechts von seiner Zustimmung abhängig zu machen. Im Wohnungs- oder Teileigentumsblatt und Erbbaugrundbuchblatt sind die Eintragungen in der II. und III. Abteilung identisch mit den Eintragungen im Grundbuch über Grundstücke.

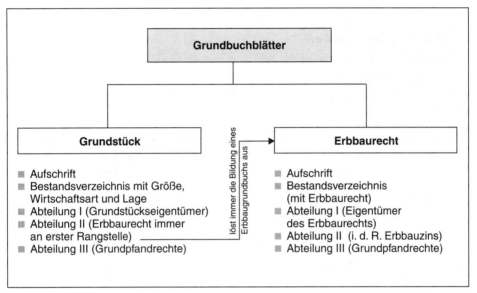

Abbildung 2-106: Inhalt eines Erbbaugrundbuchblattes

Eintragungen im Grundbuch

Eintragungen im Grundbuch erfolgen grundsätzlich auf Antrag (§§ 136 ff. GBO). Antragsberechtigt ist jeder, dessen Recht von der Eintragung betroffen wird oder zu dessen Gunsten die Eintragung erfolgen soll. Neben dem Eintragungsantrag ist noch die Eintragungsbewilligung in öffentlich beglaubigter oder beurkundeter Form von denjenigen erforderlich, deren Recht von der Eintragung betroffen wird.

Liegen diese Voraussetzungen vor, erfolgt die Eintragung im Grundbuch unter Angabe des Eintragungsdatums und der Unterschrift von zwei zuständigen Beamten. Bei **der Eintragung von Löschungen** wird die erloschene Grundbucheintragung rot unterstrichen („gerötet").

Unter dem **öffentlichen Glauben des Grundbuchs** versteht man das Prinzip, dass der Inhalt des Grundbuchs für den gutgläubigen Erwerber als richtig gilt, auch wenn die Eintragungen nicht mit der wahren Rechtslage übereinstimmen. Der Schutz des öffentlichen Glaubens gilt nur bei rechtsgeschäftlichem Erwerb. Nicht geschützt ist das Vertrauen auf den Grundbuchinhalt bei Erwerb kraft Gesetzes, im Wege der Zwangsvollstreckung oder wenn der Erwerber die Unrichtigkeit des Grundbuchs kennt (§§ 891 und 892 BGB).

Ist eine Eintragung unrichtig, so kann auf Antrag oder von Amts wegen ein **Widerspruch** in das Grundbuch eingetragen werden. Das bedeutet, der Berechtigte hat einen **Grundbuchberichtigungsanspruch** und der gute Glaube des Grundbuchs ist zerstört (§§ 894 und 899 BGB, § 53 GBO).

Rangverhältnis der Rechte

Lasten mehrere Rechte auf einem Grundstück, so besteht innerhalb dieser Rechte ein bestimmtes Rangverhältnis. Bedeutung erhält diese Rangordnung bei einer Zwangsversteigerung des Grundstücks (§ 879 BGB). Reicht der erzielte Erlös nicht zur Befriedigung aller Rechte aus, so erfolgt die Zuteilung des Versteigerungserlöses nach der Rangordnung der einzelnen Rechte. Die Rechte können sowohl in Abteilung II als auch in Abteilung III des Grundbuchs eingetragen sein. Die Rangfolge innerhalb einer Abteilung ergibt sich aus der numerischen Reihe der Eintragungen (zum Beispiel Recht Abteilung II, Nr. 1 hat Rang vor Recht Abteilung II, Nr. 2).

Bei Zusammentreffen von Rechten in Abteilung II und III wird das Rangverhältnis zwischen den Rechten der verschiedenen Abteilungen durch den Tag der Grundbucheintragung bestimmt. Die frühere Eintragung hat Rang vor den späteren. Gleichzeitige Eintragungsdaten ergeben Gleichrang in verschiedenen Abteilungen, zum Beispiel:

Abteilung	Nr.	Eintragungstag	Rang
II	1	1.4.1978	1
III	1	2.4.1978	2
III	2	4.5.1978	3
II	2	10.8.1978	Gleichrang
III	3	10.8.1978	

Abbildung 2-107: Rangverhältnisse im Grundbuch

Maßgebend für die Reihenfolge der Eintragungen ist der zeitliche Eingang der Antragstellung beim Grundbuchamt. Gleichzeitiger Eingang hat gleichen Eintragungstag zur Folge (§ 880 Abs. 1 und 2 BGB). Eine **abweichende Rangbestimmung** bei Bestellung der Rechte ist zulässig. Nach Eintragung der Rechte ist durch Einigung der Beteiligten **nachträglich** eine Änderung der bestehenden Rangverhältnisse möglich. Bei Rangrücktritt eines Rechtes der Abteilung III ist die Zustimmung des Grundstückseigentümers erforderlich. Abweichende und nachträgliche Rangbestimmungen werden mit Eintragung in das Grundbuch wirksam.

Rangvorbehalt

Eine Besonderheit im Rahmen der Rangverhältnisse ist der Rangvorbehalt (§ 881 BGB). Der Grundstückseigentümer kann sich bei Bestellung eines Rechtes – auch nachträglich – nach Einigung mit dem Inhaber des betroffenen Rechtes die Möglichkeit vorbehalten, ein bestimmtes, nach Art und Umfang bezeichnetes Recht mit Rang vor dem betroffenen Recht eintragen zu lassen. Bei der Ausnutzung des Rangvorbehaltes bedarf es dann keiner Zustimmung des Rechtsinhabers mehr. Es genügt die Antragstellung des Eigentümers. Rangvorbehalt sowie dessen Ausnutzung müssen in das Grundbuch eingetragen werden. Auf diese Weise können die besten Rangstellen für spätere Belastungen freigehalten werden. Bei einer Beleihung des Grundstücks wird der Rangvorbehalt – auch wenn er noch nicht ausgenutzt wurde – in voller Höhe als Vorlast berücksichtigt.

Vormerkung

Zur Sicherung des schuldrechtlichen Anspruchs auf Einräumung oder Aufhebung dinglicher Rechte (zum Beispiel Eigentumsübertragung, Löschung von Grundpfandrechten) kann eine Vormerkung in Abteilung II beziehungsweise III des Grundbuchs eingetragen werden (zum Beispiel die Auflassungsvormerkungen in Abteilung II). Die rein schuldrechtlichen Ansprüche können auch künftiger oder bedingter Natur sein und schützen den Rechtsinhaber nach Eintragung vor anderen Verfügungen Dritter, die seinen Anspruch vereiteln oder beeinträchtigen können. Die spätere Eintragung des vorgemerkten Rechtes erhält den Rang der Vormerkung. Wird im Rang nach einer Auflassungsvormerkung zum Beispiel eine Grundschuld eingetragen, kann der Vormerkungsberechtigte deren Lösung verlangen.

5.2.5.2 Hypothek und Grundschuld: Merkmale, Formen und Unterschiede

---

DEFINITION

Die **Hypothek** ist eine Grundstücksbelastung mit dem Inhalt, dass an denjenigen, zu dessen Gunsten die Belastung erfolgt (Hypothekengläubiger), eine bestimmte Geldsumme zur Befriedigung wegen einer ihm zustehenden Forderung aus dem Grundstück zu zahlen ist (§ 1113 Abs. 1 BGB).

Eine **Grundschuld** ist die Belastung eines Grundstücks mit dem Inhalt, dass an denjenigen, zu dessen Gunsten die Belastung erfolgt, eine bestimmte Geldsumme (auch Zinsen und Nebenleistungen) aus dem Grundstück zu zahlen ist (§ 1191 BGB).

Wie das Pfandrecht an einer beweglichen Sache, setzt die Hypothek das Bestehen einer persönlichen Forderung voraus (**akzessorischer Charakter der Hypothek**). Zu deren Sicherstellung wird die Hypothek als dingliches Pfand bestellt. Für die Forderung bestehen also nebeneinander **die persönliche Haftung des Schuldners** und **die dingliche Haftung des Grundstücks**.

Die Hypothek besteht nur während der Dauer und nur in der Höhe der Forderung (§ 1113 Abs. 2 BGB). Das schließt nicht aus, dass sie auch für eine künftige oder bedingte Forderung bestellt werden kann. Mit der Übertragung der Forderung geht die Hypothek ebenfalls auf den neuen Gläubiger über.

Die Forderung kann nicht ohne die Hypothek, die Hypothek nicht ohne die Forderung übertragen werden (§ 1153 Abs. 2 BGB).

Kommt die zugrundeliegende Forderung nicht zur Entstehung, so fällt die rechtswirksam bestellte Hypothek ohne Grundbucheintrag dem Eigentümer des Grundstücks zu (Eigentümerhypothek, § 1163 BGB).

Bei Erlöschen der Forderung (zum Beispiel Rückzahlung) oder Gläubigerverzicht auf die Hypothek wird sie zur Eigentümergrundschuld mit dem Inhalt der Hypothek und den Rechten einer Eigentümergrundschuld. Sie kann verpfändet und abgetreten werden.

Bei einer Grundstücksübertragung (zum Beispiel Verkauf) ist die Übernahme der persönlichen Schuld möglich. Sie ist jedoch an die Genehmigung des Gläubigers geknüpft. Die Genehmigung gilt als erteilt, wenn der Gläubiger nicht innerhalb von sechs Monaten seit dem Empfang der schriftlichen Mitteilung des Veräußerers über die Übernahme der Schuld widerspricht oder der Gläubiger die Genehmigung dem Veräußerer gegenüber nicht bereits vorher verweigert hat (§ 416 BGB).

Das mit einer Hypothek belastete Grundstück haftet (§ 1118 BGB)

- für die **eingetragene Kapitalsumme,**
- für die **eingetragenen Zinsen und**
- für andere **eingetragene Nebenleistungen.**

Aber auch ohne Eintragung haftet das Grundstück kraft Gesetzes

- für die **gesetzlichen Zinsen** der Forderungen sowie
- für die **Kosten der Kündigung und der die Befriedigung aus dem Grundstück bezweckenden Rechtsverfolgung.**

Die Hypothek erstreckt sich auf das gesamte Grundstück, das Gebäude sowie auf Zubehörstücke, soweit sie dem Grundstückseigentümer gehören.

Entstehung

Zur Entstehung der Hypothek ist die **Einigung** zwischen Hypothekengläubiger und Grundstückseigentümer **und** die **Eintragung** der Hypothek ins Grundbuch erforderlich (§ 873 BGB).

Die Eintragung muss folgende vier Bestandteile enthalten:

1. den **Namen des Gläubigers**,
2. den **Geldbetrag der Forderung**,
3. den **Zinssatz**, wenn die Forderung verzinslich ist, und
4. den **Geldbetrag anderer** zu entrichtender **Nebenleistungen** (zum Beispiel Vertragsstrafen).

Mit Bezug auf die Eintragungsbewilligung (Bestellungsurkunde) können weitere gesetzlich nicht vorgeschriebene Inhalte (zum Beispiel Forderungsart, Schuldgrund, Kündigung) gültig vereinbart werden.

Formen der Hypothek

Bei den Hypotheken ist zu unterscheiden zwischen der gewöhnlichen Hypothek (Verkehrshypothek), der Sicherungshypothek und der Höchstbetragshypothek.

Verkehrshypothek

Die Verkehrshypothek ist dadurch gekennzeichnet, dass bei ihr Forderung und Grundstücksbelastung so eng miteinander verbunden sind, dass im Allgemeinen Sprachgebrauch für beides der Begriff Hypothek benutzt wird. Sie dient zwar in erster Linie der **Sicherung einer Forderung**, sie ist zugleich jedoch für den Hypothekengläubiger **eine Kapitalanlage**.

Ferner gehört es zum Wesen der Verkehrshypothek, dass der **Hypothekengläubiger** sich bei der Übertragung und Geltendmachung der Hypothek auf die Eintragung berufen kann. Er **braucht seine Forderung und deren Höhe nicht nachzuweisen**. Die Verkehrshypothek ist entweder eine Briefhypothek oder eine Buchhypothek. Werden Kreditteile zurückgeführt, wandelt sich die Hypothek in Höhe der getilgten Teile in eine Eigentümergrundschuld, sie lebt im Falle der Revalutierung des Kredits nicht wieder auf.

Briefhypothek

Regelmäßig ist die Verkehrshypothek eine Briefhypothek, das heißt, über die hypothekarische Belastung des Grundstücks wird vom Grundbuchamt eine wertpapierähnliche öffentliche Urkunde, der **Hypothekenbrief**, ausgestellt (§§ 1116 f. BGB).

Die Briefhypothek entsteht durch Einigung und Eintragung im Grundbuch, sie wird vom Hypothekengläubiger jedoch erst erworben,

- mit **Entstehung** der Forderung und
- mit **Übergabe** des Briefs an den Gläubiger

Solange die Forderung nicht entstanden und der Brief nicht übergeben ist, steht die Hypothek dem Grundstückseigentümer als Eigentümergrundschuld zu.

Die Übergabe des Briefes kann allerdings durch die Vereinbarung ersetzt werden, dass der Hypothekengläubiger berechtigt sein soll, sich den Hypothekenbrief vom Grundbuchamt aushändigen zu lassen.

Der **Hypothekenbrief** muss nach der Grundbuchordnung folgende vier Bestandteile enthalten:

- die Bezeichnung als Hypothekenbrief,
- den Geldbetrag der Hypothek,
- die Angabe des belasteten Grundstücks und
- die mit Gerichtssiegel versehenen Unterschriften von zwei Grundbuchbeamten.

Der Brief soll weiterhin den Inhalt der die Hypothek betreffenden Grundbucheintragungen enthalten.

Die **Bedeutung des Hypothekenbriefs** ist wie folgt zusammenzufassen:

- Der Hypothekenbrief vermittelt den **Erwerb und die Übertragung** der Hypothek.
- Zur Geltendmachung der Rechte aus der Hypothek ist die Vorlage des Briefes erforderlich (§ 1160 BGB).
- Das **Eigentum am Hypothekenbrief** steht dem Gläubiger zu, das heißt, das Recht am Papier folgt – umgekehrt wie bei „normalen" Wertpapieren – dem Recht aus dem Papier. Der Hypothekenbrief hat die Rechtsnatur eines Rektapapiers (§ 952 Abs. 2 BGB).

Buchhypothek

Die Erstellung eines Hypothekenbriefes kann auch ausgeschlossen werden. Hierzu sind die Einigung von Gläubiger und Eigentümer sowie die Eintragung der Buchhypothek als **solche** im Grundbuch erforderlich. **Grundlage der Buchhypothek bildet** mithin **allein das Grundbuch (§ 116 Abs. 2 BGB)**.

Die Buchhypothek entsteht durch Einigung und Eintragung im Grundbuch, sie wird vom Gläubiger erworben mit der Entstehung der Forderung oder – wenn die zu sichernde Forderung bereits besteht – mit der Eintragung.

Ist die Forderung nicht entstanden, so hat der Eigentümer die Möglichkeit, innerhalb eines Monats ab Eintragung der Hypothek einen Widerspruch in das Grundbuch eintragen zu lassen. Das hat zur Folge, dass die Hypothek nicht mehr gutgläubig erworben werden kann.

Sicherungshypothek

Bei der Sicherungshypothek bestimmt sich das Recht des Gläubigers aus der Hypothek nur nach der Forderung, das heißt, der Gläubiger kann sich im Gegensatz zur Verkehrshypothek zum Beweise der Forderung nicht auf die Eintragung im Grundbuch berufen, sie wird auch im Rahmen der Zwangsvollstreckung eingetragen, notwendig ist die Vorlage des Titels.

Die Sicherungshypothek muss im Grundbuch als solche bezeichnet sein, die Erteilung eines Hypothekenbriefes ist ausgeschlossen (§ 1184 f BGB).

Eine Sicherungshypothek kann in eine gewöhnliche Hypothek, eine gewöhnliche Hypothek kann in eine Sicherungshypothek umgewandelt werden. Dabei ist die Zustimmung der im Range gleich- oder nachstehenden Berechtigten nicht erforderlich. Diese Inhaltsänderung kann nur durch Einigung und Eintrag ins Grundbuch erfolgen.

Als Deckung für verschiedene Arten des Bankkredits ist die Sicherungshypothek deshalb **ungeeignet**, weil sie sich bei einer teilweisen Rückzahlung des Kredits mit diesem Betrag in eine Eigentümergrundschuld verwandelt. Bei einer erneuten Inanspruchnahme des Kredits **lebt die Sicherungshypothek nicht wieder auf**, das heißt, auch nur eine vorübergehende Abdeckung eines Schuldsaldos bringt die hypothekarische Sicherung endgültig zum Erlöschen. Für Kredite mit einem schwankenden Saldo könnte daher die Eintragung einer Höchstbetragshypothek zweckmäßig sein.

Sicherungshypotheken sind insbesondere

1. **Zwangshypotheken**
   Sie entstehen durch Eintragung ins Grundbuch aufgrund eines vollstreckbaren Titels im Rahmen der Zwangsvollstreckung einer Geldforderung gegen den Grundstückseigentümer (§ 866 ZPO).

2. **Bauhandwerker-Sicherungshypotheken**
   Bauunternehmer können für ihre Forderungen die Einräumung der Sicherungshypothek am Baugrundstück des Bestellers verlangen. Die Eintragung kann durch eine Vormerkung mit der Bewilligung des Grundstückseigentümers oder auch durch einstweilige Verfügung erreicht werden (§ 648 BGB).

3. **Höchstbetragshypotheken**
   Bei einer Höchstbetragshypothek wird nicht die wirkliche Höhe der Forderung eingetragen, sondern der Höchstbetrag, bis zu dem das Grundstück haften soll (§ 1190 Abs. 1 BGB).

Die Bank kann sich damit gegebenenfalls in Höhe des tatsächlich in Anspruch genommenen Kreditbetrages zuzüglich der aufgelaufenen Zinsen aus dem Grundstück befriedigen. **Die Höchstbetragshypothek lebt also – im Gegensatz zur sonstigen Sicherungshypothek – jeweils mit der erneuten Inanspruchnahme des Kredits wieder auf** und ist deshalb auch für Kredite in laufender Rechnung geeignet.

Die Höchstbetragshypothek gilt immer als Sicherungshypothek (§ 1190 Abs. 3 BGB), auch wenn sie als solche im Grundbuch nicht eingetragen ist, das heißt, die Erteilung eines Hypothekenbriefes ist auch hier ausgeschlossen. Eine Unterwerfung unter die sofortige Zwangsvollstreckung ist nicht möglich, der Kreditgeber muss also auf Duldung der Zwangsvollstreckung klagen.

Gesamthypothek

Die Gesamthypothek besteht für eine einzige Forderung an mehreren Grundstücken in der Weise, dass jedes Grundstück für die ganze Forderung haftet (§ 1132 Abs. 1 BGB).

Die belasteten Grundstücke können demselben Eigentümer oder verschiedenen Eigentümern gehören, und der Gläubiger kann die Befriedigung nach seinem Belieben aus jedem der Grundstücke ganz oder zum Teil suchen.

Die Gesamthypothek kann nur einheitlich abgetreten oder verpfändet werden. Die Abtretung oder Verpfändung wird erst wirksam, wenn sie auf allen Grundbuchblättern eingetragen ist.

Übertragung der Hypothek

Zur Abtretung der Briefhypothek ist eine Abtretungserklärung des Abtretungsgläubigers (Zedent) an den neuen Gläubiger (Zessionar) und die Briefübergabe erforderlich (§ 1154 BGB). Eine Eintragung im Grundbuch erfolgt also nicht. Damit der Zessionar die gleiche Rechtsstellung wie der im Grundbuch eingetragene Gläubiger erhält, kann er von dem Zedenten eine Abtretungserklärung in öffentlich beglaubigter Form verlangen. Der Gläubiger hat jederzeit die Möglichkeit, sein Gläubigerrecht im Grundbuch eintragen zu lassen.

Möglich ist auch die Abtretung eines **Teilbetrages**. Hierbei ist auf Antrag ein Teilbrief zu bilden, der Ursprungsbrief wird um diesen Betrag reduziert, oder aber dem Zessionar ist der Mitbesitz am Stammbrief einzuräumen.

Zur Abtretung einer Buchhypothek ist immer die Eintragung im Grundbuch erforderlich (§ 873 BGB). Für das Grundbuchamt ist eine Bewilligung des alten Gläubigers und ein Antrag notwendig. Werden Zinsen und Nebenleistungen mitabgetreten, so muss das Datum der Abtretung angegeben werden.

Die Verpfändung der Hypothek vollzieht sich nach den für die Übertragung der Hypothek geltenden Vorschriften.

Zur Pfändung einer Forderung, für die eine Buchhypothek besteht, ist ein Pfändungsbeschluss gegen den Schuldner (Hypothekengläubiger) und die Eintragung der Pfändung ins Grundbuch erforderlich. Bei der Pfändung einer **Briefhypothek** ist neben dem **Pfändungsbeschluss** noch die **Übergabe des Briefes** erforderlich. Das Pfandrecht entsteht erst mit dem **Besitz** des Briefes (Übergabe oder Wegnahme durch den Gerichtsvollzieher). Eine Eintragung ins Grundbuch muss nicht erfolgen (§§ 823 bis 863 ZPO).

Erlöschen der Hypothek

Eine Hypothek kann durch Rechtsgeschäft oder kraft Gesetzes erlöschen. Zur rechtsgeschäftlichen Löschung (Aufgabeerklärung) sind erforderlich (§ 1183 BGB, § 875 BGB):

1. löschungsfähige Quittung oder Löschungsbewilligung des Hypothekengläubiger, gegebenenfalls mit Hypothekenbrief,
2. Antrag ans Grundbuchamt vom Eigentümer an das Grundbuchamt beziehungsweise mit seiner Zustimmung bei Antragstellung eines Dritten,
3. eventuell Zustimmung eines dinglich Berechtigten an der Hypothek (Pfandgläubiger, Nießbrauchsberechtigter),
4. Eintragung der Löschung im Grundbuch.

Bei einer **löschungsfähigen Quittung** bestätigt der Hypothekengläubiger, dass seine Forderung befriedigt ist und bewilligt die Berichtigung des Grundbuchs. Sollte ein Dritter die Forderung beglichen haben, würde die Bestätigung auf seinen Namen laufen und dieser müsste die Löschung bewilligen. Eine löschungsfähige Quittung hat für den Eigentümer den Vorteil, dass er das Recht löschen lassen oder aber auch sonst darüber verfügen kann. Bei einer günstigen Rangstelle des aufgegebenen Rechts kann der Eigentümer die entstandene Eigentümergrundschuld abtreten, verpfänden oder sich selbst als Gläubiger eintragen lassen.

Der Schutz nachrangiger Gläubiger gegenüber einer solchen weiten Verfügung über das Recht besteht im Wesen der **Löschungsvormerkung** (§ 1179 BGB). Hierbei verpflichtet sich der Grundstückseigentümer bei Bestellung des Rechts oder später, die im Range vorgehenden Rechte für den Fall der Aufgabe löschen zu lassen.

Verfügungen des Eigentümers sind dann gegenüber dem durch die Löschungsvormerkung Geschützen unwirksam. Die Löschungsvormerkung muss im Grundbuch eingetragen sein. **Bei Grundpfandrechten, die nach dem 1.1.1978** eingetragen sind, besteht mit Eintragung ein gesetzlicher Anspruch auf Löschung der vor- und gleichrangigen Grundpfandrechte, **ohne dass noch eine Löschungsvormerkung eingetragen wird.** Zur Eintragung gelangt nur noch der unter Umständen vereinbarte Ausschluss auf diesen Löschungsanspruch.

Den Berechtigten aus Abteilung II des Grundbuchs steht dieser gesetzliche Löschungsanspruch gegenüber dem Eigentümer aber weiterhin **nur** bei entsprechendem Grundbucheintrag zu.

Die **Löschungsbewilligung** dient dem Grundbuchamt als Unterlage und beinhaltet lediglich, dass der Hypothekengläubiger die Löschung des Rechtes bewilligt.

Neben der vollständigen Löschung eines Rechtes können auch bestimmte Teilbeträge gelöscht werden. Bei Gesamtrechten ist auch die Freigabe einzelner Grundstücke aus der Mithaft möglich.

Kraft Gesetzes erlischt die Hypothek

1. mit Befriedigung des Gläubigers aus dem Grundstück im Wege der Zwangsvollstreckung (§ 1181 BGB),
2. durch Zuschlag bei der Zwangsversteigerung des Grundstücks (wenn das Recht nicht in das geringste Gebot fällt, also nicht als Recht im Grundbuch bestehen bleibt).

Reicht der Versteigerungserlös nur zur teilweisen Deckung der Gläubigeransprüche, besteht wegen des Restbetrages die persönliche Forderung an den Schuldner weiter.

Geltendmachung der Hypothek

Aus der **akzessorischen Natur der Hypothek** ergeben sich zwei verschiedene Gläubigeransprüche, nämlich der persönliche Anspruch gegen den Forderungsschuldner und der dingliche Anspruch aus der Hypothek.

Der **persönliche Anspruch** richtet sich auf Zahlung der fälligen Geldforderung und ist vollstreckbar in das gesamte Vermögen des persönlichen Schuldners. Der Eintritt der Fälligkeit muss durch Kündigung des Gläubigers gegenüber dem persönlichen Schuldner erfolgen, falls keine abweichende Vereinbarung getroffen worden ist.

Der **dingliche Anspruch** richtet sich gegen den Eigentümer des Grundstücks und ist vollstreckbar nur in das Grundstück. Der Anspruch muss fällig sein. Hier hat die Kündigung gegenüber dem Eigentümer des Grundstücks zu erfolgen. Zur Durchsetzung der Zwangsvollstreckung ist ein dinglicher Titel auf Duldung der Zwangsvollstreckung in das Grundstück notwendig (§ 1147 BGB). Der Gläubiger kann auf zweifache Art in den Besitz eines dinglichen Titels gelangen:

1. Bei der Bestellung der Hypothek (oder auch zu einem späteren Zeitpunkt) unterwirft sich der Eigentümer **der sofortigen Zwangsvollstreckung** in der Weise, dass die Zwangsvollstreckung aus der Bestellungsurkunde gegen den jeweiligen Eigentümer des Grundstücks zulässig sein soll (§§ 794, 88 ZPO). Diese **Zwangsvollstreckungsklausel** bedarf der Grundbucheintragung. Für diese Erklärung des Eigentümers ist eine Beurkundungsform gesetzlich vorgeschrieben. Die

Rechtsverfolgung seiner Ansprüche wird dem Gläubiger damit erleichtert, denn er gelangt ohne gerichtliche Klage zu einem vollstreckbaren Titel.

2. Hat sich der Grundstückseigentümer nicht der sofortigen Zwangsvollstreckung nach § 800 ZPO unterworfen, verbleibt dem Gläubiger nur die Erhebung der dinglichen Klage aus der Hypothek, um in den Besitz eines Vollstreckungstitels (vollstreckbares Urteil) zu gelangen.

Grundschuld

Im Gegensatz zur Hypothek ist die Grundschuld **vom Bestehen einer Forderung losgelöst** (§ 1192 BGB).

Im Übrigen gelten für die Grundschuld die Vorschriften der Hypothek mit der Ausnahme, dass für die Grundschuld eben keine Forderung vorausgesetzt wird.

Der Eigentümer kann sogar für sich selbst eine **Eigentümergrundschuld** (§§ 1196 f. BGB) bestellen. Die Zwangsvollstreckung in das eigene Grundstück kann er jedoch nicht betreiben. Im Falle einer Zwangsvollstreckung erhält der Eigentümer aus der Eigentümergrundschuld nur Zinsen, wenn das Grundstück von einem Dritten zum Zweck der Zwangsvollstreckung beschlagnahmt worden ist. Die Zinsen können aber bereits bei Bestellung des Rechts eingetragen werden, da der Eigentümer das Recht übertragen kann. Der Grundstückseigentümer lässt für sich eine Grundschuld eintragen, wenn er eine schnell verfügbare Sicherheit benötigt beziehungsweise nicht möchte, dass der Fremdgläubiger namentlich erscheint. Die Abtretung erfolgt durch Einigung, Abtretung und Briefübergabe, ohne dass die Abtretung im Grundbuch gewahrt werden muss. Für Außenstehende ist anhand des Grundbuchs die Verwendung der Grundschuld nicht erkennbar.

Eine Grundschuld kann als **Brief- oder Buchgrundschuld** (§ 1193 BGB) bestellt werden. Die Fälligkeit der Grundschuld richtet sich nach der jeweiligen Vereinbarung. Wurde keine Fälligkeit vereinbart, muss die Grundschuld gekündigt werden. Die Kündigungsfrist beträgt in diesem Fall sechs Monate.

Um eine Verbindung zwischen der Grundschuld und der zu besichernden Kreditforderung herzustellen, gibt der Sicherungsgeber eine Zweckbestimmungserklärung ab (§ 1195 BGB).

Werden Grundschulden für Kreditinstitute bestellt, wird neben dem reinen Grundschuldbetrag zuzüglich Zinsen im Allgemeinen auch die „Unterwerfung unter die sofortige Zwangsvollstreckung" sowie die „persönliche Haftung" notariell beurkundet. Durch die Unterwerfungsklausel hat der Gläubiger die Möglichkeit, schnell die Zwangsvollstreckung in das Grundstück zu betreiben. Die persönliche Haftung ermöglicht darüber hinaus eine unverzügliche Zwangsvollstreckung in das private Vermögen.

Rentenschuld

> **DEFINITION**
>
> Die **Rentenschuld** ist eine Grundstücksbelastung mit dem Inhalt, dass zu regelmäßig wiederkehrenden Terminen eine bestimmte Geldsumme aus dem Grundstück zu zahlen ist (§ 1199 BGB).

Bei der Bestellung der Rentenschuld muss der Betrag bestimmt werden, durch dessen Zahlung die Rentenschuld abgelöst werden kann. Die Ablösungssumme muss im Grundbuch angegeben werden.

Als Kreditsicherheit hat die Rentenschuld heute keine Bedeutung mehr; sie war die „Vorläuferin" der Hypothek.

Hypothek oder Grundschuld?

Bei den Banken verdrängt die Grundschuld die Hypothek als Sicherheit immer mehr. Sie ist nämlich erheblich flexibler verwendbar:

- Sie kann zur Sicherung mehrerer, auch zukünftiger Forderungen herangezogen werden.
- Kreditkonditionen lassen sich ohne Rücksicht auf die Eintragungen im Grundbuch ändern.
- Der Kreditnehmer (Grundstückseigentümer) trägt bei der Grundschuld immer die Beweislast für die Rechtmäßigkeit der Forderung.

Vorteilhaft für den Kreditnehmer (Sicherungsgeber) ist bei der Grundschuld:

- Der Schuldgrund ist nicht aus dem Grundbuch ersichtlich.
- Unkomplizierte Umschuldung ist ohne erneute Eintragung möglich.
- Der Grundstückseigentümer kann die Grundschuld als **Eigentümerbriefgrundschuld** auf seinen Namen im Grundbuch eintragen lassen und bei Bedarf mit Übergabe des Grundschuldbriefes an seine Bank abtreten.

Zum besseren Verständnis werden auf den folgenden Seiten 19 Vorgänge aus einem Grundbuchblatt dargestellt und erläutert.

Der nachstehende Abdruck eines Grundbuchblattes gibt eine Folge einfacher – beinahe alltäglicher – Grundbuchvorgänge wieder. In den folgenden Erläuterungen sind die einzelnen Grundbucheintragungen chronologisch geordnet und ziffernmäßig bezeichnet.

(1) 4.2.1955 (Best.-Verz., Abt. I und Abt. II)
Die Eheleute Weigand erwerben zwei Grundstücke als Eigentümer in Bruchteilsgemeinschaft und belasten das Grundstück lfd. Nr. 1 mit einem Nießbrauch zu Gunsten Helmut Weigands.

(2) 1.12.1955 (Abt. III)
Die Eigentümer bestellen auf den Grundstücken eine Gesamthypothek mit Unterwerfungsklausel.

(3) 1.4.1956 (Abt. II und Abt. III)
Das Nießbrauchsrecht räumt der Hypothek (für die Rechte in Abt. III wird im Grundbuch die Abkürzung Post für Position gebraucht) den Vorrang ein.

(4) 21.8.1956 (Abt. II)
Die Eigentümer haben an die Stadt Frankfurt (Main) eine noch nicht vermessene Teilfläche von ca. 10 m^2 verkauft. Zur Sicherung ihrer Rechte lässt sich die Stadt eine Vormerkung eintragen.

(5) 7.9.1958 (Best.-Verz. und Abt. I)
Die Eigentümer haben das Grundstück lfd. Nr. 3 im Zwangsversteigerungsverfahren zu je ½ ersteigert. Das Grundstück wird zu dem bereits vorhandenen Grundbesitz dazu gebucht.

(6) 18.10.1958 (Abt. III)
Auf den Grundstücken lfd. Nr. 1–3 wird eine Gesamt-Buchgrundschuld nebst einem Rangvorbehalt eingetragen. Bei der Post Abt. III Nr. 1 wird eine Löschungsvormerkung eingetragen.

(7) 1.10.1958 (Best.-Verz. und Abt. II und III)
Das von der Stadt erworbene Grundstück ist vermessen, und die Teilung des bisherigen Grundstücks wird im Bestandsverz. eingetragen. In Abt. II Spalte 2 wird das alte Grundstück gerötet und die neuen Grundstücke werden eingesetzt; ebenso in Abt. III.

(8) 12.11.1958 (Best.-Verz., Abt. II und Abt. III)
Nunmehr wird das Grundstück lfd. Nr. 5 auf die Stadt übertragen und im Bestandsverz. gerötet. Die Vormerkung wird gelöscht und die Posten in Abt. III geben das Grundstück aus der Mithaft frei.

(9) 7.1.1959 (Best.-Verz. und Abt. II)
Die beiden Nachbarn räumen sich gegenseitig eine Grunddienstbarkeit ein, die auch auf den jeweiligen herrschenden Grundstücken im Bestandsverzeichnis vermerkt werden soll.

Abbildung 2-108: Erläuterungen der Eintragungen zum nachfolgenden Grundbuchblatt

(10) 1.4.1959 (Abt. III)
Die Eigentümer bestellen eine Buchhypothek, die den Rangvorbehalt bei der Post Abt. III Nr. 2 ausnutzt. Weiterhin wird eine Löschungsvormerkung bei der Post Abt. III Nr. 3 eingetragen.

(11) 7.12.1959 (Best.-Verz. und Abt. I)
Die Eigentümer erwerben zu je $\frac{1}{2}$ einen Anteil von $\frac{1}{6}$ an einem Weg, der insgesamt 6 Anliegern zum Gehen und Fahren dient und in Blatt 1201 als Belastung eingetragen ist.

(12) 7.8.1961 (Abt. III)
Von der Hypothek Abt. III Nr. 3 wird ein Teilbetrag gelöscht und in der Hauptspalte abgesetzt.

(13) 16.7.1962 (Abt. III)
Eine Eigentümergrundschuld wird eingetragen.

(14) 1.9.1963 (Abt. III)
Die Eigentümergrundschuld ist abgetreten und die Eintragung im Grundbuch wird vorgenommen.

(15) 8.5.1965 (Abt. I)
Frau Weigand ist verstorben. Das Grundbuch ist unrichtig geworden und wird auf Antrag berichtigt. Bezüglich Ihres $\frac{1}{2}$ Anteils tritt die Erbengemeinschaft. Frau Weigand wird gerötet.

(16) 7.10.1968 (Abt. I und Abt. II)
Der Vater überträgt seinen halben Anteil und setzt sich mit der Erbengemeinschaft auseinander. Im Ergebnis werden die beiden Miterben Peter Weigand und Elke Müller neue Eigentümer je zur Hälfte. Die Erbengemeinschaft wird aufgelöst, und der Vater behält sich ein Wohnrecht vor. Die alten Eigentumsverhältnisse werden gerötet.

(17) 16.5.1978 (Abt. III)
Die Eigentümer bestellen eine Hypothek. Der dazu gehörende Hypothekenbrief ist als Anlage dargestellt.

(18) 28.4.1988 (Abt. III)
Eintragung einer Grundschuld und Vorrangeinräumung vor den Rechten Abt. II Nr. 1 und 4 (am 30.4.1988)

(19) Eintragung einer Grundschuld am 2.1.1992 (Abt. III) sowie Vorrangeinräumung vor den Rechten Abt. II Nr. 1 und 4

Abbildung 2-108: Erläuterungen der Eintragungen zum nachfolgenden Grundbuchblatt (Fortsetzung)

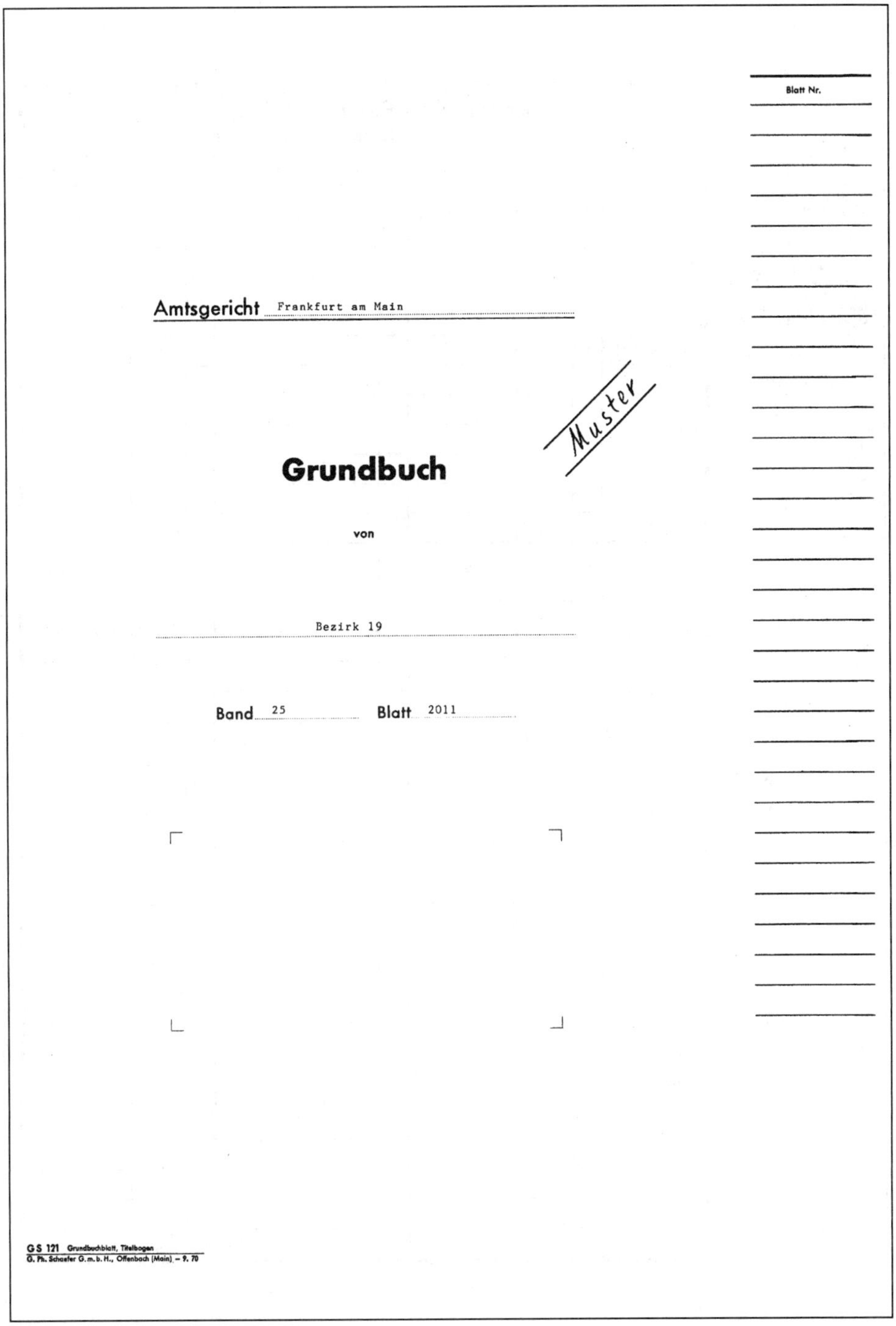

Klassisches Kreditgeschäft **477**

Amtsgericht Frankfurt am Main

Muster

Grundbuch

von

Bezirk 19

Band 25   Blatt 2011

Blatt Nr.

GS 121 Grundbuchblatt, Titelbogen
O. Ph. Schaefer G.m.b.H., Offenbach (Main) – 9. 70

Abbildung 2-109: Grundbuchblatt und die darin vorkommenden Grundbuchvorgänge (Deckblatt)

478 Leistungen und Dienstleistungen der Kreditinstitute

Abbildung 2-109: Grundbuchblatt und die darin vorkommenden Grundbuchvorgänge (Verzeichnis der Einlegebogen)

Klassisches Kreditgeschäft **479**

Amtsgericht Frankfurt (Main)		Grundbuch von Bezirk 19				Band 25 Blatt 2011 Bestandsverzeichnis				1
Laufende Nummer der Grundstücke	Bisherige laufende Nummer d. Grundstücke	Bezeichnung der Grundstücke und der mit dem Eigentum verbundenen Rechte					Größe			
		Gemarkung (Vermessungsbezirk)	Karte		Liegenschaftsbuch	Wirtschaftsart und Lage				
			Flur	Flurstück			ha	a	m²	
		a	b		c/d	e		4		
1	2					3				
1		19	8	32	411	Hof- und Gebäudefläche, Bergstraße 1 ④	9	03		
2			8	33		Bauplatz, Bergstraße ④	5	98		
3			12	121		Bauplatz, Wildbach ⑤	7	05		
4	2		8	33/1		Hof- und Gebäudefläche, Bergstraße 4 ⑦	5	87		
5	2		8	33/2		Weg, Höchster Straße	-	11		
6 zu 1		Wegerecht an dem Grundstück Flur 8 Flurstück 31/7, eingetragen in Band 15 Blatt 1201 in Abt. II Nr. 2.				⑨				
7 zu 4		1/6 (ein Sechstel) Miteigentumsanteil an dem Grundstück				⑪				
		19	8	33/9		Weg, Bergstraße	1	43		

Muster

	Bestand und Zuschreibungen		Abschreibungen
Zur lfd. Nr. d. Grundstücke		Zur lfd. Nr. d. Grundstücke	
5	6	7	8
1,2	Von Blatt 154 übertragen am 04.02.1955. *Betz* *Braun* ④	5	Nach Blatt 1508 übertragen am 12.11.1958. *Lannig* *Roth* ⑧
3	Von Blatt 1286 übertragen am 07.09.1958. *Lannig* *Finke* ⑤		
4,5 / 2	Lfd. Nr. 2 geteilt und als lfd. Nr. 4 und 5 eingetragen auf Grund Veränderungsnachweis 1958 Nr. 23 am 01.10.1958. *Lannig* *Roth* ⑦		
6 zu 1	Vermerk am 07.01.1959. *Lannig* *Roth* ⑨		
7 zu 4	Von Blatt 1843 übertragen am 07.12.1959. *Schneider* *Roth* ⑪		

Abbildung 2-109: Grundbuchblatt und die darin vorkommenden Grundbuchvorgänge (Bestandsverzeichnis)

Abbildung 2-109: Grundbuchblatt und die darin vorkommenden Grundbuchvorgänge (noch Bestandsverzeichnis)

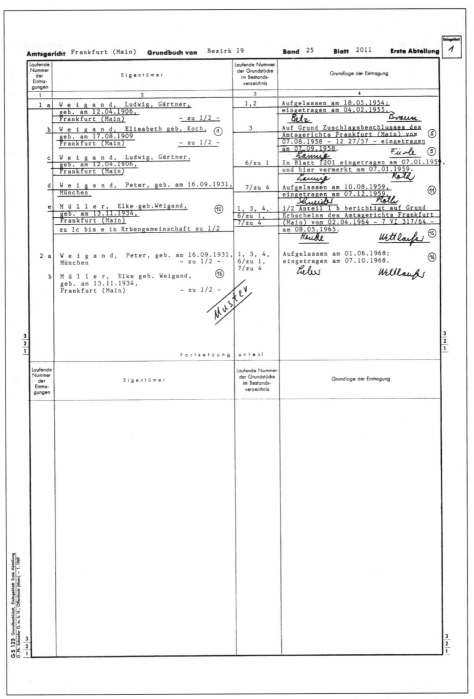

Abbildung 2-109: Grundbuchblatt und die darin vorkommenden Grundbuchvorgänge (Erste Abteilung)

Abbildung 2-109: Grundbuchblatt und die darin vorkommenden Grundbuchvorgänge (noch Erste Abteilung)

| Amtsgericht Frankfurt (Main) | | Grundbuch von Bezirk 19 | Band 25 | Blatt 2011 | Zweite Abteilung | 1 |

Laufende Nummer der Eintragungen	lfd. Nummer der betroffenen Grundstücke im Bestandsverzeichnis	Lasten und Beschränkungen
1	2	3
1	1	Nießbrauch für den Rentner Weigand, Helmut, geb. am 20.02.1904, Frankfurt (Main). Eingetragen am 04.02.1955. *Petz* *Braun* ①
2	2, 4, 5 ⑦	Auflassungsvormerkung bezüglich einer Teilfläche von ca. 10 m² für die Stadt Frankfurt am Main. Gemäß Bewilligung vom 07.08.1956; eingetragen am 21.08.1956. *Petz* *Braun* ④
3	1	Grunddienstbarkeit (Wegerecht) für den jeweiligen Eigentümer des Grundstücks Flur 8 Flurstück 31/7 (Z. Zt. eingetragen in Band 15 Blatt 1201). Das Recht ist auf dem herrschenden Grundstück vermerkt. Gemäß Bewilligung vom 17.10.1958; eingetragen am 07.01.1959. *Rohner* *Türle* ⑨
4	4	Beschränkte persönliche Dienstbarkeit (Wohnungsrecht gemäß § 1093 BGB) für den Gärtner Weigand, Ludwig, geb. am 12.04.1906, Frankfurt (Main). Gemäß Bewilligung vom 01.06.1968; eingetragen am 07.10.1968. *Leber* *Westlauf* ⑯

	Veränderungen		Löschungen
Laufende Nummer d.Spalte 1		Laufende Nummer d.Spalte 1	
4	5	6	7
1	Nebenstehendes Recht hat der Post Abt. III Nr. 1 den Vorrang eingeräumt; Eingetragen am 01.04.1956. *Petz* *Braun* ③	2	Gelöscht am 12.11.1958. *Lauing* *Türle* ⑧
1,4	Nebenstehende Rechte haben der Post Abt. III Nr. 6 den Vorrang eingeräumt. Eingetragen am 30.04.1988. *Leber* *Hofmann* ⑱		
1,4	Nebenstehende Rechte haben der Post Abt. III Nr. 7 den Vorrang eingeräumt. Eingetragen am 02.01.1992. ⑲		

Abbildung 2-109: Grundbuchblatt und die darin vorkommenden Grundbuchvorgänge (Zweite Abteilung)

484 Leistungen und Dienstleistungen der Kreditinstitute

Amtsgericht		Grundbuch von	Band	Blatt	Zweite Abteilung
Laufende Nummer der Eintragungen	Lfd. Nummer der betroffenen Grundstücke im Bestandsverzeichnis	Lasten und Beschränkungen			
1	2	3			

	Veränderungen		Löschungen
Laufende Nummer d.Spalte 1		Laufende Nummer d.Spalte 1	
4	5	6	7

Abbildung 2-109: Grundbuchblatt und die darin vorkommenden Grundbuchvorgänge (noch Zweite Abteilung)

Klassisches Kreditgeschäft

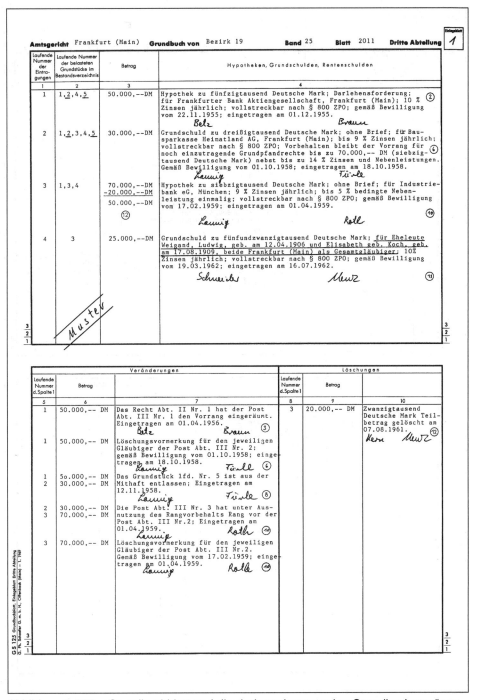

Abbildung 2-109: Grundbuchblatt und die darin vorkommenden Grundbuchvorgänge (Dritte Abteilung)

486 Leistungen und Dienstleistungen der Kreditinstitute

| Amtsgericht Frankfurt (Main) | **Grundbuch von** Bezirk 19 | **Band** 25 **Blatt** 2011 | **Dritte Abteilung** |

Laufende Nummer der Eintragungen	Laufende Nummer der belasteten Grundstücke im Bestandsverzeichnis	Betrag	Hypotheken, Grundschulden, Rentenschulden
1	2	3	4
5	4,7/zu 4	30.000,--DM	Hypothek zu dreißigtausend Deutsche Mark; Tilgungsdarlehen; für AG Hypothekenanstalt in Wiesbaden, Wiesbaden; 7 % Zinsen jährlich; 5 % Nebenleistung einmalig; 1 % bedingte Nebenleistung jährlich; vollstreckbar nach § 800 ZPO; gemäß Bewilligung vom 02.03.1978; eingetragen am 16.05.1978. *Lieben* *Roth* ⑰
6	1, 3, 4	100.000,--DM	Einhunderttausend Deutsche Mark brieflose Grundschuld nebst fünfzehn von Hundert Jahreszinsen für die Dresdner Bank AG, Idstein; vollstreckbar nach § 800 ZPO; unter Bezugnahme auf die Bewilligung vom 15.02.1988; eingetragen am 28.04.1988. *Becker* *Meyer* ⑱
7	1, 3, 4	50.000,--DM	Fünfzigtausend Deutsche brieflose Grundschuld nebst 18 % Jahreszinsen für die Taunus-Sparkasse, Höchst, vollstreckbar nach § 800 ZPO; unter Bezugnahme auf die Bewilligung vom 15.12.1991; eingetragen am 02.01.1992. *Becker* *Meyer* ⑲

Veränderungen			Löschungen		
Laufende Nummer d.Spalte 1	Betrag		Laufende Nummer d.Spalte 1	Betrag	
5	6	7	8	9	10
4	25.000,-- DM	Abgetreten mit den Zinsen seit dem 01.01.1963 an das Bankhaus Müller AG, Limburg/Lahn. Eingetragen am 01.09.1963. *Schneider* *Meuz* ⑭			
6	100.000,-- DM	Die Rechte Abt. II Nr. 1 und 4 haben der Post Abt.III Nr. 6 den Vorrang eingeräumt. Eingetragen am 30.04.1988. *Becker* *Meyer* ⑱			
7	50.000,-- DM	Die Rechte Abt. II Nr. 1 und 4 haben der Post Abt. III Nr. 7 den Vorrang eingeräumt. Eingetragen am 02.01.1992. ⑲			

Abbildung 2-109: Grundbuchblatt und die darin vorkommenden Grundbuchvorgänge (noch Dritte Abteilung)

Gruppe 01 Nr. 0752806

Muster

Deutscher Hypothekenbrief

über

30.000,-- Deutsche Mark

eingetragen im Grundbuch von

Amtsgericht Frankfurt (Main)

Bezirk 19 Band 25 Blatt 2011 Abt.III Nr. 7 (sieben)

Nr. 7: 30.000,-- DM Hypothek zu dreißigtausend Deutsche Mark; Tilgungsdarlehen; für AG Hypothekenanstalt in Wiesbaden, Wiesbaden; 7 % Zinsen jährlich; 5 % Nebenleistung einmalig; 1 % bedingte Nebenleistung jährlich; vollstreckbar nach § 800 ZPO; gemäß Bewilligung vom 02.03.1978; eingetragen am 25.05.1978.

Belastete Grundstücke:

Die im Bestandsverzeichnis des Grundbuchs unter Nr. 4, 7/zu 4 verzeichneten Grundstücke.

Frankfurt(Main), den 30.05.1978
Amtsgericht

Siegel   Müller   Roth

Vordruck A. Ausfertigung eines Hypothekenbriefs (gemeinschaftlichen Hypothekenbriefs, Teilhypothekenbriefs, Gesamthypothekenbriefs) (S. 77)   BUNDESDRUCKEREI BERLIN

Abbildung 2-109: Hypothekenbrief

5.2.6 Grenzen der Kreditbesicherung

5.2.6.1 Wirtschaftliche Bestimmungsgründe des Sicherheitenumfangs

Die Verwertung der Sicherheiten soll bei Ausfall des Schuldners ausreichen, die Kreditforderungen der Bank nebst Zinsen und Kosten abzudecken. Daher bestimmt die Kredithöhe (und Laufzeit) Umfang und Art der hereinzunehmenden Sicherheiten. Weniger Sicherheiten zu fordern, als es der Höhe des Kredits entspricht, ist nur bei entsprechend einwandfreier Bonität zu empfehlen. Aber auch weit über die Kredithöhe hinausreichende Sicherheiten sind aus wirtschaftlichen Erwägungen heraus nicht zu rechtfertigen. Zwar wären nach den AGB nicht benötigte Sicherheiten auf Anforderung an den Kreditnehmer zurückzugeben. Jedoch ist bei einer solchen „Übersicherung" immer zu bedenken, dass es nicht im Interesse der Bank liegen kann, wenn sie den Kunden in seiner wirtschaftlichen Dispositionsfreiheit einengt. Zwischen nicht ausreichender und zu weitgehender Besicherung das richtige Maß zu finden, erfordert bei den unterschiedlichen Sicherheiten differenzierte Überlegungen.

Grundpfandrechte als Sicherheiten spielen nicht nur im Hypothekengeschäft oder in der Baufinanzierung eine Rolle, sondern sind im gesamten Kreditgeschäft gebräuchlich. Sollen die Kredithöhe und der Umfang der Sicherheiten in Einklang gebracht werden, dann sind die belasteten Grundstücke beziehungsweise die grundstücksgleichen Rechte zu bewerten. Soweit dies im Rahmen des Realkreditgeschäfts von Hypothekenbanken zu tun ist, gelten die einschlägigen Vorschriften des Hypothekenbankgesetzes, auf die im Abschnitt 5.3.1.5 näher eingegangen wird. Andere langfristige Objektfinanzierungen im Zusammenhang mit Grundvermögen unterliegen nicht den strengen gesetzlichen Vorschriften über die Ermittlung eines Beleihungswerts oder Verkaufswerts; vielmehr ist das Ausmaß der Finanzierung eine geschäftspolitische Entscheidung. Anhaltspunkte für Beleihungsgrenzen sind hier meistens die Gesamtanschaffungs- oder Gesamtherstellungskosten.

Für die Ermittlung der Finanzierungsobergrenze bei privatem Wohneigentum wird meist ein Abschlag vom Kaufpreis oder von den nachgewiesenen Gesamtherstellungskosten vorgenommen. Banken beleihen in der Regel maximal 80 bis 90 Prozent des Verkehrswertes, der Rest ist durch Eigenkapital aufzubringen.

Objektbewertung und grundpfandrechtliche **Sicherungsvereinbarungen** bei gewerblich genutzten Objekten sind erheblich komplizierter. Häufig ist ein Firmengelände in Parzellen aufgeteilt, sodass grundsätzlich zu klären ist, an welchen Parzellen Grundpfandrechte zu bestellen sind. Statt eines Sachwertes (Boden- und Bauwert) wird bei gewerblich genutzten Objekten der Ertragswert als Beleihungswert ermittelt.

Im Firmenkundengeschäft werden gelegentlich alle Kredite einer Bankengruppe über einen **Sicherheitenpool** gedeckt. Die einzelnen Banken sind dann an einem „**Gleichrangrahmen**" beteiligt. Hierbei sind Abstimmungen der Gläubigerbanken untereinander über die Kredithöhe erforderlich, um nicht die Relation zwischen Sicherheiten und Kredithöhe zu verwässern.

In welchem Umfang das Bundesaufsichtsamt für das Kreditwesen Abschläge vom Zeitwert bestimmter Sicherheiten (Grundvermögen und Grundpfandrechte, Wertpapiere, Beteiligungen, Spargutenhaben und Termineinlagen, Bausparverträge, Lebensversicherungen, Edelmetalle) unter normalen Umständen für ausreichend hält, hat es in den Mitteilungen vom 29.6.1963 und vom 5.7.1977 im Zusammenhang mit Fragen zum § 18 KWG niedergelegt.

5.2.6.2 Rechtliche Schranken der Besicherung

Bei der Sicherung von Krediten besteht, wie schon erwähnt, die Gefahr der **Übersicherung:** Es werden Sicherheiten bestellt, die dem Wert nach in keinem angemessenen Verhältnis zum Kredit stehen. Dies kann auch unbeabsichtigt geschehen, zum Beispiel bei der Globalzession oder Sicherungsübereignung des Warenlagers.

Außerdem zu beachten ist die so genannte **Knebelung**: Dieser Tatbestand kann verwirklicht sein, wenn der Kreditnehmer infolge des Sicherheitenvertrages so gut wie keine wirtschaftliche Bewegungsfreiheit mehr hat, sodass die Bank faktisch als wirtschaftlicher Eigentümer des Vermögens des Schuldners anzusehen ist. Anfechtungsgrundlage für einen solchen Knebelungsvertrag ist der § 138 BGB über sittenwidrige Geschäfte. Gemäß AGB hat der Sicherungsgeber das Recht, die Freigabe von nicht benötigten Sicherheiten zu verlangen (Übersicherungsklausel).

Weitere Tatbestände sind von der Rechtsprechung gemäß § 824 BGB als **Kreditgefährdung** klassifiziert worden:

Gläubigergefährdung liegt nach BGH-Rechtsprechung vor, wenn der Kreditvertrag die Schädigung Dritter herbeiführt und die Vertragspartner dies wissen oder mit dem Vertrag sittenwidrige Ziele verfolgen. Dies ist beispielsweise in einem Fall anzunehmen, in welchem die Bank einem Kreditnehmer weiter Kredite gewährt, um ihn gegenüber anderen Gläubigern kreditwürdig erscheinen zu lassen.

Als **Konkursverschleppung** bezeichnet man den Fall, wenn ein insolvenzreifer (überschuldeter oder dauerhaft illiquider) Schuldner durch die Kreditgewährung einer Bank „am Leben gehalten" (jedoch nicht saniert) wird.

Während all diese Tatbestände Schadenersatzansprüche begründen, entsteht aus dem § 419 BGB der Haftungstatbestand der **Vermögensübernahme**: Der Kreditnehmer hat im Rahmen eines Sicherungsvertrages sein ganzes oder nahezu sein ganzes Vermögen auf die Bank übertragen. Aus § 419 BGB haftet die Bank dann als Gesamtrechtsnachfolgerin auch für die früher entstandenen Verbindlichkeiten des Kreditnehmers.

5.3 Kreditarten

Aus der Vielzahl der Dienstleistungen im Kreditgeschäft sollen die wichtigsten nach den Unterscheidungsmerkmalen Kreditnehmer, Laufzeit, Verwendungsbezogenheit dargestellt werden.

Individualkredite und **standardisierte Kredite** (**Mengengeschäft**) kommen sowohl im **Privatkunden-** als auch im **Firmenkundengeschäft** vor. Insbesondere im Mengengeschäft tragen die Kredite häufig verkaufswirksam griffige Namen, bei denen jedes Institut seine Phantasie spielen lassen kann (etwa der „Dispo 2000" aus dem Bausparsektor).

Eine Systematik der Kreditarten nach Fristigkeit ergibt das folgende Bild:

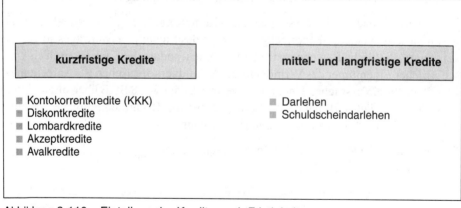

Abbildung 2-110: Einteilung der Kredite nach Fristigkeiten

Nach der Art des Mitteleinsatzes der Bank unterscheidet man

- **Geldleihe** (KKK, Diskontkredit, Lombardkredit und Darlehen),
- **Kreditleihe** (Akzeptkredit und Avalkredit),
- **Treuhandkredit,**
- **Sonderformen,** wie **Leasing** und **Factoring**, die im klassischen Sinn zwar keine Bankgeschäfte sind, mittlerweile aber einen bedeutenden Teil der Investitionsfinanzierung abdecken.

5.3.1 Geldleihgeschäfte

Bei Geldleihgeschäften legen die Banken Kundeneinlagen ertragsbringend an – im kurzfristigen Kreditgeschäft vor allem als Kontokorrent, Lombard- und Diskontkredit, im mittel- und langfristigen Kreditgeschäft als Darlehen.

5.3.1.1 Kontokorrentkredite

DEFINITION

Ein **Kontokorrentkredit** ist ein Bankkredit, der vom Kunden je nach Bedarf in wechselndem Umfang bis maximal zu der vereinbarten Höchstgrenze in Anspruch genommen werden kann. Die Abrechnung der Zahlungseingänge und Zahlungsausgänge des Kunden erfolgt in bestimmten Zeitabständen zusammen mit der Abrechnung des Kredits auf einem von der Bank geführten Kontokorrentkonto.

Ein Kontokorrentkredit ist also ein Buchkredit, bei dem der Kreditnehmer über den Kreditbetrag sofort in voller Höhe verfügen, ihn aber auch nur teilweise oder überhaupt nicht in Anspruch nehmen kann. Es steht dem Kreditnehmer frei, den Kreditbetrag für Barabhebungen, Überweisungen, Scheckziehungen, Effekten- oder Devisenkäufe zu verwenden.

Charakteristisch für den Kontokorrentkredit ist die **schwankende Höhe der Inanspruchnahme**. Diese ergibt sich dadurch, dass auf dem Kontokorrentkonto des Kunden meistens sein gesamter Zahlungsverkehr abgewickelt wird und dadurch Gutschriften und Lastschriften gebucht und saldiert werden; folglich ändert sich der Kontostand und damit zugleich der tatsächlich in Anspruch genommene Kreditbetrag nach jeder Buchung.

Ein weiteres Merkmal des Kontokorrentkredits ist sein **formal kurzfristiger Charakter**. Kontokorrentkredite laufen aber durch ständige Prolongationen meist jahrelang und sind deshalb de facto oftmals längerfristiger Natur. Die Banken könnten einen erheblichen Teil ihrer Kontokorrentkredite gar nicht kurzfristig zurückrufen, ohne ihre Kreditnehmer in ernste Schwierigkeiten zu bringen. Um überhaupt zu gewährleisten, dass die Kontokorrentkredite von den Kreditnehmern innerhalb eines angemessenen Zeitraums zurückgeführt werden, ist es daher wichtig, auf die vereinbarungsgemäße Verwendung zu achten. Werden zum Beispiel kurzfristige Kreditmittel für Investitionszwecke benutzt, so besteht die Gefahr, dass der Kredit „einfriert", und „eingefrorene Kredite" stellen immer eine liquiditätsmäßige Belastung für die Bank dar.

Die Kontokorrentkredite dienen den Firmenkunden im Wesentlichen zur Finanzierung der Produktion und des Warenumschlags und werden auch als **Betriebsmittelkredite, Produktionskredite, Umsatz-, Umschlags- oder Umlaufkredite** bezeichnet.

Der Einsatz der Mittel im Umlaufvermögen bietet keine Gewähr dafür, dass die Kredite kurzfristig zurückgezahlt werden können, weil normalerweise bei keinem Unternehmen kurzfristig eine erhebliche Verminderung des Umlaufvermögens möglich ist, ohne wirtschaftliche Schwierigkeiten hervorzurufen. Die tatsächlichen Möglichkeiten der Kreditrückführung sind vielmehr auch beim Kontokorrentkredit in erheblichem Maße davon abhängig, in welchem Umfang der Kreditnehmer in der Lage ist, liquide Mittel freizusetzen.

Kontokorrentkredite werden daneben häufig als **Saison-, Überbrückungs- oder Zwischenfinanzierungskredite** gewährt. Diese Kredite sind nicht nur formell, sondern auch in materieller Hinsicht durch ihren Verwendungszweck kurzfristiger Natur.

1. **Zwischenkredite** dienen der Finanzierung ausstehender Zahlungen, wie zum Beispiel Steuererstattungen, Erlösen aus Grundstücksverkäufen, zugesagten langfristigen Darlehensmitteln usw.

2. **Saisonkredite** werden zur Deckung eines regelmäßig wiederkehrenden besonders hohen Kapitalbedarfs gewährt. Vielfach sind sie eine Eigentümlichkeit bestimmter Branchen, bei denen sich das Hauptgeschäft auf bestimmte (Jahres-) Zeiten konzentriert (Ernte, Weihnachtsgeschäft, Tourismus).

3. **Überbrückungskredite** sollen vorübergehende, übersehbare, einmalige Liquiditätsanspannungen überwinden helfen.

Rechtliche Grundlagen

Gesetzliche Grundlage für jeden Kontokorrentkredit sind zunächst die Bestimmungen über das Darlehen (§§ 607 ff. BGB). Bei diesen schuldrechtlichen Vorschriften handelt es sich jedoch um abdingbares Recht, also nicht um zwingende Rechtsnormen. Die Bestimmung des bürgerlichen Rechts finden daher nur Anwendung, sofern keine besonderen vertraglichen Vereinbarungen getroffen werden. Im Kreditgeschäft der Banken gelten deshalb anstelle der bürgerlich-rechtlichen Vorschriften über das Darlehen in erster Linie die einzeln im Kreditvertrag und generell in den **Allgemeinen Geschäftsbedingungen** getroffenen Vereinbarungen. Für den Kontokorrentkredit kommen die Vorschriften des Handelsgesetzbuches über das Kontokorrent hinzu. **Von besonderer Bedeutung** für das Verständnis des Kontokorrentverkehrs **ist der § 355 Abs. 1 HGB:**

„Steht jemand mit einem Kaufmann derart in Geschäftsverbindung, dass die aus der Verbindung entspringenden beiderseitigen Ansprüche und Leistungen nebst Zinsen in Rechnung gestellt oder in regelmäßigen Zeitabschnitten durch Verrechnung und Feststellung des für den einen oder anderen Teil sich ergebenden Überschusses ausgeglichen werden (laufende Rechnung, Kontokorrent), so kann derjenige, welchem bei dem Rechnungsabschluss ein Überschuss gebührt, von dem Tage des Abschlusses an Zinsen von dem Überschuss verlangen, auch soweit in der Rechnung Zinsen enthalten sind."

Abgesehen davon, dass mit dieser Bestimmung – im Gegensatz zur sonstigen Gesetzespraxis – das **Zinseszinsverbot für Kontokorrentkonten aufgehoben** wird, enthält sie die rechtlich wesentlichen **Merkmale des Kontokorrent**, nämlich

1. die **Kaufmannseigenschaft** mindestens eines Partners,

2. das Bestehen einer Geschäftsverbindung mit der **gegenseitigen Verrechnung beiderseitiger Ansprüche und Leistungen,**

3. die **Maßgeblichkeit des Überschusses** (Saldo) und

4. die Feststellung des Überschusses in **regelmäßigen Zeitabständen.**

Mit der Feststellung des Saldos gehen die Einzelforderungen unter, das heißt, sie können nicht mehr selbstständig geltend gemacht, verpfändet oder aufgerechnet werden. In der Praxis ist es üblich, debitorische Konten mindestens zweimal im Jahr (zum 30.6. und 31.12.) abzuschließen; bei größeren debitorischen Konten erfolgt der Abschluss meist vierteljährlich oder monatlich. Der Kunde hat diese Rechnungsabschlüsse zu prüfen und Einwendungen innerhalb eines Monats nach Zugang abzusenden. Die Unterlassung rechtzeitiger Einwendungen gilt als Genehmigung des Abschlusses. Gesetzliche Ansprüche bei begründeten Einwendungen nach Fristablauf bleiben jedoch unberührt.

Neben den Bestimmungen des BGB und HGB gelten für die Abwicklung des Kontokorrentkredits die **Allgemeinen Geschäftsbedingungen (AGB)** der betreffenden Bank.

Die AGB verstärken die Rechtsstellung der Bank gegenüber ihrem Kreditnehmer und geben der Bank insbesondere die Möglichkeit, sich aus den ihr zugehenden Vermögenswerten zu befriedigen, sofern der Kredit nicht termingerecht zurückgezahlt wird. So dienen zum Beispiel alle in den Besitz oder die Verfügungsgewalt einer Bank gelangenden Wertgegenstände (zum Beispiel Wertpapiere, Sammeldepotanteile, Schecks, Wechsel, Devisen, Waren, Konnossemente, Bezugsrechte und sonstige Rechte einschließlich der Ansprüche des Kunden gegen die Bank selbst), soweit gesetzlich zulässig, als Pfand für alle (auch bedingten oder befristeten) Ansprüche der Bank gegen den Kunden und seine Firma, unabhängig davon, woraus diese Ansprüche entstanden oder auf die Bank übergegangen sind. Dabei spielt es auch keine Rolle, ob die Bank den mittelbaren oder unmittelbaren Besitz, die tatsächliche oder rechtliche Verfügungsgewalt über die Wertgegenstände erlangt hat.

Daneben ist für das Kontokorrent die AGB-Bestimmung bedeutsam, dass dann, wenn ein Kunde mehrere Konten bei der Bank unterhält, jedes Kontokorrentkonto ein selbstständiges Kontokorrent bildet (so genannte **Selbstständigkeitsklausel**). Die Anwendung des Selbstständigkeitsprinzip kommt zum Beispiel darin zum Ausdruck, dass für jedes Kontokorrentkonto eine eigene Zinsstaffel geführt wird und eine getrennte Zinsberechnung erfolgt.

Auf Kredite an Privatpersonen sind die Schutzvorschriften des Verbraucherkreditgesetzes anzuwenden, wenn die Kreditaufnahme für persönliche Zwecke erfolgt (vgl. Abschnitt 5.1.4).

Technik des Kontokorrentkredits

Bevor dem Kunden ein Kredit eingeräumt wird, muss sein Kreditantrag bankintern beurteilt und von Mitarbeitern mit entsprechender Kompetenz genehmigt werden.

Bei kleineren Krediten genügt im Allgemeinen ein Vermerk des Kundenberaters auf der Kontokarte. Das Konto darf dann einen Sollsaldo bis zur Höhe des zugesagten Kredits aufweisen, und der jeweilige Sollsaldo gibt Aufschluss über die tatsächliche Inanspruchnahme des Kredits.

Bei größeren Krediten, die für die gesamte Laufzeit entweder voll in Anspruch genommen werden oder in regelmäßigen Abständen getilgt werden, ist es ratsam, den Kreditbetrag einem Sonderkonto zu belasten (englische Buchungsmethode) und dem laufenden Konto (Kontokorrentkonto) des betreffenden Kreditnehmers gutzuschreiben. In diesem Fall soll auf dem Kontokorrentkonto niemals ein Sollsaldo erscheinen.

Die **Sicherung** stellt eine der wichtigsten Arbeiten bei der Abwicklung der Kontokorrentkredite dar. Grundsätzlich sind alle banküblichen Sicherheiten geeignet. Nur bei Kreditnehmern mit bester Bonität werden Kontokorrentkredite als Blankokredite (ungedeckte Personalkredite), also ohne zusätzliche Sicherheiten, eingeräumt. In einem solchen Fall wird sich die Bank unter Umständen eine so genannte **Negativerklärung** geben lassen, in der sich der Kreditnehmer unter anderem verpflichtet, seinen Grundbesitz weder zu veräußern noch zu belasten, Dritten keine Sicherheiten zu bestellen und anderweitig keine Kredite und Darlehen aufzunehmen (Grundsatz der Gleichbehandlung); ausgenommen ist hierbei die Aufnahme von Lieferantenkrediten und die Sicherung dieser Kredite durch Eigentumsvorbehalt.

Wird ein Kredit ausdrücklich als „Blankokredit" oder „Kredit ohne Sicherheiten" bezeichnet, kann dies als Verzicht auf das AGB-Pfandrecht interpretiert werden. Gebräuchlich ist daher bei Krediten, bei denen zumindest das AGB-Pfandrecht gelten soll, im Kreditbestätigungsschreiben folgende Formulierung: „Für die Sicherheitenbestellung wurden keine gesonderten Absprachen getroffen, im Übrigen gilt die Pfandklausel der AGB."

Mit der **Gewährung eines Kontokorrentkredits** wird **Giralgeld geschaffen**, und zwar im Augenblick der Kreditzusage, weil durch die Kreditzusage für die Bank die unbedingte Verpflichtung entsteht, auf Anforderung für den Kreditnehmer Zahlung zu leisten. Für den Bankkunden ist es hinsichtlich seiner finanziellen Verfügungsmöglichkeiten unerheblich, ob er über vorhandene Sichteinlagen oder über einen zugesagten Kreditrahmen verfügen kann.

Weil mit der Kreditzusage Giralgeld geschaffen wird, müssen die Banken für ihre zugesagten, aber noch nicht in Anspruch genommenen Kredite **Liquiditätsvorsorge** treffen. Außerdem ist die Liquiditätsvorsorge nicht nur auf den Betrag der zugesagten, noch nicht in Anspruch genommenen Kredite abzustellen, sondern es ist auch mit Kredit- beziehungsweise Kontoüberziehungen zu rechnen. Die Bank entscheidet jeweils im Einzelfall, ob sie weitere Verfügungen zulassen will, wenn der zugesagte Kredit dadurch überzogen wird.

Der **bilanzmäßige Ausweis** der in Anspruch genommenen Kontokorrentkredite erfolgt unter der Position 4 „**Forderungen an Kunden** mit vereinbarter Laufzeit oder Kündigungsfrist". Ist der Schuldner ein Kreditinstitut, erfolgt der Ausweis im Jahresabschluss unter der Position 3a „**Forderungen an Kreditinstitute**; täglich fällig".

Bedeutung des Kontokorrentkreditgeschäfts für Aufwand und Ertrag

Die Erträge des Kontokorrentgeschäfts setzen sich zusammen aus den **Werterträgen**, zu denen Zinsen und zinsähnliche Provisionen (Kreditprovision, Bereitstellungsprovision, Überziehungsprovision) gehören, und den **Betriebserträgen**, die aus der Umsatzprovision beziehungsweise der Kontoführungsgebühr und ähnlichem bestehen. Die Art der Zins- und Provisionsberechnung ergibt sich aus dem Kreditvertrag.

Entscheidend für die Festsetzung der Kreditkosten ist mithin die **Marktstellung des Kunden**, das heißt, die Konditionen können von Fall zu Fall voneinander abweichen und müssen unter Umständen sogar beim gleichen Kunden von Zeit zu Zeit korrigiert werden. Aus der Vielfalt der Möglichkeiten haben sich zwar so genannte **Normalkonditionen** herausgebildet. Die Praxis zeigt jedoch, dass viele Kunden nicht bereit sind, diese Sätze zu akzeptieren – zumal dann, wenn der Kredit genügend abgesichert werden kann. Gleichwohl werden im Allgemeinen der Diskontsatz der Bundesbank oder die Kosten, die den Kreditinstituten aus dem Passivgeschäft erwachsen, für den zu berechnenden Sollzins als Orientierung angesehen. Dabei dürfen aber die einzelnen Arten der Kreditkosten nicht isoliert betrachtet werden.

Im Allgemeinen werden heute der Sollzinssatz und eine eventuelle Kreditprovision als Einheit gesehen. Das hat in nahezu allen Fällen dazu geführt, dass man auf eine Kreditprovision überhaupt verzichtet und statt dessen einen so genannten **Nettozinssatz** berechnet.

Im Einzelnen sind beim Kontokorrentkredit folgende Erlösarten zu unterscheiden:

Erlösart	Formulierungsbeispiel/Berechnungsgrundlage
Sollzinsen	Sollzinsen werden für den in Anspruch genommenen Kredit berechnet. Die Höhe der Sollzinsen richtet sich danach, ob daneben noch eine Kreditprovision (siehe unten) gerechnet wird. Meist gilt unter Verzicht auf eine Kreditprovision als Normalkondition für Kontokorrentkredite ein so genannter Nettosatz. Dispositionskredite an Privatkunden werden grundsätzlich zum Nettosatz abgerechnet. Im Firmenkundengeschäft wird die Zusage teilweise an den von der Bundesbank veröffentlichten Basiszinssatz zuzüglich eines Aufschlags geknüpft. In einigen Geschäftsbereichen auch an den EURIBOR mit einem Zuschlag.
Überziehungs-provision	Die Überziehungsprovision wird neben den Sollzinsen dann berechnet, wenn ein gewerblicher Kreditnehmer Kredite ■ ohne ausdrückliche Vereinbarung oder ■ über den vereinbarten Betrag hinaus oder ■ über den vereinbarten Termin hinaus in Anspruch nimmt (**Kontoüberziehungen**). Wird Überziehungsprovision in Rechnung gestellt, kann auf den überzogenen Betrag nicht noch außerdem eine Kreditprovision berechnet werden. Normalerweise beträgt der Satz für die Überziehungsprovision 3 bis 4,5 Prozent p.a. Überzieht ein **Privatkunde** (im Sinne des Verbraucherkreditgesetzes) sein Konto, wird statt des „normalen" Zinssatzes für die Überziehung der **„Zinssatz für eine geduldete Überziehung"** berechnet. Die Berechnung einer Überziehungsprovision ist bei Verbraucherkrediten nicht zulässig.
Umsatzprovision oder Kontoführungsgebühr	Die Provision ist ein Entgelt für die mit der Kontoführung verbundenen Grundleistungen. Sie ist daher kein originärer Ertrag aus dem Kreditgeschäft, denn sie fiele auch dann an, wenn der Kunde entsprechende Beträge aus seinem Guthaben umgesetzt hätte. Die Berechnung der Umsatzprovision erfolgt heute nur noch vereinzelt danach, welchen Umsatz ein Kontokorrentkonto aufweist (zum Beispiel 0,1 Prozent auf die größere Kontoseite).

	Meistens jedoch werden Postenentgelte in Rechnung gestellt, das heißt, für die verschiedenen Geschäftsvorfälle werden unterschiedliche Preise pro Buchung berechnet. Lediglich für die ständige Bereitstellung eines Kontos, die auch dann notwendig ist, wenn das Konto nicht genutzt wird, verlangen die Institute unterschiedlich hohe Grundgebühren. Für Privatkonten haben sich in letzter Zeit Gebührenpauschalen für eine begrenzte Zahl von Buchungsposten und sonstigen Leistungen herausgebildet.
Barauslagen und Kosten für zusätzliche Bankleistungen	Kosten, die im Zusammenhang mit der Kreditgewährung entstehen (zum Beispiel Einholung einer Büroauskunft/Erstellung von Handelsregister- oder Grundbuchauszügen), werden in ihrer tatsächlichen Höhe dem Kreditnehmer gesondert in Rechnung gestellt. Das gilt auch für die Berechnung der Postzustellkosten, zum Beispiel Anzahl der zugestellten Kontoauszüge · Briefporto.
Kreditprovision/ Bereitstellungsprovision	Die Kreditprovision als Bereitstellungsprovision wird vor allem im langfristigen Kreditgeschäft bei nicht termingerechter Inanspruchnahme berechnet. Nach der Preisangabenverordnung vom 14.3.1985 sind Kreditprovisionen auf die nicht in Anspruch genommenen Zusagen nicht in die Kreditkosten einzubeziehen.

Abbildung 2-111: Erlösarten beim Kontokorrentkredit (Fortsetzung)

Am Beispiel einer Quartalsabrechnung sollen diese Zusammenhänge verdeutlicht werden:

9 Prozent Zinsen aus 2.722 Zinszahlen	68,05 DM S
½ Prozent Zinsen aus 651 Zinszahlen	0,90 DM H
Grundpreis für 3 Monate à 2,75 DM	8,25 DM S
Postenentgelte:	
3 Daueraufträge zu 0,25	0,75
16 Lastschriften/Abbuchungen zu 0,35	5,60
6 Verrechnungsschecks zu 0,50	3,00
15 Überweisungen zu 0,60	9,00
3 sonstige Geschäftsvorfälle zu 0,45	1,35
abzüglich Freipostenpauschale	6,00
	13,70 DM S
Saldo der Abschlusskosten	**89,10 DM S**

Abbildung 2-112: Abschlussrechnung

Scharfer Wettbewerb und hohe Transparenz haben im Geschäft mit Privatkunden zu Komplettpreismodellen geführt.

Bei den Aufwendungen im Kontokorrentgeschäft handelt es sich sowohl um **Wertkosten** (Geldbeschaffungs-, Liquiditäts- und Risikokosten) als auch um **Betriebskosten** (Kosten der Kreditbearbeitung, der Kontoführung, des Zahlungsverkehrs).

Da die Banken im Kontokorrentkreditgeschäft keine eigenen, sondern fremde Mittel einsetzen, entstehen **Kapital- beziehungsweise Geldbeschaffungskosten**. Eine genaue Ermittlung der Höhe dieser Geldbeschaffungskosten ist jedoch nur kalkulatorisch möglich, da nicht festgestellt werden kann, welche Fremdmittel dem einzelnen Kontokorrentgeschäft gegenüberstehen. Grundsätzlich kann jedoch gesagt werden, dass im Kontokorrentkreditgeschäft im Wesentlichen Sicht- und Termineinlagen eingesetzt werden.

Risikokosten resultieren daraus, dass ein Teil der Kontokorrentkredite ganz oder teilweise nicht zurückgezahlt wird, und dass Zinsen oder Provisionen nicht beglichen werden. Ihren Ausdruck finden diese Risiken in der Bildung von **Einzelwertberichtigungen**.

Betriebskosten fallen beim Kontokorrentkredit durch die Bearbeitung der Kreditanträge, die Verwaltung der Sicherheiten und die kontomäßige Erfassung der Kontokorrentkredite an.

Schließlich entstehen den Banken Kosten aus der **Liquiditätsvorsorge**, weil sie für noch nicht in Anspruch genommene Kredite liquide Mittel bereit halten müssen.

5.3.1.2 Konsumentenkredite auf Ratenbasis

Der Ratenkredit ist im Vergleich zu den übrigen Geldleihgeschäften eine relativ junge Erscheinungsform im Kreditgeschäft der Banken, die erst in den letzten 40 Jahren in Deutschland eine wachsende Bedeutung erlangt hat. Er dient im Wesentlichen der Konsumgüterfinanzierung.

> **DEFINITION**
>
> Der **Ratenkredit** ist ein Barkredit, der vorwiegend Lohn- und Gehaltsempfängern als Konsumentenkredit gewährt wird und auf die persönlichen Verhältnisse des Kreditnehmers abstellt.

Laufzeit, Kredithöhe und Kreditkosten sind bei den einzelnen Banken **normiert**. Die **Tilgung** erfolgt **in festen monatlichen Raten**, die Mittelzuwendung erfolgt frei oder zweckgebunden.

Der Ratenkredit, der in der Praxis auch unter der Produktbezeichnung Privatdarlehen, Anschaffungsdarlehen, Kaufkredit, persönliches Darlehen und Ähnlichem angeboten wird, dient vor allem der Anschaffung langlebiger Gebrauchsgüter, aber auch Wohnungs- und Hausreparaturen oder Reisen können damit finanziert werden.

Ratenkredite werden vorwiegend von Arbeitnehmern in Anspruch genommen. Bei ihnen kann der Gehalts- beziehungsweise Lohnnachweis relativ leicht erbracht werden. Der Kredit gründet sich demnach auf die **Person** und das **sichere Einkommen** des Kreditnehmers sowie auf ein angemessenes Verhältnis zwischen dem Einkommen und den laufenden festen Ausgaben. Die Höhe der monatlichen Rate sollte den **pfändbaren Teil des Einkommens** nicht übersteigen.

In der Bankpraxis sind folgende Bedingungen üblich:

Kredithöhe:	bis zu 50.000 DM
Laufzeit:	bis zu 72 Monaten
Kreditkosten:	entweder als Festsatz zum Beispiel 0,6 Prozent p. M. vom ursprünglichen Kreditbetrag zuzüglich 2 Prozent Bearbeitungsgebühr oder als variabler Zinssatz oder fester Zinssatz zum Beispiel 14 Prozent p. a. auf die jeweilige Darlehensschuld zuzüglich 2 Prozent Bearbeitungsgebühr.

Um dem Verbraucher eine bessere Vergleichsmöglichkeit der verschiedenen Kreditangebote zu ermöglichen, ist jeder Kreditgeber, der Verbrauchern (außer Selbstständigen und Gewerbetreibenden) Kredite anbietet oder mit der Kreditvergabe wirbt, verpflichtet, den **Effektivzins** nach § 4 VerbrKrG zu nennen.

Folgende Faktoren fließen in den Effektivzinssatz mit ein:
- Sollzinssatz,
- Bearbeitungsgebühr,
- Vermittlungsprovisionen (wobei dem Kunden diese Provision nicht direkt, sondern in der Regel indirekt über eine höhere Bearbeitungsgebühr belastet wird),
- Disagio,
- Zahlungstermine (zum Beispiel monatliche Abschlagszahlungen),
- Verrechnungstermine (zum Beispiel Tilgungsverrechnung jeweils zum Jahresende),
- Zinsstellungstermine (zum Beispiel Kontoabschluss monatlich).

Nicht berücksichtigt werden folgende Faktoren:
- Kontoführungsgebühren,
- Bereitstellungsprovision, die bei verspäteter Kreditinanspruchnahme anfällt,
- Kosten der Sicherheitenbestellung,
- Kosten, die bei nicht vertragsgemäßer Rückzahlung entstehen (Mahnungen).

Wurde mit dem Kunden ein variabler Zinssatz vereinbart, muss die Bank den **anfänglichen effektiven Jahreszins** angeben. Sind Kreditlaufzeit und Zinsfestschreibungsdauer identisch, wird der **effektive Jahreszins** genannt.

Ein Effektivsatz muss nicht angegeben werden, wenn außer dem Sollzins keine weiteren preisbestimmenden Faktoren in Rechnung gestellt werden und das Konto nicht öfter als viermal jährlich abgeschlossen wird. Dies betrifft vor allem die laufenden (Gehalts-)Konten der Privatkundschaft mit Dispositionskredit.

Rechtliche Grundlagen

Rechtsgrundlage für das Ratenkreditgeschäft sind die Vorschriften des BGB über das Darlehen (§§ 607 ff.). Spezielle Regelungen enthält das **Verbraucherkreditgesetz (VerbrKrG)**. Die zwingenden Vorschriften des Verbraucherkreditgesetztes für das Ratenkreditgeschäft sind:

- **Schriftform** für den Kreditvertrag mit einer detaillierten Aufzählung notwendiger Angaben (§ 4),

- **Aufklärung über das Widerrufsrecht** des Kunden (eine Woche ab Vertragsannahme, § 7),

Teilzahlungskreditinstitute vereinbaren darüber hinaus eigene „**Darlehensbedingungen**", die bei Geschäftsabschluss Bestandteil des Kreditvertrages werden.

Technik des Ratenkredits

Im Beratungsgespräch wird mit dem Kunden ein Antrag ausgefüllt, mit Angaben über die Person und die wirtschaftlichen Verhältnisse, die gewünschte Kredithöhe und den Verwendungszweck.

Besondere Beachtung wird dabei der Höhe des Einkommens, dem Vermögen und den Schulden, insbesondere den bereits bestehenden Abzahlungsverpflichtungen, geschenkt. Die Angaben im Kreditantrag werden **belegt** durch Vorlage des **Personalausweises**, einer Bescheinigung über das **Beschäftigungsverhältnis** und die letzte **Lohn- oder Gehaltsabrechnung**.

Der Kunde verpflichtet sich ausdrücklich zur Rückzahlung des beantragten Kredits und erkennt mit seiner Unterschrift die Kreditbedingungen auf der Rückseite des Formulars an. Antragsteller und Mitantragsteller haften für diesen Kredit als Gesamtschuldner und bevollmächtigen sich mit ihrer Unterschrift gegenseitig zu allen mit diesem Kredit zusammenhängenden Rechtshandlungen und Erklärungen.

Die Genehmigung oder Ablehnung des Kreditantrages hängt vom Ergebnis der **Kreditfähigkeits- und Kreditwürdigkeitsprüfung** ab, die sich – wie bei den anderen Kreditarten – auf die persönlichen, rechtlichen und wirtschaftlichen Verhältnisse des Kreditnehmers erstreckt.

Frankfurter Volksbank eG
Börsenstr. 1
60313 Frankfurt

                      Frankfurter Volksbank eG
                      Börsenstr. 1
                      60313 Frankfurt
                      Unser Zeichen: ktz

                      Ihr Ansprechpartner :
                      Herr Kreutz
                      1369

Sehr geehrte Kundin,
Sehr geehrter Kunde,

wir freuen uns über Ihr Interesse.
Unverbindlich und freibleibend bieten wir Ihnen folgendes Darlehen an:

Art des Geschäfts :		Neugeschäft	
Datum der Auszahlung :		07.07.2000	
Gesamtlaufzeit :		4.00	Jahre
Gesamtlaufzeit bis :		07.07.2004	
Der Zins ist :		fest Gesamtlaufzeit	

Details zur Restkreditversicherung:
Es werden die Tarife der R+V zugrundegelegt.
Tarif: RKF mit AU (fallend mit Arbeitsunfähigkeitszusatz)

Versicherungstechnisches Geburtsdatum:		20.07.1958	
Geschlecht der versicherten Person:		männlich	
Laufzeit der Versicherung:		48	Monate
Versicherte Summe:		38.712,00	DEM

Effektive Auszahlung:			30.000,00	DEM
+ Gebühr als Abschlag:	0.00	%	0,00	DEM
+ Disagio:	0.00	%	0,00	DEM
Nominalbetrag:			30.000,00	DEM
+ Gebühr als Aufschlag:	2.00	%	624,70	DEM
+ RK-Versicherung - Verrechnen:			1.234,90	DEM
Zu verzinsendes Kapital:			31.859,60	DEM
Auszahlungsbetrag :			30.000,00	DEM

Nominalzins :	10,000	%

Abbildung 2-113:   Antrag auf ein Privatdarlehen

Restschuld :	-0,03	DEM
Restschuld incl. Restzins :	-0,03	DEM
Anzahl Annuitäten (Raten) p.a. :	12	
Nächste Annuität (mit Tilgung) am :	30.07.2000	
Anzahl Tilgungsanrechnungen p.a. :	12	
Nächste Tilgungsanrechnung am :	30.07.2000	
Anzahl Zinsverrechnungen p.a. :	12	
Nächstes Zinsperiodenende am :	30.07.2000	
Höhe der 1. Rate :	voll	
Anfängliche Tilgung :	20,376	%
Ratenhöhe ab Tilgungsbeginn :	806,48	DEM
Effektivzins :		
PAngV :	11,701	%

Abbildung 2-113: Antrag auf ein Privatdarlehen (Fortsetzung)

Annuitätendarlehen

Zusammenstellung des Gesamtbetrages aller Zahlungen

Ermittlung des Nettokreditbetrages:

Details zur Restkreditversicherung:
Es werden die Tarife der R+V zugrundegelegt.
Tarif: RKF mit AU (fallend mit Arbeitsunfähigkeitszusatz)

Versicherungstechnisches Geburtsdatum:			20.07.1958	
Geschlecht der versicherten Person:			männlich	
Laufzeit der Versicherung:			48	Monate
Versicherte Summe:			38.712,00	DEM
Effektive Auszahlung:			30.000,00	DEM
+ Gebühr als Abschlag:	0.00	%	0,00	DEM
+ Disagio:	0.00	%	0,00	DEM
Nominalbetrag:			30.000,00	DEM
+ Gebühr als Aufschlag:	2.00	%	624,70	DEM
+ RK-Versicherung - Verrechnen:			1.234,90	DEM
Zu verzinsendes Kapital:			31.859,60	DEM
Auszahlungsbetrag :			30.000,00	DEM

Nettokreditbetrag :	31.234,90	DEM

Gesamtkostenzusammenstellung

Summe aller Zinsen :	6.851,60	DEM
Summe aller Tilgungen :	31.859,60	DEM
davon		
- Tilgung durch Ratenzahlung :	31.859,63	DEM
- Tilgung durch Restschuldzahlung :	-0,03	DEM
Gesamtbetrag aller Zahlungen :	38.711,20	DEM

Abbildung 2-113:   Antrag auf ein Privatdarlehen (Fortsetzung)

Bei der Untersuchung der **persönlichen Verhältnisse** gilt das Augenmerk vornehmlich der familiären und beruflichen Situation des Antragstellers. Auch dessen **persönlicher Eindruck** ist ein **wichtiges Element bei der Kreditentscheidung**.

Die Analyse der **wirtschaftlichen Faktoren** zielt auf die Frage, ob der Kreditnehmer auf Grund seiner Einkommensverhältnisse und seiner laufenden Ausgaben in der Lage sein wird, den Kredit wie vereinbart zurückzuzahlen.

Fällt die Kreditwürdigkeitsprüfung positiv aus, sind weitere Auskünfte einzuholen, zum Beispiel von der Schufa. Liegt auch von dieser Seite keine negative Auskunft vor, wird die Bank den Kreditantrag genehmigen und mit dem Kunden einen **Tilgungsplan** vereinbaren: Kreditbetrag, Bearbeitungsgebühr und Zinsen werden addiert; der Gesamtbetrag daraus wird durch die Anzahl der vereinbarten Monatsraten dividiert. In der Praxis wird der Tilgungsplan per EDV oder aus Tabellen ermittelt.

BEISPIEL

Ein Kunde beantragt einen Kredit von 15.000 DM für die Teilfinanzierung eines Pkw, der in 48 Monatsraten zurückgezahlt werden soll.

Kreditbetrag	15.000,00 DM
+ 0,6 Prozent p. M. Zinsen für 48 Monate	4.320,00 DM
+ 2,0 Prozent Bearbeitungsgebühr	300,00 DM
Tilgungssumme	19.620,00 DM
1. Rückzahlungsrate	408,75 DM
47 weitere Raten zu je	408,75 DM
Insgesamt	19.620,00 DM

Wird mit dem Kunden ein Jahreszinssatz auf den tatsächlich in Anspruch genommenen Kredit vereinbart, erfolgt die Abrechnung als **Annuitätendarlehen** mit monatlich gleichbleibenden Tilgungsraten. Mit der folgenden Überschlagsrechnung lässt sich die monatliche Rate berechnen:

$$\text{Monatsrate} = \frac{\text{Kredit} + \frac{\text{Kredit}}{\text{Laufzeitmonate}}}{\frac{2}{100}} \cdot \frac{\text{Laufzeitmonate} \cdot \text{Zinssatz}}{12}$$

in unserem Beispiel also

$$Z = \frac{15.000 \text{ DM} + \frac{15.000 \text{ DM}}{48 \text{ Monate}}}{\frac{2}{100}} \cdot \frac{48 \cdot 14\%}{12} = 56$$

Zinsen und Tilgung werden hier monatlich verrechnet. Das Ergebnis ist eine Näherungsrechnung, finanzmathematisch also nicht ganz genau.

Vom Kreditnehmer wird grundsätzlich die **Abtretung der pfändbaren Ansprüche auf Arbeitsentgelt** gemäß § 850 ZPO verlangt. Bei Beamten, Militärpersonen, Geistlichen und Lehrern an einer öffentlichen Unterrichtsanstalt ist nach § 411 BGB im Übrigen eine öffentlich oder amtlich beglaubigte Abtretungsurkunde erforderlich.

Die meisten Banken bieten bei Ratenkrediten **zusätzlich** eine so genannte **Restschuldversicherung** an, die im Falle von Arbeitsunfähigkeit oder Tod des Kreditnehmers die Rückzahlung übernimmt.

Die **Kreditüberwachung** erstreckt sich auf die Einhaltung der Kreditbedingungen; außerdem auf Änderungen in den persönlichen, rechtlichen und wirtschaftlichen Verhältnissen des Kreditnehmers. Der Kreditnehmer ist verpflichtet, dem Kreditinstitut Veränderungen seines Einkommens, seiner Arbeitsstätte und seines Wohnsitzes mitzuteilen.

5.3.1.3 Verbundene Geschäfte

Wenn ein Gegenstand, zum Beispiel ein Pkw, mithilfe des Händlers durch eine Bank finanziert wird, liegt nach § 9 VerbrKrG ein verbundenes Geschäft vor, das als eine wirtschaftliche Einheit anzusehen ist. Rechtlich schließt der Käufer sowohl einen Kaufvertrag mit dem Händler als auch einen Kreditvertrag mit der Bank. Typischerweise schließt dann der Händler mit dem Verkäufer beide Verträge. Bei Sachmängeln an der Ware stehen dem Käufer auch Ansprüche aus geleisteten Zahlungen gegenüber der Bank zu. Mit dieser Regelung sollen die Verbraucher mit Käufern gleichgestellt werden, die einen einfachen Ratenkauf mit einem Händler tätigen.

5.3.1.4 Diskontkredite

> **DEFINITION**
>
> Der **Diskontkredit** ist ein kurzfristiger Kredit, den die Bank durch den Ankauf von Wechseln vor deren Fälligkeit dem Veräußerer der Wechsel gewährt.

Im Rahmen einer eingeräumten Diskontkreditlinie kann der Kunde seiner Bank Wechsel zum Diskont einreichen, das heißt vor Fälligkeit verkaufen. Analog zum Kontokorrentkredit erfolgt vielfach eine Verlängerung der formal kurzfristigen Diskontlinie, die in der Regel zunächst für ein Jahr zugesagt wird. Prolongationen einzelner Wechsel werden hingegen nur in Ausnahmefällen vorgenommen, wenn sich zum Beispiel der Wechselschuldner vorübergehend in Zahlungsschwierigkeiten befindet oder weil eine Prolongation aufgrund der Struktur des zugrundeliegenden Geschäfts vereinbart wurde (zum Beispiel bei größeren Maschinenlieferungen mit Ratenzahlungen auf Wechselbasis).

Der **Diskontkredit dient** in erster Linie der **Finanzierung des Warenumschlags**. Insofern beschränkt sich das Diskontkreditgeschäft der Banken fast ausnahmslos auf den Ankauf von **Handels- beziehungsweise Warenwechseln**. Dabei handelt es sich zum überwiegenden Teil um Kredite an Industrie- und Großhandelsunternehmen zum Zwecke der Absatzfinanzierung.

Eine Eigenart des Diskontkredits besteht darin, dass er normalerweise nicht vom Wechseleinreicher, also dem Kreditnehmer der Bank, zurückgezahlt wird. Die Rückzahlung erfolgt vielmehr über die Einlösung des diskontierten Wechsels durch den Bezogenen. Hieraus ergibt sich, dass die **Rückführung des Diskontkredits** – sofern es sich um zahlungsfähige Bezogene handelt – **unabhängig von der finanziellen Situation des Kreditnehmers** erfolgen kann.

Rechtliche Grundlagen

Bei einem Diskontkredit handelt es sich in rechtlicher Hinsicht um einen **Kaufvertrag zwischen der Bank als Käufer und dem Kreditnehmer als Verkäufer des Wechsels** (§ 433 BGB).

Als Kaufpreis zahlt die Bank den Wechselbetrag abzüglich Zinsen, Provision und Spesen und erhält vom Kreditnehmer den ordnungsgemäß indossierten Wechsel. Insoweit gelten für das Diskontgeschäft die Vorschriften des BGB über den Kauf sowie das Wechselgesetz, das zum Beispiel die wechselseitige Haftung regelt.

Ergänzt werden diese Bestimmungen durch die **AGB**, die zum Beispiel dem Kreditinstitut die Möglichkeit geben, bei Bonitätsverschlechterung eines Wechselverpflichteten den Abschnitt vor Fälligkeit dem Einreicher zurückzugeben.

Technische Abwicklung von Diskontkrediten

Die Einräumung eines Diskontkredits erfolgt durch eine **Diskontzusage** der Bank. Grundlage einer solchen Diskontzusage sind der Kreditantrag des Kunden und die Kreditwürdigkeitsprüfung seitens der Bank.

In der Diskontzusage behalten sich die Kreditinstitute ferner vor, unter den eingereichten Wechseln eine Auswahl zu treffen und ungeeignet erscheinende Abschnitte zurückzugeben.

Die **Bearbeitung des Kreditantrages** erfolgt in ähnlicher Weise wie beim Kontokorrentkredit, da die Kreditinstitute auch beim Diskontkredit die Einräumung davon abhängig machen, dass die wirtschaftlichen Verhältnisse des Kunden offen gelegt werden. Die Bonität ihres Kreditnehmers ist für die Banken nämlich leichter zu prüfen als die der Bezogenen, auf die es eigentlich vor allem ankommt.

Ferner informieren sich die Banken in der Regel über die **Bonität des Bezogenen**, zum Beispiel durch Einholung von **Auskünften**, da eine eigene Kreditwürdigkeitsprüfung infolge fehlender Unterlagen meist nicht möglich ist. Die Auskünfte werden in der Regel ab einem Wechselbetrag von 5.000 DM bei der Bank eingeholt, die auf dem Wechsel als Zahlstelle angegeben ist, oder auch bei eigenen Filialen beziehungsweise Zweigstellen und befreundeten Banken oder bei gewerbsmäßigen Auskunfteien. Außerdem wird anhand der so genannten **Protestliste** geprüft, ob der Akzeptant zu einem früheren Zeitpunkt schon Wechsel zu Protest gehen ließ.

In der Diskontzusage wird neben den bis auf weiteres geltenden Konditionen festgelegt, bis zu welchem Gesamtbetrag das **Wechselobligo** des Kreditnehmers ansteigen darf. Der Einhaltung dieser Kreditgrenze dient das **Einreicherobligo**, das meist in Karteiform geführt wird. Es enthält – nach den Namen der Wechseleinreicher geordnet – alle diskontierten, aber noch nicht fälligen Wechsel. Dabei ist es unerheblich, ob diese Wechsel sich im eigenen Bestand der diskontierten Bank befinden oder an eine andere Bank weitergegeben wurden.

Schließlich wird mit Hilfe des **Bezogenenobligos** festgestellt, ob und in welcher Höhe bereits Wechsel desselben Akzeptanten hereingenommen wurden. Das **Bezogenenobligo** ist eine Kartei, in der, nach den Namen des Bezogenen geordnet, alle diskontierten, aber noch nicht fälligen Wechsel verzeichnet sind; dabei ist es wie beim Einreicherobligo unerheblich, ob sich die Wechsel noch im eigenen Bestand befinden oder an eine andere Bank zur Refinanzierung weitergegeben worden sind.

Führen die formellen und materiellen Prüfungen des vorgelegten Wechsels zu einem positiven Ergebnis, so wird der Wechsel angekauft. Der Wechsel wird abgerechnet, das heißt, vom Nominalbetrag werden die auf die Restlaufzeit entfallenden Zinsen (Diskont) sowie die Spesen abgezogen, und der Nettobetrag wird dem Konto des Kreditnehmers gutgeschrieben. Mit der entsprechenden Gegenbuchung wird der Wechsel selbst auf dem Wechselbestandskonto eingebucht.

Die diskontierten Abschnitte werden im so genannten **Wechselkopierbuch** eingetragen („kopiert") und mit einer laufenden Nummer versehen. Hierbei werden alle wesentlichen Einzelheiten, wie Betrag, Verfalltag, Bezogener, Aussteller, Einreicher, festgehalten. Meist wird das Wechselkopierbuch im **Loseblattverfahren oder elektronisch** geführt, sodass in einem Arbeitsgang zugleich die anderen Nebenkarteien erstellt werden können, nämlich Verfallkartei, Einreicherobligo und Bezogenenobligo.

Bis zur Fälligkeit werden die angekauften Wechsel im **Wechselportefeuille** aufbewahrt.

Wechsel im Bestand der diskontierenden Bank erscheinen in der Bilanz unter der Position 2 „**Schuldtitel öffentlicher Stellen und Wechsel**".

Für den Kunden bedeutet der Diskontkredit eine im Verhältnis zum Kontokorrentkredit billigere Finanzierungsquelle. Die Diskontierung von Wechseln ermöglicht den Kreditnehmern eine Mobilisierung ihrer Lieferantenforderungen. Sie zwingt jedoch die Wechselverpflichteten wegen der Wechselstrenge zu genauen Dispositionen und stellt die Kreditnehmer wegen der übernommenen Indossamentverbindlichkeiten gegebenenfalls vor die Aufgabe, am Fälligkeitstag nicht bezahlte Wechsel selbst einzulösen zu müssen.

5.3.1.5 Lombardkredite

DEFINITION

Der **Lombardkredit** ist ein kurzfristiges, auf einen festen Betrag lautendes Darlehen, das durch Verpfändung marktgängiger Sachen oder Rechte besonders gesichert wird.

In der Praxis üblicher ist allerdings der so genannte **unechte Lombardkredit**, der als Kontokorrentkredit bereitgestellt und durch Faustpfänder gesichert ist.

Zu den **Merkmalen** im Einzelnen:

1. **Der Lombardkredit ist ein kurzfristiger Buchkredit.** Ständige Prolongationen, (wie beim Kontokorrentkredit) sind beim **eigentlichen** Lombardkredit nicht üblich.

2. **Als Sicherheiten dienen möglichst wertbeständige, leicht realisierbare Faustpfänder**, die bei Darlehensgewährung nach bankmäßigen Gesichtspunkten beliehen werden. Ein Kredit gegen Sicherungsübereignung bestimmter Waren ist niemals ein Lombardkredit.

3. **Das Darlehen lautet über einen festen Betrag und wird meist in einer Summe ausgezahlt beziehungsweise gutgeschrieben.** Das Lombardkonto ist ein reines Kredit- beziehungsweise Forderungskonto und kein Umsatzkonto; im Gegensatz zum Kontokorrentkonto dient es daher nicht der Verrechnung gegenseitiger Ansprüche.

4. **Die Pfandgegenstände werden nicht in voller Höhe, sondern nur zu einem bestimmten, je nach Art des Pfandgegenstands unterschiedlichen Prozentsatz ihres Zeitwertes am Tage der Kreditgewährung beliehen.** Unterschreitet während der Kreditlaufzeit der aktuelle Tageswert den Wert am Tage der Kreditgewährung, ist der Kunde zur Rückführung des Kredits in den Beleihungsrahmen oder zum Nachschuss von Pfandgegenständen verpflichtet.

Der Kurzfristigkeit der Lombardkredite entspricht ihr **Verwendungszweck**. Lombardkredite werden normalerweise als Betriebsmittelkredite und insbesondere als Überziehungs- beziehungsweise Saisonkredite zur Überbrückung vorübergehender finanzieller Engpässe aufgenommen.

Rechtliche Grundlagen

Da der Lombardkredit, für den es keine speziellen Rechtsvorschriften gibt, aus zwei Geschäften besteht – nämlich einem Kreditgeschäft und einem Sicherungsgeschäft –, sind einerseits die **Vorschriften über das Darlehen** (§§ 607 ff. BGB) und andererseits die **Bestimmungen über das Pfandrecht** an beweglichen Sachen und Rechten anzuwenden. Außerdem gelten die §§ 366 bis 368 HGB sowie eine Reihe handelsrechtlicher Spezialvorschriften, wie Depotgesetz und Börsengesetz. Eine Ergänzung bilden die AGB der Kreditinstitute.

Die Vorschriften über das Darlehen werden in gleicher Weise wie beim Kontokorrentkredit angewandt.

Technische Abwicklung von Lombardkrediten

Lombardkredite werden in einer Summe einem Kreditsonderkonto belastet, der Gegenwert auf dem Kontokorrentkonto des Kunden gutgeschrieben.

In der **Bilanz** erscheinen die Lombardkredite je nach den Kreditnehmern entweder in der Position 3 „**Forderungen an Kreditinstitute**" oder in der Position 4 „**Forderungen an Kunden**".

Die technische Abwicklung eines Lombardkredits weist je nach Art der beliehenen Pfandobjekte Unterschiede auf. Folgende Formen des Lombardkreditgeschäfts sind zu unterscheiden:

Effektenlombardgeschäft

Die Beleihung von Wertpapieren ist relativ leicht zu handhaben und mit verhältnismäßig geringen Nebenkosten verbunden, da die Papiere im Streifband- oder Sammeldepot liegen und deshalb ohne Schwierigkeiten für eine Verpfändung zur Verfügung gestellt werden können.

Die **Wertermittlung** ist bei Effekten ebenfalls einfach, weil normalerweise nur amtlich notierte oder in den geregelten Freiverkehr einbezogene Papiere beliehen werden. Der Wert wird also „automatisch" börsentäglich festgestellt.

Die Sicherheit des Lombardkredits ist dadurch besonders groß, dass die **Beleihungsgrenzen** relativ niedrig gehalten werden. Die Sparkassen dürfen nach den in den letzten Jahren erlassenen Mustersatzungen mündelsichere Inhaberschuldverschreibungen bis zu 80 Prozent, sonstige Inhaberschuldverschreibungen (einschließlich Industrieobligationen) und Aktien, die an einer deutschen Börse gehandelt werden, bis zu 60 Prozent des Kurswertes beleihen. Institute des privaten Bankgewerbes beleihen inländische börsennotierte Aktien meistens bis zu 60 Prozent und inländische börsennotierte Rentenwerte bis zu 80 Prozent ihres Kurswertes.

Häufig werden so genannte **Effektenkredite** (Börsenkredite) in Form eines **unechten** Lombardkredits gewährt, und zwar in der Weise, dass der Effektenkäufer zum Beispiel nur 50 Prozent des Gegenwertes der Effekten anzuschaffen braucht und die Bank ihm gegen Verpfändung der zu kaufenden Papiere für die restlichen 50 Prozent einen Kredit gewährt. Solange die **Kurse konstant** bleiben oder steigen, sind derartige Lombardkredite ungefährdet. Bei **sinkenden Kursen** besteht jedoch die Gefahr, dass die Kunden ihre Kredite nicht zurückzahlen können. Eine Übernahme und Veräußerung der Papiere durch die Bank führt dann ebenfalls nicht zum gewünschten Erfolg, weil die Verwertungsverkäufe zu den nun niedrigeren Kursen nur mit Verlust möglich sind.

Üblich ist im Kundengeschäft die Verpfändung von Wertpapieren zugunsten eines anderen Kreditinstituts, ohne dass die Papiere übertragen werden. Das depotführende Institut bestätigt statt dessen, dass es die Werte für das begünstigte Institut gesperrt hält und für die Dauer der Verpfändung auf sein AGB-Pfandrecht an den Wertpapieren verzichtet.

Zur **Bestellung des Pfandrechts** sei noch gesagt: Die im Depot einer Bank befindlichen Wertpapiere können, egal ob Streifbanddepot oder Girosammeldepot befinden, verpfändet werden. Werden Girosammelbestandteile eines Kreditinstitutes einem anderen Kreditinstitut (Kontoinhaber bei der Wertpapiersammelbank) verpfändet, so wird dazu ein so genannter **grüner Effektenscheck** benutzt. Dabei kann es sich sowohl um die Verpfändung bankeigener Effekten als auch fremder, das heißt für die Kundschaft verwahrter, Effekten handeln.

Nach der im grünen Effektenscheck enthaltenden Anweisung belastet die Deutsche Börse Clearing AG das Konto des ausstellenden Kreditinstituts und erkennt ein Pfandkonto des Pfandgläubigers. Dieser erhält dann von der Deutsche Börse Clearing AG eine entsprechende Bescheinigung (grüne Gutschriftsanzeige). Erst wenn diese Gutschriftanzeige vorliegt, wird die kreditgebende Bank der kreditnehmenden Bank den Darlehensbetrag zur Verfügung stellen.

Nach der **Rückzahlung des Lombardkredits** erfolgt die Freigabe des verpfändeten Girosammelbestandteils in der Weise, dass die kreditgewährende Bank (Pfandgläubiger) die grüne Gutschriftsanzeige an der dafür bestimmten Stelle unterschreibt und an die Deutsche Börse Clearing AG zurück gibt. Diese bucht daraufhin den betreffenden Sammelbestandanteil auf das Konto des Verpfänders zurück und erteilt ihm Anzeige.

Warenlombardgeschäft

Warenlombardgeschäfte werden insbesondere von den in großen Hafenstädten ansässigen Geschäftsbanken durchgeführt. Für derartige Kredite eigenen sich am besten **wertbeständige, marktgängige Waren**, die an einer Warenbörse gehandelt und notiert werden, wie zum Beispiel Zucker, Getreide, Baumwolle und Kaffee.

Bei diesen Waren ist die Bewertung leicht möglich, andernfalls muss der Wert durch Sachverständige festgestellt werden.

Die **Beleihungsgrenze** liegt im Allgemeinen niedrig. In den sparkassenrechtlichen Vorschriften ist festgelegt, dass marktgängige Handelswaren gegen Verpfändung bis zu $2/3$ des von einem Sachverständigen festgestellten Handelswertes beliehen werden dürfen; bei anderen Waren beziehungsweise sonstigen beweglichen Sachen liegt die Beleihungsgrenze bei 50 Prozent.

Beim Warenlombard werden die Pfandobjekte meist nur auf den Namen der Bank in einem Lagerhaus eingelagert. Der Lagerschein wird der Bank ausgehändigt. In Ausnahmefällen bleiben die Waren unter **Mitverschluss** der Bank.

Häufig werden Waren bereits verpfändet, wenn sie sich noch auf dem Weg vom Lieferanten zum Kreditnehmer befinden. Dies gilt insbesondere für Waren aus Übersee. Die Verpfändung der Waren kann dabei zum Beispiel durch **Übergabe des Konnossements** oder Ladescheins erfolgen.

Bei allen Lombardkrediten ist darauf zu achten, dass die verpfändeten Waren auf Kosten des Kreditnehmers gegen die üblichen Risiken versichert sind (Feuer, Diebstahl, Wasser, eventuell Transportversicherung). Zweckmäßigerweise lässt sich die Bank sämtliche Rechte aus diesen Versicherungen gleichfalls verpfänden beziehungsweise abtreten.

Edelmetall-Lombardgeschäft

Das Edelmetall-Lombardgeschäft ist die geschichtlich älteste Form des Lombardkredits, hat jedoch heute ebenso wie die Beleihung von Wertgegenständen (Schmuck, Juwelen usw.) eine ganz geringe Bedeutung. Beliehen werden Münzen und Barren aus Gold, Silber und Platin im Allgemeinen bis zu 80 Prozent des Metallwertes. Dabei wird vom Feingehalt ausgegangen.

Lombardierung von Forderungen

Außer den bisher behandelten Arten des Lombardgeschäfts werden von den Banken Forderungen aller Art (zum Beispiel Sparguthaben, Forderungen aus Versicherungsverträgen, Lohn- und Gehaltsforderungen) sowie Grundschulden beliehen.

Die **Verpfändung von Grundschulden** erfolgt meist nicht im Rahmen eines echten Lombardkredits, sondern zur Sicherung eines Kontokorrent- oder Bauzwischenkredits. Häufiger ist die Gewährung eines Lombardkredits gegen Verpfändung von Sparguthaben und Forderungen aus Lebensversicherungen.

Die **Beleihung von Sparguthaben** kommt vor allem dann vor, wenn die Sparguthaben bei der kreditgewährenden Bank unterhalten werden, weil in einem solchen Fall eine Abtretung nicht möglich ist. Bei der Verpfändung eines Sparguthabens ist darauf zu achten, dass das **Sparbuch an die Bank übergeben** wird, um eine missbräuchliche Verfügung auszuschließen. Auch die Verpfändung von Guthaben bei anderen Kreditinstituten ist möglich.

5.3.1.6 Langfristiges Kreditgeschäft

> **DEFINITION**
>
> Unter das **langfristige Kreditgeschäft** fallen alle Darlehen mit einer Laufzeit von mindestens vier Jahren. Sie dienen meist der Finanzierung von Produktionsanlagen, privatem beziehungsweise gewerblichem Wohnungsbau, vereinzelt werden sie auch ohne Zweckbindung vergeben.

Nach **Art und Ausmaß der Sicherheiten** sind sie klassifizierbar als:

- Baufinanzierungskredite (Realkredite),
- Kommunaldarlehen,
- Investitionskredite.

Realkredite sind langfristige Ausleihungen, bei denen zu Gunsten der darlehensgewährenden Bank Grundpfandrechte bestellt wurden. Sie dienen überwiegend dem Wohnungsbau.

Kommunaldarlehen werden in **zwei Varianten** gewährt:

1. **Kommunaldarlehen,** bei denen die öffentlich-rechtlichen Körperschaften selbst als Schuldner auftreten und die zum Beispiel zum Bau von Krankenhäusern, Schulen, Versorgungseinrichtungen oder zum Ausbau des Verkehrsnetzes verwendet werden.

2. **Kommunaldarlehen** als Darlehen an natürliche oder juristische Personen des privaten Rechts, deren Tilgung und Verzinsung durch öffentlich-rechtliche Körperschaften verbürgt oder in sonstiger Weise gewährleistet **sind** und die insbesondere der nachrangigen Finanzierung des Wohnungsbaus dienen.

Investitionskredite dienen der Anlage- oder Vorratsfinanzierung von Unternehmen. Sie werden oft als Schuldscheindarlehen gewährt.

Rechtliche Grundlagen

Für das langfristige Kreditgeschäft maßgeblich sind die Bestimmungen über das Darlehen, bei Krediten gegen Kommunaldeckung die für die betroffenen öffentlichen Stellen geltenden Vorschriften, bei Hypothekarkrediten die Grundpfandrechte und die Grundbuchordnung.

Außerdem gibt es für einzelne Institutsgrupppen Spezialgesetze. Die privaten Hypothekenbanken müssen zum Beispiel das Hypothekenbankgesetz berücksichtigen, die öffentlich-rechtlichen Grundkreditanstalten das Gesetz über die Pfandbriefe und verwandten Schuldverschreibungen öffentlich-rechtlicher Kreditanstalten und die Bausparkassen das Bausparkassengesetz und die Bausparkassenverordnung.

Die Sparkassen haben die in den jeweiligen Ländern erlassenen **Sparkassengesetze**, die daraus abgeleiteten Beleihungsvorschriften und die Vorschriften der Mustersatzung zu beachten.

Bei allen im Realkreditgeschäft tätigen Instituten enthalten die Satzungen darüber hinaus besondere Bestimmungen über Art und Umfang der Geschäftstätigkeit. Daneben gilt für langfristige Kredite an Verbraucher das Verbraucherkreditgesetz.

Technik des langfristigen Kreditgeschäfts

Bei allen Darlehen im langfristigen Kreditgeschäft ist nach drei verschiedenen Grundformen der Tilgung zu unterscheiden:

1. **Festdarlehen** (Tilgung bei Fälligkeit),
2. **Abzahlungsdarlehen** (Tilgung eines festen Betrags, zum Beispiel 5 Prozent p. a. vom Anfangskredit oder einer festen Summe; dies führt zu sinkender Gesamtbelastung aus Zinsen und Tilgung),
3. **Annuitätendarlehen** (die jeweilige Rate bleibt während des gesamten Rückzahlungszeitraums gleich; der Tilgungsanteil wächst um die jeweils durch die Tilgung ersparten Zinsen).

Die folgenden Passagen erläutern (mit Beispielen)

- eine Wohnungsbaufinanzierung,
- eine reine Bausparfinanzierung,
- eine Verbundfinanzierung,
- einen Kommunalkredit.

Wohnungsbaufinanzierung

In den Verhandlungen mit dem Bauherrn prüft die Bank, ob die zu erwartenden finanziellen **Belastungen** nachhaltig aus den **Erträgen** des Objekts und/oder dem Einkommen des Kunden finanziert werden können. Für die Kreditentscheidung benötigt die Bank eine Reihe von Unterlagen, die am Beispiel der Bearbeitung eines Hypothekendarlehens erläutert werden.

Mit dem Kreditantrag für ein langfristiges Darlehen (einen Hypothekarkredit) reicht der Antragsteller der Bank folgende **Darlehensunterlagen** ein:

- einen aktuellen Grundbuchauszug,
- eine Abzeichnung der Flurkarte,
- die Brandversicherungsurkunde,
- den Kaufvertrag,
- Aufstellung der Einnahmen/Ausgaben,
- Aufstellung von Vermögen/Verbindlichkeiten,
- Gebäudeversicherungsnachweis.

Bei einem Neubau werden zusätzlich

- Baupläne (möglichst genehmigt)

beziehungsweise beim Kauf

- Kopie des Kaufvertrages verlangt.

Zur Sicherung des Objektes wird anhand der Flurkarte und des Grundbuchauszuges festgestellt, ob das betreffende Grundstück die angegebene Größe und Lage hat, wie die Eigentumsverhältnisse sind und ob bereits Belastungen vorliegen.

Die **Bewertung** von bebautem Grund und Boden, der in Form eines Grundpfandrechts als Kreditsicherheit dienen soll, ist nicht einfach, da der Hypothekarkredit für eine lange Zeitspanne gesichert sein muss. Grundsätzlich sind bei allen Wertfestsetzungen **nur die dauernden Eigenschaften des Grundstücks und die nachhaltigen Erträge**, die das Grundstück jedem Besitzer gewährt, zu berücksichtigen. Zu ermitteln ist somit der Beleihungswert.

Die Beleihungsgrundsätze für Sparkassen nennen als wichtigsten Wert für die Grundstücksbewertung den **Ertragswert**. Er entspricht dem **kapitalisierten Jahresreinertrag eines Grundstücks und wird, ausgehend vom Jahresreinertrag, durch Abzug der jährlichen Betriebsausgaben und Multiplikation mit einem Kapitalisierungsfaktor ermittelt**, der sich aus dem geltenden Zinsfuß ergibt.

> **BEISPIEL**
>
> | | |
> |---|---:|
> | Jahresertrag | 24.000 DM |
> | ./. jährliche Betriebsausgaben | 6.000 DM |
> | Jahresreinertrag | 18.000 DM |
>
> Kapitalisiert mit 5 Prozent = 360.000 DM Ertragswert.
>
> $$\text{Ertragswert} = \frac{\text{Reinertrag}}{P} = \frac{18.000}{0,05}$$

Der **Substanz- oder Sachwert** demgegenüber setzt sich – ausgehend von den Anschaffungs- und Herstellungskosten – aus dem Bodenwert und dem Bauwert, abzüglich der Wertminderung bei älteren Gebäuden, zusammen. Der **Bodenwert** ergibt sich aus den Preisen, die für Grundstücke gleicher Art und Lage auf die Dauer als angemessen anzusehen sind. Als Anhaltspunkt dienen die Kaufpreissammelstellen der Gemeinden. Der Bauanteil des Sachwertes ergibt sich aus den Herstellungskosten des Gebäudes plus Nebenkosten (zum Beispiel Fahrstuhl).

Die zahlreichen Unsicherheitsfaktoren sowohl bei der Ermittlung des Sachwertes als auch des Ertragswertes haben in der Praxis dazu geführt, dass aus beiden Werten das arithmetische Mittel zu bilden ist, sofern der Ertragswert über dem Substanzwert liegt. Ist der Substanzwert der höhere, so gilt der Ertragswert als Beleihungswert. Dieser darf nicht überschritten werden, wenn aus den Grundstückserträgen die Zins- und Tilgungsleistungen aufzubringen sind (Kapitaldienstgrenze).

Bei der Finanzierung des Baus von eigengenutzten Einfamilienhäusern beziehungsweise Eigentumswohnungen gehen die Banken von circa 50 Prozent der angemessenen Herstellungskosten (Baukosten + Bodenpreis) aus und unterstellen, dass diese etwa 60 Prozent des Beleihungswertes entsprechen.

In welcher Höhe ein Hypothekarkredit gewährt werden kann, hängt von der **Beleihungsgrenze** und den im Rang vorangehenden oder gleichrangigen dinglichen Belastungen ab (§ 11 HypBkG). Die Beleihungsgrenze darf nach dem Hypothekenbankgesetz 60 Prozent, bei den Sparkassen normalerweise 50 Prozent des Verkehrswertes nicht übersteigen.

Leistungen und Dienstleistungen der Kreditinstitute

Ermittlung des Beleihungswertes eines Ein- oder Zweifamilienhauses oder einer Eigentumswohnung

Kunde:
Grundbuch von:
Lagebezeichnung des Objekts:
<> Grundbuch <> Erbbaugrundstück <> Wohnungsgrundbuch <> Wohnungserbbaugrundbuch   **Band:**   **Blatt:**

- Eigentumswohnung
- ☒ Einfamilienhaus
- ☐ Zweifamilienhaus
- Fertighaus Typ:

- ☐ Bauvorhaben
- ☒ Kauf Fertigobjekt
- ☐ Renovierung*
- ☐ Modernisierung/Umbau*
- ☐ Umschuldung

Objekt wird
- ☒ voll eigengenutzt
- ☐ voll vermietet
- ☐ teilweise eigengenutzt und teilweise vermietet

Lage des Objektes
- ☐ reines Wohngebiet
- ☐ Wohn- und Gewerbegebiet
- ☒ Ortskern
- ☐ Ortsrand
- ☐ Straße ist ausgebaut

Baujahr: **1996**   Gemeinde/Einzugsgebiet von: **Neu-Anspach**   Einwohnerzahl: **15000**
* Kosten sind innerhalb des Ansatzes "DM/cbm" bzw. "angemessener Preis DM/qm" entsprechend zu berücksichtigen.

Wohnfläche qm	Gewerbl. Nutzfläche qm	Anzahl		umbauter Raum (DIN 277/1950)	Ausbauklasse/Wohnwert
120	/	Garagen **1**	Abstellplätze	**700** cbm	☐ I ☒ III ☐ II ☐ IV

1. Sachwert Ein- / Zweifamilienhaus
1.1 Bodenwert ☒ gem. Kaufvertrag vom **15.12.1995** ☐ gem. eigener Schätzung ☐ Richtwertstelle

Grundstücksgröße qm	Wert DM/qm	Grundstückswert DM	Erschließungskosten DM	
400 ×	**380,-** =	**152.000,-** +	**incl.**	= DM **152.000,-**
×	=	+		= DM

1.2 Bauwert

	umbaut. Raum cbm	DM / cbm	DM
Hauptgebäude	**700** ×	**420,-** =	**294.000,-**
Nebengebäude	×	=	—
Besondere Bauteile		=	
Reine Baukosten			**294.000,-**
Garagen	**1** Stück je DM **15000**	=	**15.000,-**
Außenanlagen	DM/ **10** % aus DM **294000**	=	**29.400,-**
Baunebenkosten	DM/ **15** % aus DM **294000** +	=	**44.100,-**
Zwischensumme			**382.500,-**
Altersabschlag	___ % × ___ Jahre ./.	=	**—,—**
			382.500,-
Sicherheitsabschlag	10 %	./. =	**38.250,-**
			344.250,-
ermittelter Beleihungswert		(Sachwert) = Summen 1.1 + 1.2	DM **344.250,-**
			DM **496.250,-**

2. Sachwert Eigentumswohnung
Angemessener Preis DM/qm ___ × ___ qm Wohnfläche = DM
Garage / Abstellplatz (falls beleihbar) = DM
                                                                    DM
Altersabschlag ___ % × ___ Jahre ./. DM
Sicherheitsabschlag 10 % ./. DM
ermittelter Beleihungswert (Sachwert) DM

3. Festgesetzter Beleihungswert
ermittelter Beleihungswert gemäß Ziffern 1 oder 2 (A)   DM **496.250,-**
(zum Vergleich: Wiederverkaufswert/nachgewiesene
Herstellungskosten/Kaufpreis) DM ___ (B)   DM ___
Festgesetzter Beleihungswert (der niedrigere Wert
von A/B) ist maßgebend)   DM **496.250,-**

4. Fremdmittel:
Darlehensbetrag   DM **400.000,-** = **80,6** % des festgesetzten Beleihungswertes
davon
– erstst. Darl.   DM **297.750,-** = **60** % des festgesetzten Beleihungswertes
  (Teil-)betrag   (Beleihungsgrenze lt. Richtlinien 60%)
– dav. Darl. (Teil-)betrag   DM **—,—** = — (Beleihungsgrenze lt. Richtlinien 45%)
  der LV-Gesellschaft
– nachst. Darl.   DM **102.250,-** = **80,6** % des festgesetzten Beleihungswertes
  (Teil-)betrag   (Beleihungsgrenze lt. Richtlinien 90%)

Abbildung 2-114:   Beispiel: Ermittlung des Beleihungswertes und der Beleihungsgrenze

Ferner ist die Beleihung im Allgemeinen nur gegen erstrangige Grundpfandrechte zulässig. Sie war früher auf inländische Grundstücke beschränkt. Neuerdings sind auch Beleihungen von Grundstücken innerhalb der EU möglich.

Sind diese Voraussetzungen erfüllt, wird ein **Darlehensangebot** erstellt. Darin sind die Konditionen enthalten, das heißt insbesondere Laufzeit, Zins- und Provisionskosten sowie Rückzahlungsbedingungen (§ 609a BGB). Eine vorzeitige Rückzahlung während der Zinsbindung ist ausgeschlossen, maximal jedoch für zehn Jahre. Sofern dem Schuldner dennoch eine vorzeitige Rückzahlung gestattet wird, ist die Bank berechtigt, eine Vorfälligkeitsentschädigung zu verlangen.

Hypothekarkredite werden vornehmlich in Form von **Annuitätendarlehen** gegeben, bei denen die jährliche Rückzahlungsbelastung aus Zinsen und Tilgung während der gesamten Laufzeit unverändert bleibt. Dabei verringern sich die anteiligen Zinsen infolge des immer kleiner werdenden Darlehensrestbetrages von Jahr zu Jahr, während die Tilgungsanteile sich jeweils um die ersparten Zinsen erhöhen. Bei einer ursprünglichen Tilgung von 1 Prozent auf den Darlehensbetrag ist das Darlehen also nicht erst nach 100 Jahren, sondern bereits in etwa 30 bis 35 Jahren zurückgezahlt.

BEISPIEL

Bei einem Hypothekarkredit von 10.000 DM und 7,5 Prozent Zinsen sowie 1 Prozent Tilgung beträgt die Annuität 850 DM; bei vierteljährlicher Zahlung sind daher jeweils 212,50 DM fällig. Nach 30 Jahren ist das Darlehen zurückgezahlt.

Bei Annuitätendarlehen der Hypothekenbanken sind meistens keine außerplanmäßigen Tilgungen möglich.

Die Form der **Festhypothek**, bei der die gesamte Darlehenssumme zu einem bestimmten Zeitpunkt beziehungsweise nach einer vereinbarten Kündigungsfrist zur Rückzahlung fällig wird, kommt regelmäßig dann vor, wenn der Schuldner parallel zur Darlehenslaufzeit einen Bausparvertrag oder eine Kapitallebensversicherung bedient. Als Sicherheit wird eine Grundschuld eingetragen und der Anspruch aus dem Bausparvertrag beziehungsweise der Lebensversicherung abgetreten.

Bei Zuteilung des Bausparvertrages beziehungsweise Fälligkeit der Lebensversicherung wird die Festhypothek mit diesen Geldern zurückgeführt.

Nimmt der Kunde das Darlehensangebot an, so erfolgt nach **Eintragung der Grundschuld** und bestimmter Formalitäten (Abschluss einer Feuerversicherung und anderes) die **Bereitstellung des Darlehensbetrages**, der sofort oder in Teilbeträgen abgerufen werden kann.

Für eigengenutzte Immobilien wird das Darlehen in voller Höhe des Nominalbetrages ausgezahlt. Vereinbaren die Vertragspartner aber eine Auszahlung von weniger als 100 Prozent, zum Beispiel 96 Prozent, wird der nicht ausgezahlte Differenzbetrag, der einen Vorabzins darstellt, als Damnum oder auch als Disagio bezeichnet.

Hierdurch ermäßigt sich der Nominalzins bei gleicher Effektivverzinsung.

Für die Wahl der „richtigen" Auszahlungsvariante spielen steuerliche Gesichtspunkte eine Rolle.

Die **Kreditüberwachung** erstreckt sich auf den fristgerechten Eingang der Zins- und Tilgungsraten sowie auf die Überprüfung des Pfandobjektes.

Bausparfinanzierung

Bausparen erfreut sich seit Jahrzehnten einer ungebrochenen Beliebtheit. Wer Wohnungseigentum kaufen oder bauen will, kann mit einem Bausparvertrag vorher sowohl Eigenkapital ansammeln als auch den Anspruch auf ein günstiges Bauspardarlehen erwerben. Das Prinzip geht so:

Bauspardarlehen sind Gelddarlehen der Bausparkassen für wohnungswirtschaftliche Maßnahmen. Mittel dazu stammen aus den Einlagen aller Bausparer (Bauspareinlagen).

Ein Bausparer erhält sein Darlehen zugeteilt, wenn

1. die Mindestsparsumme auf den Bausparvertrag erbracht wurde (meist 40 bis 50 Prozent der Vertragssumme);

2. der Vertrag seit mindestens 18 Monaten besteht;

3. die von der Bausparkasse vergebene „Bewertungszahl" erreicht ist. Die Bewertungszahl eines Bausparvertrages wird normalerweise zweimal pro Jahr ermittelt. Dabei wird das Guthaben ins Verhältnis zur Vertragssumme uns zur Anspardauer gesetzt. Jede Bausparkasse ermittelt die Bewertungszahl nach eigener Methode, allgemein gilt jedoch: Je höher das Guthaben und je länger das Guthaben der Bausparkasse zur Verfügung steht, um so höher ist die Bewertungszahl;

4. die Einkommenssituation des Bausparers die Rückführung des Darlehens sicher erscheinen lässt;

5. die einzutragende Grundschuld innerhalb eines Rahmens von meist 80 Prozent des Beleihungswertes liegt.

Die Bausparkassen bieten mittlerweile eine Vielzahl von Bauspartarifen an, sodass hier keine allgemeingültigen Aussagen über Zinssätze und Laufzeiten möglich sind. Aber Bauspardarlehen mit Zinssätzen zwischen 4,5 und 5 Prozent p. a. bei Laufzeiten von rund elf Jahren sind ein gängiger Normaltarif.

> **BEISPIEL**
>
> Abschluss eines Bausparvertrages in Höhe von 200.000 DM mit 3 Prozent p. a. Guthabenzins sowie einer monatlichen Regelbesparung von 4,20 DM je 1.000 DM Vertragssumme. Sparleistungen darüber hinaus sind möglich.
>
> Sobald 40 Prozent der Vertragssumme angespart wurden und die zur Zuteilung notwendige Bewertungszahl erreicht ist, besteht (bei guter Bonität des Bausparers und Eintragung einer Grundschuld) ein Darlehensanspruch von 120.000 DM mit 5 Prozent Zinsen und 7 Prozent Anfangstilgungssatz.
>
> **Sparphase:**
> Monatlich 840 DM; dies entspricht einer jährlichen Sparleistung von 10.080 DM (circa 5 Prozent der Vertragssumme).
>
> Nach acht Jahren beträgt das Guthaben mit 80.640 DM plus Zinsen etwa 40 Prozent der Vertragssumme.
>
> **Tilgungsphase:**
> Bei einer Annuität von 12 Prozent p. a. (5 Prozent Zinsen und 7 Prozent Anfangstilgungssatz) beträgt der Aufwand 14.400 DM p. a. beziehungsweise 1.200 DM (1 Prozent des Darlehens) monatlich.
>
> Gelegentlich wird als Annuität nicht 12 Prozent pro Jahr beziehungsweise 1 Prozent pro Monat **auf den Darlehensbetrag**, sondern 7,2 Prozent pro Jahr beziehungsweise 0,6 Prozent pro Monat **auf die Vertragssumme** vereinbart.
>
> Beide Varianten führen zu identischen Zahlungen.

Sonderfall Zwischenfinanzierung

Häufig brauchen Bausparer die Mittel schon, bevor ihr Bausparvertrag zuteilungsreif ist. Kreditinstitute wie auch Bausparkassen bieten für die Übergangszeit bis zur Zuteilung Zwischenfinanzierungskredite an. Nachdem die Kreditfähigkeit und Kreditwürdigkeit (einschließlich des Objekts) geprüft wurde, erhält der Bausparer die Vertragssumme als Zwischenkredit. Als Sicherheit wird das Bausparguthaben abgetreten und für den Restbetrag eine werthaltige Grundschuld eingetragen. Mit Zuteilung des Vertrags wird die Zwischenfinanzierung abgelöst und der Bausparkasse die eingetragene Grundschuld zediert.

Zwischenfinanzierungen kommen auch im Zusammenhang mit Darlehen der Hypothekenbanken vor. Da die Hypothekenbanken meistens die erste Auszahlung bei Rohbaufertigstellung leisten, der Kunde aber in der Bauphase bis dorthin laufend Handwerkerrechnungen zu begleichen hat, übernehmen Kreditinstitute gegen Zession der Auszahlungsansprüche aus dem Hypothekenbankdarlehen für die Übergangszeit eine Zwischenfinanzierung.

- **Sonderfall Vorausdarlehen**

Bei einem Vorausdarlehen nimmt der Kreditnehmer ein Darlehen auf und schließt in gleicher Höhe einen Bausparvertrag ab, den er regelmäßig bespart. Seine Aufwendungen während dieser ersten Phase setzen sich zusammen aus den Zinsen für den Vorauskredit und den Sparbeiträgen für den Bausparvertrag.

Mit Vertragszuteilung und Darlehensgewährung der Bausparkasse wird das Vorausdarlehen in einer Summe zurückgeführt. In der nun beginnenden zweiten Phase zahlt der Kunde nur noch die Annuität für das Bauspardarlehen.

Denkbar ist auch der Einsatz von mehreren hintereinandergeschalteten Bausparverträgen. Bei einem Vorausdarlehen von 200.000 DM wird zunächst ein Bausparvertrag über 100.000 DM angespart. Mit Zuteilung und Darlehensgewährung aus dem „100.000-DM-Vertrag" wird das Vorausdarlehen um 100.000 DM reduziert und gleichzeitig ein neuer Bausparvertrag über 100.000 DM abgeschlossen und bespart.

Alternativ zum Einsatz von Bausparverträgen bei Bankvorausdarlehen lassen sich auch Kapitallebensversicherungen mit in diese Finanzierungsform einbinden: Mit Darlehensaufnahme schließt der Kunde eine Kapitallebensversicherung ab, das Vorausdarlehen wird bei Fälligkeit der Lebensversicherung zurückgezahlt. Die Aufwendungen für den Kunden sind bei dieser Variante dann Zinsen auf das Vorausdarlehen sowie Prämienzahlungen auf die Kapitallebensversicherung.

Verbundfinanzierung

Bei einer Verbundfinanzierung arbeiten Geschäftsbank, Bausparkasse, Hypothekenbank und teilweise eine Lebensversicherungsgesellschaft an der **Gemeinschaftsfinanzierung** eines Objektes zusammen.

Diese Finanzierungsverbundsysteme gibt es bei den privaten Kreditbanken mit ihren Bausparkassen und Hypothekenbanktöchtern, beim Sparkassenverbund und im Genossenschaftsverbund.

Die Bearbeitung (Antrag, Bewilligung, Sicherheiten) erfolgt „zentral" bei einem der beteiligten Institute. Wird nur **ein Darlehen** zur Verfügung gestellt, spricht man von Gesamtbaufinanzierung.

Kommunalkredite

Eine Kreditaufnahme der Kommunen ist grundsätzlich von der Genehmigung der Aufsichtsbehörde abhängig. Zwar übernimmt die Aufsichtsbehörde mit der Genehmigung nicht zugleich eine „Garantie" für den Kredit, aber die Gewährung eines

Kommunaldarlehens nach erfolgter Genehmigung ist dennoch insofern unproblematisch, als kraft Gesetzes die nächsthöhere Institution auch für die Verbindlichkeiten der niederen Instanz bei deren Ausfall eintreten muss, ein Kreditrisiko somit ausgeschaltet ist. Trotzdem wird im Allgemeinen eine Kreditwürdigkeitsprüfung vorgenommen, die primär die bisherige Verschuldung sowie das künftige geschätzte Steueraufkommen umfasst.

Grundstückswertermittlung und Festlegung einer Beleihungsgrenze entfallen im Allgemeinen im Kommunalkreditgeschäft, da eine hypothekarische Sicherheit kaum zu erlangen ist oder am Widerspruch der Aufsichtsbehörde scheitern würde. Die Sicherheit des Kommunalkredits liegt in der finanziellen Leistungsfähigkeit des Schuldners, zum Beispiel in der Steuerkraft einer Gemeinde.

Der bewilligte Kommunalkredit wird wie der Hypothekarkredit vorwiegend als Annuitätendarlehen bereitgestellt. Die Kreditüberwachung beschränkt sich auf den pünktlichen Eingang der Zins- und Tilgungsleistungen.

5.3.2 Kreditleihgeschäfte

Kreditleihgeschäfte umfassen im Wesentlichen zwei Kreditarten: Akzept- und Avalkredite. Banken übernehmen für die Kreditnehmer bestimmte Zahlungsverpflichtungen (Haftungen) gegenüber Dritten, ohne unmittelbar Geld einzusetzen.

5.3.2.1 Akzeptkredite

> **DEFINITION**
>
> Bei einem **Akzeptkredit** akzeptiert die Bank einen von ihrem Kunden auf sie gezogenen Wechsel unter der Bedingung, dass der Kunde den Gegenwert des Wechsels vor Fälligkeit der Bank zur Verfügung stellt.

Das Wesen des Akzeptkredits besteht also darin, dass es sich um ein **Kreditleihgeschäft** und nicht um ein Geldleihgeschäft handelt. Wechselrechtlich ist die akzeptierende Bank zwar Hauptschuldner aus dem Wechsel; wirtschaftlich gesehen stellt der Akzeptkredit jedoch nur eine Eventualverbindlichkeit der Bank dar, da die Bank bei Fälligkeit nur dann Zahlung aus eigenen Mitteln leisten muss, wenn der Kreditnehmer den Wechselbetrag nicht rechtzeitig angeschafft hat.

Diesem Charakter des Akzeptkredits widerspricht es auch nicht, dass der akzeptierenden Bank kein wechselrechtlicher Anspruch gegen den Kreditnehmer zusteht, sondern „nur" in den Kreditvereinbarungen und in den AGB festgelegt ist, dass der Kreditnehmer den Gegenwert des Akzeptes der Bank spätestens einen Werktag vor Verfall zur Verfügung stellen muss.

Der Akzeptkredit ist ein **kurzfristiger Kredit**, der **zur Finanzierung des Umlaufvermögens** und nicht zu Investitionszwecken dienen soll. Meist besteht sogar ein enger Zusammenhang zwischen einem Warengeschäft und der Wechselbeziehung. Dies wird zum Beispiel besonders deutlich beim Rembourskredit als einer Sonderform des Akzeptkredits im Außenhandel (siehe Abschnitt 6.3.1).

Rechtliche Grundlagen

Zwischen akzeptleistender Bank und Kunde gelten die **Vorschriften des BGB über die Geschäftsbesorgung beziehungsweise über das Darlehen**. Ein BGH-Urteil erklärte dazu 1955:

„Ob ein Vertrag über die Gewährung eines Akzeptkredits eine Geschäftsbesorgung zum Gegenstand hat oder eine Darlehensabrede enthält, hängt von den Umständen des einzelnen Falles ab. Akzeptiert die Bank den Wechsel für Rechnung des Kunden und gibt dieser den Wechsel" (bei einer anderen Bank) „zum Diskont, so liegt regelmäßig ein Geschäftsbesorgungsvertrag vor. Die Bank kann die Erstattung der Wechselsumme nur verlangen, wenn sie den Wechsel eingelöst hat."

Diskontiert dagegen die akzeptierende Bank selbst ihr eigenes Akzept, so haben die entsprechenden Vereinbarungen den Charakter eines Darlehensvertrages. Daneben sind für die Akzeptierung und Weitergabe des Wechsels die Vorschriften des Wechselgesetzes maßgebend. Den Sparkassen ist die Ausstellung und Akzeptierung von Wechseln generell untersagt. Die Möglichkeit einer Ausnahmegenehmigung ist hingegen bei größeren Sparkassen in einigen Bundesländern gegeben.

Technische Abwicklung des Akzeptkredits

Auch beim Akzeptkredit wird zunächst die **Kreditwürdigkeit** geprüft; Akzeptkredite erhalten nur Firmen von erstklassiger Bonität.

Die Bank versieht die auf sie gezogenen Wechsel mit ihrer **Annahmeerklärung**. Gleichzeitig wird der Kunde auf dem Akzeptkonto (Trattenkonto) belastet und das Akzeptkonto der Bank (Konto Eigene Akzepte) erkannt.

Bei Einlösung des Wechsels werden die beiden internen Konten wieder ausgeglichen, das laufende Konto des Kunden belastet und der Betrag dem Konto des Einreichers (zum Beispiel LZB) gutgeschrieben.

Nach der Akzeptleistung der Bank lässt sich der Kreditnehmer das Akzept üblicherweise sofort von der Akzeptbank diskontieren. Damit schließt sich an die Gewährung eines Akzeptkredits (Kreditleihgeschäft) sofort ein Diskontkreditgeschäft (Geldleihgeschäft) an.

Die **Bilanzierung der Akzeptkredite** erfolgt in jedem Fall unter der Position 4 „**Forderungen an Kunden**". Wurden die Akzepte rediskontiert, sind sie auch unter Position 3b „**Andere verbriefte Verbindlichkeiten**" auszuweisen.

5.3.2.2 Avalkredite

> **DEFINITION**
>
> Ein **Avalkredit** liegt vor, wenn eine Bank für die Verbindlichkeiten eines Kunden die Haftung in Form einer Bürgschaft oder Garantie übernimmt. Die Haftung beschränkt sich auf die Zahlung eines Geldbetrages.

Das bestimmende Merkmal des Avalkredits ist wie beim Akzeptkredit die Tatsache, dass es sich um eine **Kreditleihe** und kein Geldleihgeschäft handelt. Das Kreditinstitut hat bei Kreditgewährung dem Kunden nicht einen bestimmten Geldbetrag zur Verfügung zu stellen, sondern gibt ein **bedingtes Zahlungsversprechen** ab. Nur wenn der vertraglich vereinbarte Fall für die Zahlungsverpflichtung der Bank eintritt, das heißt vor allem, wenn der Hauptschuldner die vereinbarte Zahlung nicht leistet, entsteht für die Bank eine echte Verbindlichkeit.

Die **Laufzeit der Avalkredite** ist unterschiedlich. Je nachdem, welche Zeiträume bis zur Erbringung der Gegenleistung überbrückt werden müssen, kann die Laufzeit einer Bürgschaft beziehungsweise Bankgarantie sehr kurz oder auch sehr lang bemessen sein.

Folgende **Anwendungsgebiete des Avalkredits** sind zu unterscheiden:

- Bürgschaften gegenüber der öffentlichen Hand,
- sonstige Bürgschaften für die Erfüllung von Zahlungsverpflichtungen (zum Beispiel Mietkautionen), Gewährleistungsverpflichtungen sowie als Sicherheitsleistung für erhaltene Anzahlungen,
- Garantien für die vertragsgemäße Ausführung von Lieferungen und Leistungen,
- Garantien für die Schadloshaltung im Zusammenhang mit fehlenden oder mangelhaften Urkunden.

Der Unterschied zwischen Bürgschaft und Garantie wird unter „Rechtliche Grundlagen" erläutert.

Bürgschaften gegenüber der öffentlichen Hand

Eine besondere Bedeutung haben Bankbürgschaften in der Bundesrepublik im Rahmen der Kreditgewährung der öffentlichen Hand erlangt. Der Grund hierfür ist, dass die öffentliche Hand die Kreditwürdigkeit ihrer Kreditnehmer selbst nicht prüfen will beziehungsweise kann, weil sie in der Regel hierzu kein fachlich geschultes Personal besitzt. Als Sicherheit fordert sie daher das Bürgschaftsversprechen eines Kreditinstituts. Beispiele sind Zollbürgschaften oder Frachtstundenbürgschaften. Die Deutsche Verkehrs-Bank AG stundet Kunden der Deutschen Bahn AG, die regelmäßig am Frachtverkehr teilnehmen, in einem besonderen Verfahren die anfallenden Frachtzahlungen für einen fest bestimmten Zeitraum. In vielen Fällen übernimmt die Hausbank der Verfrachter eine auf dieses Verfahren abgestellte Bürgschaft gegenüber der Deutschen Verkehrs-Bank AG. Die Hausbank haftet damit als Bürge für die termingerechte Zahlung des Frachtschuldners.

Der Zollschuldner hat die Möglichkeit, einen Aufschub für die Zahlung seiner Zollgebühren bis zu drei Monaten zu erhalten, falls er die Bürgschaft eines Kreditinstituts als Sicherheit stellen kann. Die Bank verbürgt sich hierbei gegenüber dem Zollamt für die fristgerechte Zahlung der Zollschuld. Dieses befristete und durch eine Bankbürgschaft gesicherte **Zollstundungsverfahren** hat für Importeure den Vorteil, dass sie die Waren sofort einführen und weiterverkaufen können und die Zollgebühren erst später (nach Verkauf) fällig werden.

Bürgschaften für sonstige Zahlungsverpflichtungen

Vertragserfüllungen, Gewährleistungsverbindlichkeiten, erhaltene Anzahlungen und Ähnliches können mit Bankavalen unterlegt werden.

Bürgschaften für den ausstehenden Restbetrag bei nicht voll eingezahlten Aktien gehören auch zu den Bankavalen. Vor allem bei Versicherungsgesellschaften, bei denen das Grundkapital nicht in voller Höhe für Investitionszwecke zur Verfügung stehen muss, sondern vorwiegend eine **Garantiefunktion** zu erfüllen hat, sind die Aktien nicht voll eingezahlt.

Ferner übernehmen die Banken gegenüber der gegnerischen Prozesspartei eine **Bürgschaft für den Kläger**, wenn das Urteil gegen Sicherheitsleistung vorläufig vollstreckbar ist (**Prozessbürgschaft**). Sie bürgen **für den Beklagten**, wenn dieser verurteilt worden ist, ihm aber gestattet wurde, zum Beispiel die Zwangsvollstreckung aus dem Urteil durch Sicherheitsleistung abzuwenden (**Kaution**). Dazu gehört die **Übernahme der Bürgschaft für die Anwaltskosten**, die der Kläger zugunsten des Prozessbevollmächtigten des Beklagten sicherzustellen hat.

Bankbürgschaft Allgemeine Bürgschaft	Zur bankinternen Bearbeitung Nr. **Muster** MTe
Gläubiger Herr Anton Mustermann Schloßallee 1 69999 Frankfurt	Bank BBBank eG Zweigniederlassung Hessen/Rheinland-Pfalz Rheinstraße 35 64283 Darmstadt

1 Die Bank übernimmt hiermit unter Verzicht auf die Einreden der Anfechtbarkeit, der Aufrechenbarkeit und der Vorausklage (§§ 770, 771 BGB) die selbstschuldnerische Bürgschaft bis zum Höchstbetrag von

DM	in Worten: Deutsche Mark
-2.000,00-	-zweitausend-

gegenüber dem Gläubiger für die unten näher bezeichneten Ansprüche, die dem Gläubiger gegenüber dem Kunden der Bank zustehen.

Kunde der Bank	Frau Berta Musterfrau Parkstraße 99 69999 Frankfurt,

2 Die Verpflichtungen der Bank aus dieser Bürgschaft erlöschen, sobald die Veranlassung für die Bürgschaftsübernahme wegfällt oder die Bürgschaftsurkunde zurückgegeben wird, spätestens jedoch – insoweit abweichend von § 777 BGB –, wenn die Bank nicht bis zum

unbefristet aus dieser Bürgschaft in Anspruch genommen worden ist.

3 Die Bürgschaft wird für folgende Ansprüche übernommen, die der Gläubiger gegenüber dem Kunden der Bank gegenwärtig hat oder künftig erwerben wird[1]:

```
Mietkaution für 2-Zimmer-Küche-Bad-Wohnung in der
-      Schloßallee 1 in 69999 Frankfurt       -
gemäß Mietvertrag vom 29.02.----
```

4 Sobald die Bürgschaft erloschen ist, ist der Gläubiger verpflichtet, die Bürgschaftsurkunde der Bank zurückzugeben.

Ort, Datum Darmstadt,----------	Bank BBBank eG Zweigniederlassung Hessen/Rheinland-Pfalz (Unterschriften der Bank)

[1] Soll die Bürgschaft nur zur Sicherung einer bestehenden Schuld dienen, so sind die Worte „oder künftig erwerben wird" zu streichen.

Abbildung 2-115: Beispiel für ein Mietaval

Bankgarantien

Bankgarantien für die vertragsmäßige Ausführung von Lieferungen und Leistungen werden zwar hauptsächlich im Auslandsgeschäft (siehe Abschnitt 6.4) gewährt, spielen jedoch auch im Inlandsgeschäft eine gewisse Rolle, zum Beispiel in der Bauwirtschaft.

Je nach abzusicherndem Risiko gibt es Anzahlungs-, Bietungs-, Lieferungs- und Leistungs- sowie Gewährleistungsgarantien (vgl. Abschnitt 6.4).

Rechtliche Grundlagen

Rechtsgrundlage für Bürgschaften sind die §§ 765 bis 778 BGB in Verbindung mit den §§ 349 bis 351 HGB.

Die **Bürgschaftsversprechen der Banken** im Rahmen des Avalkreditgeschäfts stellen, wenn nicht anders vereinbart, **stets selbstschuldnerische Bürgschaften** dar. Der Gläubiger kann die Bank aus ihrer Bürgschaft sofort in Anspruch nehmen, ohne vorher gegen den Hauptschuldner klagen zu müssen. Die Berechtigung der Bank, ohne gerichtliches Verfahren auf einseitiges Anfordern des Gläubigers Zahlung zu leisten, ist in den AGB niedergelegt.

Beim Avalkredit handelt es sich um eine **Eventualverbindlichkeit** der Bank. Nur bei Inanspruchnahme durch den Gläubiger wird aus der Eventualverbindlichkeit eine echte Verbindlichkeit. Gleichzeitig wandelt sich dann die entsprechende Eventualforderung gegenüber dem Kunden in eine echte Forderung um.

Die Bürgschaft endet grundsätzlich mit den Erlöschen der Verbindlichkeit, für die sie bestellt worden ist (sie ist akzessorisch). Die Kreditinstitute begrenzen jedoch – soweit möglich – die Laufzeit der Bürgschaftskredite von sich aus, da die Einrede der Verjährung aus der Bürgschaftsverpflichtung selbst erst nach 30 Jahren möglich ist. Ferner wird vereinbart, dass die Bürgschaft spätestens mit Rückgabe der Urkunde erlischt. Insbesondere bei Geschäften mit dem Ausland tritt an die Stelle der Bürgschaft die Garantie.

Eine **Garantie** stellt **ein abstraktes Leistungsversprechen** dar und ist im Gegensatz zur Bürgschaft **nicht akzessorisch**, sondern begründet eine von der Hauptverbindlichkeit unabhängige Verpflichtung. Spezielle rechtliche Vorschriften für die Garantie gibt es nicht; es gelten daher die allgemeinen Grundsätze des Schuldrechts.

An die Stelle des **gesetzlichen** Forderungsübergangs, der bei der Bürgschaft erfolgt, muss bei der Garantie eine besondere **vertragliche Vereinbarung** treten, die der Bank nach Inanspruchnahme durch den Garantieempfänger eine Forderung in gleicher Höhe gegenüber dem Kunden einräumt.

Die Unterscheidung, ob eine Garantie oder eine Bürgschaft vorliegt, kann nicht nach der Bezeichnung der Urkunde vorgenommen werden. Dies kann vielmehr nur aus der

Gesamtlage des Einzelfalls geklärt werden. Im Zweifel aber, wenn die Prüfung des Falles nicht bestimmt ergibt, dass die Vertragschließenden eine selbstständige und unabhängige Verpflichtung gewollt haben, kann darin nur die Übernahme einer Bürgschaft gesehen werden.

Technische Abwicklung des Avalkredits

Avalkredite werden an Kunden von erstklassiger Bonität oder gegen entsprechende Deckung gegeben.

Der Wortlaut der **Avalkreditzusage** wird vielfach durch den Begünstigten bestimmt, der die Abgabe der Bürgschafts- oder Garantieerklärung auf seinen eigenen Vordrucken verlangt. Die Formulare enthalten die Angabe des Begünstigten und des Auftraggebers, die Bedingungen, unter denen die Bank in Anspruch genommen werden kann, den Höchstbetrag und die zeitliche Dauer, bis zu der die Bürgschaft oder Garantie gültig ist. Es ist im Einzelfall zu prüfen, ob das Kreditinstitut mit dem vorgegebenen Text einverstanden ist.

Die **Buchung der Avalkredite** erfolgt auf besonderen Konten. Mit Einräumung eines Avalkredits wird der Kunde auf einem eigenen **Debitoren-Avalkonto** belastet und das Hauptbuchkonto „**Avale**" erkannt. Nach Erlöschen des Avalkredits erfolgen die entsprechenden Gegenbuchungen.

Die genannten Konten sind keine echten Schuld- beziehungsweise Guthabenkonten, sondern nur so genannte **Pro-memoria-Konten,** das heißt, der Vorgang wird nur notizweise gebucht, weil die Kreditinstitute erst in Anspruch genommen werden, wenn ein Leistungsverzug des Kreditnehmers eingetreten ist.

Avalkredite werden deshalb auch **nicht direkt in der Bilanz**, sondern als **Eventualverbindlichkeiten** in der Position 1 b „**Verbindlichkeiten aus Bürgschaften und Gewährleistungsverträgen**" unter dem Strich ausgewiesen.

5.3.3 Besondere Finanzierungsformen

Als Ergänzung zu den klassischen Bankkrediten wurden in den letzten Jahrzehnten spezielle Formen der Unternehmensfinanzierung entwickelt, die zwar nicht den Bankgeschäften im Sinne des § 1 KWG zuzurechnen sind und auch nicht unmittelbar über Kreditinstitute abgewickelt werden, die aber inzwischen einen derartigen Umfang erreicht haben, dass sie hier nicht unerwähnt bleiben dürfen. Die Banken sind zudem meistens an den mit diesen Geschäften befassten Gesellschaften beteiligt, und sie finanzieren größtenteils die Geschäfte auch. In den folgenden Abschnitten werden Leasing und Factoring als die wichtigsten dieser besonderen Finanzierungsformen dargestellt.

5.3.3.1 Leasing

> **DEFINITION**
>
> Unter **Leasing** versteht man die mittel- oder langfristige Vermietung oder Verpachtung von Wirtschaftsgütern durch den Leasing-Geber zum Zwecke der Nutzung ohne Eigentumserwerb durch den Leasing-Nehmer.

Leasing-Verträge können auf verschiedene Weise zustande kommen. Der Leasing-Nehmer (Mieter) kann das von ihm gewünschte Wirtschaftsgut beim Lieferanten aussuchen und sich dann an die Leasing-Gesellschaft (Leasing-Geber, Vermieter) wenden, die dieses Wirtschaftsgut dann in eigenem Namen und für eigene Rechnung kauft und an den Leasing-Nehmer vermietet.

Der Leasing-Nehmer kann sich aber auch gleich an den Leasing-Geber wenden und dessen Know-how bei technischen Fragen und Ähnlichem in Anspruch nehmen.

Beim so genannten Sale-and-lease-back-Verfahren schließlich kauft der Leasing-Geber den Gegenstand, der neu oder bereits genutzt sein kann, vom Leasing-Nehmer und vermietet ihn ausschließlich an ihn zurück. Dadurch verschafft sich der Leasing-Nehmer Liquidität.

Im Hinblick auf die Kündbarkeit der Verträge ist zwischen den Financial-Leasing und Operate-Leasing zu unterscheiden.

Financial-Leasing-Verträge haben einen mittel- oder langfristigen Charakter (ab circa 24 Monate) und sind während der Grundmietzeit unkündbar. Das Leasing-Objekt wird in der Regel durch die Zahlungen eines einziges Mieters amortisiert, das Investitionsrisiko trägt weitgehend der Leasing-Nehmer.

Operate-Leasing-Verträge sind durch ihre Kurzfristigkeit gekennzeichnet. Dem Leasing-Nehmer wird normalerweise unter Einhaltung einer bestimmten Frist ein jederzeitiges Kündigungsrecht eingeräumt und somit die Möglichkeit geboten, ein vorübergehend benötigtes Wirtschaftsgut durch Leasing zu nutzen, ohne eine langfristige Investition tätigen oder eine langfristige Bindung eingehen zu müssen. Naturgemäß ist das Angebot an Mietobjekten im Operate-Leasing-Verfahren wesentlich kleiner als beim Financial-Leasing. Die Amortisation der Leasing-Gegenstände erfolgt hier im Verlauf mehrerer Mietverhältnisse und setzt daher einen hohen Grad an vielseitiger Einsetzbarkeit (zum Beispiel Autos) und einen technischen Stand voraus, der das Risiko einer schnellen Veralterung gering hält.

Leasingvertrag
- Antrag des Leasingnehmers -

LV-Nr.:

/ /chd/04.07.00

Leasingnehmer Firma/Name

Branche
Straße, Nr.   Telefon
PLZ/Ort   Telefax

Lieferant Firma/Name
Straße, Nr.   Telefon
PLZ/Ort   Telefax

Leasingobjekt

Standort
voraussichtlicher Liefertermin

Konditionen
Anpassung gem. umseitiger Ziffer 4 möglich

Laufzeit   Monate   %   ☐ DEM / ☐ EUR
Zutreffendes bitte ankreuzen
zuzügl. gesetzl. USt.

Berechnungsgrundlage   100
monatl. Leasingrate

einmalige Sonderzahlung   von der Berechnungsgrundlage, fällig mit der 1. Leasingrate

Bankeinzug Der Leasingnehmer ermächtigt den Leasinggeber, die Leasingraten und alle sonstigen nach dem Vertrag geschuldeten Zahlungen von folgendem Konto im Lastschriftverfahren einzuziehen:

BLZ   Kto.-Nr.
Bank

Versicherung Versicherung durch den Leasinggeber gem. Zusatzvereinbarung
☐ ja   ☐ nein

Vertragswährung ☐ DEM (nur bis zum 31.12.2001) ☐ EUR ab dem:
Bitte die gewünschte Vertragswährung ankreuzen

Die Wahl der Vertragswährung gilt einheitlich für alle Verträge des Leasingnehmers. Mit der Vertragsannahme werden dieser Vertrag sowie bereits laufende Vertragskonten - sofern EUR als Vertragswährung gewählt wurde - zu dem angegebenen Datum auf EUR umgestellt. Lautet der Vertragsbestand bereits auf EUR, wird auch für diesen Vertrag EUR als Vertragswährung vereinbart.

Der Leasingnehmer beantragt bei der **VR-LEASING AG** - im folgenden Leasinggeber genannt - **zu den** vorstehenden und umseitigen Bedingungen den Abschluß eines Leasingvertrages über das o.g. Leasingobjekt. Er hält sich an seinen Antrag 4 Wochen nach dessen Eingang beim Leasinggeber gebunden.

_____ , den _____
Ort, Datum   (Stempel und Unterschrift des Leasingnehmers)

3/1301001/01.03.00

Abbildung 2-116: Muster eines Leasingvertrages

I. Allgemeine Leasingbedingungen

1. Vertragsabschluß
Der Leasinggeber (LG) teilt seine Entscheidung über die Annahme des Leasingantrages dem Leasingnehmer (LN) schriftlich mit.

2. Bestelleintritt
Hat der LN das Leasingobjekt bereits bestellt, so genehmigt er den Eintritt des LG in seine Bestellung und überläßt dem LG sämtliche zur Bestellung gehörenden Unterlagen.

3. Leasingbeginn
Leasingbeginn ist der Tag der Übernahme des Leasingobjektes durch den LN.

4. Änderung der Konditionen
Beide Vertragspartner sind berechtigt, im gleichen Verhältnis eine Anpassung
- der Leasingraten und der Sonderzahlung zu verlangen, wenn sich die Berechnungsgrundlage ändert oder sich die bei Vertragsabschluß geltenden Abgaben (Steuern, Gebühren, Beiträge) ändern oder neue, den LG als Eigentümer oder Leasinggeber betreffende Abgaben eingeführt werden;
- der Leasingraten zu verlangen, wenn sich bis zum Leasingbeginn die Verhältnisse am Geld- und Kapitalmarkt ändern.

Der LG wird dem LN bei Leasingbeginn die für die gesamte Laufzeit verbindlichen Beträge in Form eines Leasingbeginnschreibens mitteilen, das als Rechnung im Sinne von § 14 Umsatzsteuergesetz gilt.

5. Fälligkeit der Leasingraten
Die Leasingraten sind monatlich zum 01. oder 15. des Monats im voraus fällig, die erste Rate bei Leasingbeginn. Die Folgeraten sind bei Leasingbeginn bis einschließlich dem 15. eines Monats am Monatsersten, bei Leasingbeginn danach jeweils zum 15. des Monats fällig.

6. Bonitätsprüfung, Datenschutz
(1) Der LN ermächtigt den LG, vor Vertragsabschluß Auskünfte über seine Vermögensverhältnisse einzuholen, soweit dies zur Antragsbearbeitung erforderlich ist. Der LN ist während der Vertragsdauer verpflichtet, auf Anforderung des LG Bilanzunterlagen vorzulegen und alle erforderlichen Auskünfte zu erteilen. Der LG verpflichtet sich, diese Unterlagen vertraulich zu behandeln.
(2) Mit Aufnahme der Geschäftsbeziehungen werden die Daten des LN, die auch personenbezogen sein können, nach § 28 BDSG intern gespeichert und für die Bearbeitung des Antrages/Vertrages nach Bedarf manuell oder im automatisierten Verfahren genutzt. Die Speicherung, Nutzung und Übermittlung innerhalb der genossenschaftlichen Verbundunternehmen zur Obligoermittlung und an Kreditinstitute zu Refinanzierungszwecken kann erfolgen, wenn dies zur Bearbeitung des Antrages/Vertrages erforderlich ist.

7. Rücktritt, nicht zustande gekommene oder verspätete Gebrauchsüberlassung, subsidiäre Haftung des LG
(1) Der LG kann vom Leasingvertrag zurücktreten, wenn der Lieferant das Angebot des LG (Kauf- oder Bestelleintritt) aus vom LG nicht zu vertretenden Gründen nicht annimmt.
(2) Für den Fall von Vertragsstörungen im Zusammenhang mit der Lieferung des Leasingobjektes tritt der LG dem LN alle kaufrechtlichen Erfüllungs- und etwaigen Schadensersatzansprüche gegen den Lieferanten und sonstige Dritte ab. Der LN nimmt die Abtretung an. Er wird die abgetretenen Ansprüche - gegebenenfalls auch gerichtlich - fristgerecht im eigenen Namen geltend machen. Eine weitergehende Haftung des LG ist ausgeschlossen, sofern ihn nicht Vorsatz oder grobe Fahrlässigkeit treffen. Dies gilt insbesondere für Fälle höherer Gewalt.

8. Lieferung, Gebrauchsüberlassung, Untersuchungs- und Rügepflicht, Übernahmebestätigung
(1) Der LN trägt Kosten und Gefahr der Lieferung sowie der Montage, soweit sie nicht vom Lieferanten übernommen werden.
(2) Der LN hat das Leasingobjekt unverzüglich nach Überlassung zu untersuchen. Ist das Leasingobjekt vertragsgemäß, vollständig und mängelfrei, hat der LN das Leasingobjekt zu übernehmen und dies dem LG schriftlich zu bestätigen ("Übernahmebestätigung").
(3) Unterzeichnet der LN trotz *offensichtlicher Abweichungen*, die Übernahmebestätigung, gelten die Abweichungen als genehmigt, wenn sie nicht spätestens binnen einer Woche mündlich und einer weiteren Woche schriftlich gegenüber dem Lieferanten gerügt und dem LG angezeigt werden. Der kaufmännische LN hat dies unverzüglich nach Überlassung des Leasingobjektes zu tun.
(4) Der LN hat eine *nicht offensichtliche Abweichung* unter genauer Angabe ihrer Art und ihres Umfanges spätestens nach Ablauf einer Woche seit Entdeckung beim Lieferanten zu rügen und dem LG anzuzeigen. Der kaufmännische LN hat dies unverzüglich nach Entdeckung zu tun.

9. Mängel des Leasingobjektes
(1) Für Sach- und Rechtsmängel des Leasingobjektes leistet der LG nur in der Weise Gewähr, daß er sämtliche diesbezüglichen Ansprüche gegen den Lieferanten, den Hersteller, den Frachtführer, den Spediteur und sonstige Dritte, gleich aus welchem Rechtsgrund, an den LN abtritt. Die Abtretung umfaßt insbesondere Ansprüche auf Wandelung (Rückgängigmachung des Kaufvertrages), Minderung (Herabsetzung des Kaufpreises), Schadensersatz sowie aus positiver Vertragsverletzung und ggfls. Garantie. Weitergehende Ansprüche gegen den LG im Zusammenhang mit Mängeln des geleasten Objektes, insbesondere aus den §§ 536 - 542 BGB, sind ausgeschlossen.
2) Der LN ist verpflichtet, die an ihn abgetretenen Ansprüche fristgerecht, erforderlichenfalls gerichtlich, auf eigene Kosten geltend zu machen. Er wird im Fall der Minderung oder Wandelung die (Teil-)Rückzahlung des Kaufpreises (zuzüglich gesetzlichem Zins, abzüglich etwaiger Nutzungsentschädigung) unmittelbar an den LG verlangen, im Wandelungs-fall Zug um Zug gegen Rückgabe und Übereignung des Leasingobjektes. Der LN wird den LG fortlaufend über den Sachstand unterrichten und ihm ggfls. eine Ausfertigung des ergangenen Urteils überlassen.
(3) Für gebrauchte Leasingobjekte gelten die vorstehenden Absätze entsprechend, sofern der Lieferant seinerseits Gewähr leistet und/oder unmittelbare Ansprüche gegen den Hersteller bestehen. Andernfalls ist jede Gewährleistung ausgeschlossen.
(4) Die Vorschriften des Produkthaftungsgesetzes bleiben unberührt.

10. Gebrauch, Instandhaltung und Lasten des Leasingobjektes
(1) Der LN hat das Leasingobjekt auf eigene Kosten in ordnungsgemäßem und funktionstüchtigem Zustand zu halten. Notwendige Instandhaltungs- und Instandsetzungsarbeiten am Leasingobjekt sind auf eigene Kosten unverzüglich von ihm durchzuführen. Der LN ist zum Abschluß eines Wartungsvertrages verpflichtet, sofern dies zur Werterhaltung des Objektes erforderlich ist.
(2) Der LN hat Gesetze, Verordnungen und Verwaltungsvorschriften, die das Leasingobjekt betreffen, zu beachten und auf seine Kosten zu erfüllen. Werden Steuern oder Abgaben, die an das Eigentum, den Besitz oder den Gebrauch des Leasingobjektes anknüpfen unmittelbar beim LG erhoben, stellt der LN den LG hiervon frei bzw. erstattet dem LG alle bereits hierfür von diesem verauslagten Beträge.

11. Änderungen des Leasingobjektes, Zugriffe Dritter, Scheinbestandteil
(1) Der LN darf Änderungen und zusätzliche Einbauten am Leasingobjekt nur nach vorheriger schriftlicher Zustimmung des LG vornehmen. Der LN hat bei Beendigung des Vertrages das Recht und auf Verlangen des LG die Pflicht, das Leasingobjekt in seinen ursprünglichen Zustand zurückzuversetzen. Macht der LN von seinem Wegnahmerecht keinen Gebrauch, gehen die Änderungen und zusätzlichen Einbauten entschädigungslos in das Eigentum des LG über.
(2) Der LN informiert den LG unverzüglich, wenn Dritte auf das Leasingobjekt Zugriff nehmen, das Leasingobjekt gepfändet wird. Die Interventionskosten trägt der LN.
(3) Wird das Leasingobjekt mit einer Immobilie oder Mobilie verbunden, so geschieht dies zu einem vorübergehenden Zweck mit der Absicht der Trennung nach Beendigung des Leasingvertrages.

12. Überlassung des Leasingobjektes an Dritte, Standortänderung, Sicherungsabtretung, Besichtigungsrecht
(1) Die Überlassung des Leasingobjektes an Dritte oder eine Standortänderung bedürfen der vorherigen schriftlichen Zustimmung des LG. Verweigert der LG die Zustimmung, steht dem LN kein Kündigungsrecht zu.
(2) Im Fall der Gebrauchsüberlassung an einen Dritten tritt der LN zur Sicherung der Ansprüche des LG aus dem Leasingvertrag seine Ansprüche gegen den Dritten an den LG ab.
(3) Der LG ist berechtigt, das Leasingobjekt während der gewöhnlichen Geschäftszeit des LN zu besichtigen und zu kennzeichnen.

13. Gefahrtragung (Sach- und Gegenleistungsgefahr) Versicherungspflicht
(1) Sachgefahr
Der LN trägt die Gefahr des zufälligen Untergangs, Abhandenkommens, der Vernichtung sowie Verschlechterung und des vorzeitigen Verschleißes des Leasingobjektes. Dies gilt auch im Falle einer außerordentlichen Kündigung bis zur Rückgabe.
(2) Außerordentliche Kündigung
LG und LN sind berechtigt, in jedem Fall des Unterganges oder Abhandenkommens des Leasingobjektes den Leasingvertrag mit sofortiger Wirkung schriftlich zu kündigen. Im Falle von Beschädigungen des Leasingobjektes sind LG und LN auch dann zur Kündigung berechtigt, wenn die Wiederherstellungskosten 50% des Zeitwertes überschreiten. Die Kündigung hat stets eine Ausgleichszahlung des LN entsprechend Ziffer 16 Abs. 3 zur Folge. Im Falle der Beschädigung des Leasingobjektes wird der LN, unabhängig von der Schadensursache, den Schaden unverzüglich und sachgemäß beheben lassen, wenn er nicht aufgrund der vorstehenden Regelungen den Leasingvertrag kündigt.
(3) Gegenleistungsgefahr
Machen weder LG noch LN von dem Kündigungsrecht gemäß Abs. (2) Gebrauch, ist der LN verpflichtet, die Leasingraten weiter zu zahlen. Er wird dann das Leasingobjekt auf eigene Kosten sachgerecht instand setzen (lassen).
(4) Versicherungspflicht des LN
Der LN ist verpflichtet, die vorstehenden Risiken auf eigene Kosten zum Wiederbeschaffungswert, mindestens aber zum jeweiligen Barwert der Gesamtleasingforderung zu versichern und bei der Beschaffung des Sicherungsscheines für den LG mitzuwirken.
Die Ansprüche gegen den Versicherer werden hiermit an den LG abgetreten. Leistungen der Versicherung werden dem LN angerechnet, mit Ausnahme desjenigen Betrages, den die Versicherung zum Ausgleich eines entstandenen merkantilen Minderwertes leistet. Die Abwicklung mit dem Versicherer obliegt dem LN. Hat der LN die Ansprüche des LG voll erfüllt, stehen die Ansprüche gegen den Versicherer dem LN zu. Der LG ist bei Leistungsverweigerung der Versicherung nicht verpflichtet, diese zu verklagen. Zahlt die Versicherung nicht fristgerecht, hat der LN dem LG Zinsen unter Zugrundelegung von Ziffer 15. zu zahlen.

4. Übertragung der Rechte des LG
Der LG kann seine Rechte aus diesem Vertrag, insbesondere zu Refinanzierungszwecken, auf Dritte übertragen.

15. Zahlungsverzug, Aufrechnung, Zurückbehaltung, Konzernverrechnung, Abtretung
(1) Kommt der LN in Zahlungsverzug, ist der geschuldete Betrag mit 5 % p. a. über dem jeweiligen Diskontsatz der Deutschen Bundesbank oder über den an seine Stelle tretenden jeweiligen Zinssatz zu verzinsen, wenn nicht der LG einen höheren oder der LN einen niedrigeren Schaden nachweist.
(2) Der LN kann nur mit unbestrittenen Gegenforderungen aufrechnen. Er kann ein Zurückbehaltungsrecht nur mit Ansprüchen aus diesem Vertrag geltend machen.
(3) Der LG kann mit eigenen Forderungen, sowie der zu dem Konzern VR-LEASING AG gehörenden Gesellschaften BFL Gesellschaft des Bürofachhandels mbH & Co., BFL Leasing GmbH, VCL·Computer-Leasing GmbH, VKL Kommunal-Leasing GmbH, VR-Bauregie GmbH, VR-IMMOBILIEN-LEASING GmbH, alle mit Sitz in Eschborn, und VR medico LEASING GmbH mit Sitz in Berlin, aufrechnen.
(4) Der LN darf die ihm aus diesem Vertrag zustehenden Ansprüche nur mit schriftlicher Einwilligung des LG auf Dritte übertragen.

16. Außerordentliche Kündigung, Kündigung der Erben, Schadenersatz, Anrechnung von Zahlungen
(1) Die ordentliche Kündigung des Leasingvertrages ist ausgeschlossen. Im Falle des Todes des LN steht den Erben des LN das gesetzliche Kündigungsrecht zu. Die Erbenkündigung hat eine Zahlungsverpflichtung gemäß nachstehendem Abs. (3) zur Folge, jedoch zuzüglich Umsatzsteuer.
(2) Der LG kann den Vertrag fristlos kündigen, insbesondere wenn
- der LN mit zwei Leasingraten (bei anderer als monatlicher Zahlungsweise mit einer Leasingrate länger als 30 Tage) oder der Sonderzahlung in Verzug gerät und keine Eröffnung des Insolvenzverfahrens beantragt ist;
- zwischen Insolvenzantrag und Entscheidung über die Eröffnung des Insolvenzverfahrens Verzug mit der Entrichtung zweier Leasingraten eingetreten ist;
- sich aus den Umständen ergibt (z. B. Zwangsvollstreckungsmaßnahmen, Wechselproteste u. ä.), daß der LN den fälligen Verpflichtungen nicht nachkommen kann und keine Eröffnung des Insolvenzverfahrens beantragt ist;
- die Sachgefahr sich verwirklicht (Ziffer 13 (2)).

(3) Im Falle der fristlosen Kündigung werden die für die vereinbarte Vertragsdauer noch ausstehenden Leasingraten, abgezinst mit dem Refinanzierungszins des LG, zuzüglich eines etwaig anfallenden Vorfälligkeitsschadens des LG, unter Abzug ersparter Kosten, zur Zahlung fällig. Der Reinerlös aus der Verwertung des Leasingobjektes (ohne Umsatzsteuer) wird abzüglich des Marktwertes des Leasingobjektes, der bei Ablauf der vereinbarten Vertragsdauer erzielt worden wäre, auf die Forderung angerechnet. Die Geltendmachung eines weitergehenden Schadens bleibt vorbehalten.
(4) Nach fristloser Kündigung des Leasingvertrages werden vom LN oder Dritten geleistete Zahlungen entsprechend der gesetzlichen Rangfolge, jedoch zunächst auf die nicht umsatzsteuerpflichtigen Forderungen des LG, angerechnet.

17. Regelung für die Zeit nach Beendigung des Leasingvertrages
(1) Bei Beendigung des Leasingvertrages ist der LN verpflichtet, das Leasingobjekt auf seine Gefahr und Kosten transportversichert unverzüglich an eine vom LG zu benennende Anschrift in der Bundesrepublik Deutschland bzw. - falls keine Benennung der Anschrift erfolgt - an den LG zurückzuliefern oder nach schriftlicher Weisung des LG zu vernichten.
(2) Behält der LN entgegen der vorstehenden Regelung das Leasingobjekt nach Beendigung des Leasingvertrages, so ist er verpflichtet, die vereinbarten Leasingraten weiter zu leisten.
Die Geltendmachung weitergehenden Schadens bleibt vorbehalten.

18. Allgemeine Bestimmungen
(1) Nebenabreden, Änderungen, Ergänzungen sowie die einvernehmliche Aufhebung dieses Vertrages bedürfen der Schriftform. Ein Verzicht auf die Schriftform kann nur schriftlich vereinbart werden.
(2) Sollte es sich bei dem LN um eine Personenmehrheit (z.B. Gesellschaft des bürgerlichen Rechts) handeln, so bevollmächtigen sich diese hiermit gegenseitig zur Abgabe und Empfang von Willenserklärungen, die in Zusammenhang mit diesem Vertrag stehen.
(3) Als Gerichtsstand vereinbaren die Parteien Frankfurt am Main, Berlin oder Mannheim nach Wahl des Klägers, wenn der LN Vollkaufmann ist oder juristische Person des öffentlichen Rechts oder Träger eines öffentlich-rechtlichen Sondervermögens oder er seinen Wohnsitz nach Vertragsabschluß ins Ausland verlegt hat.
(4) Sofern als Vertragswährung EUR gewählt wurde, werden die festgeschriebenen DEM-Beträge centgenau in EUR umgewandelt.
(5) Es gilt das Recht der Bundesrepublik Deutschland.

II. Software als Leasingobjekt

1. Nutzungsumfang
Gegenstand des Leasingvertrages ist (auch) Computersoftware. Der LG räumt dem LN ein auf die Leasingdauer befristetes, nicht ausschließliches und nicht auf Dritte weiter übertragbares Recht zur Nutzung der Software auf der im Leasingvertrag benannten Hardware ein. Weitergehende Nutzungsbeschränkungen ergeben sich aus dem schriftlich zwischen LN und dem Lieferanten geschlossenen Kaufvertrag, in den der LG gemäß Ziffer 2 der Allgemeinen Leasingbedingungen eingetreten ist. Im Rahmen dieses Leasingvertrages gelten sämtliche Nutzungsbeschränkungen gemäß den Allgemeinen Geschäftsbedingungen des Lieferanten uneingeschränkt weiter. Durch den Bestelleintritt des LG wird der LN nicht aus der Verpflichtung entlassen, die Nutzungsbeschränkungen des Lieferanten zu beachten. Er schuldet dies sowohl gegenüber dem Lieferanten als auch dem LG und macht sich im Falle von Verstößen gegen Nutzungsbeschränkungsvorschriften uneingeschränkt gegenüber beiden genannten Firmen ersatzpflichtig.

2. Pflegevertrag, Datensicherung
In Erweiterung von Ziffer 10 der Allgemeinen Leasingbedingungen ist der LN verpflichtet, mit dem Lieferanten zu den jeweils gültigen Bedingungen einen Software-Pflegevertrag abzuschließen und diesen Abschluß dem LG nachzuweisen. Mindestinhalt des Pflegevertrages muß die Anpassung der Software an den jeweils neuesten Releasestand sowie generell die Beseitigung von Softwarefehlern sein. Unterbleibt der Abschluß eines Pflegevertrages, ist der LG zur fristlosen Kündigung des Leasingvertrages berechtigt.
Die vorstehende Regelung entfällt bei Standardprogrammen im Wert von unter DEM 5.000,00. Der LN sorgt dafür, daß ein Duplikat der Software brand- und diebstahlsicher aufbewahrt wird. Der LN ist verpflichtet, Datensicherung im erforderlichen Umfang zu betreiben, insbesondere die aktuellen Datenbänder brand- und diebstahlsicher getrennt von der Hardware aufzubewahren.

3. Besondere Regelung für die Zeit nach Beendigung des Leasingvertrages
Zum Ende des Nutzungsrechtes gibt der LN alle Lieferungen und Kopien heraus und löscht gespeicherte Programme, soweit er nicht gesetzlich zur längeren Aufbewahrung verpflichtet ist. Er versichert die Erledigung gegenüber dem LG und dem Lieferanten auf einem ihm vom LG oder dem Lieferanten zur Verfügung gestellten Formular, sonst formfrei. Nebenpflichten gegenüber dem Lieferanten gemäß dessen Allgemeinen Geschäftsbedingungen bleiben uneingeschränkt weiter gültig. Das Nutzungsrecht endet nicht, wenn der LN die Software erwirbt oder den Vertrag verlängert. In diesen Fällen bleiben die Allgemeinen Geschäftsbedingungen des Lieferanten, die den Umfang des Nutzungsrechtes regeln, weiter uneingeschränkt gültig.

Abbildung 2-116: Muster eines Leasingvertrages (Fortsetzung)

Leasingvertrag

Man unterscheidet zwischen Vollamortisations- und Teilamortisations-Verträgen. Bei **Vollamortisations-Verträgen** decken die Leasing-Zahlungen während einer unkündbaren Grundmietzeit die Anschaffungskosten oder Herstellkosten des Leasing-Gegenstands, die Zinsen, alle sonstigen Nebenkosten sowie eine Gewinnspanne.

Bei **Teilamortisations-Verträgen** ist diese 100-prozentige Amortisation nicht gegeben; dafür muss der Leasing-Nehmer für die noch nicht abgedeckten Kosten insoweit einstehen, als der Leasing-Geber ihre Abdeckung nach Ablauf der vereinbarten Mietzeiten nicht durch eine Weiterverwertung des Leasing-Gegenstands, zum Beispiel durch Wiedervermietung oder durch Verkauf, erzielen kann. Welcher Vertragstyp im Einzelfall vorzuziehen ist, muss situationsbezogen, das heißt auf den Bedarf und auf den Leasing-Gegenstand zugeschnitten, entschieden werden.

Auf dem **Mobilien-Leasing-Sektor** haben sich in den vergangenen Jahren Standardverträge entwickelt, die insbesondere der Absicherung des Leasing-Gebers dienen, zum Beispiel für den Fall des vertragswidrigen Verhaltens des Leasing-Nehmers (siehe Abbildung 2-116: Leasing-Vertrag). Auf dem **Immobilien-Leasing-Sektor** hingegen werden die einzelnen Vertragspunkte meist individuell festgelegt, um der „Einmaligkeit" der Objekte und den längeren Laufzeiten der Verträge Rechnung tragen zu können.

Steuerrechtliche Bestimmungen

Die steuerrechtliche Kernfrage lautet, wem der Leasing-Gegenstand zuzurechnen ist, dem Leasing-Geber oder dem Leasing-Nehmer. Bis zum Urteil des Bundesfinanzhofs vom 26.1.1970 wurden die Leasing-Gegenstände regelmäßig dem Leasing-Geber als dem **rechtlichen Eigentümer** zugerechnet. Das neue Urteil forderte jedoch eine Zurechnung des Leasing-Gegenstands zum Leasing-Nehmer, wenn dieser **wirtschaftlicher Eigentümer** des Leasing-Gegenstands ist. Die auf diesem Urteil beruhenden Erlasse der Finanzverwaltung stellten Kriterien auf, anhand derer die Zurechnung bei Vollamortisations-Verträgen zu entscheiden ist. Damit die normalerweise angestrebte Zurechnung des Gegenstands zum Leasing-Geber steuerrechtlich gesichert ist, muss sich die vereinbarte unkündbare Grundmietzeit auf zwischen 40 und 90 Prozent der betriebsgewöhnlichen Nutzungsdauer des Leasing-Gegenstands belaufen. Zum anderen muss bei einem eventuell vereinbarten Optionsrecht des Leasing-Nehmers (Mietverlängerungsoption oder Kaufoption) der Optionspreis „angemessen" sein. Schließlich stellte die Finanzverwaltung 1975 Kriterien zur Entscheidung über die Zurechnung bei einigen Teilamortisations-Verträgen auf. Danach ist es zum Beispiel für die Zurechnung von Leasing-Gegenständen zum Leasing-Geber bei diesen Verträgen unerlässlich, dass der Leasing-Geber an einer eventuellen Wertsteigerung oder am Wertrisiko in irgendeiner Form beteiligt ist.

Handelsrechtliche Bestimmungen

Leasing-Verträge werden regelmäßig so gestaltet, dass steuerrechtlich der Leasing-Geber den Leasing-Gegenstand bilanziert. Andernfalls würden wichtige wirtschaftliche Vorzüge des Leasings verloren gehen. Die handelsrechtlichen Vorschriften erfordern nur in wesentlich extremeren Fällen als die steuerrechtlichen Vorschriften eine Zurechnung zum Leasing-Nehmer (teilweise wird in der Literatur sogar bestritten, dass handelsrechtlich eine vom rechtlichen Eigentümer abweichende Zurechnung überhaupt zulässig ist).

Aus handelsrechtlicher Sicht stellt sich nur die Frage, wie Leasing-Verträge, die ja zweifellos die Vermögens- und Ertragslage des Leasing-Nehmers tangieren, in dessen Jahresabschluss zu berücksichtigen sind.

Der Leasing-Nehmer darf den Leasing-Gegenstand nicht aktivieren. Eine Vermerkspflicht ist weder aus den gesetzlichen Regelungen noch aus den Grundsätzen ordnungsgemäßer Buchführung ableitbar. Für die Verpflichtungen aus Leasing-Verträgen kommt jedoch bei wirtschaftlichem Gewicht eine entsprechende Angabe im Anhang zum Jahresabschluss nach § 285 Nr. 3 HGB in Frage.

Betriebswirtschaftliche Bedeutung des Leasing

Betrachtet man Leasing aus betriebswirtschaftlicher Sicht, so ist zwischen den quantitativen Aspekten (Wirtschaftlichkeitsvergleich, Liquiditätsvergleich) und den qualitativen, das heißt den nur schwer quantifizierbaren, Aspekten zu unterscheiden.

Mustervergleichsrechnungen in Bezug auf Wirtschaftlichkeit und Liquidität sind für den Einzelfall nur dann aussagefähig, wenn die Prämissen entsprechend der individuellen Situation – sowohl hinsichtlich des Leasing-Nehmers als auch hinsichtlich des Leasing-Gegenstands – „richtig" gewählt sind. Eine allgemeingültige Wertung ist nicht möglich. Es kann hier lediglich darauf hingewiesen werden, dass bei einem Wirtschaftlichkeitsvergleich „Leasing oder Kauf" nicht nur die nominellen Kosten einander gegenübergestellt werden dürfen. Der zeitliche Anfall von Aufwendungen und Erträgen, die steuerlichen Faktoren (wie zum Beispiel die Tatsache, dass Leasing-Zahlungen in voller Höhe Betriebsausgaben sind und die Verzinsung des beim Kauf einzusetzenden Eigenkapitals sind unbedingt zu berücksichtigen, wenn man zu brauchbaren Ergebnissen kommen möchte.

Die **qualitativen Vorzüge**, die Leasing gegenüber anderen Investitions- und Finanzierungsformen aufweist, sind vor allem in folgenden Punkten zu sehen:

- Leasing wird der „Pay-as-you-earn"-Bedingung gerecht, das heißt: Die monatlichen Zahlungen können während der gesamten Mietzeit aus den Erträgen geleistet werden, die der Einsatz des Leasing-Gegenstands erbringt.

- Leasing hat den Effekt einer 100-prozentigen Fremdfinanzierung, während jeder Kauf in der Regel einen bestimmten Anteil an Eigenmitteln erfordert.
- Leasing führt im Gegensatz zum Kauf nicht zu einer sofortigen Belastung der Liquidität im Investitionszeitpunkt.
- Die Tatsache, dass der Leasing-Nehmer beim Leasing während der gesamten Investitionsdauer seine ihm zur Verfügung stehenden Mittel nicht im Anlagevermögen binden muss, ermöglicht ihm einen anderweitigen Einsatz, zum Beispiel zur Ausweitung des Warenlagers.
- Leasing bietet die Möglichkeit, das Investitionsrisiko und das Überalterungsrisiko zu verringern, weil die Bindung an geleaste Wirtschaftsgüter kürzer ist als an gekauften Wirtschaftsgüter.
- Wenn eine Unternehmen weder freie Kreditlinien noch sonstige Liquidität besitzt, ist Leasing oft einfach die einzige Möglichkeit, eine Investition vorzunehmen.

Als gravierende Nachteile des Leasing werden häufig die relativ hohen Mietkosten und die Tatsache angesehen, dass der Leasing-Nehmer nie „wirklich" Eigentümer des Leasing-Gegenstands ist. Dem ist allerdings entgegenzuhalten, dass nicht das Eigentum an einem Gegenstand, sondern allein seine Nutzung für den Ertrag des Unternehmens entscheidend ist. Im Übrigen schließt Leasing einen späteren Eigentumserwerb nicht aus (zum Beispiel Leasing-Verträge mit Kaufoption).

5.3.3.2 Factoring

> **DEFINITION**
>
> Unter **Factoring** versteht man den laufenden Ankauf und die Verwaltung von kurzfristigen Forderungen aus Lieferungen und Leistungen, mit Übernahme des Bonitätsrisikos und Bevorschussung der Forderungen durch eine Factoring-Gesellschaft.

In den Bedingungen für Factoring-Geschäfte heißt es:

„Factoring besteht in der Verpflichtung eines Unternehmens, seine Forderungen an Wiederverkäufer oder seine Forderungen aus Dienstleistungen einem Factor zum Kauf anzubieten und auf ihn zu übertragen, und in der Verpflichtung des Factors, dieses Kaufangebot anzunehmen, sofern er keine Zweifel an Bestand, Abtretbarkeit und Bonität der Forderung hat, den vereinbarten Kaufpreis zu zahlen und die Debitorenbuchhaltung zu führen."

Die Factoring-Gesellschaft trägt in der Regel für die angekauften Forderungen das Ausfallrisiko bei Zahlungsunfähigkeit der Schuldner und verzichtet auf irgendwelche Regressansprüche bei Zahlungsausfällen. Wird das Ausfallrisiko ausgeschlossen, spricht man von „**unechtem Factoring**".

Im Hinblick auf die Offenlegung der Abtretung (Zession) wird zwischen dem stillen oder nicht notifizierten und dem offenen oder notifizierten Factoring-Verfahren unterschieden.

Beim stillen Factoring (**Non-Notification-Factoring**) wird der Gläubigerwechsel nach außen nicht erkennbar. Die Drittschuldner zahlen also weiterhin mit befreiender Wirkung an den Zedenten (Anschlussfirma). Der Factor erhält in festen zeitlichen Abständen von seinem Klienten die neu erstellten Rechnungen. Der Kunde der Anschlussfirma zahlt nach wie vor an die Anschlussfirma, und diese gibt die bei ihr eingehenden Zahlungen umgehend an den Factor weiter, der dann den Ausgleich seiner (internen) Drittschuldnerkonten vornimmt.

Beim offenen Factoring (**Notification-Factoring**) wird dem Drittschuldner durch einen Rechnungsaufdruck oder einen Hinweis in den Allgemeinen Geschäftsbedingungen angezeigt, dass die Rechnungssumme der Factoring-Gesellschaft abgetreten ist und dass nur an sie mit befreiender Wirkung gezahlt werden kann. Für Unternehmen, die im Kaufvertrag die Forderungsabtretung generell ausgeschlossen haben, ist dieses Verfahren naturgemäß nicht anwendbar.

Betriebswirtschaftliche Bedeutung des Factoring

Zu nennen sind hier drei **Hauptfunktionen des Factoring**:

- die Finanzierungsfunktion,
- die Dienstleistungsfunktion und
- die Delcrederefunktion.

Die **Finanzierungsfunktion** des Factoring besteht darin, dass der Factor entweder die ihm abgetretenen Forderungen per Ankaufstag übernimmt und dem Klienten den Kaufpreis sofort vergütet, oder die Rechnungsgegenwerte per Verfalltag beziehungsweise per Zahlungseingang abzüglich einer Factoring-Gebühr von 10 bis 20 Prozent gutschreibt. Vorschüsse sind mit dem jeweils banküblichen Satz für Kontokorrentkredite zu verzinsen. Beim Ankauf der Forderungen per Ankaufstag wird ein entsprechender Diskont abgezogen. Die Factoring-Gebühr wird auf ein Sperrkonto überwiesen und dient der Factoring-Gesellschaft als Sicherheit für Zahlungsausfälle, die etwa wegen Mängelrügen, Retouren, Skonto oder Ähnlichem eintreten können. Außerdem sichert das Sperrkonto Regressansprüche des Factors aus der Haftung des Klienten für Bestand und Übertragbarkeit der Forderungen, insbesondere dafür, dass die Forderungen nicht nachträglich in ihrem rechtlichen Bestand verändert und nicht durch Aufrechnung zum Erlöschen gebracht werden.

Das zweite Argument für das Factoring ist die **Dienstleistungsfunktion**. Der Standardservice umfasst in der Regel die Debitorenbuchhaltung. Daneben können dem Factor noch weitere Aufgaben wie die Fakturierung, die Erstellung von Umsatz- und Betriebsstatistiken oder die Umsatzsteuer- und Vertreterprovisionsabrechnungen übertragen werden. Auch das Mahnwesen und Inkasso werden vom Factor übernommen. Dem Abnehmer gegenüber treten dabei – je nachdem, ob die Zession offen oder still erfolgte – entweder der Factor oder sein Klient auf. Die Einschaltung des Factors kann zu einem schnelleren Eingang der Außenstände führen, weil der Factor konsequenter als der Lieferant mahnen wird und die säumigen Drittschuldner fürchten, durch Zahlungsverzögerungen ihren guten Ruf zu verlieren.

Charakteristisch für die Leistungen der Factoring-Gesellschaft ist drittens die **Übernahme des Delcredere-Risikos**. Kommt der Abnehmer seinen Verpflichtungen bei Fälligkeit nicht nach, dann trägt der Factor nach Ablauf einer mit dem Klienten vereinbarten Karenzzeit von in der Regel 90 Tagen den vollen Forderungsausfall. Um dieses Risiko für den Factor zu begrenzen, prüft er die Kreditwürdigkeit der einzelnen Kunden und gibt ein entsprechendes **Warenkreditlimit.** Er ist dann allerdings verpflichtet, laufend alle Forderungen bis zum eingeräumten Limit anzukaufen. Das heißt, dass der Klient seine Kunden im Rahmen dieses Limits revolvierend beliefern kann. Beträgt das Warenkreditlimit bei einzelnen Abnehmern schlechter Bonität 0, werden Ansprüche gegen diese Abnehmer nicht angekauft.

Für den Fall, dass die Forderungen still an die Factoring-Gesellschaft abgetreten wurden, stellt die Anschlussfirma in ausreichendem Umfang **Blanko-Zessionsanzeigen** zur Verfügung. Nach dem Factoring-Vertrag steht der Klient lediglich dafür ein, dass die Forderungen nicht mit Mängeln behaftet sind und der Kunde insbesondere kein Recht auf Wandlung, Minderung, Rücktritt vom Vertrag, Schadenersatz wegen Nichterfüllung, Nachleistung, Nachbesserung oder ein Zurückbehaltungsrecht geltend machen kann. Der Factor ist sofort zu informieren, wenn derartige Einwendungen oder Einreden erhoben werden. Im Übrigen haftet der Factor bis zur Höhe des eingeräumten Limits zu 100 Prozent für die Zahlungsfähigkeit des betreffenden Kunden. Als **Zahlungsunfähigkeit** gilt, wenn die Rechnung nicht spätestens 90 Tage nach Fälligkeit der Forderung bezahlt ist; sie braucht zum Beispiel nicht durch einen vollstreckbaren Titel nachgewiesen zu werden.

Für die Übernahme des Delcredere-Risikos, die Führung der Kundenbuchhaltung und die Übernahme des Mahnwesens und Inkassos berechnet die Factoring-Gesellschaft eine **Factoring-Provision** in Höhe von etwa 0,75 bis 1,5 Prozent der Bruttorechnungsbeträge. Ob mit diesem Entgelt die ersparten Kosten und Aufwendungen abgedeckt werden, ist nur jeweils für die konkrete Situation der betreffenden Unternehmung zu bestimmen. Entscheidend für eine sinnvolle Nutzung der Factoring-Dienstleistung sind eine entsprechende Umsatzgröße und Zahl von Rechnungen.

Wesentliche Vorteile ergeben sich zweifellos **im Finanzierungsbereich.** Der Factoring-Vertrag sichert dem Klienten ein mittelfristiges Finanzierungsvolumen, das sich der Umsatzentwicklung und daher dem Mittelbedarf für Außenstände und Lagerhaltung automatisch anpasst. Diese Vorteile zeigen sich insbesondere bei plötzlichen Marktchancen und großen Aufträgen. Interessant ist Factoring vor allem für aufstrebende Unternehmen, denen es (noch) an ausreichenden eigenen Mitteln fehlt, um die für klassische Kredite banküblichen Sicherheiten zu bestellen.

5.4 Notleidende Kredite

Die bundesdeutschen Haushalte waren 1998 mit über 400 Milliarden DM für Konsumentenkredite verschuldet. Etwa die Hälfte der Haushalte schiebt einen Schuldenberg von einem Jahresnettoeinkommen vor sich her – nicht eingerechnet die Baufinanzierungsschulden.

Auch bei den Unternehmen hat sich der Anteil der Kreditfinanzierung in den letzten zehn Jahren prozentual und absolut stark zu Lasten der Eigenmittel erhöht. So stieg die Kreditsumme an Unternehmen und Selbstständige auf über 2 Billionen DM im Jahr 1998 an.

Das Kreditrisiko gilt allgemein als das größte Risiko aller Bankaktivitäten.

Während Kreditausfälle im Privatkundenbereich weitgehend „im Stillen" vor sich gehen, können Ausfälle im Großkreditgeschäft, auch dem Ansehen der Bank schwer schaden.

Hauptursache für Ausfälle sind in der Regel unvollkommene oder falsch interpretierte Informationen über den Kreditnehmer und Fehleinschätzungen seiner längerfristigen Zahlungsfähigkeit.

Im Weiteren sollen zunächst die wichtigsten Ursachen für Kreditausfälle und die Möglichkeiten der Banken dargestellt werden, den Schaden so gering wie möglich zu halten.

5.4.1 Ursachen für Kreditausfälle

Mit ec-Karte, Kreditkarte, Dispositionskredit und zusätzlich einem Ratenkredit zum Beispiel für die Anschaffung eines Pkw verfügt ein Kunde bereits über einen „normalen" Kreditspielraum von mehr als 75.000 DM. Offensichtlich ist das Angebot an die Privatkunden groß und verführerisch – und auch riskant.

Ursachen für die Ausfallgefährdung liegen bei Privatkunden vor allem in:

- Änderungen in der Beschäftigung (Kurzarbeit, Arbeitslosigkeit),
- familiären Schwierigkeiten,
- zu optimistischer Einschätzung der finanziellen Belastungsfähigkeit,
- nicht zweckentsprechender Verwendung der Kredite.

Bei **Firmenkunden** liegen Risiken in der vielfältigen Verflechtung der Märkte, oft auch in unzureichender Eigenkapitalausstattung, teilweise auch in Fehlern der Organisation und des Managements.

Auf der Beschaffungsseite können Preisänderungen, aber auch Probleme mit der Lieferfähigkeit sowie der Qualität der gelieferten Produkte das Geschäft negativ beeinflussen. Ähnliche Risiken gibt es am Absatzmarkt. Der kalkulierte Preis ist unter Umständen am Markt nicht durchzusetzen, die erzeugte Menge wird vom Markt nicht aufgenommen etc.

Zusätzlich können Zahlungsverzug oder Zahlungsausfälle der Abnehmer die eigene Zahlungsbereitschaft und Ertragskraft erheblich beeinträchtigen.

Kaum einschätzbar sind schließlich politische Einflüsse (zum Beispiel neue Umweltschutzauflagen, Produktionsverbote) und Naturkatastrophen (Sturm, Hochwasser).

Bei geringer Eigenkapitalausstattung ist die Zahlungsfähigkeit auch gefährdet, etwa bei einer Zinserhöhung oder wenn Fremdkapitalgeber ihre Kredite kündigen.

Weitere Risiken liegen in den Sicherheiten. Kreditsicherheiten sollen Deckung für den Kredit bieten. Die Erfahrung zeigt aber, dass sie dies nicht immer im gewünschten Umfang beim Eintritt des Schadenfalls tun. Risiken entstehen hier insbesondere in folgenden Fällen:

- abgetretene Forderungen waren schon abgetreten beziehungsweise sind nicht werthaltig,
- sicherungsübereignete Gegenstände sind noch mit Eigentumsvorbehalt belastet,
- Sicherungsobjekte verlieren während der Kreditlaufzeit an Wert,
- Preisverfall des Sicherungsgutes, weil es technisch überholt ist,
- nicht vertragsgemäßer Umgang des Schuldners mit dem Sicherungsgut führt zu Wertverlust,
- erforderliche Versicherungen wurden nicht abgeschlossen.

Erste Anzeichen für den Ausfall eines Kredites im Geschäft mit Privatkunden sind:

- ausbleibende Gehaltsgutschriften,
- eine Darlehensrate kann nicht bezahlt werden,

- ein Antrag auf Umschuldung oder auch Prolongation wird gestellt,
- eine Auseinandersetzung über ein gemeinschaftliches Vermögen (zum Beispiel bei Scheidung oder Erbauseinandersetzung) wird geführt.

Im Firmenkundengeschäft deutet sich ein Ausfallrisiko insbesondere an, wenn:

- Bürgschaften nur zögernd oder gar nicht beigebracht werden,
- Negativerklärungen missachtet werden,
- Kredite nicht vertragsgemäß verwandt werden,
- statt Skontierung der Lieferantenrechnung plötzlich auf Wechsel gekauft wird.

Hier gilt es, im Gespräch herauszufinden, ob und wie ein solcher Tatbestand zu erklären ist und die damit verbundenen Schwierigkeiten zu lösen sind.

5.4.2 Strategische Überlegungen

Bank und Kreditnehmer werden prüfen, welche Maßnahmen gegen die drohende Zahlungsunfähigkeit wahrscheinlich erfolgreich sein könnte.

- Zunächst werden die Chancen einer Sanierung (Heilung) geprüft werden. Dies könnte zum Beispiel geschehen durch Austausch des Managements, durch Rationalisierungen oder durch Neuzuführung von Eigenkapital.
- In einem Vergleich mit den Gläubigern könnten Forderungen ganz oder teilweise erlassen oder gestundet werden.
- Reichen die Vermögenswerte aus, könnte auch eine Liquidation (= freiwillige Auflösung) der Unternehmung erfolgen.
- In manchen Fällen gelingt es heute auch, Unternehmen zusammenzuschließen (zu fusionieren), um die Zahlungsunfähigkeit zu beseitigen.
- Als schwerwiegendster Schritt ist der Antrag auf Eröffnung eines gerichtlichen Insolvenzverfahrens zu erwägen.

5.4.3 Maßnahmen bei notleidenden Krediten

5.4.3.1 Kündigung und Verwertung von Sicherheiten

Besteht Anlass zu Zweifeln, dass der Kredit nicht vertragsgemäß zurückgeführt werden kann, wird die Bank zunächst den Kunden mahnen. Dabei sollen die zeitlichen Abstände dem Kunden die Möglichkeit für eine Reaktion lassen. Nach einem freundlichen **Mahnschreiben** wird spätestens in der dritten Mahnung eine Frist gesetzt und die Androhung ausgesprochen, bei Fristablauf den Kredit für fällig zu erklären (auch wenn es streng genommen einer Fristsetzung nach § 284 Abs. 1 BGB nicht bedarf).

Gelingt es nicht, die Zahlungsschwierigkeiten beim Kunden zu beseitigen, wird daraus ein notleidender Kredit.

Es wird dann der gesamte Kredit fällig gestellt, das heißt, dass die Bank von ihrem außerordentlichen Kündigungsrecht Gebrauch macht. Damit kann sie die Sicherheiten für den gesamten Schuldsaldo verwerten beziehungsweise gerichtliche Schritte einleiten.

Bei der Verwertung der Sicherheiten wird sie sich auf den Vertrag über die **Kreditsicherheiten** und auf Nr. 14 der AGB beziehen. Im Einzelnen kann sie

- Offenlegung der Zessionen einleiten,
- das Sicherungsgut freihändig verkaufen oder
- Grundstücke unter Zwangsverwaltung stellen oder zwangsversteigern lassen.

Im Gegensatz zur Verpfändung von Forderungen bedarf es zur Wirksamkeit der Sicherungsabtretung nicht der **Bekanntgabe der Abtretung an den Drittschuldner**. Zwischen Bank und Kunde besteht ein Treuhandverhältnis (fiduziarische Abtretung), sodass der Drittschuldner mit befreiender Wirkung an den Kreditnehmer zahlen kann. Muss allerdings die Sicherheit verwertet werden, dann wird die Abtretung dem Drittschuldner angezeigt, da die Bank nun zur Einziehung der Forderung berechtigt sein soll. Nach der Anzeige kann der Drittschuldner mit befreiender Wirkung nicht mehr an den Kreditnehmer zahlen. Forderungen, die im Sicherungsvertrag nicht wirksam abgetreten werden konnten, kann die Bank im Rahmen der Sicherheitenverwertung auch nicht einziehen. Es handelt sich beispielsweise um

- Forderungen, die der Abtretung nicht unterworfen sind, wie Arbeitseinkommen bis zur Pfändungsgrenze,
- Forderungen aus Lieferungen solcher Gegenstände, die der Kreditnehmer bereits unter Eigentumsvorbehalt erworben hat (Kollision zwischen verlängertem Eigentumsvorbehalt und Zession).

Die AGB geben den Banken die Möglichkeit, bei der Verwertung von Sicherheiten nach eigenem Ermessen zu verfahren. Wenn der freihändige Verkauf erfolgreich sein soll, ist jedoch die Zusammenarbeit mit dem Kreditnehmer anzustreben, da er in der Regel über Interessenten, Märkte und Ähnliches besser informiert ist als die Bank.

Die Verwertung im **freihändigen Verkauf** wird sich in den meisten Fällen auf sicherungsübereignete Gegenstände erstrecken. Dabei ist es wichtig, dass sich die Bank frühzeitig den Zugriff auf die Sicherungsgüter verschafft, um einerseits zu verhindern, dass der Kreditnehmer selbst die Gegenstände zur Verbesserung seiner Liquidität verkauft, andererseits, um andere Gläubiger von Einwirkungen auf die Sicherungsgüter auszuschließen. Bei Veräußerung des Gegenstandes weit unter Wert durch die Bank besteht auch die Gefahr, dass der Schuldner Widerspruch einlegt.

Eigentumsvorbehalte an den Sicherungsgütern stehen einer Verwertung durch die Bank entgegen. Bei einwandfrei nachgewiesenem Eigentumsvorbehalt muss die Bank das Sicherungsgut herausgeben, sollte aber darauf achten, dass der Vorbehaltslieferant dem Schuldner eine entsprechende Gutschrift erteilt.

Der einwandfreie Nachweis ist jedoch selten zu erbringen, da nach dem durch die Rechtsprechung entwickelten Bestimmtheitsgrundsatz eine Identifizierung des mit Eigentumsvorbehalt belasteten Gegenstands unbedingt erforderlich ist. Dies ist nach der Erfahrung immer sehr schwierig, wenn Güter be- oder verarbeitet beziehungsweise vermischt werden. Zudem ist der Eigentumserwerb des Schuldners an der gelieferten Sache durch Verarbeitung gemäß § 950 BGB beachtlich. Unter Umständen ist es für das Kreditinstitut sinnvoll, durch Restzahlung des Kaufpreises den Eigentumsvorbehalt zum Erlöschen zu bringen.

In Zweifelsfällen ist es jedenfalls für das Kreditinstitut ratsam, sich in den Besitz des Sicherungsguts zu bringen, da es dann die Eigentumsvermutung des § 1006 Abs. 1 BGB für sich hat; dass die Bank nicht Eigentümerin der Sache ist, müsste dann der Anspruchsgegner beweisen.

In welcher Reihenfolge die sicherungsübereigneten Gegenstände verwertet werden, hängt von Zweckmäßigkeitsüberlegungen ab: Je weniger ein Gegenstand zur Aufrechterhaltung der Produktion oder der Betriebsbereitschaft erforderlich ist, desto eher wird er veräußert werden können. Bei unfertigen Erzeugnissen ist zu prüfen, ob die Fertigstellung und anschließende Veräußerung eventuell zu günstigeren Ergebnissen führt als der sofortige Verkauf. Auch Grundstücke und grundstücksgleiche Rechte sind im freihändigen Verkauf zu verwerten, sofern nicht die Zwangsvollstreckung gewählt wird. Ein freihändiger Verkauf unter Einschaltung von Maklern und Mitwirkung des Kreditnehmers lässt häufig höhere Preise erwarten als die Zwangsvollstreckung, sodass diese oft nur als letzter Ausweg gewählt wird (siehe unten).

Zwangsmaßnahmen nach gesetzlich im Einzelnen vorgeschriebenen Schritten kommen bei notleidenden Objektbeleihungen in Betracht, und zwar bei solchen Objekten, die in bestimmte Register eingetragen sind. Es handelt sich dabei um Grundstücke, grundstücksgleiche Rechte, Schiffe, Schiffsbauwerke und Luftfahrzeuge. Rechtliche Grundlagen finden sich im sachenrechtlichen Teil des BGB, der Zivilprozessordnung und dem Zwangsvollstreckungsgesetz. Der Sinn dieser Vorschriften ist es, einerseits dem Gläubiger auch gegen den Willen des Schuldners die Möglichkeit der Pfandverwertung zu geben, andererseits aber dem Gläubiger in der Verwertung gewisse Schranken aufzuerlegen, um den Schuldner bei der Verwertung seiner Vermögensgegenstände nicht unangemessen zu benachteiligen.

Als Möglichkeiten des Zwangsvollstreckungsgesetzes stehen zur Verfügung:

- die Zwangsverwaltung und
- die Zwangsversteigerung oder
- die Eintragung einer Zwangshypothek zur Sicherung einer persönlichen Forderung.

Bei der **Zwangsverwaltung** soll im Gegensatz zur Zwangsvollstreckung der wirtschaftliche Bestand des Grundstücks nicht angegriffen werden. Die Gläubiger erhalten lediglich im Rahmen einer ordnungsgemäßen Bewirtschaftung des Grundstücks Zugriff auf die laufenden Erträge. Die Zwangsverwaltung erfasst ab der Beschlagnahme des Grundstücks das Grundstück mit allen körperlichen Gegenständen und Forderungen, auf die sich das Grundpfandrecht erstreckt. Miet- und Pachtzinsrückstände werden bis zu einem Jahr erfasst, sodass auch eventuell vor der Beschlagnahme wirksam gewordene Mietpfändungen zurücktreten müssen. Die Beschlagnahme des Grundstücks wirkt als Veräußerungsverbot gegen den Eigentümer, sodass dieser auch nicht mehr einzelne Gegenstände vom Grundstück entfernen darf. Da die Zwangsverwaltung gegenüber den Drittschuldnern erst wirksam wird, wenn sie diesen bekanntgemacht wird, ist ihnen der Beginn der Zwangsverwaltung unverzüglich mitzuteilen.

Zwangsverwaltung und Zwangsversteigerung schließen einander nicht aus, sodass auch beide parallel betrieben werden können.

Für die **Zwangsversteigerung** – ebenso wie für die Zwangsverwaltung – eines Grundstücks ist als Vollstreckungsgericht das Amtsgericht zuständig, in dessen Bezirk das Grundstück liegt. Das Gericht ordnet die Zwangsversteigerung auf Antrag an, das heißt, das Zwangsversteigerungsverfahren wird nicht von Amts wegen angeordnet. Den Antrag stellt der die Zwangsvollstreckung betreibende Gläubiger. Voraussetzung ist die Zustellung des Titels durch den Gerichtsvollzieher. Dem Antrag können andere Gläubiger durch einen späteren Antrag auf Zwangsversteigerung des Grundstücks beitreten.

Der Antrag sollte folgende vier Bestandteile enthalten:

1. die Bezeichnung des zu versteigernden Grundstücks, zweckmäßigerweise nach seiner Beschreibung im Grundbuch,
2. die Bezeichnung des Grundstückseigentümers, der mit dem Schuldner übereinstimmen muss,
3. die Bezeichnung des Anspruchs und
4. die Bezeichnung des Titels, aus welchem der Anspruch hergeleitet wird.

Diese Angaben sind möglichst genau zu halten, da aus dem Antragsgrundsatz folgt, dass durch das Verfahren nichts zugesprochen werden darf, was nicht beantragt worden ist, andererseits aber auch nicht weniger aus dem Erlös an den Betreiber zu zahlen ist als das, worauf ein rechtlicher Anspruch besteht und was beantragt worden ist.

Der Beschluss, der die Zwangsversteigerung anordnet, gilt zugunsten des Gläubiger als Beschlagnahme des Grundstücks. Sie wird **wirksam** zu dem Zeitpunkt, in dem der **Versteigerungsbeschluss** dem Schuldner **zugestellt** wird, oder in dem Zeitpunkt, in welchem dem Grundbuchamt das Ersuchen um die Eintragung des Versteigerungsvermerks im Grundbuch zugeht. Maßgebend ist der frühere der beiden Zeitpunkte. Die Beschlagnahme hat die Wirkung eines Veräußerungsverbots.

Treten keine entgegenstehenden Umstände ein (Rücknahme des Antrags durch den Gläubiger oder Beanspruchung von Vollstreckungsschutz durch den Schuldner), dann setzt das Vollstreckungsgericht den Versteigerungstermin fest. Zwischen der Bestimmung des Termins und dem Termin selbst soll eine Zeitspanne von nicht mehr als sechs Monaten liegen. Für die praktische Entscheidung ist aber zu berücksichtigen, dass vom Zeitpunkt der Antragstellung bis zum eigentlichen Termin tatsächlich nicht selten eineinhalb Jahre verstreichen, was auch an der gestiegenen Anzahl von Zwangsversteigerungen liegt.

Da das **Ziel der Zwangsversteigerung** ist, dem Gläubiger durch „Versilberung" des belasteten Grundstücks Befriedigung zu verschaffen, muss die Verwertung zu einem Preis erfolgen, der den berechtigten Interessen von Schuldner und Gläubigern (auch denen, die im Rang dem betreibenden Gläubigern nachgehen) gerecht wird. Das Zwangsversteigerungsgesetz sieht zu diesem Zweck einerseits eine Zulassung von Geboten im Versteigerungstermin nur ab einer Mindesthöhe „dem geringsten Gebot" und andererseits die Festsetzung eines Verkehrswertes für das zu versteigernde Grundstück vor. Das geringste Gebot richtet sich nicht nach dem Wert des Grundstücks, sondern wird nach rein formalen Regeln festgelegt; § 44 Abs. 1 ZVG lautet: „Bei der Versteigerung wird nur ein solches Gebot zugelassen, durch welches die dem Anspruch des Gläubigers vorgehenden Rechte sowie die aus dem Versteigerungserlös zu entnehmenden Kosten des Verfahrens gedeckt werden (geringstes Gebot)." Das geringste Gebot besteht also aus den bestehenbleibenden Rechten (wie sie sich aus dem Grundbuch ergeben) und dem bar zu zahlenden Teil. Maßgebend für die Feststellung der bestehenbleibenden Rechte ist der Rang des betreibenden Gläubigers, bei mehreren Gläubigern der des Rangbesten.

Bar zu zahlen sind die gerichtlichen Kosten des Verfahrens, die Ansprüche der Rangklassen 1 bis 3 (§ 10 ZVG), soweit sie angemeldet sind, sowie die Kosten und wiederkehrenden Leistungen der auf dem Grundstück bestehen bleibenden Grundpfandrechte.

Die nicht betreibenden Grundpfandgläubiger, soweit sie dem betreibenden im Range vorgehen, behalten ihre nominellen Grundpfandrechte. Die übrigen Rechte erlöschen durch die Zwangsversteigerung.

Als Verkehrswert wird im § 74a Abs. 5 ZVG derjenige Preis des Grundstücks unter Einschluss der beweglichen mit zu versteigernden Gegenstände verstanden, der bei einer freihändigen Veräußerung unter Berücksichtigung von Lage, Zustand und Verwendbarkeit des Grundstücks sowie von allgemeinen örtlichen und zeitlichen Besonderheiten erzielt werden kann. Er dient insbesondere der Beurteilung, ob der später erzielte Veräußerungserlös zum Schutze des Schuldners angemessen ist oder nicht. Der Wert ist vom Vollstreckungsgericht – gegebenenfalls unter Einschaltung eines Sachverständigen – festzusetzen.

Eine erste Auswirkung auf das Versteigerungsergebnis zeigt § 74 Abs. 1 ZVG. Wird in der Versteigerung ein Preis erreicht, der 70 v. H. des gerichtlichen Verkehrswertes nicht deckt, so kann ein Berechtigter, dessen Anspruch ganz oder teilweise durch das Gebot nicht gedeckt ist, aber bei einem Gebot in Höhe des Verkehrswertes voraussichtlich gedeckt werden würde, die Versagung des Zuschlags beantragen. Ist allerdings das Gebot von einem zur Befriedigung aus dem Grundstück Berechtigten abgegeben worden, kann der Zuschlag nicht versagt werden, wenn sein Gebot inklusive des Betrages, mit dem er selbst ausfallen würde, 70 v. H. des Verkehrswertes erreicht. Der Zuschlag ist von Amts wegen zu versagen, wenn das Meistgebot 50 v. H. des Verkehrswertes nicht erreicht (§ 85 a Abs. 1 ZVG). Das Gericht hat einen neuen Versteigerungstermin festzusetzen, wenn der Zuschlag versagt wurde.

In dem neuerlichen Zwangsversteigerungstermin gilt gemäß § 85 a Abs. 2 ZVG weder die $7/10$- noch die $5/10$-Grenze: Der Zuschlag kann nicht mehr versagt werden, wenn auch das Meistgebot hinter 50 v. H. des Verkehrswertes zurückbleibt. Der in diesem Termin erzielte Preis ist also der Verteilung auf die Berechtigten zugrunde zu legen.

Die Festsetzung eines gerichtlichen Verkehrswertes hat eine weitere bedeutende Konsequenz in dem Fall, dass der betreibende Gläubiger das Versteigerungsobjekt zur Rettung seiner Forderung selbst erwirbt (Rettungserwerb). Es gilt dann die so genannte Befriedigungsfiktion des § 114 a ZVG, wenn das Meistgebot des Gläubigers die $7/10$-Grenze unterschreitet: Der Gläubiger gilt dennoch als in Höhe von 70 v. H. des gerichtlichen Verkehrswertes befriedigt, und dem Schuldner sind 70 v. H. des gerichtlichen Verkehrswertes gutzuschreiben.

5.4.3.2 Freiwilliger/außergerichtlicher Vergleich

Der Anlass für den Kreditnehmer, einen außergerichtlichen Vergleich mit seinen Gläubigern zu suchen, ist meistens dann gegeben, wenn Ertragsprobleme, Vermögensverschlechterung oder Liquiditätsengpässe eine Sanierung erforderlich machen, die von den Eigentümern des Unternehmens allein nicht mehr geleistet werden kann. Zu einer erfolgreichen Sanierung sind dann zusätzlich ein **begrenzter Forderungs- oder Zinsverzicht** beziehungsweise **Stundungsvereinbarungen** oder **Pro-**

longationen von Krediten Vorbedingung. Hierfür wird die erforderliche Zustimmung aller Gläubiger nur zu erzielen sein, wenn sichergestellt ist, dass alle Gläubiger gleich behandelt werden. Keiner der Gläubiger würde sich vermutlich an eine Vereinbarung halten, wenn erkennbar wird, dass ein anderer eine bevorzugte Behandlung genießt. Ein gewisser Zwang zur Einigung unter den Gläubigern folgt aus der Erfahrung, dass Sanierungsmaßnahmen möglichst schnell zu ergreifen sind, denn meistens steuern nach fehlgeschlagenen Verhandlungen die Kreditnehmer auf den Konkurs zu. Jedoch ist eine Einigung erschwert durch unterschiedliche Besicherung oder durch verschiedene Laufzeiten der Kredite. Ein dinglich besicherter Gläubiger ist auf den außergerichtlichen Vergleich weniger angewiesen als ein Blankokreditgeber. Die Gläubigergemeinschaft wird darüber hinaus ihrerseits Forderungen nach nennenswerten Opfern der Eigentümer stellen. Aus diesen Interessenlagen wird ersichtlich, dass ein außergerichtlicher Vergleich höchste Anforderungen an das Verhandlungsgeschick aller Beteiligten stellt. Im positiven Fall wird ein Ergebnis erzielt, das zum Gegenstand hat:

1. begrenzte Forderungsverzichte aller Gläubiger,
2. Zinsverzichte oder Zinsstundungen aller Gläubiger,
3. Leistungen der Eigentümer,
4. ein Sanierungskonzept, das als tragfähige Basis für die weitere Existenz des Kreditnehmers gelten kann und weitere einschneidende Maßnahmen nicht erforderlich macht.

Ist ein außergerichtlicher Vergleich zustande gekommen, wird das weitere Verhalten der Gläubiger von dem Erfolg der Sanierungsmaßnahmen abhängen, denn die Gläubiger stellen die außergerichtliche Vergleichsvereinbarung in der Regel unter den Vorbehalt des Gelingens der Sanierung. Auf die Forderung der Gläubiger hin verpflichten sich gelegentlich die Schuldner, aus künftigen Gewinnen die Altforderung zu bedienen (Besserungsschein).

5.4.3.3 Einleitung eines gerichtlichen Mahn-/Klageverfahrens

Hat die Bank keine oder keine ausreichenden verwertbaren Sicherheiten, muss sie versuchen, auf das sonstige Vermögen des Kunden zurückzugreifen. Voraussetzung dafür ist eine **vollstreckbare Urkunde,** mit der das Gericht Vollstreckungen in das Vermögen des Schuldners genehmigt.

Das Mahnverfahren ist die häufigste Form der Durchsetzung von Forderungen aus Privatdarlehen und Giroverkehr. Nach § 688 Abs. 1 ZPO ist ein Mahnbescheid zu erlassen, wenn dies wegen eines Anspruchs auf Zahlung einer bestimmten Geldsumme beantragt wird. Ein solcher Antrag ist unzulässig, wenn der Anspruch von einer Gegenleistung abhängt. Eine entsprechende Erklärung muss der Mahnantrag enthalten. Für das Mahnverfahren ist dasjenige Amtsgericht zuständig, in dessen Bezirk der Antragsteller seinen Sitz hat (§ 689 ZPO).

Der Rechtspfleger erlässt diesen Mahnbescheid und stellt ihn dem Schuldner zu. Dieser hat nun drei Möglichkeiten:

1. Er zahlt. Damit ist das Mahnverfahren beendet.
2. Er erhebt innerhalb von zwei Wochen schriftlich Widerspruch. Schuldner und Gläubiger können jetzt Antrag auf Eröffnung des Klageverfahrens erheben.
3. Er unternimmt nichts. Nach Ablauf der Widerspruchsfrist kann jetzt die Bank (als Gläubiger) einen Vollstreckungsbescheid beantragen. Gegen den Vollstreckungsbescheid kann der Schuldner Einspruch erheben. Es kommt zum Klageverfahren.

Weil das gerichtliche Mahnverfahren zeitsparender und kostengünstiger ist, wählen die Banken zunächst diesen Weg zur Erlangung eines vollstreckbaren Titels. Der andere Weg ist das Klageverfahren. Dabei muss eine Klageschrift eingereicht werden. Darin werden die Parteien bezeichnet, der Klagegrund angegeben sowie der Rechtsanspruch, auf den sich die Klage stützt. Sie wird dem Gegner zugestellt. Über die Klage wird mündlich verhandelt. Kann die Bank ihre Ansprüche zweifelsfrei belegen, erhält sie mit Rechtskraft des Urteils einen vollstreckbaren Titel. Rechtskräftig wird das Urteil, wenn die unterlegene Partei innerhalb der Frist von zwei Wochen keine Berufung oder Revision einlegt.

5.4.3.4 Zwangsvollstreckung

Aus Mahnverfahren und Zivilprozess können folgende vollstreckbaren Titel ergehen:

- Vollstreckungsbescheide,
- rechtskräftige Urteile,
- für vorläufig vollstreckbar erklärte Urteile,
- Prozessvergleiche,
- vollstreckbare Urkunden eines Notars mit Unterwerfungsklausel.

Die Zwangsvollstreckung selbst beginnt nur auf Antrag des Gläubigers. Im Rahmen der Zwangsvollstreckung sind Grenzen der Pfändung zu beachten. Sie ergeben sich aus § 811 ZPO. Die Vollstreckungsorgane haben zu beachten, dass der Schuldner nicht „kahlgepfändet" werden darf. Die Aufzählung des § 811 ZPO ist von der Rechtsprechung den Entwicklungen des modernen Lebens angepasst worden, sodass man heute zu den unpfändbaren Hausratsgegenständen auch Radios, Kühlschränke, Waschmaschinen und anderes zählt.

Verläuft die Zwangsvollstreckung ergebnislos, so kann beim Amtsgericht die Entgegennahme der **eidesstattlichen Versicherung** des Schuldners beantragt werden. Diese ist auf Antrag des Gläubigers oder auch auf Initiative des Schuldners selbst abzugeben, wenn aus dem Vermögen des Schuldners eine vollständige oder teilweise Befriedigung nicht erwartet werden kann. Die eidesstattliche Versicherung basiert auf einem vom Schuldner zu erstellenden Vermögensverzeichnis. Gibt der Schuldner die eidesstattliche Versicherung nicht ab, kann der Gläubiger Haftbefehl beantragen. Aufgrund des Titels gegen den Schuldner können Vermögensmehrungen, die sich innerhalb der auf die eidesstattliche Versicherung folgenden 30 Jahre beim Schuldner ergeben, durch den Gläubiger bis zur vollen Befriedigung abgeschöpft werden. Die Schuldner werden in ein beim Amtsgericht geführtes Schuldnerverzeichnis (§ 915a ZPO) eingetragen. Diese Eintragungen werden spätestens nach Ablauf von drei Jahren seit dem Ende des Jahres, in dem sie eingetragen werden, gelöscht.

5.4.3.5 Einleitung eines gerichtlichen Insolvenzverfahrens

Bisher wurden die Möglichkeiten einer Bank beschrieben, sich bei einzelnen notleidenden Kreditengagements aus dem Vermögen des Schuldners zu befriedigen. Nun ist ergänzend darzustellen, wie sich das Verhältnis eines in Schwierigkeiten geratenen Kreditnehmers zu der Gesamtzahl seiner Gläubiger darstellt. Zur Vermeidung rechtlicher und wirtschaftlicher Nachteile ist es sowohl für den Schuldner als auch für seine Gläubiger wichtig, zu einem insgesamt abgestimmten Verhalten in der Notsituation zu kommen, das einzelne Gläubiger weder bevorteilt noch benachteiligt. Die Vollstreckungsmaßnahme eines einzelnen Kreditinstituts in das Vermögen des Schuldners ist in solchen Situationen nicht angebracht, da sie sowohl ein mögliches Sanierungskonzept als auch die Forderungen der übrigen Gläubiger gefährden kann. Ausnahmen bestehen allerdings für aussonderungsfähige Rechte.

Das Insolvenzrecht kennt zur Abwicklung der Gläubigeransprüche das Insolvenzverfahren, jedoch sind auch außergerichtliche Einigungsmöglichkeiten gegeben. Beginnen wir mit der Lösung ohne Einschaltung der Gerichte.

Besteht oder droht Zahlungsunfähigkeit, kann es zu einem gerichtlichen Insolvenzverfahren kommen. Das Insolvenzverfahren löst seit 1.1.1999 Konkurs- und gerichtliche Vergleichsverfahren ab, die vor allem auf Gläubigerschutz ausgerichtet waren. Der Gesetzgeber wollte mit dem neuen Insolvenzverfahren Folgendes erreichen:

- Es sollen mehr Verfahren eröffnet und nicht mangels Masse abgelehnt wurden.
- Es soll eine gerechtere Verteilung des vorhandenen Vermögens unter die Gläubiger erfolgen.

Am Ende des Insolvenzverfahrens steht entweder die vollständige Abwicklung und Auflösung des Schuldnerunternehmens (Liquidationsverfahren) oder im Rahmen des Planverfahrens (früher gerichtliches Vergleichsverfahren) die Herabsetzung der Verbindlichkeiten des Schuldners, damit ein wirtschaftlich gesundeter Betrieb möglichst weiter existieren kann.

Gründe für die Verfahrenseröffnung kann zum einen die drohende oder eingetretene Zahlungsunfähigkeit sein, zum anderen die Überschuldung. Die Überschuldung ist nur bei juristischen Personen ein Insolvenzgrund. Antrag auf Eröffnung eines Verfahrens kann jeder Gläubiger, aber auch der Schuldner stellen. Die Vertreter juristischer Personen sind dazu sogar gesetzlich verpflichtet.

Das zuständige Gericht wird einen Insolvenzverwalter ernennen, der bei Firmen eine Fortführungsprognose erstellen und die rechnerische Überprüfung der Überschuldung vornehmen muss.

Das Gericht hat weitere Aufgaben des Insolvenzverwalters genau festzulegen und wird dem Schuldner in der Regel auch eine Verfügungsbeschränkung über sein Vermögen auferlegen.

5.4.4 Restschuldbefreiung von natürlichen Personen nach Verbraucherinsolvenz

Mit der Verbraucherinsolvenz haben überschuldete Verbraucher und auch Personen mit geringfügiger gewerblicher oder freiberuflicher Tätigkeit eine Aussicht von ihren Schulden los zu kommen und wieder eine wirtschaftlich gesicherte Existenz aufzubauen.

Das Verfahren ist mehrstufig angelegt. Bei einem Verbraucherinsolvenzverfahren ergeben sich durch die Einführung der Restschuldbefreiung gegenüber der alten Konkursordnung vor allem folgende Änderungen:

- Schon die drohende Zahlungsunfähigkeit kann vom Schuldner zur Eröffnung eines Insolvenzverfahrens genutzt werden.
- Was zur Insolvenzmasse gehört, ist neu definiert.
- Die Rangfolge der Befriedigung der Gläubiger ist neu geordnet.
- Abgesondertes Vermögen kann anders verwertet werden.
- Es gibt ein Insolvenzplanverfahren.

In der ersten Stufe sucht der Schuldner eine außergerichtliche Einigung mit seinen Gläubigern aufgrund eines von ihm vorgelegten Schuldenbereinigungsplans. Scheitern diese Bemühungen, kann er die zweite Stufe, den Antrag auf Eröffnung eines gerichtlichen Schuldenbereinigungsverfahrens stellen. Dazu bedarf es einer Bescheinigung über das Scheitern des ersten Schrittes, die gewöhnlich eine Schuldnerberatungsstelle erteilt. Auch hier erstellt der Schuldner seinen Schuldenbereinigungsplan. Das Insolvenzgericht stellt allen Gläubigern diesen Plan zur Prüfung zu. Lehnt die Mehrheit der Gläubiger ab, kann der Schuldner noch einmal nachbessern. Hat die Mehrheit der Gläubiger zugestimmt (diese müssen auch die Mehrheit der Forderungen auf sich vereinen), dann kann das Gericht die Zustimmung zum Insolvenzplan durch Entscheid ersetzen.

Das vereinfachte Insolvenzverfahren wird angewandt, wenn ein aufwendiges Verfahren nicht erforderlich ist, weil zum Beispiel nur ein kleiner Personenkreis betroffen ist.

Eine weitere wichtige Stufe des Verbraucherinsolvenzverfahrens ist das Restschuldbefreiungsverfahren. Der Schuldner hat die Möglichkeit im Insolvenzverfahren einen Antrag auf Restschuldbefreiung zu stellen. Er verpflichtet sich in diesem Verfahren, den pfändbaren Teil seines Einkommens sieben Jahre lang an einen Treuhänder abzutreten, der die Beträge einmal jährlich an die Gläubiger weiter leitet. In diesen sieben Jahren muss der Schuldner eine angemessene Erwerbsarbeit ausüben, jeden Wohnsitzwechsel und auch jeden Wechsel des Arbeitgebers anzeigen. Die Erfüllung dieser Obliegenheiten gehören zum so genannten Wohlverhalten, zu dem sich der Schuldner während der sieben Jahre verpflichtet.

Ist der Schuldner sieben Jahre lang seinen Verpflichtungen nachgekommen, erfolgt nach Ablauf des siebten Jahres die Befreiung von der Restschuld.

RESÜMEE

Kreditgeschäfte mit Privat- und Firmenkunden sowie mit der öffentlichen Hand stellen den Kern des bilanzwirksamen Aktivgeschäfts der Banken dar.

Neben der Geldleihe, bei der die Banken ihren Kreditnehmern Zahlungsmittel in Form von Buchgeld zur Verfügung stellen, sind Aval- und Akzeptkredite die wichtigsten Formen der Kreditleihe. Hier übernehmen Banken bedingte oder unbedingte Zahlungsversprechen für ihre Kunden gegenüber Dritten.

Kontokorrent-, Überziehungs-, Diskont- und Lombardkredite sind die typischen Kreditarten im kurz- und mittelfristigen Kreditgeschäft. Im langfristigen Kreditgeschäft stehen Hypothekar- und Grundschuldkredite zur Finanzierung von Investitionen und Bauvorhaben im Vordergrund.

Um das Kreditrisiko zu begrenzen, erfolgt vor Kreditvergabe eine sorgfältige Prüfung der Kreditfähigkeit und Kreditwürdigkeit (Bonitätsprüfung), eine angemessene Besicherung durch Personal- und/oder Realsicherheiten und während der Laufzeit eine regelmäßige Kreditüberwachung.

Bei den Personalsicherheiten spielt die Bürgschaft in ihren verschiedenen Formen die Hauptrolle. Die dominierende Sachsicherheit stellt die Verpfändung von Vermögenswerten an beweglichen Sachen oder Grundstücken dar. Werden Forderungen des Kreditnehmers als Sicherheit hereingenommen, spricht man von fiduziarischer Abtretung einer Forderung, von einer Zession.

Trotz Prüfung, Überwachung und der Hereinnahme von Sicherheiten kommt es immer wieder zu im voraus nicht erkennbaren Kreditrisiken und unter Umständen zur Zahlungsunfähigkeit des Kunden. Spätestens dann sind von der Bank Maßnahmen zur Sicherung des Engagements einzuleiten (zum Beispiel Offenlegung der Zessionen, Verwertung von Pfändern, eventuell auch ein freiwilliger Vergleich).

KONTROLLFRAGEN

1. Welche Finanzierungsmöglichkeiten bestehen für Unternehmen?
2. Welche Angaben verlangt eine Bank für einen Kreditvertrag?
3. Warum wird eine Kreditwürdigkeitsprüfung vorgenommen und worauf erstreckt sich diese Prüfung?
4. Worin besteht das Wesen der Bürgschaft, welche Arten sind im Einzelnen zu unterscheiden? Für welche Bürgschaftsform wird sich ein Kreditinstitut im Allgemeinen entscheiden?
5. Was ist unter dem Faustpfandprinzip zu verstehen, und welche Ausnahmen davon sind im BGB vorgesehen?
6. Wie unterscheidet sich die Sicherungsübereignung vom Pfandrecht an beweglichen Sachen?
7. Wo liegen die Risiken einer Sicherungsübereignung für die kreditgebende Bank?
8. Wie unterscheiden sich stille und offene Zession, und was ist mit gesetzlichem und vertraglichem Abtretungsverbot gemeint?
9. Das Kaufhaus Mitte bietet als Sicherheit für einen kurzfristigen Kredit in Höhe von 800.000 DM ein Warenlager im Wert von circa 1,3 Millionen DM Einkaufspreis an, das sich in und hinter den Verkaufsräumen befindet. Erläutern Sie, unter welchen Voraussetzungen diese Werte als Sicherheit hereingenommen werden können.
10. Was ist aus dem Grundbuch ersichtlich, wie ist es eingeteilt?
11. Welche Bedeutung hat das Rangverhältnis der Rechte im Grundbuch?
12. Warum bestehen Banken auf Eintragung einer Zwangsvollstreckungsklausel?
13. Worin unterscheiden sich Hypothek und Grundschuld als Kreditsicherheit?
14. Im Grundbuch Ihres Kunden wurden folgende Eintragungen vorgenommen. Stellen Sie eine Rangfolge der Rechte auf.

Abteilung II	Tag der Eintragung
Nr. 1 Nießbrauchrecht Nr. 2 Auflassungsvormerkung Nr. 3 Nr. 4 Vorkaufsrecht für alle Verkaufsfälle mit Rangvorbehalt nebst bis zu 15 % Zinsen 1.11.1984	12.11.1984 13.12.1994 13.12.1994
Veränderungsspalte	
Die Post Abteilung III hat unter Ausnutzung des Rangvorbehaltes Rang vor dem Recht Abteilung II Nr. 4. Eingetragen am 2.11.1994. Das Recht Abteilung II Nr. 1 hat der Post Abteilung III Nr. 1 den Vorrang eingeräumt. Eingetragen am 4.12.1994.	
Abteilung III	**Tag der Eintragung**
Nr. 1 Buchhypothek über 10.000 DM Nr. 2 Grundschuld über 250.000 DM	4.12.1994 16.1.1996
Veränderungsspalte	
Text gleichlautend wie in der Veränderungsspalte in Abteilung II.	

15. Was ist ein Akzeptkredit, und welche Vereinbarungen enthält im Allgemeinen eine Akzeptkreditvertrag?

16. Beschreiben Sie die Merkmale einer Bankbürgschaft und zeigen Sie auf, worin sie sich von einer Bankgarantie unterscheidet.

17. Wofür werden Avalkredite gewährt, und wie erfolgt die technische Abwicklung?

18. Die Norddeutsche Taufabrik Bremen möchte ihre Rohstoffimporte mit Bankakzept finanzieren und fragt deshalb bei ihrer Bank an, unter welchen Voraussetzungen dies möglich ist. Aufgrund der langjährigen Bankverbindung ist die Bank grundsätzlich bereit, die Importe durch Bankakzept zu finanzieren. Jedoch möchte sie dem Kunden die Akzepte auch (zu den jeweiligen Geldmarktsätzen) selbst diskontieren.

    Entwerfen Sie ein Schreiben der Bank.

> **LITERATUR ZUM WEITERLESEN**
>
> ▪ Speziell zum Firmenkreditgeschäft können Sie nachlesen bei
>
> Hirsch, H., **Bilanzanalyse und Bilanzkritik,** 2. Auflage, Wiesbaden 2000.
>
> ▪ Wenn Sie sich intensiv mit den gängigsten Möglichkeiten zur Kreditbesicherung auseinander setzen wollen, lesen Sie
>
> Boekers, Th./Eitel, G./Weinberg, M., **Kreditsicherheiten. Grundlagen und Praxisbeispiele,** Wiesbaden 1997.
>
> ▪ Das langfristige Kreditgeschäft ist lexikalisch aufbereitet zum schnellen Nachschlagen in:
>
> Gerhards, H./Keller, H., **Gabler Lexikon Baufinanzierung,** 6. Auflage, Wiesbaden 1998.
>
> ▪ Für Auszubildende und Trainees besonders geeignet sind
>
> **Trainingsleitfäden der einzelnen Banken.**
>
> Sie stellen auf die Produktpalette und die Organisation der jeweiligen Häuser ab und enthalten viele, zur selbstständigen Bearbeitung der Geschäfte mit den Kunden notwendige Detailinformationen.

6. Auslandsgeschäft

Geschäfte ohne Grenzen

„Money goes around the world."

Das Auslandsgeschäft umfasst alle Bankleistungen, die grenzüberschreitend abgewickelt werden. Aus Sicht der Bank ist mindestens ein Partner ein Devisenausländer. Zahlungen erfolgen für mindestens einen Beteiligten in einer Fremdwährung. Die Kunden der Bank betreiben vor allem die folgenden Geschäfte:

- Sie kaufen (importieren) oder verkaufen (exportieren) Waren (Warenverkehr) oder Dienstleistungen.
- Sie legen Vermögenswerte im Ausland an oder gewähren Kredite (Kapitalverkehr).

In praktisch all diesen Fällen kommt es zu Zahlungen ins Ausland oder vom Ausland. Im Unterschied zum Inlandszahlungsverkehr können diese Transaktionen sowohl in heimischer Währung als auch in Fremdwährung abgewickelt werden. Dazu unterhalten die Banken eigene internationale Netze und bedienen sich befreundeter Banken (Korrespondenzbanken).

Wegen der rechtlichen, vor allem aber der devisenrechtlichen Unterschiede in den einzelnen Ländern bieten die Banken ihren Kunden zusätzliche Leistungen an. Zunächst sollen dafür wichtige Zivil- und handelsrechtliche Grundlagen dargestellt werden.

LEITFRAGEN

1. Geschäfte ohne Grenzen – wie sieht es dabei mit der Sicherheit aus?
2. Wie wickeln die Banken den Zahlungsverkehr mit dem Ausland ab?
3. Welche Besonderheiten gibt es bei Finanzierungen im Außenhandel?
4. Wie werden finanzielle Risiken im Außenhandel durch Devisengeschäfte abgesichert?

6.1 Rechtliche Grundlagen

6.1.1 Grundsätzliche nationale Bestimmungen und internationale Normen

Die wichtigste rechtliche Grundlage für die Abwicklung von Außenhandelsgeschäften bildet das Außenwirtschaftsgesetz (AWG) von 1961. Es ist als Rahmengesetz konzipiert und basiert auf dem Grundsatz der Vertragsfreiheit im Außenwirtschaftsverkehr. Das AWG regelt:

- den Warenverkehr (das heißt Aus- und Einfuhr, Transit),
- den Dienstleistungsverkehr,
- den Kapitalverkehr,
- den Zahlungsverkehr,
- den Verkehr mit Auslandswerten und Gold und
- den sonstigen Wirtschaftsverkehr zwischen Gebietsansässigen und Gebietsfremden.

In der Außenwirtschaftsverordnung (AWV) sind zu diesen Bereichen aus dem AWG Beschränkungen, Verfahrensvorschriften und Meldevorschriften geregelt. Außerdem enthält die AWV auch Bußgeldvorschriften für Verstöße.

In der AWV ist die praktische Durchführung des AWG geregelt. Sie kann flexibel wechselnden Erfordernissen angepasst werden. Vor allem enthält sie

- Genehmigungsbestimmungen,
- Meldebestimmungen,
- Straf- und Bußgeldbestimmungen.

Aufgrund der Meldungen nach der AWV erstellt die Bundesbank die Zahlungsbilanz. Grundlage für das Verhältnis zwischen den deutschen und ausländischen Partnern sind jedoch die individuell abzuschließenden Verträge, für die die allgemeinen Bestimmungen des Vertragsrechts gelten. Eine Ergänzung der Allgemeinen Geschäftsbedingungen bilden die von der **Internationalen Handelskammer** in Paris (ICC) aufgestellten

- **„Einheitlichen Richtlinien und Gebräuche für Dokumentenakkreditive (ERA)"** sowie die
- **„Einheitlichen Richtlinien für Inkassi (ERI)"**

Beide enthalten grundsätzlich bindende Regelungen auf internationaler Ebene für alle am Akkreditiv- beziehungsweise Inkassogeschäft Beteiligten. Ausnahmen können entweder durch ausdrückliche vertragliche Abweichung oder entgegenstehendes zwingendes staatliches Recht entstehen.

Während die AGB die Bank und Ex- oder Importeur grundsätzlich rechtlich binden, handelt es sich bei den übrigen vertraglichen Abmachungen im Wesentlichen um spezielle rechtsgeschäftliche Vereinbarungen, die auf die jeweiligen Bedürfnisse des Einzelfalls abgestellt werden. Dies gilt zum Beispiel für die Kreditvereinbarungen, die im Allgemeinen Art und Umfang der Sicherheiten, die Kreditlaufzeit und -rückführung sowie die Kreditkosten umfassen.

Nationale Bestimmungen	Internationale Normen
AWG	EU-Verträge
AWV	Allgemeine Zoll- und Handelsabkommen (WTO)
Meldevorschriften nach AWG	
BubkG	ERA der ICC
AGB in Verbindung mit BGB und HGB	ERI der ICC
Kriegswaffenkontrollgesetz	Incoterms
Geldwäschegesetz	ERG

Abbildung 2-117: Nationale Bestimmungen und internationale Normen

6.1.2 Risiken im Außenhandel

Angenommen, einer Ihrer Firmenkunden, der bisher nur hierzulande aktiv war, hat jetzt einen Abnehmer für seine Produkte in Argentinien gefunden. Vor dem ersten Vertragsabschluss möchte er von Ihnen wissen, ob und welche Risiken daraus entstehen können. Prinzipiell können verschiedene politische und wirtschaftliche Risiken bestehen:

- **Politische Risiken (Länderrisiken)**
  - **Konvertierungsrisiko:** Der Staat des Importeurs verfügt nicht über die entsprechenden Devisen, um die Landeswährung in die Vertragswährung umzuwandeln.
  - **Transferrisiko:** Der Staat des Importeurs lässt keinen oder nur begrenzten Export der Landeswährung zu.
  - **Zahlungsverbotsrisiko:** Käufer werden durch staatliche Eingriffe, die meist politische Gründe haben, an der Zahlung gehindert.
  - **politische Risiken im engeren Sinne:** hierzu zählen Krieg, Blockade, Streiks, Boykott usw.

- **Wirtschaftliche Risiken (Bonitätsrisiken)**
  - unterschiedliche Rechtsordnungen und Handelsbräuche
  - **Transportrisiko:** Es umfasst die Gefahr, dass während des Transports der Warenwert beeinträchtigt wird.
  - **Abnahmerisiko:** Es könnte auch sein, dass der Importeur die Ware plötzlich nicht mehr haben will oder die Ware untergeht.
  - **Wechselkursrisiko:** Wenn die Ware in Fremdwährung bezahlt wird, droht ein Verlust, wenn der Wechselkurs sich zugunsten der anderen Währung verändert.
  - **Delkredererisiko:** Zahlungsunwilligkeit, Zahlungsverzug oder Zahlungsunfähigkeit des Importeurs sind hier zu nennen; dies sind zwar Risiken, die auch im Inlandsgeschäft vorkommen, im Auslandsgeschäft aber oft von größerer Bedeutung sind.

Für den Importeur sind umgekehrt neben dem Transportrisiko vor allem das **Erfüllungs-** und das **Qualitätsrisiko** von Bedeutung – also die Unsicherheit, ob sein Vertragspartner überhaupt liefert und ob die Ware den Abmachungen entspricht.

Zur Einschränkung eines Teils dieser zusätzlichen, nicht kalkulierbaren Risiken ist im zwischenstaatlichen Handels- und Zahlungsverkehr unter anderem die Anwendung so genannter „gesicherter Zahlungsbedingungen" üblich, die besondere bankmäßige Abwicklungsformen entstehen ließen, wie zum Beispiel das Dokumentenakkreditiv.

Das Wechselkursrisiko wird heute über Devisentermingeschäfte ausgeschaltet oder durch Kontrahierung in der eigenen Währung auf den anderen Vertragspartner abgewälzt.

6.1.3 Lieferungsbedingungen im Außenhandel

In der Außenhandelspraxis entwickelten sich im Laufe der Zeit zahlreiche Usancen in Gestalt bestimmter Vertragsformen für die verschiedenen praktischen Ausgestaltungsmöglichkeiten der Lieferungsbedingungen. Die gebräuchlichsten dieser Vertragsformeln wurden von der Internationalen Handelskammer in Paris erstmals als **International Commercial Terms 1936** (Incoterms) zusammengestellt und erläutert; sie wurden 1990 neu gefasst und zum 1.1.2000 den Veränderungen im Außenhandel erneut angepasst.

Die Lieferungsbedingungen legen die allgemeinen Rechte und Pflichten der Vertragspartner von Außenhandelsgeschäften fest, die mit der Warenlieferung zusammenhängen. Hierdurch wird die Rechtssicherheit erhöht. Sie umfassen wie seither 13 Klauseln (Abbildung 2-118). Die mit den Klauseln verknüpften Verpflichtungen des Käufers und des Verkäufers werden am Beispiel der Klausel „Free on Board" (FOB) in Abbildung 2-119 dargestellt.

Incoterms 2000			
E-Gruppe	F-Gruppe	C-Gruppe	D-Gruppe
Abholklausel	Haupttransport vom Verkäufer nicht bezahlt	Haupttransport vom Verkäufer bezahlt	Ankunftsklauseln
EXW Ab Werk (... benannter Ort)	**FCA** Frei Frachtführer (... benannter Ort)	**CFR** Kosten und Fracht (... benannter Bestimmungshafen)	**DAF** Geliefert Grenze (... benannter Ort)
	FAS Frei Längsseite Schiff (benannter Verschiffungshafen)	**CIF** Kosten, Versicherung, Fracht (... benannter Bestimmungshafen)	**CIF** Kosten, Versicherung, Fracht (... benannter Bestimmungshafen)
	FOB Frei an Bord (... benannter Verschiffungshafen)	**CPT** Frachtfrei (... benannter Bestimmungsort)	**DEQ** Geliefert ab Kai (... benannter Bestimmungshafen)
		CIP Frachtfrei versichert (benannter Bestimmungsort)	**DDU** Geliefert unverzollt (... benannter Bestimmungsort)
			DDP Geliefert verzollt (... benannter Bestimmungsort)

Abbildung 2-118: Einteilung der Incoterms

Verpflichtungen	
A. Verpflichtungen des Verkäufers	B. Verpflichtungen des Käufers
A1 Lieferung vertragsgemäßer Ware A2 Lizenzen, Genehmigungen und Formalitäten A3 Beförderungs- und Versicherungverträge A4 Lieferung A5 Gefahrenübergang A6 Kostenteilung A7 Benachrichtigung des Käufers A8 Liefernachweis, Transportdokument oder entsprechende elektronische Mitteilung A9 Prüfung – Verpackung – Kennzeichnung A10 Sonstige Verpflichtungen	B1 Zahlung des Kaufpreises B2 Lizenzen, Genehmigungen und Formalitäten B3 Beförderungs- und Versicherungverträge B4 Abnahme B5 Gefahrenübergang B6 Kostenteilung B7 Benachrichtigung des Verkäufers B8 Liefernachweis, Transportdokument oder entsprechende elektronische Mitteilung B9 Prüfung der Ware B10 Sonstige Verpflichtungen

Abbildung 2-119: Beispiel der Verpflichtungen bei Anwendung der FOB-Klausel

FOB Frei an Bord (... benannter Verschiffungshafen)

„Frei an Bord" bedeutet, dass der Verkäufer liefert, wenn die Ware die Schiffsreling in dem benannten Verschiffungshafen überschritten hat. Dies bedeutet, dass der Käufer von diesem Zeitpunkt an alle Kosten und Gefahren des Verlusts oder der Beschädigung der Ware zu tragen hat. Die FOB-Klausel verpflichtet den Verkäufer, die Ware zur Ausfuhr freizumachen. Diese Klausel kann nur für den See- oder Binnenschiffstransport verwendet werden. Falls die Parteien nicht beabsichtigen, die Ware über die Schiffsreling zu liefern, sollte die FCA-Klausel verwendet werden.

A Verpflichtungen des Verkäufers	B Verpflichtungen des Käufers
A1 Lieferung vertragsgemäßer Ware Der Verkäufer hat die Ware in Übereinstimmung mit dem Kaufvertrag zu liefern sowie die Handelsrechnung oder die entsprechende elektronische Mitteilung und alle sonstigen vertragsgemäßen Belege hierfür zu erbringen.	**B1 Zahlung des Kaufpreises** Der Käufer hat den Preis vertragsgemäß zu zahlen.
A2 Lizenzen, Genehmigungen und Formalitäten Der Verkäufer hat auf eigene Gefahr und Kosten die Ausfuhrbewilligung oder andere behördliche Genehmigung zu beschaffen sowie, falls anwendbar, alle Zollformalitäten zu erledigen, die für die Ausfuhr der Ware erforderlich sind.	**B2 Lizenzen, Genehmigungen und Formalitäten** Der Käufer hat auf eigene Gefahr und Kosten die Einfuhrbewilligung oder andere behördliche Genehmigung zu beschaffen sowie, falls anwendbar, alle erforderlichen Zollformalitäten für die Einfuhr der Ware und gegebenenfalls für ihre Durchfuhr durch jedes Land zu erledigen.
A3 Beförderungs- und Versicherungsverträge a) Beförderungsvertrag Keine Verpflichtung. b) Versicherungsvertrag Keine Verpflichtung.	**B3 Beförderungs- und Versicherungsverträge** a) Beförderungsvertrag Der Käufer hat auf eigene Kosten den Vertrag über die Beförderung der Ware vom benannten Verschiffungshafen abzuschließen. b) Versicherungsvertrag Keine Verpflichtung.
A4 Lieferung Der Verkäufer hat die Ware an Bord des vom Käufer bezeichneten Schiffes im benannten Verschiffungshafen in dem vereinbarten Zeitpunkt oder innerhalb der vereinbarten Frist und dem Hafenbrauch entsprechend zu liefern.	**B4 Abnahme** Der Käufer hat die Ware abzunehmen, wenn sie gemäß A4 geliefert worden ist.
A5 Gefahrenübergang Der Verkäufer hat, vorbehaltlich der Bestimmungen von B5, alle Gefahren des Verlusts oder der Beschädigung der Ware solange zu tragen, bis sie die Schiffsreling im benannten Verschiffungshafen überschritten hat.	**B5 Gefahrenübergang** Der Käufer hat alle Gefahren des Verlusts oder der Beschädigung der Ware zu tragen, und zwar • von dem Zeitpunkt an, in dem sie die Schiffsreling im benannten Verschiffungshafen überschritten hat; und • von dem für die Lieferung vereinbarten Zeitpunkt an oder vom Ablauf der hierfür vereinbarten Frist an, die dadurch entstehen, dass er die Benachrichtigung gemäß B7 unterläßt oder weil das von ihm benannte Schiff nicht rechtzeitig eintrifft oder die Ware nicht übernehmen kann oder schon vor der gemäß B7 festgesetzten Zeit keine Ladung mehr annimmt, vorausgesetzt jedoch, dass die Ware in geeigneter Weise konkretisiert, d. h. als der für den Verkäufer bestimmte Gegenstand abgesondert oder auf andere Art kenntlich gemacht worden ist.
A6 Kostenteilung Der Verkäufer hat, vorbehaltlich der Bestimmungen von B6, zu tragen • alle die Ware betreffenden Kosten bis zu dem Zeitpunkt, in dem sie die Schiffsreling im benannten Verschiffungshafen überschritten hat; und, • falls anwendbar, die Kosten der für die Ausfuhr notwendigen Zollformalitäten sowie alle Zölle, Steuern und andere Abgaben, die bei der Ausfuhr der Ware anfallen.	

Abbildung 2-120: Beispiel für Verpflichtungen von Käufer und Verkäufer bei Vereinbarung des Incoterms FOB

A7 Benachrichtigung des Käufers
Der Verkäufer hat den Käufer in angemessener Weise zu benachrichtigen, dass die Ware gemäß A4 geliefert worden ist.

A8 Liefernachweis, Transportdokument oder entsprechende elektronische Mitteilung
Der Verkäufer hat auf seine Kosten dem Käufer den üblichen Nachweis der Lieferung gemäß A4 zu beschaffen.
Der Verkäufer hat, sofern das im vorstehenden Absatz erwähnte Dokument nicht das Transportdokument ist, dem Käufer auf dessen Verlangen, Gefahr und Kosten bei der Beschaffung eines Transportdokuments zum Beförderungsvertrag (z. B. eines begebbaren Konnossements, eines nicht begebbaren Seefrachtbriefs, eines Dokuments des Binnenschifftransports oder eines multimodalen Transportdokuments) jede Hilfe zu gewähren.
Wenn sich Verkäufer und Käufer auf elektronische Datenkommunikation geeinigt haben, kann das im vorstehenden Absatz erwähnte Dokument durch eine entsprechende Mitteilung im elektronischen Datenaustausch (EDI message) ersetzt werden.

A9 Prüfung – Verpackung – Kennzeichnung
Der Verkäufer hat die Kosten der Prüfung (wie Qualitätsprüfung, Messen, Wiegen und Zählen) zu tragen, die für die Lieferung der Ware gemäß A4 erforderlich ist.
Der Verkäufer hat auf eigene Kosten für eine Verpackung zu sorgen (sofern es nicht handelsüblich ist, die im Vertrag beschriebene Ware unverpackt zu verschiffen), die für den Transport der Ware erforderlich ist, wenn und soweit die Transportmodalitäten (z. B. Transportart, Bestimmungsort), dem Verkäufer vor Abschluß des Kaufvertrags zur Kenntnis gebracht worden sind. Die Verpackung ist in geeigneter Weise zu kennzeichnen.

A10 Sonstige Verpflichtungen
Der Verkäufer hat dem Käufer auf dessen Verlangen, Gefahr und Kosten bei der Beschaffung aller anderen als in A8 genannten Dokumente oder entsprechender elektronischer Mitteilungen, die im Verschiffungs- und/oder Ursprungsland ausgestellt oder abgesendet werden und die der Käufer zur Einfuhr der Ware und gegebenenfalls zur Durchfuhr durch jedes Land benötigt, jede Hilfe zu gewähren.
Der Verkäufer hat dem Käufer auf dessen Verlangen die für die Versicherung der Ware erforderlichen Auskünfte zu erteilen.

B6 Kostenteilung
Der Käufer hat zu tragen
- alle die Ware betreffenden Kosten von dem Zeitpunkt an, in dem sie die Schiffsreling im benannten Verschiffungshafen überschritten hat; und
- alle zusätzlichen Kosten, die entweder dadurch entstehen, dass das von ihm bezeichnete Schiff nicht rechtzeitig eintrifft oder die Ware nicht übernehmen kann oder schon vor der gemäß B7 mitgeteilten Zeit keine Ladung mehr annimmt, oder der Käufer die Benachrichtigung gemäß B7 unterlassen hat, vorausgesetzt jedoch, dass die Ware in geeigneter Weise konkretisiert, d. h. als der für den Käufer bestimmte Gegenstand abgesondert oder auf andere Art kenntlich gemacht worden ist; und
- falls anwendbar, alle Zölle, Steuern und andere Abgaben sowie die Kosten der Zollformalitäten, die bei der Einfuhr der Ware und bei der Durchfuhr durch jedes Land anfallen.

B7 Benachrichtigung des Verkäufers
Der Käufer hat dem Verkäufer in angemessener Weise den Namen des Schiffs, den Ladeplatz und die erforderliche Lieferzeit anzugeben.

B8 Liefernachweis, Transportdokument oder entsprechende elektronische Mitteilung
Der Käufer hat den in Übereinstimmung mit A8 erbrachten Liefernachweis anzunehmen.

B9 Prüfung der Ware
Der Käufer hat die Kosten für jede Warenkontrolle vor der Verladung (pre-shipment inspection) zu tragen, mit Ausnahme behördlich angeordneter Kontrollen des Ausfuhrlandes.

B10 Sonstige Verpflichtungen
Der Käufer hat alle Kosten und Gebühren für die Beschaffung der in A10 genannten Dokumente oder entsprechender elektronischer Mitteilungen zu tragen und diejenigen des Verkäufers zu erstatten, die diesem bei der Hilfeleistung hierfür entstanden sind.

Abbildung 2-120: Beispiel für Verpflichtungen von Käufer und Verkäufer bei Vereinbarung des Incoterms FOB (Fortsetzung)

Die Bedeutung dieser Kürzel in den Lieferungsbedingungen ist keinesfalls zu unterschätzen: Erstens macht es einen erheblichen Unterschied bei den Kosten, ob Sie oder Ihr Abnehmer zum Beispiel den Schiffstransport nach Argentinien zahlen müssen. Zweitens entscheidet sich an der vereinbarten Lieferungsbedingung, wer im Ernstfall des Verlusts oder der Beschädigung der Ware das Nachsehen hat. Worauf sich beide Seiten einigen, hängt meist von der jeweiligen Verhandlungsmacht ab.

6.1.4 Zahlungsbedingungen im Außenhandel

Nach der Einigung über die Lieferungsbedingungen will Ihr Kunde nun wissen, wie er an sein Geld kommen kann, genauer gesagt: welche Vereinbarung er bereits **vor** Lieferung treffen soll. Ähnlich wie bei den Lieferbedingungen gibt es auch bei den Zahlungsbedingungen für jede Seite günstigere beziehungsweise weniger günstige Varianten:

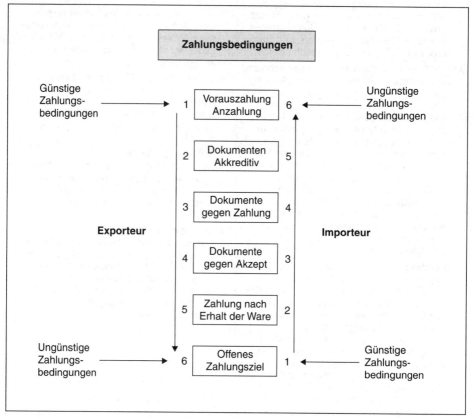

Abbildung 2-121: Zahlungsbedingungen

Welche dieser Zahlungsbedingungen zwischen Käufer und Verkäufer vertraglich vereinbart werden, richtet sich zunächst nach der **Bonität** des Käufers und seiner **Marktstellung** und dem **Vertrauensverhältnis**, das zwischen den beiden Vertragspartnern besteht. Ferner sind die allgemeinen politischen und wirtschaftlichen Verhältnisse, die im eigenen Land und im Land des Geschäftspartners herrschen, zu berücksichtigen.

Der **Exporteur** ist bestrebt, die Bindungsdauer jener finanziellen Mittel, die für die Produktion der Exportgüter und die Gewährung von Zahlungszielen benötigt werden, so kurz wie möglich zu halten und im günstigsten Fall die Zahlungsbedingung „Vorauszahlung" im Kaufvertrag festzulegen. Mit dieser Zahlungsbedingung wälzt der Exporteur das Erfüllungsrisiko auf den Importeur ab, er erbringt seine Leistung erst dann, wenn der Vertragspartner „Vorauszahlung" geleistet hat.

Der **Importeur** wird in der Regel bestrebt sein, bei gleichbleibenden Preisen und Lieferungsbedingungen möglichst langfristige Zahlungsziele – als Idealfall freies oder offenes Zahlungsziel – zu erhalten. Hier trägt der Exporteur das ganze Erfüllungsrisiko, da er liefert oder leistet, ohne dass der Importeur zahlt oder die Zahlung sicherstellt.

Wer von beiden im Einzelfall die für ihn besseren Zahlungsbedingungen vertraglich durchzusetzen vermag, hängt in der Praxis vor allem von dem Vertrauen, das dem Lieferer- beziehungsweise Abnehmerland entgegengebracht wird, sowie von den Bestimmungen zwischenstaatlicher Zahlungs- und Verrechnungsabkommen und von den Handelsbräuchen ab. Das Zusammenwirken dieser Faktoren hat zur Folge, dass die erwähnten „optimalen Zahlungsbedingungen" – Vorauszahlung beziehungsweise freies Zahlungsziel – im Allgemeinen heutzutage die Ausnahme darstellen und eine Reihe anderer Zahlungsbedingungen üblich ist. Bei Großgeschäften kommt es auch oft zu einer Kombination verschiedener Zahlungsbedingungen, zum Beispiel

- 10 Prozent Anzahlung nach Vertragsabschluss,
- 30 Prozent auf Akkreditivbasis bei Lieferung/Leistung,
- 60 Prozent zahlbar in sechs gleichen Halbjahresraten beginnend Jahr nach Lieferung.

6.1.5 Dokumente im Außenhandel

Im Rahmen von Außenhandelsgeschäften werden als Dokumente alle Papiere bezeichnet, die den Versand oder die Einlagerung von Außenhandelsgütern und deren Versicherung, die vertragsgetreue Lieferung und die Beachtung besonders vereinbarter oder behördlich vorgeschriebener Einzelheiten belegen.

Die Dokumente haben für die Beteiligten eine Informations-, Nachweis- und eine Sicherungsfunktion. Die „ERA" (Einheitliche Richtlinien für Dokumentenakkreditive) unterscheiden vier Arten von Dokumenten:

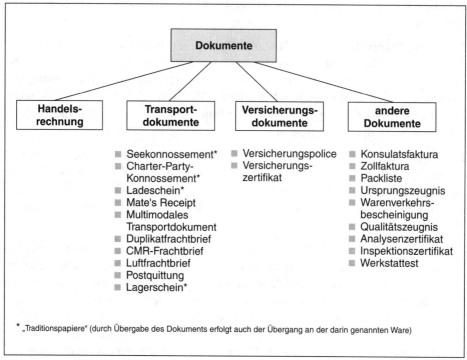

Abbildung 2-122: Arten von Dokumenten nach den einheitlichen Richtlinien für Dokumentenakkreditive (ERA)

Handelsrechnung und die „anderen" Dokumente weisen die Leistungen des Lieferanten aus. Transportdokumente weisen den Versand oder die Einlagerung der Ware aus.

Zu den Dokumenten im Einzelnen:

6.1.5.1 Handelsrechnung

Die Handelsrechnung des Verkäufers ist ausgestellt auf den Namen des Importeurs. Sie ist das Basisdokument und enthält die genaue Warenbezeichnung, die Warenmenge, den Einzel- und Gesamtpreis sowie Liefer- und Zahlungsbedingungen, die Art der Verpackung und deren Markierung. Weitere Angaben sind je nach vertraglicher Vereinbarung möglich.

6.1.5.2 Transportdokumente

Das am häufigsten vorkommende Transportdokument ist das **See-Konnossement** (Ocean/Marine Bill of Lading). Es enthält die Empfangsbestätigung über eine genau bezeichnete Ware und beinhaltet außerdem ein Beförderungs- und Auslieferungsversprechen. Damit verpflichtet sich der Verfrachter, die Ware an den durch das Konnossement legitimierten Empfänger am Bestimmungsort auszuhändigen.

Das Konnossement soll nach § 643 HGB enthalten:

- den Namen des Verfrachters,
- den Namen des Abladers (= Absender),
- den Namen des Empfängers,
- den Namen und die Nationalität des Schiffes,
- den Namen des Kapitäns,
- den Abladehafen,
- den Löschungshafen,
- die Art der an Bord genommenen oder zur Beförderung übernommenen Güter, deren Maß, Zahl oder Gewicht, ihre Markierung und ihre äußerlich erkennbare Verfassung und Beschaffenheit,
- die Bestimmung über die Fracht,
- Ort und Tag der Ausstellung und
- die Zahl der ausgestellten Originale.

Aus Sicherheitsgründen werden die Konnossemente gewöhnlich in mehreren gleichlautenden Exemplaren ausgefertigt, die zusammen als „ein voller Satz" (full set) gelten. Dem Ablader wird dieser „volle Satz" nach der Verladung der Ware ausgehändigt. Da jedes einzelne Originalkonnossement den legitimierten Inhaber zur Entgegennahme der Ware berechtigt, müssen die Banken darauf achten, dass in jedem Fall ein „voller Satz" vorgelegt wird.

Shipper

BILL OF LADING
for combined transport or port to port shipment
☐ **NEGOTIABLE** (Original Bill)
☐ **NON NEGOTIABLE** (Express Bill)

B.L No.

Reference No.

Consignee (not negotiable unless consigned to order)

DANMAR LINES LTD.

Registered office: DANMAR LINES LTD.
P.O. Box 2651
4002 Basel (Switzerland)

Notify address (see Clause 19)

RECEIVED by the carrier from the shipper in apparent good order and condition (unless otherwise noted herein) the total number or quantity of containers or other packages or units indicated stated by the shipper to comprise the goods specified for carriage subject to all the terms hereof (INCLUDING THE TERMS ON PAGE 1 HEREOF AND THE TERMS OF THE CARRIER'S APPLICABLE TARIFF) from the place of receipt or the port of loading, whichever is applicable to the port of discharge or the place of delivery, whichever is applicable. In accepting this Bill of Lading the merchant expressly accepts and agrees to all its terms, conditions and exceptions whether printed, stamped or written, or otherwise incorporated, notwithstanding the non-signing of this Bill of Lading by the merchant.
IN WITNESS WHEREOF the number of original Bills of Lading stated below all of this tenor and date has been signed, one of which being accomplished the others to stand void.

Pre-carriage by | Place of receipt by pre-carrier

Unless marked "NON NEGOTIABLE/Express Bill", one original Bill of Lading must be surrendered duly endorsed in exchange for the goods or delivery order. For the release of goods apply to:

Vessel | Port of loading

Port of discharge | Place of delivery by on-carrier

Marks and Nos.	Number and kind of packages: description of goods	Gross weight	Measurement

SPECIMEN

ABOVE PARTICULARS AS DECLARED BY SHIPPER

Total No. of containers/ packages:

Excess Value Declaration: Refer to clause 14.2 and 14.3 on reverse side

Prepaid

Collect

Freight payable at

Place and date of issue

Number of original Bs/L

For the carrier DANMAR LINES LTD.

as agents

Carrier's liability is in accordance with clauses 13, 15 and 21 of overleaf STANDARD CONDITIONS

F. MUSTER + CO.

Abbildung 2-123: Muster-Seekonnossement, unterzeichnet von einem namentlich genannten Agenten für einen Frachtführer

Folgende **Arten von Konnossementen** werden unterschieden:

- **Übernahmekonnossement**
  Hier wird lediglich der Empfang der Ware durch die Reederei bestätigt.

- **Bordkonnossement**
  Hier wird bestätigt, dass sich die Ware an Bord des genannten Schiffes befindet. Oft wird vom Importeur ein Konnossement mit einem „Clean-on-board"-Vermerk verlangt. Mit diesem Vermerk bestätigt der Aussteller, dass die Ware ohne äußerlich erkennbare Schäden geladen wurde.

- **Durchkonnossement**
  Diese Form des Konnossements weist in nur einer Urkunde einen kombinierten Transport über die Gesamtstrecke aus, obwohl nacheinander mehrere Reeder dabei tätig werden oder ein Versand mit mehreren Transportmitteln (Schiff + Bahn, Schiff + Lkw) erfolgt. Der Aussteller verpflichtet sich, für den Weitertransport der Güter bis zum Bestimmungsort zu sorgen und für den gesamten Transport zu haften.

- **Charter-Party-Konnossement**
  Mit der Reederei wird vom Lieferanten oder vom Käufer ein Chartervertrag geschlossen, wonach die Reederei lediglich den Schiffsraum zur Verfügung stellt. Der Charterer trägt die Verantwortung für Verladung und Transport.

- **Mate's Receipt**
  Die Reederei stellt einen vorläufigen Empfangsschein aus über Waren, die auf ein Schiff angeliefert worden sind. Mit dem Mate's Receipt erwirbt man den Anspruch auf Aushändigung des Konnossements.

Ladeschein

Der Ladeschein wird im Binnenschiffahrtsverkehr verwendet und entspricht dem Konnossement.

Multimodales Transportdokument

Dieses Dokument wird ausgestellt von einem Frachtführer für einen so genannten gebrochenen Transport (zum Beispiel LKW – Schiff – LKW). Der Frachtführer übernimmt die Verantwortung für den gesamten Transportweg.

Frachtbrief

Der Frachtbrief findet seine Verwendung im Eisenbahnverkehr (Duplikatfrachtbrief), Straßengüterverkehr (CMR-Frachtbrief) und im Luftfrachtverkehr (Luftfrachtbrief). Das Original des Frachtbriefes begleitet die Ware auf dem Transport. Der Absender erhält eine Ausfertigung. Damit hat er die Verfügungsberechtigung über die Ware bis zur Auslieferung.

Postquittung

Sie ist ein Nachweisdokument über die zur Beförderung an den genannten Empfänger übernommenen Pakete.

Lagerschein

Mit diesem Dokument bescheinigt ein Lagerhalter die Einlagerung der im Lagerschein bezeichneten Ware. Der Lagerschein verbrieft das Eigentum an der Ware, die an den berechtigten Inhaber nur gegen Vorlage des Originals ausgehändigt wird.

Transportdokumente verkörpern entweder die Ware (alle Traditionspapiere) oder sind Beweisurkunden dafür, dass der Versand erfolgt ist (zum Beispiel Posteinlieferungsschein oder Kurierdienstquittung).

6.1.5.3 Versicherungsdokumente

Bei Außenhandelsgeschäften schließen die Geschäftspartner wegen der längeren Transportwege und der damit verbundenen größeren Risiken in der Regel eine Transportversicherung ab. Wer die Kosten für die Versicherung trägt, wird bei Vertragsabschluss durch die Lieferbedingungen festgelegt.

Man unterscheidet die Versicherungspolice und das Versicherungszertifikat. Eine Police wird bei Abschluss der Versicherung ausgestellt. Möglich sind Einzelpolicen (für eine einzelne Warensendung) und Generalpolicen (für alle Sendungen eines längeren Zeitraums). Dem Inhaber einer Generalpolice werden dann gegebenenfalls Versicherungszertifikate für einzelne Transporte ausgestellt. Diese dienen als Nachweis, dass der einzelne Transport im Rahmen der Generalpolice mitversichert ist.

6.1.5.4 Andere Dokumente

Die **Konsulatsfaktura** (Consular Invoice) wird vom Konsulat des Importlandes im Exportland auf eigenen Rechnungsformularen ausgestellt. Sie hat zunächst grundsätzlich den gleichen Inhalt wie die Handelsrechnung, soll aber als Unterlage für die Verzollung im Importland Angaben über das Ursprungsland und (wie die legalisierte Handelsrechnung) die Angemessenheit des Preises machen.

Die **Zollfaktura** (Customs Invoice) wird auf Formularen der Zollämter des Importlandes ausgestellt und ist vom Exporteur und ggf. einem Zeugen (Angestellten) zu unterschreiben. Sie dient als Unterlage für die Verzollung im Importland und hat neben den üblichen Angaben das Ursprungsland zu bescheinigen.

Die **Packliste** ist meist ein Begleitpapier zur Handelsrechnung. Sie enthält eine detaillierte Aufstellung über Markierung, Art, Gewicht und Inhalt der einzelnen Packstücke.

Das **Ursprungszeugnis** wird im Allgemeinen vom Exporteur ausgestellt und von der Industrie-und Handelskammer beglaubigt. Es belegt das Ursprungsland der benannten Waren. Das Ursprungszeugnis dient den Zollbehörden des Einfuhrlandes zur Kontrolle eventueller Importbeschränkungen oder -kontingente. Außerdem kommt es vor, dass je nach Ursprungsland unterschiedliche Zollsätze gelten.

Die **Warenverkehrsbescheinigung** ist ein Ursprungsnachweis für den Warenverkehr mit Staaten, mit denen die EU Zoll-Präferenzabkommen abgeschlossen hat.

Durch die Vorlage von so genannten Gütenachweisen, wie **Qualitätszeugnis, Analysenzertifikat, Inspektionszertifikat** und ähnliche, versucht sich der Käufer, gegen die Lieferung qualitativ minderwertiger Ware abzusichern.

Diese Dokumente ergänzen die Handelsrechnung.

6.2 Nichtdokumentärer Zahlungsverkehr

6.2.1 Zahlungen durch Überweisung

Im innereuropäischen Zahlungsverkehr wird mit Ausnahme von Großbritannien die Überweisung bevorzugt, im Zahlungsverkehr der USA und des Sterling-Raumes dagegen der Bankorderscheck.

Zur Ausführung der Überweisungsaufträge über Währungsbeträge unterhalten die deutschen Banken zahlreiche Währungskonten bei Korrespondenzbanken in vielen Teilen der Welt. Umgekehrt haben alle bedeutenden ausländischen Institute bei einer oder mehreren Banken in der Bundesrepublik Euro-Konten, sodass für den Zahlungsverkehr zwischen den Ländern ein relativ dichtes „internationales Gironetz" zur Verfügung steht.

Die banktechnische Ausführung eines Überweisungsauftrages zugunsten eines ausländischen Begünstigten entspricht im Wesentlichen der Bearbeitung eines innerdeutschen Zahlungsauftrages; jedoch sind oft noch devisenrechtliche Regelungen beziehungsweise die Erfüllung bestimmter Meldevorschriften zu beachten, die statistischen Erfassungen des zwischenstaatlichen Zahlungsverkehrs bei der Bundesbank dienen (siehe auch Kapitel II, 3.).

Bei Zahlungen bis 2.500 € oder Gegenwert in der Währung des Empfängerlandes innerhalb der EU genügt ein dem inländischen Überweisungsauftrag angeglichener Auslandsüberweisungsauftrag. Bei Beträgen, die größer sind als 2.500 € muss der Auftraggeber angeben, ob die Zahlung für eine Wareneinfuhr, ein Transithandelsgeschäft oder eine Zahlung im Rahmen des Dienstleistungs- oder Kapitalverkehrs erfolgt. Für meldepflichtige Zahlungen wird in Deutschland der **Vordruck Zahlungsauftrag im Außenwirtschaftsverkehr Anlage Z1 zur AWV** verwendet. Bei der Bearbeitung eines solchen Auftrags sind die folgenden Arbeitsschritte erforderlich.

- **Überprüfung des Kundenauftrages** (Unterschrift, Vollständigkeit, Disposition).

- **Festlegung des Zahlungsweges über Korrespondenzbanken.** Bei Zahlungsaufträgen in Länder, in denen die Bank des Auftraggebers keine Korrespondenzbank besitzt, wird entweder ein ausländisches Institut in einem dritten Land oder eine andere deutsche Bank zwischengeschaltet, die über eine Korrespondenzverbindung in dem betreffenden Land verfügt.

- **Meldung zur Devisenposition.** Erfolgt eine Zahlung in Fremdwährung zu Lasten eines DM-Kontos des Kunden, muss die Bank den Devisenbetrag kaufen (anschaffen). Diese Kaufaufträge werden verrechnet mit den Zahlungseingängen in der jeweiligen Fremdwährung. Der Spitzenausgleich erfolgt am Devisenmarkt.

- **Erfassung des Auftrages per EDV und Weiterleitung an die Korrespondenzbank.** Die meisten Zahlungen werden über SWIFT, das beleglose Datenübertragungssystem, ausgeführt.

SWIFT steht für „Society for Worldwide Interbank Financial Telecommunication". Diese Gesellschaft dient dazu, durch elektronische Nachrichtenübermittlung die Abwicklung von Bankgeschäften zu beschleunigen. An SWIFT sind alle namhaften Banken, die Auslandsgeschäfte betreiben, angeschlossen. Es handelt sich um ein DV-Verbundnetz zur schnellen Übertragung der Daten von

- Zahlungsaufträgen der Kunden (einschließlich Rückfragen und Antworten),
- Bankzahlungen (Kontoregulierungen, Deckungsanschaffungen etc.),
- Dokumenteninkassi und -akkreditiven,
- Kontoauszügen (Bestätigung von Geld- und Devisengeschäften etc.),
- allgemeinen Vorgängen (Warnmeldungen etc.)

und anderen Nachrichten im internationalen Verkehr zwischen Banken. SWIFT ist somit kein Clearing- oder Verrechnungssystem, sondern lediglich ein Verfahren der Nachrichtenübermittlung.

SWIFT unterhält neben dem Datenübertragungsnetz zwei Schaltzentralen (Operating Centers) in den USA und den Niederlanden. In den einzelnen Mitgliedsländern befinden sich nationale Konzentratoren, an die die Mitgliedsbanken angeschlossen sind.

Die nationalen Konzentratoren sammeln alle Nachrichten der angeschlossenen Banken und leiten sie über die Vermittlungszentralen an die Empfängerbanken weiter.

Abbildung 2-124: Zahlungsauftrag im Außenwirtschaftsverkehr

Nun zu den Vorteilen, die SWIFT bietet:

- Wirtschaftlichkeit (Wegfall von Papieraufträgen und Fernschreiben),
- Schnelligkeit,
- Sicherheit.

Durch die Standardisierung und die eingebauten Kontrollelemente sind Fehlleitungen, Fehlinterpretationen und Verfälschungen so gut wie ausgeschlossen, weil die Nachrichten maschinell verschlüsselt werden (SWIFT-Authenticator).

Um die Vorteile des SWIFT-Network optimal nutzen zu können, haben die angeschlossenen Kreditinstitute meist ein eigenes Datenübertragungsnetz (OnlineSystem) aufgebaut, damit einzelne Geschäftsvorfälle direkt vor Ort (Niederlassung, Filiale) eingegeben werden können.

Der Vollständigkeit halber seien noch zwei weitere Zahlungsmöglichkeiten genannt, die aber kaum noch Bedeutung haben: **die Überweisung per Brief und per Fernschreiber.** Dabei erfolgt zum einen die Belastung des Auftraggebers und auf der anderen Seite die Verrechnung mit der jeweiligen Korrespondenzbank.

Im Zahlungsverkehr innerhalb der EU gibt es für Beträge bis 2.500 € oder Gegenwert in Landeswährung den Euroüberweisungsauftrag. Der Zahlungsempfänger muss hier eine Kontoverbindung bei einer Bank in der EU unterhalten und darf keine besonderen Weisungen erteilt haben.

6.2.2 Zahlungen durch Scheck

Der Zahlungsauftrag eines inländischen Kunden an einen Empfänger im Ausland kann auch durch Versendung eines Bankorderschecks ausgeführt werden. Ein inländisches Kreditinstitut stellt zu Lasten eines bei einer Korrespondenzbank im Domizilland des Begünstigten unterhaltenen Kontos den Scheck aus.

Ist die Bankverbindung des Begünstigten bekannt, wird der Bankscheck an die Order dieser Bank ausgestellt und an diese versandt mit dem Hinweis, den Scheckbetrag dem im Begleitschreiben genannten Begünstigten gutzuschreiben. Falls die Bankverbindung des Begünstigten nicht bekannt ist, wird der Scheck an die Order des Begünstigten ausgestellt und direkt an diesen versandt.

In immer größerem Umfang schicken die Zahlungsverpflichteten selbst Schecks ins Ausland. Diese Schecks werden im Gegensatz zu den Bankorderschecks, die von den bezogenen Banken sofort ausgezahlt werden, auf dem Inkassoweg eingezogen. Dadurch ergibt sich für den Begünstigten eine erhebliche Verzögerung bis zur tatsächlichen Gutschrift. Der Zahlungspflichtige hat den Vorteil, dass der Scheckgegenwert erst viel später auf seinem Konto belastet wird. Allerdings besteht für ihn bei Fremdwährungsschecks (zu Lasten seines DM-Kontos ausgestellt) ein Kursrisiko.

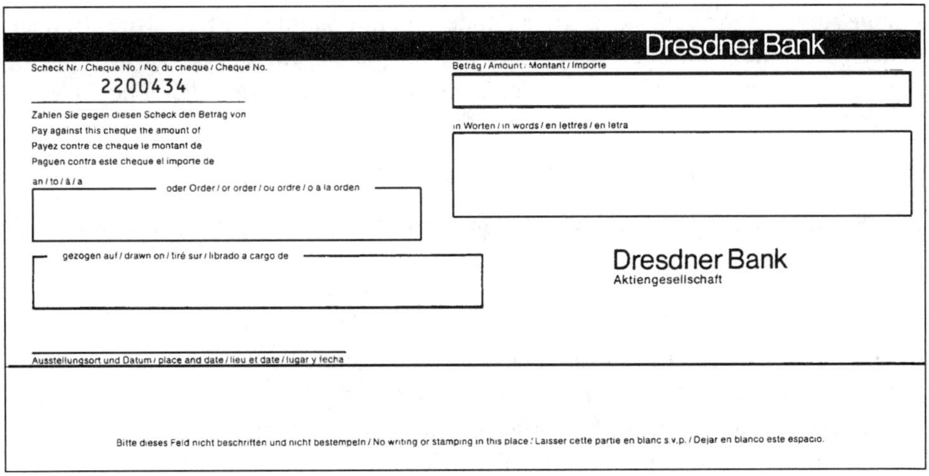

Dresdner Bank

Scheck Nr. / Cheque No. / No. du cheque / Cheque No.

2200434

Betrag / Amount / Montant / Importe

Zahlen Sie gegen diesen Scheck den Betrag von
Pay against this cheque the amount of
Payez contre ce cheque le montant de
Paguen contra este cheque el importe de

in Worten / in words / en lettres / en letra

an / to / à / a

oder Order / or order / ou ordre / o a la orden

gezogen auf / drawn on / tiré sur / librado a cargo de

Dresdner Bank
Aktiengesellschaft

Ausstellungsort und Datum / place and date / lieu et date / lugar y fecha

Bitte dieses Feld nicht beschriften und nicht bestempeln / No writing or stamping in this place / Laisser cette partie en blanc s.v.p. / Dejar en blanco este espacio.

Abbildung 2-125: Beispiel für einen Bankorderscheck

Umgekehrt ist es auch üblich, dass deutschen Exporteuren von ihren ausländischen Kontrahenten Bankorderschecks zu Lasten von Konten übersandt werden, die die Auslandsbanken bei Instituten in der Bundesrepublik unterhalten.

6.2.3 Zahlungen im Reiseverkehr

Im Rahmen der Dienstleistungen im Reiseverkehr bieten die Banken neben ihren bewährten Produkten ec-Karte, Reiseschecks, Kreditkarten den Kunden auch Sorten (ausländischen Banknoten) und die Ausführung von Auslandsüberweisungen an.

6.3 Dokumentärer Zahlungsverkehr

6.3.1 Dokumentenakkreditiv

6.3.1.1 Wesen und rechtliche Grundlagen

DEFINITION

Ein Akkreditiv ist ein Zahlungsversprechen, mit dem sich eine Bank verpflichtet, dem im Akkreditiv genannten Begünstigten innerhalb einer festgelegten Zeitspanne eine bestimmte Geldsumme (unwiderruflich) zu zahlen, falls dieser die genau spezifizierten Dokumente frist- und formgerecht vorlegt. An die Stelle der Zahlung tritt bei vertraglicher Vereinbarung in manchen Fällen ein Akzept der Bank.

Für die Abwicklung von Akkreditiven finden auf internationaler Ebene die „Einheitlichen Richtlinien und Gebräuche für Dokumentenakkreditive" (ERA) Anwendung. Sie werden von der „Internationalen Handelskammer in Paris" (ICC) herausgegeben.

Nach dem ERA werden die Beteiligten eines Akkreditives wie folgt bezeichnet:

- Der **Auftraggeber** (Käufer/Importeur) erteilt den Auftrag zur Akkreditiveröffnung.

- Die **Akkreditivbank** eröffnet das Akkreditiv.

- Die **Akkreditivstelle** (avisierende oder bestätigende Bank) wird von der Akkreditivbank mit der Benachrichtigung des Begünstigten von der Eröffnung beziehungsweise auch mit der Bestätigung des Akkreditives beauftragt. Hierbei handelt es sich meist um die Hausbank des Verkäufers.

- Der **Begünstigte** ist der Verkäufer/Exporteur. Er wird im Normalfall die Eröffnung des Akkreditivs in seinen Vertragsverhandlungen mit dem Importeur verlangt beziehungsweise vorgeschrieben haben.

Das Akkreditiv hat für die Beteiligten folgende Funktionen:

- **Garantie- und Zahlungsfunktion:**
  Das Akkreditiv hilft dabei, dass der Exporteur sein Geld und der Importeur seine Ware erhält.

- **Kredit- beziehungsweise Finanzierungsfunktion:**
  Bei der Eröffnung des Akkreditives gewährt die Bank des Importeurs insofern einen Kredit, als sie vom Importeur meist nicht die sofortige Deckung des Akkreditivbetrages verlangt.

Zwischen Importeur und eröffnender Bank besteht ein Geschäftsbesorgungsvertrag, der die Zahlungsabwicklung eines Kaufvertrages mit einem Exporteur zum Gegenstand hat.

Zwischen der eröffnenden und der avisierenden Bank wird das gleiche Rechtsverhältnis unterstellt. Weil die Zahlungsleistungen der eröffnenden Bank völlig unabhängig von den gegenseitigen Rechten und Pflichten des Käufers und Verkäufers aus dem Kaufvertrag erfolgen, stellen die Rechtsbeziehungen dieser Bank zum Begünstigten ein abstraktes Schuldversprechen im Sinne von § 780 BGB dar. Die eröffnende Bank haftet dem Begünstigten für die Zahlung, soweit die im Akkreditiv genannten Bedingungen zweifelsfrei erfüllt worden sind.

Eine Mithaftung der avisierenden Bank entsteht dann, wenn sie das Akkreditiv ausdrücklich bestätigt. Eine Bestätigung wird die Bank jedoch nur dann übernehmen, wenn sie von der eröffnenden Bank dazu beauftragt ist und wenn sie nach Prüfung des Risikos glaubt, dieses Obligo übernehmen zu können.

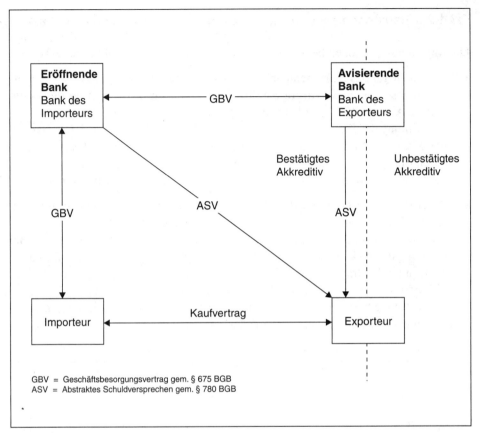

Abbildung 2-126: Rechtsbeziehungen beim Dokumentenakkreditiv

Interessiert an dieser Bestätigung ist der Exporteur. Ihm ist nämlich ein Zahlungsversprechen „seiner" Bank vermutlich lieber und sicherer als die einer ihm vielleicht gar nicht bekannten Auslandsbank in weiter Ferne. Für ihre Bestätigung berechnet die Bank allerdings eine Provision.

Ob das Rechtsverhältnis zwischen der avisierenden Bank und dem Begünstigten beim nicht bestätigten Akkreditiv ebenfalls ein Geschäftsbesorgungsvertrag ist, ist umstritten. Fest steht nur, dass die avisierende Bank verpflichtet ist, bei ihr eingereichte Dokumente sorgfältig zu prüfen. Verstößt sie gegen diese Sorgfaltspflicht, dann ist sie der eröffnenden Bank zum Ersatz des entstehenden Schadens verpflichtet.

Die Haftung der eröffnenden Bank gegenüber dem Auftraggeber beschränkt sich auf die sorgfältige Auswahl der avisierenden Bank. Die eröffnende Bank haftet nicht für Fehler der avisierenden Bank. Sie tritt Ersatzansprüche gegenüber der avisierenden Bank an den Auftraggeber ab und überlässt es ihm, diese zu realisieren.

6.3.1.2 Banktechnische Abwicklung eines Dokumentenakkreditives

Die folgenden Positionen beziehen sich auf die nachstehende Abbildung 2-127:

1. Grundlage für das Dokumentenakkreditiv ist ein zwischen Exporteur und Importeur abgeschlossenes **Warengeschäft, das als Zahlungsbedingung die so genannte Akkreditivklausel enthält**, die etwa wie folgt lauten kann:
   „… Zahlung der Kaufsumme von 30.000 US-Dollar aus einem bei der … Bank in Frankfurt am Main zu eröffnenden unwiderruflichen Akkreditiv, das bis zum … gegen Einreichung folgender Dokumente benutzbar ist: Handelsfaktura dreifach, voller Satz Seekonnossemente dreifach, Versicherungspolice (übertragbar)."

2. Durch die im Kaufvertrag enthaltene Kreditklausel ist der Importeur verpflichtet, das zur Zahlungsabwicklung geforderte Dokumentenakkreditiv frist- und formgerecht durch seine Hausbank zugunsten des Exporteurs eröffnen zu lassen. Bei Erteilung des Akkreditivauftrages durch den Importeur prüft die Akkreditivbank die Bonität des Importeurs. Bei einwandfreier Bonität wird sie ein ungedecktes Akkreditiv eröffnen, das heißt, der Importeur muss keine Sicherheitsleistung für die Eröffnung bringen. Andernfalls muss der Importeur den Akkreditivbetrag auf ein separates Konto einzahlen (gedecktes Akkreditiv).

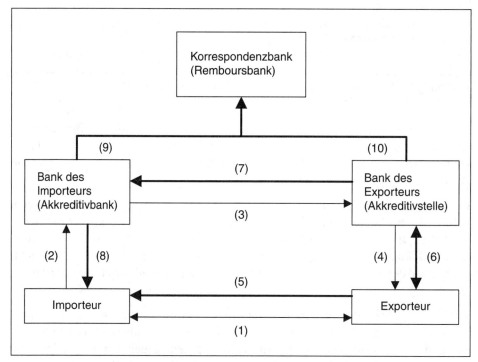

Abbildung 2-127: Technische Abwicklung beim Dokumentenakkreditiv

3. Die **Bank des Importeurs** sendet daraufhin ein **Akkreditiveröffnungsschreiben** an die Bank des Exporteurs.

4. Die **Bank des Exporteurs** teilt dem Exporteur die **Akkreditiveröffnung durch die Bank des Importeurs** mit (Avisierung).

5. Der Exporteur versendet die **Ware an den Importeur.**

6. Der Exporteur reicht die Versanddokumente seiner Bank ein und erhält nach ihrer Prüfung durch die Bank – sofern sie „akkreditivkonform" sind und fristgerecht vorgelegt werden – den **Akkreditivbetrag ausgezahlt** (wenn das Akkreditiv bei der avisierenden Bank zahlbar gestellt ist).

7. Die **Bank des Exporteurs** sendet daraufhin die **Dokumente an die Bank des Importeurs** und belastet diese mit dem ausgezahlten Betrag, wenn sie dazu von der eröffnenden Bank ermächtigt ist.

8. Die **Bank des Importeurs** prüft die Dokumente wiederum, **händigt dem Importeur die Dokumente aus** und belastet ihm den Akkreditivbetrag (zuzüglich Spesen). Dieses Abwicklungsschema bedarf einer Erweiterung, wenn die Bank des Importeurs nicht in direkter Kontoverbindung mit der Bank des Exporteurs steht. Dann muss ein Korrespondenzinstitut der Bank des Importeurs als so genannte „**Remboursbank**" eingeschaltet werden:

9. In diesem Fall sendet die Bank des Importeurs eine Durchschrift des Akkreditivs an die Korrespondenzbank und

10. bittet die Bank des Exporteurs, sich für die Zahlungen „aus dem Akkreditiv zu erholen", das heißt, sich die ausgezahlten Beträge von der Korrespondenzbank vergüten zu lassen (Rembourshinweis).

6.3.1.3 Arten des Dokumentenakkreditives

In den ERA werden Akkreditive nach folgenden Kriterien unterschieden:

- **Nach Nutzbarkeit**

Zahlungsakkreditiv

Die Zahlung erfolgt entweder bei Vorlage der Dokumente (Sicht) oder wird je nach Vereinbarung hinausgeschoben, zum Beispiel 90 Tage nach Lieferung, 90 Tage nach Vorlage der Dokumente etc. (Deferred Payment). Dies ist die häufigst vorkommende Form.

576 Leistungen und Dienstleistungen der Kreditinstitute

Bitte zweifach, zusammen mit „Zahlungsauftrag im Außenwirtschaftsverkehr" - (Z1 zur AWV) - einreichen

An die

Dresdner Bank Aktiengesellschaft

Auftrag zur Akkreditiv-Eröffnung

Ich/Wir bitte(n) Sie, für unsere Rechnung nachfolgendes Akkreditiv zu eröffnen:
- ☐ unwiderruflich
- ☐ widerruflich
- ☐ übertragbar
- ☐ brieflich
- ☐ per Telekommunikation
- ☐ mit Voravis per Telekommunikation

Datum und Ort des Verfalls | unsere Ref.-Nummer:

Auftraggeber | Begünstigter

Bank des Begünstigten *sofern bekannt*
Sie sind berechtigt, das Akkreditiv dem Begünstigten über eine Korrespondenzbank Ihrer Wahl zuzuleiten

Akkreditivbetrag
- ☐ genau
- ☐ circa
- ☐ bis zu

Teilverladung: ☐ gestattet ☐ nicht gestattet

Umladung: ☐ gestattet ☐ nicht gestattet

Verladung von
nach
nicht später als

Das Akkreditiv soll benutzbar sein bei:
- ☐ Ihnen ☐ Ihrem Korrespondenten ☐ ....
durch
- ☐ Sichtzahlung ☐ Akzeptierung
- ☐ hinausgeschobene Zahlung ☐ Negoziierung,
gegen Einreichung der nachstehend genannten Dokumente und
☐ der Tratte (n) des Begünstigten per
gezogen auf (Name der Bank):

Lieferbedingungen: ☐ FOB ☐ CFR ☐ CIF ☐ andere Bedingungen | ☐ Versicherung wird von uns abgeschlossen

Ware (Kurze Bezeichnung)

Vom Begünstigten vorzulegende Dokumente:

☐ Handelsrechnung
.... Original(e) ☐ handschriftlich unterschrieben
.... Kopie(n)

☐ Voller Satz reiner an Bord Seekonnossemente
☐ ausgestellt an Order
☐ blanko indossiert
☐ mit dem Vermerk
☐ „Fracht bezahlt" ☐ „Fracht zahlbar am Bestimmungsort"
☐ zu benachrichtigen (Name und Anschrift)

☐ Multimodales Transportdokument *)
☐ Internationaler Frachtbrief (CMR) (Exemplar für Absender) *)
☐ Eisenbahn-Duplikatfrachtbrief *)
☐ Luftfrachtbrief (Original for shipper) *)
*) adressiert an:

☐ Versicherungspolice/-zertifikat
zuzüglich _____ % cif Wert,
deckend folgende Risiken:

Sonstige Dokumente:
☐ Spediteurübernahmebescheinigung (FCR)
☐ Packliste
☐ Ursprungszeugnis
☐

Die Dokumente sind innerhalb von .... Tagen nach Verladedatum vorzulegen, jedoch innerhalb der Gültigkeitsdauer des Akkreditivs

zusätzliche Bedingungen (z.B. zu Aussteller, Inhalt, Unterzeichnung von Dokumenten unter Angabe des als Erfüllungsnachweis vorzulegenden Dokuments)

Fremde Kosten ☐ zu unseren Lasten ☐ zu Lasten des Begünstigten | Ihre Kosten ☐ zu unseren Lasten ☐ zu Lasten des Begünstigten

Bestätigung ☐ ohne Bestätigung ☐ mit Bestätigung ☐ mit Bestätigung auf Wunsch des Begünstigten

Wir ermächtigen Sie, unser ☐ DEM-Konto - Nr. ☐ Währungskonto - Nr. zu belasten.

Ansprechpartner bei Rückfragen: | Telefon:

Für die Ausführung des Auftrages gelten die von der Internationalen Handelskammer, Paris, veröffentlichten „Einheitliche Richtlinien und Gebräuche für Dokumenten-Akkreditive" (Revision 1993) gemäß Publikation 500. Ergänzend gelten die "Allgemeine Geschäftsbedingungen" Ihrer Bank.

Ort und Datum der Auftragserteilung | Stempel und rechtsverbindliche Unterschrift/en

Anlage: Vordruck Z1 (Anlage Z1 zur AWV)

Abbildung 2-128: Auftrag zur Akkreditiveröffnung

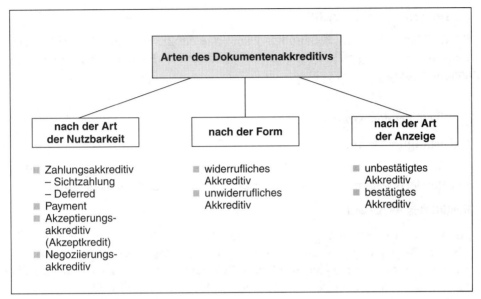

Abbildung 2-129: Arten des Dokumentenakkreditivs

Akzeptierungsakkreditiv (Akzeptkredit)

Der Exporteur gewährt dem Importeur ein Zahlungsziel, allerdings gegen Akzeptleistung. Der Exporteur zieht, zusätzlich zu den einzureichenden Dokumenten, einen Wechsel auf die eröffnende Bank. Es besteht die Möglichkeit, diese Akzepte diskontieren zu lassen, also vor Fälligkeit gegen Zinsabschlag zu verkaufen.

Negoziierungsakkreditiv

Beim Negoziierungsakkreditiv zieht der Begünstigte eine Sicht- oder Nachsichttratte entweder auf den Akkreditiv-Auftraggeber oder auf einen anderen im Akkreditiv benannten Bezogenen. Die eröffnende Bank verpflichtet sich, ohne Rückgriff auf den Aussteller oder andere Inhaber diese Tratten bei Fälligkeit einzulösen oder für eine Negoziierung durch eine andere Bank Sorge zu tragen. Der Anspruch für den Begünstigten entsteht natürlich nur, wenn er akkreditivgerechte Dokumente vorgelegt und die sonstigen Akkreditiv-Bedingungen erfüllt hat.

■ **Nach Form**

Widerrufliches Akkreditiv

Das widerrufliche Akkreditiv kann jederzeit von der eröffnenden Bank ohne vorherige Nachricht an den Begünstigten geändert oder annulliert werden. Da diese Form dem Exporteur kaum Sicherheit bietet, wird er sich darauf in der Praxis selten einlassen.

Unwiderrufliches Akkreditiv

Diese übliche Form des Akkreditivs kann ohne die Zustimmung der eröffnenden Bank, des Begünstigten und eventuell der bestätigenden Bank weder geändert noch annulliert werden.

■ **Nach Art der Anzeige**

Unbestätigtes Akkreditiv

Nur die eröffnende Bank gibt gegenüber dem Begünstigten ein Zahlungsversprechen ab unter der Voraussetzung, dass dieser alle Akkreditiv-Bedingungen erfüllt.

Bestätigtes Akkreditiv

Zusätzlich zur Verpflichtung der eröffnenden Bank übernimmt die avisierende Bank mit ihrer Bestätigung eine eigene unabhängige Zahlungsverpflichtung. Diese Verpflichtung gilt unabhängig davon, ob die eröffnende Bank in der Lage sein wird, der bestätigenden Bank die geleistete Zahlung zu ersetzen.

6.3.1.4 Beispiel für die Abwicklung eines typischen unbestätigten, unwiderruflichen Dokumentenakkreditivs

Die Schäfers KG, Köln, ist Großhändler von Sportbekleidung und erstmals mit der Anderson Ltd., New York, einem Textilproduzenten in Geschäftsverbindung getreten. Der erste Vertrag geht über den Kauf von 75.000 T-Shirts zu einem Stückpreis von 2 US-Dollar lieferbar in einer Sendung per Luftfracht CIP Köln innerhalb von vier Wochen nach Auftragserteilung. Da Anderson Ltd. noch keine Erfahrungen und auch keine Informationen über die Bonität ihres neuen Kunden besitzt, hat sie bei den Vertragsverhandlungen die Zahlungsbedingung „100 Prozent bei Lieferung gegen unbestätigtes Dokumentenakkreditiv" durchgesetzt. Die Schäfers KG ist nun verpflichtet, das vereinbarte Akkreditiv zu eröffnen. Sie erteilt der Dresdner Bank, Köln, den Auftrag zur Akkreditiveröffnung.

Die Dresdner Bank in Köln prüft, ob der Eröffnungsauftrag alle notwendigen Angaben enthält. Dazu gehören vor allem

1. Name und Anschrift des Exporteurs und möglichst dessen Bankverbindung,
2. die Angabe, ob das Akkreditiv widerruflich oder unwiderruflich bestätigt oder übertragbar sein soll,
3. der Akkreditivbetrag und die Akkreditivwährung,
4. die Angabe der Versanddokumente, gegen die Zahlung geleistet werden soll,
5. Angaben über die Menge, die genaue Bezeichnung und den Preis der Ware,

6. Lieferungsbedingungen,

7. spätester Termin für die Leistung und Dokumenteneinrichtung,

8. wo das Akkreditiv zahlbar gestellt ist,

9. wie es zu benutzen ist (Zahlung, Akzeptierung, Negoziierung).

Außerdem prüft sie die Bonität der Schäfers KG, da sie mit dem Akkreditiv ein abstraktes Zahlungsversprechen abgibt.

Da die Bankverbindung der Anderson Ltd. nicht bekannt ist, gibt die Dresdner Bank das Avisierungsschreiben an ihre Niederlassung in New York. Diese informiert Anderson Ltd. über die Eröffnung des Akkreditives und die Akkreditivbedingungen.

In diesem Avisierungsschreiben weist die Bank den Begünstigten ausdrücklich darauf hin, die Bedingungen des Akkreditivs sorgfältig zu prüfen, ob diese den vertraglichen Vereinbarungen entsprechen und erfüllt werden können. Falls dies nicht der Fall ist, muss der Begünstigte versuchen, vom Auftraggeber eine entsprechende Änderung vor Ablauf der Gültigkeitsdauer zu erhalten (zum Beispiel Verlängerung, Betragsänderung, Änderungen bei den einzureichenden Dokumenten oder sonstigen Bedingungen). **Für die Banken ist nur das Akkreditiv maßgeblich.**

Die Anderson Ltd. versendet jetzt die Ware und reicht die vorgeschriebenen Dokumente bei der Dresdner Bank New York ein. Da das Akkreditiv in New York zahlbar gestellt ist, wird der Gegenwert der Anderson Ltd. gutgeschrieben. Mit der Weiterleitung der Dokumente an die Dresdner Bank in Köln erfolgt auch die Verrechnung des Akkreditivbetrages. In Köln erhält die Schäfers KG die Dokumente und wird mit dem Gegenwert belastet. Mit den Dokumenten kann sie nun die Ware in Empfang nehmen (nach Transportweg am Flughafen).

6.3.1.5 Sonderformen des Akkreditivs

In der Praxis des Auslandsgeschäftes kommen neben den eben beschriebenen Arten des Akkreditivs auch verschiedene Sonderformen vor:

- **Übertragbares Akkreditiv**

    Ein übertragbares Akkreditiv ist zum Beispiel sinnvoll, wenn ein Großhändler Ware exportiert, die er vorher selbst von einem Lieferanten beziehen muss. Dieser Lieferant verlangt vom Großhändler die Eröffnung eines Akkreditives zu seinen Gunsten. Da der Großhändler mit seinem ausländischen Abnehmer ebenfalls eine Akkreditivstellung vereinbart hat, kann er die Ansprüche aus dem zu seinen Gunsten eröffneten Akkreditiv an seinen Lieferanten übertragen. Einzige Voraussetzung: Das Akkreditiv wurde ausdrücklich als übertragbar (transferable) eröffnet.

Der Großhändler kann so, ohne für Voraus- oder Anzahlungen seine eigenen Liquiditäts- oder Kreditspielräume zu belasten, seinem in- oder ausländischen Lieferanten die gewünschte Sicherheit bieten. Da der Großhändler nicht zu denselben Preisen (und eventuell auch nicht dieselben Mengen) weiterverkauft, müssen die Handelsrechnungen ausgetauscht werden.

Das Akkreditiv kann zwar grundsätzlich nur einmal übertragen werden, aber an mehrere Zweitbegünstigte. Die Gesamtheit dieser Übertragungen gilt als eine Übertragung; sie darf den Gesamtbetrag des Akkreditives nicht überschreiten. Der Ablauf eines übertragbaren Akkreditives sähe also so aus:

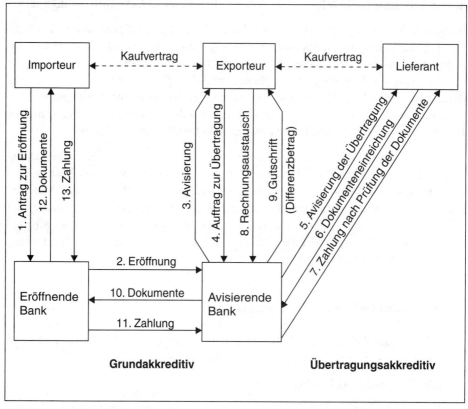

Abbildung 2-130: Technische Abwicklung beim übertragbaren Akkreditiv

- **Gegenakkreditiv (Back to Back Credit)**

  Hier ist die Ausgangssituation ähnlich wie bei dem übertragbaren Akkreditiv. Ein Großhändler möchte zum Beispiel den Anspruch aus einem Akkreditiv an seinen Lieferanten übertragen. Wenn dieses Akkreditiv jedoch nicht übertragbar eröffnet wurde oder der Lieferant ein im Ausland eröffnetes Akkreditiv als Sicherstellung seiner Forderung nicht akzeptiert, besteht die Möglichkeit, ein Gegenakkreditiv zu konstruieren. Der Großhändler kann bei seiner Bank beantragen, dass sie ein (Gegen-)Akkreditiv zugunsten des Lieferanten eröffnet, wobei der Bank das bestehende Akkreditiv (bedingt) als Sicherheit dienen soll.

  Zwischen den beiden Akkreditiven sollte letztlich eine derartige Übereinstimmung erreicht werden, dass der Lieferant zur Inanspruchnahme des Gegenakkreditivs die Dokumente in derselben Aufmachung einreicht, wie sie im ursprünglichen Akkreditiv gefordert wurde. Wie beim übertragbaren Akkreditiv müssen jedoch auch hier noch die Handelsrechnungen ausgetauscht werden.

  Insgesamt ergibt sich folgender Ablauf:

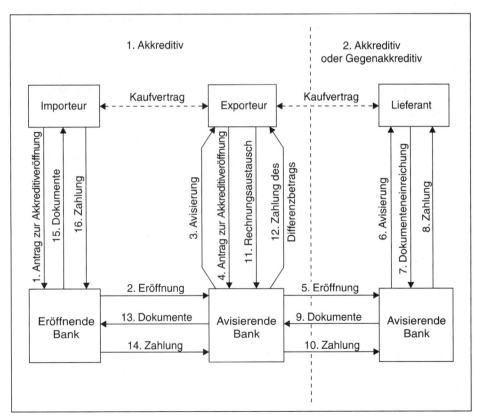

Abbildung 2-131: Technische Abwicklung beim Gegenakkreditiv

■ **Revolvierendes Akkreditiv**

Häufig bezieht ein Importeur in zeitlichen Abständen vereinbarte Teilmengen oder im Rahmen von Dauergeschäften regelmäßig Warenlieferungen desselben Exporteurs. In diesen Fällen können die Zahlungen über ein revolvierendes Akkreditiv abgewickelt werden, das jeweils den Wert der Teillieferung abgedeckt. Das Akkreditiv kann zum Beispiel lauten:

„Akkreditiv 120.000 DM, viermal revolvierend bis zum Totalbetrag von 600.000 DM."

Die Gültigkeitsdauer des Akkreditivs verlängert sich entweder automatisch oder nur auf besondere Weisung bis zur vollständigen Ausnutzung. In Einzelfällen umfasst die Gültigkeitsdauer von vornherein den Zeitraum bis zur vollständigen Abwicklung. Das bisher Gesagte gilt für ein nicht-kumulativ revolvierendes Akkreditiv. Bei der kumulativen Version können „freie" Beträge aus den nicht (vollständig) in Anspruch genommenen Tranchen zusammen mit den noch verbleibenden Tranchen in Anspruch genommen werden.

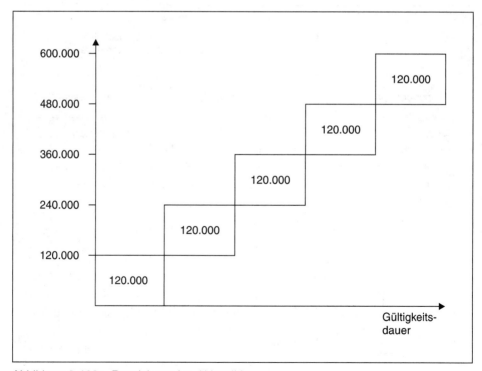

Abbildung 2-132: Revolvierendes Akkreditiv

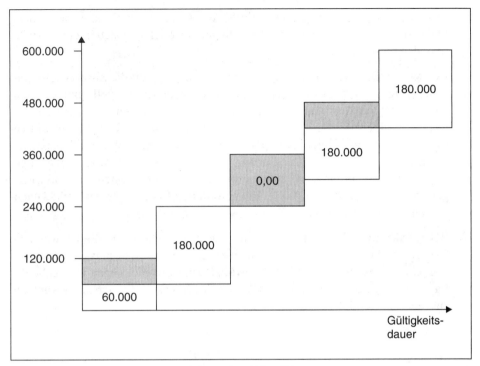

Abbildung 2-133: Kumulativ revolvierendes Akkreditiv

- **Commercial Letter of Credit (CLC)**

  Der CLC, auch Kreditbrief genannt, unterscheidet sich vom üblichen Dokumentenakkreditiv durch die Form der Avisierung und die Art der Benutzbarkeit. Der CLC ist immer an den Begünstigten direkt adressiert. Der Versand des Kreditbriefes erfolgt durch die eröffnende Bank oder über eine Korrespondenzbank.

  Der Begünstigte kann das Original des Kreditbriefes – zusammen mit den geforderten Dokumenten einschließlich der von ihm auf den Auftraggeber gezogenen Wechsel – bei einer Bank seiner Wahl einreichen. Durch die „Bona-fide"-Klausel im Kreditbrief verpflichtet sich die eröffnende Bank, die ihr unter bestimmten Bedingungen (begleitet von den geforderten Dokumenten) eingereichten Tratten durch Zahlung oder Akzeptleistung zu honorieren (abstraktes Zahlungsversprechen).

- **Packing Credit**

  Weitere Akkreditiv-Sonderformen haben sich für Exporte einiger Rohstoffarbeiten (zum Beispiel Reis, Wolle, Baumwolle) aus bestimmten Überseegebieten herausgebildet, die mit der Gewährung von Vorschüssen an den Verkäufer (Exporteur) verbunden sind. Diese Sonderformen, die mit besonderen „Klauseln" versehen sind, werden als „Packing Credits" oder „Anticipatory Credits" bezeichnet. In der Hauptsache sind hier zwei Formen gebräuchlich, die sich in der Absicherung der Vorschüsse unterscheiden.

- Das **Akkreditiv mit „Red Clause"** (= rote Klausel, weil die Zusatzklausel auf dem Akkreditiv rot vermerkt wird), das heute besonders im Fell- und Wollhandelsgeschäft mit Australien, Südafrika, Neuseeland und dem Fernen Osten verwendet wird, ermächtigt ein ausländisches Institut **unter Haftung der akkreditiveröffnenden Bank**, dem Exporteur bereits vor Einreichung der Dokumente **Blankovorschüsse zur Finanzierung des Einkaufs der Ausfuhrware** zu gewähren. Der Exporteur muss sich hierbei lediglich verpflichten, der vorschussgewährenden Bank die im Akkreditiv geforderten Dokumente fristgemäß nachzureichen.

- Beim **Akkreditiv mit „Green Clause"**, das dann Verwendung findet, wenn die Exportware vor der Verschiffung noch eingelagert werden muss, **werden die Vorschüsse auf gedeckter Basis gewährt**, zum Beispiel gegen Übergabe des Lagerscheines, der nach Verschiffung der Ware gegen die Versanddokumente ausgetauscht wird.

6.3.2 Dokumenteninkasso

6.3.2.1 Wesen und rechtliche Grundlagen

Beim Dokumenteninkasso beauftragt ein Exporteur seine Hausbank, seine Forderung aus der Warenlieferung gegen Aushändigung der vereinbarten Dokumente einzuziehen. Der Zahlungspflichtige erhält dabei unter Mitwirkung von Kreditinstituten Dokumente, die den Warenversand belegen, entweder gegen Zahlung oder nach Akzeptierung von Wechseln (Tratten) ausgehändigt, wobei die Bank des Exporteurs den Gegenwert zu dessen Gunsten einzieht. Bei der Abwicklung von Inkassi stützen sich die Banken auf die **„Einheitlichen Richtlinien für Inkassi (ERI)"** der Internationalen Handelskammer in Paris.

Die ERI unterscheiden beim Inkasso folgende **Beteiligte**:

- den **Auftraggeber** (= Exporteur; er beauftragt seine Bank mit dem Inkasso),
- die **Einreicherbank** (= Bank des Exporteurs),
- die **Inkassobank**/vorlegende Bank (= Bank des Importeurs),
- den **Bezogenen** (Importeur; er leistet Zahlung gegen Vorlage ordnungsgemäßer Dokumente).

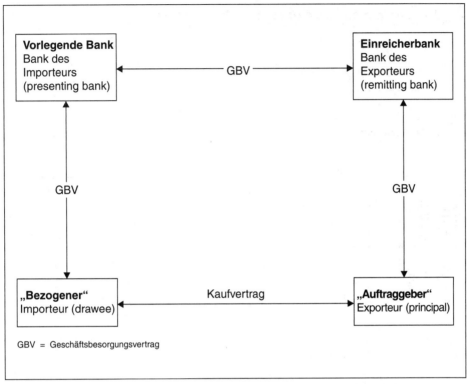

Abbildung 2-134: Rechtsbeziehungen der Beteiligten am Dokumenteninkasso

Die zwei gebräuchlichsten Arten von dokumentären Inkassi sind

- Dokumente gegen Zahlung (documents against payment – d/p)
  Der Exporteur erteilt seiner Bank den Inkassoauftrag mit der Weisung, dem Importeur die Dokumente nur gegen Zahlung des Gegenwertes auszuhändigen.

- Dokumente gegen Akzept (documents against acceptance = d/a)
  Der Importeur erhält die Dokumente gegen Akzeptierung eines den Dokumenten beigefügten Wechsels. Der Exporteur räumt damit dem Importeur ein Zahlungsziel ein, sichert die Forderung aber per Wechsel ab. Er hat bei Bedarf an liquiden Mitteln die Möglichkeit, den Wechsel bei seiner Bank zum Diskont einzureichen.

6.3.2.2 Ablauf eines Dokumenteninkassos (d/a)

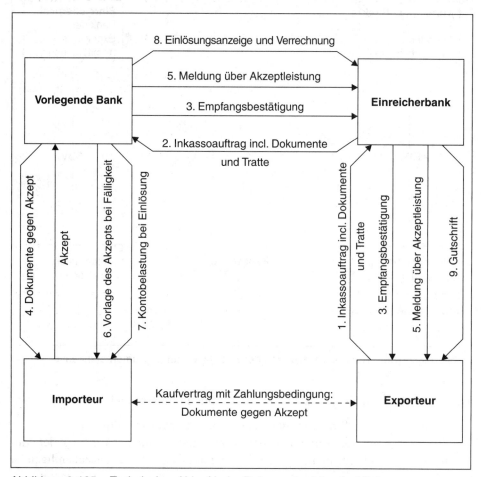

Abbildung 2-135: Technischer Ablauf beim Dokumenteninkasso (d/a)

6.3.3 Wesentliche Unterschiede zwischen Dokumentenakkreditiv und Dokumenteninkasso

Lassen Sie uns jetzt als Zusammenfassung die Unterschiede zwischen Akkreditiv und Inkasso betrachten:

In rechtlicher Hinsicht besteht beim Inkasso gegenüber dem Akkreditiv insofern ein wesentlicher Unterschied, als weder die Bank des Exporteurs noch das als Inkassostelle tätige ausländische Institut zur Prüfung der Dokumente verpflichtet sind. Beide haben lediglich festzustellen, ob die übergebenen Papiere mit dem Inkassoauftrag des Verkäufers übereinstimmen, das heißt, **die eingeschalteten Banken übernehmen im Gegensatz zum Dokumentenakkreditiv keine Haftung für die Aufnahme fehlerhafter Dokumente.**

Dies schließt nicht aus, dass insbesondere die ausländische Inkassobank im Interesse ihres Kunden eine Dokumentenprüfung vornimmt und den Importeur auf eventuelle Mängel der Papiere aufmerksam macht. **Über die Dokumentenaufnahme beziehungsweise Annahmeverweigerung entscheidet** jedoch auch dann nicht die Bank, sondern einzig und allein **der Importeur in eigener Verantwortung.**

Bei Nichtaufnahme der Transportpapiere durch den Importeur ist die ausländische Inkassobank in keiner Weise für die Rücksendung beziehungsweise Einlagerung der Einfuhrgüter verantwortlich. **Für den Exporteur ist** also – anders als beim unwiderruflichen Akkreditiv – **das Erfüllungsrisiko überhaupt nicht abgedeckt**, einfach, weil der ausländische Käufer die Annahme der Dokumente ablehnen kann.

Durch die Einschaltung von Banken beim Dokumenteninkasso wird für den Exporteur im Normalfall **nur das Risiko der Übertragung des Eigentums** an der Ware **ohne Gegenleistung des Importeurs ausgeschaltet.** Im übrigen trägt er beim Inkasso die Risiken allein. Aber auch für den Importeur besteht gegenüber dem Akkreditiv beim Inkasso insofern ein Nachteil, als das Risiko der Übereinstimmung von Ware und Dokumenten bestehen bleibt, weil seine Bank in der Regel für die Dokumentenprüfung keine Haftung übernimmt. Daraus folgt, dass die Abwicklung von Ausfuhrgeschäften durch Dokumenteninkassi zwischen Käufer und Verkäufer das **Bestehen eines gewissen Vertrauens** voraussetzt und außerdem die wirtschaftlichen und politischen Verhältnisse im Importland hinreichend stabil sind.

6.4 Außenhandelsfinanzierungen

Für die Finanzierung von Außenhandelsgeschäften haben sich in der Bankpraxis eine Reihe von speziellen Kreditformen und kreditähnlichen Instrumenten entwickelt. Wegen ihrer Besonderheiten und zum Teil auch wegen der erforderlichen Sprachkenntnisse werden diese Geschäfte meist nicht in der Kreditabteilung, sondern in der Auslandsabteilung der Bank bearbeitet. Dabei nehmen die mittel- und langfristigen Finanzierungen der Exporte eine dominierende Stellung ein. Wie im Inlandskreditgeschäft lassen sich die Finanzierungen in kurz-, mittel- und langfristige Geschäfte sowie in Sonderformen einteilen. So ist auch dieser folgende Abschnitt gegliedert:

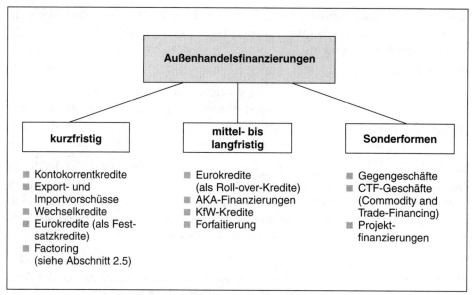

Abbildung 2-136: Finanzierung von Außenhandelsgeschäften

6.4.1 Kurzfristiges Auslandskreditgeschäft

Kurzfristige Kredite mit Laufzeiten bis zu zwölf Monaten dienen im Auslandsgeschäft vorwiegend dazu, einen Zeitraum bis zum Zahlungsziel zu überbrücken und zur Finanzierung des Transportzeitraums, manchmal auch zur (Vor-)Finanzierung der Produktion. Sowohl Importeure als auch Exporteure nehmen Vorfinanzierungen in Anspruch.

Um die von den Kunden gewünschten Finanzierungen abwickeln zu können, räumen sich in- und ausländischen Banken – oft wechselseitig – **Kreditlinien** ein. Diese werden in Anspruch genommen

- als Postlaufkredit zur Abwicklung von Akkreditiven,
- bei Akkreditivbestätigungen,
- bei Rembourskrediten,
- bei Garantien.

6.4.1.1 Kontokorrentkredite

Der Kontokorrentkredit im Auslandsgeschäft ist mit dem inländischen Kontokorrentkredit praktisch identisch und stellt ein sehr flexibles Finanzierungsinstrument sowohl für den Importeur als auch für Exporteure dar.

Ein Kontokorrentkredit kann entweder in DM oder bei Einrichtung eines FW-Kontos auch in Fremdwährung gewährt werden. Zu beachten sind dabei die unterschiedlichen Zinssätze für die entsprechenden Währungen. Die Entscheidung, ob ein Kredit in DM oder Fremdwährung aufgenommen werden soll, ist für das einzelne Geschäft je nach Finanzierungsbedarf und benötigter Währung zu treffen.

Für den **Exporteur** bietet sich der Kontokorrentkredit an zur finanziellen Überbrückung der Zeit zwischen Warenversand und dem Zahlungseingang etwa nach Abwicklung eines Dokumenteninkassos sowie zur Finanzierung kurzfristiger Zahlungsziele, die er dem Importeur eingeräumt hat.

Für den **Importeur** kann die Beanspruchung eines Kontokorrentkredites bei seiner Hausbank vor allem dann in Frage kommen, wenn der Exporteur wegen seiner stärkeren Marktstellung die Zahlungsbedingungen diktieren kann und **Voraus- oder Anzahlung** bei Absendung oder Übernahme der Waren fordert. Sofern der Käufer nicht über genügend liquide Mittel verfügt, kann für ihn die Inanspruchnahme eines Kontokorrentkredits notwendig werden.

6.4.1.2 Export- und Importvorschüsse

Mit einem **Exportvorschuss** finanziert die Bank dem Exporteur den Zeitraum zwischen Warenversand und Dokumentenaufnahme beziehungsweise auch darüber hinaus, wenn zum Beispiel als Zahlungsbedingung „Dokumente gegen Akzept" vereinbart wurde. Die Bevorschussung durch die Bank wird in der Regel auf die Exportdokumente abgestellt. Als Sicherheit wird die Abtretung der Exportforderung verlangt. Neben der ordnungsgemäßen Beschaffenheit der Dokumente ist natürlich die einwandfreie Bonität des Exporteurs von Bedeutung.

Ein **Importvorschuss** bietet sich zum Beispiel an, wenn der Importeur Zwischenhändler ist und er bei Vorlage der Dokumente sogleich mit dem Gegenwert belastet wird, also kein Inkasso oder Akkreditiv mit Zahlungsziel/Wechselakzept vereinbart wurde. Der Importeur muss dann den Gegenwert der Ware zahlen, bevor er selbst sein Geld aus dem Weiterverkauf erhält. Diese Zeitspanne kann er von der Bank bevorschussen lassen. Als Sicherheit dienen entweder die Warendokumente oder die Abtretung der gegen den Endabnehmer bestehenden Forderungen.

6.4.1.3 Wechselkredite

Einfache Wechselkredite werden weitgehend wie bei Inlandsgeschäften abgewickelt:

- **Diskontkredit**
  Der Exporteur zieht (trassiert) auf seinen ausländischen Kontrahenten (Bezogenen) einen Wechsel, den er ihm zur Akzeptleistung (meist im Rahmen von Dokumenteninkassi) durch seine Hausbank vorlegen lässt. Nach Eingang des Akzeptes wird dieses dann von der Bank des Exporteurs diskontiert. Je nachdem, ob der Diskontsatz im Land des Importeurs niedriger ist als in jenem des Exporteurs, kann die Diskontierung auch eine ausländische Bank übernehmen. Häufig erfolgt dies auf Veranlassung des Importeurs.

- **Akzeptkredit**
  Während der Diskontkredit im Wesentlichen für die Finanzierung von Auslandsgeschäften in Frage kommt, bei denen zwischen den Kontrahenten eine gegenseitige Vertrauensbasis besteht, sind der Gewährung von Akzeptkrediten verhältnismäßig enge Grenzen gesetzt. Da eine Bank zur Wahrung ihres guten Namens und aus bilanzoptischen Erwägungen nur in beschränktem Umfang eigene Wechselverpflichtungen eingehen kann, kommt diese Kreditart nur für bonitätsmäßig erstklassige Unternehmen in Frage. Dies gilt für Exporteure und Importeure.

Die **technische Abwicklung von Akzeptkrediten** im Auslandsgeschäft ist vergleichbar mit der bei Inlandsgeschäften.

Der Importeur oder Exporteur zieht auf eine Bank in Höhe des Rechnungswertes einen 90-Tage-Wechsel (Normallaufzeit), den diese akzeptiert und – sofern es sich um eine deutsche Bank handelt – meist auch diskontiert.

Das akzeptierende Institut verpflichtet sich im **Außenverhältnis**, den im Akzept genannten Betrag bei Fälligkeit zu zahlen. Im **Innenverhältnis** dagegen übernimmt der Wechselaussteller gegenüber der Bank, die ihm das Akzept zur Verfügung stellt, die Verpflichtung, den akzeptierten Betrag ein oder zwei Tage vor Fälligkeit bei ihr anzuschaffen.

6.4.1.4 Rembourskredite

Seinem Wesen nach zählt der Rembourskredit zur Kategorie der Akzeptkredite. Vom normalen Akzeptkredit im Außenhandelsgeschäft unterscheidet er sich vor allem dadurch, dass er durch Dokumente (D/A) gesichert ist.

Der Rembourskredit ist ein dokumentärer Akzeptkredit, den eine Bank dem Exporteur unter dem Obligo der Hausbank des Importeurs oder einer dritten Bank Zug um Zug gegen Übergabe bestimmter Dokumente gewährt. Die Dokumente müssen an Order gestellt oder blanko übertragbar sein. Der Rembourskredit kann mit oder ohne Dokumentenakkreditiv abgewickelt und für die Finanzierung sowohl von Importen als auch von Exporten verwendet werden.

Anders ausgedrückt heißt dies: der Exporteur erhält nach Übergabe der Dokumente an eine Bank (Remboursbank) seinen Ausfuhrerlös nicht in bar – wie im Normalfall beim Akkreditiv –, sondern in der Form eines Bankakzeptes.

Nach Erhalt des Akzepts, das in der Regel eine Laufzeit von 90 Tagen hat, wird der Exporteur versuchen, den Abschnitt zu verkaufen, das heißt, er muss ihn diskontieren lassen. Grundsätzlich stehen ihm zwei Möglichkeiten offen: Diskontierung bei der akzeptleistenden Bank – wie es heute in der Bundesrepublik allgemein üblich ist – oder bei einer anderen Bank.

Die **banktechnische Abwicklung des Rembourskredits** gestattet verschiedene Möglichkeiten. Wie schon erwähnt, kann sie mit oder ohne Akkreditiv erfolgen. Innerhalb dieser zwei Möglichkeiten kann ferner die Tratte des Exporteurs entweder von der Importeurbank, der Exporteurbank oder einer besonderen Remboursbank akzeptiert werden. Im letzteren Fall handelt es sich um einen „indirekten" oder „vermittelten" Rembourskredit, während man sonst von einem „direkten" Rembourskredit spricht.

Maßgebender Gesichtspunkt für die Inanspruchnahme eines in- oder ausländischen Kreditinstituts als Remboursbank ist die Existenz eines zwischenstaatlichen Zinsgefälles. Grundsätzlich wird der Importeur, der gewöhnlich die Akzept- und Diskontspesen zu tragen hat, bestrebt sein, durch Vermittlung seiner Hausbank die Akzeptzusage einer Bank zu erhalten, deren Diskontsatz und sonstige Kreditkosten niedriger sind als diejenigen im eigenen Lande. Sind hingegen die Kreditkosten im Importland niedriger, wird der Importeur eine Akzeptbank im eigenen Lande wählen.

Die Abwicklung eines Rembourskredites (ohne Einschaltung einer Remboursbank) sei an einem **Beispiel** erläutert (vgl. auch Abbildung 2-137):

BEISPIEL

1. Ein deutscher Importeur hat mit einer australischen Wollfirma einen **Kaufvertrag** abgeschlossen mit der Zahlungsbedingung: Drei-Monats-Bankakzept gegen Verladedokumente im Rahmen eines Akkreditivs.

2. Er bittet seine Hausbank (Bank des Importeurs), zugunsten der australischen Wollfirma ein Akkreditiv zu eröffnen und gegen Vorlage der Versanddokumente eine vom Exporteur über den Rechnungsbetrag ausgestellte „Drei-Monats-Tratte" zu akzeptieren (**Kreditantrag**).

3. Sofern der deutsche Importeur bonitätsmäßig gut beurteilt wird, genehmigt seine Hausbank diesen Kreditantrag und eröffnet zugunsten des australischen Exporteurs ein **Remboursakkreditiv mit Akzeptzusage** und teilt dies der Bank des Exporteurs in Form eines Akkreditiveröffnungsschreibens mit, in dem diese mit der Dokumentenaufnahme beauftragt wird.

4. Der **Exporteur wird** durch seine Bank von dieser Akkreditiveröffnung **verständigt**, woraufhin er

5. die vereinbarte Partie Wolle per Schiff **versenden** lässt und

6. die **Transportdokumente sowie** eine auf die Bank des deutschen Importeurs gezogene **Dreit-Monats-Sichttratte** seiner Bank zur Weiterleitung und Akzepteinholung bei der Bank des Importeurs einreicht. Zur Überbrückung der Postlaufzeit der Dokumente erhält der Exporteur unter Umständen seine Tratte von seiner Hausbank schon bei Einreichung diskontiert oder bevorschusst, sodass er bereits bei Dokumentenübergabe den Gegenwert bekommt.

7. Daraufhin erfolgt der **Versand der Dokumente und der Tratte** an die Bank des Importeurs.

8. Die Bank des Importeurs versieht die Tratte mit ihrem **Akzept** und sendet sie an die Bank des Exporteurs zurück.

9. Sofern nicht schon bei Dokumentenaufnahme geschehen, diskontiert die **Bank des Exporteurs** nun das Akzept und **schreibt dem Exporteur den Diskonterlös gut.**

10. Nach Eintreffen der Ware erhält der Importeur von seiner Bank die **Versanddokumente ausgehändigt** und kann die Ware in Empfang nehmen.

11. Das **Akzept der deutschen Bank**, das während seiner Laufzeit mehrfach seinen Besitzer gewechselt haben kann, **wird ihr bei Verfall** von der Bank des Exporteurs oder einer anderen ausländischen Bank **zur Zahlung präsentiert,** nachdem der Importeur bereits ein oder zwei Tage vorher den Gegenwert angeschafft hat.

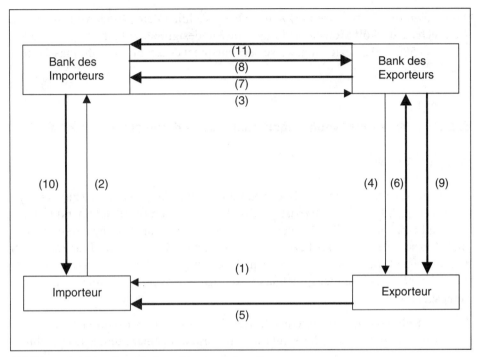

Abbildung 2-137: Ablauf eines Rembourskredites

Diese Abwicklungsform eines „**direkten**" Rembourskredites gilt auch sinngemäß für den „**indirekten**" **Rembourskredit,** das heißt für den Fall, dass an Stelle der Bank des Importeurs eine in einem **dritten Land** domizilierende Remboursbank das Akzept leistet.

6.4.1.5 Eurokredite und Euro-Festsatzkredite

Eurokredite sind Kredite in Euro oder Fremdwährung, deren Zinssatz sich nach dem Geldmarktsatz der entsprechenden Währung am Euro-Geldmarkt richtet. Eurokredite werden entweder als kurzfristige Euro-Festsatzkredite oder in Form mittel- bis langfristiger Roll-over-Kredite vergeben.

Die Zinskosten bei Euro-Festsatzkrediten sind in der Regel niedriger als die Zinsen bei Krediten aus Inlandsliquidität, weil der Euromarkt keinen Restriktionen unterworfen ist. Jedoch müssen Festsatzkredite für die gesamte Laufzeit in der festgelegten Höhe in Anspruch genommen werden. Insofern können sie kein Ersatz für inländische Kontokorrentkredite sein. Vorteilhaft für den Kreditnehmer ist aber, dass er für die gesamte Laufzeit des Krediites die Zinskosten exakt kalkulieren kann.

Als Laufzeit für Festsatzkredite kommen hauptsächlich Zeitspannen von eins, zwei, drei, sechs und zwölf Monaten in Frage. Die Mindestgrößenordnung liegt normalerweise bei 500.000 € beziehungsweise dem entsprechenden Fremdwährungs-Gegenwert.

6.4.2 Mittel- bis langfristiges Auslandskreditgeschäft

6.4.2.1 Eurokredite

Roll-over-Kredite werden den Kreditnehmern für eine längere Laufzeit zugesagt, jedoch von der Bank durch kurzfristige Mittelaufnahme am Euro-Geldmarkt refinanziert und erhalten dem Kunden gegenüber eine periodische Zinsanpassung. Üblich sind Zinsperioden von drei beziehungsweise sechs Monaten. Die Laufzeit dieser Kredite liegt bei fünf bis sieben Jahren, in Ausnahmefällen laufen sie bis zu zehn Jahre. Im Hinblick auf die Inanspruchnahme der Kredite haben sich drei Grundformen herausgebildet:

1. Der **Roll-over-Eurokredit** als fester Vorschuss. Dem Kredit liegt eine fest Schuld zugrunde, und die Valuta wird insgesamt in einer Summe ausbezahlt.

2. Der **revolvierende Roll-over-Eurokredit**, bei dem lediglich ein Kreditrahmen vereinbart wird, bis zu dem eine Inanspruchnahme in runden Beträgen von Zinstermin zu Zinstermin möglich ist. Der Kreditnehmer kann den Kredit an den Roll-over-Terminen – nach Art eines Dispositionskredites – ganz oder teilweise zurückzahlen und ihn wieder nach Bedarf ganz oder teilweise neu aufnehmen. Für den nicht in Anspruch genommenen Teil des Kreditrahmens ist eine Bereitstellungsprovision zu zahlen.

3. Eine Sonderform neben dem revolvierenden Kredit stellt der **Stand-by-Kredit** dar, der nur in Ausnahmefällen in Anspruch genommen wird. Für den Kreditnehmer hat er meistens nur vorsorglichen Charakter als „Rückzugslinie" zum Beispiel für in Aussicht stehende Finanzierungsbedürfnisse. Die Laufzeit dieser Kredite beträgt im Allgemeinen bis zu fünf Jahren.

Die Kreditvaluta wird bei diesen Krediten in einer bestimmten Währung (Basiswährung) bereitgestellt. Zugunsten des Kreditnehmers kann jedoch eine Option auf zwei oder mehrere Währungen vereinbart werden. In diesem Fall kann der Kreditnehmer vor Beginn der jeweiligen Zinsperiode die Währung wählen, die für ihn unter Zins- und Währungsgesichtspunkten die günstigste ist. Die Rückzahlung solcher Kredite erfolgt entweder in einer Summe bei Fälligkeit oder in regelmäßigen Tilgungen.

6.4.2.2 Exportversicherung des Bundes über die HERMES Kreditversicherungs AG

Durch die Übernahme von Bürgschaften und Garantien nimmt der Staat im Rahmen der Exportkreditversicherung den deutschen Exporteuren und den kreditgewährenden Banken in gewissem Umfang und gegen Entgelt das Rückzahlungsrisiko bei Krediten an ausländische Schuldner ab. Der Bund hat die **Bearbeitung** von Bürgschafts- und Garantieanträgen an die HERMES Kreditversicherungs-AG übertragen. Die Entscheidung über die Indeckungnahme trifft ein Ausschuss des Bundes. **Bürgschaften** werden dann gewährt, wenn der ausländische Abnehmer ein Staat oder eine öffentlich-rechtliche Körperschaft ist. **Garantien** werden übernommen, wenn der ausländische Abnehmer eine juristische Person des Privatrechts ist.

Folgende Risiken werden von der Hermes-Deckung abgesichert:

- Fabrikationsrisiko
- Ausfuhrrisiko
- Kreditrisiko

Im Schadensfall vergütet der Staat den Ausfall abzüglich einer vom Exporteur beziehungsweise der finanzierenden Bank zu tragenden Selbstbeteiligung, deren Höhe in der Deckungsurkunde festgelegt wird.

6.4.2.3 AKA-Finanzierungen

Die AKA (Ausfuhrkreditgesellschaft mbH) ist ein Spezialinstitut zur Finanzierung von Exporten. Sie wurde von einem Konsortium aus circa 40 Geschäftsbanken gegründet, um die Hausbanken der Exporteure von langfristigen Kreditgewährungen zu entlasten.

Die Kreditgewährung der AKA-Ausfuhrkredit-Gesellschaft mbH erfolgt auf Grund von vier Kreditlinien (Plafonds), die seitens der Exporteure in Anspruch genommen werden.

Die Lieferantenkredite aus Plafond A werden deutschen Exporteuren eingeräumt und dienen zur Finanzierung der Aufwendungen während der Fabrikationsperiode und/oder des Zahlungszieles.

Kredite aus Plafond A können bis zur Höhe des Betrages der Ausfuhrforderung eingeräumt werden. Sie sind durch eine Ausfuhrbürgschaft oder -garantie des Bundes – in der Regel HERMES (in Ausnahmefällen auch einer anderen deutschen Kreditversicherung) – nach Abzug des Risikoanteils des Exporteurs versichert. Die Selbstfinanzierungsquote (= Risikoanteil der Bank des Exporteurs) beträgt fünf Prozent. Die Kredite bestätigt die AKA dem Exporteur unmittelbar. Die Refinanzierung der aus

Plafond A bereitgestellten Mittel erfolgt zum überwiegenden Teil durch die Hausbank. Anträge für Plafond-A-Kredite können bei der AKA nur von ihren Konsortialbanken eingebracht werden.

Die Plafonds C, D und E dienen der Finanzierung von Bestellerkrediten.

Der Höchstbetrag für die Gewährung von so genannten „Bestellerkrediten" im Rahmen des Plafond C entspricht der abzulösenden Exportforderung. Die Auszahlung erfolgt in der Regel pro rata Lieferung/Leistung. Die Kreditvaluta wird im Auftrag des Bestellers an den Exporteur ausbezahlt. Zur Sicherung der Kreditforderung soll eine Garantie beziehungsweise Bürgschaft des Bundes (HERMES) zur Deckung der so genannten gebundenen Finanzkredite zugunsten der AKA vorliegen, deren Kosten der Exporteur zu tragen hat. Die Hausbank des Exporteurs muss auch für bestimmte gedeckte Risiken die Haftung in Höhe von fünf Prozent übernehmen.

Die Plafonds D und E bieten die Möglichkeit, Bestellerkredite auch in anderen Währungen und als Margenkredit auszureichen. Voraussetzung dafür ist, dass das Heimatland des Bestellers unter Länderrisikoaspekten geeignet erscheint.

6.4.2.4 KfW-Kredite

Die **Kreditanstalt für Wiederaufbau (KfW)** versorgt unter anderem die deutsche Exportwirtschaft mit langfristigen Buchkrediten, die den Befristungsrahmen der AKA überschreiten. Sie dienen vornehmlich der Finanzierung von **Investitionsvorhaben in Entwicklungsländern**. Meist setzt die Kredithilfe der KfW unmittelbar beim Auslaufen eines AKA-Kredits ein, bedeutet also eine **Anschlussfinanzierung**.

Grundsätzlich werden diese Kredite nur gewährt, wenn eine Ausfuhrgarantie oder -bürgschaft (Hermesdeckung) zugesagt ist. Standen der KfW zunächst vor allem Mittel aus dem ERP-Sondervermögen (Marshallplan) zur Verfügung, so refinanziert sich die KfW heute überwiegend durch Ausgabe von Schuldverschreibungen.

6.4.2.5 Finanzierung durch internationale Organisationen

Ähnlich der KfW finanzieren die weltweit operierenden Entwicklungsbanken (Weltbank, IDA, IFC) und die regionalen Institute (zum Beispiel die Europäische Investitionsbank EIB) in vielen Fällen auch gemeinsam mit Geschäftsbanken (Kofinanzierung).

6.4.3 Sonderformen

In der Finanzierung von Außenhandelsgeschäften haben sich im Laufe der Jahre viele Sonderformen entwickelt. Wir wollen im Folgenden nur auf die wichtigsten Formen eingehen.

6.4.3.1 Forfaitierung

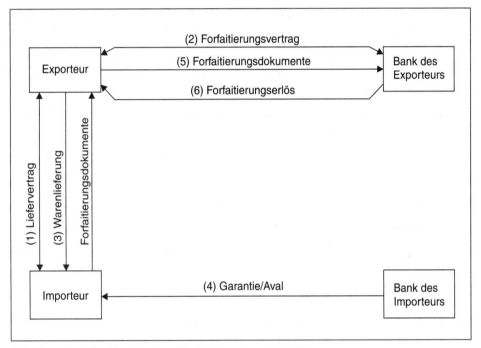

Abbildung 2-138: Technische Abwicklung einer Forfaitierung

Im Exportfinanzierungsgeschäft versteht man unter Forfaitierung den regresslosen Ankauf einer Ausfuhrforderung, die ein Exporteur gegenüber seinem ausländischen Abnehmer hat. Dabei verzichtet das ankaufende Finanzierungsinstitut auf jegliches Rückgriffsrecht gegenüber dem Forderungsverkäufer.

Es übernimmt also sowohl die wirtschaftlichen als auch die politischen Risiken, die mit der Forderung verbunden ist.

In den letzten Jahren verlagerte sich die Finanzierung von Investitionsgüterexporte immer mehr auf die Exporteure. Neben den klassischen Formen der Exportfinanzierung erlangt daher die Forfaitierung im Außenhandel immer mehr Bedeutung.

Forfaiteure sind in der Regel Banken oder Finanzierungsgesellschaften, die eng mit Banken zusammen arbeiten. Die deutschen Kreditinstitute kaufen Forderungen auf das Ausland teilweise selbst an, teilweise platzieren sie die Forderungen am Forfaitierungsmarkt weiter. Dieser Markt erstreckt sich mittlerweile beinahe über die gesamte Welt. Zweifellos sind nach wie vor Zürich, Genf und London die Hauptplätze für dieses Geschäft. Statistiken über die jährlich in Deutschland getätigten Forfaitierungen existieren nicht, doch wird das Volumen auf mehrere Milliarden € geschätzt.

Für die Banken ist es wichtig, dass nur einwandfreie Forderungen zum Ankauf hereingenommen werden. Dies ist im Einzelnen zu prüfen:

- Die Forderung muss existent sein (das heißt, die Lieferung oder Leistung muss bereits erbracht sein).
- Die Forderung muss ordnungsgemäß dokumentiert sein: Der Forfaitierungsmarkt zieht durch Wechsel unterlegte Forderungen vor, obwohl prinzipiell auch der Ankauf von Buchforderungen möglich ist.
- Die Forderung muss, wenn die Bonität des Abnehmers nicht ausreicht, zum Beispiel durch Bankavale besichert sein.
- Die Rückzahlungsfrist sollte in der Regel nicht mehr als fünf Jahre betragen.

Welche Vorteile ergeben sich für den Exporteur aus der Forfaitierung?

- Verbesserung der Liquidität, Umwandlung der Forderung in Barvermögen,
- Wegfall des Wechselkursrisikos bei Fremdwährungsforderungen,
- Verringerung des Verwaltungsaufwandes, Wegfall der Forderungsüberwachung.

6.4.3.2 Gegengeschäfte

Dabei handelt es sich um Außenhandelsgeschäfte in Form von Warenaustauschgeschäften. Gründe für diese „Geschäfte ohne Geld" sind fast immer Devisen-Knappheit, hohe Verschuldung und Handelsdefizite in (mindestens) einem der beteiligten Länder. In der Praxis finden sich vor allem folgende Varianten:

- Bei **Bartergeschäften** erfolgt ein Warenaustausch Zug um Zug ohne Geldzahlungen. Preise dienen nur zum Vergleich der Tauschwaren.
- Bei **Clearing-/Switchgeschäften** besteht zwischen zwei Staaten ein Abkommen, das den Austausch von Waren über einen bestimmten Zeitraum vorsieht.
- Unter **Parallel-/Counterpurchasegeschäften** versteht man Liefergeschäfte mit gleichzeitiger Verpflichtung des Exporteurs, seine Exporterlöse ganz oder teilweise zur Abnahme von Produkten aus dem Land seines Geschäftspartners zu verwenden.

- Bei **Rückkauf-/Buy-back-Geschäften** erfolgt die „Bezahlung" von (größeren) Produktionsanlagen nach und nach mit Hilfe der mit der Anlage erzeugten Güter.

- Beim **Junktimgeschäft** kauft der Importeur Ware ein und erhält die Bestätigung, dass dieser Import als Gegengeschäft für zukünftige Exporte angerechnet wird.

6.4.3.3 CTF (Commodity and Trade Financing)

CTF-Geschäfte sind kurzfristige Finanzierungen für Handelsgeschäfte mit börsennotierten Waren (Commodities). Die „Bonitätsprüfung" bezieht sich dabei weniger auf den Kreditnehmer als primär auf die als Sicherheit dienende (unterliegende) Ware. Dies lässt sich mit dem Argument begründen, dass diese Waren sehr standardisiert und jederzeit zu Geld zu machen sind und insofern eine relativ hohe Sicherheit bieten. Die zu finanzierenden Waren teilt man ein in Hard- Commodities (zum Beispiel Metalle), Soft-Commodities (zum Beispiel Agrarprodukte, Dünger) und petrochemische Produkte. Besichert werden diese Finanzierungen durch Sicherungsübereignung der Ware sowie durch Abtretung der Forderung, die aus dem Weiterverkauf der Waren entstehen.

6.4.3.4 Projektfinanzierungen

Diese Finanzierungsform, die sich erst in den letzten Jahren stark entwickelt hat, macht Großprojekte, wie zum Beispiel den Eurotunnel, möglich. Das zu finanzierende Investitionsvorhaben muss eine wirtschaftliche Einheit darstellen, aus deren Erträgen der Schuldendienst erwirtschaftet wird. Die Projektfinanzierung basiert also in erster Linie auf der Ertragskraft des zu finanzierenden Vorhabens.

6.4.4 Garantien im Außenhandel

Oft lässt es sich bei Import- und Exportaufträgen nicht vermeiden, dass einer der Vertragspartner finanzielle Vorleistungen erbringen muss, ehe er die entsprechenden Gegenleistungen erhält. Zur Abdeckung solcher Risiken wird im Auslandsgeschäft neben dem Dokumentenakkreditiv die **Bankgarantie** (Avalkreditgeschäft) verwendet. Sie dient nicht der unmittelbaren Bezahlung des Kaufpreises von Export- und Importlieferungen, sondern stellt **ein abstraktes, unwiderrufliches Zahlungsversprechen einer Bank für einen bestimmten Eventualfall** dar.

Die Bedeutung von Bankgarantien für den internationalen Handel und Wirtschaftsverkehr hat in den letzten Jahrzehnten ständig zugenommen. Größere Exportgeschäfte werden heute kaum noch ohne dieses international anerkannte Sicherungsinstrument abgeschlossen.

Mit einer Bankgarantie entsteht eine Ausfallhaftung der Bank für bestimmte Risiken, die bei der Abwicklung von Außenhandelsgeschäften auftreten können. Eine Bank, die ein Garantieversprechen übernimmt, verpflichtet sich, bei Eintritt eines bestimmten Risikos – in der Regel auf „erstes Anfordern" des Begünstigten und zeitlich befristet – den „garantierten" Betrag zu zahlen, falls der Auftraggeber der Garantie gewissen Verpflichtungen gegenüber dem Garantie-Begünstigten nicht nachkommt.

Garantien lassen sich nach ihrer **Form** unterscheiden in direkte und indirekte Garantien. Direkte Garantien werden direkt von der Bank des Auftraggebers übernommen. Indirekte Garantien werden nicht von der Bank des Auftraggebers, sondern einer anderen Bank (häufig im Land des Begünstigten) übernommen. Die Bank des Auftraggebers haftet hierbei für den Garantiebetrag gegenüber der garantiegebenden Stelle. Für den Auftraggeber ist die indirekte Garantie mit Nachteilen verbunden, denn sie ist teurer und unterliegt außerdem ausländischem Recht.

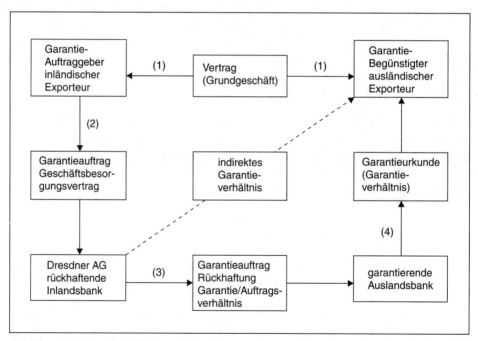

Abbildung 2-139: Technischer Ablauf einer indirekten Garantie

Während größerer Auslandsprojekte – oft über mehrere Jahre – können je nach Phase unterschiedliche Risiken bestehen. Dafür hat die Bankpraxis eine Reihe spezieller **Garantiearten** entwickelt. Die zeitliche Abfolge der Garantien und der Projektphasen kann zum Beispiel oft so aussehen wie in Abbildung 2-140 dargestellt.

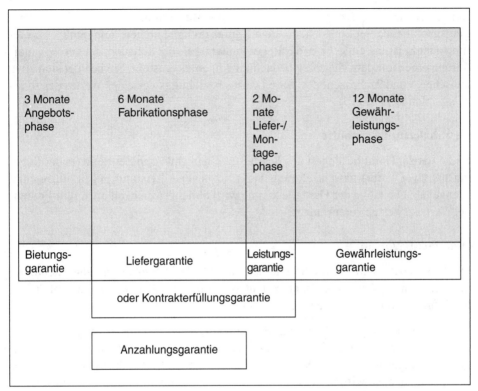

Abbildung 2-140: Zeitliche Abfolge von Garantien und Projektphasen

Bietungsgarantie

Großaufträge ausländischer staatlicher oder halbstaatlicher Institutionen und privater Unternehmungen werden in vielen Fällen auf dem Wege der Ausschreibung vergeben. Da die ausschreibende Stelle Gewissheit haben will, dass der Anbieter sein Angebot in jedem Fall verbindlich aufrechterhält, wird die **Nichtannahme des Zuschlags mit einer Vertragsstrafe belegt, deren Zahlung durch eine Bankgarantie sicherzustellen ist.**

Eine Bietungsgarantie ist also oft eine der Bedingungen für die Teilnahme an ausländischen Ausschreibungen. Ihre Höhe bewegt sich etwa zwischen 2 und 10 Prozent des Wertes des ausgeschriebenen Objektes. Die Bank muss zahlen, falls der Exporteur nach der Zuschlagserteilung seine Offerte zurückzieht.

Lieferungs- und Leistungsgarantie

Die Lieferungs- und Leistungsgarantie basiert – wie die Bietungsgarantie – auf einer Vertragsstrafe, die der Exporteur im Falle nicht frist- oder vertragsgerechter Lieferung beziehungsweise Leistung zu zahlen hat.

Bei diesen Garantiearten ist die Garantiesumme wesentlich höher als bei einer Bietungsgarantie, da der Schaden, der dem Käufer im Falle nicht termingemäßer Lieferung oder Leistung entsteht, in der Regel größer ist als der Schaden, der durch Annullierung eines mit dem Zuschlag bedachten Angebots entsteht. Sie bewegt sich etwa zwischen 5 und 25 Prozent des Warenwertes beziehungsweise des Wertes der zu erbringenden Leistung.

Gewährleistungsgarantie

Diese Art der Garantie sichert den Käufer für einen gewissen Zeitraum (in der Regel ein bis zwei Jahre) nach Lieferung beziehungsweise Leistung gegen auftretende Mängel ab. Die Höhe der Garantiesumme wird üblicherweise mit etwa fünf Prozent des Vertragswertes veranschlagt.

Dokumentengarantie

Die Dokumentengarantie dient in der Hauptsache der Ausschaltung von Nachteilen und Schäden, die bei der Aufnahme nicht akkreditivgemäßer Dokumente durch eine Bank für den Importeur entstehen können.

Im Überseegeschäft kommt es zum Beispiel vor, dass die Verschiffungsdokumente zum Zeitpunkt des Eintreffens der Ware noch nicht vollständig bei der Bank des Importeurs eingegangen sind. Will nun der Importeur trotzdem die Auslieferung der Ware erreichen, so wird in dessen Auftrag gewöhnlich von seiner Hausbank eine so genannte „Konnossementsgarantie" (letter of indemnity) gestellt. Hierin verpflichtet sich die Bank des Importeurs gegenüber der Reederei zum Ersatz aller Kosten und Schäden, die durch die Auslieferung der Ware (ohne vollständige Dokumente) entstehen könnten.

Anzahlungsgarantie

Die Anzahlungsgarantie soll dem ausländischen Besteller die **Rückzahlung geleisteter Zahlungen** für den Fall gewährleisten, dass der Exporteur den Lieferungsvertrag überhaupt nicht oder nicht vertragsgemäß erfüllt. Die Garantiesumme entspricht hierbei gewöhnlich der Höhe der Anzahlungen.

6.5 Devisenhandel

Täglich werden Devisenbeträge im Gegenwert von mehren Billionen Euro gehandelt.

Worum geht es dabei? Man kauft beziehungsweise verkauft eine Währung (Buchgeld) gegen eine andere – vor allem

- zur Ausführung und Abwicklung von Fremdwährungstransaktionen im internationalen Zahlungsverkehr,
- zur Aufnahme von Fremdwährungskrediten,
- zur Geldanlage in Fremdwährungstiteln,
- zur Kurssicherung von Forderungen und Verbindlichkeiten in Fremdwährung und
- für Kursarbitrage- oder auch Spekulationsgeschäfte.

Nach der Art der Erfüllung der Forderungen und Verbindlichkeiten in ausländischen Währungen werden im Devisenhandel drei Grundformen unterschieden, nämlich:

- **Kassageschäfte,**
- **Termingeschäfte** und
- **Optionsgeschäfte.**

Der Devisenhandel im engeren Sinne beinhaltet zunächst den Tausch einer Währung in eine andere als Buchgeld (per Kasse oder Termin). Im weiteren Sinne gehören zum Devisenhandel auch das Trading und der Handel mit Derivaten (vgl. Kapitel II, 4.).

6.5.1 Devisenkassageschäfte

Kassageschäfte sind im Unterschied zu den in die Zukunft reichenden Termin- und Optionsgeschäften sozusagen der Normalfall, bei dem man ein Geschäft zu dem Zeitpunkt abschließt, zu dem es auch tatsächlich erfüllt werden soll. Genauer gesagt:

Bei Devisenkassageschäften liegt zwischen Geschäftsabschluss und Lieferung der ge- oder verkauften Devisen nur eine sehr kurze Zeitspanne. In der Regel erfolgt die „**Anschaffung**" aus Devisenkassageschäften, das heißt die beiderseitige Vertragserfüllung, **am zweiten Arbeitstag nach dem „Abschluss",** das heißt „zweitägige Valuta kompensiert". Den Partnern von Kassageschäften stehen also die gehandelten Devisenbeträge am zweiten Arbeitstag nach dem Geschäftsabschluss zur Verfügung. Alle Devisenhandelsgeschäfte, bei denen kein besonderer Liefertermin vereinbart wird, gelten grundsätzlich als Kassageschäfte. Ihre wirtschaftliche Aufgabe liegt im Wesentlichen in der Sicherstellung einer reibungslosen Abwicklung des grenzüberschreitenden Zahlungsverkehrs in Fremdwährung.

Kursbildung am Kassamarkt

Nach dem Wegfall der amtlichen Devisenkursfeststellung (Fixing) an der Frankfurter Devisenbörse gibt es jetzt unterschiedliche Formen der Ermittlung eines so genannten Referenzkurses für die folgenden acht Währungen: USD, JPY, GBP, CHF, DKK, NOK, SEK.

Die EZB ermittelt in Zusammenarbeit mit den angeschlossenen nationalen Notenbanken spät nachmittags Devisenreferenzkurse, die privaten Geschäftsbanken haben hauseigene Systeme zur Ermittlung von Referenzkursen entwickelt, eine Gruppe von Genossenschaftsbanken und auch Sparkassen/Landesbanken ermitteln täglich um die Mittagszeit Referenzkurse (so genannte EuroFX).

Die Kurse werden in Form einer Mengennotierung mit vier Nachkommastellen ermittelt und veröffentlicht. Der Kurs gibt die jeweilige Menge einer ausländischen Währung an, die für eine oder hundert Einheiten der inländischen Währung ge- oder verkauft werden kann.

6.5.2 Devisentermingeschäfte

Bei Devisentermingeschäften wird – im Gegensatz zu den Kassageschäften – **beim Geschäftsabschluss die Anschaffung** der gehandelten Devisen **für einen späteren Zeitpunkt festgelegt**.

BEISPIEL

> Ein deutscher Importeur hat am 26.5. einen Vertrag zur Lieferung australischer Wolle CIF Bremen zum Preis von 100.000 GBP abgeschlossen und als Zahlungstermin den 26.8. vereinbart. Zur Regulierung am 26.8. kauft die Bank für den Importeur am 26.5. diese 100.000 GBP per Termin 26.8.

Aus Sicht der Bank stellt dieses Geschäft einen Verkauf von Devisen per Termin in drei Monaten dar.

Der Importeur muss zu diesem Zeitpunkt in der Zukunft über die ausländische Valuta verfügen können und als Äquivalent den DM-Gegenwert seiner Bank zur Verfügung stellen.

Der Abrechnungskurs für Termingeschäfte wird bereits am Tag des Geschäftsabschlusses verbindlich festgelegt. Nur in Ausnahmefällen ist für einen bestimmten Zeitpunkt der Terminkurs mit dem Kassakurs identisch. In der Regel liegt er über oder unter dem Kassakurs.

Die Unterschiede zwischen Kassa- und Terminkursen werden als Deport (Abschlag) oder Report (Aufschlag) zum Kassakurs bezeichnet beziehungsweise als SWAP-Stellen.

Ausschlaggebend dafür, ob Deport oder Report erfolgt, ist das unterschiedliche Zinsniveau in den Ländern der gehandelten Währungen. So erfolgt in der Regel ein Deport, wenn das Zinsniveau im Ausland höher ist, ein Report, wenn das Zinsniveau im Ausland niedriger ist.

Näherungsformel zur Berechnung der SWAP-Stellen:

$$\text{Kassakurs} \cdot \text{Zinsdifferenz} \cdot \frac{\text{Laufzeit}}{360}$$

Die wirtschaftliche Funktion des Handels von Termindevisen kann im Wesentlichen in der **Absicherung gegen Kurs- und Währungsrisiken** gesehen werden. Der Abschluss von Devisentermingeschäften schafft sowohl für den Exporteur als auch für den Importeur **feste Kalkulationsgrundlagen.** Die Absicherung der Kurs- und Währungsrisiken besteht darin, dass in Zukunft (zum Beispiel in drei Monaten) benötigte oder anfallende Devisen nicht zu dem in drei Monaten gültigen, noch unbekannten Kassakurs abgerechnet werden, sondern zu einem jetzt schon verbindlich vereinbarten Kurs. Das heißt, dass zum Beispiel ein Importeur die in drei Monaten benötigten Devisen per Termin kaufen wird, während umgekehrt ein Exporteur die in drei Monaten erwarteten Deviseneingänge verkaufen wird.

Das von Importeuren und Exporteuren mit Devisentermingeschäften abgesicherte Kursrisiko liegt nun bei der Bank. Da sie nicht unbegrenzt Kursrisiken aus Devisenpositionen eingehen will, wird sie versuchen, über den Abschluss so genannter Deckungsgeschäfte das Risiko abzudecken.

BEISPIEL

Bezogen auf den Terminkauf für den Importeur kommen für die Bank grundsätzlich drei Möglichkeiten in Betracht:

1. Die Bank hat auch einen Exportkunden, der ebenfalls in drei Monaten die gleiche Summe von 100.000 GBP erwartet, und kann ihm den Betrag per 26.8. verkaufen. Das Zusammentreffen zweier solcher Geschäfte wäre rein zufällig.
2. Die Bank kauft die 100.000 GBP am 26.5. per Kasse und hebt den Betrag bis zur Fälligkeit auf, hält ihn in ihrem Devisenbestand. Sie könnte den Betrag gleichzeitig für drei Monate am Geldmarkt anlegen. Auch dieses Verfahren ist nicht üblich.
3. Allgemein üblich ist vielmehr das folgende Verfahren: Die Bank verkauft 100.000 GBP per Kasse und kauft sie gleichzeitig per Termin 26.8. zurück. Es erfolgt also eine Kombination von Kauf und Verkauf in derselben Währung zu verschiedenen Fälligkeiten. Man nennt dies ein Swap-Geschäft (to swap = tauschen).

6.5.3 Devisenoptionsgeschäfte

Devisenoptionen räumen dem Optionsinhaber das Recht ein, einen bestimmten Währungsbetrag zu einem im voraus vereinbarten Preis innerhalb eines bestimmten Zeitraumes zu kaufen beziehungsweise zu verkaufen. Die Höhe des Optionspreises richtet sich nach dem Strike Price (= Kurs, zu dem ausgeübt werden kann), nach der Laufzeit und dem Ausmaß der Schwankungen der betreffenden Währung in der jüngsten Vergangenheit sowie nach den Erwartungen des Marktes.

Interessant ist diese Geschäftsart zum Beispiel für Exporteure, die in Fremdwährung fakturiert haben. Sie können sich über den Kauf einer Puts mit dem vereinbarten Strike einen Kurs sichern. Liegt der Marktpreis bei Eingang des Exporterlöses unter dem Strike, wird die Option ausgeübt, andernfalls lässt man die Option verfallen. Durch diese Transaktion hat sich der Exporteur einen Mindestkurs für die ausstehende Forderung gesichert – und damit eine feste Kalkulationsgrundlage. Zuzüglich aber behält er die Chance eines zusätzlichen Kursgewinns. Das Prinzip der Devisenoption unterscheidet sich nicht von den in Abschnitt Kapitel II, 4.4 ausführlich dargestellten Optionsgeschäften.

RESÜMEE

Kreditinstitute bieten heute im internationalen Geschäft eine Vielzahl von Produkten und Dienstleistungen an.

Der Auslands-Zahlungsverkehr, gegliedert in nichtdokumentäre (zum Beispiel Überweisung) und dokumentäre Zahlungen (zum Beispiel Akkreditiv), unterstützt die zunehmende Internationalisierung der Geschäfte, vor allem von Firmenkunden.

Mit den einzelnen Formen der Außenhandelsfinanzierung decken die Banken den Finanzierungsbedarf sowohl von Exporteuren als auch Importeuren. Gerade im Finanzierungsbereich führten die veränderten Kundenbedürfnisse in den letzten Jahren zu einer Vielzahl neuer Finanzierungsformen.

Der Devisenhandel ermöglicht den (Firmen-)kunden, sich zum Beispiel über Termin- und Optionsgeschäfte gegen Kursrisiken aus ihren Außenhandelsaktivitäten abzusichern.

Bankgarantien bieten für Importeure und Exporteure Möglichkeiten zur Absicherung von Risiken im Auslandsgeschäft.

Die breite Produktpalette der Banken im Auslandsgeschäft trägt wesentlich dazu bei, Risiken im Außenhandel zu begrenzen.

KONTROLLFRAGEN

1. Was regelt das AWG?
2. Welche Risiken können im Außenhandel auftreten?
3. Nennen Sie die wesentlichen Inhalte der „Incoterms".
4. Wie lauten die wichtigsten im Außenhandel verwendeten Zahlungsbedingungen?
5. Wovon ist abhängig, welche Zahlungsbedingung vereinbart wird?
6. Welche Aufgaben hat SWIFT?
7. Beschreiben Sie die wichtigsten Dokumente im Rahmen des Auslandsgeschäfts.
8. Erläutern Sie anhand eines Beispiels das Wesen und die Abwicklung eines Dokumentenakkreditivs.
9. Welche Rechtsbeziehungen bestehen beim Akkreditiv?
10. Welche Grundformen des Akkreditivs sind nach den ERA zu unterscheiden?
11. Was kennzeichnet ein übertragbares Akkreditiv und ein Gegenakkreditiv?
12. Worin unterscheiden sich Dokumentenakkreditiv und -inkasso?
13. Was ist ein Rembourskredit, und wie erfolgt die Abwicklung?
14. Beschreiben Sie die verschiedenen Formen des Eurokredits.
15. Was bedeutet „Hermes-Deckung"?
16. Was ist eine Forfaitierung, welche Vorteile ergeben sich daraus für den Exporteur?
17. Welche Formen von Gegenschäften kennen Sie?
18. Unterscheiden Sie direkte und indirekte Garantien.
19. Beschreiben Sie die mit den unterschiedlichen Garantien abgesicherten Ansprüche.
20. Worin unterscheiden sich Devisentermin- und Devisenoptionsgeschäft?
21. Wie lässt sich (theoretisch) der Kurs für ein Devisentermingeschäft berechnen?

LITERATUR ZUM WEITERLESEN

- Als erste Information lohnt sicherlich die Lektüre von Haus-Veröffentlichungen „Ihrer" Bank zum Thema Auslandsgeschäft.

- Eine leicht verständliche Einführung in das Auslandsgeschäft bietet:

  Büschgen, H. E./Graffe, F., **Handbuch für das Auslandsgeschäft**, Bonn 1993.

- Sehr umfangreiche und detaillierte, aber auch klar strukturierte Informationen liefert:

  Häberle, S. G., **Handbuch der Außenhandelsfinanzierung**, München 1994.

- Ein detailliertes Standardwerk zum Auslandsgeschäft ist:

  Holtji, H. J., **Dokumentenakkreditiv-Geschäft**, Wiesbaden 1994.

- Zum Garantiegeschäft mit zahlreichen Beispielen ist weiterführend:

  Oehlmann, A., **Praxis der Auslandsgarantien**, 2. Auflage, Wiesbaden 1998.

Kapitel III

Bankpolitik

Nachdem Sie die breite Palette der Bankprodukte kennengelernt haben, muss nun die Frage nach dem rechtlichen Umfeld gestellt werden. Da das Gut „Geld" sehr viel Vertrauen in die Banken voraussetzt, sind die gesetzlichen Regelungen und die Überwachung durch das Bundesaufsichtsamt für das Kreditwesen entsprechend streng. Im Abschnitt der aufsichtsrechtlichen Rahmenbedingungen lernen Sie die wichtigsten Vorschriften um das Kreditwesengesetz kennen. Durch die Vielzahl der Informationen und die hohen Anforderungen an den Betriebsablauf stellt die Organisation besondere Aufgaben an die moderne Bank. Um diese aber sinnvoll aufbauen zu können, ist eine genaue Abbildung der Geschäfte im Rechnungswesen nötig. Dabei dient das interne Rechnungswesen der Steuerung der Bank, ist damit also Grundlage des Ertragsmanagements. Im externen Rechnungswesen müssen die Anforderungen des Gesetzgebers an die Berichterstattung im Rahmen von Bilanzen, Gewinn- und Verlustrechnung, aber auch der Steuerermittlung erfüllt werden. Durch die besondere Situation der Banken im Wirtschaftsprozess weist das Rechnungswesen einige Besonderheiten auf, die einem Banker vertraut sein müssen. Durch die Konkurrenzsituation im Markt ist in den letzten Jahren das Ertragsmanagement zu einem zentralen Punkt geworden. Dabei geht es um das Zusammenspiel der beiden Bilanzseiten (Asset Liability Management), um die Zunahme des Provisionsgeschäfts und um das Kostenmanagement.

Ausgehend von den Kernfunktionen der Bank über das Leistungsangebot der vorangegangenen Teile haben Sie mit der Bankpolitik dann ein abgerundetes Bild, und wir können versuchen, uns im vierten Teil einige Gedanken über die Zukunft machen.

1. Aufsichtsrechtliche Rahmenbedingungen

„Die Kernrisiken des Bankgeschäftes sind strategische Fehlentscheidung."

Der Bankensektor zählt heute zu den am stärksten regulierten Branchen in der Bundesrepublik Deutschland. Angesichts der banktypischen Risiken erscheint eine staatliche Bankenaufsicht auch gerechtfertigt. Die Vergabe eines Kredits zum Beispiel schließt das Risiko für die Bank ein, dass der Kreditnehmer seinen Zahlungsverpflichtungen nicht absprachegemäß nachkommt. Neben diesem Ausfallrisiko gibt es eine Reihe weiterer banktypischer Risiken, wie zum Beispiel das Preis-, Währungs- und das Liquiditätsrisiko. Da Banken im Allgemeinen nur über eine relativ geringe Ausstattung mit Eigenkapital verfügen, könnte die Übernahme solcher Risiken dazu führen, dass die Bankgläubiger geschädigt würden oder aber die Funktionsfähigkeit des Kreditwesens insgesamt leidet. Die Intention der Bankenaufsicht ist es, durch Beschränkung der geschäftspolitischen Entscheidungsfreiheit sowie durch geeignete Kontrollen die banktypischen Risiken und damit die Krisenanfälligkeit für die einzelne Bank und für das gesamte Kreditwesen zu vermindern.

LEITFRAGEN

1. Wie ist die Bankenaufsicht in Deutschland organisiert?
2. Welche Funktionen übernimmt das Eigenkapital der Banken im Rahmen der Bankenaufsicht?
3. Welche besonderen Vorschriften sieht das Kreditwesengesetz für das Kreditgeschäft der Banken vor?
4. Wie sind die liquiditätspolitischen Vorschriften der Bankenaufsicht ausgestaltet?

1.1 Zur Notwendigkeit einer staatlichen Bankenaufsicht

Das Kreditwesen nimmt eine Sonderstellung in der Volkswirtschaft ein. Elementare Voraussetzung für moderne Wirtschaftssysteme ist ein funktionierender Geldkreislauf. Das wiederum setzt voraus, dass alle Teilnehmer des Wirtschaftsprozesses Vertrauen in die Stabilität des Geldes und letztlich auch der Banken haben. In vielen Ländern unterliegen Banken daher einer staatlichen Aufsicht, die den Handlungsspielraum für geschäftspolitische Entscheidungen einschränkt. Weitere Gründe hierfür liegen in den wichtigen Funktionen, die den Banken in einer arbeitsteilig organisierten Volkswirtschaft zukommen:

- Als **Kapitalsammelstellen** sind Banken zentrale Institutionen der Akkumulation und Distribution von Geldvermögen.
- Damit zusammenhängend sind Banken als Anbieter von Kreditleistungen und damit als **Kreditversorger** der Wirtschaft tätig.
- Der Bankensektor dient der Deutschen Bundesbank im Rahmen ihrer Geldpolitik als **Medium zur Übertragung von geld- und währungspolitischen Impulsen**.
- Banken sind maßgeblich an der **Abwicklung des (bargeldlosen) Zahlungsverkehrs** beteiligt.

Diese für die Funktionsfähigkeit des gesamtwirtschaftlichen Geldkreislaufs wichtigen Aufgaben der Banken rechtfertigen angesichts des öffentlichen Interesses auch in marktwirtschaftlich organisierten Volkswirtschaften staatliche Eingriffe zur Regulierung und Kontrolle des Bankensektors.

1.2 Rechtsgrundlagen der Bankenaufsicht

Die wichtigste Rechtsgrundlage für die Bankenaufsicht ist das **Kreditwesengesetz** (KWG); es legt den gesetzlichen Handlungsrahmen für die staatlichen Organe der Bankenaufsicht fest. Das KWG hat seit dem Inkrafttreten einige grundlegende Änderungen erfahren. Im Rahmen der KWG-Novelle von 1976 wurde der Grundsatz Ia eingeführt, der offene Devisenpositionen einer Bank im Verhältnis zum haftenden Eigenkapital beschränkt. Inhalt der dritten KWG-Novelle (1985) war unter anderem das bankenaufsichtsrechtliche Konsolidierungsverfahren, das die Kreditinstitute verpflichtet, wesentliche Vorschriften des KWG auch auf konsolidierter Basis (Mutter- und Tochterunternehmen) einzuhalten. Die beiden nächsten Novellierungen sind Ergebnis der Harmonisierungsbemühungen innerhalb der Europäischen Gemeinschaft: Mit der vierten KWG-Novelle aus dem Jahre 1993 wurden die so genannte 2. Bankrechtskoordinierungsrichtlinie, die Solvabilitätskoeffizienten- und die Eigenmittelrichtlinie in deutsches Recht umgesetzt. Gegenstand der fünften KWG-Novelle, die am 31.12.1995 in Kraft getreten ist, sind die Konsolidierungsrichtlinie und die Großkreditrichtlinie. Mit der 6. KWG-Novelle hat der Gesetzgeber die Kapitaladäquanzrichtlinie, die Wertpapierdienstleistungsrichtlinie, die eine Gleichbehandlung von Banken und Wertpapierhäusern vorsieht, sowie die Einlagensicherungsrichtlinie in deutsches Recht umgesetzt.

1.3 Organisation der Bankenaufsicht

1.3.1 Bundesaufsichtsamt für das Kreditwesen

Zentrale Institution der Bankenaufsicht ist das **Bundesaufsichtsamt für das Kreditwesen (BAK)**, das die Aufsicht über die Kreditinstitute nach den Vorschriften des KWG ausübt. Das BAK ist eine dem Finanzministerium nachgeordnete selbstständige Bundesoberbehörde mit Sitz in Berlin (§ 5 KWG). Es nimmt seine Aufgaben im öffentlichen Interesse wahr, wodurch verhindert wird, dass zum Beispiel geschädigte Bankkunden Schadensersatzansprüche gegen die Organe der Bankenaufsicht vorbringen können. Das BAK hat Missständen im Kredit- und im Finanzdienstleistungswesen entgegenzuwirken, die die Sicherheit der Einlagen gefährden, die ordnungsgemäße Durchführung der Bank- und Finanzdienstleistungsgeschäfte beeinträchtigen oder erhebliche Nachteile für die Gesamtwirtschaft herbeiführen können (§ 6 Abs. 2 KWG). Der Schutz der Einleger (Gläubigerschutz) ist damit vordringliches Ziel staatlicher Bankenaufsicht.

Da der Gesetzgeber versucht dieses Ziel mit marktwirtschaftlichen Mitteln zu erreichen, kann es nicht Aufgabe der Bankenaufsicht sein, den Zusammenbruch einzelner Kreditinstitute in jedem Fall zu verhindern. Die Bestimmungen des KWG greifen also nicht die unternehmerischen Einzelentscheidungen an. Wichtig ist jedoch, dass durch die Ausgestaltung des bankenaufsichtsrechtlichen Rahmens die Wahrscheinlichkeit der Zahlungsunfähigkeit einer Bank deutlich verringert wird. Die Einleger können dann trotz der dem Bankgeschäft innewohnenden Risiken darauf Vertrauen, dass sie ihre Vermögenswerte absprachegemäß zurückerhalten. Bankenaufsicht in Verbindung mit einem funktionierenden Einlagensicherungssystem fördert und stärkt also das Vertrauen der Einleger in die Zahlungsfähigkeit der Banken. Vor diesem Hintergrund beschränkt sich der Gesetzgeber auf eine **quantitativ** ausgerichtete Bankenaufsicht, die bis auf einige wenige Ausnahmesituationen **keine unmittelbaren Eingriffe in die Geschäftspolitik** einer Bank vorsieht.

Der Gesetzgeber hat das Bundesaufsichtsamt mit umfangreichen Kompetenzen und Befugnissen ausgestattet, die in drei Kategorien eingeteilt werden können:

- die **Befugnis zur Erlaubniserteilung zum Betreiben von Bankgeschäften oder Finanzdienstleistungen** sowie zur Aufhebung dieser Erlaubnis,

- die Befugnis zur **Überwachung der laufenden Geschäftstätigkeit der Banken und Finanzdienstleistungsunternehmen** aufgrund von Anzeigen, Auskünften, Monatsausweisen, Jahresabschlüssen, Prüfungsberichten etc.
- die Befugnis zum **Ergreifen von Maßnahmen in besonderen Fällen**

1.3.2 Zusammenarbeit mit der Deutschen Bundesbank

Das Kreditwesengesetz sieht eine enge Zusammenarbeit zwischen dem BAK und der Deutschen Bundesbank vor (§ 7 KWG). Hierfür können vor allem zwei Gründe angeführt werden. Zum einen ist die Deutsche Bundesbank im Rahmen ihrer Geldpolitik auf ein funktionsfähiges Kreditwesen angewiesen. Störungen in diesem Bereich beeinträchtigen die Wirksamkeit geld- und währungspolitischer Maßnahmen. Umgekehrt können einzelne geldpolitische Maßnahmen auch Einfluss auf die Bonität von Kreditinstituten haben. Zum anderen verfügt die Deutsche Bundesbank aufgrund ihrer Funktion als „Bank der Banken" und aufgrund ihres ausgedehnten Zweigstellennetzes über ständigen intensiven Kontakt zu den Kreditinstituten. Das Bundesaufsichtsamt, das über kein Außenstellennetz verfügt, kann sich durch Einbindung der Bundesbank in die Bankenaufsicht deren Sachkenntnis und Ortsnähe zunutze machen.

Den Rahmen für die allgemeine Zusammenarbeit gibt das KWG in der Weise vor, dass **Bundesbank und BAK einander Beobachtungen und Feststellungen mitzuteilen haben, die für die Erfüllung der beiderseitigen Aufgaben von Bedeutung sein können** (§ 7 Abs. 1 KWG). Für den Einzelfall ist dann eine differenzierte Zusammenarbeit beider Institutionen vorgesehen:

- Die **hoheitlichen Aufgaben** (zum Beispiel Erlaubniserteilung zum Betreiben von Bankgeschäften) bleiben dem **BAK** vorbehalten.
- Dagegen ist die **Deutsche Bundesbank** maßgeblich an der laufenden Abwicklung der **materiellen Bankenaufsicht** beteiligt; sie nimmt die Meldungen und Anzeigen der Kreditinstitute und Finanzdienstleistungsunternehmen entgegen, wertet diese aus und führt statistische Erhebungen bei allen Banken durch. Die Bundesbank unterrichtet laufend das BAK über die Ergebnisse der Auswertungen und über mögliche Auffälligkeiten.
- Bei **allgemeinen Regelungen des BAK sieht das KWG eine Mitwirkung der Bundesbank vor**. Diese Mitwirkungsbefugnisse sind in dem Maße abgestuft, wie die einzelnen Regelungen das Aufgabengebiet der Bundesbank berühren.

Schließlich sieht das KWG eine zweifache Verknüpfung beider Institutionen auf personeller Ebene vor. Einerseits hat die Bundesbank im Rahmen der Ernennung des Präsidenten des Bundesaufsichtsamtes ein Anhörungsrecht. Andererseits kann der

Präsident des BAK an den Beratungen des Zentralbankrates der Bundesbank teilnehmen, soweit Gegenstände der Bankenaufsicht berührt werden (§ 7 Abs. 3 KWG).

1.4 Aufgaben der Bankenaufsicht

Das bankenaufsichtsrechtliche Normengefüge sieht sowohl eine generelle Erlaubnispflicht zum Betreiben von Bankgeschäften als auch eine umfassende laufende Überwachung bankgeschäftlicher Aktivitäten vor, einschließlich eines Katalogs von Maßnahmen in besonderen Fällen (zum Beispiel Konkursgefahr).

1.4.1 Kreis der aufsichtsrechtlich erfassten Institute

Der Bankenaufsicht unterliegen sämtliche Kreditinstitute sowie Finanzdienstleistungsunternehmen. Darüber hinaus werden im Rahmen des bankenaufsichtsrechtlichen Konsolidierungsverfahrens auch so genannte **Finanzunternehmen** sowie **Unternehmen mit bankbezogenen Hilfsdiensten** in die Regelungen des KWG einbezogen.

1.4.1.1 Kreditinstitute

Kreditinstitute sind Unternehmen, die Bankgeschäfte betreiben, wenn der Umfang dieser Geschäfte einen in kaufmännischer Weise eingerichteten Geschäftsbetrieb erfordert (§ 1 Abs.1 KWG).

Als Bankgeschäfte im Sinne des KWG sind anzusehen:

1. **Einlagengeschäft**: die Annahme fremder Gelder als Einlagen (unabhängig davon, ob Zinsen vergütet werden),
2. **Kreditgeschäft**: die Gewährung von Gelddarlehen und Akzeptkrediten,
3. **Diskontgeschäft**: der Ankauf von Wechseln und Schecks,
4. **Effektengeschäft**: die Anschaffung und Veräußerung von Wertpapieren für andere,
5. **Depotgeschäft**: die Verwahrung und Verwaltung von Wertpapieren für andere,
6. **Investmentgeschäft**: die in § 1 des Gesetzes über die Kapitalanlagegesellschaften bezeichneten Geschäfte,
7. die Eingehung der Verpflichtung, **Darlehensforderungen vor Fälligkeit** zu erwerben,

8. **Garantiegeschäft**: die Übernahme von Bürgschaften, Garantien und sonstigen Gewährleistungen für andere

9. **Girogeschäft**: die Durchführung des bargeldlosen Zahlungsverkehrs und des Abrechnungsverkehrs,

10. **Emissionsgeschäft**: die Übernahme von Finanzinstrumenten für eigenes Risiko zur Platzierung oder die Übernahme gleichwertiger Garantien,

11. **Geldkartengeschäft:** die Ausgabe vorausbezahlter Karten zu Zahlungszwecken, es sei denn, der Kartenemittent ist auch der Leistungserbringer, der die Zahlung aus der Karte erhält,

12. **Netzgeldgeschäft:** die Schaffung und die Verwaltung von Zahlungseinheiten in Rechnernetzen.

Bereits die Aufnahme nur eines dieser Geschäfte hat grundsätzlich die Kreditinstitutseigenschaft für das betreffende Unternehmen zur Folge. Von diesem Grundsatz gibt es Ausnahmen in zweierlei Hinsicht:

- Bestimmte, in § 2 KWG aufgeführte Unternehmen gelten nicht als Kreditinstitute, auch wenn sie Bankgeschäfte betreiben (zum Beispiel Deutsche Bundesbank, Kreditanstalt für Wiederaufbau).

- Bestimmte Ausprägungen von Geschäften, die als Bankgeschäfte gelten, sind verbotene Geschäfte (§ 3 KWG). So ist zum Beispiel der Betrieb des Einlagengeschäfts unzulässig, wenn der Kreis der Einleger überwiegend aus Betriebsangehörigen des Unternehmens besteht (Werksparkassen) und nicht sonstige Bankgeschäfte betrieben werden, die den Umfang des Einlagengeschäfts übersteigen. Ferner darf die Verfügung über Einlagen oder Kreditbeträge nicht durch Vereinbarungen oder geschäftliche Gepflogenheiten ausgeschlossen oder erschwert werden.

Das KWG unterscheidet zwischen Kreditinstituten, die das Einlagen- und Kreditgeschäft betreiben und sonstigen Kreditinstituten (so genannten Wertpapierhandelsbanken). Letztere können sämtliche Bankgeschäfte mit Ausnahme des Einlagen- und Kreditgeschäfts erbringen.

1.4.1.2 Finanzdienstleistungsunternehmen

Aufgrund der zunehmenden Konkurrenz zwischen Banken und den auf das Wertpapiergeschäft spezialisierten Untenehmen, ist es notwendig geworden, auch so genannte Wertpapierhäuser in die staatliche Bankenaufsicht einzubinden. Geschäftsgegenstand dieser Unternehmen sind die im KWG definierten Finanzdienstleistungen. Nach § 1 Abs. 1a KWG sind Finanzdienstleistungsinstitute Unternehmen, die

Finanzdienstleitungen für andere gewerbsmäßig oder in einem Umfang erbringen, der einen in kaufmännischer Weise eingerichteten Geschäftsbetrieb erfordert. Zu den Finanzdienstleistungen zählen

- die Anlagevermittlung: die Vermittlung von Geschäften über die Anschaffung und die Veräußerung von Finanzinstrumenten,
- die Abschlussvermittlung: die Anschaffung und die Veräußerung von Finanzinstrumenten im fremden Namen für fremde Rechnung,
- die Finanzportfolioverwaltung: die Verwaltung einzelner in Finanzinstrumenten angelegter Vermögen für andere mit Entscheidungsspielraum,
- der Eigenhandel: die Anschaffung und die Veräußerung von Finanzinstrumenten im Wege des Eigenhandels für andere,
- das Finanztransfergeschäft: die Besorgung von Zahlungsaufträgen,
- der Handel mit Sorten.

1.4.1.3 Sonstige Unternehmen des finanziellen Sektors

Im Zuge der zunehmenden Globalisierung der Finanzmärkte lässt sich beobachten, dass die Grenzen zwischen den Tätigkeitsfeldern der Kreditinstitute und den Aktivitäten der sonstigen Unternehmen des Finanzsektors zunehmend fließend werden. Auf der anderen Seite entwickeln sich die Banken zu global tätigen und komplexen Finanzkonglomeraten, die neben Bankgeschäften auch alle anderen, dem Finanzsektor zuzuordnenden Dienstleistungen erbringen.

Um sicherzustellen, dass auch bei komplexen Unternehmensstrukturen im Finanzdienstleistungssektor die Vorschriften des KWG greifen, hat der Gesetzgeber mit Blick auf die Einhaltung der Eigenkapital-Normen den Kreis der in die Bankenaufsicht einbezogenen Unternehmen weiter gefasst. Neben Kredit- und Finanzdienstleistungsunternehmen unterscheidet das KWG zwischen

- Finanzunternehmen,
- Finanz-Holding-Gesellschaften,
- Unternehmen mit bankbezogenen Hilfsdiensten.

Finanzunternehmen sind Unternehmen, die nicht Kreditinstitute sind und deren Haupttätigkeit darin besteht (§ 1 Abs. 3 KWG),

1. Beteiligungen zu erwerben,
2. Geldforderungen entgeltlich zu erwerben,
3. Leasingverträge abzuschließen,

4. Kreditkarten oder Reiseschecks auszugeben oder zu verwalten,

5. das Sortengeschäft zu betreiben,

6. mit Wertpapieren für eigene Rechnung zu handeln,

7. mit Terminkontrakten, Optionen, Wechselkurs- und Zinssatzinstrumenten zu handeln,

8. an Wertpapieremissionen teilzunehmen und damit verbundene Dienstleistungen zu erbringen,

9. Unternehmen zu beraten in Fragen der Kapitalstruktur und damit verbundenen Strategien sowie bei Zusammenschlüssen und Übernahmen von Unternehmen Beratung und Dienstleistungen anzubieten,

10. Darlehen zwischen Kreditinstituten zu vermitteln,

11. in Wertpapieren oder in den unter Punkt 7 genannten Instrumenten angelegtes Vermögen für andere zu verwalten oder bei der Anlage in diesen Vermögenswerten zu beraten.

Eine **Finanzholding-Gesellschaft** ist ein Finanzinstitut, dessen Tochterunternehmen ausschließlich oder hauptsächlich Kreditinstitute oder Finanzinstitute sind, wobei mindestens ein Tochterunternehmen ein Kreditinstitut ist und das Einlagen- und Kreditgeschäfte betreibt (§ 1 Abs. 3a KWG).

Unternehmen mit bankbezogenen Hilfsdiensten haben als Haupttätigkeit zum Beispiel die Verwaltung von Immobilien, das Betreiben von Rechenzentren oder andere Aufgaben, die Hilfstätigkeiten für ein oder mehrere Kreditinstitute darstellen.

1.4.2 Erlaubnis zum Betreiben von Bankgeschäften

Die durch den Einlegerschutz geprägte Zielsetzung der Bankenaufsicht macht es notwendig, im Bankenwesen das Prinzip der Gewerbefreiheit aufzuheben. Der Gesetzgeber hat deshalb eine generelle **Erlaubnispflicht** eingeführt: **Wer im Geltungsbereich des KWG Bankgeschäfte betreiben oder Finanzdienstleistungen erbringen will, bedarf der schriftlichen Erlaubnis des Bundesaufsichtsamtes (§ 32 KWG).** Das BAK kann die Erlaubnis mit Auflagen erteilen oder auf einzelne Bankgeschäfte beschränken. Die Bezeichnungen „Bank", „Bankier", „Volksbank" oder „Sparkasse" darf nur führen, wer eine vom BAK erteilte Erlaubnis zum Betreiben von Bankgeschäften hat (§§ 39, 40 KWG).

1.4.2.1 Gesetzliche Mindestanforderungen

Grundsätzlich besteht ein Rechtsanspruch auf Erteilung der Erlaubnis, wenn die vom Gesetzgeber festgelegten Voraussetzungen erfüllt sind. Die Mindestanforderungen zur Erlaubniserteilung sind in § 32 KWG aufgelistet:

- **Ausstattung mit ausreichenden finanziellen Mitteln**
  Als Mindestausstattung für Unternehmen, die das Einlagen- und Kreditgeschäft betreiben wollen, schreibt der Gesetzgeber seit dem 1.1.1993 einen Eigenkapitalbetrag in Höhe von 5 Millionen ECU (circa 10 Millionen DM) vor. Für Kreditinstitute, die nicht das Einlagen- und Kreditgeschäft betreiben möchten, verlangt das BAK in seiner Verwaltungspraxis eine Mindestausstattung, die unter anderem abhängig ist von dem jeweiligen Betätigungs- und Geschäftsfeld des Kreditinstituts. Bei Finanzdienstleistungsinstituten, die auf eigene Rechnung mit Finanzinstrumenten handeln, schreibt der Gesetzgeber eine Eigenmittelausstattung in Höhe von 730.000 € vor.

- **Zuverlässigkeit der Geschäftsleiter**
  Die Erlaubnis kann versagt werden, wenn die Antragsteller oder die Geschäftsleiter nicht zuverlässig sind. Die Zuverlässigkeit im Sinne des KWG wird beispielsweise dann zu verneinen sein, wenn die Person wegen eines Vermögensdelikts vorbestraft ist.

- **Zuverlässigkeit der Inhaber bedeutender Beteiligungen**
  Bei Antragstellung müssen die bedeutenden Beteiligungen an dem Kreditinstitut gegenüber dem BAK offengelegt werden (§ 32 Abs. 1 Nr. 6 KWG). Eine **bedeutende Beteiligung** liegt vor, wenn **unmittelbar oder mittelbar über ein oder mehrere Tochterunternehmen mindestens 10 Prozent des Kapitals oder der Stimmrechte des Kreditinstituts gehalten werden**, oder wenn auf die Geschäftsführung des Kreditinstituts ein maßgeblicher Einfluss ausgeübt werden kann (§ 1 Abs. 9 KWG). Das BAK kann die Erlaubnis versagen, wenn sich aus vorliegenden Tatsachen ergibt, dass der Inhaber einer bedeutenden Beteiligung nicht den an eine solide und umsichtige Führung des Kreditinstituts zu stellenden Ansprüchen genügt (§ 33 Abs. 1 KWG). Außerdem kann das BAK unter bestimmten Voraussetzungen die Ausübung der Stimmrechte aus bedeutenden Beteiligungen untersagen sowie den beabsichtigten Erwerb einer bedeutenden Beteiligung oder ihre Erhöhung verbieten (§ 2b KWG).

- **Fachliche Eignung der Geschäftsleiter**
  Die fachliche Eignung der Geschäftsleiter ist regelmäßig dann anzunehmen, wenn eine dreijährige leitende Tätigkeit bei einem Kreditinstitut von vergleichbarer Größe und Geschäftsart nachweisbar ist (§ 33 Abs. 2 KWG).

- **Anzahl der Geschäftsleiter**
  Das „Vier-Augen-Prinzip" verlangt mindestens zwei (nicht nur ehrenamtlich tätige) Geschäftsleiter. Dies soll einerseits sicherstellen, dass bei Abwesenheit eines Geschäftsleiters das Kreditinstitut weiterhin von einer voll verantwortlichen Person geleitet wird; andererseits soll die Gefahr von gravierenden Fehlentscheidungen auf der Leitungsebene vermindert werden.

- **Hauptverwaltung im Inland**
  Das Bundesaufsichtsamt übt die Aufsicht für solche Institute aus, die ihren Sitz in Deutschland haben. Entsprechend zielt die Erlaubniserteilung auch nur auf solche Institute ab, die ihre Hauptverwaltung im Inland haben (§ 33 Abs. 1 Nr. 6 KWG).

- **Organisatorische Vorkehrungen**
  Grundsätzlich haben Kredit- und Finanzdienstleistungsinstitute die erforderlichen organisatorischen Maßnahmen zum ordnungsmäßigen Betrieben von Bankgeschäften zu treffen. Andernfalls muss das Bundesaufsichtsamt die Erlaubnis zum Betreiben von Bankgeschäften verweigern (§ 33 Abs. 1 Nr. 7 KWG).

- **Ermöglichung einer wirksamen Aufsicht**
  Das Bundesaufsichtsamt kann die Erlaubnis verweigern, wenn Tatsachen die Annahme rechtfertigen, dass das Institut in einem Unternehmensverband eingebunden ist, der eine wirksame Aufsicht verhindert beziehungsweise das Institut seinen Sitz in einem Land hat, in dem eine wirksame Aufsicht nicht gewährleistet ist (§ 33 Abs. 3 Nr. 1 und Nr. 3).

- **Vorliegen eines Geschäftsplans**
  Dem Antrag auf Erteilung einer Erlaubnis ist ein Geschäftsplan beizufügen, aus dem die Art der geplanten Geschäfte hervorgeht und der organisatorische Aufbau sowie die geplanten internen Kontrollverfahren des Kreditinstituts.

1.4.2.2 Europäischer Pass

Die Erlaubnis des BAK eröffnet dem Kreditinstitut die Möglichkeit, Zweigstellen innerhalb des gesamten Bundesgebietes zu eröffnen. Das Kreditinstitut hat dem BAK lediglich die Errichtung, Verlegung und Schließung von Zweigstellen anzuzeigen.

Mit der vierten KWG-Novelle (1993) wurde diese Freizügigkeit europaweit ausgedehnt: Innerhalb der Europäischen Union gilt damit das Prinzip der **Heimatlandkontrolle,** das heißt, die Beaufsichtigung der Institute erfolgt grundsätzlich durch die Aufsichtsbehörde des Landes, in dem das Kreditinstitut beziehungsweise Finanzdienstleistungsinstitut seinen Hauptsitz hat (**Herkunftsmitgliedstaat**). Der „Europäische Pass" setzt allerdings voraus, dass das Institut von den zuständigen Behörden des Herkunftsmitgliedstaates zugelassen ist und von ihnen beaufsichtigt wird, das Einlagen- und Kreditgeschäft betreibt und über eine Eigenkapitalausstattung verfügt, die den EU-weiten Anforderungen genügt (§ 53b KWG).

Erfüllt ein Kreditinstitut diese Voraussetzungen, darf es ohne weitere Zulassung durch die Gastlandbehörde sämtliche Bankgeschäfte gemäß § 1 Abs. 1 KWG (Ausnahme: Investmentgeschäft), Geschäfte von Finanzdienstleistungsinstituten sowie die Geschäfte von Finanzunternehmen gemäß § 1 Abs. 3 KWG (Ausnahme: Beteiligungserwerb) betreiben.

Beabsichtigt zum Beispiel ein in Deutschland zugelassenes Kreditinstitut, in einem anderen EU-Mitgliedstaat eine Zweigstelle zu errichten, ist dies unverzüglich dem BAK anzuzeigen. Das BAK teilt der Aufsichtsbehörde des Aufnahmemitgliedstaats die Zweigstellenerrichtung mit (§ 24a Abs. 2 KWG). Eine gesonderte Genehmigung der Aufsichtsbehörde des Gastlandes ist nicht erforderlich. Umgekehrt können Kreditinstitute anderer europäischer Staaten in Deutschland Zweigstellen gründen. Das BAK wird dann von den jeweils ausländischen Aufsichtsbehörden über ein solches Vorhaben informiert. Werden Unregelmäßigkeiten festgestellt, ist es Aufgabe der zuständigen Heimatlandbehörde, die erforderlichen Maßnahmen zu ergreifen; nur in besonderen Notfällen kann die Aufsichtsbehörde des Gastlandes eingreifen.

1.4.3 Überwachung des laufenden Geschäftsbetriebes

Wirksamer Gläubigerschutz setzt voraus, dass die Bankenaufsicht umfassend über die laufende Geschäftstätigkeit der Kreditinstitute informiert ist. Zu diesem Zweck legt das KWG weitgehende Anzeige-, Melde- und Vorlagepflichten fest. Darüber hinaus hat das BAK ein umfassendes Auskunftsrecht sowie die Möglichkeit, unvorhergesehene Prüfungen bei den Instituten vorzunehmen.

1.4.3.1 Anzeigen

Ein wichtiges Instrument der laufenden Überwachung sind die Anzeigen der Kredit- und Finanzdienstleistungsinstitute. Sie sollen einen stets aktuellen Informationsstand der Bankenaufsicht gewährleisten. Eine sofortige **Anzeigepflicht** der Kredit- und Finanzdienstleistungsinstitute gegenüber dem BAK und der Deutschen Bundesbank lösen unter anderem folgende Sachverhalte aus (§ 24 KWG):

- Bestellung oder Ausscheiden eines Geschäftsleiters,
- Übernahme oder Aufgabe einer unmittelbaren Beteiligung, wenn die Höhe dieser Beteiligung mindestens 10 Prozent des Kapitals oder der Stimmrechte jenes Unternehmens umfasst; ferner Veränderungen in der Höhe solcher Beteiligungen,

- Änderungen der Rechtsform, der Firma, des Gesellschaftsvertrages oder der Satzung sowie die Verlegung der Niederlassung oder des Sitzes,

- Verluste in Höhe von 25 Prozent des haftenden Eigenkapitals sowie Kapitalveränderungen,

- Erwerb, Aufgabe oder Erhöhung einer bedeutenden Beteiligung anderer an dem anzeigenden Kreditinstitut (mindestens 10 Prozent des Kapitals),

- das Absinken des Anfangskapitals unter die Mindestanforderungen,

- jeden Fall, in dem die Gegenpartei eines Pensions- oder Wertpapierdarlehensgeschäfts ihren Erfüllungsverpflichtungen nicht nachgekommen ist,

- das Bestehen, die Änderung oder die Beendigung einer engen Verbindung zu einer anderen natürlichen Person oder einen anderen Unternehmen.

1.4.3.2 Jahresabschlüsse und Monatsausweise

Einen allgemeinen, wenn auch nicht aktuellen Einblick in die wirtschaftliche Situation der Institute geben die **Jahresabschlüsse**, bestehend aus Bilanz, Gewinn- und Verlustrechnung sowie dem Anhang. Diese müssen innerhalb der ersten drei Monate des neuen Geschäftsjahres aufgestellt und unverzüglich dem BAK und der Deutschen Bundesbank eingereicht werden (§ 26 KWG). Kreditinstitute, die einen Konzernabschluss aufstellen, haben diesen ebenfalls unverzüglich einzureichen. Der Jahresabschluss muss von einem Wirtschaftsprüfer beziehungsweise Prüfungsverband geprüft worden sein. Werden dem Prüfer Tatsachen bekannt, die die Sicherheit der dem Kreditinstitut anvertrauten Vermögenswerte gefährden, hat er dies unverzüglich dem BAK und der Bundesbank anzuzeigen (§ 29 KWG).

Eine zeitnähere Beurteilung der geschäftlichen Situation ermöglichen die **Monatsausweise**, die unverzüglich nach Ablauf eines jeden Monats der Deutschen Bundesbank einzureichen sind (§ 25 KWG). Die Bundesbank gibt diese mit ihrer Stellungnahme an das BAK weiter. Aus der Analyse der Monatsausweise werden aktuelle Veränderungen in einzelnen Aktiv- und Passivpositionen (zum Beispiel eine kräftige Ausweitung des kurzfristigen Kreditvolumens) sichtbar.

1.4.3.3 Auskünfte und Prüfungsrechte des BAK

Die mit den Anzeigen, Jahresabschlüssen und Monatsausweisen konkret bestimmten Einblicksmöglichkeiten der Bankenaufsicht werden zusätzlich um ein nahezu unbeschränktes **Auskunftsrecht** erweitert (§ 44 KWG). Das BAK kann von den Instituten Auskünfte über **alle Geschäftsangelegenheiten sowie die Vorlage der Bücher und Geschäftsunterlagen verlangen. Darüber hinaus kann das BAK auch ohne besonderen Anlass **Prüfungen** vornehmen oder durch andere Personen (zum Beispiel Wirtschaftsprüfer) vornehmen lassen.

1.4.3.4 Maßnahmen in besonderen Fällen

Das Instrumentarium der laufenden Bankenaufsicht wird flankiert von einem breiten Maßnahmenkatalog für Fälle, in denen einzelne Institute den aufsichtsrechtlichen Rahmen überschreiten oder sogar die Sicherheit der Einlagen gefährdet erscheint (§§ 45 bis 48 KWG). Im Einzelnen handelt es sich um Maßnahmen bei

- unzureichendem Eigenkapital oder unzureichender Liquidität,
- Gefahr für die Sicherheit der Einlagen,
- Konkursgefahr.

Im Einzelfall kann das BAK unmittelbar Anweisungen für die Geschäftsführung des Kreditinstituts erlassen oder den Geschäftsleitern die Ausübung ihrer Tätigkeit untersagen oder beschränken und Aufsichtspersonen bestellen. Ferner kann das BAK die Ausschüttung von Gewinnen, die Annahme von weiteren Einlagen und die Gewährung von Krediten untersagen oder beschränken. Bei Konkursgefahr kann das BAK außerdem die Schließung des Kreditinstituts für den Verkehr mit der Kundschaft anordnen. Darüber hinaus sieht das KWG Maßnahmen vor für den Fall, dass die Störungen im Kreditwesen zu schwerwiegenden Gefahren für die Gesamtwirtschaft führen können.

1.5 Aufsichtsrechtliche Bedeutung der Eigenmittelausstattung

Den haftenden Eigenmitteln der Kredit- und Finanzdienstleistungsinstitute kommen aufsichtsrechtlich eine überragende Bedeutung zu. Sie sind Bezugsgröße für eine Vielzahl von KWG-Vorschriften und die Basis zur Begrenzung der über die Bankenaufsicht erfassten Risiken.

> **§ 10 KWG:**
>
> „Die Institute müssen im Interesse der Erfüllung ihrer Verpflichtungen gegenüber ihren Gläubigern, insbesondere zur Sicherheit der ihnen anvertrauten Vermögenswerte, angemessene Eigenmittel haben."

Durch diese Vorschrift wird die **Verlustausgleichs- und Haftungsfunktion** der Eigenmittel herausgestellt; Verluste, die aus den banktypischen Risiken (Ausfall-, Preis-, Zins-, Wechselkursrisiko) entstehen, sollen durch Eigenmittel aufgefangen werden können. Das soll ein Durchschlagen solcher Risiken auf die Vermögenswerte der Bankgläubiger verhindern.

1.5.1 Definition der Eigenmittel

Aus betriebswirtschaftlicher Sicht ist Eigenkapital die Differenz zwischen der „Geldwertsumme des Vermögens" und der „Geldwertsumme der Verpflichtungen". Diese Größe umfasst sowohl die in der Bilanz ausgewiesenen Eigenkapitalpositionen (zum Beispiel gezeichnetes Kapital, Kapital- und Gewinnrücklagen und anderes) als auch die nicht aus der Bilanz erkennbaren „stillen Reserven", die im Allgemeinen durch eine Unterbewertung von Aktiva entstehen.

Das im KWG definierte **„haftende Eigenkapital"** schließt zum einen Kapitalbestandteile ein, die unmittelbar aus der Bilanz erkennbar sind. Darüber hinaus umfasst es aber auch Teile der bei den Banken in beträchtlichem Umfang vorhandenen stillen Reserven sowie mit bestimmten Merkmalen ausgestattetes Fremdkapital. Der Begriff „haftendes Eigenkapital" ist insoweit ein durch die spezifischen Bedürfnisse der Bankenaufsicht geprägter Eigenkapitalbegriff. Das KWG unterscheidet dabei zwischen dem **Kernkapital** und dem **Ergänzungskapital**.

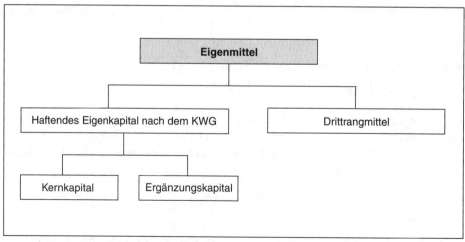

Abbildung 3-1: Eigenmittel nach dem KWG

Neben dem haftenden Eigenkapital können auch so genannte Drittrangmittel bei der Berechnung der Eigenmittelausstattung berücksichtigt werden.

1.5.2 Haftendes Eigenkapital

Das haftende Eigenkapital besteht aus Kernkapital und Ergänzungskapital.

1.5.2.1 Kernkapital

Das Kernkapital weist Qualitätsmerkmale auf, die für die Funktion des haftenden Eigenkapitals als **Risikoträger** von besonderer Bedeutung sind: Es steht dem Kreditinstitut grundsätzlich langfristig zur Verfügung, ist voll eingezahlt und haftet im Verlust- und Konkursfall. Eine Übersicht über die Bestandteile des Kernkapitals bei verschiedenen Rechtsformen gibt Abbildung 3-2.

Bestandteile des Kernkapitals nach § 10 KWG			
Aktienbanken	**Genossen-schaftsbanken**	**Sparkassen**	**Personen-gesellschaften**
Grundkapital + Rücklagen ./. eigene Aktien im Bestand ./. Vorzugsaktien mit Nachzahlungs-verpflichtung	Geschäftsguthaben + Rücklagen ./. Geschäfts-guthaben aus scheidender Anteilseigner	Rücklagen	Eingezahltes Geschäftskapital + Rücklagen ./. Entnahmen und Kredite an per-sönlich haftende Gesellschafter/ Inhaber + nachgewiesenes freies Vermögen (Antrag an BAK)
für alle Rechtsformen: + Reingewinn, wenn die Zuweisung zum Geschäftskapital, zu den Rücklagen oder den Geschäftsguthaben beschlossen ist; Gleiches gilt für den Zwischen-gewinn bei Zwischenabschlüssen + Vermögenseinlagen stiller Gesellschafter + Sonderposten für allgemeine Bankrisiken nach § 340 g HGB = **Kernkapital (brutto)** ./. Verluste ./. immaterielle Vermögenswerte ./. bestimmte, nicht zu marktüblichen Konditionen gewährte Kredite an Anteilseigner und Gesellschafter mit mehr als 25 Prozent Kapitalanteil ./. ein vom BAK festgestellter Korrekturposten, der noch nicht bilanzwirksam gewordene Verluste berücksichtigt = **Kernkapital (netto)**			

Abbildung 3-2: Bestandteile des Kernkapitals

Bei **Personengesellschaften** kann das BAK das nachgewiesene freie Vermögen des Inhabers oder der persönlich haftenden Gesellschafter auf Antrag als Kernkapital berücksichtigen. Die Vermögenseinlagen stiller Gesellschafter sind dem Kernkapital nur zuzurechnen, wenn sie bestimmte Qualitätsmerkmale aufweisen (zum Beispiel volle Verlustteilnahme, Haftung im Konkursfall, Restlaufzeit mindestens zwei Jahre). Bei dem **Sonderposten für allgemeine Bankrisiken** (§ 340 g HGB) handelt es sich um in der Bilanz ausgewiesene Rücklagen, die ähnlich wie die Gewinn- und Kapitalrücklagen in vollem Umfang dem Kernkapital zuzurechnen sind. Das Kernkapital ist um die **Abzugsposten** zu vermindern. Dazu zählen unter anderem die offen **ausgewiesenen Verluste** und die **immateriellen Vermögenswerte**.

1.5.2.2 Ergänzungskapital

Zum Ergänzungskapital zählen Kapitalbestandteile, die weniger strenge Qualitätsstandards erfüllen und deshalb nicht dem Kernkapital zugerechnet werden können. **Wegen dieser Qualitätsunterschiede erkennt das KWG Ergänzungskapital maximal in Höhe des Kernkapitals an** (§ 10 Abs. 2b, Satz 2 KWG).

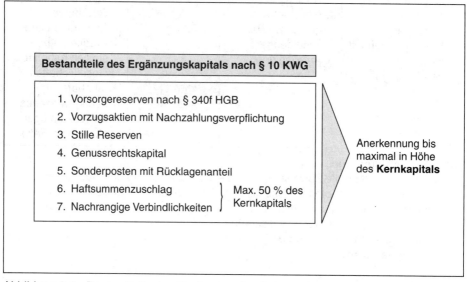

Abbildung 3-3: Bestandteile des Ergänzungskapitals

Kreditinstitute dürfen nach § 340f HGB auf Forderungen und auf Teile des Wertpapierbestandes bis zu einer bestimmten Höhe so genannte **Vorsorgereserven für allgemeine Bankrisiken** bilden. Diese stillen Reserven, die steuerlich nicht anerkannt sind, können dem Ergänzungskapital zugerechnet werden.

Das bei Ausgabe von **Vorzugsaktien** hereingenommene Eigenkapital wird nicht als Kernkapital, sondern als Ergänzungskapital anerkannt, wenn die Vorzugsaktien mit einer Mindest- oder Garantiedividende ausgestattet sind und vereinbart wurde, dass bei dividendenlosen Geschäftsjahren die Dividenden in den folgenden Jahren nachgezahlt werden.

Da **stille Reserven** aus betriebswirtschaftlicher Sicht Eigenkapital darstellen, werden sie unter bestimmten Voraussetzungen vom KWG als Ergänzungskapital anerkannt; die Anerkennung ist allerdings begrenzt **auf 45 Prozent** bei **Grundstücken und Gebäuden** und **auf 35 Prozent** bei **Wertpapieren** der „vorsichtig" ermittelten Reserven. Voraussetzung für die Anerkennung als Ergänzungskapital ist, dass bei dem Kreditinstitut **Kernkapital** in Höhe von **mindestens 4,4 Prozent** der Risikoaktiva gemäß Grundsatz I (siehe Abschnitt 1.6) vorhanden ist. Außerdem muss jeweils der Gesamtbestand des Immobilienbesitzes sowie der in die Berechnung einbezogenen Wertpapiere berücksichtigt werden. Negative Salden (Buchwert ist höher als der aktuelle Wert) reduzieren demnach die stillen Reserven. Sind diese Voraussetzungen erfüllt, werden stille Reserven bis zu einer **Höhe von maximal 1,4 Prozent** der nach Grundsatz I ermittelten Risikoaktiva als Ergänzungskapital anerkannt.

Kapital, das gegen **Ausgabe von Genussscheinen** dem Kreditinstitut zur Verfügung gestellt wurde, wird als Ergänzungskapital anerkannt, wenn

1. es bis zur vollen Höhe am Verlust teilnimmt und bei Verlust die Zinszahlungen verschoben werden,
2. die Rückzahlung bei Konkurs/Liquidation erst nach Befriedigung aller nicht nachrangigen Gläubiger erfolgt,
3. es bei dem Kreditinstitut für mindestens fünf Jahre zur Verfügung steht und vom Gläubiger nicht vorzeitig zurückgefordert werden kann,
4. die Restlaufzeit mindestens zwei Jahre beträgt,
5. das Institut ausdrücklich schriftlich darauf hingewiesen hat, dass eine nachträgliche Änderung der Ziffern 1 bis 3 nicht möglich ist.

Ein **Sonderposten mit Rücklagenanteil** entsteht bei Einstellung von Erlösen aus dem Verkauf von Gütern des Anlagevermögen; die Position darf steuerneutral für Reinvestitionen verwendet werden. Da aber bei Verzicht auf die Reinvestition Steuern anfallen, wird diese Bilanzposition lediglich zu 45 Prozent als Ergänzungskapital anerkannt.

Bei den längerfristigen **nachrangigen Verbindlichkeiten** handelt es sich, wie der Name bereits andeutet, zunächst um Fremdkapital. Erst wenn die im KWG genannten Bedingungen erfüllt sind, erhält es den Status als Ergänzungskapital. Die Voraussetzungen zur Anerkennung sind unter anderem:

1. Die Aufrechenbarkeit des Rückzahlungsanspruches gegen Forderungen des Instituts wird ausgeschlossen.
2. Es wird im Konkurs- oder Liquidationsfall erst nach Befriedigung aller nicht nachrangigen Gläubiger zurückerstattet.
3. Es hat eine Ursprungslaufzeit von mindestens fünf Jahren und ist auf Verlangen des Gläubigers vorzeitig nicht rückzahlbar.
4. Für die nachrangigen Verbindlichkeiten dürfen vom Kreditinstitut oder von Dritten keine Sicherheiten bestellt werden.
5. Nachträglich können der Nachrang nicht beschränkt sowie die Laufzeit und die Kündigungsfrist nicht verkürzt werden.

Die **Haftsumme** resultiert bei einer Genossenschaft aus der Verpflichtung ihrer Mitglieder, im Verlust- oder Insolvenzfall zusätzlich zu dem bereits eingezahlten Geschäftskapital liquide Mittel zur Verfügung zu stellen. Die Anerkennung der Haftsumme als Ergänzungskapital (so genannter **Haftsummenzuschlag**) ist nicht unproblematisch, da es sich hierbei um **nicht eingezahltes Kapital** handelt, das lediglich auf der Grundlage einer Haftungsverpflichtung der Genossenschaftsmitglieder anerkannt wird. Das BAK erkennt die Haftsumme zu **drei Vierteln** als Ergänzungskapital an (bei Genossenschaften mit beschränkter Nachschusspflicht), **maximal jedoch in Höhe von 25 Prozent des eingezahlten Eigenkapitals** (Geschäftsguthaben plus Rücklagen). Der **Haftsummenzuschlag darf zusammen mit den nachrangigen Verbindlichkeiten 50 Prozent des Kernkapitals nicht übersteigen.**

1.5.2.3 Berechnung des haftenden Eigenkapitals

Das haftende Eigenkapital eines Kreditinstituts setzt sich zusammen aus dem Kern- und Ergänzungskapital abzüglich der Abzugsposten. Als Abzugsposten sind bestimmte Beteiligungen anzusetzen, außerdem solche Genussrechte und Vorzugsaktien im eigenen Bestand, die von Kredit- und Finanzdienstleistungsinstituten emittiert wurden, an denen das betreffende Kreditinstitut beteiligt ist.

	Kernkapital
+	Ergänzungskapital (maximal in Höhe des Kernkapitals)
./.	Abzugsposten
=	**Haftendes Eigenkapital**

Abbildung 3-4: Berechnung des haftenden Eigenkapitals

1.5.3 Drittrangmittel

Neben dem haftenden Eigenkapital erkennt das KWG auch so genannte Drittrangmittel als Eigenmittel an. Die Erweiterung des Eigenmittelbegriffs ist notwendig geworden, da im Zuge der Umsetzung der Kapitaladäquanzrichtlinie neben den Adressenausfallrisiken auch die so genannten Marktpreisrisiken mit Eigenmitteln zu unterlegen sind. Die Drittrangmittel bestehen aus

- dem anteiligen Gewinn aus dem Handelsbuch, der sich bei einer Glattstellung aller Positionen ergeben würde. Von dieser Größe abzuziehen sind mögliche Verluste, die bei einer Liquidation des Instituts aus dem Anlagebuch entstehen würden. Da eine solche Berechnung in der Praxis sehr aufwendig ist, dürfte dieser Vorschrift allerdings keine große Praxisrelevanz zukommen.

- die kurzfristigen nachrangigen Verbindlichkeiten, sofern unter anderem folgende Voraussetzungen erfüllt sind (§ 10 Abs. 2c in Verbindung mit § 10 Abs. 7 KWG):
  - Die Einlagen dürfen im Falle des Konkurses erst nach Befriedigung aller nicht nachrangigen Gläubiger zurückerstattet werden.
  - Die Einlagen sind dem Institut für mindestens zwei Jahre zur Verfügung gestellt worden.
  - Die Aufrechnung des Rückzahlungsanspruches gegen Forderungen des Instituts ist ausdrücklich ausgeschlossen worden.
  - Auf die Verbindlichkeiten sind weder Zins- noch Tilgungszahlungen zu leisten, wenn dies zur Folge hätte, dass die Eigenmittel des Instituts den gesetzlichen Anforderungen nicht mehr genügt; ferner sind vorzeitige Tilgungs- und Zinszahlungen dem Instituts zurückzuerstatten

Die Drittrangmittel stehen grundsätzlich zur Abdeckung der Marktpreisrisiken aus dem Handelsbuch sowie der Marktrisiken aus den Fremdwährungsgeschäften gegenüber. Zusammen mit dem Anteil des Ergänzungskapitals, das nicht zur Unterlegung mit Adressenausfallrisiken gebunden ist (= nicht belegtes Ergänzungskapital) werden Drittrangmittel bis zu 250 Prozent des Kernkapitals anerkannt, das nicht zur Unterlegung mit Adressenausfallrisiken gebunden ist (= nicht belegtes Kernkapital).

BEISPIEL

Die M-Bank verfügt über ein Kernkapital in Höhe von 2.100 Mio. DM. Das Ergänzungskapital beträgt ebenfalls 2.100 Mio. DM. Drittrangmittel sind in Höhe von 300 Mio. DM vorhanden. Die bewerteten Risikoaktiva, die mit Adressenausfallrisiken behaftet sind, betragen 50.000 Mio. DM. Nach den Anforderungen des KWG muss das haftende Eigenkapital mindestens 8 Prozent der Risikoaktiva betragen (jeweils 4 Prozent Kernkapital und 4 Prozent Ergänzungskapital). Das gebundene Kernkapital beträgt damit 2.000 Mio. DM (4 Prozent von 50.000 Mio. DM); das gebundene Ergänzungskapital beträgt ebenfalls 2.000 Mio. DM.

Für die Unterlegung der Marktpreisrisiken stehen damit an Eigenmitteln zur Verfügung (Angaben in Mio. DM):

Freies Ergänzungskapital	100
Drittrangmittel	300
Summe	**400**

Zusammen mit dem freien Kernkapital (100 Mio. DM) stehen insgesamt 350 Mio. DM für die Unterlegung von Marktpreisrisiken zur Verfügung. Die Nutzung der Drittrangmittel zur Unterlegung der Marktpreisrisiken ist begrenzt auf $5/7$ der Anrechnungsbeträge aus Marktpreisrisiken.

Eigenmittelkategorie		Begrenzung	Abdeckung
Haftendes Eigenkapital	Kernkapital		Adressenausfallrisiken
	Ergänzungskapital	max. Kernkapital	
	nicht durch Adressenausfallrisiken gebundenes (= freies) Kern- und Ergänzungskapital		
Drittrangmittel	– anteiliger Gewinn, der bei Glattstellung aller Handelspositionen entsteht – kurzfristige nachrangige Verbindlichkeiten	zusammen mit freiem Ergänzungskapital max. das 2,5-fache des freien Kernkapitals	Marktpreisrisiken

Abbildung 3-5: Bestandteile der Eigenmittel

1.6 Grundsatz I

Der mit der sechsten KWG-Novelle in Kraft getretene Grundsatz I geht in wesentlichen Punkten über die bisher gültigen Regelungen hinaus. In diesen waren ausschließlich Adressenausfallrisiken mit Eigenkapital zu unterlegen. Marktpreisrisiken wurden im Rahmen des Grundsatzes Ia lediglich begrenzt, eine effektive Eigenkapitalbindung erfolgte nicht. Der neugefasste Grundsatz I hat eine Vereinheitlichung dieser Regelungen vollzogen und darüber hinaus verschiedene internationale Regelungen in deutsches Recht transformiert: Dies sind insbesondere die **Kapitaladäquanzrichtlinie (CAD)** aus dem Jahre 1993 sowie die Erweiterung der Eigenkapitalübereinkunft des Baseler Ausschusses für Bankenaufsicht vom Januar 1996, die **Baseler Marktrisikoregelungen**.

Ein hervorstechendes Merkmal des neuen Grundsatzes I ist dabei die Berücksichtigung von Techniken des Risikomanagements und Risikocontrollings, die Finanzinstitutionen für interne Zwecke der Unternehmenssteuerung einsetzen, bei der Quantifizierung der für die Kapitalunterlegung relevanten Risikovolumina. Dies wird als **Interner-Modell-Ansatz** bezeichnet und ist im neugefassten Grundsatz I für die Marktpreisrisiken umgesetzt. Damit wird zweierlei erreicht: Die Kapitalunterlegung der Bankrisiken wird exakter im Sinne von risikoadäquater, da bankinterner Verfahren und Modelle die tatsächlichen Risiken im Allgemeinen genauer messen als standardisierte Vorgaben. Darüber hinaus wird der Aufwand an knappen DV- und Entwicklungsressourcen gering gehalten, indem die intern verwendeten Werkzeuge zur Risikoüberwachung auch für Zwecke der Kapitaladäquanz verwendet werden können. Sollte eine Bank nicht willens oder in der Lage sein, den Modellansatz zu verwenden, muss sie die so genannten **Standardverfahren** umsetzen, die auf der Basis von vereinfachenden Annahmen und pauschalierenden Methoden ebenfalls eine Quantifizierung des Marktrisikos erlauben. Obwohl ihrer Natur nach gröber als ausgefeilte Techniken des Risikomanagements, kann nicht unterstellt werden, dass die Standardverfahren generell eine höhere Eigenmittelunterlegung produzieren. Die auf Modellen basierenden Methoden sind aber in jedem Falle genauer und berücksichtigen aktuelle Marktentwicklungen besser. Dies kann im Einzelfall auf volatilen Märkten zu höheren Belastungen führen. Unabhängig von solchen Überlegungen sollte aber eine Bank, die in nennenswertem Umfang Handelsaktivitäten betreibt, über interne Risikomesstechniken verfügen, die auch aufsichtsrechtlich anerkannt werden können.

1.6.1 Zielsetzung und Konzeption

Die Kreditinstitute müssen im Interesse der Erfüllung ihrer Verpflichtungen gegenüber ihren Gläubigern über ein **angemessenes haftendes Eigenkapital verfügen. Das BAK stellt im Einvernehmen mit der Deutschen Bundesbank Grundsätze auf, nach denen es für den Regelfall beurteilt, ob ein Kreditinstitut diese Forderung erfüllt (§ 10 KWG)**. Die Eigenkapitalnormen sind Teil der präventiven Bankenaufsicht und verfolgen als solche das Ziel, die Wahrscheinlichkeit einer Bankenkrise zu verringern. Diese hängt maßgeblich von den Relationen zwischen Eigenmitteln, Fremdkapital und Risikoträchtigkeit des Bankportfolios ab.

Die Beantwortung der Frage, wann die vom Gesetzgeber geforderte „angemessene Ausstattung" mit haftenden Mitteln erreicht ist, setzt grundsätzlich eine Gegenüberstellung von Risikotragfähigkeit und Risiko voraus.

> Als zentrale Kennziffer zur Messung der Angemessenheit der Kapitalausstattung betrachtet man das Verhältnis von anrechenbaren Eigenmitteln im Zähler zu den Risikoanrechnungsbeträgen der relevanten Risikokategorien im Nenner. Diese Kennziffer muss mindestens 8 Prozent betragen. Mit anderen Worten: Die Summe der Risikoanrechnungsbeträge darf das 12,5-fache der anrechenbaren Eigenmittel nicht überschreiten.

Die Abschnitte 1.6.3 und 1.6.4 beschreiben, wie der Nenner der oben genannten Kennziffer für die jeweiligen Risikoarten zu berechnen ist. Grundsätzlich wird dabei nach **Marktrisiken** und **Adressenausfallrisiken** einerseits sowie der Zuordnung der risikotragenden Geschäfte zu **Handels-** oder **Anlagebuch** andererseits unterschieden.

Die Kennziffer sind im monatlichen Turnus an die Bankenaufsicht zu berichten. Die Einhaltung der obigen Kennziffer ist jedoch auf täglicher Basis zum Geschäftsschluss zu gewährleisten. Von einem hinreichenden Sicherheitspolster im obigen Sinne geht die Bankenaufsicht dann aus, wenn die Gesamtkennziffer am jeweils letzten Stichtag 8,4 Prozent betrug. Sollte dieser Schwellenwert unterschritten werden, sind die Kennziffern täglich zu berechnen.

Eine der grundlegenden wirtschaftlichen Funktionen von Finanzinstitutionen ist das Übernehmen und Managen von Risiken, die aus geldlichen oder realwirtschaftlichen Transaktionen resultieren, welche unter unsicheren Rahmenbedingungen und zu unterschiedlichen Zeitpunkten stattfinden. Aufsichtsrechtlich wird zwischen Marktpreisrisiken (Wechselkurs-, Rohwaren-, Aktienkurs-, Zins- und Optionsrisiken), Adressenausfall- sowie sonstigen Risiken (Betriebs- und rechtliche Risiken) unterschieden.

Für Zwecke der Eigenmittelunterlegung sind lediglich Marktpreis- und Adressenausfallrisiken zu berücksichtigen. Dies ist einmal der großen Bedeutung dieser beiden Risikoarten für das Gesamtbankrisiko zu verdanken. Zum anderen sind die Messtechniken für die übrigen Risiken noch nicht so weit fortgeschritten, als dass allgemein verbindliche Regelungen getroffen werden könnten (dies gilt für den Modellansatz ebenso wie für Standardverfahren). Man kann jedoch davon ausgehen, dass die Risikotragfähigkeit der regulierten Banken durch die Auslassung etwa des Betriebsrisikos nicht überschätzt wird, da die Festlegung des Solvabilitätskoeffizienten auf 8 Prozent sich als Puffer für nicht berücksichtigte Risiken interpretieren lässt.

Marktpreisrisiken stellen den am besten erforschten und auch am einfachsten zu quantifizierenden Teil des Bankportfolios dar. Hier gibt es eine Reihe von ausgefeilten Techniken im Sinne des Internen-Modell-Ansatzes, die auch aufsichtsrechtlich anerkannt sind. Für Adressenausfallrisiken stehen derzeit keine allgemein anerkannten Modellverfahren zur Verfügung. Mit der Anerkennung entsprechender Methoden durch die Bankenaufsicht, an denen viele Banken intensiv arbeiten, ist allerdings im Zeitraum bis 2002 zu rechnen. Liquiditätsrisiken im Sinne der Gefährdung der Zahlungsfähigkeit werden durch den neuen Liquiditätsgrundsatz II begrenzt, sind jedoch nicht mit Eigenmitteln zu unterlegen. Betriebs- und Rechtsrisiken sind schwierig zu quantifizieren und werden daher nicht ausdrücklich in die Eigenkapitalanforderungen einbezogen.

Abschnitt	§§	Inhalt
Präambel		
Erster Abschnitt	1–5	Angemessenheit der Eigenmittel
Zweiter Abschnitt	6–13	Anrechnung von Risikoaktiva
Dritter Abschnitt	14–15	Währungsgesamtposition
Vierter Abschnitt	16–17	Rohwarenposition
Fünfter Abschnitt	18–28	Handelsbuchrisikopositionen
Sechster Abschnitt	28–31	Optionspositionen
Siebter Abschnitt	32–37	Eigene Risikomodelle

Abbildung 3-6: Struktur des neu gefassten Grundsatz I

Die Regelungen des bisherigen Grundsatzes gehen in den zweiten Abschnitt ein. Die übrigen Abschnitte stellen somit Neuregelungen dar.

1.6.2 Unterscheidung zwischen Anlagebuch und Handelsbuch

Eine fundamentale aufsichtsrechtliche Neuerung im Rahmen der sechsten KWG-Novelle ist die Zuordnung von Beständen und Geschäften zum **Handelsbuch** oder zum **Bankbuch** sowie die entsprechende Klassifizierung einer Finanzinstitution als **Handels-** oder **Nichthandelsbuchinstitut**. Die Zuordnung zum Handelsbuch wird an vier Sachverhalten festgemacht und ist im § 1 Abs. 12 KWG geregelt:

- **Absicht zur Erzielung eines Eigenhandelserfolges**
  Hierbei handelt es sich um das primäre Kriterium: Ausschlaggebend ist die Erzielung eines Handelserfolges in Finanzinstrumenten. Diese umfassen nach § 1 Abs. 11 KWG
  - Wertpapiere (Aktien, Schuldverschreibungen, Genuss- und Optionsscheine, vergleichbare Instrumente sowie Investmentanteile),
  - Geldmarktinstrumente (Schuldscheindarlehen, bestimmte Unternehmensgeldmarktpapiere, Deposit Notes, Finanzierungsfazilitäten),
  - Devisen oder Rechnungseinheiten,
  - Derivate, das heißt als Fest- oder Optionsgeschäfte ausgestaltete Termingeschäfte.

  Der Gesetzestext verweist auf § 340c Abs. 1 HGB, der festlegt, welche Ergebnisbestandteile in der Gewinn- und Verlustrechnung als Nettoertrag beziehungsweise -aufwand aus Finanzgeschäften auszuweisen sind. Daraus ist zu schließen, dass alle Geschäfte und Bestände, die in diesem GuV-Posten ergebniswirksam erfasst werden, automatisch dem Handelsbuch zugeordnet werden.

- **Geschäfte zur Absicherung der Marktpreisrisiken des Handelsbuches**
  Auch solche Bestände und Geschäfte sind dem Handelsbuch zuzuordnen, die aus Sicherungsüberlegungen heraus abgeschlossen werden. Gleiches gilt für die mit originären Handelsbuchgeschäften verbundenen Refinanzierungsgeschäfte.

- **Aufgabegeschäfte**
  Hierbei handelt es sich nach den einschlägigen Regelungen des HGB und des Börsengesetzes um solche Geschäfte, bei denen der Handelsmakler die Gegenseite eines getätigten Geschäftes bei dessen Abschluss noch nicht benennen kann und deshalb selbst eintreten muss.

- **Forderungen aus dem Handelsbuch**
  Sonstige Forderungen, die mit Geschäften des Handelsbuches unmittelbar verknüpft sind oder aus diesen resultieren, sind gleichfalls dem Handelsbuch zuzuordnen. Hierbei handelt es sich um Gebühren und Provisionen, die beim Kauf anfallen, Zinsen und Dividenden aus Wertpapieren des Handelsbuches sowie Einschüsse aus Positionen des Handelsbuches.

- **Pensions-, Darlehens- sowie vergleichbare Geschäfte auf Positionen des Handelsbuches**

Eine ausdrückliche Definition des **Anlagebuches** wird im KWG nicht geliefert. Es ist vielmehr eine „Restgröße". Alle Geschäfte und Bestände, die das Handelsbuchkriterium nicht erfüllen, werden automatisch dem Anlagebuch zugeordnet. Insbesondere sind dies

- das traditionelle Kreditgeschäft,
- üblicherweise nicht auf dem Geldmarkt gehandelte Forderungen und Verbindlichkeiten,
- Wertpapiere des Liquiditäts- und Anlagebestandes.

Auf der Grundlage der oben genannten Definitionen sind alle Geschäfte und Bestände institutsintern und für Dritte (das heißt insbesondere Bundesbank, Bundesaufsichtsamt und Abschlussprüfer) nachprüfbar dem Handels- oder Anlagebuch zuzuordnen.

Nach der Festlegung der Größenordnung zwischen Handels- und Bankbuch kann die Klassifikation in **Handels- und Bankbuchinstitut** vorgenommen werden.

Ein Institut gilt als Nichthandelsbuchinstitut, solange der prozentuale Anteil des Handelsbuches am Gesamtbuch in der Regel 5 Prozent nicht überschreitet und darüber hinaus im Absolutbetrag nicht über 15 Millionen € liegt. Zusätzlich dürfen **zu keinem Zeitpunkt** 6 Prozent beziehungsweise 20 Millionen € überschritten werden.

Wird ein Kreditinstitut als Nichthandelsbuchinstitut klassiifiziert (wie etwa Hypothekenbanken), so müssen die Vorschriften des fünften Abschnittes des Grundsatzes I über Zins- und Aktienkursrisiken nicht beachtet werden. Auch die Vorschriften des sechsten und siebten Abschnittes über Optionspositionen und Interne Risikomodelle sind für Nichthandelsbuchinstitute weitgehend irrelevant. Es gelten jedoch weitgehend analog zu Handelsbuchinstituten die sonstigen Melde- und Konsolidierungsvorschriften. Institute, die gemäß obiger Regelungen als Nichthandelsbuch einzustufen wären, können jedoch freiwillig die Vorschriften für Handelsbuchinstitute anwenden. Nichthandelsbuchinstitute müssen in jedem Falle organisatorische Maßnahmen treffen, um die Einhaltung der Bagatellgrenzen zu gewährleisten.

Die folgende Abbildung fasst die grundlegenden Beziehungen zusammen, indem sie die betrachteten Risikokategorien im Hinblick auf ihre Grundsatz-I-Relevanz beschreibt. Von den Marktpreisrisiken sind Zins-, Aktienkurs- sowie Optionsrisiken ausschließlich für Handelsbuchpositionen mit Eigenmitteln zu unterlegen. Fremdwährungs- und Rohstoffrisiken sind auch mit ihren Anlagebuchpositionen zu erfassen. Dabei können sowohl Standardverfahren als auch bankinterne Risikosteuerungsverfahren zur Anwendung kommen. Für die Adressenausfallrisiken stehen bisher aufsichtsrechtlich ausschließlich Standardverfahren zur Verfügung. Zu berücksichtigen bei der Eigenmittelunterlegung sind sowohl Handelsbuch- als auch Bankbuchpositionen.

636 Bankpolitik

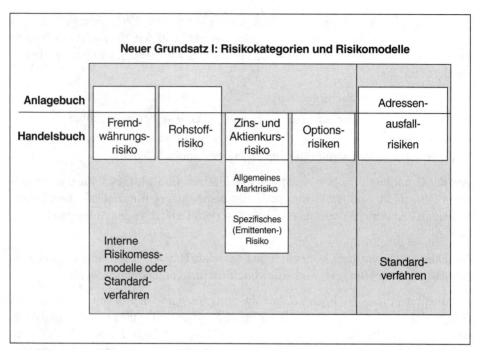

Abbildung 3-7: Grundsatz I – Risikokategorien und Risikomodelle

1.6.3 Adressenausfallrisiken

1.6.3.1 Adressenausfallrisiken des Anlagebuches

Die im Grundsatz I festgelegte Definition der **gewichteten Risikoaktiva** umfasst nahezu sämtliche Aktivposition der Bilanz sowie den größten Teil der traditionellen und der innovativen außerbilanziellen Geschäfte, soweit sie dem Anlagebuch zugerechnet werden. Die durch den Grundsatz I erfassten Risikoaktiva werden in drei Kategorien eingeteilt.

Risikoaktiva im Grundsatz I
a) Bilanzaktiva b) Traditionelle außerbilanzielle Geschäfte c) Finanzswaps, Finanzterminkontrakte und Optionsrechte

Abbildung 3-8: Risikoaktiva im Grundsatz I

a) Bilanzaktiva

Da das Adressenausfallrisiko bei den einzelnen Aktivpositionen unterschiedlich hoch ist, werden die Bilanzaktiva im Grundsatz I mit einem **Adressengewichtungsfaktor** versehen, wobei vier unterschiedliche Anrechnungssätze verwendet werden (100 Prozent, 70 Prozent, 50 Prozent, 20 Prozent und 0 Prozent). Die Gewichtung der Bilanzaktiva hängt erstens davon ab, **wer der Vertragspartner** ist. Eine Forderung gegenüber der Deutschen Bundesbank ist von ihrem Risikogehalt anders zu bewerten als zum Beispiel eine unbesicherte Forderung gegenüber einem Industrieunternehmen. Dagegen ist es unerheblich, ob die Forderung durch Wertpapiere verbrieft ist oder ob es sich um eine Buchforderung handelt; erfasst werden im Grundsatz I demnach auch Wertpapiere im Anlage- und Liquiditätsbestand des Kreditinstituts. Bei der Bestimmung des Adressengewichtungsfaktors ist zweitens **das Land, in dem der Vertragspartner seinen Sitz hat,** zu berücksichtigen. Dabei wird unterschieden zwischen bonitätsmäßig hoch eingeschätzten Ländern der Zone A (OECD-Staaten) und Ländern der Zone B (alle übrigen Länder, die mit einem höheren Risiko behaftet sind). Durch Berücksichtigung des Sitzlandes des Vertragspartners soll dem unterschiedlichen Länderrisiko Rechnung getragen werden.

Der Grundsatz I lässt bei der Ermittlung des Adressengewichtungsfaktors eine Minderung zu, wenn die Forderungen gesichert oder garantiert sind. Entsprechend werden zum Beispiel Kredite, die durch Bürgschaften der öffentlichen Hand besichert sind mit einem Anrechnungssatz von 0 Prozent gewichtet. **Bemessungsgrundlage** für die Bilanzaktiva ist der jeweilige Buchwert der Bilanzposition abzüglich bestimmter Rechnungsabgrenzungsposten.

b) Traditionelle außerbilanzielle Geschäfte

Neben den Bilanzaktiva erfasst der Grundsatz I auch die traditionellen außerbilanziellen Geschäfte, die im Allgemeinen unter dem Bilanzstrich ausgewiesen werden. Diese Geschäfte werden entsprechend ihrem Risikogehalt in vier Gruppen eingeteilt und zwar in Geschäfte mit hohem Risiko (Anrechnungssatz: 100 Prozent), Geschäfte mit mittlerem Risiko (50 Prozent), Geschäfte mit mittlerem/niedrigem Risiko (20 Prozent) und Geschäfte mit niedrigem Risiko (0 Prozent). Sowohl diese Anrechnungssystematik als auch die einbezogenen Geschäfte sind im Rahmen der sechsten KWG-Novelle unverändert geblieben.

Adressengewichtung der Bilanzaktiva im Grundsatz I	
Ausgewählte Bilanzaktiva	**Anrechnung in Prozent Zone A/B**
Forderungen an Zentralbanken/Zentralregierungen	0/100*
Regionalregierungen und Gebietskörperschaften	0/100*
Forderungen an Kreditinstitute	
Ursprungslaufzeit der Forderung bis einschließlich 1 Jahr	20/20
Ursprungslaufzeit der Forderung mehr als 1 Jahr	20/100
Forderungen an Kunden	
Wohnungsbau-Hypothekarkredite	50
Gewerbliche Hypothekarkredite	100
Bauspardarlehen der Bausparkassen	70
Sonstige	100
Aktien und andere nicht festverzinsliche Wertpapiere	100
Beteiligungen sowie Anteile an verbundene Unternehmen	100
Sachanlagen	100
Leasinggegenstände	100**
* sofern in Landeswährung gewährt und in dieser refinanziert: 0 Prozent-Gewichtung ** entsprechend der Adressengewichtung des Leasingsnehmers	

Abbildung 3-9: Adressengewichtung der Bilanzaktiva im Grundsatz I

Anrechnungssätze für traditionelle außerbilanzielle Geschäfte im Grundsatz I	
Geschäfte/Positionen (Auswahl)	**Anrechnungssatz in Prozent**
– Indossamentverbindlichkeiten aus weitergegeben Wechseln	100
– Bürgschaften und Garantien für Bilanzaktiva	100
– Bestellung von Sicherheiten für fremde Verbindlichkeit	100
– Eröffnung und Bestätigung von Akkreditiven	50
– Verpflichtungen aus Euronote-Fazilitäten	50
– Erfüllungsgarantien und anderer Gewährleistungen	50
– Kreditzusagen (Laufzeit > 1 Jahr)	50
– Eröffnung/Bestätigung von Dokumentenakkreditiven, die durch Wertpapiere gesichert sind	20
– Kreditzusagen oder Ankaufszusagen (Laufzeit < 1 Jahr)	0

Abbildung 3-10: Anrechnungssätze im Grundsatz I für traditionelle außerbilanzielle Geschäfte

Da auch bei den traditionellen außerbilanziellen Geschäften eine **Adressengewichtung** vorzunehmen ist, kann es bei der Ermittlung des Grundsatz-I-pflichtigen Betrages zu so genannten durchgerechneten Anrechnungssätzen kommen. Wenn zum Beispiel ein Geschäft mit mittlerem Risiko (Anrechnungssatz: 50 Prozent) getätigt wird, und der Vertragspartner ist ein anderes Kreditinstitut (Adressengewichtung: 20 Prozent), dann beträgt der mit Eigenkapital zu unterlegende Teil dieses Geschäft lediglich 10 Prozent (Buchwert · 50 Prozent · 20 Prozent).

BEISPIEL

Die Aktiva der M-Bank stellen sich wie folgt dar (alle Angaben in Millionen €):

Forderungen gegenüber Kreditinstituten	18.000
Forderungen gegenüber Kunden	35.000
Wertpapiere des Anlagebestandes	
(Schuldverschreibungen nicht-öffentlicher Emittenten)	7.000
Grundstücke und Gebäude	1.800

Die M-Bank hat außerdem eine Garantieerklärung in Höhe von 50 Millionen DM gegenüber einer anderen Bank abgegeben, die zur Sicherung der Verbindlichkeiten eines Industrieunternehmens dient.

Ermittlung der gewichteten Risikoaktiva

Bilanzaktiva

Bilanzposition	Adressengewichtung in %	Anrechnung im Grundsatz I in Mio. €
Forderungen KI (18.000)	20	3.600
Forderungen Kunden (35.000)	100	35.000
Wertpapiere (7.000)	100	7.000
Grundstücke/Gebäude (1.800)	100	1.800
Summe der Bilanzaktiva gemäß Grundsatz I		47.400

Traditionelle außerbilanzielle Aktiva

Bemessungsgrundlage in Mio.	Anrechnungssatz in %	Adressengewichtung in %	Anrechnung im GS I in Mio. €
Garantie	50	100	50

In die Berechnung des Eigenmittelkoeffizienten fließen die obigen Positionen mit 3.796 Millionen € ((47.400 + 50) · 8 Prozent)) ein.

c) Finanzswaps, Finanzterminkontrakte und Optionsrechte

Die im Verlauf der letzten Jahre enorm gestiegene Bedeutung des derivativen Geschäfts und die damit einhergehenden beträchtlichen Risiken machen es im Interesse des Gläubigerschutzes notwendig, auch die innovativen außerbilanziellen Geschäfte, die Derivate, in den Grundsatz I einzubeziehen. Das Adressenausfallrisiko liegt hier im Gegensatz zu den Bilanzaktiva und den traditionellen außerbilanziellen Geschäften nicht im Nominalbetrag des zugrundeliegenden Geschäfts, sondern in den **Ersatzkosten (Opportunitätskosten)**. Diese ergeben sich, wenn bei Ausfall des Vertragspartners eine offene Position entsteht, die durch ein Ersatzgeschäft geschlossen werden muss. Das Risiko liegt dann darin, dass sich das Kreditinstitut zu den bei Ausfall des Kontraktpartners herrschenden Konditionen, die von den ursprünglich vereinbarten Kursen und Preisen abweichen können, eindecken muss. Zu beachten ist auch, dass Termingeschäfte und Optionsrechte, die täglichen Einschusspflichten unterworfen sind und deren Erfüllung von einer Wertpapier- oder Terminbörse geschuldet oder gewährleistet wird, nicht mit Eigenmitteln zu unterlegen sind, da sie als risikofrei gelten.

Der Grundsatz-I-pflichtige Betrag aus derivativen Geschäften kann auf der Basis der **Marktbewertungsmethode** oder der **Laufzeitenmethode** ermittelt werden. Letztere steht allerdings ausschließlich Nichthandelsbuchinstituten für wechselkurs-, zins- und rohwarenpreisabhängige Derivate zur Verfügung.

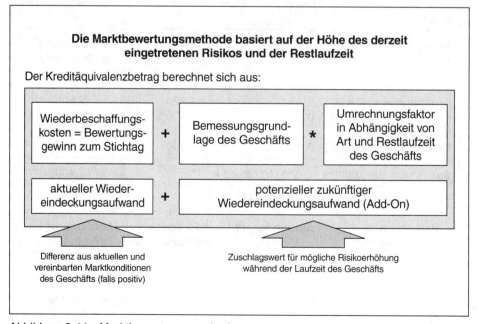

Abbildung 3-11: Marktbewertungsmethode

In beiden Methoden ist ein so genanntes Kreditäquivalent zu berechnen, welches das relevante Risikovolumen erfasst. Zur Eigenmittelunterlegung wird dieses Kreditäquivalent mit dem Bonitätsgewicht versehen (dieses ist für derivative Geschäfte auf 50 Prozent begrenzt) und danach mit 8 Prozent Eigenmitteln zu unterlegt.

Bei der **Marktbewertungsmethode** besteht das Kreditäquivalent aus zwei Komponenten: dem aktuellen **Wiedereindeckungsaufwand** sowie einer Näherungsgröße für den möglichen zukünftigen Wiedereindeckungsaufwand, dem so genannten **Add-on**. Der aktuelle Wiedereindeckungsaufwand resultiert aus einem möglicherweise positiven Marktwert des derivativen Kontraktes. Ein positiver Marktwert tritt dann auf, wenn die aktuellen Marktkonditionen sich seit Laufzeitbeginn des Geschäftes zugunsten der Bank verändert haben. Derivative Kontrakte, die einen negativen Marktwert aufweisen, werden bei der Berechnung des Kreditäquivalentes lediglich mit ihrem Add-on berücksichtigt. Zu beachten ist hierbei, dass für Optionsgeschäfte ausschließlich Kaufpositionen zu berücksichtigen sind, Verkaufspositionen in optionalen Instrumenten weisen kein derivatives Ausfallrisiko auf.

Der Add-on ergibt sich einmal aus einem Faktor, der von der Restlaufzeit des Kontraktes beziehungsweise des betrachteten Basisinstrumentes abhängig ist (siehe untenstehende Tabelle). Der Add-on selbst ergibt sich aus der Multiplikation dieses Faktors mit der Bemessungsgrundlage. Die Bemessungsgrundlage ist bei den Finanz-Swaps der Kapitalbetrag oder der aktuelle Marktwert des Geschäftsgegenstandes, bei den Optionsrechten und den Finanz-Terminkontrakten der unter der Annahme der Erfüllung bestehende und zum aktuellen Marktkurs umgerechnete Liefer- oder Abnahmeanspruch des Kreditinstituts.

Restlaufzeit	Zinsbezogene Geschäfte	Währungs- und goldpreisbezogene Geschäfte	Aktienkursbezogene Geschäfte	Edelmetallpreisbezogene Geschäfte	Rohwarenpreisbezogene und sonstige Geschäfte
bis 1 Jahr	0 Prozent	1,0 Prozent	6,0 Prozent	7,0 Prozent	10,0 Prozent
über 1 Jahr bis 5 Jahre	0,5 Prozent	5,0 Prozent	8,0 Prozent	7,0 Prozent	12,0 Prozent
über 5 Jahre	1,5 Prozent	7,5 Prozent	10,0 Prozent	8,0 Prozent	15,0 Prozent

Abbildung 3-12: Anrechnungsfaktoren zur Add-on-Berechnung nach der Marktbewertungsmethode

BEISPIEL

Vor einem halben Jahr hat ein Kreditinstitut mit einem bedeutenden Industriekunden vereinbart, dessen Risiko gegenüber steigenden Zinsen aus einer Euro-Floating-Rate-Note-Emission über 100 Millionen USD (die zu den Zinszahlungszeitpunkten einen variablen Coupon in Abhängigkeit vom LIBOR-Zinssatz für USD zahlt) durch Abschluss eines Zinsswaps zu übernehmen. Dabei zahlt das Kreditinstitut an den Kontrahenten alle sechs Monate einen variablen Zinsbetrag, der ebenfalls vom jeweils gültigen LIBOR-Zinssatz für sechs Monate in USD abhängt und erhält im Gegenzug einen fixen jährlichen Zinssatz in Höhe von sechs Prozent. Die Restlaufzeit und der Nominalbetrag des Zinsswaps entsprechen derjenigen der Floating Rate Note und betragen 4,5 Jahre, der aktuelle Wechselkurs zwischen USD und Euro ist 1,06 USD/€.

Die Bemessungsgrundlage für die Grundsatz-I-Belastung des Kreditinstitutes aus dem Zinsswap beträgt 94,3 Millionen € und stellt nichts anderes als den in Euro konvertierten Nominalbetrag des Zinsswaps dar. Annahmegemäß sei seit dem Abschlusszeitpunkt des Geschäftes das allgemeine Zinsniveau gefallen. Das Controlling der Bank ermittelt demnach einen positiven Marktwert für den Zinsswap in Höhe von 1 Million USD oder 943.000 €. Der Add-on ergibt sich dann aus der Multiplikation der Bemessungsgrundlage mit 0,5 Prozent, also 471.500 €. Die aus der Tabelle ablesbare relevante Risikoart ist das Zinsrisiko, selbst wenn aus Sicht des Kreditinstitutes, das in Euro bilanziert, eine Fremdwährungskomponente nicht zu vernachlässigen ist. Für Grundsatz-I-Zwecke kommt es jedoch auf das wesentliche Risiko an. Im Falle eines Zinsswaps ist dies eindeutig das Zinsrisiko. Das Kreditäquivalent insgesamt beläuft sich demnach auf 1.414.300 €. Da es sich bei dem Kunden um eine Nichtbank handelt, ist das Kreditäquivalent mit 50 Prozent zu gewichten. Die Höhe der vorzuhaltenden Eigenmittel beträgt dann 1.414.300 € x 50 Prozent x 8 Prozent = 56.572 €.

Zusätzlich möchte der Industriekunde das Währungsrisiko aus seinem operativen Geschäft im Dollarraum begrenzen und hat dem Kreditinstitut auf Termin einen Betrag von 50 Millionen USD gegen Euro zu einem (bei Geschäftsabschluss vor einem halben Jahr unterstellten) Terminkurs in Höhe von 1,08 USD/€ verkauft. Der Kassakurs sei wie oben 1,06 USD/€, die Fälligkeit des Geschäftes in 1,5 Jahren.

Die Bemessungsgrundlage für die Grundsatz-I-Belastung des Kreditinstitutes beträgt hier 47,2 Millionen € (= 50 Millionen USD/1,06) und stellt den in Euro konvertierten Anspruch des Kreditinstituts auf Lieferung dar. Seit Abschluss des Geschäftes sei der Terminkurs auf 1,09 USD/€ gestiegen. Auf dieser Basis ermittelt das Controlling der Bank einen negativen Marktwert in Höhe von –480.000 €. Der Add-on ergibt sich durch Ablesen aus obiger Tabelle als 2,36 Millionen € (47,2 Millionen € x 5 Prozent). Wegen des negativen Marktwertes besteht das Kreditäquivalent ausschließlich aus dem Add-on und beträgt somit 2,36 Millionen €. Die resultierende Eigenmittelunterlegung ergibt sich dann zu 2,36 Millionen € x 50 Prozent x 8 Prozent = 94.400 €.

Das Kreditäquivalent ergibt sich bei der **Laufzeitmethode** einfach aus der Multiplikation der Bemessungsgrundlage mit dem relevanten Faktor aus der unten stehenden Tabelle, der im Falle von wechselkurs- und goldpreisbezogenen Geschäften allerdings von der Ursprungslaufzeit abhängig ist. Der aktuelle Marktwert spielt hier keine Rolle. Aktienkurs-, edelmetall-, und rohwarenpreisabhängige Geschäfte müssen nach der Marktbewertungsmethode verarbeitet werden.

Laufzeit	ausschließlich zinsbezogene Geschäfte (Restlaufzeit)	währungs-/goldpreisbezogene Geschäfte (Ursprungslaufzeit)
bis 1 Jahr	0,5 Prozent	2,0 Prozent
über 1 Jahr bis 2 Jahre	1,0 Prozent	5,0 Prozent
Zusätzliche Berücksichtigung eines jeden weiteren Jahres	1,0 Prozent	3,0 Prozent

Abbildung 3-13: Anrechnungsfaktoren für die Laufzeitenmethode

BEISPIEL

Für den Zinsswap aus obigem Beispiel ergibt sich auf Basis seiner Bemessungsgrundlage von 94,3 Millionen € ein Kreditäquivalent in Höhe von 2,829 Millionen € (1 Prozent für Restlaufzeit bis 2 Jahre + 2 Prozent für 2,5 weitere Jahre) und damit im Vergleich zur Marktbewertungsmethode ein höherer Eigenmittelbedarf in Höhe von 113.000 €.

In analoger Weise berechnet man für das Devisentermingeschäft ein Kreditäquivalent in Höhe von 2,36 Millionen € und einen Eigenmittelbedarf von 94.400 €.

1.6.3.2 Adressenausfallrisiken des Handelsbuches

Gemäß § 27 Abs. 1 Nr. 1 Grundsatz I werden in dieser Kategorie alle Abwicklungs- und Vorleistungsrisiken bei Wertpapiergeschäften des Handelsbuches sowie Erfüllungsrisiken bestimmter Geschäftsarten erfasst.

Abwicklungsrisiken

Hier werden alle Wertpapiertransaktionen erfasst, bei denen der Abwicklungszeitpunkt verstrichen ist, ohne dass beide Kontrahenten ihre Leistung erbracht haben. Dabei entsteht ein Wiedereindeckungsrisiko daraus, dass der Käufer (Verkäufer) eines Wertpapiers sich bei ausbleibender Leistung des Kontrahenten in Form des Wertpapiers (der Geldleistung) zu einem höheren (gesunkenen) Marktpreis eindecken (verkaufen) muss. Der für die Eigenmittelunterlegung relevante Anrechnungsbetrag ergibt sich aus dem Unterschied zwischen vereinbartem Abrechnungspreis und aktuellem Marktwert des Wertpapiers, sofern dieser positiv ist. Dieser wird mit einem laufzeitabhängigen Faktor gewichtet (Methode A). Wahlweise kann auch der vereinbarte Abrechnungspreis in Abhängigkeit von der Anzahl der Geschäftstage, die seit dem vereinbarten Abwicklungszeitpunkt verstrichen sind, gemäß unten stehender Tabelle gewichtet werden (Methode B). Eine Adressengewichtung erfolgt bei beiden Methoden **nicht**, sodass für die Eigenmittelunterlegung der ermittelte Anrechnungsbetrag mit 8 Prozent multipliziert wird.

Anzahl der Geschäftstage nach dem vereinbarten Zahlungstermin	Methode A (in v. H.)	Methode B (in v. H.)
5–15	8,0	0,5
16–30	50,0	4,0
31–45	75,0	9,0
46 und mehr	100,0	Methode A zwingend

Abbildung 3-14: Anrechnungsfaktoren bei Abwicklungsrisiken

Vorleistungsrisiken

Vorleistungsrisiken resultieren aus Geschäften, die einseitig noch nicht erfüllt sind. In diesem Falle entsteht für denjenigen Kontrahenten, der seine Leistung bereits erbracht hat, bei Ausfall des Kontrahenten ein Verlust. Berücksichtigt werden alle Wertpapiertransaktionen des Handelsbuches. Die Bemessungsgrundlage ist bei einem Wertpapierkauf der Marktwert des noch nicht gelieferten Wertpapiers, bei einem Wertpapierverkauf der geschuldete Kaufpreis. Die Eigenmittelunterlegung ergibt sich dann aus der Adressengewichtung dieses Betrages und der anschließenden Multiplikation mit 8 Prozent.

Wertpapierpensions- und -leihgeschäfte des Handelsbuches

Sowohl für Pensionsnehmer (Entleiher) als auch für den Pensionsgeber (Verleiher) entsteht ein Ausfallrisiko in Höhe einer möglicherweise positiven Differenz zwischen aktuellem Marktwert der Wertpapiere und dem aktuellen Wert der Sicherheiten (im Fall der Leihe) oder des Geldbetrages. Derjenige der beiden Kontrahenten, aus dessen Sicht diese Differenz positiv ist, hat diesen Betrag mit dem Adressengewicht des anderen Kontrahenten zu berücksichtigen und mit 8 Prozent Eigenmitteln zu unterlegen.

OTC-Derivate des Handelsbuches

Die Berechnung der Kreditäquivalente erfolgt in gleicher Weise wie für die Adressenausfallrisiken des Anlagebuches, sodass auf die dortigen Ausführungen verwiesen wird.

1.6.4 Marktpreisrisiken

Die Unterlegung von Marktpreisrisiken für Handelsbuchinstitute und Nichthandelsbuchinstitute mit Eigenmitteln ist die bedeutendste Neuerung der sechsten KWG-Novelle. Wie eingangs beschrieben, können bei der Ermittlung der Anrechnungsbeträge einerseits Standardverfahren, andererseits im Rahmen des Internen-Modell-Ansatzes bankinterne Risikomessverfahren verwendet werden.

1.6.4.1 Fremdwährungs- und Goldpreisrisiken

Fremdwährungsrisiken sind sowohl von Handels- als auch von Nichthandelsbuchinstituten mit Eigenmitteln zu unterlegen. Im Gegensatz zu Zins- und Aktienrisiken ist die Zuordnung der Geschäfte und Positionen zum Handels- beziehungsweise Anlagebuch irrelevant, da für Grundsatz-I-Zwecke das Währungsrisiko buchübergreifend zu erfassen ist. In die Positionsdarstellung einzubeziehen sind insbesondere folgende Aktiv- und Passivpositionen:

- Bilanzbestände,
- Investmentanteile,
- Kassa- und Terminpositionen,
- Gold-, Devisen und andere Optionen.

Für Kauf- und Verkaufspositionen in Optionsrechten, die auf Devisen oder Gold lauten, sind jeweils die Deltaäquivalente einzubeziehen (Deltaäquivalente sind diejenigen Größen, mit denen Optionspositionen unter bestimmten Annahmen in äquivalente Kassapositionen überführt werden können). Kauf- und Verkaufspositionen, die auf andere Gegenstände lauten (beispielsweise eine Option, die zum Kauf von US-Schatzwechseln berechtigt), sind mit ihrem jeweiligen Marktwert in die Position einzubeziehen. Abzugsposten vom haftenden Eigenkapital und Fremdwährungsbeteiligungen müssen nicht berücksichtigt werden.

Das im Grundsatz I zugelassene Standardverfahren ist die so genannte Short-Hand-Methode. Sie deckt die reinen Marktrisiken aus Fremdwährungs- und Goldpositionen ab. Neben Fremdwährungsrisiken weist eine Fremdwährungsanleihe auch ein Zinsrisiko auf. Letzteres ist gesondert auf Basis der für Zinsrisiken zur Verfügung stehenden Methoden zu erfassen (siehe unten). Die Berechnung erfolgt in mehreren Schritten und wird mit Hilfe des folgenden Beispiels veranschaulicht. Ausgangspunkt sind die folgenden Positionen in Fremdwährungen, die bereits in Euro konvertiert worden sind.

Position	USD (Mio. €)	GBP (Mio. €)	CHF (Mio. €)
Fremdwährungskredite	200	30	4
Aktive Zinsabgrenzung	5	7	1
Fremdwährungspassiva	−70	−8	−7
Passive Zinsabgrenzung	−1	−2	−3
Deltaäquivalente aus Optionspositionen	30	40	80
Devisenterminverkäufe	40	−80	−30

Abbildung 3-15: Beispiel zur Short-Hand-Methode (1)

Zunächst werden die offenen Einzelwährungspositionen ermittelt, indem die Differenz aus der Summe von Kauf- und Verkaufspositionen pro Währung gebildet wird:

USD (Mio. €)		GBP (Mio. €)		CHF (Mio. €)	
Kauf	Verkauf	Kauf	Verkauf	Kauf	Verkauf
200	70	30	8	4	7
5	1	7	2	1	3
30	40	40	80	80	30
235	**111**	**77**	**90**	**85**	**40**

Abbildung 3-16: Beispiel zur Short-Hand-Methode (2)

In einem nächsten Schritt berechnet man die Nettowährungsposition:

	Nettokaufposition	**Nettoverkaufsposition**
USD (Mio. €)	124	
GBP (Mio. €)		−13
CHF (Mio. €)	45	
Summe	169	−13
Nettowährungsposition (Mio. €)	169	

Abbildung 3-17: Beispiel zur Short-Hand-Methode (3)

Aus der Nettowährungsposition erhält man durch vorzeichenunabhängiges Addieren einer etwaigen offenen Goldposition die **Währungsgesamtposition**. Die **Eigenmittelunterlegung** ergibt sich dann aus der Multiplikation der Währungsgesamtposition (die im obigen Beispiel mit der Nettowährungsposition identisch ist) mit 8 Prozent in Höhe von 13,52 Millionen €.

1.6.4.2 Rohwarenrisiko

Im neugefassten Grundsatz I sind erstmals Regelungen zur bankaufsichtsrechtlichen Behandlung von Rohwarengeschäften enthalten. Für die Eigenmittelunterlegung aus Marktrisiken werden alle bilanziellen und außerbilanziellen Geschäfte unabhängig von ihrer Zuordnung zum Handels- oder Bankbuch erfasst. Unter „Rohwaren" werden alle Produkte der Urproduktion (also des Bergbaus und der Landwirtschaft), die hergestellten Halbfabrikate (Metalle, Legierungen und Raffinerieprodukte) und Fertigprodukte (zum Beispiel Zucker) verstanden. Einbezogen sind auch Edelmetalle mit Ausnahme von Gold, das unter den Fremdwährungsrisiken erfasst wird. Die Art und der Umfang der zu berücksichtigenden Kassa- und Terminpositionen sind den entsprechenden Vorschriften zum Fremdwährungsrisiko sehr ähnlich.

1.6.4.3 Zinsrisiken

Zinsrisiken stellen sicherlich für die meisten Kreditinstitute die quantitativ bedeutendste Risikokategorie dar. Das Übernehmen, Aufspalten, Weiterveräußern oder Emittieren von Anleihen und Positionen in anderen zinsrisikobehafteten Instrumenten gehört zu den wichtigsten Aufgaben von Banken und Wertpapierhäusern. Mit Eigenmittel unterlegungspflichtig gemäß Grundsatz I sind im Bereich der Marktrisiken ausschließlich die Handelsbuchpositionen. Positionen des Anlagebuches werden lediglich mit ihren Ausfallrisiken für die Eigenmittelunterlegung erfasst. Dieser Systematik liegt die Tatsache zugrunde, dass die Bestände des Anlagebuches (neben Wertpapieren handelt es sich dabei vor allem um das klassische Kreditgeschäft) der langfristigen Ertragserzielung dienen und kurzfristige Änderungen der Marktsituation, deren Ausnutzung für Handelsbuchpositionen charakteristisch ist, auf die Risikosituation im Bankbuch einen vernachlässigbaren Einfluss ausüben.

Von großer Bedeutung ist die Unterscheidung nach **allgemeinem** und **besonderem** Zinsrisiko.

Das **allgemeine** Zinsrisiko ist dadurch definiert, dass es das Risiko einer Preis- oder Kursänderung eines Finanzinstrumentes erfasst, die durch Änderungen des allgemeinen Zinsniveaus einer Währung bedingt wird.

Das **besondere** Zinsrisiko wird am jeweiligen Emittenten eines Finanzinstrumentes festgemacht und erfasst denjenigen Teil der Preisänderung, der nicht durch Abweichungen vom Allgemeinen Zinstrend in einer Währung erklärt werden kann. Besondere Zinsrisiken lassen sich beispielsweise auf eine veränderte Bonitätseinschätzung des Emittenten durch den Markt oder auf das Verlautbaren von unternehmensspezifischen Informationen zurückführen. Allgemeine Zinsrisiken entspringen eher makroökonomischen Faktoren wie Zentralbankentscheidungen und der allgemeinen Konjunkturentwicklung. Aus dieser Unterscheidung folgt, dass Zinsderivate wie Forward Rate Agreements, Zinsswaps oder Zinsfutures und auf diese Instrumente geschriebene Optionen kein besonderes, sondern ausschließlich ein allgemeines Zinsrisiko beinhalten. Hingegen weisen Schuldverschreibungen und handelbare Schuldscheindarlehen sowohl ein besonderes als auch ein allgemeines Zinsrisiko auf. Ansprüche und Verpflichtungen aus Optionsgeschäften auf Wertpapiere sind ähnlich wie im Falle der Währungsoptionen mit ihrem Deltaäquivalent zu berücksichtigen.

Bei der Berücksichtigung von Derivaten ist der so gennante **Two-Leg-Approach** von zentraler Bedeutung. Dabei werden Termin-, Options-, und Swapgeschäfte auf Grundlage ihrer zinsmäßigen Wirkung in ihre (fiktiven) Komponenten zerlegt. Durch diese Aufspaltung wird das Marktpreisrisiko des Gesamtkontraktes auf das Risiko der einzelnen Basiskomponenten zurückgeführt. Marktwertveränderungen aus derivativen Kontrakten lassen sich nämlich immer auf Veränderungen in den Marktwerten ihrer Einzelkomponenten zurückführen. Im Falle von Zinsinstrumenten handelt es sich bei den Marktwerten um Barwerte, die auf Basis der jeweiligen Laufzeit pro Einzelkomponente zu berücksichtigen sind. Zu beachten ist, dass für fiktive Komponenten von Termingeschäften kein besonderes Zinsrisiken zu berechnen ist.

> **BEISPIELE**
>
> Ein Payer-Swap (Institut ist Festzinszahler) über einen Nominalwert von 100 Millionen € mit einer Restlaufzeit von 4 Jahren, einem fixen Coupon von 6 Prozent und einem im Halbjahresrhythmus zahlbaren 6-Monats-LIBOR-Coupon (nächster variabler Coupontermin in 3 Monaten, das letzte Fixing lag bei 3,75 Prozent) entspricht einer fiktiven Geldaufnahme mit Nominale von 100 Millionen € und einem Zinssatz von 6 Prozent. Der Barwert wird vom Controlling der Bank mit 103 Millionen € berechnet. Dem steht als variabler Schenkel eine (fiktive) Geldanlage mit ebenfalls einer Nominalen in Höhe von 100 Millionen €, einem Coupon von 3,75 Prozent und einem Barwert von 99 Millionen € gegenüber (der Gesamtwert des Kontraktes, der für die Kreditäquivalenzberechnung des derivativen Ausfallrisikos benötigt wird, beträgt demnach 99 − 103 = −4 Millionen €; für die Berechnung der Eigenmittelunterlegung für das Marktpreisrisikos kommt es auf die Marktwerte der einzelnen Basiskomponenten an).
>
> Kauf eines Forward Rate Agreements (FRA): Laufzeitbeginn in 12 Monaten für drei Monate; vereinbarter Zinssatz: 5 Prozent, Nominalvolumen: 50 Millionen €. Diese Position entspricht einer fiktiven Mittelzufluss von 50 Millionen € mit einer Fälligkeit von 12 Monaten und einem fiktiven Mittelabfluss in Höhe von 50,625 Millionen € (Nominalbetrag plus Zinsbetrag für 3 Monate). Der Mittelzufluss wird als aktivische Position mit ihrem unterstellten Barwert von 49 Millionen € und Fälligkeit 12 Monate, der Mittelabfluss als passivische Position mit Barwert 50,3 Millionen € und Fälligkeit 15 Monate berücksichtigt.
>
> Kauf einer Siemensanleihe per Termin: Der Erfüllungszeitpunkt des Termingeschäftes liegt in 9 Monaten, der Nominalbetrag des Termingeschäftes ist 100 Millionen € und der vereinbarte Terminkurs beträgt 104 Prozent.

> Der aktuelle Kassapreis der Anleihe, die eine Restlaufzeit von 6 Jahren aufweise, sei 105 Prozent. Diese Position wird einmal als (fiktive) Geldanlage in Höhe von 105 Millionen € mit einer Restlaufzeit von 6 Jahren berücksichtigt, zum anderen ist eine fiktive Finanzierungskomponente bis zur Fälligkeit des Termingeschäftes in 9 Monaten in Höhe von 103,5 (104 Millionen € diskontiert mit dem Nullkuponzinssatz für 9 Monate) einzustellen.
>
> Verkauf einer Kaufoption auf die Siemens-Anleihe, die bereits per Termin gekauft wurde: Nominalwert 100 Millionen €, Fälligkeit der Option: 9 Monate; Ausübungspreis 106 Prozent. Auf dieser Grundlage berechnet das Controlling der Bank einen Deltafaktor von –0,5. Das Deltaäquivalent der Optionsposition beträgt demnach –52,5 Millionen € (–0,5 · 100 Millionen € · 105 Prozent) und wird als passivische Kassaposition mit Fälligkeit in 6 Jahren in die Position mit aufgenommen.

Allgemeines Zinsänderungsrisiko

Zur Ermittlung der Eigenmittelunterlegung für das allgemeine Zinsrisiko stehen zwei Verfahren zur Verfügung: Die **Jahresbandmethode** sowie die **Durationsmethode**. Beide Verfahren ermitteln das Positionsrisiko und den daraus resultierenden Anrechnungsbetrag für das allgemeine Zinsänderungsrisiko auf Basis einer Laufzeitenbetrachtung. Bei der Jahresbandmethode erfolgt die fristenabhängige Positionsdarstellung auf Grundlage der Restlaufzeit, bei der Durationsmethode auf Grundlage der Duration der Finanzinstrumente beziehungsweise ihrer Basiskomponenten. Da die zugrundeliegenden Annahmen ähnlich sind, wird die Ermittlung der Eigenmittelunterlegung im Folgenden beispielhaft für die Laufzeitenbandmethode dargestellt. Das Verfahren zur Verrechnung der einzelnen Positionen ist für die Durationsmethode weitgehend identisch.

In einem ersten Schritt werden alle Nettopositionen (Kassapositionen und über den Two-Leg-Approach zerlegte derivative Positionen) in ein restlaufzeitabhängiges Risikoerfassungssystem integriert, das in drei Zonen zu jeweils mehreren Laufzeitenbänder aufgeteilt ist. In der folgenden Tabelle sind die Barwerte der Basiskomponenten für obige Beispielderivate in die entsprechenden Laufzeitenbänder gemäß ihrer aktivischen oder passivischen Ausrichtung (long/short) eingetragen (vgl. die Spalten 1 und 2). Danach werden in den Spalten 4 und 5 die gewichteten Nettopositionen berechnet. Der anzuwendende Gewichtungssatz ist dabei um so höher, je höher die Restlaufzeit ist, die für die betrachtete Komponente beizulegen ist. Darin kommt zum Ausdruck, dass für Zinsinstrumente das Verlustrisiko einer Barwertänderung mit steigender Restlaufzeit beziehungsweise Zinsbindung ansteigt.

Zur Eigenmittelunterlegung wird in Spalte 6 die geschlossene Position in den Laufzeitenbändern als das Minimum aus Long- und Short-Position ermittelt. Die offene Position in den Laufzeitenbändern ergibt sich dann als Differenz aus Long- beziehungsweise Short-Position und der geschlossenen Position in den Spalten 7 und 8.

Aufsichtsrechtliche Rahmenbedingungen 651

Zone/Band	Restlaufzeit	Gewichtungssatz (%)	Zinsnettopositionen		Gewichtete Nettopositionen		Geschlossene Position in Laufzeitenbändern	Offene Positionen in Laufzeitenbändern		Geschlossene Positionen in Zonen I/II/III	Offene Position in den einzelnen Zonen	
			long (2)	short (3)	long (4)=(1)*(2)	short (5)=(1)*(3)	(6) = Min((4),(5))	long (7)=(4)−(6)	short (8)=(5)−(6)	(9) = Min((7), (8))	long (10)=(7)−(9)	short (11)=(8)−(9)
I/1	0–1 M.	0,00	0,00	0,00	0,00	0,00	0,00	0,00	0,00			
I/2	1–3 M.	0,20	99	0,00	0,198	0,00	0,00	0,198	0,00			
I/3	3–6 M.	0,40	0,00	0,00	0,00	0,00	0,00	0,00	0,00			
I/4	6–12 M.	0,70	49	103,5	0,343	0,7245	0,343	0,00	0,3815			
								0,198	0,3815	0,198	0,00	0,1835
II/1	1–2 J.	1,25	0,00	50,3	0,00	0,62875	0,00	0,00	0,62875			
II/2	2–3 J.	1,75	0,00	0,00	0,00	0,00	0,00	0,00	0,00			
II/3	3–4 J.	2,25	0,00	103	0,00	2,3175	0,00	0,00	2,3175			
								0,00	2,94625	0,00	0,00	2,94625
III/1	4–5 J.	2,75	0,00	0,00	0,00	0,00	0,00	0,00	0,00			
III/2	5–7 J.	3,25	105	52,5	3,4125	1,70625	1,70625	1,70625	0,00			
III/3	7–10 J.	3,75	0,00	0,00	0,00	0,00	0,00	0,00	0,00			
III/4	10–15 J.	4,50	0,00	0,00	0,00	0,00	0,00	0,00	0,00			
III/5	15–20 J.	5,25	0,00	0,00	0,00	0,00	0,00	0,00	0,00			
III/6	> 20 J.	6,00	0,00	0,00	0,00	0,00	0,00	0,00	0,00			
								1,70625	0,00	0,00	1,70625	0,00
							2,04925			offene Zonensaldoposition	1,70625	3,12975
												1,4235

Abbildung 3-18: Ermittlung der offenen Zonensaldoposition nach der Laufzeitenbandmethode

Eigenmittelunterlegungspflichtig sind die geschlossenen Positionen in den einzelnen Zonen, die in Spalte 9 ausgewiesen werden. Analog zur Berechnung der offenen Position in den einzelnen Laufzeitenbänder wird die endgültige offene Position in den einzelnen Zonen in den Spalten 10 und 11 berechnet.

Für die Eigenmittelunterlegung wird zunächst die Summe der geschlossenen Positionen pro Laufzeitenband herangezogen und mit 10 Prozent gewichtet, um etwaige Basisrisiken abzudecken (Unterschiedliche Instrumente – Zinsswaps und Anleihen – bewegen sich trotz gleichen Basisrisikos, des Zinsrisikos, unterschiedlich).

Danach werden die geschlossenen Positionen in Zone I–III unterlegt. Darüber hinaus müssen ausgeglichene offene Positionen zwischen den einzelnen Zonen mit Eigenmitteln unterlegt werden, um zonenübergreifende Basisrisiken abzudecken. In der vorliegenden Konstellation ist dies zwischen Zone III und II der Fall (der Anrechnungsbetrag ist 1,70625 Millionen € (= Min(1,70625; 2,94625)). Schließlich wird die verbleibende offene Zonensaldoposition in Höhe von 1,4235 Millionen € komplett mit Eigenmitteln unterlegt.

	Gewichtungssatz	Positionen (in Mio. €)	Kapitalanforderungen (in Mio. €)
1. geschlossene Positionen in den Laufzeitenbändern	0,1	2,04925	0,20493
2. geschlossene Position in Zone I	0,4	0,19800	0,07920
3. geschlossene Position in Zone II	0,3	0,00000	0,0000
4. geschlossene Position in Zone III	0,3	0,00000	0,0000
5. geschlossene Position zwischen Zonen I/II oder II/I	0,4	0,00000	0,0000
6. geschlossene Position zwischen Zonen II/III oder III/II	0,4	1,70625	0,6825
7. geschlossene Position zwischen Zonen I/III oder III/I	1,5	0,00000	0,0000
8. übrige offene Position	1,0	1,4235	1,4235
Summe			2,39013

Abbildung 3-19: Ermittlung der Eigenkapitalanforderungen

Besonderes Zinsänderungsrisiko

Als Bemessungsgrundlage für das besondere Zinsrisiko ist die Wertpapiernettoposition für jeden Emittenten zu bilden. In Abhängigkeit von der Bonität des Emittenten werden auf diese Positionen (die sowohl Kauf- als auch Verkaufspositionen darstellen können) Gewichtungssätze multiplikativ angewandt, die in der folgenden Abbildung aufgeführt sind. Keine besonderen Zinsänderungsrisiken haben demnach beispielsweise Positionen in Schuldverschreibungen der Bundesrepublik Deutschland oder des US-Schatzamtes. Ein reduzierter Gewichtungssatz in Abhängigkeit von der Restlaufzeit kann für sogenannte Aktiva mit hoher Anlagequalität geltend gemacht werden, die bestimmten Kriterien genügen. Alle übrigen Nettopositionen sind mit 100 Prozent zu gewichten. Die Eigenmittelunterlegung ergibt sich dann aus der Gewichtung dieser Beträge mit acht Prozent.

BEISPIEL

Aus den obigen Derivatepositionen resultiert ein besonderes Zinsänderungsrisiko aus dem Basisinstrument Siemensbond. Die Nettoposition ergibt sich aus der Terminkaufposition und dem negativen Deltaäquivalent aus der verkauften Kaufoption.

Nettoposition in Siemens-Anleihe = 105 Mio. € – 52,5 Mio. € = 52,5 Mio. €
→ Eigenmittelunterlegung = 20 % x 52,5 Mio. € x 8 % = 0,84 Mio. €

Die Siemens-Anleihe genügt den Anforderungen an qualifizierte Aktiva und hat eine Restlaufzeit von sechs Jahren.

Eigenmittlunterlegung für Nettopositionen (Kauf- und Verkaufspositionen)
(Verrechnung innerhalb derselben Emission ist erlaubt)

Zentralstaat-Aktiva	Qualifizierte Aktiva			Sonstige Aktiva
	0 – 6 Monate	6 – 24 Monate	über 24 Monate	
0 %	3,125 %	12,5 %	20 %	100 %

Zentralstaat-Aktiva: auch Regionalregierungen (Länder, Kreise) und örtliche Gebietskörperschaften wie in der Solvabilitätsrichtlinie
Qualifizierte Aktiva: Kreditinstitute, sofern Sitz in OECD-Ländern; Nichtbanken-Emittenten, falls börsennotiert oder entsprechend hohes Rating
Sonstige Aktiva: z. B. Junk Bonds

Abbildung 3-20: Ermittlung des besonderen Zinsänderungsrisikos

1.6.4.4 Aktienkursrisiko

Um zur Bemessungsgrundlage für das Aktienkursrisiko zu gelangen, ist analog zu den Zinsänderungsrisiken die Wertpapiernettoposition pro Emission zu bilden. Dabei kommen grundsätzlich die gleichen Kriterien wie bei der Bildung der Zinsnettoposition zur Anwendung. Auch die Abbildung von Derivatepositionen im Rahmen des Two-Leg-Approaches erfolgt weitgehend analog. Die Unterscheidung in allgemeines und besonderes Kursrisiko erfolgt entsprechend: Jede Aktienposition weist ein allgemeines Kursrisiko, das mit der allgemeinen Marktentwicklung zusammenhängt, sowie ein besonderes, emittentenspezifisches Kursrisiko auf. Für Positionen in Aktienindizes ist kein besonderes Aktienkursrisiko zu berechnen, da hier unterstellt wird, dass es ich um gut diversifizierte Portfolios handelt, die weitgehend immun sind gegen emittentenspezifische Risiken. Es besteht auch die Möglichkeit, Indexpositionen in ihre Einzelbestandteile aufzuspalten und mit vorhandenen Kassa- oder Derivatepositionen zu verrechnen.

Für die Ermittlung des **allgemeinen Aktienkursrisikos** sind die zum aktuellen Marktwert bewerteten Nettopositionen der einzelnen Emissionen pro nationalem Markt unter Berücksichtigung des Vorzeichens aufzuaddieren. Maßgeblich für die Zuordnung zu einem nationalen Aktienmarkt ist das Sitzland des Emittenten. Nach dieser Methodik können demnach Kauf- und Verkaufspositionen in unterschiedlichen Emissionen miteinander verrechnet werden. Dahinter steht die Annahme, dass alle Aktien eines nationalen Marktes einem einheitlichen, allgemeinen Markttrend unterliegen und für die Eigenmittelunterlegung des allgemeinen Marktrisikos gegeneinander aufgerechnet werden können. Die verbleibende Position wird dann mit acht Prozent gewichtet.

BEISPIEL

Nettokaufposition in Aktie Daimler-Chrysler: 100 Mio. €

Nettoverkaufsposition in Aktie Bayer: –50 Mio. €

→ Nettoposition des nationalen Aktienmarktes = 100 – 50 = 50 Mio. €

→ Eigenmittelunterlegung = 50 Mio. € x 8 %

Die Berechnungsverfahren für das **besondere Aktienkursrisiko** ist in der folgenden Abbildung zusammengefasst. Es ist die sogenannte Bruttogesamtposition zu bilden, die sich durch das vorzeichenunabhängige Summieren der Nettopositionen in den einzelnen Emissionen ergibt. Neben dem Standardgewichtungssatz von vier Prozent ist auch eine verminderte Anrechnung mit zwei Prozent möglich, wenn es sich um hochliquide Papiere von hoher Anlagequalität handelt, die Bestandteil gängiger Aktienindizes sind (eine detaillierte Definition findet sich in den Erläuterungen zum Grundsatz I) und der Wert der Einzelposition fünf Prozent (zehn Prozent, wenn der Gesamtwert der privilegierten Nettopositionen kleiner als 50 Prozent des Wertes des Gesamtportfolios ist) des Portfoliowertes nicht überschreitet.

Eigenmittelunterlegung in Höhe von 4 % der Brutto-Gesamtposition (Long + Short-Position)

- Verrechnung innerhalb derselben Emission erlaubt
- nicht aufrechenbare Positionen werden vorzeichenunabhängig addiert

Senkung des Satzes auf 2 % möglich, falls

a) Aktienportfolio von hoher Anlagequalität (Länder mit liquiden Aktienmarkt) und
b) die Papiere als hochliquide gelten, das heißt in einen gängigen Aktienindex einbezogen werden und
c) keine Einzelposition > 5 % (10 %) des Gesamtportefoliowertes

keine Anrechnung von Aktienindexpositionen

Long-Position Aktie A	+ 200	Short-Position Aktie A	− 100
Long-Position Aktie B	+ 100	Short-Position Aktie B	− 125
Nettoposition	+ 100	Nettoposition	− 25

Bruttogesamtposition = +125

Eigenmittelbedarf: 4 % auf Brutto-Gesamtposition = 4 % x 125 = 5

(falls hohe Anlagequalität/hohe Liquidität/ diversifiziertes Portfolio: 2 % x 125 =2,5)

Abbildung 3-21: Ermittlung des spezifischen Aktienkursrisikos

1.6.4.5 Optionsrisiken

Optionspositionen stellen in der Grundsatz-I-Systematik zur Berechnung der Eigenmittelunterlegung aus Marktpreisrisiken eine eigene Risikoklasse dar. Dies ist dadurch gerechtfertigt, dass Optionspositionen im Vergleich zu Kassapositionen und nicht-optionalen Derivaten ein komplexeres Risikoprofil aufweisen. Bei der Erfassung der Marktrisiken durch die bisher dargestellten Verfahren ist unterstellt worden, dass allein **Schwankungen der Kassapreise** die für potenziell negative Wertveränderungen des betrachteten Portfolios ausschlaggebenden Risikofaktoren darstellen. Diese Annahme kann für Optionen nicht aufrechterhalten werden. Im Gegensatz zu Kassainstrumenten ist die Wertentwicklung einer Optionsposition nicht nur vom Kassapreis des Basisinstrumentes abhängig, sondern insbesondere auch von dessen **Volatilität**. Letztere ist definiert als statistisches Schwankungsmaß für die Marktpreise der Basisinstrumente.

Während bei Veränderungen des Kassakurses einer Aktie der Wert einer reinen Kassaposition im Verhältnis 1:1 und in gleichgerichteter Weise nach oben und unten schwankt, ist die Wertveränderung einer Option auf diese Kassaposition nicht proportional. Man spricht bei Optionen deshalb auch von einem **nicht-linearen Risikoprofil**. Die nachfolgende Abbildung verdeutlicht diesen Zusammenhang. Betrachtet wird eine Kaufposition in einer europäischen Kaufoption, die zum Kauf einer Daimler-Chrysler-Aktie zum Ausübungspreis von 65 € pro Stück berechtigt. Der aktuelle Marktpreis der Aktie beträgt ebenfalls 65 €. Man erkennt, dass eine Erhöhung des Aktienkurses von 65 auf 67,50 € (3,8 Prozent) einen überproportionalen Anstieg der Optionsprämie von 2,50 auf 3,94 € (rund 58 Prozent) zur Folge hat. Dies ist der Hebeleffekt von Optionen, der in einer hohen Sensitivität des Optionswertes gegenüber Kassapreisänderungen zum Ausdruck kommt. Diese Sensitivität wird mit einer ersten einfachen, linearen Abschätzung über das Deltaäquivalent (das nur für sehr kleine Änderungen korrekte Ergebnisse liefert) nur unzureichend erfasst. Man spricht auch von einem „Effekt zweiter Ordnung" beziehungsweise vom so genannten Gamma-Effekt. Die Maßzahl für diesen Effekt ist der Gammafaktor. Eine Abschätzung der Optionspreisveränderung über den Deltafaktor würde die tatsächliche Preisveränderung deutlich unterschätzen. Nach dem Deltaansatz ergäbe sich als erste Näherung eine geschätzte Veränderung des Optionspreises von 1,25 € und ein geschätzter neuer Optionspreis von 3,76 €, der vom tatsächlichen Wert um 0,18 € abweicht. In diesem Schätzfehler kommt der Gammaeffekt zum Ausdruck.

Die Wertveränderung einer Kassaposition in einer Aktie Daimler-Chrysler ist demgegenüber direkt proportional zur Kassapreisänderung im Verhältnis 1:1. Eine Erhöhung des Kassapreises um 2,50 € führt zu einer positiven Wertveränderung in gleicher Höhe. Der Gammaeffekt einer Kassaposition ist somit immer Null.

Neben dem Kassapreis ist wie oben erwähnt die Veränderung der Volatilität ein weiterer wichtiger Einflussfaktor für die Wertveränderungen von Optionspositionen. Fällt beispielsweise die Volatilität der betrachteten Daimler-Chrysler-Aktie von 15 auf 7,5 Prozent, fällt der Optionswert um 53 Prozent auf 1,17 €, wenn alle anderen preisbildenden Faktoren konstant bleiben. Eine Erhöhung der Volatilität auf 22,5 Prozent führt (bei sonst gleichen Bedingungen) zu einem Anstieg der Prämie auf 3,83 €. Die Sensitivität des Optionspreises auf Veränderungen der Volatilität wird über den Vegafaktor ermittelt.

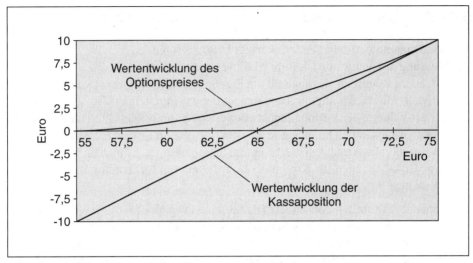

Abbildung 3-22: Risikoprofil von Kassa- und Optionspositionen

Die Eigenmittelunterlegung für Optionspositionen muss die oben beschriebenen **genuinen** Optionsrisiken (**Gamma- und Volatiliätsrisiken**) abdecken. Das Preisrisiko erster Ordnung (wie wird der Optionspreis durch kleine Änderungen des Kassapreises beeinflusst?) wird für alle Optionspositionen über die Deltaäquivalente abgedeckt, die im Rahmen der bisher beschriebenen Standardverfahren bei der Positionsermittlung zum Ansatz kommen.

Nach dem so genannten **Delta-Plus-Verfahren** werden Anrechnungsbeträge für Gamma- und Volatilitätsrisiken getrennt berechnet. In einem ersten Schritt sind alle Optionspositionen, die vergleichbaren Risikoarten unterliegen, zu Optionsklassen zusammenzufassen. Die Kriterien entsprechen in etwa denjenigen, die bei der Zusammenfassung der Währungs-, Aktien-, und Zinspositionen zur Anwendung kommen. Danach werden Sensitivitäten berechnet, welche die genuinen Optionsrisiken der Optionspositionen abbilden und in geeigneter Form zusammengefasst werden.

Als Alternative zum Delta-Plus-Verfahren steht der so genannte **Szenario-Matrix-Ansatz** zur Verfügung. Dabei werden für das Optionsportfolio die Bewertungsabweichungen des aktuellen Marktwerts zu Szenarien untersucht, die auf Basis unterstellter Schwankungen der Volatilität und des Kassapreises des Basisinstrumentes erzeugt werden. Dabei wird die Volatilität um 25 Prozent auf das aktuelle Niveau nach oben und unten variiert. Die Schwankungen des Kassapreises sind für die verschiedenen Optionsklassen unterschiedlich auszulenken (Aktien-, Fremdwährungsrisiko 8 Prozent, Rohwarenrisiko 15 Prozent, bei Zinsinstrumenten laufzeitabhängige Prozentsätze). Der Anrechnungsbetrag für die Eigenmittelunterlegung ergibt sich dann aus der betragsmäßig größten negativen Bewertungsabweichung zum aktuellen Portfoliowert.

1.6.4.6 Eigene Risikomodelle und Value-at-Risk-Ansätze

Für Kreditinstitute, die in nennenswertem Umfang Handelsgeschäfte betreiben, ist die Messung des Value at Risk ihrer Marktrisiken aus Handelsbuchportfolios zu einem Standard geworden, der auch für die Eigenmittelunterlegung im Sinne des Internen-Modell-Ansatzes immer größere Bedeutung gewinnt. Die Erfassung von Marktrisiken mit Value-at-Risk-Modellen ist am weitesten vorangeschritten und am besten erforscht. Grundsätzlich können alle Risiken, die quantitativ gut messbar sind, über diesen Ansatz erfasst und gesteuert werden. So arbeiten viele Finanzinstitutionen an Value-at-Risk-Modellen für Kreditrisiken. Im Weiteren werden hier nur Marktrisiken betrachtet.

Ein Value at Risk stellt nichts anderes dar als eine Prognose für die denkbar schlechteste Wertveränderung des betrachteten Portfolios aus Finanzinstrumenten. Im strengen mathematisch-statistischen Sinne ist der Value at Risk (VaR) definiert als das **Verlustpotenzial aus Risikopositionen, welches mit einer vorgegebenen Wahrscheinlichkeit für eine festgelegte Haltedauer nicht überschritten wird.** So meint etwa die Aussage, „Bank M weist einen VaR von 25 Millionen € mit einer gemessenen Konfidenz (Vertrauenswahrscheinlichkeit) von 1 Prozent und einer Haltedauer von einem Tag auf", dass die Verluste im betrachteten Portfolio, die der Bank aus negativen Marktveränderungen – etwa durch ein allgemeines Absinken der Aktienkurse- im Verlauf eines Tages entstehen können, mit einer Wahrscheinlichkeit von 99 Prozent (100 Prozent – 1 Prozent) nicht grösser als 25 Millionen € sein werden.

VaR-Modelle erfordern einen hohen konzeptionellen und insbesondere auch DV-technischen Aufwand, da große Datenmengen in komplexer Weise zu verarbeiten sind. Das folgende Schaubild beschreibt die zentralen Prozesse, die notwendig sind, um die Berechnungen durchführen zu können. Mathematisch-statistische Prognosen werden auf Basis historischer Marktentwicklungen erzeugt, die einen Vergleich zum aktuellen Marktwert erlauben. Bevor man eine Prognose über die Wertveränderung des Portfolios gewinnt, bestimmt man zunächst den aktuellen Marktwert. Dazu werden neben den aktuellen Marktparametern eine Berechnungsvorschrift zur Marktwertbestimmung (zum Beispiel Barwertformeln) und die Geschäftsdaten der im Portfolio enthaltenen Transaktionen (Laufzeiten, Nominalbeträge) benötigt. Auf Basis dieser „Zutaten" erfolgt die Berechnung der Marktwerte für die Einzelgeschäfte und damit für die Marktwerte des aus Einzelgeschäften aggregierten Portfolios selbst.

Um zur Prognose über Abweichungen zukünftiger Portfoliowerte zu gelangen, muss man eine Vorstellung über die zukünftige Entwicklung der Marktparameter gewinnen. Dies geschieht auf Basis unterschiedlicher Simulationsverfahren. Dabei müssen insbesondere auch die **Korrelationen** zwischen einzelnen Marktparametern berücksichtigt werden, die die Stärke des Zusammenhangs der Entwicklung zwischen zwei Marktparametern messen (beispielsweise wird eine Korrelation von 0,8 zwi-

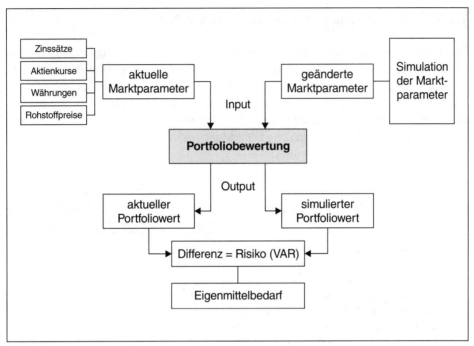

Abbildung 3-23: Der Prozess der VaR-Berechnung

schen der Daimler-Chrysler-Aktie und dem DAX so interpretiert, dass eine 1-prozentige Wertveränderung des DAX mit einer 0,8-prozentigen Wertveränderung der Daimler-Chrysler-Aktie einhergeht). Mit den simulierten zukünftigen Marktparametern erfolgen eine oder auch beliebig viele Neubewertungen des Portfolios. Deren Abweichungen zum aktuellen Marktwert stellen die Basis für den Value at Risk dar. Die Höhe der vorzuhaltenden Eigenmittel ergibt sich dann in der Regel aus der Multiplikation eines Durchschnittswertes des VaR mit einem Multiplikator, der von der Qualität des Risikoprozesses abhängig ist und in der Praxis zwischen drei und fünf liegt. Dies gilt sowohl für die allgemeinen als auch für die besonderen Kursrisiken.

Damit das Bundsaufsichtsamt einem Kreditinstitut die Verwendung eines internen Modells gestatten kann, sind sowohl quantitative als auch qualitative Vorgaben zu erfüllen.

Unter anderem muss eine zehntägige Haltedauer des Portfolios und eine Vertrauenswahrscheinlichkeit von 99 Prozent unterstellt werden. Unter qualitativen Gesichtspunkten ist insbesondere das Vorhandensein eines vom Handel unabhängigen Risikocontrollings zu nennen, das die zeitnahe und vollständige Erfassung der Risikopositionen im Risikomodell gewährleistet und der Geschäftsleitung über die Ergebnisse hieraus zeitnah Bericht erstattet. Darüber hinaus ist permanent die Prognosequalität des Risikomodells zu überwachen.

1.6.5 Berechnung der Grundsatz-I-Kennziffer

Die Berechnung der Grundsatz-I-Kennziffer ergibt sich nach folgendem Berechnungsschema: Die berechneten Risikoaktiva und Marktrisikopositionen werden zu den Eigenmitteln in Relation gesetzt. Dabei werden die Anrechnungsbeträge für die Marktrisikopositionen, zu denen auch die Adressenausfallrisiken des Handelsbuches gehören, mit 12,5 (dem Kehrwert von 8 Prozent) multipliziert, um sie mit den Risikoaktiva gleichnamig zu machen, da Marktrisikopositionen im Verhältnis 1:1 mit Eigenmittel zu unterlegen sind.

Berechnung der Grundsatz-I-Auslastung

1. Ermittlung der gewichteten Risikoaktiva

Bilanzaktiva
(Bemessungsgrundlage x Adressengewichtsfaktor (AGF))
+ Traditionelle außerbilanzielle Geschäfte
(Bemessungsgrundlage x Anrechnungssatz x AGF)
+ Innovative außerbilanzielle Geschäfte
[Wiederbeschaffungskosten + add on] x AGF (Marktbewertungsmethode)

= Summe der **gewichteten Risikoaktiva**

2. Ermittlung der Anrechnungsbeträge für die Marktrisikopositionen

Anrechnungsbeträge für die Marktpreisrisiken
+ Anrechnungsbeträge für die Adressenausfallrisiken des Handelsbuches

= Summe der **relevanten Beträge für Marktrisikopositionen**

3. Ermittlung der Grundsatz-I-Auslastung

$$\frac{\text{(verfügbares haftendes Eigenkapital + genutzte Drittrangmittel)}}{\text{(gewichtete Risikoaktiva + 12,5 x Anrechnungsbeträge für Marktrisikopositionen)}} \geq 8\ \text{Prozent}$$

Abbildung 3-24: Berechnungsschema der Grundsatz-I-Auslastung

BEISPIEL

Die folgende Tabelle fasst die relevanten Anrechnungsbeträge für die verschiedenen Risikoarten aus den Beispielen der Abschnitte 1.6.3 und 1.6.4 noch einmal zusammen.

Risikoaktiva	Mio. €	Marktrisikopositionen	Mio. €
Bilanzaktiva			
Forderungen ggü. KI	3.600	Währungsrisiko	13,52
Forderungen ggü. Kunden	35.000	Allgemeines Zinsrisiko	2,39
Wertpapiere	7.000	Besonderes Zinsrisiko	0,84
Grundstücke/Gebäude	1.800	Allgemeines Aktienkursrisiko	4,00
		Besonderes Aktienkursrisiko	5,00
traditionelle außerbilanzielle Geschäfte	50		
Risikoaktiva aus Derivaten			
Zinsswap	0,70		
Devisentermingeschäft	1,18		
Summe Risikoaktiva	47,30	**Summe Marktrisikopositionen**	25,75

Unterstellt man haftendes Eigenkapital in Höhe von 35 Millionen € und genutzte Drittrangmittel in Höhe von 5 Millionen €, so ergibt sich als Grundsatz-I-Kennziffer

40 : (47,30 + 12,5 · 25,75) = 10,83 Prozent

1.6.6 Kreditinstitutsgruppen und Finanz-Holding-Gruppen

Die zunehmenden nationalen und internationalen Verflechtungen zwischen Kreditinstituten sowie sonstigen Unternehmen des finanziellen Sektors machen es im Interesse des Gläubigerschutzes notwendig, den Geltungsbereich aufsichtsrechtlicher Normen auch auf Beteiligungs- und Tochterunternehmen von Kreditinstituten auszudehnen. Mitte der 80er Jahre ist dies mit der dritten KWG-Novelle (1985) geschehen. Das in § 10 a KWG festgeschriebene **Konsolidierungsverfahren** soll sicherstellen, dass nicht nur einzelne Kreditinstitute über ein angemessenes haftendes Eigenkapital verfügen, sondern auch die durch Beteiligungen oder Beherrschungsverträge entstandenen Kreditinstitutsgruppen. Sinn und Zweck dieser Regelung ist es, den Aufbau von so genannten **Kreditpyramiden** und damit eine **Doppelbelegung des haftenden Eigenkapitals zu verhindern**. Die Konsolidierungspflicht gilt für Kredit- und Finanzdienstleistungsinstitute.

BEISPIEL

Die M-Bank gründet eine Tochtergesellschaft (T-Bank) und stattet diese mit Eigenkapital aus. Die Risikoaktiva und das haftende Eigenkapital stellen sich wie folgt dar:

M-Bank AG (in Millionen €)			
Gewichtete Risikoaktiva	50.300	Kernkapital	2.100
Beteiligung an T-Bank	1.200	Ergänzungskapital	2.100
			47.300
	51.500	Sonstige Passiva	51.500

T-Bank AG (in Millionen €)			
Gewichtete Risikoaktiva	15.000	Haftendes Eigenkapital	1.200
	15.000	(nur Kernkapital)	13.800
		Sonstige Passiva	15.000

Der Grundsatz-I-Koeffizient beträgt bei der Mutter über 8 Prozent; die M-Bank hat also isoliert betrachtet die bankenaufsichtsrechtlichen Bestimmungen eingehalten. Auch die T-Bank erfüllt für sich betrachtet mit 8 Prozent die Vorgaben des Grundsatzes I. Das Eigenkapital der T-Bank ist jedoch ausschließlich von der M-Bank zur Verfügung gestellt worden; ein Teil des Eigenkapitals der M-Bank wurde also **doppelt** mit Risikoaktiva belegt, **es wurde eine Kreditpyramide aufgebaut** Zählt man die Risikoaktiva der T-Bank zu den Risikoaktiva der M-Bank hinzu, erhält man einen Grundsatz-I-Koeffizienten in Höhe von 6,43 Prozent. Das gesamte haftende Eigenkapital der Kreditinstitutsgruppe ist also deutlich zu niedrig.

1.6.6.1 Konsolidierungspflichtige Unternehmen

Nach § 10 a KWG müssen nicht nur Institutsgruppen über angemessene Eigenmittel verfügen, sondern auch so genannte Finanzholding-Gruppen.

- **Institutsgruppe**
  Eine Institutsgruppe besteht, wenn ein inländisches Kredit- oder Finanzdienstleistungsinstitut (übergeordnetes Institut) an einem anderen Kredit- oder Finanzdienstleistungsinstitut, einem Finanzinstitut oder einem Unternehmen mit bankbezogenen Hilfsdiensten mindestens 40 Prozent der Kapitalanteile hält. Dabei spielt es keine Rolle, ob diese Unternehmen im In- oder Ausland ihren Sitz haben und ob die Beteiligungen lediglich mittelbar gehalten werden. Bei mittelbaren Beteiligungen kann die „durchgerechnete" Beteiligungsquote der Mutter also 50 Prozent unterschreiten, sofern die Beteiligung der Tochter am Enkelunternehmen mindestens 50 Prozent beträgt. Zu berücksichtigen sind ferner so genannte **Gemeinschaftsunternehmen**, das heißt Kredit- oder Finanzdienstleistungsinstitute sowie Unternehmen mit bankbezogenen Hilfsdiensten, wenn ein gruppenangehöriges Institut an einem solchen Unternehmen mit mindestens 20 Prozent beteiligt ist, es gemeinsam mit anderen gruppenfremden Unternehmen leitet und für die Verbindlichkeiten dieses Unternehmens nach Maßgabe seines Anteils haftet (qualifizierte Minderheitsbeteiligung). Kapitalanlagegesellschaften werden trotz ihrer Kreditinstitutseigenschaft ausdrücklich von der Konsolidierungspflicht ausgenommen. Sind dem Kreditinstitut **ausschließlich** Unternehmen mit bankbezogenen Hilfsdiensten nachgeordnet, besteht dagegen **keine** Konsolidierungspflicht (§ 10 a Abs. 2 KWG).

- **Finanzholding-Gruppen**
  Eine Finanzholding-Gruppe besteht, wenn einem Finanzunternehmen (Finanzholding-Gesellschaft) mit Sitz im Inland ausschließlich oder hauptsächlich Institute und Finanzunternehmen nachgeordnet sind. Mindestens eines dieser Unternehmen muss als Einlagenkreditinstitut oder Wertpapierhandelsunternehmen seinen Sitz im Inland haben (§ 10 a Abs. 3 KWG). Die Finanzholding-Gesellschaft bildet zusammen mit den nachgeordneten Instituten, Finanzunternehmen und Unternehmen mit bankbezogenen Hilfsdiensten eine Gruppe, deren Aktiva und Passiva zu konsolidieren sind. Voraussetzung hierfür ist, dass die Finanzholding nicht selbst Tochter eines Instituts oder einer Finanzholding-Gesellschaft mit Sitz im Inland beziehungsweise einem Kreditinstitut mit Einlagen- und Kreditgeschäft mit Sitz in einem anderen EU-Land ist.

1.6.6.2 Konsolidierungsverfahren

Das für die Konsolidierung verantwortliche Institut hat eine Bilanz aufzustellen, in die sämtliche konsolidierungspflichtigen Institute und Unternehmen der Gruppe einzubeziehen sind. Nach den allgemeinen Konsolidierungsgrundsätzen sind dabei Forderungen und Verbindlichkeiten zwischen übergeordnetem Institut und den in die Konsolidierung einzubeziehenden Unternehmen herauszurechnen. Das **haftende Eigenkapital** einer Kreditinstitutsgruppe oder Finanzholding-Gruppe errechnet sich nach folgendem Schema:

Ermittlung des haftenden Eigenkapitals
Kernkapital des übergeordneten Kreditinstituts + Kernkapital des nachgeordneten/zu konsolidierenden Unternehmens ./. Buchwert der Beteiligung in der Bilanz des übergeordneten Unternehmens = Kernkapital der Gruppe
+ Ergänzungskapital der Mutter und Tochter (max. bis Höhe des Kernkapitals)
= **Haftendes Eigenkapital der Gruppe**

Abbildung 3-25: Berechnungsschema zur Ermittlung des haftenden Eigenkapitals

Zur Berechnung des haftenden Eigenkapitals einer Institutsgruppe oder einer Finanzholding-Gruppe sind die für Einzelinstitute geltenden Eigenkapitalvorschriften (§ 10 KWG) anzuwenden. Danach darf auch das Ergänzungskapital der Gruppe dessen Kernkapital nicht übersteigen. Entspricht der Buchwert der Beteiligung bei dem übergeordneten Institut dem Eigenkapital des nachgeordneten Instituts, ist das Kernkapital der Gruppe identisch mit dem Kernkapital des übergeordneten Instituts. Das Kernkapital der Gruppe erhöht sich, wenn der Buchwert der Beteiligung bei dem Mutterinstitut niedriger ist. Übersteigt hingegen der Buchwert der Beteiligung das ausgewiesene Eigenkapital der Tochter, würde sich nach obigem Berechnungsschema das **Kernkapital** der Gruppe reduzieren. Für diesen Fall sieht das KWG ein Verfahren vor, das es dem übergeordneten Institut erlaubt, den notwendigen Abzug vom Eigenkapital der Gruppe (in Höhe des Unterschiedsbetrages zwischen Buchwert und ausgewiesenem Eigenkapital) auf einen Zeitraum von maximal zehn Jahren zu verteilen (Bildung eines so genannten „aktivischen Ausgleichspostens"). Das **Verfahren zur Konsolidierung** der Aktiva und Passiva richtet sich nach der Höhe der Beteiligung.

■ **Vollkonsolidierung**

Das Vollkonsolidierungsverfahren gilt für alle Beteiligungen in Höhe von mehr als 50 Prozent. Dabei werden alle relevanten Aktiva und Passiva des übergeordneten und der nachgeordneten Unternehmen in voller Höhe zusammengefasst. Die Zusammenfassung schließt auch die Eigenkapitalanteile ein, die außerhalb der Gruppe, also im Fremdbesitz, stehen.

BEISPIEL

Die M-Bank ist mit 60 Prozent an der T-Bank beteiligt. Da es sich um eine Mehrheitsbeteiligung handelt, ist das Vollkonsolidierungsverfahren anzuwenden.

M-Bank AG (in Millionen €)			
Gewichtete Risikoaktiva	40.300	Kernkapital	2.100
Beteiligung an T-Bank	720	Ergänzungskapital	2.100
		Sonstige Passiva	36.820
	41.020		**41.020**

T-Bank AG (in Millionen €)			
Gewichtete Risikoaktiva	12.000	haftendes Eigenkapital	1.200
	12.000	(nur Kernkapital)	1.200
		Sonstige Passiva	9.600

Das haftende Eigenkapital der Gruppe errechnet sich wie folgt:

Kernkapital der Mutter	2.100
+ Kernkapital der Tochter	1.200
./. Buchwert der Beteiligung bei der Mutter	720
= Kernkapital der Gruppe	2.580
+ Ergänzungskapital der Mutter	2.100
+ Ergänzungskapital der Tochter	1.200
= Ergänzungskapital der Gruppe	3.300
(maximal Kernkapital)	2.580
Gesamtkapital der Gruppe	**5.160**

Dem haftenden Eigenkapital der Gruppe in Höhe von 5.160 stehen Risikoaktiva in Höhe von 52.300 (M-Bank 40.300 und T-Bank 12.000) gegenüber. Der Grundsatz-I-Koeffizient für die Gruppe beträgt also 9,87 Prozent und der Kernkapital-Koeffizient 4,93 Prozent. Die Gruppe hat damit den Grundsatz I erfüllt.

Quotenkonsolidierung

Das Quotenkonsolidierungsverfahren findet bei Minderheitsbeteiligungen Anwendung. Voraussetzung hierfür ist, dass ein gruppenangehöriges Unternehmen mindestens 20 Prozent des Kapitals unmittelbar oder mittelbar hält, die Institute beziehungsweise Unternehmen gemeinsam mit anderen Unternehmen leitet und für deren Verbindlichkeiten lediglich nach Maßgabe der Beteiligungsquote haftet. Dabei werden die Aktiva und Passiva entsprechend der Beteiligungsquote zusammengefasst. Zur Vermeidung der Doppelbelegung des haftenden Eigenkapitals werden auch hier die gruppeninternen Beteiligungswerte herausgerechnet.

BEISPIEL

Die M-Bank ist mit 40 Prozent an der T-Bank beteiligt, leitet gemeinsam mit einem anderen Institut die T-Bank und haftet quotal (das heißt mit 40 Prozent) für die Verbindlichkeiten der T-Bank; der Buchwert der Beteiligung beträgt 480 Millionen €. Da es sich um eine Beteiligung größer als 20 Prozent handelt und die sonstigen Voraussetzungen des KWG erfüllt sind, ist nach § 10 a, Abs. 7 KWG das Quotenkonsolidierungsverfahren anzuwenden.

Das haftende Eigenkapital der Gruppe errechnet sich wie folgt:

Kernkapital der Mutter	2.100
+ anteiliges Kernkapital der Tochter	480
./. Buchwert der Beteiligung bei der Mutter	480
= Kernkapital der Gruppe	2.100
+ Ergänzungskapital der Mutter	2.100
+ anteiliges Ergänzungskapital der Tochter	480
= Ergänzungskapital der Gruppe	2.580
(maximal Kernkapital)	2.100
Gesamtkapital der Gruppe	**4.200**

Dem haftenden Eigenkapital der Gruppe in Höhe von 4.200 stehen Risikoaktiva in Höhe von 45.100 (M-Bank 40.300 und anteilige Risikoaktiva (40 Prozent) der T-Bank 4.800) gegenüber. Der Grundsatz-I-Koeffizient für die Gruppe beträgt also 9,3 Prozent und der Kernkapital-Koeffizient 4,67 Prozent. Die Gruppe hat damit den Grundsatz I erfüllt.

■ **Abzugsverfahren**

Neben diesen beiden Verfahren sieht das KWG für alle übrigen Beteiligungen grundsätzlich ein Abzugsverfahren vor. Dabei ist der Buchwert der Beteiligung vom haftenden Eigenkapital des übergeordneten Kreditinstituts abzuziehen; die Risikoaktiva des nachgeordneten Unternehmens bleiben unberücksichtigt. Bei Beteiligungen von mehr als 10 Prozent bis unter 40 Prozent besteht für das übergeordnete Kreditinstitut die **Wahlmöglichkeit**, diese Beteiligungen vom haftenden Eigenkapital abzuziehen oder in die Konsolidierung nach § 10 a einzubeziehen. Bei Beteiligungen an Instituten (ausgenommen Kapitalanlagegesellschaften) in Höhe von höchstens 10 Prozent besteht die Abzugspflicht nur dann, wenn der Gesamtbetrag aller dieser Beteiligungen 10 Prozent des haftenden Eigenkapitals des Kreditinstituts übersteigt; der Abzug ist beschränkt auf die Höhe des übersteigenden Betrages.

■ **Verantwortlichkeit**

Das KWG unterscheidet zwischen übergeordneten und nachgeordneten Unternehmen. Verantwortlich für die Konsolidierung und damit für eine angemessene Eigenkapitalausstattung ist das übergeordnete Unternehmen der Institutsgruppe und der Finanzholding-Gruppe. Bei einer Finanzholding-Gruppe gilt dasjenige Kreditinstitut als übergeordnet, das selbst keinem anderen gruppenangehörigen Kreditinstitut mit Sitz im Inland nachgeordnet ist. Die Konsolidierungspflicht obliegt damit nicht der Finanzholding-Gesellschaft, sondern dem größten nachgeordneten Kreditinstitut (§ 10 a Abs. 3 KWG). Die gruppenangehörigen Unternehmen haben eine für die Aufbereitung und Weiterleitung der notwendigen Daten (haftendes Eigenkapital, Risikoaktiva) ordnungsgemäße Organisation und angemessene interne Kontrollverfahren einzurichten. Des Weiteren sind die nachgeordneten Unternehmen sowie die Finanzholding-Gesellschaft verpflichtet, dem übergeordneten Kreditinstitut die für die Zusammenfassung erforderlichen Angaben zu übermitteln. Kann ein Institut für einzelne gruppenangehörige Unternehmen die erforderlichen Angaben nicht beschaffen, so ist hilfsweise der Buchwert der Beteiligung vom haftenden Eigenkapital des übergeordneten Kreditinstituts abzuziehen; die Risikoaktiva des nachgeordneten Unternehmens bleiben unberücksichtigt.

1.7 Begrenzung von Großkrediten und Beteiligungen an Nichtbanken

Neben der Begrenzung des Adressenfallrisikos sowie der Marktpreisrisiken begrenzen die haftenden Eigenmittel auch die absolute Höhe der Kreditgewährung an einen Kreditnehmer. Darüber hinaus sind die haftenden Mittel Bezugsgröße für die Beteiligungen von Instituten an Nichtbanken.

1.7.1 Begrenzung von Großkrediten

1.7.1.1 Zielsetzung und Konzeption der Großkreditvorschriften

Um zu vermeiden, dass ein Kreditinstitut bereits bei Ausfall eines einzigen Kunden in ernsthafte wirtschaftliche Schwierigkeiten gerät, begrenzen die Großkreditvorschriften des KWG das maximale Kreditvolumen an einen einzelnen Kreditnehmer (**Risikostreuungsnormen**). Ein Großkredit liegt vor, wenn die Kredite an einen Kreditnehmer insgesamt 10 Prozent des haftenden Eigenkapitals des kreditgewährenden Instituts betragen oder übersteigen (§ 13 Abs. 1 KWG). Für solche Kredite sieht das KWG folgende Begrenzungen vor:

- Der einzelne Großkredit darf 25 Prozent des haftenden Eigenkapitals des Kreditinstituts nicht übersteigen.

- Bei Krediten an verbundene Unternehmen darf der einzelne Großkredit 20 Prozent des haftenden Eigenkapitals des Kreditinstituts nicht übersteigen, es sei denn, die Institute gehören zu einer Gruppe nach § 13 a Abs. 2 KWG (siehe Abschnitt 1.5.4.2).

- Alle Großkredite zusammen dürfen das Achtfache des haftenden Eigenkapitals des Kreditinstituts nicht übersteigen.

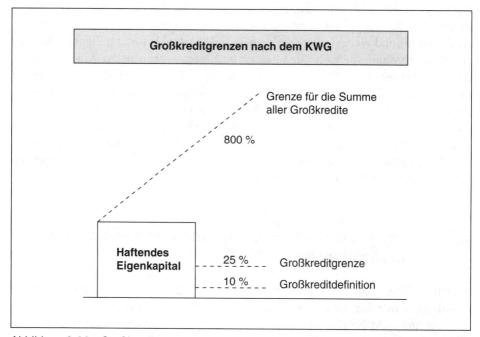

Abbildung 3-26: Großkreditgrenzen

Für die Ermittlung der Obergrenzen sind die **Kreditzusagen** maßgeblich. Unberücksichtigt bleiben unter anderem Kredite an öffentliche Haushalte (Inland und Zone A) sowie von diesen verbürgte Kredite, Kredite an Kreditinstitute mit Einlagen- und Kreditgeschäft (Inland und Zone A) sowie Pfandbriefe. Darüber hinaus wird das Bundesaufsichtsamt für das Kreditwesen in § 22 KWG ermächtigt, eine Rechtsverordnung über den Anrechnungsgrad einzelner Kredite/Kreditnehmer zu erlassen. Eine Überschreitung der Höchstgrenzen für den einzelnen Großkredit oder für die Summe aller Großkredite ist zwar mit Zustimmung des BAK zulässig. Der überschreitende Betrag ist dann jedoch vom haftenden Eigenkapital abzuziehen, das heißt, bei der Berechnung der Angemessenheit des haftenden Eigenkapitals nach dem Grundsatz I können diese Beträge nicht mehr berücksichtigt werden.

Die genannten Großkreditgrenzen gelten mit Inkrafttreten der 5. KWG-Novelle (1995). Vorher sah das KWG eine Begrenzung des einzelnen Großkredits in **Höhe von 50 Prozent des haftenden Eigenkapitals** vor (Großkreditdefinition: 15 Prozent). Allerdings galt dabei auch ein sehr viel **engerer Eigenkapitalbegriff** (im Wesentlichen gezeichnetes Kapital zuzüglich offener Rücklagen, Vermögenseinlagen stiller Gesellschafter sowie Genussrechtskapital). Um zu vermeiden, dass einzelne Kreditinstitute wegen der verminderten Grenzen gezwungen werden, bestehende Großkredite zurückzuführen, hat der Gesetzgeber großzügige Übergangsregelungen erlassen. Bei Neukreditgewährung gilt die 25-Prozent-Grenze erstmals für 1999, für kleinere Institute sogar erst ab 2004; bis dahin gelten je nach Kündbarkeit und Zeitpunkt der Kreditgewährung differenzierte Kreditgrenzen (**Großkreditdefinition** 15 Prozent des haftenden Eigenkapitals und **Großkreditgrenze** 40 Prozent beziehungsweise 50 Prozent). Wegen des besonderen Risikopotenzials bestehen für Großkredite außerdem besondere **Beschlussfassungs- und Anzeigepflichten** (siehe Abschnitt 1.8.1.1).

Bei der **Ermittlung von Großkreditgrenzen** unterscheidet das KWG zwischen **Nichthandelsbuch- und Handelsbuchinstituten**. Für Nichthandelsbuchinstitute gelten die genannten Großkreditvorschriften. Handelsbuchinstitute müssen zusätzlich zwischen Großkreditrisiken aus dem Anlagebuch und dem Handelsbuch unterscheiden.

Großkreditvorschriften für Handelsbuchinstitute

kreditnehmerbezogene Anlagebuchposition (Großkredit, wenn $\geq$ 10% des haftenden Eigenkapitals) **+** kreditnehmerbezogene Handelsposition **=** kreditnehmerbezogene Gesamtposition (Großkredit, wenn $\geq$ 10 % der Eigenmittel)

Abbildung 3-27: Großkreditvorschriften für Handelsbuchinstitute

Für die Großkreditrisiken aus dem Anlagebuch gelten die gleichen Vorschriften wie für Nichthandelsbuchinstitute. Hinzu kommen die Kreditrisiken aus dem Handelsbuch. Hierzu zählen zum Beispiel

- ein positiver Überschuss der Kauf- und Verkaufsposition aus allen Finanzinstrumenten, die von dem betreffenden Kunden ausgegeben wurden,
- der aus Übernahmegarantien für Schuldverschreibungen und Anteilspapiere entstehende Risikobetrag,
- Ausfallrisiken durch Vorleistungen auf Wertpapiere, bei Devisen-, Aktien- und Zinsderivaten sowie bei Wertpapierpensions- und Wertpapierleihegeschäfte.

Für die kreditnehmerbezogene Gesamtposition gilt als Bezugsgröße die **Eigenmittel** (haftendes Eigenkapital und Drittrangmittel), wobei die gleichen Begrenzungen gelten wie für alle Nichthandelsbuchinstitute (25 Prozent Obergrenzen im Einzelfall, das Achtfache für die Summe aller Großkredite).

1.7.1.2 Großkredite von Institutsgruppen und Finanzholding-Gruppen (§ 13 b KWG)

Die Großkreditgrenzen gelten auch für Institutsgruppen und Finanzholding-Gruppen. Gewähren also mehrere Institute einer Gruppe Kredite an einen Kreditnehmer, sind diese Kredite zusammenzurechnen und dem haftenden Eigenkapital der Gruppe gegenüberzustellen. In die Konsolidierung einzubeziehen sind **mittelbar oder unmittelbar gehaltene Beteiligungen ab 50 Prozent**. Anzuwenden ist das Vollkonsolidierungsverfahren. Die Prüfung, ob die Großkreditvorschriften auch auf konsolidierter Basis eingehalten werden, ist nach den Vorschriften des KWG für sämtliche Kredite an einen Kreditnehmer vorzunehmen, die bei mindestens einem gruppenangehörigen Institut 5 Prozent des haftenden Eigenkapitals betragen oder übersteigen. Verantwortlich für die Einhaltung der Großkreditvorschriften ist das übergeordnete Institut.

1.7.2 Begrenzung von bedeutenden Nichtbankenbeteiligungen

Durch § 12 KWG wird der Beteiligungsbesitz der Banken an Nichtbanken begrenzt. Ein Kreditinstitut mit Einlagen- und Kreditgeschäft darf an einem Unternehmen, das weder Institut, Finanz- oder Versicherungsunternehmen ist, noch Hilfsgeschäfte für das Kreditinstitut betreibt, keine Beteiligung halten, wenn der Nennbetrag dieser Beteiligung 15 Prozent des haftenden Eigenkapitals des Kreditinstituts übersteigt. Der Gesamtnennbetrag dieser bedeutenden Beteiligungen darf 60 Prozent des haftenden Eigenkapitals des Kreditinstituts nicht übersteigen. Dies gilt auch für Kreditinstitutsgruppen, das heißt bei konsolidierter Betrachtungsweise.

Bei Überschreitung dieser Grenzen werden die überschreitenden Beträge bei der Ermittlung der Grundsatz-I-Auslastung vom haftenden Eigenkapital abgezogen. Da aber die Höhe der Beteiligungen nach dem (meist relativ niedrigen) Nennwert bestimmt wird, dürften die genannten Grenzen von 10 Prozent beziehungsweise 60 Prozent eher von untergeordneter Bedeutung für die Beteiligungspraxis der Banken sein.

1.8 Überwachung des Kreditgeschäfts

Neben den Eigenkapitalnormen enthält das KWG auch für das Kreditgeschäft einen umfangreichen Vorschriftenkatalog. Detaillierte Melde-, Offenlegungs- und Beschlussfassungspflichten sollen die Beurteilung von Risiken erleichtern und die besondere Verantwortung der Geschäftsleiter der Kreditinstitute hervorheben.

1.8.1 Vorschriften für einzelne Kreditarten: Großkredite, Millionenkredite und Organkredite

1.8.1.1 Großkredite

Die Großkreditvorschriften des KWG begrenzen die maximale Kreditvergabe an einen Kreditnehmer. Der einzelne Großkredit darf 25 Prozent des haftenden Eigenkapitals des kreditgewährenden Kreditinstituts nicht übersteigen (siehe hierzu ausführlich Abschnitt 1.4). Zusätzlich sieht das KWG besondere Meldepflichten und Vorschriften zur Beschlussfassung für Großkredite vor (§ 13 Abs. 2 KWG):

- Großkredite dürfen nur mit einstimmigem Beschluss sämtlicher Geschäftsleiter gewährt werden. Der Beschluss soll vor Kreditgewährung gefasst werden.

- Großkredite sind **unverzüglich** der Bundesbank anzuzeigen; diese leitet die Anzeigen mit ihrer Stellungnahme an das Bundesaufsichtsamt für das Kreditwesen weiter.

Zur Einhaltung der Großkreditvorschriften verpflichtet das KWG die Kreditinstitute zu einer ordnungsgemäßen Organisation und Buchführung sowie zu angemessenen internen Kontrollverfahren.

1.8.1.2 Millionenkredite

Die Millionenkreditkontrolle ist ein wichtiges Instrument zur Schaffung von mehr Transparenz sowohl für die Bankenaufsicht als auch für die Kreditinstitute. Die Kreditinstitute haben der Bundesbank alle drei Monate diejenigen Kreditnehmer anzuzeigen, deren Verschuldung während des vergangenen Quartals 3 Millionen DM oder mehr betragen hat (§ 14 KWG). Aus der Anzeige muss die Höhe der Kreditinanspruchnahme des Kreditnehmers am Meldestichtag ersichtlich sein. Die Meldepflicht besteht auch für übergeordnete Kreditinstitute hinsichtlich der nachgeordneten Kreditinstitute oder Finanzinstitute ab einer Beteiligungsquote von 50 Prozent.

Im Rahmen dieses Meldeverfahrens übernimmt die Bundesbank die Funktion einer **Evidenzzentrale**. Wird ein Kreditnehmer von mehreren Kreditinstituten gemeldet, unterrichtet die Bundesbank die an der Kreditgewährung beteiligten Institute. Diese Rückmeldung enthält Angaben über die Gesamtverschuldung des Kreditnehmers sowie über die Anzahl der beteiligten Institute (aufgegliedert nach Kreditarten).

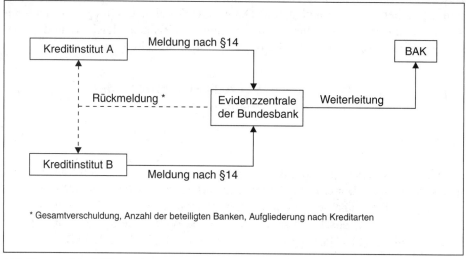

Abbildung 3-28: Millionenkreditanzeigen nach § 14 KWG

1.8.1.3 Organkredite

Die Vorschriften zu den Organkrediten sollen verhindern, dass bei Kreditvergabe an Personen, die in besonderer Weise mit dem Kreditinstitut verbunden sind, die Kriterien einer ordnungsgemäßen und sachkundigen Bonitätsbeurteilung vernachlässigt werden. Zu den Organkrediten zählen unter anderem Kredite an Geschäftsleiter des Kreditinstituts, Mitglieder des Aufsichtsorgans, Prokuristen (nur bei Krediten, die ein Jahresgehalt übersteigen), stille Gesellschafter und Unternehmen, an denen das Kreditinstitut mehr als 10 Prozent der Kapitalanteile hält. Es sind folgende Vorschriften zu beachten:

- Organkredite dürfen nur mit einstimmigem Beschluss sämtlicher Geschäftsleiter des Kreditinstituts und nur mit ausdrücklicher Zustimmung des Aufsichtsorgans gewährt werden (§ 15 KWG).
- Bei Verletzung dieser Vorschriften haften die Verantwortlichen unter Umstände sogar selbst den Gläubigern des Kreditinstituts für eventuell entstandene Schäden (§ 17 KWG).

1.8.2 Kreditunterlagen

Im Interesse des Gläubigerschutzes ist es notwendig, dass sich die Kreditinstitute zur Beurteilung der kreditspezifischen Risiken Einblick in die wirtschaftlichen Verhältnisse ihrer Schuldner verschaffen. Diesem Zweck dient § 18 KWG: **Von Kreditnehmern, denen Kredite über insgesamt mehr als 500.000 DM gewährt werden, haben sich die Kreditinstitute die wirtschaftlichen Verhältnisse, insbesondere durch Vorlage von Jahresabschlüssen, offen legen zu lassen.** Hiervon kann abgesehen werden, wenn die mit den Krediten verbundenen Risiken durch die **Hereinnahme von werthaltigen Sicherheiten** (zum Beispiel Grundschulden, Bürgschaften der öffentlichen Hand) deutlich reduziert beziehungsweise abgebaut wurden. Die Offenlegungspflicht gilt nicht nur bei der Kreditgewährung, sondern auch während der Dauer des Kreditverhältnisses, es sei denn, der Kredit wurde grundpfandrechtlich besichert.

1.8.3 Begriff des Kredits und des Kreditnehmers

Die Regulierung des Kreditgeschäfts setzt voraus, dass unzweifelhaft festgelegt wird, was im Sinne des Gesetzes unter einem Kreditnehmer zu verstehen ist und welche Aktiva als Kredit im Sinne der entsprechenden Regelungen gelten. Eine solche Begriffsklärung erfolgt in den §§ 19 bis 21 KWG.

1.8.3.1 Begriff des Kredits

Aus risikopolitischer Sicht sind grundsätzlich alle einem Kreditnehmer zuzuordnenden Risikoaktiva als Kredite anzusehen. Dieser Grundsatz ist im KWG teilweise verwirklicht. Das KWG sieht zwei Definitionen des Kreditbegriffs vor (§ 19 KWG):

- **Großkredite und Millionenkredite**
  Als Kredite im Sinne der Vorschriften zu den **Großkrediten und den Millionenkrediten** sind nahezu **sämtliche Risikoaktiva gemäß Grundsatz I** anzusehen. Hierzu zählen zum Beispiel Schuldtitel öffentlicher Stellen und Wechsel, Forde-

rungen an Kreditinstitute und Kunden, Beteiligungen, Bestände an festverzinslichen Wertpapieren und Aktien. Darüber hinaus umfasst der Kreditbegriff auch einen großen Teil der außerbilanziellen Geschäfte (zum Beispiel Indossamentverbindlichkeiten, Bürgschaften, Garantien, Finanzswaps, Finanztermingeschäfte und Optionsrechte). Von den Großkreditvorschriften sowie den Erfordernissen der Millionenkreditanzeige ausgenommen sind Kredite, die wegen der einwandfreien Bonität des Kreditnehmers (zum Beispiel öffentliche Hand) oder im Hinblick auf die geleisteten Sicherheiten als besonders sicher einzustufen sind.

- **Organkredite und Kreditunterlagen**
  Der Begriff des Kredits für die Vorschriften der Organkredite und der Kreditunterlagen ist dagegen deutlich enger gefasst. Insbesondere bleiben bei dieser Definition die innovativen außerbilanziellen Geschäfte (zum Beispiel Finanzswaps oder Optionsrechte) unberücksichtigt. Nicht berücksichtigt werden außerdem Kredite an die öffentliche Hand sowie Kredite an andere Kreditinstitute mit einer Laufzeit bis drei Monate.

1.8.3.2 Begriff des Kreditnehmers

Kredite an natürliche und juristische Personen, die **wirtschaftlich miteinander verbunden sind,** stellen grundsätzlich eine **Risikoeinheit** dar. Dieser Tatsache trägt § 19 Abs. 2 KWG Rechnung. Als **ein Kreditnehmer** gelten

- Konzernunternehmen sowie Unternehmen, die durch Gewinnabführungsverträge miteinander verbunden sind,
- in Mehrheitsbesitz stehende Unternehmen und die an ihnen mit Mehrheit beteiligten Unternehmen,
- Personenhandelsgesellschaften und ihre persönlich haftenden Gesellschafter,
- Personen und Unternehmen, für deren Rechnung Kredit aufgenommen wird und diejenigen, die den Kredit im eigenen Namen aufnehmen.

In solchen Fällen muss davon ausgegangen werden, dass bei finanziellen Schwierigkeiten eines dieser Kreditnehmer (zum Beispiel Personenhandelsgesellschaften) auch bei den mit ihnen verbundenen Kreditnehmern (zum Beispiel persönlich haftende Gesellschafter) Zahlungsschwierigkeiten zu erwarten sind. Bei der Anwendung der Vorschriften des KWG zum Kreditgeschäft (zum Beispiel Ermittlung der Großkreditgrenzen) sind die entsprechenden Kredite zusammenzufassen und als eine Risikoeinheit zu betrachten.

1.9 Erfassung des Liquiditätsrisikos

Die **Liquidität** beschreibt die Fähigkeit eines Kreditinstituts, jederzeit allen seinen Zahlungsverpflichtungen nachkommen zu können (kurz: **Zahlungsfähigkeit**).

1.9.1 Liquidität als bankbetriebliches Ziel

Liquiditätsprobleme können sich für Banken vor allem aus der Fristentransformation ergeben: Kurzfristig hereingenommene Einlagen werden längerfristig ausgeliehen. Andererseits zeigt sich, dass formal kurzfristige Einlagen dem Kreditinstitut oft langfristig zur Verfügung stehen und umgekehrt langfristig vereinbarte Kredite bereits vorzeitig getilgt werden. Die Aufgabe des Liquiditätsmanagements ist es dann, einen Ausgleich zwischen den geplanten und ungeplanten Auszahlungs- und Einzahlungsströmen herbeizuführen. Die Aufrechterhaltung der Zahlungsbereitschaft ist also im Grundsatz ein Gleichgewichtsproblem zwischen Mittelzuflüssen und Mittelabflüssen. Ansatzpunkte zur Lösung des Liquiditätsproblems bieten die bankwirtschaftlichen Liquiditätstheorien. Die Beachtung der darin formulierten Dispositionsregeln bietet zwar keine absolute Gewähr dafür, dass Kreditinstitute in jedem Fall zahlungsfähig bleiben. Sie können aber eine Richtschnur sein für das Liquiditätsmanagement.

1.9.1.1 Goldene Bankregel

Die von Otto Hübner 1854 formulierte Goldene Bankregel **fordert eine vollständige laufzeit- und betragsmäßige Übereinstimmung der einzelnen Positionen im Aktiv- und Passivgeschäft.**

Kurzfristige Aktiva	≈	Kurzfristige Passiva
Langfristige Aktiva	≈	Langfristige Passiva

Abbildung 3-29: Goldene Bankregel

Die Goldene Bankregel verkennt allerdings die elementare Bedeutung der Fristentransformation für die bankbetriebliche Tätigkeit. Sie ist deshalb als Dispositionsregel gewissermaßen „zu streng" und daher für das Liquiditätsmanagement von Kreditinstituten wenig geeignet.

1.9.1.2 Bodensatz-Theorie

Die von Adolf Wagner 1857 formulierte Bodensatz-Theorie berücksichtigt im Gegensatz zur Goldenen Bankregel die Tatsache, dass die **formellen und tatsächlichen Laufzeiten von Bankeinlagen auseinander fallen können**. Ein Teil der Einlagen wird nicht pünktlich und vollständig bei Fälligkeit abgezogen, sondern steht den Kreditinstituten als Bodensatz zur Verfügung. Und solange solche Mittel „im Hause" bleiben, kann die Bank damit ertragsbringend arbeiten und sie zum Beispiel als Kredit ausleihen (siehe auch Kapitel I, 1.2).

Kurzfristige Passiva	⇨	Kurzfristige Aktiva
„Bodensatz"	⇨	
Langfristige Passiva	⇨	Langfristige Aktiva

Abbildung 3-30: Bodensatz

Die Höhe des Bodensatzes in den jeweiligen Einlagenkategorien lässt sich letztlich nur anhand von Erfahrungswerten in der täglichen Bankpraxis bestimmen. Die Erkenntnis, dass meist beträchtliche Volumina der formell kurzfristigen Einlagen langfristig zur Verfügung stehen, hat bis heute Gültigkeit.

1.9.1.3 Shiftability-Theorie

Eine Erweiterung der Bodensatz-Theorie erfolgte durch Karl Knies (1879). Knies wies insbesondere darauf hin, dass bei Liquiditätsüberlegungen auch berücksichtigt werden muss, dass bestimmte **Aktiva bei Bedarf monetisierbar sind, und zwar unabhängig von ihrer ursprünglichen Laufzeit**. Nach der so genannten Shiftability-Theorie ist die Zahlungsbereitschaft einer Bank immer dann gewährleistet, wenn sie über ausreichende Aktiva verfügt, die bei Liquiditätsengpässen rasch und ohne nennenswerte Verluste in Zahlungsmittel umgewandelt werden können. Ähnlich wie die Bodensatzüberlegungen sind die Kernaussagen der Shiftability-Theorie Bestandteil des Liquiditätsmanagements der Kreditinstitute.

1.9.2 Liquiditätsvorschriften des Bundesaufsichtsamtes für das Kreditwesen

Nach § 11 KWG müssen die Kreditinstitute ihre Mittel so anlegen, dass jederzeit eine ausreichende Zahlungsbereitschaft gewährleistet ist. Die konkrete Ausgestaltung dieser Vorschrift hat der Gesetzgeber dem Bundesaufsichtsamt für das Kreditwesen überlassen. Dieses stellt „**im Einvernehmen mit der Deutschen Bundesbank Grundsätze auf, nach denen es für den Regelfall beurteilt, ob die Liquidität eines Instituts ausreicht**" (§ 11 KWG).

Bis Mitte des Jahres 2000 erfolgte die Beurteilung der Liquidität eines Kreditinstituts anhand der vom Bundesaufsichtsamt für das Kreditwesen aufgestellten **Grundsätze II und III**. Danach hatten die Kreditinstitute auf Basis von Ursprungslaufzeiten regelmäßig Aufstellungen beim BAK einzureichen, bei denen jeweils die langfristigen und kurzfristigen Anlagen den entsprechenden Finanzierungsmitteln gegenüber gestellt wurden.

Der **Grundsatz II (alt)** verlangte, dass die langfristigen Anlagen eines Kreditinstituts (abzüglich der Wertberichtigungen) bestimmte langfristige Finanzierungsmittel nicht übersteigen sollen. In den alten Grundsatz II sind ausdrücklich die Gedanken der Bodensatz-Theorie eingeflossen. So konnten zum Beispiel bestimmte Teile von Finanzierungsmitteln, die dem Kreditinstitut formal lediglich kurzfristig zur Verfügung stehen, für langfristige Ausleihungen verwendet werden (zum Beispiel 60 Prozent der Spareinlagen). Der **Grundsatz III (alt)** verlangte, dass die Summe ausgewählter kurz- und mittelfristiger Aktiva (abzüglich der Wertberichtigungen), die Summe bestimmter kurz- und mittelfristiger Finanzierungsmittel eines Kreditinstituts nicht übersteigen soll.

Mit dem neuen Grundsatz II hat das Bundesaufsichtsamt auf Basis des Konzepts für einen EU-Liquiditätskoeffizienten einen Liquiditätsstandard gesetzt, der eine dynamische Liquiditätsbetrachtung erlaubt. Der neue Liquiditätsgrundsatz berücksichtigt bei der Gegenüberstellung von Zahlungsmitteln und Zahlungsverpflichtungen ausschließlich Restlaufzeiten. Im Gegensatz zu den Vorschriften über Eigenkapital beziehungsweise den Vorschriften zu den Großkrediten, findet hier keine Konsolidierung statt. Das heißt, die Liquiditätsvorschriften müssen jeweils von einzelnen Instituten eingehalten werden.

In dem Grundsatz II (neu) werden die vorhandenen Zahlungsmittel den Zahlungsverpflichtungen gegenüber gestellt. Diese Gegenüberstellung erfolgt jeweils für vier unterschiedliche Laufzeitbänder.

Laufzeitbänder im Grundsatz II			
1. Laufzeitband	2. Laufzeitband	3. Laufzeitband	4. Laufzeitband
täglich fällig bis zu einem Monat	über einen Monat bis zu drei Monaten	über drei Monate bis zu sechs Monate	über sechs Monate bis zu zwölf Monate

Abbildung 3-31: Laufzeitbänder im Grundsatz II

Für das aus Liquiditätsgesichtspunkten besonders kritische Laufzeitband 1 muss der Quotient aus den liquiden Aktiva und den Liquiditätsabflüssen während des auf den Meldestichtag folgenden Monats mindestens eins betragen (Zahlungsmittel dividiert durch Zahlungsverpflichtungen größer beziehungsweise gleich eins). Damit soll sichergestellt werden, dass das Institut zumindest für den Zeitraum von einem Monat ausreichend liquide ist. Für die drei anderen Laufzeitbänder werden lediglich so genannte **Beobachtungskennzahlen** gebildet, die dem Bundesaufsichtsamt nachrichtlich mitzuteilen sind. Je nach Liquiditätsgrad werden die Zahlungsmittel dem ersten beziehungsweise anderen Laufzeitbändern zugeordnet.

Zahlungsmittel/Anlagen des Instituts (Auswahl)		
Position	Anrechnungssatz (in %)	Laufzeitband
■ Barreserve	100	1. Laufzeitband
■ Inkassopapiere	100	
■ börsennotierte Wertpapiere des Umlaufvermögens	100	
■ erhaltene Kreditzusagen	100	
■ Schuldverschreibungen	100	
■ Geldmarkt- und Wertpapierfonds (bewertet zu Rücknahmepreisen)	90	
■ Forderungen an Kreditinstitute und Zentralbanken	100	Je nach Restlaufzeit 1. bis 4. Laufzeitband
■ Forderungen an Kunden	100	
■ diskontfähige Wechsel	100	
■ Ansprüche im Rahmen von Pensionsgeschäften	100	

Abbildung 3-32: Zuordnung von Zahlungsmittelpositionen zu Laufzeitbändern

Den Zahlungsmitteln werden die Zahlungsverpflichtungen gegenübergestellt. Dabei findet – wiederum auf Basis von Restlaufzeiten – die Tatsache Berücksichtigung, dass eine Reihe von Einlagen zwar formell kurzfristig fällig ist, tatsächlich aber längerfristig als Bodensatz zur Verfügung steht. Aus diesem Grund hat das Bundesaufsichtsamt für solche Bilanzpositionen Anrechnungssätze festgelegt, mit denen dieser Bodensatz Berücksichtigung findet. So werden zum Beispiel die täglich fälligen Verbindlichkeiten gegenüber Kunden lediglich zu 10 Prozent im 1. Laufzeitband berücksichtigt.

Zum 31.7.2000 müssen die Kreditinstitute erstmals eine Meldung auf Basis des neuen Grundsatzes II abgeben.

Zahlungsverpflichtungen		
Position	Anrechnungsgrad (in %)	Laufzeitband
■ Verbindlichkeiten ggü. Kunden ■ Verbindlichkeiten ggü. Kreditinstituten ■ Spareinlagen ■ nicht in Anspruch genommene Kredite ■ Platzierungs- und Übernahmeverpflichtungen ■ Eventualverbindlichkeiten aus weitergegebenen Wechseln und übernommenen Avalen ■ Bestellung von Sicherheiten für fremde Verbindlichkeiten	10 65 10 20 20 5 5	1. Laufzeitband
■ Verbindlichkeiten ggü. Kreditinstituten (einschl. Zentralnotenbanken) ■ Verbindlichkeiten ggü. Girozentralen und Zentralinstituten (bei Institutsgruppen) ■ Verbindlichkeiten ggü. Kunden ■ Verbindlichkeiten aus Wertpapierpensionsgeschäften ■ nachrangige und verbriefte Verbindlichkeiten ■ Genussrechtskapital ■ Sonstige Verbindlichkeiten	100 20 100 100 100 100 100	Laufzeitband 1 bis 4 (je nach Restlaufzeit)

Abbildung 3-33: Zuordnung von Zahlungsverpflichtungen zu Laufzeitbändern

1.10 Einlagensicherung

Da der Gesetzgeber versucht, die Ziele der Bankenaufsicht (Gläubigerschutz, Funktionserhaltung des Kreditwesens) mit marktwirtschaftlichen Mitteln zu erreichen, kann es nicht darum gehen, den Zusammenbruch einer Bank in jedem Fall zu verhindern. Die Auslesefunktion des Marktes soll also durch die Bankenaufsicht nicht beeinträchtigt werden. Der Zusammenbruch einer einzelnen Bank mit der Folge, dass Einleger ihre Vermögenswerte verlieren, könnte aber über den Kreis der unmittelbar Betroffenen hinaus dazu führen, dass das Vertrauen in die gesamte Bankwirtschaft erschüttert wird. Solche Domino-Effekte sollen mit einem funktionierenden Einlagensicherungssystem verhindert werden. Ein derartiges Sicherungsnetz liegt im Interesse aller Beteiligten: der Banken, der Bankenaufsicht, im allgemeinen öffentlichen Interesse und insbesondere im Interesse der Bankgläubiger.

Abgesehen von den bankenaufsichtsrechtlichen Normen, die eine indirekte Sicherung der Einlagen darstellen, existiert ein umfangreiches System der **direkten** Einlagensicherung. Hierzu zählen der Einlagensicherungsfonds des privaten Bankgewerbes, die Sicherungsfonds der Sparkassen und die Sicherungseinrichtungen der Kreditgenossenschaften. Alle drei Einlagensicherungssysteme sind als Fonds ausgestaltet, die durch Umlagen und Beiträge der angeschlossenen Institute getragen werden. Hinzu kommt die Liquiditäts-Konsortialbank GmbH, die bei vorübergehenden Liquiditätsengpässen Hilfe leistet.

Ein Kreditinstitut, das Einlagen entgegen nimmt und nicht Mitglied einer dieser Sicherungseinrichtungen ist, muss seine Kunden auf diese Tatsache in den Allgemeinen Geschäftsbedingungen und vor Kontoeröffnung hinweisen (§ 23 a KWG).

1.10.1 Liquiditäts-Konsortialbank GmbH

Die Liquiditäts-Konsortialbank GmbH stellt eine Gründung des gesamten Kreditgewerbes dar. Anlass zur Gründung waren 1974 akute Liquiditätsschwierigkeiten der von Einlagenabzügen betroffenen kleineren und mittleren Institute als Folge des Vertrauensschwundes bei Bekanntwerden der Herstatt-Pleite im Jahre 1974. Die Liquiditäts-Konsortialbank leistet Liquiditätshilfe für solche Banken, die wirtschaftlich gesund sind, aber durch plötzlichen Einlagenabzug in Liquiditätsschwierigkeiten zu geraten drohen.

1.10.2 Einlagensicherungsfonds des privaten Bankgewerbes

Der Einlagensicherungsfonds ist ein unselbstständiges Sondervermögen des Bundesverbandes deutscher Banken. Aufgabe des Fonds ist es, bei finanziellen Schwierigkeiten von beteiligten Banken, insbesondere bei drohender Zahlungseinstellung, im Interesse der Einleger Hilfe zu leisten und so das Vertrauen in die Zahlungsfähigkeit der privaten Kreditinstitute zu erhalten. Der Fonds sichert Verbindlichkeiten pro Gläubiger **bis zur Höhe von 30 Prozent des haftenden Eigenkapitals der beteiligten Institute.** Finanziert wird der Fonds über eine Jahresumlage aller Mitgliedsbanken.

1.10.3 Sicherungsfonds der Sparkassen

Sparkassen und Landesbanken/Girozentralen weisen als öffentlich-rechtliche Unternehmen zwei Merkmale auf, die für ihre Bonitätsbetrachtung bedeutsam sind: Die Anstaltslast verpflichtet zum einen den Träger einer öffentlich-rechtlichen Sparkasse, diese jederzeit mit den zur Funktionsfähigkeit notwendigen Mitteln auszustatten. Die Anstaltslast sichert also den Bestand der Sparkassen. Zum anderen zielt die **Gewährträgerhaftung** auf den äußeren Gläubigerschutz. Bürgschaftsähnlich gewährt sie jedem Gläubiger einer Sparkasse in unbeschränkter Höhe einen unmittelbaren Zahlungsanspruch gegenüber dem Träger der Anstalt, wenn diese ihren Verbindlichkeiten nicht nachkommt. Die in der Sparkassenorganisation vorhandenen Sicherungseinrichtungen wurden aufgebaut, um die sich aus der Einlagensicherung ergebende Last gleichmäßiger zu verteilen. Die regionalen Sparkassen- und Giroverbände unterhalten **Sparkassenstützungsfonds**, die im Gegensatz zur Einlagensicherung des privaten Bankgewerbes auf eine **Unternehmenssicherung** ausgerichtet sind. Zwischen den regionalen Fonds ist ein überregionaler Ausgleich vorgesehen. Die Landesbanken/Girozentralen haben eine eigene **Sicherungsreserve** aufgebaut, die mit den Stützungsfonds der Sparkassen in einem Haftungsverbund steht.

1.10.4 Sicherungseinrichtung bei den Kreditgenossenschaften

Für die Mitglieder einer Kreditgenossenschaft besteht im Allgemeinen eine über die eingezahlten Geschäftsanteile hinaus gehende Haftung, die allerdings bislang noch nie in Anspruch genommen wurde. Die Sicherungseinrichtungen der Kreditgenossenschaften, bestehend aus dem **Garantiefonds** und dem **Garantieverbund**, sind ähnlich wie bei der Sparkassenorganisation primär auf eine Unternehmenssicherung ausgerichtet. Der Zweck des **Garantiefonds** besteht darin, wirtschaftliche Schwierigkeiten der einbezogenen Banken zu beheben und dadurch die Sicherheit der Kundeneinlagen zu gewährleisten. Im Rahmen des **Garantieverbundes**, der als Alternative zum Garantiefonds ausgestaltet ist, werden **Bilanzierungshilfen in Form von Bürgschaften und Garantien gewährt**.

RESÜMEE

In diesem Abschnitt haben wir gesehen, dass die Kredit- und Finanzdienstleistungsinstitute einer umfangreichen staatlichen Aufsicht unterliegen. Ziel der Bankenaufsicht ist der Schutz der Gläubiger vor Vermögensverlusten und die Funktionserhaltung des Kreditwesens. Zu diesem Zweck gibt das Kreditwesengesetz dem Bundesaufsichtsamt für das Kreditwesen (BAK) umfangreiche Kompetenzen; das BAK wird im Rahmen der materiellen Bankenaufsicht von der Deutschen Bundesbank unterstützt. Die Instrumente der laufenden Bankenaufsicht sind die von den Instituten einzureichenden Anzeigen, Monatsberichte sowie Jahresabschlüsse. Dem haftenden Eigenkapital, bestehend aus Kernkapital und Ergänzungskapital, kommt im Rahmen des aufsichtsrechtlichen Normengefüges eine überragende Stellung zu. Es ist Basis zur Begrenzung der durch die Bankenaufsicht erfassten Risiken.

Nach Grundsatz I müssen Teile der mit Ausfallrisiken behafteten Aktiva der Institute beziehungsweise Finanzholding-Gruppen mit haftenden Mitteln unterlegt sein. Ebenfalls durch Eigenmittel begrenzt werden die Markt- und Preisrisiken sowie das Großkreditrisiko. Darüber hinaus dient das Eigenkapital als Limit für die langfristigen Anlagen eines Kreditinstituts.

Neben den Eigenkapitalanforderungen unterliegt das Kreditgeschäft der Banken weiteren umfangreichen Reglementierungen. Hierzu zählen die Vorschriften über Großkredite, Millionenkredite und Organkredite; für die einzelnen Kreditarten bestehen jeweils differenzierte Melde-, Offenlegungs- und Beschlussfassungsvorschriften. Mit dem Grundsatz II versucht das BAK die jederzeitige Zahlungsfähigkeit der Kreditinstitute sicherzustellen. Dabei spielen insbesondere die Überlegungen zum so genannten Bodensatz eine wichtige Rolle. Flankiert wird das aufsichtsrechtliche Normengefüge durch ein umfangreiches System der Einlagensicherung.

KONTROLLFRAGEN

1. Skizzieren Sie die Aufgaben und die Zusammenarbeit von BAK und Bundesbank bei der Bankenaufsicht.
2. Welche Voraussetzungen müssen erfüllt sein, damit das BAK die Erlaubnis zum Betreiben von Bankgeschäften erteilt?
3. Was versteht man unter dem Europäischen Pass?
4. Erläutern Sie das haftende Eigenkapital für ein Kreditinstitut in der Rechtsform einer Aktiengesellschaft und einer Genossenschaft.
5. Beschreiben Sie Aufbau und Konzeption von Grundsatz I.
6. Was versteht man unter einer Kreditpyramide, und wie wird dieser Sachverhalt in der Bankenaufsicht erfasst?
7. Wie wird das Großkreditrisiko im KWG begrenzt?
8. Welche Aufgabe hat die Evidenzzentrale der Deutschen Bundesbank?
9. Vergleichen Sie die verschiedenen Ansätze zur Lösung des Liquiditätsproblems und deren Bedeutung für die Grundsätze II und III.
10. Beschreiben Sie das System der Einlagensicherung.

LITERATUR ZUM WEITERLESEN

- In Zweifelsfällen ist immer der Blick in den Gesetzestext zu empfehlen:
  Gesetz über das Kreditwesen (KWG).

- Grundsätze über das Eigenkapital und die Liquidität der Kreditinstitute zum Beispiel:
  Beck-Texte im dtv, Deutscher Taschenbuchverlag, jeweils neueste Fassung. Den Text des KWG und der Grundsätze findet man auch auf den Internetseiten des Bundesaufsichtsamtes unter www.bakred.de

- Die Deutsche Bundesbank informiert in ihren **Monatsberichten** in unregelmäßigen Abständen über die neuesten Entwicklungen auf dem Gebiet der Bankenaufsicht.

- Wer sich für die juristischen Detailprobleme des Bankenaufsichtsrechts interessiert sei an die Kommentare zum KWG verwiesen, zum Beispiel:
  Szagunn, Volkhard/Wohlschieß, Karl, **Kommentar zum Kreditwesengesetz**, jeweils neueste Auflage.

2. Organisation und Informationsmanagement

Die Organisation der Organisation

*"Know **how**."*

Sobald mehrere Menschen an einer gemeinsamen Aufgabe zusammenarbeiten, bedarf es irgendeiner Form von Organisation. Sie definiert, über welche Instanzen, Abteilungen oder Stellen eine sinnvolle Arbeitsteilung erreicht werden kann und in welchen Beziehungen alle Beteiligten miteinander stehen. Die Organisation ist also kein Selbstzweck, sondern ein Mittel zum Erreichen der gesteckten Unternehmensziele, mit dem sich das gesamte persönliche Know-how und alle Sachmittel optimal koordinieren lassen. Die Besonderheiten der Leistungserstellung der Banken verschärfen dabei die organisatorische Aufgabenstellung: Eine eindeutige Aufspaltung in Produktion und Absatz ist bei Banken kaum möglich, auch eine Lagerhaltung, wie wir sie von Industrieunternehmen kennen, entfällt. Und obwohl „Geld" der Geschäftsgegenstand der Banken ist, steht es den Instituten selbst nicht unbegrenzt zur Verfügung – auch sie müssen rechnen!

Außerdem sind für erfolgreiches Bankmanagement unendlich viele Informationen notwendig, die ihrerseits ebenfalls zu organisieren sind.

Es geht hier also darum, wie die vielen einzelnen Banktätigkeiten und die Informationsströme möglichst effizient zu organisieren sind.

LEITFRAGEN

1. Warum muss jedes (Bank-)Unternehmen eine organisatorische Struktur haben?
2. Warum existiert kein allgemeingültiges Konzept für den optimalen Personal- und Sachmitteleinsatz einer Bank?
3. Welche unterschiedlichen ablauforganisatorischen Prinzipien können miteinander in Konflikt geraten und die Praxis vor Probleme stellen?
4. Kann das Informationsmanagement als alleinige Angelegenheit von Spezialisten gesehen werden?

Im Folgenden skizzieren wir verschiedene und immer wieder diskutierte Möglichkeiten der bankbetrieblichen Aufgabengliederung, ihre Vor- und Nachteile sowie die Anforderungen an die Gestaltung der Arbeitsabläufe. Anschließend werden wir auf die Möglichkeiten, Anforderungen, Notwendigkeiten und Ziele eines bankbetrieblichen Informationssystems eingehen.

2.1 Begriff und Aufgaben der Organisation

Ziel der Bankorganisation ist die möglichst effiziente **Aufgabenverteilung**. Dabei wird das letztlich angestrebte organisatorische System von ökonomischen, personellen, psychologischen und anderen internen und externen Faktoren beeinflusst. Auch eine Vielzahl von rechtlichen und bankenaufsichtsbehördlichen Vorschriften (siehe zum Beispiel 1. Abschnitt dieses Kapitels) ist dabei zu beachten.

Allgemein üblich ist die (begriffliche) Unterscheidung in Aufbau- und **Ablauforganisation**. Während die Ablauforganisation die möglichst reibungslose Gestaltung der Arbeitsprozesse zum Gegenstand hat, muss die **Aufbauorganisation** vorher noch grundsätzlichere Fragen klären: Welche Aufgaben sollen in welchen Abteilungen und auf welcher Hierarchieebene angesiedelt sein etc.

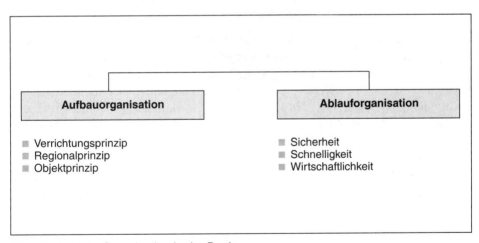

Abbildung 3-34: Organisation in der Bank

Ablauf- und Aufbauorganisation sind also, auch wenn sie letztlich zusammenpassen müssen, durchaus mit unterschiedlichen Fragestellungen und Schwerpunkten beschäftigt.

2.1.1 Aufbauorganisation

Die detaillierte Gestaltung der Aufbauorganisation kann man sich als ein mehrstufiges Verfahren vorstellen: In einem ersten Schritt werden Stellen geschaffen, an denen die bankbetrieblichen Aufgaben den einzelnen Stelleninhabern, also Mitarbeitern, zugeordnet werden. Deshalb kann eine Stelle auch als Station verstanden werden, an der Mitarbeiter und Sachmittel verschiedene bankbetriebliche Tätigkeiten bewältigen. Das bedeutet umgekehrt, dass die bankbetriebliche Gesamtaufgabe in die unterschiedlichsten Teilaufgaben aufgespalten wird, die dann durch die einzelnen Stellen zu erfüllen sind. Selbstverständlich sind diese Stellen nicht isoliert voneinander zu sehen, sondern in diversen Beziehungen miteinander verknüpft. Nur so ergibt sich im Innenverhältnis ein funktionierendes Ganzes und nach außen eine als Unternehmen wahrnehmbare Ordnung.

Um die **Gesamtstruktur** einer Bank zu schaffen, werden nach der Stellenbildung die verschiedenen Verbindungen zwischen diesen einzelnen Stellen hergestellt. Dies umfasst vor allem die Zuordnung von Sachmitteln, die Gestaltung von Informations- und Kommunikationswegen, die Festlegung von Leitungs- und Kompetenzbefugnissen.

Bei der **Stellenausstattung** geht es darum, welchem Stelleninhaber welche Sachmittel zur Verfügung gestellt werden – vom Büroraum bis zu den Zugriffsmöglichkeiten auf interne und externe Netze (Telefon, Telefax, E-Mail etc.).

Zur Regelung der personellen Beziehungen gehört die Ausstattung der Aufgabenträger mit **Kompetenzen**. Jedem Stelleninhaber sind all diejenigen Befugnisse zu geben, die zur Aufgabenerfüllung nötig sind. Dabei regelt der stellenbezogene Kompetenzrahmen vor allem, welche Entscheidungen der Stelleninhaber allein oder nur in Abstimmung mit anderen treffen kann. Er umreißt somit den persönlichen Verantwortungsbereich aller Mitarbeiter. Ganz deutlich wird dies in der bankbetrieblichen Praxis beispielsweise im Kreditgeschäft: Über die Kreditkompetenzen wird festgelegt, bei welcher Kreditart und bis zu welcher Kredithöhe die verschiedenen Stelleninhaber verbindliche Zusagen treffen können – wobei in einem letzten Schritt die Möglichkeit bestehen muss, persönliche Qualifikation und besondere Leistungsmerkmale der Mitarbeiter individuell zu berücksichtigen.

Das **Leitungssystem** legt fest, wer wem Anweisungen erteilen darf, und wie zwischen den verschiedenen Ebenen die gegenseitigen Rechte und Pflichten geregelt sind. Die Gesamtheit aller Leitungsbeziehungen ergibt dann die Unternehmenshierarchie.

Das **Kommunikationssystem** regelt die Informationsbeziehungen zwischen den Stelleninhabern in der Bank. Kurz gesagt geht es darum, wer wen worüber in welcher Form zu informieren hat (siehe dazu auch Kapitel III, 2.2).

Die bankbetriebliche Gesamtaufgabe kann nach unterschiedlichen Gesichtspunkten zerlegt werden, insbesondere nach Tätigkeiten, Regionen oder Objekten, wie zum Beispiel Kundengruppen. Je nachdem, welches Gliederungsmerkmal vorherrscht, wird dann von dem Verrichtungs-, Regional- oder Objektprinzip gesprochen.

2.1.1.1 Verrichtungsprinzip

Unternehmerische Aufgaben lassen sich nach den Phasen des Produktionsprozesses gliedern. Jede **Betriebsaufgabe** muss irgendeiner Stelle übertragen werden, um alle Zuständigkeiten bis hin zum gesamten Betriebsgeschehen zu regeln. Bei einer Gliederung nach Verrichtungen (Tätigkeiten oder Funktionen) werden diese Aufgaben zu einzelnen Sachfunktionen oder Tätigkeitsbereichen zusammengefasst, beispielsweise Beschaffung, Produktion, Absatz, Verwaltung und Kontrolle.

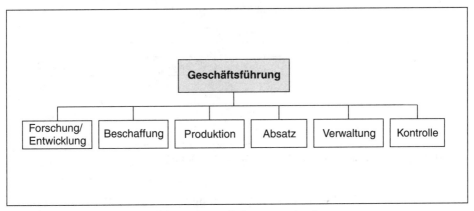

Abbildung 3-35: Verrichtungsorientierte Aufbauorganisation

Diese **Organisationsform** ist vorwiegend in Industrieunternehmen anzutreffen. Dahinter steht vor allem die Erkenntnis, dass für jeden Tätigkeitsbereich unterschiedliche Kenntnisse, Fähigkeiten und Erfahrungen notwendig sind.

Für Banken ist allerdings diese Art der Aufbauorganisation kaum geeignet. Es ist schwierig, wesensähnliche Bankaktivitäten im Sinne des industriellen Produktionsprozesses zu Abteilungen, Ressorts oder Bankbereichen zusammenzufassen. So ist etwa eine Unterscheidung in Produktion und Absatz wegen der besonderen Art der meisten Bankprodukte kaum möglich. Bankleistungen können nicht auf Vorrat gefertigt werden: Produktion und Absatz übernimmt der Kundenberater praktisch gleichzeitig, wie zum Beispiel im Anlageberatungsgespräch und der daraus folgenden Wertpapierorder.

Auch wenn im Passivgeschäft früher eine Beschaffungsfunktion (von Liquidität beziehungsweise Einlagen) gesehen wurde, so ist dies heute eher eine **Verkaufstätigkeit** (Verkauf von Anlageinstrumenten).

2.1.1.2 Regionalprinzip

Wegen dieser besonderen Art ihrer Leistungserstellung benötigen Banken eine andere Organisationsform. Bei einem regionalorientierten Ansatz wird das gesamte Geschäftsgebiet einer Bank nach Wirtschaftsgroßräumen, Ländern und/oder Regionen eingeteilt.

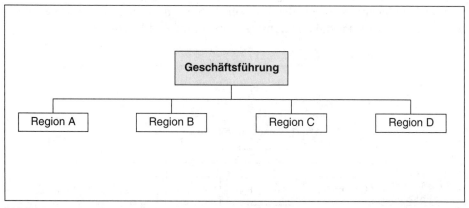

Abbildung 3-36: Regionalorientierte Aufbauorganisation

In diesen abgegrenzten Gebieten leiten die Verantwortungsträger eigenständig das gesamte Bankgeschäft. Dahinter kann das Bestreben stehen, sich auf die verschiedenen lokalen Geschäfts- und Strukturschwerpunkte besser einstellen zu können. In einer überwiegend ländlichen Region wird man die Bankaktivitäten anders gestalten müssen als im Ruhrgebiet oder in Berlin; die Bedürfnisse der Privatkundschaft dürften sich ebenfalls unterscheiden, etwa zwischen der „Autobauer"-Stadt Wolfsburg und der (früheren) „Diplomaten"-Stadt Bonn. Am deutlichsten wird die Bedeutung regionaler Besonderheiten bei internationaler Betrachtung: „Andere Länder, andere Sitten", gilt auch für das Bankgeschäft, und es wäre ein Irrtum zu glauben, im Wirtschaftsleben seien die kulturellen, historischen, sozioökonomischen und politischen Besonderheiten unerheblich. Auch das Bankgeschäft hat in Italien, der Ukraine oder Mexiko seine jeweils eigenen nationalen Regeln.

Ein anderer Aspekt bei der regional orientierten Organisation ist die Größe und Dichte des Zweigstellennetzes. Banken, die möglichst viele Einlagen bei den privaten Haushalten halten und akquirieren möchten, sind auf die Nähe zu den privaten Haushalten angewiesen. Ein entsprechend engmaschiges Netz mit Filialen und Zweigstellen ist dafür sicherlich ein großer Vorteil, wenn nicht sogar notwendige Voraussetzung.

Damit wächst auch die Chance, dass die Empfänger der von den Kunden disponierten Zahlungsaufträge ebenfalls ein Konto im Hause unterhalten, sodass durch die Abwicklung im eigenen Netz Kosten eingespart werden können. Doch die Vorteile dieser Überlegung, durch ein dichtes Zweigstellensystem Zeit und Kosten bei der Abwicklung der Kundengeschäfte zu sparen, werden von Nachteilen auf der Kostenseite überschattet: Ein dichtes und engmaschiges Vertriebssystem ist mit hohen Personal- und Sachkosten verbunden. Zudem erscheint für die Betreuung von Firmen- und Großkunden ein derart flächendeckendes Zweigstellennetz nicht erforderlich. Aus diesen Gründen ist das Regionalprinzip zumindest in Reinform für die Aufbauorganisation einer Bank ebenfalls nicht als optimal anzusehen.

Bedeutsam ist die regionale Orientierung aber für die Auslandsaktivitäten multinationaler Banken: Gerade die politischen und juristischen Gegebenheiten anderer Länder sowie die Sprache und Mentalität der Bevölkerung fordern fast auf allen Ebenen des internationalen Bankgeschäfts Spezialisten, die mit den Besonderheiten „ihres" Landes bestens vertraut sind. Insoweit ist es für eine multinational tätige Bank sinnvoll, zwischen dem Auslands- und Inlandsgeschäft zu unterscheiden und auf internationaler Ebene dem Regionalprinzip zu folgen.

2.1.1.3 Objektprinzip

Hierbei erfolgt eine Aufgabengliederung nach Objekten oder Leistungselementen. Diese Leistungselemente sind nach geeigneten Kriterien zusammenzufassen. Die wichtigsten Kriterien für die Bankorganisation sind dabei Geschäftssparten und Kundengruppen. Eine Kombination aus beidem wird mit der so genannten Matrix-Organisation angestrebt.

Geschäftsspartenorganisation

Hier erfolgt eine Zusammenfassung aller Leistungselemente einer bestimmten Geschäftssparte. In den zu bildenden Abteilungen oder Verantwortungsbereichen werden dann nur einheitliche beziehungsweise eng miteinander verwandte Leistungen erbracht. Eine allgemeingültige Vorgehensweise existiert nicht, da eine Vielzahl von institutsspezifischen Gegebenheiten zu berücksichtigen ist. Abhängig von der Anzahl und der Struktur der Marktleistungen ist allerdings eine grobe Differenzierung nach Aktiv-, Passiv-, Dienstleistungs- und Auslandsgeschäft denkbar, wobei die Verwaltungsaufgaben in einer besonderen Zentralabteilung erledigt werden. Innerhalb der Geschäftssparten kann dann noch weiter untergliedert werden, beispielsweise in das kurz- und langfristige Kreditgeschäft oder das Einlagen- sowie Eigengeschäft.

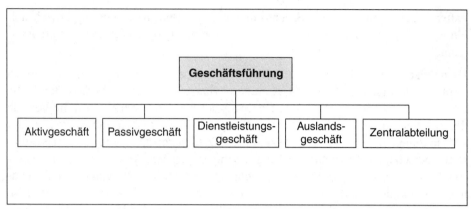

Abbildung 3-37: Geschäftsspartenorganisation

Dem System der Geschäftsspartenorganisation kommt angesichts der Dominanz des Marktbereiches eine hohe Bedeutung zu. Es hat unter anderem den Vorteil, dass die Mitarbeiter durch ihre Ausbildung und ihre tägliche Praxis ein hohes Qualifikationsniveau erreichen. Als Spezialisten können sie so den Kunden im Kredit-, Effekten-, Einlagen- und Zahlungsverkehrsgeschäft jeweils besonders kompetent betreuen. Außerdem ermöglicht die Konzentration von Mitarbeitern und Sachmitteln auf die Bearbeitung ähnlicher Geschäftsvorgänge eine schnellere Abwicklung und die Nutzung von Rationalisierungspotenzialen. Die damit verbundene Kostendegression führt zu günstigen Stückkosten.

Die Bank kann diese Kostenvorteile über bessere Konditionen an ihre Kunden weitergeben und damit Wettbewerbsvorteile gegenüber teureren Konkurrenzinstituten erzielen. Ein weiterer Vorteil für den Kunden kann zwar in der fachkundigen Beratung durch Spezialisten gesehen werden. Dem stehen jedoch auch Nachteile gegenüber – insbesondere die Tatsache, dass ein Kunde, der mehrere verschiedene Anliegen hat, mehrfach an den jeweils „zuständigen" Sachbearbeiter weiterverwiesen wird. Diesem Nachteil der „behördenmäßigen" Bearbeitung versucht die nun zu erläuternde Kundengruppenorganisation abzuhelfen.

Kundengruppenorganisation

Den Kundenbedürfnissen kommt eine streng produktorientierte Denkweise nicht unbedingt sehr nahe. Seit Jahren besteht daher die Idee, den Kunden in den Mittelpunkt der bankbetrieblichen Geschäftstätigkeit zu stellen. Dieser Ansatz fordert von den Banken, sich organisatorisch nach den Marktbedürfnissen und somit nach den Kundenwünschen auszurichten. Demnach können all diejenigen Leistungselemente, die von den definierten Kundenkreisen typischerweise nachgefragt werden, als zusammengehörig betrachtet werden. Es erfolgt also eine nach Zielgruppen aufgeschlüsselte Organisationsstruktur. Für die Bank bedeutet dies, dass den einzelnen Abteilungen oder Bereichen die gesamte Verantwortung für sämtliche Leistungen, die diese Kundenkreise nachfragen, übertragen wird. Eine sinnvolle Aufschlüsselung wäre beispielsweise zunächst nach Privat- und Firmenkunden. Danach kann eine tiefergehende Strukturierung nach vermögenden Privatkunden und Privatkunden des Mengengeschäfts (also Lohn- und Gehaltsempfänger) sowie nach emissionsfähigen und nicht emissionsfähigen Firmenkunden oder nach Klein-, Mittel- und Großunternehmen erfolgen.

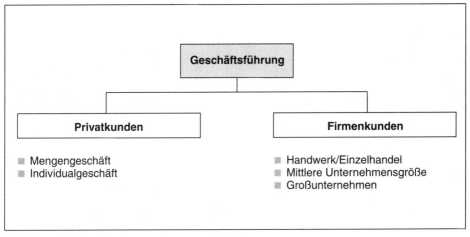

Abbildung 3-38: Kundengruppenorganisation

Der wesentliche Vorteil der kundengruppenorientierten Organisation liegt in dem engen Kontakt zwischen Bank und Kunden. Der Kunde kann all seine Probleme und Wünsche mit seinem Kundenberater besprechen, der ihn dann sowohl in Finanzierungsfragen als auch in Anlagefragen und im Dienstleistungsgeschäft umfassend berät. Er muss für die einzelnen Bankleistungen nicht jeweils einen anderen Bankmitarbeiter konsultieren. Auch entfällt die Gefahr, dass mehrere Spezialisten unkoordiniert oder ohne sonderliche Rücksicht auf die gesamten Kundenbedürfnisse beraten oder sogar in Konkurrenz zueinander auftreten (beispielsweise Spargeschäft versus Wertpapiergeschäft).

Eine solche Kundengruppenorganisation stellt hohe Anforderungen an die Qualifikation der Mitarbeiter. Deshalb ist eine kontinuierliche und breit angelegte Aus- und Fortbildung von grundlegender Bedeutung. Daneben muss selbstverständlich sein, dass der Kundenbetreuer bei anspruchsvollen Detailfragen und Sonderwünschen einen auf diesem Fachgebiet spezialisierten Kollegen zur Mitberatung hinzurufen kann.

Aus dem intensiven Kontakt zwischen Kunde und Bankberater kann im Laufe der Zeit ein besonderes Vertrauensverhältnis aufgebaut werden, das die Kundenbindung zur Bank verstärkt und gegen Abwerbungsversuche von Konkurrenten widerstandsfähiger macht. Gleichzeitig lernt der Kundenberater seinen Kunden hinsichtlich seines beruflichen, privaten und familiären Hintergrunds – und somit seine finanziellen Vorstellungen und Möglichkeiten – immer besser kennen, sodass er selbst Ansatzpunkte für eine aktive Betreuung findet. Einer derartigen Kundenbetreuung lassen sich natürlich auch wichtige Hinweise für die bankbetriebliche Marktforschung oder Marketingaktivitäten auf Gesamtbankebene entnehmen.

Matrix-Organisation

In der Praxis kommt es wegen der jeweiligen Vor- und Nachteile der bislang dargestellten „Reinformen" der Aufbauorganisation zu Mischformen. Beispielsweise wird bei einer zweidimensionalen Matrix-Struktur versucht, zwei verschiedene Gliederungsprinzipien zu kombinieren. Auch eine dreidimensionale Matrix-Organisation kommt häufig vor.

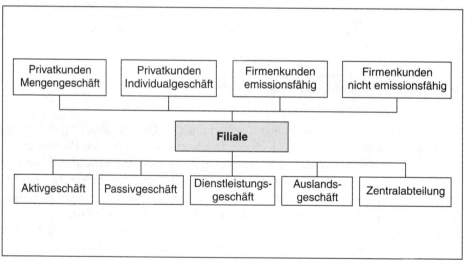

Abbildung 3-39: (Zweidimensionale) Matrix-Organisation mit produktorientierter Zentrale und kundengruppenorientierter Filiale

Bei dieser beispielhaft abgebildeten zweidimensionalen Matrix-Organisationsform ist das Spartenprinzip mit dem Kundengruppenprinzip so kombiniert, dass die Zentrale produktorientiert und die Filialen kundengruppenorientiert gegliedert sind und daher auch eine duale Führung herrscht. Doch auch hier entstehen Konflikte zwischen den Kundengruppen- und Geschäftsparteninteressen. Im Kreditgeschäft kann es beispielsweise immer wieder zu Problemsituationen kommen: Sowohl das für das

Kreditgeschäft verantwortliche Vorstandsmitglied als auch der für den Kunden zuständige Filialleiter haben sich mit der Frage auseinanderzusetzen, ob einem in finanziellen Schwierigkeiten befindlichen Großkunden fällige Kredite prolongiert werden können.

Zuletzt sei noch angemerkt, dass diese banktheoretischen Organisationsmodelle für die Praxis meist nur mit Modifikationen übernommen werden können. In den Organigrammen von Banken finden Sie daher unterschiedlich kombinierte Elemente der verschiedenen Modelltypen.

2.1.2 Ablauforganisation

Die Überlegungen der Ablauforganisation betreffen den Arbeitsprozess an sich. Gegenstand der Ablauforganisation ist die Gestaltung aller bankbetrieblichen Vorgänge mit dem Ziel, eine möglichst kurze Durchlaufzeit für alle Bearbeitungsobjekte bei möglichst hoher Kapazitätsauslastung zu erreichen. Es geht dabei in erster Linie um die Tätigkeiten, die sich immer wiederholen und in zumindest ähnlicher Weise zu behandeln sind. Obwohl hier die Ablauforganisation isoliert von der Aufbauorganisation behandelt wird, sei darauf hingewiesen, dass sich selbstverständlich die aufbauorganisatorische Struktur auch auf die Ablaufprozesse auswirkt.

Die Ablauforganisation muss deshalb mit den Aufgaben- und Verantwortungsbeziehungen der Aufbauorganisation harmonieren. Sie kann dann versuchen, die arbeitsteilig auszuführenden Maßnahmen, die untereinander in räumlicher und zeitlicher Folgebeziehung stehen, optimal zu koordinieren. Der für das Bankwesen allgemeine Grundsatz, dass eine weitestgehend taggleiche Bearbeitung der Geschäftsvorfälle sowie die größtmögliche Sicherheit der überlassenen Geldbeträge sichergestellt sein muss, führt zusammen mit dem Effizienzkriterium zu den drei wesentlichen Anforderungen an die Organisation der bankbetrieblichen Arbeitsabläufe: Sicherheit, Schnelligkeit und Wirtschaftlichkeit.

2.1.2.1 Sicherheit

Bei den Banken spielt die Sicherheit eine große Rolle. Da die Bankleistungen monetär -also auf das Objekt „Geld" – ausgerichtet sind, herrscht eine besondere Vertrauensempfindlichkeit bei diesen Leistungen. Die Kunden achten beispielsweise nicht nur auf hohe Zinserträge, sondern auch auf die Sicherheit ihrer Geldanlage. Dass auch bei der Gestaltung von Arbeitsprozessen Sicherheitsaspekte in erheblichem Umfang zu berücksichtigen sind, wird etwa mit Blick auf das Kreditkartengeschäft oder den Zahlungsverkehr deutlich.

Die zu institutionalisierenden Sicherheitsvorkehrungen betreffen die unterschiedlichsten Unternehmensbereiche. So geht es im Verwaltungsbereich um die Bewachung der Geldtransporte, um die Beschaffung von oder Tresoren für Wertgegenstände oder die sichere Unterbringung vertraulicher Akten sowohl aus dem Kunden- als auch aus dem innerbetrieblichen Bankgeschäft, bis hin zu den internen Kontrollmechanismen und der Arbeit der Revisionsabteilung.

Das Sicherheitsziel kann ablauforganisatorisch mit präventiven und kontrollierenden Maßnahmen erreicht werden: Gerade im Absatzbereich sind vorbeugende Sicherheitsmaßnahmen gegen Fehler und Betrugsversuche zu treffen. Beispiele hierfür sind individuell vereinbarte Kennworte für die Auszahlung von Sparbüchern und den Zugang zu Kundensafes oder die Vergabe von persönlichen Identifikationsnummern für die Benutzung von Geldausgabeautomaten und für die Teilnahme am Telefon Banking.

Dennoch lassen sich gerade im Massengeschäft Fehler nie völlig ausschließen. Daher dienen verschiedene Kontrollmaßnahmen der nachträglichen Überwachung der Arbeitsabläufe mit dem Ziel, entstandene Fehler möglichst früh aufzudecken, zu korrigieren und ihnen zukünftig wirksam begegnen zu können. Besondere Bedeutung haben heute, da fast alle Transaktionen über EDV laufen, die automatischen Kontrollroutinen in den EDV-Systemen, aber auch das Vier-Augen-Prinzip in der Form, dass Eingabe und Kontrolle der Daten von zwei verschiedenen Personen erfolgen müssen, bevor das System den Vorgang weiterverarbeitet.

Somit ist für das Bankgeschäft die Kontrolle selbst als Bestandteil des gesamten Arbeitsablaufs zu sehen. Neben den ausführenden Mitarbeitern in der Kundenbetreuung und im Back-Office ist von anderen zusätzlich die richtige Abwicklung der Bankleistung an sich zu überwachen. Weitere Kontrollen, die nicht unmittelbar an den Arbeitsablauf gekoppelt sind, werden dann den Mitarbeitern einer besonderen Stabsabteilung, meist der Revisionsabteilung, übertragen. Diese überprüfen meist aperiodisch, fallweise und stichprobenartig alle Arbeitsabläufe. Anschließend wird die Geschäftsführung anhand eines relativ objektiven Berichts über die Ordnungsmäßigkeit des bankbetrieblichen Geschehens unterrichtet. Es werden Schwachstellen oder Verlustquellen aufgezeigt und Verbesserungs- oder Vereinfachungsvorschläge ausgearbeitet.

2.1.2.2 Schnelligkeit

Gegenstand des zweiten Grundprinzips ist die Schnelligkeit der bankbetrieblichen Leistungserstellung. Da Banken ihre meist abstrakten und nicht lagerfähigen Leistungen im Normalfall zeitnah abwickeln müssen, sind sie oft gezwungen, ihre Kapazitäten (Personal und Sachmittel) an der zu erwartenden Spitzenbelastung auszurichten. Das bedingt einen hohen (fixen) Kostenblock. Deshalb hängt es vom Ausmaß der

Beschäftigungsschwankungen ab, wie sich das Verhältnis von Kosten und Leistung entwickelt. Denn nur wenn dem bankbetrieblichen Gesamtaufwand eine echte Arbeitsleistung gegenübersteht, spricht man von Nutzkosten. Der verbleibende Anteil der nicht produktiv genutzten Arbeitszeit verursacht so genannte Leerkosten. Stark schwankende Kapazitätsauslastungen führen vor allem im Personalbereich, aber auch im Sachmittelbereich zu hohen Leerkosten und damit zu einem ungünstigen Kosten-Nutzen-Verhältnis. Dies zeigt den engen Zusammenhang mit dem dritten Ziel, der Wirtschaftlichkeit.

2.1.2.3 Wirtschaftlichkeit

An jedem Arbeitsplatz, in jeder Abteilung und im Gesamtbetrieb sollte jede Tätigkeit mit möglichst optimalem Personal- und Sachmitteleinsatz erfolgen. Das Wirtschaftlichkeitsziel kollidiert nicht selten mit den Prinzipien der Sicherheit und Schnelligkeit, da beide meist mit höherem Personal- und Sachmitteleinsatz und entsprechenden Kosten verbunden sind.

Die Ursache für diesen Zielkonflikt liegt in der Abhängigkeit der bankbetrieblichen Leistungserstellung vom Zeitpunkt des Kundenauftrages. Wegen des Qualitätsanspruchs der zeitnahen, am besten tagggleichen Bearbeitung ist eine gleichmäßige Verteilung des Arbeitsanfalls oft nicht möglich, sondern unterliegt teilweise sehr großen Schwankungen. Das zu bewältigende Problem besteht also darin, eine optimale Kapazitätsauslastung für Spitzenanforderungen und für Zeiten geringer Beanspruchung zu finden. Es muss daher in jeder Bank ein Weg gefunden werden, die Kapazitätsauslastung zu maximieren und/oder die Durchlaufzeiten zu minimieren, indem versucht wird

- **Beschäftigungsschwankungen** zu nivellieren (zum Beispiel geschickte Bündelung verschiedener Aufgaben)

- **Spitzenbelastungen** durch einen Mitarbeiter- und/oder Sachmittelaustausch zwischen verschiedenen Abteilungen auszugleichen (zum Beispiel Einsatz von „Springern") und/oder

- kostengünstige **Anpassungsmaßnahmen** an schwankende Beschäftigungssituationen zu finden (zum Beispiel gleitende Arbeitszeit, „Zeitkonten" mit langen Ausgleichszeiträumen)

Zu unterscheiden sind periodische und aperiodische **Beschäftigungsschwankungen**:

- **Periodische**, also wiederkehrende Änderungen der Arbeitsbelastung sind abhängig von bestimmten Terminen, Wochentagen, Monatsabschnitten oder Saisoneinflüssen. Beispielsweise sind hier besondere Zinstermine am Jahresende,

Gehaltszahlungen am Monatsultimo, Steuerfälligkeiten, Kontoabschlusstermine, Feiertage oder Urlaubszeiten, aber auch bestimmte Zeiten im Tages-Rhythmus.

- Bei den **aperiodischen** Schwankungen handelt es sich um unregelmäßige oder einmalige Änderungen der Beschäftigung, wie sie beispielsweise nach einer Leitzinsänderung, einem Regierungswechsel, einem überraschenden Konjunkturaufschwung beziehungsweise -einbruch oder einer erfolgreichen Werbekampagne auftreten können.

Um eine möglichst günstige Kapazitätsauslastung zu erreichen, müssen die Banken versuchen, die personelle und sachliche Ausstattung der Arbeitsplätze dem variierenden Arbeitsanfall anzupassen. Ein erster Schritt besteht darin, zu erwartende Schwankungen vorherzusehen. Dann kann geprüft werden, welche Arbeiten zeitlich verschoben und welche Mitarbeiter an verschiedenen Arbeitsplätzen ausgleichend eingesetzt werden können.

Doch wird es nie vollkommen gelingen, sämtliche Schwankungen ohne Verluste in der Kapazitätsauslastung auszugleichen. Vor allem stellt sich immer wieder das Problem einer kostengünstigen Anpassung des Mitarbeitereinsatzes an den unterschiedlichen Arbeitsanfall.

Maßnahmen der Ablauforganisation sind immer wieder davon geleitet, **Anpassungsmaßnahmen** an die vor allem aperiodisch auftretenden Schwankungen zu finden. Dies kann quantitativ, zeitlich oder intensitätsmäßig erfolgen:

- Bei der **quantitativen Anpassung** geht es darum, diejenigen Kapazitätsreserven, die in Zeiten einer Unterbeschäftigung nicht genutzt werden, in Zeiten von Belastung- und Arbeitsspitzen zu nutzen. Eine derartige Vorgehensweise wird meist bei dem Sachmitteleinsatz (Personal Computer, Frankiermaschinen, Rechenzentrum) zum Zuge kommen. Schon hier stellt sich das Problem der qualitativen Abstimmung im Maschinen/Mensch-Gefüge. Von höherer Bedeutung ist aber der Personalsektor. Was tun, wenn die Standardbelegung einer Abteilung oder Zweigstelle zur Bewältigung eines überdurchschnittlich hohen Arbeitsanfalls nicht mehr ausreicht. Ein zusätzlicher Einsatz von Mitarbeitern aus anderen Abteilungen setzt voraus, dass dort keine vollständige Arbeitsauslastung herrscht. Aber selbst wenn das der Fall ist, müssen die Mitarbeiter zur Übernahme solcher Ausgleichsarbeiten bereit sein und über die notwendige persönliche und fachliche Eignung verfügen. Diese Problematik lässt sich aber in der Praxis nicht so leicht lösen. Als Kapazitätsreserven kommen hier eher Teilzeit- und Ultimokräfte sowie Mitarbeiter der Personalreserve in Frage.

- Auch die **zeitliche Anpassung** findet bei Banken schnell ihre Grenzen. Zwar kann ein überdurchschnittlich hoher Beschäftigungsgrad teilweise durch Überstundenleistung bewältigt werden, andererseits sind die Grenzen der arbeitsrechtlichen Bestimmungen mitunter schnell erreicht. Darüber hinaus ist diese Anpassungsmöglichkeit wegen der überproportional hohen Überstundenzuschläge ein relativ teures Instrument und sollte aus Kostengründen auf Ausnahmen beschränkt bleiben. Im umgekehrten Falle einer zeitweisen unterdurchschnittlichen Arbeitsbelastung könnten zunächst die sich in der Vergangenheit angesammelten Überstunden ausgeglichen werden.

- Bei der dritten, **intensitätsmäßigen Anpassung** an schwankende Beschäftigungsgrade geht es um das schnellere oder langsamere Arbeitstempo je nach akutem Arbeitsanfall. Einfaches Beispiel: Wenn nur ein einziger Kunde am Schalter steht, kann man ihm beim Ausfüllen der Überweisungen helfen und auch mal übers Wetter reden. Wenn aber eine Schlange von zehn Ungeduldigen drängelt, wird man die Vorgänge im Interesse aller Beteiligten so gut es geht beschleunigen. Der Vorteil der intensitätsmäßigen Anpassung liegt eindeutig auf der Kostenseite, da auch bei stärkerer Beanspruchung die Personal- und Sachkosten unverändert bleiben. Doch die Variation der Arbeitsgeschwindigkeit der Mitarbeiter hat physiologische und psychologische Grenzen. Werden Arbeitspausen zu kurz, der Arbeitsdruck zu groß und lässt die Motivation nach, leidet nicht nur die Leistungsbereitschaft, sondern auch die Qualität, etwa weil die Fehlerquote zunimmt.

Zusammenfassend lässt sich sagen, dass in der Ablauforganisation diejenige Art der Anpassung zu wählen ist, bei der die Kosten möglichst gering gehalten werden, die Qualität und zeitnahe Abwicklung (Tagfertigkeit) gewährleistet ist und die Sicherheit nicht leidet. Je nach der spezifischen Situation der Bank wird auch eine Kombination der vorgestellten Variationsmöglichkeiten anzutreffen sein.

Die Überlegungen zur Ablauforganisation dürfen dabei nicht bei der Analyse einzelner Arbeitsabläufe oder Arbeitsplätze stehenbleiben, sondern müssen auch den Gesamtzusammenhang der Arbeitsprozesse betrachten. Häufig liegt nämlich die Ursache zum Beispiel für Abwicklungsverzögerungen gar nicht in der Stelle, in der sich die Vorgänge aufstauen oder die Kundenreklamationen auftauchen. Statt dessen kann sich eine vor- oder nachgelagerte Abteilung im Back-Office-Bereich als das organisatorische „Nadelöhr" herausstellen, das es dann zu erweitern gilt. Nur wenn es gelingt, solche Engpassstellen zu entzerren, können sich auch an anderen Stellen die erwünschten Effizienz- und Zeitvorteile ergeben. Deshalb muss nicht der isolierte Personal- und Sachmitteleinsatz eines bestimmten Arbeitsplatzes, sondern vielmehr die Verringerung von Engpässen in einem gesamten Arbeitsprozess im Vordergrund der Organisationsüberlegungen stehen.

2.2 Informationsmanagement

Das Ziel dieses Abschnittes ist es, einen Überblick über die Anforderungen an ein entscheidungsorientiertes Informationssystem zu geben.

2.2.1 Informationsbedarf

Je erfolgreicher eine Bank in ihrer Geschäftstätigkeit sein will, desto „besser" müssen ihre Informationen sein, die zur **Entscheidungsfindung** beitragen. Und die bankbetriebliche Geschäftstätigkeit erfordert täglich eine Vielzahl von Entscheidungen. Fehleinschätzungen oder unvollständige Einsicht in die Situation bringen Verluste oder vertane Gewinnchancen. Eine Vielzahl von externen und internen Informationen erleichtert (oder erschwert!) die Vorbereitung des Entscheidungsprozesses: Externe Informationen sind zum Beispiel Konjunktur- oder Zinsprognosen, neue Gesetze, Ereignisse oder Tendenzen an internationalen Märkten, Aktionen der Konkurrenzinstitute, nicht zuletzt auch politische und gesellschaftliche Themen.

Interne Informationen sind in erster Linie die Daten des **betrieblichen Rechnungswesens** und der Statistik, Analysen und Arbeitsberichte der eigenen Stabsabteilungen, Mitteilungen und Anweisungen der Unternehmensleitung, Auswertungen/Erfahrungsaustausch der beteiligten Stellen über das Kundengeschäft etc.

Je zielgerichteter all diese Informationen zur Verfügung gestellt werden, desto geringer ist die **Gefahr einer Fehlentscheidung**. Nur so kann gewährleistet werden, dass frühzeitig Tendenzen erkannt und geschäftspolitische Maßnahmen ergriffen werden, um von unternehmensexternen Entwicklungen nicht überrascht zu werden.

Deshalb spielt das Erfassen, Sammeln, Ordnen und Auswerten sowie die Weitergabe von Informationen eine wesentliche Rolle bei der bankbetrieblichen Entscheidungsfindung.

Mit dem stetigen Unternehmenswachstum, der zunehmenden Diversifikation und auch der Expansion im internationalen Bereich ergeben sich Probleme dahingehend, wie diese vielfältigen Informationen zu konsolidieren und als ganzheitliches Instrumentarium dort zur Verfügung zu stellen sind, wo sie am meisten benötigt werden.

Aus der Sicht des einzelnen Mitarbeiters gibt es **vier Klassen von Informationen**:

- die für seine Tätigkeit notwendigen,
- die vorhandenen,
- die von ihm nachgefragten und
- die ihn nicht interessierenden Informationen.

Im Idealfall wären die ersten drei Klassen deckungsgleich, das heißt, die notwendigen Informationen sind vorhanden und werden vom Mitarbeiter auch genutzt. Die Realität sieht oft anders aus: Man bekommt nicht alle Informationen, obwohl man sie nachfragt. Oder man nutzt vorhandene Informationen nicht. Oder man weiß gar nicht, dass einem notwendige Informationen noch fehlen.

Auf der anderen Seite erhalten Mitarbeiter immer auch Informationen, die sie für ihre Tätigkeit gar nicht benötigen und die nicht nur nutzlos, sondern sogar zeitraubend und ablenkend sind. Ein häufiges Beispiel dafür sind etwa Rundschreiben und E-Mails „an alle", weil die absendende Stelle nicht weiß oder nicht exakt steuern kann, für wen diese Nachricht relevant ist und für wen unnötig.

Um den aufgabenorientierten Informationsbedarf festzustellen und nicht benötigte Informationen zu eliminieren, empfiehlt sich in einem ersten Schritt eine gründliche Aufgabenanalyse. Danach ist ein funktionierendes Informationssystem zu installieren, das alle entscheidungsrelevanten Informationen erfasst, speichert und den einzelnen Entscheidungsträgern nicht pauschal, sondern gezielt zur Verfügung stellt.

2.2.2 Konzept eines Informationssystems

Das bankinterne Informationssystem hat detailliert zu regeln,

- wer welche Informationen aus dem Bankgeschehen erhält (beispielsweise Kundendaten),
- wer welche Informationen liefern muss (beispielsweise Entscheidungsvorlagen, Statistiken etc.),
- wer auf welche Kommunikationskanäle Zugriff hat (beispielsweise Telefon, Datenleitung, Abteilungsberichte, Besprechungszirkel, Internet, Intranets etc.),
- wer zu welchem Zeitpunkt (vor oder nach der Entscheidung) zu informieren ist,
- ob Informationen nur auf Anfrage, automatisch oder gar nicht weiterzugeben sind.

Teilweise ist das Informationssystem deckungsgleich mit dem Leitungssystem einer Bank (siehe Abschnitt 2.1). Über derartige Kommunikationswege findet der Austausch von unterschiedlichsten schriftlichen und mündlichen Informationen statt, beispielsweise die Erstellung und Interpretation von Statistiken oder die Kontrolle im Rahmen von Soll/Ist-Vergleichen.

Es gibt jedoch eine Vielzahl von Informationen, die auch außerhalb des Leitungssystem an anderen Stellen benötigt werden und deshalb innerhalb des Informationssystems zu regeln sind. So benötigt beispielsweise der Kundenberater den aktuellen Kontostand und die Inanspruchnahme der Kreditlimite, um beurteilen zu können, ob weitere Geldbeträge ausgezahlt werden können. Diese Informationen müssen aber nicht nur bei ihm, sondern auch in der Kreditabteilung verfügbar sein. Außerdem können die Informationen, die dem Kundenberater vorliegen, auch in der Marketingabteilung für Marktforschungsvorhaben nützlich und erwünscht sein.

Informationsbedarf und Informationsfluss sind also nicht nur aus der Sicht eines einzelnen Arbeitsplatzes zu ermitteln. Vielmehr müssen alle Stellen ihre jeweils benötigten Informationen abrufen können. Außerdem sollte unbedingt gewährleistet sein, dass (Teil-)Informationen, die in den unterschiedlichen Bankbereichen anfallen, zentral zu einem Informationspool verdichtet werden. Außerdem ist auf regelmäßige Aktualisierung der Daten zu achten.

Ein **Informationssystem** sollte auch solche Informationsbeziehungen regeln, die unerwartet oder zufällig auftreten können. Beispielsweise ist für den Fall eines Banküberfalls bereits vorher zu klären, wer wen informiert, die Polizei alarmiert usw. Hier wird man jedenfalls auf die zeitaufwendige Einhaltung des Dienst- und Instanzenwegs verzichten müssen. Ähnliches gilt für schnell zu treffende Entscheidungen bei unvorhergesehenen Ereignissen, wie beispielsweise einem Streik, dem plötzlichen Konkurs eines Großkunden oder ein militärischer Konflikt in einem Land, in dem die Bank geschäftlich aktiv ist. Hier können bereits schon im Vorfeld Empfehlungen, Szenarien und mögliche Vorgehensweisen ausgearbeitet werden, die dann in der aktuellen Situation als Ausgangspunkt dienen können.

Zuletzt sind die so genannten informellen, also **nicht formal geregelten Informationswege**, die das Funktionieren des Unternehmens positiv und negativ beeinflussen können, ebenfalls beim Aufbau eines Informationssystems zu berücksichtigen. Manches Mal füllen sie bestehende organisatorische Lücken aus, wenn beispielsweise fixierte Regelungen für die Weitergabe von Informationen fehlen oder der offizielle Weg zu aufwendig wäre. Unterstützen sie den Arbeitsablauf, so sollten sie nicht nur toleriert, sondern vielmehr organisatorisch legitimiert werden. Sollten sie aber die Arbeit behindern oder negativ beeinflussen, so wäre mit den Beteiligten nach besseren Kommunikationslösungen zu suchen.

Es existiert kein für alle Banken gleich geeignetes Informationssystem. Abhängig von der Unternehmensgröße, der Verband- oder Konzernstruktur, der Fachkompetenz im EDV- und Organisationsbereich, der Organisationskultur sowie der Persönlichkeitsstruktur der Verantwortlichen finden sich jeweils institutseigene Lösungen. Das Ziel sollte jedoch beim Aufbau eines individuellen Informationssystem immer sein, Risiken und Fehleinschätzungen bei unvollständiger Information zu minimieren. Außerdem sind bereits im Vorfeld die Kosten abzuschätzen, der Aufwand für die Entwicklung, Reorganisation, Betreuung, Aktualisierung, Kontrolle usw., und welcher Nutzen zu erwarten ist.

Bei allen Banken hat die Bedeutung der EDV für das Informationsmanagement erheblich zugenommen. Ein Informationssystem ist heute ohne weitreichende EDV-technische Unterstützung kaum denkbar.

2.2.3 Computerunterstützte Informationssysteme

Mit Hilfe der EDV lässt sich die ständig wachsende Daten- und Informationsflut kostengünstiger aufbereiten und effizienter im bankbetrieblichen Entscheidungsprozess einsetzen. Für das tägliche Bankgeschäft übernehmen heute computergestützte Informationssysteme die Bereitstellung, Selektion und auch teilweise die Aufarbeitung benötigter Daten. Viele Entscheidungsträger können per Dialogstation (im Rahmen ihrer persönlichen Zugangsberechtigung) direkt auf betriebs- und marktbezogene Daten zugreifen (siehe auch Abbildung 3-35):

- Für den Marktbereich ist es besonders wichtig, Kundendaten, Unternehmenskennziffern oder Wertpapierinformationen abzufragen.

- In Stabsabteilungen unterstützen ganz unterschiedliche Programme die strategische Arbeit; auch können Empfehlungen für anstehende Entscheidungen ohne langwierige Recherchen und auf aktueller Datenbasis gegeben.

- Auch die Bürokommunikation bildet mit Textverarbeitung, E-Mail, Online-Diensten etc. einen integrativen Bestandteil des Informationssystems.

- Auf den nächsten Führungsebenen sind statt zahlloser Einzeldaten oft nur verdichtete Informationen brauchbar, zur Beurteilung der Geschäftslage oder der Entwicklung bestimmter Produktsparten, Kundengruppen etc. Gleiches gilt für die vergangenheitsbezogenen Berichtssysteme, für die Rechnungslegung, für Prognosedaten zur zukünftigen Unternehmenssteuerung (Planung der Sach- und Personalkapazitäten, Marktaktivitäten, Preispolitik, Vertriebspolitik, Werbung etc.) sowie für Kontrollaufgaben zur Abweichungsanalyse.

Dabei wird zugleich deutlich, dass die einzelnen Anwendungsgebiete in hohem Maße miteinander verwoben sind. Daten werden jeweils von mehreren Mitarbeitern unterschiedlicher Bankbereiche zur Verfügung gestellt und abgefragt. Deshalb ist auch darauf zu achten, dass die Arbeit mit dem computerunterstützten Informationssystem anwenderfreundlich gestaltet ist und die EDV-Kapazitäten sinnvoll genutzt werden.

Der **Erfolg eines Informationssystems** hängt wesentlich von seiner Akzeptanz bei allen Mitarbeitern ab. Gerade in der Einführungsphase muss „Überzeugungsarbeit" geleistet werden, um berechtigte oder unberechtigte Vorbehalte gegenüber neuen Techniken und Veränderungen des gewohnten Arbeitsablaufs zu überwinden. Nur wer vom Sinn und Nutzen eines solchen Informationssystems überzeugt worden ist, wird es in all seinen Möglichkeiten ausschöpfen.

Nicht zuletzt sind auch **die rechtlichen Bestimmungen des Datenschutzes** (insbesondere über die Speicherung von Daten) einzuhalten sowie Vorkehrungen zur Sicherung der Funktionsfähigkeit der EDV (Strom- beziehungsweise Leitungsausfall, Hard- und Software-Störungen, menschliches Versagen und Betrug) zu treffen.

Bankbereiche	Informationsbereiche
Kundenbetreuung	– Kontoführung – Konten- und Kundenkalkulation – Betreuung des Einlagengeschäfts – Betreuung des Kreditgeschäfts
Geschäftsstellen	– Geschäftsstellenrechnung – Profit-Center-Rechnungen – Deckungsbeitragsrechnungen
Wertpapiergeschäft	– Kurs- und Marktinformationen – Ordererfassung/-weiterleitung – Wertpapieranalyse – Depotstatistik
Marketing	– Konkurrenzbeobachtung – Kundenstrukturdaten – Sozio-demografische Statistiken – Konsum- und Werbewirkungsforschung
Personal	– Gehaltsabrechnung – Zeiterfassung – Mitarbeiterstatistiken – Kompetenzkataloge – Schulungsmaßnahmen – Personalentwicklungsplanung
Kostenrechnung	– Traditionelle Stückkostenrechnung – Standard-Einzelkostenrechnung – Integrierte Kostenrechnung – Plankostenrechnung – Berichtswesen – Wirtschaftlichkeitsrechnungen
Rechnungswesen	– (Finanz-)Buchhaltung – Bilanzerstellung
Unternehmensleitung	– Betriebsvergleiche – Vergangenheitsanalyse – Prognose- und Kontrollsysteme – Unternehmenssteuerung

Abbildung 3-40: Bankbereiche und zugehörige Informationsbereiche

RESÜMEE

Im vorangegangenen Abschnitt wurde gezeigt, unter welchen Gesichtspunkten eine Bank ihr Rahmengefüge und ihre Arbeitsprozesse sinnvoll organisieren kann. Dabei wurde deutlich, dass die verschiedenen theoretisch denkbaren Gliederungs- und Strukturierungsprinzipien für die Praxis zwar wertvolle Ansätze bieten, aber nicht sämtliche Probleme im Bankenalltag zufriedenstellend lösen können. Alle Beteiligten müssen sich darüber im klaren sein, dass es die „einzig richtige Lösung" nicht gibt. Die Vielschichtigkeit der bankspezifischen und institutsindividuellen Besonderheiten bringt es mit sich, dass beinahe ständig nach Verbesserungen in der Aufbau- und Ablauforganisation gesucht wird. Und ein Organisationsgefüge, das bei Gründung einer Bank für optimal erachtet wurde, kann sich im Laufe der Zeit als wenig praktikabel oder überholt erweisen. Deshalb sind auch im bankbetrieblichen Alltag Reorganisationsmaßnahmen mit kleineren oder auch größeren Anpassungen üblich; gelegentlich sogar eine vollständige Neuorganisation.

Der zweite, mit der Organisation in Zusammenhang stehende Themenkomplex betrifft das Informationsmanagement. Die in den verschiedenen Bankbereichen anfallenden Daten müssen zu einem institutionalisierten bankbetrieblichen Informationssystem integriert und den Entscheidungsträgern zur Verfügung gestellt werden. Denn alle Mitarbeiter in der Bank sind zugleich Teilhaber am Organisations- und Informationsprozess. Sämtliche Arbeitsabläufe und somit auch die Informationssammlung und -weitergabe spielen sich zwischen ihnen ab. Sie sind gleichzeitig für die Vorbereitung von Entscheidungen verantwortlich, treffen teilweise diese Entscheidungen und sind von ihren eigenen Ergebnissen wie auch von denen anderer Mitarbeiter in irgendeiner Art betroffen. Die Summe aller hieraus resultierenden Ergebnisse stellt letztlich den geschäftlichen Gesamterfolg der Bank dar.

KONTROLLFRAGEN

1. Wie kann die Ablauf- von der Aufbauorganisation abgegrenzt werden?
2. Erläutern Sie die drei Gliederungskriterien der Aufbauorganisation.
3. Welche Vor- und Nachteile bietet eine ausschließlich regionalorientierte Aufbauorganisation?
4. Stellen Sie die drei Grundsätze der Ablauforganisation dar.
5. Worin bestehen die Grenzen einer qualitativen Anpassung an aperiodische Beschäftigungsschwankungen?
6. Skizzieren Sie die wichtigsten Anforderungen an ein bankbetriebliches Informationssystem.
7. In welchen bankbetrieblichen Bereichen bieten sich computerunterstützte Informationssysteme an?

LITERATUR ZUM WEITERLESEN

- Grundlagen der Organisationslehre bei Banken finden Sie in vielen Lehrbüchern, wie beispielsweise:

    Büschgen, Hans E., **Bankbetriebslehre**, Wiesbaden 1998.
    Priewasser, Erich, **Bankbetriebslehre**, München – Wien 1998.

- Wenn Sie sich detailliert mit informatik-spezifischen Aufgabenstellungen bei Banken beschäftigen wollen:

    Moll, Karl-Rudolf, **Informatik-Management**, Berlin – Heidelberg – New York 1994.

- Einen Einblick in den MIS-Report (Management-Informations-System) bei Sparkassen erhalten Sie bei

    Priewasser, Erich, **Bankbetriebslehre**, München – Wien 1998.

3. Rechnungswesen

Das berechnende Wesen: große und kleine Zahlen

„Als erstes im Bankgeschäft lernt man den Respekt vor der Null."
Karl Fürstenberg

> Aus dem Rechnungswesen stammen die wichtigsten Informationen in der Bank. Dabei arbeitet das Rechnungswesen in zwei Richtungen: In seiner internen Ausrichtung soll es aktuelle, marktbezogene und entscheidungsvorbereitende Informationen für die Wirtschaftlichkeitskontrolle und Erfolgssteuerung liefern. Das zweite Gebiet ist dann für die Außenwelt der Bank gedacht: Der Jahresabschluss mit Bilanz und Gewinn- und Verlustrechnung soll allen interessierten Gruppen einen Eindruck geben, „wie es der Bank geht". Dabei sind zahlreiche gesetzliche Vorschriften zu beachten. Die Kunst der Bilanzpolitik besteht aber auch darin, „nicht zu viel zu verraten", obwohl in den letzten Jahren eine „neue Offenheit" in vielen Banken zu beobachten ist. Wir werden in diesem Abschnitt sehen, was das bedeutet.

LEITFRAGEN

1. Wieso existiert in Banken ein umfangreiches internes und externes Rechnungswesen?
2. Warum müssen Banken bei der externen Rechnungslegung strengen gesetzlichen Vorschriften folgen?
3. Die Bankkostenrechnung stellt ein wichtiges bankpolitisches Instrumentarium dar. Wieso existiert dafür keine einheitliche Vorgehensweise bei allen Banken?
4. Warum haben Banken gesetzlich die Möglichkeit, „stillen Reserven" zu bilden?

Dieser Abschnitt beschreibt, wie und wofür bankinterne Informationen aus der Buchhaltung, Kostenrechnung und Betriebsstatistik erfasst, verarbeitet und genutzt werden. Die Inhalte, Ziele und Aufgaben des bankbetrieblichen Rechnungswesens werden zum einen allgemein umrissen, zum anderen sollen die Besonderheiten des internen wie des externen Rechnungswesens in Banken deutlich werden.

Das bankbetriebliche Rechnungswesen stellt ein umfangreiches Informationssystem dar, das von vielen Adressaten und Interessenten in Anspruch genommen wird. Es erfasst und bewertet sämtliche quantifizierbaren und qualifizierbaren Vorgänge systematisch. Einerseits liefert es eine Vielzahl vergangenheitsbezogener Daten, aus denen jede Veränderung des Vermögens und des Kapitals ermittelt und insbesondere der Jahresabschluss erstellt werden kann. Es dient außerdem der Überwachung von Kosten und Leistungen. Es ermöglicht Wirtschaftlichkeitsbetrachtungen, betriebliche Vergleiche, dient der Ermittlung des effektiv erwirtschafteten Erfolges und bildet die Grundlage zur Bestimmung von Preisober- beziehungsweise -untergrenzen. Indem die vorliegenden Ist-Daten zur Grundlage für zukünftige Entscheidungen dienen, unterstützt das Rechnungswesen auch zukunftsbezogene Aufgaben. Üblicherweise wird das bankbetriebliche Rechnungswesen in zwei Teile unterschieden, je nachdem, für welchen Adressatenkreis das Informationsinstrument gedacht ist:

	Externes Rechnungswesen	**Internes Rechnungswesen**
Adressaten:	– interessierte Außenstehende – Kapitalgeber, Staat, Kunden etc.	– Unternehmensleitung – Führungskräfte – Mitarbeiter
Aufgaben:	– Erstellung des Jahresabschlusses – Unternehmensanalysen	– Kosten- und Leistungsrechnung – Planung/Steuerung sowie Kontrolle der Leistungserstellung – bankinterne Statistiken

Abbildung 3-41: Bankbetriebliches Rechnungswesen

Das **externe Rechnungswesen** übernimmt gesetzlich vorgeschriebene Informationsverpflichtungen. Darüber hinaus ist es das geeignete Instrument, weitere freiwillige bankbetriebliche Angaben an Außenstehende wie beispielsweise Kapitalgeber, Staat und Kunden weiterzugeben. Im Mittelpunkt steht die Aufstellung des Jahresabschlusses (Bilanz, Gewinn- und Verlustrechnung, Anhang).

Adressaten des **internen Rechnungswesens** sind vor allem die Unternehmensleitung und die zweite und dritte Ebene. Es unterteilt sich im Allgemeinen in die Kosten- und Leistungsrechnung, die betriebliche Statistik und die Planungsrechnung. Das interne Rechnungswesen liefert die Zahlenbasis für die Planung, Steuerung und Kontrolle der bankbetrieblichen Leistungserstellung.

3.1 Internes Rechnungswesen

Alle Banken müssen bei ihrer unternehmerischen Geschäftstätigkeit Entscheidungen treffen. Um aber beurteilen zu können, welche Handlungsmöglichkeiten überhaupt bestehen und welche davon die günstigste Alternative für die Bank darstellt, brauchen die Verantwortlichen Informationen. Diese Informationen können, wie bereits im vorhergehenden Abschnitt gezeigt, aus den unterschiedlichsten Quellen kommen. Das interne Rechnungswesen ist als ein ganz wesentlicher Informationslieferant zu sehen, wenn es darum geht, Handlungsalternativen unter Rentabilitätsgesichtspunkten zu beurteilen. Denn eine der Hauptaufgaben des internen Rechnungswesens liegt in der Kosten- und Erlösrechnung. Zwar ermittelt der (externe) Jahresabschluss den Erfolg, zeigt aber nicht, wo (bei welchen Geschäftsstellen, Abteilungen oder Kundengruppen) und vor allem womit (mit welchen Leistungen, Bankprodukten) Gewinne oder Verluste im einzelnen realisiert wurden. Aus dem externen Rechnungswesen ist also kein unmittelbarer Aufschluss über die tatsächliche Ertrags- und Kostenlage sowie die Risikosituation der Bank zu gewinnen. Der Grund für diesen Umstand liegt – wie später noch ausführlich behandelt wird – in den verschiedenen Bewertungsspielräumen bei der externen Rechnungslegung, die der Bank erhebliche Möglichkeiten zur Bilanzpolitik eröffnen. Der am Ende ausgewiesene Jahresabschluss kann demnach sogar erheblich von dem tatsächlich erwirtschafteten Ergebnis abweichen.

Deshalb muss intern auf Kosten und Erlös als eigene, „echte" Recheneinheiten zurückgegriffen werden: **Kosten** sind der für die bankbetriebliche Leistungserstellung notwendige und in Geld bewertete Verbrauch von Gütern und Dienstleistungen. **Erlöse** sind das Entgelt für die bankbetriebliche Leistungserstellung. Wenn die vorhandenen Daten dann nicht nur als Zahlenfriedhof gesammelt, sondern zur Entscheidungsvorbereitung, Verantwortlichkeitskontrolle und Rechenschaftslegung aufbereitet werden, kann dieser Teil des internen Rechnungswesens zu einem äußerst wirkungsvollen Steuerungsmittel für absatzpolitische Aktivitäten werden. Mit der Kosten- und Erlösrechnung kann dann beispielsweise festgestellt werden, welche Bankbereiche im Verhältnis zu ihrer Leistung hohe oder niedrige Kosten verursachen sowie hohe oder niedrige Erlöse erwirtschaften. Letztlich stellt die Kosten- und Erlösrechnung also das Instrument zur Wirtschaftlichkeitskontrolle und zur Erfolgssteuerung dar. Bei der Kontrolle der Wirtschaftlichkeit werden Kosten und Leistungen miteinander in Beziehung gebracht und in zeitlicher oder zwischenbetrieblicher Sicht verglichen. Im Gegensatz dazu werden bei der Erfolgssteuerung noch zusätzlich die Erlöse mit in die Betrachtung einbezogen. So kann dann beispielsweise der Erfolg einzelner Konten, Kundenverbindungen oder Geschäftsstellen ermittelt und bewertet werden. Ergänzend liefert das interne Rechnungswesen noch die verschiedensten Statistiken über Stand und Entwicklung der Kundenstruktur, der Geschäftsvolumina, der Kosten der Kapazitätsauslastung etc. Auch kann es neben der Analyse solcher Vergangenheitswerte die künftige Geschäftsentwicklung beeinflussen helfen. Im Rahmen der Planungsbilanz und einer Plan-Gewinn- und Verlustrechnung werden dabei die wesentlichen Volumina sowie Aufwendungen und Erträge der nächsten Periode geplant und Budgets für die einzelnen Bankbereiche festgesetzt.

Da Zinsen, Gebühren, Provisionen und andere Preisbestandteile die Gewinn- oder Verlustposition einer Bank wesentlich bestimmen, kommt der **gesamten Zins- und Gebührenpolitik** besonderes Gewicht zu. Damit sich die Geschäftsleitung einer Bank ein Bild machen kann, ob die marktüblichen Konditionen die eigenen Kosten decken und – wenn ja – welcher preispolitische Spielraum in den einzelnen Produktsparten bleibt, muss sie auf kalkulatorische Grundlagen und auf aktuelle Informationen des Rechnungswesens zurückgreifen können. Gleiches gilt für die Sortimentspolitik, also für Grundsatzentscheidungen über die Zusammensetzung der anzubietenden Dienstleistungspalette. Wenn es um die Frage geht, welche Produkte forciert oder abgebaut oder neu eingeführt werden sollten, muss auch hier die Unternehmensleitung auf Steuerungsinformationen zurückgreifen können.

3.1.1 Dualismus der Bankleistung

Eine Unterscheidung des Betriebsbereiches und des Wertbereiches (so genannter Dualismus der Bankleistung) ermöglicht eine Trennung in der Erfolgsberechnung, die in einem späteren Kalkulationsschritt Grundlage für differenzierte preispolitische Überlegungen ist.

Der **Betriebsbereich** umfasst dabei den Teil einer Bank, in dem unter Einsatz von Mitarbeitern, Maschinen und Material die technisch-organisatorische Seite der Bankleistung erbracht wird. Die hier anfallenden Löhne/Gehälter, Materialkosten, EDV-Kosten, Mieten etc. stellen die Betriebskosten dar. Die vereinnahmten Gebühren und Provisionen werden als Betriebserlöse bezeichnet.

Der **Wertbereich** umfasst dagegen den finanzwirtschaftlichen Teil der Bankleistung. Die Zinsen, die der Kunde für seine Kapitalüberlassung erhält, sind die so genannten Wertkosten. Die Zinszahlungen, die umgekehrt aus der Kreditvergabe, den Wertpapierbeständen der Bank etc. resultieren, werden als Werterlöse bezeichnet.

Aus der Kombination der Betriebs- und Wertleistungen entsteht die gesamte Bankleistung, die sich also aus allen Komponenten des Wert- und Betriebsbereiches zusammensetzt und somit Wertkosten und -erlöse sowie Betriebskosten und -erlöse verursacht.

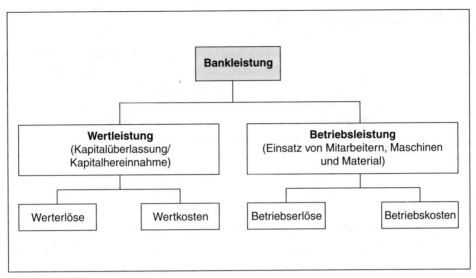

Abbildung 3-42: Bankleistung

BEISPIEL: Kreditgewährung

- **Betriebsleistung:**
  - Kreditverhandlung
  - Erledigung der notwendigen Formalitäten/Korrespondenz und Bearbeitungsschritte inklusive Kreditgenehmigung durch den Kundenbetreuer und in der Kreditabteilung sowie im Back-Office
- **Wertleistung:**
  - Hereinnahme von Einlagen in Höhe des Kreditbetrages und Überlassung des Kreditbetrages
- **Betriebskosten:**
  - Personalkosten für Kundenberater, Kreditsachbearbeiter
  - EDV-Kosten
  - Miete
- **Betriebserlöse:**
  - vereinnahmte Bearbeitungsgebühren
- **Wertkosten:**
  - Zinszahlungen für beschaffte Einlagen
- **Werterlöse:**
  - Zinserlöse aus dem Kredit sowie Disagio

3.1.2 Kalkulation im Wertbereich

Die wichtigste Kalkulationsmethode im Wertbereich ist die **Zinsspannenrechnung**. Die Zinsspanne stellt den Überschuss der Zinserlöse über die Zinskosten dar und wird als Prozentsatz vom Geschäftsvolumen ausgedrückt. Sie kann sich dabei einerseits auf die gesamte Wertsphäre der Bank beziehen (Gesamtzinsspannenrechnung) oder auf einzelne Bereiche aufgespalten werden (Teilzinsspannenrechnung). Gerade Teilzinsspannen können aufzeigen, wie sich jeder einzelne Geschäftsabschluss auf das Zinsergebnis der Bank auswirkt. Als Ermittlungsmethoden wird hauptsächlich auf die Schichtenbilanzmethode sowie die Marktzinsmethode zurückgegriffen.

Schichtenbilanzmethode	Marktzinsmethode
Einteilung der Passivseite in Schichten, danach: Zuordnung der Aktiva	Gegenüberstellung der effektiven Zinssätze zu den aktuellen Geld- und Kapitalmarktzinssätzen

Abbildung 3-43: Methoden zur Kalkulation des Wertbereichs

3.1.2.1 Schichtenbilanzmethode

Die Schichtenbilanzmethode geht davon aus, dass sich bestimmte Aktiva bestimmten Passiva zuordnen lassen.

Die Schichtenbilanzmethode beruht meist auf vergangenheitsbezogenen Daten und dient somit der Analyse von abgelaufenen Perioden. Allerdings erreicht sie wegen ihrer oft etwas willkürlichen Zuordnung schnell ihre konzeptionellen Grenzen bei der Findung von aktuellen Preisuntergrenzen im Aktivgeschäft oder Preisobergrenzen im Passivgeschäft.

Im Beispiel auf den nachfolgenden Seiten wird eine Grundkonzeption der Schichtenbilanzmethode dargestellt.

BEISPIEL: Grundkonzeption der Schichtenbilanzmethode

Beispielbilanz der Lernbank AG

	Volumen	Zinssatz		Volumen	Zinssatz
Barreserve	200	–	Bankengelder	300	6,0 %
Kundenforderungen:			**Kundeneinlagen:**		
kurzfristig	400	10,0 %	Sichteinlagen	300	0,5 %
langfristig	250	7,0 %	Spareinlagen	250	2,0 %
Anlagevermögen	150	–	Eigenkapital	150	–
	1.000			1.000	

Die Gesamtzinsspanne beträgt demnach:

$$\frac{((400 \cdot 10\,\% + 250 \cdot 7\,\%) - (300 \cdot 6\,\% + 300 \cdot 0,5\,\% + 250 \cdot 2\,\%))}{1.000} = 3,3\,\%$$

Im nächsten Schritt wird die Passivseite in vier Schichten (nämlich Eigenkapital, Spar- sowie Sichteinlagen, Bankengelder) eingeteilt. Diesen Schichten werden daraufhin die Aktiva zugeordnet:

Schichtung

Aktiva \ Passiva	Schicht 1 Eigenkapital	Schicht 2 Spareinlagen	Schicht 3 Sichteinlagen	Schicht 4 Bankengelder
Anlagevermögen	150			
langfristige Forderungen		250		
kurzfristige Forderungen			100	300
Kasse			200	

Hieraus kann nun die Schichtenbilanz abgeleitet werden:

Schichtenbilanz

		Volumen	Zinssatz		Volumen	Zinssatz
Schicht 1	Anlagevermögen	150	–	Eigenkapital	150	–
Schicht 2	langfristige Forderungen	250	7,0 %	Spareinlagen	250	2,0 %
Schicht 3	kurzfristige Forderungen	100	10,0 %			
	Kasse	200	–	Sichteinlagen	300	0,5 %
Schicht 4	kurzfristige Forderungen	300	10,0 %	Bankengelder	300	6,0 %

In diesem Beispiel werden in Schicht 2 die 7-prozentigen langfristigen Kundenforderungen aus dem kompletten Spareinlagenbestand mit 2 Prozent refinanziert. Bei den kurzfristigen Kundenforderungen hingegen muss eine Aufsplittung erfolgen, denn nur ein Teil wird durch die Sichteinlagen der Kunden refinanziert (Schicht 3), ein anderer Teil durch die Interbankengeldaufnahme(Schicht 4).

Es ergeben sich also folgende Teilzinsspannen:

Schicht 1: –
Schicht 2: 7,0 % – 2,0 % = 5,0 %
Schicht 3: 3,33 % – 0,5 % = 2,83 %
Schicht 4: 10,0 % – 6,0 % = 4,0 %

Danach ist jedoch noch die Frage zu beantworten, welcher Seite der Ertrag der errechneten Teilzinsspanne zuzuordnen ist. Unter der Annahme, dass sowohl die Passiv- als auch die Aktivseite gleichermaßen zu diesem Ergebnis beigetragen haben, wird der sich ergebende Zinsüberschuss oft 50/50 unter den Beteiligten aufgeteilt.

Für Schicht 2 bedeutet dies beispielsweise einen Verrechnungssatz von

(7 % – 2 %) : 2 = 2,5 %

Die Wertkosten der Aktiva (Werterlöse der Passiva) ergeben sich dann als Summe aus Zinssatz der Passiva (Aktiva) zuzüglich (abzüglich) der anteiligen Teilzinsspannen, das heißt, die Wertkosten der langfristigen Kundenforderungen betragen 2 % + 2,5 % = 4,5 %, die Werterlöse der Spareinlagen 7 % – 2,5 % = 4,5 %.

3.1.2.2 Marktzinsmethode

Neben der vergangenheitsbezogenen Schichtenbilanzmethode gibt es eine weitere Methode für die gegenwarts- und zukunftsbezogene Kalkulation. Im Rahmen der so genannten Marktzinsmethode erfolgt keine Gegenüberstellung von Aktiva und Passiva. Statt dessen wird davon ausgegangen, dass für ein heute abzuschließendes Kundengeschäft auch alternativ ein Geschäft am Geld- oder Kapitalmarkt möglich wäre.

Als Vergleichsmaßstab werden also Alternativgeschäfte unterstellt, das heißt, es werden den effektiven Zinskosten beziehungsweise Zinserlösen aus dem Kundengeschäft die aktuellen Marktzinssätze gegenübergestellt: Im Kreditgeschäft wird mit dem Zins einer alternativen Anlagemöglichkeit am Geld- und Kapitalmarkt verglichen. Im Passivgeschäft werden die Konditionen der Kundeneinlagen im Vergleich zu einer alternativen Beschaffungsmöglichkeit am Geld- und Kapitalmarkt beurteilt. Da die Vergleichsgrößen also auf konkret mögliche Alternativgeschäfte verweisen, kann die Marktzinsmethode für die Findung von aktuellen Preisunter- beziehungsweise -obergrenzen als recht geeignet angesehen werden.

Ein weiterer Vorteil der Marktzinsmethode liegt darin, dass man die Ergebnisse aus dem Aktiv-/Passivgeschäft und den Erfolgsanteil aus der Fristentransformation aufsplitten kann, wenn und weil man für den Vergleich mit Marktzinssätze mit gleicher Zinsbindungsfrist wählt. Das ist insofern interessant, als der Gesamterfolg im Wertbereich nicht nur aus den Einzelerfolgen des Aktiv- und Passivgeschäfts resultiert, sondern auch aus der gesamten (Fristen-)Struktur.

Die Gesamtzinsspanne setzt sich also aus dem Erfolgsbeitrag des gesamten Kundengeschäfts (so genannter Konditionsbeitrag) sowie den Zinseffekten aus der Fristentransformation (so genannter Strukturbeitrag) zusammen. Die Entscheidung über den Umfang der Fristentransformation trifft im Allgemeinen die Geschäftsleitung. Gewinne und Verluste hieraus sollten deshalb die Kalkulation der einzelnen Bankleistungen beziehungsweise Konditionen nicht beeinflussen.

> **BEISPIEL: Grundkonzeption der Marktzinsmethode**
>
> | Rahmendaten | | | | | | |
> |---|---|---|---|---|---|---|
> | Aktuelle Geld- und Kapitalmarktzinssätze | Bankenkonditionen | Aktiva | Passiva | Bankenkonditionen | Aktuelle Geld- und Kapitalmarktzinssätze |
> | 6,0 % | 7,0 % | Tagesgeld an Kunden 500 Mio. € | Tagesgeld von Kunden 800 Mio. € | 5,0 % | 6,0 % |
> | 8,0 % | 9,0 % | Jahresgeld an Kunden 1.000 Mio. € | Jahresgeld von Kunden 700 Mio. € | 6,0 % | 8,0 % |
>
> Gesamtzinsspanne:
>
> $$(500 \cdot 7\% + 1.000 \cdot 9\%) - (800 \cdot 5\% + 700 \cdot 6\%) = 2,86\%$$
>
> Es wird für jede Position ermittelt, welchen Vorteil der Geschäftsabschluss mit Kunden statt mit anderen Banken bringt. Der Erfolg (Mehrerlös gegenüber Geschäften mit Banken) im Aktivgeschäft beträgt demnach:
>
> $$\frac{500 \cdot (7\% - 6\%) + 1.000 \cdot (9\% - 8\%)}{1.500} = 1\%$$
>
> Der Erfolg (Kostenvorteil gegenüber Geschäften mit Banken) im Passivgeschäft beträgt demnach:
>
> $$\frac{800 \cdot (6\% - 5\%) + 700 \cdot (8\% - 6\%)}{1.500} = 1,47\%$$
>
> Die Zinserfolge im Aktiv- und im Passivgeschäft ergeben addiert somit 2,47 Prozent, bei einer Gesamtzinsspanne von 2,86 Prozent. Die Differenz von 0,39 Prozent stellt den Erfolg aus der Fristentransformation dar.

3.1.2.3 Gegenüberstellung der Schichtenbilanz- und Marktzinsmethode

Abschließend kann gezeigt werden, dass die Schichtenbilanz- und Marktzinsmethode bei gleicher Ausgangssituation zu unterschiedlichen Ergebnissen kommen:

Im Beispiel der Schichtenbilanzmethode wurde in der Schicht 2 (vgl. Schichtenbilanz, oben) ein Finanzierungszusammenhang zwischen den langfristigen Forderungen und den Spareinlagen angenommen. Aus dieser Schichtung ergab sich rechnerisch eine Teilzinsspanne von 5 Prozent. Die Halbierung führte zu einem 2,5-prozentige Verrechnungszinssatz und sowohl für die langfristigen Kundenforderungen als auch für die Spareinlagen zu Wertkosten von jeweils 4,5 Prozent.

Für die Kalkulation nach der Marktzinsmethode soll nun den langfristigen Forderungen ein beispielhaft gewählter Kapitalmarktzins in Höhe von 6,5 Prozent und den Spareinlagen ein 5-prozentiges Kapitalmarktgeschäft gegenübergestellt werden. Auch hier ergibt sich eine Zinsspanne: 7 % − 2 % = 5 %.

Bezogen auf das Zahlenbeispiel der Schichtenbilanzmethode ergibt sich ein

Konditionsbeitrag Kreditgeschäft   7,0 % − 6,5 % = 0,5 %,
Konditionsbeitrag Einlagengeschäft   5,0 % − 2,0 % = 3,0 %,
Strukturbeitrag   5,0 % − 0,5 % − 3,0 % = 1,5 %,

das heißt, der Werterfolg im Kreditgeschäft beträgt nach der Marktzinsmethode 0,5 Prozent und im Spargeschäft 3 Prozent. Hätte also die Bank komplett auf das Kundenkreditgeschäft verzichtet und das Geld am Kapitalmarkt angelegt, wäre der Zinsüberschuss um 0,5 Prozent geringer gewesen. Erheblich anders zeigt sich diese Überlegung für die Einlagenseite: Hätte sich die Bank die Passiva nicht bei den Kunden, sondern am Geld- und Kapitalmarkt besorgt, wäre der Zinsüberschuss erheblich niedriger (nämlich um 3 Prozent) ausgefallen. Der Strukturbeitrag in Höhe von 1,5 Prozent wäre hingegen auch ohne die Kundengeschäfte – allein durch die Fristentransformation der zumindest zum Teil kurz- beziehungsweise mittelfristigen Spareinlagen und langfristigen Forderungen – erwirtschaftet worden.

Diese Betrachtung verdeutlicht den Unterschied zwischen der Schichtenbilanz- und der Marktzinsmethode: Bei letzterer wird das aktivische (passivische) Kundengeschäft mit einem alternativ möglichen aktivischen (passivischen) Geld- und Kapitalmarktgeschäft verglichen; es wird nicht die Frage gestellt, welche Aktiva „tatsächlich" mit welchen Passiva refinanziert wurden. Die Kalkulation geht also von Opportunitätskosten und nicht von vermuteten Finanzierungszusammenhängen aus. Man kommt daher auch für die jeweiligen Aktiv- und Passivgeschäfte zu unterschiedlichen Kalkulationsgrößen. Daher wird dem Kundengeschäfts-Verantwortlichen statt der hälftigen Aufteilung des gesamten Zinsüberschusses auch nur der jeweilige Konditionsbeitrag des von ihm beeinflussbaren Kundengeschäfts als Erfolgsgröße zugerechnet. Der Strukturbeitrag hingegen (da er das Ergebnis von Bilanzstrukturentscheidungen darstellt und nicht einzelnen Aktiv- oder Passivgeschäften zugeordnet werden kann) wird der Zentrale beziehungsweise der Geschäftsführung institutsübergreifend zugeordnet, da das Ausmaß der Fristentransformation von ihr zu verantworten ist.

3.1.3 Kalkulation im Betriebsbereich

Der Betriebsbereich umfasst – wie erwähnt – die technisch-organisatorische Seite des Bankgeschäfts. Die Kalkulation soll hier Fragen beantworten zum Beispiel wie: Welche Kosten entstehen bei der Abwicklung einer Überweisung, bei der Ausführung einer Wertpapier-Order etc. Diese so genannte Stückkostenrechnung soll hauptsächlich dazu dienen, kalkulatorische Preisuntergrenzen für die Kundenkonditionen zu finden, und zwar für solche Bankleistungen, die stückzahlenmäßig zu erfassen sind.

Für die Ermittlung der Kosten muss auf ein umfangreiches Rechenwerk zurückgegriffen werden: Die Kostenarten-, Kostenstellen- und Kostenträgerrechnung bilden die Grundlagen der traditionellen Stückkostenrechnung.

Der **Kostenartenrechnung** kann zunächst entnommen werden, welche Kosten in welcher Höhe entstanden sind. Sie vermittelt also einen Einblick in die Kostenstruktur der Bank. Auch ermöglicht sie einen Überblick über die Entwicklung einzelner Kostenarten im Laufe der Jahre. Wenn zum Beispiel auffällige oder unerwünschte Zuwachsraten deutlich werden, können entsprechende Gegenmaßnahmen eingeleitet werden.

Aufbauend auf den Ergebnissen der Kostenartenrechnung gibt die **Kostenstellenrechnung** Aufschluss darüber, an welchen Stellen die ermittelten Kosten entstanden sind: Das kann in unterschiedlicher Weise geschehen, beispielsweise mit einem so genannten Betriebsabrechnungsbogen. Er stellt ein kalkulatorisches Hilfsmittel dar, das die unterschiedlichen Kostenarten tabellarische erfasst und nach dem Verursachungsprinzip auf Haupt-, Hilfs- und allgemeine Kostenstellen verteilt. So fallen unter die Haupt- oder auch Marktkostenstellen alle Abteilungen, die überwiegend Marktleistungen erbringen, das heißt, die dem Verkauf der Bankleistungen an die Kunden dienen. Die (Stabs-) Abteilungen, die die Geschäftstätigkeit der Bank allgemein unterstützen (wie beispielsweise Organisations-, Personal-, Revisionsabteilung, aber auch der Vorstand), werden als allgemeine oder auch Stabskostenstellen benannt. Alle anderen Bereiche, die innerbetriebliche Leistungen ohne direkten Kundenkontakt (wie Telefonzentrale, Fuhrpark, Rechenzentrum, Hausverwaltung etc.) ausüben, werden als Hilfs- oder Betriebskostenstellen bezeichnet.

In weiteren Arbeitsschritten werden dann sämtliche Kosten entweder den Kostenstellen direkt oder nach bestimmten Schlüsseln indirekt zugerechnet. Danach erfolgt die Umlage der Kosten der Hilfs- sowie Stabskostenstellen auf die Hauptkostenstellen. Dahinter steht die Einsicht, dass der Marktbereich ohne die Tätigkeiten in den Hilfs- und Stabsabteilungen nicht funktionsfähig wäre. Auch wenn die bankbetrieblichen Erlöse fast ausschließlich durch die Tätigkeit des Marktbereichs erwirtschaftet werden, braucht er die Unterstützung der Hilfs- und Stabsabteilungen, sodass letztlich auch deren Kosten von den Marktkostenstellen zu tragen sind.

Das Problem bei diesem Vorgehen liegt jedoch darin, dass eine objektiv verursachungsgerechte Kostenaufteilung nicht möglich ist. Die vorgestellte Methode stellt lediglich Ansätze der Kostenverteilung dar, ist jedoch mit Mängeln behaftet und daher nur unter großem Vorbehalt für die Kalkulation von Stückkosten und Preisen zu verwenden.

Um nur ein Beispiel für die oft recht willkürliche Kostenaufteilung zu geben: Wie soll das Gehalt des Vorstandsfahrers auf die einzelnen Geschäftsarten umgelegt werden? Wieviel Prozent der Rechenzentrums-Miete sind vom Wertpapiergeschäft verursacht worden, und wieviel Pfennige müssten demnach dem Kunden für eine Wertpapier-Order in Rechnung gestellt werden. Diese letzte Fragestellung führt bereits zur Kostenträgerrechnung.

Mit der **Kostenträgerrechnung** sollen, aufbauend auf den Ergebnissen der Kostenstellenrechnung, die Kosten der einzelnen Geschäftsvorgänge, also die Kosten pro Leistungseinheit. Diese Ergebnisse können dann eine Grundlagen beispielsweise der Kundenkalkulation bilden.

Wenn in einer Kostenstelle nur eine einzige Leistungsart erbracht wird, kann dies relativ einfach mit der **Divisionskalkulation** geschehen: Die ermittelten Kosten einer Hauptkostenstelle werden dividiert durch die Anzahl der erbrachten Leistungen.

BEISPIEL

Die Betriebskosten für Kundensafes betragen 5.000 €; insgesamt wurden 100 Kundensafes verwaltet. Die Verwaltung eines Kundensafes verursachte somit durchschnittlich 5.000 € : 100 = 50 € Kosten.

So klar und einfach ist die Kalkulation (leider) selten, weil meistens in einer Kostenstelle mehrere und unterschiedlich arbeitsintensive Leistungen erbracht werden. Dazu bietet sich die **Äquivalenzziffernmethode** an: Bevor die Kosten durch die Anzahl der erbrachten Leistungen dividiert werden, müssen die verschiedenen Leistungsarten gleichwertig gemacht werden.

Nimmt man beispielsweise die unterschiedlchen Bearbeitungszeiten als Basis, so werden die Bankleistungen nach ihrer durchschnittlichen Bearbeitungszeit gewichtet und darauf die Kosten anteilig zugeordnet. Die wichtigste Leistungsart erhält beispielsweise die Äquivalenzziffer 1,0. Alle anderen Leistungsarten werden dann mit dieser Bezugsbasis verglichen und erhalten je nach Arbeitsintensität beziehungsweise Zeitdauer pro Vorgang höhere oder niedrigere Äquivalenzziffern.

> **BEISPIEL**
>
> Für die genannten Leistungselemente stehen die folgenden Informationen aus der Leistungsstatistik zur Verfügung:
>
> | Leistungselement | Anzahl |
> |---|---|
> | Kontoeröffnungen | 500 |
> | Überweisungsaufträge | 10.000 |
> | Scheckeinreichungen | 2.000 |
>
> Dabei wird unterstellt, dass die Kontoeröffnungen 50 Prozent mehr und die Überweisungsaufträge 20 Prozent weniger Kosten verursacht haben als die Scheckeinreichungen. Die Gesamtkosten belaufen sich auf 13.450 €.
>
> Es ergeben sich somit folgende Betriebskosten je Recheneinheit, Stückkosten je Leistung sowie Gesamtkosten je Leistung:
>
> | Leistung | Äquivalenzziffer | Anzahl | Recheneinheiten | Stückkosten | Gesamtkosten |
> |---|---|---|---|---|---|
> | Kontoeröffnung | 1,5 | 500 | 750 | 1,90 | 950 |
> | Überweisung | 0,8 | 10.000 | 8.000 | 1,00 | 10.000 |
> | Scheckeinreichung | 1,0 | 2.000 | 2.000 | 1,25 | 2.500 |
> | | | | 10.750 | | 13.450 |
>
> **Betriebskosten** je Recheneinheit $= \dfrac{13.450}{10.750} = 1{,}25\ €$

Die bis hier vorgestellten Methoden der traditionellen Stückkostenrechnung sind heute heftig umstritten. Im Kern zielen die unterschiedlichen Kritikpunkte immer wieder auf die „Willkür" und die Unmöglichkeit dieser Methoden, alle Kosten solange umzuverteilen, bis sie einem Kostenträger, also einer konkreten Bankleistung zuzuordnen sind – selbst wenn überhaupt kein Zusammenhang zwischen der Ursache der Kosten und der am Ende damit belasteten Leistung erkennbar ist. Wieso soll beispielsweise der Leiter der Kreditabteilung einen Teil der Kosten übernehmen, wenn die Vorstandsetage in ein neues Gebäude umzieht? Oder soll er deswegen sogar höhere Gebühren bei seinen Kreditkunden in Rechnung stellen? Tatsächlich hat er jene Kosten weder zu verantworten, noch kann er sie als sinnvolle Kalkulationsgrundlage für Kundenkonditionen berücksichtigen. Das Hauptproblem dieser auch als Vollkostenrechnung bekannten Methode ist also der letztlich unmögliche Versuch, alle Gemeinkosten verursachungsgerecht und objektiv zu verteilen. Aus dieser Kritik entstanden daher Ansätze der so genannten Einzelkosten- und Deckungsbeitragsrechnung, die konsequenterweise auf die Umlage aller Gemeinkosten verzichtet.

Die **Standard-Einzelkostenrechnung** beschränkt sich auf das Rechnen mit Einzelkosten und umgeht somit die Kritik an der traditionellen Stückkostenrechnung. Es handelt sich also hierbei um eine Teilkostenrechnung.

Bei der Standard-Einzelkostenrechnung geht es darum, die unterschiedlichen Bankleistungen zu systematisieren und festzustellen, welche Kostenstellen und welche Hilfsmittel jeweils an der Leistungserstellung beteiligt sind. So kann definiert werden, was unter einer durchschnittlichen Arbeitsleistung zu verstehen ist. Anhand von Zeitmeßverfahren und Arbeitsstudien können dann Standardbearbeitungszeiten im Sinne einer Sollbearbeitungszeit für alle regelmäßig wiederkehrenden und gleichartigen Tätigkeiten ermittelt werden. Dann werden Zeitkostensätze errechnet, indem die Einzelkosten der Kostenstelle auf ihre Gesamtkapazität verteilt werden. Hieraus ergeben sich die Einzelkosten pro Zeiteinheit. Werden diese mit der Standardbearbeitungszeit (in Sekunden) multipliziert, ergeben sich die Standard-Einzelkosten pro Leistung.

Auch diese Methode zeigt Schwächen: Denn alle verbleibenden Gemeinkosten bleiben zunächst unberücksichtigt, sie sind später aus dem sich ergebenden Deckungsbeitrag zu decken. Und auch die Annahme einer kalkulatorisch übereinstimmenden Soll- und Istbearbeitungszeit lässt nicht genügend Raum, Maximalbelastungen und Unterauslastungen im Einzelfall zu berücksichtigen: Folglich sind die errechneten Standardbearbeitungszeiten pro Bank(teil-)leistung unabhängig von der tatsächlichen Auslastung der beteiligten Personal- und Sachmittelkapazitäten immer konstant.

> **BEISPIEL**
>
> Für die Bestimmung der Kosten für eine Überweisung nach der Standard-Einzelkostenrechnung sind folgende Daten bekannt:
>
> | Kostenstelle | 1 | 2 | 3 |
> |---|---|---|---|
> | Personaleinzelkosten (€/Monat) | 25.000 | 10.000 | 5.000 |
> | Sacheinzelkosten (€/Monat) | 2.500 | 2.500 | 12.500 |
> | gesamte Kostenstellenkapazität (Stunden/Monat) | 1.000 | 250 | 100 |
> | Standardbearbeitungszeit (Sekunden/Überweisung) | 100 | 40 | 10 |
>
> Zunächst werden die Einzelkosten **pro Sekunde** ermittelt, indem
> - die Gesamtkosten der jeweiligen Kostenstellen,
> - die Gesamtkapazität der Kostenstellen in Sekunden/Monat sowie
> - die Zeitkostensätze in €/Sekunde
>
> errechnet werden.
>
> | Kostenstelle | 1 | 2 | 3 |
> |---|---|---|---|
> | Summe der Kosten/Kostenstelle | 27.500 | 12.500 | 17.500 |
> | Gesamtkapazität (Sekunden/Monat) | 3.600.000 | 900.000 | 360.000 |
> | Zeitkostensätze (€/Sekunde) | 0,008 | 0,014 | 0,049 |
>
> Danach werden die Standard-Einzelkosten durch Multiplikation der Standardbearbeitungszeit mit den Zeitkostensätzen bestimmt.
> Es errechnen sich somit Standardkosten für eine Überweisung in Höhe von
>
> $$(100 \cdot 0{,}008 + 40 \cdot 0{,}014 + 10 \cdot 0{,}049) = 1{,}85\ €$$

3.1.4 Integrierte Kostenrechnungssysteme

Wie bisher gezeigt, hat jede Kostenrechnungsmethode ihre spezifischen Aufgaben, bietet unterschiedliche Kalkulationsmöglichkeiten, ist aber auch mit Schwächen behaftet. Führt man die einzelnen Kalkulationsergebnisse zu komplexeren Rechenwerken zusammen, kommt es eventuell auch zu einer Addition dieser Einzelfehler, was dann die Aussagekraft der Ergebnisse zum Teil erheblich einschränken kann.

Unternimmt man statt dessen Versuch,

- die Kritik der Gemeinkostenumlage bei der Stückkostenrechnung
- die Bildung von Verrechnungszinssätzen bei der Schichtenbilanzmethode zu umgehen
- sowie die bislang nach Wert- und Betriebsbereich getrennte Rechnung zu kombinieren

so bietet sich ein Vorgehen an, das die Standard-Einzelkostenrechnung mit der so genannten Deckungsbeitragsrechnung verbindet:

Die **Deckungsbeitragsrechnung** trennt die Kosten nach fixen und variablen Gesichtspunkten, berücksichtigt also die Beschäftigungsabhängigkeit und damit die Beeinflussbarkeit der Kosten: Die Differenz zwischen den variablen (beschäftigungsabhängigen) Kosten und den erwirtschafteten Erlösen bildet den Deckungsbeitrag. Aus ihm sind später die verbleibenden Fixkosten (also beschäftigungsunabhängige Kosten) zu decken. Den Entscheidungsträgern kann somit deutlich gemacht werden, welchen bankbetrieblichen Erfolg sie zunächst durch ihre Tätigkeit erwirtschaften konnten. Sie erkennen aber darüber hinaus, dass sie durch ihre Tätigkeit einen Beitrag zur Deckung der verbleibenden fixen Kosten leisten müssen, um zur Substanzerhaltung der Bank beizutragen. Diese Vorgehensweise ist somit dazu geeignet, die Aktivitäten und auch Kreativitätspotentiale der Mitarbeiter auf die Ertragssituation des Gesamtinstituts und nicht mehr nur auf ihr eigenes Aufgabenfeld zu richten.

Im Vordergrund der nun anzustellenden Überlegungen steht die einzelne Bankleistung. Diese Produktkalkulation bildet dann den Ausgangspunkt für weitere Kalkulationsobjekte, etwa für die Kundenkalkulation. Denn im Allgemeinen nimmt jeder Kunde eine Vielzahl von Bankleistungen in Anspruch. Die Zusammenfassung der einzelnen Ergebnisbeiträge der kundenseitig in Anspruch genommenen Produkte zeigt dann das Ergebnis der Kundenkalkulation: Was haben wir am Kunden X verdient? Oder kostet und die Kundengruppe Y unterm Strich nur Geld? Es können dann also vergleichbare Kunden zu Kundengruppen zusammengefasst werden und in einer Kundengruppenrechnung auf ihre Ertragsstärke hin untersucht werden, zum Beispiel welche Kundengruppen besonders ertragreich oder kostenintensiv sind. Dies bietet unter absatzpolitischer Sichtweise Argumente für eine Betreuungsintensivierung oder Rationalisierung.

Fasst man andererseits sämtliche Kunden eines Geschäftsgebiets zusammen, ergibt sich die Filial- oder Geschäftsstellenrechnung. Sie zeigt die Stärken oder Schwächen einzelner Niederlassungen und ermöglicht Zeit- und Filialvergleiche.

3.1.4.1 Produktkalkulation

Bei der Produktkalkulation stellt sich zunächst das Problem, wie die Wertleistung zu kalkulieren ist. Einen Lösungsansatz liefert die bereits behandelte Marktzinsmethode. Allerdings stellt die Differenz zwischen Kunden- und Marktzins noch nicht den reinen bankbetrieblichen Erfolgsbeitrag dar. Vielmehr sind noch **Bearbeitungskosten** zu berücksichtigen. Einen Ansatz liefert, wie beschrieben, die Standard-Einzelkostenrechnung. Die sich daraus ergebenden Stückkosten können beispielsweise in Prozent des Kredit- oder Einlagenvolumens ausgedrückt werden und ergeben so den kalkulatorischen Bearbeitungskostensatz.

Für Kreditgeschäfte sind außerdem **Risikokosten** zu berücksichtigen. Dies kann so kalkuliert werden, dass Kreditausfälle ins Verhältnis zum Kreditvolumen gesetzt werden. Handelt es sich hierbei weitestgehend um Durchschnittswerte, können in der späteren Kundenkalkulation statt dessen kunden(gruppen)spezifische Werte angesetzt werden.

Bei Einlagengeschäften sind zusätzlich noch eventuelle **Mindestreservekosten** zu berücksichtigen.

Für die Kalkulation von Preisunter- beziehungsweise -obergrenzen sind zuletzt noch **Eigenkapitalkosten** ins Kalkül zu ziehen. Dabei ist zu entscheiden, welche Geschäfte in welchem Umfang die Eigenkapitalkosten zu tragen haben.

Eine andere Vorgehensweise stellt sowohl für Aktiv- als auch Passivgeschäfte einen Aufschlag zur Deckung der Eigenkapitalkosten in Rechnung. Hier wird die Auffassung vertreten, dass alle Geschäfte mit zur Verzinsung des Eigenkapitals beitragen müssen.

Kredite	Einlagen
Marktzins + Bearbeitungskosten + Risikokosten + Eigenkapitalkosten	Marktzins − Bearbeitungskosten − Mindestreservekosten − (eventuelle Eigenkapitalkosten)
= Preisuntergrenze	= Preisobergrenze

Abbildung 3-44: Produktkalkulation

Bei der Produktkalkulation von Dienstleistungen kann die Zahl der Geschäftsvorgänge und/oder die Auftragshöhe als Maßstab dienen. Anhaltspunkte für die Ermittlung der Preisuntergrenzen liefert die Standard-Einzelkostenrechnung. Allerdings stellt sich zum Beispiel gerade im Zahlungsverkehr das Problem, dass hier die Kosten wesentlich höher sind als die am Markt durchsetzbaren Preise. Hier sei deshalb erneut der Verweis auf die Kundenkalkulation gegeben, die dann die Gesamtbetrachtung der Kundenverbindung, sowohl mit ihren profitablen Produkten als auch mit defizitären Leistungen, wie etwa im Zahlungsverkehr.

Im Einzelfall kann es durchaus sinnvoll sein, Geschäfte zu Zinssätzen oder Preisen abzuschließen, die unterhalb der kalkulierten Kosten liegen. Außerdem kann die Produktkalkulation nur eine Richtschnur für die Preisgestaltung liefern, da letztlich auch die Verhandlungsmacht der Kunden die Konditionsfestlegung mitbestimmt. Besonders nützlich ist die Produktkalkulation bei der Festsetzung von Erstkonditionen für neue Produkte, aber auch bei der Ermittlung des Produkterfolges in einem vergangenen Abrechnungszeitraum. Äußerst wertvoll sind die Ergebnisse der Produktkalkulation schließlich für die Kunden- und Geschäftsstellenkalkulation.

3.1.4.2 Kundenkalkulation

Jede Kundenverbindung umfasst aus ein Bündel verschiedener Bankleistungen. Die Zusammensetzung ist dabei abhängig vom Verhalten des Kunden, er beeinflusst insofern den bankbetrieblichen Gesamterfolg. Um diesen Einfluss für jede Kundenverbindung ermitteln zu können, bildet man in der Kundenkalkulation gewissermaßen die Summe der in Anspruch genommenen Bankleistungen, bewertet mit den Kosten aus der Produktkalkulation ab. Diesen gesamten Kosten sind die an diesem Kunden „verdienten" Erträge (Zinseinnahmen, Provisionen) desselben Zeitraums gegenüberzustellen. Dabei besteht die Möglichkeit, Kundenbesonderheiten zu berücksichtigen, beispielsweise kann je nach Bonität oder Bearbeitungsintensität ein kundenindividueller Bearbeitungs- oder Risikokostenansatz erfolgen.

Die Kundenkalkulation liefert der Bank wertvolle Informationen darüber, wie sich der gesamte Erfolg einer Geschäftsverbindung zusammensetzt. Auch ermöglicht eine derartig aufgebaute Kundenkalkulation, Auswirkungen von Konditions- oder Leistungsänderungswünschen seitens der Kunden zu schätzen. Daher bietet sie auch dem Kundenberater konkrete Zahlen für seine Verhandlungsposition, für lukrative Cross-Selling-Aktivitäten und ähnliches.

Bei der Detailbetrachtung wird man immer feststellen können, dass sich die Kundenkalkulation aus Bankleistungen zusammensetzt, von denen manche einen negativen und andere einen positiven Ergebnisbeitrag bringen. Auch wenn beispielsweise die Führung des Gehaltskontos ein Verlustgeschäft darstellt, können die positiven Ergebnisse aus der Abwicklung von Wertpapiergeschäften diese Geschäftsverbindung insgesamt dennoch lukrativ erscheinen lassen. Umgekehrt kann es aber auch sein, dass zwar sämtliche Geschäfte für einen Kunden gewinnbringend abgewickelt werden könnten, aber wegen zu vieler Sonderkonditionen sich die gesamte Geschäftsverbindung dennoch als defizitär erweist. Hier zeigt sich dann der Vorteil einer Gesamtbetrachtung gegenüber einer produktisolierten Untersuchung: Meist können die einzelnen negativen Produktinanspruchnahmen nicht eliminiert werden, ohne die gesamte Geschäftsverbindung zu gefährden. So ist es durchaus sinnvoll, für bestimmte Geschäfte auch ein negatives Ergebnis zu akzeptieren, solange der Gesamterfolg aus der Kundenverbindung dies rechtfertigt. Außerdem kann die Kundenbetreuung steuernd eingreifen: Mit den Daten der Kundenkalkulation wären ergebnisverbessernd etwa die Reduktion von Einzelüberweisungen durch Sammelüberweisungen oder Datenträgeraustausch, der Abschluss von Investmentsparverträgen anstelle vieler Kleinaufträge im Wertpapierbereich, die Erweiterung der Geschäftsverbindung auf innovative Produkte etc. Erst wenn weder die Kosten reduziert noch die Erlöse auf diese Art erhöht werden können, ist bei negativem Gesamtergebnis die Auflösung der Geschäftsverbindung zu überlegen, sofern der Kunde zu Konditionszugeständnissen nicht bereit ist.

3.1.4.3 Geschäftsstellenrechnung

Die Geschäftsstellenrechnung ermittelt den Gesamterfolg von örtlich abgegrenzten Verantwortungsbereichen (Filialen, Zweigstellen), um so ein Beurteilungskriterium für deren Rentabilität zu schaffen. Ein Zeitvergleich mit Vorperioden oder Betriebsvergleich mit anderen Geschäftsstellen gibt darüber hinaus Auskunft über die Entwicklung der Ertragsstärke. Unter der Voraussetzung, dass der Geschäftsstellenleiter mit umfangreichen Kompetenzen ausgestattet ist und er als „Unternehmer in der Bank" eigenverantwortlich handeln kann, bringt diese Erfolgsmessung neben den neutralen Zahlen auch Leistungsanreize oder kann Maßstab für erfolgsabhängige Gehaltsteile sein.

Normalerweise sind die zu untersuchenden Geschäftsstellen keine selbstständigen Institute, sondern stehen in einem organisatorischen Verbund mit den anderen Geschäftsstellen und der Zentrale. Somit weisen sie auch meist eine unausgeglichene Bilanz auf. Deshalb bildet der innerbetriebliche Leistungsausgleich einen Kernpunkt der Geschäftsstellenrechnung. Er setzt sich zusammen aus der Zins- beziehungsweise Liquiditäts-, Provisions- und Kostenverrechnung. Ein Zins- beziehungsweise Liquiditätsausgleich kann für alle kreditintensiven beziehungsweise einlagenlastigen Geschäftsstellen notwendig werden, wenn die Zentrale für den Liquiditätsausgleich sorgt. Geschäftsstellen geben ihre überschüssigen Mittel, die sie im eigenen Aktivgeschäft nicht verwenden, an die Zentrale ab; reichen bei einer anderen Stelle umgekehrt ihre Einlagen für das beabsichtigte Kreditgeschäft nicht aus, beschafft sie sich von der Zentrale die fehlenden Mittel. Die notwendige Zinsverrechnung für die Geldanlage oder Kreditaufnahme bei der Zentrale erfolgt zu einem einheitlichen Zinssatz, dessen Bestimmung das Hauptproblem bei dieser Vorgehensweise darstellt.

Ein anderer Ansatz versteht die Geschäftsstellenrechnung als Zusammenfassung aller Kundenkalkulationen der Geschäftsstellen. Dabei entfällt beispielsweise die Verzinsung eines Zentrale-Kontos. Statt dessen stellt man die vereinbarten Zinssätze sowohl des Aktiv- als auch des Passivgeschäfts den alternativen Marktzinssätzen gegenüber und addiert die Einzelergebnisse. Setzt man letztere in Bezug zum Geschäftsvolumen der Geschäftsstelle, erhält man den Erfolg aus Aktiv- und Passivgeschäft, ohne dass ein Verwendungszusammenhang zwischen Aktiva und Passiva hergestellt werden muss.

Die vereinnahmten Provisionserlöse aus dem Dienstleistungsgeschäft gehen voll in die Geschäftsstellenrechnung ein. Gleiches gilt für die im Rahmen der Standard-Einzelkostenrechnung ermittelten Stückkosten. Doch in ihrer Leistungserbringung sind die Geschäftsstellen nicht immer autonom, vielfach benötigen sie die Mithilfe der Zentrale, wie beispielsweise der Börsenabteilung, der Depotbuchhaltung und des Rechenzentrums. Deshalb ist auch diese zentralseitige Unterstützung auf der Kostenseite mit in die Geschäftsstellenrechnung einzubeziehen.

Zuletzt sei noch gezeigt, dass ein negatives Ergebnis nicht immer die Schließung einer Geschäftsstelle nahelegen muss. Neben Detailuntersuchungen, inwiefern durch organisatorische, personelle oder marktbezogene Maßnahmen die Ertragssituation verbessert werden kann, ist auch zu überprüfen, ob beispielsweise die gewählte Kalkulationsperiode eine objektive Bewertung zulässt. Gerade im Eröffnungsjahr oder in einer Region, die mit überraschenden Strukturkrisen und plötzlicher Arbeitslosigkeit zu kämpfen hat, kann eine Geschäftsstelle durchaus unterdurchschnittliche Ergebnisse erzielen. Auch kann es sein, dass aus Imageüberlegungen oder anderen geschäftspolitischen Gründen (Kapitalsammelstelle, frühzeitige Präsenz an Wachstumsstandorten etc.) die Bank dort vertreten sein will und daher die defizitäre Ertragslage akzeptiert.

3.2 Externes Rechnungswesen

Hauptgegenstand des externen Rechnungswesens ist die Erstellung des Jahresabschlusses. Er besteht – gesetzlich vorgeschrieben – aus Bilanz, Gewinn- und Verlustrechnung und Anhang. Zusammen mit dem Lagebericht dient der Jahresabschluss der Information verschiedener externer Interessentenkreise der Bank. Hauptsächlich geht es also darum, über die Entwicklung der Vermögens-, Finanz- und Ertragslage der Bank zu berichten.

3.2.1 Informationsfunktion des Jahresabschlusses

Da die Unternehmensleitung mit dem Geld ihrer Aktionäre arbeitet, muss sie in regelmäßigen Abständen die Eigenkapitalgeber über den Stand ihres Vermögens unterrichten. Die Rechnungslegung übernimmt hier sowohl eine Dokumentationsfunktion über die wirtschaftliche Lage sowie eine Rechenschaftsfunktion über die Tätigkeit der Unternehmensleitung der Bank. Daneben erfüllt sie auch eine Publizitätsfunktion gegenüber anderen interessierten Kreisen wie Kunden, potenzielle Anleger und Fremdkapitalgeber, Medien und Öffentlichkeit.

Um Interessenkollisionen entgegenzuwirken und die Informationsverpflichtungen für alle Banken zu vereinheitlichen, hat der Gesetzgeber versucht, die Vorstellungen des Gläubiger- und Anlegerschutzes gesetzlich zu verankern. Maßgeblich für die Rechnungslegung allgemein sind die Bilanzierungsvorschriften des HGB. Da aber wegen der branchenbedingten Besonderheiten nicht alle allgemeinen Bilanzierungsvorschriften auf Banken anzuwenden sind, finden sich Modifizierungen im so genannten Bankbilanzrichtlinien-Gesetz, ein im dritten Buch des HGB angefügter 4. Abschnitt. Diese §§ 340 bis 340 o HGB treten an die Stelle der allgemeingültigen Gesetzesbestimmungen. Daneben sind die Bestimmungen der §§ 26 ff. KWG zu beachten, die besondere Fragen der Offenlegung gegenüber der Bankenaufsicht und anderes regeln.

Zusätzlich dient die Verordnung über die Rechnungslegung der Kreditinstitute dazu, dass alle Banken, unabhängig von ihrer Größe oder Rechtsform, einheitlich behandelt werden. Abweichend von dem Gliederungsschema des HGB gelten für Banken besondere Formblätter für Bilanz sowie Gewinn- und Verlustrechnung, die für alle Institute aller Rechtsformen verbindlich erlassen wurden.

3.2.2 Bilanz

3.2.2.1 Einführung in den Aufbau der Bilanz

Schon ein erster Blick auf die Bilanzstruktur zeigt, dass die Aktivseite nach fallender Liquidität geordnet ist: Sie beginnt mit den liquiden Mitteln und endet mit den schwer veräußerbaren Vermögensteilen. Auffällig ist dabei, dass die Einordnung nach den Ursprungszeiten und nicht nach Restlaufzeiten erfolgt; eine Gliederung der Forderungen und Verbindlichkeiten nach Restlaufzeiten hat (seit 1998) im Anhang zu erfolgen. Die Wertberichtigungen bei den Vermögensgegenständen werden direkt von den betroffenen Bilanzpositionen abgezogen. Dadurch, dass kein gesonderter bilanzieller Ausweis erfolgt, wird die Bildung stiller Reserven erleichtert.

Jahresbilanz zum ....
der ....

Aktivseite | | | | | | **Passivseite**

	DM	DM	DM		DM	DM	DM
1. Barreserve				1. Verbindlichkeiten gegenüber Kreditinstituten			
a) Kassenbestand		....		a) täglich fällig			
b) Guthaben bei Zentralnotenbanken		....		b) mit vereinbarter Laufzeit oder Kündigungsfrist		....	....
darunter: bei der Deutschen Bundesbank .... DM				2. Verbindlichkeiten gegenüber Kunden			
c) Guthaben bei Postgiroämtern		....	....	a) Spareinlagen			
2. Schuldtitel öffentlicher Stellen und Wechsel, die zur Refinanzierung bei Zentralnotenbanken zugelassen sind				aa) mit gesetzlicher Kündigungsfrist		....	
				ab) mit vereinbarter Kündigungsfrist		....	
a) Schatzwechsel und unverzinsliche Schatzanweisungen sowie ähnliche Schuldtitel öffentlicher Stellen				b) andere Verbindlichkeiten			
				ba) täglich fällig		....	
darunter: bei der Deutschen Bundesbank refinanzierbar .... DM				bb) mit vereinbarter Laufzeit oder Kündigungsfrist		....	....
b) Wechsel		....	....	3. Verbriefte Verbindlichkeiten			
darunter: bei der Deutschen Bundesbank refinanzierbar .... DM				a) begebene Schuldverschreibungen		....	
3. Forderungen an Kreditinstitute				b) andere verbriefte Verbindlichkeiten		....	....
a) täglich fällig				darunter: Geldmarktpapiere .... DM eigene Akzepte und Solawechsel im Umlauf .... DM			
b) andere Forderungen		....	....				
4. Forderungen an Kunden darunter: durch Grundpfandrechte gesichert .... DM Kommunalkredite .... DM				4. Treuhandverbindlichkeiten darunter: Treuhandkredite .... DM			....
				5. Sonstige Verbindlichkeiten			....
				6. Rechnungsabgrenzungsposten			....
5. Schuldverschreibungen und andere festverzinsliche Wertpapiere				7. Rückstellungen			
				a) Rückstellungen für Pensionen und ähnliche Verpflichtungen		....	
a) Geldmarktpapiere				b) Steuerrückstellungen		....	
aa) von öffentlichen Emittenten				c) andere Rückstellungen		....	....
ab) von anderen Emittenten		....	....	¹¹)			
b) Anleihen und Schuldverschreibungen				8. Sonderposten mit Rücklageanteil			....
ba) von öffentlichen Emittenten				9. Nachrangige Verbindlichkeiten			....
bb) von anderen Emittenten		....	....	10. Genußrechtskapital darunter: vor Ablauf von zwei Jahren fällig .... DM			
darunter: beleihbar bei der Deutschen Bundesbank .... DM				11. Fonds für allgemeine Bankrisiken			....
c) eigene Schuldverschreibungen Nennbetrag .... DM		....	....	12. Eigenkapital			
6. Aktien und andere nicht festverzinsliche Wertpapiere			....	a) gezeichnetes Kapital		....	
				b) Kapitalrücklage		....	
7. Beteiligungen darunter: an Kreditinstituten .... DM			....	c) Gewinnrücklagen			
				ca) gesetzliche Rücklage		....	
				cb) Rücklage für eigene Anteile			
				cc) satzungsmäßige Rücklagen		....	

Abbildung 3-45: Bilanzformblatt für Kreditinstitute

noch Aktivseite				noch Passivseite		
	DM	DM	DM		DM	DM	DM
8. Anteile an verbundenen Unternehmen darunter: an Kreditinstituten .... DM		....		cd) andere Gewinnrücklagen d) Bilanzgewinn/Bilanzverlust		....	....
9. Treuhandvermögen darunter: Treuhandkredite .... DM		....					
10. Ausgleichsforderungen gegen die öffentliche Hand einschließlich Schuldverschreibungen aus deren Umtausch		....					
11. Immaterielle Anlagewerte		....					
12. Sachanlagen		....					
13. Ausstehende Einlagen auf das gezeichnete Kapital darunter: eingefordert .... DM		....					
14. Eigene Aktien oder Anteile Nennbetrag .... DM		....					
15. Sonstige Vermögensgegenstände		....					
16. Rechnungsabgrenzungsposten⁵)		....					
17. Nicht durch Eigenkapital gedeckter Fehlbetrag		....					
Summe der Aktiva		....		Summe der Passiva			....

1. Eventualverbindlichkeiten
   a) Eventualverbindlichkeiten aus weitergegebenen abgerechneten Wechseln ....
   b) Verbindlichkeiten aus Bürgschaften und Gewährleistungsverträgen ....
   c) Haftung aus der Bestellung von Sicherheiten für fremde Verbindlichkeiten ....

2. Andere Verpflichtungen
   a) Rücknahmeverpflichtungen aus unechten Pensionsgeschäften ....
   b) Plazierungs- und Übernahmeverpflichtungen ....
   c) Unwiderrufliche Kreditzusagen ....

Abbildung 3-45: Bilanzformblatt für Kreditinstitute (Fortsetzung)

Dem Liquiditätsprinzip folgt auch der Aufbau der Passivseite: Am Anfang stehen die täglich fälligen Verbindlichkeiten gegenüber Kreditinstituten, am Ende das Eigenkapital.

Herausgehoben werden im Formblatt die Interbankenbeziehungen. Dass sowohl die Forderungen als auch die Verbindlichkeiten gegenüber Kreditinstituten und gegenüber Kunden unterschieden werden, gibt zusätzliche Einblicke in die Geschäftsstruktur der Bank.

Die Angaben unter dem Bilanzstrich bilden eine wesentliche Ergänzung der Jahresbilanz: „Unterm Strich" stehen Eventualverbindlichkeiten der Banken sowie Verpflichtungen, die Anlass zu einem bankbetrieblichen Risiko geben können.

Den Inhalt der einzelnen Bilanzpositionen regeln gesonderte Richtlinien. Dort wird auch verbindlich festgelegt, welche Kompensationsmöglichkeiten bestehen und welche zusätzlichen Untergliederungen vorzunehmen sind.

3.2.2.2 Bewertungsgrundsätze

Nur einige wenige Aktiva und Passiva können zum Bilanzstichtag eindeutig bestimmt werden, beispielsweise der DM-Kassenbestand und Guthaben bei der Deutschen Bundesbank. Alle anderen Bilanzbestände sind zu bewerten. Denn die Marktpreise von vielen Vermögenswerten, zum Beispiel Wertpapieren oder Devisen, schwanken, andere Positionen wie Forderungen hängen von der Zahlungsfähigkeit der Kreditnehmer ab, und Gegenstände ohne Marktpreise können durch technische oder wirtschaftliche Faktoren Wertverluste erleiden, die ebenfalls zu berücksichtigen sind. Dabei existiert für Banken eine Vielzahl von Ermessensspielräumen und Wahlmöglichkeiten, mit denen letztlich auch der Gewinnausweis gestaltbar ist.

In diesem Zusammenhang sind die Bewertungsmöglichkeiten bei den Wertpapieren und den Forderungen besonderer Bedeutung:

Anlagevermögen	Umlaufvermögen
– Wertpapiere des Anlagevermögens – Beteiligungen – Anteile an verbundenen Unternehmen	– Wertpapiere des Handelsbestandes – Wertpapiere der Liquiditätsreserve – Forderungen an Kunden und Kreditinstitute
gemildertes Niederstwertprinzip gemäß § 253 (2) HGB	strenges Niederstwertprinzip gemäß § 253 (3) HGB und Vorsorgereserven gemäß § 340 f HGB

Abbildung 3-46: Bewertung von Wertpapieren und Forderungen

3.2.2.3 Bewertungsgrundsätze für Wertpapiere

Die Entscheidung, ob Wertpapiere dem Anlage- oder dem Umlaufvermögen zuzuordnen sind, und ob es sich bei letzteren um Handelsbestände oder Liquiditätsreserven handelt, entscheidet die Bank selbst. Davon ist aber abhängig, nach welchen Prinzipien die einzelnen Wertpapierbestände zu bewerten sind. Allerdings ist auch eine Umwidmung möglich, das heißt, Wertpapiere, die zunächst dem Umlaufvermögen zugeordnet wurden, können zu einem späteren Zeitpunkt als Wertpapiere des Anlagevermögens angesehen werden. Auch der umgekehrte Weg ist möglich.

Grundsätzlich ist eine Einzelbewertung vorzunehmen, das heißt, jeder einzelne Vermögensgegenstand ist durch einen Vergleich der Anschaffungskosten mit dem Wert am Bilanzstichtag zu bewerten. Bei Wertpapieren ist jedoch auch eine Gruppen- oder Sammelbewertung möglich, das heißt, innerhalb einer Wertpapiergattung sind pauschale Bewertungen zugelassen.

Wertpapiere des Anlagevermögens

Für Wertpapiere, die dem Anlagevermögen zugeordnet werden sowie für Beteiligungen und Anteile an verbundenen Unternehmen gilt nach § 253 (2) HGB das gemilderte Niederstwertprinzip: Ist der Wert am Bilanzstichtag niedriger als der Anschaffungswert, so ist dieser niedrigere Wert anzusetzen. Ist eine Wertminderung voraussichtlich nicht von Dauer, kann nach dem gemilderten Niederstwertprinzip weiterhin zu Anschaffungskosten bilanziert werden. Es kann aber auch auf den am Bilanzstichtag niedrigeren Wert abgeschrieben werden. Die Entscheidung liegt auch hier wieder bei der bilanzierenden Bank.

BEISPIEL

Im Wertpapierbestand einer Bank befinden sich Schuldverschreibungen mit einem Anschaffungswert von 97 Prozent. Der Börsenkurs am Bilanzstichtag beträgt 98 Prozent. Diese Wertpapiere des Anlagevermögens muss die Bank mit dem Anschaffungswert – also 97 Prozent – bewerten, da noch nicht realisierte Gewinne nicht ausgewiesen werden dürfen.

Beträgt dagegen der Börsenkurs 96 Prozent am Bilanzstichtag, kann die Bank von dem Bewertungswahlrecht des § 253 (2) Satz 3 HGB Gebrauch machen und die Wertpapiere zum Anschaffungswert von 97 Prozent oder zu dem niedrigeren Börsenkurs von 96 Prozent bilanzieren.

Wertpapiere des Umlaufvermögens

Für Vermögensgegenstände des Umlaufvermögens gilt nach § 253 (3) HGB das strenge Niederstwertprinzip. Demnach muss auf einen im Vergleich zu den Anschaffungskosten niedrigeren Wert am Bilanzstichtag abgeschrieben werden.

> **BEISPIEL**
>
> Die Anschaffungskosten einer Wertpapiergattung betragen 97 Prozent, der Börsenkurs am Bilanzstichtag 96 Prozent.
>
> Nach dem strengen Niederstwertprinzip sind diese Wertpapiere des Umlaufvermögens mit 96 Prozent zu bewerten.

Für Wertpapiere, die der Liquiditätsreserve zugeordnet werden, sind darüber hinaus noch weitere Abschreibungen gemäß § 340 f HGB möglich.

> **BEISPIEL**
>
> Eine Bank hat Schuldverschreibungen zu 102 Prozent – also über pari – erworben. Der Börsenkurs am Bilanzstichtag beträgt 101 Prozent.
>
> Dem strengen Niederstwertprinzip folgend sind diese Wertpapiere des Umlaufvermögens mit dem niedrigeren Börsenkurs von 101 Prozent zu bewerten. Die Bank hat aber darüber hinaus die Möglichkeit, einen noch niedrigeren Wert anzusetzen, wenn dies nach vernünftiger kaufmännischer Beurteilung sinnvoll erscheint. Da die beispielhaft angegebenen Schuldverschreibungen bei Fälligkeit zu pari zurückgezahlt werden, kann ein Wertansatz von 100 Prozent durchaus gerechtfertigt sein.

3.2.2.4 Bewertungsgrundsätze für Forderungen

Erhebliche Ermessensspielräume ergeben sich bei der Bewertung von Forderungen, da hier die Meinungen, ab wann eine Kreditforderung zweifelhaft wird, weit auseinander gehen können.

Zunächst einmal zählen Forderungen stets zum Umlaufvermögen und sind daher nach dem strengen Niederstwertprinzip zu bewerten. Die unterschiedlichen Kreditrisiken des gesamten Forderungsbestands können mit verschiedenen Bewertungsmaßnahmen erfasst werden.

Risikofreie Forderungen, also Kredite mit einwandfreier Bonität, bedürfen allgemein keiner Risikovorsorge und werden daher mit den Anschaffungskosten bilanziert.

Alle anderen Forderungen gelten als risikobehaftet und sind daher mit dem Anschaffungswert abzüglich einer Wertberichtigung zu bilanzieren.

Arten der Vorsorge

1. Einzelwertberichtigungen
2. Pauschalierte Einzelwertberichtigungen
3. Unversteuerte Pauschalwertberichtigungen
4. Versteuerte Pauschalwertberichtigungen

Abbildung 3-47: Risikovorsorge bei Forderungen

Es existieren **vier Arten** der Risikovorsorge:

1. **Einzelwertberichtigungen**
   Sie werden dann gebildet, wenn ein akutes Ausfallrisiko besteht. Die Einzelwertberichtigung wird in der Bilanz nicht ausgewiesen, sondern der Forderungsbestand wird um den entsprechenden Betrag gekürzt; die Abschreibung schlägt sich gewinnmindernd als Aufwand in der Gewinn- und Verlustrechnung nieder.

2. **Pauschalierte Einzelwertberichtigungen**
   Damit können Risiken aus dem Auslandskreditgeschäft berücksichtigt werden. Denn trotz einwandfreier Bonität ausländischer Kreditnehmer besteht die Gefahr, dass grenzüberschreitende Kredite nicht oder nur teilweise vertragsgemäß bedient werden. Die Risiken in der politischen Unsicherheit des Kreditnehmerlandes liegen in Devisenbeschränkungen etc. Dann ist hierfür das Gesamtobligo dieser Länder um eine pauschale Einzelwertberichtigung zu kürzen.

3. **Unversteuerte Pauschalwertberichtigungen**
   Auch Kredite ohne erkennbares akutes Ausfallrisiko können latente Risiken beinhalten. Gemäß § 253 (3) HGB kann diesen latenten Risiken durch die Bildung von (unversteuerten) Pauschalwertberichtigungen Rechnung getragen werden. Ihre steuerliche Anerkennung hängt dann davon ab, wie hoch in der Vergangenheit die (nicht durch Einzelwertberichtigung gedeckten) Kreditausfälle waren. Die Bemessung erfolgt nach Durchschnittswerten der Vergangenheit.

4. **Versteuerte Pauschalwertberichtigungen**
   Über die unversteuerten Pauschalwertberichtigungen hinaus kann eine weitere Risikovorsorge durch die Bildung der so genannten versteuerten Pauschalwertberichtigungen getroffen werden. Hierbei handelt es sich um stille Reserven nach § 340 f HGB, die nun behandelt werden.

3.2.2.5 Stille Reserven

Banken sind in besonderem Maße raschen und nachhaltigen Veränderungen ihrer Rahmenbedingungen ausgesetzt. Beispielsweise wirken Notenbank- und Fiskalpolitik, Konjunkturschwankungen oder Veränderungen im Außenhandel auf die bankbetriebliche Ertragssituation. Extreme Ergebnisschwankungen könnten aber das Vertrauen der Einleger erschüttern. Deshalb hat der Gesetzgeber zur Sicherung des Vertrauens in das Bankgewerbe die Möglichkeit der Legung und Auflösung von stillen Reserven geschaffen. Nach § 340 f HGB dürfen Banken ihre Forderungen und ihre Wertpapiere der Liquiditätsreserve niedriger bewerten, als dies nach § 253 HGB möglich wäre. Soweit dies nach vernünftiger kaufmännischer Beurteilung erfolgt und zur Sicherung gegen die besonderen Risiken aus dem Bankgeschäft dient, können Reserven bis zu 4 Prozent des Bestandes dieser Vermögensgegenstände gebildet werden.

Allerdings werden durch die Bildung und Auflösung dieser Rücklagen nicht bestimmte Einzelpositionen des Wertpapier- oder Forderungsbestandes erfasst, sondern es erfolgt eine globale Berücksichtigung des gesamten Bestandes.

Zu berücksichtigen ist auch, dass die Abschreibungen und Wertberichtigungen nach § 340 f HGB ausschließlich der Bildung von stillen Reserven in der Handelsbilanz dienen. In der Steuerbilanz werden diese Wertminderungen nicht anerkannt, sie führen also nicht zur Steuerersparnis. Deshalb spricht man auch von „versteuerten Pauschalwertberichtigungen".

Beispielsweise können stille Reserven dadurch gebildet werden, dass

- Vermögenswerte unterbewertet werden,
- Einzelwertberichtigungen höher als notwendig dotiert werden,
- sämtliche Möglichkeiten zur Bildung von Pauschalwertberichtigungen ausgenutzt werden.

Stille Reserven können aufgelöst werden, indem zum Beispiel

- unterbewertete Vermögensgegenstände verkauft und dabei Gewinne realisiert werden,
- hochverzinsliche Wertpapiere mit Kursgewinn vekauft und niedrigverzinsliche Wertpapiere unter pari gekauft werden,
- Beteiligungen nach einer Wertsteigerung veräußert werden,
- bei gefallenem Währungskurs Fremdwährungsverbindlichkeiten zurückgezahlt werden,
- Grundstücke oder andere Vermögensgegenstände zu einem Preis über dem Buchwert verkauft werden.

> **BEISPIEL**
>
> Eine Bank möchte ein Ergebnis (nach Steuern) in Höhe von 10 Millionen € ausweisen. Es bestehen bereits 340-f-Rücklagen in Höhe von 15 Millionen €. Aus Vereinfachungsgründen soll von einer durchschnittlichen Steuerbelastung von 60 Prozent ausgegangen werden.
>
> Fall A: Das interne Jahresergebnis beträgt 30 Millionen €.
> Fall B: Das interne Jahresergebnis beträgt 10 Millionen €.
>
> | | Fall A | Fall B |
> | --- | --- | --- |
> | internes Jahresergebnis | 30 Mio. € | 10 Mio. € |
> | − 60 % Steuern | − 18 Mio. € | − 6 Mio. € |
> | +/− 340-f-Rücklagenveränderung | − 2 Mio. € | + 6 Mio. € |
> | Jahresüberschuss | 10 Mio. € | 10 Mio. € |
>
> In beiden Fällen kann das gewünschte Ergebnis (Jahresüberschuss in Höhe von 10 Millionen €) ausgewiesen werden, obwohl im Fall A das interne Ergebnis dreimal so hoch wie in Fall B liegt. Im Fall A ist die Bildung von 340-f-Rücklagen in Höhe von 2 Millionen € möglich, im Fall B hingegen müssen 6 Millionen € Rücklagen aufgelöst werden.

3.2.3 Gewinn- und Verlustrechnung

In der Gewinn- und Verlustrechnung geht es vor allem darum, sämtliche Aufwendungen und Erträge zu erfassen, sie sachlich zu gliedern und voneinander abzugrenzen (vgl. Abbildung 3-43).

Dabei gilt das so genannte **Bruttoprinzip**, das heißt, es sind alle Aufwendungen und Erträge grundsätzlich unsaldiert zu erfassen. Beispielsweise sind unter den Positionen „Zinsaufwendungen" und „Zinserträge" alle eingenommenen beziehungsweise selbst gezahlten Zinsen, Provisionen und Gebühren aus dem Kredit- und Geldmarktgeschäft getrennt zu bilanzieren.

Die wenigen Ausnahmen des Bruttoprinzips sind genau definiert (so genanntes **Nettoprinzip**) und betreffen den bilanzpolitisch wichtigen Bereich der Kompensation und Überkreuzkompensation im Forderungs- und Wertpapiergeschäft (vgl. Abbildung 3-48).

Gewinn- und Verlustrechnung

der ....

für die Zeit vom .... bis ....

Aufwendungen				Erträge	
	DM	DM	DM		DM	DM
1. Zinsaufwendungen			....	1. Zinserträge aus		
2. Provisionsaufwendungen			....	a) Kredit- und Geldmarktgeschäften	....	
3. Nettoaufwand aus Finanzgeschäften			....	b) festverzinslichen Wertpapieren und Schuldbuchforderungen	....	....
				2. Laufende Erträge aus		
4. Allgemeine Verwaltungsaufwendungen				a) Aktien und anderen nicht festverzinslichen Wertpapieren	....	
a) Personalaufwand				b) Beteiligungen	....	
aa) Löhne und Gehälter	....			c) Anteilen an verbundenen Unternehmen	....	....
ab) Soziale Abgaben und Aufwendungen für Altersversorgung und für Unterstützung darunter: für Altersversorgung .... DM				3. Erträge aus Gewinngemeinschaften, Gewinnabführungs- oder Teilgewinnabführungsverträgen		....
	....	....		4. Provisionserträge		....
b) andere Verwaltungsaufwendungen		....	....	5. Nettoertrag aus Finanzgeschäften *)		....
5. Abschreibungen und Wertberichtigungen auf immaterielle Anlagewerte und Sachanlagen			....	6. Erträge aus Zuschreibungen zu Forderungen und bestimmten Wertpapieren sowie aus der Auflösung von Rückstellungen im Kreditgeschäft		....
6. Sonstige betriebliche Aufwendungen			....	7. Erträge aus Zuschreibungen zu Beteiligungen, Anteilen an verbundenen Unternehmen und wie Anlagevermögen behandelten Wertpapieren		....
7. Abschreibungen und Wertberichtigungen auf Forderungen und bestimmte Wertpapiere sowie Zuführungen zu Rückstellungen im Kreditgeschäft			....	8. Sonstige betriebliche Erträge		....
8. Abschreibungen und Wertberichtigungen auf Beteiligungen, Anteile an verbundenen Unternehmen und wie Anlagevermögen behandelte Wertpapiere			....	9. Erträge aus der Auflösung von Sonderposten mit Rücklageanteil		....
9. Aufwendungen aus Verlustübernahme				10. Außerordentliche Erträge		....
10. Einstellungen in Sonderposten mit Rücklageanteil			....	11. Erträge aus Verlustübernahme		....
11. Außerordentliche Aufwendungen			....	12. Jahresfehlbetrag		
12. Steuern vom Einkommen und vom Ertrag			....			
13. Sonstige Steuern, soweit nicht unter Posten 6 ausgewiesen						
14. Auf Grund einer Gewinngemeinschaft, eines Gewinnabführungs- oder eines Teilgewinnabführungsvertrags abgeführte Gewinne			....			
15. Jahresüberschuß			....			
Summe der Aufwendungen			============	Summe der Erträge		============

Abbildung 3-48: Gliederung der Gewinn- und Verlustrechnung einer Bank

noch Gewinn- und Verlustrechnung (Kontoform)

	DM	DM
1. Jahresüberschuß/Jahresfehlbetrag		....
2. Gewinnvortrag/Verlustvortrag aus dem Vorjahr		....
		....
3. Entnahmen aus der Kapitalrücklage		....
		....
4. Entnahmen aus Gewinnrücklagen		
a) aus der gesetzlichen Rücklage	....	
b) aus der Rücklage für eigene Anteile	....	
c) aus satzungsmäßigen Rücklagen	....	
d) aus anderen Gewinnrücklagen	....	....
		....
5. Entnahmen aus Genußrechtskapital		....
		....
6. Einstellungen in Gewinnrücklagen		
a) in die gesetzliche Rücklage	....	
b) in die Rücklage für eigene Anteile	....	
c) in satzungsmäßige Rücklagen	....	
d) in andere Gewinnrücklagen	....	....
		....
7. Wiederauffüllung des Genußrechtskapitals		....
8. Bilanzgewinn/Bilanzverlust		....

Abbildung 3-48: Gliederung der Gewinn- und Verlustrechnung einer Bank (Fortsetzung)

Saldierungszwang gemäß § 340 c Abs. 1 HGB für das Ergebnis aus Finanzgeschäften;Ausweis in Position A3 oder E5 (Nettoaufwand/-ertrag aus Finanzgeschäften)
Saldierungswahlrechte 1. gemäß § 340 c Abs. 2 HGB: – Position A8 (Abschreibungen und Wertberichtigungen auf Beteiligung, Anteile an verbundenen Unternehmen und wie Anlagevermögen behandelte Wertpapiere) mit – Position E7 (Erträge aus Zuschreibungen zu Beteiligung, Anteilen an verbundenen Unternehmen und wie Anlagevermögen behandelten Wertpapieren)
2. gemäß § 340 f Abs. 3 HGB: – Position A7 (Abschreibungen und Wertberichtigungen auf Forderungen und bestimmte Wertpapiere sowie Zuführungen zu Rückstellungen im Kreditgeschäft) mit – Position E6 (Erträge aus Zuschreibungen zu Forderungen und bestimmten Wertpapieren sowie aus der Auflösung von Rückstellungen im Kreditgeschäft)

Abbildung 3-49: Die Anwendung des Nettoprinzips in der Gewinn- und Verlustrechnung

Als erstes ist hierbei der **Nettoaufwand/-ertrag aus Finanzgeschäften** zu nennen. Ausgewiesen wird das Ergebnis aus Finanzgeschäften. Alle Kursgewinne und -verluste, die durch die Bewertung, Verkauf oder Einlösung von Wertpapieren des Handelsbestandes entstehen, sind saldiert und als Nettoergebnis zu bilanzieren.

Neben diesem Saldierungszwang besteht bei zwei weiteren Positionen der Gewinn- und Verlustrechnung ein Saldierungswahlrecht:

1. In **Aufwendungen und Erträgen aus Finanzanlagen** (A8/E7) schlagen sich Bewertungsmaßnahmen sowie realisierte Gewinne/Verluste bei Beteiligungen, Anteilen an verbundenen Unternehmen sowie Wertpapieren des Anlagevermögens nieder. Nach § 340 c HGB kann die Bank diese beiden Positionen miteinander saldieren und die Differenz in nur einem Aufwands- beziehungsweise Ertragsposten ausweisen.

2. Gleiches Wahlrecht zwischen einem saldierten oder unsaldierten Ausweis besteht bei den **Aufwendungen und Erträgen aus sonstigen Wertpapieren und Forderungen** gemäß § 340 f (3) HGB für die Positionen A7/E6. Hierunter fallen vor allem die Abschreibungen und Wertberichtigungen auf Forderungen und Wertpapiere aufgrund realisierter Verluste, die Zuweisungen zu Einzelwertberichtigungen wegen akuter Risiken, aber auch die Pauschalwertberichtigungen. Sie können mit den Eingängen auf abgeschriebene Forderungen, mit Zuschreibungen (Auflösung von Wertberichtigungen) zu Forderungen und mit aufgelös-

ten Pauschalwertberichtigungen auf Wertpapiere der Liquiditätsreserve saldiert werden.

Da hier eine Verrechnung von Forderungsaufwendungen mit Wertpapiererträgen und umgekehrt möglich ist, spricht man auch von einer Überkreuzkompensation. Dadurch können externe Bilanzleser die Höhe der Wertberichtigungen nicht erkennen, während bei unsaldiertem Ausweis die Wertverluste sowie die Bildung/Auflösung von stillen Reserven aus der Gewinn- und Verlustrechnung ersichtlich wären. Letztlich soll diese Kompensationsmöglichkeit dem Vertrauensschutz dienen, weil über die Bildung und Auflösung stiller Reserven ein über die Jahre relativ gleichmäßiger Gewinnausweis erreichbar ist, selbst wenn die tatsächliche Entwicklung sehr viel turbulenter gewesen sein mag.

3.2.4 Bilanzpolitik

Die bisherigen Ausführungen haben gezeigt, dass der publizierte Jahresabschluss nicht unbedingt das objektive Ergebnis bankbetrieblicher Tätigkeit darstellt. Vielmehr stehen zur zielgerichteten Gestaltung eine Vielzahl von Bilanzierungs- und Bewertungsmöglichkeiten zur Verfügung. Die Maßnahmen zur Gestaltung der Bilanz werden unter dem Begriff „Bilanzpolitik" zusammengefasst. Dies ist vor dem Hintergrund zu sehen, dass Bankbilanzen eine hohe Öffentlichkeitswirkung aufweisen und bei Gläubigern, Kapitaleignern, Großkunden und anderen auf besonderes Interesse stoßen. Im Mittelpunkt bilanzpolitischer Maßnahmen stehen:

- die Bilanzsumme,
- die Bilanzstruktur,
- der Ergebnisausweis.

Eine ständig wachsende **Bilanzsumme** gilt häufig immer noch als Indikator für (konkurrenzfähiges) Wachstum, betriebliche Leistungsfähigkeit und erfolgreiche Geschäftstätigkeit überhaupt. Dabei wäre es allerdings für Banken sehr einfach, ein Bilanzsummenwachstum „optisch" zum Beispiel durch Dreiecksgeschäfte mit Banken zu erreichen, ohne dass dahinter tatsächlich ein substanzielles Wachstum stünde.

Eine Bank wird außerdem bestrebt sein, eine ausgewogene **Bilanzstruktur** zu präsentieren. Unter dem Aspekt der Sicherheit geht es auf der Aktivseite hauptsächlich darum, eine möglichst günstige Liquiditätssituation – als Indiz für die uneingeschränkte Zahlungsfähigkeit – aufzuweisen. Bei der Gestaltung der Passiva steht die Eigenkapitalausstattung und ihr Verhältnis zum Fremdkapital im Vordergrund der Bilanzpolitik. Bestrebungen, die Eigenkapitalsituation weiter zu verbessern, sind auch durch die verschärften Eigenkapitalvorschriften forciert worden. Unter dem Aspekt der Liquidität und der Finanzierungsregeln kann auch das Verhältnis der Kapitalbindungs- und -überlassungsfristen für die Bilanzleser von Bedeutung sein.

Außerdem können bilanzpolitische Maßnahmen das Ziel verfolgen, sich im Ergebnisausweis oder in der Bilanzstruktur nicht zu sehr vom Durchschnitt der vergleichbaren Banken zu unterscheiden.

Von erheblicher Bedeutung ist in diesem Zusammenhang die Frage des **Ergebnisausweises**. Eine möglichst kontinuierliche Aufwärtsentwicklung des Ergebnisses wird von der Öffentlichkeit teilweise als Gradmesser für die bankbetriebliche Leistungsfähigkeit und Ertragskraft angesehen. Ein allseits positiv eingeschätzter Ergebnisausweis fördert das Ansehen der Bank und erleichtert es ihr, Kapitaleigner und Anleger zu erhalten und neue zu gewinnen.

Eine vollkommene Ertragskontinuität ist in der Realität nicht erreichbar, sondern muss mittels bilanzpolitischer Maßnahmen „verwirklicht" werden. Die Ergebnisausweispolitik dient dazu, das tatsächlich erwirtschaftete Ergebnis auf das bilanzpolitisch gewünschte Ergebnis anzuheben oder zu reduzieren. Hier spielt die Bildung und Auflösung stiller Reserven eine entscheidende Rolle (siehe oben).

Andererseits ist dieser Bewertungsspielraum von Banken nicht unproblematisch. Kritiker verweisen insbesondere darauf, dass

- stille Reserven den Informationsgehalt des Jahresabschlusses für Kapitaleigner, Kunden und Öffentlichkeit einschränken,

- diverse Sicherungseinrichtungen des Bankgewerbes den Gläubigern und Einlegern genügend Schutz bieten und somit stille Reserven als „Sicherheitspolster" überflüssig machen,

- stille Reserven dem Grundsatz der Bilanzwahrheit widersprechen,

- stille Reserven die Möglichkeit eröffnen, neben unverschuldeten eben auch verschuldete Verluste zu verdecken; somit kann die aktuelle Erfolgssituation günstiger als in Wirklichkeit dargestellt, eine stabilere Gewinnentwicklung vorgetäuscht und letzlich die Öffentlichkeit in die Irre geleitet werden,

- die immer wieder von den Banken vertretene Ansicht, die Aktionäre würden auf eine kontinuierliche Dividendenausschüttung Wert legen, nicht ohne weiteres haltbar erscheint; vielmehr könnte in ertragreichen Jahren eine voraussichtlich überdurchschnittlich hohe Dividende als Spekulations- oder Anlagemotiv eine Rolle spielen; in ertragsschwachen Jahren könnten umgekehrt die Aktionäre aus Sicherheitsgedanken auch eine Dividendenkürzung akzeptieren.

Banken halten diesen Argumenten folgende Punkte entgegen:

- Die Funktionsfähigkeit des Bankgewerbes ist gesamtwirtschaftlich gesehen von erheblicher Bedeutung. Ein Zusammenbruch würde die gesamte Wirtschaft lahmlegen. Deshalb ist es notwendig, den Banken die Möglichkeit einer unauffälligen Bilanzglättung zu geben.

- Das Bankgewerbe genießt eine besondere Vertrauensfunktion. Erhebliche Schwankungen im Bilanzausweis und vor allem im Ergebnisausweis könnten das Vertrauen der Bevölkerung in die Stabilität des Bankwesens erschüttern. Durch die Bildung von stillen Reserven in ertragreichen Jahren und die Auflösung in ertragsschwachen Jahren kann eine positive Ertragssituation ausgewiesen und sogar Dividende gezahlt werden, auch wenn keine Überschüsse erwirtschaftet wurden.

RESÜMEE

Wie wird in der Bank das Problem der optimalen Informationsbereitstellung gelöst? Es gibt kein für alle Institute gleich organisiertes Rechnungswesen. Doch es wurde gezeigt, dass für Soll/Ist-Vergleiche, Betriebs- und Branchenvergleiche, für die Findung von Preisunter- und -obergrenzen, für die Kundenkalkulation und die Ermittlung von Geschäftsstellenergebnissen, also für Wirtschaftlichkeitsüberlegungen und Erfolgssteuerung in allen denkbaren bankbetrieblichen Bereichen ein Mindestmaß an Einheitlichkeit erforderlich ist. Dem Dualismus der Bankleistung folgend wurden Kalkulationsmöglichkeiten für den Wert- und den Betriebsbereich vorgestellt. Im Wertbereich des internen Rechnungswesens sind die Schichtenbilanz und die Marktzinsmethode relevant. Der traditionellen Stückkostenrechnung folgend wurde für den Betriebsbereich gezeigt, wie die Kostenträgerrechnung auf den Ergebnissen der Kostenarten- und Kostenstellenrechnung aufbaut und die Kosten für einzelne Geschäftsvorfälle ermittelt. Das gleiche Ziel verfolgt die Standard-Einzelkostenrechnung, die allerdings auf die Umlage der Gemeinkosten verzichtet und sich auf das Rechnen mit Einzelkosten beschränkt. Doch diese Kalkulationsmethoden stehen nicht isoliert nebeneinander. Werden die einzelnen Kalkulationsergebnisse zu komplexeren Rechenwerken zusammengeführt, kann man darauf eine Kunden- und Geschäftsstellenkalkulation aufbauen.

Hauptgegenstände des externen Rechnungswesens sind die Bilanz, die Gewinn- und Verlustrechnung, der Anhang und der Lagebericht. Die hierin erfassten Informationen sollen über die Entwicklung der Vermögens-, Finanz- und Ertragslage der Bank berichten. Um eine gewisse Objektivität herzustellen, sind bei der Bewertung von Wertpapieren und Forderungen bestimmte Vorschriften zu befolgen. Unterschiedliche Ansätze ergeben sich jedoch je nach Zuordnung der Wertpapiere zum Anlage- oder Umlaufvermögen; bei der Bewertung von Forderungen ergeben sich wegen der bankbetrieblichen Risikovorsorge erhebliche Ermessensspielräume. Alle in diesem Zusammenhang stehenden geschäftspolitischen Entscheidungen wirken auf die Ertragssituation einer Bank. Um nach außen eine gewisse Kontinuität zu dokumentieren, hat der Gesetzgeber den Banken besondere Möglichkeiten der Stille-Reserven-Politik geschaffen.

KONTROLLFRAGEN

1. Warum ist es problematisch, bei der Kalkulation im Wertbereich von einer Gegenüberstellung bestimmter Aktiva und Passiva auszugehen?
2. Welche Informationen lassen sich bei der Marktzinsmethode dem errechneten Konditionsbeitrag und dem Strukturbeitrag entnehmen?
3. Worin liegt der Hauptunterschied zwischen der traditionellen Stückkostenrechnung und der Standard-Einzelkostenrechnung?
4. Warum verzichtet die Standard-Einzelkostenrechnung auf Umlage der Gemeinkosten?
5. Zeigen Sie, wie Sie als Mitarbeiter der Abteilung Rechnungswesen bei einer Erfolgsanalyse von Produkten, Kundengruppen und Geschäftsstellen vorgehen würden.
6. Warum und wie können stille Reserven gebildet beziehungsweise aufgelöst werden?
7. Welche Größen sind Hauptgegenstand der Bilanzpolitik und warum?

LITERATUR ZUM WEITERLESEN

■ Einen interessanten Einstieg in das externe und interne Rechnungswesen der Banken finden Sie bei:

Büschgen, Hans E., **Bankbetriebslehre**, Wiesbaden 1998.

■ Das Standardbuch des ertragsorientierten Bankmanagements schrieb

Schierenbeck, Henner, **Ertragsorientiertes Bankmanagement/Controlling in Kreditinstituten**, Wiesbaden 1999.

■ Die neuen Bilanzierungs- und Bewertungsvorschriften können Sie detailliert nachlesen bei:

Scharpf, Paul, **Jahresabschluss nach dem Bilanzrichtlinien-Gesetz**, Düsseldorf 1992.

4. Ertragsmanagement

*Rentabilität, Sicherheit und Wachstum –
drei sind (meist) einer zu viel*

„Wo Geld vorangeht, sind alle Wege offen." (William Shakespeare)

Die enormen Veränderungen auf dem Bankenmarkt, die steigenden Kundenansprüche sowie die sich immer stärker auswirkende Komplexität verschiedener Wirtschafts- und Umweltfaktoren machen es notwendig, das Ertragsmanagement als ein bankbetriebliches Konzept zu verstehen, das systematisch die Ertragssicherung einer Bank zum Gegenstand hat. Hierbei handelt es sich vor allem um Aufgaben, die von den höchsten Führungsebenen zu verantworten, zu koordinieren und zu lösen sind. Darunter fallen aber auch Sonderprobleme etwa bei kurzfristig sich verändernden Umweltbedingungen, die schnelle Entscheidungen verlangen.

Hauptgegenstand des Ertragsmanagements in Banken bildet das Asset Liability Management, das Provisionsgeschäft sowie das Kostenmanagement. In dieser Reihenfolge ist auch dieser Abschnitt aufgebaut.

LEITFRAGEN

1. Warum sind Rentabilitäts-, Sicherheits- und Wachstumsaspekte vor allem beim Bilanzmanagement nur schwer miteinander vereinbar?

2. Inwiefern bringt die Erweiterung der bankbetrieblichen Leistungspalette um provisionspflichtige Geschäfte neue Ertragspotenziale?

3. Welchen Strukturveränderungen vor allem im Personalbereich und in der Vertriebspolitik haben sich die Banken zu stellen, um für die Jahrtausendwende gerüstet zu sein?

4.1 Asset Liability Management

Unter dem Asset Liability Management ist eine Vielzahl von Maßnahmen zur Steuerung des Aktiv- und Passivgeschäfts zu verstehen. Entwicklungen am Geld- und Kapitalmarkt sowie die vielschichtigen Erwartungen der Öffentlichkeit fordern immer wieder dazu auf, die Bilanzstruktur den unterschiedlichen Interessenlagen und Erwartungen anzupassen und bestehende Werte zu korrigieren.

4.1.1 Bilanzmanagement

Ein erstes Schwergewicht nimmt hier das Bilanzstrukturmanagement ein. Wie bereits im vorangegangenen 3. Abschnitt erläutert, geht es um die strategische Aufgabe,

- die Bilanzstruktur im Sinne der bankspezifischen Unternehmensphilosophie zu optimieren und

- strukturelle Ertrags- beziehungsweise Rentabilitätsvorgaben zu planen.

Im Laufe der Zeit sind dabei einige Dispositionsregeln für eine liquiditätsorientierte Geschäftspolitik entwickelt worden (vgl. Abschnitt 1.7), die teilweise kontrovers diskutiert werden, da die theoretischen Vorstellungen nicht immer vollständig der heutigen Bankpraxis entsprechen.

	Die bankbetriebliche Liquidität ist gewährleistet
Goldene Bankregel	– bei vollständiger Laufzeitkongruenz sämtlicher Aktiv- und Passivgeschäfte.
Bodensatz-Theorie	– bei einer vollständigen Laufzeitkongruenz der Aktiv- und Passivgeschäfte, wobei ein Teil der kurzfristigen Passiva im langfristigen Aktivgeschäft angelegt werden kann.
Shiftability-Theorie	– wenn Verluste aus einer vorzeitigen Abtretung von Aktiva das Eigenkapital nicht überschreiten.
Maximalbelastungs-Theorie	– wenn im Bedarfsfall Aktiva laufzeitunabhängig monetisierbar sind.

Abbildung 3-50: Bankbetriebliche Dispositionsregeln

Die Anwendungsmöglichkeit dieser Dispositionsregeln ist deshalb beschränkt, weil sie bei von den bilanziell ausgewiesenen Vermögensgegenständen – also von Vergangenheitswerten – ausgehen und somit die zukünftigen Aus- und Einzahlungen weder betraglich noch zeitlich genau vorausschätzen können.

Schon alleine der Verzicht auf jede Fristentransformation – wie es die Goldene Bankregel fordert – würde zu erheblichen Rentabilitätseinbußen führen, sodass diese Regel in der Praxis keine Anwendung findet.

Selbst die weiterführenden Erkenntnisse der Bodensatz-Theorie können keine exakten Vorschläge für das bankbetriebliche Ertragsmanagement liefern, da gerade in besonders angespannten Situationen die Einleger „runartig" ihre Gelder zurückfordern und damit früheren geschäftspolitischen Gesichtspunkten die Grundlage entziehen können.

Anderes gilt für den Grundgedanken der Shiftability-Theorie: Wie bereits gezeigt, stehen hier unterschiedliche Einzahlungsquellen im Mittelpunkt der Überlegungen. Man geht davon aus, dass die Einzahlungen zur Begleichung von Auszahlungen nicht nur aus fälligen Aktiva resultieren, sondern dass im Bedarfsfall auch die Möglichkeit der Zahlungsmittelbeschaffung durch eine vorfällige Abtretung von Anlagetiteln besteht. Deshalb sind im Rahmen des Bilanzmanagements für einen derartigen kritischen Belastungsfall nicht nur Verluste durch die zwangsweise zu mobilisierenden Zahlungsmittel zu prognostizieren. Auch müssen die Konsequenzen berücksichtigt werden, die sich aus der vorzeitigen Verflüssigung nach dem „überstandenen Ernstfall" ergeben.

Nach der Maximalbelastungs-Theorie gilt die bankbetriebliche Existenz dann als gesichert, wenn die Verluste, die bei einer vorzeitigen Abtretung der Aktiva hingenommen werden müssten, nicht größer als das Eigenkapital wären. Es wird also auf die Pufferfunktion des Eigenkapitals für Verluste aus dem Abgang von Aktiva abgestellt. Man verknüpft (gedanklich) die Liquiditätssituation und die Eigenkapitalausstattung der Bank. Denn in Belastungssituationen, in denen durch hohe Einlagenabzüge eine Bank vorzeitig Aktiva liquidieren muss und dadurch Verluste erleidet, sieht sie sich auch mit einer Minderung ihres Eigenkapitals konfrontiert.

Will man nun die Überlegungen aus diesen Regeln für das Bilanzstrukturmanagement nutzen einsetzen, so wird zur Existenz- und Ertragssicherung einer Bank zumindest zu berücksichtigen sein, dass

- die Existenz eines Bodensatzes erfahrungsgemäß erwiesen ist,
- für schwankende Liquiditätserfordernisse meist auf einen Refinanzierungsspielraum zurückgegriffen werden kann und
- dass eine Streuung der Aktiva, eine Risikosteuerung sowie eine ausreichende Eigenkapitalausstattung notwendig sind.

Hier wird aber das Kernproblem des Ertragsmanagements deutlich: Angesichts der Ungewissheit zukünftiger Geschehnisse müssen die Banken Vorkehrungen gegen den Eintritt unerwünschter Ereignisse treffen. Damit aber stehen dem angestrebten Ertrag die Kosten für einen Risikoausschluss beziehungsweise für Risikominderung gegenüber. Es ist nicht möglich, Ertrag und Sicherheit gleichzeitig zu maximieren.

Trotzdem bilden Sicherheitsvorkehrungen – obwohl sie kurzfristig die Gewinne schmälern – eine Voraussetzung für die langfristige Ertragskraft.

Allerdings ist nicht zu verkennen, dass Bilanzstrukturmanagement abhängig von den allgemeinen Marktverhältnissen und der institutseigenen Risikoeinstellung ist. Denn nahezu alle bilanzwirksamen Bankgeschäfte sind beladen mit Risiken, die zu erkennen, zu kontrollieren und zu steuern sind. Eine Bilanzstruktur ist demnach nur dann optimal, wenn die teilweise gegensätzlichen bankbetrieblichen Rentabilitäts-, Sicherheits- und Wachstumsziele mit der unternehmensindividuellen Risikoeinstellung koordiniert werden können. Die Bilanzstruktursteuerung muss demnach vor allem versuchen, die bankgeschäftliche Risikosituation mit den Rentabilitätsvorstellungen zu verbinden. Dazu gehören vor allem Gewinnbedarfsrechnungen und Mindest- beziehungsweise Maximalmargenanalysen.

4.1.2 Eigenkapitalausstattung

Das Eigenkapital ist von entscheidender Bedeutung für die Geschäftstätigkeit der Banken (vgl. 1. Abschnitt). Bankenaufsichtsrechtliche Vorschriften knüpfen an die Eigenkapitalausstattung einer Bank an und können teilweise in erheblichem Umfang sogar die Geschäftstätigkeit limitieren, werden also zu einem Engpassfaktor für die geschäftliche Entwicklung. Konnten die Banken in der Vergangenheit sinkende Gewinnspannen über eine Ausweitung ihres Geschäftsvolumens abfangen, so erfordern gerade die in letzter Zeit verschärften gesetzlichen und bankenaufsichtsrechtlichen Bestimmungen stärker als bisher für die geschäftliche Expansion ein gleichzeitiges Wachstum des Eigenkapitals. Somit stellen die Möglichkeiten der Eigenkapitalbildung eine der wichtigsten Aufgaben des Bankmanagements dar.

Hier bekommt nun das Ertragsmanagement einen besonderen Stellenwert: Das Eigenkapital kann auf Dauer nur wachsen, wenn eine entsprechende Ertragskraft gegeben ist. Denn auch wenn eigene Mittel nicht mit einer direkten Zinsbelastung verbunden sind, müssen sie bedient werden: Teile des Jahresgewinnes sind den Rücklagen zuzuführen oder an die Kapitaleigner (zum Beispiel in Form von Dividendenzahlungen) auszuschütten. Für jede dieser Positionen sind genaue Vorstellungen über die erforderliche und geschäftspolitisch gewollte Höhe zu entwickeln.

In diesem Zusammenhang ist der so genannte Leverage-Effekt zu erwähnen. Ausgangspunkt ist die Überlegung, dass die Bank mit ihrem Jahresüberschuss nur den Gewinn des Eigenkapitals ausweist. Der Gesamtgewinn ist jedoch ganz wesentlich vom Einsatz des Fremdkapitals abhängig. Eine Beurteilung der Ertragskraft hat demnach auch die Fremdkapitalzinsen (die als Aufwandsposition den Gewinn reduzieren) zu berücksichtigen.

Rein rechnerisch kann die Eigenkapitalrentabilität wie folgt dargestellt werden:

$$r_{ek} = r_{gk} + \frac{FK}{EK} \cdot (r_{gk} - k)$$

mit

r_{ek} = Eigenkapitalrentabilität
r_{gk} = Gesamtkapitalrentabilität
k = durchschnittlicher Fremdkapital-Zinssatz

Ist also die Differenz von Gesamtkapitalrentabilität und durchschnittlichem Fremdkapital-Zinssatz (= Reingewinnspanne) positiv, so ergibt sich eine um so größere Eigenkapitalrentabilität, je größer das Verhältnis von Fremdkapital zu Eigenkapital (also der Eigenkapitalquote) ist. Dadurch ergibt sich aber auch eine Hebelwirkung des Fremdkapitals: Bei positiver Reingewinnspanne wächst die Eigenkapitalrentabilität mit wachsendem Veschuldungsgrad. Anders ausgedrückt: Je kleiner die Eigenkapitalquote, desto größer wird (bei positiver Reingewinnspanne) die Eigenkapitalrentabilität.

Allerdings kann sich hieraus auch schnell ein Leverage-Risiko ergeben: Liegt der durchschnittliche Fremdkapital-Zinssatz über der Gesamtkapitalrentabilität, sind schnell Teile des Eigenkapitals aufgezehrt, was dann eine erhebliche Existenzbedrohung für die Bank darstellen kann. Auch ist zu beachten, dass die Variation der Eigenkapitalquote auf die Reingewinnspanne wirkt. Wenn nämlich die Bilanzsumme stärker als das Eigenkapital wächst, so führt dies zu einer verringerten Reingewinnspanne.

Diese Sensibilität einer Bank gegenüber dem Leverage-Effekt zeigt die Bedeutung, die eine ausreichende Eigenkapitalausstattung für die Banken besitzt.

Es kann also festgehalten werden, dass sowohl

- die bankenaufsichtsrechtlichen Vorschriften, die die Geschäftstätigkeit an die Höhe des Eigenkapitals knüpfen und unternehmerische Expansion von der Bereitstellung von zusätzlichem Eigenkapital abhängig machen, als auch

- Rentabilitätsgesichtspunkte die Eigenkapitalausstattung in den Mittelpunkt der Ertragssteuerung rücken. Damit stellt aber dann die Eigenkapitalausstattung keinen isolierten bankbetrieblichen Aufgabenbereich dar. Vielmehr wird sie zu einem integrativen Bestandteil des Ertragsmanagements auf Gesamtbankebene und somit zur Aufgabe der obersten Führungsgremien.

4.1.3 Refinanzierungsmöglichkeiten

Im Rahmen des Bilanzstrukturmanagements fällt der Steuerung der Refinanzierung eine eigenständige Bedeutung zu. Als Folge aus der Fristentransformation kann es zu einem Liquiditäts- und/oder Zinsrisiko kommen, wenn die Anschlussfinanzierung eines Geschäfts nicht jederzeit sichergestellt ist. Deshalb nimmt die Refinanzierungspolitik unter Liquiditäts- und Ertragsgesichtspunkten eine besondere Stellung ein. Bei der Steuerung geht es demnach um die Begrenzung und Diversifikation von Aktiva und Passiva (vor allem bei hohen Einlagen und Großkrediten), damit auch unerwartete Inanspruchnahmen von Kreditzusagen oder vorfällige Rückforderungen von Einlagen ohne größere Ertragseinbußen bedient werden können. Bei der Steuerung der Refinanzierung sind die Verantwortlichen allerdings nicht völlig frei.

4.1.4 Risikomanagement

Das Ertragsmanagement zielt nicht nur auf die Rentabilitätssteuerung ab. Denn jede unternehmerische Tätigkeit ist mit Risiken verbunden, und solche Verlustgefahren wirken ihrerseits auf das Geschäftsergebnis und die Ertragskraft einer Bank. Unter dem bankbetrieblichen Risiko sind deshalb alle Ereignisse zu verstehen, die außerhalb der eigenen Einflusssphäre liegen und bewirken können, dass die gesteckten Unternehmensziele nicht erreicht werden. Dabei kann das Eintreten der Risikoereignisse selbst weder vorhergesehen noch verhindert werden. Auch sind im Vorfeld meist keine Aussagen über die Höhe eines möglicherweise eintretenden Schadens möglich. Deshalb müssen zumindest die Kenntnisse möglicher bankbetrieblicher Risiken mit in das Ertragsmanagement einfließen, um diesen Risiken möglichst vorzubeugen beziehungsweise ihre Auswirkungen abzuschwächen.

Diese Notwendigkeit wird durch die Vertrauensempfindlichkeit des Bankgewerbes verstärkt und auch in den Vorschriften der Bankenaufsicht gefordert. Doch dies darf nicht dazu führen, dass ein Risikomanagement verfolgt wird, bei dem das Sicherheitsdenken im Vordergrund steht, das aber getrennt ist von den marktbezogenen Gegebenheiten und Problemen, die sich mit der geschäftspolitischen Ausrichtung an den Kundenbedürfnissen beschäftigen. Es darf nicht zu einem speziellen Teilgebiet der Unternehmenspolitik werden, isoliert bearbeitet und von anderen Unternehmensaufgaben separiert werden. Das Risikomanagement stellt vielmehr einen integralen Bestandteil der bankbetrieblichen Gesamtaufgabe dar. Abhängig von den im Einzelnen erkannten Risikopotenzialen ist es zentral, insbesondere von der Unternehmensleitung zu übernehmen, um nicht den Blick für das Gesamtrisiko zu verlieren.

Das Risikomanagement kann in den drei aufeinander aufbauenden Schritten der Identifikation, der Steuerung und der Kontrolle von Risiken stattfinden.

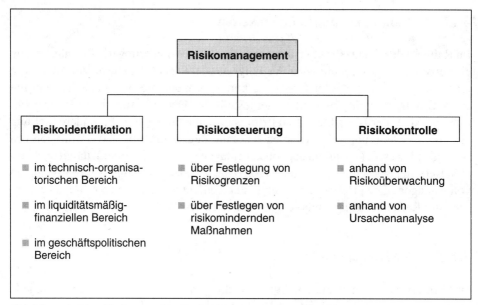

Abbildung 3-51: Elemente des Risikomanagements

4.1.4.1 Risikoidentifikation

Zunächst ist bankenintern und institutsspezifisch festzustellen, welche risikotragenden Geschäfte und möglichen Verlustquellen existieren.

Banken unterliegen dem

- allgemeinen Konjunkturrisiko,
- dem Branchenrisiko und
- vor allem dem banktypischen Unternehmensrisiko.

Die beiden ersten Risikoarten sind ganz überwiegend extern bestimmt und von der Bank kaum zu beeinflussen. Strategien zur Vorbeugung gegen den Eintritt von banktypischen Unternehmensrisiken können eher gefunden und in der Praxis umgesetzt werden. Zunächst fällt hierunter das **technisch-organisatorische Risiko:**

- menschliche Nachlässigkeit,
- Fehlleistungen,
- vorsätzlich begangene kriminelle Delikte,
- Schäden durch höhere Gewalt etc.

Im **liquiditätsmäßig-finanziellen Bereich** muss eine Bank neben dem **Liquiditätsrisiko** vor allem das **Ausfallrisiko** beachten, also die Gefahr, dass Kreditnehmer ihren vereinbarten Verpflichtungen nicht nachkommen.

Auch die Veränderung des Zinsniveaus birgt Verlustpotenziale: Je nach Ausmaß der institutsspezifischen Fristentransformation ergibt sich die Höhe dieses **Zinsänderungsrisikos**.

Kursrisiken entstehen im Wertpapiergeschäft sowie im Devisengeschäft.

Die verbleibenden banktypischen **Unternehmensrisiken** betreffen Transfer-, Konvertibilitäts- und Länderrisiken etwa bei Zahlungsunfähigkeit oder -unwilligkeit der Schuldnerländer, was zu Verlusten oder zumindest zu Liquiditätsanspannungen und damit zu Ertragseinbußen führen kann.

Ein **geschäftspolitisches Risiko** entsteht dann, wenn Teile der Produktpalette nicht mehr den Markterfordernissen entsprechen und es dadurch zu Kunden- und Rentabilitätsverlusten kommt. Ähnliche Gefahren entstehen, wenn die Produktions-, Absatz- und Personalkosten zu hoch sind und darüber die Wettbewerbsfähigkeit sinkt.

Nachdem so die möglichen Risikoquellen identifiziert sind, kann (und muss) die Entscheidung darüber fallen, welche Risiken als vernachlässigbar einzuschätzen sind, welche als tragbar gelten und welche besonders abgesichert oder ganz vermieden werden sollten.

4.1.4.2 Risikosteuerung

Bei der Risikosteuerung geht es dann darum, Risikogrenzen festzulegen und Mittel zu ihrer Einhaltung zu finden. Neben der strikten Risikovermeidung ist vor allem die Vorgabe von Limiten, Bonus-Malus-Systemen sowie der Abschluss von risikokompensierenden Geschäften zur Risikominderung geeignet.

Für einen Großteil der Risiken im **technisch-organisatorischen Bereich** können Versicherungen abgeschlossen oder Maßnahmen der Risikovorbeugung ergriffen werden (zum Beispiel Vier-Augen-Prinzip, unternehmensinterne Revision, Sicherungsverfahren für die elektronische Datenverarbeitung etc.). Auch die Überprüfung der bankinternen Aufbau- und Ablauforganisation sowie die Auswahl und Weiterbildung der Mitarbeiter können solche Verlustrisiken zumindest unwahrscheinlicher machen.

Im **liquiditätsmäßig-finanziellen Bereich** ist eine Bank mit den oben bereits genannten Einzelrisiken konfrontiert. Die wesentlichen Strategien der Liquiditätssicherung wurden schon bei den Ausführungen zum Bilanzstrukturmanagement (vgl. Abschnitt 4.1.1) skizziert.

Zum **Ausfallrisiko** ist anzumerken, dass nicht alle Kredite versicherungsfähig sind und auch nicht sämtliche Verlustgefahren durch Abwälzung auf Dritte (zum Beispiel Konsortialkreditgeschäft) entschärft werden können. Über die bankenaufsichtsrechtlichen Vorschriften hinaus wird eine Bank versuchen, die Gefahr des Gläubigerausfalls zu minimieren. Dazu dienen zunächst geeignete organisatorische und personelle Rahmenbedingungen für eine qualifizierte Bonitätsprüfung, Kreditbearbeitung und -überwachung sowie die Installation von Frühwarnsystemen. Daneben geht es aber auch um die Risikolimitierung des gesamten Kreditportefeuilles durch eine Streuung der Kredite nach Kriterien wie Laufzeit, Branche, Kreditart, Kredithöhe und andere.

Das **Zinsänderungsrisiko** lässt sich begrenzen über annähernde Kongruenz der Festzinsblöcke verringert, den Abschluss von Gegenpositionen für bestehende offene Positionen beziehungsweise die Festlegung von Obergrenzen für offene Positionen. Auch kann versucht werden, dieses Risiko über variable Zinsvereinbarungen (Zinsgleitklauseln) auf die Kreditnehmer abzuwälzen. Darüber hinaus ermöglichen verschiedene innovative Instrumente (Zinsswaps, -optionen) eine Risikoabwälzung beziehungsweise -kompensation.

Kursrisiken lassen sich durch den Abschluss von Gegengeschäften teilweise neutralisieren. Für das Wertpapiergeschäft empfiehlt sich – wie bereits für das Kreditgeschäft gezeigt – eine breite Streuung, beispielsweise nach Wertpapierarten, Emittenten und Laufzeiten.

Hinsichtlich der **sonstigen Bankrisiken** können beispielsweise Limits für die Auslandskreditvergabe fixiert werden, die sich jeweils an der ökonomischen und politischen Ländersituationen orientieren.

Um dem **geschäftspolitischen Risiko** entgegenzuwirken, sollten breit angelegte Marktforschungstätigkeiten und umfangreiche Kundenanalysen fester Bestandteil der Produktpolitik sein, um eine stets zeitgemäßen Gestaltung der Leistungspalette zu erreichen. Bei all dem ist nicht zu vernachlässigen, dass die bankbetrieblichen Risiken nicht nur aus einem Einzelgeschäft, sondern aus der Gesamtheit aller Aktiv- und Passivgeschäfte resultieren, und dass sich die verschiedenen Risikoarten zudem noch kumulieren. Auch ein noch so sorgfältiges Risikomanagement ist kein Garant dafür, dass es nicht zu Verlusten kommt.

Abschließend sei noch angemerkt, dass die genannten Instrumente zur Risikosteuerung nur in dem Maße zum Zuge kommen können, in dem für die Bank auch tatsächlich Wahlmöglichkeiten bestehen. Nicht selten ist gerade bei Sparkassen oder Kreditgenossenschaften der Spielraum im Kreditgeschäft von ihrem Standort, ihrer Größe oder auch legislativ beziehungsweise satzungsmäßig vorgegebenen Geschäftsschwerpunkten wesentlich „vorbestimmt". Im Wertpapier- und Devisengeschäft kann es ebenfalls zu unfreiwilligen und nicht geplanten Positionen kommen, die ihrerseits die bankbetriebliche Risikosituation beeinflussen.

4.1.4.3 Risikokontrolle

Im dritten Schritt soll dann die Risikokontrolle die Wirksamkeit der Risikosteuerung überwachen. Es erfolgt eine regelmäßige Überwachung, ob die vorgegebenen Verhaltensregeln befolgt und fixierte Grenzen eingehalten wurden. Werden Abweichungen erkannt, sind die Ursachen hierfür zu analysieren. Anschließend ist dann die Planung wirksamer Gegensteuerungsmaßnahmen und, soweit möglich, Schadensbegrenzung zu betreiben.

4.2 Provisionsgeschäft

Entscheidungen über das Leistungsangebot der Bank stehen ständig im Vordergrund der Unternehmenssteuerung. Die Leitmaxime bildet dabei die Orientierung an bekannten beziehungsweise vermuteten Kundenbedürfnissen. Dies erfordert ständig flexibles Handeln, um modifizierten Marktverhältnissen und Kundenbedürfnissen frühzeitig Rechnung zu tragen. Letztlich kann somit die zeitgerechte und marktbezogene Bedürfnisbefriedigung als Mittel zur Gewinnerzielung und daher als Leitmotiv im gesamtbankbezogenen Ertragsmanagement gesehen werden.

Angesichts der tendenziell seit längerer Zeit schrumpfenden Zinsmargen bei teilweise steigenden Kosten im Betriebsbereich wächst die Bedeutung des Provisionsgeschäfts immer mehr. Mittlerweile ist es zu einer wichtigen Gewinnquelle geworden und nimmt eine eigenständige Stellung im Rahmen der Ertragssteuerung ein.

Veränderungen auf den nationalen und internationalen Finanzmärkten haben die Banken in den vergangenen Jahre zu einer ständigen Neuausrichtung ihrer geschäftspolitischen Aktivitäten veranlasst. Zum einen ist die zunehmende Auflösung der Trennung zwischen Kredit- und Wertpapiergeschäft zu verzeichnen, beispielsweise durch die wertpapiermäßige Unterlegung von Krediten. Diese Verbriefung von Finanzierungsverhältnissen („Securitization") ermöglicht eine flexiblere Inanspruchnahme der Finanzmärkte und die Nutzung verschiedener Kapitalanlage- und Finanzierungsmöglichkeiten unter Abwägung von Risiko-, Rendite- und Kostengesichtspunkten.

Zum anderen verlangen die verschärften legislativen beziehungsweise bankenaufsichtsrechtlichen Bestimmungen nach neuen Wegen der geschäftspolitischen Expansion, die – wie eine Vielzahl bilanzunwirksamer Provisionsgeschäfte – keine Eigenkapitalunterlegung erfordern. Dazu kommt die Konkurrenz ausländischer Investmentbanken, die zusätzliche Impulse für das Leistungsangebot gebracht hat.

Provisionserlöse als Vergütung für die erbrachten Dienstleistungen entstehen vor allem aus dem

- nationalen Zahlungsverkehr,
- Auslandsgeschäft,
- Wertpapiergeschäft,
- Emissionsgeschäft/Konsortialgeschäft,
- Beratungsgeschäft,
- Verbund- und Konzerngeschäft.

Sie können dabei (je nach Bankleistungsart) stückbezogen oder volumensabhängig (in Prozent- oder Promillesätzen) berechnet werden. Für Kleinst- oder Kleinaufträge wird häufig eine Mindestprovision veranschlagt.

Im Rahmen des Provisionsgeschäfts hat das Ertragsmanagement die Aufgabe, mengen- oder preisbedingte Abweichungen von einer geplanten Sollgröße zu analysieren. Relativ unproblematisch erscheint dabei die Ursachenanalyse bei den Preisabweichungen, da festgelegte Preiskomponenten die Basis für die geschäfts- und kundenindividuelle Provisionsberechnung bilden. Schwieriger gestaltet sich hingegen der Soll/Ist-Vergleich für die Mengenabweichungen. Hier kann es Unterschiede hinsichtlich der Anzahl der Geschäftsabschlüsse oder auch des Volumens geben, was genau zu untersuchen ist.

Der zweite große Aufgabenbereich des Ertragsmanagements liegt in der Risikoanalyse. Die Kontrolle und anschließende Ursachenanalyse muss Kriterien zur Einschätzung potenzieller Risiken definieren und die aktuelle Situation daraufhin überprüfen. Dabei ist stets zu beachten, dass sich das Ergebnis aus den Provisionsgeschäften eben nicht nur durch die Differenz von Provisionsaufwendungen und -erträgen ergibt, sondern diese Zwischensumme noch durch die risikobedingten Aufwendungen verringert wird.

Damit umfasst die Steuerung des Provisionsgeschäfts alle Maßnahmen

- zur Erzielung eines möglichst hohen Provisionsüberschusses
- unter gleichzeitiger Begrenzung der Risiken dieses Geschäftszweiges.

4.2.1 Off-balance-sheet-Business

Viele der neueren Bankleistungen finden in der Bankbilanz keinen Niederschlag. Sie stellen zinsunabhängige, bilanzunwirksame beziehungsweise bilanzneutrale Geschäfte dar, weshalb man sich auch als Off-balance-sheet-Business bezeichnet.

Inländischer Zahlungsverkehr	
Internationales Geschäft	– Auslandszahlungsverkehr – Dokumentengeschäft – Devisenhandel
Wertpapiergeschäft	– Effektenhandelsgeschäft – Emissions- und Konsortialgeschäft – Depotgeschäft
Konzern- und Verbundgeschäfte	– Vermögensverwaltung – Unternehmensberatung – Investmentfonds – Bausparen – Versicherungen

Abbildung 3-52: Off-balance-sheet-Business

Je nach Schwerpunkt der institutsindividuellen Geschäftstätigkeit und Kundenorientierung einer Bank, fokussieren sich die Anstrengungen auf bestimmte Kundenkreise: Beim Emissionsgeschäft sind es zum Beispiel multinationale Konzerne, staatliche Organisationen und Firmenkunden auf den deutschen beziehungsweise internationalen Finanzmärkten; im Wertpapierkommissionsgeschäft sind es sowohl Firmenkunden und institutionelle Anleger als auch (vermögende) Privatpersonen.

Das Girokonto bildet die Grundlage der Kundenbeziehung (vgl. Kapitel II). Der **Zahlungsverkehr** kann aber nur dann für die Bank erfolgversprechend werden, wenn möglichst kostendeckende Erträge erwirtschaftet, ertragbringende Anschlussgeschäfte mit dem Kunden abgeschlossen, aus Guthaben- und Überziehungspositionen Zinsgewinne erwirtschaftet und die Abwicklungs- oder Missbrauchsrisiken so gering wie möglich gehalten werden.

Dabei ist der Zahlungsverkehr ein äußerst kostenintensives Mengengeschäft. Zum einen nimmt die Zahl der auszuführenden Überweisungen, Lastschriften und Scheckverrechnungen ständig zu. Zum anderen sind diese Dienstleistungen nicht lagerfähig, das heißt, die Kapazitäten der betroffenen Abteilungen und Maschinen müssen auf Spitzenbelastung ausgelegt sein. Derzeit werden die Zahlungsverkehrskosten über die vom Kunden zu zahlenden Gebühren allein selten gedeckt. Die verbleibenden Defizite sind demnach durch Zins- und Provisionserträge aus Kundenanschlussgeschäften zu decken. Demnach hat sich auch im Zahlungsverkehr der Wettbewerb verstärkt. So versuchen beispielsweise Versandhäuser, Warenhauskonzerne oder Kreditkartenorganisationen, den Zahlungsverkehr ihrer Kunden an den Kreditinstituten vorbeizuleiten, um selbst gewinnbringende Anschlussgeschäfte wie Konsumentenkredite, Versicherungen oder Geldanlage zu „verkaufen".

Aufgabe der Ertragssteuerung ist es deshalb, über Gebührenpolitik einerseits und Kostendämmung andererseits die Defizite zu begrenzen. Beispielsweise können die Zahlungsverkehrsleistungen mit Postengebühren, mit Pauschalen oder mit einer Kombination aus beidem belegt werden. Die Pauschale (als fixe Gebühr für einen bestimmten Zeitraum) und die für jeden Geschäftsvorfall einheitliche Postengebühr sind für den Kunden leicht nachvollziehbar und kalkulierbar, entsprechen aber nicht der unterschiedlichen Kostenintensität der einzelnen Leistungen. Dem Gedanken der verursachungsbezogenen Gebührenberechnung kann eine (nach Art oder Umfang) differenzierte Preispolitik eher genügen. Sie kann außerdem zur Steuerung des Kundenverhaltens eingesetzt werden.

Die Suche nach neuen Automatisierungs- und Rationalisierungsmöglichkeiten rund um den Zahlungsverkehr soll dazu beitragen, die Kostenentwicklung zu kontrollieren. Daneben ermöglichen Kooperationsvereinbarungen ein kostengünstigeres Zahlungsverkehrsangebot. Gemeinsam können Kapazitäten und Wissen institutsüberschreitend genutzt werden, beispielsweise durch die GZS Gesellschaft für Zahlungssysteme mbH. Auch das SWIFT-System (Society for World-wide Interbank Financial Telecommunication) dient den Banken internationaler Ebene dazu, den Kundenservice zu verbessern und die Kosten gemeinsam gering zu halten; statt als Wettbewerber gegeneinander zu arbeiten.

Der Zahlungsverkehr führt aber auch zu „indirekten" Erträgen, etwa aus der Anlage von nicht disponierten Kundensichteinlagen im Rahmen des Geldhandels.

Schließlich sind die Abwicklungs- und Missbrauchsrisiken im Zahlungsverkehr nach Möglichkeit zu reduzieren. Buchungsfehler, Reklamationen, aber auch der Missbrauch von zum Beispiel ec-Karten sind arbeits- und kostenintensiv.

Auf **Konzern- und Verbundgeschäfte** sei noch kurz eingegangen, weil Banken hier in besonderem Maße ihr Provisionsgeschäft auf neue Felder ausdehnen können: Zur Verbesserung und Ergänzung des eigenen Leistungsangebotes sind hier vor allem die Geschäfte von angeschlossenen Bausparkassen, Versicherungsunternehmen, Investment-, Leasing- und Factoringunternehmen zu nennen. Dazu kommt das Angebot, Wertpapier-, Anlage- oder Kreditgeschäfte (auch auf internationaler Ebene) gemeinsam zu tätigen, sich im Auslandsgeschäft zu ergänzen oder Partnerschaften für Vermögensverwaltung, Unternehmensberatung, Immobiliengeschäfte etc. einzugehen.

Dabei kann die Art der rechtlichen Unternehmensverbindung und der vertraglichen Ausgestaltung der Kooperationsvereinbarungen auch die Provisionsgestaltung beeinflussen.

4.2.2 Investment Banking

Marktobjekte des Investment-Banking-Geschäfts sind vor allem Beteiligungsrechte, Wertpapiere und Kredite in unverbriefter oder verbriefter Form, mit festen oder variablen Zinssätzen. Dabei ist die schwerpunktmäßige Ausgestaltung und vor allem der Umfang der angebotenen Bankleistungen von der Institutsgröße, der Kundenstruktur, der Konzern- beziehungsweise Verbandszugehörigkeit und auch von den zukünftigen Ertragsprognosen oder Risikoerwartungen abhängig. Die Banken übernehmen dabei eine Vielzahl bilanzunwirksamer und somit provisionspflichtiger Dienstleistungsgeschäfte wie

- Platzierung und Handel von Wertpapieren
  (Sales and Trading),
- Emission von Wertpapieren
  (New Issues and Underwriting),
- Mergers & Acquisitions
  (Kauf/Verkauf/Vermittlung von Unternehmen/Beteiligungen),
- Portfoliomanagement
  (Vermögensverwaltung und -steuerung),
- Zins- und Währungsmanagement
  (Swaps, Futures, Options).

Geschäfte aus diesem breiten Leistungsspektrum werden hauptsächlich mit emissionsfähigen Großkunden abgewickelt. Wegen ihrer erstklassigen Bonität ist es ihnen möglich, ihre Finanzierungsmittel unmittelbar an den Finanzmärkten aufzunehmen: zu niedrigeren Kosten bei hoher Flexibilität der Inanspruchnahme. Die Kreditinstitute stellen diesen Großkunden ihre Marktkenntnis, ihr Spezialwissen, ihre internationale Präsenz an den Finanzmärkten und ihr „Standing" zur Verfügung. Neben Provisionserträgen eröffnet die Erweiterung der Leistungspalette um das Investment Banking weitere Anschlussgeschäfte und somit weitere Erträge. Darüber hinaus hoffen die Banken, dank des internationalen Bezugs dieser Aktivitäten unabhängiger von der inländischen Konjunktur zu werden.

Im Rahmen dieser Geschäfte verändert sich aber auch die Funktion der Bank: Der Finanzierungsbedarf des Kunden wird nicht mehr ausschließlich und direkt von der Bank selbst gedeckt. Vielmehr führen die Banken als eine Art Finanzmakler emissionsfähige Unternehmen mit Investoren zusammen, die einen entsprechenden Kapitalanlagebedarf haben.

Ertragssteuerung im Investment Banking bedeutet, dass für jedes einzelne Geschäft das Verhältnis von Provisionserträgen zu den Kosten der Risikovorsorge und -absicherung zu überprüfen ist. Gerade durch den starken internationalen Wettbewerb mit angloamerikanischen und japanischen Instituten sind die Margen niedrig und Provisionen nicht immer wie erhofft durchsetzbar – zumal sich die deutschen Banken hier in einem relativ neuen Geschäftszweig bewegen und mit dem Spezialwissen der langjährig erfahrenen Institute konkurrieren müssen.

Starke Bedeutung kommt dem Risikomanagement zu. Denn neben den klassischen Bonitäts- und Liquiditätsrisiken, die jedes Aktiv- oder Passivgeschäft betreffen, sind vor allem Zins- und Währungsrisiken zu steuern. Dabei sind die eingegangenen Risiken gegen die möglichen Erträge abzuwägen, um dann entsprechend die Positionen abzusichern.

Bezüglich des Zinsänderungsrisikos erscheint eine Risikoreduktion beispielsweise durch Zinsgleitklauseln oder auch die Risikokompensation mittels innovativer Finanzinstrumente sinnvoll (vgl. Kapitel II). Jedoch kann es kaum Ziel der bankbetrieblichen Ertragspolitik sein, das Zinsänderungsrisiko vollständig zu eliminieren, da gerade die Fristentransformation dank ihrer erheblichen Ertragschancen wesentlicher Bestandteil der geschäftspolitischen Überlegungen sein sollte.

Anders gestalten sich die Überlegungen zu den Währungsrisiken: Schätzt eine Bank die Kosten für ein Sicherungsgeschäft geringer als die möglichen Verluste ein, wird sie dieses offenen Positionen durch Gegengeschäfte schließen. Geht sie hingegen davon aus, dass Kursverluste nur in äußerst geringem Umfang auftreten werden, wird sie die Kosten der Sicherung einsparen und auf eine Absicherung komplett verzichten. Bei einer partiellen Absicherung geht es schließlich darum, die Erfolge aus den Währungstransaktionen zu erhöhen, ohne jedoch das Verlustrisiko hinnehmen zu müssen oder zu stark auszuweiten (vgl. Kapitel II). Den erzielten Kursgewinnen sind dann die Absicherungskosten gegenüberzustellen.

4.3 Kostenmanagement

4.3.1 Kosten-Nutzen-Optimierung

Kunden erwarten die unterschiedlichsten Leistungen und Angebote von „ihrer" Bank. Während der üblichen Öffnungszeiten reichen diese Wünsche vom kundenfreundlichen Service für Routinegeschäfte bis hin zur qualifizierten Beratung in individuellen finanziellen Fragen – ohne lange Wartezeiten. Auch über die Öffnungszeiten hinaus und unabhängig von der nächstgelegenen Zweigstelle erwarten immer mehr Kunden einen immer differenzierteren Service; Geldausgabeautomaten und Kontoauszugsdrucker sowie Möglichkeiten für Electronic Cash, Directbanking etc. gehören zum Standard moderner Kundenselbstbedienung.

Doch diese Wettbewerbsanforderungen sind meist mit hohen Personal- und/oder Sachkosten verbunden. Erschwerend kommen sinkende Margen im nationalen und internationalen Bankgeschäft hinzu, was den Geschäftserfolg zumindest tendenziell gefährdet. Wegen des Wettbewerbsdrucks können die gesamten Kosten kaum noch auf die Kunden abgewälzt werden, sodass das Kostenmanagement eine wachsende Bedeutung im Rahmen der institutseigenen Ertragssteuerung einnimmt. Dabei geht es ausschließlich nur um Kostenminimierung oder Kostenvermeidung. Sach- und Personalkosten sind zu steuern, die Bankleistungen absatz- beziehungsweise kundenorientiert auszurichten, Mitarbeiter zu fördern und Kosten-Nutzen-Gesichtspunkte im Gesamtinstitut zu verstärken, um die Ertragssituation insgesamt zu verbessern.

4.3.2 Rationalisierung

Aus Kosteneinsparungsgründen erweitern Banken auf vielen Gebieten den Technikeinsatz. Neue Technologien scheinen oft die einzige Möglichkeit zu sein, den Qualitäts- und Serviceansprüchen der Kunden bei gleichzeitig adäquaten Preis-Leistungs-Verhältnissen entgegenzukommen.

Rationalisierung zielt vor allem darauf ab, die Bearbeitung von Massen- und Routinegeschäften verstärkt mit Maschinen anstelle von Personal erledigen zu lassen. Um es zu betonen: Der Technikeinsatz, der selbst hohe Kosten verursacht, kann nur dann Bankleistungen kostengünstiger gestalten, wenn eine entsprechende Akzeptanz (und hohe Kapazitätsauslastung) erreicht wird.

Eines der ersten und wichtigsten Felder der Bankautomation war zweifellos die Einführung des elektronischen (beleglosen) Zahlungsverkehrs, die der Rationalisierung des Massenzahlungsverkehrs und der innerbetrieblichen Arbeitsabläufe diente. Dadurch konnten Mitarbeiter von den teilweise monotonen Routinearbeiten entlastet werden und sich anspruchsvolleren Aufgabengebieten widmen. In einer weiteren Automatisierungsstufe fanden Kundenselbstbedienungseinrichtungen wie Geldausgabeautomaten und Kontoauszugsdrucker neue Möglichkeiten zur Arbeits- und Kostenentlastung. Zusätzlich trägt das Angebot an Selbstbedienungseinrichtungen dazu bei, den Kundenwünschen nach rascher, zeitlich unabhängiger und bequemer Erledigung ihrer alltäglichen Bankgeschäfte zu entsprechen. Die jüngsten Rationalisierungsmöglichkeiten schlagen sich im teilweise umfassend angelegten Electronic-Banking-Angebot der Banken nieder: Liquiditäts- und Finanzplanung, Bilanzanalyse, Cash-Management-Systeme, Portfoliomanagement etc.

4.3.3 Gestaltung des Zweigstellennetzes

Im internationalen Vergleich weisen die deutschen Banken mit circa 1.500 Einwohnern pro Geschäftsstelle eines der dichtesten Geschäftsstellennetze auf. Die Geschäftsstelle ist noch immer als „Ort der Begegnung" zwischen Kunde und Bankmitarbeiter zu sehen.

Allerdings zwingen der Einsatz von Selbstbedienungseinrichtungen sowie Kosten-, Rationalisierungs- und Serviceaspekte dazu, diese traditionelle Vertriebsform zu überdenken und trotz der derzeitig geschäftspolitisch wichtigen Stellung das Geschäftsstellennetz umzugestalten. Im Rahmen der Zweigstellenpolitik wird zu prüfen sein, wie noch bessere Bedingungen für den Absatz der beratungsintensiven Bankleistungen geschaffen und wie gleichzeitig im Bereich der Routinegeschäfte weitere Kosten (in erster Linie durch das Directbanking) eingespart werden können.

Gleiches gilt für die Ausgestaltung der Dienstleistungspalette, der Vereinfachung der Arbeitsabläufe sowie der zeitlichen Flexibilisierung des Mitarbeitereinsatzes

Allerdings erfolgt dies je nach Institut unterschiedlich. Eine Bank mit dem Anspruch, weiterhin allen Kunden ein universelles Service-Angebot zu bieten, wird ein mehr oder weniger flächendeckendes Geschäftsstellennetz mit bestimmten personellen und sachlichen Mindestausstattungen beibehalten. Andere Banken mit anderen Zielen werden darauf unter Umständen verzichten können.

Das erklärt die Formen-Vielfalt unter den Zweigstellen-Typen, von der reinen Automaten-Geschäftsstellen, über Zweigstellen mit Beratung in normierten Bankleistungen und Kundenselbstbedienungseinrichtungen bis hin zu speziellen und exklusiven Beratungszentren für komplexe Finanzdienstleistungen.

In Ergänzung der Zweigstellen-Vertriebswege werden auch „mobile" Absatzformen diskutiert und ausprobiert: Der Gefahr, dass der Kontakt zum Kunden wegen verstärkter Automatisierung verlorengeht, soll mit Beratungsangeboten durch Außendienstmitarbeiter entgegengewirkt werden. Diese Form, den Kunden zu Hause zu besuchen, findet sich vor allem bei den Vermögensberatungsgesellschaften der Banken.

Die Geschäftsstellenpolitik der Banken mit internationaler Orientierung wird ihre Präsenz ebenfalls an Kosten-Nutzen-Gesichtspunkten ausrichten. Hier stehen Kooperationen, Joint-ventures, Beteiligungen, der Aufbau eigener Repräsentanzen oder Niederlassungsnetze zur Diskussion.

4.3.4 Personalkostenmanagement

Das Personal ist für Banken sowohl der größte Erfolgsfaktor als auch der größte Kostenfaktor. Die Personalkosten machen im Allgemeinen mehr als 50 Prozent des Betriebsaufwands aus. Insofern versteht es sich von selbst, dass sie auch im Zentrum des Kostenmanagements stehen – siehe auch Lean Banking, Abschnitt 4.3.5. Damit müssen wir es hier bewenden lassen: Personalkostenmanagement ist ein Thema, das ganze Bücher füllen würde. Solche Bücher gibt es auch, und ihre Lektüre wollen wir hier dringend empfohlen (siehe „Literatur zum Weiterlesen" am Ende)!

4.3.5 Lean Banking

Eine nachhaltige Verbesserung der Wettbewerbsfähigkeit von Banken muss gleichzeitig mit Ertrags- und Kostenaspekten betreffen. Ansatzpunkte, die geschäftliche, organisatorische und personelle Veränderungen integrieren sollen, werden unter dem Stichwort „Lean Banking" diskutiert.

Lean Banking bedeutet soviel wie „schlanke" Organisation des Bankgeschäfts. Dabei geht es aber um mehr als einfach nur Kosteneinsparung und Rationalisierung „um jeden Preis". Das Ziel ist statt dessen eine konzeptionell durchdachte Produktivitätssteuerung.

Die weitreichenden organisatorischen und personellen Konsequenzen lauten unter anderem: flexible Organisationsstrukturen, flachere Hierachien, Dezentralisierung, ganzheitliches Denken, neue Führungsstile, mehr Eigenverantwortung, aber auch eine sinnvolle Straffung der Produktpalette, mehr Kundenorientierung etc.

Die starre hierarchische Anordnung der Abteilungen soll zum Teil abgelöst werden von sich selbst koordinierenden Arbeitsgruppen. Diese sind nicht nur für die Erledigung ihrer Aufgaben, sondern auch für die Budgetverwendung und den Personaleinsatz verantwortlich. Verbesserungsvorschläge der Gruppenmitglieder sind dabei erwünscht. Im Vordergrund steht die Kundenorientierung. Alle Organisationseinheiten arbeiten mit dem Ziel der ständigen Qualitätsverbesserung bei gleichzeitiger Minimierung von Kosten und Bearbeitungszeiten ineinander.

Dies erfordert zugleich neue Führungsstile: Der autoritäre Vorgesetzte, der „alles weiß", „alles unter Kontrolle" haben will und kaum delegiert, wäre unvereinbar mit den Lean-Banking-Ideen der Teamorganisation und Eigenverantwortung aller Mitarbeiter.

Die neue Rolle des Vorgesetzten wäre zu vergleichen mit einem Coach, der die Aktivitäten seiner Gruppenmitglieder koordiniert und die Voraussetzungen dafür schafft, dass jeder Mitarbeiter seine Fähigkeiten optimal zur Geltung bringen kann.

Parallel dazu müssen die Mitarbeiter mit entsprechenden Kompetenzen ausgestattet werden. Das „Warten auf Anweisung von oben" wird durch die gemeinsame Vereinbarung von Zielen ersetzt. Leistungsorientierte Anreizsysteme können als finanzielle Begleitmaßnahme ebenfalls dazu beitragen, so etwas wie eine behördenmäßige „Dienst-nach-Vorschrift"-Mentalität zu verhindern.

Im Rahmen der Lean-Banking-Diskussion trifft man immer wieder auf die Forderung, die bisherige Palette der Bankprodukte neu zu gestalten. Für ein möglichst umfangreiches und detailliertes Angebot an Bankleistungen spricht zwar auf den ersten Blick der Innovations-Wettbewerb unter den Banken, das Eindringen von Nicht-Kreditinstituten in den Bankenmarkt sowie die wachsenden Ansprüche der Kunden. Aber auf der anderen Seite kann eine solche Strategie des „Supermarkt"-Sortiments auch übers Ziel hinausschießen: Qualität und Service bestehen nicht nur in der Anreicherung der Produktpalette um jede aufkommende Innovation. Qualität und Service können auch dadurch verbessert werden, dass man das institutseigene Dienstleistungsbündel sinnvoll (!) strafft und die Kosteneinsparung daraus an die Kunden weitergibt.

Um nun nicht ins andere Extrem zu verfallen – auch das Schlankwerden hat seine Grenzen. Es gibt durchaus Kernbereiche, die besser unangetastet bleiben, die vielleicht sogar ausgebaut werden sollten: Nicht selten ist nämlich gerade das Standard-Angebot an Leistungen aus Kundensicht der eigentliche Prüfstein für Qualität und Service. Gefragt sind diejenigen Bankprodukte, die den allgemeinen Kundenwünschen entsprechen: unkomplizierte Produkte und Dienstleistungen mit angemessener Rendite beziehungsweise zu adäquaten Kosten. Daher heißt Lean Banking weder kompromisslose Straffung noch beliebige Ausweitung der Angebotspalette, sondern die Beschränkung auf die wichtigen Standardprodukte. Mehr oder weniger standardisierbare Produktbausteine führen zur Kostendegression in der Nachbearbeitung, eröffnen Möglichkeiten der Automation und bewahren den Berater vor der fachlichen Überforderung mit zahllosen Varianten und Spezialfällen. Statt dessen kann er über die gezielte Kombination dieser Basisprodukte sogar eine noch bessere Betreuung erreichen. Nach Analyse der „wirklichen" Kundenbedürfnisse ist es dann für die Gesamtbank möglich, Unnötiges, Überflüssiges und Überholtes aus der Angebotspalette zu streichen und Platz für marktgerechte Produkte und Dienstleistungen zu schaffen.

Ein anderer Weg bei der „Schlankheitskur" der Banken ist das Ausgliedern bestimmter Aufgabenfelder. Beispielsweise bietet es sich für das Leasing- und Immobiliengeschäft sowie die Unternehmensberatung an, Serviceeinheiten zu bilden, die kundennah und marktorientiert operieren, selbstständig arbeiten und eigene Personal- und Budgetverantwortung tragen. Weitere Vorteile bietet die bewußte Verstärkung der Zusammenarbeit im Konzern oder im Verband: Zur Entlastung der einzelnen Banken können beispielsweise markt- und betriebswirtschaftliche Untersuchungen, institutsübergreifende Themenkomplexe, Rationalisierungsmöglichkeiten in der Datenverarbeitung, Aus- und Weiterbildungsvorhaben sowie konzeptionelle Arbeiten noch stärker als bislang von selbstständigen (Konzern-)Unternehmen beziehungsweise verbandsseitig erledigt werden.

> **RESÜMEE**
>
> Ertragsmanagement in Banken hat die Steuerung der Rentabilität zum Gegenstand. Die vorangegangenen Abschnitte sollten aufzeigen, wie ertragsstarke Geschäftsbereiche erkannt, wie gewinnbringende Konditionen durchgesetzt werden können und wie eine rentable Geschäftspolitik insgesamt aussehen könnte.
>
> Dazu gehört vor allem die Gestaltung der Bilanzstruktur sowie die Steuerung der Bankrisiken, denn beides beeinflusst in letzter Konsequenz die Ertragssituation der Bank. Auch der Eigenkapitalausstattung kommt vor dem Hintergrund bankenaufsichtsrechtlicher Vorschriften besondere Bedeutung zu.
>
> Dieser Abschnitt sollte auch Einblick in die derzeitige Situationen auf dem Bankenmarkt geben. Die Banken können einerseits mit innovativen Instrumenten und Bankleistungen ihren Kunden ein beinahe allumfassender Partner in Geldfragen und Finanzgeschäften sein. Andererseits herrscht ein starker Preisdruck, das Geschäftsrisiko verschärft sich und die Margen verengen sich. Deshalb sind vor allem die Führungsebenen im Rahmen ihrer ertragsorientierten Managementaufgaben gefordert, Chancen und Risiken der Geschäftspolitik zu überprüfen, den potenziellen Erträgen die leistungsbezogenen Kosten gegenüberzustellen sowie die zu erwartenden Risikogesichtspunkte genau abzuwägen.
>
> Zur aktuellen Lean-Banking-Diskussion wurde schließlich kurz skizziert, welche Unternehmensbereiche sie vor allem betrifft und wie sinnvolle Lösungen aussehen können.

> **KONTROLLFRAGEN**
>
> 1. Zeigen Sie die wichtigsten Bausteine eines sinnvollen Vorgehens im Rahmen der ertragsorientierten Banksteuerung auf.
> 2. Gibt es die „optimale" Eigenkapitalausstattung bei Banken?
> 3. Können Bilanzstruktur und Eigenkapitalausstattung unabhängig voneinander gesteuert werden?
> 4. Skizzieren Sie die wesentlichen Aufgaben des Ertragsmanagements im Provisionsgeschäft.
> 5. Inwiefern spielt das Risikomanagement eine wichtige Rolle bei der Ertragssteuerung der Banken?
> 6. Haben Banken ohne Mitarbeiter eine Zukunft?
> 7. Entspricht ein striktes Kostenstreichen der Lean-Banking-Strategie?

LITERATUR ZUM WEITERLESEN

■ Dass sich die Geschäftstätigkeit der Banken nicht mehr ausschließlich auf die Entgegennahme von Einlagen und die Kreditvergabe beschränkt, zeigen:

Eilenberger, Guido, **Bankbetriebswirtschaftslehre**, München – Wien 1998.

Büschgen, Hans E., **Bankbetriebslehre**, Wiesbaden 1998.

■ Ein integriertes Modell zur ertragsorientierten Banksteuerung finden Sie in:

Schierenbeck, Henner, **Ertragsorientiertes Bankmanagement/Controlling in Kreditinstituten**, 6. Auflage, Wiesbaden 1999.

■ Über die Planung der Eigenkapitalmittel, der Liquiditätsreserven sowie von Bilanzvolumen und -struktur können Sie vieles erfahren bei:

Süchting, Joachim/Paul, Stephan, **Bankmanagement**, Stuttgart 1998.

Hier finden Sie auch einen Einblick in die Bandbreite bankpolitischer Entscheidungen.

■ Inwiefern das Directbanking den Bankenwettbewerb und die Beziehung zu den Bankkunden beeinflusst, können Sie nachlesen bei:

Swoboda, Uwe, **Directbanking**, Wiesbaden 2000.

Auch können Sie hier Antworten auf die Frage finden, ob Bankzweigstellen ein teurer Luxus sind.

Abkürzungsverzeichnis

AG	Aktiengesellschaft
AGB	Allgemeine Geschäftsbedingungen
AGBG	Gesetz zur Regelung des Rechts der Allgemeinen Geschäftsbedingungen
AIG	Auslandsinvestmentgesetz
AKA	Ausfuhrkreditgesellschaft m.b.H.
AKT	Automatischer Kassentresor
AktG	Aktiengesetz
AMR	Anweisung der Deutschen Bundesbank über Mindestreserven
AO	Abgabenordnung
AWG	Außenwirtschaftsgesetz
AWV	Außenwirtschaftsverordnung
BAK	Bundesaufsichtsamt für das Kreditwesen
BBankG	Bundesbankgesetz
BGB	Bürgerliches Gesetzbuch
BIC	Bank Identifier Code
B/L	Bill of Lading
BRS	Belegloser Reisescheckeinzug
BSE	Belegloser Scheckeinzug
CLC	Commercial Letter of Credit
D/A	Documents against Acceptance
DAX	Deutscher Aktienindex
DepotG	Depotgesetz
DFÜ	Datenfernübertragung
D/P	Documents against Payment
DTA	Datenträgeraustausch
DTB	Deutsche Termin-Börse
DWZ	Deutsche Wertpapierdaten-Zentrale GmbH
EAF	Elektronische Abrechnung mit Filetransfer
ec	eurocheque
edc	electronic debit card

EDV	Elektronische Datenverarbeitung
eG	eingetragene Genossenschaft
ERA	Einheitliche Richtlinien und Gebräuche für Dokumentenakkreditive
ErbbRVO	Erbbaurechtsverordnung
ERI	Einheitliche Richtlinien und Gebräuche für Inkassi
EST	Einkommensteuer
EStG	Einkommensteuergesetz
EStR	Einkommensteuer-Richtlinien
ESZB	Europäisches System der Zentralbanken
EU	Europäische Union
EURIBOR	European Interbank Offered Rate
E.v.	Eingang vorbehalten
e.V.	eingetragener Verein
EWS	Europäisches Währungssystem
EZB	Europäische Zentralbank
EZL	Elektronischer Zahlungsverkehr mit Lastschriften
EZÜ	Elektronischer Zahlungsverkehr für individuelle Überweisungen
EZV	Elektronischer Zahlungsverkehr (Sammelbezeichnung für sechs Verfahren)
GBO	Grundbuchordnung
GenG	Genossenschaftsgesetz
GG	Grundgesetz
GmbH	Gesellschaft mit beschränkter Haftung
GmbHG	GmbH-Gesetz
GS	Girosammelverwahrung
GwG	Geldwäschegesetz
GZS	Gesellschaft für Zahlungssysteme
HGB	Handelsgesetzbuch
HypBKG	Hypothekenbankgesetz
ICC	Internationale Handelskammer, Paris
INCOTERMS	Internationale Commercial Terms (die einzelnen Incoterms sind nicht gesondert aufgeführt)
InSO	Insolvenzordnung

ISMA	International Securities Market Association
KAGG	Gesetz über Kapitalanlagegesellschaften
KESt	Kapitalertragsteuer
KfW	Kreditanstalt für Wiederaufbau
KG	Kommanditgesellschaft
KGaA	Kommanditgesellschaft auf Aktien
KKK	Kontokorrent
KSt	Körperschaftsteuer
KVStG	Kapitalverkehrsteuergesetz
KWG	Kreditwesengesetz
LIBOR	London Interbank Offered Rate
LZB	Landeszentralbank
MAOBE	Maschinen-Optische-Belegerfasung
MATIS	Makler-Trading-Informations-System
MODEM	Modulator und DEModulator
NV-...	Nichtveranlagungs...
OCR-A	Optical Character Recognition Font A
OHG	Offene Handelsgesellschaft
PAN	primary account number (internationale Bankleitzahl)
PIN	Persönliche Identifikationsnummer
POS	Point of Sale
PAngV	Preisangabenverordnung
PublG	Publizitätsgesetz
RechKredV	Verordnung über die Rechnungslegung der Kreditinstitute
REX	Rentenindex
ROI	Return on Investment
ScheckG	Scheckgesetz
SCHUFA	Schutzgemeinschaft für allgemeine Kreditsicherung
S.W.I.F.T.	Society for Worldwide Interbank Financial Telecommunication
TAN	Transaktions-Nummer
TARGET	Transeuropean Automated Real Time Settlement System
TDM	Tausend DM

VerbrKrG	Verbraucherkreditgesetz
VermBG	Vermögensbildungsgesetz
VerglO	Vergleichsordnung
VStG	Vermögensteuergesetz
VVaG	Versicherungsverein auf Gegenseitigkeit
WEG	Wohnungseigentumsgesetz
WG	Wechselgesetz
WoPG	Wohnungsbau-Prämiengesetz
WpHG	Wertpapierhandelsgesetz
XETRA	Exchange Electronic Trading (Handelssystem der Deutschen Börse AG)
ZASt	Zinsabschlagsteuer
ZPO	Zivilprozessordnung
ZVG	Zwangsversteigerungsgesetz

Stichwortverzeichnis

A

Abbuchungsverfahren 164 f.
Abgabenordnung 100
Ablauforganisation 685, 693, 696 f.
Abwicklungsrisiken 48, 644
Abzugsverfahren 667
Add-on 641
Ad-hoc-Publizität 285
Adressenausfallrisiken 630, 636, 644
Adressengewichtung 638 f.
Adressengewichtungsfaktor 637
AKA-Finanzierungen 595
Akkreditiv 579 ff.
Aktien 254, 295, 319, 331
Aktienkursrisiko 654
Akzeptierungsakkreditiv 577
Akzeptkredit 521, 522, 590
Allfinanzkonzepte 243
Allgemeine Geschäftsbedingungen (AGB) 84 ff., 94, 137, 438, 493, 539
Altersversorgung 256
Altersvorsorge-Sondervermögen (AS-Fonds) 336
American Style Option 382
Amtlicher Handel 282
Anderdepot 318
Anhang 725
Anlageberatung 347
Anlagebuch 634 ff.
Anlagevermögen 729 f., 737
Anlageziel 348
Anleihen 250, 295, 319
Annuität 65
Annuitätendarlehen 517
Anschaffungskosten 730 f.
Anzahlungsgarantie 602
Äquivalenzziffernmethode 717
Arbeitnehmer-Sparzulage 239, 243
Asset Liability Management 743
Aufbauorganisation 685 ff.
Ausfallbürgschaft 431
Auslandsanleihen 252

Außenhandelsfinanzierungen 587 f.
Außenwirtschaftsgesetz (AWG) 554
Außenwortschaftsverordung (AWV) 554
Avalkredit 523, 526, 527

B

Bankauskunft 104, 106 f., 405
Bankbilanzrichtlinien-Gesetz 726
Bankbürgschaften 524
Bankenaufsicht 612 ff., 621
Bankenmacht 358
Bankenmarkt 45
Bankenstatistik 29
Bankgarantien 526
Bankgeheimnis 104 f.
Bankgeschäfte 4, 19, 21, 615
Bankiersbonifikation 275
Bankleitzahl 180 ff.
Bardividende 343
Bargeld 114 f., 123 f.
Barscheck 151
Barwert 63, 69
Barwertanalyse 63
Bauspardarlehen 518
Bausparfinanzierung 518
Bausparkassen 33
Bausparvertrag 239, 243 f., 519
Bearbeitungskosten 722
Beleihungsgrenze 515
Berichtigungsaktien 321
Beteiligungen 358
Betriebsbereich 708, 716, 740
Betriebserlöse 709
Betriebskosten 709
Betriebsleistung 709
Bewertungsgrundsätze 729
Bezugsrecht 272 f.
Bietungsgarantie 601
Bilanz 725 f., 740
Bilanzanalyse 406

Bilanzkennzahlen 405
Bilanzmanagement 743
Bilanzpolitik 738
Bilanzstruktur 726, 738
Bilanzstrukturmanagement 744 f.
Bilanzsumme 738
Bilanzwahrheit 739
Bodensatz 10 f., 230, 232, 676, 743 f.
Bonitätsrisiken 329, 556
Börse 278 ff., 297
Börsenaufsicht 285
Börsengeschäftsführung 280
Börsengesetz (BörsG) 276 f.
Börsenordnung 279
Börsenrat 280
BOSS-System 293 f., 299, 305
Briefhypothek 467, 468
Bruttoprinzip 734
BSE-Verfahren 193
Buchgeld (Giralgeld) 114
Buchhypothek 468
Bundesaufsichtsamt für das Kreditwesen (BAK) 42, 613 ff., 625 f., 628, 632, 669, 677, 682
Bundesaufsichtsamt für den Wertpapierhandel (BAWe) 284
Bundesschatzbriefe 251
Bundesschuldenverwaltung 303
Bürgschaft 427 f., 430 ff., 526 f., 595
Bürgschaftsbanken 36

C

Cap 391
CASCADE 302
Cash-Management 188, 224, 226
Chipkarte 195
Clearingstelle 376
Co-Branding 202
Collared-Floater 338
Commercial Letter of Credit (CLC) 583
Commercial Paper (CP) 252

Commodity and Trade Financing 599
Compliance 326
Cost of Carry 378 f.
Cross-Selling 51 f., 120, 198, 723

D

Datenfernübertragung (DFÜ) 127, 129, 185 ff., 192, 223, 226
Datenträgeraustausch (DTA) 185 ff.
Dauerauftrag 142
DAX 304, 333 f.
Deckungsbeitragsrechnung 721
Delta-Plus-Verfahren 657
Depotgeschäft 307 ff., 322
Depotgesetz 309
Depotstimmrecht 321, 358
Deutsche Börse AG 333
Deutsche Bundesbank 20, 37 f., 41, 53, 134, 622
Devisenhandel 602
Devisenkassageschäfte 603
Devisenposition 568
Devisentermingeschäfte 604, 606
Diferenzgeschäfte 339
Differenzmethode 346
Directbanking 107, 756, 758
Direktbanken 50, 292
Disagio-Staffel 341, 342
Discount-Zertifikate 338, 346
Diskontkredit 505 f., 590
Divisionskalkulation 717
Dokumente 561, 562
Dokumentenakkreditiv 571 ff., 577 f.
Dokumentengarantie 602
Dokumenteninkasso 584 ff.
Doppelbesteuerungsabkommen (DBA) 343
Doppelwährungsanleihen 253
Drittrangmittel 620, 624, 630
Drittverwahrung 314
Duration 328, 329
Durationsmethode 650
Durchschnittssteuersatz 350

E

eCash 222 f.
ec-Karte 83, 158ff., 199 f., 203 ff.
E-Commerce 218, 221
EDIFACT 188 ff.
Effektengiroverkehr 35
Effektenlombardgeschäft 509
Effektivzins 67 ff., 73, 76, 499
E-Geld 116 f.
Eigendepot 318
Eigengeschäfte 353
Eigenhandel 358
Eigenkapitalausstattung 745
Eigenkapitalkosten 722
Eigenkapitalquote 746
Eigenmittel 624, 629, 670
Eilnachricht 155
Einheitskurs 295
Einheitskursnotierung 294
Einkommensteuer 339
Einkommensteuerpflicht 344 ff.
Einlagensicherung 679
Einlagensicherungsfonds 680
Einzelabtretung 446
Einzelkonto 94
Einzelwertberichtigungen 732 f.
Einzugsermächtigungsverfahren 164 f.
Electronic Banking 179 f., 198 f., 205, 218, 226
electronic-cash-System 206
electronic-cash-Verfahren 207, 209
Elektronische Abrechnung Frankfurt 133
Elektronischer Zahlungsverkehr (EZV) 190 f.
ELV-System 209
Emission 267 f., 272 f.
Emissionsgeschäft 264
Emissionskonsortien 267
Emissionsrendite 341, 345 f.
Emissionsvertrag 267
EONIA 356
Erbbaugrundbuch 462
Ergänzungskapital 624 ff., 630
Erlöse 707

Ertragskontinuität 739
Ertragsmanagement 745, 747, 752, 761
Ertragswert 514 f.
EUREX 276, 288 ff., 304 f., 388
EURIBOR 356, 363, 367, 370, 373
Eurocard 201 f.
eurocheque 158 f.
EUROGIRO 133
Eurokredite 593 f.
Europäische Zentralbank (EZB) 13, 37 ff., 42, 116, 121, 123, 132, 356
Europäischer Pass 620
Europäisches System der Zentralbanken (ESZB) 37, 39 ff.
Europay International S. A. in Brüssel 159, 161, 201
European Style Option 382
EURO-Stoxx-50 333
Eventualverbindlichkeiten 729
Evidenzzentrale 672
Exportvorschuss 589
EZL-Verfahren 195
EZÜ-Verfahren 191

F

Factoring 533 ff.
Festverzinsliche Wertpapiere 328, 341
Financial-Leasing 528
Finanzdienstleistungen 4
Finanzdienstleistungsgeschäfte 19
Finanzdienstleistungsinstitute 17 ff.
Finanzdienstleistungsunternehmen 615 f.
Finanzholding-Gesellschaft 618
Finanzholding-Gruppen 663, 670
Finanzierungsschätze 251
Finanzinnovationen 346
Finanzmathematik 56
Finanzunternehmen 617
Firmenkunden 51, 107, 537, 691
Float 137 f.
Floor 392
Fondsvermögensberatung 353
Forfaitierung 597 f.

Forward Rate Agreements (FRA) 372 ff.
Forward-Sätze 75
Frachtbrief 565
Freiverkehr 284
Fremdemission 265
Fremdwährungsrisiken 645
Fristentransformation 10
Führungsprovision 274
Futures 376 f., 379

G

Garantie 526 f., 595, 599, 601
Garantiefonds 681
Garantieverbund 681
Gebietsfremde 103
Gegenakkreditiv 581
Gegengeschäfte 598
Gegenwartswert 57 f., 61
Geld 13
Geldautomat (GA) 204
GeldKarte 210 f.
Geldleihe 549
Geldmarkt 72, 354, 356
Geldmarktfonds 328
Geldschöpfung 13
Geldwäschegesetz 100, 103
Gemeinschaftskonto 94
Genossenschaftssektor 21
Genussscheine 257, 336, 345
Geregelter Markt 283
Gesamthypothek 470
Gesamtkapitalrentabilität 746
Gesamtzinsspanne 713
Geschäftsbanken 20
Geschäftsfähigkeit 91
Geschäftskunden 93
Geschäftsspartenorganisation 689 f.
Geschäftsstellennetz 758
Geschäftsstellenrechnung 724 f.
Geschichte 5
Gesellschaft für Zahlungssysteme (GZS) 201 f., 207, 221, 754
Gewährleistungsgarantie 602

Gewährträgerhaftung 27, 681
Gewinn- und Verlustrechnung 725, 734 ff., 740
Gewöhnliche Bürgschaft 431
Giralgeld 14
Giralgeldschöpfungsmultiplikator 119
Girokonto 82
Gironetze 130
Girosammelverwahrung 312
Giroverkehr 126
Girovertrag 85
Girozentralen 28
Gläubigergefährdung 489
Globalanleihen 253
Globalurkunden 262 f.
Globalzession 454
Goldene Bankregel 675, 743
Grenzsteuersatz 350 f.
Großbanken 29 f.
Großkredite 667 ff., 673
Grundbuch 459 ff., 467 ff.
Grundfpandrechte 459 f., 488, 517, 542
Grundsatz I 631, 633, 635 ff., 642, 644 ff., 648, 655, 660 ff., 665 f., 669, 682
Grundsatz II 677, 682
Grundschuld 459, 465, 473 f., 517
Grundstück 460 f., 463 f., 466
GSE-Verfahren 194
Güterstand 401

H

Haftsumme 628
Halb-Einkünfteverfahren 343
Handelsbuch 634 ff., 669
Handelsrechnung 562
Hauptversammlung 321 f.
Hedge 378 f.
HERMES Kreditversicherungs-AG 595
Höchstbetragsbürgschaft 432 ff.
Homebanking 211, 214 f.
Homebanking Computer Interface (HBCI) 216 f., 219
Hypothek 33, 459, 465 ff., 474

I

Importvorschuss 589
Incoterms 556 f.
Indossament 175 f.
Industrieanleihen 252
Informationen 698 f.
Informationsbereiche 702
Informationsmanagement 698
Informationssystem 699 ff.
Informationstechnik 47
Inhaberaktien 254
Inhaberscheck 150
Innerer Wert 385
Insidergeschäfte 287
Insiderpapiere 287
Insiderregeln 284
Insidertatsache 286
Insiderüberwachung 284
Insolvenz 99
Insolvenzverfahren 546 ff.
Insolvenzverwalter 547
Institutsgruppe 663, 670
Institutsverrechnung 120
Interbankenmarkt 39
Internet 107 f., 117, 217 f., 221 f., 292, 297, 699
Internetbanking 218, 220, 226
Investitionsentscheidungen 57, 60
Investmentanteile 256, 319
Investmentbanking 8, 755
Investmentfonds 34, 259, 295, 335, 353
Investmentzertifikate 335, 343
ISMA 74

J

Jahresabschluss 725, 738
Jahresbandmethode 650

K

Kalkulation 710, 713, 716
Kapazitätsauslastung 696
Kapitaladäquanzrichtlinie (CAD) 631
Kapitalanlagegesellschaften 34, 256, 335
Kapitalerhöhungen 272, 320
Kapitalertragsteuer 343 ff.
Kapitallebensversicherungen 240, 245, 247
Kapitalmarkt 73, 355, 357
Kapitalmarktrisiko 334
Kassamarkt 279
Kassenobligationen 252
Kaufoption 383
Kennzahlen 406
Kernkapital 624 f., 627 f., 630, 664
Knebelung 489
Kommissionsgeschäft 292
Kommunaldarlehen 512
Kommunalkredite 520
Kommunalobligationen 251
Kommunalschuldverschreibungen 32
Konditionsbeitrag 713
Konkursverschleppung 489
Konnossement 563, 565
Konsolidierungsverfahren 662, 664
Konsortialnutzen 274
Konsortialvertrag 266
Konsulatsfaktura 566
Konsumentenkredite 498
Kontoauszugsdrucker (KAD) 203
Kontoführung 85
Kontoinhaber 91 ff., 97
Kontokorrent 493 f.
Kontokorrentabrede 85
Kontokorrentkonto 83
Kontokorrentkredit 491 f., 494 ff., 589
Kontovertrag 84, 86
Körperschaftsteuer 343 f.
Korrespondenzbanken 567 f.
Kosten 707
Kostenartenrechnung 716
Kostenmanagement 756
Kostenstellenrechnung 716
Kostenträgerrechnung 717
Kredit 397, 399 f.
Kreditanstalt für Wiederaufbau (KfW) 596
Kreditantrag 400
Kreditarten 490
Kreditausfälle 536

Kreditbestätigung 419 f.
Kreditfähigkeit 401
Kreditgenossenschaften 22 f., 130 f.
Kreditinstitute 17 ff., 36, 221, 615
Kreditkarte 200 f.
Kreditleihe 549
Kreditleihgeschäft 521 f.
Kreditnehmer 674
Kreditsicherheiten 418, 425 f., 537, 539
Kreditunterlagen 673 f.
Kreditvertrag 421
Kreditwesengesetz (KWG) 3, 18, 33, 117, 612 ff. 624 f., 629, 635, 662 ff., 667 ff.
Kreditwürdigkeit 402 f.
Kreditwürdigkeitsprüfung 500, 504
Kryptografie 196
Kundengruppenorganisation 690 f.
Kundenkalkulation 723 f.
Kursindex 306
Kursmakler 281, 294
Kurszusätze 295 f.

L
Ladeschein 565
Lagerschein 566
Länderrisiken 555
Landesbanken 27
Landesschuldbücher 263
Lastschrift 162 ff.
Lastschriftabkommen 166, 168
Laufzeitenbandmethode 651
Laufzeitmethode 643
Lean Banking 759 ff.
Leasing 528, 531 ff.
Legitimationsprüfung 100, 103
Leitwegsteuerung 136
Leverage-Effekt 745 f.
Lieferungs- und Leistungsgarantie 601
Liquiditäts-Konsortialbank GmbH 680
Liquiditätsprinzip 729
Liquiditätsreserve 731
Liquiditätsrisiko 675
Lombardkredit 508, 509
Losgrößentransformation 6

M
Mahnbescheid 544 f.
Mahnschreiben 538
Mahnverfahren 544 f.
Mantelzession 454
Margin 376
Market-Maker-Prinzip 288
Marktbewertungsmethode 640 f.
Marktpreisrisiken 630, 645
Marktrendite 341, 346
Marktsegmente 282
Marktzinsmethode 710, 713 ff.
Matrix-Organisation 692
Maximalbelastungs-Theorie 743 f.
Mergers & Acquisitions 755
Mietaval 525
Millionenkredite 671, 673
MultiCash 223 f.
Mündelsicherheit 32

N
Nachbürgschaft 429
Namensaktien 254 f.
Negativerklärung 425 f.
Negoziierungsakkreditiv 577
NEMAX 50 333
Nettobarwert 59 ff., 76
Nettoprinzip 734
Netzgeld 222
Neuer Markt 283
Nichtbankenbeteiligungen 670
Niederstwertprinzip 730 f.

O
Objektprinzip 689
Off-balance-sheet-Business 752 f.
Offenmarktgeschäfte 39 f., 356
OLV-System 209
Onlinebanking 50, 197, 199, 212 f., 216 f., 219
Operate-Leasing 528
Opportunitätskosten 59
Oppositionsliste 313
Optionen 381 ff., 389, 391

Optionsanleihe 258 ff.
Optionsrisiken 655
Optionsschein 258, 260 f.
Orderscheck 148 f.
Organisation 685
Organkredite 672, 674
Outrightgeschäfte 40
Over-the-counter-Produkte (OTC) 375

P
Packing Credit 583
Packliste 567
Partizipationsscheine 257
Patronatserklärung 425 f.
Pauschalwertberichtigungen 732 f.
Personalkostenmanagement 758
Personenidentifikationsnummer (PIN) 195 f., 204, 214, 216, 219
Pfandbriefe 32, 252
Pfanddepot 315, 318
Pfandrecht 432, 436 ff.
Point of Sale (POS) 205
Portfoliomanagement 353, 755
Positiverklärung 425
Postquittung 566
POZ-System 209
Preispolitik 754
Primärinsider 286 f.
Privatbankiers 30
Privatkunden 49 f., 92, 107, 537, 691
Produktkalkulation 721 ff.
Projektfinanzierungen 599
Prokura 97
Protest 177
Provisionsgeschäft 751
Publikumsfonds 34, 257

Q
Quellensteuer 342 f.
Quotenkonsolidierung 666

R
Rahmenabtretung 446
Rangvorbehalt 465

Ratenkredit 498 f.
Ratings 329 f.
Rationalisierung 757
Realkreditinstitute 32
Rechnungswesen 705 ff.
Regionalbanken 30
Regionalprinzip 688
Reisescheck 158
Reiseverkehr 571
Rektascheck 151
Rembourskredit 591 ff.
Rendite 59 f., 64
Rentenschuld 474
REPO-Geschäfte 303
Restschuldbefreiung 547 f.
Reverse Convertible Bonds 338
Reverse-Floater 338
Revolvierendes Akkreditiv 582
Risikoidentifikation 748
Risikokapital 52
Risikokontrolle 751
Risikokosten 722
Risikomanagement 747 f.
Risikomischung 332
Risikopräferenz 349
Risikosteuerung 749
Risikotransformation 7 f.
Risikovorsorge 732
Rohwarenrisiko 648
RSA-Algorithmus 197
Rückbürgschaft 429
Rückgriff 154, 156, 177 f.
Rückkaufswert 247
Rücklastschriften 167

S
Sachwert 515
Saldierungswahlrechte 737
Saldierungszwang 737
Sammelüberweisung 142
Schalterprovision 274
Scheck 145 ff., 150, 152 ff., 157 ff., 193 f., 570
Scheckabkommen 156
Scheckauskunft 125

Scheckbestätigung 125
Scheckeinlösung 152
Scheckgesetz 146, 156
Scheckinkasso 152
Schichtenbilanzmethode 710 f., 714
Schlussnoten 298
Schufa 106, 402
Schuldbucheintragungen 263
Schuldscheindarlehen 253
Schuldverschreibungen 248, 250 f.
Securitization 46, 51, 751
Sekundärinsider 286 f.
Selbstauskunft 403
Selbstemission 265
Selbstschuldnerische Bürgschaft 431
Shiftability-Theorie 676, 743 f.
Short-Hand-Methode 646 f.
Sicherheiten 488
Sicherheitsvorkehrungen 694
Sicherungshypothek 469
Sicherungsübereignung 440 f., 445 f.
Sichteinlagen 230
S-InterPay 133
SMAX 333
Solawechsel 172
Sonderaufgaben 36
Sonderpfanddepot 318
Sonderverwahrung 311
Sparbriefe 236 f.
Sparbuch 233 f.
SparCard 235
Spareinlagen 231 ff.
Sparerfreibetrag 349
Sparkassen 24 ff., 130
Sparkassenobligationen 252
Sparkassenstützungsfonds 681
Sparschuldverschreibungen 237
Spezialbanken 31
Spezialfonds 34, 257
Stammaktien 255
Standard-Einzelkostenrechnung 719 ff., 740
Standardverfahren 631
Steuerbescheinigung 351
Steuerklassen 352
Stille Reserven 627, 733, 739

Swap 391
Swapmarkt 367
SWIFT 182, 225 f., 568, 570, 754
Szenario-Matrix-Ansatz 657

T

Tagesgeld 355
Target-System 42, 132
Teilbürgschaft 429
Teileigentum 462
Teilzinsspanne 715
Terminbörse 288
Termineinlagen 231
Termingeschäfte 288, 363
Terminmarkt 279
TIPANET 133
Todesfall 99
T-Online 212 ff.. 223, 225
Transaktionsnummer (TAN) 195 f., 214, 216, 219
Transformationsfunktion 6
Transportdokumente 563
Trennbanken 20
Treuhandkonto 94 f.
Two-Leg-Approach 649 f., 654

U

Überleitungsverrechnung 131
Übersicherung 489
Überweisung 139 ff., 144 f.
Überweisungsgesetz 139
Umlaufvermögen 729 ff.
Universalbanken 20 f., 24, 31, 47
Ursprungszeugnis 567

V

Value at Risk (VaR) 658 f.
Venture Capital 52
Verbraucherinsolvenz 547
Verbraucherkreditgesetz (VerbrKrG) 419, 421, 500
Verbriefung 262
Verbundfinanzierung 520

Verfügungsberechtigte 91, 96, 98
Vergleich 543, 544
Verkehrshypothek 467
Verkehrswert 543
Vermögensbeteiligungen 242
Vermögensbeteiligungsgesetz 237 f.
Vermögensbildungsgesetz (VermBG) 237, 238 f.
Vermögensverhältnisse 347
Vermögenswirksame Leistungen 239 f., 242
Verpfändung 100, 315, 432, 445
Verrechnungsnetze 128, 132
Verrechnungsscheck 151
Verrichtungsprinzip 687
Verschuldungsgrad 746
Versicherung 12
Versicherungsdokumente 566
Volkswirtschaft 14
Vollkonsolidierung 665
Vollmacht 91
Vorausdarlehen 520
Vorlegungsfristen 153
Vorleistungsrisiken 644
Vormerkung 465
Vorschusszinsen 235
Vorzugsaktien 255

W

Wachstumsgrenzen 46
Wachstumsprognose 66
Währungshoheit 120
Wandelanleihen 337, 345
Wandelschuldverschreibungen 257, 319
Warenlombardgeschäft 511
Warenverkehrsbescheinigung 567
Wechsel 168 ff.
Wechselgesetz 170
Wechselkursrisiko 556
Wertbereich 708, 710, 740
Werterlöse 709
Wertkosten 709
Wertleistung 709
Wertpapier 248
Wertpapierarten 249

Wertpapierdienstleistungsrichtlinie 17
Wertpapierhandelsgesetz (WpHG) 276 f., 288, 325, 327
Wertpapierleihe 303
Wertpapiersammelbank 35, 255, 290, 302, 312, 317
Wertpapier-Sparverträge 240
Wertstellung 137
Wiedereindeckungsaufwand 641
Wirtschaftlichkeit 695
Wohnungsbaufinanzierung 514
Wohnungsbauprämiengesetz 237 f., 241
Wohnungseigentum 462
World Wide Web (WWW) 213, 217

X

XETRA 272, 276, 293, 297 f., 304 f.

Z

Zahlungsakkreditiv 575
Zahlungsbedingungen 560 f.
Zahlungsmittel 114, 121 f.
Zahlungsschwierigkeiten 539
Zahlungsunfähigkeit 538
Zahlungsverkehr 111 f., 753
Zahlungsverkehrsvordrucke 182 f.
Zentralbank 20, 24
Zerobonds 346
Zession 446 ff.
Zinsabschlagsteuer 339 f., 344
Zinsänderungsrisiko 9 f., 650, 653
Zinsoptionen 390
Zinsphasen-Anleihen 338
Zinsrisken 648
Zinsspannenrechnung 710
Zinsswap 363, 365 ff.
Zollfaktura 566
Zollstundungsverfahren 524
Zukunftswert 58
Zulassungsausschuss 280
Zulassungsstelle 280
Zwangsversteigerung 541 ff.
Zwangsverwaltung 541
Zwangsvollstreckung 545 f.
Zwischenfinanzierung 519

Banking im 21. Jahrhundert

Die Zukunft der Banken

Technologieinduzierte Veränderungen prägen die Entwicklung in Banken. Ausgehend von der Darstellung und Analyse der Herausforderungen, mit denen sich Banken heute – besonders im technologischen Bereich z.B. eCommerce, Online Banking – konfrontiert sehen, wird die für Banken relevante Umwelt analysiert und prognostiziert.

Heinz Wings
Digital Business in Banken
Informationstechnologie – Erfolgsfaktor für die strategische Positionierung
1999. 435 S. Geb.
DM 98,00
ISBN 3-409-11514-5

Zukunftstechnologien im Fokus

Wie bewerten Politik, Banken und Emissionshäuser, PR-Berater, Börse und Aktionärsvertreter, Presse, Analysten und institutionelle Anleger den Aufstieg der Zukunftstechnologien am Kapitalmarkt? Was macht einen professionellen Börsengang aus? Zu diesen Fragen nehmen Spezialisten ausführlich Stellung. Mit Erfahrungsberichten von 14 Technologieunternehmen zum Going Public.

Hartmut G. Korn (Hrsg.)
Hightech goes Public
Zukunftstechnologien im Fokus von Wirtschaft und Börse
2000. 368 S. Geb.
DM 89,00
ISBN 3-409-11531-5

Erfolgreiches E-Business

Von der Interaktion zur Individualisierung. Banken verfügen über Kundendaten, die ein individuelles und auf die Bedürfnisse des Kunden abgestimmtes Leistungsangebot ermöglichen, vor allem per Internet. Wie man heute schon weiß, was der Kunde morgen braucht!

Christian Reichardt
One-to-One-Marketing im Internet
Erfolgreiches E-Business für Finanzdienstleister
2000. 284 S. Geb.
DM 98,00
ISBN 3-409-11554-4

Änderungen vorbehalten. Stand: April 2000.

Gabler Verlag · Abraham-Lincoln-Str. 46 · 65189 Wiesbaden · www.gabler.de